1000 BESTE REZEPTE

aus

ALLER WELT

1000 BESTE REZEPTE *aus* ALLER WELT

zusammengestellt von
Jo-Anne Cox und Elizabeth Towers

p

Parragon
Queen Street House
4 Queen Street
Bath BA1 1HE, UK

Redaktion: Ralph Fischer, Alexander Kerkhoffs, Sonja Leyers, Köln
Projektkoordination: Antje Seidel, Köln

HINWEIS
Sind Zutaten in Löffelmengen angegeben, ist immer ein gestrichener Löffel gemeint.
Ein Teelöffel entspricht 5 ml, ein Esslöffel 15 ml.
Sofern nichts anderes angegeben ist, wird Vollmilch (3,5 % Fett) verwendet.
Bei Eiern und einzelnen Gemüsesorten, z. B. Kartoffeln, verwenden Sie mittelgroße Exemplare.
Pfeffer sollte stets frisch gemahlen werden.
Sofern die Schale von Zitrusfrüchten benötigt wird, verwenden Sie unbedingt unbehandelte Früchte.
Bei den Vorbereitungszeiten sind das Abkühlen, Marinieren, Einweichen und die Zubereitung von selbst gemachten Brühen berücksichtigt.
Die angegebenen Zeiten in jedem Rezept sind grobe Richtlinien die je nach Kochtechnik und Garzeit differieren können.
Bei den Garzeiten können sich je nach Herdtyp und Heizquelle geringfügige Änderungen ergeben.
Bei Verwendung des Backofens sollte dieser immer auf die angegebene Temperatur vorgeheizt werden.
Für Garzeiten und Temperatureinstellungen bei Umluftherden die Anweisungen der Hersteller beachten.

Kinder, ältere Menschen, Schwangere, Kranke und Rekonvaleszenten sollten auf Gerichte mit rohen oder nur leicht gegarten Eiern verzichten.

ISBN 1-40542-560-1

Printed in China

Inhalt

EINFÜHRUNG

Dieses Buch enthält 1000 Rezepte aus der ganzen Welt. Jedes Rezept beinhaltet Informationen über Nährwerte, Zubereitungs- und Garzeiten sowie den Schwierigkeitsgrad (von einer Kochmütze für ein einfaches Rezept bis zu fünf Mützen für ein schwieriges).

Grundrezepte

Die folgenden Rezepte bilden die Grundlage vieler Gerichte dieses Kochbuchs.

Pastateig

- 450 g Weizenmehl
- 4 Eier, leicht verquirlt
- 1 EL Olivenöl
- Salz

1 Eine Arbeitsfläche leicht mit Mehl bestäuben. Das Mehl mit einer Prise Salz darauf sieben und zu einem kleinen Hügel formen. In die Mitte eine Mulde drücken, Eier und Olivenöl hineingeben.

2 Die Mischung mit den Händen oder einer Gabel gut vermengen, dann mit den Händen 10–15 Minuten kräftig durchkneten.

3 Den Teig 25 Minuten ruhen lassen. Dann so dünn und gleichmäßig wie möglich ausrollen und nach Bedarf weiter verarbeiten.

Béchamelsauce

- 300 ml Milch
- 2 Lorbeerblätter
- 1 kleine Zwiebel
- 3 Knoblauchzehen
- 60 g Butter, plus etwas mehr, zum Einfetten
- 3 EL Mehl
- 300 ml Kaffeesahne
- 1 große Prise geriebene Muskatnuss
- Salz und Pfeffer

1 Die Milch mit den Lorbeerblättern in einen kleinen Topf geben. Die Zwiebel mit den Knoblauchzehen spicken, zur Milch geben und aufkochen. Den Topf vom Herd nehmen und zum Abkühlen beiseite stellen.

2 Die Milch durch ein Sieb in einen Krug abgießen und den Topf auswaschen. Die Butter im Topf zerlassen und das Mehl einrühren. 1 Minute rühren, dann die Milch langsam unter ständigem Rühren zugießen. Die Sauce 3 Minuten kochen, dann die Kaffeesahne zugießen und die Sauce erneut aufkochen. Vom Herd nehmen und mit Muskat, Salz und Pfeffer abschmecken.

Tomatensauce

- 2 EL Olivenöl
- 1 kleine Zwiebel, gehackt
- 1 Knoblauchzehe, gehackt
- 400 g gehackte Tomaten aus der Dose
- 2 EL frisch gehackte Petersilie
- 1 TL getrockneter Oregano
- 2 Lorbeerblätter
- 2 EL Tomatenmark
- 1 TL Zucker
- Salz und Pfeffer

1 Das Öl in einem Topf erhitzen und die Zwiebel 2–3 Minuten glasig dünsten, dann den Knoblauch 1 Minute anbraten.

2 Tomaten, Petersilie, Oregano, Lorbeerblätter, Tomatenmark und Zucker einrühren und alles mit Salz und Pfeffer abschmecken.

3 Die Sauce aufkochen, dann unabgedeckt 15–20 Minuten köcheln lassen, bis sie auf die Hälfte reduziert ist. Die Sauce mit Salz und Pfeffer gut abschmecken. Die Lorbeerblätter unmittelbar vor dem Servieren entfernen.

Italienische Rotweinsauce

- 150 ml Kalbsfond (siehe Seite 8)
- 150 ml Espagnole-Sauce (siehe rechte Spalte)
- 125 ml Rotwein
- 2 EL Rotweinessig
- 4 EL gehackte Schalotten
- 1 Lorbeerblatt
- 1 Thymianzweig
- Pfeffer

1 Kalbsfond und Espagnole-Sauce unter gelegentlichem Rühren 10 Minuten in einem Topf erhitzen.

2 Rotwein, Essig, Schalotten, Lorbeerblatt und Thymian in einem Topf aufkochen und um zwei Drittel reduzieren.

3 Die Fleischbrühe durch ein Sieb gießen, in den Topf mit der Rotweinsauce geben und unter gelegentlichem Rühren 20 Minuten köcheln lassen. Mit Pfeffer abschmecken und vor der Verwendung erneut durch ein Sieb seihen.

Espagnole-Sauce

- 2 EL Butter
- 1 EL Mehl
- 1 TL Tomatenmark
- 250 ml heißer Kalbsfond (siehe Seite 8)
- 1 EL Madeira
- $1^1/_2$ TL Weißweinessig
- 2 EL Olivenöl
- 30 g Speck, gewürfelt
- 30 g Karotte, gewürfelt
- 30 g Zwiebel, gewürfelt
- 20 g Sellerie, gewürfelt
- 20 g Porree, gewürfelt
- 20 g Fenchel, gewürfelt
- 1 Thymianzweig
- 1 Lorbeerblatt

1 Die Butter in einem Topf zerlassen und das Mehl darin leicht anschwitzen. Das Tomatenmark zugeben, dann Fond, Madeira und Essig einrühren und 2 Minuten kochen.

2 Das Öl in einem zweiten Topf erhitzen, Speck, Karotte, Zwiebel, Sellerie, Porree, Fenchel, Thymian und Lorbeerblatt hineingeben und dünsten, bis das Gemüse weich wird. Das Gemüse mit einem Schaumlöffel aus dem Topf heben und gründlich abtropfen lassen. Dann zur Sauce geben und unter gelegentlichem Rühren 4 Stunden köcheln lassen. Die Sauce vor der Verwendung durch ein Sieb gießen.

Italienische Käsesauce

- 2 EL Butter
- 2 EL Mehl
- 300 ml heiße Milch
- 1 Prise geriebene Muskatnuss
- 1 Prise getrockneter Thymian
- 2 EL Weißweinessig
- Salz und Pfeffer
- 3 EL Crème double
- 60 g Mozzarella, gerieben
- 60 g Parmesan, gerieben
- 1 TL scharfer Senf
- 2 EL saure Sahne

1 Die Butter in einem Topf zerlassen und das Mehl darin anschwitzen, bis eine krümelige Mischung entsteht. Die Milch zugießen und unter Rühren 15 Minuten kochen, bis die Sauce eingedickt und glatt ist.

2 Muskat, Thymian und Essig hineingeben und mit Salz und Pfeffer abschmecken. Crème double zugeben und alles gut verrühren.

3 Beide Käsesorten, Senf und saure Sahne zugeben und gründlich verrühren, bis der Käse vollständig geschmolzen ist.

Fischfond

ERGIBT: 1,75 Liter

- 1 kg Fischreste (z. B. Kopf, Fleisch, Gräten)
- 1 große Zwiebel, gehackt
- 2 Karotten, in Scheiben
- 2 Selleriestangen, in Scheiben
- 1 Spritzer Zitronensaft
- 1 Bouquet garni oder 2 Lorbeerblätter

1 Alle Zutaten mit Wasser bedecken und aufkochen. Den Schaum abschöpfen, die Hitze reduzieren und 30 Minuten köcheln lassen. Danach abkühlen.

2 Durch ein mit Musselin auslegtes Sieb seihen. Die festen Zutaten wegwerfen.

3 Die Brühe abgedeckt im Kühlschrank bis zu 2 Tagen aufbewahren.

Kalbsfond

Kalbs- und Rinderknochen mit Bratfett 40 Minuten im Ofen braten. Dann die Knochen mit Porree, Zwiebel, Sellerie, Karotten, Bouquet garni, Weißweinessig und Thymianzweigen bei geringer Hitze ca. 3 Stunden köcheln lassen. Die Brühe durch ein Sieb seihen und das Fett von der Oberfläche abschöpfen.

Chinesische Brühe

Diese Brühe wird in chinesischen Gerichten nicht nur als Grundlage für Suppen, sondern auch als Garflüssigkeit statt Wasser verwendet.

ERGIBT: 2,5 Liter

- 750 g Hühnerfleisch
- 750 g Schweinerippchen
- 10-cm-Stück Ingwerwurzel, grob gehackt
- 3–4 Frühlingszwiebeln, in dicken Scheiben
- 3,75 l Wasser
- 3–4 EL Reiswein oder trockener Sherry

1 Das Fett entfernen und das Fleisch in kleine Stücke schneiden.

2 Die Fleischstücke mit Ingwer und Frühlingszwiebeln in einen großen Topf geben und das Wasser zugießen.

3 Aufkochen, den Schaum abschöpfen und bei geringer Hitze 3 Stunden köcheln.

4 Die Brühe durch ein Sieb gießen und die ausgesiebten Zutaten wegwerfen. Den Wein zugießen, aufkochen und 2–3 Minuten köcheln. Die Brühe abkühlen lassen.

5 Die Brühe im Kühlschrank bis zu 4 Tagen aufbewahren oder in kleinen Portionen einfrieren.

Gemüsebrühe

Die Brühe ist im Kühlschrank bis zu 3 Tagen, tiefgefroren bis zu 3 Monaten haltbar. Es empfiehlt sich, die Brühe erst bei der eigentlichen Verwendung mit Salz und Pfeffer abzuschmecken.

ERGIBT: 1,5 Liter

- 1 große Zwiebel, in Ringen
- 1 große Karotte, gewürfelt
- 1 Selleriestange, in Scheiben
- 1/2 Fenchelknolle
- 1 Knoblauchzehe
- 1 Lorbeerblatt
- einige Petersilien- und Estragonzweige
- 1 Prise gemahlene Muskatnuss
- 2 l Wasser
- Salz und Pfeffer

1 Alle Zutaten in einem Topf aufkochen und den Schaum von der Brühe abschöpfen.

2 Die Hitze reduzieren und alles 45 Minuten köcheln lassen. Dann abkühlen.

3 Ein Sieb mit Musselin auslegen und auf eine große Schüssel setzen. Die Brühe durch das Sieb gießen und die ausgesiebten Zutaten wegwerfen.

4 Die Brühe abgedeckt im Kühlschrank bis zu 3 Tagen aufbewahren oder in kleinen Portionen einfrieren.

Rinderbrühe

ERGIBT: 1,75 Liter

- 1 kg Rinderknochen oder Rindfleisch, gewürfelt
- 2 Zwiebeln, mit 6 Gewürznelken gespickt, oder in Ringen bzw. gewürfelt
- 2 Karotten, in Scheiben
- 1 Porreestange, in Scheiben
- 1–2 Selleriestangen, in Scheiben
- 1 Bouquet garni
- 2,25 l Wasser

1 Verwenden Sie, wenn möglich, Markknochen mit Fleischresten. Knochen oder Fleisch in einen Bräter legen und in einem auf 230 °C vorgeheizten Backofen 30–50 Minuten garen, bis sie braun sind.

2 Die Knochen oder das Fleisch in einen großen Topf geben und die restlichen Zutaten zufügen. Alles aufkochen, dann den Schaum von der Brühe abschöpfen.

3 Abdecken und 3–4 Stunden köcheln lassen. Die Brühe abgießen, abkühlen lassen und in den Kühlschrank stellen. Das Fett abschöpfen. Wird die Brühe mehr als 24 Stunden aufbewahrt, muss sie täglich aufgekocht, schnell abgekühlt und kalt gestellt werden.

4 Die Brühe kann tiefgefroren bis zu 2 Monaten aufbewahrt werden. Dazu in einen großen Gefrierbeutel geben, nicht ganz füllen und gut verschließen.

Hühnerbrühe

ERGIBT: 1,75 Liter

- 1 Suppenhuhn (ca. 1 kg), gehäutet
- 2 Selleriestangen
- 1 Zwiebel
- 2 Karotten
- 1 Knoblauchzehe
- einige Petersilienzweige
- 2 l Wasser
- Salz und Pfeffer

1 Alle Zutaten in einen großen Topf geben und aufkochen. Den Schaum von der Brühe abschöpfen. Dann die Hitze reduzieren und alles 2 Stunden köcheln lassen. Dann abkühlen.

2 Ein Sieb mit sauberem Musselin auslegen und auf eine Schüssel setzen. Das Huhn aus der Brühe nehmen. Die Brühe durch das Sieb seihen und die ausgesiebten Zutaten wegwerfen. Abgedeckt abkühlen.

3 Das Fett von der Oberfläche abschöpfen. Die Brühe abgedeckt im Kühlschrank bis zu 4 Tagen aufbewahren oder in kleinen Portionen einfrieren.

Lammbrühe

ERGIBT: 1,75 Liter

- Etwa 1 kg Knochen von einem gekochten Lammbraten oder ungekochte zerkleinerte Lammknochen
- 2 Zwiebeln, mit 6 Gewürznelken gespickt, oder in Ringen bzw. gewürfelt
- 2 Karotten, in Scheiben
- 1 Porreestange, in Scheiben
- 1–2 Selleriestangen, in Scheiben
- 1 Bouquet garni
- 2,25 l Wasser

1 Die Knochen zerkleinern und zusammen mit den anderen Zutaten in einen großen Topf geben. Aufkochen, den Schaum abschöpfen. Dann abdecken und bei geringer Hitze 3–4 Stunden köcheln lassen. Die Brühe abseihen und abkühlen lassen.

2 Das Fett von der Oberfläche abschöpfen und die Brühe in den Kühlschrank stellen. Wird die Brühe mehr als 24 Stunden aufbewahrt, muss sie täglich aufgekocht, schnell abgekühlt und kalt gestellt werden. Tiefgefroren ist sie bis zu 2 Monaten haltbar.

Suppen & Vorspeisen

Ein Menü wird gewöhnlich mit einer Suppe oder einer Vorspeise eröffnet, die auf die folgenden Gänge abgestimmt ist. In diesem Kapitel finden Sie eine Vielzahl köstlicher Suppen aus der ganzen Welt und für jede Gelegenheit, z. B. eine Linsen-Karotten-Suppe, eine Variation des indischen Dhals, einen Gumbo mit Meeresfrüchten aus New Orleans oder eine klassische französische Vichysoisse. Auch wenn es etwas länger dauert, lohnt es sich immer, eine frische Brühe als Grundlage für Ihre Suppe zuzubereiten, denn Instantbrühe in Würfel- oder Pulverform enthält oftmals viel Salz oder künstliche Geschmacksverstärker. Falls Sie statt Suppen lieber andere Vorspeisen servieren, werden Sie in diesem Kapitel ebenfalls fündig, z. B. mit Spinat-Ricotta-Klößen oder Spanischer Tortilla.

Hühnersuppe mit Mais

Etwas Chili und Sherry verleihen dieser Suppe die Würze, rote Paprika und Tomate die farbliche Note.

NÄHRWERTANGABEN

Kilokalorien	199	Zucker	8 g
Eiweiß	12 g	Fett	8 g
Kohlenhydrate	19 g	davon gesättigt	1 g

5 MIN. 20 MIN.

4 PERSONEN

ZUTATEN

- 180 g Hähnchenbrustfilet
- 2 EL Sonnenblumenöl
- 2–3 Frühlingszwiebeln, diagonal in dünne Ringe geschnitten
- 1 rote Paprika, in dünnen Streifen
- 1 Knoblauchzehe, zerdrückt
- 125 g Babymaiskolben, in dicken Scheiben
- 1 l Hühnerbrühe
- 200 g Mais aus der Dose, gut abgetropft
- 2 EL Sherry
- 2–3 TL süße Chilisauce
- Salz und Pfeffer
- 2 TL Speisestärke mit 4 TL Wasser angerührt
- 2 Tomaten, geviertelt, entkernt und in Scheiben
- frisch gehackter Koriander oder frisch gehackte Petersilie, zum Garnieren

1 Das Hähnchenbrustfilet der Länge nach in vier Streifen, dann jeden Streifen in kleine Stücke schneiden.

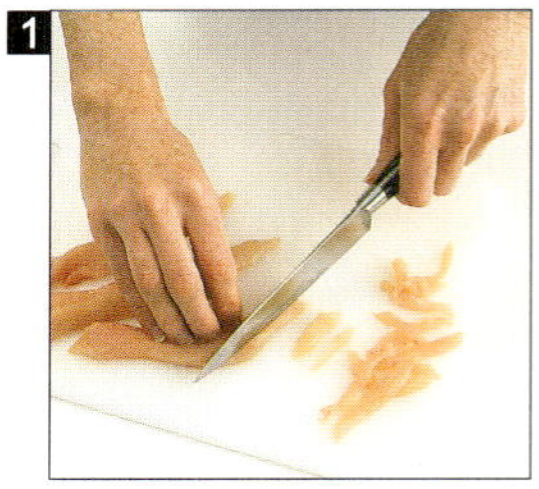

2 Das Öl in einem Wok oder einer Pfanne unter Schwenken stark erhitzen.

3 Das Fleisch in das heiße Öl geben und 3–4 Minuten pfannenrühren, bis es von allen Seiten gut angebraten und fast gar ist.

4 Frühlingszwiebeln, Paprika und Knoblauch zufügen und alles 2–3 Minuten pfannenrühren. Babymaiskolben und Brühe zugeben und aufkochen lassen.

5 Dosenmais, Sherry und süße Chilisauce zugeben, salzen und unter gelegentlichem Rühren 5 Minuten köcheln.

6 Die Speisestärke in die Suppe geben, dann die Suppe aufkochen. So lange rühren, bis sie eingedickt ist. Anschließend die Tomatenscheiben zugeben, alles mit Salz und Pfeffer abschmecken und weitere 1–2 Minuten köcheln lassen.

7 Die Suppe mit etwas gehacktem Koriander oder Petersilie bestreuen und heiß servieren.

Hühnersuppe mit Mandeln

Diese Suppe kann auch mit Entenbrust zubereitet werden. Verwenden Sie in diesem Fall anstelle der Hühnerbrühe einen Wildfond (siehe Tipp).

NÄHRWERTANGABEN

Kilokalorien	219	Zucker	2 g
Eiweiß	18 g	Fett	15 g
Kohlenhydrate	2 g	davon gesättigt	2 g

10 MIN. 20 MIN.

4 PERSONEN

ZUTATEN

- 1 großes Hähnchenbrustfilet
- 1 EL Sonnenblumenöl
- 4 Frühlingszwiebeln, in feinen Ringen
- 1 Karotte, in feinen Stiften
- 750 ml Hühnerbrühe
- fein geriebene Schale von ½ Zitrone
- 40 g gemahlene Mandeln
- 1 EL helle Sojasauce
- 1 EL Zitronensaft
- Salz und Pfeffer
- 30 g gehobelte Mandeln, geröstet

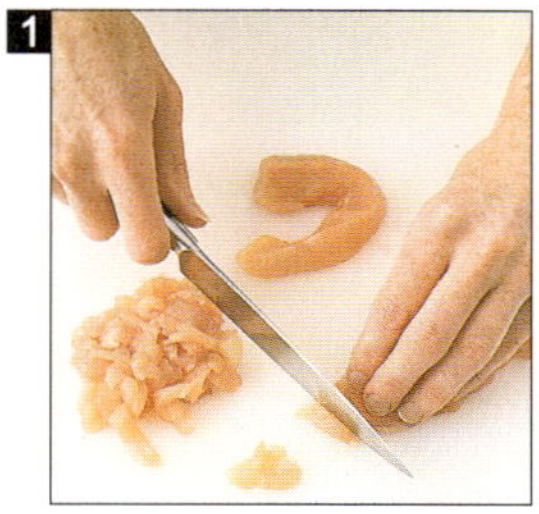

1 Das Hähnchenbrustfilet der Länge nach in vier Streifen, dann jeden Streifen in kleine Stücke schneiden.

2 Das Öl im Wok stark erhitzen, den Wok dabei schwenken.

3 Frühlingszwiebeln im heißen Öl 2 Minuten anbraten, dann das Fleisch zugeben. Unter Rühren 3–4 Minuten braten, bis die Poren geschlossen sind und das Fleisch fast gar ist. Die Karotte zufügen und alles weiter pfannenrühren.

4 Die Brühe zugießen und zum Kochen bringen. Zitronenschale, gemahlene Mandeln, Sojasauce und Zitronensaft zufügen. Kräftig salzen und pfeffern. Erneut aufkochen und ohne Deckel unter gelegentlichem Rühren 5 Minuten köcheln lassen.

5 Erneut abschmecken und zwei Drittel der gehobelten Mandeln zugeben. Weitere 1–2 Minuten köcheln lassen.

6 In Suppentassen füllen und mit den restlichen gehobelten Mandeln garnieren. Sehr heiß servieren.

TIPP

Für einen Wildfond 1,2 kg Wildkarkassen mit 2 l Wasser in einem großen Topf aufkochen, dabei den Schaum von der Oberfläche abschöpfen. 1 Bouquet garni, 1 geschälte Zwiebel und Suppengewürze zufügen, abdecken und 1½ Stunden köcheln lassen. Abseihen und das Fett abschöpfen.

Zitronensuppe mit Hähnchen

Diese aromatische Sommersuppe lässt sich kinderleicht zubereiten und schmeckt vorzüglich.

NÄHRWERTANGABEN

Kilokalorien	506	Zucker	4 g
Eiweiß	19 g	Fett	31 g
Kohlenhydrate	41 g	davon gesättigt	19 g

5–10 MIN. 1 ¼ STD.

4 PERSONEN

ZUTATEN

- 60 g Butter
- 8 Schalotten, in dünnen Ringen
- 2 Karotten, in dünnen Scheiben
- 2 Selleriestangen, in dünnen Scheiben
- 250 g Hähnchenbrustfilet, klein geschnitten
- 3 Zitronen
- 1,2 l Hühnerbrühe
- 250 g Spaghetti, klein gebrochen
- Salz und weißer Pfeffer
- 150 g Schlagsahne

GARNIERUNG

- 1 Petersilienzweig
- 3 Zitronenscheiben, halbiert

1

2

4

1 Butter in einem großen Topf zerlassen. Schalotten, Karotten, Sellerie und Hähnchenbrust unter gelegentlichem Rühren 8 Minuten bei mittlerer Hitze anbraten.

2 Die Zitronen dünn abschälen und die Schale 3 Minuten in kochendem Wasser blanchieren. Den Saft aus den Zitronen pressen.

3 Zitronenschale und -saft zusammen mit der Brühe in den Topf zum Gemüse geben. Alles bei mittlerer Hitze langsam aufkochen, dann 40 Minuten köcheln lassen.

4 Die Spaghetti in den Topf geben und ca. 15 Minuten kochen. Mit Salz und Pfeffer abschmecken und die Sahne einrühren. Alles nochmal erhitzen, aber nicht mehr aufkochen.

5 Die Suppe in eine Terrine füllen, mit Petersilie und Zitronenscheiben garnieren und servieren.

TIPP

Sie können die Suppe bis einschließlich Schritt 3 im Voraus vorbereiten: Sie brauchen also vor dem Servieren nur noch die Nudeln darin kochen und Sahne zugeben – fertig!

Geflügelsuppe mit Nudeln

Diese gehaltvolle Suppe mundet sowohl mittags als auch abends. Verwenden Sie Ihr Lieblingsgemüse oder die Lieblingsnudeln Ihrer Kinder.

NÄHRWERTANGABEN

Kilokalorien	185	Zucker	5 g
Eiweiß	17 g	Fett	5 g
Kohlenhydrate	20 g	davon gesättigt	1 g

5 MIN. 15–20 MIN.

6 PERSONEN

ZUTATEN

- 350 g Hähnchenbrustfilet
- 2 EL Sonnenblumenöl
- 1 große Zwiebel, gewürfelt
- 250 g Karotten, gewürfelt
- 250 g Blumenkohl, in Röschen zerteilt
- 850 ml Hühnerbrühe
- 2 TL getrocknete gemischte Kräuter
- 125 g kurze Nudeln
- Salz und Pfeffer
- frisch geriebener Parmesan, zum Bestreuen
- ofenfrisches Brot, zum Servieren

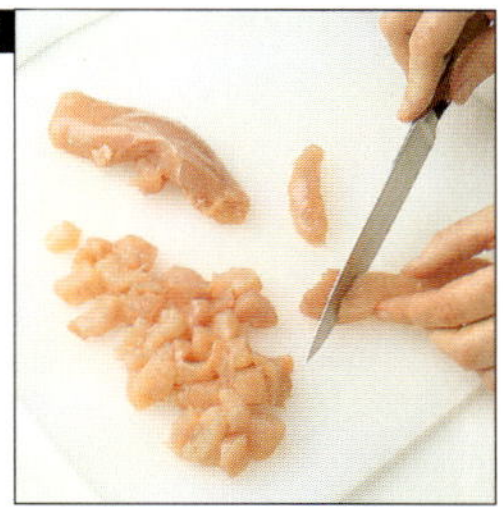

1 Das Hähnchenbrustfilet mit einem scharfen Messer in Würfel schneiden.

2 Das Öl in einem großen Topf erhitzen. Dann Fleisch und Gemüse hineingeben und schnell anbraten, bis es leicht angebräunt ist.

3 Brühe und Kräuter einrühren. Dann alles aufkochen.

4 Die Nudeln zugeben. Dann wieder alles aufkochen. Anschließend abgedeckt 10 Minuten köcheln lassen, währenddessen gelegentlich umrühren, um zu verhindern, dass die Nudeln aneinander kleben.

5 Mit Salz und Pfeffer abschmecken und mit Parmesan bestreuen. Reichen Sie ofenfrisches Brot dazu.

TIPP

Sie können hier alle kurzen Nudeln verwenden – probieren Sie es mit Conchiglie, Ditalini oder klein gebrochenen Spaghetti. Kinder mögen besonders gerne Suppe mit Nudeln in Tier- oder Buchstabenform.

Klare Hühnersuppe mit Ei

Diese ausgefallene Hühnersuppe ist durch die pochierten Eier sehr nahrhaft. Verwenden Sie frische Brühe, um den Geschmack noch zu verfeinern.

NÄHRWERTANGABEN

Kilokalorien 138	Zucker .... 1 g
Eiweiß .... 16 g	Fett .... 7 g
Kohlenhydrate ... 1 g	davon gesättigt .. 2 g

5 MIN. 35 MIN.

4 PERSONEN

ZUTATEN

- 1 TL Salz
- 1 EL Reisweinessig
- 4 Eier
- 850 ml Hühnerbrühe
- 1 Porreestange, in Ringen
- 125 g Brokkoli, in Röschen zerteilt
- 2 große Champignons, in Scheiben
- 125 g Hühnerfleisch, gekocht und in Streifen
- 1 EL trockener Sherry
- 1 Spritzer Chilisauce
- Chilipulver, zum Garnieren

1 In einem großen Topf Wasser zum Kochen bringen. Salz und Reisweinessig zugeben.

2 Die Hitze reduzieren, die Eier vorsichtig aufschlagen und einzeln in das nur noch leicht köchelnde Wasser gleiten lassen. Die Eier darin 1 Minute pochieren.

3 Die Eier mit einem Schaumlöffel herausnehmen und beiseite stellen.

4 In einem anderen Topf die Hühnerbrühe aufkochen. Porree, Brokkoli, Champignons, Hühnerfleisch und Sherry zufügen. Anschließend alles gut verrühren, mit der Chilisauce abschmecken und 10–15 Minuten kochen.

5 Die pochierten Eier in die Suppe geben. 2 Minuten mitkochen. Behutsam die Suppe und die Eier auf Teller verteilen. Mit Chilipulver bestäuben und sofort servieren.

VARIATION

Die Champignons können durch 4 getrocknete chinesische Pilze ersetzt werden. Diese müssen jedoch zuvor gründlich eingeweicht werden.

Pak-Choi-Suppe

Eine pikante, süß-saure Suppe. Sie kann als herzhafte vollwertige Mahlzeit oder auch als Vorspeise gereicht werden.

NÄHRWERTANGABEN

Kilokalorien	65	Zucker	7 g
Eiweiß	3 g	Fett	0,5 g
Kohlenhydrate	11 g	davon gesättigt	0,1 g

5 MIN. 30 MIN.

4 PERSONEN

ZUTATEN

450 g Pak Choi
600 ml Gemüsebrühe
1 EL Reisweinessig
1 EL helle Sojasauce
1 EL Zucker
1 EL trockener Sherry
1 frische rote Chili, in feinen Ringen
1 EL Speisestärke
2 EL Wasser

1 Den Pak Choi gründlich unter fließendem kaltem Wasser waschen, abspülen und ganz abtropfen lassen. Mit Küchenpapier trockentupfen.

2 Die Stiele des Pak Choi abschneiden und die Blätter klein schneiden.

3 Die Brühe in einem großen Kochtopf erhitzen. Den Pak Choi zugeben und 10–15 Minuten garen.

4 Reisweinessig, Sojasauce, Zucker und Sherry in einer kleinen Schüssel verrühren. Dann mit der Chili der Brühe zufügen.

5 Kurz aufkochen und 2–3 Minuten bei geringer Hitze köcheln lassen.

6 Die Speisestärke in einer kleinen Schüssel mit dem Wasser glatt rühren.

7 Die Speisestärkemischung langsam in die Suppe einrühren. Unter ständigem Rühren köcheln lassen, bis sie eingedickt ist. Noch weitere 4–5 Minuten fertig garen.

8 Die Suppe in vorgewärmte Suppentassen füllen und heiß servieren.

TIPP

Pak Choi (auch Bok Choi oder Chinesischer Senfkohl) ist ein schnell wachsendes, anspruchsloses Gemüse mit langen, weißen Blattstielen und fleischigen, löffelähnlichen, glänzend grünen Blättern. Die Arten unterscheiden sich hauptsächlich in ihrer Größe, weniger im Geschmack.

Suppe mit Lammfleisch und Reis

Diese Suppe ist sehr sättigend, denn sie enthält Reis und zartes Lammfleisch. Am besten vor einer leichten Hauptmahlzeit servieren.

NÄHRWERTANGABEN

Kilokalorien	116	Zucker	0,2 g
Eiweiß	9 g	Fett	4 g
Kohlenhydrate	12 g	davon gesättigt	2 g

5 MIN. 35 MIN.

4 PERSONEN

ZUTATEN

- 150 g mageres Lammfleisch
- 50 g Reis
- 850 ml Lammbrühe
- 1 Porreestange, in Scheiben
- 1 Knoblauchzehe, in dünnen Scheiben
- 2 TL helle Sojasauce
- 1 TL Reisweinessig
- 1 großer Champignon, in dünnen Scheiben

1 Mit einem scharfen Küchenmesser sämtliches Fett vom Lammfleisch entfernen, dann das Fleisch in dünne Streifen schneiden. Beiseite stellen.

2 Leicht gesalzenes Wasser in einem großen Topf zum Kochen bringen und den Reis zugeben. Erneut aufkochen lassen und einmal umrühren. Dann die Hitze reduzieren und den Reis 10–15 Minuten gar kochen.

3 Den Reis abgießen, unter fließendem kaltem Wasser abspülen, erneut abgießen und beiseite stellen.

4 In der Zwischenzeit die Lammbrühe in einen großen Kochtopf gießen und aufkochen.

5 Lammfleisch, Porree, Knoblauch, Sojasauce und Reisweinessig in die Brühe geben und unterrühren. Alles abgedeckt bei geringer Hitze 10 Minuten garen, bis das Lammfleisch gar ist.

6 Die Champignonscheiben und den Reis in den Kochtopf geben und alles weitere 2–3 Minuten köcheln.

7 Die fertige Suppe auf vorgewärmte Suppenteller verteilen und heiß servieren.

2

5

6

VARIATION

Verwenden Sie getrocknete chinesische Pilze: Weichen Sie sie nach der Anleitung auf der Packung ein, und schneiden Sie sie in Stücke. Fügen Sie die chinesischen Pilze mit dem Lammfleisch in Schritt 5 zu.

Kartoffelsuppe mit Pesto

Frisch zubereiteter Pesto ist ein wahrer Gaumenschmaus und nicht zu vergleichen mit Fertigprodukten aus dem Supermarkt.

NÄHRWERTANGABEN

Kilokalorien	548	Zucker	0 g
Eiweiß	11 g	Fett	52 g
Kohlenhydrate	10 g	davon gesättigt	18 g

5–10 MIN. 50 MIN.

4 PERSONEN

ZUTATEN

PESTO

- 60 g frisch gehackte Petersilie
- 2 Knoblauchzehen, zerdrückt
- 60 g Pinienkerne, gemahlen
- 2 EL frisch gehacktes Basilikum
- 60 g Parmesan, gerieben
- weißer Pfeffer
- 150 ml Olivenöl

KARTOFFELSUPPE

- 3 Streifen Räucherspeck ohne Schwarte
- 500 g mehlig kochende Kartoffeln
- 500 g Zwiebeln
- 2 EL Butter
- 600 ml Hühnerbrühe
- 600 ml Milch
- 100 g Conchiglie
- 150 g Schlagsahne
- Salz und Pfeffer
- frisch gehackte Petersilie

ZUM SERVIEREN

- frisch geriebener Parmesan
- Knoblauchbrot

2

4

4

1 Alle Pestozutaten 2 Minuten im Mixer oder einer Küchenmaschine pürieren.

2 Speck, Kartoffeln und Zwiebeln fein hacken.

3 Den Speck 4 Minuten in einem Topf anbraten. Butter, Kartoffeln und Zwiebeln zugeben und 12 Minuten mitgaren.

4 Brühe und Milch zugießen, aufkochen und 10 Minuten köcheln lassen. Die Nudeln zugeben und weitere 12–14 Minuten köcheln. Die Sahne einrühren, abschmecken und 5 Minuten köcheln lassen. Petersilie und 2 Esslöffel Pesto einrühren.

5 Auf Suppenteller verteilen und mit Parmesan und Knoblauchbrot servieren.

Indische Bohnensuppe

Eine herzhafte Suppe, die so nahrhaft und gehaltvoll ist, dass sie zusammen mit Vollkornbrot als Hauptgericht serviert werden kann.

NÄHRWERTANGABEN

Kilokalorien	237	Zucker	9 g
Eiweiß	9 g	Fett	9 g
Kohlenhydrate	33 g	davon gesättigt	1 g

20 MIN. 50 MIN.

6 PERSONEN

ZUTATEN

- 4 EL Ghee oder Pflanzenöl
- 2 Zwiebeln, gehackt
- 225 g Kartoffeln, grob gewürfelt
- 225 g Pastinaken, grob gewürfelt
- 225 g Rüben oder Steckrüben, grob gewürfelt
- 2 Selleriestangen, in Scheiben
- 2 Knoblauchzehen, zerdrückt
- 2 TL gemahlener Koriander
- 1 EL Paprikapulver
- 1 EL milde Currypaste
- 1,2 l Gemüsebrühe
- Salz
- 400 g Augenbohnen aus der Dose, abgespült und abgetropft
- 2 Zucchini, in Scheiben
- 1 grüne Paprika, entkernt und in 1 cm großen Stücken
- frisch gehackter Koriander, zum Garnieren (nach Belieben)

1 Ghee oder Öl in einem Topf erhitzen. Zwiebeln, Kartoffeln, Pastinaken, Rüben und Sellerie zufügen und bei mittlerer Hitze unter häufigem Rühren 5 Minuten dünsten. Knoblauch, gemahlenen Koriander, Paprikapulver und Currypaste zugeben und 1 Minute unter ständigem Rühren kochen.

2 Die Brühe einrühren und mit Salz abschmecken. Zum Kochen bringen, abdecken und bei geringer Hitze unter gelegentlichem Rühren 25 Minuten köcheln lassen.

3 Augenbohnen, Zucchini und grüne Paprika einrühren, anschließend abdecken und weitere 15 Minuten kochen, bis das Gemüse gar ist.

4 300 ml der Suppe in der Küchenmaschine oder im Mixer pürieren. Dann das Püree zur Suppe in den Topf zurückgeben und noch einmal stark erhitzen, aber nicht aufkochen. Nach Belieben gehackten Koriander darüber streuen und heiß servieren.

1

3

4

Kalbfleischsuppe mit Schinken

Kalbfleisch und Schinken – eine klassische Kombination – werden für dieses Rezept mit einem Schuss Sherry verfeinert.

NÄHRWERTANGABEN

Kilokalorien	501	Zucker	10 g
Eiweiß	38 g	Fett	18 g
Kohlenhydrate	28 g	davon gesättigt	10 g

5 MIN. 5½ STD.

4 PERSONEN

ZUTATEN

- 60 g Butter
- 1 Zwiebel, gewürfelt
- 1 Karotte, gewürfelt
- 1 Selleriestange, gewürfelt
- 500 g Kalbfleisch, dünn aufgeschnitten
- 500 g Schinken, dünn aufgeschnitten
- 60 g Mehl
- 1 l Rinderbrühe
- 1 Lorbeerblatt
- 1 Prise Salz
- 8 schwarze Pfefferkörner
- 3 EL rotes Johannisbeergelee
- 150 ml Cream-Sherry
- 100 g Vermicelli
- Knoblauch-Croûtons (siehe Tipp), zum Servieren

1 Die Butter in einem großen Topf zerlassen. Zwiebel, Karotte, Sellerie, Kalbfleisch und Schinken 6 Minuten bei mittlerer Hitze anbraten.

2 Mit dem Mehl bestreuen und unter Rühren weitere 2 Minuten garen. Nach und nach die Brühe einrühren. Dann Lorbeerblatt, Salz und Pfefferkörner zugeben.

3 Anschließend aufkochen und 1 Stunde köcheln lassen. Dann vom Herd nehmen und das Gelee und den Sherry einrühren. Beiseite stellen und 4 Stunden ruhen lassen.

4 Das Lorbeerblatt entfernen und die Suppe bei schwacher Hitze erwärmen.

5 Salzwasser in einem großen Topf aufkochen. Die Vermicelli darin bissfest kochen. In die Suppe geben und auf vorgewärmte Suppenteller verteilen. Mit Knoblauch-Croûtons servieren.

TIPP

Für die Knoblauch-Croûtons die Kruste von 3 Scheiben Weißbrot entfernen. Das Brot in 5 mm dicke Würfel schneiden. 3 EL Olivenöl langsam erhitzen und 1–2 fein gehackte Knoblauchzehen 1–2 Minuten andünsten. Den Knoblauch entfernen und das Brot zugeben. Unter regelmäßigem Rühren goldbraun rösten.

Kartoffel-Schweinefleisch-Suppe

In diesem Rezept wird das Schweinefleisch mit traditionellen chinesischen Gewürzen – Sojasauce, Reisweinessig und einem Schuss Sesamöl – verfeinert.

NÄHRWERTANGABEN

Kilokalorien	166	Zucker	2 g
Eiweiß	10 g	Fett	5 g
Kohlenhydrate	26 g	davon gesättigt	1 g

5 MIN. 20 MIN.

4 PERSONEN

ZUTATEN

- 1 l Hühnerbrühe
- 2 Kartoffeln, grob gewürfelt
- 2 EL Reisweinessig
- 2 EL Speisestärke
- 4 EL Wasser
- 125 g Schweinefilet, in Scheiben
- 1 EL helle Sojasauce
- 1 TL Sesamöl
- 1 Karotte, in feinen Stiften
- 1 TL frisch gehackte Ingwerwurzel
- 3 Frühlingszwiebeln, in Ringen
- 1 rote Paprika, in Streifen
- 225 g Bambussprossen aus der Dose, abgetropft

4

5

5

1 Brühe, Kartoffeln und 1 Esslöffel Reisweinessig in einen Topf geben und zum Kochen bringen. Die Hitze reduzieren, bis die Brühe nur noch köchelt.

2 Die Speisestärke in dem Wasser auflösen und in die Brühe einrühren.

3 Die Brühe erneut aufkochen und rühren, bis sie andickt, dann die Hitze reduzieren, bis sie wieder nur noch köchelt.

4 Das Schweinefilet in eine Schüssel geben und mit dem restlichen Reisweinessig, der Sojasauce und dem Sesamöl würzen.

5 Schweinefleisch, Karottenstifte und Ingwer in die Brühe geben und alles 10 Minuten kochen. Frühlingszwiebeln, rote Paprika und Bambussprossen einrühren. Weitere 5 Minuten kochen. Die fertige Suppe in vorgewärmte Suppentassen füllen und heiß servieren.

VARIATION

Besonders scharf wird diese Suppe, wenn Sie ihr in Schritt 5 eine klein geschnittene rote Chili oder 1 TL Chilipulver zufügen.

Muschelsuppe mit Kartoffeln

Diese unkomplizierte Suppe eignet sich – mit knusprigem Brot serviert – hervorragend als leichtes Mittagessen im Sommer.

NÄHRWERTANGABEN

Kilokalorien	804	Zucker	3 g
Eiweiß	17 g	Fett	68 g
Kohlenhydrate	32 g	davon gesättigt	38 g

10 MIN. 35 MIN.

4 PERSONEN

ZUTATEN

- 750 g frische Miesmuscheln
- 2 EL Olivenöl
- Salz und Pfeffer
- 100 g Butter
- 2 Scheiben Schinkenspeck, gewürfelt
- 1 Zwiebel, fein gehackt
- 2 Knoblauchzehen, zerdrückt
- 60 g Mehl
- 500 g Kartoffeln, in dünnen Scheiben
- 100 g Conchiglie
- 300 g Schlagsahne
- 1 EL Zitronensaft
- 2 Eigelb

GARNIERUNG

- 2 EL frisch gehackte Petersilie
- Zitronenspalten

1 Die Muscheln 5 Minuten unter kaltem Wasser gründlich abbürsten und Bartfäden entfernen. Geöffnete Muscheln nicht mehr verwenden.

2 Wasser in einem großen Topf aufkochen. Muscheln, Öl und etwas Pfeffer zugeben und so lange kochen, bis sich die Muscheln öffnen. Muscheln, die jetzt noch geschlossen sind, wegwerfen.

3 Die Muscheln abgießen, den Sud auffangen. Aus den Schalen lösen.

4 Die Butter in einem großen Topf zerlassen. Schinkenspeck, Zwiebel und Knoblauch zugeben und 4 Minuten andünsten. Langsam das Mehl einrühren und 1,2 Liter des Suds zugießen.

5 Die Kartoffeln zugeben und 5 Minuten köcheln. Dann die Nudeln zufügen und weitere 10 Minuten köcheln.

6 Sahne und Zitronensaft zugießen und die Suppe mit Salz und Pfeffer abschmecken. Dann die Muscheln zugeben.

7 Das Eigelb mit 2 Esslöffeln des Suds verrühren. Die Mischung in die Suppe gießen und alles 4 Minuten erwärmen, jedoch nicht mehr kochen. Die Suppe mit Petersilie bestreuen und mit Zitronenspalten garnieren.

2

3

6

Pikante Garnelensuppe

In dieser Suppe werden Limettenblätter verwendet, um ihr eine säuerlich-herbe Schärfe zu geben.

NÄHRWERTANGABEN

Kilokalorien 217	Zucker .... 16 g
Eiweiß .... 16 g	Fett .... 4 g
Kohlenhydrate .. 31 g	davon gesättigt .. 1 g

10 MIN. 20 MIN.

4 PERSONEN

ZUTATEN

- 2 EL Tamarindenpaste
- 4 rote Chillies, fein gehackt
- 2,5-cm-Stück thailändischer oder handelsüblicher Ingwer, fein gehackt
- 4 EL Fischsauce
- 2 Knoblauchzehen, zerdrückt
- 1,2 l Fischfond
- 2 EL Palmzucker oder feiner Zucker
- 8 Kaffir-Limettenblätter
- 100 g Karotten, in dünnen Scheiben
- 350 g Süßkartoffeln, gewürfelt
- 100 g Babymaiskolben, halbiert
- 3 EL grob gehackter frischer Koriander
- 100 g Kirschtomaten, halbiert
- 225 g rohe Garnelen mit Schwanzende, ausgelöst

1 Tamarindenpaste, rote Chillies, Ingwer, Fischsauce, Knoblauch, Fischfond und Zucker in einen vorgewärmten Wok oder eine große Pfanne geben. Die Limettenblätter grob zerrupfen und zugeben. Aufkochen, dabei rühren, damit sich die Zutaten und die Aromen verbinden.

2 Die Hitze reduzieren und Karotte, Süßkartoffeln und Babymais in den Wok geben und alles mischen.

3 Die Suppe etwa 10 Minuten ohne Deckel köcheln lassen, bis sämtliches Gemüse gerade zart ist.

4 Dann Koriander, Kirschtomaten und Garnelen in die Suppe einrühren und weitere 5 Minuten garen.

5 Die Suppe in eine vorgewärmte Suppenterrine oder in einzelne Suppentassen füllen und heiß servieren.

TIPP

Thailändischer Ingwer oder Galangal gehört zur Ingwerfamilie. Er ist gelb und hat rosa Sprossen, ist aromatisch im Geschmack und weniger stechend scharf als die uns bekannte Art.

1

2

4

Suppe mit Garnelentaschen

Wenn Sie die kleinen Garnelen-Hackfleisch-Päckchen etwas größer machen, können Sie sie auch solo als Dim Sum servieren.

NÄHRWERTANGABEN

Kilokalorien	311	Zucker	2 g
Eiweiß	18 g	Fett	8 g
Kohlenhydrate	41 g	davon gesättigt	2 g

20 MIN. 10 MIN.

4 PERSONEN

ZUTATEN

TEIG

- 150 g Mehl
- 50 ml kochendes Wasser
- 25 ml kaltes Wasser
- 1½ TL Öl

FÜLLUNG

- 125 g feines Schweinehack
- 125 g gekochte Garnelen, ausgelöst und in kleinen Stücken
- 50 g Wasserkastanien aus der Dose, abgetropft, abgespült und klein geschnitten
- 1 Selleriestange, in Scheiben
- 1 TL Speisestärke mit 2 TL Wasser angerührt
- 1 EL Sesamöl
- 1 EL helle Sojasauce

SUPPE

- 850 ml Fischfond
- 50 g Glasnudeln
- 1 EL trockener Sherry
- Schnittlauchröllchen, zum Garnieren

1 Für den Teig Mehl, kochendes und kaltes Wasser sowie Öl in eine Schüssel geben und zu einem weichen Teig verrühren.

2 Den Teig auf einer bemehlten Arbeitsfläche 5 Minuten gründlich durchkneten, anschließend in 16 gleich große Portionen teilen.

3 Jede Teigportion zu einer runden Scheibe von 7,5 cm Durchmesser ausrollen.

4 Sämtliche Zutaten für die Füllung in eine große Schüssel geben und alles gut mischen.

5 Etwas von der Füllung mit einem Löffel auf die Mitte jeder Teigplatte setzen. Dann die Ränder hochziehen und gut zusammendrücken, die oberen Enden dabei leicht drehen, um die Taschen gut zu schließen.

6 Den Fischfond in einen großen Topf gießen und zum Kochen bringen.

7 Dann Glasnudeln, Garnelentaschen und Sherry zufügen und alles 4–5 Minuten kochen. Sobald die Nudeln gar und die Teigtaschen fest sind, garnieren und servieren.

3

5

7

Gumbo mit Meeresfrüchten

Gumbo stammt aus New Orleans – eine herzhafte, sämige Suppe, die fast als Eintopf durchgeht. Servieren Sie lockeren Reis dazu.

NÄHRWERTANGABEN

Kilokalorien	267	Zucker	6 g
Eiweiß	27 g	Fett	8 g
Kohlenhydrate	24 g	davon gesättigt	1 g

5 MIN. 35 MIN.

4 PERSONEN

ZUTATEN

- 1 EL Mehl
- 1 TL Paprikapulver
- 350 g Seeteufelfilet, gewürfelt
- 2 EL Olivenöl
- 1 Zwiebel, klein gehackt
- 1 grüne Paprika, entkernt und gewürfelt
- 3 Selleriestangen, fein gehackt
- 2 Knoblauchzehen, zerdrückt
- 180 g Okra, in Scheiben
- 600 ml Gemüsebrühe
- 450 g gehackte Tomaten aus der Dose
- 1 Bouquet garni
- 150 g geschälte Krabben
- Saft von 1 Zitrone
- 1 Spritzer Tabasco
- 2 TL Worcestersauce
- 180 g Langkornreis, gekocht

1 Mehl mit Paprikapulver mischen und die Fischwürfel darin wenden.

2 Öl in einem Topf erhitzen und den Fisch darin rundum anbraten. Mit dem Schaumlöffel herausnehmen und beiseite stellen.

3 Dann Zwiebel, Paprika, Sellerie, Knoblauch und Okra zugeben und 5 Minuten andünsten, bis das Gemüse weich ist.

4 Gemüsebrühe, Tomaten und Bouquet garni zugeben. Alles zum Kochen bringen, dann die Hitze reduzieren und 15 Minuten köcheln lassen.

5 Fisch, Krabben, Zitronensaft, Tabasco und etwas Worcestersauce zugeben und weitere 5 Minuten köcheln. Reis auf vorgewärmte Suppenteller verteilen und das Gumbo darüber geben. Sofort servieren.

Toskanische Kalbfleischbrühe

Kalbfleisch spielt eine große Rolle in der italienischen Küche – den Ideen für seine Verwendung sind keine Grenzen gesetzt.

NÄHRWERTANGABEN

Kilokalorien	420	Zucker	5 g
Eiweiß	54 g	Fett	7 g
Kohlenhydrate	37 g	davon gesättigt	2 g

2¼ STD. 4¾ STD.

4 PERSONEN

ZUTATEN

- 60 g getrocknete Erbsen, 2 Std. eingeweicht und abgetropft
- 900 g Kalbszunge, gewürfelt
- 1,2 l Rinder- oder braune Brühe (siehe Tipp)
- 600 ml Wasser
- 60 g Graupen, gewaschen
- Salz und weißer Pfeffer
- 1 große Karotte, gewürfelt
- 1 kleine weiße Rübe, gewürfelt
- 1 große Porreestange, in dünnen Scheiben
- 1 rote Zwiebel, fein gehackt
- 100 g gehackte Tomaten aus der Dose
- 1 frischer Basilikumzweig
- 100 g Vermicelli

1

2

3

1 Erbsen, Fleisch, Brühe und Wasser in einen großen Topf geben, verrühren und behutsam aufkochen. Mit einem Schaumlöffel den sich bildenden Schaum sofort von der Oberfläche abschöpfen.

2 Wenn kein Schaum mehr auftritt, die Graupen und 1 Prise Salz in die Suppe geben und alles gut verrühren. Anschließend die Suppe 25 Minuten bei geringer Hitze schwach köcheln lassen.

3 Karotte, Rübe, Porree, Zwiebel, Tomaten und Basilikum in den Topf geben und abschmecken. Etwa 2 Stunden köcheln lassen und von Zeit zu Zeit Schaum abschöpfen. Die Suppe 2 Stunden ruhen lassen.

4 Danach die Suppe bei mittlerer Hitze aufkochen. Die Vermicelli zugeben und 12 Minuten garen. Mit Salz und Pfeffer abschmecken und das Basilikum entfernen. Sofort servieren.

TIPP

Braune Brühe besteht aus Kalbsknochen und Kalbshaxe, die 40 Minuten in Bratfett im Backofen geröstet werden. Die Knochen in einen Topf geben, Porree-, Zwiebel-, Sellerie- und Karottenscheiben, 1 Bouquet garni, Weißweinessig und 1 Thymianzweig zugeben und mit Wasser bedecken. 3 Stunden schwach köcheln lassen. Abseihen und das Fett abschöpfen.

Meeresfrüchte-Suppe mit Tofu

Für diese köstliche Suppe können Sie Garnelen, Muscheln oder Kalmare verwenden – oder eine Mischung aus allen.

NÄHRWERTANGABEN

Kilokalorien	97	Zucker	0 g
Eiweiß	17 g	Fett	2 g
Kohlenhydrate	3 g	davon gesättigt	0,4 g

3 ½ STD. 10 MIN.

4 PERSONEN

ZUTATEN

- 250 g Meeresfrüchte, z. B. Garnelen, Muscheln oder Tintenfisch
- ½ Eiweiß, leicht aufgeschlagen
- 1 EL Speisestärke mit in 2 EL Wasser angerührt
- 250 g Tofu
- 750 ml chinesische Brühe (siehe Seite 8)
- 1 EL helle Sojasauce
- Salz und Pfeffer
- frische Korianderblätter, zum Garnieren

1 Kleine Garnelen können ganz bleiben, größere sollten in Stücke geschnitten werden. Kalmare und Muscheln ebenfalls in kleinere Stücke schneiden.

2 Falls Sie frische Meeresfrüchte verwenden, Garnelen und Muscheln erst im Eiweiß, dann in der Speisestärke wenden. Dadurch wird verhindert, dass sie beim Kochen zäh werden. Den Tofu in kleine Würfel schneiden.

3 Die Brühe im Wok aufkochen, dann den Tofu und die Sojasauce zugeben. Erneut aufkochen, anschließend 1 Minute köcheln lassen.

4 Die Meeresfrüchte dazugeben, umrühren, erneut aufkochen und 1 Minute köcheln lassen.

5 Mit Salz und Pfeffer abschmecken und nach Belieben mit Koriander garnieren.

TIPP

Tofu wird aus pürierten, sehr eiweißreichen Sojabohnen hergestellt. Tofu ist geschmacksneutral, nimmt aber sehr gut das Aroma anderer Zutaten an. Tofu ist in Reformhäusern, asiatischen Lebensmittelgeschäften und gut sortierten Supermärkten erhältlich.

1

2

4

Minestrone

Wörtlich übersetzt bedeutet Minestrone „dicke Suppe“. Sie wird überall in Italien zubereitet. Dies ist eine Variante aus der Hafenstadt Livorno.

NÄHRWERTANGABEN

Kilokalorien	311	Zucker	8 g
Eiweiß	12 g	Fett	19 g
Kohlenhydrate	26 g	davon gesättigt	5 g

10 MIN. 30 MIN.

4 PERSONEN

ZUTATEN

- 1 EL Olivenöl
- 100 g Pancetta, gewürfelt
- 2 große Zwiebeln, gewürfelt
- 2 Knoblauchzehen, zerdrückt
- 1 Kartoffel, in 1 cm große Würfel geschnitten
- 1 Karotte, in Scheiben
- 1 Porreestange, in Ringen
- ¼ Weißkohl, in Streifen
- 1 Selleriestange, gewürfelt
- 450 g gehackte Tomaten aus der Dose
- 200 g Flageolettbohnen aus der Dose, abgespült und abgetropft
- 600 ml Rinder- oder Hühnerbrühe, mit 600 ml kochendem Wasser verdünnt
- 1 Bouquet garni
- Salz und Pfeffer
- frisch geriebener Parmesan, zum Servieren

1

2

3

1 Das Olivenöl in einem großen Topf erhitzen. Pancetta, Zwiebeln und Knoblauch zugeben und etwa 5 Minuten unter ständigem Rühren anbraten, bis die Zwiebeln weich und goldbraun sind.

2 Kartoffel, Karotte, Porree, Wirsing und Sellerie zugeben und 2 Minuten andünsten. Dabei häufig rühren, bis das Gemüse mit Öl überzogen ist.

3 Tomaten, Bohnen, heiße Brühe und Bouquet garni zugeben und alles gründlich umrühren. Anschließend mit geschlossenem Deckel 15–20 Minuten köcheln lassen, bis das Gemüse gerade gar ist.

4 Das Bouquet garni entfernen, mit Salz und Pfeffer abschmecken und mit reichlich frisch geriebenem Parmesan bestreut servieren.

Suppe mit Krebsfleisch und Ingwer

Zwei klassische Zutaten der traditionellen chinesischen Küche bilden in diesem Rezept die Grundlage für eine exzellente Suppe.

NÄHRWERTANGABEN

Kilokalorien 32	Zucker 1g
Eiweiß 6g	Fett 0,4g
Kohlenhydrate ... 1g	davon gesättigt .. 0g

10 MIN. 25 MIN.

4 PERSONEN

ZUTATEN

- 1 Karotte
- 1 Porreestange
- 1 Lorbeerblatt
- 850 ml Fischfond
- 2 große Krebse, gekocht
- 2,5-cm-Stück Ingwerwurzel, geraspelt
- 1 TL helle Sojasauce
- ½ TL gemahlener Sternanis
- Salz und Pfeffer

1 Karotte und Porree mit einem scharfen Messer in kleine Stücke schneiden und zusammen mit dem Lorbeerblatt und dem Fischfond in einen großen Topf geben.

2 Alles gründlich umrühren, anschließend aufkochen.

3 Hitze reduzieren und etwa 10 Minuten zugedeckt köcheln lassen, bis das Gemüse fast zart ist.

4 Dann sämtliches Fleisch der gekochten Krebse auslösen. Dazu zunächst die Scheren abbrechen und beiseite legen. Dann die Gelenke aufbrechen und das Fleisch mit einer Gabel oder einem Spieß auslösen.

5 Das Krebsfleisch in den Fischfond geben, ebenso den Ingwer, die Sojasauce und den Sternanis. Anschließend alles aufkochen. 10 Minuten köcheln lassen, bis das Gemüse weich und das Krebsfleisch gar ist.

6 Suppe mit Salz und Pfeffer abschmecken, in eine Suppenterrine oder einzelne Servierschüsseln füllen und mit den Krabbenscheren verzieren. Sofort servieren.

VARIATION

Ist frisches Krebsfleisch nicht erhältlich, abgetropftes Krebsfleisch aus der Dose oder aufgetaute Tiefkühlware verwenden.

1

4

5

Suppe mit Mais und Krebsfleisch

Sehr cremig wird die Suppe, wenn Sie „Creamed corn" verwenden. Diese amerikanische Fertigmaiscreme ist in US-Lebensmittelgeschäften erhältlich.

NÄHRWERTANGABEN

Kilokalorien	133	Zucker	6 g
Eiweiß	10 g	Fett	3 g
Kohlenhydrate	19 g	davon gesättigt	0,4 g

3½ STD. — 10 MIN.

4 PERSONEN

ZUTATEN

- 125 g Krebsfleisch (oder 1 Hähnchenbrustfilet)
- ¼ TL frisch gehackte Ingwerwurzel
- 2 Eiweiß
- 2 EL Milch
- 1 EL Speisestärke mit 2 EL Wasser angerührt
- 600 ml chinesische Brühe (siehe Seite 8)
- 250 g Creamed corn (amerikanische Maiscreme) oder 300 g Mais aus der Dose, abgetropft und zerstampft
- Salz und Pfeffer
- Frühlingszwiebeln, fein geschnitten, zum Garnieren

1 Das Krebsfleisch in einer kleinen Schüssel zerpflücken. Den Ingwer zugeben und gut untermischen. Falls Hähnchenbrustfilet verwendet wird, dieses in kleine Streifen schneiden und mit Ingwer mischen.

2 Eiweiß schaumig schlagen, die Milch und die Speisestärke zugeben und alles verquirlen, bis die Masse sämig ist.

3 Das Krebs- oder Hähnchenfleisch in die Eiweißmischung einrühren.

4 Die Brühe in einem Wok zum Kochen bringen, Maiscreme zugeben und unter vorsichtigem Rühren nochmals aufkochen.

5 Die Eiweißmischung mit dem Krebs- oder Hähnchenfleisch zugeben.

6 Mit Salz und Pfeffer abschmecken und umrühren, bis alles gut vermischt ist.

7 Die Suppe in eine vorgewärmte Suppenterrine oder in Suppenschüsseln füllen, mit Frühlingszwiebeln garnieren und sofort servieren.

TIPP

Wenn möglich, immer frisches Krebsfleisch verwenden. Für dieses Rezept kann auch tiefgefrorenes Krebsfleisch oder Krebsfleisch aus Dosen verwendet werden. Der sehr feine, süße Fleischgeschmack verliert sich leider relativ schnell. Darum bevorzugen chinesische Köche lebende Krebse.

Toskanische Zwiebelsuppe

Am besten schmeckt die Suppe mit mild-aromatischen weißen Zwiebeln. Alternativ kann man auch Gemüsezwiebeln verwenden.

NÄHRWERTANGABEN

Kilokalorien 390	Zucker 0g
Eiweiß 9g	Fett 33g
Kohlenhydrate .. 15g	davon gesättigt . 14g

5–10 MIN. 40–45 MIN.

4 PERSONEN

ZUTATEN

- 50 g Pancetta, gewürfelt (siehe Tipp)
- 1 EL Olivenöl
- 4 große Zwiebeln, in dünnen Ringen
- 3 Knoblauchzehen, zerdrückt
- 850 ml heiße Hühner- oder Fleischbrühe
- 4 Scheiben Ciabatta
- 50 g Butter
- 75 g Gruyère, gerieben
- Salz und Pfeffer

1 Die Pancetta-Würfel in einer großen Pfanne 3–4 Minuten anbraten, bis sie zu bräunen beginnen. Dann aus der Pfanne nehmen und beiseite stellen.

2 Das Öl in die Pfanne geben, Zwiebeln und Knoblauch zufügen und bei starker Hitze 4 Minuten braten. Dann die Hitze reduzieren, die Pfanne abdecken und die Zwiebelmischung etwa 15 Minuten weich dünsten.

3 Die Brühe zugießen und aufkochen. Anschließend die Hitze reduzieren und die Zwiebelmischung abgedeckt 10 Minuten köcheln lassen.

4 Die Ciabatta-Scheiben unter einem vorgeheizten Grill 2–3 Minuten leicht braun rösten. Mit Butter bestreichen, mit Käse bestreuen und in mundgerechte Stücke schneiden.

5 Die angebratenen Pancetta-Würfel in die Suppe geben und diese mit Salz und Pfeffer abschmecken. Auf Suppenschalen verteilen und mit den vorbereiteten Brotstücken garnieren.

1

2

4

TIPP

Pancetta ist ein luftgetrockneter, gesalzener und 6 Monate gereifter Schweinespeck, der in italienischen Feinkostgeschäften erhältlich ist. Er kann durch ungeräucherten Speck ersetzt werden.

Gazpacho

Diese spanische Suppe auf Tomatenbasis enthält viel frisches Gemüse. Man bereitet sie am besten im Voraus zu, weil sie gut gekühlt werden muss.

NÄHRWERTANGABEN

Kilokalorien	140	Zucker	12 g
Eiweiß	3 g	Fett	9 g
Kohlenhydrate	13 g	davon gesättigt	1 g

6½ STD. 0 MIN.

4 PERSONEN

ZUTATEN

½ kleine Gurke

½ grüne Paprika, entkernt und fein gewürfelt

500 g reife Tomaten, gehäutet, oder 400 g gehackte Tomaten aus der Dose

½ Zwiebel, grob gehackt

2–3 Knoblauchzehen, zerdrückt

3 EL Olivenöl

2 EL Weißweinessig

1–2 TL Zitronen- oder Limettensaft

2 EL Tomatenmark

450 ml Tomatensaft

Salz und Pfeffer

ZUM SERVIEREN

grüne Paprika, gewürfelt

dünne Zwiebelringe

Knoblauch-Croûtons

1 Die Gurke grob in eine große Schüssel reiben und die Paprika zugeben.

2 Tomaten, Zwiebel und Knoblauch in einer Küchenmaschine oder einem Mixer zerkleinern. Dann Öl, Essig, Zitronen- oder Limettensaft und Tomatenmark zugeben und pürieren. Oder Tomaten klein schneiden und die Zwiebel fein reiben, dann beides mit Knoblauch, Öl, Essig, Zitronen- oder Limettensaft und Tomatenmark mischen.

3 Tomatenmischung in die Schüssel geben und gut vermengen, dann den Tomatensaft zugießen und erneut gut verrühren.

4 Abschmecken, Schüssel mit Frischhaltefolie abdecken und mindestens 6 Stunden (wenn möglich länger) kalt stellen, damit sich der Geschmack voll entfalten kann.

5 Als Beilage grüne Paprika, Zwiebelringe und Knoblauch-Croûtons vorbereiten und in separaten Servierschälchen anrichten.

6 Suppe auf Schalen verteilen und mit den Beilagen servieren.

2

3

5

Tomatencremesuppe

Diese schnelle, unkomplizierte Suppe mit dem köstlichen Aroma sonnengereifter Tomaten wird durch Basilikum perfekt ergänzt.

NÄHRWERTANGABEN

Kilokalorien	218	Zucker	10 g
Eiweiß	3 g	Fett	19 g
Kohlenhydrate	10 g	davon gesättigt	11 g

5 MIN. — 25–30 MIN.

4 PERSONEN

ZUTATEN

- 50 g Butter
- 700 g reife Tomaten (möglichst Eiertomaten), grob gehackt
- Salz und Pfeffer
- 850 ml heiße Gemüsebrühe
- 50 g gemahlene Mandeln
- 150 ml Milch oder 150 g Schlagsahne
- 1 TL Zucker
- 2 EL frisch gehacktes Basilikum

1 Die Butter in einem großen Topf bei mittlerer Hitze zerlassen. Die Tomaten zugeben und etwa 5 Minuten andünsten, bis die Schale runzlig wird. Mit Salz und Pfeffer abschmecken.

2 Die Brühe zugießen, zum Kochen bringen und mit geschlossenem Deckel 10 Minuten köcheln lassen.

3 Inzwischen die Mandeln unter einem vorgeheizten Grill 1–2 Minuten goldbraun rösten. Dabei darauf achten, dass sie nicht verbrennen.

4 Die Suppe vom Herd nehmen und in einer Küchenmaschine oder einem Mixer glatt pürieren.

5 Die Suppe durch ein Sieb streichen, um Schalenreste und Tomatenkerne zu entfernen.

6 Wieder in den Topf geben und erhitzen. Milch oder Sahne, geröstete Mandeln und Zucker einrühren. Kurz durchwärmen und unmittelbar vor dem Servieren das Basilikum zugeben.

7 Die fertige Suppe in vorgewärmte Schälchen füllen und heiß servieren.

1

2

6

TIPP

Anstelle der Mandeln können Sie auch feines Paniermehl verwenden. Unter dem Grill kurz rösten, dann mit der Milch oder der Sahne in Schritt 6 zugeben.

Kürbiscremesuppe mit Thymian

Diese sehr cremige Suppe, deren Farbe fast golden wirkt, wird mit Orangensaft und Thymian aromatisiert.

NÄHRWERTANGABEN

Kilokalorien 111	Zucker 4g
Eiweiß 2g	Fett 6g
Kohlenhydrate ... 5g	davon gesättigt .. 2g

10 MIN. 35–40 MIN.

4 PERSONEN

ZUTATEN

- 2 EL Olivenöl
- 2 Zwiebeln, gehackt
- 2 Knoblauchzehen, zerdrückt
- 1 kg Kürbis, geschält und grob gewürfelt
- 1,5 l heiße Gemüse- oder Hühnerbrühe
- Saft und fein geriebene Schale von 1 Orange
- 3 EL frisch gezupfter Thymian
- Salz und Pfeffer
- 150 ml Milch
- knuspriges Brot, zum Servieren

1

2

5

1 Das Öl in einem großen Topf erhitzen. Die Zwiebeln darin 3–4 Minuten weich andünsten. Anschließend Knoblauch und Kürbis zufügen und 2 Minuten unter Rühren mitdünsten.

2 Brühe, Orangensaft und -schale sowie 2 Esslöffel Thymian zugeben. Abdecken und etwa 20 Minuten köcheln lassen, bis die Kürbiswürfel gar sind.

3 Den gesamten Topfinhalt in eine Küchenmaschine geben oder mit einem Mixstab glatt pürieren. Mit Salz und Pfeffer abschmecken.

4 Die pürierte Suppe in den Topf zurückgeben und die Milch einrühren. Dann nochmals alles etwa 3–4 Minuten erhitzen, aber nicht mehr aufkochen.

5 Den restlichen Thymian in die Suppe einstreuen und verrühren. Anschließend die fertige Suppe auf 4 vorgewärmte Suppenteller verteilen und sofort mit Brot servieren.

TIPP

Kürbisse sind häufig recht groß. Wenn Sie keinen in der gewünschten Größe erhalten, stellen Sie einfach die doppelte Menge Suppe her, und frieren Sie den Rest ein.

Topinamburcremesuppe

Eine cremige Suppe mit dem unverwechselbaren Aroma von Topinambur. Karottenstifte geben dieser Suppe knackigen Biss.

NÄHRWERTANGABEN

Kilokalorien	19	Zucker	0 g
Eiweiß	0,4 g	Fett	2 g
Kohlenhydrate	0,7 g	davon gesättigt	0,7 g

10–15 MIN. 55–60 MIN.

6 PERSONEN

ZUTATEN

750 g Topinambur

1 Zitrone, in dicken Scheiben

60 g Butter oder Margarine

2 Zwiebeln, gehackt

1 Knoblauchzehe, zerdrückt

1,25 l Hühner- oder Gemüsebrühe

Salz und Pfeffer

2 Lorbeerblätter

¼ TL geriebene Muskatnuss

1 EL Zitronensaft

150 g fettarmer Frischkäse

GARNIERUNG

1 Karotte, in dünnen Stiften

frisch gehackte Petersilie oder frisch gehackter Koriander

1 Die Topinambur-Knollen schälen und in dünne Scheiben schneiden. Mit der Zitrone in eine Schüssel mit Wasser legen. Nach 10 Minuten abgießen und die Zitrone entfernen.

2 Butter oder Margarine in einem großen Topf zerlassen. Zwiebeln und Knoblauch zugeben und bei geringer Hitze 3–4 Minuten andünsten, aber nicht bräunen.

3 Die Topinambur-Scheiben in den Topf geben. Umrühren und 2–3 Minuten mitdünsten, aber nicht bräunen.

4 Brühe, Salz, Pfeffer, Lorbeerblätter, Muskat und Zitronensaft zugeben. Langsam zum Kochen bringen, dann mit geschlossenem Deckel 30 Minuten köcheln lassen, bis das Gemüse sehr weich ist.

5 Die Lorbeerblätter entfernen. Die Suppe leicht abkühlen lassen, dann in einem Mixer pürieren oder durch ein feines Sieb streichen. Falls die Suppe nicht zu glatt werden soll, eine Hälfte nur grob pürieren.

6 Die Suppe in einen sauberen Topf gießen und zum Kochen bringen. Abschmecken, dann den Frischkäse einrühren und alles erneut erhitzen, aber nicht mehr kochen. Mit Karottenstiften und Petersilie garnieren.

Indische Kartoffelsuppe

Diese würzige und pikante Suppe erhält ihr typisch indisches Aroma durch Garam Masala, Chili, Kreuzkümmel und Koriander.

NÄHRWERTANGABEN

Kilokalorien	153	Zucker	6 g
Eiweiß	6 g	Fett	6 g
Kohlenhydrate	18 g	davon gesättigt	1 g

5 MIN. 35 MIN.

4 PERSONEN

ZUTATEN

- 2 EL Öl
- 225 g mehlig kochende Kartoffeln, gewürfelt
- 1 große Zwiebel, gehackt
- 2 Knoblauchzehen, zerdrückt
- 1 TL Garam Masala
- 1 TL gemahlener Koriander
- 1 TL gemahlener Kreuzkümmel
- 900 ml Gemüsebrühe
- 1 rote Chili, gehackt
- 100 g Erbsen, Tiefkühlware aufgetaut
- 60 g fettarmer Naturjoghurt
- Salz und Pfeffer
- frisch gehackter Koriander, zum Garnieren

1 Das Öl in einem großen Topf erhitzen. Anschließend Kartoffeln, Zwiebel und Knoblauch zugeben und alles ca. 5 Minuten unter Rühren andünsten. Garam Masala, Koriander und Kreuzkümmel zugeben und alles unter Rühren noch 1 Minute andünsten.

2 Die Brühe zugießen, die Chili zugeben und aufkochen. Die Hitze reduzieren und abgedeckt 20 Minuten köcheln, bis die Kartoffeln zu zerfallen beginnen.

3 Erbsen zufügen und weitere 5 Minuten köcheln lassen, dann den Joghurt einrühren. Mit Salz und Pfeffer abschmecken.

4 Auf vorgewärmte Suppenschalen verteilen und mit Koriander garnieren. Dazu warmes Brot reichen.

TIPP

Wenn Sie es weniger pikant mögen, entfernen Sie vor dem Hacken der Chili die Samen. Nach der Verarbeitung von Chillies immer die Hände gründlich waschen, um Haut- und Schleimhautreizungen zu vermeiden.

Kalbfleischsuppe mit Pilzen

Die frischesten Pilze erhält man auf dem Wochenmarkt, aber auch in Supermärkten gibt es mittlerweile reichlich Auswahl an guten Zuchtpilzen.

NÄHRWERTANGABEN

Kilokalorien	413	Zucker	3 g
Eiweiß	28 g	Fett	22 g
Kohlenhydrate	28 g	davon gesättigt	12 g

5 MIN. 3 ¼ STD.

4 PERSONEN

ZUTATEN

- 400 g Kalbfleisch, in dünnen Scheiben
- 500 g Kalbsknochen
- 1,2 l Wasser
- 1 kleine Zwiebel
- 6 Pfefferkörner
- 1 TL Gewürznelken
- 1 Prise geriebene Muskatnuss
- 150 g Austern- oder Shiitakepilze, grob gehackt
- 150 g Schlagsahne
- 100 g Vermicelli
- 1 EL Speisestärke
- 3 EL Milch
- Salz und Pfeffer

1 Fleisch, Knochen und Wasser in einen großen Topf geben. Aufkochen und die Hitze reduzieren. Zwiebel, Pfeffer, Nelken und Muskat zugeben. Alles etwa 3 Stunden köcheln lassen und dabei den Sud um ein Drittel reduzieren.

2 Die Brühe durch ein Sieb seihen, das Fett abschöpfen und die Brühe in einen sauberen Topf geben. Das Kalbfleisch zur Brühe geben.

3 Pilze und Sahne zugeben, bei geringer Hitze aufkochen und ca. 12 Minuten köcheln lassen. Salzwasser in einem großen Topf aufkochen und die Vermicelli darin bissfest garen. Abgießen und warm stellen.

4 Speisestärke und Milch zu einer glatten Paste verrühren. Zum Andicken in die Suppe rühren.

5 Mit Salz und Pfeffer abschmecken und unmittelbar vor dem Servieren die Nudeln zugeben. Die fertige Suppe in eine vorgewärmte Terrine füllen und sofort servieren.

1

2

3

TIPP

Sie können diese Suppe mit nicht ganz so teurem Kalbfleisch, wie z. B. Kalbsbrust, zubereiten. Sie ist mager, und die lange Kochzeit sorgt für zartes Fleisch.

Pastinakensuppe mit Curry

Pastinaken eignen sich wegen ihres leicht süßlichen Geschmacks hervorragend für Suppen. Die verwendeten Gewürze runden den süßen Geschmack ab.

NÄHRWERTANGABEN

Kilokalorien	152	Zucker	7g
Eiweiß	3g	Fett	8g
Kohlenhydrate	18g	davon gesättigt	3g

10 MIN. 35 MIN.

4 PERSONEN

ZUTATEN

- 1 EL Pflanzenöl
- 15 g Butter
- 1 rote Zwiebel, gehackt
- 3 Pastinaken, klein geschnitten
- 2 Knoblauchzehen, zerdrückt
- 2 TL Garam Masala
- ½ TL Chilipulver
- 1 EL Mehl
- 850 ml Gemüsebrühe
- geriebene Schale und Saft von 1 Zitrone
- Salz und Pfeffer
- Zitronenzesten, zum Garnieren

1 Öl und Butter in einem großen Topf erhitzen, bis die Butter geschmolzen ist. Zwiebel, Pastinaken und Knoblauch zugeben und unter Rühren 5–7 Minuten schwenken, bis das Gemüse weich, jedoch nicht angebräunt ist.

2 Garam Masala und Chilipulver zugeben und unter ständigem Rühren 30 Sekunden kochen lassen. Das Mehl darüber geben, gut einrühren und unter ständigem Rühren weitere 30 Sekunden kochen.

3 Gemüsebrühe, Zitronenschale und -saft zugeben und alles zum Kochen bringen. Anschließend die Hitze reduzieren und 20 Minuten köcheln lassen.

1

3

4

4 Einige Gemüsestücke mit einem Schaumlöffel herausnehmen und beiseite stellen. Die restliche Suppe in einer Küchenmaschine oder einem Mixer etwa 1 Minute zu einem sämigen Püree verarbeiten. Sie können das Gemüse auch mit dem Rücken eines Holzlöffels durch ein Sieb streichen.

5 Die Suppe in einen sauberen Topf geben und das zurückgehaltene Gemüse einrühren. Dann die Suppe 2 Minuten gut erhitzen, bis sie durch und durch heiß ist.

6 Mit Salz und Pfeffer abschmecken, auf Suppenschalen verteilen, mit Zitronenzesten garnieren und sofort servieren.

Chili-Fischsuppe

Chinesische Pilze geben dieser Suppe einen intensiven, einzigartigen Geschmack. Man kann aber auch Feldchampignons oder Austernpilze verwenden.

NÄHRWERTANGABEN

Kilokalorien	166	Zucker	1 g
Eiweiß	23 g	Fett	7 g
Kohlenhydrate	4 g	davon gesättigt	1 g

15 MIN. 15 MIN.

4 PERSONEN

ZUTATEN

- 15 g getrocknete chinesische Pilze (Tongku-Pilze oder Shiitake)
- 2 EL Sonnenblumenöl
- 1 Zwiebel, in Scheiben
- 100 g Zuckererbsen
- 100 g Bambussprossen
- 3 EL süße Chilisauce
- 1,2 l Fischfond oder Gemüsebrühe
- 3 EL helle Sojasauce
- 2 EL frisch gehackter Koriander
- 450 g Kabeljaufilet, in Würfel geschnitten
- Korianderblätter, zum Garnieren

1

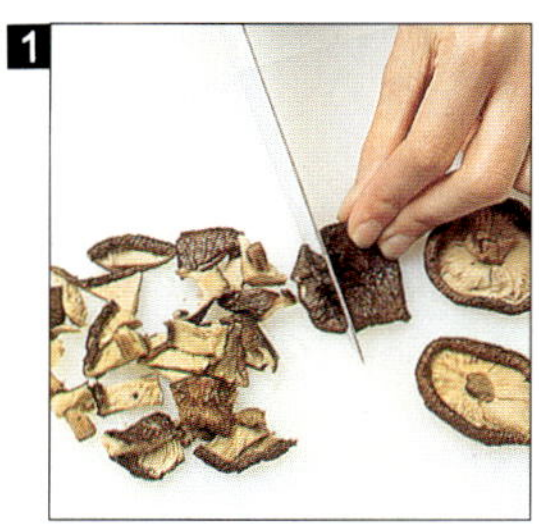

3

4

1 Die Pilze in eine große Schüssel geben. Kochendes Wasser darüber gießen, sodass sie bedeckt sind. 5 Minuten quellen lassen. Die Pilze in einem Sieb gründlich abtropfen lassen. In grobe Stücke schneiden.

2 Das Sonnenblumenöl in einem vorgewärmten Wok oder einer großen Pfanne erhitzen. Die Zwiebelscheiben in den Wok geben und 5 Minuten pfannenrühren, bis sie weich sind.

3 Zuckererbsen, Bambussprossen, Chilisauce, Fond und Sojasauce in den Wok geben und alles aufkochen.

4 Koriander und Kabeljau zugeben und 5 Minuten köcheln lassen, bis der Fisch gar ist.

5 Die Suppe in vorgewärmte Suppentassen füllen, nach Bedarf mit etwas Koriander garnieren und heiß servieren.

TIPP

Für dieses Rezept wird Kabeljau verwendet, weil er festes weißes Fleisch hat. Wenn Sie sich etwas Luxus leisten möchten, verwenden Sie stattdessen Seeteufel.

Scharf-saure Suppe

Die klassische chinesische Suppe, die man weltweit auf den Speisekarten fast aller asiatischen Restaurants findet.

NÄHRWERTANGABEN

Kilokalorien	118	Zucker	0,3 g
Eiweiß	14 g	Fett	4 g
Kohlenhydrate	7 g	davon gesättigt	1 g

3½ STD. 10 MIN.

4 PERSONEN

ZUTATEN

- 4–6 getrocknete Shiitake-Pilze, eingeweicht
- 125 g mageres Schweine- oder Hühnerfleisch, gekocht
- 250 g Tofu
- 60 g Bambussprossen aus der Dose, abgetropft
- 600 ml chinesische Brühe (siehe Seite 8) oder Wasser
- 1 EL Reiswein oder trockener Sherry
- 1 EL helle Sojasauce
- 2 EL Reisessig
- 1 EL Speisestärke mit 2 EL Wasser angerührt
- Salz
- ½ TL weißer Pfeffer
- 2–3 Frühlingszwiebeln, in Ringen, zum Garnieren

1

1

2

1 Die Pilze gründlich abtropfen lassen, ausdrücken, die harten Stiele entfernen und in feine Streifen schneiden. Fleisch, Tofu und Bambussprossen ebenso in schmale Streifen schneiden.

2 Brühe oder Wasser im Wok oder einem großen Topf zum Kochen bringen und Pilze, Fleisch, Tofu und Bambussprossen zugeben. Alles aufkochen und 1 Minute köcheln lassen.

3 Dann den Reiswein, die Sojasauce und den Essig in die Suppe gießen und gut verrühren.

4 Die Suppe nochmals zum Kochen bringen und die angerührte Speisestärke zugeben. Anschließend mit Salz und Pfeffer abschmecken und so lange rühren, bis die Suppe eingedickt ist. Die fertige Suppe mit den Frühlingszwiebeln garnieren und sofort servieren.

TIPP

Shiitake-Pilze gehören zu den beliebtesten getrockneten Pilzen in China. Sie verleihen den Gerichten einen besonderen Geschmack. Vor der Verwendung 25–30 Minuten in heißem Wasser einweichen und die harten Stiele abschneiden.

Kichererbsensuppe

Eine kräftige Wintersuppe, die sich gut als Hauptmahlzeit eignet. Als Beilage schmecken geriebener Parmesan und warmes, knuspriges Brot.

NÄHRWERTANGABEN

Kilokalorien 285	Zucker . . . . 11 g
Eiweiß . . . . 16 g	Fett . . . . 12 g
Kohlenhydrate . . 29 g	davon gesättigt . . 3 g

5 MIN. 15 MIN.

4 PERSONEN

ZUTATEN

- 2 EL Olivenöl
- 2 Porreestangen, in dünnen Ringen
- 2 Zucchini, gewürfelt
- 2 Knoblauchzehen, zerdrückt
- 800 g gehackte Tomaten aus der Dose
- 1 EL Tomatenmark
- 1 Lorbeerblatt
- 850 ml Hühnerbrühe
- 400 g Kichererbsen aus der Dose, abgetropft
- 250 g frischer Spinat
- Salz und Pfeffer
- 25 g Parmesan, gerieben
- knuspriges Brot, zum Servieren

1 Das Öl in einer gusseisernen Pfanne erhitzen. Anschließend Porree und Zucchini zufügen und das Gemüse bei mittlerer Hitze 5 Minuten unter ständigem Rühren andünsten.

2 Knoblauch, Tomaten, Tomatenmark, Lorbeerblatt, Brühe und Kichererbsen zugeben. Aufkochen, die Hitze reduzieren und 5 Minuten köcheln lassen.

3 Spinat verlesen und waschen. Die Blätter klein schneiden, dann in die Suppe geben und 2 Minuten kochen. Anschließend mit Salz und Pfeffer abschmecken.

4 Das Lorbeerblatt entfernen. Die fertige Suppe auf Teller verteilen und mit Parmesan bestreuen. Mit knusprigem Brot servieren.

TIPP

Kichererbsen werden häufig in der nordafrikanischen Küche verwendet, sie sind aber auch in Italien, Spanien und Indien beliebt. Wegen ihrer guten Qualität kann man ohne weiteres Kichererbsen aus der Dose verwenden.

1

2

3

Linsen-Karotten-Suppe

Diese köstliche, gehaltvolle Suppe ist schnell zubereitet. Durch die grüne Chili erhält sie eine gewisse Schärfe.

NÄHRWERTANGABEN

Kilokalorien 173	Zucker .... 11 g
Eiweiß .... 9 g	Fett .... 5 g
Kohlenhydrate .. 24 g	davon gesättigt .. 1 g

10 MIN. 50 MIN.

6 PERSONEN

ZUTATEN

- 125 g rote Linsen
- 1,2 l Gemüsebrühe
- 350 g Karotten, in Scheiben
- 2 Zwiebeln, gehackt
- 250 g gehackte Tomaten aus der Dose
- 2 Knoblauchzehen, gehackt
- 2 EL Ghee oder Butter
- 1 TL gemahlener Kreuzkümmel
- 1 TL gemahlener Koriander
- 1 frische grüne Chili, entkernt und gehackt, oder 1 TL Chilipaste
- ½ TL gemahlene Kurkuma
- 1 EL Zitronensaft
- 300 ml Magermilch
- Salz
- 2 EL frisch gehackter Koriander
- fettarmer Naturjoghurt, zum Servieren

1

2

3

1 Die Linsen in ein Sieb geben und unter fließendem kaltem Wasser gründlich waschen. Abtropfen lassen und zusammen mit 900 ml Brühe, Karotten, Zwiebeln, Tomaten und Knoblauch in einen großen Topf geben. Kurz aufkochen, anschließend die Hitze reduzieren und abgedeckt 30 Minuten köcheln lassen.

2 Das Ghee oder die Butter in einem kleinen Topf erhitzen und darin Kreuzkümmel, Koriander, Chili und Kurkuma 1 Minute anbraten. Den Topf vom Herd nehmen und den Zitronensaft einrühren.

3 Die Suppe portionsweise im Mixer pürieren, wieder in den Topf füllen, die restlichen 300 ml Brühe oder 300 ml Wasser und die Gewürzmischung zugeben und 10 Minuten köcheln lassen. Die Milch zugießen und mit Salz abschmecken.

4 Den gehackten Koriander einrühren und nochmals erhitzen. Auf Schalen verteilen und mit je einem Löffel Joghurt garnieren.

Fischsuppe mit Gemüse

Dies ist eine herzhafte Fischsuppe mit Gemüseeinlage, die durch Ingwer und Zitrone ihre besondere Note erhält.

NÄHRWERTANGABEN

Kilokalorien	88	Zucker	1 g
Eiweiß	12 g	Fett	3 g
Kohlenhydrate	3 g	davon gesättigt	0,5 g

40 MIN. 20 MIN.

4 PERSONEN

ZUTATEN

250 g weißes Fischfilet (z. B. Kabeljau, Heilbutt, Schellfisch oder Seezunge)

½ TL Ingwerpulver

½ TL Salz

1 kleine Porreestange, geputzt

250 g Krebsfleisch aus der Dose (nach Belieben)

1 EL Sonnenblumenöl

1 große Karotte, in feinen Stiften

8 Wasserkastanien aus der Dose, in dünnen Scheiben

1,2 l Fischfond oder Gemüsebrühe

1 EL Zitronensaft

1 EL helle Sojasauce

1 große Zucchini, in feine Streifen geschnitten

schwarzer Pfeffer

TIPP

Um die Haut des Fischfilets zu entfernen, legen Sie es mit der Hautseite nach unten auf ein Küchenbrett, und setzen Sie ein scharfes Messer mit biegsamer Klinge an einem Ende des Fisches zwischen Fleisch und Haut an. Halten Sie die Haut am Ende fest, und führen Sie das Messer flach an der Haut entlang.

1 Den Fisch in 2,5 cm große Würfel schneiden. Den Ingwer und das Salz mischen und die Fischstücke gründlich darin wenden. Mindestens 30 Minuten marinieren.

2 In der Zwischenzeit den Porree in seine grünen und weißen Teile trennen. Jedes Teil in 2,5 cm große Stücke schneiden und diese dann längs in dünne Streifen schneiden. Grüne und weiße Teile getrennt halten. Sofern verwendet, das Krebsfleisch in mundgerechte Stücke schneiden.

3 Das Öl im Wok stark erhitzen. Die weißen Porreeteile zufügen und einige Minuten unter ständigem Rühren anbraten. Karotte und Wasserkastanien zugeben und weitere 1–2 Minuten pfannenrühren.

4 Die Brühe zugeben und aufkochen. Anschließend den Zitronensaft und die Sojasauce zugeben und 2 Minuten köcheln lassen.

5 Den Fisch zugeben und etwa 5 Minuten weiter garen, bis er gerade zerfällt. Dann die grünen Porreeteile und die Zucchini zufügen und etwa 1 Minute bei geringer Hitze garen. Das Krebsfleisch (falls verwendet) beigeben und mit schwarzem Pfeffer abschmecken. Etwa 1 weitere Minute köcheln lassen, dann sofort servieren.

1

3

5

Kalabrische Pilzsuppe

Im süditalienischen Kalabrien wachsen viele wilde Pilze, die sehr aromatisch und von kräftiger Farbe sind.

NÄHRWERTANGABEN

Kilokalorien	452	Zucker	5 g
Eiweiß	15 g	Fett	26 g
Kohlenhydrate	42 g	davon gesättigt	12 g

5 MIN. 25–30 MIN.

4 PERSONEN

ZUTATEN

- 2 EL Olivenöl
- 1 Zwiebel, gehackt
- 500 g gemischte Pilze (z. B. Champignons, Stein- und Austernpilze)
- 300 ml Milch
- 850 ml heiße Gemüsebrühe
- 8 Scheiben Bauernbrot oder Baguette
- 2 Knoblauchzehen, zerdrückt
- 50 g Butter, zerlassen
- Salz und Pfeffer
- 80 g Gruyère, fein gerieben

2

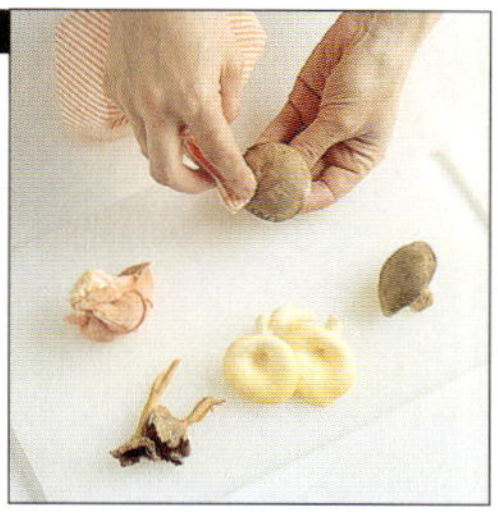

4

6

1 Das Öl in einer großen Pfanne erhitzen. Die Zwiebel darin 3–4 Minuten goldbraun andünsten.

2 Die Pilze mit einem feuchten Tuch abreiben. Große Exemplare in mundgerechte Stücke schneiden.

3 Die Pilze in die Pfanne geben und unter Rühren in heißem Öl wenden.

4 Die Milch zugießen und aufkochen. Die Pfanne abdecken und die Pilze etwa 5 Minuten köcheln lassen. Dann behutsam die Brühe unterrühren.

5 Das Brot von beiden Seiten unter einem vorgeheizten Grill rösten.

6 Knoblauch und Butter vermengen und großzügig auf den gerösteten Brotscheiben verstreichen.

7 Das so vorbereitete Brot in eine große Suppenschüssel füllen oder auf Schalen verteilen. Die heiße Suppe mit Salz und Pfeffer abschmecken, über das Brot gießen, mit dem Gruyère bestreuen und sofort servieren.

TIPP

Pilze verlieren schnell an Geschmack, wenn sie Wasser aufnehmen. Daher sollten sie nur mit einem feuchten Tuch abgerieben werden.

Vichyssoise

Eine klassische Cremesuppe aus Kartoffeln und Porree. Sie verwenden am besten nur die weißen Teile des Porrees, damit die Suppe ihre zarte, blasse Farbe behält.

NÄHRWERTANGABEN

Kilokalorien 208	Zucker 5g
Eiweiß 5g	Fett 12g
Kohlenhydrate .. 20g	davon gesättigt .. 6g

10 MIN. 40 MIN.

6 PERSONEN

ZUTATEN

- 3 große Porreestangen
- 40 g Butter oder Margarine
- 1 Zwiebel, in dünne Scheiben geschnitten
- 500 g Kartoffeln, klein geschnitten
- 850 ml Gemüsebrühe
- 2 TL Zitronensaft
- 1 Prise geriebene Muskatnuss
- ¼ TL gemahlener Koriander
- 1 Lorbeerblatt
- Salz und weißer Pfeffer
- 1 Eigelb
- 150 g Schlagsahne
- Schnittlauchröllchen, zum Garnieren

1

2

5

1 Porree putzen, dabei die grünen Teile großzügig entfernen. Den weißen Teil des Porrees in sehr feine Scheiben schneiden.

2 Butter oder Margarine in einem Topf zerlassen. Porree und Zwiebel zugeben und unter gelegentlichem Rühren 5 Minuten andünsten, ohne dass sie anbräunen.

3 Kartoffeln, Gemüsebrühe, Zitronensaft, Muskat, Koriander und Lorbeerblatt in den Topf geben, mit Salz und Pfeffer abschmecken und zum Kochen bringen. Abdecken und ca. 30 Minuten köcheln lassen, bis das Gemüse sehr weich ist.

4 Suppe etwas abkühlen lassen, Lorbeerblatt herausnehmen. Die Suppe durch ein Sieb streichen oder in einer Küchenmaschine oder einem Mixer pürieren, bis alles sämig ist. In einen sauberen Topf gießen.

5 Das Eigelb mit der Sahne verrühren, etwas Suppe zugeben und die Mischung behutsam in die Suppe einrühren. Die Suppe vorsichtig wieder erhitzen, ohne sie zum Kochen zu bringen. Mit Salz und Pfeffer abschmecken. Etwas abkühlen lassen und in den Kühlschrank stellen.

6 Die Schnittlauchröllchen über die kalte Suppe geben und servieren.

Kürbissuppe

Ein amerikanischer Klassiker, der mittlerweile in aller Welt beliebt ist. Außerhalb der Kürbissaison kann man auch Zucchinis verwenden.

NÄHRWERTANGABEN

Kilokalorien 112	Zucker .... 7 g
Eiweiß .... 4 g	Fett .... 7 g
Kohlenhydrate ... 8 g	davon gesättigt .. 2 g

10 MIN. 30 MIN.

6 PERSONEN

ZUTATEN

- 1 kg Kürbis
- 3 EL Butter oder Margarine
- 1 Zwiebel, in dünnen Scheiben
- 1 Knoblauchzehe, zerdrückt
- 900 ml Gemüsebrühe
- Salz und Pfeffer
- ½ TL gemahlener Ingwer
- 1 EL Zitronensaft
- 3–4 Orangenzesten (nach Belieben)
- 1–2 Lorbeerblätter oder 1 Bouquet garni
- 300 ml Milch

GARNIERUNG

- 60–90 g Schlagsahne, Naturjoghurt oder Frischkäse
- Schnittlauchröllchen

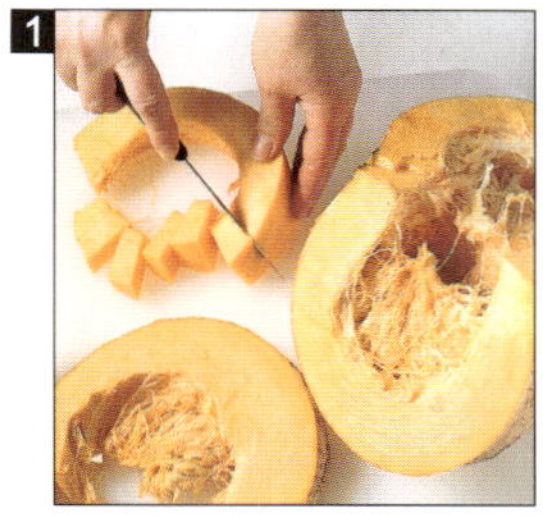

1 Den Kürbis schälen, die Kerne entfernen und das Fruchtfleisch in 2,5 cm große Würfel scheiden.

2 Butter oder Margarine in einem großen Topf zerlassen. Zwiebel und Knoblauch zugeben und bei geringer Hitze braten, bis sie weich, aber noch nicht braun sind.

3 Die Kürbiswürfel in den Topf geben und alles weitere 2–3 Minuten unter Rühren braten.

4 Die Brühe zugeben und bei mittlerer Hitze zum Kochen bringen. Mit Salz und Pfeffer abschmecken und Ingwer, Zitronensaft, Orangenzesten sowie Lorbeerblätter oder Bouquet garni zugeben. Abdecken und bei niedriger Hitze ca. 20 Minuten köcheln lassen, bis der Kürbis gar ist.

5 Gegebenenfalls Orangenschale und Lorbeerblätter oder Bouquet garni entfernen. Die Suppe langsam abkühlen lassen, dann durch ein Sieb streichen oder in einer Küchenmaschine sämig pürieren. In einen sauberen Suppentopf geben.

6 Milch zugeben und erneut langsam erhitzen. Mit Salz und Pfeffer abschmecken. Sahne, Naturjoghurt oder Frischkäse leicht einrühren, mit Schnittlauchröllchen verzieren und sofort servieren.

Linsensuppe mit Nudeln

In Italien nennt man diese Suppe „Minestra di Lentiche". Eine Minestra ist eine Nudelsuppe. Hier werden Farfalline verwendet, kleine Schleifennudeln.

NÄHRWERTANGABEN

Kilokalorien 225	Zucker .... 1 g
Eiweiß .... 13 g	Fett .... 8 g
Kohlenhydrate .. 27 g	davon gesättigt .. 3 g

5 MIN. 25 MIN.

4 PERSONEN

ZUTATEN

- 4 Scheiben Frühstücksspeck, gewürfelt
- 1 Zwiebel, gehackt
- 2 Knoblauchzehen, zerdrückt
- 2 Selleriestangen, klein geschnitten
- 50 g Farfalline oder klein gebrochene Spaghetti
- 400 g braune Linsen aus der Dose, abgetropft
- 1,2 l Rinder- oder Gemüsebrühe
- 2 El frisch gehackte Minze

1 Speck, Zwiebel, Knoblauch und Sellerie ohne Fett in eine große Pfanne geben und 4–5 Minuten unter Rühren anbraten, bis die Zwiebel glasig ist und der Speck gerade braun zu werden beginnt.

2 Die Nudeln zugeben und ca. 1 Minute unter ständigem Rühren in dem ausgelassenen Fett wenden.

3 Linsen und Brühe zugeben und aufkochen. Hitze reduzieren und 12–15 Minuten ziehen lassen, bis die Pasta gar sind.

4 Den Topf vom Herd nehmen und anschließend die frisch gehackte Minze einrühren.

5 Die fertige Suppe in eine Terrine füllen oder auf vorgewärmte Teller verteilen und sofort servieren.

1

2

3

TIPP

Wenn Sie getrocknete Linsen verwenden, geben Sie die Brühe vor der Pasta zu, und kochen Sie die Linsen 1–1¼ Stunden weich. Dann die Pasta zugeben und weitere 12–15 Minuten kochen.

Cremige Bohnensuppe

Diese cremige Suppe stammt aus der Toskana. Verwendet man getrocknete Bohnen, verlängern sich Vorbereitungs- und Garzeit.

NÄHRWERTANGABEN

Kilokalorien	250	Zucker	4 g
Eiweiß	13 g	Fett	10 g
Kohlenhydrate	29 g	davon gesättigt	2 g

2 MIN. 10 MIN.

4 PERSONEN

ZUTATEN

- 250 g getrocknete weiße Bohnen oder 800 g weiße Bohnen aus der Dose
- 1 EL Olivenöl
- 2 Knoblauchzehen, zerdrückt
- 1 Würfel Hühner- oder Gemüsebrühe, zerdrückt
- Salz und Pfeffer
- 150 ml Milch
- 2 EL frisch gehackter Oregano

1 Getrocknete Bohnen über Nacht einweichen, dann gründlich abtropfen lassen. In einem großen Topf Wasser zum Kochen bringen und die Bohnen darin 10 Minuten kochen. Den Topf abdecken und weitere 30 Minuten köcheln, bis die Bohnen gar sind. Abgießen und den Kochsud auffangen. Alternativ die Bohnen aus der Dose abgießen und die Flüssigkeit auffangen.

2 Das Öl bei mittlerer Hitze in einem großen Topf erwärmen. Den Knoblauch darin 2–3 Minuten hellbraun anbraten.

3 Bohnen und 400 ml Kochsud oder Bohnenwasser zugeben und umrühren. Sollte die Flüssigkeit nicht ausreichen, etwas Wasser zugießen. Den zerdrückten Brühwürfel einrühren. Die Suppe einmal aufkochen, dann vom Herd nehmen.

4 Die Suppe in einer Küchenmaschine oder in einem Mixer glatt pürieren oder von Hand sämig stampfen. Mit Salz und Pfeffer abschmecken und die Milch einrühren.

5 Die Suppe wieder in den Topf geben und erhitzen, aber nicht mehr kochen. Vor dem Servieren den Oregano unterrühren.

2

3

5

Chinesische Nudelsuppe

Nudeln in Suppen sind in China äußerst beliebt. Die Suppe kann nach Belieben mit den verschiedensten Zutaten ergänzt werden.

NÄHRWERTANGABEN

Kilokalorien	231	Zucker	1 g
Eiweiß	18 g	Fett	11 g
Kohlenhydrate	16 g	davon gesättigt	2 g

4 STD. 15 MIN.

4 PERSONEN

ZUTATEN

- 250 g Hähnchenbrust- oder Schweinefilet, vorgekocht
- 3–4 getrocknete chinesische Pilze, eingeweicht
- 125 g Bambussprossen aus der Dose, abgetropft und abgespült
- 125 g frische Spinatblätter, Salatherzen oder Chinakohlblätter
- 2 Frühlingszwiebeln
- 250 g Eiernudeln
- ca. 600 ml chinesische Brühe (siehe Seite 8)
- 2 EL helle Sojasauce
- 2 EL Pflanzenöl
- 1 TL Salz
- ½ TL Zucker
- 2 TL Reiswein oder trockener Sherry
- einige Tropfen Sesamöl
- 1 TL rotes Chiliöl (nach Belieben)

1 Das Fleisch mit einem scharfen Küchenmesser in dünne Streifen schneiden.

2 Die eingeweichten chinesischen Pilze trockenpressen und alle harten Stiele entfernen.

3 Die Pilze, Bambussprossen, Spinatblätter und Frühlingszwiebeln klein schneiden.

4 Die Nudeln nach Packungsangabe kochen, abgießen, unter kaltem Wasser abspülen und abtropfen lassen. Dann die Nudeln in eine Schüssel geben.

5 Die chinesische Brühe aufkochen, etwa 1 EL Sojasauce zugeben und über die Nudeln gießen. Warm halten.

6 Das Pflanzenöl in einem heißen Wok erhitzen, die Hälfte der Frühlingszwiebeln, Fleisch, Pilze, Bambussprossen und das grüne Gemüse zugeben. Alles etwa 2–3 Minuten anbraten. Salz, Zucker, Reiswein, restliche Sojasauce, Sesamöl und Chiliöl zufügen und gründlich vermengen.

7 Die Mischung aus dem Wok über die Nudeln geben. Das fertige Gericht mit den restlichen Frühlingszwiebeln garnieren und sofort servieren.

3

5

6

TIPP

Nudelsuppen munden bestens an kalten Wintertagen – und stillen mehr als nur kulinarische Bedürfnisse.

Cremige Muschelsuppe

Mit frisch geröstetem Brot und einem Salat serviert, ist diese herzhafte Fischsuppe eine sättigende Mahlzeit.

NÄHRWERTANGABEN

Kilokalorien	286	Zucker	6 g
Eiweiß	30 g	Fett	3 g
Kohlenhydrate	31 g	davon gesättigt	1 g

20 MIN. 25 MIN.

4 PERSONEN

ZUTATEN

- 1 kg frische Miesmuscheln
- 1 große Zwiebel, in dünnen Ringen
- 2 Knoblauchzehen, gehackt
- 3 Lorbeerblätter
- einige Zweige Petersilie
- einige Zweige Thymian
- 900 ml Wasser
- 225 g geräuchertes Schellfischfilet
- 500 g Kartoffeln, gewürfelt
- 4 Selleriestangen, in dicken Scheiben
- 250 g Mais aus der Dose, abgetropft
- 150 g fettarmer Naturjoghurt
- 1 TL Speisestärke mit 2 TL Wasser angerührt
- 150 ml trockener Weißwein oder Cidre
- ½ TL Cayennepfeffer
- Salz und schwarzer Pfeffer
- 2 EL frisch gehackte Petersilie

1 Muscheln unter fließendem Wasser bürsten und die Bärte abziehen. Geöffnete Muscheln wegwerfen, wenn sie sich beim Gegenklopfen nicht schließen.

2 Zwiebel, Knoblauch, Kräuter, Muscheln und 300 ml Wasser in einen Topf geben. Abgedeckt 5 Minuten kochen.

3 Den Sud durch Musselin oder ein feines Sieb abseihen und beiseite stellen. Dann die Muscheln aus den Schalen lösen und ungeöffnete Muscheln wegwerfen.

4 Fisch, Kartoffeln und Sellerie mit dem restlichen Wasser in einen großen Topf geben, abdecken, alles aufkochen und 10 Minuten köcheln lassen. Den Fisch vorsichtig herausnehmen, häuten, entgräten und zerteilen. Den Kochsud abseihen und zum Muschelsud geben. Kartoffeln und Sellerie zunächst beiseite stellen.

5 Sud und Mais in den ausgespülten Topf geben und aufkochen. Joghurt und Speisestärke mischen, zugeben und verrühren. Fisch, Muscheln und Gemüse zugeben. Weißwein zugießen. Alles mit Cayennepfeffer und schwarzem Pfeffer würzen, dann erhitzen, aber nicht aufkochen. Mit Salz abschmecken und mit Petersilie garniert servieren.

Hühnchen-Kokos-Suppe

Diese exotische Suppe vereint die Aromen von Zitrone und Kokosnuss mit der angenehmen Schärfe von Chili.

NÄHRWERTANGABEN

Kilokalorien	345	Zucker	2 g
Eiweiß	28 g	Fett	24 g
Kohlenhydrate	5 g	davon gesättigt	18 g

2 ¼ STD. 15 MIN.

4 PERSONEN

ZUTATEN

- 400 g Hähnchenbrustfilet, gekocht
- 120 g Kokosraspel
- 500 ml kochendes Wasser
- 500 ml frische Hühnerbrühe (siehe Seite 9)
- 4 Frühlingszwiebeln, in feinen Ringen
- 2 Stängel Zitronengras
- 1 Limette
- 1 TL frisch geriebene Ingwerwurzel
- 1 EL helle Sojasauce
- 2 TL gemahlener Koriander
- 2 große rote Chillies
- 1 EL frisch gehackter Koriander
- 1 EL Speisestärke mit 2 EL Wasser angerührt
- Salz und Pfeffer
- gehackte rote Chili, zum Garnieren

1
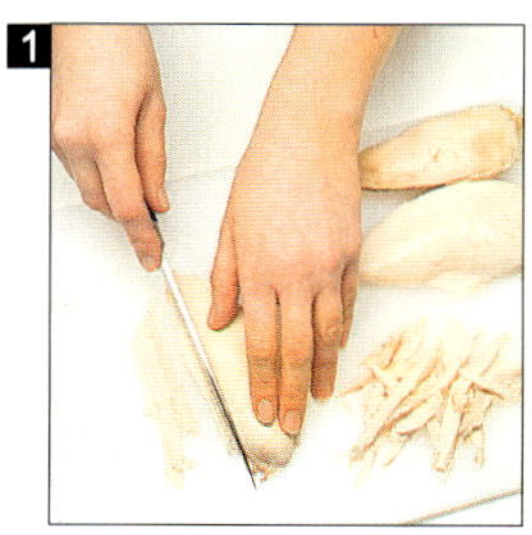

2

3
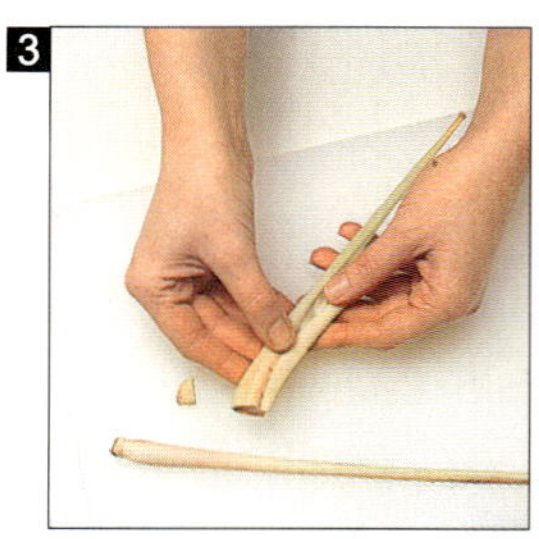

1 Das Hühnerfleisch mit einem scharfen Messer in feine Streifen schneiden.

2 Die Kokosraspel in einer Schüssel mit dem kochenden Wasser übergießen, kurz ruhen lassen. Kokoswasser abseihen und mit der Brühe in einen Topf gießen.

3 Die Frühlingszwiebeln in die Brühe geben. Die Zitronengrasstängel einschneiden, um die äußere Blätterschicht zu entfernen, und leicht zerdrücken. Ebenfalls zur Brühe geben.

4 Die Limette dünn schälen und den Saft auspressen. In Streifen geschnittene Limettenschale, Limettensaft, Ingwer, Sojasauce und Koriander zur Brühe geben. Die Chillies mit einer Gabel zerdrücken und auch in die Brühe geben. Zum Kochen bringen.

5 Hühnerfleisch und frischen Koriander zur Brühe geben, aufkochen und dann 10 Minuten köcheln lassen.

6 Die Zitronengrasstängel, Limettenschale und Chillies entfernen. Die Speisestärke einrühren, bis die Brühe etwas angedickt ist. Mit Salz und Pfeffer abschmecken und sofort, garniert mit gehackter roter Chili, servieren.

Spanische Tomatensuppe

Diese südländische Tomatensuppe ist, wie in einigen Teilen Spaniens üblich, mit Brot angedickt und wird mit Knoblauchbrot serviert.

NÄHRWERTANGABEN

Kilokalorien 297	Zucker .... 7 g
Eiweiß .... 8 g	Fett .... 13 g
Kohlenhydrate .. 39 g	davon gesättigt .. 2 g

10 MIN. 20 MIN.

4 PERSONEN

ZUTATEN

- 4 EL Olivenöl
- 1 Zwiebel, gehackt
- 3 Knoblauchzehen, zerdrückt
- 1 grüne Paprika, entkernt und klein geschnitten
- ½ TL Chilipulver
- 500 g Tomaten, klein geschnitten
- 225 g Baguette oder italienisches Brot, gewürfelt
- 1 l Gemüsebrühe

KNOBLAUCHBROT

- 4 Scheiben Ciabatta oder Baguette
- 4 EL Olivenöl
- 2 Knoblauchzehen, zerdrückt
- 25 g Cheddar, gerieben
- Chilipulver, zum Garnieren

1 Olivenöl in einer Pfanne erhitzen. Zwiebel, Knoblauch und Paprika darin bei geringer Hitze unter Rühren 2–3 Minuten anbraten, bis die Zwiebel weich ist.

2 Chilipulver und Tomaten zufügen und bei mittlerer Hitze kochen, bis die Mischung eindickt.

3 Die Brotwürfel und die Brühe einrühren. Alles 10–15 Minuten kochen, bis die Suppe eingedickt und sämig ist.

4 In der Zwischenzeit das Knoblauchbrot zubereiten. Zunächst die Brotscheiben unter einem Grill rösten. Anschließend das Olivenöl auf die Oberseite des Brots träufeln. Dann das Brot mit Knoblauch einreiben, mit Käse bestreuen und nochmals 2–3 Minuten unter den Grill stellen, bis der Käse geschmolzen ist. Das fertige Brot herausnehmen, mit Chilipulver bestreuen und zur Suppe servieren.

VARIATION

Nach Belieben können Sie die grüne Paprika durch rote oder orangefarbene ersetzen.

Bohnen-Knoblauch-Suppe

Diese herzhafte Gemüsesuppe ist unwiderstehlich. Am besten schmeckt sie, wenn kräftiges Vollkornbrot dazu gereicht wird.

NÄHRWERTANGABEN

Kilokalorien 261	Zucker .... 5 g
Eiweiß .... 23 g	Fett .... 8 g
Kohlenhydrate .. 25 g	davon gesättigt .. 2 g

5 MIN. 20 MIN.

4 PERSONEN

ZUTATEN

- 225 g magerer geräucherter Speck
- 1 Karotte, in dünnen Scheiben
- 1 Selleriestange, in dünnen Scheiben
- 1 Zwiebel, gehackt
- 1 EL Öl
- 3 Knoblauchzehen, in dünnen Scheiben
- 700 ml heiße Gemüsebrühe
- 200 g gehackte Tomaten aus der Dose
- 1 EL frisch gehackter Thymian
- 400 g weiße Bohnen aus der Dose, abgetropft
- 1 EL Tomatenmark
- Salz und Pfeffer
- geriebener Cheddar, zum Garnieren

1 Den Speck sehr fein würfeln, drei Viertel der Speckwürfel beiseite stellen, den Rest in eine Schüssel geben und 3–4 Minuten in der Mikrowelle garen, bis das Fett austritt. Zwischendurch einmal umrühren. Auf einen mit Küchenpapier ausgelegten Teller geben, damit das ausgetretene Fett aufgesaugt wird. Karotte, Sellerie, Zwiebel und Öl in eine zweite große Schüssel geben, abdecken und ebenfalls in der Mikrowelle 4 Minuten garen.

2 Den beiseite gestellten Speck zusammen mit dem Knoblauch zu dem Gemüse in die Schüssel geben. Abdecken und 2 Minuten mitgaren.

3 Brühe, Tomaten, Thymian, Bohnen und Tomatenmark zugeben. Abdecken und alles nochmals 8 Minuten garen. Zwischendurch gelegentlich umrühren. Mit Salz und Pfeffer abschmecken und mit den gebratenen Speckwürfeln und dem Käse servieren.

TIPP

Etwas gehaltvoller wird diese Suppe, wenn man mit den Tomaten und der Brühe noch 60 g Nudeln, z.B. Penne oder Orecchiette, zugibt. In diesem Fall zusätzlich 150 ml Brühe zufügen.

Mulligatawny-Suppe

Diese berühmte Suppe ist mit Madras-Curry verfeinert. Englische Offiziere brachten das Rezept Anfang des 19. Jahrhunderts von Indien nach Europa.

NÄHRWERTANGABEN

Kilokalorien 154	Zucker .... 6 g
Eiweiß .... 6 g	Fett .... 7 g
Kohlenhydrate .. 17 g	davon gesättigt .. 4 g

5½ STD. 1 STD.

4–6 PERSONEN

ZUTATEN

45 g Butter oder Margarine
1 große Zwiebel, gehackt
2 Karotten, gewürfelt
2–3 Selleriestangen, gewürfelt
1 Apfel, geschält und gewürfelt
1 EL Mehl
1–2 TL Madras-Curry
1–2 TL Currypaste
½ TL gemahlener Koriander
1,25 l Rinder-, Hühner- oder Gemüsebrühe (siehe Seite 8 und 9)
230 g gehackte Tomaten aus der Dose
Salz und Pfeffer
100 g Langkornreis, gekocht (nach Belieben)
100 g Hühner-, Rind- oder Lammfleisch, gekocht und klein gewürfelt
Papadams, zum Servieren (nach Belieben)

1

4

5

1 Die Butter oder Margarine in einem großen Topf zerlassen, anschließend Zwiebel, Karotten, Sellerie und Apfel zugeben und unter gelegentlichem Rühren dünsten, bis das Gemüse weich und leicht gebräunt ist.

2 Mehl, Madras-Curry, Currypaste und Koriander zugeben und 1 Minute mitdünsten.

3 Die Brühe nach und nach zugießen und unter ständigem Rühren zum Kochen bringen.

4 Die Tomaten zufügen, mit Salz und Pfeffer abschmecken, Deckel aufsetzen und ca. 45 Minuten köcheln lassen.

5 Die Suppe etwas abkühlen lassen. Anschließend durch ein Sieb passieren oder in einem Mixer oder mit einem Pürierstab pürieren und in einen sauberen Topf füllen.

6 Reis, falls verwendet, und Fleischstückchen zu der Suppe geben, mit Salz und Pfeffer abschmecken und aufkochen. Alles 5 Minuten köcheln lassen.

7 Die Suppe in Suppentassen füllen und nach Belieben mit Papadams servieren.

Ravioli alla Parmigiana

In der Provinz Parma wird dieses Gericht traditionell zu Ostern und Weihnachten serviert.

NÄHRWERTANGABEN

Kilokalorien	554	Zucker	3g
Eiweiß	26g	Fett	24g
Kohlenhydrate	64g	davon gesättigt	9g

4½–5 STD. 25 MIN.

4 PERSONEN

ZUTATEN

300 g Pastateig (siehe Seite 6)
1,2 l Kalbsbrühe
frisch geriebener Parmesan, zum Servieren

FÜLLUNG

100 g Parmesan, gerieben
100 g feine Semmelbrösel
2 Eier
125 ml Espagnole-Sauce (siehe Seite 7)
1 kleine Zwiebel, fein gehackt
1 Prise geriebene Muskatnuss

TIPP

Es empfiehlt sich, den Pastateig und die Espagnole-Sauce vorab zuzubereiten. Falls Sie nicht genügend Zeit haben, verwenden Sie Fertigprodukte.

1 Zunächst den Pastateig und die Espagnole-Sauce zubereiten.

2 Den Pastateig in 2 gleich große Portionen teilen und jede zu einem Rechteck ausrollen. Anschließend die Teigscheiben mit einem feuchten Handtuch abdecken.

3 Für die Füllung Parmesan, Semmelbrösel, Eier, Espagnole-Sauce, Zwiebel und Muskat in eine große Schüssel geben. Anschließend sämtliche Zutaten mit einer Gabel gründlich mischen.

4 Die Füllung löffelweise in gleichmäßigen Abständen auf ein Teigblatt geben. Mit dem zweiten Teigblatt abdecken, in Quadrate schneiden und die Ränder zusammendrücken.

5 Die Brühe in einem großen Topf aufkochen, die Ravioli hineingeben und etwa 15 Minuten ziehen lassen.

6 Brühe und Ravioli auf vorgewärmte Suppenteller verteilen, großzügig mit Parmesan bestreuen und sofort servieren.

3

4

4

Consommé

Diese traditionelle klare Brühe schmeckt besonders kräftig. Die bunten Gemüsestreifen sind eine schmackhafte und optisch reizvolle Einlage.

NÄHRWERTANGABEN

Kilokalorien	109	Zucker	6 g
Eiweiß	13 g	Fett	3 g
Kohlenhydrate	7 g	davon gesättigt	1 g

6 1/4 STD. 1 1/4 STD.

4–6 PERSONEN

ZUTATEN

1,25 l kräftige Rinderbrühe (siehe Seite 9)
225 g mageres Rindfleisch
2 Tomaten, gehäutet, entkernt und gewürfelt
2 große Karotten, in Scheiben
1 große Zwiebel, in Ringen
2 Selleriestangen, in Scheiben
1 Steckrübe, in Scheiben (nach Belieben)
1 Porreestange, in Ringen
1 Bouquet garni
3 Eiweiß
4 Eierschalen, zerstoßen
Salz und Pfeffer
2 EL Sherry (nach Belieben)
Toastbrot, zum Servieren

GARNIERUNG

Julienne, z. B. aus Karotte, Steckrübe, Sellerie oder Flädle

1

1

3

1 Brühe und Fleisch in einen Topf geben und 1 Stunde ziehen lassen. Tomaten, Karotten, Zwiebel, Sellerie, Steckrübe, Porreeringe, Bouquet garni, 2 Eiweiß und 2 Eierschalen mit reichlich Salz und Pfeffer in den Topf geben. Zum Kochen bringen und während der ganzen Zeit kräftig mit einem Schneebesen rühren.

2 Abdecken und dann 1 Stunde so leicht köcheln lassen, dass die Schaumschicht an der Oberfläche der Suppe möglichst nicht aufbricht.

3 Die Brühe langsam durch ein sauberes Tuch oder Haarsieb gießen. Der Schaum sollte als Letztes abgegossen werden. Die Brühe ein zweites Mal in einen sauberen Topf sieben – sie sollte nun klar sein.

4 Falls die Brühe nicht klar genug ist, das dritte Eiweiß und 2 weitere Eierschalen mit der Brühe aufschlagen und weitere 10 Minuten köcheln lassen. Erneut filtern.

5 Den Sherry, falls verwendet, zur Brühe geben und alles erneut erwärmen. Die Julienne in Suppentassen geben und die Brühe darüber gießen. Mit Toast servieren.

Mediterrane Fischsuppe

Fischwürfel und Muscheln werden in einer Brühe gekocht und mit Knoblauchbrot serviert.

NÄHRWERTANGABEN

Kilokalorien	316	Zucker	4 g
Eiweiß	53 g	Fett	7 g
Kohlenhydrate	5 g	davon gesättigt	1 g

1 STD. 15 MIN.

4 PERSONEN

ZUTATEN

- 1 EL Olivenöl
- 1 große Zwiebel, gehackt
- 2 Knoblauchzehen, fein gehackt
- 425 ml Fischfond (siehe Seite 8)
- 150 ml trockener Weißwein
- 1 Lorbeerblatt
- je 1 Zweig Thymian, Rosmarin und Oregano
- 450 g festes weißes Fischfilet (z. B. Dorsch oder Heilbutt), in 2,5 cm große Würfel geschnitten
- 450 g frische Miesmuscheln, abgebürstet und die Bärte entfernt
- 400 g gehackte Tomaten aus der Dose
- 225 g geschälte Krabben
- Salz und Pfeffer
- Thymianzweige, zum Garnieren

ZUM SERVIEREN

- Zitronenspalten
- 4 Scheiben Baguette, geröstet und mit aufgeschnittener Knoblauchzehe eingerieben

1 Das Öl in einem großen Topf erhitzen. Anschließend Zwiebel und Knoblauch zugeben und 2–3 Minuten leicht anbraten. Den Fischfond und den Weißwein in den Topf gießen und alles aufkochen.

2 Das Lorbeerblatt und die Kräuter mit Küchengarn zusammenbinden, dann mit dem Fisch und den Muscheln in den Topf geben. Umrühren, abdecken und 5 Minuten leicht köcheln lassen.

3 Tomaten und Krabben zugeben und weitere 3–4 Minuten kochen, bis der Fisch gar ist.

4 Die Kräuter entfernen. Muscheln, die noch geschlossen sind, aus der Suppe nehmen und wegwerfen.

5 Die fertige Suppe mit Salz und Pfeffer abschmecken und auf vorgewärmte Suppenschalen verteilen.

6 Mit Thymianzweigen garnieren und mit Zitronenspalten und Knoblauchbaguette servieren.

1

2

3

Klare Suppe mit Blattsalat und Tofu

Eine delikate klare Suppe mit Blattsalat, Tofustücken, Karottenscheiben und Frühlingszwiebeln.

NÄHRWERTANGABEN

Kilokalorien 113	Zucker 2g
Eiweiß 5g	Fett 8g
Kohlenhydrate ... 3g	davon gesättigt .. 1g

5 MIN. 15 MIN.

4 PERSONEN

ZUTATEN

200 g Tofu
2 EL Pflanzenöl
1 Karotte, in dünnen Scheiben
1-cm-Stück Ingwerwurzel, fein gehackt
3 Frühlingszwiebeln, diagonal in Ringe geschnitten
1,2 l Gemüsebrühe
2 EL Sojasauce
2 EL trockener Sherry
1 TL Zucker
125 g Romana-Salat, klein geschnitten
Salz und Pfeffer

1 Den Tofu mit einem scharfen Küchenmesser in kleine Würfel schneiden.

2 Das Pflanzenöl in einem heißen Wok oder einem großen Kochtopf erhitzen, den Tofu zugeben und schnell anbraten, bis er leicht gebräunt ist. Mit einem Pfannenwender herausheben und auf Küchenpapier abtropfen lassen.

3 Karotte, Ingwer und Frühlingszwiebeln in den Wok oder Kochtopf geben und 2 Minuten bei starker Hitze unter ständigem Rühren anbraten.

4 Gemüsebrühe, Sojasauce, Sherry und Zucker zufügen. Sämtliche Zutaten gut verrühren. Anschließend aufkochen und 1 Minute köcheln lassen.

5 Salat in den Wok oder Kochtopf geben und rühren, bis er zusammenfällt.

6 Den Tofu wieder in den Wok oder Kochtopf geben und kurz mit erwärmen. Mit Salz und Pfeffer abschmecken und in vorgewärmten Suppentassen heiß servieren.

TIPP

Um einen optisch reizvollen Effekt zu erzielen, schneiden Sie die Karotte in Blümchenform, indem Sie mit einem scharfen Küchenmesser längs in die Karotte kleine Schnitte einfügen, bevor Sie sie in Scheiben schneiden.

Nudelsuppe mit Hühnerfleisch

Eine schnell zubereitete, würzig scharfe Suppe. Wer es feurig scharf mag, kann eine klein gehackte getrocknete oder frische Chili zugeben.

NÄHRWERTANGABEN

Kilokalorien 196	Zucker .... 4 g
Eiweiß .... 16 g	Fett .... 11 g
Kohlenhydrate ... 8 g	davon gesättigt .. 2 g

10 MIN. 25 MIN.

4–6 PERSONEN

ZUTATEN

- 1 Lage chinesische Eiernudeln aus einer 250-g-Packung
- 1 EL Öl
- 4 Hühnchenschenkel, ohne Haut und Knochen, in Würfeln
- 1 Bund Frühlingszwiebeln, in Ringen
- 2 Knoblauchzehen, gehackt
- 2-cm-Stück Ingwerwurzel, fein gehackt
- 850 ml Hühnerbrühe
- 200 ml Kokosmilch
- 3 TL rote Currypaste
- 3 EL Erdnussbutter
- 2 EL helle Sojasauce
- Salz und Pfeffer
- 1 kleine rote Paprika, gewürfelt
- 60 g Erbsen, Tiefkühlware aufgetaut

1 Die Nudeln in eine flache Schüssel geben und in kochendem Wasser einweichen lassen. Die Packungsanweisungen beachten.

2 Das Öl in einem heißen Wok oder einem großen Kochtopf erhitzen.

3 Das Hühnerfleisch in den Topf oder Wok geben und 5 Minuten unter Wenden leicht braun anbraten.

4 Die weißen Teile der Frühlingszwiebeln, Knoblauch und Ingwer zugeben und 2 Minuten pfannenrühren.

5 Hühnerbrühe, Kokosmilch, rote Currypaste, Erdnussbutter und Sojasauce einrühren.

6 Die Suppe mit Salz und Pfeffer abschmecken. Kurz aufkochen und unter Rühren 8 Minuten köcheln lassen.

7 Rote Paprika, Erbsen und Zwiebelgrün zufügen und 2 Minuten garen.

8 Die abgegossenen Nudeln zufügen und kurz erhitzen. Die Nudelsuppe in vorgewärmte Suppentassen füllen und sofort servieren.

1

3

8

VARIATION

Weniger feurig scharf wird die Suppe, wenn Sie grüne Currypaste statt der roten verwenden.

Suppe mit Nudeln und Pilzen

Für diese Suppe ist weder viel Zeit noch allzu viel Erfahrung erforderlich. Jede einzelne Zutat ist in der fertigen Suppe deutlich herauszuschmecken.

NÄHRWERTANGABEN

Kilokalorien	74	Zucker	1 g
Eiweiß	13 g	Fett	3 g
Kohlenhydrate	9 g	davon gesättigt	0,4 g

1½ STD. 10 MIN.

4 PERSONEN

ZUTATEN

- 15 g getrocknete chinesische Pilze oder 125 g Feldchampignons
- 1 l heiße Gemüsebrühe (siehe Seite 8)
- 125 g Fadennudeln
- 2 TL Sonnenblumenöl
- 3 Knoblauchzehen, zerdrückt
- 2,5-cm-Stück Ingwer, fein gehackt
- ½ TL Ketchup
- 1 TL helle Sojasauce
- 125 g Bohnensprossen
- Korianderblätter, zum Garnieren

2

3

4

1 Die getrockneten chinesischen Pilze, falls verwendet, mindestens 30 Minuten in 300 ml heißer Gemüsebrühe einweichen. Stiele entfernen und die Pilze in Scheiben schneiden. Brühe aufbewahren.

2 Nudeln 2–3 Minuten in kochendes Wasser legen. Abgießen, abtropfen lassen und beiseite stellen.

3 Das Öl in einem Wok oder einer großen Pfanne stark erhitzen. Knoblauch und Ingwer zufügen und umrühren. Dann die Pilze zugeben und 2 Minuten unter Rühren andünsten.

4 Die restliche Gemüsebrühe und die beiseite gestellte Brühe zufügen und aufkochen. Den Ketchup und die Sojasauce zugeben und gut vermischen.

5 Bohnensprossen einrühren und garen, bis sie zart sind. Über die Nudeln geben, mit Korianderblättern garniert servieren.

TIPP

Getrocknete Pilze haben ein sehr intensives Aroma und geben vielen chinesischen Speisen den besonderen Geschmack. Am besten jedoch sind *Tongku-Pilze* (auch unter dem japanischen Namen Shiitake bekannt). Sie sind zwar nicht billig, aber dank ihrer intensiven Würze reicht oft schon eine kleine Menge.

Vegetarische scharf-saure Suppe

Diese Suppe ist einfach zuzubereiten und sehr sättigend. Sie kann als Vorspeise oder auch als Hauptmahlzeit serviert werden.

NÄHRWERTANGABEN

Kilokalorien 61	Zucker .... 1 g
Eiweiß .... 5 g	Fett .... 2 g
Kohlenhydrate ... 8 g	davon gesättigt . 0,2 g

30 MIN. 10 MIN.

4 PERSONEN

ZUTATEN

- 4 getrocknete Shiitake-Pilze, ersatzweise frische Pilze
- 125 g fester Tofu
- 60 g Bambussprossen aus der Dose
- 600 ml Gemüsebrühe oder Wasser
- 60 g Erbsen, Tiefkühlware aufgetaut
- 1 EL dunkle Sojasauce
- 2 EL Weißweinessig
- 2 EL Speisestärke
- Salz und Pfeffer
- Sesamöl, zum Servieren

1 Die getrockneten Shiitake-Pilze in eine kleine Schüssel geben. Mit kochendem Wasser übergießen und 20–25 Minuten quellen lassen.

2 Die Pilze abgießen und ausdrücken. Das dabei austretende Wasser auffangen. Den harten Stielansatz entfernen und die Pilze in feine Streifen schneiden. Tofu und Bambussprossen ebenfalls in feine Streifen schneiden.

3 Brühe oder Wasser in einem großen Topf zum Kochen bringen. Pilze, Tofu, Bambussprossen und Erbsen zugeben und 2 Minuten köcheln lassen.

4 Sojasauce, Essig und Speisestärke mit 2 Esslöffeln des aufgefangenen Einweichwassers verrühren.

5 Die Sojasaucen-Mischung und das restliche Einweichwasser in die Brühe einrühren. Zum Kochen bringen, gut mit Salz und Pfeffer abschmecken und 2 Minuten köcheln lassen.

6 Die fertige Suppe auf Suppentassen verteilen und mit einigen Tropfen Sesamöl beträufeln. Sofort servieren.

1

2

3

TIPP

Wenn Sie frische Pilze verwenden, geben Sie zusätzlich 180 ml Gemüsebrühe in die Suppe.

Erbsen-Joghurt-Suppe

Dies ist eine köstliche, sehr erfrischende Sommersuppe für heiße Tage, die vor allem gekühlt ein wahrer Genuss ist.

NÄHRWERTANGABEN

Kilokalorien 208	Zucker .... 9 g
Eiweiß .... 10 g	Fett .... 7 g
Kohlenhydrate .. 26 g	davon gesättigt .. 2 g

10 MIN. 25 MIN.

4 PERSONEN

ZUTATEN

- 2 EL Ghee oder Butter
- 2 Zwiebeln, grob gehackt
- 225 g Kartoffeln, gewürfelt
- 2 Knoblauchzehen, zerdrückt
- 2,5-cm-Stück Ingwerwurzel, gerieben
- 1 TL gemahlener Koriander
- 1 TL gemahlener Kreuzkümmel
- 1 EL Mehl
- 850 ml Gemüsebrühe
- 500 g Erbsen, Tiefkühlware aufgetaut
- 2–3 EL frisch gehackte Minze
- Salz und Pfeffer
- 150 g fettarmer Naturjoghurt, plus etwas mehr, zum Garnieren
- ½ TL Speisestärke mit 1 TL Wasser angerührt
- 300 ml Magermilch
- Minzeblätter, zum Garnieren

1 

2 

3 

1 Das Ghee in einem Topf erhitzen, Zwiebeln und Kartoffeln zugeben und bei schwacher Hitze 3 Minuten dünsten, bis die Zwiebeln glasig sind. Knoblauch, Ingwer, Koriander, Kreuzkümmel und Mehl einrühren und 1 Minute anschwitzen. Gemüsebrühe, Erbsen und Minze zufügen und unter Rühren zum Kochen bringen. Die Hitze reduzieren, abdecken und 15 Minuten köcheln lassen, bis das Gemüse gar ist.

2 Die Suppe in einer Küchenmaschine pürieren. Dann in den Topf zurückgießen und mit Salz und Pfeffer abschmecken. Joghurt und Speisestärke verrühren und unter die Suppe mischen.

3 Die Milch zugießen und unter Rühren stark erhitzen. 2 Minuten sehr leicht köcheln. Die Suppe heiß servieren, mit Minze und zusätzlichem Joghurt garnieren.

TIPP

Der Joghurt wird mit etwas aufgelöster Speisestärke angerührt, bevor er der heißen Suppe zugefügt wird. Das verhindert das Ausflocken des Joghurts und macht die Suppe sämig.

Partan Bree

Diese Suppe aus Schottland wird mit püriertem Reis und in Milch gegartem Krebsfleisch zubereitet. Wer mag, gibt vor dem Servieren saure Sahne zu.

NÄHRWERTANGABEN

Kilokalorien 112	Zucker .... 5 g
Eiweiß .... 7 g	Fett .... 2 g
Kohlenhydrate .. 18 g	davon gesättigt . 0,3 g

1 STD. 35 MIN.

6 PERSONEN

ZUTATEN

1 großer Taschenkrebs, gekocht
100 g Langkornreis
600 ml Magermilch
Salz und Pfeffer
600 ml Fischfond (siehe Seite 8)
1 EL Sardellenpaste
2 TL Zitronen- oder Limettensaft
1 EL frisch gehackte Petersilie oder 1 TL frisch gehackter Thymian
60 g saure Sahne (nach Belieben)
Schnittlauchröllchen, zum Garnieren

1 Das braune und weiße Fleisch aus den Krebspanzern lösen, klein schneiden und beiseite stellen. Die Scheren aufbrechen, das Fleisch auslösen und separat beiseite stellen.

1

3

5

2 Reis und Milch in einen Topf geben und langsam zum Kochen bringen. Den Deckel auflegen und bei geringer Hitze 20 Minuten köcheln lassen.

3 Weißes und braunes Krebsfleisch zugeben, abschmecken und 5 Minuten garen.

4 Suppe abkühlen lassen, dann im Mixer pürieren oder durch ein Sieb streichen.

5 Die Suppe in einen sauberen Topf geben, Fischfond und Fleisch aus den Krebsscheren zugeben. Langsam zum Kochen bringen. Mit Sardellenpaste und Zitronen- oder Limettensaft abschmecken.

6 Alles 2–3 Minuten köcheln lassen, Petersilie oder Thymian einrühren und die Sahne leicht einrühren. Mit Schnittlauchröllchen garnieren.

TIPP

Wer keine frischen Taschenkrebse bekommt, verwendet 180 g tiefgefrorenes Krebsfleisch, das aufgetaut wird. Krebsfleisch aus der Dose muss gründlich abtropfen.

Garnelen-Gumbo

Diese Suppe wird aus Zwiebel, roter Paprika, Reis, Garnelen und Okra zubereitet. Okraschoten verleihen der Suppe eine sämigere Konsistenz.

NÄHRWERTANGABEN

Kilokalorien 177	Zucker .... 5 g
Eiweiß .... 12 g	Fett .... 8 g
Kohlenhydrate .. 15 g	davon gesättigt .. 1 g

1 STD. 45 MIN.

6 PERSONEN

ZUTATEN

2 EL Olivenöl

1 große Zwiebel, fein gewürfelt

2 Scheiben magerer Speck, fein gewürfelt (nach Belieben)

2 Knoblauchzehen, zerdrückt

1 große oder 2 kleine rote Paprika, fein gehackt oder grob püriert

850 ml Fischfond oder Gemüsebrühe (siehe Seite 8)

1 Lorbeerblatt

1 Streifen Muskatblüte

1 kräftige Prise Piment

40 g Langkornreis

1 EL Weißweinessig

Salz und Pfeffer

180 g Okra, in dünnen Scheiben

130 g geschälte Garnelen

1 EL Sardellenpaste

2 TL Tomatenmark

1–2 EL frisch gehackte Petersilie

GARNIERUNG

ganze Garnelen

Petersilienzweige

1 Das Öl in einer großen Pfanne erhitzen. Zwiebel, Speck und Knoblauch darin 4–5 Minuten bei geringer Hitze unter Rühren andünsten. Die Paprika zugeben und einige Minuten weiterdünsten.

2 Brühe, Lorbeerblatt, Muskatblüte, Piment, Reis und Essig zugeben. Abschmecken und aufkochen. Abdecken und etwa 20 Minuten köcheln lassen, bis der Reis gar ist. Gelegentlich umrühren.

3 Okra, Garnelen, Sardellenpaste und Tomatenmark zugeben, abdecken und 15 Minuten köcheln lassen, bis die Okra gar sind und die Suppe etwas eingedickt ist.

4 Lorbeerblatt und Muskatblüte entfernen und die Suppe mit Salz und Pfeffer abschmecken. Die Petersilie unterrühren. Auf Suppenschüsseln verteilen, mit ganzen Garnelen und Petersilienzweigen garnieren und sofort servieren.

Mexikanische Bohnensuppe

Bohnen sind ein unverzichtbarer Bestandteil der mexikanischen Küche. Hier verleihen Pinto-Bohnen der Suppe ihre besondere Konsistenz.

NÄHRWERTANGABEN

Kilokalorien	188	Zucker	9 g
Eiweiß	13 g	Fett	1 g
Kohlenhydrate	33 g	davon gesättigt	0,3 g

12 STD. 3 STD.

4 PERSONEN

ZUTATEN

- 175 g Pinto-Bohnen
- 1,25 l Wasser
- 175–225 g Karotten, klein gewürfelt
- 1 große Zwiebel, fein gehackt
- 3 Knoblauchzehen, zerdrückt
- 1 Chili, entkernt und klein geschnitten
- 1 l Gemüsebrühe
- 2 Tomaten, gehäutet und klein geschnitten
- 2 Selleriestangen, in dünnen Scheiben
- Salz und Pfeffer
- 1 El frisch gehackter Koriander (nach Belieben)

CROÛTONS

- 3 Scheiben Weißbrot ohne Kruste
- Öl, zum Frittieren
- 2 Knoblauchzehen, zerdrückt

1 Bohnen über Nacht einweichen, abgießen und mit dem frischen Wasser in einen Topf geben. Zum Kochen bringen, abdecken und 10 Minuten kochen lassen. Hitze reduzieren und 2 Stunden köcheln lassen, bis die Bohnen gar sind.

2 Karotten, Zwiebel, Knoblauch, Chili und Gemüsebrühe zugeben und erneut aufkochen. Abdecken und weitere 30 Minuten köcheln lassen, bis alles sehr weich ist.

3 Die Hälfte der Bohnen und des Gemüses mit dem Kochsud herausnehmen und durch ein Sieb streichen oder in einer Küchenmaschine pürieren, bis alles sämig ist.

4 Das Bohnenpüree zurück in den Topf geben und Tomaten und Stangensellerie zufügen. 10–15 Minuten köcheln lassen, nötigenfalls etwas mehr Brühe oder Wasser zugeben.

5 In der Zwischenzeit die Croûtons zubereiten. Das Brot würfeln. Das Öl mit dem Knoblauch in einer kleinen Pfanne erhitzen und die Croûtons goldbraun braten. Zum Abtropfen auf Küchenpapier legen.

6 Die Suppe mit Salz und Pfeffer abschmecken und nach Belieben Koriander unterrühren. In eine Terrine füllen und sofort mit den Croûtons servieren.

2

4

5

VARIATION

Pinto-Bohnen sind fast überall erhältlich. Falls Sie jedoch keine finden oder das Rezept abändern möchten, können auch Cannellini-Bohnen oder Augenbohnen verwendet werden.

Topinambursuppe

Topinambur stammt aus Nordamerika, wird aber auch hier zu Lande kultiviert. Er hat ein nussiges Aroma und harmoniert besonders gut mit Orangen.

NÄHRWERTANGABEN

Kilokalorien	211	Zucker	17 g
Eiweiß	7 g	Fett	8 g
Kohlenhydrate	29 g	davon gesättigt	4 g

10 MIN. 30 MIN.

4 PERSONEN

ZUTATEN

- 700 g Topinambur
- 5 EL Orangensaft
- 25 g Butter
- 1 Porreestange, in Ringen
- 1 Knoblauchzehe, zerdrückt
- 300 ml Gemüsebrühe
- 150 ml Milch
- 2 EL frisch gehackter Koriander
- 150 g Naturjoghurt
- Orangenzesten, zum Garnieren

1

2

4

1 Den Topinambur gründlich reinigen. Mit 2 Esslöffeln Orangensaft und so viel Wasser in einen großen Topf geben, dass er bedeckt ist. 20 Minuten kochen, bis der Topinambur weich ist.

2 Kochsud abgießen und 425 ml davon aufbewahren. Den Topinambur abkühlen lassen. Die abgekühlten Knollen schälen, in eine große Schüssel füllen und mit einem Kartoffelstampfer zerdrücken.

3 Die Butter in einem großen Topf zerlassen, dann Porree und Knoblauch darin 2–3 Minuten andünsten.

4 Topinamburmasse, zurückbehaltenen Sud, Gemüsebrühe, Milch und restlichen Orangensaft zugeben. Zum Kochen bringen, Hitze reduzieren und 2–3 Minuten köcheln lassen.

5 Einige der Porreeringe mit einem Schaumlöffel aus der Suppe nehmen und beiseite stellen. Die übrige Suppe 1 Minute in der Küchenmaschine glatt pürieren.

6 Die Suppe in einen sauberen Topf umfüllen und zurückbehaltene Porreeringe, Koriander und Joghurt einrühren. Auf Suppenschalen verteilen und mit Orangenzesten garniert servieren.

Miesmuscheln in Weißwein

Diese Miesmuscheln ergeben nicht nur eine köstliche Vorspeise, sondern – mit reichlich frischem Brot – auch ein vollwertiges Hauptgericht.

NÄHRWERTANGABEN

Kilokalorien 396	Zucker 2g
Eiweiß 23g	Fett 24g
Kohlenhydrate ... 8g	davon gesättigt . 15g

5–10 MIN. 25 MIN.

4 PERSONEN

ZUTATEN

- 1,5 kg frische Miesmuscheln
- 60 g Butter
- 1 große Zwiebel, fein gehackt
- 2–3 Knoblauchzehen, zerdrückt
- 350 ml trockener Weißwein
- 150 ml Wasser
- 2 EL Zitronensaft
- 1 TL fein geriebene Zitronenschale
- 1 Bouquet garni
- Salz und Pfeffer
- 1 EL Mehl
- 60 g Crème fraîche oder Crème double
- 2–3 EL frisch gehackte Petersilie
- warmes knuspriges Brot, zum Servieren

1

3

5

1 Die Muscheln gründlich unter fließendem kaltem Wasser reinigen, um sämtliche Schmutz- und Sandpartikel zu entfernen. Dann die haarigen Bartfäden entfernen. Alle Muscheln mit zerbrochenen Schalen sowie geöffnete Muscheln, die sich beim Gegenklopfen nicht schließen, wegwerfen.

2 Die Hälfte der Butter in einem Topf zerlassen. Zwiebel und Knoblauch zufügen und glasig dünsten.

3 Wein, Wasser, Zitronensaft und -schale und das Bouquet garni zugeben. Dann mit reichlich Salz und Pfeffer abschmecken. Aufkochen, Hitze reduzieren und abgedeckt 4–5 Minuten köcheln lassen.

4 Die Muscheln in den Topf geben, abdecken und 5 Minuten köcheln lassen, bis sich alle Muscheln geöffnet haben. Den Topf dabei regelmäßig schütteln. Nicht geöffnete Muscheln wegwerfen und das Bouquet garni entfernen.

5 Leere Muschelhälften entfernen. Die restliche Butter mit dem Mehl verrühren, in den Muschelsud einrühren und bei geringer Hitze 2–3 Minuten köcheln lassen, bis der Sud leicht andickt.

6 Crème fraîche und die Hälfte der Petersilie zum Sud geben, vorsichtig erhitzen und mit Salz und Pfeffer abschmecken. Die Muscheln mit dem Sud auf Suppenteller verteilen, mit der restlichen Petersilie bestreuen und mit Brot servieren.

Feurige Salsa

Diese Salsa ist auch für verwöhnte Gaumen ein Hochgenuss. Servieren Sie sie stilecht mit Tortilla-Chips.

NÄHRWERTANGABEN

Kilokalorien	328	Zucker	2 g
Eiweiß	4 g	Fett	26 g
Kohlenhydrate	21 g	davon gesättigt	5 g

30 MIN. 0 MIN.

4 PERSONEN

ZUTATEN

- 2 kleine frische rote Chillies
- 1 EL Limetten- oder Zitronensaft
- 2 große reife Avocados
- 5-cm-Stück Salatgurke
- 2 Tomaten, gehäutet
- 1 kleine Knoblauchzehe, zerdrückt
- einige Spritzer Tabasco
- Salz und Pfeffer
- Limetten- oder Zitronenspalten, zum Garnieren
- Tortilla-Chips, zum Servieren

1 Von einer Chili Stiel und Kerne entfernen. Die Chili sehr fein hacken und in eine große Schüssel geben.

2 Aus der zweiten Chili eine so genannte Chiliblüte für die Garnierung herstellen. Dazu die Chili mit einem kleinen scharfen Messer vom Stängel bis zur Spitze einige Male einschneiden, ohne den Stiel zu entfernen. Dann in eine Schüssel mit Eiswasser legen, damit sich die „Blütenblätter" öffnen.

3 Zitronen- oder Limettensaft in die Schüssel geben. Avocados halbieren, entkernen und schälen. Fruchtfleisch in die Schüssel geben und mit einer Gabel zerdrücken. Die Salsa sollte leicht klumpig sein. Limetten- oder Zitronensaft verhindert, dass sich die Avocado braun verfärbt.

4 Gurke und Tomaten fein hacken und mit dem zerdrückten Knoblauch zur Avocadomischung geben.

5 Tabasco einrühren und alles mit Salz und Pfeffer abschmecken. Den Dip in eine Servierschale füllen. Mit Limetten- oder Zitronenspalten und Chiliblüte garnieren.

6 Den Dip zusammen mit Tortilla-Chips servieren.

1

3

5

Frische Feigen mit Parmaschinken

Dieser frische bunte Salat schmeckt zu jeder Jahreszeit. Der verwendete Parmaschinken gilt als eine der besten Schinkensorten.

NÄHRWERTANGABEN

Kilokalorien 121	Zucker 6g
Eiweiß 1g	Fett 11g
Kohlenhydrate ... 6g	davon gesättigt .. 2g

20 MIN. 0 MIN.

4 PERSONEN

ZUTATEN

- 50 g Rucola
- 4 frische Feigen
- 4 Scheiben Parmaschinken
- 4 EL Olivenöl
- 1 EL frischer Orangensaft
- 1 EL flüssiger Honig
- 1 kleine rote Chili

1 Den Rucola in mundgerechte Stücke zupfen und auf 4 Teller verteilen.

2 Die Feigen vierteln und auf den Rucolablättern anrichten.

3 Den Schinken in breite Streifen schneiden und ebenfalls auf dem Salat anrichten.

4 Öl, Orangensaft und Honig in ein Schraubglas füllen und durch kräftiges Schütteln so lange vermengen, bis ein dickflüssiges Dressing entsteht. Das Salatdressing in eine kleine Schüssel füllen.

5 Die Chili mit einem scharfen Messer in kleine Stücke schneiden, dabei die Kerne entfernen. Dann die Chilistücke zum Dressing geben und gut unterrühren. Das Gesicht nicht berühren, bevor man die Hände nicht gründlich gewaschen hat (siehe Tipp).

6 Das Dressing über den fertigen Salat träufeln und sofort servieren.

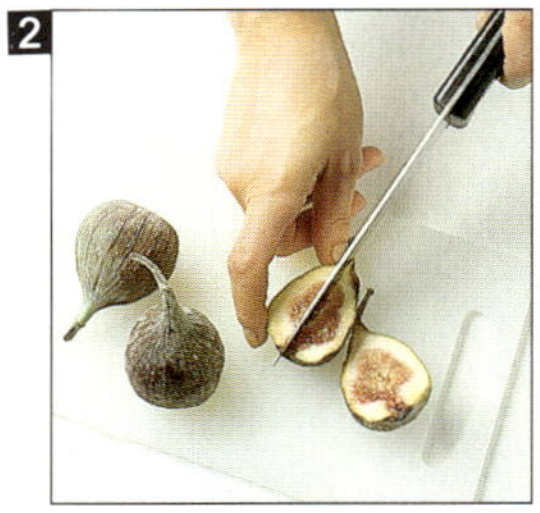

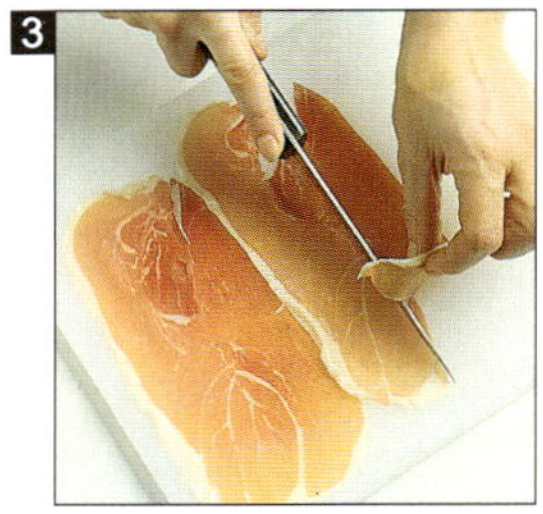

TIPP

Da der Saft der Chili ätzend ist, sollten bei ihrer Verarbeitung Gummihandschuhe getragen werden.

Salumi

Hier werden verschiedene Dauerwurst- und Aufschnittsorten mit Oliven und Gemüse zu einer farbenfrohen Vorspeise kombiniert.

NÄHRWERTANGABEN

Kilokalorien 227	Zucker 5g
Eiweiß 10g	Fett 19g
Kohlenhydrate . . . 5g	davon gesättigt . . 1g

10 MIN. 5–10 MIN.

4 PERSONEN

ZUTATEN

- 3 Tomaten
- 3 frische Feigen
- 1 kleine Honigmelone, halbiert und entkernt
- 60 g italienische Salami, in dünnen Scheiben
- 4 dünne Scheiben Mortadella
- 6 Scheiben Parmaschinken
- 6 Scheiben Bresaola (luftgetrocknetes Rindfleisch)
- 4 frische Basilikumblätter, gehackt
- Olivenöl
- 90 g marinierte Oliven, entsteint
- frisch gemahlener Pfeffer, zum Servieren

1 Die Tomaten in dünne Scheiben schneiden. Die Feigen vierteln.

2 Dann die Melone in schmale Spalten schneiden.

3 Auf einer Hälfte einer Servierplatte den Aufschnitt arrangieren. Die Tomaten in die Mitte legen, mit Basilikum bestreuen und mit Öl beträufeln.

4 Feigenviertel, Melonenspalten und Oliven dazulegen.

5 Mit Pfeffer bestreuen und mit extra Olivenöl servieren, um damit die Bresaolascheiben zu beträufeln.

1
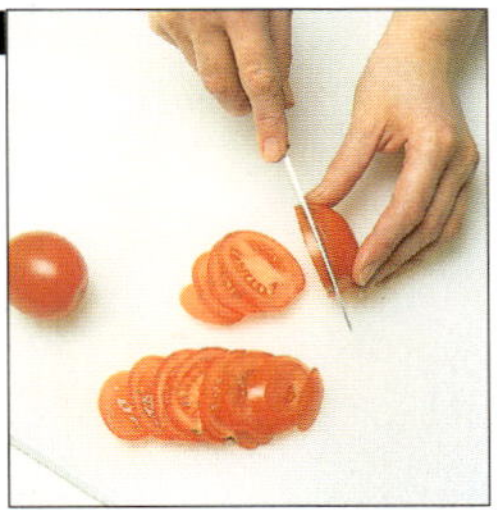

1

3

Garnelenpäckchen

Die Garnelenfüllung für diese schnell zubereitete und sehr delikate Vorspeise wird mit Limettenschale und frischem Koriander gewürzt.

NÄHRWERTANGABEN

Kilokalorien 305	Zucker . . . . 2 g
Eiweiß . . . . 15 g	Fett . . . . 21 g
Kohlenhydrate . . 14 g	davon gesättigt . . 8 g

15 MIN. 20 MIN.

4 PERSONEN

ZUTATEN

- 1 EL Sonnenblumenöl
- 1 rote Paprika, entkernt und in schmalen Streifen
- 75 g Bohnensprossen
- feine Zesten und Saft von 1 Limette
- 1 scharfe rote Chili, entkernt und fein gehackt
- 1-cm-Stück Ingwer, geschält und geraspelt
- 225 g rohe Garnelen, ausgelöst
- 1 EL Fischsauce
- ½ TL Pfeilwurzelstärke
- 2 EL frisch gehackter Koriander
- 8 Blätter Frühlingsrollen-Teig
- 25 g Butter
- 2 TL Sesamöl
- Öl, zum Frittieren
- Frühlingszwiebeln, zum Garnieren
- Chilisauce, zum Servieren

1 Sonnenblumenöl in einen Wok geben. Paprika und Bohnensprossen zufügen und 2 Minuten pfannenrühren.

2 Wok vom Herd nehmen, Limettenzesten und -saft, Chili, Ingwer und Garnelen zugeben und pfannenrühren.

3 Fischsauce mit Pfeilwurzelstärke verrühren. Die Mischung in den Wok gießen und verrühren. Dann den Wok wieder auf den Herd stellen und die Flüssigkeit unter ständigem Rühren 2 Minuten eindicken lassen. Koriander zufügen und alles mischen.

4 Teigblätter auf ein Küchenbrett legen. Butter zerlassen, mit Sesamöl mischen und jedes Teigblatt damit bepinseln.

5 Einen Löffel Garnelenmischung auf jedes Teigblatt geben, die beiden Enden nach innen klappen und den Teig zusammenrollen.

6 Öl in einem großen Wok erhitzen. Die Päckchen jeweils 2–3 Minuten frittieren, bis sie knusprig und goldbraun sind. Mit Frühlingszwiebeln garnieren und sofort mit Chilisauce servieren.

4

5

5

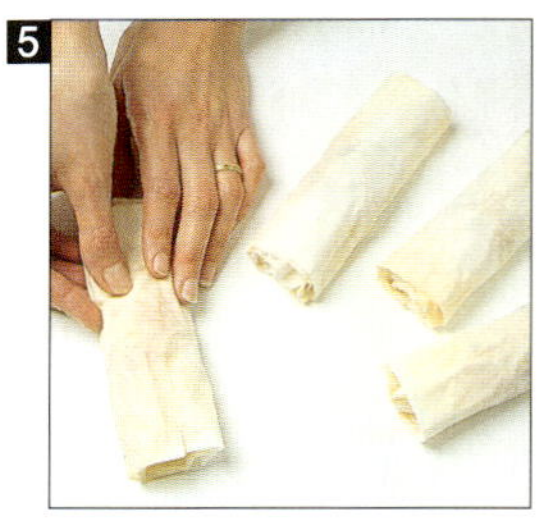

TIPP

Bei vorgegarten Garnelen müssen Sie die Garzeit auf 1 Minute reduzieren, sonst werden sie zäh.

Frittierte Maisbällchen

Maismehl ist in den meisten Supermärkten oder Bioläden erhältlich. Es ist gelb und dient in diesem Rezept als Bindemittel.

NÄHRWERTANGABEN

Kilokalorien 213	Zucker .... 6 g
Eiweiß .... 5 g	Fett .... 8 g
Kohlenhydrate .. 30 g	davon gesättigt .. 1 g

5 MIN. 15 MIN.

4 PERSONEN

ZUTATEN

- 225 g Mais aus der Dose, abgetropft
- 2 rote Chillies, entkernt und fein gehackt
- 2 Knoblauchzehen, zerdrückt
- 10 Kaffir-Limettenblätter, fein gehackt
- 2 EL frisch gehackter Koriander
- 1 großes Ei
- 75 g Maismehl
- 100 g Prinzessbohnen, fein geschnitten
- Erdnussöl, zum Frittieren

1

2

3

1 Mais, Chillies, Knoblauch, Limettenblätter, Koriander, Ei und Maismehl in eine große Rührschüssel geben und gut vermischen.

2 Die Bohnen zugeben und mit einem Holzlöffel gut untermischen.

3 Die Masse in kleine, gleich große Portionen teilen. Daraus jeweils Bällchen formen und diese etwas flach drücken.

4 Erdnussöl in einem heißen Wok oder einer großen Pfanne erhitzen. Die Maisbällchen unter gelegentlichem Wenden braten, bis sie knusprig und von allen Seiten angebräunt sind. Herausnehmen und auf Küchenpapier gut abtropfen lassen. Auf diese Weise sämtliche Maisbällchen braten.

5 Die fertigen Bällchen auf vorgewärmten Serviertellern sofort servieren.

TIPP

Am besten schmecken frische Kaffir-Limettenblätter. Sie sind dunkelgrün glänzend und verleihen Speisen einen Zitronen- und Limettengeschmack. Es gibt sie frisch oder getrocknet in asiatischen Lebensmittelgeschäften.

Rohkost mit Garnelencreme

Bei diesem Gericht werden Obst und rohes Gemüse zu einer pikanten Garnelencreme mit viel Knoblauch gereicht.

NÄHRWERTANGABEN

Kilokalorien	85	Zucker	11 g
Eiweiß	7 g	Fett	1 g
Kohlenhydrate	12 g	davon gesättigt	0,2 g

12 ¼ STD. 0 MIN.

4 PERSONEN

ZUTATEN

750 g rohes Gemüse und Obst, z. B. Brokkoli, Blumenkohl, Äpfel, Ananas, Gurke, Sellerie, Paprika oder Pilze, in mundgerechte Stücke geschnitten

CREME

- 60 g getrocknete Garnelen
- 1 TL Garnelenpaste
- 3 Knoblauchzehen, zerdrückt
- 4 rote Chillies, entkernt und gehackt
- 2 EL frisch gehackter Koriander
- Saft von 2 Limetten
- Fischsauce, zum Abschmecken
- brauner Zucker, zum Abschmecken

1 Die Garnelen 10 Minuten in warmem Wasser einweichen.

2 Für die Creme Garnelenpaste, abgetropfte Garnelen, Knoblauch, Chillies und Koriander in einer Küchenmaschine fein zerkleinern, aber nicht pürieren.

3 Die Mischung in eine Schüssel geben und mit dem Limettensaft verrühren.

4 Mit Fischsauce und braunem Zucker abschmecken. Alles gut mischen.

5 Die Creme sorgfältig abdecken und mindestens 12 Stunden im Kühlschrank ziehen lassen.

6 Die Creme zum Dippen in die Mitte eines Serviertellers stellen und das rohe Obst und Gemüse rundherum anrichten.

1

2

3

TIPP

Hart gekochte Wachteleier werden sehr gern zu diesem traditionellen amerikanischen Gericht gereicht.

Knusprige Krebsfleisch-Wantans

Diese köstlichen Wantans sind erstklassige Appetithäppchen. Knusprig goldbraun frittiert, schmecken sie mit einem Chili-Dip besonders lecker.

1

3

4

NÄHRWERTANGABEN

Kilokalorien 266	Zucker .... 0,4 g
Eiweiß .... 10 g	Fett .... 17 g
Kohlenhydrate .. 18 g	davon gesättigt .. 5 g

10 MIN. 15 MIN.

4 PERSONEN

ZUTATEN

- 175 g weißes Krebsfleisch, zerpflückt
- 50 g Wasserkastanien aus der Dose, abgetropft, abgespült und klein gehackt
- 1 kleine frische rote Chili, fein gehackt
- 1 Frühlingszwiebel, in Ringen
- 1 EL Speisestärke
- 1 TL trockener Sherry
- 1 TL helle Sojasauce
- ½ EL Limettensaft
- 24 Wantan-Hüllen
- Pflanzenöl, zum Frittieren
- Limettenscheiben, zum Garnieren

1 Für die Füllung Krebsfleisch, Wasserkastanien, Chili, Frühlingszwiebeln, Speisestärke, Sherry, Sojasauce und Limettensaft mischen.

2 Die Wantan-Hüllen auf einem Küchenbrett ausbreiten und einen Löffel Füllung in die Mitte jeder Hülle geben.

3 Die Ränder der Wantan-Hüllen mit etwas Wasser befeuchten und in der Mitte zusammenfalten, sodass sie Dreiecke bilden. Die spitzen Enden zur Mitte hin einschlagen, mit etwas Wasser befeuchten und mit den Fingerspitzen leicht zusammendrücken, um sie zu verschließen.

4 Das Öl zum Frittieren auf 190 °C erhitzen, bis ein Brotwürfel darin in 30 Sekunden bräunt. Die Wantans portionsweise in dem Öl 2–3 Minuten frittieren, bis sie goldbraun und knusprig sind. Die fertigen Wantans vorsichtig aus dem Öl herausheben und auf Küchenpapier abtropfen lassen.

5 Die Wantans mit Limettenscheiben garnieren und heiß servieren.

TIPP

Die Wantan-Hüllen behutsam handhaben, weil sie leicht beschädigt werden. Achten Sie vor dem Frittieren darauf, dass sie gut verschlossen sind, damit die Wantans nicht aufgehen und die Füllung verlieren.

Frittierte Auberginenscheiben

Dieses Gericht ist sehr einfach zuzubereiten. Serviert mit einem Chili-Dip, sind die Auberginenscheiben unwiderstehlich.

NÄHRWERTANGABEN

Kilokalorien 169	Zucker .... 2 g
Eiweiß .... 2 g	Fett .... 12 g
Kohlenhydrate .. 15 g	davon gesättigt .. 1 g

35 MIN. 20 MIN.

4 PERSONEN

ZUTATEN

- 450 g Auberginen
- 1 Eiweiß
- 1 EL Speisestärke mit 2 EL Wasser angerührt
- 1 TL Salz
- 1 EL Sieben-Gewürze-Pulver
- Öl, zum Frittieren

1 Die Auberginen putzen, abwaschen und mit einem scharfen Messer in dünne Scheiben schneiden. In ein Sieb legen, mit Salz bestreuen und 30 Minuten beiseite stellen. Dadurch werden der Frucht die Bitterstoffe entzogen.

2 Dann die Auberginenscheiben gründlich abspülen und mit Küchenpapier trockentupfen.

3 Das Eiweiß in eine kleine Schüssel geben und leicht schaumig schlagen.

4 Speisestärke, Salz und Sieben-Gewürze-Pulver auf einem großen Teller mit einem Löffel mischen.

5 Das Öl zum Frittieren in einem großen heißen Wok oder einer Pfanne erhitzen.

6 Die Auberginen in das Eiweiß tauchen und dann in der Speisestärkemischung wenden, bis sie gleichmäßig davon überzogen sind.

7 Dann die so vorbereiteten Auberginenscheiben portionsweise 5 Minuten frittieren, bis sie leicht goldbraun und knusprig sind.

8 Die Auberginen auf Küchenpapier abtropfen lassen. Auf einen Servierteller legen und heiß servieren.

1

4

6

TIPP

Zum Frittieren eignet sich am besten Erdnussöl. Es hat einen hohen Rauchpunkt und ist mild im Geschmack. Die Speise brennt nicht an, und das Öl beeinträchtigt nicht den Geschmack. Etwa 600 ml reichen aus.

Bang-Bang-Hähnchen

Das gekochte Hühnerfleisch wird mit einem Nudelholz weich geklopft. Der chinesische Rezeptname „Bang-Bang" bringt das zum Ausdruck.

NÄHRWERTANGABEN

Kilokalorien	82	Zucker	1 g
Eiweiß	13 g	Fett	3 g
Kohlenhydrate	2 g	davon gesättigt	1 g

1 ¼ STD. 40 MIN.

4 PERSONEN

ZUTATEN

1 l Wasser
1 Hähnchenbrust
2 Hähnchenschenkel
1 Gurke, in Stifte geschnitten

SAUCE

2 EL helle Sojasauce
1 TL Zucker
1 EL Frühlingszwiebelringe, plus etwas mehr, zum Garnieren
1 TL rotes Chiliöl
¼ TL Pfeffer
1 TL weiße Sesamsaat
2 EL mit etwas Sesamöl verrührte Erdnussbutter, plus etwas mehr, zum Garnieren

1

4

4

1 Das Wasser in einem Topf zum Kochen bringen. Das Hühnerfleisch zugeben, die Hitze reduzieren und abgedeckt etwa 30–35 Minuten garen.

2 Das Hühnerfleisch aus dem Topf nehmen und vor dem Zerkleinern mindestens 1 Stunde in einer Schüssel mit kaltem Wasser abkühlen lassen.

3 Das Fleisch herausnehmen und auf Küchenpapier abtropfen lassen. Dann das Fleisch entbeinen.

4 Das Hühnerfleisch mit einem Nudelholz flach klopfen und dann mit zwei Gabeln auseinander zupfen. Das Fleisch mit der Gurke vermengen und auf einem Servierteller anrichten.

5 Alle Saucenzutaten gründlich verrühren und auf die Hähnchen-Gurken-Mischung geben. Dann etwas Sesamsaat und Frühlingszwiebelringe darüber streuen und servieren.

TIPP

Nehmen Sie sich die Zeit, das Hühnerfleisch in etwa gleich große Stücke auseinander zu zupfen und dekorativ anzurichten. Das Auseinanderzupfen lässt sich mit zwei Gabeln problemlos bewerkstelligen. Chinesische Köche benutzen allerdings ihre Finger dazu.

Frittierte Garnelen

Diese knusprig frittierten Garnelen schmecken einfach köstlich – eine eindrucksvolle Vorspeise für ein mehrgängiges Festmenü.

NÄHRWERTANGABEN

Kilokalorien	157	Zucker	0,3 g
Eiweiß	8 g	Fett	9 g
Kohlenhydrate	11 g	davon gesättigt	2 g

25 MIN. 10 MIN.

4 PERSONEN

ZUTATEN

- 12 rohe Riesengarnelen
- Salz und Pfeffer
- 2 EL helle Sojasauce
- 1 EL Reiswein oder trockener Sherry
- 1 EL Speisestärke
- Pflanzenöl, zum Frittieren
- 2 Eier, leicht verquirlt
- 8–10 EL Semmelbrösel
- Salatblätter, klein geschnitten, zum Servieren
- Frühlingszwiebelringe, roh oder ca. 30 Sekunden in heißem Öl frittiert, zum Garnieren

1 Die Garnelen schälen, das Schwanzende aber belassen. Den fadenförmigen Darm entfernen. Die Garnelen an der Unterseite der Länge nach bis zur Hälfte aufschlitzen, ohne dabei die Schwanzsegmente abzutrennen. Salz, Pfeffer, Sojasauce, Wein und Speisestärke verrühren. Die Garnelen darin wenden und 10–15 Minuten marinieren.

2 Das Öl in einem heißen Wok erhitzen. Jede Garnele am Schwanz festhalten, in die verquirlte Eimasse tauchen und gründlich in den Semmelbröseln wenden.

3 Die Garnelen portionsweise frittieren, bis sie goldbraun sind. Mit einem Pfannenwender oder Schaumlöffel herausheben und auf Küchenpapier abtropfen lassen.

4 Die Garnelen auf einem Salatbett anrichten, mit Frühlingszwiebeln garnieren und servieren.

TIPP

Um den Darm aus einer Garnele herauszuziehen, zunächst die Schale entfernen. Dazu die Garnele an der Rückseite nach etwa drei Viertel der Länge einschneiden, den fadenförmigen schwarzen Darm herausziehen und wegwerfen.

1

2

2

Dim Sum mit Schweinefleisch

Die kleinen gedämpften Teigtaschen werden in China traditionell als Appetithäppchen serviert. Sie lassen sich mit unterschiedlichen Füllungen zubereiten.

NÄHRWERTANGABEN

Kilokalorien	478	Zucker	3 g
Eiweiß	33 g	Fett	29 g
Kohlenhydrate	21 g	davon gesättigt	9 g

10 MIN. 15 MIN.

4 PERSONEN

ZUTATEN

- 400 g Schweinehack
- 2 Frühlingszwiebeln, fein gehackt
- 50 g Bambussprossen aus der Dose, abgetropft, abgespült und gehackt
- 1 EL helle Sojasauce
- 1 EL trockener Sherry
- 2 TL Sesamöl
- 2 TL Zucker
- 1 Eiweiß, leicht verquirlt
- 1½ TL Speisestärke mit 3 TL Wasser angerührt
- 24 Wantan-Hüllen (Teigtaschen)

2

3

5

1 Hackfleisch, Frühlingszwiebeln, Bambussprossen, Sojasauce, Sherry, Sesamöl, Zucker und Eiweiß in eine große Schüssel geben und alles gründlich vermengen.

2 Die Speisestärke einrühren und mit den anderen Zutaten mischen.

3 Die Wantan-Hüllen auf ein Küchenbrett legen. Die Fleisch-Gemüse-Mischung löffelweise auf die Mitte jeder Wantan-Hülle geben und die Ränder der Hüllen leicht mit Wasser bestreichen.

4 Die Seiten der Wantan-Hüllen über der Füllung hochfalten und fest zusammendrücken.

5 Einen Bambusdämpfer (siehe Tipp) mit einem sauberen, feuchten Tuch auslegen und die Wantans darauf setzen.

6 Den Korb abdecken und die Dim Sum 5–7 Minuten dämpfen, bis sie gar sind. Sofort servieren.

TIPP

Bambusdämpfer sind von Form und Größe her so konstruiert, dass sie an den schrägen Innenwänden des Wok oberhalb des beim Erhitzen verdampfenden Wassers aufsitzen. Sie sind in verschiedenen Größen erhältlich.

Szechuan-Pfeffergarnelen

Szechuan-Pfeffer ist sehr scharf. Er gibt den Garnelen zusätzliche Schärfe und verleiht ihnen eine rote Farbe.

NÄHRWERTANGABEN

Kilokalorien	174	Zucker	1 g
Eiweiß	25 g	Fett	8 g
Kohlenhydrate	1 g	davon gesättigt	1 g

5 MIN. 10 MIN.

4 PERSONEN

ZUTATEN

- 2 TL Salz
- 1 TL schwarzer Pfeffer
- 2 TL Szechuan-Pfefferkörner
- 1 TL Zucker
- 450 g rohe Riesengarnelen, ausgelöst
- 2 EL Erdnussöl
- 1 rote Chili, entkernt und fein gehackt
- 1 TL frisch geraspelte Ingwerwurzel
- 3 Knoblauchzehen, zerdrückt
- Frühlingszwiebelringe, zum Garnieren
- Krabbenchips, zum Servieren

1 Salz, schwarzen Pfeffer und Pfefferkörner in einem Mörser zerstoßen.

2 Den Zucker zugeben, alles gut mischen und vorläufig beiseite stellen.

3 Die Riesengarnelen unter fließendem kaltem Wasser gründlich abwaschen und anschließend mit Küchenpapier trockentupfen.

4 Das Öl in einem heißen Wok oder einer großen Pfanne erhitzen.

5 Die Garnelen zusammen mit Chili, Ingwer und Knoblauch in den Wok oder die Pfanne geben und 4–5 Minuten pfannenrühren, bis die Garnelen durchgegart sind.

6 Die Salz-Pfeffer-Mischung in den Wok oder die Pfanne geben und 1 weitere Minute pfannenrühren.

7 Die Garnelen auf vorgewärmte Servierschüsseln verteilen und mit Frühlingszwiebeln garnieren. Mit Krabbenchips heiß servieren.

1

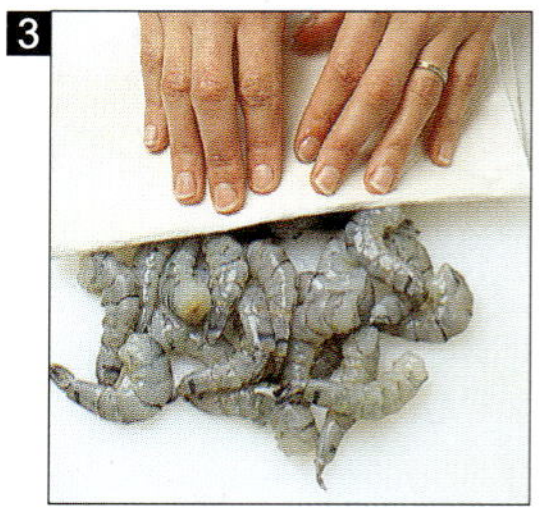

3

5

TIPP

Wenn Sie gekochte Riesengarnelen verwenden, geben Sie sie erst mit der Salz-Pfeffer-Mischung in Schritt 6 hinzu, da sie sonst zäh und ungenießbar würden.

Frittierte Meeresfrüchte

Das Meer bietet den Mittelmeerländern eine Fülle an frischen Fischen und Meeresfrüchten. Frittierte Meeresfrüchte sind dort besonders beliebt.

NÄHRWERTANGABEN

Kilokalorien 393	Zucker . . . . 0,2 g
Eiweiß . . . . 27 g	Fett . . . . 26 g
Kohlenhydrate . . 12 g	davon gesättigt . . 3 g

5 MIN. 15 MIN.

4 PERSONEN

ZUTATEN

- 200 g küchenfertiger Tintenfisch
- 200 g rohe Riesengarnelen, ausgelöst
- 150 g Hering
- Öl, zum Frittieren
- 50 g Mehl
- 1 TL getrocknetes Basilikum
- Salz und Pfeffer

ZUM SERVIEREN

- Knoblauchmayonnaise
- Zitronenspalten

1 Tintenfisch, Riesengarnelen und Hering unter fließendem kaltem Wasser gründlich säubern.

2 Den Tintenfisch mit einem scharfen Messer in Ringe schneiden. Die Fangarme ganz lassen.

3 Das Öl in einen großen Topf geben und auf 180–190 °C erhitzen (oder bis ein kleiner Brotwürfel innerhalb von 30 Sekunden darin bräunt).

4 Das Mehl in eine Schüssel geben, das Basilikum zufügen und alles mit Salz und Pfeffer würzen und gut verrühren.

5 Tintenfisch, Garnelen und Hering in der Mehlmischung wälzen, bis sie von allen Seiten davon überzogen sind. Überschüssiges Mehl gut abschütteln.

6 Die vorbereiteten Meeresfrüchte portionsweise 2–3 Minuten im heißen Öl frittieren, bis sie goldbraun und knusprig sind. Dann mit einem Schaumlöffel herausnehmen und auf Küchenpapier sorgfältig abtropfen lassen.

7 Die fertigen Meeresfrüchte auf Servierteller verteilen und zusammen mit Knoblauchmayonnaise und Zitronenspalten servieren.

2

5

6

Melonen-Erdbeer-Teller

Melonen und Erdbeeren, beträufelt mit Roséwein und Rosenwasser, sind ein angemessener Auftakt für besondere Menüs.

NÄHRWERTANGABEN

Kilokalorien	59	Zucker	8 g
Eiweiß	1 g	Fett	0,1 g
Kohlenhydrate	8 g	davon gesättigt	0 g

2 1/2 STD. 0 MIN.

4 PERSONEN

ZUTATEN

- 1/4 Honigmelone
- 1/2 Kantalupe-Melone
- 150 ml Roséwein
- 2–3 TL Rosenwasser
- 175 g kleine Erdbeeren
- Rosenblütenblätter, zum Garnieren

1 Mit einem Esslöffel die Kerne aus den Melonen schaben. Dann sorgfältig schälen, dabei möglichst wenig Fruchtfleisch abschneiden, und in breite Spalten schneiden.

2 Die Melonenspalten in dünne Scheiben schneiden und in eine Schale legen. Mit dem Wein und dem Rosenwasser beträufeln und vorsichtig mischen. Anschließend abdecken und mindestens 2 Stunden kalt stellen.

3 Die Erdbeeren halbieren und behutsam unter die Melonenstücke rühren.

4 Bei Zimmertemperatur 15 Minuten ziehen lassen, damit sich das Aroma der Melone entfalten kann. Sie schmeckt fade, wenn sie zu kalt ist.

5 Das Obst auf Tellern anrichten und mit Rosenblütenblättern garnieren.

1

2

3

TIPP

Rosenwasser wird aus Rosenblüten destilliert. Es ist in Apotheken oder türkischen Lebensmittelgeschäften erhältlich.

Knusprige Wantans

Diese mit Pilzen gefüllten knusprigen Wantans werden auf kleinen Holzspießen mit einem Chili-Dip gereicht.

NÄHRWERTANGABEN

Kilokalorien	302	Zucker	1 g
Eiweiß	3g	Fett	25g
Kohlenhydrate	15g	davon gesättigt	6 g

45 MIN. 20 MIN.

4 PERSONEN

Z U T A T E N

WANTANS

1 EL Pflanzenöl

1 EL gehackte Zwiebel

1 kleine Knoblauchzehe, gehackt

½ TL frisch gehackte Ingwerwurzel

60 g große Champignons, klein gehackt

Salz

16 Wantan-Hüllen

Pflanzenöl, zum Frittieren

8 Holzspieße, 30 Min. in Wasser eingeweicht

SAUCE

2 EL Pflanzenöl

2 Frühlingszwiebeln, in dünnen Ringen

je 1 rote und grüne Chili, entkernt und in dünnen Streifen

3 EL helle Sojasauce

1 EL Essig

1 EL trockener Sherry

1 Prise Zucker

1 1 EL Pflanzenöl in einem heißen Wok oder einer Pfanne erhitzen.

2 Zwiebel, Knoblauch und Ingwer zugeben und 2 Minuten anbraten. Pilze zugeben und weitere 2 Minuten braten. Mit Salz abschmecken.

3 Pilzfüllung abkühlen lassen, dann je 1 Teelöffel davon in die Mitte jeder Wantan-Hülle geben.

4 Die jeweils gegenüberliegenden Ecken jeder Wantan-Hülle zusammenfalten, um die Füllung einzupacken, und durch Zusammendrücken der Enden verschließen. Die anderen Ecken ebenso schließen, die Spitzen eindrehen.

5 Auf jeden Spieß 2 Wantans stecken. Ausreichend Öl in einem Wok oder großen Kochtopf erhitzen und die Wantans portionsweise frittieren, bis sie goldbraun und knusprig sind. Das Öl nicht zu heiß werden lassen, sonst werden die Wantan-Hüllen braun, bevor die Füllung wirklich durchgegart ist. Die Wantans mit einem Pfannenwender oder Schaumlöffel herausheben und auf Küchenpapier abtropfen lassen.

6 Für die Sauce das Pflanzenöl in einem kleinen Topf auf 180–190 °C erhitzen, bis ein kleiner Brotwürfel darin in 30 Sekunden gebräunt ist. Die Frühlingszwiebeln und Chilies in eine Schüssel geben und das heiße Öl langsam darüber gießen. Die restlichen Zutaten einrühren.

7 Die knusprigen Wantans auf einen Servierteller legen und zusammen mit der Sauce zum Dippen servieren.

2

4

5

Gegrillte Paprika

Diese Paprikastreifen können als Antipasto serviert werden. Sie eignen sich aber auch als Beilage für Fleisch- oder Fischgerichte.

NÄHRWERTANGABEN

Kilokalorien	98	Zucker	13g
Eiweiß	3g	Fett	4g
Kohlenhydrate	15g	davon gesättigt	1g

5 MIN. 40 MIN.

4 PERSONEN

ZUTATEN

- je 2 rote, gelbe und orangefarbene Paprika
- 4 Tomaten, halbiert
- 1 EL Olivenöl
- 3 Knoblauchzehen, zerdrückt
- 1 Zwiebel, in Ringen
- 2 EL frisch gezupfter Thymian
- Salz und Pfeffer

1 Die Paprika halbieren, entkernen, mit der Schnittseite nach unten auf ein mit Alufolie ausgelegtes Backblech geben und etwa 10 Minuten unter einem vorgeheizten Grill rösten.

2 Die Tomaten zufügen und weitere 5 Minuten rösten, bis die Haut des Gemüses Blasen wirft und stellenweise schwarz wird.

3 Die Paprika in einen Gefrierbeutel geben und darin etwa 10 Minuten abkühlen lassen. Durch das „Ausschwitzen" lässt sich die Haut später leichter abziehen. Die Tomaten beiseite stellen und ebenfalls abkühlen lassen, anschließend enthäuten und grob hacken.

4 Die Paprika enthäuten und in Streifen schneiden.

5 Das Öl in einer großen Pfanne erhitzen. Den Knoblauch und die Zwiebel darin 3–4 Minuten weich dünsten.

6 Paprika und Tomaten zugeben und weitere 5 Minuten mit den Zwiebeln erhitzen. Dann mit Thymian, Salz und Pfeffer würzen. Das fertige Gemüse auf Schalen verteilen und noch warm oder gekühlt servieren.

1

4
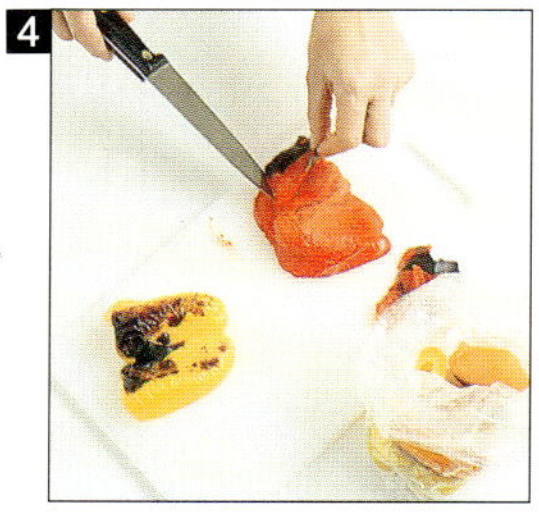

6

TIPP

Das fertige Gemüse in saubere Gläser geben, mit Olivenöl auffüllen und in den Kühlschrank stellen. Oder 300 ml Weißweinessig mit 1 Lorbeerblatt und 4 Wacholderbeeren aufkochen, über die Paprika gießen und abkühlen lassen, dann in saubere Gläser füllen. Auf diese Weise hält sich das Gemüse bis zu 1 Monat.

Gemüse-Frühlingsrollen

Die Frühlingsrolle gibt es im Fernen Osten in vielen Variationen. Mit Gemüsefüllung ist sie längst ein Klassiker.

NÄHRWERTANGABEN

Kilokalorien	189	Zucker	4 g
Eiweiß	2 g	Fett	16 g
Kohlenhydrate	11 g	davon gesättigt	5 g

10 MIN. 15 MIN.

4 PERSONEN

ZUTATEN

- 225 g Karotten
- 1 rote Paprika
- 1 EL Sonnenblumenöl
- 75 g Bohnensprossen
- geriebene Schale und Saft von 1 Limette
- 1 rote Chili, entkernt und klein geschnitten
- 1 EL Sojasauce
- ½ TL Pfeilwurzstärke
- 2 EL frisch gehackter Koriander
- 25 g Butter, zerlassen
- 2 TL Sesamöl
- 8 Blätter Frühlingsrollen-Teig
- Öl, zum Frittieren

ZUM SERVIEREN

- Chilisauce
- Frühlingszwiebelquasten

1

4

7

1 Karotten in Stifte schneiden. Paprika entkernen und in Streifen schneiden.

2 Das Sonnenblumenöl in einem großen heißen Wok erhitzen.

3 Karotten, rote Paprika und Bohnensprossen zufügen und unter Rühren 2 Minuten anbraten, bis sie fast gar sind. Den Wok vom Herd nehmen und Limettenschale und -saft sowie Chili zugeben.

4 Die Sojasauce mit der Pfeilwurzstärke verrühren und in den Wok gießen. Auf den Herd stellen und 2 Minuten köcheln lassen, bis die Sauce andickt.

5 Den Koriander zufügen und alles gut verrühren.

6 Butter und Sesamöl verrühren. Jedes Teigblatt mit der Mischung bestreichen.

7 Etwas Gemüsefüllung auf das obere Ende jedes Teigblatts geben. Dann jedes Blatt von der schmalen Seite her aufrollen.

8 Öl zum Frittieren im Wok erhitzen. Die Frühlingsrollen portionsweise 2–3 Minuten frittieren, bis sie goldbraun und knusprig sind. Dann auf einen Servierteller legen, mit Frühlingszwiebelquasten garnieren und mit der Chilisauce zum Dippen servieren.

Schwarze Olivenpaste

Mit dieser köstlichen Olivenpaste bestrichene geröstete Brotscheiben können als Appetithäppchen bei einer Cocktailparty gereicht werden.

NÄHRWERTANGABEN

Kilokalorien	149	Zucker	1 g
Eiweiß	2 g	Fett	14 g
Kohlenhydrate	4 g	davon gesättigt	6 g

5 MIN. 5 MIN.

4 PERSONEN

ZUTATEN

- 250 g schwarze Oliven, entsteint
- 1 Knoblauchzehe, zerdrückt
- geriebene Schale von 1 Zitrone
- 4 EL Zitronensaft
- 3 EL Semmelbrösel
- 60 g Doppelrahmfrischkäse
- Salz und Pfeffer
- dicke Brotscheiben
- Butter
- Olivenöl
- Zitronenspalten, zum Garnieren

1 Die Oliven grob hacken und mit Knoblauch, Zitronenschale und -saft, Semmelbröseln und Frischkäse mischen, dann im Mixer sorgfältig pürieren und mit Salz und Pfeffer abschmecken.

2 Die Paste in ein Glas mit Schraubverschluss füllen und vor dem Servieren für mehrere Stunden in den Kühlschrank stellen, damit sich das Aroma entfalten kann.

3 Für Cocktailhäppchen mit einer Ausstechform kleine runde Scheiben aus dicken Brotscheiben ausstechen.

4 Etwas Butter und Öl in einer Pfanne erhitzen und die Brotscheiben darin goldbraun rösten. Dann das Brot auf Küchenpapier sorgfältig abtropfen lassen.

5 Jede Brotscheibe mit etwas Paste bestreichen, mit Zitronenspalten garnieren und sofort servieren. Die Paste ist im Kühlschrank bis zu 2 Wochen haltbar.

Süß-saure Perlzwiebeln

Honig und Essig verleihen diesem sizilianischen Gericht ein süß-säuerliches Aroma. Sie können es warm als Beilage oder kalt zu gepökeltem Fleisch reichen.

NÄHRWERTANGABEN

Kilokalorien	131	Zucker	11 g
Eiweiß	2 g	Fett	6 g
Kohlenhydrate	19 g	davon gesättigt	1 g

2 MIN. 15 MIN.

4 PERSONEN

ZUTATEN

- 350 g Perlzwiebeln
- 2 EL Olivenöl
- 2 frische Lorbeerblätter, in Streifen
- Schale von 1 Zitrone
- 1 EL brauner Zucker
- 1 EL flüssiger Honig
- 4 EL Rotweinessig

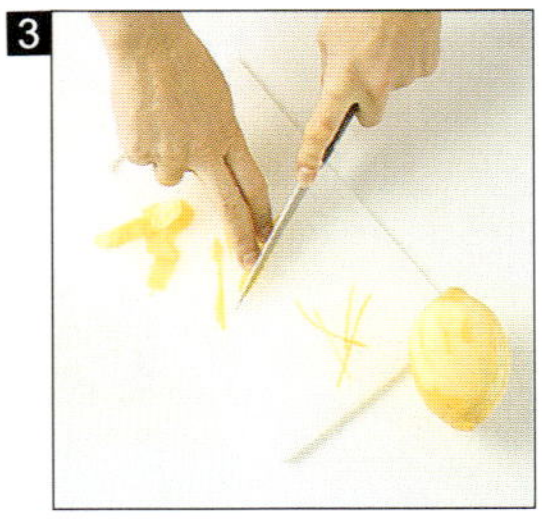

1 Die Zwiebeln in einem Topf mit kochendem Wasser einweichen, um sie leichter schälen zu können. Herausnehmen, abkühlen lassen, schälen und halbieren.

2 Das Öl in einer großen Pfanne erhitzen. Lorbeerblätter und Zwiebeln zugeben und bei mittlerer Hitze 5–6 Minuten braten, bis die Zwiebeln von allen Seiten leicht angebräunt sind.

3 Die Zitronenschale in dünne Streifen schneiden und mit dem Zucker und dem Honig zu den Zwiebeln in die Pfanne geben. Alles weitere 2–3 Minuten unter gelegentlichem Rühren erhitzen, bis die Zwiebeln leicht karamellisiert sind.

4 Den Essig vorsichtig in die Pfanne gießen und die Zwiebeln weitere 5 Minuten unter Rühren dünsten, bis sie weich sind und die gesamte Flüssigkeit eingekocht ist.

5 Die fertigen Zwiebeln in eine Servierschüssel füllen und sofort servieren.

TIPP

Die Zwiebeln werden, je nachdem ob man mehr Zucker oder mehr Essig zugibt, süßer oder säuerlicher.

Hühner- oder Rindfleisch-Satay

Bei dieser köstlichen Vorspeise wird Hühner- oder Rindfleisch auf kleinen Spießen gegrillt und mit einer pikanten Erdnuss-Sauce serviert.

NÄHRWERTANGABEN

Kilokalorien	314	Zucker	8 g
Eiweiß	32 g	Fett	16 g
Kohlenhydrate	10 g	davon gesättigt	4 g

2 1/4 STD. — 15 MIN.

6 PERSONEN

ZUTATEN

4 Hähnchenbrustfilets oder 750 g zugeschnittenes Rumpsteak

MARINADE

- 1 kleine Zwiebel, fein gehackt
- 1 Knoblauchzehe, zerdrückt
- 2,5-cm-Stück Ingwerwurzel, geschält und gerieben
- 2 EL dunkle Sojasauce
- 2 TL Chilipulver
- 1 TL gemahlener Koriander
- 2 TL brauner Zucker
- 1 EL Zitronen- oder Limettensaft
- 1 EL Pflanzenöl

SAUCE

- 300 ml Kokosmilch
- 4 EL grobe Erdnussbutter
- 1 EL Fischsauce
- 1 TL Zitronen- oder Limettensaft
- Salz und Pfeffer

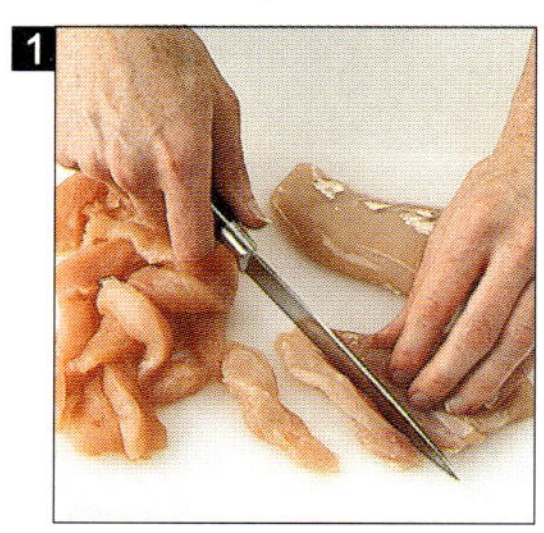

1 Sämtliches Fett am Hühner- oder Rindfleisch entfernen. Das Fleisch in dünne, ca. 7 cm lange Streifen schneiden.

2 Für die Marinade alle Zutaten auf einen flachen Teller geben und gut vermischen. Das Fleisch gründlich in der Marinade wenden. Mit Frischhaltefolie abdecken und mindestens 2 Stunden im Kühlschrank marinieren.

3 Das Fleisch aus der Marinade nehmen und die Stücke auf zuvor eingeweichte Bambus- oder dünne Holzspieße stecken.

4 Die Fleischspieße 8–10 Minuten grillen, bis das Fleisch durchgegart ist. Zwischendurch gelegentlich wenden und mit der Marinade bestreichen.

5 Für die Sauce Kokosmilch, Erdnussbutter, Fischsauce und Zitronen- oder Limettensaft in einem Topf mischen. Aufkochen, 3 Minuten garen und abschmecken.

6 Die Sauce in eine Servierschüssel füllen und mit den Satay-Spießen servieren.

Crostini alla Fiorentina

Sie können diese knusprig gerösteten Brotscheiben als Vorspeise servieren oder abends als Cocktailhäppchen reichen.

NÄHRWERTANGABEN

Kilokalorien	393	Zucker	2 g
Eiweiß	17 g	Fett	25 g
Kohlenhydrate	19 g	davon gesättigt	9 g

10 MIN. 40–45 MIN.

4 PERSONEN

ZUTATEN

- 3 EL Olivenöl
- 1 Zwiebel, gehackt
- 1 Selleriestange, in Scheiben
- 1 Karotte, gewürfelt
- 1–2 Knoblauchzehen, zerdrückt
- 150 g Hühnerleber
- 150 g Kalbs-, Lamm- oder Schweineleber
- 150 ml Rotwein
- 1 EL Tomatenmark
- 2 EL frisch gehackte Petersilie, plus etwas mehr zum Garnieren
- 3–4 Sardellenfilets aus der Dose, fein gehackt
- 2 EL Brühe oder Wasser
- Salz und Pfeffer
- 2–3 EL Butter
- 1 EL Kapern
- frisch geröstetes Brot, zum Servieren

1 Das Olivenöl in einer Pfanne erhitzen. Zwiebel, Sellerie, Karotte und Knoblauch zufügen und 4–5 Minuten bei geringer Hitze dünsten.

2 In der Zwischenzeit die Hühnerleber abspülen und mit Küchenpapier trockentupfen. Dann die Kalbsleber trockentupfen und in Streifen schneiden. Die Leber in die Pfanne geben und bei geringer Hitze ein paar Minuten braten, bis die Leber von allen Seiten gebräunt ist.

3 Die Hälfte des Weins zugeben und etwas einkochen lassen. Dann den restlichen Wein, Tomatenmark, die Hälfte der Petersilie, Sardellenfilets, Brühe oder Wasser sowie etwas Salz und reichlich schwarzen Pfeffer zufügen.

4 Pfanne abdecken. Unter gelegentlichem Rühren 15–20 Minuten köcheln lassen.

5 Die Mischung etwas abkühlen lassen und grob hacken oder pürieren.

6 Das Püree wieder in die Pfanne geben. Butter, Kapern und restliche Petersilie unterrühren und vorsichtig erhitzen, bis die Butter schmilzt. Abschmecken und auf geröstetem Brot mit Petersilie bestreut servieren.

2

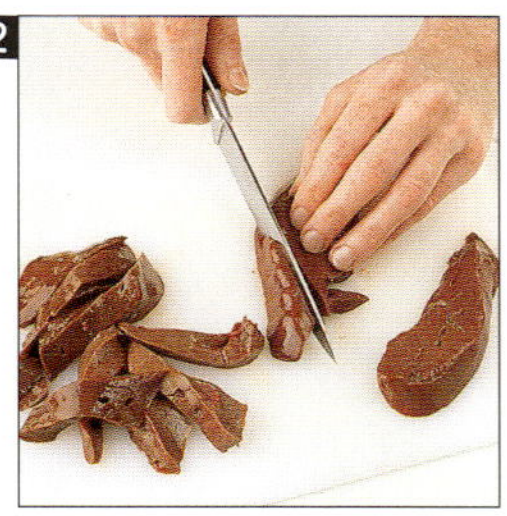

3

6

Blumenkohl-Roulade

Diese leichte, vegetarische Speise aus Eiern und Gemüse können Sie sowohl heiß als auch kalt genießen.

NÄHRWERTANGABEN

Kilokalorien 271	Zucker .... 4 g
Eiweiß .... 15 g	Fett .... 20 g
Kohlenhydrate ... 7 g	davon gesättigt . 11 g

30 MIN. 40 MIN.

4 PERSONEN

ZUTATEN

- 1 kleiner Blumenkohl, in Röschen geteilt
- 4 Eier, getrennt
- 90 g Gouda, gerieben
- 60 g Hüttenkäse
- 1 Prise geriebene Muskatnuss
- ½ TL Senfpulver
- Salz und Pfeffer

FÜLLUNG

- 1 Bund Brunnenkresse
- 60 g Butter
- 25 g Mehl
- 175 g Naturjoghurt
- 25 g Cheddar, gerieben
- 60 g Hüttenkäse

1 Eine Biskuitrollenform mit Backpapier auslegen.

2 Den Blumenkohl dämpfen, bis er gar ist, dann mit kaltem Wasser abspülen. Den Kohl in einer Küchenmaschine zerkleinern oder klein schneiden und durch ein Sieb streichen.

3 Das Eigelb schlagen und mit Blumenkohl, 60 g Gouda und Hüttenkäse gut mischen. Mit Muskat, Senfpulver, Salz und Pfeffer würzen. Das Eiweiß steif schlagen und unterheben.

4 Die Masse gleichmäßig in der vorbereiteten Form verteilen. In einem auf 190 °C vorgeheizten Backofen 20–25 Minuten backen, bis sie aufgegangen und goldbraun ist.

5 Die Brunnenkresse hacken, zuvor ein paar Zweige zum Garnieren beiseite legen. Butter in einer kleinen Pfanne zerlassen. Die Brunnenkresse darin unter Rühren 3 Minuten weich dünsten. Mehl zugeben, Joghurt einrühren, alles 2 Minuten köcheln lassen, dann beide Käsesorten unterrühren.

6 Den Blumenkohlteig auf ein feuchtes, mit Backpapier abgedecktes Geschirrtuch stürzen. Das obere Backpapier abziehen und den Teig einige Minuten ausdampfen lassen. Dann von einem schmalen Ende aus mit dem neuen Papier aufrollen.

7 Den Teig wieder entrollen, so mit der Füllung bestreichen, dass ein Rand von 2,5 cm bleibt, und wieder aufrollen. Auf ein Backblech legen, mit dem restlichen Gouda bestreuen und erneut 5 Minuten backen. Heiß oder kalt servieren.

4

6

7

Spinat-Ricotta-Klöße

Dieser Teig eignet sich auch hervorragend als Füllung für herzhafte Crêpes oder für Tortellini.

NÄHRWERTANGABEN

Kilokalorien	374	Zucker	4 g
Eiweiß	16 g	Fett	31 g
Kohlenhydrate	9 g	davon gesättigt	19 g

5 MIN. 30 MIN.

4 PERSONEN

ZUTATEN

- 500 g frischer Spinat
- 250 g Ricotta
- 1 Ei, verquirlt
- 2 TL Fenchelsamen, leicht zerstoßen
- Salz und Pfeffer
- 50 g Pecorino, gerieben
- 25 g Mehl, mit 1 TL getrocknetem Thymian vermischt
- 80 g Butter
- 2 Knoblauchzehen, zerdrückt
- frisch gemahlener schwarzer Pfeffer, zum Servieren

1 Den Spinat waschen und von langen Stielen befreien. In einen Topf geben, abdecken und 4–5 Minuten dämpfen, bis die Blätter zusammengefallen sind. In einem Sieb abtropfen und abkühlen lassen.

2 Den Ricotta cremig rühren und mit Ei und Fenchelsamen vermengen. Anschließend mit reichlich Salz und Pfeffer abschmecken und den geriebenen Pecorino unterrühren.

3 Den Spinat gut trockendrücken und klein hacken. Anschließend unter die Käsemischung heben.

4 Etwa 1 Esslöffel der fertigen Mischung zu einer Kugel formen, leicht flach drücken und in dem gewürzten Mehl wenden. Diesen Vorgang so oft wiederholen, bis die gesamte Mischung verarbeitet ist.

5 Einen großen Topf zur Hälfte mit Wasser füllen, aufkochen, die vorgeformten Klöße hineingeben und 3–4 Minuten kochen, bis sie an die Oberfläche steigen. Dann mit einem Schaumlöffel aus dem Wasser heben.

6 Die Butter zerlassen, den Knoblauch zugeben und 2–3 Minuten darin andünsten. Die Knoblauchbutter über die Klöße geben, mit frischem Pfeffer bestreuen und sofort servieren.

1

2

3

Goldene Glückspäckchen

Mit diesen kleinen chinesischen Teigpäckchen werden Sie Ihre Gäste begeistern – dabei sind sie in der Zubereitung so einfach.

NÄHRWERTANGABEN

Kilokalorien	320	Zucker	1 g
Eiweiß	6 g	Fett	21 g
Kohlenhydrate	28 g	davon gesättigt	5 g

35 MIN. 35 MIN.

4 PERSONEN

ZUTATEN

- 1 Knoblauchzehe, zerdrückt
- 1 TL frisch gehackter Koriander
- 1 TL Pfeffer
- 300 g Kartoffeln, gekocht und zerstampft
- 175 g Wasserkastanien, fein gehackt
- 1 TL frisch geriebene Ingwerwurzel
- 2 TL geröstete gemahlene Erdnüsse
- 2 TL helle Sojasauce
- ½ TL Salz
- ½ TL Zucker
- 30 Wantan-Hüllen
- 1 TL Speisestärke mit 2 TL Wasser angerührt
- Öl, zum Frittieren
- frischer Schnittlauch, zum Garnieren
- süße Chilisauce, zum Servieren

1 Für die Füllung alle Zutaten außer den Wantan-Hüllen, der Speisestärke und dem Öl gut vermengen.

2 Zunächst 4 Wantan-Hüllen auf eine Arbeitsfläche legen, die restlichen Hüllen mit einem feuchten Tuch abdecken. Je 1 Esslöffel der Füllung auf jede Hülle geben. Dann die Hüllen rundum mit etwas aufgelöster Speisestärke bestreichen, wobei ein ca. 1 cm breiter Rand frei bleibt.

3 Aus den Hüllen kleine Päckchen formen und zusammendrücken. Mit den anderen Teigblättern ebenso verfahren.

4 Eine tiefe Pfanne 5 cm hoch mit Öl füllen und stark erhitzen. Je drei Wantans frittieren, bis sie goldbraun sind. Aus der Pfanne heben und auf Küchenpapier abtropfen lassen. Die Wantans mit Schnittlauchhalmen „verschnüren" und mit süßer Chilisauce servieren.

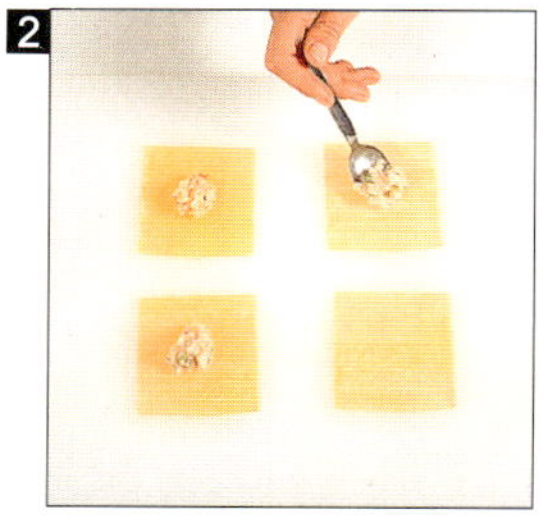

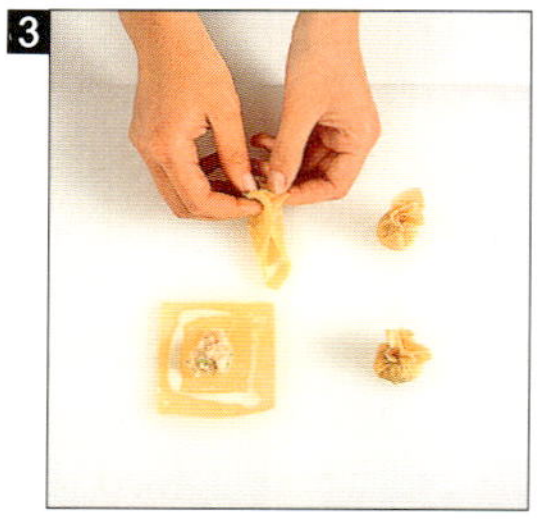

VARIATION

Falls Wantan-Hüllen nicht erhältlich sind, verwenden Sie Frühlingsrollen-Teig oder Filo-Teigplatten, die zu Quadraten mit einer Kantenlänge von 10 cm geschnitten werden müssen.

Gedünstete Artischocken

Für dieses typisch römische Gericht werden die Artischocken mit frischen Kräutern in Olivenöl gedünstet.

NÄHRWERTANGABEN			
Kilokalorien	129	Zucker	0 g
Eiweiß	4 g	Fett	8 g
Kohlenhydrate	10 g	davon gesättigt	1 g

5 MIN. 50 MIN.

4 PERSONEN

ZUTATEN

- 4 kleine frische Artischocken
- Olivenöl, zum Dünsten
- 4 Knoblauchzehen, geschält
- 2 Lorbeerblätter
- Saft und fein geriebene Schale von 1 Zitrone
- 2 EL frische Majoranblätter
- Zitronenspalten, zum Servieren

1 Die äußeren, harten Blätter der Artischocken mit einem scharfen Messer vorsichtig abtrennen. Die Stiele auf eine Länge von 2 cm kürzen.

2 Die Artischocken halbieren und das Heu in der Mitte entfernen.

3 Das so vorbereitete Gemüse in einen großen Topf geben. Diesen zur Hälfte mit Olivenöl auffüllen.

4 Knoblauch, Lorbeerblätter und die Hälfte der Zitronenschale zufügen.

5 Die Artischocken langsam erhitzen und abgedeckt bei niedriger Hitze etwa 40 Minuten köcheln lassen. Sie sollen in dem Öl gedünstet, nicht frittiert werden.

6 Sobald die Artischocken gar sind, mit einer Schöpfkelle aus dem Topf heben und gut abtropfen lassen. Die Lorbeerblätter entfernen.

7 Die Artischocken auf vorgewärmte Teller verteilen, restliche Zitronenschale und etwas Zitronensaft darüber träufeln. Mit Majoran bestreuen und mit Zitronenspalten garniert servieren.

TIPP

Damit die Artischocken vor dem Kochen nicht braun werden, bestreichen Sie sie mit Zitronensaft. Verwenden Sie das Öl, in dem die Artischocken gekocht wurden, für Salatsaucen. Es hat ein köstliches Kräuter-Zitronen-Aroma.

Nuss-Linsen-Dip mit Butter

Dieser leckere Dip ist sehr einfach zuzubereiten. Reichen Sie ihn Ihren Gästen beim Grillen oder einfach zum Knabbern zwischendurch.

NÄHRWERTANGABEN

Kilokalorien 395	Zucker 4g
Eiweiß 12g	Fett 31g
Kohlenhydrate .. 18g	davon gesättigt . 10g

5–10 MIN. 40 MIN.

4 PERSONEN

ZUTATEN

60 g Butter
1 kleine Zwiebel, gehackt
90 g rote Linsen
300 ml Gemüsebrühe
60 g blanchierte Mandeln
60 g Pinienkerne
½ TL gemahlener Koriander
½ TL gemahlener Kreuzkümmel
½ TL frisch geriebene Ingwerwurzel
1 TL frisch gehackter Koriander
Salz und Pfeffer
frische Korianderzweige, zum Garnieren

ZUM SERVIEREN

frisches rohes Gemüse
Knabberstangen

1 Die Hälfte der Butter in einem Topf zerlassen und die Zwiebeln bei mittlerer Hitze unter häufigem Rühren anbraten, bis sie goldbraun sind.

2 Linsen und Gemüsebrühe zugeben. Zum Kochen bringen, dann die Hitze reduzieren und 20–25 Minuten köcheln lassen, bis die Linsen gar sind. Gut abtropfen lassen.

3 Die restliche Butter in einer kleinen Pfanne zerlassen. Mandeln und Pinienkerne zugeben und bei geringer Hitze goldbraun anbraten. Vom Herd nehmen.

4 Linsen, Mandeln und Pinienkerne zusammen mit Butter aus der Pfanne in eine Küchenmaschine geben. Gemahlenen Koriander, Kreuzkümmel, Ingwer und frischen Koriander zugeben. 15–20 Sekunden pürieren, bis die Mischung glatt ist. Sie können die Linsen zum Pürieren auch durch ein Sieb streichen und dann mit den fein gehackten Mandeln, Pinienkernen, Gewürzen und Kräutern mischen.

5 Den Dip abschmecken, mit Korianderzweigen garnieren und mit Rohkost und Knabberstangen servieren.

VARIATION

Es können auch grüne oder braune Linsen verwendet werden, die jedoch länger gekocht werden müssen als rote Linsen. Sie können die Mandeln auch durch Erdnüsse ersetzen. Statt frischen Ingwer können Sie ½ TL gemahlenen verwenden.

Gefüllte Gurkenbecher

Diese hübschen Gurkenbecher sind als Appetithäppchen auf Partys und Empfängen garantiert ein Hit.

NÄHRWERTANGABEN

Kilokalorien 256	Zucker . . . . 7 g
Eiweiß . . . . 10 g	Fett . . . . 21 g
Kohlenhydrate . . . 8 g	davon gesättigt . . 4 g

10 MIN. 0 MIN.

4 PERSONEN

ZUTATEN

- 1 Salatgurke
- 4 Frühlingszwiebeln, fein gehackt
- 4 EL Limettensaft
- 2 kleine rote Chillies, entkernt und fein gehackt
- 3 TL Zucker
- 150 g geröstete Erdnüsse, gemahlen
- ¼ TL Salz
- 3 Schalotten, fein geschnitten und frittiert, zum Garnieren

4

5

6

1 Die Gurke gründlich waschen und mit Küchenpapier trockentupfen.

2 Für die Gurkenbecher die Gurke an den Enden abschneiden und in 3 gleich lange Stücke teilen. An jedem Gurkenstück die Mitte markieren.

3 Die Gurkenstücke in Zickzackform entlang der Mittellinie einschneiden. Dabei sollte das Messer immer zur Gurkenmitte geführt werden.

4 Die beiden Hälften auseinander ziehen. Mit einem Kugelausstecher oder Teelöffel jeden Gurkenbecher so aushöhlen, dass noch ein dünner Boden bleibt.

5 Frühlingszwiebeln, Limettensaft, rote Chillies, Zucker und die gemahlenen, gerösteten Erdnüsse in eine Schüssel geben und gut verrühren.

6 Die fertige Füllung gleichmäßig auf die Gurkenbecher verteilen und die Becher auf einem Servierteller anrichten.

7 Die Gurkenbecher mit den frittierten Schalotten garnieren und servieren.

TIPP

Sie können auch Kirschtomaten mit einem Kugelausstecher aushöhlen und dann mit dieser Mischung füllen. Gurken und Tomaten sehen zusammen auf einem Servierteller sehr hübsch aus.

Gedämpfte Kohlröllchen

Diese kleinen Kohltaschen sind schnell und leicht zuzubereiten und haben eine kurze Garzeit: ideal, wenn es schnell gehen muss.

NÄHRWERTANGABEN

Kilokalorien 162	Zucker .... 0,3 g
Eiweiß .... 24 g	Fett .... 7 g
Kohlenhydrate ... 2 g	davon gesättigt .. 1 g

5 MIN. 20 MIN.

4 PERSONEN

ZUTATEN

- 8 Wirsingkohlblätter, geputzt
- 225 g Hähnchenbrustfilet
- 175 g rohe o. gekochte Garnelen, geschält
- 1 TL Speisestärke mit 2 TL Wasser angerührt
- ½ TL Chilipulver
- 1 Ei, leicht verquirlt
- 1 Porreestange, in Ringen
- 1 Knoblauchzehe, in dünnen Streifen
- 1 EL Pflanzenöl
- 1 frische rote Chili, in Streifen, zum Garnieren

1 Den Kohl 2 Minuten blanchieren. Gut abtropfen lassen und mit Küchenpapier trockentupfen.

2 Das Hühnerfleisch und die Garnelen in einer Küchenmaschine sehr fein zerkleinern. Zusammen mit Speisestärke, Chilipulver und Ei in eine Rührschüssel geben. Alle Zutaten gut mischen.

3 2 Esslöffel der vorbereiteten Mischung auf die Randmitte von jedem Kohlblatt geben. Jeweils die Seiten der Kohlblätter um die Füllung zusammenfalten und aufrollen.

4 Die kleinen Kohlpäckchen mit der Naht nach unten in einer Lage auf einen hitzebeständigen Teller legen und in einem Dämpfer 10 Minuten dämpfen.

5 Den Porree und Knoblauch inzwischen 1–2 Minuten in dem Öl andünsten. Die fertigen Kohlrouladen mit Chilistreifen garnieren und mit dem gedünsteten Porree und Knoblauch servieren.

TIPP

Für dieses Rezept sollten Sie möglichst gleich große Kohlblätter verwenden. Außer Wirsing sind auch Weißkohl und Chinakohl geeignet.

1

3

3

Supplì al Telefono

Der italienische Name für diese frittierten Risotto-Bällchen lautet übersetzt „Telefondrähte" – eine Anspielung auf die Fäden ziehende Mozzarellafüllung.

NÄHRWERTANGABEN

Kilokalorien	280	Zucker	2g
Eiweiß	5g	Fett	13g
Kohlenhydrate	35g	davon gesättigt	3g

5 MIN. 35–40 MIN.

4 PERSONEN

ZUTATEN

- 2 EL Olivenöl
- 1 Zwiebel, fein gehackt
- 1 Knoblauchzehe, zerdrückt
- ½ rote Paprika, fein gewürfelt
- 150 g Arborio-Reis, gewaschen
- 1 TL getrockneter Oregano
- 400 ml heiße Gemüse- oder Hühnerbrühe
- 100 ml trockener Weißwein
- 80 g Mozzarella
- Öl, zum Frittieren
- frisches Basilikum, zum Garnieren

1

2

5

1 Das Öl in einer großen Pfanne erhitzen. Die Zwiebel und den Knoblauch darin 3–4 Minuten glasig dünsten.

2 Paprika, Reis und Oregano zufügen und 2–3 Minuten unter Rühren mitdünsten. Der Reis soll die Ölmischung vollständig aufnehmen.

3 Nach und nach Brühe und Wein zugießen. Immer so lange warten, bis die neu zugegossene Flüssigkeit vom Reis aufgesogen wurde, bevor weitere zugegeben wird.

4 Nach ca. 15 Minuten, wenn die gesamte Flüssigkeit aufgesogen wurde und der Reis gar ist, die Risotto-Mischung vom Herd nehmen und abkühlen lassen.

5 Den Mozzarella in 12 kleine Würfel schneiden. Etwa 1 Esslöffel der abgekühlten Reismischung in die hohle Hand geben, dann einen Käsewürfel in die Mitte drücken und daraus eine kleine Kugel formen.

6 Das Öl in einer Pfanne stark erhitzen. Dann die Risotto-Bällchen jeweils in Viererportionen darin 2 Minuten goldbraun frittieren.

7 Die fertigen Reisbällchen aus der Pfanne nehmen und auf Küchenpapier abtropfen lassen. Mit etwas frischem Basilikum garnieren und noch heiß servieren.

Zwiebel-Mozzarella-Törtchen

Diese kleinen Leckerbissen können Sie heiß oder kalt genießen. Sie eignen sich hervorragend zum Mitnehmen – egal ob ins Büro oder zum Picknick.

NÄHRWERTANGABEN

Kilokalorien 327	Zucker .... 3 g
Eiweiß .... 5 g	Fett .... 23 g
Kohlenhydrate .. 25 g	davon gesättigt .. 9 g

45 MIN. 45 MIN.

4 PERSONEN

ZUTATEN

- 250 g Blätterteig, Tiefkühlware aufgetaut
- 2 rote Zwiebeln
- 1 rote Paprika
- 8 Kirschtomaten, halbiert
- 100 g Mozzarella, gewürfelt
- 8 Thymianzweige

1 Den Blätterteig zu 4 Quadraten mit einer Seitenlänge von je 7–8 cm ausrollen. Die Ränder mit einem scharfen Messer begradigen und die abgeschnittenen Reste zusammen mit den Quadraten für 30 Minuten in den Kühlschrank stellen.

2 Die abgekühlten Teigquadrate auf ein mit Backpapier ausgelegtes Backblech legen, die Ränder mit ein wenig Wasser bestreichen, und mit den Teigresten einen kleinen erhöhten Rand um jedes Quadrat ziehen.

3 Die Zwiebeln in Spalten schneiden, die Paprika halbieren und entkernen.

4 Zwiebeln und Paprika etwa 15 Minuten unter einen vorgeheizten Grill legen, bis ihre Haut stellenweise schwarz geworden ist.

5 Die Paprika abkühlen lassen, häuten und in Streifen schneiden.

6 Die Teigquadrate mit Alufolie bedecken und 10 Minuten in einem auf 200 °C vorgeheizten Ofen vorbacken. Dann die Folie entfernen und die Teigstücke weitere 5 Minuten backen.

7 Zwiebeln, Paprikastreifen, Tomaten und Käse auf die vorgebackenen Quadrate verteilen und mit Thymianzweigen belegen.

8 Die Törtchen weitere 15 Minuten goldbraun backen. Heiß servieren.

1
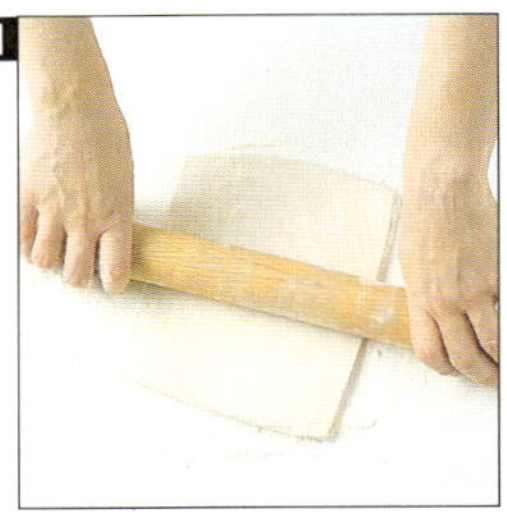

3
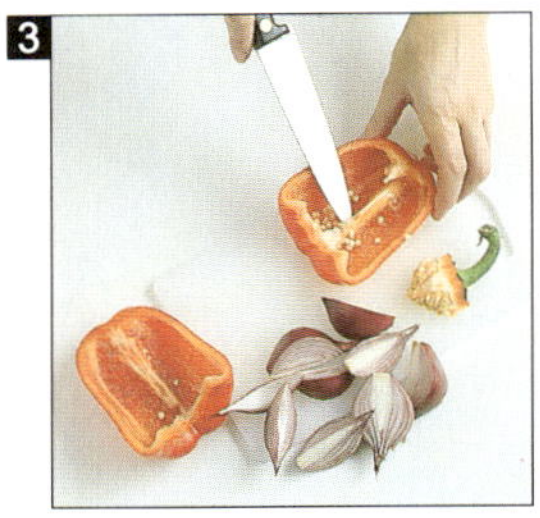

6

Zwiebeln à la Grecque

Dies ist eine sehr bekannte Methode, Gemüse zu kochen, die sich hervorragend für Schalotten und Zwiebeln eignet. Reichen Sie knackigen Salat dazu.

NÄHRWERTANGABEN

Kilokalorien	200	Zucker	26 g
Eiweiß	2 g	Fett	9 g
Kohlenhydrate	28 g	davon gesättigt	1 g

10 MIN. 15 MIN.

4 PERSONEN

ZUTATEN

- 450 g Schalotten
- 3 EL Olivenöl
- 3 El Honig
- 2 EL Knoblauchweinessig
- 3 EL trockener Weißwein
- 1 EL Tomatenmark
- 2 Selleriestangen, in Scheiben geschnitten
- 2 Tomaten, entkernt und gehackt
- Salz und Pfeffer
- Sellerieblätter, klein geschnitten, zum Garnieren

1 Schalotten schälen. Öl in einem Topf erhitzen, die Schalotten darin unter Rühren 3–5 Minuten leicht andünsten.

2 Honig zufügen und bei starker Hitze weitere 30 Sekunden dünsten, dann Knoblauchweinessig und trockenen Weißwein zugießen und gut rühren.

3 Tomatenmark, Sellerie und Tomaten einrühren und alles zum Kochen bringen. Bei starker Hitze 5–6 Minuten garen. Abschmecken und langsam abkühlen lassen.

4 Mit den klein geschnittenen Sellerieblättern garnieren und warm servieren – oder vor dem Servieren im Kühlschrank kühl stellen.

1

2

3

Zucchini-Frittata

Diese schmackhaften kleinen Gemüseplätzchen sind großartige Snacks, vor allem in Kombination mit der auf Seite 799 vorgestellten Tomatensauce.

NÄHRWERTANGABEN

Kilokalorien	162	Zucker	2g
Eiweiß	7g	Fett	6g
Kohlenhydrate	20g	davon gesättigt	2g

5–10 MIN. 20 MIN.

16–30 STÜCK

ZUTATEN

- 100 g Mehl
- 1 TL Backpulver
- 2 Eier, verquirlt
- 50 ml Milch
- 300 g Zucchini
- 2 EL frischer Thymian
- Salz und Pfeffer
- 1 EL Öl

1 Das Mehl und das Backpulver in eine große Schüssel sieben, eine Mulde in die Mitte drücken, die Eier hineingeben und alles gut vermengen.

2 Nach und nach die Milch zugießen und so lange rühren, bis ein fester Teig entstanden ist.

3 In der Zwischenzeit die Zucchini waschen und in eine mit Küchenpapier ausgelegte Schüssel reiben, damit das Papier einen Teil des austretenden Fruchtsafts aufsaugen kann.

4 Die Zucchiniraspel und den Thymian gründlich mit dem fertigen Teig vermengen. Dann den Teig mit Salz und Pfeffer würzen.

5 Öl in einer Pfanne erhitzen. Für jede Frittata 1 Esslöffel der Teigmischung in das heiße Öl geben und 3–4 Minuten von jeder Seite braten.

6 Die fertigen Frittatas herausnehmen, auf Küchenpapier abtropfen lassen und im Backofen so lange warm halten, bis der gesamte Teig verarbeitet ist. Dann sofort servieren.

VARIATION

Geben Sie in Schritt 4 doch einmal ½ Teelöffel getrocknete, zerdrückte Chillies zum Teig – so schmecken die Frittatas noch pikanter.

Linsenterrine

Für dieses Gericht werden rote Linsen verwendet, da sie keine Einweichzeit benötigen. Sie können natürlich auch andere Linsensorten verwenden.

NÄHRWERTANGABEN

Kilokalorien 267	Zucker .... 12 g
Eiweiß .... 14 g	Fett .... 8 g
Kohlenhydrate .. 37 g	davon gesättigt .. 1 g

30 MIN. 1¼ STD.

4 PERSONEN

ZUTATEN

1 EL Pflanzenöl, plus etwas mehr, zum Einfetten
1 Zwiebel, gehackt
2 Knoblauchzehen, zerdrückt
1 TL Garam Masala
½ TL gemahlener Koriander
850 ml Gemüsebrühe
175 g rote Linsen
1 kleines Ei
2 EL Milch
2 EL Mango-Chutney
2 EL gehackte Petersilie
Petersilienzweige, zum Garnieren
Salatblätter und warmer Toast, zum Servieren

1 Das Öl in einem Topf erhitzen, Zwiebel und Knoblauch 2–3 Minuten andünsten. Dann Garam Masala und Koriander zugeben und weitere 30 Sekunden garen.

2 Gemüsebrühe und Linsen zugeben und zum Kochen bringen. Die Hitze reduzieren und alles 20 Minuten köcheln lassen. Vom Herd nehmen und die überschüssige Flüssigkeit abgießen.

3 Die Mischung in eine Küchenmaschine geben. Ei, Milch, Mango-Chutney und Petersilie zugeben und alles glatt pürieren.

2

3

4

4 Den Boden einer kleinen Kastenform einfetten und mit Backpapier auslegen, die Mischung zugeben und glatt streichen. Abdecken und in einem auf 200 °C vorgeheizten Ofen 40–45 Minuten backen, bis der Teig fest ist.

5 20 Minuten abkühlen lassen, dann im Kühlschrank vollständig erkalten lassen. Die kalte Terrine auf eine Servierplatte stürzen, in Scheiben schneiden und mit Petersilienzweigen garnieren. Mit Salat und Toast servieren.

VARIATION

Sie können der Terrine mit Chilipulver oder chinesischem Fünf-Gewürze-Pulver sowie mit Tomaten- oder Zwiebel-Relish einen anderen Geschmack geben.

Fischfrikadellen mit rotem Curry

Sie können fast jede Art von Fischfilet oder Meeresfrüchten für diese Fischfrikadellen verwenden und sie als Vorspeise oder kleine Mahlzeit genießen.

NÄHRWERTANGABEN

Kilokalorien 203	Zucker .... 1 g
Eiweiß .... 32 g	Fett .... 8 g
Kohlenhydrate ... 1 g	davon gesättigt .. 1 g

15 MIN. 15 MIN.

6 PERSONEN

ZUTATEN

FRIKADELLEN

- 1 kg Fischfilet (z. B. Kabeljau oder Heilbutt) oder küchenfertige Meeresfrüchte (z. B. Garnelen, Flusskrebs oder Hummer)
- 1 Ei, verquirlt
- 2 EL frisch gehackter Koriander
- rote Currypaste (siehe Seite 218)
- 1 Bund Frühlingszwiebeln, in feinen Ringen
- Pflanzenöl, zum Frittieren
- Chiliblüten, zum Garnieren

GURKENSALAT

- 1 Salatgurke, geschält und geraspelt
- 2 Schalotten, gehackt
- 2 rote Chillies, entkernt und fein gehackt
- 2 EL Fischsauce
- 2 EL Garnelenpulver
- 1½–2 EL Limettensaft

1 Den Fisch oder die Meeresfrüchte mit Ei, Koriander und Currypaste in einer Küchenmaschine pürieren.

2 Die Mischung in eine Schüssel geben, die Frühlingszwiebeln zufügen und alles gut mischen.

2

3 Aus jeweils 2 Esslöffeln Fischmischung ein Bällchen formen und dieses etwas flach drücken.

4 Das Pflanzenöl in einem heißen Wok oder einer Pfanne stark erhitzen.

3

5 Einige Fischfrikadellen in den Wok oder die Pfanne geben und ein paar Minuten frittieren, bis sie goldbraun und knusprig sind. Mit einem Pfannenwender herausheben und auf Küchenpapier abtropfen lassen. Warm halten, während die restlichen Fischfrikadellen frittiert werden.

5

6 In der Zwischenzeit den Gurkensalat zubereiten. Dazu Gurke, Schalotten, Chillies, Fischsauce, Garnelenpulver und den Limettensaft in eine Schüssel geben und gut mischen.

7 Den Salat mit Chiliblüten garnieren und zusammen mit den heißen Fischfrikadellen servieren.

TIPP

Fertige rote Currypaste ist in asiatischen Lebensmittelgeschäften und gut sortierten großen Supermärkten erhältlich.

Spargelrollen

Diese zarten Teigrollen können ausgezeichnet zu einer Hauptspeise gereicht werden – oder als Snack mit einer Pflaumensauce als Dip.

NÄHRWERTANGABEN

Kilokalorien 194	Zucker . . . . 2 g
Eiweiß . . . . 3 g	Fett . . . . 16 g
Kohlenhydrate . . . 11 g	davon gesättigt . . 4 g

5 MIN. 25 MIN.

4 PERSONEN

ZUTATEN

- 100 g dünner grüner Spargel, Enden geschält
- 1 rote Paprika, entkernt und in dünnen Streifen
- 50 g Bohnensprossen
- 2 EL Pflaumensauce
- 1 Eigelb
- 8 Blätter Filo-Teig
- Öl, zum Frittieren

2

5

6

1 Spargel, Paprika und Bohnensprossen in eine große Rührschüssel geben.

2 Die Pflaumensauce über das Gemüse gießen und gut unterheben.

3 Das Eigelb leicht verquirlen und beiseite stellen.

4 Die Filo-Teigblätter auf einer sauberen Arbeitsfläche ausbreiten.

5 Auf das obere Ende jedes Teigblatts jeweils ein wenig Spargelmischung geben. Die Ränder der Teigblätter mit etwas Eigelb bestreichen.

6 Die Teigblätter wie eine Frühlingsrolle aufrollen und die Enden einschlagen.

7 Das Öl in einem großen heißen Wok erhitzen. Jeweils zwei Spargelrollen 4–5 Minuten knusprig frittieren.

8 Die Rollen mit einem Schaumlöffel aus dem Öl heben und gut auf Küchenpapier abtropfen lassen.

9 Die Spargelrollen auf vorgewärmten Tellern anrichten und sofort servieren.

TIPP

Die Füllung wird besonders köstlich, wenn Sie nur Spargelspitzen verwenden, weil sie wesentlich zarter sind als die Stangen.

Hummus-Knoblauch-Toast

Hummus ist ein hervorragender Aufstrich für diesen schmackhaften Knoblauchtoast, der sich als Vorspeise oder Snack eignet.

NÄHRWERTANGABEN

Kilokalorien	731	Zucker	2 g
Eiweiß	22 g	Fett	55 g
Kohlenhydrate	39 g	davon gesättigt	8 g

20 MIN. 3 MIN.

4 PERSONEN

ZUTATEN

HUMMUS

- 400 g Kichererbsen aus der Dose
- Saft von 1 Zitrone
- 6 EL Tahini (Sesampaste)
- 2 EL Olivenöl
- 2 Knoblauchzehen, zerdrückt
- Salz und Pfeffer
- frisch gehackter Koriander und schwarze Oliven, zum Garnieren

TOASTS

- 1 Ciabatta, in Scheiben
- 2 Knoblauchzehen, zerdrückt
- 1 EL frisch gehackter Koriander
- 4 EL Olivenöl

2

3

5

1 Für den Hummus die Kichererbsen abtropfen lassen und die Flüssigkeit auffangen. Die Kichererbsen mit einem Großteil der Flüssigkeit in einer Küchenmaschine pürieren, nach und nach die restliche Flüssigkeit und den Zitronensaft zugeben. Nach jeder Zugabe die Mischung sämig rühren.

2 Tahini und bis auf 1 Teelöffel das Olivenöl zugeben. Knoblauch zugeben, abschmecken und erneut sämig rühren.

3 Den Hummus in eine Servierschale geben und die Oberfläche glatt streichen. Das restliche Olivenöl darüber träufeln und mit Koriander und Oliven garnieren. Bis zum Servieren kalt stellen. Inzwischen die Toasts vorbereiten.

4 Die Ciabattascheiben in einer Lage auf den Grillrost legen.

5 Knoblauch, Koriander und Olivenöl mischen und auf die Brotscheiben träufeln. Unter einem vorgeheizten Grill 2–3 Minuten rösten, dabei einmal wenden, bis sie von beiden Seiten goldbraun sind. Die Toasts sofort mit dem Hummus servieren.

TIPP

Den Hummus schon am Vortag zubereiten und abgedeckt im Kühlschrank bis zum Verzehr aufbewahren. Vor dem Servieren garnieren.

Spinat-Fleischbällchen

Diese Bällchen aus Schweinehack werden mit Spinat umhüllt, gedämpft und mit einem Dip aus Sesam- und Sojasauce serviert.

NÄHRWERTANGABEN

Kilokalorien 137	Zucker .... 2 g
Eiweiß .... 13 g	Fett .... 7 g
Kohlenhydrate ... 6 g	davon gesättigt .. 2 g

20 MIN. 25 MIN.

4 PERSONEN

ZUTATEN

- 1 kleines Ei
- 125 g Schweinehack
- 1-cm-Stück frische Ingwerwurzel, gehackt
- 1 kleine Zwiebel, fein gehackt
- 1 EL kochendes Wasser
- 25 g Bambussprossen aus der Dose, abgetropft und klein geschnitten
- 2 Scheiben geräucherter Schinken, klein geschnitten
- 2 TL Speisestärke
- 450 g frischer Spinat
- 2 TL Sesamsaat

SAUCE

- 150 ml Gemüsebrühe
- ½ TL Speisestärke
- 1 TL kaltes Wasser
- 1 TL helle Sojasauce
- ½ TL Sesamöl
- 1 EL frisch gehackter Schnittlauch

2

3

3

1 Das Ei in einer Schüssel leicht quirlen und mit dem Schweinehack vermengen.

2 Ingwer und Zwiebel in eine zweite Schüssel geben, das kochende Wasser zugeben und 5 Minuten ruhen lassen. Abgießen und das Hackfleisch zusammen mit Bambussprossen, Schinken und Speisestärke zufügen. Die Masse gründlich vermengen und daraus 12 Bällchen formen.

3 Spinat waschen, die Stängel entfernen und in kochendem Wasser 10 Sekunden blanchieren. Gut abtropfen lassen und in sehr dünne Streifen schneiden. Dann mit der Sesamsaat mischen. Die Fleischbällchen darin wenden, bis sie davon überzogen sind. Dann die Fleischbällchen auf einen hitzebeständigen Teller legen und diesen in einen Bambusdämpfer stellen. Abdecken und 10–12 Minuten gar dämpfen.

4 In der Zwischenzeit die Sauce zubereiten. Die Brühe in einen großen Kochtopf geben und aufkochen. Speisestärke und Wasser verrühren und in die Brühe einrühren. Sojasauce, Sesamöl und Schnittlauch ebenfalls einrühren. Die fertigen Fleischbällchen auf vorgewärmte Suppenteller verteilen, mit Sauce übergießen und servieren.

Pilz-Knoblauch-Soufflés

Diese Soufflés sind eine sehr eindrucksvolle Vorspeise. Weil sie sehr schnell zusammenfallen, müssen sie unmittelbar vor dem Servieren zubereitet werden.

NÄHRWERTANGABEN

Kilokalorien 179	Zucker .... 3 g
Eiweiß .... 6 g	Fett .... 14 g
Kohlenhydrate ... 8 g	davon gesättigt .. 8 g

10 MIN. 20 MIN.

4 PERSONEN

ZUTATEN

50 g Butter
75 g große Champignons, gehackt
2 TL Limettensaft
2 Knoblauchzehen, zerdrückt
2 EL frisch gehackter Majoran
25 g Mehl
225 ml Milch
2 Eier, getrennt
Salz und Pfeffer

1 Mit etwas Butter 4 Soufflé-Förmchen (à 150 ml) leicht einfetten.

2 Ein wenig Butter in einer Pfanne zerlassen. Champignons, Limettensaft und Knoblauch zugeben und 2–3 Minuten unter Rühren andünsten. Dann alles in eine Schüssel geben und den Majoran unterrühren.

2

4

5

3 Die restliche Butter in einem Topf zerlassen. Dann das Mehl zufügen, verrühren und nach 1 Minute vom Herd nehmen. Die Milch behutsam einrühren und den Topf wieder auf den Herd stellen. Unter Rühren alles zum Kochen bringen und die Masse eindicken lassen.

4 Die Sauce über die Pilzmischung geben, Eigelb unterrühren und abschmecken.

5 Eiweiß steif schlagen und unter die Pilzmischung heben, bis beide vollständig verbunden sind.

6 Die Mischung auf die Soufflé-Förmchen verteilen. Dann die Förmchen auf ein Backblech stellen und in einem auf 200 °C vorgeheizten Ofen 8–10 Minuten backen, bis die Soufflés aufgegangen und goldbraun sind. Sofort servieren.

TIPP

Stechen Sie mit einem Holzspieß in die Mitte des Soufflés, um zu testen, ob es durchgebacken ist. Der Spieß sollte beim Herausziehen sauber sein. Falls noch etwas daran haftet, backen Sie das Soufflé einige Minuten länger. Vorsicht, nicht zu lange backen, sonst wird es gummiartig.

Bunte Käsebällchen

Diese kleinen Käsebällchen werden in frischen Kräutern, gerösteten Nüssen oder Paprika gerollt – ein origineller Knabberspaß für Partys.

NÄHRWERTANGABEN

Kilokalorien	310	Zucker	1 g
Eiweiß	15 g	Fett	27 g
Kohlenhydrate	1 g	davon gesättigt	12 g

40 MIN. 5 MIN.

4 PERSONEN

ZUTATEN

- 125 g Ricotta
- 125 g Double Gloucester oder reifer Gouda, fein gerieben
- 2 TL frisch gehackte Petersilie
- Pfeffer
- 60 g gemischte Nüsse, gehackt
- 3 EL frisch gehackte Kräuter, z. B. Petersilie Schnittlauch, Majoran, Liebstöckel und Kerbel
- 2 EL mildes Paprikapulver
- Kräuterzweige, zum Garnieren

1 Ricotta und Double Gloucester oder Gouda mischen. Petersilie und Pfeffer zugeben und so lange verrühren, bis alles gut vermengt ist.

2 Aus der Mischung kleine Bällchen formen und abgedeckt ca. 20 Minuten in den Kühlschrank stellen, bis sie fest sind.

3 Die gehackten Nüsse auf einem Backblech verteilen und unter einem vorgeheizten Grill leicht anbräunen. Vorsicht, sie brennen sehr leicht an! Abkühlen lassen.

1

2

3

4 Jeweils Nüsse, Kräuter und Paprika in ein separates Schälchen geben. Die Käsebällchen aus dem Kühlschrank holen und in 3 gleich große Portionen aufteilen. Eine Portion Käsebällchen in den Nüssen, die zweite in den Kräutern und die letzte im Paprikapulver so wenden, dass sie rundum bedeckt sind.

5 Die fertigen Käsebällchen auf einer Servierplatte anrichten. Bis zum Servieren in den Kühlschrank stellen und dann mit den frischen Kräuterzweigen garnieren.

Gemischte Bhajis

Diese kleinen Bhajis werden meist als Beilage zum Hauptgericht serviert. Mit ein wenig Salat- und Joghurtsauce sind sie aber auch eine köstliche Vorspeise.

NÄHRWERTANGABEN	
Kilokalorien 414	Zucker . . . . 7 g
Eiweiß . . . . 9 g	Fett . . . . 26 g
Kohlenhydrate . . 38 g	davon gesättigt . . 3 g

25 MIN. 30 MIN.

4 PERSONEN

ZUTATEN

BHAJIS

- 175 g Kichererbsenmehl
- 1 TL Backpulver
- Salz und Pfeffer
- 2 TL gemahlener Koriander
- 1 TL Garam Masala
- 1½ TL gemahlene Kurkuma
- 1½ TL Chilipulver
- 2 EL frisch gehackter Koriander
- 1 kleine Zwiebel, halbiert und in Ringen
- 1 kleine Porreestange, in Ringen
- 100 g Blumenkohl, gekocht und leicht zerdrückt
- 9–12 EL Wasser
- Pflanzenöl, zum Frittieren

SAUCE

- 150 g Naturjoghurt
- 2 EL frisch gehackte Minze
- ½ TL gemahlene Kurkuma
- 1 Knoblauchzehe, zerdrückt
- Minzeblätter, zum Garnieren

1 Mehl, Backpulver und Salz in eine Rührschüssel sieben. Pfeffer, gemahlene Gewürze und frischen Koriander zugeben und alles gründlich mischen.

2 Die Mischung in drei Portionen teilen und diese in separate Schüsseln geben. In die erste Schüssel die Zwiebel, in die nächste den Porree und in die dritte Schüssel den Blumenkohl einrühren. In jede Schüssel 3–4 Esslöffel Wasser zugeben und die Mischung jeweils glatt rühren.

3 Das Frittieröl in einer Fritteuse auf 180 °C erhitzen, sodass ein Brotwürfel darin in 30 Sekunden gebräunt ist. Mithilfe zweier Teelöffel die Mischung zu Bällchen formen und jedes 3–4 Minuten im Öl frittieren, bis es goldbraun ist. Mit einem Schaumlöffel herausnehmen und auf Küchenpapier abtropfen lassen. Gebackene Bhajis im Ofen warm halten, bis alle fertig sind.

4 Alle Zutaten für die Sauce mischen und in eine kleine Servierschüssel gießen. Mit Minzeblättern garnieren und mit den warmen Bhajis servieren.

Zwiebel-Minze-Bhajis

Kichererbsenmehl ist fein und hellgelb. Es ist in asiatischen und türkischen Lebensmittelgeschäften erhältlich.

NÄHRWERTANGABEN

Kilokalorien 251	Zucker .... 7 g
Eiweiß .... 7 g	Fett .... 8 g
Kohlenhydrate .. 39 g	davon gesättigt .. 1 g

5 MIN. 15 MIN.

12 STÜCK

ZUTATEN

- 125 g Kichererbsenmehl
- ¼ TL Cayennepfeffer
- ¼–½ TL gemahlener Koriander
- ¼–½ TL gemahlener Kreuzkümmel
- 1 EL frisch gehackte Minze
- Salz und Pfeffer
- 60 g fettarmer Naturjoghurt, glatt gerührt
- 65 ml kaltes Wasser
- 1 große Zwiebel, geviertelt und in dünnen Spalten
- Pflanzenöl, zum Frittieren
- Minzeblätter, zum Garnieren

1 Das Kichererbsenmehl zusammen mit Cayennepfeffer, Koriander, Kreuzkümmel und Minze in eine Schüssel geben. Mit Salz und Pfeffer würzen. Joghurt, Wasser und Zwiebel zugeben und alles verrühren.

2 Eine tiefe Pfanne zu einem Drittel mit Öl füllen und stark erhitzen. Für jedes Bhaji 1 Esslöffel der Teigmischung in das Öl geben und mit zwei Gabeln grob zu einem Bällchen formen.

3 Die Bhajis goldbraun frittieren, dabei häufig wenden.

4 Die fertigen Bhajis auf Küchenpapier abtropfen lassen und warm halten. Unterdessen den restlichen Teig ebenso verarbeiten.

5 Die Bhajis auf einer Servierplatte anrichten und mit frischen Minzeblättern garnieren. Warm oder kalt servieren.

TIPP

Kichererbsenmehl, das auch als Gram-Mehl bekannt ist, eignet sich hervorragend für diesen Teig. Es kann aus Kichererbsen selbst hergestellt werden.

Reiswürfel mit Koriander-Kokos-Dip

Die geschmacklich dezenten Reiswürfel bilden einen guten Kontrast zu diesem pikanten Dip. Reichen Sie am besten Satay-Spießchen dazu.

NÄHRWERTANGABEN

Kilokalorien	317	Zucker	3 g
Eiweiß	10 g	Fett	10 g
Kohlenhydrate	49 g	davon gesättigt	2 g

8 1/4 STD. 25 MIN.

4 PERSONEN

ZUTATEN

- 300 g Jasminreis
- 1,25 l Wasser

KORIANDER-KOKOS-DIP

- 1 Knoblauchzehe
- 2 TL Salz
- 1 TL schwarze Pfefferkörner
- 60 g frischer Koriander, mit Wurzeln und Stängeln
- 3 EL Zitronensaft
- 180 ml Kokosmilch
- 2 EL Erdnussbutter
- 2 Frühlingszwiebeln, in Ringen
- 1 rote Chili, entkernt und in Ringen

1

2

3

1 Eine Auflaufform (10 cm x 20 cm) einfetten oder mit Backpapier auslegen.

2 Für den Dip Knoblauch, Salz, Pfefferkörner, Koriander und Zitronensaft in eine Küchenmaschine geben und gut zerkleinern.

3 Kokosmilch, Erdnussbutter, Frühlingszwiebeln und Chili zugeben und alles pürieren. Die pürierte Masse in einen kleinen Topf umfüllen und kurz aufkochen. Beiseite stellen und abkühlen lassen.

4 Für die Reiswürfel das Wasser aufkochen. Dann den Reis zugeben, umrühren und 14–16 Minuten ohne Deckel leicht köcheln lassen, bis der Reis sehr weich ist. Abgießen und abtropfen lassen.

5 200 g gekochten Reis in einer Küchenmaschine glatt pürieren.

6 Das Reispüree gut mit dem restlichen Reis vermengen, in die Auflaufform geben und die Oberfläche glatt streichen. Die Reismasse mit Frischhaltefolie abdecken, ein kleines Küchenbrett darauf legen und dieses z. B. mit Konservendosen beschweren. Dann mindestens 8 Stunden oder über Nacht in den Kühlschrank stellen.

7 Den Reis auf eine Arbeitsfläche stürzen, mit einem angefeuchteten Messer in Würfel schneiden und mit dem Koriander-Kokos-Dip servieren.

Knusprig scharfe Nudeln

Diese knusprig angebratenen Nudeln geben Ihrem Mahl den extra Biss. Ob zum Hauptgericht oder als Vorspeise, sie schmecken einfach köstlich.

NÄHRWERTANGABEN

Kilokalorien 104	Zucker . . . . 0,3 g
Eiweiß . . . . 2 g	Fett . . . . 6 g
Kohlenhydrate . . 11 g	davon gesättigt . . 1 g

5 MIN. 15 MIN.

4 PERSONEN

ZUTATEN

- 250 g Reisnudeln
- Öl, zum Frittieren
- 2 Knoblauchzehen, fein gehackt
- 8 Frühlingszwiebeln, in dünnen Ringen
- 1 kleine rote oder grüne Chili, fein gehackt
- 2 EL Fischsauce
- 2 EL helle Sojasauce
- 2 EL Zitronen- oder Limettensaft
- 2 EL Zucker

GARNIERUNG

- Frühlingszwiebeln, in dünnen Streifen
- Salatgurke, in dünnen Streifen
- frische Chillies, in dünnen Streifen

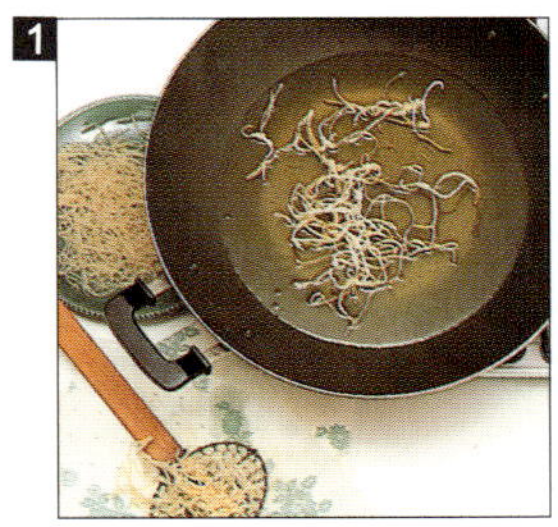

1 Die Nudeln mit der Hand in kleinere Stücke brechen. Das Öl zum Frittieren in einem Wok oder einer großen Pfanne erhitzen und die Nudeln portionsweise frittieren, bis sie goldbraun und knusprig sind. Die Nudeln mit einem Pfannenwender oder Schaumlöffel herausheben und auf Küchenpapier abtropfen lassen.

2 Nach dem Frittieren das Öl bis auf 3 Esslöffel abgießen. Dann Knoblauch, Frühlingszwiebeln und Chili zugeben und alles 2 Minuten anbraten.

3 Fischsauce, Sojasauce, Limetten- oder Zitronensaft und Zucker verrühren. Alles in den Wok oder die Pfanne geben und 2 Minuten köcheln, bis sich der Zucker aufgelöst hat. Die Nudeln wieder in den Wok geben und leicht in der Saucenmischung schwenken.

4 Die fertigen Nudeln mit Frühlingszwiebel-, Gurken- und Chilistreifen garnieren und sofort servieren.

VARIATION

Braten Sie in Schritt 2 ein paar rohe ausgelöste Garnelen oder klein gehacktes Hähnchenfleisch mit Frühlingszwiebeln und Knoblauch an. Die angegebene Garzeit erhöht sich dadurch um 3–4 Minuten.

Chinesische Pfannkuchen

Chinesische Pfannkuchen bestehen aus Mehlteig und werden nahezu ohne Fett zubereitet. Sie sind in asiatischen Lebensmittelgeschäften erhältlich.

NÄHRWERTANGABEN

Kilokalorien 312	Zucker 5g
Eiweiß 13g	Fett 19g
Kohlenhydrate .. 25g	davon gesättigt .. 7g

5 MIN. 10 MIN.

4 PERSONEN

ZUTATEN

- 1 EL Öl
- 1 Knoblauchzehe, zerdrückt
- 2,5-cm-Stück Ingwerwurzel, gerieben
- 1 Bund Frühlingszwiebeln, längs in Streifen geschnitten
- 100 g Zuckererbsen, in Streifen
- 225 g Tofu, in 1 cm dicke Würfel geschnitten
- 2 EL dunkle Sojasauce, plus etwas mehr, zum Servieren
- 2 EL Hoisin-Sauce, plus etwas mehr, zum Servieren
- 60 g Bambussprossen aus der Dose, abgetropft
- 60 g Wasserkastanien aus der Dose, abgetropft
- 100 g Bohnensprossen
- 1 kleine rote Chili, entkernt und in Streifen
- 1 Bund frischer Schnittlauch
- 12 weiche chinesische Pfannkuchen

ZUM SERVIEREN

- Chinakohlblätter, in Streifen
- 1 Salatgurke, in Scheiben
- rote Chili, in Streifen

2

3

5

1 Das Öl in einem Wok oder einer großen Pfanne erhitzen. Knoblauch und Ingwer zugeben und 1 Minute anbraten.

2 Frühlingszwiebeln, Zuckererbsen, Tofu, Sojasauce und Hoisin-Sauce zugeben und 2 Minuten pfannenrühren.

3 Dann Bambussprossen, Wasserkastanien, Bohnensprossen und die Chili zugeben.

4 Weitere 2 Minuten dünsten, bis das Gemüse weich ist, aber noch Biss hat.

5 Den Schnittlauch in 2,5 cm lange Röllchen schneiden und zum Gemüse in den Wok geben.

6 Die Pfannkuchen gemäß Packungsanleitung erhitzen und warm halten.

7 Das Gemüse auf die Pfannkuchen verteilen. Aufrollen und mit Chinakohl, Gurke und Chili garniert servieren.

Kalter Braten auf asiatische Art

Dieser kalte Schweinebraten ist als Hauptmahlzeit an heißen Sommertagen ebenso hervorragend geeignet wie für ein Partybuffet.

NÄHRWERTANGABEN

Kilokalorien 137	Zucker .... 0,1 g
Eiweiß .... 16 g	Fett .... 8 g
Kohlenhydrate ... 1 g	davon gesättigt .. 2 g

5 STD. 35 MIN.

4 PERSONEN

ZUTATEN

1,5 kg Schweinebraten mit Schwarte

SAUCE

1 TL fein gehackter Knoblauch

1 TL fein gehackte Frühlingszwiebel

2 EL helle Sojasauce

1 TL rotes Chiliöl

½ TL Sesamöl

frische Korianderzweige, zum Garnieren

1 Den Schweinebraten mit Küchengarn zusammenbinden, in einen großen Topf geben, mit kaltem Wasser vollständig bedecken und aufkochen.

2 Den Schaum an der Oberfläche mit einem Schaumlöffel abschöpfen und abgedeckt 25–30 Minuten leicht köcheln lassen.

3 Den Topfdeckel weiter geschlossen halten und das Fleisch mindestens 1–2 Stunden im Kochsud auskühlen lassen.

4 Den abgekühlten Braten aus dem Topf heben und mit der Schwarte nach oben 2–3 Stunden vollständig erkalten lassen.

5 Die Schwarte mit einem Messer bis auf eine dünne Schicht entfernen. Das Fleisch gegen die Faser in feine Scheiben schneiden und auf einem Servierteller fächerartig anrichten.

6 Für die Sauce die Zutaten in einer kleinen Schüssel verrühren und gleichmäßig über dem Fleisch verteilen.

7 Den Braten eventuell mit Koriander garnieren und sofort servieren.

1

2

4

TIPP

Dieses einfache Gericht kann sehr dekorativ angerichtet werden. Achten Sie darauf, die Fleischscheiben möglichst dünn und gleichmäßig zu schneiden.

Knoblauch-Pinienkern-Törtchen

Bei diesem Rezept wird ein knuspriger Boden aus Vollkorntoast mit Knoblauchbutter und Pinienkernen gefüllt – eine köstliche kleine Zwischenmahlzeit.

NÄHRWERTANGABEN

Kilokalorien 435	Zucker .... 1 g
Eiweiß .... 6 g	Fett .... 39 g
Kohlenhydrate .. 17 g	davon gesättigt . 20 g

20 MIN. 15 MIN.

4 PERSONEN

ZUTATEN

- 4 Scheiben Vollkorntoast
- 50 g Pinienkerne
- 150 g Butter
- 5 Knoblauchzehen, halbiert
- 2 EL frisch gehackter Oregano
- 4 schwarze Oliven, halbiert
- frischer Oregano, zum Garnieren

1 Das Brot mit einem Nudelholz leicht flach walzen. Mit einer Ausstechform aus dem Brot 4 Kreise von mindestens 10 cm Durchmesser stechen, sodass sie in vorhandene Tortelettformen passen. Die Brotreste aufbewahren und für mindestens 10 Minuten in den Kühlschrank stellen.

1

3

4

2 Währenddessen die Pinienkerne auf ein Backblech legen und unter einem vorgeheizten Grill 2–3 Minuten goldbraun rösten.

3 Die Brotreste zusammen mit Pinienkernen, Butter, Knoblauch und Oregano in eine Küchenmaschine oder einen Mixer geben und zu einer grobkörnigen Mischung pürieren.

4 Die Mischung auf die Brotkreise in die Tortelettformen geben und mit Oliven garnieren. In einem auf 200 °C vorgeheizten Ofen auf der mittleren Schiene 10–15 Minuten goldbraun backen.

5 Die fertigen Törtchen noch warm mit frischem Oregano garniert servieren.

VARIATION

Statt des Brots können Sie auch 200 g Blätterteig verwenden. Die ausgestochenen Kreise 20 Minuten in den Kühlschrank stellen, dann in die Tortelettformen einpassen, mit Alufolie abdecken und 10 Minuten vorbacken. Die Folie entfernen und den Teig weitere 3–4 Minuten backen, bis er abgesunken ist. Statt Teigresten Semmelbrösel verwenden.

Frittierte Mozzarellataschen

Mozzarellataschen sind eine köstliche Zwischenmahlzeit. Um sie als Antipasto zu servieren, sollte man kleinere Dreiecke zubereiten.

NÄHRWERTANGABEN

Kilokalorien	379	Zucker	4 g
Eiweiß	20 g	Fett	22 g
Kohlenhydrate	28 g	davon gesättigt	5 g

20 MIN. 5–10 MIN.

4 PERSONEN

ZUTATEN

- 8 Scheiben altbackenes Brot, ohne Kruste
- 100 g Mozzarella, in dicken Scheiben
- 8 Sardellenfilets, abgetropft und gehackt
- 16 frische Basilikumblätter
- 50 g schwarze Oliven, entsteint und gehackt
- Salz und Pfeffer
- 4 Eier, verquirlt
- 150 ml Milch
- Öl, zum Frittieren

1 

2 

4 

1 Aus jeder Brotscheibe 2 Dreiecke zuschneiden.

2 8 Dreiecke mit Mozzarella und Sardellen belegen. Basilikum und Oliven auf die belegten Dreiecke verteilen und mit Salz und Pfeffer würzen.

3 Auf die belegten Dreiecke die übrigen 8 Brotecken legen. Die so entstandenen Sandwiches an den Enden zusammendrücken und in eine tiefe Schale legen.

4 Eier und Milch verquirlen, über die Sandwiches gießen und diese 5 Minuten einweichen lassen.

5 Das Öl in einem großen Topf stark erhitzen, sodass ein Brotwürfel innerhalb von 30 Sekunden darin bräunt.

6 Die Ränder der Sandwiches noch einmal kräftig zusammendrücken.

7 Die Sandwiches vorsichtig in das heiße Öl gleiten lassen und unter einmaligem Wenden von beiden Seiten goldbraun frittieren. Mit einer Schaumkelle aus dem Topf heben, auf Küchenpapier abtropfen lassen und noch heiß servieren.

Spanische Tortilla

Diese einfache spanische Spezialität ist nicht nur auf der Iberischen Halbinsel als Vorspeise oder kleines Hauptgericht sehr beliebt.

NÄHRWERTANGABEN

Kilokalorien 430	Zucker .... 6 g
Eiweiß .... 16 g	Fett .... 20 g
Kohlenhydrate .. 50 g	davon gesättigt .. 4 g

10 MIN. 35 MIN.

4 PERSONEN

ZUTATEN

- 1 kg fest kochende Kartoffeln, in dünnen Scheiben
- 4 EL Pflanzenöl
- 1 Zwiebel, in Ringen
- 2 Knoblauchzehen, zerdrückt
- 1 grüne Paprika, gewürfelt
- 2 Tomaten, entkernt und gehackt
- 25 g Mais aus der Dose, abgetropft
- 6 große Eier, verquirlt
- 2 EL frisch gehackte Petersilie
- Salz und Pfeffer

2

3

4

1 Die Kartoffeln in kochendem Wasser 5 Minuten garen, dann abgießen.

2 Das Öl in einer großen Pfanne mit feuerfestem Griff erhitzen. Kartoffeln und Zwiebel zufügen und bei schwacher Hitze unter ständigem Rühren 5 Minuten goldbraun braten.

3 Knoblauch, Paprika, Tomaten und Mais zugeben und gut verrühren.

4 Eier und Petersilie zugeben und mit Salz und Pfeffer würzen. 10–12 Minuten braten, bis die Unterseite der Tortilla gar ist.

5 Die Pfanne vom Herd nehmen, unter einen vorgeheizten Grill schieben und 5–7 Minuten weiter backen, bis die Tortilla fest und die Oberfläche goldbraun ist.

6 Die Tortilla in Tortenstücke schneiden und mit Salat servieren.

TIPP

Diese Tortilla wird kurz im Ofen gegrillt. Sie sollten also nur eine Pfanne mit hitzebeständigem Stiel verwenden. Legen Sie auch Topflappen bereit – der Stiel wird sehr heiß.

Käsecreme mit Knoblauchkräutern

Eine herrlich weiche Käsecreme mit dem Aroma von frischen Kräutern und Knoblauch. Mit Toast Melba serviert, ist sie eine exzellente Vorspeise.

NÄHRWERTANGABEN

Kilokalorien	392	Zucker	1 g
Eiweiß	17 g	Fett	28 g
Kohlenhydrate	18 g	davon gesättigt	18 g

20 MIN. 10 MIN.

4 PERSONEN

ZUTATEN

15 g Butter

1 Knoblauchzehe, zerdrückt

3 Frühlingszwiebeln, fein gehackt

125 g Doppelrahmfrischkäse

2 EL frisch gehackte gemischte Kräuter, z. B. Petersilie, Schnittlauch, Majoran, Oregano und Basilikum

175 g reifer Cheddar, fein gerieben

Pfeffer

4–6 dicke Scheiben Weißbrot

GARNIERUNG

Paprikapulver

Kräuterzweige

ZUM SERVIEREN

gemischte Salatblätter

Kirschtomaten

1 Butter in einer kleinen Pfanne zerlassen. Knoblauch und Frühlingszwiebeln darin 3–4 Minuten weich dünsten und dann etwas abkühlen lassen.

2 Den Frischkäse in einer großen Schüssel glatt rühren. Knoblauch und Frühlingszwiebeln zugeben, dann die Kräuter einrühren und alles gut vermengen.

3 Den Cheddar zufügen, mit Pfeffer würzen und die Mischung zu einer festen Paste verarbeiten. Abdecken und bis zum Servieren kalt stellen.

4 Für den Toast Melba die Brotscheiben von beiden Seiten toasten und dann die Krusten abschneiden. Jede Brotscheibe waagerecht in zwei sehr dünne Hälften schneiden und diese in Dreiecke. Dann die nicht getoasteten Seiten unter einem Grill rösten, bis sie goldbraun sind.

5 Den gemischten Salat mit den Kirschtomaten anrichten. Die Käsepaste darauf geben und mit ein wenig Paprikapulver bestreuen. Mit den Kräuterzweigen garnieren und mit dem Toast Melba servieren.

2

3

4

Knuspriger Seetang

Diese chinesische Vorspeise ist nicht das, was sie scheint – der „Seetang" ist in Wirklichkeit Pak Choi, frittiert, gesalzen und mit Pinienkernen verfeinert.

NÄHRWERTANGABEN

Kilokalorien 214	Zucker 14g
Eiweiß 6g	Fett 15g
Kohlenhydrate . . 15g	davon gesättigt . . 2g

10 MIN. 5 MIN.

4 PERSONEN

ZUTATEN

1 kg Pak Choi

850 ml Erdnussöl, zum Frittieren

1 TL Salz

1 EL Zucker

50 g Pinienkerne, geröstet

1 Die Pak-Choi-Blätter unter fließendem kaltem Wasser abwaschen und mit Küchenpapier gründlich trockentupfen.

1

2

5

TIPP

Die zähen äußeren Blätter des Pak Choi werden nicht verwendet, weil sie Geschmack und Konsistenz der Speise beeinträchtigen. Sie können auch statt des Pak Choi Wirsingkohlblätter verwenden. Diese sollten allerdings vor dem Frittieren gut abgetrocknet werden.

2 Harte, zähe äußere Blätter entfernen. Die übrigen Blätter einzeln einrollen und in schmale Streifen schneiden.

3 Das Erdnussöl in einem großen Wok oder einer schweren Pfanne erhitzen.

4 Den zerkleinerten Pak Choi etwa 30 Sekunden frittieren, bis er zusammenfällt, schrumpft und knusprig wird.

5 Die frittierten Pak-Choi-Blätter behutsam mit einem Pfannenwender oder einem Schaumlöffel aus dem Öl herausheben und auf Küchenpapier gründlich abtropfen lassen.

6 Die knusprigen Blätter in eine große Servierschüssel geben und Salz, Zucker und die Pinienkerne untermischen. Sofort servieren.

Klößchen in Joghurtsauce

Durch Zugabe von Baghaar (gewürztes Öl-Dressing) kurz vor dem Servieren wird aus dieser Vorspeise eine reizvolle Beilage für viele Gerichte.

NÄHRWERTANGABEN

Kilokalorien	719	Zucker	9 g
Eiweiß	9 g	Fett	60 g
Kohlenhydrate	38 g	davon gesättigt	7 g

35 MIN. 35 MIN.

4 PERSONEN

ZUTATEN

KLÖSSCHEN

100 g Kichererbsenmehl
1 TL Chilipulver
Salz
½ TL Backpulver
1 Zwiebel, fein gehackt
2 grüne Chillies
Korianderblätter
150 ml Wasser
300 ml Pflanzenöl

JOGHURTSAUCE

300 g Naturjoghurt
3 EL Kichererbsenmehl
150 ml Wasser
1 TL frisch geriebene Ingwerwurzel
1 TL Knoblauch, zerdrückt
1½ TL Chilipulver
½ TL gemahlene Kurkuma
1 TL gemahlener Koriander
1 TL gemahlener Kreuzkümmel

GEWÜRZTES DRESSING

150 ml Pflanzenöl
1 TL weiße Kreuzkümmelsamen
6 getrocknete rote Chillies

1 Für die Klößchen das Kichererbsenmehl in eine große Schüssel sieben. Chilipulver, ½ Teelöffel Salz, Backpulver, Zwiebel, grüne Chillies und Koriander zugeben und mischen. Das Wasser zugießen und zu einer dicken Paste verarbeiten. Das Öl in einer Pfanne erhitzen. Für die Klößchen je 1 Teelöffel von der Paste in das Öl geben und bei mittlerer Hitze von jeder Seite goldbraun und knusprig frittieren. Beiseite stellen.

2 Für die Sauce den Joghurt in eine Schüssel geben und mit dem Kichererbsenmehl und dem Wasser verrühren. Alle Gewürze und ½ Teelöffel Salz zugeben und gut vermengen.

3 Diese Mischung durch ein großes Sieb in einen Topf streichen. Bei schwacher Hitze unter ständigem Rühren zum Kochen bringen. Wenn die Joghurtsauce zu dick wird, noch etwas Wasser zugeben.

4 Die Sauce in eine Servierschüssel gießen und alle Klößchen darauf anrichten. Beiseite stellen und warm halten.

5 Für das Dressing zunächst Öl in einer Pfanne erhitzen. Den weißen Kreuzkümmel und die getrockneten roten Chillies zugeben und anbräunen, sodass die Gewürze ihr Aroma entfalten. Das Dressing über die Klößchen gießen und heiß servieren.

1

1

2

Gemüse-Nuss-Samosas

Diese köstlichen kleinen frittierten Teigtaschen sind unglaublich leicht zuzubereiten. Sie eignen sich heiß oder kalt als Vorspeise zu indischen Gerichten.

NÄHRWERTANGABEN

Kilokalorien	343	Zucker	2 g
Eiweiß	5 g	Fett	26 g
Kohlenhydrate	24 g	davon gesättigt	5 g

30 MIN. 40 MIN.

12 STÜCK

ZUTATEN

- 350 g Kartoffeln, gewürfelt
- 125 g Erbsen, Tiefkühlware aufgetaut
- 3 EL Pflanzenöl
- 1 Zwiebel, gehackt
- 2,5-cm-Stück Ingwerwurzel, klein gehackt
- 1 Knoblauchzehe, zerdrückt
- 1 TL Garam Masala
- 2 TL milde Currypaste
- ½ TL Kreuzkümmelsamen
- 2 TL Zitronensaft
- 60 g ungesalzene Cashewkerne, grob gehackt
- Salz
- Pflanzenöl, zum Frittieren
- Korianderzweige, zum Garnieren
- Mango-Chutney, zum Servieren

TEIG

- 225 g Mehl
- 60 g Butter
- 6 EL warme Milch

1 Kartoffeln in einem Topf mit kochendem Salzwasser 5 Minuten vorkochen. Die Erbsen zugeben und weitere 4 Minuten kochen, bis die Kartoffeln gar sind. Gut abtropfen lassen. Dann Öl in einer Pfanne erhitzen und Zwiebeln, Kartoffel- und Erbsenmischung, Ingwer, Knoblauch und Gewürze darin 2 Minuten anbraten. Den Zitronensaft einrühren und alles weitere 2 Minuten braten. Die Pfanne vom Herd nehmen, die Kartoffeln und Erbsen leicht zerdrücken, dann die Cashewkerne einrühren und mit Salz abschmecken.

2 Für die Teighülle das Mehl in eine Schüssel geben und die Butter damit verkneten. Milch zugeben und alles zu einem Teig vermengen. Den Teig behutsam kneten und in 6 Portionen teilen. Jede Portion zu einer Kugel formen und zu einem Kreis von 18 cm Durchmesser ausrollen. Anschließend jeden Kreis halbieren.

3 Die Füllung gleichmäßig auf einer Hälfte von jedem der Halbkreise verteilen, dabei einen Rand von 5 mm lassen. Die Teigränder rundum mit Wasser bestreichen und zu Dreiecken umschlagen. Die Ränder fest zusammendrücken.

4 Das Pflanzenöl in einer Pfanne auf 180 °C erhitzen, bis ein Brotwürfel darin in 30 Sekunden gebräunt ist. Die Samosas portionsweise unter Wenden goldbraun und knusprig frittieren. Die fertigen Samosas auf Küchenpapier abtropfen lassen und warm stellen, bis alle ausgebacken sind. Mit Korianderzweigen garnieren und mit Mango-Chutney servieren.

1

3

4

Gedämpfte Säckchen

Diese gedämpften Klöße werden ohne Beilagen als Appetithäppchen oder getunkt in eine Mischung aus Sojasauce, Sherry und Ingwer verzehrt.

NÄHRWERTANGABEN

Kilokalorien	315	Zucker	3 g
Eiweiß	8 g	Fett	8 g
Kohlenhydrate	56 g	davon gesättigt	1 g

45 MIN. 20 MIN.

4 PERSONEN

ZUTATEN

- 3 getrocknete chinesische Pilze (ersatzweise frische Pilze, in dünnen Scheiben)
- 250 g Mehl
- 1 Ei, verquirlt
- 75 ml Wasser
- 1 TL Backpulver
- ¾ TL Salz
- 2 EL Pflanzenöl
- 2 Frühlingszwiebeln, klein geschnitten
- 90 g Mais aus der Dose, abgetropft
- ½ rote Chili, entkernt und in dünnen Ringen
- 1 EL braune Bohnensauce

2

7

7

1 Die getrockneten Pilze in einer kleinen Schüssel mit warmem Wasser übergießen und 20–25 Minuten darin einweichen lassen.

2 Das Mehl für den Teig in eine zweite Schüssel sieben. Das Ei zugeben und leicht unterrühren. Wasser, Backpulver und Salz zugeben und alles zu einem glatten Teig verrühren.

3 Den Teig auf einer bemehlten Arbeitsfläche leicht kneten. Mit einem feuchten Tuch abdecken und 5–6 Minuten beiseite stellen.

4 Die Pilze abtropfen lassen und ausdrücken. Die etwas zähen Mittelteile entfernen und die Pilze klein hacken.

5 Das Pflanzenöl in einem Wok oder einer großen Pfanne erhitzen und Pilze, Frühlingszwiebeln, Mais und Chili zugeben und darin 2 Minuten anbraten.

6 Die braune Bohnensauce einrühren und dann den Wok vom Herd nehmen.

7 Den Teig zu einer langen Wurst rollen und in 24 gleich große Stücke schneiden. Jedes zu einer dünnen runden Scheibe ausrollen und 1 Teelöffel Füllung in die Mitte geben. Die Ränder über der Füllung zusammenfalten, andrücken und verzwirbeln.

8 Die Klöße in einen mit Öl ausgestrichenen Dämpfer geben. Über einem Topf mit köchelndem Wasser abgedeckt etwa 12–14 Minuten dämpfen. Heiß servieren.

Spinatkörbchen

Wenn Sie tiefgefrorenen Spinat verwenden, brauchen Sie ihn nur auftauen und abtropfen zu lassen, bevor Sie ihn mit Käse und Gewürzen mischen.

NÄHRWERTANGABEN

Kilokalorien	533	Zucker	3 g
Eiweiß	24 g	Fett	38 g
Kohlenhydrate	26 g	davon gesättigt	22 g

55 MIN. 30 MIN.

2 PERSONEN

ZUTATEN

- 125 g frischer Spinat, gehackt, oder 90 g TK-Spinat, aufgetaut
- 2–4 Frühlingszwiebeln, fein gehackt, oder 1 EL fein gehackte Zwiebel
- 1 Knoblauchzehe, zerdrückt
- 2 EL geriebener Parmesan
- 90 g alter Gouda, gerieben
- 1 Prise Piment
- 1 Eigelb
- Salz und Pfeffer
- 4 Blätter Filo-Teig
- 25 g Butter, zerlassen
- 2 Frühlingszwiebeln, zum Garnieren

1 Frischen Spinat in möglichst wenig kochendem Salzwasser 3–4 Minuten gar kochen. Gut abtropfen lassen, Restflüssigkeit mit einem Kartoffelstampfer herauspressen, dann hacken und in eine Schüssel geben. Tiefgefrorener Spinat muss nur aufgetaut und eventuell klein gehackt werden.

2 Frühlingszwiebeln oder Zwiebel, Knoblauch, Parmesan, Gouda, Piment, Eigelb zugeben, mit Salz und Pfeffer würzen und alles gut mischen.

3 Zwei Muffinformen oder hitzebeständige Formen von 12 cm Durchmesser und 4 cm Tiefe einfetten. Die Teigblätter halbieren, sodass man 8 gleich große Stücke erhält. Jede Seite leicht mit der Butter bestreichen.

4 Ein Teigblatt in eine Form legen und dann im 45°-Winkel zum ersten Stück ein zweites darüber legen. Zwei weitere Stücke um je 45° versetzt einlegen, sodass sich alle Ecken an verschiedenen Seiten befinden. Die andere Form in der gleichen Weise auslegen.

5 Die Spinatmischung in die vorbereiteten Formen geben und in einem auf 180 °C vorgeheizten Ofen etwa 20 Minuten goldbraun backen. Mit Frühlingszwiebelquasten garnieren und heiß oder kalt servieren.

6 Die Frühlingszwiebelquasten 30 Minuten vor dem Servieren herstellen. Dazu die Frühlingszwiebeln putzen und in 5–7 cm lange Stücke schneiden. Einige Male vom grünen Ende bis kurz vor das weiße Ende einschneiden. In eine Schüssel mit Eiswasser legen, damit sich die Zwiebel öffnet. Gut abtropfen lassen.

Gemüse-Medley

Ein farbenfrohes Gericht aus klein geschnittenem Gemüse mit einem frischen Knoblauch-Honig-Dressing. Dazu passt duftendes ofenfrisches Brot.

NÄHRWERTANGABEN

Kilokalorien 209	Zucker 10g
Eiweiß 2g	Fett 14g
Kohlenhydrate ... 20g	davon gesättigt .. 2g

15 MIN. 5 MIN.

4 PERSONEN

ZUTATEN

- 2 EL Olivenöl
- 1 Kartoffel, in Stiften
- 1 Fenchelknolle, in dünnen Streifen
- 2 Karotten, geraspelt
- 1 rote Zwiebel, in dünnen Ringen
- frischer Schnittlauch und Fenchelgrün, gehackt, zum Garnieren

DRESSING

- 3 EL Olivenöl
- 1 EL Knoblauchessig
- 1 Knoblauchzehe, zerdrückt
- 1 TL Dijon-Senf
- 2 TL flüssiger Honig
- Salz und Pfeffer

1

2

3

1 Das Öl in einer Pfanne erhitzen und die Kartoffelstifte und Fenchelstreifen bei mittlerer Hitze 2–3 Minuten anbräunen. Mit dem Schaumlöffel aus der Pfanne nehmen und auf Küchenpapier abtropfen lassen.

2 Kartoffel, Fenchel, Karotten und Zwiebel getrennt auf einem Servierteller anrichten.

3 Für das Dressing Olivenöl, Knoblauchessig, Knoblauch, Senf und Honig in eine Schüssel geben, gründlich mischen und mit Salz und Pfeffer abschmecken. Das fertige Dressing über das Gemüse gießen und sorgfältig unterheben. Dann Schnittlauch und Fenchelgrün darüber streuen und entweder sofort servieren oder bis zum Servieren kalt stellen.

VARIATION

Verwenden Sie gemischte gegrillte Paprika oder klein geschnittenen Porree, oder geben Sie Bohnensprossen und Orangenspalten hinzu.

Frittierter Tofu mit Erdnuss-Sauce

Leckere Appetithäppchen für Ihre Party. Sie können sicher sein, dass von den außergewöhnlichen Cocktail-Spießchen kein einziges übrig bleibt.

NÄHRWERTANGABEN

Kilokalorien	338	Zucker	9 g
Eiweiß	16 g	Fett	22 g
Kohlenhydrate	21 g	davon gesättigt	4 g

5 MIN. 20 MIN.

4 PERSONEN

ZUTATEN

500 g Tofu
2 EL Reisessig
2 EL Zucker
1 TL Salz
3 EL Erdnussbutter
½ TL zerstoßene Chillies
3 EL Grillsauce
1 l Sonnenblumenöl
2 EL Sesamöl

TEIG

4 EL Mehl
2 Eier, verquirlt
4 EL Milch
½ TL Backpulver
½ TL Chilipulver

1 Den Tofu in 2,5 cm große Dreiecke schneiden und zunächst beiseite stellen.

2 Reisessig, Zucker und Salz in einen Kochtopf geben und verrühren. Aufkochen und 2 Minuten köcheln lassen.

3 Vom Herd nehmen und die Erdnussbutter, die Chillies und die Grillsauce zugeben und gründlich mischen.

4 Das Mehl für den Teigmantel in eine Schüssel sieben. Eine Mulde in die Mitte drücken und die Eier hineingeben. Mehl und Eier vermengen und nach und nach die Milch zugießen. Anschließend Backpulver und Chilipulver einrühren.

5 Das Sonnenblumenöl und das Sesamöl in einer Fritteuse oder einem tiefen Kochtopf erhitzen, bis leichter Rauch aufsteigt.

6 Die Tofu-Dreiecke in den Teig tauchen und frittieren, bis sie goldbraun sind. Das Frittieren gegebenenfalls portionsweise durchführen. Die frittierten Tofu-Dreiecke auf Küchenpapier abtropfen lassen.

7 Die fertigen Tofu-Dreiecke auf einem Servierteller anrichten und mit der Erdnuss-Sauce servieren.

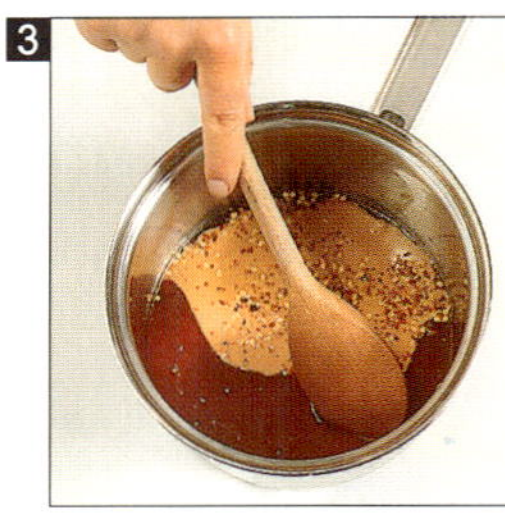

TIPP

Tofu wird aus pürierten Sojabohnen hergestellt. Er ist weiß, hat eine ähnliche Konsistenz wie Weichkäse und wird in Blöcken, frisch oder vakuumverpackt, verkauft. Obwohl er an sich etwas fad schmeckt, eignet er sich bestens für die Verbindung mit anderen Zutaten, da er gut den Geschmack von Gewürzen und Saucen annimmt.

Spare-Ribs

Die klassisch amerikanisch zubereiteten Rippchen erfreuen sich seit längerem großer Beliebtheit. Sie können im Backofen oder auf dem Grill zubereitet werden.

NÄHRWERTANGABEN

Kilokalorien 271	Zucker . . . . 4 g
Eiweiß . . . . 13 g	Fett . . . . 22 g
Kohlenhydrate . . . 5 g	davon gesättigt . . 8 g

6½ STD. 50 MIN.

4 PERSONEN

ZUTATEN

- 600 g Schweinerippchen
- 1 EL Zucker
- 1 EL helle Sojasauce
- 1 EL dunkle Sojasauce
- 3 EL Hoisin-Sauce
- 1 EL Reiswein oder trockener Sherry
- 4–5 EL Wasser oder chinesische Brühe (siehe Seite 8)
- Korianderblätter, zum Garnieren
- süße Chilisauce, zum Dippen

1

3

4

1 Das Fleisch mit einem Messer parieren und in einzelne Rippchen trennen. Die Rippchen in einen großen Bräter legen.

2 Zucker, Sojasaucen, Hoisin-Sauce und Wein verrühren und über die Rippchen gießen. Die Rippchen gründlich in der Marinade wenden, sodass sie ganz damit bedeckt sind, und 2–3 Stunden marinieren.

3 Wasser oder chinesische Brühe über die Rippchen gießen und diese gleichmäßig in dem Bräter verteilen. In einen auf 220 °C vorgeheizten Backofen stellen und das Fleisch 15 Minuten braten.

4 Die Rippchen wenden, die Hitze etwas reduzieren und weitere 30–35 Minuten braten, bis sie gar und knusprig sind.

5 Die Rippchen mit einem scharfen Messer oder einer Geflügelschere in zwei oder drei Stücke teilen und auf einem Servierteller anrichten.

6 Die Sauce aus dem Bräter über die Rippchen gießen und diese mit den Korianderblättern garnieren. Die Chilisauce in eine kleine Schale füllen und mit den Spare-Ribs sofort servieren.

TIPP

Fragen Sie am besten Ihren Metzger, ob er Ihnen die Rippchen zerteilt. Werfen Sie das überschüssige Fettgewebe, das beim Parieren anfällt, nicht weg. Es kann für die Zubereitung von Brühen oder Saucen verwendet werden.

Schwiegersohn-Eier

Dieses einfache Gericht heißt wahrscheinlich deshalb so, weil junge Schwiegersöhne mit diesen Eiern ihre Schwiegermütter beeindrucken können.

NÄHRWERTANGABEN

Kilokalorien	229	Zucker	8 g
Eiweiß	9 g	Fett	18 g
Kohlenhydrate	8 g	davon gesättigt	3 g

15 MIN. 15 MIN.

4 PERSONEN

ZUTATEN

- 6 Eier, hart gekocht und geschält
- 4 EL Sonnenblumenöl
- 1 Zwiebel, in feinen Ringen
- 2 frische rote Chillies, in feinen Ringen
- 2 EL Zucker
- 1 EL Wasser
- 2 TL Tamarindenpaste
- 1 EL Maggi-Würze
- gekochter Reis, zum Servieren

1 Die Eier zwei- oder dreimal mit einem Zahnstocher einstechen.

2 Das Öl in einem Wok erhitzen und die Eier frittieren, bis sie goldbraun und knusprig sind.

3 Die frittierten Eier mit einem Schaumlöffel herausnehmen und auf Küchenpapier abtropfen lassen.

4 Die Eier längs halbieren und auf einem Servierteller anrichten. Dann das Öl aus dem Wok bis auf 1 Esslöffel abgießen. Das restliche Öl stark erhitzen und Zwiebel und Chili knusprig frittieren, dann abtropfen.

5 Zucker, Wasser, Tamarindenpaste und Maggi-Würze im Wok erhitzen und 5 Minuten köcheln lassen, bis die Sauce leicht angedickt ist.

6 Die Sauce über die Eier träufeln, frittierte Zwiebel und Chili darauf verteilen und sofort mit gekochtem Reis servieren.

TIPP

Die säuerliche Tamarindenpaste ist in asiatischen Lebensmittelgeschäften oder gut sortierten Supermärkten erhältlich. Sie kann durch die doppelte Menge Zitronensaft ersetzt werden.

1

2

4

Gemüse mit Tahini-Dip

Dieser würzige Dip eignet sich hervorragend zum Aufpeppen von gekochtem Gemüse. Verwenden Sie jeweils die Gemüsesorten der Saison.

NÄHRWERTANGABEN

Kilokalorien	126	Zucker	7 g
Eiweiß	11 g	Fett	6 g
Kohlenhydrate	8 g	davon gesättigt	1 g

5 MIN. 20 MIN.

4 PERSONEN

ZUTATEN

- 225 g Brokkoli, in kleinen Röschen
- 225 g Blumenkohl, in kleinen Röschen
- 225 g grüner Spargel, Enden geschält, in 5 cm langen Stücken
- 2 kleine rote Zwiebeln, geviertelt
- 1 EL Limettensaft
- 2 TL Sesamsaat, geröstet
- 1 EL Schnittlauchröllchen, zum Garnieren

TAHINI-KNOBLAUCH-DIP

- 1 TL Sonnenblumenöl
- 2 Knoblauchzehen, zerdrückt
- ½–1 TL Chilipulver
- Salz und Pfeffer
- 2 TL Tahini (Sesampaste)
- 150 g fettarmer Naturjoghurt
- 2 EL Schnittlauchröllchen

1

3

4

1 Einen Dämpfer mit Backpapier auslegen und das vorbereitete Gemüse hineinlegen.

2 In einem Wok oder einem großen Topf Wasser zum Kochen bringen und den Dämpfer darauf setzen. Das Gemüse mit Limettensaft beträufeln und 10 Minuten dämpfen.

3 Für den Dip das Sonnenblumenöl in einem kleinen, beschichteten Topf erhitzen. Dann den Knoblauch, das Chilipulver sowie Salz und Pfeffer zugeben und alles 2–3 Minuten andünsten, bis der Knoblauch weich ist.

4 Den Topf vom Herd nehmen und die Sesampaste und den Naturjoghurt einrühren. Dann den Topf wieder auf den Herd stellen und 1–2 Minuten erwärmen, aber nicht kochen. Anschließend den Schnittlauch einrühren.

5 Das Gemüse aus dem Dämpfer nehmen und auf einer vorgewärmten Platte anrichten. Mit Sesamsaat und Schnittlauchröllchen bestreuen und zum Dip servieren.

Überbackene Avocados

In diesem Rezept stehen die Farben von Tomaten, Basilikum und Mozzarella für die Farben der italienischen Flagge.

NÄHRWERTANGABEN

Kilokalorien	249	Zucker	2 g
Eiweiß	4 g	Fett	24 g
Kohlenhydrate	4 g	davon gesättigt	6 g

5–10 MIN. 10 MIN.

4 PERSONEN

ZUTATEN

- 1 kleine rote Zwiebel, in Ringen
- 1 Knoblauchzehe, zerdrückt
- 1 EL Olivenöl
- 2 kleine Tomaten
- 2 Avocados, halbiert und entkernt
- 4 frische Basilikumblätter, klein gezupft
- 60 g Mozzarella, in dünnen Scheiben
- Salz und Pfeffer
- frische Basilikumblätter, zum Garnieren
- verschiedene Salatblätter, zum Servieren

1 Zwiebel, Knoblauch und Olivenöl in eine mikrowellengeeignete Schüssel geben, abdecken und 2 Minuten auf höchster Stufe in der Mikrowelle garen.

2 Inzwischen die Tomaten häuten: Dazu die Tomaten unten kreuzförmig einritzen, in einer Schüssel mit kochendem Wasser übergießen und 1 Minute ziehen lassen. Abtropfen und in kaltes Wasser tauchen. Die Haut lässt sich jetzt mühelos abziehen.

3 Die Avocadohälften mit den Spitzen zur Mitte hin auf einen Teller legen. Dann die Zwiebeln in die Vertiefung jeder Hälfte geben.

4 Die Tomaten halbieren, zusammen mit Basilikum und Mozzarellascheiben auf den Avocados verteilen und mit Salz und Pfeffer würzen.

5 Die Avocados 5 Minuten auf mittlerer Stufe in der Mikrowelle überbacken, bis sie vollständig erhitzt sind und der Käse geschmolzen ist. Dann auf Servierteller verteilen, mit Basilikum garnieren und mit den Salatblättern servieren.

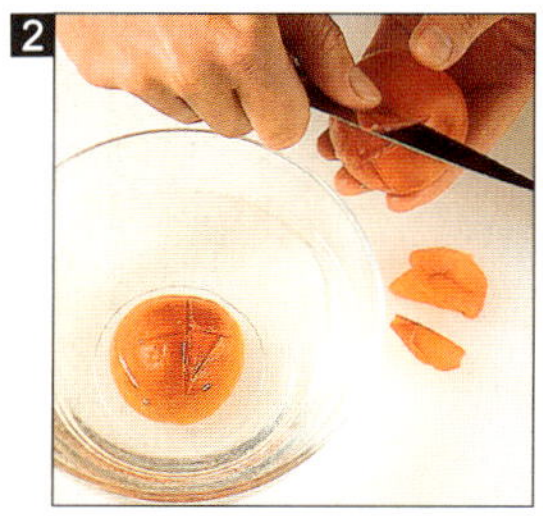

VARIATION

Falls Sie eine Mikrowelle mit Grill besitzen, können Sie die Avocados in die untere Schiene des Grills schieben oder auf den Glasteller legen. Dann den Grill einschalten und 8 Minuten auf niedriger Stufe in der Mikrowelle backen, bis die Avocados goldbraun sind.

Knusprig frittiertes Gemüse

Das in einen leichten Teigmantel gehüllte Gemüse wird frittiert und mit einer süß-scharfen Sauce zum Dippen serviert.

NÄHRWERTANGABEN

Kilokalorien 258	Zucker .... 11 g
Eiweiß .... 6 g	Fett .... 11 g
Kohlenhydrate .. 39 g	davon gesättigt .. 9 g

40 MIN. 10 MIN.

4 PERSONEN

ZUTATEN

- Öl, zum Frittieren
- 600 g Gemüse (z. B. Blumenkohl, Brokkoli, Pilze, Zucchini, Paprika oder Babymais), in gleich großen Stücken

TEIG

- 125 g Mehl
- ½ TL Salz
- 1 TL Puderzucker
- 1 TL Backpulver
- 3 EL Öl
- 200 ml warmes Wasser

SAUCE

- 6 EL Malzessig
- 2 EL Fischsauce oder helle Sojasauce
- 2 EL Wasser
- 1 EL brauner Zucker
- 1 Prise Salz
- 2 Knoblauchzehen, zerdrückt
- 2 TL frisch geriebene Ingwerwurzel
- 2 rote Chillies, entkernt und fein gehackt
- 2 EL frisch gehackter Koriander

1

2

4

1 Für den Teig Mehl, Salz, Puderzucker und Backpulver in eine Rührschüssel sieben. Mit dem Öl und fast dem ganzen Wasser zu einem glatten Teig verarbeiten. Falls erforderlich, das restliche Wasser unterrühren. 20–30 Minuten kalt stellen.

2 Für die Sauce Essig, Fischsauce oder Sojasauce, Wasser, Zucker und Salz in einem kleinen Topf zum Kochen bringen. Vom Herd nehmen und abkühlen lassen.

3 Knoblauch, Ingwer, Chillies und Koriander mischen, die inzwischen abgekühlte Sauce darüber gießen und alles gut verrühren.

4 Das Öl in einem Wok erhitzen. Dann das Gemüse portionsweise in den Teig tauchen und ca. 2 Minuten frittieren, bis der Teig knusprig und goldbraun ist. Auf Küchenpapier abtropfen lassen. Das Gemüse mit der Sauce servieren.

Schmetterlingsgarnelen

Die Garnelen werden geteilt auf Spieße gesteckt und erinnern so an Schmetterlinge. Sie sind ein beeindruckender Auftakt für ein Menü.

NÄHRWERTANGABEN

Kilokalorien 183	Zucker .... 0 g
Eiweiß .... 28 g	Fett .... 8 g
Kohlenhydrate ... 0 g	davon gesättigt . 1 g

4 ½ STD. 3 MIN.

2–4 PERSONEN

ZUTATEN

- 16 rohe Riesengarnelen, ausgelöst und Schwanzende belassen
- Saft von 2 Limetten
- 1 TL Kardamomsamen
- 2 TL gemahlener Kreuzkümmel
- 2 TL gemahlener Koriander
- ½ TL Zimt
- 1 TL gemahlene Kurkuma
- 1 Knoblauchzehe, zerdrückt
- 1 TL Cayennepfeffer
- 2 EL Öl
- Gurkenscheiben, zum Garnieren
- süßes Chutney (z. B. Walnuss-Chutney), zum Servieren

1 Acht Holzspieße 20 Minuten in Wasser einweichen. Die Garnelen der Länge nach bis zum Schwanz einschneiden und etwas auseinander drücken.

2 Die zwei „Flügel" einer Garnele auf jeweils einen Spieß stecken, der Schwanz bleibt zwischen den beiden Spießen. Drei weitere Garnelen auf die beiden Spieße stecken. Dadurch behalten die Garnelen ihre aufgespreizte Form.

3 Mit den restlichen Garnelen ebenso verfahren, sodass auf jedem Spießpaar vier Garnelen stecken.

4 Die Spieße in eine metallfreie Auflaufform legen und mit dem Limettensaft übergießen.

5 Alle Gewürze und das Öl mischen und über die Spieße geben, die gleichmäßig mit der Marinade bedeckt sein sollten. Abdecken und 4 Stunden kalt stellen.

6 Auf einem Holzkohlegrill oder in einer mit Alufolie ausgelegten Fettpfanne unter einem vorgeheizten Backofengrill von jeder Seite 3 Minuten grillen.

7 Mit Gurkenscheiben garnieren und mit einem süßen Chutney servieren.

1

2
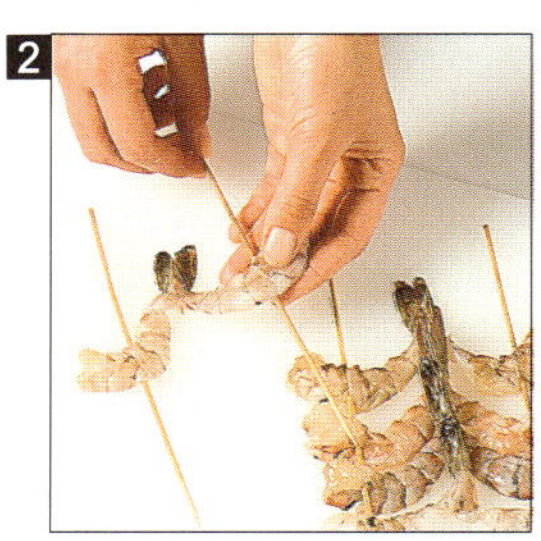

4

Tofu-Sandwiches

Gurken und Frischkäse werden zwischen Tofu-Scheiben gelegt und in einem Teigmantel frittiert. Ein frischer Dip setzt den besonderen Akzent.

NÄHRWERTANGABEN

Kilokalorien 398	Zucker .... 8 g
Eiweiß .... 13 g	Fett .... 24 g
Kohlenhydrate .. 35 g	davon gesättigt .. 7 g

40 MIN. 15 MIN.

28 STÜCK

ZUTATEN

4 getrocknete chinesische Pilze oder große frische Pilze, fein gehackt
275 g Tofu
½ Salatgurke, geraspelt
1-cm-Stück Ingwerwurzel, geraspelt
60 g Frischkäse
Salz und Pfeffer

TEIG

125 g Mehl
1 Ei, verquirlt
125 ml Wasser
½ TL Salz
2 EL Sesamsaat
Pflanzenöl, zum Frittieren

DIP

150 g Naturjoghurt
2 TL flüssiger Honig
2 EL frisch gehackte Minze

3

4

5

1 Die getrockneten Pilze in eine kleine Schüssel geben, mit warmem Wasser bedecken und darin 20–25 Minuten einweichen.

2 Die Pilze gründlich abtropfen lassen und trockendrücken. Dann die etwas zähen Mittelteile entfernen und die Pilze klein hacken.

3 Den Tofu zuerst in Scheiben, dann in kleine Quadrate schneiden.

4 Die Gurkenraspel etwas trockenpressen und mit Pilzen, Ingwer und Frischkäse mischen. Mit Salz und Pfeffer würzen und als Belag für 28 Tofu-Sandwiches verwenden.

5 Für den Ausbackteig das Mehl in eine Schüssel sieben. Ei, Wasser und Salz zugeben und zu einem weichen Teig verrühren. Die Sesamsaat einarbeiten. Das Öl in einem Wok erhitzen. Die Sandwiches in den Teig tauchen und portionsweise in dem Öl goldbraun frittieren. Herausnehmen und abtropfen lassen.

6 Joghurt, Honig und Minze für den Dip vermengen. Die Tofu-Sandwiches zusammen mit dem Dip servieren.

Gemüserösti mit marinierter Paprika

Diese farbenfrohe Kombination aus geraspeltem Wurzelgemüse und Paprikastreifen ist eine originelle Idee für ein Partybuffet.

NÄHRWERTANGABEN

Kilokalorien 304	Zucker .... 17 g
Eiweiß .... 6 g	Fett .... 19 g
Kohlenhydrate .. 28 g	davon gesättigt .. 3 g

2 ½ STD. 1 ¼ STD.

4 PERSONEN

ZUTATEN

- 1 orangefarbene Paprika
- 1 rote Paprika
- 1 gelbe Paprika
- 3 EL Olivenöl
- 2 EL Rotweinessig
- 1 TL Dijonsenf
- 1 TL flüssiger Honig
- Salz und Pfeffer
- glatte Petersilie, zum Garnieren
- grünes Gemüse, zum Servieren

GEMÜSERÖSTI

- 230 g Kartoffeln, geraspelt
- 230 g Karotten, geraspelt
- 350 g Knollensellerie, geraspelt
- 1 Knoblauchzehe, zerdrückt
- 1 EL Zitronensaft
- 50 g Butter oder Margarine, zerlassen
- 1 Ei, verquirlt
- Salz und Pfeffer
- 1 EL Öl

3

5

6

1 Die Paprika auf einem Backblech in einem auf 190 °C vorgeheizten Backofen 35 Minuten rösten, dabei nach etwa 20 Minuten einmal wenden.

2 Mit einem sauberen Geschirrtuch abdecken und 10 Minuten abkühlen lassen.

3 Die Paprika häuten, halbieren, entkernen, in feine Streifen schneiden und in eine flache Schüssel geben.

4 Öl, Essig, Senf, Honig, Salz und Pfeffer in einem Mixbecher oder Schraubglas kräftig schütteln. Die Marinade über die Paprika gießen, alles gut vermengen und 2 Stunden ziehen lassen.

5 Für die Rösti Kartoffel-, Karotten- und Sellerieraspel in eine Schüssel geben und mit Knoblauch und Zitronensaft vermengen.

6 Butter und Ei untermischen. Mit Salz und Pfeffer abschmecken. Auf zwei mit Backpapier ausgelegten Backblechen je 4 große Rösti formen und mit etwas Öl beträufeln.

7 Die Rösti in einem auf 220 °C vorgeheizten Backofen 30–35 Minuten knusprig goldbraun backen, dann vorsichtig auf einen vorgewärmten Servierteller legen. Die Paprikastreifen mit der Marinade ca. 2–3 Minuten erhitzen und auf den Gemüserösti verteilen. Mit der Petersilie garnieren und sofort mit grünem Gemüse servieren.

Tofu-Tempura

Gemüse und Tofu in knusprigem Teigmantel mit einem süßen, pikanten Dip verleihen diesem Gericht den Geschmack der japanischen Küche.

NÄHRWERTANGABEN

Kilokalorien	582	Zucker	10 g
Eiweiß	16 g	Fett	27 g
Kohlenhydrate	65 g	davon gesättigt	4 g

15 MIN. 20 MIN.

4 PERSONEN

ZUTATEN

- 125 g Babyzucchini
- 125 g junge Karotten
- 125 g Babymaiskolben
- 125 g kleine Porreestangen
- 2 Babyauberginen
- 225 g Tofu
- Pflanzenöl, zum Frittieren
- Karotten, Ingwerwurzel und kleine Porreestangen, in Julienne geschnitten, zum Garnieren
- gekochte Nudeln, zum Servieren

TEIG

- 2 Eigelb
- 300 ml Wasser
- 225 g Mehl

DIP

- 5 EL Mirin oder trockener Sherry
- 5 EL japanische Sojasauce
- 2 TL flüssiger Honig
- 1 Knoblauchzehe, zerdrückt
- 1 TL frisch geriebene Ingwerwurzel

1 Zucchini und Karotten der Länge nach halbieren. Maiskölbchen und Porree putzen. Auberginen vierteln. Den Tofu in 2,5 cm große Würfel schneiden.

2 Für den Teig das Eigelb mit dem Wasser verquirlen. 175 g Mehl hineinsieben und mit einem Schneebesen zu einem dickflüssigen Teig verrühren. Das Öl zum Frittieren auf 180 °C erhitzen, bis darin ein Brotwürfel in 30 Sekunden bräunt.

3 Das restliche Mehl auf einem großen Teller verteilen und das Gemüse und den Tofu darin wenden, bis alles leicht vom Mehl überzogen ist.

4 Den Tofu in den Teig tauchen und 2–3 Minuten frittieren, bis er goldbraun ist. Auf Küchenpapier abtropfen lassen und warm halten.

5 Die Gemüsestücke nacheinander in den Teig tauchen und 3–4 Minuten goldbraun frittieren. Abtropfen lassen und auf einem vorgewärmten Servierteller anrichten.

6 Für den Dip alle Zutaten verrühren. Das Gemüse und den Tofu mit feinen Gemüsestreifen garnieren und zusammen mit dem Dip und gekochten Nudeln servieren.

1

3

5

Frühlingsrollen

Dieses klassische chinesische Gericht ist auch im Westen sehr beliebt. Heiß oder kalt, mit einer Sojasauce oder einem Hoisin-Dip reichen.

NÄHRWERTANGABEN

Kilokalorien	442	Zucker	4 g
Eiweiß	23 g	Fett	21 g
Kohlenhydrate	42 g	davon gesättigt	3 g

45 MIN. 45 MIN.

4 PERSONEN

ZUTATEN

FÜLLUNG

175 g Schweinefleisch, gekocht und gehackt

75 g Hühnerfleisch, gekocht und gehackt

1 TL helle Sojasauce

1 TL brauner Zucker

1 TL Sesamöl

1 TL Pflanzenöl

225 g Bohnensprossen

25 g Bambussprossen aus der Dose, abgetropft, abgespült und klein geschnitten

1 grüne Paprika, entkernt und klein geschnitten

2 Frühlingszwiebeln, in Ringen

1 TL Speisestärke

2 TL Wasser

Pflanzenöl, zum Frittieren

TEIGROLLEN

125 g Mehl

5 EL Speisestärke

450 ml Wasser

3 EL Pflanzenöl

1 Das Schweinefleisch, das Hühnerfleisch, die Sojasauce, den Zucker und das Sesamöl miteinander verrühren. Abdecken und etwa 30 Minuten marinieren.

2 1 TL Pflanzenöl in einem heißen Wok erhitzen. Bohnensprossen, Bambussprossen, Paprika und Frühlingszwiebeln in den Wok geben und 2–3 Minuten pfannenrühren. Das Fleisch und die Marinade zugeben und 2–3 Minuten anbraten.

3 Speisestärke mit Wasser verrühren und in den Wok einrühren. Zum Abkühlen beiseite stellen.

4 Das Mehl und die Speisestärke für die Teigrollen mischen und langsam in das Wasser einrühren, bis ein glatter Teig entstanden ist.

5 3 EL Öl in eine kleine Pfanne geben und erhitzen. Ein Achtel des Teigs darin so auseinander laufen lassen, dass eine dünne Teigschicht entsteht. 2–3 Minuten backen. Die restlichen Teigstücke ebenso backen. Die bereits zubereiteten Teighüllen einstweilen mit einem feuchten Tuch abdecken.

6 Auf jede Teighülle ein Achtel der Füllung längs in die Mitte geben. Die Ränder des Teigs mit Wasser benetzen, die Seiten zusammenfalten und aufrollen.

7 Das Frittieröl in einem Wok stark erhitzen. Die Frühlingsrollen portionsweise 2–3 Minuten frittieren, bis sie goldbraun und knusprig sind. Sofort servieren.

5

6

6

Schweinefleisch Char-Siu

Rötliche Fleischstücke, die oft in den Fenstern kantonesischer Restaurants hängen und auch als honiggeröstetes Schweinefleisch bezeichnet werden.

NÄHRWERTANGABEN

Kilokalorien 250	Zucker .... 8 g
Eiweiß .... 27 g	Fett .... 10 g
Kohlenhydrate ... 9 g	davon gesättigt .. 3 g

4 ¼ STD. 30 MIN.

4 PERSONEN

ZUTATEN

500 g Schweinefilet
150 ml kochendes Wasser
1 EL Honig mit etwas heißem Wasser angerührt

MARINADE

1 EL Zucker
1 EL gelbe Bohnensauce
1 EL helle Sojasauce
1 EL Hoisin-Sauce
1 EL Austernsauce
½ TL Chilisauce
1 EL Brandy oder Rum
1 TL Sesamöl
klein geschnittene Salatblätter, zum Servieren

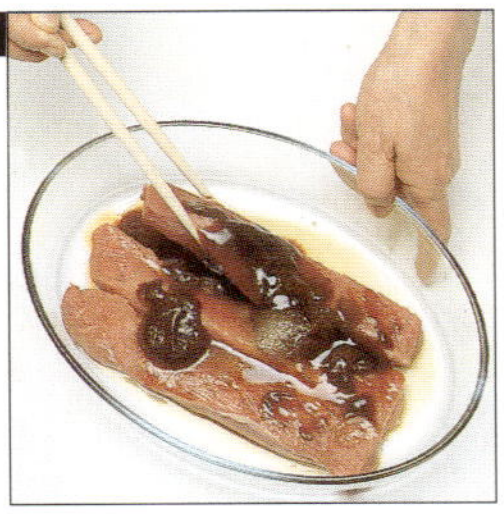
1

3

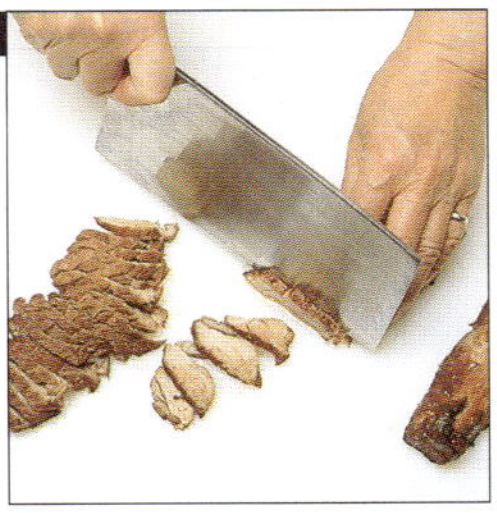
5

1 Das Schweinefleisch in etwa 2,5 cm breite und 18–20 cm lange Streifen schneiden und auf einen großen, flachen Teller legen. Die Zutaten für die Marinade mischen, über das Fleisch gießen und das Fleisch darin wenden, bis es ganz von der Marinade überzogen ist. Abgedeckt mindestens 3–4 Stunden marinieren.

2 Die Fleischstreifen aus der Marinade nehmen und diese beiseite stellen. Das Fleisch auf einen Rost über eine Fettpfanne legen. Die Pfanne in einen vorgeheizten Backofen stellen und das Wasser eingießen. Das Fleisch 10–15 Minuten braten.

3 Die Hitze reduzieren. Das Fleisch mit der beiseite gestellten Marinade beträufeln und mit einer Küchenzange wenden. Weitere 10 Minuten braten.

4 Das Schweinefleisch aus dem Backofen nehmen, mit dem Honigsirup bestreichen und unter einem Grill bei mittlerer Hitze 3–4 Minuten grillen, bis es leicht gebräunt ist. Ein- oder zweimal wenden.

5 Das Schweinefleisch zunächst etwas abkühlen lassen, dann quer zur Faser in dünne Scheiben schneiden und auf einem Salatbett dekorativ anrichten. Die Marinade und das Bratenfett aus der Fettpfanne einige Minuten zu einer Sauce verkochen, abseihen und über das Schweinefleisch gießen. Sofort servieren.

Kichererbsen mit Parmaschinken

Für dieses Rezept wird Parmaschinken verwendet. Dies ist ein luftgetrockneter gesalzener italienischer Schinken mit einer Reifezeit von bis zu einem Jahr.

NÄHRWERTANGABEN

Kilokalorien	180	Zucker	2 g
Eiweiß	12 g	Fett	7 g
Kohlenhydrate	18 g	davon gesättigt	1 g

10 MIN. 15 MIN.

4 PERSONEN

ZUTATEN

- 1 EL Olivenöl
- 1 Zwiebel, in feinen Ringen
- 1 Knoblauchzehe, zerdrückt
- 1 kleine rote Paprika, entkernt und in feinen Streifen
- 200 g Parmaschinken, grob zerrupft
- 400 g Kichererbsen aus der Dose, abgetropft
- 1 EL frisch gehackte Petersilie
- knuspriges Brot, zum Servieren

TIPP

Nach Möglichkeit sollten beim Kochen immer frische Kräuter verwendet werden, da sie aromatischer und nährstoffreicher sind. Es empfiehlt sich, kleine Kräutertöpfe zu kaufen. So hat man stets einen ausreichenden Vorrat frischer Kräuter im Haus.

1 Das Öl in einer großen Pfanne erhitzen. Zwiebel, Knoblauch und Paprika darin 3–4 Minuten weich andünsten. Anschließend den Parmaschinken zugeben und ca. 5 Minuten mitbraten, bis er leicht gebräunt ist.

2 Die Kichererbsen zugeben und unter Rühren 2–3 Minuten erwärmen.

3 Das fertige Gericht mit gehackter Petersilie bestreuen, auf vorgewärmte Teller verteilen und mit Brot servieren.

Aufschnitt mit Oliven und Tomaten

Dies ist ein typischer italienischer Antipasti-Teller mit luftgetrocknetem Schinken, Salami, Tomaten und eingelegten Oliven.

NÄHRWERTANGABEN

Kilokalorien	312	Zucker	1 g
Eiweiß	12 g	Fett	28 g
Kohlenhydrate	2 g	davon gesättigt	1 g

10 MIN. 5 MIN.

4 PERSONEN

ZUTATEN

- 4 Eiertomaten
- 1 EL Balsamico-Essig
- Salz und Pfeffer
- 6 Sardellenfilets, abgespült und abgetropft
- 2 EL Kapern
- 125 g grüne Oliven, entsteint
- 175 g gemischter Aufschnitt (siehe Tipp)
- 8 frische Basilikumblätter
- 1 EL Olivenöl extra vergine
- knuspriges Brot, zum Servieren

1

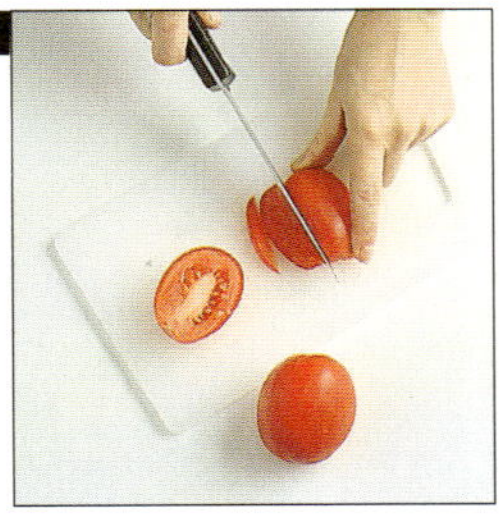

2

4

1 Die Tomaten mit einem scharfen Messer in gleich große Streifen schneiden. Mit Balsamico beträufeln, mit Salz und Pfeffer würzen und beiseite stellen.

2 Die Sardellenfilets in etwa olivengroße Stücke schneiden.

3 Jeweils ein Stück Sardellenfilet und eine Kaper in eine Olive füllen.

4 Die Wurst- und Schinkenscheiben zusammen mit den Tomaten, den gefüllten Oliven und den Basilikumblättern auf Tellern anrichten.

5 Das Olivenöl über den Aufschnitt, die Tomaten und die Oliven träufeln.

6 Die fertige Aufschnittplatte mit frischem, knusprigen Brot servieren.

TIPP

Sehr schmackhaft ist eine Mischung aus Parmaschinken, Pancetta, Bresaola (getrocknetes gesalzenes Rindfleisch) und Mailänder Salami (aus Rind- und Schweinefleisch).

Frittiertes Gemüse

Frisches Gemüse der Saison, umhüllt von einem leichten Teig und goldgelb gebacken, ist ein wahrer Hochgenuss.

NÄHRWERTANGABEN

Kilokalorien	333	Zucker	9 g
Eiweiß	7 g	Fett	16 g
Kohlenhydrate	38 g	davon gesättigt	2 g

40 MIN. 15 MIN.

4 PERSONEN

ZUTATEN

600 g frisches Gemüse (z. B. rote und grüne Paprika, Zucchini, Karotten, Frühlingszwiebeln, Blumenkohl, Brokkoli oder Pilze)

Öl, zum Frittieren

TEIG

125 g Mehl

½ TL Salz

1 TL Zucker

1 TL Backpulver

3 EL Öl

200 ml lauwarmes Wasser

DIP

1 EL Rohrzucker

2 EL Sojasauce

4 EL Apfelessig

4 EL Sherry medium

1 EL Speisestärke

1 TL frisch geriebene Ingwerwurzel

GARNIERUNG

Frühlingszwiebeln, fein gehackt

Frühlingszwiebelquasten

1

2

3

1 Für den Teig Mehl, Salz, Zucker und Backpulver in eine große Rührschüssel sieben. Mit dem Öl und fast dem ganzen Wasser zu einem glatten Teig verarbeiten. Falls der Teig zu fest ist, noch etwas Wasser unterrühren. 20–30 Minuten kalt stellen.

2 Für den Dip sämtliche Zutaten in einen kleinen Topf geben und unter ständigem Rühren erhitzen, bis die Sauce eingedickt ist.

3 Das Gemüse in gleich große, mundgerechte Stücke schneiden. Das Öl in einem Wok oder einer Fritteuse erhitzen. Das Gemüse kurz in den Teig tauchen und portionsweise im heißen Fett ca. 2 Minuten frittieren, bis es knusprig und goldgelb ist. Auf Küchenpapier abtropfen lassen.

4 Das Gemüse auf einer vorgewärmten Platte anrichten, garnieren und mit dem Dip servieren.

Bohnen-Minze-Dip

Dieser Dip eignet sich hervorragend als Amuse gueule oder für ein Partybuffet. Die Bohnen sollten am Vorabend eingeweicht werden.

NÄHRWERTANGABEN

Kilokalorien	208	Zucker	1 g
Eiweiß	10 g	Fett	12 g
Kohlenhydrate	16 g	davon gesättigt	2 g

4¾–12¾ STD. 1¾ STD.

6 PERSONEN

ZUTATEN

- 175 g getrocknete weiße Bohnen
- 1 kleine Knoblauchzehe, zerdrückt
- 1 Bund Frühlingszwiebeln, in Ringen
- 1 Hand voll frische Minzeblätter
- 2 EL Tahini (Sesampaste)
- 2 EL Olivenöl
- 1 TL gemahlener Kreuzkümmel
- 1 TL gemahlener Koriander
- Zitronensaft
- Salz und Pfeffer
- frische Minzeblätter, zum Garnieren

ZUM SERVIEREN

- Rohkost (z. B. Blumenkohlröschen, Karotten, Gurken, Radieschen oder Paprika)

1 Die Bohnen in einer Schüssel mit kaltem Wasser mindestens 4 Stunden oder über Nacht einweichen lassen.

2 Die Bohnen abgießen, abspülen und in einen Topf mit kaltem Wasser geben. Aufkochen und 10 Minuten sprudelnd kochen, dann die Hitze reduzieren und köcheln lassen, bis die Bohnen gar sind.

3 Die Bohnen abgießen und in eine Küchenmaschine geben. Knoblauch, Frühlingszwiebeln, Minze, Tahini und Olivenöl zugeben.

4 In der Küchenmaschine ca. 15 Sekunden glatt pürieren.

5 Die Masse in eine Schüssel füllen und Kreuzkümmel, Koriander und Zitronensaft unterrühren. Mit Salz und Pfeffer abschmecken. Gut verrühren. Abgedeckt an einem kühlen Ort (nicht im Kühlschrank) 30 Minuten ziehen lassen.

6 Den Dip auf sechs kleine Schalen verteilen und mit den Minzeblättern garnieren. Die Schalen auf Teller stellen und die Rohkost rundherum anrichten und servieren.

Tapenade

Diese traditionelle provenzalische Creme aus schwarzen Oliven und Sardellenfilets können Sie mit dünnen Toasts als Appetithappen servieren.

NÄHRWERTANGABEN			
Kilokalorien	214	Zucker	1 g
Eiweiß	2 g	Fett	22 g
Kohlenhydrate	1 g	davon gesättigt	8 g

5–10 MIN. 35 MIN.

4 PERSONEN

ZUTATEN

- 200 g Oliven, entsteint
- fein geriebene Schale und Saft von 1 Zitrone
- 50 g Butter
- 4 eingelegte Sardellenfilets, abgespült und abgetropft
- 2 EL Olivenöl extra vergine
- 2 EL gemahlene Mandeln
- frische Kräuter, zum Garnieren
- Toastbrot, zum Servieren (nach Belieben)

1 Oliven, Zitronenschale und -saft und Butter in einer Küchenmaschine oder mit einem Pürierstab grob pürieren. Man kann stattdessen auch die Oliven sehr klein hacken und mit Zitronenschale und -saft sowie Butter mit einem Kartoffelstampfer zu einer Paste verarbeiten.

2 Die Sardellenfilets fein hacken und unter die Tapenade mischen oder noch 20 Sekunden mitpürieren.

3 Nach und nach das Olivenöl und die Mandeln unterrühren. Anschließend die Tapenade in eine Servierschale füllen und etwa 30 Minuten im Kühlschrank kalt stellen. Die Tapenade mit frischen Kräutern nach Belieben mit Toast servieren.

1

2
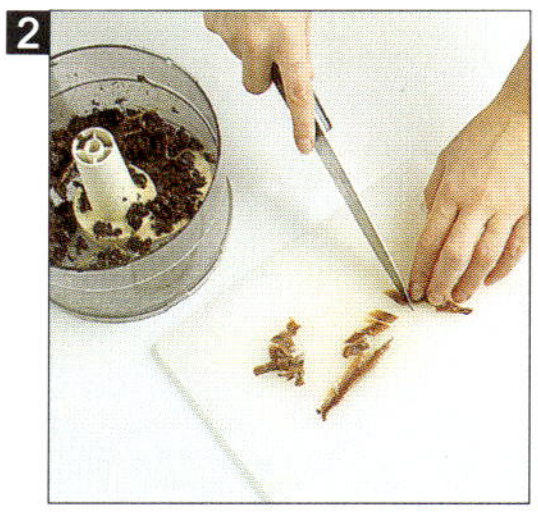

3

TIPP

Bedeckt mit einer dünnen Schicht Olivenöl und im Kühlschrank aufbewahrt, hält sich die Tapenade bis zu 5 Tagen. Mit dem Öl können Sie die Toasts vorher bestreichen.

Feta-Oliven-Törtchen

Diese köstlich knusprigen, mit Tomatenscheiben, Feta, schwarzen Oliven und Wachteleiern gefüllten Brottaschen sind schnell zubereitet.

NÄHRWERTANGABEN

Kilokalorien	570	Zucker	3 g
Eiweiß	14 g	Fett	42 g
Kohlenhydrate	36 g	davon gesättigt	23 g

30 MIN. 10 MIN.

4 PERSONEN

ZUTATEN

- 8 große dicke Scheiben Toastbrot
- 125 g Butter, zerlassen
- 125 g Feta, klein gewürfelt
- 4 Kirschtomaten, in Spalten
- 8 schwarze oder grüne Oliven, entsteint und halbiert
- 8 Wachteleier, hart gekocht
- 2 EL Olivenöl
- 1 EL Weinessig
- 1 TL grobkörniger Senf
- 1 Prise Zucker
- Salz und Pfeffer
- Petersilienzweige, zum Garnieren

1 Die Brotkrusten abschneiden und jede Scheibe mit einem Nudelholz flach rollen.

2 Die Quadrate mit Butter bestreichen und in eine Biskuittörtchen-Form oder Muffinform einpassen. In jede Brottasche ein Stück Alufolie drücken, um sie zu fixieren. In einem auf 190 °C vorgeheizten Backofen ca. 10 Minuten braun und knusprig backen.

3 Inzwischen Feta, Tomaten und Oliven mischen. Die Eier schälen und vierteln. Das Olivenöl mit Essig, Senf und Zucker mischen und das Dressing mit Salz und Pfeffer abschmecken.

4 Brot aus dem Backofen nehmen und die Folie entfernen. Abkühlen lassen.

5 Die Brottaschen unmittelbar vor dem Servieren mit der Käse- und Tomatenmischung füllen. Die Eier darauf verteilen und etwas Dressing darüber geben. Mit Petersilie garnieren.

1

2

5

Kartoffelspalten mit Guacamole

Avocados enthalten zwar Fett, man kann sie aber in geringen Mengen durchaus bedenkenlos genießen.

NÄHRWERTANGABEN

Kilokalorien 399	Zucker .... 4 g
Eiweiß .... 10 g	Fett .... 15 g
Kohlenhydrate .. 59 g	davon gesättigt .. 4 g

45 MIN. — 1 3/4 STD.

4 PERSONEN

ZUTATEN

- 900 g fest kochende Kartoffeln, gebürstet
- 2 TL Olivenöl
- grobes Meersalz und Pfeffer
- frisch gehackter Schnittlauch, zum Garnieren

GUACAMOLE-DIP

- 175 g reife Avocados
- 1 EL Zitronensaft
- 2 reife feste Tomaten, fein gewürfelt
- 1 TL geriebene Zitronenschale
- 100 g fettarmer Frischkäse mit Kräutern und Knoblauch
- 4 Frühlingszwiebeln, in dünnen Ringen
- einige Tropfen Tabasco
- Salz und Pfeffer

1 Die Kartoffeln 1¼ Stunden in einem auf 200 °C vorgeheizten Ofen backen, dann 30 Minuten abkühlen lassen. Den Backofen auf 220 °C hochschalten.

2 Die Kartoffeln längs halbieren und jeweils 2 Esslöffel des Kartoffelfleischs herausschaben. Noch einmal längs halbieren. Auf ein Backblech legen. Die Schnittflächen mit Öl einpinseln und mit Salz und Pfeffer bestreuen. Weitere 25 Minuten backen.

3 Für den Guacamole-Dip die Avocado schälen und das Fruchtfleisch mit einer Gabel zerdrücken. Den Zitronensaft unterrühren, die restlichen Zutaten zugeben, alles gut mischen und in eine Schale füllen.

4 Die Kartoffelspalten auf Küchenpapier abtropfen lassen. Dann auf einer vorgewärmten Servierplatte anrichten und mit Schnittlauch garnieren. Zusammen mit dem Avocado-Dip servieren.

TIPP

Die übrig bleibende Kartoffelmasse mit Naturjoghurt mischen, mit Salz und Pfeffer abschmecken und als Beilage zu Fleisch-, Fisch- und vegetarischen Gerichten reichen.

Tofu pikant und scharf

Marinierter Tofu verleiht dem Gericht eine zusätzliche Geschmacksnote. Der pikante Überzug passt aber auch gut zu einfachem Tofu.

NÄHRWERTANGABEN

Kilokalorien	224	Zucker	17 g
Eiweiß	10 g	Fett	13 g
Kohlenhydrate	18 g	davon gesättigt	2 g

1¼ STD. 10 MIN.

4 PERSONEN

ZUTATEN

- 1 EL Meersalz
- 4½ TL Fünf-Gewürze-Pulver
- 3 EL brauner Zucker
- 2 Knoblauchzehen, zerdrückt
- 1 TL frisch geraspelte Ingwerwurzel
- 2 Blöcke Tofu à 225 g
- Pflanzenöl, zum Frittieren
- 2 Porreestangen, halbiert und klein geschnitten, plus etwas mehr, zum Garnieren

1 Salz, Fünf-Gewürze-Pulver, Zucker, Knoblauch und Ingwer in einer Schüssel verrühren und auf einen Teller geben.

2 Die Tofublöcke schräg halbieren, sodass sie zwei Dreiecke bilden. Jedes Dreieck noch zweimal halbieren, sodass man insgesamt 16 Dreiecke erhält.

3 Die Tofu-Dreiecke in der Gewürzmischung wenden, sodass sie davon ganz überzogen werden. 1 Stunde beiseite stellen.

4 Das Pflanzenöl zum Frittieren in einem Wok erhitzen, bis es raucht.

5 Die Hitze etwas reduzieren. Die Tofu-Dreiecke 5 Minuten goldbraun anbraten. Den Tofu herausheben, beiseite stellen und warm halten.

6 Den Porree im Wok 1 Minute anbraten. Herausnehmen und auf Küchenpapier abtropfen lassen.

7 Den Porree auf einen vorgewärmten Servierteller geben und den gebratenen Tofu darauf legen. Mit frischem, klein geschnittenem Porree garnieren und sofort servieren.

TIPP

Den Tofu portionsweise braten und jede Portion warm halten, bis der Vorgang abgeschlossen ist. Dann alles zusammen servieren.

Gefüllte Dim Sum

Das klassische Dim Sum kann mit nahezu jeder Füllung zubereitet werden. Hier traditionell mit Schweinefleisch und Pak Choi.

NÄHRWERTANGABEN

Kilokalorien	488	Zucker	19 g
Eiweiß	16 g	Fett	24 g
Kohlenhydrate	55 g	davon gesättigt	4 g

20 MIN. 20 MIN.

4 PERSONEN

ZUTATEN

FÜLLUNG

4 TL Pflanzenöl
1–2 Knoblauchzehen, zerdrückt
225 g Schweinehack
225 g Pak Choi, klein geschnitten
4½ TL helle Sojasauce
½ TL Sesamöl
8 Blätter Frühlingsrollen-Teig (je 25 x 25 cm)
Öl, zum Frittieren

CHILISAUCE

60 g Zucker
50 ml Reisessig
2 EL Wasser
2 rote Chillies, fein gehackt

2

3

3

1 Das Öl in einem heißen Wok erhitzen. Den Knoblauch zufügen und 30 Sekunden pfannenrühren. Das Schweinehack zugeben und 2–3 Minuten pfannenrühren, bis es leicht angebräunt ist.

2 Pak Choi, Sojasauce und Sesamöl in den Wok geben und 2–3 Minuten anbraten. Vom Herd nehmen, beiseite stellen und abkühlen lassen.

3 Die Teigblätter auf einem Küchenbrett ausbreiten. Je 2 Esslöffel Schweinefleischmischung auf den Rand des Teigblatts geben. Die Teighülle einmal umschlagen, die Seiten einfalten und mit ein wenig Wasser bestreichen. Ganz aufrollen, die Ränder mit Wasser einpinseln und andrücken. 10 Minuten beiseite stellen.

4 Für die Chilisauce Zucker, Essig und Wasser in einem kleinen Kochtopf erhitzen und verrühren, bis der Zucker aufgelöst ist. Alles zum Kochen bringen und zu einem hellen Sirup einkochen. Vom Herd nehmen und die roten Chillies einrühren. Die Sauce abkühlen lassen.

5 Das Frittieröl erhitzen, bis es raucht. Die Hitze etwas reduzieren und die Teigröllchen portionsweise 3–4 Minuten frittieren, bis sie goldbraun sind. Mit einem Pfannenwender herausheben und auf Küchenpapier abtropfen lassen. Mit der Chilisauce servieren.

Frittierte Rippchen

Die Rippchen sollten vor oder nach dem Frittieren in kleine, mundgerechte Stücke gehackt werden.

NÄHRWERTANGABEN

Kilokalorien	177	Zucker	0,2 g
Eiweiß	6 g	Fett	14 g
Kohlenhydrate	6 g	davon gesättigt	4 g

5 MIN. 2 1/4 STD.

4 PERSONEN

ZUTATEN

- 8–10 Finger-Rippchen (siehe Tipp)
- Salz und Pfeffer
- 1 TL Fünf-Gewürze-Pulver oder 1 EL mildes Currypulver
- 1 EL trockener Sherry oder Reiswein
- 1 Ei
- 2 EL Mehl
- Pflanzenöl, zum Frittieren
- 1 TL fein gehackte Frühlingszwiebeln
- 1 TL frisch gehackte grüne oder rote Chillies, entkernt
- Pfefferdip nach Szechuan-Art (siehe Seite 518), zum Servieren

1 Die Rippchen in 3–4 kleine Stücke hacken und zusammen mit Salz, Pfeffer, Fünf-Gewürze-Pulver oder Currypulver und Wein in eine Schüssel geben. Die Rippchen in der Gewürzmischung wenden und darin 1–2 Stunden marinieren.

2 Für den Teigmantel Ei und Mehl verquirlen. Die Rippchen nacheinander darin wenden, bis sie davon ganz überzogen sind.

3 Das Öl in einem heißen Wok bis zum Rauchpunkt erhitzen. Die Rippchen ca. 4–5 Minuten frittieren. Dann mit Stäbchen oder einem Pfannenwender herausnehmen und auf Küchenpapier abtropfen lassen.

1

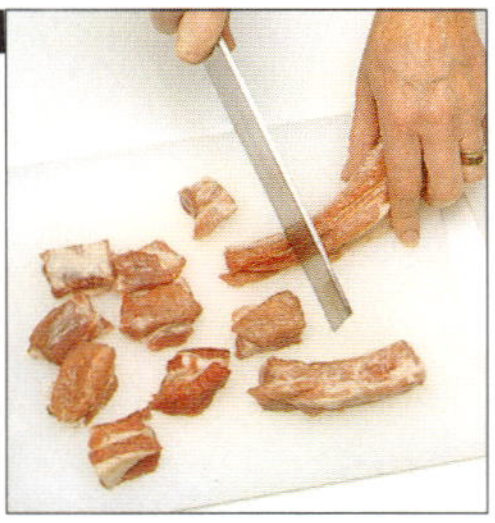

2

3

4 Das Öl erneut stark erhitzen und die Rippchen noch einmal für 1 weitere Minute frittieren. Herausnehmen und wieder auf Küchenpapier abtropfen lassen.

5 1 Esslöffel heißes Öl über die Frühlingszwiebeln und Chillies gießen und 30–40 Sekunden einziehen lassen. Die Rippchen mit den Frühlingszwiebeln und Chillies garnieren und mit einem Pfeffer-Dip nach Szechuan-Art servieren.

TIPP

Sie erhalten Finger-Rippchen, wenn Sie das Rippchenblatt in die einzelnen Rippchen zerlegen. Diese werden dann zum Frittieren in mundgerechte Stücke gehackt.

Gebackene Meeresfrüchte

Unter dem Grill geröstetes Gemüse ist besonders süß und saftig. Es passt hervorragend zu Fisch und Meeresfrüchten.

NÄHRWERTANGABEN

Kilokalorien	280	Zucker	5 g
Eiweiß	15 g	Fett	12 g
Kohlenhydrate	28 g	davon gesättigt	2 g

15 MIN. 50 MIN.

4 PERSONEN

ZUTATEN

- 600 g neue Kartoffeln
- 3 rote Zwiebeln, in Spalten
- 2 Zucchini, in Scheiben
- 8 Knoblauchzehen, geschält
- 2 Zitronen, in Spalten
- 4 Rosmarinzweige
- 4 EL Olivenöl
- 350 g rohe Riesengarnelen, ausgelöst
- 2 kleine küchenfertige Tintenfische, in Ringen
- 4 Tomaten, geviertelt

1 Die Kartoffeln waschen, große Exemplare halbieren und mit Zwiebeln, Zucchini, Knoblauch, Zitronen und Rosmarin in einen flachen Bräter geben.

2 Das Gemüse mit dem Öl beträufeln und alles gut vermengen, damit es von allen Seiten mit Öl bedeckt ist.

3 Das Gemüse unter gelegentlichem Wenden etwa 40 Minuten in einem auf 200 °C vorgeheizten Ofen backen, bis die Kartoffeln weich sind.

4 Dann Garnelen, Kalmare und Tomaten zugeben, sorgfältig mit Gemüse und Öl mischen und alles weitere 10 Minuten backen, bis das gesamte Gemüse gar und leicht angeröstet ist.

5 Das fertige Gericht auf Teller verteilen und heiß servieren.

1

1

2

VARIATION

Das Gericht kann auch mit verschiedenen Kürbisarten oder Auberginen zubereitet werden.

Tomaten mit Thunfischfüllung

Die saftigen gegrillten Tomaten werden mit einer selbst gemachten Zitronenmayonnaise und Thunfisch gefüllt.

NÄHRWERTANGABEN

Kilokalorien	196	Zucker	2 g
Eiweiß	9 g	Fett	17 g
Kohlenhydrate	2 g	davon gesättigt	3 g

5–10 MIN. 25 MIN.

4 PERSONEN

ZUTATEN

- 4 Fleischtomaten
- 2 EL Pesto rosso
- 2 Eigelb
- 2 TL Zitronensaft
- fein geriebene Schale von 1 Zitrone
- 4 EL Olivenöl
- 120 g Thunfisch aus der Dose, abgetropft
- 2 EL Kapern
- Salz und Pfeffer

GARNIERUNG

- 2 getrocknete Tomaten, in Streifen
- frisches Basilikum

1

3

5

1 Die Tomaten halbieren und die Kerne mit einem Löffel herauslösen. Die Tomatenhälften von innen mit dem Pesto bestreichen.

2 Die Tomatenhälften auf einem Backblech in einem auf 200 °C vorgeheizten Backofen 12–15 Minuten rösten. Danach etwas auskühlen lassen.

3 Inzwischen die Zitronenmayonnaise zubereiten: Mit einem Handrührgerät Eigelb mit Zitronensaft und -schale aufschlagen. Auf kleinster Stufe nach und nach das Olivenöl einrühren, bis die Mayonnaise angedickt ist. Alternativ mit einem Schneebesen so lange schlagen, bis die Mayonnaise die gewünschte Konsistenz besitzt.

4 Thunfisch und Kapern unterheben und mit Salz und Pfeffer abschmecken.

5 Die Mischung in die Tomatenhälften füllen und mit getrockneten Tomaten und Basilikum garnieren. Einige Minuten im Backofen erhitzen oder kalt servieren.

TIPP

Für ein Picknick die Tomaten nicht rösten, sondern nach dem Aushöhlen mit der Schnittfläche nach unten auf Küchenpapier 1 Stunde abtropfen lassen. Mit der Thunfischmischung füllen. Die Tomaten sind roh fester und besser zu transportieren. Falls Sie fertige Mayonnaise verwenden, die angegebene Menge Zitronenschale unterrühren.

Krebsfleisch-Ravioli

Diese kleinen Teigtaschen aus Wantan-Hüllen sind mit Gemüse und Krebsfleisch gefüllt – ein Appetithäppchen, das garantiert Lust auf mehr macht.

NÄHRWERTANGABEN

Kilokalorien	292	Zucker	1 g
Eiweiß	25 g	Fett	17 g
Kohlenhydrate	11 g	davon gesättigt	5 g

20 MIN. 25 MIN.

4 PERSONEN

ZUTATEN

- 450 g Krebsfleisch, frisch oder aus der Dose und abgetropft
- ½ rote Paprika, fein gewürfelt
- 125 g Chinakohl, klein geschnitten
- 25 g Bohnensprossen, grob zerkleinert
- 1 EL helle Sojasauce
- 1 TL Limettensaft
- Salz und Pfeffer
- 16 Wantan-Hüllen
- 1 kleines Ei, verquirlt
- 2 EL Erdnussöl
- 1 TL Sesamöl

1 Krebsfleisch, Paprika, Chinakohl, Bohnensprossen, Sojasauce und Limettensaft mischen. Mit Salz und Pfeffer abschmecken und 15 Minuten beiseite stellen.

2 Die Wantan-Hüllen auf einem Küchenbrett ausbreiten. Etwas von der Krebsfleischmasse in die Mitte der einzelnen Hüllen geben. Die Ränder mit Ei bestreichen. Diagonal zu Dreiecken falten und dabei die Luft herausdrücken. Die Ränder zum Verschließen fest andrücken.

3 Das Erdnussöl in einem heißen Wok oder einer Pfanne erhitzen. Die Ravioli portionsweise 3–4 Minuten frittieren und dabei wenden, bis sie von beiden Seiten braun sind. Herausheben und auf Küchenpapier abtropfen lassen.

4 Etwaige Reste der Füllung im Wok oder in der Pfanne bei geringer Hitze braten, bis sie heiß sind. Die Ravioli und die heiße Füllung mit Sesamöl beträufeln und servieren.

TIPP

Stellen Sie sicher, dass die Ravioli keine Luft enthalten und die Ränder gut verschlossen sind. Sie könnten sich sonst während des Kochens öffnen.

2

2

3

Kartoffel-Fisch-Paste

Diese Räucherfischpaste verdankt ihr herb-fruchtiges Aroma den Stachelbeeren, die hervorragend mit dem Fisch harmonieren.

NÄHRWERTANGABEN

Kilokalorien	418	Zucker	4 g
Eiweiß	18 g	Fett	25 g
Kohlenhydrate	32 g	davon gesättigt	6 g

20 MIN. 10 MIN.

4 PERSONEN

ZUTATEN

- 650 g mehlig kochende Kartoffeln, gewürfelt
- 300 g geräucherte Makrele, gehäutet und zerpflückt
- 2 EL Crème fraîche
- 75 g Stachelbeeren, gekocht
- 2 TL Zitronensaft
- 1 EL Kapern
- 1 Gewürzgurke, gehackt
- 1 EL frisch gehackter Dill
- Salz und Pfeffer
- Zitronenspalten, zum Garnieren
- Toast oder geröstetes Weißbrot, zum Servieren

3

4

5

1 Die Kartoffeln in einem Topf mit kochendem Wasser 10 Minuten garen, bis sie weich sind. Gründlich abgießen.

2 Kartoffeln in einen Mixer oder in eine Küchenmaschine geben.

3 Die Makrele zufügen und 30 Sekunden fast glatt pürieren. Man kann auch alles mit einer Gabel zerdrücken.

4 Crème fraîche, Stachelbeeren sowie Zitronensaft zufügen und alles weitere 10 Sekunden pürieren oder mit einer Gabel zerdrücken.

5 Kapern, Gurke und Dill einrühren und gut mit Salz und Pfeffer abschmecken.

6 Die Paste in eine große Servierschüssel füllen, mit Zitronenspalten garnieren und servieren. Dazu Toast oder geröstetes Weißbrot reichen.

TIPP

Wenn die Stachelbeerzeit vorüber ist oder Sie Zeit sparen möchten, können Sie ebenso gut Stachelbeeren aus dem Glas verwenden.

Garnelenröllchen

Diese Frühlingsrollen-Variante wird mit Garnelen, Frühlingszwiebeln, Karotten, Gurken und Bambussprossen gefüllt.

NÄHRWERTANGABEN

Kilokalorien 388	Zucker . . . . 2 g
Eiweiß . . . . 9 g	Fett . . . . 25 g
Kohlenhydrate . . 33 g	davon gesättigt . . 6 g

10 MIN. 15 MIN.

4 PERSONEN

ZUTATEN

2 EL Pflanzenöl
3 Schalotten, sehr fein gehackt
1 Karotte, in Stiften
7-cm-Stück Salatgurke, in Stiften
60 g Bambussprossen, fein gehackt
125 g geschälte Krabben
90 g Langkornreis, gekocht
Salz und Pfeffer
1 EL Fischsauce oder helle Sojasauce
1 TL Zucker
2 TL Speisestärke mit 2 EL kaltem Wasser angerührt
8 x 25 cm große Frühlingsrollen-Blätter
Öl, zum Frittieren
Pflaumensauce, zum Servieren

GARNIERUNG

Frühlingszwiebelquasten (siehe Seite 515)
frische Korianderzweige

1 Das Öl in einem Wok erhitzen und Schalotten, Karotte, Gurke und Bambussprossen darin 2–3 Minuten anbraten. Die Krabben und den Reis zugeben und weitere 2 Minuten anbraten. Mit Salz und Pfeffer abschmecken.

2 Die Fisch- oder Sojasauce, den Zucker und die angerührte Speisestärke verrühren. In den Wok geben und 1 Minute rühren, bis es andickt. Abkühlen lassen.

3 Die Krabben-Gemüse-Mischung löffelweise auf die Frühlingsrollen-Blätter geben. Die Ränder etwas befeuchten, die Füllung einwickeln und aufrollen.

4 Das Frittieröl erhitzen und die Frühlingsrollen frittieren, bis sie knusprig und goldbraun sind. Auf Küchenpapier abtropfen lassen. Die Röllchen mit Frühlingszwiebelquasten und Korianderzweigen garnieren und zusammen mit der Pflaumensauce servieren.

2

3
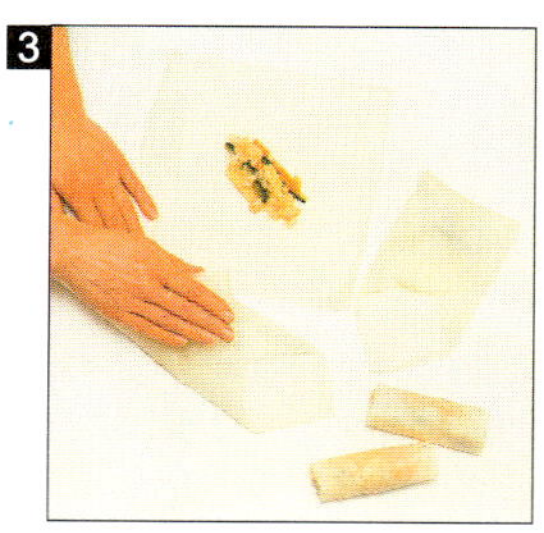

4

Frittiertes Mischgemüse

Die verschiedenen Gemüsesorten werden in einem leichten Backteig goldbraun frittiert. Ideal in Kombination mit süß-saurer Sauce.

NÄHRWERTANGABEN

Kilokalorien 479	Zucker .... 18 g
Eiweiß .... 8 g	Fett .... 32 g
Kohlenhydrate .. 42 g	davon gesättigt .. 5 g

20 MIN. 20 MIN.

4 PERSONEN

ZUTATEN

- 100 g Vollkornmehl
- 1 Prise Salz
- 1 Prise Cayennepfeffer
- 4 TL Olivenöl
- 12 EL kaltes Wasser
- 100 g Brokkoli, in Röschen
- 100 g Blumenkohl, in Röschen
- 50 g Zuckererbsen
- 1 große Karotte, in Stiften
- 1 rote Paprika, entkernt und in Streifen
- 2 Eiweiß
- Öl, zum Frittieren

SAUCE

- 150 ml Ananassaft
- 150 ml Gemüsebrühe
- 2 EL Weißweinessig
- 2 EL brauner Zucker
- 2 TL Speisestärke
- 2 Frühlingszwiebeln, gehackt

1

4

4

1 Mehl und eine Prise Salz in eine Rührschüssel sieben und Cayennepfeffer zugeben. Eine Vertiefung in die Mitte drücken. Öl und kaltes Wasser allmählich zugeben und einrühren, bis der Teig glatt wird.

2 Das Gemüse 5 Minuten in kochendem Wasser garen, dann abtropfen lassen.

3 Das Eiweiß steif schlagen und vorsichtig unter den Mehlteig heben.

4 Das Gemüse in dem Teig wenden, bis es ganz bedeckt ist. Überschüssigen Teig abtropfen lassen. Das Frittieröl in der Fritteuse auf 180 °C erhitzen, sodass ein Brotwürfel in 30 Sekunden bräunt. Das Gemüse in mehreren Durchgängen 1–2 Minuten frittieren, bis es goldbraun und knusprig ist. Mit einem Schaumlöffel aus dem Öl heben und auf Küchenpapier abtropfen lassen.

5 Alle Zutaten für die Sauce in einen Topf geben und unter Rühren zum Kochen bringen, bis die Sauce eindickt und klar wird. Mit dem frittierten Gemüse servieren.

Tsatsiki und schwarzer Oliven-Dip

Tsatsiki ist eine griechische Creme aus Joghurt, Minze und Gurke. Besonders gut schmeckt es zu warmem Pittabrot.

NÄHRWERTANGABEN

Kilokalorien	381	Zucker	8 g
Eiweiß	11 g	Fett	15 g
Kohlenhydrate	52 g	davon gesättigt	2 g

1 STD. 3 MIN.

4 PERSONEN

ZUTATEN

- ½ Salatgurke
- Salz und Pfeffer
- 225 g Naturjoghurt
- 1 EL gehackte Minze
- 4 Pitta-Brote

DIP

- 2 Knoblauchzehen, zerdrückt
- 125 g schwarze Oliven, entsteint
- 4 EL Olivenöl
- 2 EL Zitronensaft
- 1 EL frisch gehackte Petersilie
- Salz und Pfeffer

GARNIERUNG

- Minzezweige
- Petersilienzweige

1 Für das Tsatsiki die Gurke schälen und grob hacken. Mit Salz bestreuen und 15–20 Minuten ruhen lassen. Mit kaltem Wasser abspülen und gut abtropfen lassen.

2 Gurke, Joghurt und Minze vermengen. Mit Salz und Pfeffer abschmecken und in eine Servierschüssel geben. Abgedeckt 20–30 Minuten kühl stellen.

3 Für den Oliven-Dip den Knoblauch und die Oliven in einer Küchenmaschine oder einem Mixer 15–20 Sekunden lang zerkleinern. Alternativ können Sie beides auch sehr fein hacken.

4 Olivenöl, Zitronensaft und Petersilie zugeben und alles zusammen noch einige Sekunden in der Küchenmaschine oder dem Mixer pürieren. Ansonsten mit dem Knoblauch und den Oliven mischen. Mit Salz und Pfeffer abschmecken.

5 Die Pitta-Brote in Alufolie einwickeln und 2–3 Minuten zum Aufwärmen auf einen Holzkohlegrill legen. Einmal wenden. Sie können das Brot auch im Ofen oder unter dem Grill aufwärmen. Brot in Stücke schneiden und mit Tsatsiki und Oliven-Dip servieren. Als Garnitur eignen sich frische Minze- und Petersilienzweige.

TIPP

Die Gurke erst mit Salz bestreuen, damit ihr etwas Feuchtigkeit entzogen wird. Wenn es schnell gehen soll, können Sie diesen Schritt jedoch auslassen. Wer mag, kann auch grüne statt schwarze Oliven verwenden.

Spinatroulade

Eine schmackhafte, mit köstlichem Mozzarella und Brokkoli gefüllte Rolle. Als Hauptgericht oder Vorspeise servieren.

NÄHRWERTANGABEN

Kilokalorien	287	Zucker	8 g
Eiweiß	23 g	Fett	12 g
Kohlenhydrate	8 g	davon gesättigt	6 g

15 MIN. 25 MIN.

4 PERSONEN

ZUTATEN

500 g frische kleine Spinatblätter
2 EL Wasser
4 Eier, getrennt
½ TL gemahlene Muskatnuss
Salz und Pfeffer
300 ml Tomatensauce, zum Servieren

FÜLLUNG

175 g Brokkoli, in kleinen Röschen
25 g Parmesan, gerieben
175 g Mozzarella, gerieben

1 Den Spinat waschen, unabgetropft in einen großen Topf geben und das Wasser darüber geben. Abgedeckt bei starker Hitze 4–5 Minuten dämpfen, bis er zusammenfällt und weich ist. Gut abgießen und restliches Wasser auspressen. Fein hacken und trockentupfen.

2 Spinat gut mit dem Eigelb, Muskat sowie Salz und Pfeffer mischen. Eiweiß schaumig, aber nicht zu steif schlagen und unter die Spinatmischung ziehen.

3 Ein Backblech (ca. 25 cm x 30 cm) mit Backpapier auslegen. Die Mischung hineingeben und glatt streichen. Im vorgeheizten Ofen bei 220 °C 12–15 Minuten den Boden fest und goldbraun backen.

4 In der Zwischenzeit den Brokkoli in leicht gesalzenem Wasser 4–5 Minuten kochen, bis er gerade weich ist. Dann abgießen und warm stellen.

5 Den Parmesan auf ein Stück Backpapier streuen. Den Boden darauf stürzen, das Backpapier abziehen und Mozzarella und Brokkoli darüber verteilen.

6 Ein Ende des Papiers festhalten und den Spinatboden wie eine Biskuitrolle aufrollen. Tomatensauce erhitzen und auf Servierteller geben. Die Roulade in Scheiben schneiden und in die Tomatensauce legen.

Geflügel, Fleisch & Wild

In diesem Kapitel finden Sie eine große Auswahl an Rezepten mit Geflügel, Fleisch und Wild, vom einfachen und günstigen Schnellgericht bis zum exquisiten Mahl für besondere Gelegenheiten oder raffinierten Ideen für den sommerlichen Grillabend. Die Rezepte reichen von den allseits beliebten Spaghetti bolognese bis zu den weniger bekannten, aber mindestens ebenso köstlichen Spezialitäten wie Kung-Po-Hühnchen und Lamm Do Pyaza oder ungewöhnlichen Variationen bekannter Klassiker wie Lasagne mit Fasan und Erbsen oder Kalbsfilet in Rosenbutter-Sauce. Nutzen Sie das immer größer werdende Angebot in unseren Supermärkten und entdecken Sie neue kulinarische Genüsse.

Jerk-Huhn

Dieses Hühnchenrezept ist vielleicht das bekannteste karibische Gericht. Der Name Jerk bezieht sich auf die pikante Marinade.

NÄHRWERTANGABEN

Kilokalorien	158	Zucker	0,4 g
Eiweiß	29 g	Fett	4 g
Kohlenhydrate	2 g	davon gesättigt	1 g

24 STD. 30 MIN.

4 PERSONEN

ZUTATEN

- 4 Hähnchenviertel
- 1 Bund Frühlingszwiebeln, in Ringen
- 1–2 Chillies, entkernt
- 1 Knoblauchzehe
- 5-cm-Stück Ingwerwurzel, grob gehackt
- ½ TL getrockneter Thymian
- ½ TL Paprikapulver
- ¼ TL Piment
- 1 Prise Zimt
- 1 Prise Gewürznelkenpulver
- 4 EL Weißweinessig
- 3 EL helle Sojasauce
- Pfeffer

2

3

5

1 Die Hähnchenteile in eine flache Form legen.

2 Frühlingszwiebeln, Chillies, Knoblauch, Ingwer, Thymian, Paprika, Piment, Zimt, Gewürznelkenpulver, Essig, Sojasauce und Pfeffer in einer Küchenmaschine glatt pürieren.

3 Die Würzmischung über die Hähnchenteile geben und diese so darin wenden, dass sie rundum davon überzogen sind.

4 Das Hühnerfleisch 24 Stunden, mindestens aber über Nacht, im Kühlschrank marinieren.

5 Den Backofengrill vorheizen. Die Hähnchenteile aus der Marinade nehmen. Die Marinade aufbewahren. Das Fleisch etwa 30 Minuten im Backofengrill oder über Holzkohle braten, bis es goldbraun und knusprig ist. Dabei gelegentlich wenden und mit der Marinade bestreichen.

6 Die Hähnchenteile auf Tellern anrichten und sofort servieren.

Marengo-Huhn

Napoleons Koch sollte am Vorabend der Schlacht von Marengo ein üppiges Mahl bereiten. Dieses Festessen hat er kredenzt.

NÄHRWERTANGABEN

Kilokalorien 521	Zucker .... 6 g
Eiweiß .... 47 g	Fett .... 19 g
Kohlenhydrate .. 34 g	davon gesättigt .. 8 g

20 MIN. 50 MIN.

4 PERSONEN

ZUTATEN

- 8 Hähnchenteile (Flügel und Schenkel, à ca. 120 g)
- 3 EL Olivenöl
- 300 g passierte Tomaten
- 200 ml Weißwein
- 2 TL getrocknete italienische Kräuter (Majoran, Basilikum, Oregano, Thymian)
- 2 EL Butter, zerlassen
- 2 Knoblauchzehen, zerdrückt
- 8 Scheiben Weißbrot
- 100 g gemischte Pilze
- 40 g schwarze Oliven, entsteint und gehackt
- 1 TL Zucker
- Salz und Pfeffer
- frisches Basilikum, zum Garnieren

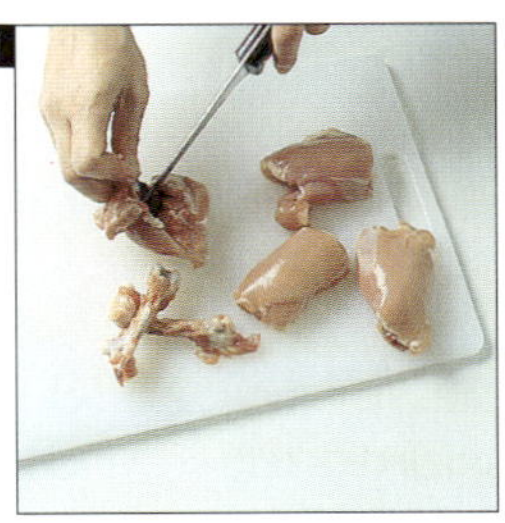
1

3

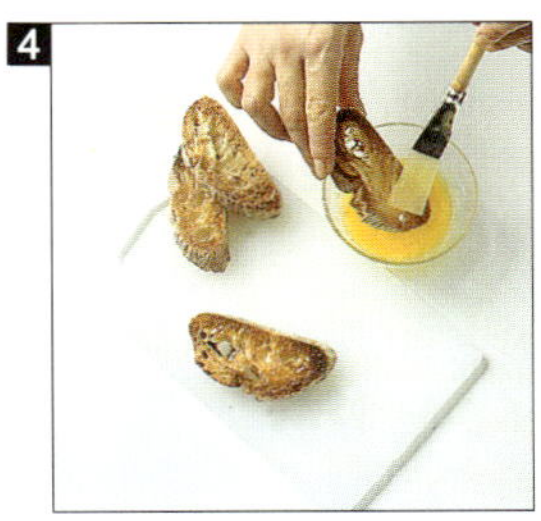
4

1 Das Hühnerfleisch mit einem scharfen Messer entbeinen.

2 2 Esslöffel Öl in einer Pfanne erhitzen. Das Fleisch 4–5 Minuten darin rundum goldbraun anbraten.

3 Tomaten, Wein und Kräuter zugeben und aufkochen. Die Hitze reduzieren und das Fleisch etwa 30 Minuten garen. Gegen Ende der Garzeit mit einem Metallspieß prüfen, ob das Fleisch gar ist.

4 Butter und Knoblauch vermengen. Das Brot leicht anrösten und mit der Knoblauchbutter bestreichen.

5 Das restliche Öl in eine zweite Pfanne geben und die Pilze darin 2–3 Minuten weich dünsten.

6 Oliven und Zucker zum Fleisch in die Pfanne geben, unterrühren, mit Salz und Pfeffer würzen und alles erwärmen.

7 Das Fleisch auf Tellern mit der Sauce übergießen und mit Basilikum garnieren. Mit Brot und Pilzen servieren.

Geflügel-Lasagne

Alternativ zur klassischen Lasagne wird hier Rinderhack durch in Rotwein gegartes Hühnerfleisch ersetzt.

NÄHRWERTANGABEN

Kilokalorien	550	Zucker	11 g
Eiweiß	35 g	Fett	29 g
Kohlenhydrate	34 g	davon gesättigt	12 g

20 MIN. 1 ¼ STD.

4 PERSONEN

ZUTATEN

- 9 frische oder getrocknete Lasagneplatten
- 1 EL Olivenöl
- 1 rote Zwiebel, fein gehackt
- 1 Knoblauchzehe, zerdrückt
- 100 g Champignons, in Scheiben
- 350 g Hähnchen- oder Putenbrustfilet, gewürfelt
- 150 ml Rotwein, mit 100 ml Wasser gemischt
- 250 g passierte Tomaten
- 1 TL Zucker

BÉCHAMELSAUCE

- 4 EL Butter
- 3 EL Mehl
- 600 ml Milch
- 1 Ei, verquirlt
- 75 g Parmesan, gerieben
- Salz und Pfeffer

1

2

3

1 Getrocknete Lasagneplatten gemäß Packungsanweisung vorkochen.

2 Das Öl in einer Pfanne erhitzen. Die Zwiebel und den Knoblauch darin ca. 3 Minuten andünsten. Champignons und Geflügel zufügen und etwa 4 Minuten anbraten, bis das Fleisch von allen Seiten gebräunt ist.

3 Mit Wein ablöschen und aufkochen. Die Hitze reduzieren und 5 Minuten köcheln lassen. Dann Tomaten und Zucker zugeben und weitere 3–5 Minuten kochen, bis das Fleisch gar ist.

4 Für die Béchamelsauce die Butter in einem Topf zerlassen, das Mehl einrühren und 2 Minuten anschwitzen. Dann den Topf vom Herd nehmen und nach und nach die Milch einrühren, bis eine glatte Sauce entsteht. Diese wieder auf den Herd stellen und unter Rühren kochen, bis sie eindickt. Abkühlen lassen. Dann das Ei und die Hälfte des Parmesans einrühren. Die Sauce mit Salz und Pfeffer abschmecken.

5 Eine eingefettete Auflaufform mit 3 Lasagneplatten auslegen und mit der Hälfte der Geflügelmischung bedecken. Wiederholen und die zweite Geflügelschicht mit den letzten 3 Platten bedecken. Diese mit der Sauce übergießen und mit Parmesan bestreuen. Die Lasagne in einen auf 190 °C vorgeheizten Ofen geben und 30 Minuten goldbraun backen.

Jamaikanischer Eintopf

Dieser herzhafte Eintopf enthält neben Hühnerfleisch Kürbis, Linsen und Tomaten und wird mit Ingwer gewürzt.

NÄHRWERTANGABEN

Kilokalorien 277	Zucker .... 6 g
Eiweiß .... 33 g	Fett .... 7 g
Kohlenhydrate .. 22 g	davon gesättigt .. 1 g

5 MIN. 1 ¼ STD.

4 PERSONEN

ZUTATEN

- 2 TL Sonnenblumenöl
- 4 Hähnchenkeulen
- 4 Hähnchenschenkel
- 1 Zwiebel
- 750 g Kürbis, geschält
- 1 grüne Paprika
- 2,5-cm-Stück Ingwerwurzel, fein gehackt
- 425 g gehackte Tomaten aus der Dose
- 300 ml Hühnerbrühe
- 60 g Linsen
- Knoblauchsalz
- Cayennepfeffer
- 350 g Mais aus der Dose, abgetropft
- knuspriges Brot, zum Servieren

2
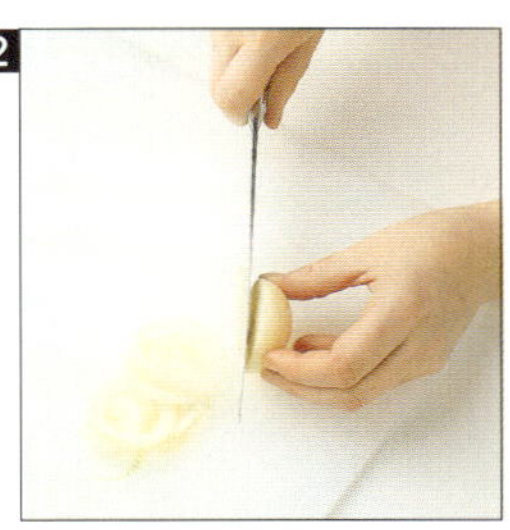

3

4

1 Das Öl in einem großen Bräter erhitzen und die Hähnchenteile unter häufigem Wenden darin goldbraun braten.

2 Die Zwiebel schälen und in Ringe schneiden.

3 Mit einem scharfen Messer das Kürbisfleisch in Würfel schneiden.

4 Die Paprika entkernen und in Streifen schneiden.

5 Den Backofen auf 190 °C vorheizen. Überschüssiges Fett aus dem Bräter abgießen, Zwiebel, Kürbis und Paprika zugeben und einige Minuten dünsten. Dann Ingwer, Tomaten, Brühe und Linsen zugeben. Mit Knoblauchsalz und Cayennepfeffer abschmecken.

6 Den Bräter abdecken und im Backofen etwa 1 Stunde schmoren lassen, bis das Gemüse gar und der austretende Fleischsaft klar ist.

7 Den Mais zugeben und alles noch einmal 5 Minuten garen. Anschließend den fertigen Eintopf auf vorgewärmte Teller verteilen und mit knusprigem Brot servieren.

Fusilli mit Hühnchen

In den kleinen Folienpäckchen bleibt das Hühnerfleisch besonders saftig. Eine ganz besondere Pasta-Kreation.

NÄHRWERTANGABEN

Kilokalorien 367	Zucker . . . . 1 g
Eiweiß . . . . 33 g	Fett . . . . 12 g
Kohlenhydrate . . 35 g	davon gesättigt . . 2 g

20 MIN. 20 MIN.

4 PERSONEN

ZUTATEN

- 4 Hähnchenbrustfilets
- 25 g frische Basilikumblätter
- 1 EL Haselnüsse
- 1 Knoblauchzehe, zerdrückt
- Salz und Pfeffer
- 250 g Vollkorn-Fusilli
- 2 EL Olivenöl
- 1 EL Zitronensaft
- 2 sonnengetrocknete Tomaten, klein gehackt
- 1 EL Kapern
- 60 g schwarze Oliven

1 Die Filets mit einem Nudelholz gleichmäßig flach drücken.

2 Basilikum und Haselnüsse in einer Küchenmaschine fein hacken und mit Knoblauch, Salz und Pfeffer mischen.

3 Die Hähnchenbrüste mit der Basilikummischung bestreichen und von der schmalen Seite her aufrollen. Die Rollen fest in Alufolie einwickeln und die Enden sorgfältig verdrehen.

4 Salzwasser in einem großen Topf aufkochen. Die Nudeln darin mit 1 Esslöffel Öl bissfest kochen.

5 Die Hähnchenpakete in einem Dämpfeinsatz oder Sieb über kochendes Wasser stellen, abdecken und 10 Minuten dämpfen. Inzwischen die Tomaten würfeln.

6 Die Nudeln abtropfen lassen und mit Zitronensaft, restlichem Olivenöl, Tomaten, Kapern und Oliven erhitzen.

7 Die Hähnchenrouladen zur Garprobe mit einem Spieß einstechen, um zu prüfen, ob der Fleischsaft klar ist. Dann aufschneiden, auf den Nudeln anrichten und servieren.

2

3

6

TIPP

Sonnengetrocknete Tomaten sind sehr aromatisch. Sie können auch frische Tomaten verwenden.

Rotes Hühnchencurry mit Tomaten

Hier isst das Auge mit – die roten Tomaten harmonieren mit den orangefarbenen Süßkartoffeln – auch farblich ein ansprechendes Gericht.

NÄHRWERTANGABEN

Kilokalorien 249	Zucker . . . . 14 g
Eiweiß . . . . 26 g	Fett . . . . 7 g
Kohlenhydrate . . 22 g	davon gesättigt . . 2 g

5 MIN. 35 MIN.

4 PERSONEN

ZUTATEN

- 1 EL Sonnenblumenöl
- 450 g Hähnchenbrustfilet
- 2 Knoblauchzehen, zerdrückt
- 2 EL rote Currypaste
- 2 EL Galangal oder Ingwer, frisch geraspelt
- 1 EL Tamarindenpaste
- 4 Limettenblätter
- 225 g Süßkartoffeln
- 600 ml Kokosmilch
- 225 g Kirschtomaten, halbiert
- 3 EL frisch gehackter Koriander
- gekochter Jasminreis oder thailändischer Duftreis, zum Servieren

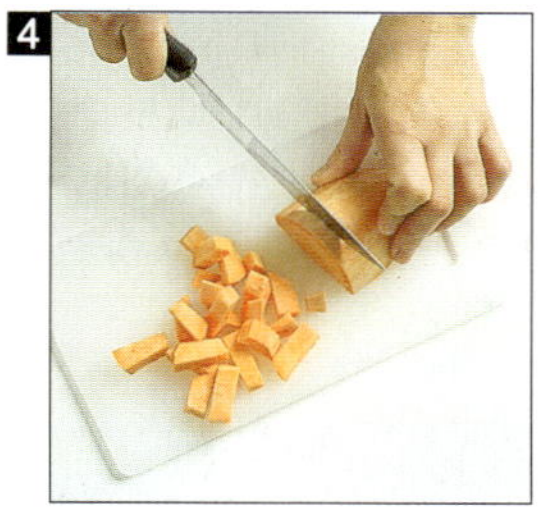

1 Das Sonnenblumenöl in einem heißen Wok erhitzen.

2 Das Hähnchenbrustfilet in schmale Streifen schneiden, in den Wok geben und 5 Minuten anbraten, bis es leicht angebräunt ist.

3 Den Knoblauch, die Currypaste, den Galangal oder Ingwer, die Tamarindenpaste und Limettenblätter zugeben und 1 Minute pfannenrühren.

4 Die Süßkartoffeln mit einem scharfen Messer schälen und würfeln. Die Kokosmilch und die Süßkartoffelwürfel zur Mischung im Wok geben und aufkochen. Bei mittlerer Hitze 20 Minuten sieden, bis der Kochsud reduziert ist und das Curry beginnt anzudicken.

5 Die Kirschtomaten und den Koriander zum Curry geben und weitere 5 Minuten unter gelegentlichem Rühren garen. Auf Servierteller füllen und zusammen mit gekochtem Jasminreis oder thailändischem Duftreis servieren.

TIPP

Galangal ist ein dem Ingwer sehr ähnliches Gewürz, jedoch nicht ganz so stechend scharf. Man kann ihn frisch in gut sortierten asiatischen Lebensmittelgeschäften oder getrocknet als Pulver kaufen. Die frische Wurzel muss geschält werden.

Zitronenhuhn

Dies ist eines der beliebtesten chinesischen Gerichte – und sehr einfach zubereitet. Für eine vollwertige Mahlzeit reichen Sie frisches Wok-Gemüse dazu.

NÄHRWERTANGABEN

Kilokalorien	272	Zucker	1 g
Eiweiß	36 g	Fett	11 g
Kohlenhydrate	5 g	davon gesättigt	2 g

5 MIN. 15 MIN.

4 PERSONEN

ZUTATEN

- Pflanzenöl, zum Frittieren
- 650 g Hähnchenbrustfilet, in Streifen
- Zitronenscheiben, zum Garnieren
- Frühlingszwiebeln, in Ringen, zum Garnieren

SAUCE

- 1 EL Speisestärke
- 6 EL kaltes Wasser
- 3 EL frischer Zitronensaft
- 2 EL süßer Sherry
- ½ TL Zucker

1 Das Öl zum Frittieren in einem heißen Wok auf 180°C erhitzen, sodass ein Brotwürfel darin in 30 Sekunden bräunt.

2 Die Hitze reduzieren und die Fleischstreifen 3–4 Minuten pfannenrühren, bis sie durchgegart und zart sind.

3 Das Hühnerfleisch mit einem Pfannenwender herausheben, beiseite stellen, warm halten. Das Öl weggießen.

4 Für die Sauce die Speisestärke mit 2 EL Wasser zu einer Paste verrühren.

5 Den Zitronensaft und das restliche Wasser in den Wok gießen.

6 Den süßen Sherry und den Zucker zufügen und alles aufkochen, dabei unentwegt rühren, bis sich der Zucker vollständig aufgelöst hat.

7 Die Speisestärkepaste einrühren und erneut zum Kochen bringen. Die Hitze reduzieren und 2–3 Minuten weiterrühren, bis die Sauce andickt und klar wird.

8 Das Hühnerfleisch auf einen vorgewärmten Servierteller geben und die Sauce darüber gießen.

9 Mit Zitronenscheiben und Frühlingszwiebeln garnieren und sofort servieren.

TIPP

Sollten Sie statt Fleischstreifen Hähnchenviertel vorziehen, braten Sie diese etwa 30 Minuten bei geringer Hitze abgedeckt in dem Öl, bis sie durchgegart sind.

Hühnchen cacciatora

Bei diesem beliebten italienischen Klassiker werden leicht gebräunte Hähnchenteile in einer Tomaten-Paprika-Sauce zubereitet.

NÄHRWERTANGABEN

Kilokalorien	397	Zucker	4 g
Eiweiß	37 g	Fett	17 g
Kohlenhydrate	22 g	davon gesättigt	4 g

20 MIN. 1 STD.

4 PERSONEN

ZUTATEN

- 1 Brathähnchen (ca. 1,5 kg), in 6 oder 8 Teile geschnitten
- 125 g Mehl
- 3 EL Olivenöl
- 150 ml trockener Weißwein
- je 1 grüne und rote Paprika, in Streifen
- 1 Karotte, fein gehackt
- 1 Selleriestange, fein gehackt
- 1 Knoblauchzehe, zerdrückt
- Salz und Pfeffer
- 200 g gehackte Tomaten aus der Dose

1

2

4

1 Die Hähnchenteile unter fließendem kaltem Wasser abspülen, mit Küchenpapier trockentupfen und leicht mit Mehl bestäuben.

2 Öl in einer Pfanne erhitzen, das Fleisch zufügen und bei mittlerer Hitze rundum anbraten, bis es goldbraun ist. Dann aus der Pfanne nehmen und beiseite stellen.

3 Das Fett bis auf 2 Esslöffel aus der Pfanne abgießen, Wein zufügen und ein paar Minuten pfannenrühren. Dann Paprika, Karotte, Sellerie und Knoblauch zugeben, mit Salz und Pfeffer abschmecken und einige Minuten köcheln lassen.

4 Tomaten und Hähnchenteile in die Pfanne geben, zudecken und 30 Minuten köcheln lassen, bis das Fleisch vollkommen gar ist; dabei regelmäßig umrühren.

5 Erneut mit Salz und Pfeffer abschmecken und sofort servieren.

Huhn mit Curry-Joghurt-Kruste

Diese Hähnchenbrustfilets werden mit indischer Marinade bestrichen und im Backofen gegart. Dazu passt ein Relish aus Tomaten, Gurken und Koriander.

NÄHRWERTANGABEN

Kilokalorien	176	Zucker	5 g
Eiweiß	30 g	Fett	4 g
Kohlenhydrate	5 g	davon gesättigt	1 g

10 MIN. 35 MIN.

4 PERSONEN

ZUTATEN

- 1 Knoblauchzehe, zerdrückt
- 2,5-cm-Stück Ingwerwurzel, fein gehackt
- 1 frische grüne Chili, entkernt und gehackt
- 90 g fettarmer Naturjoghurt
- 1 EL Tomatenmark
- 1 TL gemahlene Kurkuma
- 1 TL Garam Masala
- 1 EL Limettensaft
- Salz und Pfeffer
- 4 Hähnchenbrustfilets (à ca. 125 g)
- Limetten- oder Zitronenspalten, zum Servieren

RELISH

- 4 Tomaten
- ¼ Salatgurke
- 1 kleine rote Zwiebel
- 2 EL frisch gehackter Koriander

2

4

5

1 Den Backofen zunächst auf 190 °C vorheizen.

2 In einer kleinen Schüssel Knoblauch, Ingwer, Chili, Joghurt, Tomatenmark, Kurkuma, Garam Masala, Limettensaft, Salz und Pfeffer verrühren.

3 Das Fleisch waschen, trockentupfen und auf ein Backblech legen.

4 Das Fleisch mit der Joghurtpaste bestreichen und etwa 30–35 Minuten im Backofen garen.

5 In der Zwischenzeit das Relish zubereiten. Dazu Tomaten, Gurke und Zwiebel in kleine Würfel schneiden und gut mit dem Koriander mischen. Alles mit Salz und Pfeffer abschmecken, abdecken und bis zur Verwendung in den Kühlschrank stellen.

6 Das gegarte Fleisch auf Küchenpapier abtropfen lassen und heiß mit dem Relish servieren. Das Gericht schmeckt auch kalt zu frischem Salat.

Marinierte Hühnchen

Ein tolles Rezept für den Grill! Bevor das würzig marinierte Hühnerfleisch gegrillt wird, sollte die Glut sehr heiß sein.

NÄHRWERTANGABEN

Kilokalorien	74	Zucker	2 g
Eiweiß	9 g	Fett	4 g
Kohlenhydrate	2 g	davon gesättigt	1 g

4¾ STD. 25 MIN.

6 PERSONEN

ZUTATEN

- 3 getrocknete rote Chillies
- 2 EL Koriandersamen
- 2 TL gemahlene Kurkuma
- 2 TL Garam Masala
- 4 Knoblauchzehen, zerdrückt
- ½ Zwiebel, gehackt
- 2,5-cm-Stück Ingwerwurzel, gerieben
- 2 EL Limettensaft
- 1 TL Salz
- 125 g fettarmer Naturjoghurt
- 1 EL Öl
- 6 Hähnchenschenkel

ZUM SERVIEREN

- Tomatenwürfel
- Gurkenwürfel
- rote Zwiebel, in Ringen
- Joghurt mit Gurkenraspel

1 Chillies, Koriander, Kurkuma, Garam Masala, Knoblauch, Zwiebel, Ingwer, Limettensaft und Salz in einer Küchenmaschine zu einer Paste pürieren.

2 Die Paste in einer Pfanne bei geringer Hitze 2 Minuten erwärmen, bis sich die Aromastoffe freisetzen, und in eine große Auflaufform geben. Joghurt und Öl gut mit der Paste verrühren.

3 Die Hähnchenschenkel häuten, dreimal einschneiden und in der Marinade wenden, bis sie vollständig überzogen sind. Die Hähnchenschenkel mit Frischhaltefolie abgedeckt mindestens 4 Stunden im Kühlschrank marinieren. Die Schenkel 30 Minuten vor dem Grillen aus dem Kühlschrank nehmen und zugedeckt bei Raumtemperatur stehen lassen.

4 Die Hähnchenschenkel gut in Alufolie wickeln, sodass kein Saft austreten kann.

5 Die Schenkel 15 Minuten auf einem sehr heißen Holzkohlegrill rösten, dabei einmal wenden. Die Alufolie entfernen und die Schenkel weitere 5 Minuten grillen.

6 Die Schenkel mit Tomaten- und Gurkenwürfeln, Zwiebelringen und Joghurt mit geraspelter Gurke servieren.

2

2

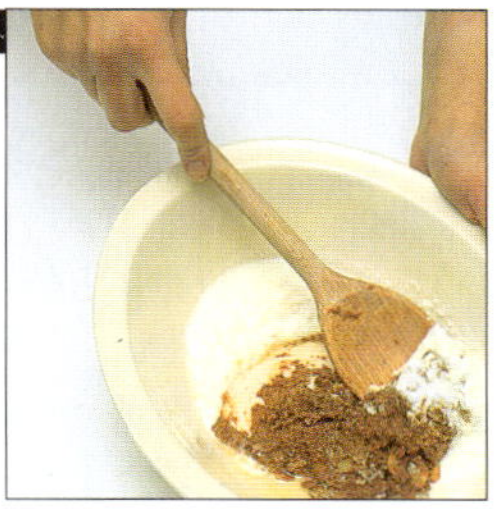

5

Spanischer Hühnereintopf

Die Hauptzutaten dieses deftigen Eintopfs sind neben Hühnerfleisch Tomaten, Oliven, Paprika und Kartoffeln.

NÄHRWERTANGABEN

Kilokalorien 293	Zucker .... 6 g
Eiweiß .... 15 g	Fett .... 12 g
Kohlenhydrate .. 26 g	davon gesättigt .. 2 g

10 MIN. 1 1/4 STD.

4 PERSONEN

ZUTATEN

- 25 g Mehl
- 1 TL Salz
- Pfeffer
- 1 EL Paprikapulver
- 4 Hähnchenteile
- 3 EL Olivenöl
- 1 große Zwiebel, gehackt
- 2 Knoblauchzehen, zerdrückt
- 6 Tomaten, gewürfelt, oder 425 g gehackte Tomaten aus der Dose
- 1 grüne Paprika, gewürfelt
- 150 ml spanischer Rotwein
- 300 ml Hühnerbrühe
- 3 Kartoffeln, geschält und geviertelt
- 12 schwarze Oliven, entsteint
- 1 Lorbeerblatt
- knuspriges Brot, zum Servieren

1 Mehl, Salz, Pfeffer und Paprikapulver in einen großen Plastikbeutel geben.

2 Die Hähnchenteile ebenfalls in den Plastikbeutel geben und den verschlossenen Beutel gut schütteln, damit das Fleisch rundum mit den Gewürzen bedeckt ist.

3 Das Öl in einem großen Bräter erhitzen, das Fleisch hineinlegen und bei mittlerer Hitze 5–8 Minuten rundum anbraten. Mit einem Schaumlöffel herausnehmen und beiseite stellen.

4 Zwiebel und Knoblauch in den Bräter geben und einige Minuten andünsten. Dann die Tomaten und die Paprika zugeben und 2–3 Minuten mitdünsten.

5 Den Backofen auf 190 °C vorheizen. Das Hähnchen wieder in den Bräter legen. Wein, Brühe und Kartoffeln zugeben, dann die Oliven und das Lorbeerblatt zufügen. Abgedeckt im Backofen 1 Stunde garen.

6 Mit Salz und Pfeffer abschmecken. Den fertigen Eintopf heiß mit knusprigem Brot servieren.

3

4

5

Gebratenes Ingwerhuhn

Orangen verleihen dieser köstlichen Speise farbliche Nuancen und eine säuerliche erfrischende Note, die ausgezeichnet zum Hühnerfleisch passt.

NÄHRWERTANGABEN

Kilokalorien	289	Zucker	15 g
Eiweiß	20 g	Fett	9 g
Kohlenhydrate	17 g	davon gesättigt	2 g

5 MIN. 20 MIN.

4 PERSONEN

ZUTATEN

- 2 EL Sonnenblumenöl
- 1 Zwiebel, in Scheiben
- 175 g Karotten, in Stiften
- 1 Knoblauchzehe, zerdrückt
- 350 g Hähnchenbrustfilet
- 2 EL frisch geriebene Ingwerwurzel
- 1 TL Ingwerpulver
- 4 EL süßer Sherry
- 1 EL Tomatenmark
- 1 EL brauner Zucker
- 100 ml Orangensaft
- 1 TL Speisestärke
- 1 Orange, filetiert
- Schnittlauchröllchen, zum Garnieren

1

2

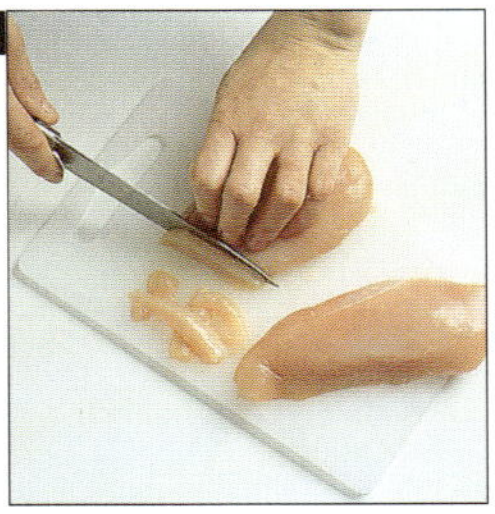

3

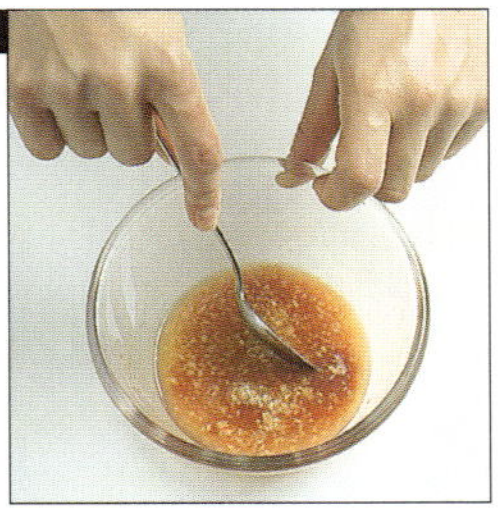

1 Das Öl in einem heißen Wok erhitzen. Die Zwiebeln, Karotten und den Knoblauch zugeben und bei starker Hitze ca. 3 Minuten pfannenrühren, bis das Gemüse weich zu werden beginnt.

2 Das Hühnerfleisch in dünne Streifen schneiden. Zusammen mit frischem Ingwer und Ingwerpulver in den Wok geben. Weitere 10 Minuten pfannenrühren, bis das Fleisch gar und goldbraun ist.

3 Sherry, Tomatenmark, Zucker, Orangensaft und Speisestärke in einer Schüssel mischen. Die Mischung in den Wok einrühren und erhitzen, bis sie zu sieden beginnt, d.h. kleine Blasen wirft und andickt.

4 Die Orangenspalten zufügen und vorsichtig untermischen.

5 Alles in vorgewärmte Servierschalen füllen und mit Schnittlauchröllchen garnieren. Sofort servieren.

TIPP

Sobald Sie die Orangenspalten in Schritt 4 hinzugefügt haben, sollten Sie nicht mehr kochen, weil die Spalten sonst auseinander fallen.

Hühnchen-Chop-Suey

Chop-Suey ist eine Sammelbezeichnung für Gerichte mit Bohnensprossen und Sojasauce, angereichert mit Fleisch oder Gemüse.

NÄHRWERTANGABEN

Kilokalorien	337	Zucker	7 g
Eiweiß	32 g	Fett	18 g
Kohlenhydrate	14 g	davon gesättigt	3 g

25 MIN. 15 MIN.

4 PERSONEN

ZUTATEN

- 4 EL helle Sojasauce
- 2 TL brauner Zucker
- 500 g Hähnchenbrustfilet
- 3 EL Pflanzenöl
- 2 Zwiebeln, geviertelt
- 2 Knoblauchzehen, zerdrückt
- 350 g Bohnensprossen
- 3 TL Sesamöl
- 1 EL Speisestärke
- 3 EL Wasser
- 425 ml Hühnerbrühe
- Porreestreifen, zum Garnieren

2

3

3

1 Die Sojasauce und den Zucker verrühren, bis sich der Zucker aufgelöst hat.

2 Vom Hühnerfleisch zunächst das Fett entfernen und dann in dünne Streifen schneiden. Die Fleischstreifen auf einen flachen Teller legen und die Sojasaucen-Mischung darüber löffeln. Das Fleisch wenden, sodass es ganz davon überzogen wird, und 20 Minuten im Kühlschrank marinieren.

3 Pflanzenöl in einem Wok erhitzen und das Fleisch 2–3 Minuten goldbraun anbraten. Die Zwiebeln und den Knoblauch zugeben und weitere 2 Minuten braten. Die Bohnensprossen zugeben und 4–5 Minuten braten, dann das Sesamöl zufügen.

4 Die Speisestärke in einer kleinen Schüssel mit dem Wasser glatt rühren. Die Brühe in den Wok gießen, die angerührte Speisestärke zugeben und alles aufkochen. Dabei so lange rühren, bis die Sauce andickt und klar wird. Mit den Porreestreifen garnieren und servieren.

VARIATION

Dieses Rezept können Sie auch mit magerem, in Streifen geschnittenem Rind- oder Schweinefleisch oder mit gemischtem Gemüse zubereiten. Sie müssen dann nur die jeweils entsprechende Brühe verwenden.

Hühnchen in Kokossauce

Besonders appetitanregend an diesem Gericht ist die knusprige Bräune des Fleischs. Das Geheimnis: Das Hühnchen wird karamellisiert.

NÄHRWERTANGABEN

Kilokalorien	335	Zucker	11 g
Eiweiß	20 g	Fett	12 g
Kohlenhydrate	38 g	davon gesättigt	6 g

10 MIN. 1 STD.

6 PERSONEN

ZUTATEN

- 1 Zwiebel, gehackt
- 2 Knoblauchzehen
- 1 EL frisch gehackter Schnittlauch
- 1 EL frisch gehackter Thymian
- 2 Selleriestangen mit Grün, gehackt
- 350 ml Wasser
- Kokosfleisch von ½ frischen Kokosnuss, gehackt
- Saft von 1 frischen Kokosnuss
- 500 g Kidneybohnen aus der Dose, abgetropft
- 1 rote Chili, entkernt und in dünnen Streifen
- Salz und Pfeffer
- 2 EL Erdnussöl
- 2 EL Zucker
- 1,5 kg Hähnchenteile
- 250 g Langkornreis
- Sellerieblätter, zum Garnieren

1 Zwiebel, Knoblauch, Schnittlauch, Thymian, Sellerie und 4 Esslöffel Wasser in einer Küchenmaschine zu einer glatten Paste pürieren.

2 Alternativ Zwiebel und Sellerie fein hacken und mit Knoblauch und Kräutern in einem Mörser zu einer Paste verarbeiten, Wasser dabei langsam zugießen.

3 Kokosfleisch und -wasser in einer Küchenmaschine zu einer sämigen Flüssigkeit verarbeiten, falls nötig, Wasser zugeben. Oder das Kokosfleisch fein reiben und mit dem Saft verrühren. Mit der Zwiebel-Sellerie-Paste in einen Topf geben. Bohnen und Chili zufügen und bei geringer Hitze 15 Minuten kochen. Salzen und pfeffern.

4 Öl und Zucker in einen Schmortopf geben und bei mittlerer Hitze den Zucker karamellisieren. Die Hähnchenteile zufügen und 15–20 Minuten braten, bis sie rundum angebräunt sind. Dabei mehrfach wenden.

5 Kokossauce, Reis und restliches Wasser zugeben. Aufkochen, Hitze reduzieren und abgedeckt 20 Minuten köcheln lassen, bis Hähnchen und Reis gar sind und die Flüssigkeit verkocht ist. Mit Sellerieblättern garnieren und servieren.

Hähnchen mit gelber Bohnensauce

Die recht salzige, aus gelben Sojabohnen hergestellte Sauce, die für dieses Rezept verwendet wird, ist in asiatischen Lebensmittelgeschäften erhältlich.

NÄHRWERTANGABEN

Kilokalorien	234	Zucker	1g
Eiweiß	26g	Fett	12g
Kohlenhydrate	6g	davon gesättigt	2g

25 MIN. 10 MIN.

4 PERSONEN

ZUTATEN

- 450 g Hähnchenbrustfilet
- 1 Eiweiß, verquirlt
- 1 EL Speisestärke
- 1 EL Reisessig
- 1 EL helle Sojasauce
- 1 TL Zucker
- 3 EL Pflanzenöl
- 1 Knoblauchzehe, zerdrückt
- 1-cm-Stück Ingwerwurzel, geraspelt
- 1 grüne Paprika, gewürfelt
- 2 große Champignons, in Scheiben
- 3 EL gelbe Bohnensauce
- gelbe oder grüne Paprikastreifen, zum Garnieren

1 Gegebenenfalls Fett vom Hühnerfleisch entfernen und das Fleisch in 2,5 cm große Würfel schneiden.

2 Das Eiweiß und die Speisestärke in einer flachen Schüssel verquirlen. Das Hühnerfleisch hineinlegen und darin wenden, bis es ganz davon umhüllt ist. 20 Minuten beiseite stellen.

3 Reisessig, Sojasauce und Zucker in einer Schüssel verrühren.

4 Dann die Hühnerfleischwürfel aus der Eiweißmischung nehmen.

5 Das Öl in einem heißen Wok erhitzen, das Hühnerfleisch hineingeben und 3–4 Minuten anbraten, bis es goldbraun ist. Das Fleisch mit einem Pfannenwender herausheben, beiseite stellen und warm halten.

6 Knoblauch, Ingwer, Paprika und Champignons in den Wok geben und 1–2 Minuten anbraten.

7 Die gelbe Bohnensauce zugeben und alles 1 Minute garen. Die Reisessig-Mischung einrühren und das Hühnerfleisch wieder in den Wok geben. 1–2 Minuten pfannenrühren und dann mit der Paprika garniert servieren.

1
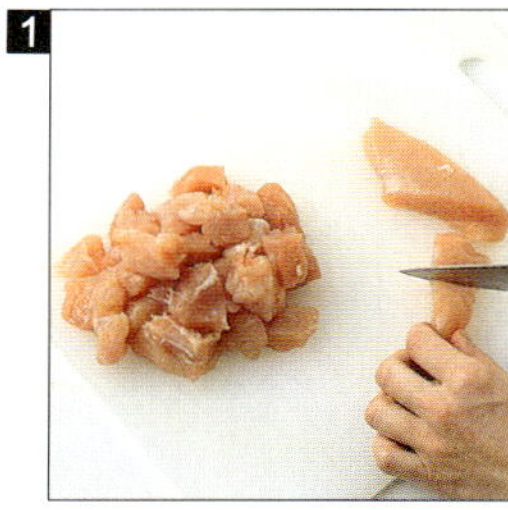

6

7

VARIATION

Für dieses Rezept kann auch schwarze statt gelbe Bohnensauce verwendet werden. Da sie viel dunkler ist, sieht das Gericht dann zwar anders aus, schmeckt aber ähnlich.

Hähnchenbrust mit Artischocken

Bei diesem Gericht verleihen Artischocken – eine beliebte Zutat in der italienischen Küche – den zarten Hähnchenbrustfilets ein besonderes Aroma.

NÄHRWERTANGABEN

Kilokalorien 296	Zucker .... 2 g
Eiweiß .... 27 g	Fett .... 15 g
Kohlenhydrate ... 7 g	davon gesättigt .. 6 g

15 MIN. 55 MIN.

4 PERSONEN

ZUTATEN

- 4 Hähnchenbrustfilets
- Salz und Pfeffer
- 2 EL Olivenöl
- 2 EL Butter
- 2 rote Zwiebeln, in Spalten
- 2 EL Zitronensaft
- 150 ml trockener Weißwein
- 150 ml Hühnerbrühe
- 2 TL Mehl
- 400 g Artischockenherzen aus der Dose, abgetropft und halbiert
- frisch gehackte Petersilie, zum Garnieren

1 Die Hähnchenbrüste mit Salz und Pfeffer würzen. Das Öl und 1 Esslöffel Butter in einer Pfanne erhitzen, das Hühnerfleisch hineingeben und 4–5 Minuten von jeder Seite goldbraun braten. Dann mit einem Schaumlöffel herausnehmen.

2 Zwiebeln und Zitronensaft mischen, in die Pfanne geben und unter ständigem Rühren 3–4 Minuten glasig dünsten.

3 Das Hühnerfleisch zurück in die Pfanne geben, Wein und Brühe zufügen, aufkochen, zudecken und 30 Minuten bei schwacher Hitze köcheln lassen.

4 Das Fleisch herausnehmen und warm halten. Den Bratensud aufkochen und 5 Minuten bei starker Hitze einkochen.

5 Die restliche Butter mit dem Mehl zu einer Paste verrühren. Die Hitze reduzieren und die Mehlmischung nach und nach in die Pfanne rühren, bis die Sauce andickt.

6 Mit Salz und Pfeffer abschmecken, Artischocken zufügen und 2 Minuten köcheln lassen. Dann über die Hähnchenbrüste geben, garnieren und servieren.

Chicken & Chips

Traditionell wird dieses Südstaaten-Gericht in der Fritteuse zubereitet. Aber auch die fettarme Version schmeckt hervorragend.

NÄHRWERTANGABEN

Kilokalorien	361	Zucker	2 g
Eiweiß	24 g	Fett	8 g
Kohlenhydrate	51 g	davon gesättigt	2 g

10 MIN. 35 MIN.

4 PERSONEN

ZUTATEN

- 4 große Kartoffeln (à 225 g)
- 1 EL Sonnenblumenöl
- 2 TL grobes Meersalz
- 2 TL Mehl
- 1 Prise Cayennepfeffer
- ½ TL Paprikapulver
- ½ TL getrockneter Thymian
- Salz und Pfeffer
- 8 Hähnchenkeulen, ohne Haut
- 1 Ei, verquirlt
- 2 EL kaltes Wasser
- 6 EL Semmelbrösel

ZUM SERVIEREN

- Weißkohlsalat
- Mais-Relish

1 Den Backofen auf 200 °C vorheizen. Die Kartoffeln waschen und abbürsten, jeweils in 8 gleich große Spalten schneiden. In einen Plastikbeutel geben, das Öl zufügen, zuknoten und kräftig schütteln.

2 Die Kartoffelspalten mit der Schnittfläche nach oben auf ein beschichtetes Backblech legen. Mit Meersalz bestreuen.

3 Dann Mehl, Cayennepfeffer, Paprikapulver, Thymian, Salz und Pfeffer auf einem Teller vermengen. Die Hähnchenkeulen in dem gewürzten Mehl wenden, bis sie ringsum mit Mehl bedeckt sind.

4 Auf einem Teller Ei und Wasser verrühren. Die Semmelbrösel auf einen dritten Teller geben. Die Hähnchenkeulen erst im Ei, und dann in den Semmelbröseln wenden. Das so panierte Fleisch auf das Backblech zwischen die Kartoffeln legen.

5 Die Hähnchenkeulen mit den Kartoffeln etwa 30 Minuten backen, bis sie gar sind. Nach der Hälfte der Backzeit wenden.

6 Die Kartoffelspalten auf Küchenpapier abtropfen lassen. Die Hähnchenschenkel mit den Kartoffelspalten servieren. Dazu Kohlsalat und Mais-Relish reichen.

2

3

4

Kung-Po-Hühnchen

In diesem Rezept werden Cashewkerne verwendet, sie können aber nach Belieben durch Erdnüsse, Walnüsse oder Mandeln ersetzt werden.

NÄHRWERTANGABEN

Kilokalorien	294	Zucker	3 g
Eiweiß	21 g	Fett	18 g
Kohlenhydrate	10 g	davon gesättigt	4 g

10 MIN. 5 MIN.

4 PERSONEN

ZUTATEN

- 250–300 g Hähnchenbrustfilet
- ¼ TL Salz
- ⅓ Eiweiß
- ½ TL Speisestärke mit 1 TL Wasser angerührt
- 1 grüne Paprika, entkernt
- 4 EL Pflanzenöl
- 1 Frühlingszwiebel, in Ringen
- 2-cm-Stück Ingwerwurzel, in dünnen Scheiben
- 4–5 kleine getrocknete rote Chillies, eingeweicht, entkernt und zerstoßen
- 2 EL gelbe Bohnensauce
- 1 TL Reiswein oder trockener Sherry
- 125 g geröstete Cashewkerne
- ein paar Tropfen Sesamöl
- gekochter Reis, zum Servieren

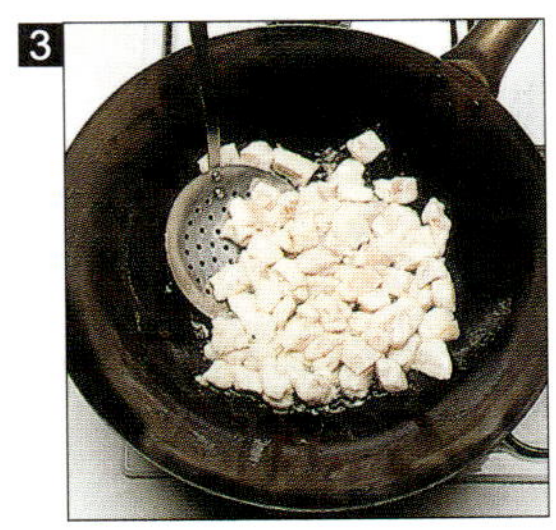

1 Das Hühnerfleisch in Würfel schneiden. Das Fleisch in eine kleine Schüssel geben und nacheinander eine Prise Salz, Eiweiß und die angerührte Speisestärke zugeben und jeweils gut mischen.

2 Die grüne Paprika in Würfel oder Dreiecke schneiden.

3 Das Öl in einem Wok erhitzen, das Hühnerfleisch zugeben und 1 Minute pfannenrühren. Mit einem Pfannenwender herausnehmen und warm halten.

4 Frühlingszwiebel, Ingwer, Chillies und grüne Paprika zufügen. 1 Minute pfannenrühren. Dann das Hühnerfleisch mit der Bohnensauce und dem Wein einrühren. Gut mischen und 1 weitere Minute braten. Als Letztes die Cashewkerne und das Sesamöl einrühren. Mit Reis heiß servieren.

VARIATION

Statt der Cashewkerne können nach Belieben andere Nüsse verwendet werden. Wichtig ist für dieses Rezept die nussig knackige Konsistenz des Gerichts, ein typisches Merkmal der Szechuan-Küche.

Hühnchen-Wildpilz-Lasagne

Für dieses Gericht können Sie einfach Ihre Lieblingspilze nehmen. Austernpilze sind ebenso geeignet wie Champignons oder Pfifferlinge.

NÄHRWERTANGABEN

Kilokalorien	708	Zucker	17 g
Eiweiß	35 g	Fett	35 g
Kohlenhydrate	57 g	davon gesättigt	14 g

40 MIN. 1 3/4 STD.

4 PERSONEN

ZUTATEN

Butter, zum Einfetten

14 Lasagneplatten, vorgekocht

800 ml Béchamelsauce (siehe Seite 6)

80 g Parmesan, gerieben

HÄHNCHEN-WILDPILZ-SAUCE

2 EL Olivenöl

2 Knoblauchzehen, zerdrückt

1 große Zwiebel, fein gehackt

250 g Wildpilze, in Scheiben

300 g Hühnerfleisch, zu Hack verarbeitet

80 g Hähnchenleber, fein gehackt

120 g Parmaschinken, gewürfelt

150 ml Marsala

300 g gehackte Tomaten aus der Dose

1 EL frisch gehacktes Basilikum

2 EL Tomatenmark

Salz und Pfeffer

2

3

4

1 Das Olivenöl für die Sauce in einem großen Topf erhitzen. Knoblauch, Zwiebel und Pilze zugeben und 6 Minuten anbraten.

2 Hühnerhack, Leber und Schinken zugeben und 12 Minuten braten, bis das Fleisch gebräunt ist.

3 Marsala, Tomaten, Basilikum und Tomatenmark einrühren und 4 Minuten kochen. Mit Salz und Pfeffer abschmecken, abdecken und 30 Minuten köcheln lassen. Durchrühren und weitere 15 Minuten köcheln lassen.

4 Den Boden einer eingefetteten Auflaufform mit Lasagneblättern auslegen, eine Schicht Hackfleischsauce, dann eine Schicht Béchamelsauce darauf geben. Mit einer Lage Lasagne bedecken, den Vorgang zweimal wiederholen und mit einer Schicht Béchamelsauce abschließen. Mit geriebenem Parmesan bestreuen und 35 Minuten im vorgeheizten Backofen bei 190 °C goldbraun backen. Sofort servieren.

Hühnchen-Nudeltopf

Hühnerfleisch wird hier mit Gemüse und chinesischen Eiernudeln in einer Kokossauce gegart.

NÄHRWERTANGABEN

Kilokalorien	256	Zucker	7g
Eiweiß	30g	Fett	8g
Kohlenhydrate	18g	davon gesättigt	2g

5 MIN. 20 MIN.

4 PERSONEN

ZUTATEN

- 1 EL Sonnenblumenöl
- 1 Zwiebel, in Ringen
- 1 Knoblauchzehe, zerdrückt
- 2,5-cm-Stück Ingwerwurzel, gerieben
- 1 Bund Frühlingszwiebeln, schräg in Ringe geschnitten
- 500 g Hähnchenbrustfilet, in mundgerechten Stücken
- 2 EL milde Currypaste
- 450 ml Kokosmilch
- 300 ml Hühnerbrühe
- Salz und Pfeffer
- 250 g chinesische Eiernudeln
- 2 TL Limettensaft
- Basilikumzweige, zum Garnieren

1 Das Öl in einem Wok oder einer großen Pfanne erhitzen.

2 Zwiebel, Knoblauch, Ingwer und Frühlingszwiebeln darin 2 Minuten pfannenrühren.

3 Hühnerfleisch und Currypaste zugeben und 4 Minuten unter Rühren goldgelb anbräunen. Kokosmilch, Brühe sowie Salz und Pfeffer einrühren.

4 Alles aufkochen, dann die Nudeln zugeben, abdecken und unter gelegentlichem Rühren etwa 6–8 Minuten köcheln lassen, bis die Nudeln bissfest sind.

5 Den Limettensaft zugießen und eventuell nachwürzen.

6 Das fertige Gericht auf Suppenteller verteilen, mit Basilikumzweigen garnieren und sofort servieren.

TIPP

Wenn Sie es scharf mögen, ersetzen Sie die milde Currypaste durch scharfe, aber nehmen Sie nur 1 Esslöffel.

Senfhuhn mit Lumaconi

Hähnchenteile werden mit einer milden Senfmarinade bestrichen, in Mohnsamen gewendet und auf einem Nudelbett serviert.

NÄHRWERTANGABEN

Kilokalorien	652	Zucker	5 g
Eiweiß	51 g	Fett	31 g
Kohlenhydrate	46 g	davon gesättigt	12 g

10 MIN. 35 MIN.

4 PERSONEN

ZUTATEN

- 8 Hähnchenteile (Flügel und Schenkel, à ca. 120 g)
- 3 EL Butter, zerlassen
- 4 EL mittelscharfer Senf (siehe Tipp)
- 2 EL Zitronensaft
- 1 EL brauner Zucker
- 1 TL Paprikapulver
- Salz und Pfeffer
- 3 EL Mohnsamen
- 400 g frische Lumaconi
- 1 EL Olivenöl

1
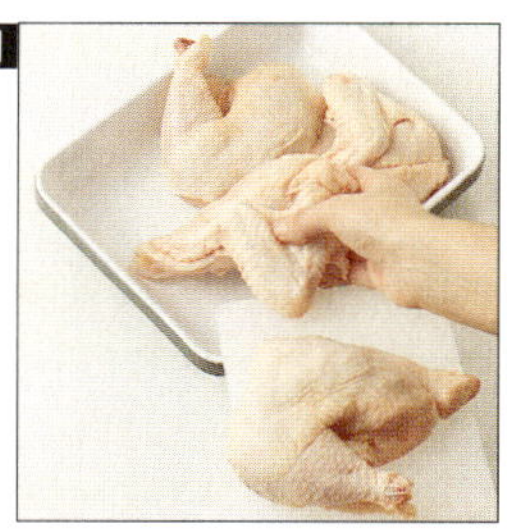

3

3

1 Die Hähnchenteile mit der Haut nach unten in eine Auflaufform (1,7 l Inhalt) geben.

2 Butter, Senf, Zitronensaft, Zucker und Paprika mit Salz und Pfeffer mischen. Die oben liegenden Seiten der Hähnchenteile mit der Hälfte der Senfglasur bestreichen und 15 Minuten im vorgeheizten Backofen bei 200 °C garen.

3 Die Form aus dem Ofen nehmen und die Hähnchenteile wenden. Die Oberseiten mit der restlichen Glasur bestreichen, mit Mohnsamen bestreuen und für weitere 15 Minuten in den Ofen schieben.

4 Salzwasser in einem großen Topf aufkochen. Die Nudeln darin mit dem Olivenöl bissfest kochen.

5 Die Nudeln abgießen und auf einem vorgewärmten Servierteller anrichten. Die Hähnchenteile darauf legen, mit der Sauce übergießen und sofort servieren.

TIPP

Dijonsenf wird häufig zum Kochen verwendet, weil er einen klaren und nur mild-scharfen Geschmack hat. Düsseldorfer Löwensenf ist scharf, bayerischer Senf etwas milder und süß. Amerikanischer Senf besitzt eine milde Schärfe.

Hühnercurry mit Kokosnuss

Okra, ein fingerförmiges grünes Gemüse, ist leicht bitter im Geschmack. Ananas und Kokosnuss sorgen für farblichen und geschmacklichen Ausgleich.

NÄHRWERTANGABEN

Kilokalorien	456	Zucker	21 g
Eiweiß	29 g	Fett	29 g
Kohlenhydrate	22 g	davon gesättigt	17 g

5 MIN. 45 MIN.

4 PERSONEN

ZUTATEN

- 2 EL Sonnenblumenöl
- 450 g Hähnchenschenkel oder -brust
- 150 g Okra
- 1 große Zwiebel, in Scheiben
- 2 Knoblauchzehen, zerdrückt
- 3 EL milde Currypaste
- 300 ml Hühnerbrühe
- 1 EL frisch gepresster Limettensaft
- 100 g Kokoscremeriegel, grob geraspelt
- 175 g Ananas, gewürfelt
- 150 g Naturjoghurt
- 2 EL frisch gehackter Koriander
- gekochter Reis, zum Servieren

GARNIERUNG

- Zitronenspalten
- frische Korianderzweige

1

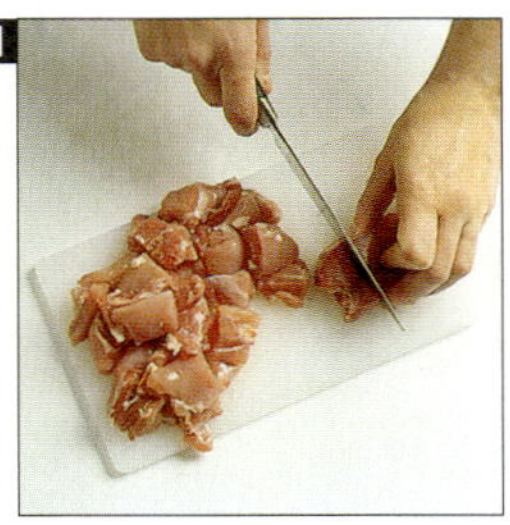

2

3

1 Das Öl in einem Wok erhitzen. Dann das Hühnerfleisch in mundgerechte Stücke schneiden, in den Wok geben und so lange anbraten, bis sie rundum gut gebräunt sind.

2 Die Stielansätze der Okraschoten mit einem scharfen Küchenmesser abschneiden. Zwiebel, Knoblauch und Okraschoten in den Wok geben und unter stetigem Rühren 2–3 Minuten anbraten.

3 Die Currypaste mit der Hühnerbrühe und dem Limettensaft verrühren und in den Wok gießen. Aufkochen, abdecken und 30 Minuten köcheln lassen.

4 Die geraspelte Kokoscreme in das Curry einrühren und etwa 5 Minuten garen. Die Ananas, den Joghurt und den Koriander zugeben und weitere 2 Minuten unter stetigem Rühren mitgaren. Mit Zitrone und Koriander garnieren und servieren.

TIPP

Okraschoten enthalten eine gallertartige bittere Substanz, die Sie beseitigen können, wenn Sie die Okra am oberen Ende einkerben oder einschneiden.

Gegrillte Pesto-Hähnchenschenkel

Bei diesem italienischen Gericht werden Hähnchenteile mit Pesto aromatisiert und im Ofen goldbraun gebacken.

NÄHRWERTANGABEN

Kilokalorien	787	Zucker	6g
Eiweiß	45g	Fett	38g
Kohlenhydrate	70g	davon gesättigt	9g

10 MIN. 25 MIN.

4 PERSONEN

ZUTATEN

- 8 Hähnchenschenkel, teilweise entbeint
- Olivenöl, zum Einfetten
- 400 ml passierte Tomaten
- 120 ml grüner oder roter Pesto
- 12 Baguettescheiben
- 90 g Parmesan, gerieben
- 60 g Pinienkerne oder Mandelblättchen
- Blattsalat, zum Servieren

1 Die Hähnchenschenkel in einer Lage in einen großen, flachen Bräter geben und leicht mit Öl bestreichen. 15 Minuten unter den vorgeheizten Backofengrill geben und unter mehrfachem Wenden goldbraun grillen.

1

2

4

2 Die Fleischstücke zur Garprobe mit einem Spieß einstechen, um zu kontrollieren, ob klarer Fleischsaft austritt.

3 Überschüssiges Fett abgießen. Die Tomaten mit der Hälfte des Pestos in einem Topf erwärmen und über das Fleisch gießen. Einige Minuten weiterbraten.

4 Unterdessen die Brotscheiben mit dem restlichen Pesto bestreichen. Die Brotscheiben auf das Fleisch legen und mit Parmesan und Pinienkernen oder Mandeln bestreuen. Weitere 2–3 Minuten unter den Grill geben, bis die Brote goldbraun überbacken sind. Mit einem gemischten Blattsalat servieren.

TIPP

Lässt man die Haut an den Hähnchenschenkeln, mag das Gericht zwar einen etwas höheren Fettgehalt haben, doch die knusprig geröstete Haut hat einen wunderbar intensiven Geschmack und hält zusätzlich den Bratensaft im Fleisch zurück.

Huhn mit Chili und Kokosnuss

Die geschmackliche Kombination aus Limette, Erdnuss und Kokosnuss mit der Schärfe der Chili macht diese köstliche Speise aus.

NÄHRWERTANGABEN

Kilokalorien 348	Zucker . . . . 2 g
Eiweiß . . . . 36 g	Fett . . . . 21 g
Kohlenhydrate . . . 3 g	davon gesättigt . . 8 g

5 MIN. 15 MIN.

4 PERSONEN

ZUTATEN

- 150 ml heiße Hühnerbrühe
- 25 g Kokoscremeriegel, zerbröselt
- 1 EL Sonnenblumenöl
- 8 Hähnchenschenkel, entbeint und ohne Haut, in langen, dünnen Streifen
- 1 kleine rote Chili, in dünnen Ringen
- 4 Frühlingszwiebeln, in dünnen Ringen
- 4 EL glatte oder grobe Erdnussbutter
- geriebene Schale und Saft von 1 Limette
- 1 rote Chili, zum Garnieren
- Frühlingszwiebelquasten, zum Garnieren
- gekochter Reis, zum Servieren

1 

4 

5 

1 Die Brühe in einen Messbecher oder eine Schüssel gießen. Kokosbrösel zugeben und rühren, bis sie sich aufgelöst haben.

2 Das Öl in einem heißen Wok oder einer großen Pfanne erhitzen.

3 Die Fleischstreifen zugeben und unter Rühren braten, bis sie goldbraun sind.

4 Die Chili und die Frühlingszwiebeln einrühren und einige Minuten bei geringer Hitze braten.

5 Erdnussbutter, Kokos-Hühnerbrühe, Limettenschale und -saft zugeben und alles unabgedeckt etwa 5 Minuten köcheln lassen, dabei häufig umrühren, damit die Mischung nicht am Wok- oder Pfannenboden ansetzt.

6 Das fertige Hühnerfleisch auf einem vorgewärmten Servierteller anrichten, mit der roten Chili und den Frühlingszwiebelquasten garnieren und sofort servieren. Den gekochten Reis dazu reichen.

TIPP

Servieren Sie Jasminreis zu diesem pikanten Gericht. Er hat ein angenehm duftendes Aroma, das ausgezeichnet zu den Geschmacksnoten dieser Speise passt.

Huhn mit schwarzer Bohnensauce

Dieses gebratene Hühnerfleisch ist schnell und einfach zuzubereiten, voller frischer Aromen und knackiger Gemüse und schmeckt köstlich.

NÄHRWERTANGABEN

Kilokalorien 205	Zucker . . . . 4 g
Eiweiß . . . . 25 g	Fett . . . . 9 g
Kohlenhydrate . . . 6 g	davon gesättigt . . 2 g

40 MIN. 10 MIN.

4 PERSONEN

ZUTATEN

- 425 g Hähnchenbrustfilet, in schmalen Streifen
- 1 Prise Salz
- 1 Msp. Speisestärke
- 2 EL Öl
- 1 Knoblauchzehe, zerdrückt
- 1 EL schwarze Bohnensauce
- je 1 kleine rote und grüne Paprika, in Streifen
- 1 rote Chili, fein gehackt
- 75 g Pilze, in Scheiben
- 1 Zwiebel, gehackt
- 6 Frühlingszwiebeln, gehackt
- gekochte Nudeln, zum Servieren

ZUM WÜRZEN

- ½ TL Salz
- ½ TL Zucker
- 3 EL Hühnerbrühe
- 1 EL dunkle Sojasauce
- 2 EL Rinderbrühe
- 2 EL Reiswein
- 1 TL Speisestärke, mit etwas Reiswein angerührt

1

2

4

1 Die Hühnerfleischstreifen in eine Schüssel geben. Salz und Speisestärke zugeben, das Fleisch mit Wasser bedecken und 30 Minuten ziehen lassen.

2 1 EL Öl in einen Wok geben und das Fleisch 4 Minuten pfannenrühren.

3 Das Fleisch aus dem Wok heben und auf einen Servierteller geben.

4 Den Wok reinigen. Dann das restliche Öl hineingeben und Knoblauch, Bohnensauce, Paprika, Chili, Pilze, Zwiebel und Frühlingszwiebeln zugeben. Alles 2 Minuten pfannenrühren, danach das Fleisch zugeben und mit dem Gemüse mischen.

5 Die Würzzutaten in einer Schüssel mischen, zugeben und alles 3 Minuten pfannenrühren. Dann mit Nudeln servieren.

Hühnerklößchen mit Mais und Chili

Diese leckeren Bällchen aus Hühnerfleisch und Gemüsemais werden mit einer süß-sauren Sauce serviert.

NÄHRWERTANGABEN

Kilokalorien 196	Zucker .... 12 g
Eiweiß .... 26 g	Fett .... 4 g
Kohlenhydrate .. 15 g	davon gesättigt .. 1 g

2 ½ STD. 25 MIN.

4 PERSONEN

ZUTATEN

- 450 g mageres Hühnerfleisch, zu Hack verarbeitet
- 4 Frühlingszwiebeln, fein gehackt
- 1 kleine rote Chili, entkernt und fein gehackt
- 2,5-cm-Stück Ingwerwurzel, fein gehackt
- 100 g Mais aus der Dose, abgetropft
- Salz und weißer Pfeffer
- gekochter Jasminreis, zum Servieren

GARNIERUNG

- Frühlingszwiebeln, in Ringen
- rote Paprika, in Streifen

SAUCE

- 150 ml Hühnerbrühe (siehe Seite 9)
- 100 g Ananas aus der Dose, abgetropft, 4 EL Fruchtsaft aufbewahren
- 1 Karotte, in feinen Scheiben
- je 1 kleine rote und grüne Paprika, gewürfelt
- 1 EL helle Sojasauce
- 2 EL Reisessig
- 1 EL Zucker
- 1 EL Tomatenmark
- 2 TL Speisestärke, mit 4 TL Wasser angerührt

2

2

3

1 Für die Klößchen das Hühnerhack in eine Schüssel geben. Frühlingszwiebeln, Chili, Ingwer und Mais zufügen und alles gut verkneten. Salzen und pfeffern.

2 16 gleich große Klößchen formen. In einem Topf Wasser aufkochen. Einen Dämpfeinsatz mit Backpapier auslegen, die Klößchen hineingeben und über dem Wasserdampf 10–12 Minuten garen.

3 Für die Sauce die Brühe und den Ananassaft in einen Topf geben und aufkochen. Dann Ananasstücke, Karotte und Paprika zufügen und 5 Minuten garen. Die übrigen Zutaten zugeben und unter Rühren kochen, bis die Sauce eindickt.

4 Die fertigen Klößchen abgießen und auf einer Platte anrichten. Garnieren und mit der Sauce und dem Reis servieren.

Gegrillte Hähnchenschenkel

Diese köstlichen Hähnchenschenkel werden mit einer pikanten Curry-Butter bestrichen und knusprig braun gegrillt.

NÄHRWERTANGABEN

Kilokalorien 660	Zucker 4g
Eiweiß 34g	Fett 57g
Kohlenhydrate ... 4g	davon gesättigt . 30g

5 MIN. 20 MIN.

4 PERSONEN

ZUTATEN

12 Hähnchenschenkel

PIKANTE BUTTER

180 g Butter

2 Knoblauchzehen, zerdrückt

1 TL frisch geriebene Ingwerwurzel

2 TL gemahlene Kurkuma

4 TL Cayennepfeffer

2 EL Limettensaft

3 EL Mango-Chutney

ZUM SERVIEREN

gemischter Salat

gekochter Reis

1

2

3

1 Für die pikante Butter alle Zutaten in einer kleinen Schüssel gut vermengen.

2 Jeden Schenkel drei- oder viermal bis auf den Knochen einschneiden.

3 Die Schenkel unter einem vorgeheizten Backofengrill 12–15 Minuten braten, bis sie fast gar sind. Nach der Hälfte der Zeit wenden.

4 Die Hähnchenschenkel großzügig mit der pikanten Butter bestreichen und weitere 5–6 Minuten grillen, bis sie knusprig und goldbraun sind. Das Fleisch dabei mehrmals wenden und mit Butter bestreichen. Warm oder kalt mit einem gemischten Salat und Reis servieren.

VARIATION

Die pikante Butter passt ebenfalls zu gegrilltem Hähnchen- oder Putenbrustfilet.

Hähnchenbrust mit Gemüse

Dieses apulische Gericht aus saftigem Hühnerfleisch und schmackhaftem Gemüse wird mit Wein und grünen Oliven abgerundet.

NÄHRWERTANGABEN

Kilokalorien	614	Zucker	6 g
Eiweiß	34 g	Fett	30 g
Kohlenhydrate	49 g	davon gesättigt	11 g

20 MIN. 1 ½ STD.

4 PERSONEN

ZUTATEN

- 4 Hähnchenbrustfilets
- Salz und Pfeffer
- 2 EL Olivenöl
- 1 EL Butter
- 1 große Zwiebel, fein gehackt
- 2 Knoblauchzehen, zerdrückt
- 2 rote, gelbe oder grüne Paprika, in großen Stücken
- 250 g Champignons, in Scheiben oder geviertelt
- 200 g Tomaten, gehäutet und halbiert
- 150 ml trockener Weißwein
- 150–200 g grüne Oliven, entsteint
- 90 g Crème double
- glatte Petersilie, zum Garnieren
- Nudeln oder neue Kartoffeln, zum Servieren

2

3

4

1 Die Hähnchenbrustfilets mit Salz und Pfeffer würzen.

2 Öl und Butter in einer Pfanne erhitzen, das Hühnerfleisch hineingeben und von jeder Seite goldbraun braten. Dann mit einem Schaumlöffel herausnehmen. Zwiebel und Knoblauch in die Pfanne geben und glasig dünsten.

3 Paprika und Champignons zufügen und einige Minuten unter gelegentlichem Rühren garen. Die Tomaten unterrühren, alles mit Salz und Pfeffer abschmecken und die Gemüsemischung in eine Auflaufform geben. Die Filets auf das Gemüsebett legen.

4 Den Wein in die Pfanne geben und aufkochen, dann über das Hühnerfleisch gießen. Die Form fest zudecken und im vorgeheizten Backofen bei 180 °C etwa 50 Minuten garen.

5 Oliven und Crème double zum Hühnerfleisch geben und zugedeckt weitere 10–20 Minuten im Backofen garen, bis das Fleisch sehr zart ist.

6 Das fertige Gericht noch einmal mit Salz und Pfeffer abschmecken und mit frisch gehackter Petersilie garnieren. Die Hähnchenbrustfilets zusammen mit der Gemüsesauce in der Auflaufform servieren. Dazu frische Nudeln oder neue Kartoffeln reichen.

Huhn mit Erdnuss-Sauce

Servieren Sie dieses köstliche Wokgericht entweder mit asiatischen Nudeln oder mit Reis.

NÄHRWERTANGABEN

Kilokalorien	538	Zucker	5g
Eiweiß	45g	Fett	36g
Kohlenhydrate	10g	davon gesättigt	16g

10 MIN. 10 MIN.

4 PERSONEN

ZUTATEN

- 600 g Hähnchenbrustfilet
- Salz und Pfeffer
- 4 EL Sojasauce
- 4 EL Sherry
- 3 EL grobe Erdnussbutter
- 350 g Zucchini
- 2 EL Sonnenblumenöl
- 4–6 Frühlingszwiebeln, diagonal in Ringen
- 250 g Bambussprossen aus der Dose, abgetropft und in Stücke geschnitten
- 4 EL Kokosraspel, geröstet

1 Das Hühnerfleisch gegen die Faser in Streifen schneiden und leicht salzen und pfeffern.

2 Sojasauce, Sherry und Erdnussbutter in einer Schale glatt rühren.

3 Die Zucchini in 5 cm lange und 0,5 cm dicke Stifte schneiden.

4 Das Öl in einem heißen Wok stark erhitzen, den Wok dabei schwenken.

5 Die Frühlingszwiebeln ca. 1 Minute anbraten. Das Hühnerfleisch zugeben und 3–4 Minuten anbraten, bis die Poren geschlossen sind und das Fleisch fast gar ist.

6 Zucchini und Bambussprossen zugeben und 1–2 Minuten weiterbraten.

7 Die Sojasaucen-Mischung einrühren und unter Rühren gut erhitzen, bis die Sauce leicht eindickt.

8 Mit Salz und Pfeffer abschmecken, mit Kokosraspel bestreuen und heiß servieren.

2

3

5

VARIATION

Sie können für dieses Gericht auch Puten- oder Schweinefleisch verwenden. Für zusätzliches Kokosaroma 1 Esslöffel Kokoscreme in 2–3 Esslöffel kochendem Wasser auflösen und in die Sojasaucen-Mischung einrühren.

Hühnchen in pikanter Sauce

Von diesem schnell zubereiteten Gericht gibt es viele Varianten. Hier wird die klassische Kombination vorgestellt: Erdnüsse, Hühnerfleisch und Chillies.

NÄHRWERTANGABEN

Kilokalorien	342	Zucker	3 g
Eiweiß	25 g	Fett	24 g
Kohlenhydrate	6 g	davon gesättigt	5 g

5 MIN. — 10 MIN.

4 PERSONEN

ZUTATEN

- 300 g Hähnchenbrustfilet
- 2 EL Erdnussöl
- 125 g Erdnüsse
- 1 frische rote Chili, in Streifen
- 1 grüne Paprika, in Streifen
- gebratener Reis, zum Servieren

SAUCE

- 150 ml Hühnerbrühe
- 1 EL chinesischer Reiswein oder trockener Sherry
- 1 EL helle Sojasauce
- 1½ TL brauner Zucker
- 2 Knoblauchzehen, zerdrückt
- 1 TL frisch geraspelte Ingwerwurzel
- 1 TL Reisessig
- 1 TL Sesamöl

1 Fett vom Hühnerfleisch entfernen und das Fleisch in 2,5 cm große Würfel schneiden. Zunächst beiseite stellen.

2 Das Erdnussöl in einem heißen Wok oder einer Pfanne erhitzen.

3 Die Erdnüsse in den Wok geben und 1 Minute anbraten. Mit einem Pfannenwender herausnehmen und beiseite stellen.

4 Das Hühnerfleisch in den Wok geben und 1–2 Minuten pfannenrühren.

5 Chili und Paprika einrühren und 1 Minute anbraten. Danach herausnehmen und beiseite stellen.

6 Die Hälfte der Erdnüsse in einer Küchenmaschine zu einem fast sämigen Püree zerkleinern. Falls erforderlich, ein wenig Brühe zugeben, damit die Masse weicher wird. Alternativ können die Erdnüsse auch in eine Plastiktüte gefüllt und dann mit einem Nudelholz zerkleinert werden.

7 Für die Sauce Hühnerbrühe, Reiswein oder Sherry, Sojasauce, Zucker, Knoblauch, Ingwer und den Reisessig in den Wok geben.

8 Die Sauce erhitzen, aber ohne sie zum Kochen zu bringen. Dann Erdnusspüree, restliche Erdnüsse, Hühnerfleisch, rote Chili und grüne Paprika einrühren und alles gründlich mischen.

9 Das Sesamöl in die Sauce einrühren und alles 1 weitere Minute garen. Das fertige Gericht auf einem vorgewärmten Servierteller anrichten und mit gebratenem Reis sofort servieren.

5

6

8

Hühnchen mit Knoblauch & Limette

Angerichtet mit einer karamellisierten Sauce, erhalten die Hähnchenbrustfilets ihren Geschmack durch Limettensaft, Knoblauch und Koriander.

NÄHRWERTANGABEN

Kilokalorien	280	Zucker	7 g
Eiweiß	26 g	Fett	17 g
Kohlenhydrate	7 g	davon gesättigt	8 g

10 MIN. 25 MIN.

4 PERSONEN

ZUTATEN

4 Hähnchenbrustfilets
50 g weiche Knoblauchbutter
3 EL frisch gehackter Koriander
1 EL Sonnenblumenöl
geriebene Schale und Saft von 2 Limetten
25 g brauner Zucker
Limettenzesten, zum Garnieren

ZUM SERVIEREN

gekochter Reis
Zitronenspalten

1 Jedes Hähnchenbrustfilet zunächst zwischen Frischhaltefolie legen und auf einer flachen, festen Unterlage mit einem Nudelholz flach klopfen, sodass es etwa 1 cm dick ist.

2 Die Knoblauchbutter und den Koriander vermengen und jedes der flach geklopften Hähnchenbrustfilets damit bestreichen. Die Filets aufrollen und mit Cocktailspießen feststecken.

3 Das Sonnenblumenöl in einem heißen Wok oder einer Pfanne erhitzen.

4 Die Hühnerfleischrollen in den Wok oder die Pfanne geben und unter mehrmaligem Wenden 15–20 Minuten braten, bis sie durchgegart sind.

5 Die Fleischrollen aus dem Wok oder der Pfanne nehmen und in Scheiben schneiden.

6 Die Limettenschale, den Saft und den Zucker in den Wok geben und unter ständigem Rühren leicht erhitzen, bis der Zucker sich aufgelöst hat. Dann die Hitze erhöhen und alles 2 Minuten köcheln lassen.

7 Die Fleischscheiben auf vorgewärmten Serviertellern anrichten und die Sauce darüber gießen.

8 Mit Limettenzesten garnieren und mit gekochtem Reis und Zitronenspalten servieren.

2
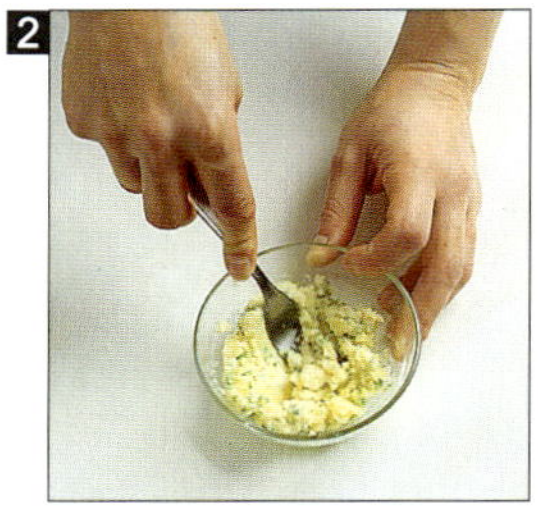

2
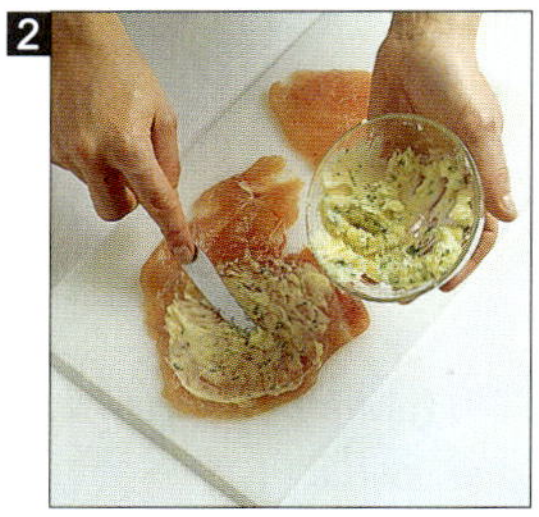

4

TIPP

Vergewissern Sie sich, dass das Hühnerfleisch durchgegart ist, bevor Sie es in Scheiben schneiden und servieren. Braten Sie das Fleisch bei geringer Hitze, damit es gleichmäßig von innen und außen gar wird.

Hühnchen-Nudel-Gratin

Serviert in hübschen Muschelschalen, ist dieses Gericht eine Aufsehen erregende Vorspeise oder kleine Mahlzeit.

NÄHRWERTANGABEN

Kilokalorien	532	Zucker	3 g
Eiweiß	25 g	Fett	34 g
Kohlenhydrate	33 g	davon gesättigt	14 g

20 MIN. 25 MIN.

4 PERSONEN

ZUTATEN

- 175 g kleine Hörnchennudeln oder andere kleine Nudeln
- 2 EL Öl, plus etwas mehr zum Einfetten
- 1 Zwiebel, fein gehackt
- 3 Scheiben gekochter Vorder- oder Hinterschinken, klein geschnitten
- 130 g Champignons, in Scheiben
- 120 g gekochtes Hühnerfleisch, gewürfelt
- 180 g Crème fraîche
- Salz und Pfeffer
- 4 EL Semmelbrösel
- 60 g Emmentaler, gerieben
- glatte Petersilie, zum Garnieren

1 Die Nudeln in kochendem Salzwasser bissfest kochen und abgießen.

2 Den Backofengrill vorheizen. Das Öl in einem Topf erhitzen und die Zwiebel darin bei mittlerer Hitze glasig dünsten. Schinken und Champignons zugeben und 3–4 Minuten anbraten.

3 Nudeln, Fleisch und Crème fraîche einrühren und mit Salz und Pfeffer würzen.

4 Die Mischung auf vier eingefettete Muschelformen oder kleine Auflaufformen verteilen.

5 Semmelbrösel und Käse vermengen und die Fleischmischung damit bestreuen. Leicht andrücken und 4–5 Minuten unter dem Grill gratinieren, bis der Käse geschmolzen und goldbraun ist. Mit Petersilie garnieren und heiß servieren.

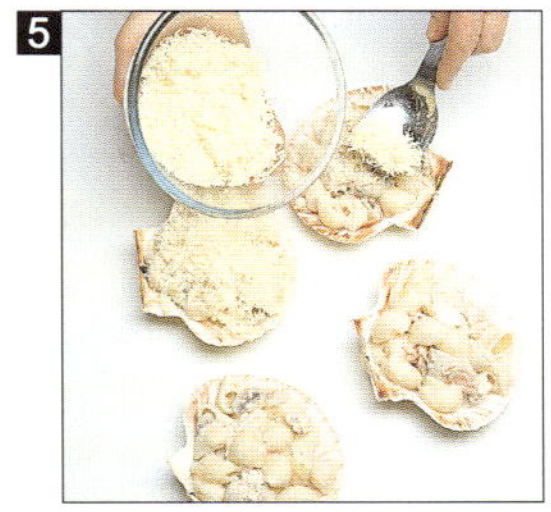

Süßes Mango-Huhn

Die süße und duftende Mango verleiht diesem Gericht ein ganz besonderes Aroma.

NÄHRWERTANGABEN

Kilokalorien 244	Zucker . . . . 18 g
Eiweiß . . . . 27 g	Fett . . . . 7 g
Kohlenhydrate . . 2,1 g	davon gesättigt . . 2 g

10 MIN. 15 MIN.

4 PERSONEN

ZUTATEN

- 1 EL Sonnenblumenöl
- 6 Hähnchenschenkel, entbeint und ohne Haut
- 1 reife Mango
- 2 Knoblauchzehen, zerdrückt
- 230 g Porree, in Scheiben
- 100 g Bohnensprossen
- 150 ml Mangosaft
- 1 EL Weißweinessig
- 2 EL flüssiger Honig
- 2 EL Tomatenketchup
- 1 TL Speisestärke

2
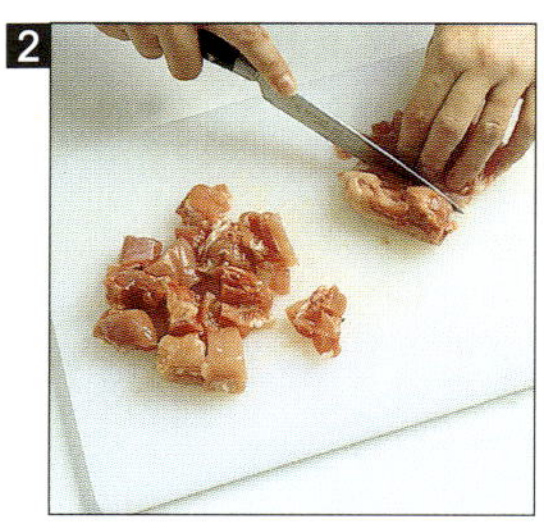

3
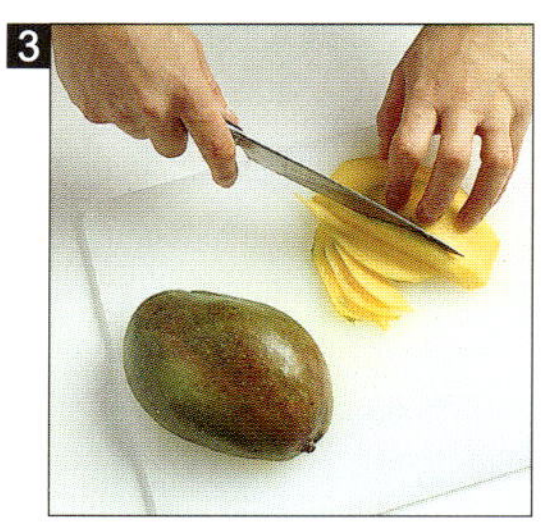

4
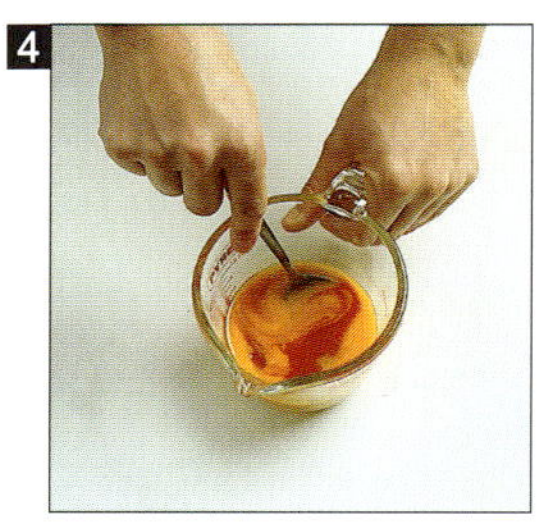

TIPP

Mangosaft ist in gut sortierten Supermärkten erhältlich. Er ist relativ dickflüssig und süß. Sie können ihn auch selber herstellen: Eine reife Mango pürieren, durch ein Sieb streichen und mit etwas Wasser strecken, um die gewünschte Menge zu erhalten.

1 Das Öl in einem großen Wok stark erhitzen.

2 Das Hühnerfleisch in mundgerechte Stücke schneiden und im Wok 10 Minuten unter häufigem Wenden anbraten, bis es gar und goldbraun ist.

3 Die Mango schälen und in Scheiben schneiden. Mit Knoblauch, Porree und Bohnensprossen zu dem Fleisch geben und 2–3 Minuten braten.

4 Mangosaft, Essig, Honig, Tomatenketchup und Speisestärke verrühren und in den Wok geben. Unter Rühren 2 Minuten kochen, bis die Sauce eindickt.

5 In eine vorgewärmte Servierschüssel geben und sofort servieren.

Mais-Ingwer-Hühnchen

Diese Hähnchenflügel mit der klebrigen, aber köstlichen Ingwermarinade kann man einfach mit den Fingern essen.

NÄHRWERTANGABEN

Kilokalorien 123	Zucker .... 3 g
Eiweiß .... 14 g	Fett .... 6 g
Kohlenhydrate ... 3 g	davon gesättigt .. 1 g

10 MIN. 20 MIN.

6 PERSONEN

ZUTATEN

- 3 frische Maiskolben
- 12 Hähnchenflügel
- 2,5-cm-Stück Ingwerwurzel
- 6 EL Zitronensaft
- 4 TL Sonnenblumenöl
- 1 EL brauner Zucker
- Pellkartoffeln oder Salat, zum Servieren

1

3

5

1 Hüllblätter und Fäden von den Maiskolben entfernen. Jeden mit einem scharfen Messer in 6 Stücke schneiden.

2 Den Mais mit den Hähnchenflügeln in eine große Schüssel geben.

3 Den Ingwer schälen und fein reiben oder hacken. In einer Schüssel mit Zitronensaft, Sonnenblumenöl und Zucker gründlich verrühren.

4 Die Marinade über Fleisch und Mais verteilen und alles gut mischen.

5 Hähnchenflügel und Maisstücke abwechselnd auf Metallspieße oder gewässerte Holzspieße stecken.

6 Unter dem Backofengrill bei mittlerer Hitze 15–20 Minuten garen. Dabei häufig wenden und mit der Ingwermarinade bestreichen, bis das Fleisch gar und der Mais goldbraun ist. Dann servieren. Pellkartoffeln oder einen Salat dazu reichen.

TIPP

Schneiden Sie die Flügelspitzen vor dem Grillen ab, oder wickeln Sie sie mit Alufolie ein, da sie beim Grillen schnell verbrennen.

Hühnchen-Gemüse-Pfanne

Dieses einfache Chop-Suey wird in sehr vielen chinesischen Restaurants und Imbissen auf der ganzen Welt angeboten.

NÄHRWERTANGABEN

Kilokalorien	153	Zucker	4 g
Eiweiß	9 g	Fett	10 g
Kohlenhydrate	8 g	davon gesättigt	1 g

3½ STD. 10 MIN.

4 PERSONEN

ZUTATEN

- 130 g Hähnchenbrustfilet
- 1 TL Salz
- ¼ Eiweiß, leicht aufgeschlagen
- 1 TL Speisestärke, mit 2 TL Wasser angerührt
- ca. 300 ml Öl
- 1 kleine Zwiebel, in dünnen Ringen
- 1 kleine grüne Paprika, in feinen Streifen
- 1 kleine Karotte, in feinen Stiften
- 130 g frische Bohnensprossen
- ½ TL Zucker
- 1 EL helle Sojasauce
- 1 TL Reiswein oder trockener Sherry
- 2–3 EL chinesische Brühe (siehe Seite 8) oder Wasser
- Sesamöl
- Chilisauce, zum Servieren

1 Das Hühnerfleisch mit einem scharfen Messer in sehr feine Streifen schneiden und in eine Schüssel geben.

2 Eine Prise Salz, Eiweiß und die angerührte Speisestärke zu dem Fleisch geben und alles gut vermengen.

3 Das Öl in einem heißen Wok oder einer großen Pfanne erhitzen.

4 Das Hühnerfleisch in dem heißen Öl 1 Minute unter Rühren frittieren. Mit einem Schaumlöffel aus dem Wok nehmen und auf Küchenpapier abtropfen lassen.

5 Das Öl bis auf 2 Esslöffel abgießen. Zwiebel, Paprika und Karotte im Wok 2 Minuten anbraten.

6 Die Bohnensprossen zugeben und kurz anbraten. Hühnerfleisch, restliches Salz, Zucker, Sojasauce und Reiswein oder Sherry in den Wok geben, gut mit dem Gemüse vermengen und die Brühe oder das Wasser zugießen.

7 Das fertige Gericht mit etwas Sesamöl beträufeln und mit der Chilisauce servieren.

TIPP

Chop-Suey war ursprünglich ein Reste-Essen und stammt eigentlich aus San Francisco, wo sich die ersten chinesischen Einwanderer zu Beginn des 20. Jahrhunderts niederließen.

Huhn mit Paprika und Orangen

Hähnchenschenkel sind nicht so zart wie Hähnchenbrust, doch zum Braten im Wok sind sie bestens geeignet.

NÄHRWERTANGABEN

Kilokalorien 267	Zucker . . . . 11 g
Eiweiß . . . . 23 g	Fett . . . . 11 g
Kohlenhydrate . . 15 g	davon gesättigt . . 2 g

10 MIN. 15 MIN.

4 PERSONEN

ZUTATEN

- 3 EL Sonnenblumenöl
- 350 g Hähnchenschenkel, entbeint und ohne Haut, in schmalen Streifen
- 1 Zwiebel, in Ringen
- 1 Knoblauchzehe, zerdrückt
- 1 rote Paprika, in Ringen
- 75 g Zuckererbsen
- 4 EL helle Sojasauce
- 4 EL Sherry
- 1 EL Tomatenmark
- geriebene Schale und Saft von 1 Orange
- 1 TL Speisestärke
- 2 Orangen
- 100 g Bohnensprossen
- Nudeln oder Reis, zum Servieren

1

3

4

1 Sonnenblumenöl in einem heißen Wok erhitzen. Dann das Hühnerfleisch unter Rühren 2–3 Minuten anbraten.

2 Zwiebel, Knoblauch, Paprika und Zuckererbsen in den Wok geben. Alles weitere 5 Minuten rühren, bis das Gemüse knackig und das Fleisch innen gar ist.

3 Sojasauce, Sherry, Tomatenmark, Orangenschale und -saft mit der Speisestärke mischen.

4 Die Mischung in den Wok gießen und ständig rühren, bis die Flüssigkeit eindicken beginnt. Dann die Orangen mit einem scharfen Messer schälen und in Spalten teilen.

5 Orangenspalten und Bohnensprossen in den Wok geben und 2 Minuten miterhitzen. Das fertige Gericht auf Teller verteilen und sofort mit Nudeln oder Reis servieren.

TIPP

Bei den in der chinesischen Küche sehr beliebten Bohnensprossen handelt es sich um Mungbohnenkeime. Sie werden nur angegart oder auch roh verzehrt.

Stubenküken mit Trockenobst

Stubenküken sind ideal für die Zubereitung von ein oder zwei Portionen. Sie können im Backofen oder in der Mikrowelle gegart werden.

NÄHRWERTANGABEN

Kilokalorien	316	Zucker	23 g
Eiweiß	23 g	Fett	15 g
Kohlenhydrate	23 g	davon gesättigt	2 g

35 MIN. 30 MIN.

2 PERSONEN

ZUTATEN

- 125 g getrocknete Äpfel, Pfirsiche und Pflaumen
- 120 ml kochendes Wasser
- 2 Stubenküken
- 25 g Walnusshälften
- 1 EL flüssiger Honig
- 1 TL gemahlener Piment
- 1 EL Walnussöl
- Salz und Pfeffer
- frisches Gemüse und neue Kartoffeln, zum Servieren

1 Das Trockenobst in einer Schüssel mit dem kochenden Wasser bedecken und mindestens 30 Minuten quellen lassen.

2 Die Stubenküken nach Belieben mit einem scharfen Messer entlang des Brustbeins halbieren oder am Stück lassen.

3 Das Obst samt Wasser in der Schüssel mit Walnusshälften, Honig und Piment mischen und auf zwei Bratbeutel oder zwei Stücke Alufolie verteilen. Den Ofen auf 190 °C vorheizen.

4 Die Stubenküken mit Walnussöl bestreichen, mit Salz und Pfeffer würzen und auf das Obst geben. Dann die Bratbeutel bzw. die Alufolie gut verschließen.

5 Die Stubenküken 25–30 Minuten im Ofen garen, bis beim Anstechen klarer Fleischsaft austritt. Für die Zubereitung in der Mikrowelle Stubenküken in Mikrowellen-Bratschläuche geben und auf hoher Stufe je nach Größe jeweils 6–7 Minuten garen.

6 Die Stubenküken heiß mit frischem Gemüse und neuen Kartoffeln servieren.

1

3

4
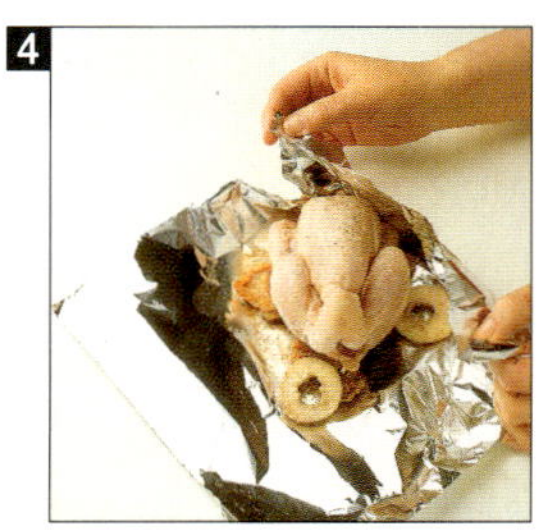

VARIATION

Sie können dieses Rezept auch mit getrockneten Kirschen, Mangos und Papayas zubereiten.

Hühnchen-Kartoffel-Auflauf

Dieser Auflauf sollte mit neuen Kartoffeln zubereitet werden. Die Frühlingszwiebeln können auch durch Schalotten ersetzt werden.

NÄHRWERTANGABEN

Kilokalorien	323	Zucker	9 g
Eiweiß	30 g	Fett	10 g
Kohlenhydrate	29 g	davon gesättigt	2 g

10 MIN. — 1¼ STD.

4 PERSONEN

ZUTATEN

- 2 EL Olivenöl
- 4 magere Hähnchenbrustfilets
- 1 Bund Frühlingszwiebeln, in Ringen
- 350 g junge Karotten, in Scheiben
- 125 g kleine grüne Bohnen, halbiert
- 600 ml Hühnerbrühe
- 350 g kleine neue Kartoffeln, gewaschen
- frische Kräuter, z. B. Thymian, Rosmarin, Lorbeer und Petersilie
- Salz und Pfeffer
- 2 EL Speisestärke
- 2–3 EL kaltes Wasser
- frische Kräuterzweige, zum Garnieren

1 Das Öl in einem Schmortopf erhitzen und die Hähnchenbrustfilets zugeben. 5–8 Minuten braten, bis sie von beiden Seiten gebräunt sind. Das Fleisch herausnehmen und beiseite stellen.

2 Frühlingszwiebeln, Karotten und grüne Bohnen in den Schmortopf geben und 3–4 Minuten dünsten.

3 Den Backofen auf 190 °C vorheizen. Das Fleisch wieder in den Topf geben, Brühe, Kartoffeln und Kräuter zugeben, mit Salz und Pfeffer würzen und aufkochen. Dann den Topf abdecken und alles im Backofen 40–50 Minuten schmoren, bis die Kartoffeln gar sind.

4 Speisestärke und Wasser glatt rühren, dann in den Schmortopf einrühren und die Sauce etwas eindicken lassen. Mit frischen Kräutern garnieren und servieren.

TIPP

Anstelle von frischen Kräutern können Sie auch getrocknete verwenden, doch dann die Menge halbieren. Alternativ können Sie auch ein Bouquet garni mitkochen, das meist aus Lorbeer, Thymian und Petersilie besteht.

Szechuan-Huhn

In China werden die Hühnerteile für dieses Gericht mit den Knochen zerhackt. Wenn Sie kein Küchenbeil haben, verwenden Sie filetiertes Hühnerfleisch.

NÄHRWERTANGABEN

Kilokalorien	218	Zucker	4 g
Eiweiß	23 g	Fett	9 g
Kohlenhydrate	8 g	davon gesättigt	2 g

4 STD. 15 MIN.

4 PERSONEN

ZUTATEN

- 500 g Hähnchenschenkel
- ¼ TL Pfeffer
- 1 EL Zucker
- 2 TL helle Sojasauce
- 1 TL dunkle Sojasauce
- 1 EL trockener Sherry oder Reiswein
- 2 TL Speisestärke
- 2–3 EL Pflanzenöl
- 1–2 Knoblauchzehen, zerdrückt
- 2 Frühlingszwiebeln, grüne und weiße Teile getrennt, klein geschnitten
- 4–6 kleine getrocknete rote Chillies, eingeweicht und entkernt
- 2 EL gelbe Bohnensauce
- 150 ml chinesische Brühe (siehe Seite 8) oder Wasser

1 Die Hähnchenschenkel in mundgerechte Stücke hacken und mit dem Pfeffer, Zucker, der Sojasauce, dem Wein und der Speisestärke 25–30 Minuten marinieren.

2 Das Öl in einem heißen Wok erhitzen und das Hühnerfleisch 1–2 Minuten leicht anbraten. Auf einen vorgewärmten Teller legen und beiseite stellen. Dann den Knoblauch, die weißen Teile der Frühlingszwiebeln, die Chillies und die gelbe Bohnensauce in den Wok geben und ca. 30 Sekunden andünsten.

3 Das Hühnerfleisch erneut in den Wok geben und etwa 1–2 Minuten pfannenrühren. Die Brühe oder das Wasser zugeben, zum Kochen bringen und abdecken. Bei mittlerer Hitze 5–6 Minuten schmoren lassen und dabei ein- oder zweimal umrühren. Mit dem Frühlingszwiebelgrün garnieren und sofort servieren.

1

2

2

TIPP

Typisch für die Szechuan-Küche ist die großzügige Verwendung von Chillies. In dieser Region sind die Speisen im Allgemeinen pikanter als in anderen Teilen Chinas.

Hühnchen mit Granatapfel

Granatapfelkerne verleihen diesem indischen Gericht eine säuerliche Note. Reichen Sie dazu einen Reissalat oder einen gemischten Salat.

NÄHRWERTANGABEN

Kilokalorien 291	Zucker . . . . 0 g
Eiweiß . . . . 41 g	Fett . . . . 14 g
Kohlenhydrate . . . 0 g	davon gesättigt . . 3 g

10 MIN. 25 MIN.

4 PERSONEN

ZUTATEN

3 EL Öl
700 g Hähnchenbrustfilet, in 5 cm langen Streifen
3 Knoblauchzehen, zerdrückt
3,5-cm-Stück Ingwerwurzel, in Stiften
1 TL Granatapfelkerne, zerdrückt
½ TL gemahlene Kurkuma
1 TL Garam Masala
2 frische grüne Chillies, in Ringen
½ TL Salz
4 EL Zitronensaft
geriebene Schale von 1 Zitrone
6 EL frisch gehackter Koriander
125 ml Hühnerbrühe
Naan-Brot, zum Servieren (siehe Seite 923)

1

2

3

1 Das Öl in einem Wok oder einer großen Pfanne erhitzen und das Hühnerfleisch unter Rühren goldbraun anbraten. Herausnehmen und beiseite stellen.

2 Knoblauch, Ingwer und Granatapfelkerne in den Wok geben und 1 Minute pfannenrühren, dabei den Knoblauch nicht anbrennen lassen.

3 Kurkuma, Garam Masala und Chillies zufügen und nochmals 30 Sekunden pfannenrühren.

4 Das Fleisch mit Salz, Zitronensaft und -schale, Koriander und Hühnerbrühe in den Wok geben und gründlich unterrühren.

5 Aufkochen, dann die Hitze reduzieren und 10–15 Minuten köcheln lassen, bis das Fleisch gar ist. Mit warmem Naan-Brot servieren.

TIPP

Pfannengerührte Gerichte sind ideal für die leichte Küche, da man nur wenig Öl für das Anbraten benötigt. Durch die hohen Temperaturen beim Pfannenrühren sind die Zutaten schnell gar und bleiben besonders aromatisch.

Hähnchenbrust Nell Gwyn

Die erfrischende Kombination von Hühnerfleisch und Orangensauce macht dieses Gericht zu einer idealen Speise an warmen Sommerabenden.

NÄHRWERTANGABEN

Kilokalorien	797	Zucker	28 g
Eiweiß	59 g	Fett	25 g
Kohlenhydrate	77 g	davon gesättigt	6 g

15 MIN. 25 MIN.

4 PERSONEN

ZUTATEN

- 2 EL Rapsöl
- 3 EL Olivenöl
- 4 Hähnchenbrustfilets (à 250 g)
- 150 ml Orangenlikör
- 1 EL Mehl
- 150 ml frisch gepresster Orangensaft
- 2 EL Zucchinistifte
- 2 EL rote Paprikastifte
- 2 EL Porreestifte
- Salz und Pfeffer
- 400 g Vollkorn-Spaghetti
- 3 große Orangen, filetiert
- Schale von 1 Orange, in sehr dünnen Streifen
- 2 EL frisch gehackter Estragon
- 150 g Frischkäse oder Ricotta

1 Rapsöl und 1 Esslöffel Olivenöl in einer Pfanne erhitzen. Die Filets darin goldbraun anbraten. Den Orangenlikör zugeben und 3 Minuten kochen. Das Mehl einstreuen und unter Rühren 2 Minuten kochen.

2 Die Hitze reduzieren. Orangensaft, Zucchini, Paprika und Porree zugeben und mit Salz und Pfeffer abschmecken. Die Sauce einige Minuten einkochen lassen.

3 Die Spaghetti mit 1 Esslöffel Olivenöl in leicht gesalzenem Wasser bissfest kochen. Dann abgießen, in eine Servierschüssel geben und mit dem restlichen Öl beträufeln.

4 Die Hälfte der Orangenfilets, die Hälfte der Orangenschale, Estragon und Frischkäse in die Sauce geben, sorgfältig mischen und 3 Minuten mitkochen.

5 Das Fleisch auf den Nudeln anrichten, mit der Sauce übergießen und mit Orangenfilets und -schale garnieren. Sofort servieren.

1

2

4

Grünes Hühnchen

Hier wird zartes Hühnerfleisch mit knackigem Gemüse gegart und mit gelber Bohnensauce zu einem knusprigen Gericht verfeinert.

NÄHRWERTANGABEN

Kilokalorien 297	Zucker 5g
Eiweiß 30g	Fett 16g
Kohlenhydrate ... 8g	davon gesättigt .. 3g

5 MIN. 15 MIN.

4 PERSONEN

ZUTATEN

- 2 EL Sonnenblumenöl
- 450 g Hähnchenbrustfilet
- 2 Knoblauchzehen, zerdrückt
- 1 grüne Paprika
- 100 g Zuckererbsen
- 6 Frühlingszwiebeln, in Ringen
- 225 g Weiß- oder Grünkohl, in Streifen
- 160 g gelbe Bohnensauce
- 50 g geröstete Cashewkerne
- Frühlingszwiebelringe, zum Garnieren (nach Belieben)

2

3

4

1 Das Sonnenblumenöl in einem großen heißen Wok erhitzen.

2 Das Hühnerfleisch in dünne Streifen schneiden und mit dem Knoblauch in den Wok geben. Etwa 5 Minuten pfannenrühren, bis das Fleisch von allen Seiten goldbraun ist.

3 Die Paprika entkernen und in dünne Streifen schneiden.

4 Zuckererbsen, Frühlingszwiebeln, Paprikastreifen und Kohl in den Wok geben. 5 Minuten pfannenrühren, bis das Gemüse gerade gar ist.

5 Die Bohnensauce einrühren und etwa 2 Minuten aufkochen.

6 Die Cashewkerne über die Wokmischung streuen.

7 Das Gericht auf vorgewärmte Teller verteilen, nach Belieben mit zusätzlichen Frühlingszwiebeln garnieren und sofort servieren.

TIPP

Verwenden Sie ungesalzene Cashewkerne, da das Gericht sonst zu salzig wird.

Hühnchen in Sesam und Zitrone

Sesam verleiht Speisen einen intensiven Nussgeschmack und die entsprechende Konsistenz. Er ist ein idealer Überzug für diese Hühnerfleischstreifen.

NÄHRWERTANGABEN

Kilokalorien	273	Zucker	5 g
Eiweiß	29 g	Fett	13 g
Kohlenhydrate	11 g	davon gesättigt	3 g

10 MIN. 10 MIN.

4 PERSONEN

ZUTATEN

- 4 Hähnchenbrustfilets
- 1 Eiweiß
- 25 g Sesamsaat
- 2 EL Pflanzenöl
- 1 Zwiebel, in Ringen
- 1 EL brauner Zucker
- geriebene Schale und Saft von 1 Limette
- 3 EL Zitronenmus
- 200 g Wasserkastanien aus der Dose, abgetropft
- Zitronenzesten, zum Garnieren

1 Die Hähnchenbrustfilets auf einer flachen, festen Unterlage zwischen zwei Blätter Frischhaltefolie legen und mit einem Nudelholz flach klopfen. Dann in dünne Streifen schneiden.

1

2

6

2 Das Eiweiß schaumig schlagen. Die Hähnchenstreifen in das Eiweiß tunken und dann in der Sesamsaat wenden, bis sie ganz davon überzogen sind.

3 Das Öl in einem Wok erhitzen und die Zwiebel 2 Minuten weich dünsten.

4 Das Fleisch in den Wok geben und 5 Minuten pfannenrühren, bis es goldbraun ist.

5 Den Zucker, die Limettenschale und den -saft sowie das Zitronenmus mischen und in den Wok geben. Leicht köcheln lassen.

6 Die Wasserkastanien in dünne Scheiben schneiden, in den Wok geben und 2 Minuten garen. Das fertige Gericht auf vorgewärmte Teller verteilen, mit Zitronenzesten garnieren und heiß servieren.

TIPP

Wasserkastanien werden in chinesischen Rezepten meist nur wegen ihrer knackigen Konsistenz verwendet. Sie sind geschmacklich relativ neutral.

Kapaun mit Limetten-Füllung

Eine Käsefüllung zwischen Fleisch und Haut sorgt dafür, dass das Hühnerfleisch besonders aromatisch und saftig wird.

NÄHRWERTANGABEN	
Kilokalorien 236	Zucker .... 1 g
Eiweiß .... 28 g	Fett .... 12 g
Kohlenhydrate ... 3 g	davon gesättigt .. 7 g

10 MIN. 2 STD.

4 PERSONEN

ZUTATEN

1 Kapaun (ca. 2 kg)
Öl, zum Einfetten
250 g Zucchini
25 g Butter
Saft von 1 Limette

FÜLLUNG

90 g Zucchini
90 g fettarmer Frischkäse
geriebene Schale von 1 Limette
2 EL Semmelbrösel
Salz und Pfeffer

2
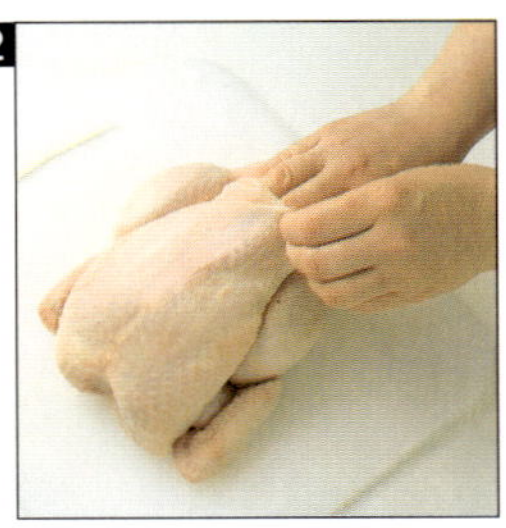

3
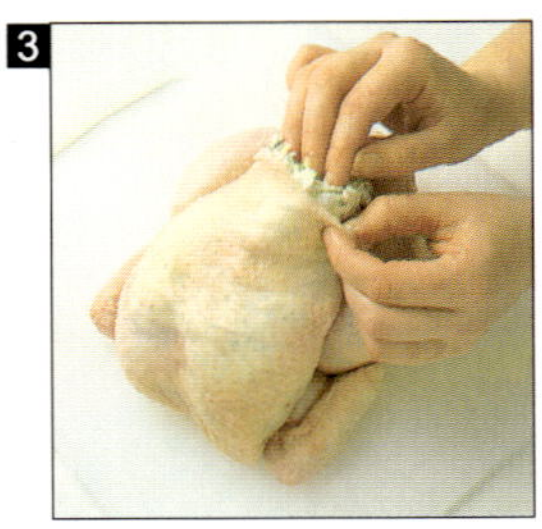

5

1 Die Zucchini für die Füllung grob raspeln, mit Käse, Limettenschale und Semmelbröseln mischen und alles mit Salz und Pfeffer würzen.

2 Die Brusthaut des Kapauns vorsichtig lösen.

3 Die Füllung gleichmäßig unter die Brusthaut geben und die Haut wieder andrücken.

4 Den Backofen auf 190 °C vorheizen. Den Kapaun in einen Bräter geben und mit Öl bestreichen. Etwa 100 Minuten im Ofen backen, bis beim Anstechen klarer Fleischsaft austritt.

5 Unterdessen die restlichen Zucchini putzen und mit dem Sparschäler in lange, dünne Streifen schneiden. In Butter und Limettensaft andünsten, bis sie zart sind. Zusammen mit dem Kapaun servieren.

TIPP
Die Zucchini garen noch schneller, wenn man sie raspelt.

Römer-Huhn

Dieses leichte Gericht schmeckt kalt mindestens genauso gut wie heiß und eignet sich deshalb auch für den Picknickkorb. Dazu passt frisches Brot.

NÄHRWERTANGABEN

Kilokalorien	317	Zucker	8 g
Eiweiß	22 g	Fett	22 g
Kohlenhydrate	9 g	davon gesättigt	4 g

35 MIN. 1 STD.

4 PERSONEN

ZUTATEN

- 4 EL Olivenöl
- 6 Hähnchenteile
- 2 Knoblauchzehen, mit 1 TL Salz zerdrückt
- 1 große rote Zwiebel, in feinen Ringen
- 4 große gemischte Paprika (rot, gelb, grün), in Streifen
- 150 g grüne Oliven, entsteint
- ½ Portion Tomatensauce (siehe Seite 6)
- 300 ml heiße Hühnerbrühe
- 2 frische Majoranzweige
- Salz und Pfeffer
- Brot, zum Servieren

1 2 Esslöffel Olivenöl in einer Kasserolle erhitzen und die Hühnerteile darin von allen Seiten gut anbraten. Aus der Kasserolle nehmen und warm stellen.

2 Restliches Olivenöl in die Kasserolle geben und Knoblauch und Zwiebel dünsten, bis sie glasig sind. Paprikastreifen, Oliven und Tomatensauce zugeben.

3 Die Hühnerteile zusammen mit der Brühe und dem Majoran wieder in die Kasserolle geben und abgedeckt ca. 45 Minuten schmoren lassen, bis das Fleisch gar ist. Mit Salz und Pfeffer abschmecken und mit frischem Brot servieren.

Honigsüßes Hühnchen in Sojasauce

In der chinesischen Küche wird häufig flüssiger Honig zum Süßen verwendet. Er passt in diesem Rezept gut zum salzigen Geschmack der Sojasauce.

NÄHRWERTANGABEN

Kilokalorien	279	Zucker	10 g
Eiweiß	38 g	Fett	8 g
Kohlenhydrate	12 g	davon gesättigt	2 g

35 MIN. 25 MIN.

4 PERSONEN

ZUTATEN

- 2 EL flüssiger Honig
- 3 EL helle Sojasauce
- 1 TL Fünf-Gewürze-Pulver
- 1 EL süßer Sherry
- 1 Knoblauchzehe, zerdrückt
- 8 Hähnchenschenkel
- 1 EL Sonnenblumenöl
- 1 rote Chili, entkernt
- 100 g Babymaiskolben, längs halbiert
- 8 Frühlingszwiebeln, in Ringen
- 150 g Bohnensprossen

1

2

4

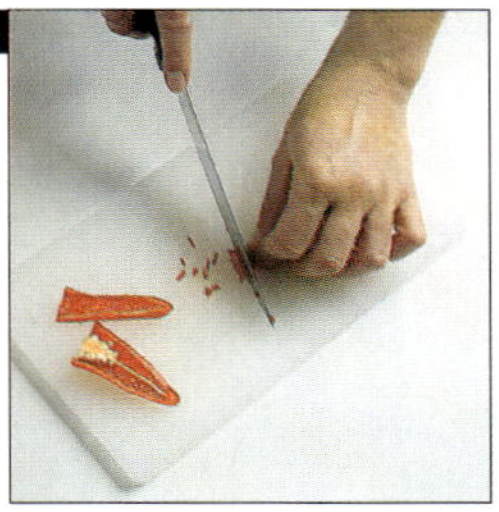

1 Den Honig, die Sojasauce, das Fünf-Gewürze-Pulver, den Sherry und den Knoblauch in einer Schüssel mischen.

2 Die Haut jedes Hähnchenschenkels dreimal einschneiden. Mit der Honig-Soja-Marinade die Hähnchenschenkel einstreichen, abdecken und mindestens 30 Minuten einziehen lassen.

3 Das Öl in einem heißen Wok erhitzen. Die Hähnchenschenkel zufügen und bei starker Hitze 12–15 Minuten garen, bis das Fleisch braun und knusprig ist. Herausnehmen und warm halten.

4 Die Chilischote mit einem scharfen Messer fein hacken.

5 Chili, Mais, Frühlingszwiebeln und Bohnensprossen in den Wok geben und 5 Minuten pfannenrühren.

6 Das Hühnerfleisch wieder in den Wok geben und mit den Zutaten zusammen verrühren, bis alles ganz durchgegart ist. Auf Servierteller geben und umgehend servieren.

TIPP

Das chinesische Fünf-Gewürze-Pulver finden Sie in den meisten großen Supermärkten. Es setzt sich aus Sternanis, Fenchel, Zimt, Gewürznelken und Szechuan-Pfeffer zusammen.

Hühnchen in Minzsauce

Diese mit Limettensaft und Honig marinierten Hähnchenschenkel werden mit einer passenden Sauce aus Naturjoghurt und Minze serviert.

NÄHRWERTANGABEN

Kilokalorien	170	Zucker	12 g
Eiweiß	23 g	Fett	3 g
Kohlenhydrate	12 g	davon gesättigt	1 g

35 MIN. 15 MIN.

6 PERSONEN

ZUTATEN

- 3 EL fein gehackte Minze
- 4 EL flüssiger Honig
- 4 EL Limettensaft
- Salz und Pfeffer
- 12 Hähnchenschenkel, entbeint
- Salat, zum Servieren

SAUCE

- 150 g fettarmer Naturjoghurt
- 1 EL gehackte Minze
- 2 TL fein geriebene Limettenschale

1

2
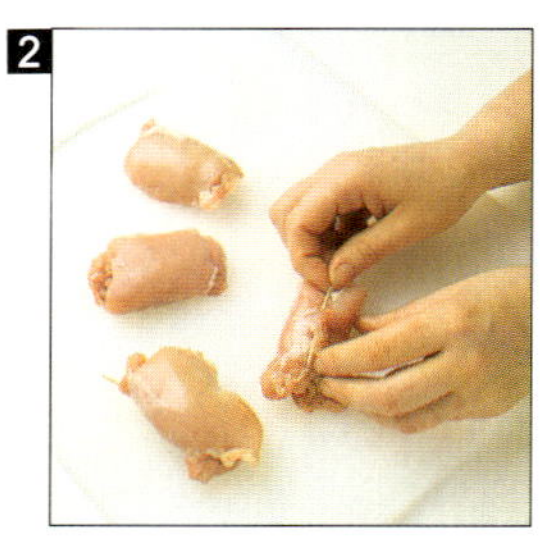

4

1 Zahnstocher in Wasser einweichen. Für die Marinade Minze, Honig und Limettensaft mit Salz und Pfeffer in einer großen Schüssel vermengen.

2 Die Hähnchenschenkel mit den Zahnstochern so zusammenstecken, dass sie nicht auseinander fallen. In der Marinade wenden, bis sie gut damit überzogen sind. Vor dem Grillen am besten eine Nacht, mindestens jedoch 30 Minuten marinieren.

3 Dann unter regelmäßigem Wenden grillen und mit der Marinade bestreichen. Das Fleisch ist gar, wenn beim Einstechen in die dickste Stelle klarer Saft austritt.

4 In der Zwischenzeit die Zutaten für die Minzsauce in einer kleinen Schüssel verrühren.

5 Die Zahnstocher entfernen und die Hähnchenschenkel mit der Sauce und einem Salat servieren.

Hühnchen mit Pilzen

Für dieses Gericht sollten getrocknete chinesische Pilze verwendet werden. Ist das nicht möglich, verwenden Sie frische dunkle statt weißer Pilze.

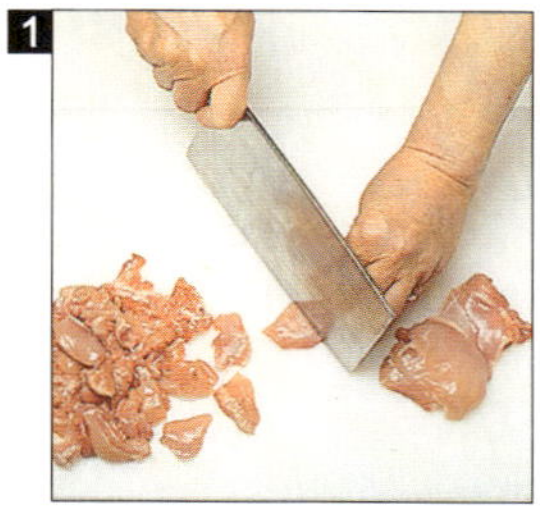

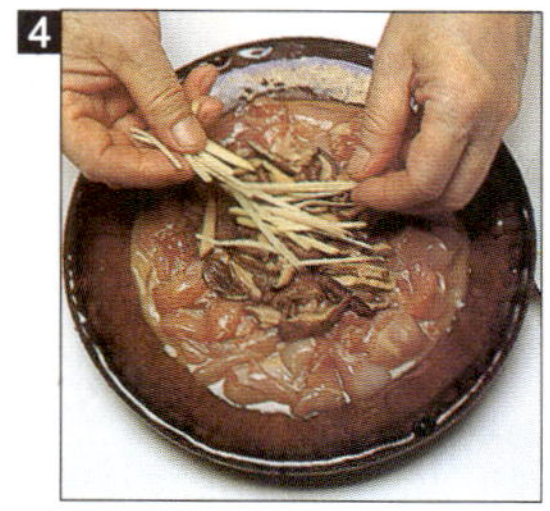

NÄHRWERTANGABEN

Kilokalorien	125	Zucker	0,3 g
Eiweiß	20 g	Fett	3 g
Kohlenhydrate	3 g	davon gesättigt	1 g

1 ¼ STD. 20 MIN.

4 PERSONEN

ZUTATEN

- 350 g Hähnchenbrustfilet
- ½ TL Zucker
- 1 EL helle Sojasauce
- 1 TL Reiswein oder trockener Sherry
- 2 TL Speisestärke
- 4–6 getrocknete chinesische Pilze, in warmem Wasser eingeweicht
- 1 EL frisch gehackte Ingwerwurzel
- Salz und Pfeffer
- einige Tropfen Sesamöl
- Korianderblätter, zum Garnieren

1 Das Hühnerfleisch mit einem Küchenmesser in mundgerechte Stücke schneiden und in eine Schüssel legen.

2 Den Zucker, die Sojasauce, den Wein oder Sherry und die Speisestärke zu dem Hühnerfleisch geben und gut mischen, sodass das Fleisch von der Mischung überzogen ist. 25–30 Minuten marinieren.

3 Die Pilze abgießen und auf Küchenpapier abtropfen lassen. Die Pilze in dünne Streifen schneiden. Harte Stielteile entfernen.

4 Die Fleischstücke auf einen hitzebeständigen Teller legen, der in einen Bambus-Dämpfer passt. Die Pilzscheiben und Ingwerstückchen auf das Hühnerfleisch geben, mit Salz und Pfeffer würzen und mit Sesamöl beträufeln.

5 Teller auf den Bambusrost in einen heißen Dämpfer oder auf einen Untersetzer in einem Wok mit heißem Wasser stellen und bei hoher Hitze 20 Minuten dämpfen.

6 Mit Korianderblättern garnieren und heiß servieren.

TIPP

Das Einweichwasser der getrockneten chinesischen Pilze nicht weggießen. Sie können es an Suppen und Brühen geben und so deren Geschmack verfeinern.

Deftiger Hühnereintopf

Dieser Eintopf enthält eine Fülle typisch italienischer Aromen, darunter die beliebten, würzigen sonnengetrockneten Tomaten.

NÄHRWERTANGABEN

Kilokalorien 320	Zucker .... 8 g
Eiweiß .... 34 g	Fett .... 17 g
Kohlenhydrate ... 8 g	davon gesättigt .. 4 g

15 MIN. 1¼ STD.

4 PERSONEN

ZUTATEN

- 8 Hähnchenschenkel
- 2 EL Olivenöl
- 1 rote Zwiebel, in Ringen
- 2 Knoblauchzehen, zerdrückt
- 1 große rote Paprika, in dicken Streifen
- fein geriebene Schale und Saft von 1 kleinen Orange
- 125 ml Hühnerbrühe
- 400 g gehackte Tomaten aus der Dose
- 25 g sonnengetrocknete Tomaten in Öl, abgetropft und in dünne Scheiben geschnitten
- 1 EL frisch gehackter Thymian
- 50 g schwarze Oliven, entsteint
- Salz und Pfeffer
- Orangenzesten und Thymianzweige, zum Garnieren
- frisches knuspriges Brot, zum Servieren

1 Die Hähnchenschenkel ohne Fett in einer beschichteten Pfanne bei starker Hitze goldbraun braten, dabei gelegentlich wenden. Das fertig gebratene Hühnerfleisch mit einem Schaumlöffel herausnehmen, überschüssiges Fett abtropfen lassen und in eine Kasserolle geben.

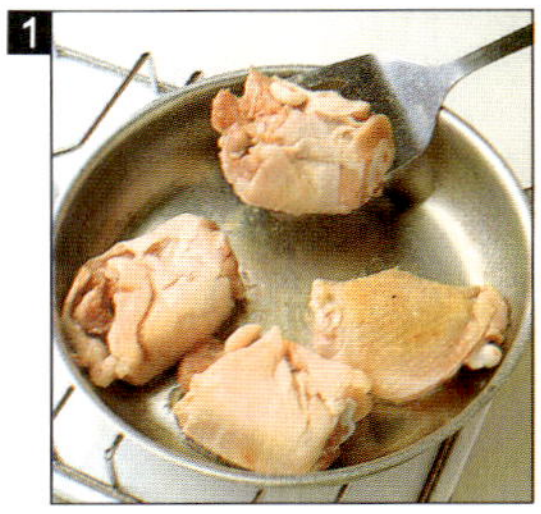

2 Das Öl in die Pfanne geben und Zwiebel, Knoblauch und Paprika darin 3–4 Minuten bei mittlerer Hitze dünsten. Dann das Gemüse in die Kasserolle geben.

3 Orangenschale und -saft, Hühnerbrühe, Tomaten aus der Dose und sonnengetrocknete Tomaten zufügen und alles sorgfältig verrühren.

4 Alles aufkochen, dann abdecken und etwa 1 Stunde bei schwacher Hitze köcheln lassen, dabei gelegentlich umrühren. Thymian und Oliven zugeben und mit Salz und Pfeffer abschmecken.

5 Den Eintopf mit Orangenzesten und Thymianzweigen garnieren und mit frischem Brot servieren.

TIPP

Sonnengetrocknete Tomaten besitzen eine feste Struktur und ein intensives Aroma. Sie verleihen jedem langsam garenden Eintopf eine wundervolle Geschmacksnote.

Hühnchen-Pflaumen-Eintopf

Dieser fruchtige Eintopf mit Hähnchenfleisch, Schalotten, Knoblauch und frischen Pflaumen ist ein wunderbares Herbstgericht.

NÄHRWERTANGABEN

Kilokalorien	270	Zucker	9 g
Eiweiß	27 g	Fett	7 g
Kohlenhydrate	16 g	davon gesättigt	2 g

2¼ STD. 35 MIN.

4 PERSONEN

ZUTATEN

- 2 Scheiben magerer Speck ohne Schwarte, fein gewürfelt
- 1 EL Sonnenblumenöl
- 450 g Hähnchenbrustfilet, in Streifen
- 1 Knoblauchzehe, zerdrückt
- 175 g Schalotten, halbiert
- 225 g Pflaumen, halbiert oder geviertelt und entsteint
- 1 EL brauner Zucker
- 150 ml trockener Sherry
- 2 EL Pflaumensauce
- 450 ml Hühnerbrühe (siehe Seite 9)
- 2 TL Speisestärke mit 4 TL Wasser angerührt
- 2 EL frisch gehackte Petersilie, zum Garnieren
- knuspriges Brot, zum Servieren

1 Den Speck in einer großen, beschichteten Pfanne ohne Fett 2–3 Minuten anbraten, bis das Fett austritt. Mit einem Pfannenwender herausnehmen und dann warm halten.

2 In derselben Pfanne das Öl erhitzen und das Hühnerfleisch mit Knoblauch und Schalotten 4–5 Minuten unter gelegentlichem Rühren anbraten, bis es rundum gebräunt ist.

3 Den Speck wieder in die Pfanne geben. Die Pflaumen zufügen. Zucker, Sherry, Pflaumensauce und Brühe einrühren, aufkochen und 20 Minuten bei geringer Hitze köcheln lassen, bis die Pflaumen weich sind und das Fleisch gar ist.

4 Die angerührte Speisestärke zugeben und alles unter Rühren 2–3 Minuten kochen, bis die Sauce eindickt.

5 Das fertige Gericht auf vorgewärmten Tellern anrichten und mit frischer Petersilie garnieren. Knuspriges Brot dazu reichen, das man gut in die fruchtige Sauce tunken kann.

Glasierte Hähnchenflügel

Diese Hähnchenflügel werden mit einer Glasur bestrichen, die in nur wenigen Minuten zubereitet, alle Gäste begeistern wird.

NÄHRWERTANGABEN

Kilokalorien 143	Zucker .... 6 g
Eiweiß .... 14 g	Fett .... 7 g
Kohlenhydrate ... 6 g	davon gesättigt .. 1 g

5 MIN. 20 MIN.

4 PERSONEN

ZUTATEN

- 8 Hähnchenflügel oder 1 Poularde, in 8 Teile zerlegt
- 3 EL Tomatenmark
- 3 EL Hoisin-Sauce
- 1 EL Weißweinessig
- 1 EL flüssiger Honig
- 1 EL Olivenöl
- 1 Knoblauchzehe, zerdrückt (nach Belieben)
- Salatblätter, zum Servieren

1 Das Hühnerfleisch nach Belieben häuten, um den Fettgehalt zu senken.

2 Tomatenmark, Hoisin-Sauce, Essig, Honig, Öl und Knoblauch für die Glasur in einer kleinen Schüssel gründlich verrühren.

3 Das Hühnerfleisch mit der Glasur bestreichen und auf dem Holzkohlegrill oder im Backofengrill 15–20 Minuten garen. Dabei gelegentlich wenden und regelmäßig mit der Glasur bestreichen.

4 Bräunt das Fleisch zu stark, bevor es gar ist, den Abstand zur Hitzequelle vergrößern, um den Garprozess zu verlangsamen.

5 Die gegrillten Hähnchenflügel auf vorgewärmten Tellern anrichten und mit frischen Salatblättern servieren.

1
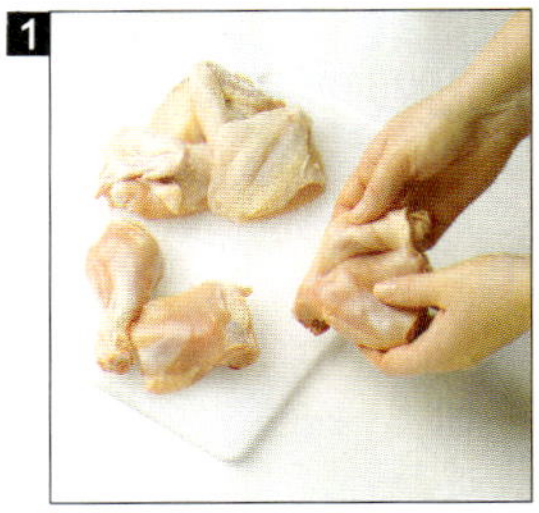

2
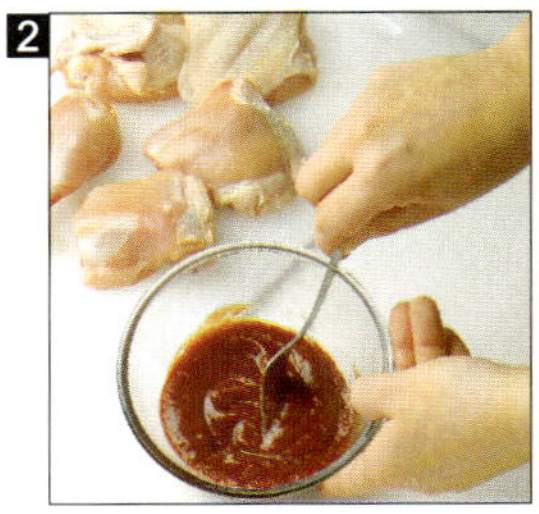

3
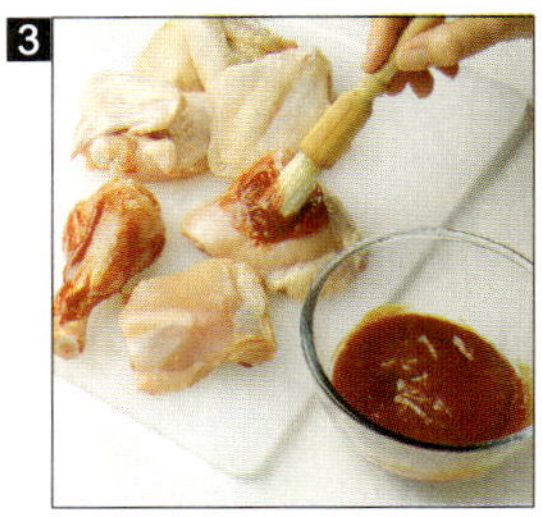

TIPP

Wird Geflügel bei sehr starker Hitze gegrillt, verschließen sich sofort alle Poren, und es bleibt schön saftig. Daher darauf achten, dass der Grill heiß genug ist.

Pfefferhuhn mit Zuckererbsen

Verschiedenfarbige Pfefferkörner sorgen bei diesem Gericht für eine bunte Erscheinung. Zerkleinern Sie die Pfefferkörner nur grob im Mörser.

NÄHRWERTANGABEN

Kilokalorien	219	Zucker	6g
Eiweiß	22g	Fett	10g
Kohlenhydrate	11g	davon gesättigt	2g

5 MIN.   15 MIN.

4 PERSONEN

ZUTATEN

- 2 EL Tomatenketchup
- 2 EL Sojasauce
- 450 g Hähnchenbrustfilet
- 2 EL bunte Pfefferkörner, zerstoßen
- 2 EL Sonnenblumenöl
- 1 rote Paprika
- 1 grüne Paprika
- 175 g Zuckererbsen
- 2 EL Austernsauce

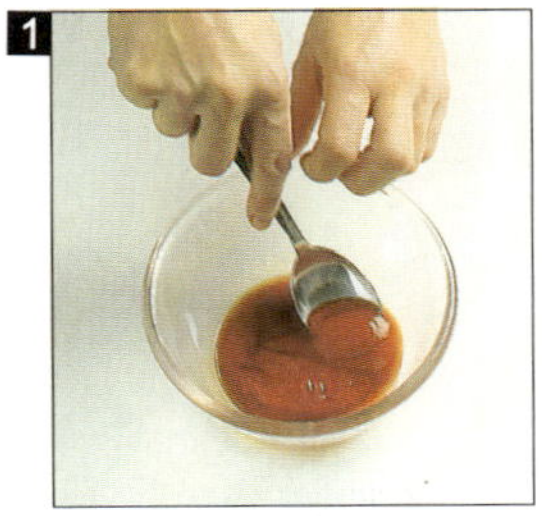

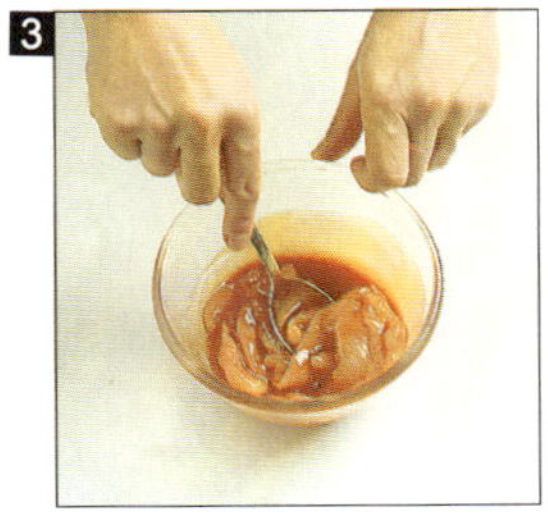

1 Den Tomatenketchup und die Sojasauce verrühren.

2 Das Hähnchenbrustfilet in schmale Streifen schneiden.

3 Die Filetstreifen in der Ketchup-Soja-Mischung wenden.

4 Die Pfefferkörner auf einen Teller geben. Die mit Sauce überzogenen Fleischstreifen in den Pfefferkörnern wenden, bis sie rundum bedeckt sind.

5 Das Sonnenblumenöl in einem heißen Wok erhitzen.

6 Die Hühnerfleischstreifen 5 Minuten im Wok braten.

7 Paprika entkernen und in Streifen schneiden.

8 Paprika und Zuckererbsen in den Wok geben und 5 Minuten pfannenrühren.

9 Austernsauce zugießen und 2 Minuten köcheln lassen. Dann sofort servieren.

VARIATION

Statt frischer Zuckererbsen kann man auch Erbsen aus der Dose verwenden.

Hühnchen mit Gemüse

Kokosnuss sorgt bei diesem Gericht für eine cremige Konsistenz und einen Hauch von Süße, der hübsch mit der grünen Chili kontrastiert.

NÄHRWERTANGABEN

Kilokalorien 330	Zucker 4g
Eiweiß 23g	Fett 24g
Kohlenhydrate . . . 6g	davon gesättigt . 10g

10 MIN. 10 MIN.

4 PERSONEN

ZUTATEN

- 3 EL Sesamöl
- 350 g Hähnchenbrust, in dünnen Scheiben
- Salz und Pfeffer
- 8 Schalotten, in Ringen
- 2 Knoblauchzehen, fein gehackt
- 2,5-cm-Stück Ingwerwurzel, gerieben
- 1 grüne Chili, fein gehackt
- je 1 rote und grüne Paprika, in dünnen Streifen
- 3 Zucchini, in dünnen Scheiben
- 2 EL gemahlene Mandeln
- 1 TL Zimt
- 1 EL Austernsauce
- 50 g Kokoscremeriegel, gerieben, oder Kokossahne

1 Das Sesamöl in einem großen heißen Wok erhitzen.

2 Das Hühnerfleisch zugeben, mit Salz und Pfeffer würzen und etwa 4 Minuten pfannenrühren.

3 Schalotten, Knoblauch, Ingwer und Chili zufügen und weitere 2 Minuten pfannenrühren.

4 Paprika und Zucchini zugeben und etwa 1 Minute mitbraten.

5 Schließlich Mandeln, Zimt, Austernsauce und Kokoscreme zufügen und 1 Minute pfannenrühren.

6 Das fertige Gericht auf einem vorgewärmten Servierteller anrichten und sofort servieren.

VARIATION

Sie können für dieses Gericht das jeweilige Gemüse der Saison nehmen oder eine Gemüsesorte, die Sie gerade zur Hand haben, zum Beispiel Brokkoli oder Babymaiskolben.

3

4

5

Mexikanisches Hähnchen

Chili, Tomaten und Mais sind typische Zutaten der mexikanischen Küche. Dies ist ein schnelles Essen für unerwartete Gäste.

NÄHRWERTANGABEN	
Kilokalorien 207	Zucker .... 8 g
Eiweiß .... 18 g	Fett .... 9 g
Kohlenhydrate .. 13 g	davon gesättigt .. 2 g

5 MIN. 35 MIN.

4 PERSONEN

ZUTATEN

2 EL Öl
8 Hähnchenkeulen
1 Zwiebel, fein gehackt
1 TL Chilipulver
1 TL gemahlener Koriander
2 EL Tomatenmark
425 g gehackte Tomaten aus der Dose, mit Saft
125 g Mais aus der Dose, abgetropft
Salz und Pfeffer

ZUM SERVIEREN

gekochter Reis
bunter Paprikasalat

1

3

4

1 Das Öl in einer großen Pfanne erhitzen. Die Hähnchenkeulen bei mittlerer Hitze von allen Seiten anbräunen. Aus der Pfanne nehmen und beiseite stellen.

2 Die Zwiebel in der Pfanne 3–4 Minuten anbraten, dann Chilipulver und Koriander zufügen und kurz mitbraten.

3 Tomatenmark und gehackte Tomaten mit dem Saft zugeben.

4 Das Fleisch wieder in die Pfanne geben und alles 20 Minuten köcheln lassen, bis das Hühnerfleisch durchgegart ist. Den Mais zugeben und weitere 3–4 Minuten köcheln lassen, dann mit Salz und Pfeffer abschmecken.

5 Das fertige Gericht auf Tellern anrichten und mit gekochtem Reis und einem bunten Paprikasalat servieren.

TIPP

Wenn Sie es milder mögen, können Sie das Chilipulver auch weglassen. Das Gericht wird dennoch köstlich schmecken.

Hühnchencobbler

Die Grundzutat für dieses farbenfrohe Gericht ist frisches Frühlingsgemüse. Garniert wird es mit herzhaften Vollkornklößen.

NÄHRWERTANGABEN

Kilokalorien 560	Zucker .... 10 g
Eiweiß .... 39 g	Fett .... 18 g
Kohlenhydrate .. 64 g	davon gesättigt .. 4 g

15 MIN. 1½ STD.

4 PERSONEN

ZUTATEN

- 8 Hähnchenkeulen, ohne Haut
- 1 EL Öl
- 1 kleine Zwiebel, in Ringen
- 350 g junge Karotten
- 2 junge weiße Rüben
- 120 g dicke Bohnen oder Erbsen
- 1 TL Speisestärke
- 300 ml Hühnerbrühe
- 2 Lorbeerblätter
- Salz und Pfeffer

KLÖSSE

- 250 g Vollkornmehl
- 2 TL Backpulver
- 25 g Sonnenblumenmargarine
- 2 TL körniger Senf
- 60 g Gouda, gerieben
- Milch, zum Bestreichen
- Sesamsaat, zum Bestreuen

1 Das Hühnerfleisch im Öl unter Wenden rundum goldgelb anbraten. Abtropfen und in einen Schmortopf geben. Die Zwiebel 2 Minuten im Öl dünsten.

2 Karotten und Rüben putzen, in Stücke schneiden und mit Zwiebel und Bohnen oder Erbsen in den Topf geben.

3 Die Speisestärke mit ein wenig Brühe in einem kleinen Topf anrühren, dann die restliche Brühe zugießen und unter Rühren sanft zum Kochen bringen. In den Schmortopf gießen, Lorbeerblätter zufügen und mit Salz und Pfeffer würzen.

4 Den Backofen auf 200 °C vorheizen. Den Topf abdecken und das Fleisch 50–60 Minuten im Backofen garen, bis beim Anstechen klarer Fleischsaft austritt.

5 Für die Klöße Mehl und Backpulver in eine Schüssel sieben. Nacheinander Margarine, Senf und Käse einkneten und mit etwas Milch zu einem glatten Teig verarbeiten.

6 Den Teig ausrollen und mit einer Ausstechform (4 cm Durchmesser) 16 Kreise ausstechen. Die Plätzchen auf das Fleisch legen, mit Milch bestreichen und mit Sesamsaat bestreuen. Weitere 20 Minuten backen, bis die Plätzchen goldbraun und fest sind. Dann sofort servieren.

2

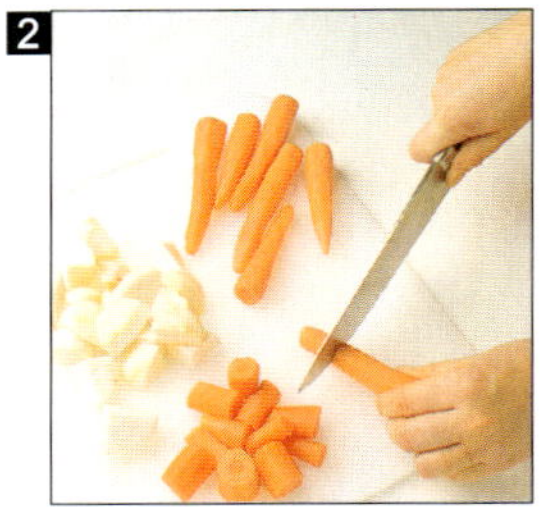

5

6

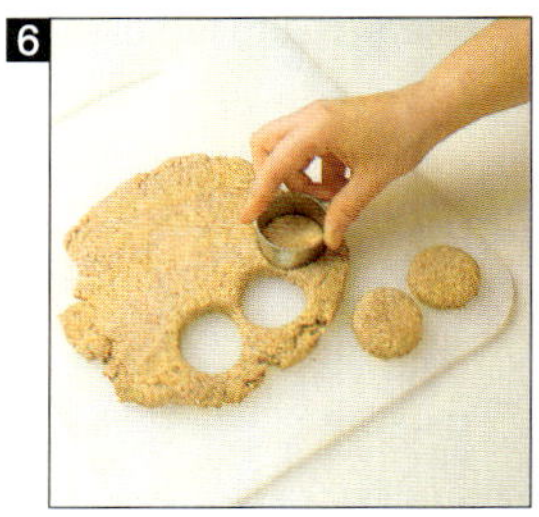

Indisches Grillhähnchen

Diese schmackhaften Hähnchenbrustfilets werden gegrillt und mit Naan-Brot und Gurken-Raita serviert.

NÄHRWERTANGABEN

Kilokalorien 228	Zucker 12g
Eiweiß 28g	Fett 8g
Kohlenhydrate .. 12g	davon gesättigt .. 2g

20 MIN. 10 MIN.

4 PERSONEN

ZUTATEN

4 Hähnchenbrustfilets
2 EL Currypaste
1 EL Sonnenblumenöl
1 EL brauner Zucker
1 TL Ingwerpulver
½ TL gemahlener Kreuzkümmel

GURKEN-RAITA

¼ Salatgurke
Salz
150 g fettarmer Naturjoghurt
¼ TL Chilipulver

ZUM SERVIEREN

Naan-Brot (siehe Seite 923)
grüner Salat

1

2

3

1 Die Hähnchenbrustfilets mit einem Fleischklopfer plätten.

2 Currypaste, Öl, Zucker, Ingwer und Kreuzkümmel in einer kleinen Schüssel verrühren. Die Filets beidseitig mit der Mischung bestreichen und beiseite stellen.

3 Die Gurke für das Raita schälen, halbieren und die Kerne mit einem Löffel entfernen. Das Fruchtfleisch raspeln, salzen, in ein Sieb geben und 10 Minuten abtropfen lassen. Das Salz abspülen und überschüssigen Fruchtsaft mit dem Löffelrücken aus der Gurke drücken.

4 Die Gurkenraspel mit Joghurt und Chilipulver verrühren. Dann kalt stellen.

5 Die Hähnchenbrustfilets auf einen eingeölten Rost legen und über Holzkohle oder im Backofengrill 10 Minuten garen. Die Filets zwischendurch einmal wenden.

6 Das Naan-Brot auf dem Grill aufwärmen. Dann die fertig gegrillten Hähnchenbrustfilets auf Teller verteilen und mit Brot und Raita zu frischem grünem Salat servieren.

Stubenküken mit Gemüse

Die Grundlage dieses Gerichts bilden junges Gemüse und Stubenküken. Dazu serviert man eine kalorienarme, säuerliche Sauce.

NÄHRWERTANGABEN

Kilokalorien	280	Zucker	7 g
Eiweiß	32 g	Fett	7 g
Kohlenhydrate	16 g	davon gesättigt	2 g

15 MIN. 1 STD.

4 PERSONEN

ZUTATEN

- 5 EL Vollkornsemmelbrösel
- 200 g fettarmer Frischkäse
- 5 EL frisch gehackte Petersilie
- 5 EL frisch gehackter Schnittlauch
- Salz und Pfeffer
- 4 Stubenküken
- 1 EL Sonnenblumenöl
- 675 g junges Frühlingsgemüse (z. B. Karotten, Zucchini, Zuckererbsen, Maiskolben und weiße Rüben), in kleinen Stücken
- 125 ml heiße Hühnerbrühe
- 2 TL Speisestärke
- 150 ml trockener Weißwein

1 Den Backofen auf 220 °C vorheizen. Semmelbrösel, ein Drittel des Frischkäses und je 2 Esslöffel Petersilie und Schnittlauch verrühren. Mit Salz und Pfeffer abschmecken. Die Stubenküken durch die Halsöffnung mit der Frischkäsemischung füllen und in eine Grillpfanne legen. Mit Öl bestreichen und mit Salz und Pfeffer bestreuen.

2 Die Stubenküken etwa 30–35 Minuten oder so lange im Backofen garen, bis beim Einstechen in das Fleisch klarer Saft austritt.

3 Das Gemüse in eine Auflaufform geben, die Hälfte der restlichen Kräuter darauf verteilen und die Brühe zugießen.

4 Abgedeckt 25–30 Minuten im Backofen garen, bis das Gemüse weich ist. Die Küken auf einer Servierplatte anrichten. Das Fett vom Bratensaft abschöpfen. Das Gemüse abgießen, die Brühe auffangen und zum Bratensaft geben.

5 Die Speisestärke mit dem Wein anrühren und mit dem restlichen Frischkäse in die Bratensaft-Brühe-Sauce geben. Unter Rühren aufkochen, dann die restlichen Kräuter zugeben. Mit Salz und Pfeffer abschmecken. Die Stubenküken mit Sauce übergießen und mit dem Gemüse servieren.

2

3

5

TIPP

Stubenküken sind einfach zuzubereiten, schnell gar und lassen sich leicht mit einem Messer längs halbieren.

Aprikosenhühnchen

Die würzigen Hähnchenschenkel werden entbeint und mit getrockneten Aprikosen gefüllt. Eine Joghurtglasur hält das Fleisch saftig.

NÄHRWERTANGABEN	
Kilokalorien 305	Zucker .... 21 g
Eiweiß .... 15 g	Fett .... 8 g
Kohlenhydrate .. 45 g	davon gesättigt .. 1 g

10 MIN. 40 MIN.

4 PERSONEN

ZUTATEN

- 4 große Hähnchenschenkel, ohne Haut
- fein geriebene Schale von 1 Zitrone
- Salz und Pfeffer
- 200 g getrocknete Aprikosen
- 1 EL gemahlener Kreuzkümmel
- 1 TL gemahlene Kurkuma
- 125 g fettarmer Naturjoghurt

ZUM SERVIEREN

- 250 g Naturreis
- 2 EL Haselnuss- oder Mandelsplitter, geröstet
- 2 EL Sonnenblumenkerne, geröstet
- Zitronenspalten und frischer Salat

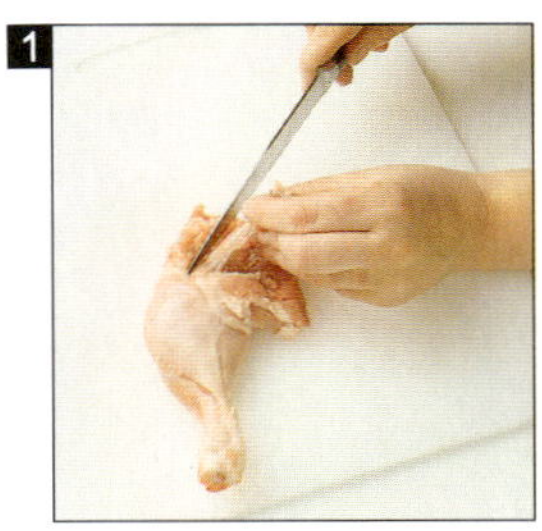

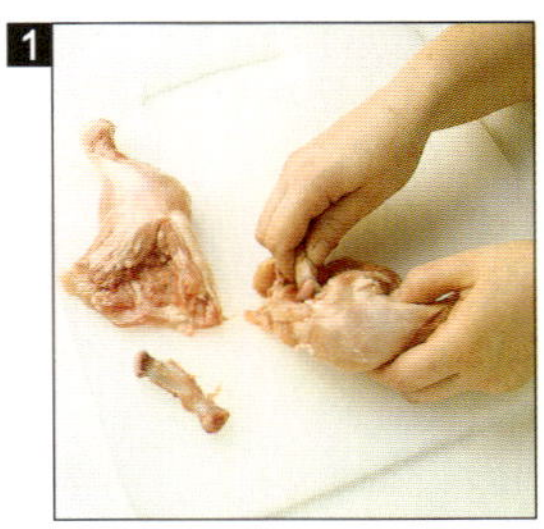

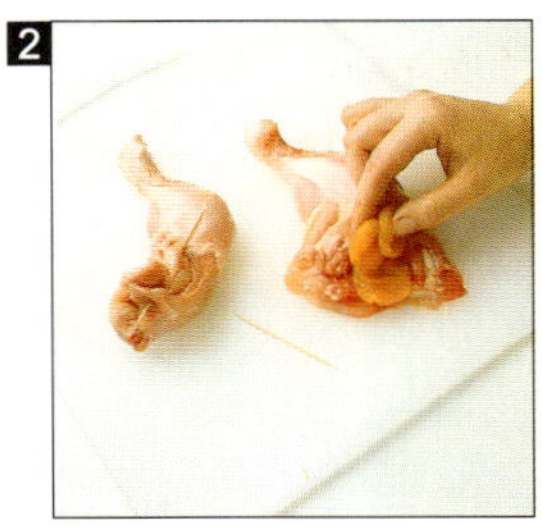

1 Den Backofen auf 190 °C vorheizen. Die Hähnchenschenkel von sichtbarem Fett befreien. Das Fleisch sorgfältig vom Schenkelknochen bis zum Gelenk ablösen. Den Knochen fest anfassen und aus dem Fleisch drehen.

2 Den entbeinten Teil des Schenkels öffnen, mit der Zitronenschale, Salz und Pfeffer bestreuen und mit den getrockneten Aprikosen füllen.

3 Die Öffnung mit Zahnstochern verschließen. Kreuzkümmel, Kurkuma, Joghurt, Salz und Pfeffer vermengen und die Schenkel gleichmäßig damit bestreichen. In eine Auflaufform legen und 35–40 Minuten im Ofen garen, bis beim Einstechen an der dicksten Stelle klarer Saft austritt.

4 Unterdessen den Reis in Salzwasser gar kochen und gründlich abtropfen lassen. Haselnüsse und Sonnenblumenkerne unter den Reis heben. Die Schenkel mit dem Nussreis, Zitronenspalten und einem frischen Salat servieren.

VARIATION

Anstelle der Gewürze können Sie auch getrocknete Kräuter verwenden, z. B. Oregano, Estragon oder Rosmarin. Beachten Sie, dass getrocknete Kräuter einen intensiveren Geschmack als frische haben, und verwenden Sie daher weniger.

Wantans mit Hühnerfleisch

Diese knusprigen Häppchen bilden eine ideale Vorspeise für ein chinesisches Mahl. Die Wantans sind mit einer Hühnerfleisch- und Pilzmischung gefüllt.

NÄHRWERTANGABEN

Kilokalorien	285	Zucker	1 g
Eiweiß	16 g	Fett	19 g
Kohlenhydrate	14 g	davon gesättigt	5 g

20 MIN. 35 MIN.

4 PERSONEN

ZUTATEN

- 250 g Hähnchenbrustfilet
- 60 g Pilze
- 1 Knoblauchzehe
- 2 Schalotten
- 1 EL Fischsauce oder Pilz-Ketchup
- 1 EL frisch gehackter Koriander
- 2 EL Pflanzenöl
- etwa 50 Wantan-Hüllen
- Öl, zum Frittieren
- Salz und Pfeffer
- Frühlingszwiebelstreifen, zum Garnieren
- süße Chilisauce, als Dip

1

2

3

1 Hühnerfleisch, Pilze, Knoblauch, Schalotten, Fischsauce oder Pilz-Ketchup und den Koriander in einer Küchenmaschine 10–15 Sekunden pürieren. Alternativ können die Zutaten auch sehr fein gehackt und gut verrührt werden.

2 Das Pflanzenöl in einem Wok oder einer großen Pfanne erhitzen, dann die Hühnerfleischmischung zufügen. Etwa 8 Minuten pfannenrühren, bis die festen Zutaten gebräunt sind. Alles in eine Schüssel füllen und 10–15 Minuten abkühlen lassen.

3 Die Wantan-Hüllen auf ein sauberes, feuchtes Tuch legen. 2 Hüllen übereinander legen. Einen Teelöffel der Hühnerfleischmasse in die Mitte geben. Die Ränder mit Wasser befeuchten und die Hüllen zu kleinen Beuteln formen. Die Ränder andrücken, um sie zu verschließen. Mit der restlichen Mischung genauso verfahren.

4 Das Öl zum Frittieren in einem Wok oder einer Fritteuse erhitzen. Die Wantans portionsweise jeweils 2–3 Minuten frittieren, bis sie goldbraun sind. Mit einem Schaumlöffel aus dem Öl heben und auf Küchenpapier abtropfen lassen. Warm halten, während die restlichen Wantans frittiert werden.

5 Die Wantans auf einen vorgewärmten Servierteller legen und mit den Frühlingszwiebeln garnieren. Mit einer süßen Chilisauce sofort servieren.

Philippinisches Hähnchen

In der asiatischen Küche wird Tomatenketchup aufgrund seines süß-sauren Geschmacks gerne verwendet.

NÄHRWERTANGABEN			
Kilokalorien	197	Zucker	7 g
Eiweiß	28 g	Fett	4 g
Kohlenhydrate	8 g	davon gesättigt	1 g

2¾ STD. 20 MIN.

4 PERSONEN

ZUTATEN

330 ml Zitronenlimonade
2 EL Gin
4 EL Tomatenketchup
2 TL Knoblauchsalz
2 TL Worcestersauce
Pfeffer
4 Hähnchenviertel

ZUM SERVIEREN

Eiernudeln, gekocht
2 Frühlingszwiebeln, in Ringen
1 grüne Chili, fein gehackt

1

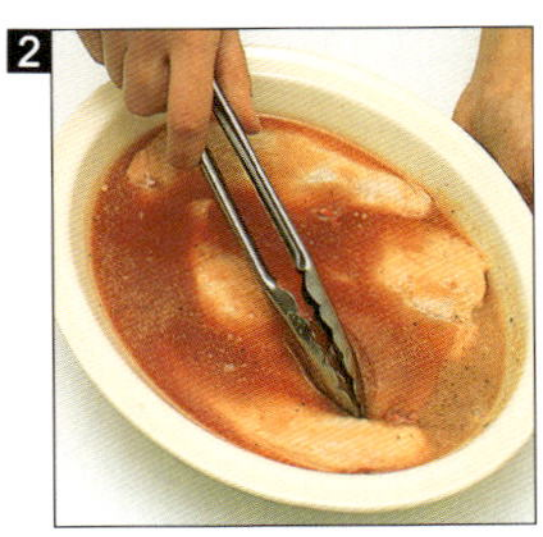
2

4

1 Limonade, Gin, Ketchup, Knoblauchsalz, Worcestersauce und Pfeffer in einer großen Schüssel mischen.

2 Das Hühnerfleisch zugeben und mit der Marinade überziehen.

3 2 Stunden im Kühlschrank marinieren. Dann herausnehmen und in 30 Minuten Raumtemperatur annehmen lassen.

4 Das Hühnerfleisch 20 Minuten bei mittlerer Hitze auf dem Grill oder im Backofengrill garen.

5 Nach ca. 10 Minuten das Fleisch einmal wenden.

6 Das fertig gegarte Fleisch vom oder aus dem Grill nehmen und vor dem Servieren 3–4 Minuten ruhen lassen.

7 Eiernudeln mit Frühlingszwiebeln und Chili garnieren und mit dem Hähnchenfleisch servieren.

TIPP

Lässt man das Hähnchen Raumtemperatur annehmen und grillt es dann mitsamt Knochen, verringert sich die Garzeit, und das Fleisch trocknet nicht aus.

Italienischer Sonntagsbraten

Hier wird eine Mischung aus Käse, Rosmarin und Tomaten unter die Geflügelhaut geschoben. Dazu schmecken Kartoffeln und Gemüse.

NÄHRWERTANGABEN

Kilokalorien 488	Zucker .... 6 g
Eiweiß .... 37 g	Fett .... 23 g
Kohlenhydrate .. 34 g	davon gesättigt . 11 g

35 MIN. 1 ½ STD.

6 PERSONEN

ZUTATEN

- 1 Kapaun oder 2 Hähnchen
- frische Rosmarinzweige
- 175 g Feta, zerbröselt
- 2 EL Tomatenmark
- 2–3 EL weiche Butter
- Pfeffer
- 1 Knoblauchknolle
- 1 kg neue Kartoffeln
- je 1 rote, grüne und gelbe Paprika, in Stücke geschnitten
- 3 Zucchini, in dünnen Scheiben
- 2 EL Olivenöl
- Salz
- 2 EL Mehl
- 600 ml Hühnerbrühe

2

3
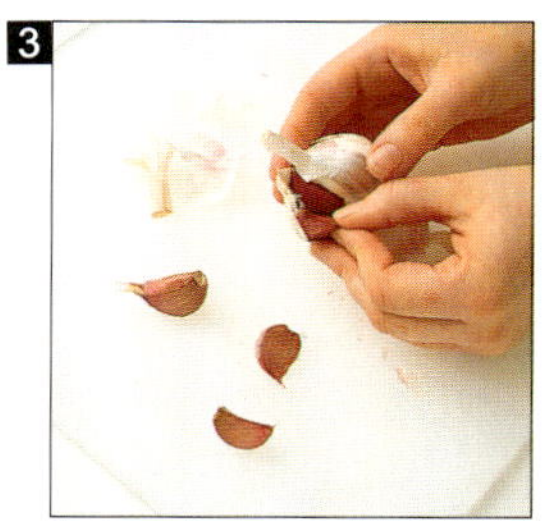

4

1 Den Kapaun von innen und außen abspülen und abtropfen lassen. Dann die Haut vom Brustfleisch lösen (aber nicht vollkommen abtrennen) und einen Finger zwischen Haut und Fleisch schieben, um die Haut etwas zu dehnen. Auf diese Weise die gesamte Haut des Brustfleischs und der Keulenoberseite lösen.

2 Die Blätter von 3 Rosmarinzweigen hacken und mit Feta, Tomatenmark, Butter und Pfeffer mischen und unter die Geflügelhaut schieben. Den Kapaun in eine Auflaufform legen, mit Alufolie bedecken und 2 Stunden im Backofen bei 190 °C garen.

3 Die Knoblauchknolle zerteilen und ungeschält mit dem Gemüse nach etwa 40 Minuten zum Hähnchen geben.

4 Den Kapaun mit Öl beträufeln, ein paar Rosmarinzweige zugeben und mit Salz und Pfeffer würzen. Wieder in den Ofen schieben und weitergaren, dabei 40 Minuten vor Ende der Garzeit die Alufolie entfernen, damit der Kapaun gut bräunt.

5 Den Kapaun auf einen Servierteller legen, einen Teil des Gemüses dazulegen und das restliche Gemüse in eine Servierschüssel geben. Dann das Fett aus der Auflaufform weggießen, das Mehl in den verbleibenden Bratensud rühren, kurz erhitzen, dann die Brühe langsam einrühren. Unter ständigem Rühren aufkochen, bis die Sauce eindickt. Durch ein Sieb gießen und zum Kapaun servieren.

Knoblauch-Kräuter-Hähnchen

Der Frischkäse mit Knoblauch und Kräutern in den parierten Hähnchenbrustfilets ist eine gelungene Überraschung.

NÄHRWERTANGABEN

Kilokalorien 272	Zucker .... 4 g
Eiweiß .... 29 g	Fett .... 13 g
Kohlenhydrate ... 4 g	davon gesättigt .. 6 g

20 MIN. 25 MIN.

4 PERSONEN

ZUTATEN

4 Hähnchenbrustfilets
100 g Frischkäse mit Knoblauch und Kräutern
8 Scheiben Parmaschinken
150 ml Rotwein
150 ml Hühnerbrühe
1 EL brauner Zucker
Pfeffer

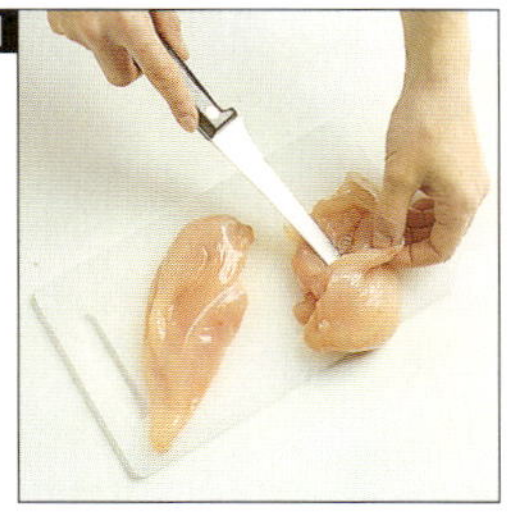

1

2

3

1 In die Hähnchenbrustfilets seitlich eine Tasche zum Füllen schneiden.

2 Den Käse mit einer Gabel glatt rühren, dann in die vorbereiteten Filets füllen.

3 Jedes Hähnchenbrustfilet mit 2 Scheiben Parmaschinken umwickeln und mit Küchengarn fixieren.

4 Wein und Brühe in eine große Pfanne gießen und aufkochen. Wenn die Flüssigkeit zu kochen anfängt, Zucker einstreuen und rühren, bis er aufgelöst ist.

5 Die Hitze reduzieren, das Fleisch zugeben und 12–15 Minuten in der köchelnden Flüssigkeit garen. Das genaue Ende der Garzeit kann ermittelt werden, indem das Fleisch an der dicksten Stelle eingestochen wird: Wenn nach dem Einstechen klarer Bratensaft austritt, ist es gar.

6 Das fertig gegarte Fleisch aus der Pfanne nehmen, beiseite stellen und warm halten.

7 Die Sauce mit Pfeffer abschmecken und erneut aufkochen, bis sie eingedickt ist. Das Küchengarn von den Röllchen entfernen. Das Fleisch in Scheiben schneiden, auf Teller verteilen, mit Sauce übergießen und sofort servieren.

VARIATION

Nach Belieben können vor dem Füllen 2 fein gehackte sonnengetrocknete Tomaten unter den Käse gemischt werden.

Hühnchen mit rotem Curry

Das Fleisch wird mit einer Currypaste voller feurig scharfer, roter Chilischoten zubereitet. Verwenden Sie weniger Chilischoten, wenn Sie es milder mögen.

NÄHRWERTANGABEN

Kilokalorien	331	Zucker	5 g
Eiweiß	36 g	Fett	17 g
Kohlenhydrate	7 g	davon gesättigt	3 g

10 MIN. 10 MIN.

4 PERSONEN

ZUTATEN

- 4 EL Pflanzenöl
- 2 Knoblauchzehen, zerdrückt
- 400 ml Kokosmilch
- 6 Hähnchenbrustfilets, in mundgerechte Stücke geschnitten
- 125 ml Hühnerbrühe
- 2 EL Fischsauce
- rote und grüne Chillies, gehackt, zum Garnieren
- gekochter Reis, zum Servieren

ROTE CURRYPASTE

- 8 getrocknete rote Chillies, entkernt und klein geschnitten
- 2,5-cm-Stück Ingwerwurzel oder Galangal, in dünnen Scheiben
- 3 Stängel Zitronengras, gehackt
- 1 Knoblauchzehe, geschält
- 2 TL Garnelenpaste
- 1 Kaffir-Limettenblatt, klein geschnitten
- 1 TL gemahlener Koriander
- ¾ TL gemahlener Kreuzkümmel
- 1 EL frisch gehackter Koriander
- 1 TL Salz und schwarzer Pfeffer

1 Für die rote Currypaste alle Zutaten in einer Küchenmaschine sämig pürieren.

2 Das Pflanzenöl in einem heißen Wok oder einer großen Pfanne erhitzen. Den Knoblauch zugeben und 1 Minute anbraten, bis er goldbraun ist.

3 Die rote Currypaste einrühren und 10–15 Sekunden anbraten.

4 Die Kokosmilch langsam zugießen und dabei fortwährend rühren (es ist unbedenklich, wenn die Mischung zu diesem Zeitpunkt geronnen erscheint).

5 Die Hühnerfleischstücke zugeben und in der Saucenmischung wenden, bis sie ganz davon umhüllt sind. Bei geringer Hitze 3–5 Minuten köcheln lassen, bis das Fleisch gar und zart ist.

6 Die Hühnerbrühe und die Fischsauce einrühren und alles gut mischen, dann weitere 2 Minuten garen.

7 Das Hähnchen-Curry auf einen vorgewärmten Servierteller geben und mit gehackten roten und grünen Chillies garnieren. Mit Reis servieren.

Sesam-Huhn

Sesamkörner und Erdnüsse geben diesem pfannengerührten Fleisch extra Biss und Geschmack.

NÄHRWERTANGABEN

Kilokalorien 435	Zucker 10g
Eiweiß 38g	Fett 26g
Kohlenhydrate .. 14g	davon gesättigt .. 4g

10 MIN. 15 MIN.

4 PERSONEN

ZUTATEN

- 2 EL Pflanzenöl
- 2 EL Sesamöl
- 500 g Hähnchenbrustfilet, in Streifen
- 250 g Brokkoli, in kleinen Röschen
- 250 g Babymaiskolben
- 1 kleine rote Paprika, in Streifen geschnitten
- 2 EL Sojasauce
- 250 ml Orangensaft
- 2 TL Speisestärke
- 2 EL Sesamsaat, geröstet
- 60 g ungesalzene Erdnüsse, geröstet
- Reis oder Nudeln, zum Servieren

1 Das Pflanzen- und Sesamöl in einem großen Wok oder einer Pfanne erhitzen, bis es zu rauchen beginnt. Die Hühnerfleischstreifen in den Wok geben und etwa 4–5 Minuten anbraten, bis sie braun sind.

2 Brokkoli, Maiskölbchen und Paprika zugeben und alles weitere 1–2 Minuten braten.

3 Die Sojasauce in der Zwischenzeit mit dem Orangensaft und der Speisestärke mischen und in den Wok einrühren. Stetig rühren, bis die Sauce leicht andickt und eine Glasur bildet.

4 Die Sesamsaat und die Erdnüsse einrühren und alles gut mischen. Weitere 3–4 Minuten pfannenrühren.

5 Das fertige Gericht auf vorgewärmte Servierteller geben und mit Reis oder Nudeln servieren.

TIPP

Da die Sojasauce bereits salzig ist, sollten Sie unbedingt darauf achten, ungesalzene Erdnüsse zu verwenden, damit das Gericht nicht zu salzig wird.

Hühnchen im Käsemantel

Die Hähnchenbrustfilets werden hier mit geriebenem Käse und einer Senf-Milch-Mischung paniert und im Backofen gebraten.

NÄHRWERTANGABEN

Kilokalorien	225	Zucker	1 g
Eiweiß	32 g	Fett	7 g
Kohlenhydrate	9 g	davon gesättigt	3 g

5 MIN. 35 MIN.

4 PERSONEN

ZUTATEN

- 1 EL Magermilch
- 2 EL scharfer Senf
- 3 EL frisch geriebener fettarmer Gouda
- 3 EL Mehl
- 2 EL frisch gehackter Schnittlauch
- 4 Hähnchenbrustfilets

ZUM SERVIEREN

- Pellkartoffeln
- frisches Gemüse
- gemischter Salat

1 Den Backofen auf 200 °C vorheizen. Milch und Senf in einer Schüssel verquirlen. In einer zweiten Schüssel Käse, Mehl und Schnittlauch mischen.

2 Die Hähnchenbrustfilets in der Senfmilch wenden und gründlich damit bestreichen.

3 Anschließend die Filets gut in der Käsemischung wenden, sodass sie rundum damit überzogen sind.

4 Auf ein Backblech legen und mit übrig gebliebener Panade bedecken.

5 Die Hähnchenbrustfilets 30–35 Minuten im Backofen goldbraun backen, bis beim Einstechen in das Fleisch klarer Saft austritt.

6 Heiß zu Pellkartoffeln und frischem Gemüse oder auch kalt zu einem knackigen Salat servieren.

1

2

3

TIPP

Für einen pikanteren Geschmack wählen Sie einen französischen Senf. Meaux-Senf ist körnig mit einem warmen, würzigen Aroma, während Dijonsenf mittelscharf und leicht säuerlich schmeckt.

Karahi-Huhn

Ein Karahi ist eine sehr vielseitig verwendbare, große Pfanne mit zwei Griffen. Ähnlich wie im Wok gart man darin stets bei starker Hitze.

NÄHRWERTANGABEN

Kilokalorien	270	Zucker	1 g
Eiweiß	41 g	Fett	11 g
Kohlenhydrate	1 g	davon gesättigt	2 g

5 MIN. 20 MIN.

4 PERSONEN

ZUTATEN

- 2 EL Ghee oder Butter
- 3 Knoblauchzehen, zerdrückt
- 1 Zwiebel, fein gehackt
- 2 EL Garam Masala
- 1 TL gemahlener Koriander
- ½ TL getrocknete Minze
- 1 Lorbeerblatt
- 750 g Hähnchenbrustfilet, gewürfelt
- 200 ml Hühnerbrühe
- 1 TL frisch gehackter Koriander
- Salz
- warmes Naan-Brot oder Chapatis, zum Servieren (siehe Seiten 923 und 917)

1

3

3

1 Das Fett in einem Karahi, Wok oder einer Pfanne erhitzen. Knoblauch und Zwiebel zugeben und 4 Minuten unter Rühren goldbraun anbraten.

2 Garam Masala, Koriander, Minze und Lorbeerblatt zugeben.

3 Das Fleisch zugeben und bei starker Hitze 5 Minuten anbraten, dabei gelegentlich umrühren. Dann die Brühe zugießen und 10 Minuten köcheln lassen, bis die Sauce eindickt. Das Fleisch ist gar, wenn beim Anstechen klarer Fleischsaft austritt.

4 Frischen Koriander und Salz einrühren, alles gut vermischen und sofort mit warmem Naan-Brot oder Chapatis servieren.

TIPP

Den Karahi oder Wok immer erhitzen, bevor Sie das Öl zugießen. Dadurch erreichen Sie höhere Temperaturen.

Hähnchenbrust mit Knusperkruste

Dieses attraktive Hauptgericht besteht aus Hähnchenbrustfilets, gefüllt mit buntem Paprikagemüse und serviert auf einer Tomaten-Paprika-Sauce.

NÄHRWERTANGABEN			
Kilokalorien	196	Zucker	4g
Eiweiß	29g	Fett	6g
Kohlenhydrate	6g	davon gesättigt	2g

20 MIN. 50 MIN.

4 PERSONEN

ZUTATEN

- 4 Hähnchenbrustfilets (à ca. 150 g)
- Salz und Pfeffer
- 4 frische Estragonzweige
- ½ kleine orangefarbene Paprika, in Streifen
- ½ kleine grüne Paprika, in Streifen
- 15 g Vollkornsemmelbrösel
- 1 EL Sesamsaat
- 4 EL Zitronensaft
- 1 kleine rote Paprika, halbiert und entkernt
- 200 g gehackte Tomaten aus der Dose
- 1 kleine rote Chili, entkernt und gehackt
- ¼ TL Selleriesalz
- frischer Estragon, zum Garnieren

1

3

5

1 Den Backofen auf 200 °C vorheizen. Mit einem Messer eine Tasche in die Hähnchenbrustfilets schneiden. Das Innere mit Salz und Pfeffer einreiben.

2 In jede Tasche einen Estragonzweig und einige Streifen orangefarbene und grüne Paprika füllen. Die Filets auf ein Backblech legen und mit Semmelbröseln und Sesamsaat bestreuen.

3 Die Filets mit je 1 Esslöffel Zitronensaft beträufeln und im Ofen 30–40 Minuten backen, bis sie gar sind.

4 Den Grill vorheizen. Die roten Paprikahälften auf den Grillrost legen und 5–6 Minuten grillen, bis die Haut Blasen wirft. Anschließend die gegrillte Paprika 10 Minuten abkühlen lassen und danach die Haut abziehen.

5 Die rote Paprika mit Tomaten, Chili und Selleriesalz in einer Küchenmaschine einige Minuten fein pürieren und abschmecken. Alternativ das Gemüse klein hacken und durch ein Sieb streichen.

6 Wenn das Fleisch gar ist, die Sauce kurz erhitzen, dann auf vorgewärmte Teller verteilen und die Filets in die Mitte legen. Mit Estragon garnieren und sofort servieren.

Hähnchenbrust mit Whiskysauce

Die Hähnchenbrustfilets und das Gemüse werden in Brühe gekocht und mit einer sämigen, mit Whisky und Crème fraîche verfeinerten Sauce serviert.

NÄHRWERTANGABEN

Kilokalorien	337	Zucker	6 g
Eiweiß	37 g	Fett	15 g
Kohlenhydrate	6 g	davon gesättigt	8 g

5 MIN. 30 MIN.

4 PERSONEN

ZUTATEN

- 25 g Butter
- 60 g Porree, klein geschnitten
- 60 g Karotte, gewürfelt
- 60 g Stangensellerie, gewürfelt
- 4 Schalotten, in Ringen
- 600 ml Hühnerbrühe
- 6 Hähnchenbrustfilets
- 50 ml Whisky
- 200 g Crème fraîche
- 2 EL frisch geriebener Rettich
- 1 TL Honig, erwärmt
- 1 TL frisch gehackte Petersilie
- Salz und Pfeffer
- 1 frischer Petersilienzweig, zum Garnieren

1

3

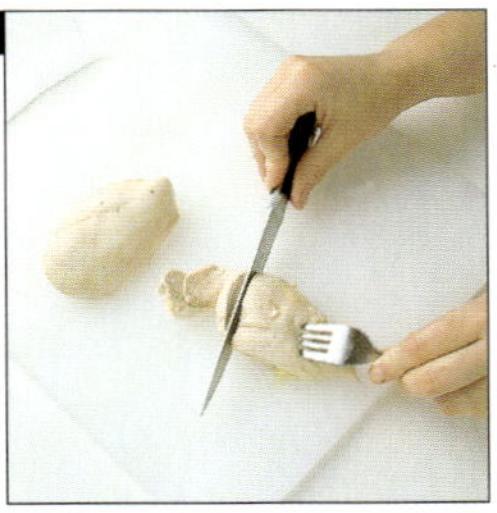

5

1 Die Butter in einem großen Topf zerlassen und Porree, Karotte, Sellerie und Schalotten zugeben. 3 Minuten andünsten, die Hälfte der Brühe zugießen und etwa 8 Minuten garen.

2 Die restliche Brühe zugießen und aufkochen. Dann die Hähnchenbrustfilets zugeben und 10 Minuten kochen, bis sie gar und zart sind.

3 Das Hühnerfleisch herausnehmen und dünn aufschneiden. Auf einem großen, vorgewärmten Teller anrichten und warm stellen.

4 In einem zweiten Topf den Whisky auf die Hälfte einkochen. Die Brühe durch ein feines Sieb gießen, zum Whisky geben und erneut auf die Hälfte einkochen.

5 Crème fraîche, Rettich und Honig einrühren. Sanft erhitzen, die Petersilie zugeben, salzen und pfeffern. Weiterrühren.

6 Etwas Sauce über das Fleisch gießen und die restliche Sauce in eine Sauciere füllen.

7 Das Fleisch mit einem Petersilienzweig garnieren und zu Gemüsebratlingen aus Gemüseresten, Kartoffelpüree und frischem Gemüse servieren.

Hühnchen-Tikka mit Masala

Zu diesem vorzüglichen Gericht passen Mango-Chutney, Gurken-Raita sowie Papadams und Reis.

NÄHRWERTANGABEN

Kilokalorien	353	Zucker	8 g
Eiweiß	44 g	Fett	16 g
Kohlenhydrate	8 g	davon gesättigt	2 g

2 ¼ STD. 50 MIN.

4 PERSONEN

ZUTATEN

½ Zwiebel, grob gehackt
60 g Tomatenmark
1 TL Kreuzkümmelsamen
2,5-cm-Stück Ingwerwurzel, gehackt
2 TL Chilipulver
2 Knoblauchzehen, zerdrückt
3 EL Zitronensaft
750 g Hähnchenbrustfilet
Salz und Pfeffer

MASALA-SAUCE

30 g Ghee oder Butter
1 Zwiebel, in Ringen
1 EL Schwarzkümmelsamen
3 Knoblauchzehen, zerdrückt
2 grüne Chillies, gehackt
200 g Tomaten aus der Dose
125 g fettarmer Naturjoghurt
125 ml Kokosmilch
1 EL frisch gehackter Koriander
1 EL frisch gehackte Minze
2 EL Zitronen- oder Limettensaft
½ TL Garam Masala
frische Minzezweige, zum Garnieren

2

2

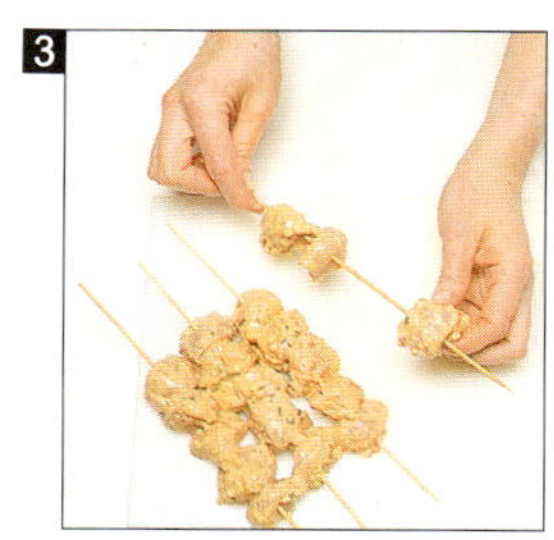

3

1 Zwiebel, Tomatenmark, Gewürze, Knoblauch und Zitronensaft in einer Küchenmaschine oder einem Mixer pürieren und dann in eine Schüssel geben. Das Fleisch in 4 cm große Würfel schneiden, gut mit der Gewürzpaste vermengen und 2 Stunden marinieren.

2 Für die Masala-Sauce das Ghee in einem Topf erhitzen, Zwiebel zugeben und 5 Minuten unter Rühren dünsten. Schwarzkümmel, Knoblauch, Chillies, Tomaten, Joghurt und Kokosmilch zugeben und 20 Minuten köcheln lassen.

3 Das Fleisch gleichmäßig auf 8 eingeölte Spieße verteilen und 15 Minuten unter dem vorgeheizten Grill garen, dabei wenden. Das Fleisch von den Spießen nehmen und in die Sauce geben. Kräuter, Zitronen- oder Limettensaft und Garam Masala einrühren. Mit Minzezweigen garniert servieren.

Hähnchen mit Chili und Basilikum

Diese Hähnchenkeulen werden in einer köstlichen Sauce zubereitet und mit frittiertem Basilikum farblich und geschmacklich abgerundet.

NÄHRWERTANGABEN

Kilokalorien 196	Zucker 2g
Eiweiß 23g	Fett 10g
Kohlenhydrate ... 3g	davon gesättigt .. 2g

5 MIN. 30 MIN.

4 PERSONEN

ZUTATEN

- 8 Hähnchenkeulen
- 2 EL Sojasauce
- 1 EL Sonnenblumenöl
- 1 rote Chili
- 100 g Karotten, in feinen Stiften
- 6 Selleriestangen, in Streifen
- 3 EL süße Chilisauce
- Öl, zum Frittieren
- 50 frische Basilikumblätter

1 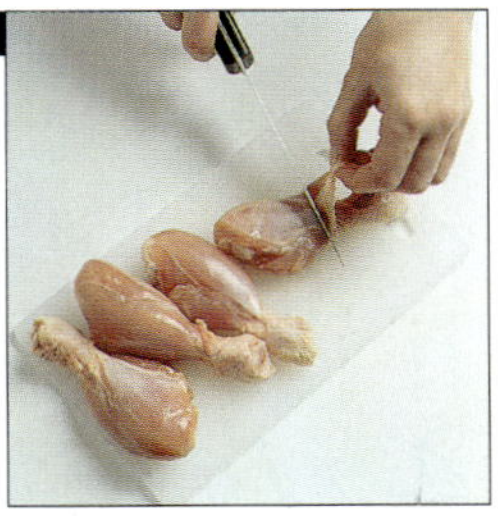

1 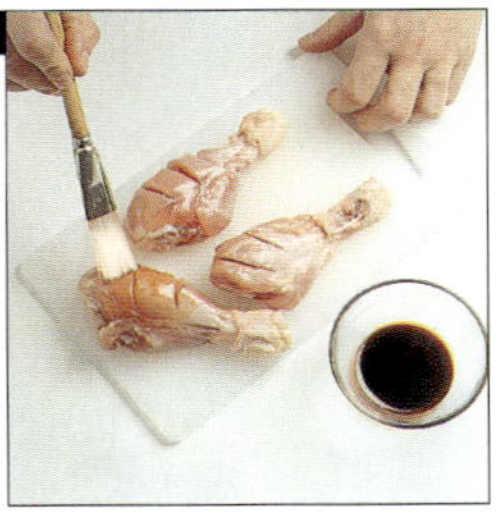

3 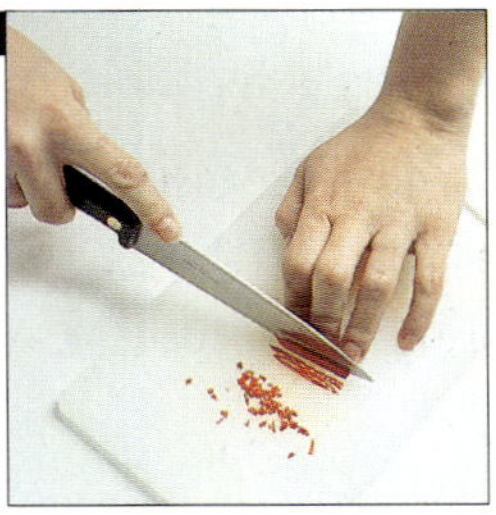

1 Nach Belieben die Haut von den Hähnchenkeulen abziehen. Dann jede Keule an drei Stellen einschneiden und mit der Sojasauce bestreichen.

2 Das Sonnenblumenöl in einem heißen Wok erhitzen und die Keulen 20 Minuten unter häufigem Wenden braten, bis das Fleisch gar ist.

3 Die Chili entkernen und klein schneiden. Dann mit den Karotten und dem Stangensellerie in den Wok geben und 5 Minuten andünsten. Die Chilisauce einrühren, abdecken und köcheln lassen.

4 Etwas Öl in einer großen Pfanne erhitzen und die Basilikumblätter behutsam hineingeben. Am besten die Hand mit einem Küchentuch schützen und etwas zurücktreten, weil das Öl spritzen kann. Die Basilikumblätter 30 Sekunden frittieren, bis sie anfangen, sich zu kräuseln. Sie dürfen nicht braun werden. Die Blätter auf Küchenkrepp abtropfen lassen.

5 Die fertigen Hähnchenkeulen, das Gemüse und die Sauce aus dem Wok auf einen vorgewärmten Servierteller geben, mit den frittierten, leicht knusprigen Basilikumblättern garnieren und sofort servieren.

TIPP

Basilikum hat einen intensiven Geschmack und passt ideal zu Hühnerfleisch und chinesischen Gewürzen. Statt Basilikum können Sie auch junge Spinatblätter verwenden.

Chinesischer Hühnchenreis

Als Hauptgericht wie auch als Beilage ist dieses Gericht wirklich farbenprächtig und es hält geschmacklich, was es optisch verspricht.

NÄHRWERTANGABEN

Kilokalorien	324	Zucker	4 g
Eiweiß	24 g	Fett	10 g
Kohlenhydrate	37 g	davon gesättigt	2 g

5 MIN. 25 MIN.

4 PERSONEN

ZUTATEN

- 350 g Langkornreis
- 1 TL gemahlene Kurkuma
- Salz
- 2 EL Sonnenblumenöl
- 350 g Hähnchenschenkel oder -brust, in Scheiben
- 1 rote Paprika, in Streifen
- 1 grüne Paprika, in Streifen
- 1 grüne Chili, entkernt und klein geschnitten
- 1 Karotte, grob geraspelt
- 150 g Bohnensprossen
- 6 Frühlingszwiebeln, in Ringen
- 2 EL Sojasauce
- Frühlingszwiebelringe, zum Garnieren

1

4

7

1 Den Reis mit Kurkuma und einer Prise Salz in einen großen Kochtopf mit Wasser geben und etwa 10 Minuten kochen, bis die Reiskörner gerade weich sind. Den Reis gut abtropfen lassen und überschüssiges Wasser mit Küchenpapier herauspressen.

2 Das Sonnenblumenöl in einem großen heißen Wok oder einer großen Pfanne erhitzen.

3 Das Hühnerfleisch in den Wok oder die Pfanne geben und bei starker Hitze anbraten, bis es gerade braun ist.

4 Paprika und Chili in den Wok geben und 2–3 Minuten andünsten.

5 Den gekochten Reis portionsweise in den Wok geben. Jedes Mal schwenken, bis er gut untergemischt ist und die Reiskörner nicht mehr zusammenkleben.

6 Die Karotte, die Bohnensprossen und die Frühlingszwiebeln zu Fleisch, Reis und Gemüse in den Wok geben und weitere 2 Minuten pfannenrühren.

7 Die Sojasauce darüber träufeln und alles gut mischen.

8 Das fertige Gericht in eine vorgewärmte Servierschale füllen, mit Frühlingszwiebeln garnieren und sofort servieren.

Salbeihuhn mit Reis

Bei einem Eintopf werden verschiedene Aromen kombiniert. Dies ist ein sättigendes Gericht, zu dem man am besten Salat und Brot reicht.

NÄHRWERTANGABEN

Kilokalorien	247	Zucker	5 g
Eiweiß	26 g	Fett	5 g
Kohlenhydrate	25 g	davon gesättigt	2 g

10 MIN. 50 MIN.

4 PERSONEN

ZUTATEN

- 1 große Zwiebel, gehackt
- 1 Knoblauchzehe, zerdrückt
- 2 Selleriestangen, in Scheiben
- 2 Karotten, gewürfelt
- 2 frische Salbeizweige
- 300 ml Hühnerbrühe
- 350 g Hähnchenbrustfilet
- 225 g Wildreismischung (Naturreis und Wildreis)
- 400 g gehackte Tomaten aus der Dose
- einige Tropfen Tabasco
- Salz und Pfeffer
- 2 Zucchini, in Scheiben
- 100 g magerer Kochschinken, gewürfelt
- frische Salbeiblätter, zum Garnieren

ZUM SERVIEREN

- frischer grüner Salat
- knuspriges Brot

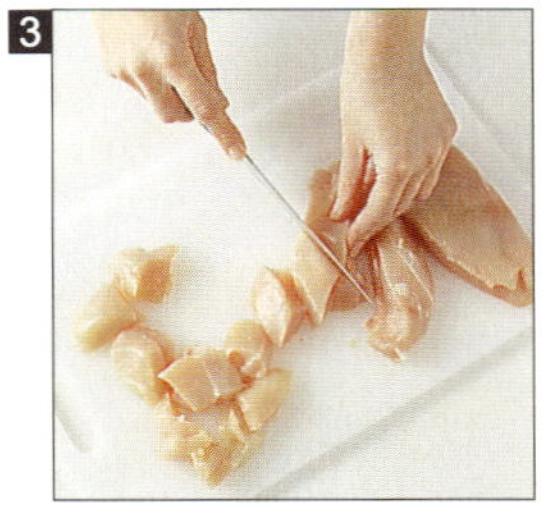

1 Zwiebel, Knoblauch, Sellerie, Karotten und Salbeizweige in einen Topf geben.

2 Die Brühe zugießen, aufkochen und abgedeckt 5 Minuten köcheln lassen.

3 Das Hähnchenfleisch in 2,5 cm dicke Stücke schneiden und zum Gemüse geben. Abdecken und weitere 5 Minuten köcheln lassen.

4 Den Reis und die Tomaten zugeben. Mit Tabasco, Salz und Pfeffer abschmecken.

5 Erneut aufkochen, abdecken und bei geringer Hitze 25 Minuten köcheln lassen.

6 Zucchini und Kochschinken einrühren und ohne Deckel 10 Minuten köcheln lassen, bis der Reis gerade weich ist. Dabei gelegentlich umrühren.

7 Den Topf vom Herd nehmen und die Salbeizweige entfernen. Das Gericht mit einigen Salbeiblättern garnieren und servieren. Dazu einen frischen grünen Salat und knuspriges Brot reichen.

Hähnchenschenkel in Austernsauce

Ein köstliches Gericht – pfannengerührtes Hähnchen und Nudeln, geschwenkt in einer Mischung aus Austernsauce und Ei.

NÄHRWERTANGABEN

Kilokalorien	278	Zucker	2 g
Eiweiß	30 g	Fett	12 g
Kohlenhydrate	13 g	davon gesättigt	3 g

10 MIN. 15 MIN.

4 PERSONEN

ZUTATEN

- 250 g chinesische Eiernudeln
- 450 g Hähnchenschenkel
- 2 EL Erdnussöl
- 100 g Karotten, in Scheiben
- 3 EL Austernsauce
- 2 Eier
- 3 EL kaltes Wasser

1 Die Eiernudeln in eine große Schüssel geben. Mit reichlich kochendem Wasser übergießen und 10 Minuten einweichen.

2 In der Zwischenzeit die Haut von den Hähnchenschenkeln entfernen. Dann das Fleisch mit einem scharfen Küchenmesser in kleine Stücke schneiden.

1

2

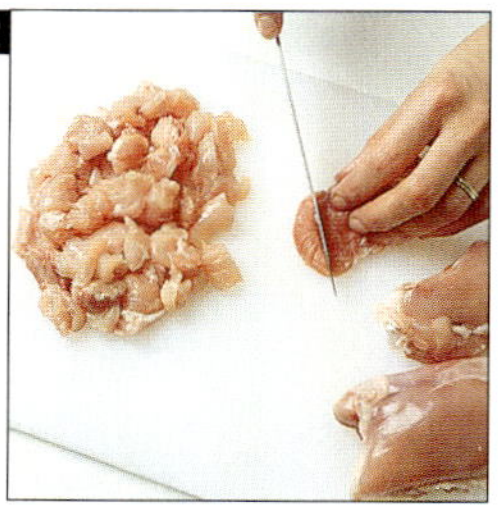

4

3 Das Erdnussöl in einem großen heißen Wok oder einer großen Pfanne unter vorsichtigem Schwenken stark erhitzen.

4 Das Fleisch und die Karotten in den Wok oder die Pfanne geben und etwa 5 Minuten anbraten.

5 Die Nudeln gründlich abtropfen lassen und dann in den Wok oder die Pfanne geben und 2–3 Minuten anbraten, bis sie durch und durch heiß sind.

6 Die Austernsauce, die Eier und das kalte Wasser verquirlen. Die Mischung über die Nudeln gießen und alles weitere 2–3 Minuten erhitzen, bis die Eier stocken.

7 Das Gericht auf vorgewärmte Servierschalen verteilen und sofort servieren.

VARIATION

Nach Belieben können Sie die Eier auch mit Sojasauce oder Hoisin-Sauce statt mit der Austernsauce verfeinern.

Hühnerrisotto milanese

Dieses weltbekannte Gericht ist mit all seinen Variationen vielleicht das berühmteste aller italienischen Risottogerichte.

NÄHRWERTANGABEN

Kilokalorien	857	Zucker	1 g
Eiweiß	57 g	Fett	38 g
Kohlenhydrate	72 g	davon gesättigt	21 g

5 MIN. 55 MIN.

4 PERSONEN

ZUTATEN

- 120 g Butter
- 900 g Hühnerfleisch, in dünnen Streifen
- 1 große Zwiebel, gehackt
- 465 g Risotto-Reis
- 625 ml Hühnerbrühe
- 160 ml Weißwein
- 1 TL Safranfäden, zerstoßen
- Salz und Pfeffer
- 65 g Parmesan, gerieben, zum Servieren

1 Die Hälfte der Butter in einer großen, tiefen Pfanne erhitzen. Hühnerfleisch und Zwiebel darin goldbraun anbraten.

2 Den Reis zufügen, gut unterrühren und alles 15 Minuten garen.

3 Die Brühe aufkochen, den größten Teil nach und nach in die Pfanne gießen und gut unterrühren. Weißwein und Safran zufügen und alles mit Salz und Pfeffer würzen. Den Risotto unter gelegentlichem Rühren 20 Minuten köcheln lassen, falls er zu trocken wird, mehr Brühe zugießen.

4 Den Risotto 2–3 Minuten ruhen lassen. Kurz vor dem Servieren etwas Brühe zugießen und das Gericht erneut 10 Minuten köcheln lassen. Dann die restliche Butter unterrühren und mit dem Parmesan bestreuen.

1

2

3

Honig-Zitronen-Hühnchen

Dieses süß-saure Hühnerfleisch schmeckt sowohl kalt als auch warm ausgezeichnet. Als Beilage eignen sich Nudeln mit Sesamsaat.

NÄHRWERTANGABEN

Kilokalorien 248	Zucker .... 8 g
Eiweiß .... 30 g	Fett .... 8 g
Kohlenhydrate .. 16 g	davon gesättigt .. 2 g

5 MIN. 25 MIN.

4 PERSONEN

ZUTATEN

- 4 Hähnchenbrustfilets (à ca. 125 g)
- 2 EL flüssiger Honig
- 1 EL dunkle Sojasauce
- 1 TL fein geriebene Zitronenschale
- 1 EL Zitronensaft
- Salz und Pfeffer

NUDELN

- 225 g Reisnudeln
- 2 TL Sesamöl
- 1 EL Sesamsaat
- 1 TL fein geriebene Zitronenschale

GARNIERUNG

- 1 EL Schnittlauchröllchen
- Zitronenzesten

1 Den Grill vorheizen. Das sichtbare Fett vom Fleisch entfernen. Das Fleisch waschen und mit Küchenpapier trockentupfen. Mit einem scharfen Messer die Oberseite kreuzweise einschneiden (das Fleisch jedoch nicht durchtrennen).

2 Honig, Sojasauce, Zitronenschale und -saft sowie Salz und Pfeffer in einer Schüssel verrühren.

3 Die Filets auf den Grillrost legen und mit der Hälfte der Honigmischung einpinseln. 10 Minuten auf der mittleren Schiene grillen, dann wenden und mit der restlichen Honigmischung bestreichen. Weitere 8–10 Minuten grillen, bis das Fleisch gar ist.

4 Unterdessen die Nudeln nach Packungsanweisung zubereiten. Abgießen, abtropfen lassen und in eine vorgewärmte Schüssel geben. Mit Sesamöl, Sesamsaat und Zitronenschale verrühren und warm stellen.

5 Das Fleisch kurz auf Küchenpapier abtropfen lassen, damit das austretende Fett aufgesaugt wird. Dann mit Schnittlauchröllchen und Zitronenzesten garnieren. Mit den Nudeln servieren.

1

3

4

VARIATION

Sie können die Zitrone durch Orange oder Limette ersetzen und das Fleisch statt mit Nudeln auch mit Reis servieren, der ebenso mit Sesamsaat und Zitronenschale vermengt wird.

Glasiertes Brathähnchen

Eine hervorragende Art, ein ganzes Hähnchen zuzubereiten. Es bekommt eine wunderbare Glasur, die gleichzeitig auch als Sauce verwendet wird.

NÄHRWERTANGABEN

Kilokalorien	294	Zucker	9 g
Eiweiß	31 g	Fett	15 g
Kohlenhydrate	10 g	davon gesättigt	3 g

5 MIN. 1 ¼ STD.

4 PERSONEN

ZUTATEN

- 1 Hähnchen (ca. 1,5 kg)
- 3 EL Pflanzenöl
- 1 EL Erdnussöl
- 2 EL brauner Zucker
- 5 EL dunkle Sojasauce
- 150 ml Wasser
- 2 Knoblauchzehen, zerdrückt
- 1 kleine Zwiebel, gehackt
- 1 rote Chili, gehackt
- Stangensellerieblätter, zum Garnieren
- frischer Schnittlauch, zum Garnieren

1 Einen großen Wok oder eine große Pfanne erhitzen.

2 Das Hähnchen innen und außen mit feuchtem Küchenpapier abwaschen.

3 Das Pflanzen- und Erdnussöl mit dem Zucker in den Wok geben und bei geringer Hitze den Zucker karamellisieren.

4 Die Sojasauce einrühren. Das Hähnchen in den Wok legen und in der Sauce wenden, sodass es gut davon überzogen wird.

5 Wasser, Knoblauch, Zwiebel und Chili zugeben. Abdecken und das Hähnchen bei geringer Hitze unter gelegentlichem Wenden etwa 1 Stunde schmoren, bis es durchgegart ist. Zur Probe das Fleisch einstechen. Fließt klarer Bratensaft heraus, ist das Fleisch gar.

6 Das Hähnchen aus dem Wok nehmen und beiseite stellen. Die Hitze erhöhen und die Sauce im Wok andicken lassen. Das Hähnchen auf einem Servierteller mit Sellerieblättern und Schnittlauch garnieren und zusammen mit der Sauce servieren.

TIPP

Mögen Sie die Sauce etwas schärfer, fügen Sie in Schritt 5 zur Chili 1 Esslöffel sehr fein gehackten frischen Ingwer und 1 Esslöffel gemahlenen Szechuan-Pfeffer hinzu.

Hühnchen mit Kreuzkümmel

Kreuzkümmel wird oft mit der indischen Küche assoziiert. In diesem chinesischen Rezept wird er wegen seines intensiven Geschmacks verwendet.

NÄHRWERTANGABEN

Kilokalorien	245	Zucker	9 g
Eiweiß	28 g	Fett	10 g
Kohlenhydrate	11 g	davon gesättigt	2 g

5 MIN. 15 MIN.

4 PERSONEN

ZUTATEN

- 450 g Hähnchenbrustfilet
- 2 EL Sonnenblumenöl
- 1 Knoblauchzehe, zerdrückt
- 1 EL Kreuzkümmelsamen
- 1 EL frisch geraspelte Ingwerwurzel
- 1 rote Chili, entkernt und in Ringen
- je 1 rote, grüne und gelbe Paprika, in Streifen
- 100 g Bohnensprossen
- 350 g Pak Choi oder anderer Kohl mit grünen Blättern
- 2 EL süße Chilisauce
- 3 EL helle Sojasauce
- knusprig frittierter Ingwer, zum Garnieren (siehe Tipp)

1 Das Hühnerfleisch mit einem scharfen Messer in schmale Streifen schneiden.

2 Das Öl in einem großen heißen Wok erhitzen.

3 Das Hühnerfleisch in den Wok geben und 5 Minuten pfannenrühren.

4 Knoblauch, Kreuzkümmel, Ingwer und Chili zugeben und alles mischen.

5 Sämtliche Paprika in den Wok geben und weitere 5 Minuten pfannenrühren.

6 Die Bohnensprossen und den Pak Choi mit der süßen Chilisauce untermischen und weiter braten, bis die Pak-Choi-Blätter zusammenfallen.

7 Das fertige Gericht in eine vorgewärmte Servierschüssel geben und mit frittiertem Ingwer garnieren.

TIPP

Ein großes Stück Ingwerwurzel für die Garnitur schälen und in dünne Scheiben schneiden. Die Ingwerscheibchen vorsichtig in den Wok oder die Pfanne mit dem heißen Öl geben und etwa 30 Sekunden frittieren. Herausnehmen und auf Küchenpapier gründlich abtropfen lassen.

Hühnchen mit Kichererbsen

Hühnerfleisch und Kichererbsen gehen hier eine besonders gelungene Verbindung ein. Wer es eilig hat, nimmt Kichererbsen aus der Dose.

NÄHRWERTANGABEN

Kilokalorien	343	Zucker	5 g
Eiweiß	28 g	Fett	16 g
Kohlenhydrate	24 g	davon gesättigt	3 g

5 MIN. — 30 MIN.

4 PERSONEN

ZUTATEN

- 3 EL Ghee oder Butter
- 8 kleine Hähnchenteile
- 1 große Zwiebel, gehackt
- 2 Knoblauchzehen, zerdrückt
- 1 frische grüne Chili, entkernt und gehackt
- 2 TL gemahlener Kreuzkümmel
- 2 TL gemahlener Koriander
- 1 TL Garam Masala
- 1 TL gemahlene Kurkuma
- 400 g gehackte Tomaten aus der Dose
- 150 ml Wasser
- 1 EL frisch gehackte Minze
- 400 g Kichererbsen aus der Dose, abgetropft
- Salz und Pfeffer
- 1 EL frisch gehackter Koriander
- fettarmer Naturjoghurt, zum Servieren (nach Belieben)

1 Das Ghee in einer großen Pfanne erhitzen und das Fleisch anbraten, bis es von allen Seiten leicht gebräunt ist.

2 Das Hähnchen aus der Pfanne nehmen. Zwiebel, Knoblauch, Chili und Gewürze zugeben und bei niedriger Hitze 2 Minuten pfannenrühren.

3 Tomaten, Wasser, Minze und Kichererbsen zugeben. Gut vermengen und die Hähnchenteile wieder zugeben. Mit Salz abschmecken und abgedeckt etwa 20 Minuten köcheln lassen, bis das Fleisch gar und zart ist.

4 Mit Salz und Pfeffer abschmecken, mit Koriander bestreuen und nach Belieben mit Joghurt servieren.

VARIATION

Für dieses Gericht eignen sich auch gut Augenbohnen und rote Kidneybohnen aus der Dose. Dosenbohnen vor der Verwendung immer abtropfen lassen und unter kaltem Wasser waschen.

Hähnchenschenkel mit Balsamico

Eine kräftige, karamellisierte Sauce, verfeinert mit Balsamico-Essig und Wein, verleiht dem Fleisch eine ganz besondere Note.

NÄHRWERTANGABEN

Kilokalorien	148	Zucker	0,2 g
Eiweiß	11 g	Fett	8 g
Kohlenhydrate	0,2 g	davon gesättigt	3 g

15 MIN. 35 MIN.

4 PERSONEN

ZUTATEN

- 4 Hähnchenschenkel, entbeint
- 2 Knoblauchzehen, zerdrückt
- 200 ml Rotwein
- 3 EL Weißweinessig
- Salz und Pfeffer
- 1 EL Öl
- 15 g Butter
- 6 Schalotten
- 3 EL Balsamico-Essig
- frische Thymianzweige
- gekochter Reis oder Polenta, zum Servieren

1 Die Haut der Schenkel einritzen, mit dem Knoblauch einreiben und in eine metallfreie Auflaufform geben.

2 Wein und Essig über die Schenkel gießen und mit Salz und Pfeffer würzen. Das Gefäß abdecken und das Fleisch über Nacht im Kühlschrank marinieren.

3 Die Schenkel mit einem Schaumlöffel aus der Marinade heben und gut abtropfen lassen. Marinade aufbewahren.

4 Öl und Butter in einer Pfanne erhitzen. Die Schalotten darin 2–3 Minuten weich dünsten.

5 Die Hähnchenschenkel zugeben und 3–4 Minuten von allen Seiten goldbraun braten. Die Hitze reduzieren und die Hälfte der zurückbehaltenen Marinade in die Pfanne gießen. Die Pfanne abdecken und das Fleisch 15–20 Minuten garen. Falls die Flüssigkeit währenddessen zu sehr einkocht, etwas von der zurückbehaltenen Marinade zugießen.

6 Wenn die Schenkel gar sind, Balsamico und Thymian zugeben und das Fleisch weitere 4 Minuten kochen.

7 Die fertigen Schenkel auf Teller verteilen, mit Sauce übergießen und mit Polenta oder Reis servieren.

1
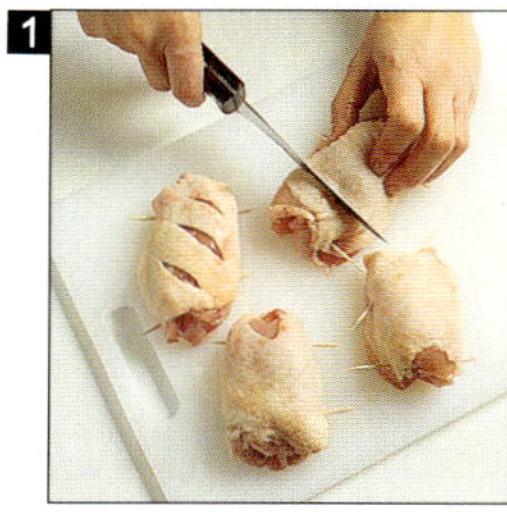

2

4

TIPP

Die Schenkel mit Zahnstochern fixieren oder mit Küchengarn zusammenbinden.

Schnelles Erdnuss-Hähnchen

Eiernudeln sind ideal für dieses Schnellgericht, denn sie werden zubereitet, während die anderen Zutaten schon in der Pfanne brutzeln.

NÄHRWERTANGABEN

Kilokalorien 563	Zucker .... 7 g
Eiweiß .... 45 g	Fett .... 33 g
Kohlenhydrate .. 22 g	davon gesättigt .. 7 g

5 MIN. 15 MIN.

4 PERSONEN

ZUTATEN

- 300 g Zucchini
- 250 g Babymaiskolben
- 250 g Eierbandnudeln
- Salz und Pfeffer
- 2 EL Maiskeimöl
- 1 EL Sesamöl
- 8 Hähnchenschenkel, entbeint, oder 4 Hähnchenbrustfilets, in Streifen
- 300 g kleine Champignons, in Scheiben
- 350 g Bohnensprossen
- 4 EL glatte Erdnussbutter
- 2 EL Sojasauce
- 2 EL Zitronen- oder Limettensaft
- 60 g Erdnüsse, geröstet
- frischer Koriander, zum Garnieren

1

4

5

1 Mit einem scharfen Küchenmesser die Zucchini in Scheiben und den Mais in mundgerechte Stücke schneiden. Zunächst beiseite stellen.

2 Die Nudeln in leicht gesalzenem Wasser 3–4 Minuten kochen.

3 Inzwischen Maiskeimöl und Sesamöl in einem großen Wok oder einer Pfanne erhitzen und das Hühnerfleisch bei starker Hitze 1 Minute anbraten.

4 Zucchini, Mais und Champignons zugeben und 5 Minuten anbraten.

5 Bohnensprossen, Erdnussbutter, Sojasauce, Limetten- oder Zitronensaft und Pfeffer ebenfalls in den Wok geben und 2 Minuten mitbraten.

6 Die Nudeln gründlich abtropfen lassen. Die gerösteten Erdnüsse darüber streuen und mit der Hähnchen-Gemüse-Mischung anrichten. Garnieren und servieren.

TIPP

Verwenden Sie für dieses Pfannengericht Reisbandnudeln. Das sind blasse, glasig durchsichtige Bandnudeln aus Reismehl.

Hühnchen auf knusprigen Nudeln

Blanchierte Nudeln, im Wok knusprig braun gebraten, bilden die schmackhafte Grundlage für Hähnchenfleisch in einer köstlichen Sauce.

NÄHRWERTANGABEN

Kilokalorien 376	Zucker .... 2 g
Eiweiß .... 15 g	Fett .... 27 g
Kohlenhydrate .. 17 g	davon gesättigt .. 4 g

35 MIN. 25 MIN.

4 PERSONEN

ZUTATEN

- 225 g Hähnchenbrustfilet, in Streifen
- 1 Eiweiß
- 5 TL Speisestärke
- 225 g dünne Eiernudeln
- 300 ml Pflanzenöl
- 600 ml Hühnerbrühe
- 2 EL trockener Sherry
- 2 EL Austernsauce
- 1 EL helle Sojasauce
- 1 EL Hoisin-Sauce
- 1 rote Paprika, in dünnen Streifen
- 2 EL Wasser
- 3 Frühlingszwiebeln, in Ringen

1 Das Hühnerfleisch, das Eiweiß und 2 Teelöffel Speisestärke in einer Schüssel mischen. Mindestens 30 Minuten ruhen lassen.

2 Die Nudeln inzwischen in kochendem Wasser 2 Minuten blanchieren, dann gründlich abtropfen lassen.

3 Das Pflanzenöl in einem heißen Wok erhitzen. Die Nudeln zugeben, im Wok ausbreiten und bei geringer Hitze etwa 5 Minuten braten, bis sie auf der Unterseite braun sind. Die Nudeln wenden und die andere Seite braun braten. Wenn die Nudeln knusprig und braun sind, aus dem Wok heben, auf einen Servierteller geben und warm halten. Das Öl weggießen.

4 300 ml Hühnerbrühe in den Wok gießen. Vom Herd nehmen und das Hühnerfleisch zugeben. Gut rühren, damit es nicht festbackt. Wieder auf den Herd setzen und 2 Minuten garen. Das Fleisch herausnehmen und die Brühe fortgießen.

5 Den Wok mit Küchenpapier reinigen und ihn erneut auf den Herd stellen. Sherry, Saucen, Paprika und restliche Brühe hineingeben und aufkochen. Die restliche Speisestärke mit dem Wasser verrühren und in die Mischung im Wok einrühren.

6 Das Hühnerfleisch wieder in den Wok geben und bei geringer Hitze noch 2 Minuten garen. Dann mit der Sauce über die Nudeln geben, mit Frühlingszwiebeln bestreuen und sofort servieren.

3

3

6

Chinesischer Risotto

Ein Risotto ist eigentlich typisch für die italienische Küche – doch diese chinesische Variante muss sich keineswegs verstecken.

NÄHRWERTANGABEN

Kilokalorien	436	Zucker	7 g
Eiweiß	13 g	Fett	14 g
Kohlenhydrate	70 g	davon gesättigt	4 g

5 MIN. 25 MIN.

4 PERSONEN

ZUTATEN

- 2 EL Erdnussöl
- 1 Zwiebel, in Ringen
- 2 Knoblauchzehen, zerdrückt
- 1 TL Fünf-Gewürze-Pulver
- 225 g chinesische Wurst, in Scheiben (siehe Tipp)
- 225 g Karotten, gewürfelt
- 1 grüne Paprika, gewürfelt
- 275 g Risotto-Reis
- 850 ml Gemüse- oder Hühnerbrühe
- 1 EL frisch gehackter Schnittlauch

3

4

5

1 Das Öl in einem heißen Wok oder einer großen Pfanne erhitzen.

2 Zwiebel, Knoblauch und Fünf-Gewürze-Pulver zufügen und 1 Minute pfannenrühren.

3 Wurst, Karotten und Paprika zugeben und verrühren.

4 Den Reis zugeben und 1 Minute pfannenrühren.

5 Unter ständigem Rühren nach und nach in kleinen Mengen die Brühe zugießen, bis sie vollständig aufgesogen und der Reis weich ist.

6 Den Schnittlauch mit dem Rest der Brühe unter den Risotto rühren.

7 Den fertigen Risotto auf vorgewärmte Servierschalen verteilen und sofort servieren.

TIPP

Chinesische Wurst ist stark gewürzt und besteht aus Schweinefleisch und -fett. Nehmen Sie als Ersatz eine scharfe portugiesische Wurst, wenn Sie keine chinesische bekommen können.

Hühnchen Chow-Mein

Dieser chinesische Klassiker – ein Ensemble aus Hühnerbrust, Pilzen, Frühlingszwiebeln und Bohnensprossen – ist international ein Renner.

NÄHRWERTANGABEN

Kilokalorien	230	Zucker	2 g
Eiweiß	19 g	Fett	11 g
Kohlenhydrate	14 g	davon gesättigt	2 g

5 MIN. 20 MIN.

4 PERSONEN

ZUTATEN

- 250 g chinesische Eiernudeln
- 2 EL Sonnenblumenöl
- 275 g Hähnchenbrustfilet, gekocht und klein geschnitten
- 1 Knoblauchzehe, fein gehackt
- 1 rote Paprika, in dünnen Streifen
- 100 g Shiitake-Pilze, in Scheiben
- 6 Frühlingszwiebeln, in Ringen
- 100 g Bohnensprossen
- 3 EL Sojasauce
- 1 EL Sesamöl

1 Die Eiernudeln in eine große Schüssel geben und grob voneinander trennen. Mit kochendem Wasser bedecken und quellen lassen.

2 Das Öl in einem großen heißen Wok erhitzen. Hühnerfleisch, Knoblauch, Paprika, Pilze, Frühlingszwiebeln und Bohnensprossen zugeben und 5 Minuten pfannenrühren.

3 Die Nudeln gründlich abtropfen lassen. In den Wok geben, gut unterheben und weitere 5 Minuten pfannenrühren.

4 Sojasauce und Sesamöl zugießen und gut verrühren.

5 Das fertige Gericht auf vorgewärmte Servierschalen verteilen und sofort servieren.

1

2

3

VARIATION

Sie können das Chow-Mein mit weiteren Gemüsesorten statt der Hühnerbrust auch als vegetarisches Gericht zubereiten.

Chinesische Nudelpfanne

Bei diesem Schnellgericht werden Hühnerfleisch und frisches Gemüse mit Ingwer und Fünf-Gewürze-Pulver aromatisiert.

NÄHRWERTANGABEN

Kilokalorien	266	Zucker	4 g
Eiweiß	25 g	Fett	13 g
Kohlenhydrate	12 g	davon gesättigt	2 g

10 MIN. 15 MIN.

4 PERSONEN

ZUTATEN

- 170 g dünne Eiernudeln
- 2 EL Pflanzen- oder Sesamöl
- 40 g Erdnüsse
- 1 Bund Frühlingszwiebeln, in Ringen
- 1 grüne Paprika, in Streifen
- 1 große Karotte, in Stiften
- 130 g Blumenkohl, in Röschen
- 350 g Hähnchenbrustfilet, in Streifen
- 250 g Pilze, in Scheiben
- 1 TL frisch geriebene Ingwerwurzel
- 1 TL Fünf-Gewürze-Pulver
- 1 EL frisch gehackter Koriander
- 1 EL helle Sojasauce
- Salz und Pfeffer
- frischer Schnittlauch, zum Garnieren

1

2

3

1 Die Nudeln in einer Schüssel mit kochendem Wasser übergießen und 6 Minuten quellen lassen.

2 Das Öl in einem Wok erhitzen und die Erdnüsse 1 Minute goldbraun rösten. Herausnehmen und abtropfen lassen.

3 Frühlingszwiebeln, Paprika, Karotte, Blumenkohl und Hühnerfleisch in den Wok geben und bei starker Hitze 4–5 Minuten scharf anbraten.

4 Die Nudeln gut abtropfen lassen, mit den Pilzen in den Wok geben und 2 Minuten anbraten, dabei die Zutaten gut vermengen. Ingwer, Fünf-Gewürze-Pulver und Koriander zugeben und nochmals 1 Minute pfannenrühren.

5 Mit Sojasauce und Salz und Pfeffer abschmecken, dann mit den Erdnüssen bestreuen. Mit Schnittlauch garnieren und sofort servieren.

VARIATION

Der frische Ingwer kann durch $^1/_2$ Teelöffel Ingwerpulver ersetzt werden. Das Gemüse kann je nach saisonalem Angebot variiert werden. Das frischeste Gemüse finden Sie auf dem Wochenmarkt.

Hummer und Huhn auf Penne

Obwohl dieses Gericht die Geschmacksnerven zweifellos verwöhnt, ist es nicht ganz so extravagant, wie der Name vermuten lässt.

NÄHRWERTANGABEN

Kilokalorien	696	Zucker	4g
Eiweiß	59g	Fett	32g
Kohlenhydrate	45g	davon gesättigt	9g

20 MIN. 30 MIN.

6 PERSONEN

ZUTATEN

Butter, zum Einfetten
6 Hähnchenbrustfilets
500 g Penne rigate
6 EL Olivenöl extra vergine
100 g Parmesan, gerieben
frische Kräuter, zum Garnieren

FÜLLUNG

120 g Hummerfleisch, gehackt
2 Schalotten, fein gehackt
2 Feigen, gehackt
1 EL Marsala
2 EL Semmelbrösel
1 großes Ei, verquirlt
Salz und Pfeffer

2

3

3
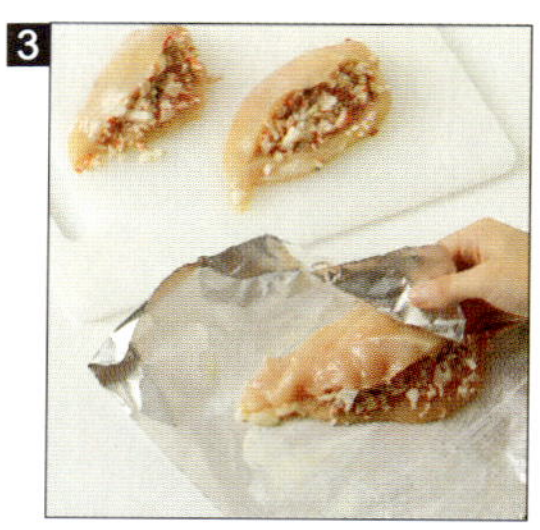

1 6 Blätter Alufolie, jeweils ausreichend groß für eine Hähnchenbrust, und ein Backblech einfetten.

2 Die Zutaten für die Füllung gründlich in einer Schüssel mischen.

3 Mit einem scharfen Messer eine Tasche in jede Hähnchenbrust schneiden und die Hummerfüllung hineingeben. Jede Hähnchenbrust in Folie einschlagen, die Pakete auf das Backblech legen und 30 Minuten im vorgeheizten Backofen bei 200 °C backen.

4 In der Zwischenzeit Salzwasser in einem großen Topf aufkochen. Die Nudeln darin mit 1 Esslöffel Öl ca. 10 Minuten bissfest kochen. Abgießen und auf einem großen Servierteller anrichten. Das restliche Olivenöl und den Parmesan darüber geben und warm stellen.

5 Die Hähnchenbrüste vorsichtig aus der Folie auspacken, sehr dünn aufschneiden und auf den Nudeln anrichten. Mit frischen Kräutern garnieren und sofort servieren.

TIPP

Hähnchenbrustfilets bestehen aus dem Brustfleisch und dem Filetstück. Sie sind immer gehäutet.

Basilikumhähnchen

Für dieses Rezept werden typische Zutaten aus dem Languedoc verwendet, wo das Grillen auf Holzkohle eine typische Zubereitungsart ist.

NÄHRWERTANGABEN

Kilokalorien	143	Zucker	4 g
Eiweiß	13 g	Fett	8 g
Kohlenhydrate	4 g	davon gesättigt	2 g

2³/₄ STD. 40 MIN.

4 PERSONEN

ZUTATEN

- 4 EL fettarmer Naturjoghurt
- 3 EL Pesto rosso
- 1 EL Olivenöl
- 15 g frische Basilikumblätter, leicht zerdrückt
- 2 Knoblauchzehen, grob gehackt
- 4 Hähnchenviertel
- grüner Salat, zum Servieren

1 

2 

4 

1 Joghurt, Pesto rosso, Olivenöl, Basilikum und Knoblauch in einer kleinen Schüssel vermengen.

2 Die Hähnchenviertel in eine große, flache Form geben und die Marinade darüber verteilen. Das Fleisch gründlich in der Marinade wenden.

3 2 Stunden im Kühlschrank marinieren, dann herausnehmen und 30 Minuten ruhen lassen, bis es Raumtemperatur angenommen hat.

4 Das Fleisch auf einem nicht zu heißen Holzkohlegrill 30–40 Minuten garen, dabei häufig wenden. Das Fleisch ist gar, wenn beim Einstechen an der dicksten Stelle klarer Bratensaft austritt.

5 Heiß mit grünem Salat servieren. Die Hähnchenteile schmecken aber auch kalt hervorragend.

VARIATION

Wer es gerne säuerlicher mag, sollte es mit einer Marinade aus 2 grob gehackten Knoblauchzehen, dem Saft von 2 Zitronen und 3 Esslöffeln Olivenöl versuchen. Das Fleisch dann wie oben beschrieben grillen.

Hühnchenrolle mit Garnelen

Diese appetitlich aussehenden Rouladen lassen Ihren Gästen das Wasser im Munde zusammenlaufen.

NÄHRWERTANGABEN

Kilokalorien 799	Zucker . . . . 5 g
Eiweiß . . . . 50 g	Fett . . . . 45 g
Kohlenhydrate . . 51 g	davon gesättigt . 13 g

45 MIN. 25 MIN.

4 PERSONEN

ZUTATEN

- 4 Hähnchenbrustfilets (à 200 g)
- 125 g große Spinatblätter, in heißem Salzwasser blanchiert
- 4 Scheiben Parmaschinken
- 12–16 rohe Garnelen, ausgelöst
- 60 g Butter, plus etwas mehr, zum Einfetten
- 1 EL Olivenöl
- 500 g Tagliatelle
- 3 Porreestangen, in Streifen
- 1 große Karotte, geraspelt
- 150 ml Mayonnaise
- 2 große Rote Beten, gekocht

1 Jedes Filet zwischen zwei Lagen Frischhaltefolie flach klopfen.

2 Die Hälfte des Spinats auf die Filets verteilen, je eine Schinkenscheibe darauf legen und mit Spinat bedecken. Jeweils 3–4 Garnelen darauf anrichten. Die Filets einrollen. Jede Rolle in eingefettete Alufolie einschlagen, auf ein Backblech legen und 20 Minuten im vorgeheizten Backofen bei 200 °C backen.

3 Salzwasser in einem großen Topf aufkochen. Öl zugeben und die Nudeln darin bissfest kochen. Abgießen und auf einen vorgewärmten Teller geben.

4 Die Butter zerlassen und Porree und Karotte 3 Minuten darin andünsten. Dann über den Nudeln verteilen.

5 Die Mayonnaise und eine Rote Bete in einer Küchenmaschine oder einem Mixer glatt pürieren. Durch ein Sieb streichen und damit um die Nudeln und das Gemüse herum einen schmalen Rand gießen.

6 Die zweite Rote Bete in Rauten schneiden und dekorativ am Tellerrand verteilen. Die Filetrollen auspacken und dünn aufschneiden. Auf Gemüse und Nudeln anrichten und servieren.

1

2
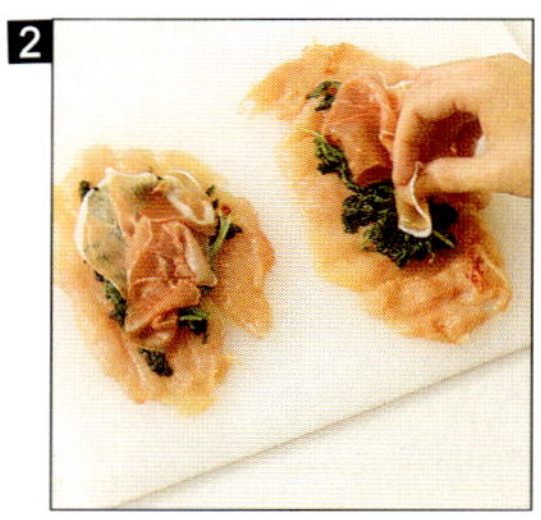

2
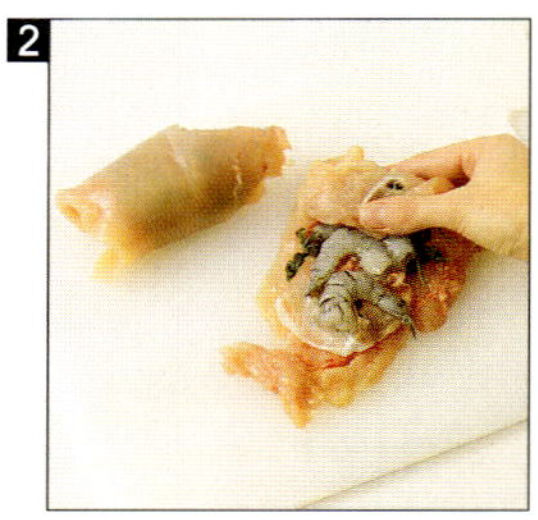

Nudelgratin mit Hähnchen

Mageres Hühnerfleisch wird mit der Pasta in einer cremigen, fettarmen Sauce gegart. Fenchel und Rosinen runden den Geschmack ab.

NÄHRWERTANGABEN

Kilokalorien 380	Zucker .... 15 g
Eiweiß .... 39 g	Fett .... 14 g
Kohlenhydrate .. 27 g	davon gesättigt .. 6 g

15 MIN. 45 MIN.

4 PERSONEN

ZUTATEN

- 2 Fenchelknollen
- 2 rote Zwiebeln, in Ringen
- 1 EL Zitronensaft
- 125 g kleine Champignons
- 1 EL Olivenöl
- Salz und Pfeffer
- 225 g Nudeln (z. B. Penne)
- 60 g Rosinen
- 225 g Hähnchenbrustfilet, gekocht und gewürfelt
- 375 g Magerquark mit Knoblauch und Kräutern
- 125 g fettarmer Mozzarella, in Scheiben
- 2 EL frisch geriebener Parmesan
- Fenchelgrün, zum Garnieren

1

5

6

1 Den Backofen auf 200 °C vorheizen. Den Fenchel putzen, etwas Grün zum Garnieren aufbewahren. Die Knollen in feine Scheiben schneiden.

2 Die Zwiebelringe mit Zitronensaft beträufeln. Die Champignons vierteln.

3 Das Öl in einer großen Pfanne erhitzen. Zwiebeln, Fenchel und Pilze 4–5 Minuten unter Rühren anbraten, bis sie weich werden. Mit Salz und Pfeffer abschmecken und in eine Schüssel geben.

4 In einem großen Topf Salzwasser zum Kochen bringen und die Nudeln nach Packungsanweisung bissfest garen. Sorgfältig abgießen und mit dem gebratenen Gemüse mischen.

5 Rosinen und Hühnerfleisch zu der Nudelmischung geben und gut verrühren. Den Quark glatt rühren und unter die Nudelmischung heben.

6 Die Mischung in eine Auflaufform füllen. Diese auf ein Backblech stellen. Den Auflauf mit Mozzarella belegen und mit Parmesan bestreuen.

7 Das Gratin 20–25 Minuten backen, bis die Kruste goldbraun ist.

8 Mit Fenchelgrün garnieren und heiß servieren.

Hühnchen Jalfrezi

Mittlerweile ein Klassiker – und eine köstliche Methode, Hühnchenreste zu verarbeiten. Die Sauce passt auch zu Lamm und Rindfleisch.

NÄHRWERTANGABEN

Kilokalorien	270	Zucker	3 g
Eiweiß	36 g	Fett	11 g
Kohlenhydrate	7 g	davon gesättigt	2 g

25 MIN. 15 MIN.

4 PERSONEN

ZUTATEN

- 1 TL Senföl
- 3 EL Pflanzenöl
- 1 große Zwiebel, fein gehackt
- 3 Knoblauchzehen, zerdrückt
- 1 EL Tomatenmark
- 2 Tomaten, gehäutet und gewürfelt
- 1 TL gemahlene Kurkuma
- ½ TL gemahlener Kreuzkümmel
- ½ TL gemahlener Koriander
- ½ TL Chilipulver
- ½ TL Garam Masala
- 1 TL Rotweinessig
- 1 kleine rote Paprika, gewürfelt
- 125 g dicke Bohnen, gekocht
- 500 g Hähnchenbrustfilet, gekocht und in mundgerechten Stücken
- Salz
- frische Korianderzweige, zum Garnieren

1 Das Senföl in einer großen Pfanne 1 Minute stark erhitzen, bis es fast raucht.

2 Das Pflanzenöl zugeben, die Hitze reduzieren und Zwiebel sowie Knoblauch goldgelb anbraten.

3 Tomatenmark, Tomaten, Kurkuma, Kreuzkümmel, Koriander, Chilipulver, Garam Masala und Rotweinessig zugeben und pfannenrühren, sodass sich die Aromen der Gewürze gut entfalten.

4 Paprika und Bohnen zufügen und 2 Minuten pfannenrühren. Das Hühnerfleisch einrühren und alles mit Salz abschmecken.

5 Das Curry 6–8 Minuten bei geringer Hitze garen, bis das Hühnerfleisch durch und durch heiß ist und die Bohnen weich sind.

6 Das fertige Gericht auf vorgewärmten Tellern anrichten und mit Korianderzweigen garniert heiß servieren.

1

3

4

Sellerie-Hühnchen

Mit einer fertigen Sauce aus dem Glas ist dieses einfache chinesische Gericht schnell zubereitet. Die Cashewkerne können durch Pekannüsse ersetzt werden.

NÄHRWERTANGABEN

Kilokalorien 549	Zucker .... 24 g
Eiweiß .... 41 g	Fett .... 31 g
Kohlenhydrate .. 28 g	davon gesättigt .. 5 g

5 MIN. 10 MIN.

4 PERSONEN

ZUTATEN

- 650 g Hähnchenbrustfilet
- 2 EL Sonnenblumenöl
- 100 g ungesalzene Cashewkerne
- 4–6 Frühlingszwiebeln, diagonal in Ringen
- 5–6 Selleriestangen, diagonal in Scheiben
- 170 g gelbe Bohnensauce
- Salz und Pfeffer
- Selleriegrün, zum Garnieren
- gekochter Reis, zum Servieren

1

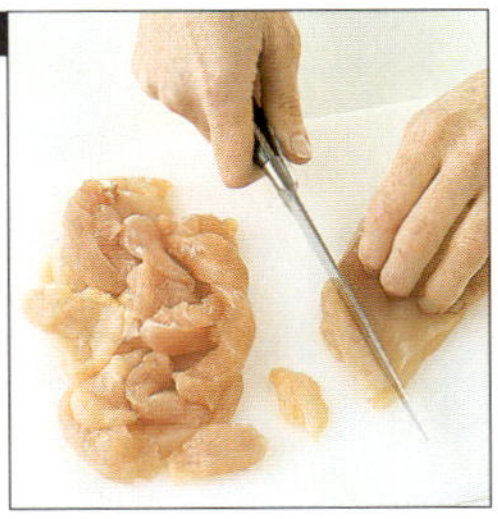

4

5

1 Das Hühnerfleisch mit einem scharfen Messer gegen die Faser in feine Streifen schneiden.

2 Das Öl in einem Wok oder einer großen Pfanne stark erhitzen, dabei den Wok schwenken.

3 Die Cashewkerne im heißen Öl rösten, bis sie leicht gebräunt sind.

4 Die Hähnchenstreifen zugeben und unter Rühren anbraten, bis die Poren geschlossen sind und das Fleisch fast gar ist.

5 Frühlingszwiebeln und Sellerie zufügen und 2–3 Minuten unter Rühren andünsten.

6 Die gelbe Bohnensauce zu Fleisch und Gemüse in den Wok gießen und alles mit Salz und Pfeffer abschmecken.

7 Die Fleisch-Gemüse-Mischung gut durchmischen, sodass alles mit der Sauce bedeckt und heiß ist.

8 Mit Selleriegrün garnieren und mit gekochtem Reis servieren.

VARIATION

Statt Hähnchenbrustfilet können Sie auch Putenbrustfilet, Rumpsteak oder Schweinefilet verwenden. Das Fleisch erst der Länge nach halbieren, dann gegen die Faser in kleine Streifen oder in 2 cm große Würfel schneiden.

Marinierte Hühnchen-Kebabs

Diese mit Joghurt, Chutney und Gewürzen marinierten Spieße sind ein schnelles und köstliches Mikrowellengericht.

NÄHRWERTANGABEN

Kilokalorien	180	Zucker	11 g
Eiweiß	24 g	Fett	5 g
Kohlenhydrate	11 g	davon gesättigt	1 g

1 ¼ STD. 15 MIN.

4 PERSONEN

ZUTATEN

- 1 EL Pfirsich-Chutney
- 3 EL fettarmer Naturjoghurt
- ½ TL gemahlener Kreuzkümmel
- Saft von 1 Zitrone
- Salz und Pfeffer
- 3 Hähnchenbrustfilets, in gleich großen Stücken
- ½ rote Paprika, in 16 gleich großen Stücken
- 1 Zucchini, in 16 Scheiben
- 8 kleine Champignons

SCHNITTLAUCH-MINZE-SAUCE

- 150 g fettarmer Naturjoghurt
- 2 EL fettreduzierte Mayonnaise
- Magermilch
- 1 EL frisch gehackter Schnittlauch
- 1 EL frisch gehackte Minze
- Salz und Pfeffer

GARNIERUNG

- frische Minzezweige
- frischer Schnittlauch
- gemischter Salat, zum Servieren

1

3

4

1 Chutney, Joghurt, Kreuzkümmel und Zitronensaft in einer Schüssel mischen. Mit Salz und Pfeffer abschmecken.

2 Das Hühnerfleisch in die Schüssel geben, gut mit der Marinade mischen und 1 Stunde im Kühlschrank marinieren.

3 Paprika, Zucchini, Pilze und Fleischstücke auf 8 lange Holzspieße stecken.

4 Je 4 Spieße auf einen Teller legen und auf hoher Stufe jeweils 6 Minuten in der Mikrowelle garen, dabei einmal wenden.

5 Für die Sauce alle Zutaten mischen und mit Salz und Pfeffer abschmecken. Die Sauce über die Spieße träufeln und diese mit Minze und Schnittlauch garniert servieren. Dazu einen Salat reichen.

Hühnerfrikassee mit Limette

Seinen köstlichen säuerlichen Geschmack verdankt dieses Frikassee dem Saft und der Schale von Limetten.

NÄHRWERTANGABEN

Kilokalorien	235	Zucker	3 g
Eiweiß	20 g	Fett	6 g
Kohlenhydrate	26 g	davon gesättigt	1 g

15 MIN. 1 3/4 STD.

4 PERSONEN

ZUTATEN

- 2 EL Öl
- 1 großes Hähnchen, in kleine Portionen zerlegt
- 60 g Mehl, nach Belieben gewürzt
- 500 g Schalotten, in Ringen
- je 1 grüne und rote Paprika, in Streifen
- 150 ml Hühnerbrühe
- Schale und Saft von 2 Limetten
- 2 Chillies, gehackt
- 2 EL Austernsauce
- 1 TL Worcestersauce
- Salz und Pfeffer

2

4

6

1 Das Öl in einer großen Pfanne erhitzen. Die Hühnerteile im Mehl wenden und ca. 4 Minuten rundum anbraten.

2 Das Fleisch in eine große Kasserolle legen. Die Schalotten darauf verteilen.

3 Die Paprika in der Pfanne bei geringer Hitze dünsten.

4 Brühe, Limettenschale und -saft zugeben und 5 Minuten weitergaren.

5 Chillies, Austernsauce und Worcestersauce unterrühren.

6 Alles mit Salz und Pfeffer abschmecken, dann das Paprikagemüse über das Fleisch geben.

7 Die Kasserolle mit einem Deckel oder Alufolie abdecken.

8 Den Backofen auf 190 °C vorheizen. Das Frikassee auf der mittleren Schiene 90 Minuten garen, bis das Fleisch zart ist. Sofort servieren.

TIPP

Köstlich schmeckt dieses Frikassee auch mit Brot und geriebenem Käse überbacken. Dazu 30 Minuten vor Ende der Garzeit Brotscheiben auf das Frikassee legen und mit Käse bestreuen.

Nudeln in gelber Bohnensauce

Chinesische Glas- oder Eiernudeln lassen sich im Unterschied zu anderen Nudeln, die sofort gegessen werden sollten, problemlos aufwärmen.

NÄHRWERTANGABEN

Kilokalorien 212	Zucker .... 0,5 g
Eiweiß .... 28 g	Fett .... 7 g
Kohlenhydrate .. 10 g	davon gesättigt .. 2 g

20 MIN. 30 MIN.

4 PERSONEN

ZUTATEN

- 175 g Glasnudeln
- 1 EL Erdnussöl
- 1 Porreestange, in Scheiben
- 2 Knoblauchzehen, zerdrückt
- 450 g Hühnerfleisch, zu Hack verarbeitet
- 425 ml Hühnerbrühe
- 1 TL Chilisauce
- 2 EL gelbe Bohnensauce
- 4 EL helle Sojasauce
- 1 TL Sesamöl
- Schnittlauchröllchen, zum Garnieren

2

5

6

1 Die Glasnudeln in eine Schüssel geben, mit kochendem Wasser bedecken und 15 Minuten einweichen.

2 Die Nudeln gründlich abtropfen lassen und mit einer Küchenschere auf eine handliche Länge kürzen.

3 Das Öl in einem Wok oder einer Pfanne erhitzen und den Porree und den Knoblauch darin 30 Sekunden anbraten.

4 Das Hühnerhack in den Wok geben und 4–5 Minuten braten, bis es vollständig durchgegart ist.

5 Hühnerbrühe, Chilisauce, gelbe Bohnensauce und Sojasauce in den Wok geben und alles 3–4 Minuten köcheln.

6 Die abgetropften Nudeln und das Sesamöl in den Wok geben, diesen gut schwenken und alles 4–5 Minuten erhitzen.

7 In vorgewärmte Servierschüsseln füllen, mit Schnittlauchröllchen garnieren und sofort servieren.

TIPP

Glasnudeln sind in asiatischen Lebensmittelgeschäften und gut sortierten Supermärkten erhältlich.

Hühnchen-Paprika-Pfanne

Für dieses unkomplizierte, schmackhafte Gericht können Sie auch rote Paprika oder Sellerie verwenden.

NÄHRWERTANGABEN

Kilokalorien	113	Zucker	1 g
Eiweiß	17 g	Fett	3 g
Kohlenhydrate	4 g	davon gesättigt	1 g

5 MIN. 5 MIN.

4 PERSONEN

ZUTATEN

- 300 g Hähnchenbrustfilet
- 1 TL Salz
- ½ Eiweiß
- 1 TL Speisestärke mit 2 TL Wasser angerührt
- 1 grüne Paprika, entkernt
- 300 ml Pflanzenöl
- 1 Frühlingszwiebel, in feinen Ringen
- kleines Stück Ingwerwurzel, fein gehackt
- 1–2 rote Chillies, entkernt und in feinen Streifen
- ½ TL Zucker
- 1 EL Reiswein oder trockener Sherry
- Sesamöl

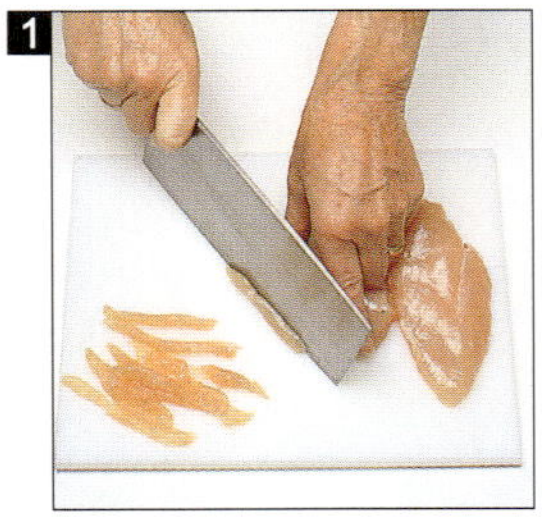

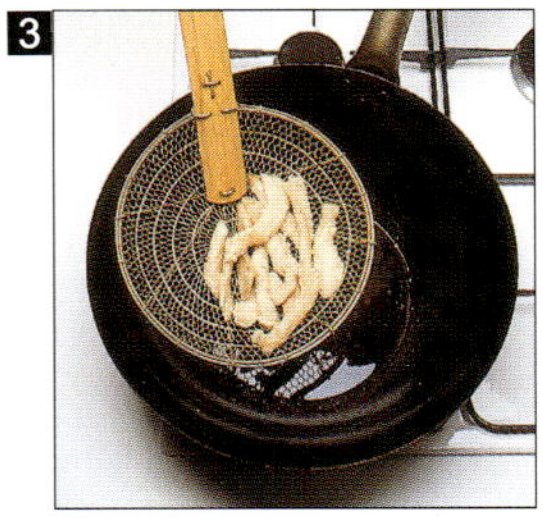

1 Die Hähnchenbrustfilets in dünne Streifen schneiden und mit einer Prise Salz, Eiweiß und angerührter Speisestärke vermengen.

2 Die Paprika ebenfalls in dünne Streifen schneiden.

3 Das Öl in einem heißen Wok erhitzen und das Fleisch portionsweise ca. 1 Minute frittieren, bis es angebräunt ist. Mit einem Schaumlöffel aus dem Wok heben, auf Küchenpapier abtropfen lassen und warm stellen.

4 Das Öl aus dem Wok bis auf 1 Esslöffel abgießen. Dann Frühlingszwiebel, Ingwer, Chili und Paprikastreifen 1 Minute darin anbraten.

5 Das Hühnerfleisch zusammen mit dem restlichen Salz, Zucker und Reiswein oder Sherry wieder in den Wok geben, 1 weitere Minute braten, mit etwas Sesamöl beträufeln und sofort servieren.

TIPP

Reiswein, auch Sake genannt, wird in Asien nicht nur als Getränk serviert, sondern findet auch in der Küche Verwendung. Der amberfarbene Wein wird aus vergorenem gedämpftem Reis hergestellt. Er kann durch Sherry ersetzt werden.

Hühnchen-Tomaten-Spieße

Diese pikanten Spieße sind in wenigen Minuten gegrillt. Sie können im Voraus zubereitet und bis zum Grillen im Kühlschrank aufbewahrt werden.

NÄHRWERTANGABEN

Kilokalorien	195	Zucker	11 g
Eiweiß	28 g	Fett	4 g
Kohlenhydrate	12 g	davon gesättigt	1 g

10 MIN. 10 MIN.

4 PERSONEN

ZUTATEN

- 500 g Hähnchenbrustfilet
- 3 EL Tomatenmark
- 2 EL flüssiger Honig
- 2 EL Worcestersauce
- 1 EL frisch gehackter Rosmarin
- Salz und Pfeffer
- 250 g Kirschtomaten
- Rosmarinzweige, zum Garnieren
- Couscous oder Reis, zum Servieren

1 8 Holzspieße 30 Minuten wässern. Die Hähnchenbrustfilets in 2,5 cm große Stücke schneiden und in eine große Schüssel geben.

2 Tomatenmark, Honig, Worcestersauce, Rosmarin sowie Salz und Pfeffer mischen und mit dem Fleisch vermengen.

3 Hähnchenstücke und Tomaten abwechselnd auf die Holzspieße stecken. Mit der restlichen Glasur bestreichen.

4 Unter gelegentlichem Wenden 10 Minuten grillen, bis das Fleisch zart ist.

5 Die Hühnchen-Tomaten-Spieße auf einem Bett aus Couscous oder Reis anrichten und mit Rosmarinzweigen garniert servieren.

TIPP

Couscous ist Hartweizengrieß, der mit Mehl ummantelt wurde. Er ist sehr leicht zuzubereiten: Einfach in kochendem Wasser garen, abgießen und dann mit einer Gabel auflockern. Man kann ihn auch mit Zitrone oder Muskat verfeinern.

1

2

3

Hähnchen mit Orangen

Dieses farbenfrohe, sättigende Gericht eignet sich für eine schlichte Familienmahlzeit ebenso wie für ein Festessen.

NÄHRWERTANGABEN

Kilokalorien	302	Zucker	17 g
Eiweiß	29 g	Fett	11 g
Kohlenhydrate	22 g	davon gesättigt	2 g

10 MIN. 2 STD.

4 PERSONEN

ZUTATEN

- 2 EL Sonnenblumenöl
- 1 Hähnchen (ca. 1,5 kg)
- 2 große Orangen
- 2 kleine Zwiebeln, geviertelt
- 500 g Karotten, in 5-cm-Stücke geschnitten
- Salz und Pfeffer
- 150 ml Orangensaft
- 2 EL Weinbrand
- 2 EL Sesamsaat
- 1 EL Speisestärke

2

3

4

1 Das Öl in einer großen Kasserolle erhitzen und das Hähnchen rundum darin anbraten.

2 Eine Orange halbieren und eine Hälfte in das Hähnchen stecken. Das Hähnchen wieder in die Kasserolle legen, Zwiebeln und Karotten zugeben.

3 Das Hähnchen mit Salz und Pfeffer würzen. Den Orangensaft darüber gießen.

4 Den Rest der Orangen in dünne Spalten schneiden und zwischen dem Gemüse verteilen.

5 Den Backofen auf 180 °C vorheizen. Das Hähnchen abgedeckt im Backofen ca. $1^1/_2$ Stunden garen, bis beim Einstechen klarer Saft austritt und das Gemüse weich ist. Den Deckel abnehmen, den Weinbrand zugeben und die Sesamsaat einstreuen. Weitere 10 Minuten im Backofen garen.

6 Das Hähnchen mit dem Gemüse anrichten. Das Fett vom Bratensaft abschöpfen. Die Speisestärke mit 1 Esslöffel kaltem Wasser glatt rühren, zum Bratensaft geben und unter Rühren aufkochen. Abschmecken und zum Fleisch servieren.

Goldener Hühnerrisotto

Statt Arborio-Reis können Sie zwar auch Langkornreis verwenden, aber die typische Konsistenz eines Risottos lässt sich damit nicht erzielen.

NÄHRWERTANGABEN

Kilokalorien 701	Zucker 7g
Eiweiß 35g	Fett 26g
Kohlenhydrate .. 88g	davon gesättigt .. 8g

10 MIN. 30 MIN.

4 PERSONEN

ZUTATEN

- 2 EL Sonnenblumenöl
- 1 EL Butter oder Margarine
- 1 Porreestange, in dünnen Scheiben
- 1 große gelbe Paprika, gewürfelt
- 3 Hähnchenbrustfilets, gewürfelt
- 350 g Arborio-Reis
- einige Safranfäden
- Salz und Pfeffer
- 1,5 l Hühnerbrühe
- 200 g Mais aus der Dose
- 60 g ungesalzene Erdnüsse, geröstet
- 60 g Parmesan, gerieben

1 Öl und Butter oder Margarine in einem großen Topf erhitzen. Porree und Paprika 1 Minute darin andünsten, dann das Hühnerfleisch zufügen und unter Rühren goldbraun anbraten.

2 Den Reis einrühren und 2–3 Minuten braten.

3 Den Safran zugeben und alles mit Salz und Pfeffer abschmecken. Nach und nach die Brühe zugießen, den Topf abdecken und alles unter gelegentlichem Rühren 20 Minuten bei schwacher Hitze kochen, bis der Reis gar ist und die meiste Flüssigkeit aufgenommen hat. Den Risotto nicht austrocknen lassen – bei Bedarf mehr Brühe nachgießen.

4 Mais, Erdnüsse und Parmesan einrühren und alles mit Salz und Pfeffer abschmecken. Heiß servieren.

TIPP

Der Risotto kann ohne Parmesan bis zu 1 Monat eingefroren werden, muss dann aber gründlich erhitzt werden, da vom Hähnchenfleisch Salmonellengefahr ausgehen kann.

Grillhähnchen

Die Vorbereitung des Hähnchens macht etwas Mühe, aber wenn das Fleisch mariniert ist, lässt es sich leicht auf dem Grill zubereiten.

NÄHRWERTANGABEN

Kilokalorien 129	Zucker .... 0 g
Eiweiß .... 22 g	Fett .... 5 g
Kohlenhydrate ... 0 g	davon gesättigt .. 1 g

2 ½ STD. 30 MIN.

4 PERSONEN

ZUTATEN

1 Hähnchen (ca. 1,5 kg)
fein geriebene Schale von 1 Zitrone
4 EL Zitronensaft
2 Rosmarinzweige
1 kleine rote Chili, gehackt
150 ml Olivenöl

1
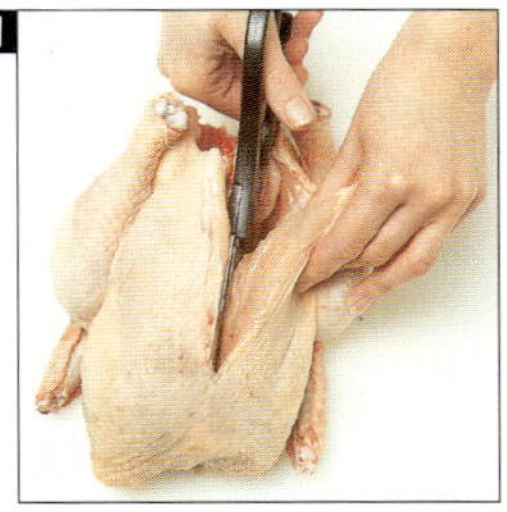

1
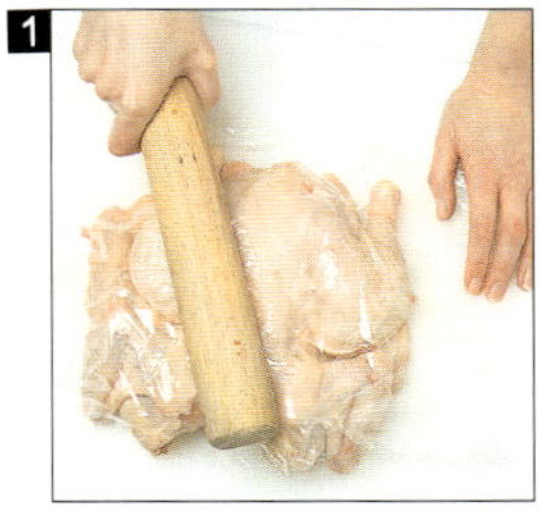

3
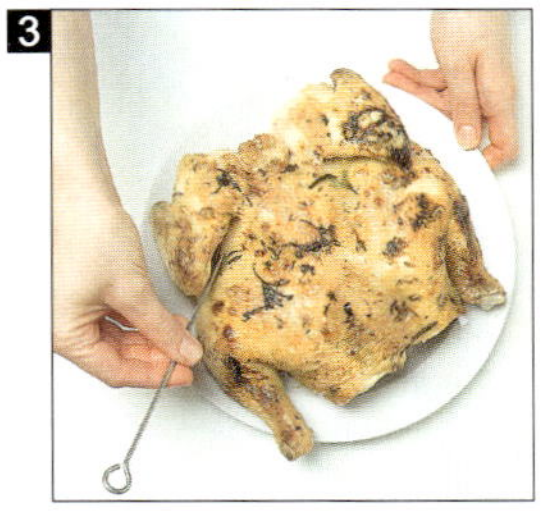

1 Das Hähnchen an der Brustseite aufschneiden und auseinander klappen. Überschüssiges Fett sowie Bürzel, Flügelspitzen und untere Keulenenden entfernen. Dann die Gelenke der Flügel und Keulen aufbrechen. Das auseinander geklappte Hähnchen mit Frischhaltefolie bedecken und mit einem Nudelholz flach klopfen.

2 Zitronenschale und -saft, Rosmarin, Chili und Olivenöl mischen. Das Hähnchen in eine große Schüssel legen und mit der Marinade begießen. Abgedeckt mindestens 2 Stunden marinieren.

3 Das Hähnchen auf einem heißen Grill (die Holzkohle sollte mit einer weißen Schicht bedeckt sein und rot aufglühen, wenn Sie etwas Luft zufächeln) 30 Minuten grillen, dabei regelmäßig wenden, damit es gleichmäßig braun und knusprig wird. Danach in eine der Keulen stechen – ist der austretende Fleischsaft klar, ist das Hähnchen gar. Sofort servieren.

Parmesanhähnchen

Es ist nicht sehr schwer, ein ganzes Hähnchen zu entbeinen. Wenn Sie es sich jedoch nicht zutrauen, können Sie auch Ihren Metzger darum bitten.

NÄHRWERTANGABEN

Kilokalorien	578	Zucker	0,4 g
Eiweiß	42 g	Fett	42 g
Kohlenhydrate	9 g	davon gesättigt	15 g

35 MIN. 1 ½ STD.

6 PERSONEN

ZUTATEN

- 1 Kapaun oder 2 Hähnchen
- 8 Scheiben Mortadella oder Salami
- 125 g Semmelbrösel
- 125 g Parmesan, gerieben
- 2 Knoblauchzehen, zerdrückt
- 6 EL frisch gehacktes Basilikum oder frisch gehackte Petersilie
- Pfeffer
- 1 Ei, verquirlt
- frisches Frühlingsgemüse, zum Servieren

1 Den Kapaun entbeinen, aber nicht häuten. Die Beine am Hüftgelenk ausdrehen. Beiderseits entlang des Rückgrats einschneiden, ohne die Brusthaut zu beschädigen.

2 Das Rückgrat herausziehen und wegwerfen. Die Rippen auslösen.

3 Das Fleisch von den Beinknochen lösen und den Knochen am Gelenk mit einem Messer auslösen.

4 Die Knochen für Brühe verwenden. Den entbeinten Kapaun mit der Haut nach unten auf ein Brett legen und die Wurstscheiben überlappend darauf legen.

5 Semmelbrösel, Parmesan, Knoblauch und Basilikum in eine Schüssel geben. Kräftig mit Pfeffer würzen und alles mischen. Zum Binden das Ei einrühren. Dann die Mischung in den Kapaun geben, das Fleisch darüber zusammenschlagen und sorgfältig mit Küchengarn zusammenbinden.

6 Den Kapaun in einen Bräter geben und leicht einölen. 90 Minuten im vorgeheizten Ofen bei 200 °C backen, bis beim Einstechen klarer Saft austritt.

7 Aufgeschnitten heiß oder kalt mit frischem Gemüse servieren.

1
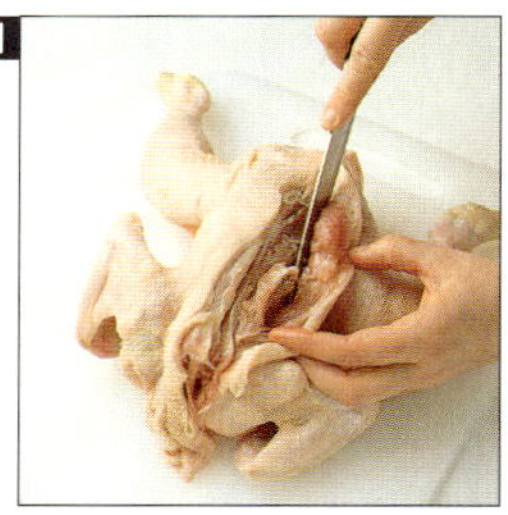

2
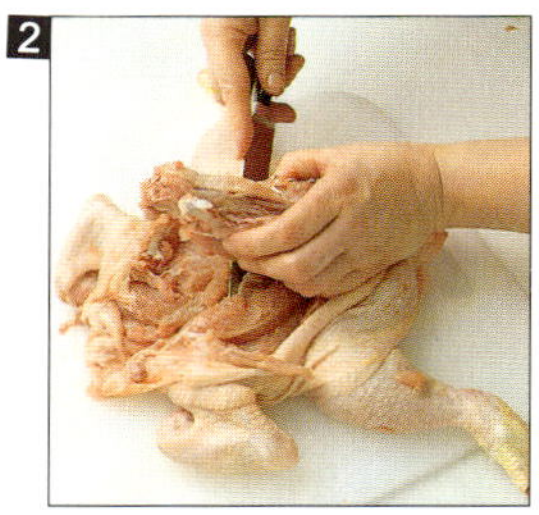

3
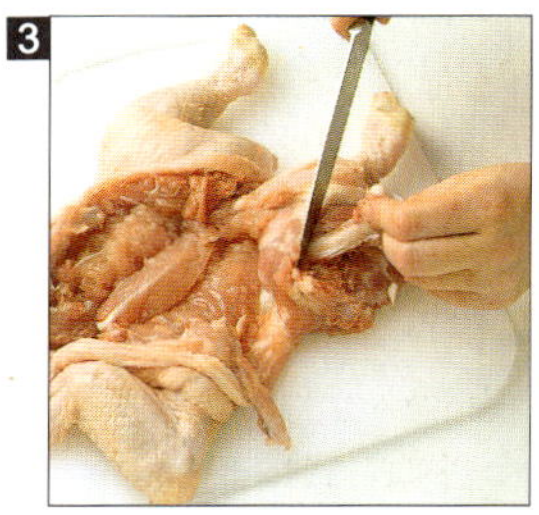

VARIATION

Ersetzen Sie die Mortadella durch durchwachsenen Speck.

Hähnchenbrust in Wermut

Durch die Kombination von Wermut und Trauben erhält diese Sauce ein unvergleichliches Aroma.

NÄHRWERTANGABEN

Kilokalorien	271	Zucker	5 g
Eiweiß	31 g	Fett	4 g
Kohlenhydrate	22 g	davon gesättigt	1 g

2 ¼ STD. | 45 MIN.

4 PERSONEN

ZUTATEN

- 4 Hähnchenbrustfilets (à ca. 175 g)
- 150 ml trockener weißer Wermut
- 150 ml Hühnerbrühe (siehe Seite 9)
- 2 Schalotten, in feinen Ringen
- Salz und Pfeffer
- 400 g Artischockenherzen aus der Dose, abgetropft und halbiert
- 125 g kernlose grüne Trauben
- 1 EL Speisestärke mit 2 EL Wasser angerührt
- Brunnenkresse, zum Garnieren
- gekochtes Gemüse, zum Servieren

1

2

4

1 Die Hähnchenbrustfilets in einer beschichteten Pfanne 2–3 Minuten von jeder Seite kräftig anbraten. Dann herausnehmen und auf Küchenpapier abtropfen lassen.

2 Die Pfanne ausspülen, dann Wermut und Brühe hineingießen. Alles zum Kochen bringen und dann die Schalotten und das Fleisch zugeben.

3 Abgedeckt 35 Minuten köcheln lassen. Mit Salz und Pfeffer abschmecken.

4 Artischockenherzen und Trauben zugeben und 2–3 Minuten mitgaren.

5 Die angerührte Speisestärke zufügen und die Sauce unter Rühren eindicken lassen. Das Hähnchen mit Brunnenkresse garnieren und mit dem Gemüse servieren.

TIPP

Wermut ist ein mit Kräutern und Gewürzen aromatisierter Wein und kann süß oder herb sein. Ersatzweise können Sie hier auch Weißwein verwenden.

Hühnchen-Gumbo

Ein komplettes Hauptgericht aus Louisiana, das in einem einzigen Topf auf Basis von Okra gekocht wird.

NÄHRWERTANGABEN

Kilokalorien	425	Zucker	8 g
Eiweiß	34 g	Fett	12 g
Kohlenhydrate	48 g	davon gesättigt	3 g

5 MIN. 25 MIN.

2 PERSONEN

ZUTATEN

- 1 EL Sonnenblumenöl
- 4 Hähnchenschenkel
- 1 kleine Zwiebel, gewürfelt
- 2 Selleriestangen, gewürfelt
- 1 kleine grüne Paprika, gewürfelt
- 90 g Langkornreis
- 300 ml Hühnerbrühe
- 1 kleine rote Chili
- 220 g Okra
- 1 EL Tomatenmark
- Salz und Pfeffer

3

3

4

1 Das Öl in einem großen Schmortopf erhitzen und das Fleisch darin goldbraun anbraten, dann aus dem Topf nehmen.

2 Zwiebel, Sellerie und Paprika 1 Minute unter Rühren anbraten. Überschüssiges Öl abgießen.

3 Den Reis zugeben und 1 Minute andünsten. Die Brühe zugießen und zum Kochen bringen. Die Chili in Ringe schneiden, die Okra putzen. Beides mit dem Tomatenmark in den Topf geben und abschmecken.

4 Das Fleisch wieder in den Topf geben. Abgedeckt 15 Minuten köcheln lassen, bis der Reis weich und das Fleisch gar ist. Die Flüssigkeit sollte aufgesogen sein. Gelegentlich umrühren. Wenn der Reis zu trocken wird, etwas Brühe zugießen. Servieren.

TIPP

Die ganze Chili macht das Gericht scharf und pikant – wenn Sie es milder mögen, entfernen Sie die Kerne aus der Schote.

Festliches Apfelhähnchen

Durch die Füllung direkt unter der Haut bleibt das Hähnchen schön saftig und erhält ein köstliches Apfelaroma.

NÄHRWERTANGABEN

Kilokalorien	219	Zucker	7 g
Eiweiß	29 g	Fett	8 g
Kohlenhydrate	9 g	davon gesättigt	4 g

10 MIN. — 2¼ STD.

6 PERSONEN

ZUTATEN

- 1 Hähnchen (ca. 2 kg)
- Öl, zum Bestreichen
- 2 Äpfel
- 15 g Butter
- 1 EL rotes Johannisbeergelee
- Petersilie, zum Garnieren

FÜLLUNG

- 15 g Butter
- 1 kleine Zwiebel, fein gehackt
- 60 g Champignons, fein gehackt
- 60 g magerer geräucherter Schinken, fein gehackt
- 25 g Semmelbrösel
- 1 EL frisch gehackte Petersilie
- 1 knackiger Apfel
- 1 EL Zitronensaft
- Salz und Pfeffer

2

4
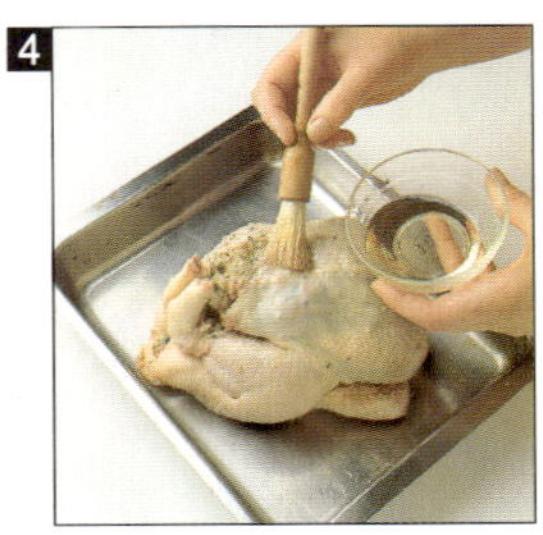

6

1 Für die Füllung die Zwiebel unter Rühren in der Butter andünsten. Die Champignons zugeben und 2–3 Minuten mitdünsten. Vom Herd nehmen und Schinken, Semmelbrösel sowie Petersilie einrühren.

2 Den Apfel entkernen, mit der Schale grob raspeln. Pilz-Schinken-Mischung und Zitronensaft zugeben. Alles gut verrühren. Mit Salz und Pfeffer abschmecken.

3 Die Brusthaut des Hähnchens behutsam anheben, dann die Füllung darunter geben und mit den Fingern gleichmäßig verteilen.

4 Den Backofen auf 190 °C vorheizen. Das Hähnchen in eine Grillpfanne legen, mit dem Öl bestreichen und anschließend auf der mittleren Schiene in den Ofen schieben.

5 Das Fleisch ist gar, wenn beim Einstechen an der dicksten Stelle klarer Saft austritt. Pro 500 g rechnet man 25 Minuten Garzeit plus weitere 25 Minuten. Bräunt das Hähnchen zu schnell, mit Alufolie abdecken.

6 Die restlichen Äpfel entkernen und in Butter sautieren. Das Gelee einrühren und erhitzen, bis es zerläuft. Das Hähnchen mit Äpfeln und Petersilie garniert servieren.

Gefüllte Stubenküken

Die Stubenküken sind mit Zitronengras, Limettenblättern und Ingwer gefüllt, außen knusprig gebraten und dank der pikanten Marinade sehr würzig.

NÄHRWERTANGABEN

Kilokalorien	183	Zucker	1 g
Eiweiß	30 g	Fett	7 g
Kohlenhydrate	1 g	davon gesättigt	2 g

10 MIN. 55 MIN.

4 PERSONEN

ZUTATEN

4 Stubenküken (à 350–400 g)
Basmati-Wildreis-Mischung, zum Servieren
Korianderblätter, zum Garnieren
Limettenspalten, zum Garnieren

MARINADE

4 Knoblauchzehen, geschält
2 frische Korianderwurzeln
1 EL helle Sojasauce
Salz und Pfeffer

FÜLLUNG

4 Stängel Zitronengras
4 Kaffir-Limettenblätter
4 Scheiben frische Ingwerwurzel
ca. 6 EL Kokosmilch, zum Bestreichen

3

4

5

1 Die Stubenküken abspülen und mit Küchenpapier trockentupfen.

2 Für die Marinade alle Zutaten in einer Küchenmaschine oder mit Mörser und Stößel zu einer glatten Paste verarbeiten. Mit Salz und Pfeffer würzen.

3 Mit einem Löffelrücken die Stubenküken gleichmäßig mit der Marinade bestreichen und diese leicht andrücken.

4 Die Stubenküken mit je 1 Stängel Zitronengras, 1 Limettenblatt und 1 Scheibe Ingwer füllen.

5 Die Küken in einen Bräter geben und mit der Hälfte der Kokosmilch bestreichen. In einem auf etwa 200 °C vorgeheizten Ofen ca. 30 Minuten braten.

6 Die Küken ein weiteres Mal mit Kokosmilch bestreichen und je nach Größe der Stubenküken weitere 15–25 Minuten braten, bis sie goldbraun und knusprig sind. Für die Garprobe einen Metallspieß ins Fleisch stecken. Ist der herauslaufende Saft ganz klar, ist das Fleisch gar.

7 Die fertig gebratenen Stubenküken auf einem Reisbett anrichten und den Bratensaft darüber gießen. Das fertige Gericht mit Koriander und Limettenspalten garnieren und sofort servieren.

Hähnchenbrust mit Cashewkernen

Gelbe Bohnensauce ist in gut sortierten Supermärkten erhältlich. Verwenden Sie für dieses Rezept nach Möglichkeit die grobe statt der sämigen Sauce.

NÄHRWERTANGABEN

Kilokalorien 398	Zucker .... 2 g
Eiweiß .... 31 g	Fett .... 27 g
Kohlenhydrate ... 8 g	davon gesättigt .. 4 g

10 MIN. 15 MIN.

4 PERSONEN

ZUTATEN

- 450 g Hähnchenbrustfilet
- 2 EL Pflanzenöl
- 1 rote Zwiebel, in Ringen
- 175 g Pilze mit offenem Hut, in Scheiben
- 100 g Cashewkerne
- 75 g gelbe Bohnensauce
- frischer Koriander, zum Garnieren
- gebratener Reis mit Ei oder gekochter Reis, zum Servieren

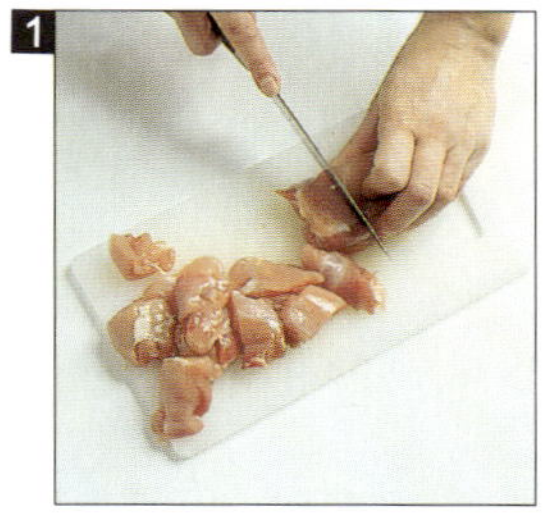

1 Mit einem scharfen Messer das Hühnerfleisch in kleine, mundgerechte Stücke schneiden.

2 Das Pflanzenöl in einem heißen Wok oder einer Pfanne erhitzen.

3 Das Hühnerfleisch in den Wok geben und 5 Minuten pfannenrühren.

4 Die rote Zwiebel und die Pilze in den Wok geben und weitere 5 Minuten anbraten.

5 Die Cashewkerne auf ein Backblech legen und unter einem vorgeheizten Grill rösten, bis sie braun sind. Dadurch entfaltet sich das volle Aroma der Kerne.

6 Die gerösteten Cashewkerne mit der gelben Bohnensauce in den Wok geben. Gründlich schwenken und durchgaren.

7 Die Mischung im Wok 2–3 Minuten köcheln lassen.

8 Das Gericht auf vorgewärmte Servierschüsseln verteilen und mit frischem Koriander garnieren. Mit gebratenem Eierreis oder gekochtem Reis servieren.

VARIATION

Es kann etwas preisgünstiger sein, wenn Sie statt Hähnchenbrustfilet Hähnchenschenkel verwenden.

Knoblauchhuhn

Dieser Schmortopf wird hier mit Huhn anstatt mit Ente oder Lamm zubereitet. Sie können ohne weiteres Bohnen aus der Dose verwenden.

NÄHRWERTANGABEN

Kilokalorien	550	Zucker	2 g
Eiweiß	60 g	Fett	19 g
Kohlenhydrate	26 g	davon gesättigt	4 g

5 MIN. 2 1/4 STD.

4 PERSONEN

ZUTATEN

- 4 EL Sonnenblumenöl
- 900 g Hühnerfleisch, zerkleinert
- 225 g Champignons, in Scheiben
- 16 Schalotten
- 6 Knoblauchzehen, zerdrückt
- 1 EL Mehl
- 225 ml Weißwein
- 225 ml Hühnerbrühe
- 1 Bouquet garni
- 400 g Borlotti-Bohnen aus der Dose
- Salz und Pfeffer

1 Das Öl in einem Schmortopf erhitzen und das Hühnerfleisch darin von allen Seiten goldbraun und knusprig anbraten. Dann das Fleisch aus dem Schmortopf nehmen.

2 Champignons, Schalotten und Knoblauch in den Schmortopf geben und darin 4 Minuten anbraten.

3 Das Hühnerfleisch wieder zufügen, mit Mehl bestreuen und 2 Minuten braten.

4 Wein und Brühe zugießen. Unter Rühren aufkochen und das Bouquet garni zugeben. Alles mit Salz und Pfeffer abschmecken.

5 Die Bohnen zugeben und alles gut mischen. Den Schmortopf abdecken und in einem auf 150 °C vorgeheizten Backofen auf mittlerer Schiene 2 Stunden garen.

6 Das Bouquet garni entfernen und das fertige Gericht heiß servieren.

2

3

5

TIPP

Sie können nach Belieben auch gewürfelte Kartoffeln, Karotten oder Sellerie in diesen Schmortopf geben.

Orangenpute mit Reis

Für dieses Gericht können Sie gut Reisreste verwerten. Probieren Sie statt der Orange zur Abwechslung eine rosafarbene Grapefruit.

NÄHRWERTANGABEN

Kilokalorien	337	Zucker	12 g
Eiweiß	32 g	Fett	7 g
Kohlenhydrate	40 g	davon gesättigt	1 g

30 MIN. 40 MIN.

4 PERSONEN

ZUTATEN

- 1 EL Olivenöl
- 1 Zwiebel, gehackt
- 450 g Putenbrustfilet, in Streifen
- 300 ml ungesüßter Orangensaft
- 1 Lorbeerblatt
- Salz und Pfeffer
- 225 g Brokkoli, in Röschen
- 1 große Zucchini, gewürfelt
- 1 große Orange
- 350 g Naturreis, gekocht
- Tomaten-Zwiebel-Salat, zum Servieren

GARNIERUNG

- 25 g eingelegte entsteinte Oliven, abgetropft und geviertelt
- Basilikumblätter, in Streifen

2

3

5

1 Das Öl in einer Pfanne erhitzen. Zwiebel und Putenfleisch hineingeben und 4–5 Minuten leicht anbraten.

2 Den Orangensaft zugießen, das Lorbeerblatt zufügen und alles mit Salz und Pfeffer würzen. Dann aufkochen und 10 Minuten köcheln lassen.

3 Inzwischen Wasser in einem Topf zum Kochen bringen. Die Brokkoliröschen zufügen und abgedeckt 2 Minuten kochen. Die Zucchiniwürfel zugeben, wieder abdecken und weitere 3 Minuten kochen. Achten Sie darauf, dass das Gemüse nicht zu weich wird und an Biss verliert. Dann alles abgießen und beiseite stellen.

4 Mit einem scharfen Messer die Orange schälen, dabei möglichst viel der weißen Haut entfernen.

5 Die Orangen in dünne Scheiben schneiden und jede Scheibe halbieren.

6 Brokkoli, Zucchini, Reis und Orangenscheiben zum Fleisch geben. Vorsichtig mischen und 3–4 Minuten erhitzen, bis alles gut durchgewärmt ist.

7 Anrichten, mit Oliven und Basilikum garnieren und mit Salat servieren.

Putenbrust in Preiselbeerglasur

Preiselbeeren und Maronen erinnern an westliche Festtage, doch Ingwer und Sojasauce geben diesem Pfannengericht die eindeutig chinesische Note.

NÄHRWERTANGABEN

Kilokalorien 167	Zucker . . . . 11 g
Eiweiß . . . . 8 g	Fett . . . . 7 g
Kohlenhydrate . . 20 g	davon gesättigt . . 1 g

5 MIN. 15 MIN.

4 PERSONEN

ZUTATEN

- 1 Putenbrust
- 2 EL Sonnenblumenöl
- 15 g frische Ingwerwurzel
- 50 g Preiselbeeren
- 100 g Maronen aus der Dose
- 4 EL Preiselbeersauce
- 3 EL helle Sojasauce
- Salz und Pfeffer

1 Nach Belieben die Haut von dem Putenfleisch entfernen. Das Fleisch mit einem scharfen Küchenmesser in dünne Scheiben schneiden.

2 Das Sonnenblumenöl in einem großen heißen Wok oder einer großen Pfanne erhitzen.

3 Das Putenfleisch in den Wok geben und 5 Minuten pfannenrühren, bis es durchgebraten ist.

4 Den Ingwer mit einem scharfen Küchenmesser in sehr kleine Stücke hacken.

5 Den Ingwer und die Preiselbeeren in den Wok oder die Pfanne geben und 2–3 Minuten anbraten, bis die Preiselbeeren weich sind.

6 Die Maronen, die Preiselbeersauce und die Sojasauce zugeben, die Mischung mit Salz und Pfeffer würzen und 2–3 Minuten köcheln lassen.

7 Das fertige Gericht auf vorgewärmte Servierschalen verteilen und sofort servieren.

1
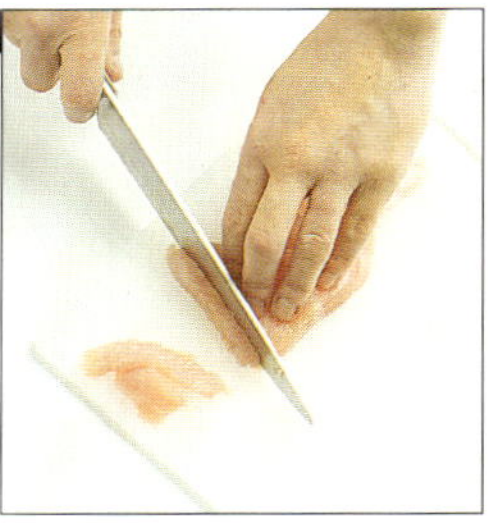

3

4
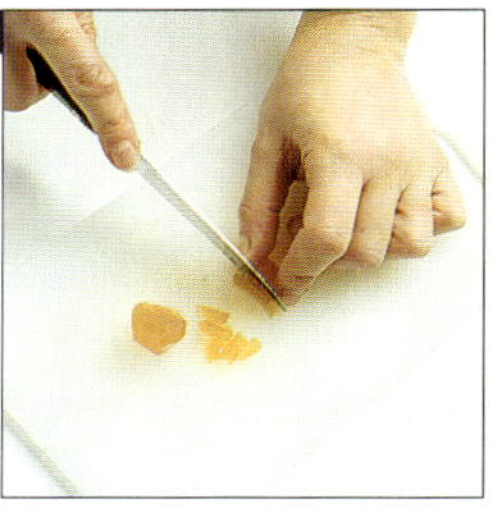

TIPP

Es ist wichtig, dass der Wok sehr heiß ist, bevor Sie mit dem Pfannenrühren beginnen. Halten Sie Ihre Hand etwa 8 cm flach über den Wokboden. Wenn Sie die Hitze spüren können, ist der Wok heiß genug.

Putencurry mit Aprikosen & Rosinen

Ein leichtes Mittagsgericht aus magerem Putenfleisch mit einer fruchtigen Currysauce, serviert auf einem Reisbett.

NÄHRWERTANGABEN

Kilokalorien	377	Zucker	19 g
Eiweiß	33 g	Fett	6 g
Kohlenhydrate	51 g	davon gesättigt	1 g

2½ STD. 30 MIN.

4 PERSONEN

ZUTATEN

- 1 EL Pflanzenöl
- 1 große Zwiebel, gehackt
- 450 g Putenbrustfilet, gewürfelt
- 3 EL milde Currypaste
- 300 ml Hühnerbrühe (siehe Seite 9)
- 175 g Erbsen, Tiefkühlware aufgetaut
- 400 g Aprikosenhälften im eigenen Saft aus der Dose
- 50 g helle Rosinen
- 350 g Basmati-Reis, gekocht
- 1 TL gemahlener Koriander
- 4 EL frisch gehackter Koriander
- 1 grüne Chili, entkernt und in Ringen
- Salz und Pfeffer

1

2

2

1 Das Öl in einer Pfanne erhitzen. Zwiebel und Putenfleisch 4–5 Minuten anbraten, bis das Fleisch leicht gebräunt ist.

2 Die Currypaste einrühren. Die Brühe unter Rühren zugießen, alles aufkochen und abgedeckt 15 Minuten köcheln lassen. Dann die Erbsen einrühren, alles erneut zum Kochen bringen und bei geringer Hitze 5 Minuten garen.

3 Die Aprikosen abgießen, den Saft auffangen. Die Früchte in dicke Scheiben schneiden und zum Curry geben. Wird es zu trocken, etwas Aprikosensaft zugießen. Die Rosinen zufügen. Weitere 2 Minuten kochen.

4 Den Reis mit dem Koriander mischen. Die Chili einrühren und mit Salz und Pfeffer würzen. Den Reis auf vorgewärmte Teller geben und mit dem Curry servieren.

VARIATION

Anstelle der Aprikosen können Sie auch Pfirsiche verwenden. Die Garzeiten verändern sich nicht.

Ente mit Porree und Kohl

Entenfleisch ist sehr intensiv im Geschmack und erhält in diesem Rezept durch geriebene Orangenschale sein kulinarisches Gegengewicht.

NÄHRWERTANGABEN

Kilokalorien	192	Zucker	5 g
Eiweiß	26 g	Fett	7 g
Kohlenhydrate	6 g	davon gesättigt	2 g

10 MIN. 20 MIN.

4 PERSONEN

ZUTATEN

- 4 Entenbrustfilets mit Haut
- 350 g Weißkohl
- 225 g Porree, in Scheiben
- geriebene Schale von 1 Orange
- 6 EL Austernsauce
- 1 EL Sesamsaat, geröstet, zum Servieren

1 Einen großen Wok erhitzen und die ungehäuteten Entenbrustfilets darin ohne Öl etwa 5 Minuten von beiden Seiten anbraten.

2 Das Fleisch aus dem Wok nehmen und auf eine saubere Arbeitsfläche legen.

3 Die Entenbrustfilets mit einem Messer in dünne Scheiben schneiden.

4 Das Fett im Wok bis auf 1 Teelöffel abgießen.

5 Den Kohl mit einem scharfen Küchenmesser klein schneiden.

6 Den Porree, den Kohl und die geriebene Orangenschale in den Wok geben und etwa 5 Minuten pfannenrühren, bis das Gemüse fast gar ist.

7 Das Entenfleisch wieder in den Wok geben und 2–3 Minuten durchgaren.

8 Die Austernsauce darüber träufeln, alle Zutaten gut durchmischen und dann kurz erhitzen.

9 Mit gerösteter Sesamsaat bestreuen, auf einen vorgewärmten Servierteller füllen und heiß servieren.

VARIATION

Leichter und süßer schmecken Chinakohlblätter. Sie können nach Belieben anstelle des Weißkohls verwendet werden.

1

3
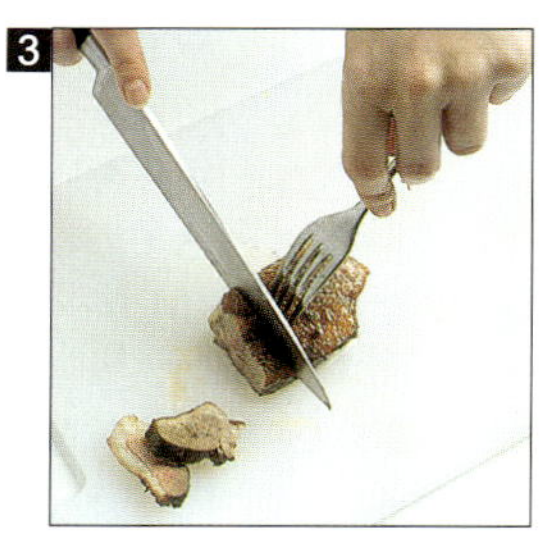

5

Ente süß-sauer

Damit es besonders schnell geht, sollten Sie für dieses Gericht bereits gekochtes Entenfleisch verwenden.

NÄHRWERTANGABEN

Kilokalorien	187	Zucker	7 g
Eiweiß	10 g	Fett	12 g
Kohlenhydrate	11 g	davon gesättigt	2 g

25 MIN. 10 MIN.

4 PERSONEN

ZUTATEN

- 125–175 g gekochtes Entenfleisch
- 3 EL Öl
- 1 kleine Zwiebel, in Ringen
- 2–3 Scheiben frische Ingwerwurzel, in feinen Streifen
- 1 Frühlingszwiebel, in Ringen
- 1 kleine Karotte, in Stiften
- 130 g Ananasstückchen aus der Dose
- ½ TL Salz
- 1 EL roter Reisessig
- 2 EL Ananassirup
- ½ EL Speisestärke mit 1 EL Wasser angerührt
- schwarze Bohnensauce, zum Servieren (nach Belieben)

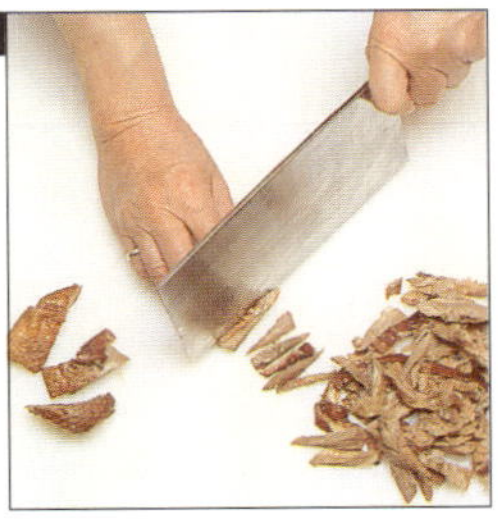
1

3

5

1 Das Entenfleisch mit einem Messer in gleich große Streifen schneiden.

2 Das Öl in einem heißen Wok oder einer großen Pfanne erhitzen.

3 Die Zwiebel darin andünsten, bis sie glasig ist.

4 Ingwer, Frühlingszwiebel und Karotte zugeben und 1 Minute pfannenrühren.

5 Entenfleisch, Ananas, Salz, Reisessig und Ananassirup in den Wok geben und alles gut vermengen.

6 Die angerührte Speisestärke zugeben und 1–2 Minuten rühren, bis die Sauce etwas eingedickt ist.

7 Das Gericht in eine vorgewärmte Servierschüssel geben und nach Belieben mit schwarzer Bohnensauce servieren.

TIPP

Roter Reisessig wird aus fermentiertem Reis hergestellt. Falls der aromatische Essig nicht erhältlich ist, verwenden Sie Rotweinessig, der ähnlich schmeckt.

Ente mit Brokkoli und Paprika

Mit den farbenfrohen Paprika und dem Brokkoli ist dieses Gericht sowohl etwas für das Auge als auch für den Gaumen.

NÄHRWERTANGABEN			
Kilokalorien	261	Zucker	3 g
Eiweiß	26 g	Fett	13 g
Kohlenhydrate	11 g	davon gesättigt	2 g

35 MIN. 15 MIN.

4 PERSONEN

ZUTATEN

- 1 Eiweiß
- 2 EL Speisestärke
- 450 g Entenfleisch, entbeint und ohne Haut
- Pflanzenöl, zum Frittieren
- 1 rote Paprika, gewürfelt
- 1 gelbe Paprika, gewürfelt
- 125 g Brokkoli, in Röschen
- 1 Knoblauchzehe, zerdrückt
- 2 EL helle Sojasauce
- 2 TL chinesischer Reiswein oder trockener Sherry
- 1 TL brauner Zucker
- 125 ml Hühnerbrühe
- 2 TL Sesamsaat

1 Das Eiweiß und die Speisestärke in einer Schüssel verquirlen.

2 Das Entenfleisch mit einem scharfen Messer in 2,5 cm große Würfel schneiden, in die Eiweißmischung einrühren und 30 Minuten ruhen lassen.

3 Das Öl zum Frittieren in einem großen heißen Wok oder einer Pfanne erhitzen, bis es fast raucht.

4 Die Ente aus der Eiweißmischung nehmen, im Wok 4–5 Minuten knusprig braten. Das Fleisch mit einem Schaumlöffel aus dem Öl herausheben und auf Küchenpapier abtropfen lassen.

5 Paprika und Brokkoli in den Wok geben und 2–3 Minuten anbraten. Mit einem Schaumlöffel herausheben und auf Küchenpapier abtropfen lassen.

6 Das Öl aus dem Wok bis auf 2 Esslöffel abgießen und den Wok wieder auf den Herd stellen. Den Knoblauch darin 30 Sekunden anbraten. Sojasauce, Reiswein, Zucker und Brühe einrühren und aufkochen.

7 Das Entenfleisch und das Gemüse einrühren und alles 1–2 Minuten garen. Das fertige Gericht mit Sesamsaat bestreuen und sofort servieren.

2

4

7

Ente mit Ingwer und Limette

Ideal für einen heißen Sommertag – gebratene Entenscheiben, serviert mit einem Dressing aus Ingwer, Limettensaft, Sesamöl und Fischsauce.

NÄHRWERTANGABEN

Kilokalorien 529	Zucker .... 3 g
Eiweiß .... 38 g	Fett .... 41 g
Kohlenhydrate ... 3 g	davon gesättigt .. 6 g

20 MIN. 25 MIN.

4 PERSONEN

ZUTATEN

3 Entenbrüste (à 250 g, z. B. Barbarie-Ente)
Salz

DRESSING

120 ml Olivenöl
2 TL Sesamöl
2 EL Limettensaft
geriebene Schale und Saft von 1 Orange
2 TL Fischsauce
1 EL frisch geriebene Ingwerwurzel
1 Knoblauchzehe, zerdrückt
2 TL helle Sojasauce
3 Frühlingszwiebeln, fein gehackt
1 TL Zucker
250 g gemischte Salatblätter
Orangenspalten, zum Garnieren

1

3

4

1 Die Entenbruststücke waschen, auf Küchenpapier trocknen und halbieren. Die Haut mit einer Gabel mehrfach einstechen und mit Salz einreiben. Die Entenstücke mit der Hautseite nach unten auf einen Rost über einen Bräter oder ein Backblech legen.

2 Das Entenfleisch im vorgeheizten Backofen bei 190 °C 10 Minuten braten, dann wenden und weitere 12–15 Minuten braten, bis es gar, aber in der Mitte noch rosa und die Haut knusprig ist.

3 Für das Dressing Olivenöl und Sesamöl mit Limettensaft, Orangenschale und -saft, Fischsauce, Ingwer, Knoblauch, Sojasauce, Frühlingszwiebeln und Zucker gründlich mischen.

4 Das Entenfleisch aus dem Ofen nehmen und abkühlen lassen. Dann die Entenbruststücke mit einem scharfen Messer in dicke Scheiben schneiden.

5 Etwas Dressing über das Entenfleisch träufeln.

6 Zum Servieren gemischte Salatblätter auf einem Servierteller anrichten. Die Entenbrustscheiben dekorativ auf dem Salatbett verteilen und mit dem restlichen Dressing beträufeln. Das fertige Gericht mit Orangenspalten garnieren und sofort servieren.

Knusperente

Die Zubereitung von chinesischen Pfannkuchen ist sehr zeitaufwändig. Verwenden Sie fertige Pfannkuchen aus dem Asia-Shop oder Salatblätter.

NÄHRWERTANGABEN

Kilokalorien	169	Zucker	1 g
Eiweiß	7 g	Fett	11 g
Kohlenhydrate	7 g	davon gesättigt	3 g

9 ¼ STD. 3 ¼ STD.

4 PERSONEN

ZUTATEN

- 2 große Entenkeulen
- 1 TL Salz
- 3–4 Sternanis
- 1 TL rote Szechuan-Pfefferkörner
- 1 TL Nelken
- 2 Zimtstangen, in Stücke gebrochen
- 2–3 Frühlingszwiebeln, in 5-cm-Stücken
- 4–5 Scheiben frische Ingwerwurzel
- 3–4 EL Reiswein oder trockener Sherry
- Öl, zum Frittieren

ZUM SERVIEREN

- 12 fertige Pfannkuchen oder 12 große Salatblätter
- Hoisin-Sauce oder Pflaumensauce
- ¼ Gurke, in Stiften
- 3–4 Frühlingszwiebeln, in Ringen

1 Die Entenkeulen mit Salz einreiben. Sternanis, Pfeffer, Nelken und Zimtstangen, Frühlingszwiebeln und Ingwer darauf verteilen und mit Reiswein beträufeln. Mindestens 3–4 Stunden marinieren.

2 Die Entenkeulen auf einen Teller legen, der in einen Bambus-Dämpfer passt. Etwas heißes Wasser in einen Wok gießen, den Dämpfeinsatz mit dem Teller in den Wok setzen und abdecken. Die Ente bei starker Hitze 2–3 Stunden dämpfen, bis das Fleisch zart ist. Von Zeit zu Zeit etwas heißes Wasser nachfüllen. Die Ente aus dem Dämpfeinsatz nehmen und mindestens 4–5 Stunden abkühlen lassen.

3 Das Wasser aus dem Wok weggießen. Das Öl in den trockengeriebenen Wok geben und stark erhitzen. Das Fleisch mit der Haut nach unten 4–5 Minuten frittieren, bis es knusprig ist. Dann gut abtropfen lassen.

4 Das Fleisch auslösen, 1 Teelöffel Hoisin- oder Pflaumensauce in die Mitte eines Pfannkuchens oder Salatblatts geben, jeweils etwas Gurke, Frühlingszwiebel und Entenfleisch darauf legen und aufrollen. Als kleine Päckchen servieren.

1

2

3

Peking-Ente

In keinem guten Kochbuch darf dieses berühmte Rezept fehlen: knusprige Ente, serviert in Pfannkuchen mit einer herzhaften Sauce.

NÄHRWERTANGABEN

Kilokalorien	357	Zucker	48 g
Eiweiß	20 g	Fett	10 g
Kohlenhydrate	49 g	davon gesättigt	2 g

6¼ STD. 1½ STD.

4 PERSONEN

ZUTATEN

- 1,8 kg küchenfertige Ente (z. B. Barbarie-Ente)
- 1,75 l kochendes Wasser
- 4 EL flüssiger Honig
- 2 TL dunkle Sojasauce
- 2 EL Sesamöl
- 125 ml Hoisin-Sauce
- 125 g Zucker
- 125 ml kaltes Wasser
- Karottenstreifen, zum Garnieren

ZUM SERVIEREN

- Chinesische Pfannkuchen
- Salatgurkenstreifen
- Frühlingszwiebelringe

1 Die Ente auf einen Rost über eine Fettpfanne legen und 1,2 l kochendes Wasser darüber gießen.

2 Die Ente aus der Fettpfanne nehmen, das Wasser weggießen und die Ente mit Küchenpapier trockentupfen. Mehrere Stunden auf dem Rost beiseite stellen.

3 Den Honig, das restliche heiße Wasser und die dunkle Sojasauce in einer kleinen Schüssel gründlich verrühren.

4 Die Haut und das Innere der Ente mit der Mischung bestreichen. Die restliche Glasur aufbewahren. Die Ente 1 Stunde beiseite stellen, bis die Glasur getrocknet ist. Dann erneut mit der Glasur bestreichen. Wieder trocknen lassen und so lange wiederholen, bis die Glasur aufgebraucht ist.

5 Das Sesamöl in einem Topf erhitzen und die Hoisin-Sauce, den Zucker und das kalte Wasser zugeben. 2–3 Minuten köcheln lassen, bis alles leicht angedickt ist. Abkühlen lassen und bis zur Verwendung in den Kühlschrank stellen.

6 Die Ente in einem auf 190 °C vorgeheizten Backofen 30 Minuten braten. Dann wenden und weitere 20 Minuten braten. Die Ente danach erneut wenden und noch einmal 20–30 Minuten braten, bis sie durch und durch gar und die Haut knusprig ist. Dann die Ente aus dem Backofen nehmen und 10 Minuten etwas abkühlen lassen.

7 In der Zwischenzeit die Pfannkuchen in einem Dämpfer gemäß Packungsanleitung etwa 5–7 Minuten erhitzen. Die Ente samt Haut in Streifen schneiden, mit den Karottenstreifen garnieren und zusammen mit den Pfannkuchen, der Sauce, den Gurken und den Frühlingszwiebeln servieren.

1
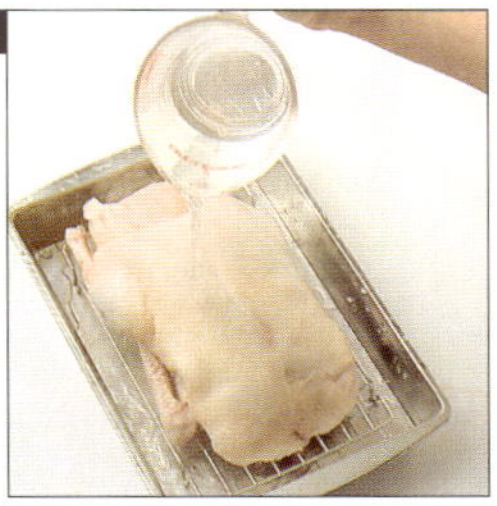

2

4

Ente mit Äpfeln und Aprikosen

Leichte Aprikosensauce bildet einen sehr guten Kontrast zu dem mächtigen Entenfleisch und passt daher hervorragend dazu.

NÄHRWERTANGABEN

Kilokalorien	316	Zucker	38 g
Eiweiß	25 g	Fett	6 g
Kohlenhydrate	40 g	davon gesättigt	1 g

10 MIN. 1 ½ STD.

4 PERSONEN

ZUTATEN

- 4 Entenkeulen (à ca. 350 g)
- 4 EL dunkle Sojasauce
- 2 EL brauner Zucker
- Salz und Pfeffer
- 2 rote Äpfel
- 2 grüne Äpfel
- Saft von 1 Zitrone
- 2 EL flüssiger Honig
- 3 Lorbeerblätter
- gekochtes Gemüse, zum Servieren

SAUCE

- 400 g Aprikosen im eigenen Saft aus der Dose
- 4 EL süßer Sherry

1 Den Backofen auf 190 °C vorheizen. Das Fleisch auf einen Rost über eine Fettpfanne legen und mehrmals mit einer Gabel einstechen.

2 Das Fleisch mit der Sojasauce bestreichen und mit Zucker und Pfeffer bestreuen. 50–60 Minuten im Ofen garen, dabei gelegentlich mit dem Bratensaft begießen. Das Fleisch ist gar, wenn beim Einstechen klarer Saft austritt.

3 Die Äpfel entkernen und in je 6 Spalten schneiden. In einer Schüssel mit Zitronensaft, Honig, Salz und Pfeffer mischen, dann in einen kleinen Bräter geben und die Lorbeerblätter zufügen. Während der letzten 20–25 Minuten Garzeit auch in den Ofen stellen. Danach die Lorbeerblätter entfernen.

4 Für die Sauce die Aprikosen mit Saft und Sherry in einer Küchenmaschine oder mit einem Pürierstab glatt pürieren. Oder die Früchte mit einer Gabel zerdrücken, durch ein Sieb streichen und mit Saft und Sherry verrühren.

5 Kurz vor Ende der Garzeit die Aprikosensauce in einem Topf erhitzen. Nach Belieben die Haut vom Entenfleisch abziehen und das Fleisch mit Küchenpapier abtupfen, um das Fett zu entfernen. Mit Apfelspalten und Aprikosensauce anrichten, dazu gekochtes Gemüse servieren.

VARIATION

Sie können hier auch Ananas anstelle der Aprikosen verwenden. Bei Dosenfrüchten darauf achten, dass diese im eigenen Saft eingelegt sind.

Gegrillte Jungente

Die süße und angenehm würzige Marinade verleiht den Entenbrüstchen eine leicht orientalische Note.

NÄHRWERTANGABEN

Kilokalorien 249	Zucker . . . . 20 g
Eiweiß . . . . 27 g	Fett . . . . 6 g
Kohlenhydrate . . 23 g	davon gesättigt . . 2 g

6¼ STD. 30 MIN.

4 PERSONEN

ZUTATEN

4 Entenbrustfilets (Jungente)

frische Korianderzweige, zum Garnieren (nach Belieben)

MARINADE

3 Knoblauchzehen, zerdrückt

150 ml helle Sojasauce

5 EL brauner Zucker

2,5-cm-Stück Ingwerwurzel, gerieben

1 EL frisch gehackter Koriander

1 TL Fünf-Gewürze-Pulver

1

2

3

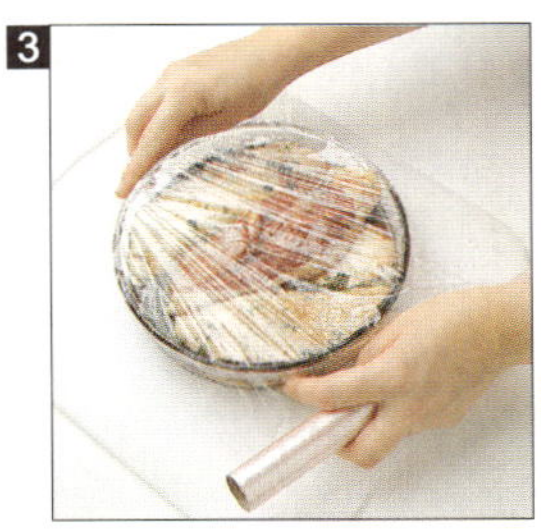

1 Für die Marinade Knoblauch, Sojasauce, Zucker, Ingwer, gehackten Koriander und Fünf-Gewürze-Pulver in eine kleine Schüssel geben und gut mischen.

2 Die Entenbrustfilets in eine flache Schüssel legen und die Marinade darüber gießen. Die Entenbruststücke behutsam wenden, sodass sie rundum von der Marinade überzogen werden.

3 Die Schüssel mit Frischhaltefolie abdecken und 1–6 Stunden marinieren. Die Entenstücke zwischendurch ein- oder zweimal wenden, damit die Marinade gleichmäßig verteilt wird.

4 Die Entenstücke aus der Marinade nehmen. Die Marinade zum späteren Bestreichen des Fleisches zurückbehalten.

5 Die Entenbrustfilets über heißer Holzkohle etwa 20–30 Minuten grillen und dabei häufig wenden. Großzügig mit der zurückbehaltenen Marinade bestreichen.

6 Das Fleisch in Scheiben schneiden. Mit Koriander garnieren und servieren.

TIPP

Entenfleisch ist ziemlich fett. Es ist also nicht nötig, der Marinade noch Öl zuzugeben. Der Rost sollte jedoch eingefettet werden, damit das Fleisch nicht festbackt. Dies wegen Brandgefahr nicht in der Nähe des Grills machen.

Ente mit Mais und Ananas

Ananas und Pflaumensauce verleihen diesem farbenfrohen Entengericht eine sowohl süßliche wie auch fruchtige Note.

NÄHRWERTANGABEN

Kilokalorien	241	Zucker	7g
Eiweiß	26g	Fett	8g
Kohlenhydrate	16g	davon gesättigt	2g

5 MIN. 25 MIN.

4 PERSONEN

ZUTATEN

- 4 Entenbrüste
- 1 TL Fünf-Gewürze-Pulver
- 1 EL Speisestärke
- 1 EL Chiliöl
- 225 g Zwiebeln, geschält
- 2 Knoblauchzehen, zerdrückt
- 100 g Babymaiskolben
- 175 g Ananasstücke aus der Dose
- 6 Frühlingszwiebeln, in Ringen
- 100 g Bohnensprossen
- 2 EL Pflaumensauce

1 Entenbrust vollständig häuten und in dünne Scheiben schneiden.

2 Fünf-Gewürze-Pulver und Speisestärke in einer großen Schüssel vermengen. Die Fleischscheiben in der Gewürz-Stärke-Mischung wenden, bis sie rundum gut bedeckt sind.

3 Das Öl in einem heißen Wok erhitzen, das Fleisch 10 Minuten knusprig braten.

4 Das Fleisch herausnehmen und beiseite stellen. Zwiebeln und Knoblauch in den Wok geben und 5 Minuten pfannenrühren, bis die Zwiebeln gar sind.

5 Den Mais in den Wok geben und alles weitere 5 Minuten pfannenrühren.

6 Ananas, Frühlingszwiebeln und Bohnensprossen zugeben. 3–4 Minuten dünsten, dann die Pflaumensauce einrühren.

7 Das Fleisch wieder in den Wok geben und mit den anderen Zutaten vermengen. Das fertige Gericht heiß servieren.

TIPP

Ananas im eigenen Saft ist erfrischender als Ananas in Sirup. Wenn Sie Letzere verwenden, sollten Sie die Ananasstücke vor Gebrauch abspülen und dann gründlich trockentupfen.

1
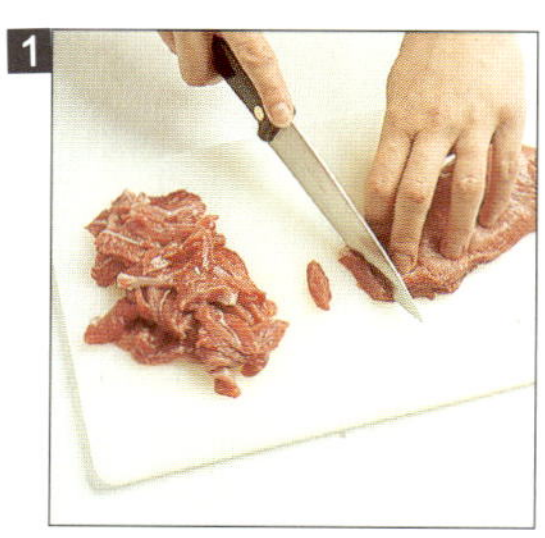

2
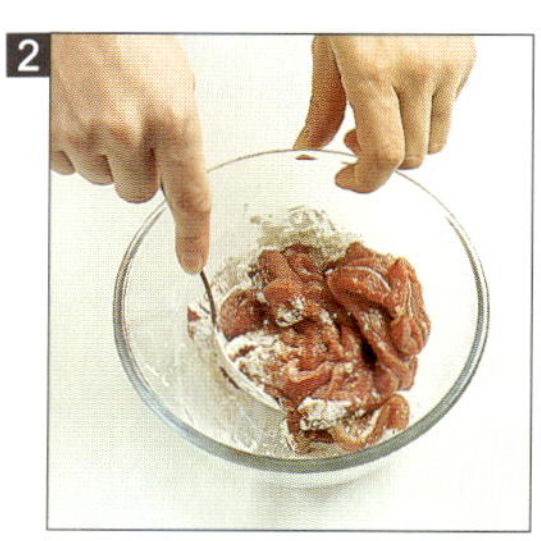

3

Tasmanische Ente

Für dieses Gericht werden am besten getrocknete tasmanische Kirschen verwendet, die zu den besten der Welt zählen, aber andere eignen sich auch.

NÄHRWERTANGABEN

Kilokalorien	259	Zucker	12 g
Eiweiß	24 g	Fett	12 g
Kohlenhydrate	12 g	davon gesättigt	2 g

5 MIN. 35 MIN.

4 PERSONEN

ZUTATEN

- 4 Entenbrustfilets
- 60 g getrocknete Kirschen
- 125 ml Wasser
- 4 EL Zitronensaft
- 2 große Porreestangen, geviertelt, oder 8 kleine Porreestangen
- 2 EL Olivenöl
- 2 EL Balsamico-Essig
- 2 EL Portwein
- 2 TL rosafarbene Pfefferkörner

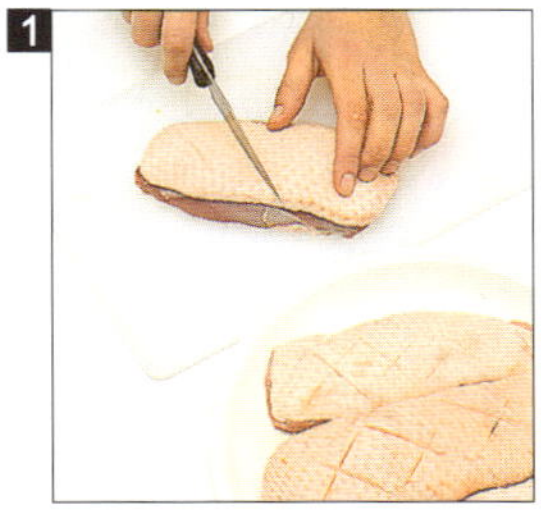

1 Mit einem scharfen Messer die Haut der Entenbrustfilets dreimal kreuzweise einschneiden.

2 Kirschen, Wasser und Zitronensaft in einen kleinen Topf geben. Zum Kochen bringen, dann vom Herd nehmen und abkühlen lassen.

3 In den Boden einer großen Aluschale von unten mit einem Spieß Löcher hineinbohren, dann die Schale auf einen Holzkohlegrill stellen und das Fleisch hineinlegen. Mit Alufolie abdecken und 20 Minuten garen.

4 Den Porree mit Olivenöl einpinseln und 5–7 Minuten grillen. Häufig wenden. Das Fleisch aus der Schale nehmen. Dann 5 Minuten mit der Hautseite nach unten auf dem Grill knusprig braten. Währenddessen die Sauce zubereiten.

5 Balsamico mit dem Bratensaft in der Aluschale verrühren, um den Bodensatz zu lösen. Dann den Bratensaft zu den Kirschen in den Topf gießen. Auf den Herd stellen und Portwein sowie Pfefferkörner zugeben. Zum Kochen bringen und 5 Minuten köcheln lassen, bis die Sauce leicht eindickt.

6 Die Ente mit Kirschsauce übergießen und heiß mit dem Porree servieren.

Rindersteak mit Ingwer und Chili

Braten Sie diese fruchtig scharfen Steaks mit wenig Fett in einer beschichteten oder gusseisernen Pfanne. Als Beilage eignen sich Nudeln.

NÄHRWERTANGABEN

Kilokalorien 179	Zucker .... 8 g
Eiweiß .... 21 g	Fett .... 6 g
Kohlenhydrate ... 8 g	davon gesättigt .. 2 g

40 MIN. 10 MIN.

4 PERSONEN

ZUTATEN

- 4 magere Rindersteaks (à ca. 100 g, z. B. Rumpsteak, Hüfte oder Filet)
- Salz und Pfeffer
- 2 EL Ingwerwein
- 2,5-cm-Stück Ingwerwurzel, fein gehackt
- 1 Knoblauchzehe, zerdrückt
- 1 TL Chilipulver
- 1 TL Pflanzenöl
- 1 rote Chili, in Streifen, zum Garnieren

ZUM SERVIEREN

- gekochte Nudeln
- 2 Frühlingszwiebeln, in feinen Streifen

RELISH

- 230 g frische Ananas
- 1 kleine rote Paprika
- 1 rote Chili
- 2 EL helle Sojasauce
- 1 Ingwerpflaume, in Sirup eingelegt, abgetropft und gehackt

1 Mit einem Fleischklopfer oder einem Nudelholz das Fleisch auf etwa 1 cm Dicke flach klopfen. Beide Seiten mit Salz und Pfeffer würzen.

2 Ingwerwein, Ingwerwurzel, Knoblauch und Chilipulver mischen. Das Fleisch damit bestreichen und abgedeckt 30 Minuten in den Kühlschrank stellen.

3 Für das Relish die Ananas schälen, fein würfeln und in eine Schüssel geben. Paprika und Chili halbieren, entkernen und fein hacken. Mit Sojasauce und Ingwerpflaume unter die Ananas rühren. Abdecken und kühl stellen.

4 Eine Grillpfanne mit Öl einfetten und erhitzen. Das marinierte Fleisch kurz abtropfen lassen und in die Pfanne legen, dabei kurz andrücken. Die Hitze reduzieren und das Fleisch von jeder Seite 5 Minuten braten.

5 Das Fleisch auf Küchenpapier abtropfen lassen, dann auf Tellern anrichten. Mit Chilistreifen garnieren und mit Relish und Frühlingszwiebeln zu Nudeln servieren.

1

3

4

Spaghetti alla bolognese

Die klassische Bolognese-Sauce erfordert im Gegensatz zu dem hier vorgestellten Rezept eine Zubereitungszeit von vier Stunden.

NÄHRWERTANGABEN

Kilokalorien	591	Zucker	7 g
Eiweiß	29 g	Fett	24 g
Kohlenhydrate	64 g	davon gesättigt	9 g

20 MIN. 65 MIN.

4 PERSONEN

ZUTATEN

- 1 EL Olivenöl
- 1 Zwiebel, fein gehackt
- 2 Knoblauchzehen, zerdrückt
- 1 Karotte, gewürfelt
- 1 Selleriestange, gewürfelt
- 50 g Pancetta oder durchwachsener Speck, gewürfelt
- 350 g Rinderhack
- 400 g gehackte Tomaten aus der Dose
- 2 TL getrockneter Oregano
- 125 ml Rotwein
- 2 EL Tomatenmark
- Salz und Pfeffer
- 700 g frische Spaghetti oder 500 g getrocknete Spaghetti

2

3

4

1 Das Öl in einer Pfanne erhitzen und die Zwiebel darin 3 Minuten glasig dünsten.

2 Knoblauch, Karotte, Sellerie und Pancetta zufügen und 3–4 Minuten hellbraun anbraten.

3 Das Rinderhack zugeben und bei starker Hitze weitere 3 Minuten braten, bis das Fleisch braun ist.

4 Tomaten, Oregano und Rotwein unterrühren und aufkochen. Die Hitze reduzieren und ca. 45 Minuten köcheln lassen.

5 Tomatenmark unterrühren und mit Salz und Pfeffer abschmecken.

6 Die Nudeln mit etwas Olivenöl in Salzwasser bissfest kochen.

7 Die Spaghetti in eine Servierschüssel geben, die Bolognese-Sauce darüber geben, mischen und sofort servieren.

VARIATION

Nach Belieben 3 Esslöffel getrocknete Steinpilze 10 Minuten in 2 Esslöffel warmem Wasser einweichen und bei Schritt 4 zur Bolognese-Sauce geben.

Shepherd's Pie

Dieser traditionelle Auflauf besteht aus Hackfleisch mit Zwiebeln, Karotten, Kräutern und Tomaten, bedeckt von einer köstlichen Kartoffelcreme.

NÄHRWERTANGABEN

Kilokalorien	378	Zucker	8 g
Eiweiß	33 g	Fett	12 g
Kohlenhydrate	37 g	davon gesättigt	4 g

10 MIN. 1½ STD.

4 PERSONEN

ZUTATEN

- 700 g Lamm- oder Rinderhack
- 2 Zwiebeln, gehackt
- 225 g Karotten, gewürfelt
- 1–2 Knoblauchzehen, zerdrückt
- 1 EL Mehl
- 200 ml Rinderbrühe
- 200 g gehackte Tomaten aus der Dose
- 1 TL Worcestersauce
- Salz und Pfeffer
- 1 TL frisch gehackter oder ½ TL getrockneter Salbei oder Oregano
- 750 g–1 kg Kartoffeln
- 25 g Butter
- 3–4 EL Magermilch
- 125 g kleine Champignons, in Scheiben (nach Belieben)

1 Das Fleisch in eine Pfanne ohne Fett geben und unter häufigem Rühren bei geringer Hitze anbraten.

2 Zwiebeln, Karotten und Knoblauch zufügen und weitere 10 Minuten garen. Das Mehl einrühren und die Fleischmischung noch etwa 1 Minute anbraten. Brühe und Tomaten zugeben und alles unter Rühren zum Kochen bringen.

3 Worcestersauce, Salz, Pfeffer und Salbei oder Oregano zufügen, abdecken und unter gelegentlichem Rühren ca. 25 Minuten köcheln lassen.

4 Den Backofen auf 200 °C vorheizen. Die Kartoffeln in Salzwasser gar kochen, gründlich abgießen und zerstampfen. Die Butter zufügen, mit ausreichend Milch zu einem sämigen Teig verarbeiten. Mit Salz und Pfeffer abschmecken. Den Teig in einen Spritzbeutel mit großer Sterntülle füllen.

5 Die Champignons, falls verwendet, unter das Fleisch rühren und abschmecken. Die Fleischmasse in eine flache Auflaufform füllen.

6 Dann den Kartoffelteig gleichmäßig über das Fleisch spritzen. Im Backofen 30 Minuten backen, bis der Belag knusprig und goldbraun ist.

2

3

5

VARIATION

Für die Kartoffelhaube können Sie zu den gekochten Kartoffeln auch Pastinaken und Kohlrüben zugeben und mit den Kartoffeln pürieren.

Rindfleisch mit Austernsauce

Sie können die hier verwendeten Gemüsesorten wie in der Schweinefleisch-Gemüsepfanne (Seite 375) nach Belieben variieren.

NÄHRWERTANGABEN

Kilokalorien 462	Zucker . . . . 2 g
Eiweiß . . . . 16 g	Fett . . . . 42 g
Kohlenhydrate . . . 4 g	davon gesättigt . . 8 g

4 STD. 10 MIN.

4 PERSONEN

ZUTATEN

- 300 g Rindersteak
- 1 TL Zucker
- 1 EL helle Sojasauce
- 1 TL Reiswein oder trockener Sherry
- ½ TL Speisestärke mit 1 TL Wasser angerührt
- ½ kleine Karotte
- 60 g Zuckererbsen
- 60 g Bambussprossen aus der Dose
- 60 g Strohpilze aus der Dose
- 300 ml Pflanzenöl
- 1 Frühlingszwiebel, in dicken Ringen
- 2–4 Scheiben frische Ingwerwurzel
- ½ TL Salz
- 2 EL Austernsauce
- 2–3 EL chinesische Brühe (siehe Seite 8) oder Wasser

1
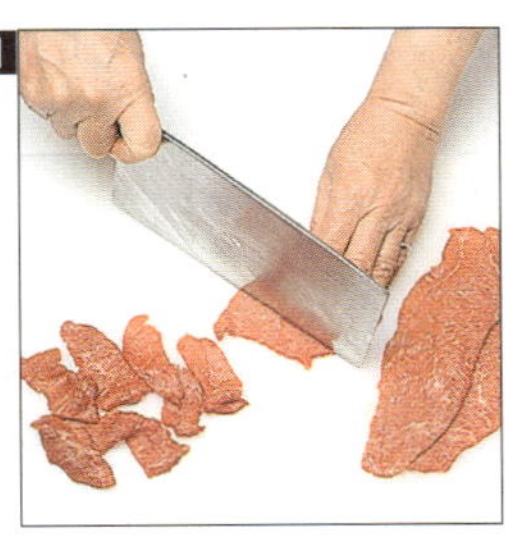

2

3

1 Das Fleisch in kleine, dünne Scheiben schneiden. Dann zusammen mit einer Marinade aus Zucker, Sojasauce, Wein und angerührter Speisestärke in eine flache Schale geben und etwa 25–30 Minuten marinieren.

2 Karotte, Zuckererbsen, Bambussprossen und Strohpilze in gleich große Stücke schneiden.

3 Das Öl in einem Wok erhitzen und das Fleisch darin 1 Minute anbraten, dann herausnehmen und warm halten.

4 Das Öl bis auf etwa 1 Esslöffel aus dem Wok abgießen. Das geschnittene Gemüse mit der Frühlingszwiebel und dem Ingwer zugeben und etwa 2 Minuten anbraten. Salz, Fleisch, Austernsauce und Brühe zugeben. Gut durchbraten, dann servieren.

VARIATION

Sie können jedes verfügbare Gemüse für dieses Gericht verwenden. Wichtig ist nur der Farbkontrast – verwenden Sie z. B. nicht nur rotes oder nur grünes Gemüse.

Rindfleischgulasch

Das Geheimnis dieses köstlichen Gulaschs liegt im langsamen Garen – erst dadurch entfaltet sich das volle Aroma aller Zutaten.

NÄHRWERTANGABEN

Kilokalorien	386	Zucker	10 g
Eiweiß	44 g	Fett	16 g
Kohlenhydrate	17 g	davon gesättigt	5 g

10 MIN. 2¼ STD.

4 PERSONEN

ZUTATEN

- 2 El Öl
- 1 große Zwiebel, gewürfelt
- 1 Knoblauchzehe, zerdrückt
- 750 g magerer Rinderschmorbraten
- 2 EL Paprikapulver
- 425 g gehackte Tomaten aus der Dose
- 2 EL Tomatenmark
- 1 große rote Paprika, gewürfelt
- 175 g Champignons, in Scheiben
- 600 ml Rinderbrühe
- 1 EL Speisestärke
- 1 EL Wasser
- Salz und Pfeffer
- 4 EL fettarmer Naturjoghurt, zum Servieren
- etwas Paprikapulver, zum Garnieren
- frisch gehackte Petersilie, zum Garnieren
- gekochte Langkorn-Wildreis-Mischung, zum Servieren

1 Das Öl in einer Pfanne erhitzen. Zwiebel und Knoblauch 3–4 Minuten darin andünsten. Das Fleisch in Würfel schneiden und zu der Zwiebelmischung geben.

2 Alle Zutaten 3 Minuten pfannenrühren, bis das Fleisch ringsum gebräunt ist. Paprikapulver, Tomaten, Tomatenmark, Paprika und Champignons zugeben. Unter Rühren 2 Minuten dünsten.

3 Die Brühe zugießen, zum Kochen bringen. Hitze reduzieren und abgedeckt 1½–2 Stunden köcheln lassen, bis das Fleisch gar ist.

4 Die Speisestärke mit dem Wasser glatt rühren, dann zum Fleisch geben und mit diesem vermengen. Rühren, bis die Sauce eindickt. 1 Minute kochen, dann mit Pfeffer und Salz abschmecken.

5 Den Joghurt in eine Servierschüssel geben und mit etwas Paprikapulver bestäuben.

6 Das Gulasch in eine Schüssel geben, mit Petersilie bestreuen und mit Reis und Joghurt servieren.

Szechuan-Pfanne

Dieses beliebte Gericht aus Szechuan findet man weltweit auf den Speisekarten chinesischer Restaurants.

NÄHRWERTANGABEN

Kilokalorien 341	Zucker .... 17 g
Eiweiß .... 20 g	Fett .... 17 g
Kohlenhydrate .. 29 g	davon gesättigt .. 4 g

3 1/2 STD.   15 MIN.

4 PERSONEN

ZUTATEN

- 300–350 g Rindersteak
- 2 Eier
- 1/4 TL Salz
- 4–5 EL Mehl
- Öl, zum Frittieren
- 2 Karotten, in Stiften
- 2 Frühlingszwiebeln, in Ringen
- 1 Knoblauchzehe, fein gehackt
- 2–3 kleine grüne oder rote Chillies, entkernt und gehackt
- 4 EL Zucker
- 3 EL Reisessig
- 1 EL Sojasauce
- 2–3 EL chinesische Brühe (siehe Seite 8) oder Wasser
- 1/2 TL Speisestärke mit 1 TL Wasser angerührt

1
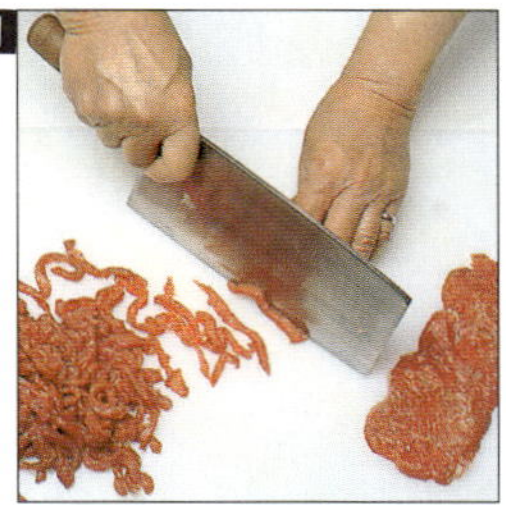
2

3

1 Das Fleisch gegen die Faser in sehr feine Streifen schneiden. Eier, Salz, Mehl und eventuell etwas Wasser in einer kleinen Schüssel verrühren, bis ein glatter Teig entstanden ist. Die Fleischstreifen darin wenden, bis sie gut mit Teig bedeckt sind.

2 Das Öl sehr stark in einem heißen Wok erhitzen. Das Fleisch darin 4–5 Minuten frittieren, dabei rühren, sodass die Fleischstreifen nicht zusammenkleben. Mit einem Schaumlöffel aus dem Wok heben und auf Küchenpapier abtropfen lassen.

3 Die Karotten 1–1 1/2 Minuten im heißen Fett frittieren, aus dem Wok heben und ebenfalls abtropfen lassen.

4 Das Öl aus dem Wok bis auf etwa 1 Esslöffel abgießen und dann im Wok Frühlingszwiebeln, Knoblauch, Chillies und Karotten unter Rühren 1 Minute anbraten.

5 Zucker, Reisessig, Sojasauce und Brühe oder Wasser zugeben, gut vermengen und aufkochen.

6 Die Speisestärkemischung einrühren und einige Minuten köcheln lassen, bis die Sauce eindickt.

7 Die Fleischstreifen wieder in den Wok geben und gut vermengen, bis sie ganz mit Sauce bedeckt sind. Heiß servieren.

Hackfleischrolle sorpresa

Dieser „Rollbraten" hält in seinem Inneren eine Überraschung bereit. Er ist eine herzhafte und vollständige Hauptmahlzeit.

NÄHRWERTANGABEN

Kilokalorien 412	Zucker .... 3 g
Eiweiß .... 21 g	Fett .... 30 g
Kohlenhydrate .. 15 g	davon gesättigt . 13 g

35 MIN. 1½ STD.

6 PERSONEN

ZUTATEN

- 1 EL Butter, plus etwas mehr, zum Einfetten
- 1 kleine Zwiebel, fein gehackt
- 1 kleine rote Paprika, in kleinen Würfeln
- 1 Knoblauchzehe, zerdrückt
- 500 g Rinderhack
- 2 EL Semmelbrösel
- ½ TL Cayennepfeffer
- 1 EL Zitronensaft
- ½ TL geriebene Zitronenschale
- 2 EL frisch gehackte Petersilie
- Salz und Pfeffer
- 100 g kurze Nudeln (z. B. Fusilli)
- 1 EL Olivenöl
- 250 ml italienische Käsesauce (siehe Seite 7)
- 4 Lorbeerblätter
- 150 g durchwachsener Speck, ohne Schwarte
- Salatblätter, zum Garnieren

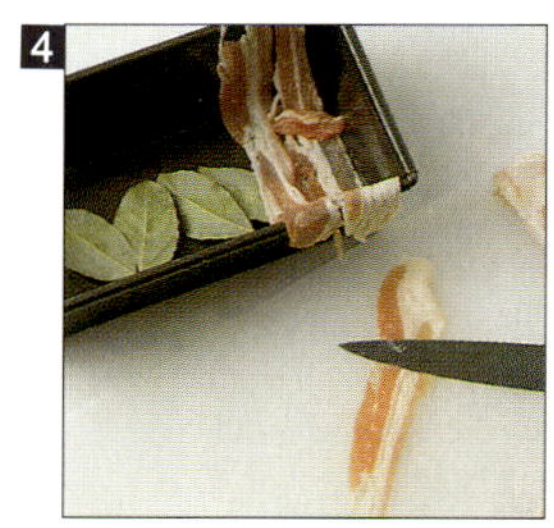

1 Den Backofen auf 180 °C vorheizen. Die Butter in einem Topf zerlassen, Zwiebel und Paprika 3 Minuten anbraten. Den Knoblauch 1 Minute andünsten.

2 Das Fleisch mit einem Holzlöffel gründlich zerdrücken. Dann mit der Zwiebelmischung, den Semmelbröseln, Cayennepfeffer, Zitronensaft und der -schale, Petersilie und Gewürzen gut mischen.

3 Salzwasser in einem großen Topf aufkochen. Die Nudeln darin mit dem Öl bissfest kochen. Abgießen, in die Käsesauce geben und sorgfältig mischen.

4 Eine kleine 1-kg-Kastenform einfetten und den Boden mit Lorbeerblättern belegen. Den Speck in Scheiben schneiden und Boden und Seiten der Kastenform damit auslegen. Die Hälfte des Hackfleischs hineingeben und glatt streichen. Alles mit Nudeln und Sauce bedecken, dann das restliche Hackfleisch darüber geben. Die Oberfäche glatt streichen und mit Alufolie abdecken.

5 Den Hackbraten 1 Stunde backen, bis beim Einstechen mit einem Spieß klarer Saft austritt. Überschüssiges Fett abgießen und den fertigen Braten auf einen Servierteller stürzen. Mit Salatblättern garnieren und servieren.

Gekochtes Rindfleisch

Das zarte Rindfleisch wird mit Gemüse und gedämpften Kräuterklößen serviert.

NÄHRWERTANGABEN

Kilokalorien 459	Zucker .... 2 g
Eiweiß .... 31 g	Fett .... 22 g
Kohlenhydrate .. 35 g	davon gesättigt . 10 g

15 MIN. 2 3/4 STD.

6 PERSONEN

ZUTATEN

ca. 1,5 kg Oberschale vom Rind, gebunden
2 Zwiebeln, geviertelt
8–10 Nelken
2 Lorbeerblätter
1 Zimtstange
2 EL brauner Zucker
4 große Karotten, in kleinen Stücken
1 weiße Rübe, geviertelt
½ Steckrübe, in dicken Scheiben
1 große Porreestange, in dicken Scheiben
4 EL Mehl
50 g Butter oder Margarine
½ TL Senfpulver

KLÖSSE

250 g Mehl
2½ TL Backpulver
Salz und Pfeffer
½ TL getrockneter Salbei
110 g gehärtetes Pflanzenfett, geraspelt
ca. 180 ml Wasser

1

2

3

1 Rindfleisch mit Zwiebeln, Nelken, Lorbeer, Zimt und Zucker in einen großen Topf geben und ganz mit Wasser bedecken. Langsam zum Kochen bringen, den Schaum an der Oberfläche abschöpfen, Deckel aufsetzen und 1 Stunde leicht köcheln lassen.

2 Karotten, Rüben und Porree zugeben und weitere 1¼ Stunden köcheln lassen, bis das Fleisch gar ist.

3 Für die Klöße das Mehl und Backpulver in eine Schüssel sieben. Mit Salz, Pfeffer, Salbei und Pflanzenfett vermengen. Das Wasser nach und nach zugeben und so lange rühren, bis ein glatter Teig entsteht. Den Teig in acht Portionen teilen und jede zu einer Kugel formen.

4 Die Teigkugeln auf das Fleisch und das Gemüse setzen, den Deckel wieder aufsetzen und 15–20 Minuten köcheln lassen.

5 Fleisch, Gemüse und Klöße auf einen Teller geben. Von dem Kochsud 300 ml in einen Topf gießen. Das Mehl mit der Butter verkneten und in die Kochflüssigkeit einrühren. Aufkochen, dann köcheln lassen, bis die Sauce eindickt. Senfpulver einrühren, abschmecken und zu dem Fleisch reichen.

Gepfefferte Rindfleischstreifen

Dieses auch optisch ansprechende Gericht aus zarten Rindfleischstreifen mit Cashewkernen in einer scharfen Sauce passt bestens zu Reisnudeln.

NÄHRWERTANGABEN

Kilokalorien	403	Zucker	7 g
Eiweiß	26 g	Fett	29 g
Kohlenhydrate	11 g	davon gesättigt	9 g

10 MIN. 10 MIN.

4 PERSONEN

ZUTATEN

- 1 EL Erdnuss- oder Sonnenblumenöl
- 1 EL Sesamöl
- 1 Zwiebel, in Ringen
- 1 Knoblauchzehe, zerdrückt
- 1 EL frisch geriebene Ingwerwurzel
- 500 g Rinderfilet oder Rumpsteak, in dünnen Streifen
- 2 TL Palmzucker
- 2 EL helle Sojasauce
- 1 kleine gelbe Paprika, in Streifen
- 1 rote Paprika, in Streifen
- 4 Frühlingszwiebeln, gehackt
- 2 Selleriestangen, gehackt
- 4 große Champignons, in Scheiben
- 4 EL geröstete Cashewkerne
- 3 EL Brühe oder Weißwein

1 Beide Öle in einer großen Pfanne oder einem Wok erhitzen. Zwiebel, Knoblauch und Ingwer darin etwa 2 Minuten glasig andünsten.

2 Die Rindfleischstreifen zugeben und 2–3 Minuten pfannenrühren, bis das Fleisch gebräunt ist.

3 Zucker und Sojasauce zugeben und gut unterrühren.

4 Paprika, Frühlingszwiebeln, Sellerie, Champignons und Cashewkerne zufügen und gründlich verrühren.

5 Brühe oder Weißwein zugeben und 2–3 Minuten pfannenrühren, bis das Fleisch gar und das Gemüse zart, aber bissfest ist.

6 Das fertige Gericht sofort auf einem Nudelbett servieren.

TIPP

Palmzucker ist ein brauner Zucker mit einem leichten Karamellgeschmack. Man erhält ihn in asiatischen Lebensmittelgeschäften. Als Ersatz bietet sich Demerarazucker an.

1

2

4

Ma-Po-Tofu

Ma-Po war die Frau eines Kochs in Szechuan, der dieses beliebte Gericht Mitte des 19. Jahrhunderts kreierte.

NÄHRWERTANGABEN

Kilokalorien 235	Zucker 1g
Eiweiß 16g	Fett 18g
Kohlenhydrate . . . 3g	davon gesättigt . . 4g

3½ STD. 15 MIN.

4 PERSONEN

ZUTATEN

- 3 Tofublöcke
- 3 EL Pflanzenöl
- 125 g Rinderhack
- ½ TL frisch gehackter Knoblauch
- 1 Porreestange, in Scheiben
- ½ TL Salz
- 1 EL helle Sojasauce
- 1 TL Chilisauce
- 1 EL schwarze Bohnensauce
- 3–4 EL chinesische Brühe (siehe Seite 8) oder Wasser
- 1 TL Speisestärke mit 2 TL Wasser angerührt
- einige Tropfen Sesamöl
- schwarzer Pfeffer
- Frühlingszwiebelringe, zum Garnieren

2

3

4

1 Den Tofu vorsichtig in 1 cm große Würfel schneiden.

2 Etwas Wasser in einem kleinen Topf oder einem Wok zum Kochen bringen, den Tofu zugeben und 2–3 Minuten garen. Herausnehmen und gut abtropfen lassen.

3 Das Öl in einem heißen Wok erhitzen. Das Hackfleisch und den Knoblauch zugeben und etwa 1 Minute anbraten, bis das Fleisch anbräunt. Porree, Salz, Sojasauce, Chilisauce und Bohnensauce zugeben und alles gut mischen.

4 Die Brühe oder das Wasser und den Tofu zugeben. Aufkochen und 2–3 Minuten leicht schmoren lassen.

5 Die angerührte Speisestärke zugeben und die Sauce damit binden. Mit Sesamöl beträufeln und mit schwarzem Pfeffer bestreuen, garnieren und heiß servieren.

TIPP

Tofu ist seit mehr als 1000 Jahren ein wichtiger Bestandteil der chinesischen Küche. Er wird aus eingeweichten, gemahlenen und mit Wasser vermischten gelben Sojabohnen hergestellt. Tofu ist sehr nahrhaft, eiweißreich und fettarm.

Rindfleisch-Tomaten-Gratin

Dies ist ein sättigender Auflauf aus magerem Rindfleisch, Zucchini und Tomaten, überbacken mit fettarmem Käse.

NÄHRWERTANGABEN

Kilokalorien	278	Zucker	10 g
Eiweiß	29 g	Fett	10 g
Kohlenhydrate	20 g	davon gesättigt	5 g

10 MIN. 1 1/4 STD.

4 PERSONEN

ZUTATEN

- 350 g mageres Rinderhack
- 1 große Zwiebel, fein gehackt
- 1 TL getrocknete gemischte Kräuter
- 1 EL Mehl
- 300 ml Rinderbrühe
- 1 EL Tomatenmark
- Salz und Pfeffer
- 2 große Tomaten, in dünnen Scheiben
- 4 Zucchini, in dünnen Scheiben
- 2 EL Speisestärke
- 300 ml Magermilch
- 150 g fettarmer Frischkäse
- 1 Eigelb
- 4 EL frisch geriebener Parmesan

ZUM SERVIEREN

- Salzkartoffeln
- gedünstetes Gemüse

1 Den Backofen auf 190 °C vorheizen. Hackfleisch und Zwiebel in einer großen Pfanne 4–5 Minuten anbraten, bis das Fleisch leicht gebräunt ist.

2 Kräutermischung, Mehl, Rinderbrühe und Tomatenmark unterrühren. Mit Salz und Pfeffer abschmecken. Die Fleischmischung zum Kochen bringen und 30 Minuten köcheln lassen, bis sie eingedickt ist.

3 Alles in eine Auflaufform füllen. Mit einer Schicht Tomatenscheiben bedecken und die Zucchinischeiben darüber legen. Die Speisestärke mit etwas Milch verrühren. Die restliche Milch in einen Topf gießen und aufkochen. Die angerührte Speisestärke zugießen und unter Rühren 1–2 Minuten kochen, bis die Milch eingedickt ist. Vom Herd nehmen und Frischkäse und Eigelb gut untermischen.

4 Die weiße Sauce über die Zucchinischicht löffeln. Die Auflaufform auf ein Backblech stellen und die Füllung mit dem geriebenen Parmesan bestreuen. 25–30 Minuten im Backofen goldbraun backen. Das fertige Gericht mit Salzkartoffeln und Gemüse servieren.

1

3

4

Rinder-Curry mit Orangen

Eine wunderbare Mischung aus zartem Rindfleisch, Orangen und frischem Koriander, serviert mit einem erfrischenden Joghurt.

NÄHRWERTANGABEN

Kilokalorien	345	Zucker	24 g
Eiweiß	28 g	Fett	13 g
Kohlenhydrate	31 g	davon gesättigt	3 g

5¼ STD. 1¼ STD.

4 PERSONEN

ZUTATEN

- 1 EL Öl
- 225 g Schalotten, halbiert
- 2 Knoblauchzehen, zerdrückt
- 450 g mageres Rindfleisch (Rumpsteak oder Hüfte), vom Fett befreit und in 2 cm große Würfel geschnitten
- 3 EL Currypaste
- 450 ml Rinderbrühe (siehe Seite 9)
- 4 Orangen
- 2 TL Speisestärke
- Salz und Pfeffer
- 2 EL gehackter Koriander, zum Garnieren
- gekochter Basmati-Reis, zum Servieren

RAITA

- ½ Salatgurke, fein gewürfelt
- 150 g fettarmer Naturjoghurt
- 3 EL frisch gehackte Minze
- Salz und Pfeffer

1

3

4

1 Das Öl in einer Pfanne erhitzen. Schalotten, Knoblauch und Fleischwürfel 5 Minuten unter gelegentlichem Rühren anbraten, bis das Fleisch rundum braun ist.

2 Currypaste und Rinderbrühe mischen, zum Fleisch in die Pfanne gießen und verrühren. Aufkochen und dann abgedeckt bei geringer Hitze 1 Stunde garen.

3 Unterdessen die Schale von 1 Orange abreiben und diese und 1 weitere Orange auspressen. Die anderen Orangen schälen, dabei möglichst viel von der weißen Haut entfernen und filetieren.

4 Speisestärke und Orangensaft verrühren und am Ende der Garzeit mit der Orangenschale zum Fleisch geben. Aufkochen und 3–4 Minuten unter Rühren kochen, bis die Sauce eindickt. Mit Salz und Pfeffer abschmecken und die Orangenfilets zugeben.

5 Für das Raita die Gurke mit Joghurt und Minze mischen und mit Salz sowie Pfeffer abschmecken.

6 Das Curry mit dem Koriander garnieren und mit Reis und Raita servieren.

Rindfleisch in Bohnensauce

Es ist nicht unbedingt erforderlich, teures Rindersteak zu verwenden, da das in schmale Streifen geschnittene, marinierte Fleisch schnell zart wird.

NÄHRWERTANGABEN

Kilokalorien 392	Zucker . . . . 2 g
Eiweiß . . . . 13 g	Fett . . . . 36 g
Kohlenhydrate . . . 3 g	davon gesättigt . . 7 g

3 1/4 STD. 10 MIN.

4 PERSONEN

ZUTATEN

- 250–300 g Rindersteak
- 1 kleine Zwiebel
- 1 kleine grüne Paprika
- etwa 300 ml Pflanzenöl
- 1 Frühlingszwiebel, in Ringen
- einige Scheiben frische Ingwerwurzel
- 1–2 kleine grüne oder rote Chili, entkernt und in Ringen
- 2 EL schwarze Bohnensauce

MARINADE

- ½ TL Natron oder Backpulver
- ½ TL Zucker
- 1 EL helle Sojasauce
- 2 TL Reiswein oder trockener Sherry
- 1 TL Speisestärke mit 2 TL Wasser angerührt
- 2 TL Sesamöl

1
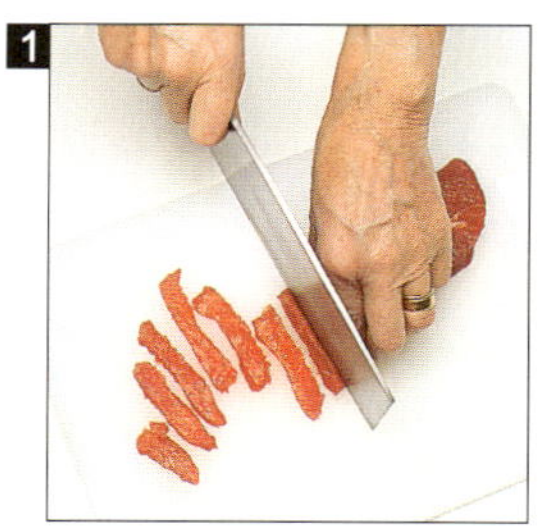

3

4
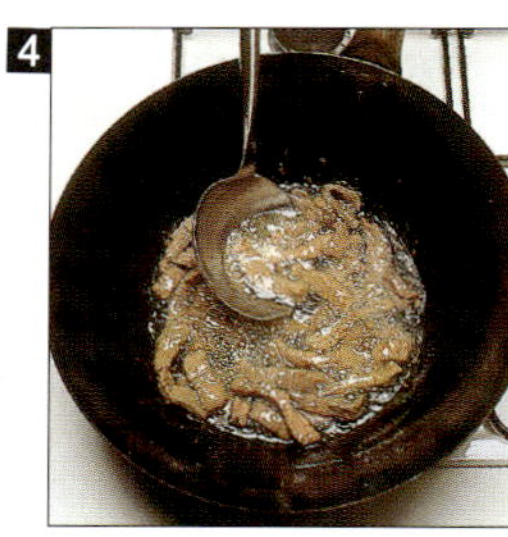

1 Das Rindfleisch mit einem scharfen Küchenmesser oder einem Küchenbeil in schmale Streifen schneiden.

2 Zur Zubereitung der Marinade alle Zutaten auf einen tiefen Teller geben und gut mischen. Das in Streifen geschnittene Rindfleisch darin wenden und mindestens 2–3 Stunden marinieren.

3 Die Zwiebel und die entkernte Paprika in kleine Würfel schneiden.

4 Das Pflanzenöl in einem heißen Wok oder einer Pfanne erhitzen. Das Rindfleisch zugeben. Etwa 1 Minute anbraten, bis es anbräunt. Das Fleisch mit einem Pfannenwender herausheben und auf Küchenpapier abtropfen lassen. Zunächst beiseite stellen und warm halten.

5 Das Öl aus dem Wok bis auf 1 Esslöffel abgießen. Dann Frühlingszwiebel, Ingwer, Chillies, Zwiebel und Paprika 1 Minute anbraten.

6 Schwarze Bohnensauce zufügen und glatt rühren. Rindfleisch wieder in den Wok geben und 1 weitere Minute pfannenrühren. Das Gericht auf einen vorgewärmten Servierteller geben und heiß servieren.

Deftiges Rindfleischgulasch

Dieses langsam gegarte Gulasch schmeckt wunderbar nach Orangen, Rotwein und Steinpilzen.

NÄHRWERTANGABEN

Kilokalorien	388	Zucker	15 g
Eiweiß	30 g	Fett	21 g
Kohlenhydrate	16 g	davon gesättigt	9 g

45 MIN. 1 3/4 STD.

4 PERSONEN

ZUTATEN

- 1 EL Öl
- 1 EL Butter
- 250 g Perlzwiebeln, halbiert
- 600 g Rinderschmorbraten, in 4 cm dicke Würfel geschnitten
- 300 ml Rinderbrühe
- 150 ml Rotwein
- 4 EL frisch gehackter Oregano
- 1 EL Zucker
- 1 Orange
- 25 g getrocknete Steinpilze
- 250 g Eiertomaten
- gekochter Reis oder Salzkartoffeln, zum Servieren

1 Öl und Butter in einer Pfanne erhitzen. Die Zwiebeln zugeben und 5 Minuten goldbraun dünsten. Dann mit einem Schaumlöffel aus der Pfanne nehmen, beiseite stellen und warm halten.

2

2 Das Fleisch in die Pfanne geben und unter Rühren 5 Minuten von allen Seiten kräftig anbraten.

3

3 Die Zwiebeln zurück in die Pfanne geben. Dann Brühe, Wein, Oregano und Zucker zufügen, gut unterrühren und die Mischung in einen Bräter geben.

4

4 Die Schale der Orange dünn abschälen und in feine Streifen schneiden. Das Fruchtfleisch in dünne Scheiben schneiden. Beides mit der Fleischmischung vermengen und diese für 75 Minuten in einem auf 180 °C vorgeheizten Backofen garen.

5 Die getrockneten Pilze 30 Minuten mit 4 Esslöffeln warmem Wasser in einer kleinen Schüssel einweichen.

6 Die Tomaten häuten, halbieren und mit den Pilzen und ihrer Einweichflüssigkeit unter die Fleischmischung rühren. Das Fleisch weitere 20 Minuten im Backofen garen, bis es zart geworden und die Sauce eingedickt ist.

7 Das fertige Rindfleischgulasch auf vorgewärmte Servierteller verteilen und mit Reis oder Kartoffeln servieren.

Rindfleisch-Balti

Balti ist die Bezeichnung für Currygerichte, die aus dem Nordosten Pakistans stammen, der früher als Baltistan bekannt war.

NÄHRWERTANGABEN

Kilokalorien 280	Zucker .... 7 g
Eiweiß .... 35 g	Fett .... 12 g
Kohlenhydrate ... 7 g	davon gesättigt .. 4 g

15 MIN. 35 MIN.

4 PERSONEN

ZUTATEN

- 5 EL Tamarindenpaste
- 2 EL Tomatenmark
- 1 EL Zucker
- 2,5-cm-Stück Ingwerwurzel, gehackt
- 1 Knoblauchzehe, gehackt
- ½ TL Salz
- 1 Zwiebel, gehackt
- 2 EL Öl
- 1 TL Kreuzkümmelsamen
- 1 TL Koriandersamen
- 1 TL braune Senfkörner
- 4 Curryblätter
- 750 g Rinderschmorbraten, gekocht und in 2,5 cm große Würfel geschnitten
- 1 rote Paprika, halbiert und in Streifen
- 2 grüne Chillies, entkernt und in Ringe geschnitten
- 1 TL Garam Masala
- 150 ml Wasser
- 1 EL frisch gehackter Koriander, zum Garnieren

1 Tamarindenpaste, Tomatenmark, Zucker, Ingwer, Knoblauch, Salz und Zwiebel in eine Küchenmaschine oder Schüssel geben.

2 Alle Zutaten in der Küchenmaschine pürieren oder mit einer Gabel zerdrücken.

3 Das Öl in einer Pfanne oder einem Wok erhitzen. Kreuzkümmel, Koriandersamen, Senfkörner und Curryblätter darin scharf anbraten.

4 Das Fleisch zu den Gewürzen geben und 2–4 Minuten pfannenrühren, bis es rundum gebräunt ist.

5 Paprika, Chillies, Garam Masala, Wasser und die Tamarinden-Tomaten-Paste einrühren und 20–25 Minuten bei geringer Hitze köcheln lassen.

6 Das fertige Gericht mit frischem Koriander garnieren und sofort servieren.

2

4

5

Rindfleisch-Teriyaki

Die japanische Teriyaki-Sauce passt perfekt zu gegrilltem Rindfleisch, kann aber auch zu Hühnerfleisch oder Lachs gereicht werden.

NÄHRWERTANGABEN

Kilokalorien 184	Zucker 6g
Eiweiß 24g	Fett 5g
Kohlenhydrate ... 8g	davon gesättigt .. 2g

2¼ STD. 15 MIN.

4 PERSONEN

ZUTATEN

- 450 g sehr dünnes, mageres Rindersteak
- 8 Frühlingszwiebeln, in 3-cm-Stücke geschnitten
- 1 gelbe Paprika, in Stücke geschnitten
- grüner Salat, zum Servieren

SAUCE

- 1 TL Speisestärke
- 2 EL trockener Sherry
- 2 EL Weißweinessig
- 3 EL Sojasauce
- 1 EL brauner Zucker
- 1 Knoblauchzehe, zerdrückt
- ½ TL Zimt
- ½ TL Ingwerpulver

2

3

4

1 Das Fleisch in ein flache, metallfreie Schüssel geben.

2 Für die Sauce die Speisestärke mit dem Sherry verrühren und dann die restlichen Saucenzutaten einrühren. Die Sauce über das Fleisch gießen und mindestens 2 Stunden marinieren.

3 Das Fleisch aus der Sauce nehmen. Die Sauce in einen kleinen Kochtopf gießen.

4 Das Fleisch in dünne Streifen schneiden. Einen Streifen jeweils wie eine Ziehharmonika gefaltet auf einen bereits eingeweichten Holzspieß stecken, gefolgt von einem Stück Frühlingszwiebel, dann einem Stück Paprika und einem weiteren Fleischstreifen usw.

5 Die Sauce leicht erhitzen, bis sie zu sieden beginnt, dabei gelegentlich umrühren.

6 Die Spieße über heißen Grillkohlen 5–8 Minuten auf einem Holzkohlegrill braten, dabei wenden und das Fleisch und das Gemüse gelegentlich mit der Teriyaki-Sauce bestreichen.

7 Die Holzspieße mit dem Fleisch und Gemüse auf Serviertellern dekorativ anrichten und die restliche Sauce darüber träufeln. Zusammen mit einem grünen Salat servieren.

Tortillas

Diese Tortillas werden mit Rindfleisch und Gemüse gefüllt und mit einer pikanten Salsa serviert. Das Rezept wurde für die Mikrowelle adaptiert.

NÄHRWERTANGABEN

Kilokalorien	513	Zucker	7 g
Eiweiß	33 g	Fett	23 g
Kohlenhydrate	46 g	davon gesättigt	8 g

30 MIN. 35 MIN.

4 PERSONEN

ZUTATEN

- 220 g Naturreis
- ½ TL Salz
- 750 ml kochendes Wasser
- 2 EL Öl
- 1 Zwiebel, in Ringen
- 1 Karotte, in Stiften
- je ½ rote, grüne und gelbe Paprika
- ½–1 grüne Chili, entkernt und gehackt
- 1 Knoblauchzehe, zerdrückt
- 500 g Rumpsteak, in Streifen
- 250 g gehackte Tomaten aus der Dose
- 1 EL Tomatenmark
- Salz und Pfeffer
- 2 TL Speisestärke
- frischer Koriander, zum Garnieren

SALSA

- Tomaten, gehäutet und gewürfelt
- 2 Frühlingszwiebeln, in dünnen Ringen
- 1 kleine grüne Chili, entkernt und gehackt
- 2 EL Limettensaft
- 1 EL frisch gehackter Koriander
- 8 Tortillas

1 Reis und Salz in eine große Schüssel geben, mit dem kochenden Wasser übergießen, abdecken und auf hoher Stufe 15 Minuten in der Mikrowelle kochen. 5 Minuten abgedeckt ruhen lassen, dann abgießen.

2 Öl, Zwiebel und Karotte in eine große Schüssel geben. Abgedeckt auf hoher Stufe 2 Minuten garen. Die Paprika in Streifen schneiden und mit Chili, Knoblauch und Rindfleischstreifen in die Schüssel geben. Abdecken und auf hoher Stufe 4 Minuten garen, dabei einmal umrühren.

3 Tomaten, Tomatenmark, Salz und Pfeffer unterrühren. Die Speisestärke mit etwas Wasser vermischen und einrühren. Auf mittlerer Stufe 10 Minuten kochen.

4 Für die Salsa Tomaten, Frühlingszwiebeln, Chili, Limettensaft und Koriander vermengen. Mit Salz und Pfeffer abschmecken und 10 Minuten ziehen lassen.

5 Die Tortillas zugedeckt auf hoher Stufe 40 Sekunden oder gemäß Packungsanweisung erwärmen.

6 Die Tortillas mit der Rindfleisch-Gemüse-Mischung füllen, mit Koriander garnieren und mit dem Reis servieren.

1

2

3

Rindfleisch mit Bohnen

Sie ergänzen sich in jeder Hinsicht – leuchtend grüne Bohnen und dunkelbraunes Rindfleisch in einer herzhaften Sauce.

NÄHRWERTANGABEN

Kilokalorien 381	Zucker .... 3 g
Eiweiß .... 25 g	Fett .... 27 g
Kohlenhydrate .. 10 g	davon gesättigt .. 8 g

35 MIN. | 15 MIN.

4 PERSONEN

ZUTATEN

450 g Rump- oder Filetsteak, in 2,5 cm große Stücke geschnitten

MARINADE

- 2 TL Speisestärke
- 2 EL dunkle Sojasauce
- 2 TL Erdnussöl

SAUCE

- 2 EL Pflanzenöl
- 3 Knoblauchzehen, zerdrückt
- 1 kleine Zwiebel, geachtelt
- 225 g Prinzessbohnen, halbiert
- 25 g ungesalzene Cashewkerne
- 25 g Bambussprossen aus der Dose, abgespült und abgetropft
- 2 TL dunkle Sojasauce
- 2 TL chinesischer Reiswein oder trockener Sherry
- 125 ml Rinderbrühe
- 2 TL Speisestärke
- 4 TL Wasser
- Salz und Pfeffer

2

3

6

1 Für die Marinade Speisestärke, Sojasauce und Erdnussöl mischen.

2 Das Fleisch in eine flache Schale legen. Die Marinade darüber gießen, dann das Fleisch darin wenden, bis es davon überzogen ist und mindestens 30 Minuten im Kühlschrank marinieren.

3 Für die Sauce das Öl in einem heißen Wok erhitzen. Knoblauch, Zwiebel, Bohnen, Cashewkerne und Bambussprossen zugeben und 2–3 Minuten pfannenrühren.

4 Das Fleisch aus der Marinade heben, abtropfen lassen, in den Wok geben und 3–4 Minuten anbraten.

5 Die Sojasauce, den Reiswein oder den Sherry und die Rinderbrühe verrühren. Die Speisestärke mit dem Wasser anrühren, zur Sojasaucen-Mischung geben und erneut alles gut verrühren.

6 Die Sauce in den Wok einrühren, aufkochen und so lange rühren, bis sie dickflüssig und klar wird. Die Hitze reduzieren und 2–3 Minuten köcheln lassen. Mit Salz und Pfeffer abschmecken und servieren.

Hackfleisch-Karotten-Auflauf

Bei diesem Auflauf wird die Hackfleischfüllung mit einer Haube aus cremigem Karotten-Kartoffel-Püree bedeckt.

NÄHRWERTANGABEN

Kilokalorien	352	Zucker	6 g
Eiweiß	28 g	Fett	11 g
Kohlenhydrate	38 g	davon gesättigt	6 g

10 MIN. 1 ¼ STD.

4 PERSONEN

ZUTATEN

- 450 g mageres Rinderhack
- 1 Zwiebel, fein gewürfelt
- 1 Knoblauchzehe, zerdrückt
- 1 EL Mehl
- 300 ml Rinderbrühe
- 2 EL Tomatenmark
- 1 Selleriestange, in dünnen Scheiben
- 3 EL frisch gehackte Petersilie
- 1 EL Worcestersauce
- Salz und Pfeffer
- 675 g mehlig kochende Kartoffeln, gewürfelt
- 2 große Karotten, gewürfelt
- 25 g Butter
- 3 EL Magermilch

1 Das Fleisch in einer großen Pfanne ohne Fett bei starker Hitze 3–4 Minuten anbraten. Zwiebel und Knoblauch zugeben und unter Rühren weitere 5 Minuten braten.

2 Das Mehl zugeben und 1 Minute unter Rühren anschwitzen. Nach und nach Brühe und Tomatenmark einrühren. Dann Sellerie, 1 Esslöffel Petersilie und Worcestersauce zugeben. Mit Salz und Pfeffer abschmecken.

3 Aufkochen, die Hitze reduzieren und die Fleischmischung 20–25 Minuten leicht köcheln lassen. In eine Auflaufform füllen.

4 Den Backofen auf 190 °C vorheizen. Kartoffeln und Karotten in einem Topf mit kochendem Wasser 10 Minuten garen, dann abgießen und mit einem Kartoffelstampfer pürieren.

5 Butter, Milch und restliche Petersilie unterrühren und mit Salz und Pfeffer abschmecken. Das Püree mit einem Löffel auf dem Hackfleisch verteilen.

6 Den Auflauf 45 Minuten bei 190 °C backen. Sehr heiß servieren.

1

2

5

Rindfleisch-Spieße

Diese Fleischspieße haben ein mediterranes Aroma. Von saftigem Fleisch, fruchtigen Tomaten und würzigen Oliven kann man nicht genug bekommen.

NÄHRWERTANGABEN

Kilokalorien	166	Zucker	1 g
Eiweiß	12 g	Fett	12 g
Kohlenhydrate	1 g	davon gesättigt	3 g

45 MIN. 15 MIN.

8 PERSONEN

ZUTATEN

- 450 g Rumpsteak oder Roastbeef
- 16 Kirschtomaten
- 16 große grüne Oliven, entsteint
- Focaccia, zum Servieren

GLASUR

- 4 EL Olivenöl
- 1 EL Sherryessig
- 1 Knoblauchzehe, zerdrückt
- Salz und Pfeffer

TOMATEN-RELISH

- 1 EL Olivenöl
- ½ rote Zwiebel, fein gehackt
- 1 Knoblauchzehe, gehackt
- 6 Eiertomaten, gehäutet, entkernt und gehackt
- 2 grüne Oliven, entsteint und gehackt
- 1 EL frisch gehackte Petersilie
- 1 EL Zitronensaft
- Salz und Pfeffer

1 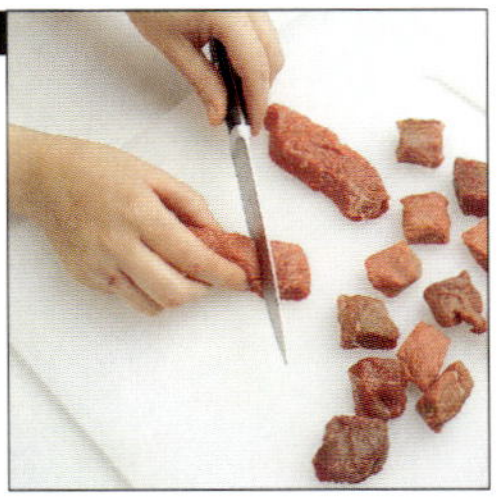

3 

4 

1 Das Fleisch vom Fett befreien und in 24 gleich große Würfel schneiden.

2 Die Fleischwürfel im Wechsel mit Kirschtomaten und Oliven auf 8 Spieße stecken.

3 In einer Schüssel Öl, Essig, Knoblauch, Salz und Pfeffer verrühren.

4 Für das Tomaten-Relish das Öl in einem kleinen Topf erhitzen. Zwiebel und Knoblauch darin 3–4 Minuten glasig dünsten, Tomaten- und Olivenstücke zugeben und 2–3 Minuten köcheln lassen, bis die Tomaten weich sind. Petersilie und Zitronensaft zugeben und mit Salz und Pfeffer abschmecken. Warm stellen oder abkühlen lassen und kalt servieren.

5 Die Spieße auf einem eingeölten Rost bei starker Hitze 5–10 Minuten grillen, mehrmals mit der Glasur bestreichen und wenden. Mit Tomaten-Relish und Focaccia servieren.

TIPP

Spieße, Glasur und Relish können mehrere Stunden im Voraus zubereitet werden. Als Hauptgang können Sie die Spieße mit knusprigem Brot und Salat servieren.

Rindfleisch mit Pak Choi

Dieses Rezept besteht aus einer Auswahl farbenprächtiger Gemüse, die zusammen mit zarten Rindfleischstreifen pfannengerührt werden.

NÄHRWERTANGABEN

Kilokalorien 369	Zucker .... 9 g
Eiweiß .... 29 g	Fett .... 23 g
Kohlenhydrate .. 12 g	davon gesättigt .. 8 g

15 MIN. 5 MIN.

4 PERSONEN

ZUTATEN

- 1 großer Pak Choi (ca. 250–275 g), in große Stücke gezupft
- 2 EL Pflanzenöl
- 2 Knoblauchzehen, zerdrückt
- 500 g Rump- oder Filetsteak, in dünnen Streifen
- 150 g Zuckererbsen
- 150 g Babymaiskolben
- 6 Frühlingszwiebeln, in Ringen
- 2 kleine rote Paprika, in Streifen
- 2 EL Austernsauce
- 1 EL Fischsauce
- 1 EL Zucker
- Reis oder Nudeln, zum Servieren

1 Den Pak Choi über kochendem Wasser dämpfen, bis die Blätter gerade weich werden. Dann warm halten.

2 Das Öl in einem heißen Wok erhitzen, Knoblauch und Fleisch zugeben und etwa 1–2 Minuten leicht braun anbraten.

3 Zuckererbsen, Mais, Frühlingszwiebeln, Paprika, Austernsauce, Fischsauce und Zucker zugeben und gut verrühren. Alles weitere 2–3 Minuten pfannenrühren, bis das Gemüse gerade zart, aber noch knackig und bissfest ist.

4 Pak-Choi-Blätter auf eine Servierplatte legen, darüber Fleisch und Gemüse.

5 Das fertige Gericht mit Reis oder Nudeln sofort servieren.

1

2

3

TIPP

Pak Choi ist die wichtigste Zutat für dieses Gericht. Falls dieses Blattgemüse nicht erhältlich ist, können Sie auch Chinakohl oder Mangold verwenden.

Rogan Josh

Rogan Josh bedeutet „Rotes Curry". Das Gericht hat seinen Namen von den roten Chillies, die dieses Gericht maßgeblich prägen.

NÄHRWERTANGABEN

Kilokalorien	248	Zucker	2 g
Eiweiß	35 g	Fett	11 g
Kohlenhydrate	2 g	davon gesättigt	5 g

10 MIN. 1 3/4 STD.

6 PERSONEN

ZUTATEN

- 25 g Ghee oder Butter
- 1 kg magerer Rinderschmorbraten, in 2,5 cm große Stücke geschnitten
- 1 Zwiebel, fein gewürfelt
- 3 Knoblauchzehen
- 2,5-cm-Stück Ingwerwurzel, gerieben
- 4 rote Chillies, gehackt
- 4 grüne Kardamomkapseln
- 4 Gewürznelken
- 2 TL Koriandersamen
- 2 TL Kreuzkümmelsamen
- 1 TL Paprikapulver
- 1 TL Salz
- 1 Lorbeerblatt
- 125 g fettarmer Naturjoghurt
- 2,5-cm-Stück Zimtstange
- 150 ml heißes Wasser
- Pfeffer
- ¼ TL Garam Masala

1 Das Ghee in einem großen Bräter erhitzen und das Fleisch portionsweise darin anbraten. Das Fleisch mit dem Bratensaft herausnehmen und in einer Schüssel beiseite stellen.

2 Die Zwiebel in dem Ghee 3–4 Minuten bei starker Hitze anbraten.

3 Knoblauch, Ingwer, Chillies, Kardamom, Nelken, Koriander, Kreuzkümmel, Paprikapulver und Salz in einem Mörser zu einer Paste zermahlen. Die Gewürzpaste und das Lorbeerblatt in den Bräter geben und gut mit den Zwiebeln verrühren.

4 Fleisch und Bratensaft wieder in den Bräter geben und 2–3 Minuten mit den Gewürzen anbraten. Die Hitze reduzieren.

5 Langsam den Joghurt einrühren, dann Zimtstange und heißes Wasser zugeben und mit Pfeffer abschmecken.

6 Den Backofen auf 180 °C vorheizen. Das Fleisch im abgedeckten Bräter 1 1/4 Stunden schmoren, bis es gar und die Sauce leicht eingedickt ist. Die Zimtstange entfernen, das Garam Masala einrühren und das Fett vor dem Servieren abschöpfen.

Nudeln nach Kanton-Art

Diese Speise wird gewöhnlich als Snack oder kleine Mahlzeit serviert. Sie kann aber auch zu einfachen Fleisch- oder Fischgerichten gereicht werden.

NÄHRWERTANGABEN

Kilokalorien	385	Zucker	6 g
Eiweiß	38 g	Fett	17 g
Kohlenhydrate	21 g	davon gesättigt	4 g

5 MIN. 15 MIN.

4 PERSONEN

ZUTATEN

- 350 g chinesische Eiernudeln
- 3 EL Pflanzenöl
- 675 g mageres Rindersteak, in Streifen
- 125 g Weißkohl, in dünnen Streifen
- 75 g Bambussprossen
- 6 Frühlingszwiebeln, in Ringen
- 25 g Prinzessbohnen, halbiert
- 1 EL dunkle Sojasauce
- 2 EL Rinderbrühe
- 1 EL trockener Sherry
- 1 EL brauner Zucker
- 2 EL frisch gehackte Petersilie, zum Garnieren

1 Die Nudeln in kochendem Wasser 2–3 Minuten garen. Gründlich abtropfen lassen, unter kaltem Wasser abspülen und erneut gründlich abtropfen lassen.

2 1 Esslöffel von dem Öl in einem heißen Wok stark erhitzen.

3 Die Nudeln zugeben und 1–2 Minuten anbraten. Dann abtropfen lassen und zunächst beiseite stellen.

4 Das restliche Öl in dem Wok erhitzen. Das Rindfleisch zugeben und 2–3 Minuten anbraten. Kohl, Bambussprossen, Frühlingszwiebeln und Bohnen in den Wok geben und 1–2 Minuten anbraten.

5 Sojasauce, Brühe, Sherry und Zucker in den Wok geben und gut unterrühren.

6 Die Nudeln in den Wok geben, schwenken und alles gut mischen. Dann auf Servierschüsseln verteilen, mit Petersilie garnieren und sofort servieren.

VARIATION

Sie können das Gemüse in diesem Gericht nach Saison oder allgemeiner Verfügbarkeit variieren – probieren Sie es mit Brokkoli, grüner Paprika oder Spinat.

Rindfleisch mit knusprigen Nudeln

Knusprig angebratene Nudeln schmecken vorzüglich und können, mit etwas Zucker und Salz bestreut, auch als kleine Beilage dienen.

NÄHRWERTANGABEN

Kilokalorien 244	Zucker . . . . 9 g
Eiweiß . . . . 20 g	Fett . . . . 10 g
Kohlenhydrate . . 19 g	davon gesättigt . . 2 g

5 MIN. 30 MIN.

4 PERSONEN

ZUTATEN

- 225 g chinesische Eiernudeln
- 350 g Rinderfilet
- 2 EL Sonnenblumenöl
- 1 TL Ingwerpulver
- 1 Knoblauchzehe, zerdrückt
- 1 rote Chili, entkernt und gehackt
- 100 g Karotten, in Stiften
- 6 Frühlingszwiebeln, in Ringen
- 2 EL Limettenmarmelade
- 2 EL Sojasauce
- Öl, zum Frittieren

2

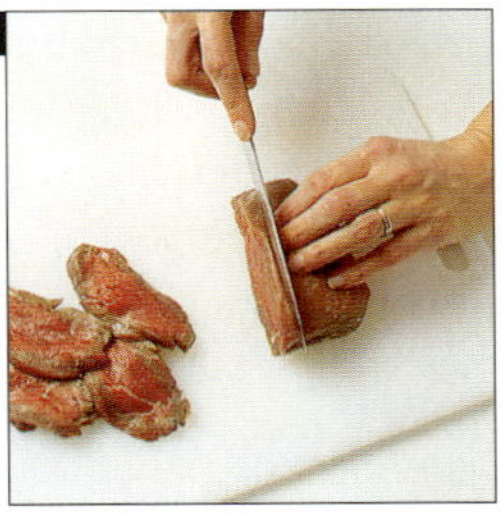

6

8

1 Die Nudeln in eine große Schüssel geben. Mit reichlich kochendem Wasser übergießen, sodass sie bedeckt sind. Etwa 10 Minuten stehen lassen.

2 Das Rinderfilet mit einem scharfen Messer in schmale Streifen schneiden.

3 Das Sonnenblumenöl in einem großen heißen Wok erhitzen.

4 Fleischstreifen und Ingwerpulver in den Wok geben und 5 Minuten anbraten.

5 Knoblauch, Chili, Karotten und Frühlingszwiebeln in den Wok geben und weitere 2–3 Minuten braten.

6 Die Marmelade und die Sojasauce in den Wok geben und 2 Minuten aufkochen lassen. Alles herausnehmen und in eine Schüssel füllen, beiseite stellen und warm halten.

7 Das Öl zum Frittieren in dem Wok erhitzen.

8 Die Nudeln gut abtropfen lassen und mit Küchenpapier trockentupfen. Vorsichtig in das heiße Öl gleiten lassen und 2–3 Minuten knusprig frittieren. Dann auf Küchenpapier abtropfen lassen.

9 Die frittierten Nudeln auf vorgewärmte Teller verteilen, die Rindfleisch-Gemüse-Mischung darüber geben und servieren.

Eiernudeln mit Rindfleisch

Dieses appetitliche chinesische Nudelgericht ist problemlos in wenigen Minuten zubereitet.

NÄHRWERTANGABEN

Kilokalorien	329	Zucker	3 g
Eiweiß	23 g	Fett	16 g
Kohlenhydrate	20 g	davon gesättigt	4 g

10 MIN. 15 MIN.

4 PERSONEN

ZUTATEN

- 285 g chinesische Eiernudeln
- 3 EL Walnussöl
- 2,5-cm-Stück Ingwerwurzel, geraspelt
- 5 Frühlingszwiebeln, in Streifen
- 2 Knoblauchzehen, zerdrückt
- 1 rote Paprika, in schmalen Streifen
- 100 g kleine Champignons, in dünnen Scheiben
- 350 g mageres Rinderfilet, in dünnen Streifen
- Salz und Pfeffer
- 1 EL Speisestärke
- 5 EL trockener Sherry
- 3 EL Sojasauce
- 1 TL brauner Zucker
- 225 g Bohnensprossen
- 1 EL Sesamöl
- Frühlingszwiebelstreifen, zum Garnieren

1 Wasser in einem großen Topf zum Kochen bringen. Die Eiernudeln darin nach Packungsanleitung garen. Die Nudeln abtropfen lassen, unter fließendem kaltem Wasser abspülen, erneut gründlich abtropfen lassen und beiseite stellen.

2 Das Walnussöl in einen heißen Wok geben und stark erhitzen.

3 Ingwer, Frühlingszwiebeln und Knoblauch zugeben und 45 Sekunden anbraten.

4 Paprika, Champignons und Rinderfiletstreifen zugeben und 4 Minuten anbraten. Dann alles mit Salz und Pfeffer würzen.

5 Speisestärke, Sherry und Sojasauce in einer kleinen Schüssel verrühren und in den Wok geben. Den Zucker darüber streuen und alle Zutaten weitere 2 Minuten pfannenrühren.

6 Die Bohnensprossen, die abgetropften Nudeln und das Sesamöl einrühren und alles 1 Minute unter Schwenken gut durchmischen. Auf vorgewärmte Servierschalen verteilen, mit Frühlingszwiebeln garnieren und sofort servieren.

3

4

5

Rinderbraten mit Barolo-Sauce

Barolo-Weine stammen aus dem Piemont in Norditalien. Für ein gutes Gelingen sollten Sie beim Weinkauf auf beste Qualität achten.

NÄHRWERTANGABEN

Kilokalorien 744	Zucker .... 1 g
Eiweiß .... 66 g	Fett .... 43 g
Kohlenhydrate ... 1 g	davon gesättigt . 16 g

15 MIN. 2 1/4 STD.

4 PERSONEN

ZUTATEN

- 4 EL Öl
- 1 kg magerer Rinderbraten aus der Keule
- 2 Knoblauchzehen, zerdrückt
- 4 Schalotten, in Ringen
- 1 TL frisch gehackter Rosmarin
- 1 TL frisch gehackter Oregano
- 2 Selleriestangen, in Scheiben
- 1 große Karotte, gewürfelt
- 2 Gewürznelken
- 1 Flasche Barolo-Wein
- frisch geriebene Muskatnuss
- Salz und Pfeffer
- gekochtes Gemüse (z. B. Brokkoli, Karotten, neue Kartoffeln), zum Servieren

1 Das Öl in einer Kasserolle erhitzen und das Fleisch von allen Seiten anbraten. Das Fleisch herausnehmen.

2 Knoblauch, Schalotten, Kräuter, Sellerie, Karotte und Nelken in die Kasserolle geben und 5 Minuten anbraten.

3 Das Fleisch wieder in die Kasserolle geben und den Wein zugießen. Zugedeckt ca. 2 Stunden leicht köcheln lassen, bis das Fleisch zart ist. Das Fleisch aus der Kasserolle nehmen, tranchieren und warm stellen.

1

3

4
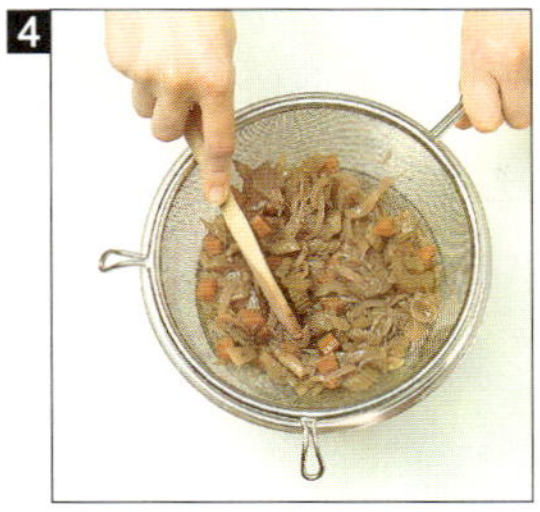

4 Gemüse und Flüssigkeit aus der Kasserolle in einer Küchenmaschine pürieren. Eventuell etwas heiße Rinderbrühe zugeben. Mit Muskat, Salz und Pfeffer abschmecken. Das Fleisch mit der Sauce servieren. Gemüse und Kartoffeln dazu reichen.

Spaghetti mit Fleischbällchen

Dieses italienische Gericht ist weltweit bekannt und beliebt. Am besten schmeckt es, wenn Sie das Hack aus Rinderfilet selbst herstellen.

NÄHRWERTANGABEN

Kilokalorien	665	Zucker	9 g
Eiweiß	39 g	Fett	24 g
Kohlenhydrate	77 g	davon gesättigt	8 g

45 MIN. 1 ¼ STD.

4 PERSONEN

ZUTATEN

- 150 g Vollkornsemmelbrösel
- 150 ml Milch
- 1 EL Butter
- 1 EL Vollkornmehl
- 200 ml Rinderbrühe
- 400 g gehackte Tomaten aus der Dose
- 2 EL Tomatenmark
- 1 TL Zucker
- 1 EL fein gehackter frischer Estragon
- Salz und Pfeffer
- 1 große Zwiebel, gehackt
- 500 g Rinderhack
- 1 TL Paprikapulver
- 5 EL Olivenöl
- 500 g frische Spaghetti
- frische Estragonzweige, zum Garnieren

2

2

4

1 Die Semmelbrösel 30 Minuten in der Milch einweichen.

2 Die Hälfte der Butter in einem Topf zerlassen. Das Mehl 2 Minuten anschwitzen. Die Brühe zugießen und 5 Minuten kochen. Tomaten, Tomatenmark, Zucker und Estragon zugeben. Kräftig mit Salz und Pfeffer abschmecken und 25 Minuten köcheln lassen.

3 Zwiebel, Fleisch und Paprika mit den Semmelbröseln mischen und mit Salz und Pfeffer würzen. Dann aus der Fleischmischung 14 Bällchen formen.

4 In einer Pfanne die Fleischbällchen in 4 Esslöffel Öl und der restlichen Butter rundum anbräunen. In einen Topf geben, mit der Sauce übergießen, abdecken und 25 Minuten im vorgeheizten Backofen bei 180 °C garen.

5 Salzwasser in einem großen Topf aufkochen. Die Spaghetti darin mit dem restlichen Öl bissfest kochen.

6 Die Fleischbällchen aus dem Backofen nehmen und 3 Minuten abkühlen lassen. Fleischbällchen, Sauce und Spaghetti mit Estragonzweigen garnieren und sofort servieren.

Rindfleisch-Paprika-Pfanne

Lässt man das Fleisch nicht über Nacht, sondern nur 2 Stunden marinieren, ist dies ein köstliches Schnellgericht.

NÄHRWERTANGABEN

Kilokalorien	325	Zucker	6 g
Eiweiß	41 g	Fett	15 g
Kohlenhydrate	7 g	davon gesättigt	5 g

2¹/₄ STD. 15 MIN.

4 PERSONEN

ZUTATEN

- 750 g mageres Rinderfilet, in 2,5 cm breiten Streifen
- 2 EL Öl
- 1 Zwiebel
- 2,5-cm-Stück Ingwerwurzel, grob gehobelt
- 1 frische rote Chili, entkernt und in Ringen
- 2 Karotten, in dünnen Stiften
- 1 grüne Paprika, in Streifen
- 1 TL Garam Masala
- 1 EL Sesamsaat, geröstet

MARINADE

- 1 TL Bockshornkleesamen
- 1 TL gemahlene braune Senfkörner
- 1 TL Zimt
- 1 TL gemahlener Kreuzkümmel
- 1 Knoblauchzehe, zerdrückt
- 150 g fettarmer Naturjoghurt

2

4

6

1 Für die Marinade alle Zutaten in einer Schüssel mischen.

2 Das Fleisch mit der Marinade verrühren, abgedeckt mindestens 1–2 Stunden, am besten jedoch über Nacht im Kühlschrank marinieren.

3 Das Öl in einem Wok erhitzen und die Zwiebel darin glasig dünsten.

4 Ingwer, Chili, Karotten und Paprika zugeben und 1 Minute pfannenrühren. Das Fleisch mit Marinade und Garam Masala zugeben.

5 Alles 10 Minuten pfannenrühren, bis das Fleisch gar ist.

6 Die geröstete Sesamsaat untermischen und sofort servieren.

VARIATION

Für dieses Pfannengericht lässt sich jedes Gemüse verwenden – also eine gute Gelegenheit, das Gemüsefach im Kühlschrank zu leeren. Es sollte jedoch so zugegeben werden, dass es gleichzeitig mit dem Fleisch gar ist.

Rindergeschnetzeltes mit Rigatoni

Dieses Gericht ist schnell und einfach zubereitet und dennoch einem besonderen Anlass angemessen.

NÄHRWERTANGABEN

Kilokalorien	796	Zucker	2g
Eiweiß	29g	Fett	63g
Kohlenhydrate	26g	davon gesättigt	39g

15 MIN. 30 MIN.

4 PERSONEN

ZUTATEN

- 80 g Butter
- 500 g mageres Rindfleisch, in dünnen Streifen
- 180 g kleine Champignons, in Scheiben
- 1 TL Senf
- 1 Msp. frisch geriebene Ingwerwurzel
- Salz und Pfeffer
- 2 EL trockener Sherry
- 150 g Schlagsahne
- 4 Scheiben Weißbrot, getoastet und in Dreiecke geschnitten, zum Servieren

NUDELN

- 500 g Rigatoni
- 2 EL Olivenöl
- 2 frische Basilikumzweige
- 100 g Butter

1 Die Butter in einer Pfanne zerlassen und das Fleisch darin bei mittlerer Hitze anbraten. In eine Auflaufform füllen, beiseite stellen und warm halten.

2 Die Champignons in die Pfanne geben und kurz im Bratensatz anbraten. Senf, Ingwer, Salz und Pfeffer zugeben und weitere 2 Minuten erhitzen. Sherry und Sahne zugießen. Alles 3 Minuten kochen, dann die Sahnesauce über das Fleisch gießen.

3 Das Fleisch mit der Sauce in einem auf 180 °C vorgeheizten Backofen 5–10 Minuten garen.

4 Salzwasser in einem großen Topf aufkochen. Die Rigatoni, das Öl und einen Basilikumzweig zugeben und die Nudeln bissfest kochen. Dann abgießen und auf vorgewärmte Teller verteilen. Die Nudeln mit der Butter mischen und mit dem restlichen Basilikum garnieren.

5 Das Geschnetzelte mit den Nudeln und getoastetem Weißbrot servieren.

1

2

2

TIPP

Getrocknete Nudeln halten sich mindestens sechs Monate. Den Rest aus einer geöffneten Packung füllen Sie am besten in einen luftdicht schließenden Behälter.

Bœuf en Daube

Dies ist nicht nur ein typisch französisches, sondern, wenn man das Fleisch scharf würzt, auch ein typisches New-Orleans-Gericht.

NÄHRWERTANGABEN

Kilokalorien	251	Zucker	2 g
Eiweiß	31 g	Fett	10 g
Kohlenhydrate	8 g	davon gesättigt	3 g

10 MIN. 3¼ STD.

6 PERSONEN

ZUTATEN

- 2 EL Olivenöl
- 1 große Zwiebel, in Spalten
- 2 Selleriestangen, in Scheiben
- 1 grüne Paprika, gewürfelt
- 1 kg mageres Rinderschmorfleisch, gewürfelt
- 60 g Mehl, gewürzt mit Salz und Pfeffer
- 600 ml Rinderbrühe
- 2 Knoblauchzehen, zerdrückt
- 150 ml Rotwein
- 2 EL Rotweinessig
- 2 EL Tomatenmark
- ½ TL Tabasco
- 1 TL frisch gehackter Thymian
- 2 Lorbeerblätter
- ½ TL Cajun-Gewürz
- Baguette, zum Servieren

1 

3 

4 

1 Das Öl in einer großen Kasserolle erhitzen und die Zwiebel darin scharf anbraten. Dann herausnehmen und beiseite stellen.

2 Sellerie und Paprika in die Kasserolle geben und weich dünsten. Dann das gedünstete Gemüse herausnehmen und zunächst beiseite stellen.

3 Das Fleisch im Mehl wenden und in der Kasserolle unter Rühren anbraten.

4 Brühe, Knoblauch, Wein, Essig, Tomatenmark, Tabasco und Thymian zugeben, dann alles gut verrühren und köcheln lassen.

5 Zwiebeln, Sellerie, Paprika, Lorbeerblätter und Cajun-Gewürz zufügen. Gut mit dem Fleisch vermengen.

6 Zum Kochen bringen, dann im Backofen 2–2½ Stunden schmoren, bis Fleisch und Gemüse gar sind.

7 Das Bœuf en Daube mit Baguette sofort servieren.

Spaghetti siciliana

Dieses köstliche sizilianische Gericht eignet sich hervorragend zur Verwertung übrig gebliebener gekochter Nudeln.

NÄHRWERTANGABEN

Kilokalorien 797	Zucker .... 7 g
Eiweiß .... 31 g	Fett .... 60 g
Kohlenhydrate .. 35 g	davon gesättigt . 16 g

30 MIN. 1 ¼ STD.

4 PERSONEN

ZUTATEN

- ca. 150 ml Olivenöl
- 2 Auberginen
- 350 g Rinderhack
- 1 Zwiebel, gehackt
- 2 Knoblauchzehen, zerdrückt
- 2 EL Tomatenmark
- 400 g gehackte Tomaten aus der Dose
- 1 TL Worcestersauce
- 1 TL frisch gehackter oder ½ TL getrockneter Majoran oder Oregano
- Salz und Pfeffer
- 60 g schwarze Oliven, entsteint und in Scheiben
- 1 grüne, rote oder gelbe Paprika, in großen Würfeln
- 200 g Spaghetti
- 100 g Parmesan, gerieben

2

3

5

1 Eine Springform (20 cm Durchmesser) mit Öl einfetten, den Boden mit Backpapier auslegen und ebenfalls einfetten.

2 Die Auberginen in Scheiben schneiden und in ein wenig Öl von beiden Seiten anbräunen. Auf Küchenpapier abtropfen.

3 Hackfleisch, Zwiebel und Knoblauch in etwas Öl unter Rühren in einem Topf anbräunen. Tomatenmark, Tomaten, Worcestersauce, Kräuter, Salz und Pfeffer zugeben. 10 Minuten köcheln. Oliven und Paprika zugeben, gut unterrühren und weitere 10 Minuten kochen.

4 Salzwasser in einem großen Topf aufkochen. Die Spaghetti darin mit 1 Esslöffel Olivenöl bissfest garen. Abgießen und in eine Schüssel geben. Die Hackfleischsauce und den Parmesan darüber geben und gut vermengen.

5 Boden und Seiten der Springform mit Auberginenscheiben auslegen. Nudeln und Sauce hineingeben und mit den restlichen Auberginenscheiben bedecken. In einem auf 200 °C vorgeheizten Ofen 40 Minuten backen. 5 Minuten ruhen lassen, dann vorsichtig auf einen Servierteller stürzen. Das Backpapier sorgfältig entfernen.

Steak di Napoli

Am besten verwenden Sie für dieses Gericht frische, sehr reife Tomaten, die typisch für die Gegend um Neapel sind.

NÄHRWERTANGABEN

Kilokalorien	371	Zucker	7 g
Eiweiß	43 g	Fett	19 g
Kohlenhydrate	7 g	davon gesättigt	5 g

25 MIN. 30 MIN.

4 PERSONEN

ZUTATEN

- 800 g Tomaten, gehäutet
- 4 EL Olivenöl
- 1 Zwiebel, fein gehackt
- 2–3 Knoblauchzehen, zerdrückt
- 1 EL Tomatenmark
- 2 TL frisch gehackter oder 1 TL getrockneter Majoran, ersatzweise Oregano
- 4 dünne Rumpsteaks
- Salz und Pfeffer
- 2 EL frisch gehackte Petersilie
- 1 TL Zucker
- frische Kräuter, zum Garnieren
- Schwenkkartoffeln und grünes Gemüse, zum Servieren

4

5

6

1 Tomaten pürieren und durch ein Sieb streichen, um die Kerne zu entfernen.

2 Die Hälfte des Öls in einem Topf erhitzen und Zwiebel und Knoblauch darin bei geringer Hitze glasig dünsten.

3 Pürierte Tomaten, Tomatenmark, Majoran oder Oregano zufügen und bei geringer Hitze 8–10 Minuten köcheln lassen, dabei gelegentlich umrühren.

4 In der Zwischenzeit die Steaks mit Salz und Pfeffer würzen. Das restliche Öl in einer Pfanne erhitzen und die Steaks darin von beiden Seiten scharf anbraten, damit sich die Fleischporen schließen. Danach gemäß eigener Vorlieben weitergaren: 2 Minuten für „blutig", 3–4 Minuten für „medium" und 5 Minuten für „durch". Alternativ kann man die Steaks mit etwas Öl einpinseln und unter einem heißen Grill braten.

5 Sobald die Tomatensauce eindickt, mit Salz und Pfeffer abschmecken und Petersilie und Zucker unterrühren.

6 Überschüssiges Fett aus der Steakpfanne weggießen, die Tomatensauce zu den Steaks geben und alles bei geringer Hitze wieder aufwärmen. Dann mit frischen Kräutern garnieren und sofort servieren. Dazu Schwenkkartoffeln und grünes Gemüse reichen.

Rindfleisch Chow-Mein

Chow Mein (gebratene Nudeln mit Fleisch und Gemüse) ist sicher eines der bekanntesten und beliebtesten Gerichte auf chinesischen Speisekarten.

NÄHRWERTANGABEN

Kilokalorien 341	Zucker .... 3 g
Eiweiß .... 27 g	Fett .... 17 g
Kohlenhydrate .. 20 g	davon gesättigt .. 4 g

10 MIN. 20 MIN.

4 PERSONEN

ZUTATEN

- 450 g chinesische Eiernudeln
- 4 EL Erdnussöl
- 450 g mageres Rindersteak, in dünnen Streifen
- 2 Knoblauchzehen, zerdrückt
- 1 TL frisch geriebene Ingwerwurzel
- 1 grüne Paprika, in dünnen Streifen
- 1 Karotte, in dünne Scheiben
- 2 Selleriestangen, in Scheiben
- 8 Frühlingszwiebeln, in Ringen
- 1 TL brauner Zucker
- 1 EL trockener Sherry
- 2 EL dunkle Sojasauce
- einige Tropfen Chilisauce

1 Die Nudeln in einem Topf mit kochendem Wasser und etwas Salz 4–5 Minuten kochen. Gründlich abtropfen lassen, unter fließendem kaltem Wasser abspülen und erneut gründlich abtropfen lassen.

2 Die Nudeln in eine Schüssel geben, 1 Esslöffel Erdnussöl darüber geben und gut unterrühren.

3 Das restliche Öl in einem heißen Wok erhitzen. Das Rindfleisch zugeben und 3–4 Minuten unter ständigem Rühren anbraten.

4 Den Knoblauch und den Ingwer in den Wok geben und etwa 30 Sekunden andünsten.

5 Paprika, Karotte, Sellerie und Frühlingszwiebeln zufügen und etwa 2 Minuten mitdünsten.

6 Zucker, Sherry, Soja- und Chilisauce in die Wokmischung einrühren und alles 1 Minute pfannenrühren.

7 Die Nudeln zugeben, alles gut mischen und durchwärmen, bis alle Zutaten heiß sind. Das fertige Gericht auf vorgewärmte Servierschüsseln verteilen und sofort servieren.

2

5

7

VARIATION

Für dieses Rezept können Sie verschiedene Gemüse verwenden und so Farbe und Geschmack variieren – versuchen Sie Brokkoli, rote Paprika, grüne Bohnen und Babymaiskolben.

Rindfleisch scharf gewürzt

Die Marinade aus drei Gewürzen und Chili verleiht diesen Rindfleischstreifen ihren besonders pikanten Geschmack.

NÄHRWERTANGABEN

Kilokalorien 246	Zucker .... 2 g
Eiweiß .... 21 g	Fett .... 13 g
Kohlenhydrate .. 10 g	davon gesättigt .. 3 g

1 ¹/₄ STD. — 10 MIN.

4 PERSONEN

ZUTATEN

- 225 g Rinderfilet
- 2 Knoblauchzehen, zerdrückt
- 1 TL fein gemahlener Sternanis
- 1 EL dunkle Sojasauce
- Frühlingszwiebelquasten, zum Garnieren

SAUCE

- 2 EL Pflanzenöl
- 1 Bund Frühlingszwiebeln, längs halbiert
- 1 EL dunkle Sojasauce
- 1 EL trockener Sherry
- ¼ TL Chilisauce
- 150 ml Wasser
- 2 TL Speisestärke

1
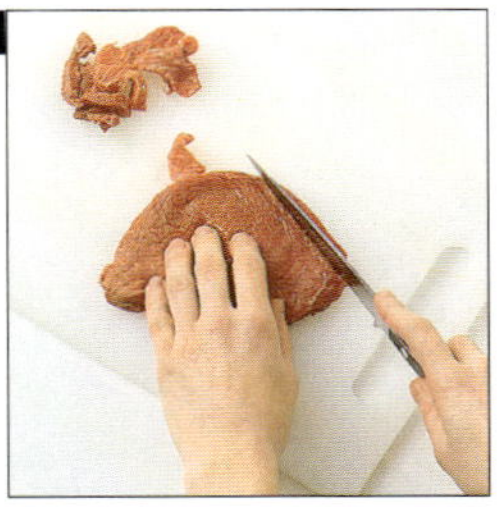

4

6

1 Das Fleisch in Streifen schneiden und in eine flache Schüssel legen.

2 Knoblauch, Sternanis und Sojasauce in einer Schüssel verrühren.

3 Die Mischung über die Rindfleischstreifen geben und das Fleisch darin wenden, bis es gut davon überzogen ist. Abdecken und im Kühlschrank mindestens 1 Stunde marinieren.

4 Für die Sauce das Öl in einem Wok erhitzen. Die Hitze reduzieren und die Frühlingszwiebeln 1–2 Minuten andünsten.

5 Die Frühlingszwiebeln mit einem Pfannenwender herausheben, abtropfen lassen und beiseite stellen.

6 Das Fleisch zusammen mit der Marinade in den Wok geben und 3–4 Minuten pfannenrühren. Die Frühlingszwiebeln wieder in den Wok geben und Sojasauce, Sherry, Chilisauce und zwei Drittel von dem Wasser zugeben.

7 Die Speisestärke mit dem restlichen Wasser verquirlen und in den Wok einrühren. Aufkochen und rühren, bis die Sauce dickflüssig und klar wird. Auf einen Servierteller geben, garnieren und servieren.

Rinderrouladen mit Speck

Dünne Scheiben zartes Rindfleisch mit einer Füllung aus Knoblauch und Speck und einem Hauch Orange.

NÄHRWERTANGABEN

Kilokalorien 379	Zucker .... 4 g
Eiweiß .... 26 g	Fett .... 24 g
Kohlenhydrate ... 4 g	davon gesättigt .. 8 g

20 MIN. 20 MIN.

4 PERSONEN

ZUTATEN

- 8 dünne Rinderrouladen
- 4 EL frisch gehackte Petersilie
- 4 Knoblauchzehen, zerdrückt
- 125 g geräucherter durchwachsener Speck, ohne Schwarte, fein gehackt
- 1 EL fein geriebene Orangenschale
- Salz und Pfeffer
- 2 EL Olivenöl
- 300 ml trockener Rotwein
- 1 Lorbeerblatt
- 1 TL Zucker
- 60 g schwarze Oliven, entsteint

GARNIERUNG

- Orangenscheiben
- frisch gehackte Petersilie

1 Die Rinderrouladen auf einer stabilen Arbeitsfläche mit einem Fleischklopfer flach klopfen.

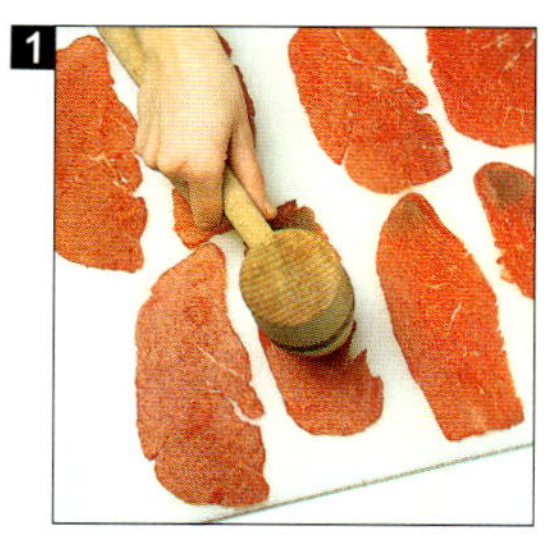

2 Petersilie, Knoblauch, Speck, Orangenschale, Salz und Pfeffer mischen und gleichmäßig auf jede Roulade streichen.

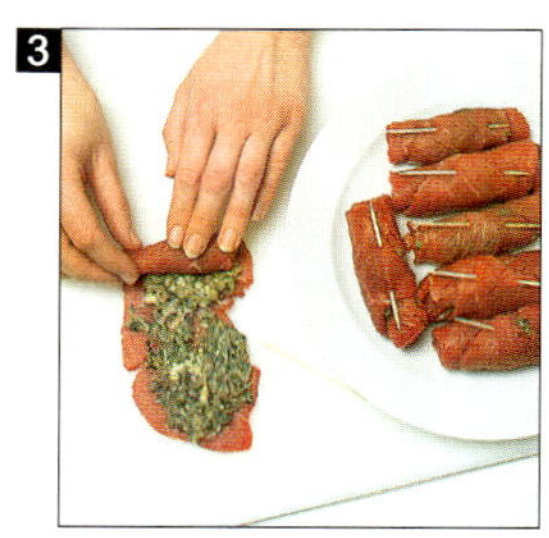

3 Die Rouladen fest zusammenrollen und mit Zahnstochern fixieren. Das Öl in einer Pfanne erhitzen und das Fleisch darin ca. 10 Minuten rundum anbraten.

4 Die Rouladen gut abtropfen, den Bratensud in der Pfanne lassen und das Fleisch beiseite stellen und warm halten. Den Wein zum Bratensud geben, Lorbeerblatt und Zucker zufügen und mit Salz und Pfeffer würzen. Dann aufkochen und 5 Minuten unter ständigem Rühren bei starker Hitze die Sauce etwas andicken lassen.

5 Die Rouladen zusammen mit den Oliven in die Pfanne geben und 2 Minuten aufwärmen. Dann das Lorbeerblatt und die Zahnstocher entfernen.

6 Die Rouladen auf einen Servierteller legen, die Sauce darüber gießen, garnieren und sofort servieren.

Kartoffelravioli mit Rinderhack

Für dieses Gericht wird der „Nudelteig" aus Kartoffeln statt aus Mehl zubereitet und danach mit einer kräftigen Bolognese-Sauce gefüllt.

NÄHRWERTANGABEN

Kilokalorien	618	Zucker	4 g
Eiweiß	16 g	Fett	31 g
Kohlenhydrate	74 g	davon gesättigt	12 g

15 MIN. 50 MIN.

4 PERSONEN

ZUTATEN

FÜLLUNG

1 EL Pflanzenöl
125 g Rinderhack
1 Schalotte, gewürfelt
1 Knoblauchzehe, zerdrückt
1 EL Mehl
1 EL Tomatenmark
150 ml Rinderbrühe
1 Selleriestange, gehackt
2 Tomaten, gehäutet und gewürfelt
2 TL frisch gehacktes Basilikum
Salz und Pfeffer

RAVIOLI

450 g mehlig kochende Kartoffeln, gewürfelt
3 kleine Eigelb
3 EL Olivenöl
Salz und Pfeffer
175 g Mehl
60 g Butter
Basilikumblätter, in Streifen, zum Garnieren

7

7

8

1 Öl in einer Pfanne erhitzen und das Hackfleisch darin 3–4 Minuten braten.

2 Schalotte und Knoblauch zufügen und glasig dünsten.

3 Dann Mehl und Tomatenmark unterrühren und 1 Minute anschwitzen. Rinderbrühe, Sellerie, Tomaten und Basilikum zufügen, mit Salz und Pfeffer abschmecken.

4 Die Bolognese-Sauce bei geringer Hitze 20 Minuten köcheln lassen, dann vom Herd nehmen und abkühlen lassen.

5 Für die Ravioli die Kartoffeln in kochendem Salzwasser garen.

6 Die Kartoffeln zerstampfen, in eine Schüssel geben und Eigelb sowie Öl zufügen. Mit Salz und Pfeffer würzen, dann das Mehl unterrühren und alles zu einem Teig kneten.

7 Den Teig auf einer leicht bemehlten Arbeitsfläche in 24 Portionen teilen und daraus jeweils flache Kreise formen. Etwas Füllung auf eine Hälfte der Teigkreise geben, die andere Hälfte jeweils darüber klappen und an den Rändern fest zusammendrücken.

8 Die Butter in einer Pfanne zerlassen und die Ravioli darin 6–8 Minuten goldbraun braten, dabei einmal wenden. Die fertigen Ravioli mit Basilikum garnieren und sofort servieren.

Rindfleisch mit Brokkoli

Dieses Gericht bietet eine farblich und geschmacklich faszinierende Kombination von Zutaten und ist außerdem einfach zuzubereiten.

NÄHRWERTANGABEN

Kilokalorien	232	Zucker	1 g
Eiweiß	12 g	Fett	19 g
Kohlenhydrate	4 g	davon gesättigt	6 g

4¼ STD. 15 MIN.

4 PERSONEN

ZUTATEN

- 225 g mageres Rindersteak, von Fett und Sehnen befreit
- 2 Knoblauchzehen, zerdrückt
- 1 Spritzer Chiliöl
- 1-cm-Stück Ingwerwurzel, gerieben
- ½ TL Fünf-Gewürze-Pulver
- 2 EL dunkle Sojasauce
- 2 EL Pflanzenöl
- 150 g Brokkoli, in Röschen
- 1 EL helle Sojasauce
- 150 ml Rinderbrühe
- 2 TL Speisestärke
- 4 TL Wasser
- Karottenstifte, zum Garnieren

1 Das Fleisch in dünne Streifen schneiden und in eine flache Schüssel legen.

2 Knoblauch, Chiliöl, Ingwer, Fünf-Gewürze-Pulver und dunkle Sojasauce mischen und über das Rindfleisch gießen. Das Fleisch darin wenden, damit es gleichmäßig davon überzogen wird.

3 Die Schüssel abdecken und das Fleisch etwa 4 Stunden im Kühlschrank marinieren lassen.

4 1 Esslöffel Pflanzenöl in einem heißen Wok erhitzen. Den Brokkoli zugeben und bei mittlerer Hitze 4–5 Minuten pfannenrühren. Anschließend herausnehmen und beiseite stellen.

5 Das restliche Öl in dem Wok erhitzen. Das Rindfleisch mit der Marinade darin 2–3 Minuten anbraten, bis das Fleisch leicht gebräunt und knusprig ist.

6 Den Brokkoli wieder in den Wok geben. Helle Sojasauce und Brühe einrühren.

7 Die Speisestärke in einer Schüssel mit dem Wasser verquirlen und in den Wok einrühren. Aufkochen und rühren, bis die Sauce angedickt und klar ist. 1 Minute garen. Das gebratene Rindfleisch und den Brokkoli auf vorgewärmte Servierteller verteilen und mit Karottenstiften garniert servieren.

2

5
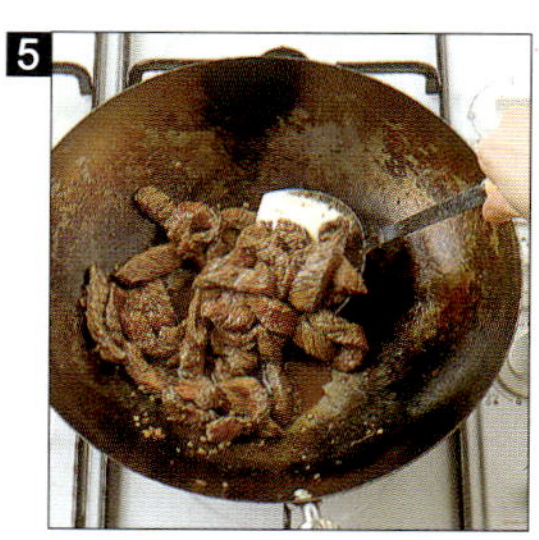

6

Lammfleisch Roma

Zarte Lammstücke werden in der Pfanne mit Knoblauch angebraten und in Rotwein geschmort – ein typisch römisches Gericht.

NÄHRWERTANGABEN

Kilokalorien	299	Zucker	1 g
Eiweiß	31 g	Fett	16 g
Kohlenhydrate	1 g	davon gesättigt	7 g

15 MIN. 50 MIN.

4 PERSONEN

ZUTATEN

- 1 El Öl
- 1 EL Butter
- 600 g Lammgulasch (Schulter oder Keule)
- 4 Knoblauchzehen
- 1 EL frisch gezupfter Thymian
- 6 Sardellenfilets
- 150 ml Rotwein
- 150 ml Lamm- oder Gemüsebrühe
- 1 TL Zucker
- 50 g schwarze Oliven, entsteint und halbiert
- 2 EL frisch gehackte Petersilie, zum Garnieren
- Kartoffelpüree, zum Servieren

1

2

3

1 Öl und Butter in einer großen Pfanne erhitzen. Das Lammfleisch zugeben und 4–5 Minuten unter Rühren von allen Seiten kräftig anbraten.

2 Knoblauch, Thymian und Sardellen in einem Mörser zu einer glatten Paste zerstoßen.

3 Wein und Brühe über das Fleisch in die Pfanne gießen, die Knoblauch-Sardellen-Paste und den Zucker zugeben.

4 Alles aufkochen. Dann die Hitze reduzieren, die Pfanne abdecken und das Fleisch 30–40 Minuten schmoren, bis es gar ist. Während der letzten 10 Minuten die Sauce unabgedeckt einkochen lassen.

5 Die Oliven in die Pfanne geben und gut unterrühren.

6 Das fertige Gericht in eine Servierschüssel füllen, mit Petersilie bestreuen und mit Kartoffelpüree servieren.

TIPP

Die Gerichte aus Rom und Umgebung sind meist sehr einfach zuzubereiten. Sie werden mit vielen aromatischen Kräutern und Gewürzen verfeinert.

Lamm mit Zitronensauce

Die doppelten Koteletts aus dem Lammsattel sehen attraktiver aus, wenn Sie die Knochen entfernen und das Fleisch mit Küchengarn zusammenbinden.

NÄHRWERTANGABEN

Kilokalorien	268	Zucker	0,2 g
Eiweiß	24 g	Fett	16 g
Kohlenhydrate	0,2 g	davon gesättigt	7 g

10 MIN. 35 MIN.

4 PERSONEN

ZUTATEN

- 4 Lammkoteletts
- 1 EL Öl
- 25 g Butter
- 150 ml Weißwein
- 150 ml Lamm- oder Gemüsebrühe
- 2 Lorbeerblätter
- Zitronenzesten
- Salz und Pfeffer

1 Mit einem scharfen Messer die Knochen der Koteletts entfernen. Ihr Metzger wird dies gerne für Sie übernehmen.

2 Das Fleisch aufrollen und mit Küchengarn zusammenbinden.

3 Öl und Butter in einer großen Pfanne erhitzen, bis die Butter zu schäumen beginnt.

4 Die gebundenen Lammkoteletts in die Pfanne geben und von jeder Seite 2–3 Minuten anbraten.

5 Die Pfanne vom Herd nehmen und das Bratfett abgießen.

6 Die Pfanne wieder auf den Herd stellen. Wein, Brühe, Lorbeer und Zitronenzesten zu den Koteletts geben und 20–25 Minuten köcheln lassen, bis das Fleisch gar und zart ist. Fleisch und Sauce mit etwas Salz und Pfeffer würzen.

7 Das Fleisch mit der Sauce auf einen Servierteller geben. Das Garn von den Koteletts entfernen und servieren.

1
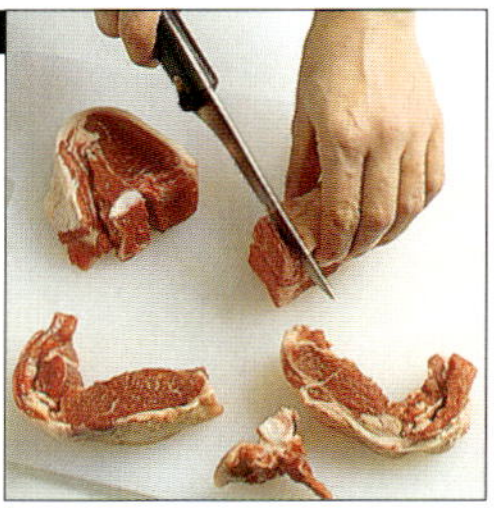

2
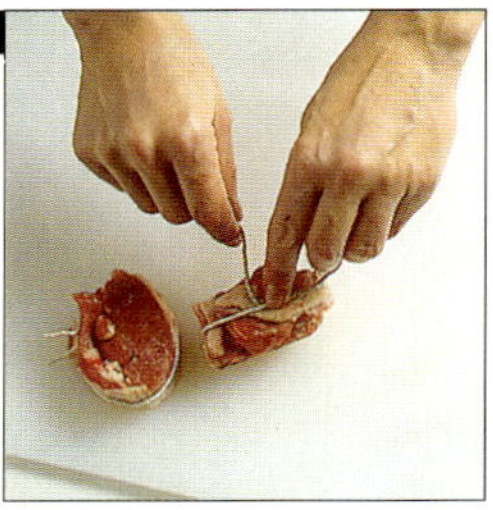

4

TIPP
Wie Sie die Koteletts fachgerecht entbeinen, wird Ihnen Ihr Metzger gerne verraten.

Lammspieße mit Kräutern

Servieren Sie die noch brutzelnden Spieße mit eiskalter Joghurtsauce – eine köstliche Kombination.

NÄHRWERTANGABEN

Kilokalorien	238	Zucker	7 g
Eiweiß	21 g	Fett	14 g
Kohlenhydrate	7 g	davon gesättigt	5 g

2 ¼ STD. 15 MIN.

4 PERSONEN

ZUTATEN

1 kg magere Lammkeule, vom Fett befreit
3 EL Olivenöl
1 EL Rotweinessig
Saft von ½ Zitrone
3 EL fettarmer Naturjoghurt
1 EL getrockneter Oregano
2 große Knoblauchzehen, zerdrückt
2 getrocknete Lorbeerblätter, zerkleinert
Salz und Pfeffer
4 frische Lorbeerblätter
2 EL frisch gehackte Petersilie

SAUCE

300 g fettarmer Naturjoghurt
1 Knoblauchzehe, zerdrückt
¼ TL Salz
½ kleine Salatgurke, geschält und fein gehackt
3 EL frisch gehackte Minze
1 Prise Paprikapulver

1 Das Fleisch in 4–5 cm große Würfel schneiden und mit Küchenpapier trockentupfen.

2 Für die Marinade Olivenöl, Essig, Zitronensaft und Joghurt verrühren. Oregano, Knoblauch und Lorbeerblätter zugeben und mit Salz und Pfeffer abschmecken.

3 Die Fleischwürfel in die Marinade geben und gut darin wenden. Abgedeckt mindestens 2 Stunden kalt stellen.

4 Für die Sauce den Joghurt mit Knoblauch, Salz, Gurke und Minze in einer großen Schüssel verrühren. Abgedeckt in den Kühlschrank stellen. Den Grill auf höchster Stufe vorheizen. Die Fleischwürfel aus der Marinade nehmen und abtropfen lassen. In 4 gleich große Portionen aufteilen und mit den frischen Lorbeerblättern auf 4 Spieße stecken.

5 Die Spieße etwa 4 Minuten von jeder Seite grillen, dabei öfter mit der Marinade bestreichen. Das Fleisch sollte innen rosa und außen knusprig sein. Wer es lieber durchgegart mag, kann es etwas länger grillen.

6 Die Spieße mit Petersilie bestreuen, die Joghurtsauce mit dem Paprikapulver bestäuben und zusammen auf einem Teller angerichtet servieren.

2

3

4

Türkischer Lammtopf

Dieses schmackhafte Gericht aus Lamm, Zwiebeln, Tomaten und Kartoffeln ist das perfekte Eintopfgericht für zwei.

NÄHRWERTANGABEN

Kilokalorien	442	Zucker	5 g
Eiweiß	41 g	Fett	17 g
Kohlenhydrate	35 g	davon gesättigt	7 g

10 MIN. 1 1/4 STD.

2 PERSONEN

ZUTATEN

- 350 g mageres Lammfleisch ohne Knochen
- 1 große Zwiebel
- 1 Knoblauchzehe, zerdrückt
- ½ rote, grüne oder gelbe Paprika, grob gewürfelt
- 300 ml Fleischbrühe
- 1 EL Balsamico-Essig
- 2 Tomaten, gehäutet und grob gewürfelt
- 1½ TL Tomatenmark
- 1 Lorbeerblatt
- ½ TL getrockneter Salbei
- ½ TL getrocknete Dillspitzen
- Salz und Pfeffer
- 350 g Kartoffeln
- 6–8 schwarze Oliven, halbiert und entsteint
- Salat, zum Servieren
- knuspriges Brot, zum Servieren

1 Das Lammfleisch in 2 cm große Würfel schneiden. Fett und Knorpel entfernen.

2 Ohne Fett in eine beschichtete Pfanne geben und bei geringer Hitze anbraten.

3 Die Zwiebel in Spalten schneiden, zusammen mit dem Knoblauch zum Fleisch geben und 3–4 Minuten mitbraten.

4 Paprika, Brühe, Balsamico, Tomaten, Tomatenmark, Lorbeerblatt, Salbei und Dillspitzen zugeben und alles gut mischen. Dann mit Salz und Pfeffer abschmecken, abdecken und 30 Minuten köcheln lassen.

5 Die Kartoffeln schälen, in 2 cm große Würfel schneiden und in den Eintopf geben und unterrühren. Falls erforderlich, noch etwas Brühe oder Wasser zugeben. Den Topf wieder abdecken und alles weitere 25–30 Minuten köcheln lassen.

6 Die Oliven zugeben und nochmals abschmecken. Weitere 5 Minuten köcheln lassen und das fertige Gericht mit Salat und knusprigem Brot servieren.

1
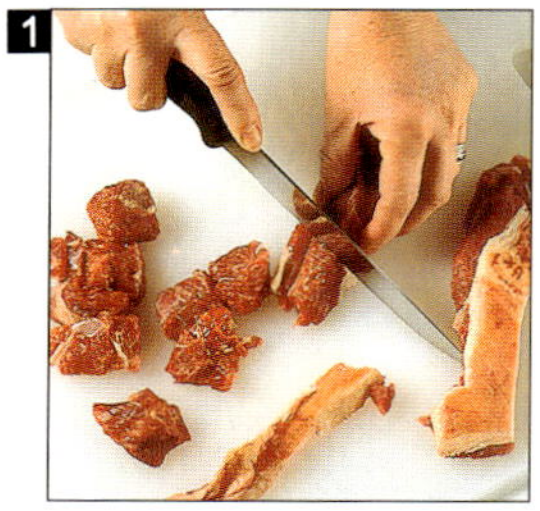

3

5

TIPP

Als Beilage eignet sich hier gut ein Salat aus Weißkohlstreifen, Salatherzen, grob geraspelten Karotten, Avocado- oder Gurkenwürfeln und Frühlingszwiebeln.

Lamm mit Knoblauchsauce

Diese Speise wird mit scharfem Szechuan-Pfeffer zubereitet. Sie können ihn auch durch schwarzen Pfeffer ersetzen.

NÄHRWERTANGABEN

Kilokalorien	320	Zucker	2 g
Eiweiß	25 g	Fett	21 g
Kohlenhydrate	4 g	davon gesättigt	6 g

35 MIN. 10 MIN.

4 PERSONEN

ZUTATEN

- 450 g Lammfilet
- 2 EL dunkle Sojasauce
- 2 TL Sesamöl
- 2 EL chinesischer Reiswein oder trockener Sherry
- ½ TL Szechuan-Pfeffer
- 4 EL Pflanzenöl
- 4 Knoblauchzehen, zerdrückt
- 60 g Wasserkastanien, geviertelt
- 1 grüne Paprika, in Streifen
- 1 EL Weinessig
- 1 EL Sesamöl
- Reis oder Nudeln, zum Servieren

2

3

4

1 Das Fleisch in 2,5 cm große Stücke schneiden und in eine flache Schüssel legen.

2 Ein Esslöffel Sojasauce, Sesamöl, Reiswein oder Sherry und Szechuan-Pfeffer verrühren. Die Mischung über das Fleisch gießen, dieses darin wenden und 30 Minuten marinieren.

3 Das Pflanzenöl in einem heißen Wok erhitzen. Das Lammfleisch aus der Marinade nehmen, mit dem Knoblauch in den Wok geben und 2–3 Minuten anbraten.

4 Wasserkastanien und Paprika in den Wok geben und 1 Minute anbraten.

5 Die restliche Sojasauce und den Weinessig zugeben und gut verrühren.

6 Das Sesamöl zugeben und alles etwa 1–2 Minuten pfannenrühren, bis das Fleisch durchgegart ist. Zu Reis oder Nudeln sofort servieren.

TIPP

Als passende Garnierung bietet sich chinesischer Schnittlauch an. Sesamöl wird allgemein als Gewürz und nicht zum Braten verwendet, da es relativ schnell anbrennt. Es wird deshalb auch erst ganz am Schluss zu den Speisen hinzugefügt.

Masala-Kebabs

Kebab ist im gesamten Orient bis nach Indien die allgemeine Bezeichnung für geröstetes Fleisch, also nicht nur für Spieße, wie viele glauben.

NÄHRWERTANGABEN

Kilokalorien	294	Zucker	0 g
Eiweiß	35 g	Fett	17 g
Kohlenhydrate	0 g	davon gesättigt	7 g

1 ¼ STD. 20 MIN.

4 PERSONEN

ZUTATEN

- 1 getrocknetes Lorbeerblatt
- 2,5-cm-Stück Ingwerwurzel, gehackt
- 2,5-cm-Stück Zimtstange
- 1 TL Koriandersamen
- ½ TL Salz
- 1 TL Fenchelsamen
- 1 TL Chilipulver
- 1 TL Garam Masala
- 1 TL Zitronensaft
- 1 TL gemahlene Kurkuma
- 1 EL Öl
- 750 g Lammfilet vom Nacken

GARNIERUNG

- frische Korianderzweige
- Zitronenspalten

ZUM SERVIEREN

- Fladenbrot
- Chutney

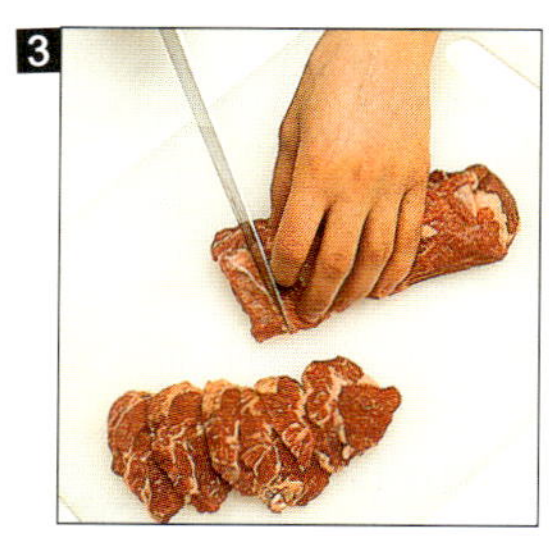

1 Lorbeerblatt, Ingwer, Zimt, Koriandersamen, Salz, Fenchelsamen und Chilipulver in einer Küchenmaschine oder mit Mörser und Stößel zermahlen.

2 Die Gewürzmischung mit Garam Masala, Zitronensaft, Kurkuma und Öl in einer großen Schüssel gut mischen.

3 Das Lammfleisch in dünne Streifen schneiden, mit der Gewürzpaste überziehen und 1 Stunde bei Raumtemperatur oder im Kühlschrank 3 Stunden bzw. über Nacht marinieren.

4 Den Backofen auf 200 °C vorheizen. Die Fleischstreifen auf ein Backblech legen und im Ofen 20 Minuten garen. Dann auf Küchenpapier legen, um das ausgetretene Fett vollständig aufzusaugen.

5 Je 3 oder 4 Fleischstreifen auf einen Spieß stecken und mit frischen Korianderzweigen und Zitronenspalten garnieren.

6 Die fertigen Spieße mit Brot und einem Chutney servieren.

Lamm mit Oliven

Dieses einfache Gericht erhält durch die Chili eine gewisse Schärfe. Es ist schnell vorbereitet und ideal für den Mittagstisch.

NÄHRWERTANGABEN

Kilokalorien	577	Zucker	1 g
Eiweiß	62 g	Fett	33 g
Kohlenhydrate	1 g	davon gesättigt	10 g

15 MIN. 1 ½ STD.

4 PERSONEN

ZUTATEN

- 1,2 kg Lammkeule, entbeint
- 80 ml Olivenöl
- 2 Knoblauchzehen, zerdrückt
- 1 Zwiebel, in Ringen
- 1 kleine rote Chili, entkernt und gehackt
- 180 ml trockener Weißwein
- 220 g schwarze Oliven, entsteint
- Salz
- frisch gehackte Petersilie, zum Garnieren

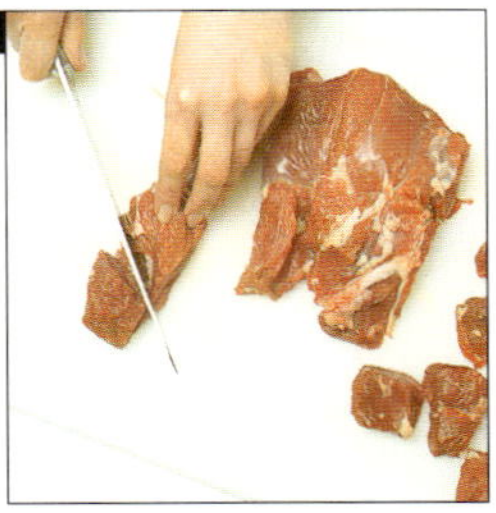

1

3

4

1 Das Fleisch mit einem scharfen Messer in 2,5 cm große Würfel schneiden.

2 Das Öl in einer Pfanne erhitzen und darin Knoblauch, Zwiebel und Chili 5 Minuten anbraten.

3 Fleisch und Wein zugeben und 5 Minuten kochen.

4 Die Oliven untermischen, dann alles in einen Bräter geben und in einem auf 175 °C vorgeheizten Backofen 80 Minuten schmoren lassen, bis das Fleisch zart ist. Dann mit Salz und Pfeffer abschmecken und mit Petersilie garniert servieren.

Marokkanische Lammspieße

Das Fleisch für diese würzigen Spieße wird nach marokkanischer Art in einer Vielzahl von Gewürzen mariniert.

NÄHRWERTANGABEN

Kilokalorien	348	Zucker	2 g
Eiweiß	30 g	Fett	24 g
Kohlenhydrate	2 g	davon gesättigt	10 g

2 1/4 STD. — 10 MIN.

4 PERSONEN

ZUTATEN

- 450 g mageres Lammfleisch
- 1 Zitrone
- 1 rote Zwiebel
- 4 kleine Zucchini
- Couscous, zum Servieren (siehe Tipp)

MARINADE

- geriebene Schale und Saft von 1 Zitrone
- 2 EL Olivenöl
- 1 Knoblauchzehe, zerdrückt
- 1 rote Chili, in dünnen Ringen
- 1 TL Zimt
- 1 TL Ingwerpulver
- ½ TL gemahlener Kreuzkümmel
- ½ TL gemahlener Koriander

1 Das Lammfleisch mit einem scharfen Messer in gleich große Stücke schneiden.

2 Für die Marinade Zitronenschale und -saft mit Öl, Knoblauch, Chili, Zimt, Ingwer, Kümmel und Koriander in einer großen Glasschüssel mischen.

3 Das Fleisch gut in der Marinade wenden, sodass es rundum von der Marinade überzogen ist. Abgedeckt mindestens 2 Stunden im Kühlschrank marinieren.

4 Die Zitrone achteln. Die Zwiebel in Spalten schneiden und diese halbieren.

5 Mit einem Sparschäler von der Zucchinischale in regelmäßigen Abständen schmale Streifen abziehen, dann die Zucchini in dicke Scheiben schneiden.

6 Das Fleisch aus der Marinade nehmen und die Marinade aufbewahren. Das Fleisch abwechselnd mit Zwiebel, Zitrone und Zucchini auf Grillspieße stecken.

7 Die Spieße 8–10 Minuten grillen und dabei gelegentlich mit der Marinade bestreichen. Heiß auf einem Couscousbett angerichtet servieren.

4

5

6

TIPP

Reichen Sie hierzu Couscous. Weichen Sie den Couscous 20 Minuten in kaltem Wasser ein. Gießen Sie ihn ab und dämpfen Sie ihn 10 Minuten, bis er kochend heiß und gar ist.

Lamm mit Satay-Sauce

In Chili und Kokosnuss mariniert und auf Holzspieße gesteckt – die klassische Art, Lammfleisch mit einer Satay-Sauce zu servieren.

2

2

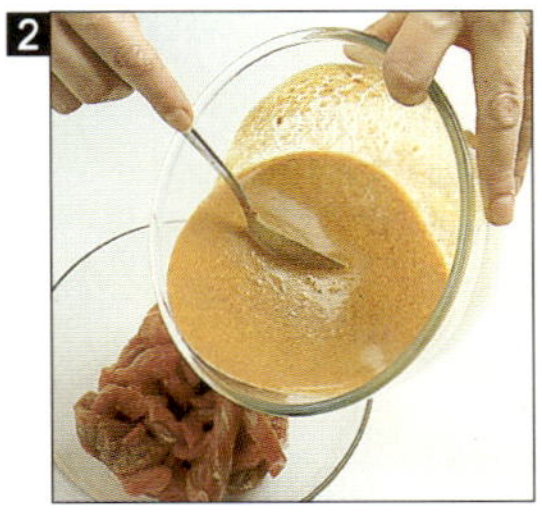

5

NÄHRWERTANGABEN

Kilokalorien 501	Zucker 6g
Eiweiß 34g	Fett 37g
Kohlenhydrate . . . 9g	davon gesättigt . 10g

35 MIN. 25 MIN.

4 PERSONEN

ZUTATEN

- 450 g Lammfilet
- 1 EL milde Currypaste
- 150 ml Kokosmilch
- 2 Knoblauchzehen, zerdrückt
- ½ TL Chilipulver
- ½ TL gemahlener Kreuzkümmel

SATAY-SAUCE

- 1 EL Maiskeimöl
- 1 Zwiebel, gewürfelt
- 6 EL grobe Erdnussbutter
- 1 TL Tomatenmark
- 1 TL frischer Limettensaft
- 100 ml kaltes Wasser

1 Das Lammfleisch in dünne Scheiben schneiden und in eine große Schüssel legen.

2 Currypaste, Kokosmilch, Knoblauch, Chilipulver und Kreuzkümmel in einer Schüssel mischen. Über das Lammfleisch gießen, gut wenden, abdecken und 30 Minuten marinieren.

3 In der Zwischenzeit die Satay-Sauce zubereiten. Das Öl in einem großen Wok erhitzen und die Zwiebeln darin 5 Minuten anbraten. Die Hitze reduzieren und weitere 5 Minuten köcheln lassen.

4 Erdnussbutter, Tomatenmark, Limettensaft und Wasser einrühren.

5 Das Lammfleisch auf die Holzspieße stecken. Die Marinade zurückbehalten.

6 Die Spieße unter einem heißen Grill 6–8 Minuten garen und dabei einmal wenden. Die restliche Marinade in den Wok geben, aufkochen und 5 Minuten köcheln. Die Spieße mit der Satay-Sauce servieren.

TIPP

Sie sollten die Holzspieße vor dem Grillen 30 Minuten in kaltem Wasser einweichen, damit sie kein Feuer fangen.

Lamm-Kartoffel-Masala

Für köstliche indische Gerichte einfach einer gekauften Currysauce einige Zutaten zufügen – und fertig ist ein hervorragendes Mahl.

NÄHRWERTANGABEN

Kilokalorien	513	Zucker	6 g
Eiweiß	40 g	Fett	27 g
Kohlenhydrate	30 g	davon gesättigt	8 g

15 MIN. 1 ½ STD.

4 PERSONEN

ZUTATEN

- 750 g mageres Lammfleisch
- 3 EL Ghee oder Butter
- 500 g Kartoffeln, in 2,5 cm große Würfel geschnitten
- 1 große Zwiebel, geviertelt und in Scheiben
- 2 Knoblauchzehen, zerdrückt
- 175 g Champignons, in dicken Scheiben
- 1 Dose Tikka-Masala-Currysauce (ca. 280 g)
- 300 ml Wasser
- Salz
- 3 Tomaten, halbiert und in dünnen Scheiben
- 125 g frischer Blattspinat, gewaschen und ohne Stiele
- Minzezweige, zum Garnieren
- gekochter Reis, zum Servieren

1 Das Fleisch in 2,5 cm große Würfel schneiden. Ghee oder Butter in einer großen Pfanne erhitzen und das Fleisch darin 3 Minuten bei mittlerer Hitze anbraten, bis es rundum gebräunt ist. Das Fleisch aus der Pfanne nehmen.

2 Kartoffeln, Zwiebel, Knoblauch und Champignons hineingeben und 3–4 Minuten unter häufigem Rühren dünsten.

3 Currysauce und Wasser zugießen, das Fleisch einrühren und mit Salz abschmecken. Den Deckel auflegen und 1 Stunde köcheln lassen, bis das Fleisch gar und zart ist. Dabei gelegentlich rühren.

4 Tomaten und Spinat zufügen und sorgfältig unter die Fleischmischung heben. Abgedeckt weitere 10 Minuten kochen, bis der Spinat gar und zart ist.

5 Mit Minzezweigen garnieren und heiß auf einem Reisbett servieren.

1
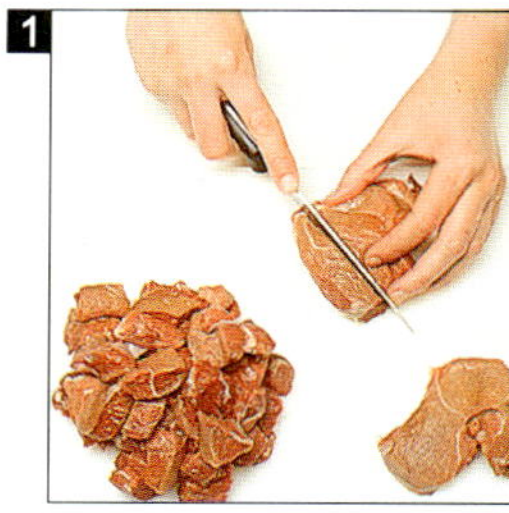

2

3

TIPP

Blattspinat fällt beim Kochen schnell zusammen. Junge und zarte Blätter sollten daher im Ganzen verarbeitet werden. Größere nur grob zerkleinern, bevor man sie in die Pfanne gibt.

Lammkoteletts mit Rosmarin

Dieses Gericht eignet sich perfekt für ein köstliches Sonntagsessen. Reichen Sie es mit einem Tomaten-Zwiebel-Salat und Folienkartoffeln.

NÄHRWERTANGABEN

Kilokalorien	560	Zucker	1 g
Eiweiß	48 g	Fett	40 g
Kohlenhydrate	1 g	davon gesättigt	13 g

1¼ STD. 15 MIN.

4 PERSONEN

ZUTATEN

- 8 Lammkoteletts
- 5 EL Olivenöl
- 2 EL Zitronensaft
- 1 Knoblauchzehe, zerdrückt
- ½ TL Zitronenpfeffer
- Salz
- 8 Rosmarinzweige
- Folienkartoffeln, zum Servieren

SALAT

- 4 Tomaten, in Scheiben
- 4 Frühlingszwiebeln, in Ringen

DRESSING

- 2 EL Olivenöl extra vergine
- 1 EL Zitronensaft
- 1 Knoblauchzehe, zerdrückt
- ¼ TL frisch gehackter Rosmarin

1

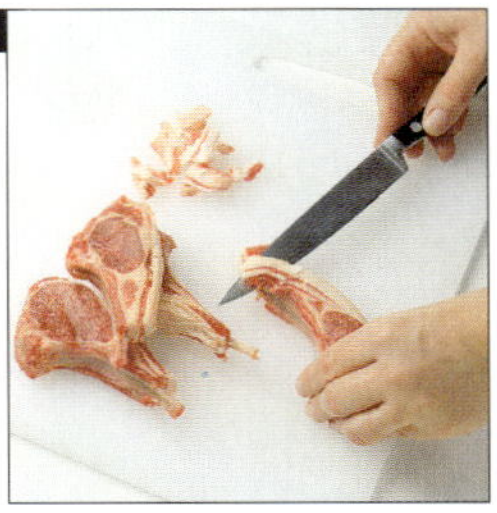

4

5

1 Die Koteletts vorbereiten: Dazu die Spitze des Knochens freilegen und überschüssiges Fleisch entfernen.

2 Öl, Zitronensaft, Knoblauch, Zitronenpfeffer und Salz in einer flachen Glasschüssel verrühren.

3 Die Rosmarinzweige in die Schüssel geben, die Lammkoteletts hineinlegen und mindestens 1 Stunde marinieren.

4 Koteletts aus der Marinade nehmen und die freigelegten Knochen mit Alufolie umwickeln, damit sie nicht verbrennen.

5 Die Rosmarinzweige auf einen Grillrost legen, die Koteletts darauf platzieren. 10–15 Minuten grillen, einmal wenden.

6 Salat und Dressing zubereiten. Die Tomaten auf einem Servierteller anrichten. Mit den Frühlingszwiebeln belegen. Alle Zutaten für das Dressing sorgfältig mischen und über den Salat gießen. Mit den Lammkoteletts und Folienkartoffeln servieren.

TIPP

Wenn Sie die Folienkartoffeln auf dem Grill zubereiten möchten, nehmen Sie kleine bis mittelgroße. Die sauberen Kartoffeln mit einer Gabel einstechen, in mit Butter eingefettete Alufolie wickeln und zwischen der heißen Holzkohle 50–60 Minuten garen.

Scharfes Lammfleisch

Dieses Lammgericht ist relativ scharf, da zwei Chilischoten verarbeitet werden. Wenn Sie es nicht so scharf mögen, lassen Sie einfach eine weg.

NÄHRWERTANGABEN

Kilokalorien	323	Zucker	4 g
Eiweiß	26 g	Fett	22 g
Kohlenhydrate	5 g	davon gesättigt	7 g

25 MIN. 15 MIN.

4 PERSONEN

ZUTATEN

- 450 g mageres Lammfleisch ohne Knochen
- 2 EL Hoisin-Sauce
- 1 EL dunkle Sojasauce
- 1 Knoblauchzehe, zerdrückt
- 2 TL frisch geriebene Ingwerwurzel
- 2 EL Öl
- 2 Zwiebeln, in Ringen
- 1 Fenchelknolle, in Streifen
- 4 EL Wasser

SAUCE

- 1 große rote Chili, in dünnen Streifen
- 1 grüne Chili, in dünnen Streifen
- 2 EL Reisessig
- 2 TL brauner Zucker
- 2 EL Erdnussöl
- 1 TL Sesamöl

2

3

4

1 Das Lammfleisch würfeln und in eine Schüssel geben.

2 Hoisin-Sauce, Sojasauce, Knoblauch und Ingwer mischen und über das Fleisch gießen. Das Fleisch gut darin wenden und mindestens 20 Minuten im Kühlschrank marinieren.

3 Das Öl in einem heißen Wok erhitzen. Das Fleisch darin 1–2 Minuten pfannenrühren. Zwiebeln und Fenchel zugeben und 2 Minuten unter Rühren mitbraten, bis sie gebräunt sind. Das Wasser zugeben, Deckel auflegen und 2–3 Minuten kochen.

4 Für die Sauce in einem Topf Chillies, Reisessig, Zucker, Erdnussöl und Sesamöl bei geringer Hitze 2–3 Minuten köcheln lassen und gut verrühren. Das Lamm mit Zwiebeln und Fenchel auf Servierschalen verteilen und mit der Sauce übergießen.

VARIATION

Lamm- durch Schweine-, Rind- oder Entenfleisch ersetzen, Zwiebeln und Fenchel durch Porree und Sellerie.

Irish Stew

Dieser Eintopf erhält durch Petersilienklöße seine besondere Note. Anstelle von Lammkoteletts können Sie auch mageres Schulterfleisch verwenden.

NÄHRWERTANGABEN

Kilokalorien 576	Zucker .... 4 g
Eiweiß .... 27 g	Fett .... 28 g
Kohlenhydrate .. 55 g	davon gesättigt . 12 g

10 MIN. 1¼ STD.

4 PERSONEN

ZUTATEN

- 2 EL Öl
- 2 große Zwiebeln, in Ringen
- 1 Porreestange, in Ringen
- 1 große Karotte, in Scheiben
- 2 Selleriestangen, in Scheiben
- 900 ml Lammbrühe
- 750 g magere Lammkoteletts
- 75 g Perlgraupen
- 2 große Kartoffeln, in große Stücke geschnitten
- Salz und Pfeffer
- frisch gehackte Petersilie, zum Garnieren

KLÖSSE

- 90 g Mehl
- ¾ TL Backpulver
- 40 g Haferflocken
- 2 EL frisch gehackte Petersilie
- 1 Prise Salz
- 60 g gehärtetes Pflanzenfett, gerieben

1

2

4

1 Für die Klöße Mehl, Backpulver, Haferflocken, Petersilie und Salz in eine große Schüssel geben. Das Pflanzenfett einarbeiten und mit so viel Wasser verkneten, dass ein weicher, aber nicht klebriger Teig entsteht. Aus dem Teig 8 Klöße formen und mit einem sauberen Küchentuch abdecken.

2 Das Öl in einem großen Topf erhitzen und Zwiebeln, Porree, Karotte und Sellerie bei mittlerer Hitze 5 Minuten andünsten, ohne das Gemüse braun werden zu lassen.

3 Lammbrühe, Koteletts und Perlgraupen zugeben. Alles aufkochen und anschließend das Fleisch bei mittlerer Hitze 20 Minuten schmoren lassen.

4 Die Kartoffeln zugeben und alles weitere 20 Minuten schmoren lassen. Dann die Klöße in den Eintopf geben und bei geschlossenem Deckel etwa 15–20 Minuten garen, bis sie locker und luftig sind.

5 Das fertige Gericht mit Salz und Pfeffer abschmecken, auf Suppenteller verteilen, mit Petersilie garnieren und sofort servieren.

Lamm mit Pilzsauce

Geschmack und Konsistenz sind besonders fein, wenn Sie für dieses Rezept mageres Lammfleisch, wie z. B. Lammfilet, verwenden.

NÄHRWERTANGABEN

Kilokalorien 219	Zucker . . . . 1 g
Eiweiß . . . . 21 g	Fett . . . . 14 g
Kohlenhydrate . . . 4 g	davon gesättigt . . 4 g

5 MIN. 10 MIN.

4 PERSONEN

ZUTATEN

- 350 g mageres Lammfleisch ohne Knochen (z. B. Filet oder Lende)
- 2 EL Pflanzenöl
- 3 Knoblauchzehen, zerdrückt
- 1 Porreestange, in Scheiben
- 175 g große Pilze, in Scheiben
- ½ TL Sesamöl
- rote Chillies, zum Garnieren

SAUCE

- 1 TL Speisestärke
- 4 EL helle Sojasauce
- 3 EL chinesischer Reiswein oder trockener Sherry
- 3 EL Wasser
- ½ TL Chilisauce

1 Das Lammfleisch mit einem scharfen Küchenmesser oder einem Küchenbeil in dünne Streifen schneiden.

2 Das Pflanzenöl in einem heißen Wok oder einer großen Pfanne erhitzen.

3 Das Lammfleisch, den Knoblauch und den Porree zugeben und alles 2–3 Minuten anbraten.

4 Für die Sauce die Speisestärke, die Sojasauce, den Reiswein oder den Sherry, das Wasser und die Chilisauce gut mischen.

5 Die Pilzscheiben in den Wok geben, gut vermengen und 1 Minute anbraten.

6 Die vorbereitete Sauce einrühren und 2-3 Minuten pfannenrühren, bis das Lammfleisch gar und zart ist.

7 Das Lammfleisch und die Pilze mit Sesamöl beträufeln und auf einen vorgewärmten Servierteller geben. Mit roten Chillies garnieren und sofort servieren.

1
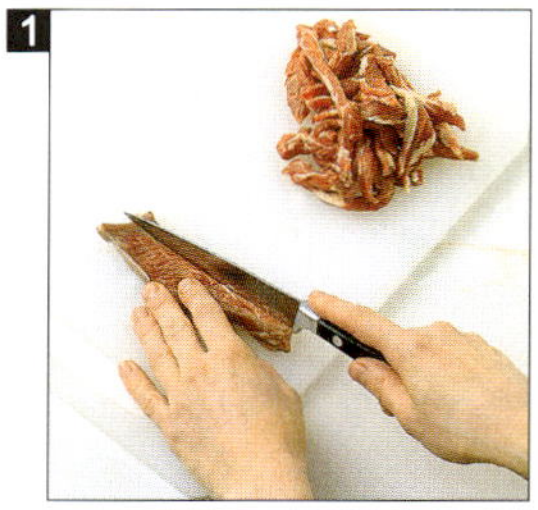

5

7

VARIATION

Sie können statt Lammfleisch auch mageres Steak oder Schweinefilet (Lendenstück) in diesem klassischen Rezept der Küche Pekings verwenden. Ebenso können Sie 2–3 Frühlingszwiebeln, 1 Schalotte oder 1 kleine Zwiebel statt des Porrees nehmen.

Lamm vom Grill

Wenn Sie das Lammfleisch vor der Zubereitung marinieren, wird es besonders zart und saftig.

NÄHRWERTANGABEN

Kilokalorien	733	Zucker	6 g
Eiweiß	69 g	Fett	48 g
Kohlenhydrate	6 g	davon gesättigt	13 g

6 ¼ STD. 1 STD.

4 PERSONEN

ZUTATEN

- Lammkeule (ca. 1,8 kg), entbeint
- 8 EL Balsamico-Essig
- geriebene Schale und Saft von 1 Zitrone
- 150 ml Sonnenblumenöl
- 4 EL frisch gehackte Minze
- 2 Knoblauchzehen, zerdrückt
- 2 EL hellbrauner Zucker
- Salz und Pfeffer

ZUM SERVIEREN

- gegrilltes Gemüse
- grüner Salat

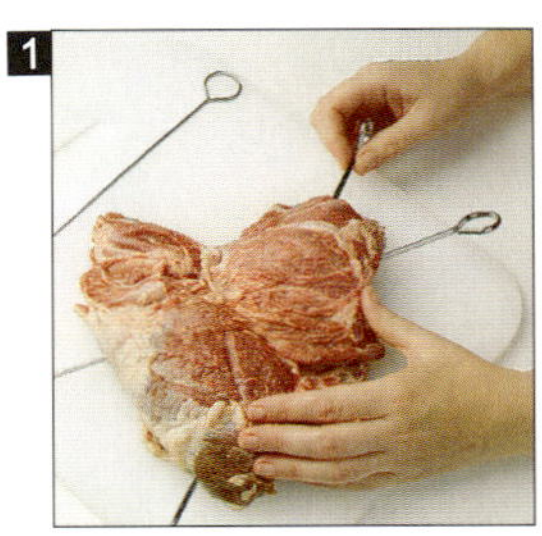
1

5

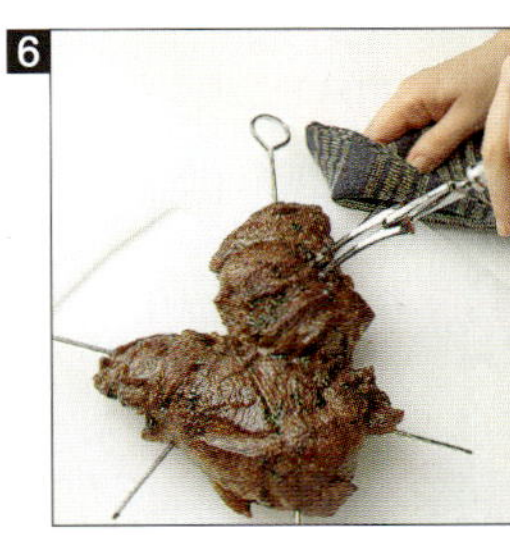
6

1 Die Lammkeule zu einem festen Braten wickeln und mit 2–3 Fleischspießen fixieren, damit sich das Fleisch auf dem Grill leichter wenden lässt.

2 Essig, Zitronenschale und -saft, Öl, Minze, Knoblauch, Zucker, Salz und Pfeffer in eine Glasschüssel geben und mischen.

3 Das Lamm in die Schüssel legen und in der Marinade wenden, bis das Fleisch gleichmäßig überzogen ist. Dann mindestens 6 Stunden marinieren, gelegentlich wenden.

4 Das Fleisch abtropfen lassen und die Marinade beiseite stellen.

5 Auf einem Grillrost (ca. 15 cm über der Holzkohle) das Lammfleisch ca. 30 Minuten von jeder Seite grillen, dabei gelegentlich mit der Marinade bestreichen.

6 Das Lammfleisch auf ein Hackbrett legen, die Spieße entfernen und das Fleisch quer zur Faser in Scheiben schneiden. Zu Gemüse und Salat servieren.

TIPP

Sie können das Lammfleisch auch erst 30 Minuten im vorgeheizten Backofen bei 180 °C garen und danach auf den Grill geben.

Lamm nach persischer Art

Holzkohlegrill und Lammfleisch scheinen füreinander geschaffen zu sein – vor allem die orientalische Küche bestätigt dies.

NÄHRWERTANGABEN

Kilokalorien	235	Zucker	4 g
Eiweiß	15 g	Fett	9 g
Kohlenhydrate	25 g	davon gesättigt	3 g

3¼ STD. 25 MIN.

4–6 PERSONEN

ZUTATEN

225 g fettarmer Naturjoghurt
2 EL frisch gehackte Minze
4 Knoblauchzehen, zerdrückt
Salz und Pfeffer
6 magere Lammkoteletts
2 EL Zitronensaft

TABBOULEH

250 g Bulgur
500 ml kochendes Wasser
2 EL Olivenöl
2 EL Zitronensaft
½ Zwiebel, fein gehackt
4 Tomaten, gewürfelt
2 EL frisch gehackter Koriander
2 EL frisch gehackte Minze
Salz und Pfeffer

1 Für die Marinade Joghurt, Minze und Knoblauch verrühren und mit Salz und Pfeffer abschmecken.

2 Die Koteletts in eine Schüssel legen und mit dem Zitronensaft einreiben. Die Marinade über die Koteletts gießen. Abgedeckt 2–3 Stunden marinieren.

3 Für das Tabbouleh den Bulgur in eine hitzebeständige Schüssel geben und mit kochendem Wasser übergießen. Abgedeckt 20 Minuten quellen lassen, dann abgießen. Öl und Zitronensaft unterrühren, anschließend Zwiebel, Tomaten und Kräuter zugeben. Mit Salz und Pfeffer abschmecken und beiseite stellen.

4 Koteletts aus der Marinade nehmen und 15 Minuten auf einem nicht zu heißen Grill garen. Dabei einmal wenden. Zusammen mit dem Tabbouleh servieren.

1

2
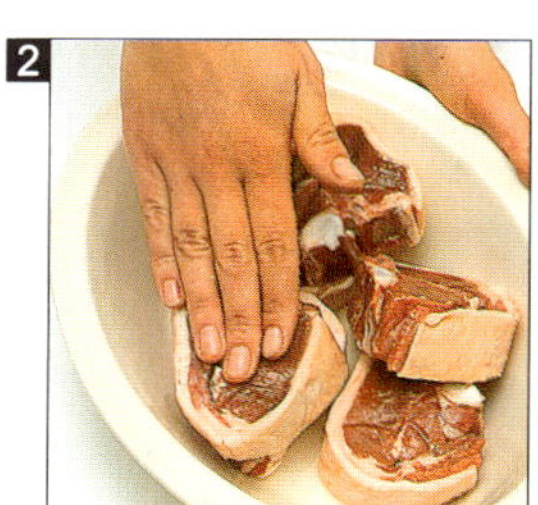

3

TIPP

Joghurt eignet sich hervorragend für Marinaden. Sein milder Geschmack harmoniert gut mit Kräutern, Zitrusfrüchten, Gewürzen und Olivenöl.

Lamm nach Thai-Art

Erdnussöl wird hier nicht nur verwendet, weil es sich sehr gut zum Braten eignet, sondern auch wegen seines charakteristischen Eigengeschmacks.

NÄHRWERTANGABEN

Kilokalorien 302	Zucker . . . . 15 g
Eiweiß . . . . 24 g	Fett . . . . 16 g
Kohlenhydrate . . 17 g	davon gesättigt . . 6 g

5 MIN. 35 MIN.

4 PERSONEN

ZUTATEN

- 2 scharfe rote Chillies
- 2 EL Erdnussöl
- 2 Knoblauchzehen, zerdrückt
- 4 Schalotten, gehackt
- 2 Stängel Zitronengras, gehackt
- 6 Kaffir-Limettenblätter
- 1 EL Tamarindenpaste
- 25 g Palmzucker
- 450 g mageres Lammfilet (Haxe oder Lendenstück)
- 600 ml Kokosmilch
- 175 g Kirschtomaten, halbiert
- 1 EL frisch gehackter Koriander
- Duftreis, zum Servieren

1

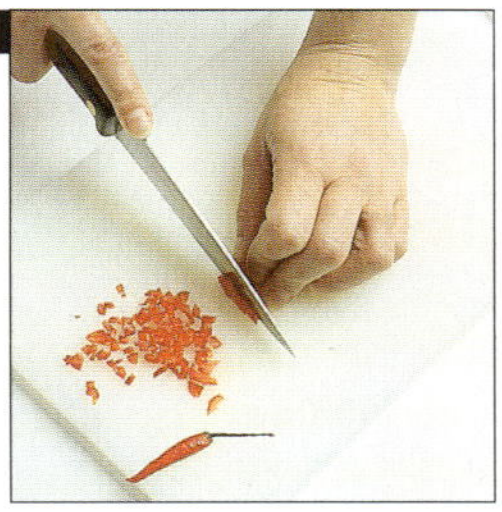

3

4

1 Die Chillies mit einem scharfen Messer entkernen und sehr fein hacken.

2 Das Erdnussöl in einem großen heißen Wok erhitzen.

3 Chillies, Knoblauch, Schalotten, Zitronengras, Limettenblätter, Tamarindenpaste und Zucker in den Wok geben und ca. 2 Minuten pfannenrühren.

4 Das Lammfleisch mit einem scharfen Messer in schmale Streifen oder Würfel schneiden. Die Fleischwürfel ca. 5 Minuten im Wok anbraten, dabei gelegentlich wenden.

5 Die Kokosmilch in den Wok gießen und aufkochen. Dann die Hitze reduzieren und alles 20 Minuten köcheln lassen.

6 Die Kirschtomaten und den Koriander zufügen und 5 Minuten mitköcheln. Dann auf Teller verteilen und sehr heiß servieren. Dazu Duftreis reichen.

TIPP

Thai-Limetten, *makut* genannt, besitzen besonders aromatische Blätter und sind wie kleine Kugeln geformt. Die Blätter eignen sich gut zum Würzen.

Lamm mit fünf Gewürzen

Das chinesische Fünf-Gewürze-Pulver besteht aus fein gemahlenem Zimt, Fenchelsamen, Sternanis, Szechuan-Pfeffer und Gewürznelken.

NÄHRWERTANGABEN

Kilokalorien	361	Zucker	3 g
Eiweiß	35 g	Fett	22 g
Kohlenhydrate	5 g	davon gesättigt	8 g

1 1/4 STD. — 10 MIN.

4 PERSONEN

ZUTATEN

- 625 g mageres Lammfleisch ohne Knochen (Keule oder Filet)
- 2 TL Fünf-Gewürze-Pulver
- Salz und Pfeffer
- 3 EL Sonnenblumenöl
- 1 rote Paprika, in schmalen Streifen
- 1 grüne Paprika, in schmalen Streifen
- 1 gelbe Paprika, in schmalen Streifen
- 4–6 Frühlingszwiebeln, in Ringen
- 175 g Prinzessbohnen, in 4-cm-Stücken
- 2 EL Sojasauce
- 4 EL Sherry
- Glasnudeln, zum Servieren

ZUM GARNIEREN

- rote und gelbe Paprikastreifen
- frische Korianderblätter

1 Das Lammfleisch quer zur Faser in schmale Streifen von etwa 4 cm Länge schneiden. In eine Schüssel geben, das Fünf-Gewürze-Pulver und 1/4 TL Salz zufügen, gut mischen und abgedeckt mindestens 1 Stunde, besser über Nacht, an einem kühlen Ort marinieren.

2 Die Hälfte des Öls im Wok erhitzen, bis es sehr heiß ist. Das Lammfleisch zugeben und 3–4 Minuten anbraten, bis es fast durchgegart ist. Das Fleisch mit Bratensaft aus dem Wok nehmen und beiseite stellen.

3 Das restliche Öl in den Wok geben. Sobald es ausreichend erhitzt ist, Paprika und Frühlingszwiebeln darin 2–3 Minuten anbraten, dann die Bohnen zugeben und etwa 1 Minute pfannenrühren.

4 Sojasauce und Sherry in den Wok geben. Sobald beides erhitzt ist, erneut das Lammfleisch mit dem Bratensaft zugeben. 1–2 Minuten braten, bis das Lammfleisch durch und durch heiß und von der Sauce überzogen ist. Abschmecken.

5 Das fertige Gericht mit roten und gelben Paprikastreifen und frischem Koriander garnieren und zusammen mit Glasnudeln servieren.

Gebratenes Lamm mit Sesam

Ein einfaches, aber köstliches Gericht, bei dem mageres Lammfleisch in Zucker und Sojasauce gebraten und dann mit Sesamsaat bestreut wird.

NÄHRWERTANGABEN

Kilokalorien	276	Zucker	4g
Eiweiß	25g	Fett	18g
Kohlenhydrate	5g	davon gesättigt	6g

5 MIN. 10 MIN.

4 PERSONEN

ZUTATEN

- 450 g mageres Lammfleisch ohne Knochen
- 2 EL Erdnussöl
- 2 Porreestangen, in Scheiben
- 1 Karotte, in Stiften
- 2 Knoblauchzehen, zerdrückt
- 85 ml Lamm- oder Gemüsebrühe
- 2 TL brauner Zucker
- 1 EL dunkle Sojasauce
- 4½ TL Sesamsaat

3

4

6

1 Das Lammfleisch mit einem scharfen Messer in dünne Streifen schneiden.

2 Das Erdnussöl in einem heißen Wok stark erhitzen.

3 Das Fleisch zugeben und 2–3 Minuten braten, dann mit einem Pfannenwender herausnehmen und beiseite stellen.

4 Porree, Karotte und Knoblauch in den Wok geben und in dem Öl 1–2 Minuten andünsten.

5 Das Gemüse mit einem Pfannenwender herausnehmen und beiseite stellen.

6 Das Öl aus dem Wok abgießen. Lamm- bzw. Gemüsebrühe, den Zucker und die Sojasauce in den Wok geben und das Lammfleisch zufügen. Dann 2–3 Minuten pfannenrühren, bis das Fleisch ganz von der Mischung überzogen ist.

7 Die Sesamsaat darüber streuen, dann das Fleisch einmal wenden.

8 Die Gemüsemischung auf einen vorgewärmten Servierteller geben und das Lammfleisch darauf anrichten. Sofort servieren.

TIPP

Darauf achten, dass der Zucker beim Erhitzen und Wenden des Fleischs im Wok nicht anbrennt, da dies sonst den Geschmack verdirbt.

Lamm-Kartoffel-Topf

Bei diesem Gericht werden ganze Lammkoteletts zwischen Kartoffelscheiben gebettet und im Ofen gebacken.

NÄHRWERTANGABEN

Kilokalorien 420	Zucker .... 2 g
Eiweiß .... 41 g	Fett .... 15 g
Kohlenhydrate .. 31 g	davon gesättigt .. 8 g

15 MIN. 2 STD.

4 PERSONEN

ZUTATEN

- 675 g magere Lammkoteletts vom Nacken
- 2 Lammnieren
- 675 g fest kochende Kartoffeln, in dünnen Scheiben
- 1 große Zwiebel, in Ringen
- 2 EL frisch gehackter Thymian
- 150 ml Lammbrühe
- Salz und Pfeffer
- 25 g Butter, zerlassen
- frische Thymianzweige, zum Garnieren

1

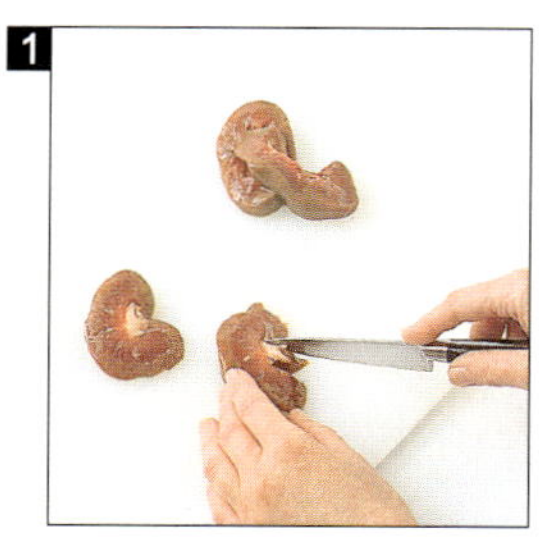

2

5

1 Die Lammkoteletts vom Fett befreien. Dann die Nieren häuten und in Scheiben schneiden.

2 Eine ovale Auflaufform mit der Hälfte der Kartoffelscheiben auslegen.

3 Die Lammkoteletts auf den Kartoffelscheiben verteilen und die Nieren und Zwiebel darüber legen. Alles mit dem Thymian bestreuen.

4 Die Brühe über das Fleisch gießen. Kräftig mit Salz und Pfeffer würzen.

5 Die restlichen Kartoffelscheiben ziegelartig darüber schichten.

6 Die Kartoffeln mit Butter bestreichen. Abgedeckt in einem auf 180 °C vorgeheizten Ofen 1½ Stunden backen.

7 Die Abdeckung entfernen und weitere 30 Minuten backen, bis die Oberfläche goldbraun und knusprig ist.

8 Mit frischen Thymianzweigen garnieren und heiß servieren.

VARIATION

Traditionell werden für dieses Gericht zusätzlich Austern verwendet, die zusammen mit den Nieren auf das Fleisch gelegt werden.

Lamm Do Pyaza

Do Pyaza weist für gewöhnlich auf ein mit viel Zwiebeln zubereitetes Fleischgericht hin. Bei diesem Rezept wird zartes Lammfleisch verwendet.

NÄHRWERTANGABEN

Kilokalorien	433	Zucker	6 g
Eiweiß	42 g	Fett	27 g
Kohlenhydrate	7 g	davon gesättigt	8 g

10 MIN. 1 3/4 STD.

4 PERSONEN

ZUTATEN

- 2 EL Ghee oder Butter
- 2 große Zwiebeln, in feinen Ringen
- 4 Knoblauchzehen, davon 2 zerdrückt
- 750 g mageres Lammfleisch, in 2,5 cm große Würfel geschnitten
- 1 TL Chilipulver
- 2,5-cm-Stück Ingwerwurzel, gerieben
- 2 grüne Chillies, gehackt
- ½ TL gemahlene Kurkuma
- Salz und Pfeffer
- 125 g fettarmer Naturjoghurt
- 2 Gewürznelken
- 2,5-cm-Stück Zimtstange
- 300 ml Wasser
- 2 EL frisch gehackter Koriander
- 3 EL Zitronensaft
- Naan-Brot, zum Servieren (siehe Seite 923)

1

3

6

1 Ghee oder Butter in einem Topf erhitzen. Die Hälfte der Zwiebeln und sämtlichen Knoblauch darin unter Rühren 2–3 Minuten andünsten.

2 Das Fleisch zugeben und von allen Seiten anbraten. Aus dem Topf nehmen und warm stellen. Chilipulver, Ingwer, Chillies und Kurkuma zu den Zwiebeln geben und unter Rühren 30 Sekunden rösten.

3 Mit Salz und Pfeffer würzen. Joghurt, Nelken, Zimt und Wasser zugeben.

4 Das Fleisch wieder in den Topf geben. Aufkochen, anschließend 10 Minuten köcheln lassen.

5 Alles in eine Auflaufform geben und in einem auf 190 °C vorgeheizten Ofen 40 Minuten schmoren.

6 Mit Salz und Pfeffer würzen. Die restlichen Zwiebelringe zugeben und weitere 40 Minuten schmoren.

7 Den Koriander und den Zitronensaft einrühren.

8 Das fertige Gericht in eine vorgewärmte Servierschüssel geben und mit Naan-Brot servieren.

Lamm mit Kartoffelkruste

Der Lammschmortopf mit Karotten und Zwiebeln unter einer Kartoffelkruste ist ein Klassiker. Dies ist eine interessante Variante mit Lammkoteletts.

NÄHRWERTANGABEN

Kilokalorien 250	Zucker .... 2 g
Eiweiß .... 27 g	Fett .... 12 g
Kohlenhydrate ... 8 g	davon gesättigt .. 5 g

10 MIN. 30 MIN.

4 PERSONEN

ZUTATEN

- 4 magere Lammkoteletts (à ca. 125 g), entbeint
- Salz und Pfeffer
- 1 kleine Zwiebel, in feinen Ringen
- 1 Karotte, in dünnen Scheiben
- 1 Kartoffel, in dünnen Scheiben
- 1 TL Olivenöl
- 1 TL getrockneter Rosmarin
- frischer Rosmarin, zum Garnieren
- gedämpftes frisches Gemüse, zum Servieren

1 Den Backofen auf 180 °C vorheizen. Mit einem Messer das sichtbare Fett vom Fleisch entfernen.

2 Das Fleisch von beiden Seiten mit Salz und Pfeffer würzen und auf ein Backblech legen.

3 Abwechselnd Zwiebelringe, Karotten- und Kartoffelscheiben auf das Fleisch schichten.

4 Die oberste Lage Kartoffeln leicht mit Öl einpinseln, kräftig mit Salz und Pfeffer würzen und mit etwas Rosmarin bestreuen.

5 Die belegten Fleischscheiben 25–30 Minuten garen, bis das Fleisch zart ist.

6 Das Fleisch auf Küchenpapier abtropfen lassen und auf einem vorgewärmten Servierteller anrichten.

7 Das fertige Gericht mit frischem Rosmarin garnieren und mit gedämpftem Gemüse servieren.

1

3

4

VARIATION

Für dieses Rezept eignen sich auch Hähnchenbrustfilets. Das Fleisch mit einem Fleischklopfer oder Nudelholz flach klopfen, bis es gleichmäßig dick ist.

Lamm-Tomaten-Köfte

Diese kleinen Fleischbällchen kann man sehr gut im Voraus zubereiten. Dazu schmeckt ein erfrischender Joghurt-Dip mit Minze.

NÄHRWERTANGABEN

Kilokalorien	183	Zucker	5 g
Eiweiß	15 g	Fett	11 g
Kohlenhydrate	5 g	davon gesättigt	4 g

15 MIN. — 10 MIN.

4 PERSONEN

ZUTATEN

- 230 g mageres Lammfleisch, zu Hack verarbeitet
- 1½ Zwiebeln
- 1–2 Knoblauchzehen, zerdrückt
- 1 getrocknete rote Chili, fein gehackt (nach Belieben)
- 2–3 TL Garam Masala
- 2 EL frisch gehackte Minze
- 2 TL Zitronensaft
- Salz
- 2 EL Pflanzenöl
- 4 kleine Tomaten, geviertelt
- Minzeblätter, zum Garnieren

JOGHURT-DIP

- 150 g fettarmer Naturjoghurt
- 5-cm-Stück Salatgurke, geraspelt
- 2 EL frisch gehackte Minze
- ½ TL Kreuzkümmelsamen, geröstet

1 

2 

3 

1 Das Lammfleisch in eine Schüssel geben. 1 Zwiebel fein hacken und mit Knoblauch und Chili zum Fleisch geben. Garam Masala, Minze, Zitronensaft und Salz zugeben und alles gründlich mischen.

2 Die Mischung halbieren, dann aus jeder Hälfte 10 kleine Fleischbällchen formen. Die Bällchen in Öl wenden. Die restliche halbe Zwiebel vierteln und in Scheiben schneiden.

3 Jeweils 5 Fleischbällchen, 4 Tomatenviertel und einige Zwiebelstücke abwechselnd auf 4 zuvor in kaltem Wasser eingeweichte Holzspieße stecken.

4 Das Gemüse mit dem restlichen Öl einpinseln, dann die Spieße unter einem vorgeheizten Grill 10 Minuten garen. Häufig wenden, damit sie rundum gebräunt werden.

5 Inzwischen für den Dip in einer kleinen Schüssel Joghurt, Gurke, Minze und Kreuzkümmelsamen mischen.

6 Die Spieße mit Minzeblättern garnieren und auf einer Servierplatte anrichten. Heiß mit dem Dip servieren.

Lamm mit würziger Kruste

Lammfilet ist ein sehr zartes Fleisch. Und da das Filet auch relativ dünn ist, eignet es sich ausgezeichnet zum Grillen.

NÄHRWERTANGABEN

Kilokalorien	203	Zucker	9 g
Eiweiß	16 g	Fett	10 g
Kohlenhydrate	12 g	davon gesättigt	4 g

5 MIN. 45 MIN.

4 PERSONEN

ZUTATEN

- 1 EL Olivenöl
- 2 EL hellbrauner Zucker
- 2 EL grobkörniger Senf
- 1 EL Meerrettich
- 1 EL Mehl
- Salz und Pfeffer
- 350 g Lammfilet (z. B. vom Nacken)

ZUM SERVIEREN

- Krautsalat
- Tomatenscheiben

2

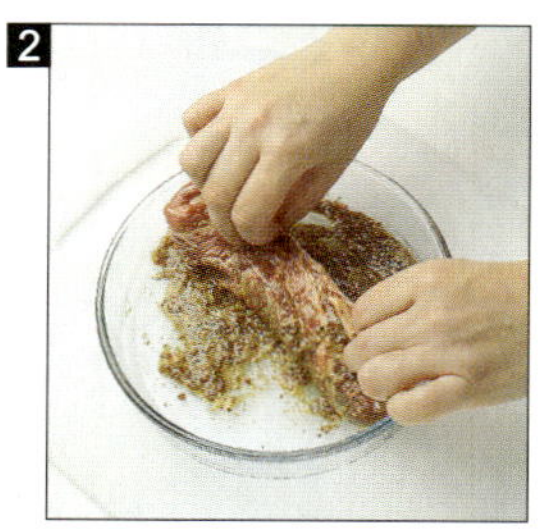

3

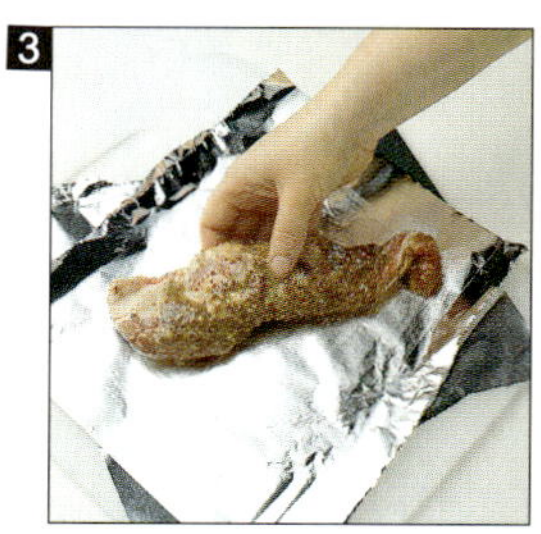

5

1 Den Holzkohlegrill vorbereiten. Öl, Zucker, Senf, Meerrettich, Mehl, Salz und Pfeffer in einer flachen Glas- oder Porzellanschüssel mischen.

2 Das Fleisch in der Mischung wälzen, bis es gleichmäßig damit bedeckt ist.

3 Ein Stück Alufolie doppelt legen und leicht einölen. Das Fleisch auf die Folie legen, einwickeln und gut verschließen.

4 Das Folienpaket 30 Minuten auf dem Grill garen. Dabei gelegentlich wenden.

5 Die Folie öffnen und den ausgetretenen Bratensaft über das Fleisch löffeln. Die Folie wieder verschließen und das Fleisch weitere 10–15 Minuten grillen, bis es gar ist.

6 Die Folie entfernen, das Fleisch in dicke Scheiben schneiden und auf einer Servierplatte anrichten. Mit Krautsalat und Tomatenscheiben servieren.

TIPP

Sie können das Lamm während der letzten 5 Minuten auch ganz ohne Alufolie grillen. Noch intensiver wird es im Geschmack, wenn Sie es, mit reichlich Öl bepinselt, direkt über die Holzkohle legen.

Rosmarinlamm

Bei diesem köstlichen Gericht werden zarte Lammfiletscheiben auf einem hellgrünen Bett aus Porree-Kartoffel-Püree angerichtet.

NÄHRWERTANGABEN

Kilokalorien	388	Zucker	11 g
Eiweiß	35 g	Fett	12 g
Kohlenhydrate	38 g	davon gesättigt	5 g

1 1/4 STD. 55 MIN.

4 PERSONEN

ZUTATEN

- 500 g mageres Lammfilet
- 4 EL rotes Johannisbeergelee
- 1 El frisch gehackter Rosmarin
- 1 Knoblauchzehe, zerdrückt
- Salz und Pfeffer
- 450 g Kartoffeln, gewürfelt
- 450 g Porree, in Scheiben
- 150 ml Gemüsebrühe (siehe Seite 8)
- 4 TL fettarmer Frischkäse
- gedünstetes Gemüse, zum Servieren

GARNIERUNG

- frisch gehackter Rosmarin
- rote Johannisbeeren

1 Den Backofen auf 230 °C vorheizen. Die Lammfilets in eine Fettpfanne legen. 1 Esslöffel Johannisbeergelee mit Rosmarin und Knoblauch verrühren, mit Salz und Pfeffer würzen. Das Fleisch mit der Glasur einpinseln und 30 Minuten im Ofen backen. Gelegentlich mit ausgetretenem Bratensaft bestreichen.

2 Die Kartoffeln in einem großen Topf 8 Minuten kochen, dann abgießen.

3 Den Porree mit der Brühe in einen Topf geben. Abgedeckt 7–8 Minuten köcheln lassen, bis er gar ist. Dann den Porree abgießen, die Brühe aufbewahren.

4 Die Kartoffeln und den Porree in einer Schüssel gründlich zerstampfen. Die Masse mit Salz und Pfeffer würzen und den Frischkäse unterrühren. Das Püree auf eine vorgewärmte Servierplatte geben und warm halten.

5 Das restliche Johannisbeergelee in einem Topf erhitzen und die Porreebrühe einrühren. 5 Minuten kochen.

6 Das Lammfilet in Scheiben schneiden, auf dem Püree anrichten und die Sauce darüber gießen. Mit Rosmarin und Johannisbeeren garnieren und mit gedünstetem Gemüse servieren.

Lamm-Kartoffel-Moussaka

Traditionell wird Moussaka mit Lammhack zubereitet, aber man kann auch Rinderhack verwenden.

NÄHRWERTANGABEN

Kilokalorien	422	Zucker	8 g
Eiweiß	32 g	Fett	18 g
Kohlenhydrate	35 g	davon gesättigt	8 g

45 MIN. 1 1/4 STD.

4 PERSONEN

ZUTATEN

- 1 große Aubergine, in Scheiben
- Salz und Pfeffer
- 1 EL Oliven- oder Pflanzenöl
- 1 Zwiebel, fein gehackt
- 1 Knoblauchzehe, zerdrückt
- 350 g mageres Lammfleisch, zu Hack verarbeitet
- 250 g Champignons, in Scheiben
- 425 g gehackte Tomaten aus der Dose, mit Kräutern gewürzt
- 150 ml Lamm- oder Gemüsebrühe
- 2 EL Speisestärke
- 2 EL Wasser
- 500 g Kartoffeln, 10 Minuten gekocht und in Scheiben geschnitten
- 2 Eier
- 125 g fettarmer Frischkäse
- 150 g fettarmer Naturjoghurt
- 60 g fettarmer Gouda, gerieben
- frische Petersilie, zum Garnieren
- grüner Salat, zum Servieren

1 Die Auberginenscheiben auf einer sauberen Platte oder einem Hackbrett auslegen und großzügig mit Salz bestreuen, um die Bitterstoffe herauszuziehen. Die Scheiben nach 10 Minuten umdrehen und wieder mit Salz bestreuen. Dann in ein Sieb geben und gut abspülen.

2 Den Backofen auf 190 °C vorheizen. Das Öl in einem Topf erhitzen, Zwiebel und Knoblauch 3–4 Minuten darin anbraten. Lammhack und Champignons zugeben und 5 Minuten mitbraten. Tomaten und Brühe einrühren, zum Kochen bringen und 10 Minuten köcheln lassen. Die Speisestärke mit dem Wasser glatt rühren und mit dem Fleisch vermengen. Unter Rühren kochen, bis die Sauce eindickt.

3 Die Hälfte des Fleischs in eine Auflaufform geben und die Auberginenscheiben darauf verteilen. Das restliche Fleisch darüber geben und mit den Kartoffelscheiben belegen.

4 Eier, Frischkäse und Joghurt verquirlen. Die Sauce mit Salz und Pfeffer würzen und über die Kartoffeln gießen. Dann den Auflauf mit dem geriebenen Käse bestreuen.

5 Das Moussaka ca. 45 Minuten backen, bis der Käse eine gebräunte Kruste bildet. Mit Petersilie garnieren und mit grünem Salat servieren.

Orangen-Lamm

Orangen und Lammfleisch ergänzen sich in diesem Fall vortrefflich, da der Zitrusgeschmack den vollen Geschmack des Fleischs unterstreicht.

NÄHRWERTANGABEN

Kilokalorien 209	Zucker . . . . 4 g
Eiweiß . . . . 25 g	Fett . . . . 10 g
Kohlenhydrate . . . 5 g	davon gesättigt . . 5 g

5 MIN. 30 MIN.

4 PERSONEN

ZUTATEN

- 450 g mageres Lammfleisch, zu Hack verarbeitet
- 2 Knoblauchzehen, zerdrückt
- 1 TL Kreuzkümmelsamen
- 1 TL gemahlener Koriander
- 1 rote Zwiebel, in Ringen
- geriebene Schale und Saft von 1 Orange
- 2 EL Sojasauce
- 1 Orange, geschält und filetiert
- Salz und Pfeffer
- Schnittlauchröllchen, zum Garnieren

2

3

4

1 Einen Wok oder eine große Pfanne ohne Fett erhitzen.

2 Das Lammhack zugeben und 5 Minuten pfannenrühren, bis es gleichmäßig gebräunt ist. Das ausgetretene Fett aus dem Wok abgießen.

3 Knoblauch, Kreuzkümmel, Koriander und Zwiebel in den Wok geben und weitere 5 Minuten pfannenrühren.

4 Orangenschale und -saft und die Sojasauce zugeben und gut einrühren. Abdecken, die Hitze reduzieren und unter gelegentlichem Rühren 15 Minuten köcheln lassen.

5 Den Deckel abnehmen, alles erhitzen und die Orangenfilets unterrühren.

6 Mit Salz und Pfeffer abschmecken und weitere 2–3 Minuten erhitzen.

7 Das fertige Gericht auf vorgewärmte Teller verteilen und mit Schnittlauchröllchen garniert sofort servieren.

TIPP

Wenn Sie Wein zum Essen reichen, sollten Sie einen leichten trockenen Weißwein bzw. leichten Burgunder nehmen. Diese Weine passen gut zur asiatischen Küche.

Fruchtiger Lammtopf

Die pikant-süße Gewürzmischung aus Zimt, Koriander und Kreuzkümmel harmoniert perfekt mit dem zarten Lammfleisch und den Aprikosen.

NÄHRWERTANGABEN

Kilokalorien	384	Zucker	16 g
Eiweiß	32 g	Fett	22 g
Kohlenhydrate	17 g	davon gesättigt	9 g

5 MIN. 1 1/4 STD.

4 PERSONEN

ZUTATEN

- 1 TL Zimt
- 1 TL gemahlener Koriander
- 1 TL gemahlener Kreuzkümmel
- 2 TL Olivenöl
- 450 g mageres Lammfleisch, vom Fett befreit und in 2,5 cm große Würfel geschnitten
- 1 rote Zwiebel, fein gehackt
- 1 Knoblauchzehe, zerdrückt
- 400 g gehackte Tomaten aus der Dose
- 2 EL Tomatenmark
- 125 g getrocknete Aprikosen
- 1 TL Zucker
- 300 ml Gemüsebrühe
- Salz und Pfeffer
- 1 Bund frischer Koriander, zum Garnieren
- gekochter Naturreis, Couscous oder Bulgur, zum Servieren

1 Den Backofen auf 180 °C vorheizen. Die Gewürze und das Öl in eine Schüssel geben und das Fleisch darin wenden.

2 Eine beschichtete Pfanne erhitzen und das Fleisch hineingeben. Die Hitze reduzieren und das Fleisch 4–5 Minuten unter ständigem Rühren anbraten, bis es rundum gebräunt ist. Dann mit einem Pfannenwender das Fleisch herausnehmen und in eine Auflaufform mit Deckel geben.

3 Anschließend in der Pfanne Zwiebel, Knoblauch, Tomaten und Tomatenmark 4 Minuten dünsten. Aprikosen und Zucker zugeben, Brühe zugießen und aufkochen. Mit Salz und Pfeffer abschmecken.

4 Die Sauce über das gebratene Fleisch gießen und damit vermengen. Das Fleisch abgedeckt 1 Stunde im Backofen garen. Während der letzten 10 Minuten den Deckel abnehmen.

5 Den Koriander grob hacken und über den Lammtopf streuen. Mit Naturreis, Couscous oder Bulgur servieren.

1

2

3

Lammspieße mit Minze

Diese würzigen Lammspieße schmecken am besten mit einem erfrischenden Joghurt-Gurken-Dip.

NÄHRWERTANGABEN

Kilokalorien	295	Zucker	4 g
Eiweiß	29 g	Fett	18 g
Kohlenhydrate	4 g	davon gesättigt	9 g

5 MIN. 20 MIN.

4 PERSONEN

ZUTATEN

- 2 TL Koriandersamen
- 2 TL Kreuzkümmelsamen
- 3 Gewürznelken
- 3 grüne Kardamomkapseln
- 6 schwarze Pfefferkörner
- 1-cm-Stück Ingwerwurzel
- 2 Knoblauchzehen
- 2 EL frisch gehackte Minze
- 1 kleine Zwiebel, gehackt
- 400 g mageres Lammfleisch, zu Hack verarbeitet
- ½ TL Salz
- Limettenspalten, zum Garnieren

DIP

- 150 g fettarmer Naturjoghurt
- 2 EL frisch gehackte Minze
- 7-cm-Stück Salatgurke, geraspelt
- 1 TL Mango-Chutney

2

3

4

1 In einer Pfanne Koriander, Kreuzkümmel, Nelken, Kardamom und Pfeffer ohne Fett anrösten, bis die Gewürze ihr Aroma entfalten und duften.

2 Die Gewürze in einer Gewürzmühle oder einem Mörser zermahlen.

3 Ingwer und Knoblauch in einer Küchenmaschine fein hacken. Die Gewürzmischung, Minze, Zwiebel, Lammhack und Salz zugeben und alles pürieren. Oder Knoblauch und Ingwer mit einem Messer fein hacken und mit Gewürzen und restlichen Zutaten vermengen.

4 Aus dem Hackfleisch kleine Würstchen formen und auf Spieße stecken. Unter einem vorgeheizten Grill 10–15 Minuten grillen. Dabei Spieße gelegentlich wenden.

5 Für den Dip Joghurt, Minze, Gurke und Mango-Chutney in einer Schüssel gut vermengen.

6 Die Spieße auf einem Teller anrichten und mit den Limettenspalten garnieren. Mit dem Joghurt-Gurken-Dip heiß servieren.

Lamm-Couscous

Couscous ist eine Getreide-Spezialität aus Nordafrika, zu der meist eine würzige Mischung aus Fleisch oder Wurst und Obst gereicht wird.

NÄHRWERTANGABEN

Kilokalorien	647	Zucker	22 g
Eiweiß	41 g	Fett	21 g
Kohlenhydrate	79 g	davon gesättigt	6 g

15 MIN. 20 MIN.

4 PERSONEN

ZUTATEN

- 2 EL Olivenöl
- 500 g mageres Lammfilet (Lendenstück), in dünnen Scheiben
- 2 Zwiebeln, in Ringen
- 2 Knoblauchzehen, gehackt
- 1 Zimtstange
- 1 TL Ingwerpulver
- 1 TL Paprikapulver
- ½ TL Chilipulver
- 600 ml heiße Hühnerbrühe
- 3 Karotten, in dünnen Scheiben
- 2 Steckrüben, halbiert und in Scheiben
- 400 g gehackte Tomaten aus der Dose
- 25 g Rosinen
- 425 g Kichererbsen aus der Dose, abgespült und abgetropft
- 3 Zucchini, in Scheiben
- 125 g frische Datteln, halbiert und entkernt, oder 125 g getrocknete Aprikosen
- Salz
- 300 g Couscous
- 600 ml kochendes Wasser

1 Das Öl in einer Pfanne erhitzen und das Lamm darin 3 Minuten anbraten. Mit einem Schaumlöffel herausheben und beiseite stellen.

2 Die Zwiebeln in die Pfanne geben und dünsten, bis sie weich sind. Knoblauch und Gewürze zufügen und 1 Minute mitdünsten.

3 Brühe, Karotten, Rüben, Tomaten, Rosinen, Kichererbsen und Fleisch zugeben. Abdecken, aufkochen und 12 Minuten köcheln lassen.

4 Zucchini und Datteln oder Aprikosen zugeben und mit Salz abschmecken. Abdecken und 8 Minuten garen.

5 Inzwischen den Couscous in eine Schüssel geben, 1 Teelöffel Salz zufügen und mit dem kochenden Wasser übergießen. 5 Minuten ziehen lasssen, dann mit einer Gabel auflockern.

6 Den Couscous auf eine vorgewärmte Servierplatte geben und eine Mulde in die Mitte drücken. Fleisch und Gemüse in die Mulde geben und mit etwas Sauce übergießen. Die restliche Sauce separat servieren.

1

2

4

Masala-Lamm mit Linsen

Dieses Currygericht wärmt an kalten Wintertagen. Statt der Chana-Linsen können auch gelbe Schälerbsen verwendet werden.

NÄHRWERTANGABEN

Kilokalorien	397	Zucker	1 g
Eiweiß	42 g	Fett	22 g
Kohlenhydrate	8 g	davon gesättigt	9 g

6¼ STD. 1½ STD.

4 PERSONEN

ZUTATEN

- 2 EL Öl
- 1 TL Kreuzkümmelsamen
- 2 Lorbeerblätter
- 2,5-cm-Stück Zimtstange
- 1 Zwiebel, gehackt
- 750 g mageres Lammfleisch, in 2,5 cm große Würfel geschnitten
- 125 g Chana-Linsen, 6 Stunden in Wasser eingeweicht und abgegossen
- 1 TL Salz
- 1 grüne Chili, in Scheiben
- 1,3 l Wasser
- 1 Knoblauchzehe, zerdrückt
- ¼ TL gemahlene Kurkuma
- 1 TL Chilipulver
- ½ TL Garam Masala oder Currypulver (nach Belieben)
- 1 EL frisch gehackter Koriander (nach Belieben)

1

2

3

1 Das Öl in einem Wok erhitzen und den Kreuzkümmel, die Lorbeerblätter sowie den Zimt darin rösten, bis die Gewürze sich allmählich verfärben.

2 Die Zwiebel zufügen und goldbraun dünsten. Dann das Lamm zugeben und braten, bis es braun ist.

3 Chana-Linsen, Salz, Chili, Wasser, Knoblauch, Kurkuma und Chilipulver zugeben und gut verrühren. Dann alles aufkochen und 1 Stunde köcheln lassen.

4 Nach Belieben mit Garam Masala abschmecken. Weitere 5 Minuten garen.

5 Den Koriander über das fertige Gericht streuen und sofort servieren.

TIPP

Falls Sie keine Zeit haben, die Chana-Linsen einzuweichen, können Sie auch Linsen aus der Dose verwenden. Diese am Ende von Schritt 3 zugeben und 15 Minuten mitkochen.

Auberginenauflauf

Auberginen, Hackfleischsauce und Nudeln werden mit Käse überbacken. Ein leckeres Gericht für die ganze Familie.

NÄHRWERTANGABEN

Kilokalorien	859	Zucker	39 g
Eiweiß	36 g	Fett	58 g
Kohlenhydrate	51 g	davon gesättigt	19 g

1 ½ STD. — 1 ½ STD.

4 PERSONEN

ZUTATEN

- 1 Aubergine, in dünnen Scheiben
- Salz
- 5 EL Olivenöl
- 250 g Fusilli
- 600 ml Béchamelsauce (siehe Seite 6)
- 100 g Emmentaler, gerieben
- Butter, zum Einfetten
- 2 EL frisch geriebener Parmesan
- frisch gemahlener schwarzer Pfeffer

LAMMSAUCE

- 1 große Zwiebel, in Scheiben
- 2 Selleriestangen, in dünnen Scheiben
- 2 EL Olivenöl
- 500 g mageres Lammfleisch, zu Hack verarbeitet
- 3 EL Tomatenmark
- 150 g sonnengetrocknete Tomaten, abgetropft und gehackt
- 1 TL getrockneter Oregano
- 1 EL Rotweinessig
- 150 ml Hühnerbrühe

3

5

6

1 Die Auberginenscheiben mit Salz bestreuen und 45 Minuten ruhen lassen.

2 Für die Lammsauce Zwiebel und Sellerie 3 Minuten im Öl andünsten. Das Hackfleisch zugeben und anbraten, die restlichen Saucenzutaten einrühren und alles 20 Minuten kochen.

3 Die Auberginenscheiben waschen und trockentupfen. 4 Esslöffel Öl in einer Pfanne erhitzen. Die Auberginenscheiben 4 Minuten von jeder Seite braten. Aus der Pfanne heben und abtropfen lassen.

4 Die Fusilli mit 1 Esslöffel Öl in Salzwasser bissfest kochen und abgießen.

5 Die Béchamelsauce sanft erhitzen. Den Emmentaler einrühren und dann die Hälfte der Käsesauce mit den Fusilli vermengen.

6 Fusilli, Lammsauce und Auberginen in eine eingefettete Form schichten. Mit der Käsesauce übergießen, mit dem Parmesan bestreuen und 25 Minuten in einem auf 190 °C vorgeheizten Ofen backen. Heiß oder kalt servieren.

Lammfleisch mit Nudeln

Lammfleisch, mit Sojasauce überzogen, kurz angebraten und auf einem Bett von Glasnudeln angerichtet – diese Geschmacksvielfalt begeistert.

NÄHRWERTANGABEN

Kilokalorien	285	Zucker	1 g
Eiweiß	27 g	Fett	16 g
Kohlenhydrate	10 g	davon gesättigt	6 g

5 MIN. 15 MIN.

4 PERSONEN

ZUTATEN

- 150 g Glasnudeln
- 2 EL Erdnussöl
- 450 g mageres Lammfleisch, in Streifen
- 2 Knoblauchzehen, zerdrückt
- 2 Porreestangen, in Scheiben
- 3 EL dunkle Sojasauce
- 250 ml Lammbrühe
- 1 Spritzer Chilisauce
- rote Chilistreifen, zum Garnieren

4

5

6

1 Die Glasnudeln in einem Topf mit kochendem Wasser 1 Minute garen. Die Nudeln gut abtropfen, in ein Sieb geben, unter kaltem Wasser abspülen und erneut gründlich abtropfen lassen. Beiseite stellen.

2 Erdnussöl in einem heißen Wok unter leichtem Schwenken stark erhitzen.

3 Das Lammfleisch im Wok etwa 2 Minuten anbraten.

4 Knoblauch und Porree in den Wok geben und 2 Minuten mitbraten.

5 Die Sojasauce, Lammbrühe und Chilisauce einrühren und alles 3–4 Minuten köcheln, bis das Fleisch durch und durch gar ist.

6 Die abgetropften Glasnudeln in den Wok geben und etwa 1 Minute pfannenrühren, bis sie heiß sind.

7 Lamm und Glasnudeln auf Servierteller verteilen, mit roten Chilistreifen garnieren und servieren.

TIPP

Glasnudeln sind in asiatischen Lebensmittelgeschäften erhältlich. Sollten Sie keine bekommen, nehmen Sie Eiernudeln und kochen Sie sie gemäß der Packunganleitung.

Gebratenes Lamm mit Ingwer

Lamm mit Knoblauch, Ingwer und Shiitake-Pilzen ergibt eine schnelle, einfache Mahlzeit. Vorzüglich mit chinesischen Eiernudeln.

NÄHRWERTANGABEN

Kilokalorien	347	Zucker	2 g
Eiweiß	31 g	Fett	21 g
Kohlenhydrate	7 g	davon gesättigt	7 g

10 MIN. 5 MIN.

4 PERSONEN

ZUTATEN

- 500 g Lammfilet
- 2 EL Sonnenblumenöl
- 1 EL frisch geriebene Ingwerwurzel
- 2 Knoblauchzehen, gehackt
- 6 Frühlingszwiebeln, diagonal in Ringe geschnitten
- 175 g Shiitake-Pilze, in Scheiben
- 175 g Zuckererbsen
- 1 TL Speisestärke
- 2 EL trockener Sherry
- 1 EL helle Sojasauce
- 1 TL Sesamöl
- 1 EL Sesamsaat, geröstet
- chinesische Eiernudeln, zum Servieren

1 Das Lammfleisch mit einem scharfen Küchenmesser in 5 mm dicke Streifen schneiden.

2 Das Sonnenblumenöl in einem großen heißen Wok oder einer Pfanne erhitzen.

3 Das Lammfleisch in den Wok oder die Pfanne geben und 2 Minuten anbraten.

4 Ingwer, Knoblauch, Frühlingszwiebeln, Pilze und Zuckererbsen zugeben und 2 Minuten andünsten.

5 Die Speisestärke mit dem Sherry gut mischen und dann in den Wok einrühren.

6 Die Sojasauce und das Sesamöl zugeben und 1 Minute unter ständigem Rühren garen, bis die Sauce etwas angedickt ist.

7 Die Sesamsaat darüber streuen, das fertige Gericht auf vorgewärmte Servierteller verteilen und zusammen mit chinesischen Eiernudeln servieren.

1
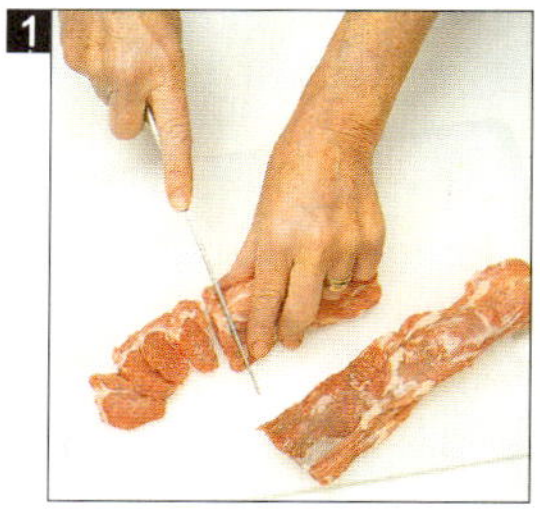

3

4

TIPP

Getrocknete chinesische Pilze (Mu-Err-Pilze u. a.) oder Tongku-Pilze (auch unter dem japanischen Namen Shiitake bekannt) werden in vielen Speisen verwendet. Sie sind leicht fleischig im Geschmack. Es gibt sie frisch und getrocknet. Kurzes Anbraten genügt, sonst werden sie zäh.

Süße Lammfilets

Die Lammfilets mit einer scharf-süßen Glasur werden in Alufolie gegrillt. So bleiben sie wunderbar saftig und zart.

NÄHRWERTANGABEN

Kilokalorien	258	Zucker	13 g
Eiweiß	24 g	Fett	13 g
Kohlenhydrate	13 g	davon gesättigt	5 g

5 MIN. 1 STD.

4 PERSONEN

ZUTATEN

- 2 Lammfilets (à ca. 225 g, z. B. vom Nacken)
- Salz und Pfeffer
- 1 EL Olivenöl
- ½ Zwiebel, fein gehackt
- 1 Knoblauchzehe, zerdrückt
- 2,5-cm-Stück Ingwerwurzel, gerieben
- 3 EL feines Apfelmus
- 5 EL Apfelsaft
- 1 EL brauner Zucker
- 1 EL Tomatenketchup
- ½ TL milder Senf

ZUM SERVIEREN

- grüner Salat
- Croûtons
- frisches, knuspriges Brot

3

4

5

1 Die Lammfilets auf zwei große Stücke Alufolie legen und mit Salz und Pfeffer bestreuen.

2 Das Öl in einem kleinen Topf erhitzen, Zwiebel und Knoblauch 2–3 Minuten darin glasig dünsten, aber nicht bräunen. Den Ingwer zugeben und 1 weitere Minute dünsten, dabei gelegentlich rühren.

3 Apfelmus, Apfelsaft, Zucker, Ketchup und Senf zugeben und zum Kochen bringen. 10 Minuten kräftig kochen, bis die Mischung auf die Hälfte reduziert ist. Dabei gelegentlich umrühren, damit sie nicht anbrennt.

4 Die Lammfilets mit der Hälfte der Sauce bestreichen. Dann gut in der Alufolie einpacken. Die Päckchen unter einem vorgeheizten Grill 25 Minuten garen, dabei gelegentlich wenden.

5 Die Folien öffnen und die Filets mit etwas Sauce bestreichen. Die Folien wieder verschließen und die Filets noch 15–20 Minuten grillen, bis das Fleisch gar ist.

6 Die Filets auf ein Küchenbrett legen, die Folien entfernen. In dicke Scheiben schneiden und mit der restlichen Sauce auf Tellern anrichten. Dazu schmeckt Salat mit Croûtons und frisches, knuspriges Brot.

Zweimal gegartes Lammfleisch

Lamm wird gekocht, mit Soja- und Austernsauce und mit Spinat angebraten und schließlich in Nudeln geschwenkt – ein vorzügliches Gericht.

NÄHRWERTANGABEN

Kilokalorien	315	Zucker	5g
Eiweiß	27g	Fett	16g
Kohlenhydrate	16g	davon gesättigt	6g

5 MIN. 30 MIN.

4 PERSONEN

ZUTATEN

- 250 g chinesische Eiernudeln
- 450 g Lammfilet, in dünnen Scheiben
- 2 EL Sojasauce
- 2 EL Sonnenblumenöl
- 2 Knoblauchzehen, zerdrückt
- 1 EL Zucker
- 2 EL Austernsauce
- 175 g frischer junger Spinat

1 Die Eiernudeln in eine große Schüssel geben und mit reichlich kochendem Wasser übergießen. Etwa 10 Minuten quellen lassen.

2 Wasser in einem großen Topf zum Kochen bringen. Das Lammfleisch hineingeben und darin 5 Minuten garen. Abgießen und gründlich abtropfen lassen.

3 Sojasauce und 1 Esslöffel Sonnenblumenöl in einer Schüssel mischen, dann das Fleisch darin gut wenden.

4 Restliches Sonnenblumenöl in einem heißen Wok stark erhitzen.

5 Das marinierte Lammfleisch und den Knoblauch zugeben und etwa 5 Minuten anbraten, bis das Fleisch braun zu werden beginnt.

6 Zucker und Austernsauce zugeben und gut verrühren.

7 Die Nudeln gut abtropfen lassen, dann im Wok 5 Minuten anbraten.

8 Den Spinat in den Wok geben und 1 Minute garen, bis die Blätter zusammenfallen. Das Lammfleisch und die Nudeln auf vorgewärmte Servierschalen verteilen und heiß servieren.

TIPP

Wenn Sie getrocknete Nudeln verwenden, folgen Sie unbedingt der Packungsanleitung, weil oft eine geringere Einweichzeit erforderlich ist.

2

3

7

Paprikalamm mit Couscous

Couscous ist besonders bei den Berbern in Nordafrika als Beilage zu Eintöpfen sehr beliebt. Er wird über Dampf gegart.

NÄHRWERTANGABEN

Kilokalorien	537	Zucker	11 g
Eiweiß	32 g	Fett	14 g
Kohlenhydrate	73 g	davon gesättigt	4 g

15 MIN. 35 MIN.

4 PERSONEN

ZUTATEN

- 2 rote Zwiebeln, in Ringen
- Saft von 1 Zitrone
- 1 Msp. Safranfäden
- je 1 große rote, grüne und orangefarbene Paprika, in breiten Streifen
- 1 Zimtstange, in kleine Stücke gebrochen
- 1 EL flüssiger Honig
- 300 ml Gemüsebrühe
- 2 TL Olivenöl
- 350 g mageres Lammfilet, in Scheiben
- Salz und Pfeffer
- 1 TL Harissa-Paste
- 200 g gehackte Tomaten aus der Dose
- 425 g Kichererbsen aus der Dose, abgetropft
- 350 g Couscous
- 2 TL Zimt

1

3

4

1 Die Zwiebeln in dem Zitronensaft wenden und in einen Topf geben. Safran, Paprika, Zimt und Honig zugeben. Die Brühe zugießen und aufkochen, dann abgedeckt 5 Minuten köcheln lassen.

2 In der Zwischenzeit das Öl in einer Pfanne erhitzen, dann das Fleisch darin 3–4 Minuten anbraten, bis es leicht gebräunt ist.

3 Das Fleisch aus der Pfanne nehmen und zu den Paprika geben. Mit Salz, Pfeffer und Harissa-Paste würzen, Tomaten und Kichererbsen zugeben. Alles gut verrühren, aufkochen und unabgedeckt 20 Minuten köcheln lassen.

4 Inzwischen den Couscous gemäß Packungsanweisung einweichen. Wasser in einem Topf zum Kochen bringen. Einen Dämpfeinsatz oder ein mit Musselin ausgelegtes Sieb darüber hängen und den Couscous darin abgedeckt gar dämpfen.

5 Die Zimtstange aus der Sauce entfernen. Den Couscous mit dem Zimt bestäuben und mit Fleisch und Sauce auf Serviertellern anrichten.

Lammfleischbällchen

Diese kleinen Fleischbällchen sind aus Lammhack, das man in einigen türkischen Metzgereien kaufen oder selbst zubereiten kann.

NÄHRWERTANGABEN

Kilokalorien 320	Zucker . . . . 1 g
Eiweiß . . . . 28 g	Fett . . . . 20 g
Kohlenhydrate . . . 8 g	davon gesättigt . . 6 g

5 MIN. 20 MIN.

4 PERSONEN

ZUTATEN

- 450 g mageres Lammfleisch, zu Hack verarbeitet
- 3 Knoblauchzehen, zerdrückt
- 2 Frühlingszwiebeln, in Ringen
- ½ TL Chilipulver
- 1 TL Currypulver
- 1 EL frisch gehackte Petersilie
- 25 g Semmelbrösel
- 1 Ei, verquirlt
- 3 EL Pflanzenöl
- 125 g Chinakohl, in Streifen
- 1 Porreestange, in Scheiben
- 1 EL Speisestärke
- 2 EL Wasser
- 300 ml Lammbrühe
- 1 EL dunkle Sojasauce
- Porreestreifen, zum Garnieren

1 Lammhack, Knoblauch, Frühlingszwiebeln, Chilipulver, Currypulver, Petersilie und Semmelbrösel in einer Schüssel gut mischen. Das Ei unterrühren und alles zu einer festen Masse verkneten. Daraus 16 etwa gleich große Bällchen formen.

2 Das Öl in einem heißen Wok erhitzen. Den Chinakohl und den Porree zugeben und 1 Minute andünsten. Mit einem Pfannenwender herausnehmen und beiseite stellen.

3 Die Fleischbällchen in den Wok geben und portionsweise 3–4 Minuten braten, dabei behutsam wenden, bis die Bällchen rundum goldbraun sind.

4 Speisestärke in einer kleinen Schüssel mit Wasser glatt rühren und beiseite stellen. Lammbrühe und Sojasauce in den Wok gießen und 2–3 Minuten erwärmen. Die Speisestärkemischung einrühren. Alles aufkochen, die Hitze reduzieren und pfannenrühren, bis die Sauce angedickt und klar ist.

5 Den Kohl und den Porree erneut in den Wok geben und 1 Minute erhitzen. Das Gemüse auf vorgewärmten Serviertellern anrichten, die Fleischbällchen darauf legen, mit Porreestreifen garnieren und sofort servieren.

1

2

3

VARIATION

Als Alternative zum Lammfleisch eignet sich Schweine- oder Rinderhack.

Lammleber mit Paprika und Sherry

Dieses köstliche Gericht sollten Sie mit Reis oder Nudeln zum Aufsaugen der Sauce servieren.

NÄHRWERTANGABEN			
Kilokalorien	331	Zucker	5g
Eiweiß	25g	Fett	17g
Kohlenhydrate	15g	davon gesättigt	4g

5 MIN. 10 MIN.

4 PERSONEN

ZUTATEN

450 g Lammleber
3 EL Speisestärke
2 EL Erdnussöl
1 Zwiebel, in Ringen
2 Knoblauchzehen, zerdrückt
2 grüne Paprika, in Streifen
2 EL Tomatenmark
3 EL trockener Sherry
2 EL Sojasauce

1
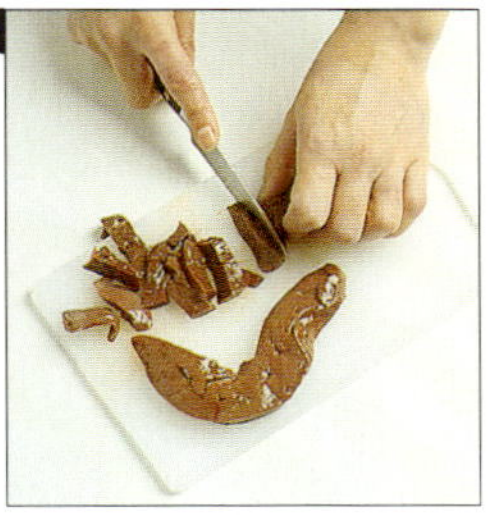

3

4

1 Mit einem scharfen Messer Fettstreifen vom Fleisch entfernen, dann die Leber in schmale Streifen schneiden.

2 2 Esslöffel Speisestärke in eine große Schüssel geben und die Leberstreifen sorgfältig darin wenden.

3 Das Erdnussöl in einem großen heißen Wok erhitzen. Dann Lammleber, Zwiebel, Knoblauch und Paprika in den Wok geben und 6–7 Minuten braten, bis die Leber gar und das Gemüse noch bissfest ist.

4 Tomatenmark, Sherry, restliche Speisestärke und Sojasauce verrühren. Die Mischung mit den anderen Zutaten im Wok vermengen und 2 Minuten erhitzen, bis die Flüssigkeit eindickt. Das fertige Gericht auf vorgewärmte Schalen verteilen und sofort servieren.

TIPP

Stilgerecht würde man statt Sherry Reiswein verwenden. Chinesischer Reiswein wird aus Klebreis gewonnen und bezeichnenderweise auch „gelber Wein" genannt. Die beste Sorte, Shao Hsing bzw. Shaoxing, stammt aus Südostchina.

Gebratene Leber mit Thymian

Dieses Gericht ist sehr einfach zubereitet. Sie können je nach Geschmack entweder Kalbs- oder Lammleber verwenden.

NÄHRWERTANGABEN

Kilokalorien 462	Zucker .... 1 g
Eiweiß .... 27 g	Fett .... 31 g
Kohlenhydrate .. 14 g	davon gesättigt .. 6 g

5 MIN. 10 MIN.

1 PERSON

ZUTATEN

- ca. 125 g Kalbs- oder Lammleber
- 1 EL Mehl
- 2 TL Öl
- 25 g Butter oder Margarine
- 2 EL Weißwein
- 1 EL Wasser
- ½ TL frisch gehackter Thymian oder 1 Prise getrockneter Thymian
- 1 Msp. fein geriebene Limetten- oder Zitronenschale
- 2 TL Zitronensaft
- 1 TL Kapern
- Salz und Pfeffer
- 1–2 EL Crème fraîche (nach Belieben)

GARNIERUNG

- Zitronen- oder Limettenspalten
- frischer Thymian oder frische Petersilie

1 Falls erforderlich, die Leber parieren, dann in dem Mehl wenden.

2 Öl und Butter oder Margarine erhitzen. Sobald die Butter schäumt, die Leber von beiden Seiten 2–3 Minuten anbraten, bis die Poren geschlossen sind und die Leber fast gar ist. Die Leber sollte nicht zu lange gebraten werden, da sie sehr schnell hart und zäh wird. Die gebratene Leber beiseite stellen und warm halten.

3 Wein, 1 Esslöffel Wasser, Thymian, Limetten- oder Zitronenschale, Zitronensaft, Kapern, Salz und Pfeffer mit dem Bratfett verrühren und etwas eindicken lassen. Die Crème fraîche, falls verwendet, einrühren und vorsichtig wieder erwärmen. Abschmecken und über die Leber geben.

4 Mit Zitronen- oder Limettenspalten und Thymian oder Petersilie garnieren und mit neuen Kartoffeln und Salat servieren.

TIPP

Traditionell wird Leber mit Zwiebeln serviert. Gedünstete Zwiebeln oder Röstzwiebeln können als zusätzliche Beilage gereicht werden.

Kalbsleber in Weinsauce

Die italienische Küche kennt diverse Zubereitungsmöglichkeiten für Leber. Für dieses Gericht verwenden Sie am besten zarte Kalbsleber.

NÄHRWERTANGABEN			
Kilokalorien	435	Zucker	2g
Eiweiß	30g	Fett	31g
Kohlenhydrate	4g	davon gesättigt	12g

25 MIN. 20 MIN.

4 PERSONEN

ZUTATEN

- 4 Scheiben Kalbsleber oder 8 Scheiben Lammleber (ca. 500 g)
- Salz und Pfeffer
- Mehl, zum Bestäuben
- 1 EL Olivenöl
- 1–2 EL Butter
- 125 g magere Speckstreifen, ohne Schwarte und in dünnen Streifen
- 1 Knoblauchzehe, zerdrückt
- 1 Zwiebel, gehackt
- 1 Selleriestange, in dünnen Scheiben
- 150 ml Rotwein
- 150 ml Rinderbrühe
- 1 Prise Piment
- 1 TL Worcestersauce
- 1 TL frisch gehackter Salbei
- 3–4 Tomaten, gehäutet, geviertelt und entkernt
- frische Salbeiblätter, zum Garnieren
- neue Kartoffeln, zum Servieren

1

2

4

1 Die Leber mit Küchenpapier trockentupfen, mit Salz und Pfeffer würzen, leicht mit Mehl bestäuben und überschüssiges Mehl abschütteln.

2 Öl und Butter in einer Pfanne erhitzen und die Leber darin von beiden Seiten anbraten; darauf achten, dass sie nicht zu lange brät und hart wird. Dann die Leber aus der Pfanne nehmen, abdecken und warm halten.

3 Den Speck zum Fett in die Pfanne geben und mit Knoblauch, Zwiebel und Sellerie bei geringer Hitze dünsten.

4 Rotwein, Rinderbrühe, Piment, Worcestersauce und Salbei zufügen, mit Salz und Pfeffer abschmecken, aufkochen und 3–4 Minuten köcheln lassen.

5 Die Tomatenviertel halbieren, zur Sauce geben und weiter 2–3 Minuten köcheln lassen.

6 Etwas Sauce auf jeden Teller geben, dann die Leber darauf legen und mit der restlichen Sauce begießen. Mit frischen Salbeiblättern garnieren und mit kleinen neuen Kartoffeln oder Schwenkkartoffeln servieren.

Koteletts mit Fenchel und Anis

Schweinekoteletts, gefüllt mit einem erfrischenden Orangen-Anis-Reis, werden hier mit einer Orangensaft-Fenchel-Sauce serviert.

NÄHRWERTANGABEN

Kilokalorien	298	Zucker	10 g
Eiweiß	30 g	Fett	10 g
Kohlenhydrate	18 g	davon gesättigt	3 g

20 MIN. 35 MIN.

4 PERSONEN

ZUTATEN

- 4 magere Schweinekoteletts (à 125 g), entbeint
- 60 g Naturreis, gekocht
- 1 TL geriebene Orangenschale
- 4 Frühlingszwiebeln, in feinen Ringen
- Salz und Pfeffer
- ½ TL Anis
- 1 EL Olivenöl
- 1 Fenchelknolle, in dünnen Scheiben
- 450 ml ungesüßter Orangensaft
- 1 EL Speisestärke
- 2 EL Pernod
- Fenchelgrün, zum Garnieren
- gekochtes Gemüse, zum Servieren

1

3

5

1 Das sichtbare Fett vom Fleisch entfernen. Mit einem scharfen Messer in jedes Kotelett eine große Tasche schneiden.

2 Reis, Orangenschale und Frühlingszwiebeln mischen und mit Salz, Pfeffer und Anis würzen.

3 Die Mischung in die Fleischtaschen füllen und die Öffnung mit einem Zahnstocher verschließen.

4 Das Öl erhitzen und die Koteletts darin von jeder Seite 2–3 Minuten leicht anbräunen.

5 Fenchel und Orangensaft zugeben, aufkochen und 15–20 Minuten köcheln lassen, bis das Fleisch gar ist. Fleisch und Fenchel mit einem Pfannenwender herausnehmen und auf einer vorgewärmten Platte anrichten, dabei die Zahnstocher entfernen.

6 Die Speisestärke mit dem Pernod anrühren, dann zum Bratensaft in die Pfanne geben und unter Rühren 2–3 Minuten kochen, bis die Sauce eindickt.

7 Die Sauce über die Koteletts gießen, mit Fenchelgrün garnieren und mit gekochtem Gemüse servieren.

Schweinefleisch Chow-Mein

Ein Rezept, das Ihnen die Grundlage zum Experimentieren bietet – Fleisch und/oder Gemüse können nach Belieben variiert werden.

NÄHRWERTANGABEN

Kilokalorien 239	Zucker . . . . 1 g
Eiweiß . . . . 17 g	Fett . . . . 14 g
Kohlenhydrate . . 12 g	davon gesättigt . . 2 g

15 MIN. 15 MIN.

4 PERSONEN

ZUTATEN

- 250 g chinesische Eiernudeln
- 5 EL Pflanzenöl
- 250 g Schweinefilet, gekocht
- 125 g grüne Bohnen
- 2 EL helle Sojasauce
- 1 TL Salz
- ½ TL Zucker
- 1 EL chinesischer Reiswein oder trockener Sherry
- 2 Frühlingszwiebeln, in kurzen Stücken
- einige Tropfen Sesamöl
- Chilisauce, zum Servieren (nach Belieben)

1

2

3

1 Die Nudeln gemäß Packungsanleitung kochen, abtropfen lassen und mit kaltem Wasser abspülen. Erneut abtropfen lassen. Dann 1 Esslöffel Öl untermischen.

2 Das Schweinefleisch in dünne Streifen schneiden. Die Bohnen putzen.

3 3 Esslöffel Pflanzenöl in einem heißen Wok stark erhitzen. Die Nudeln und 1 Esslöffel Sojasauce zugeben und 2–3 Minuten anbraten. In eine Servierschüssel umfüllen. Warm halten.

4 Das restliche Öl erhitzen und die Bohnen und das Fleisch 2 Minuten anbraten. Salz, Zucker, Wein oder Sherry, die restliche Sojasauce und etwa die Hälfte der Frühlingszwiebeln in den Wok geben.

5 Gut mischen und, falls erforderlich, ein wenig Brühe zugießen. Alles auf die Nudeln in der Servierschüssel geben, mit Sesamöl beträufeln und mit den restlichen Frühlingszwiebeln bestreuen.

6 Heiß oder kalt servieren. Nach Belieben Chilisauce dazu reichen.

TIPP

Chow-Mein bedeutet wörtlich „pfannengerührte Nudeln" und ist sowohl in der westlichen Welt wie auch in China äußerst beliebt. Sie können nahezu alle Zutaten verwenden, wie Fisch, Fleisch, Geflügel oder Gemüse. Es ist ein beliebtes Mittagessen, wird aber auch als Salat kalt serviert.

Neapolitanische Schweinesteaks

Zu italienischen Schweinesteaks gehören unbedingt Tomaten. Das Gericht ist einfach zuzubereiten und schmeckt köstlich.

NÄHRWERTANGABEN

Kilokalorien	353	Zucker	3 g
Eiweiß	39 g	Fett	20 g
Kohlenhydrate	4 g	davon gesättigt	5 g

10 MIN. 25 MIN.

4 PERSONEN

ZUTATEN

- 2 EL Olivenöl
- 1 große Zwiebel, grob gehackt
- 1 Knoblauchzehe, zerdrückt
- 400 g Tomaten aus der Dose
- 2 EL Hefeextrakt
- 4 Lendensteaks vom Schwein (à ca. 125 g)
- 75 g schwarze Oliven, entsteint
- 2 EL frisch gehacktes Basilikum
- Salz und Pfeffer
- frisch geriebener Parmesan, zum Servieren

1 Das Öl in einer großen Pfanne erhitzen. Die Zwiebel und den Knoblauch zugeben und unter Rühren 3–4 Minuten weich dünsten.

2 Tomaten und Hefeextrakt zugeben und etwa 5 Minuten kochen, bis der Tomatensaft einzudicken beginnt.

3 Die Steaks unter einem vorgeheizten Grill von beiden Seiten 5 Minuten garen, bis sie goldbraun und knusprig sind. Dann beiseite stellen und warm halten.

4 Oliven und Basilikum zu der Sauce in die Pfanne geben und gut unterrühren. Dann die Sauce mit Salz und Pfeffer abschmecken.

5 Die Steaks auf vorgewärmte Teller verteilen. Die Sauce darüber gießen. Mit Parmesan bestreuen und sofort servieren.

TIPP

Parmesan ist ein lange gereifter italienischer Hartkäse mit sehr kräftigem Geschmack. Es reicht aus, kleine Mengen zu verwenden.

Schweinefilet mit Zitrone

Dieses Rezept ist eine vereinfachte Version eines Gerichts aus den italienischen Marken: Schweinefilet, gefüllt mit Parmaschinken und Kräutern.

NÄHRWERTANGABEN

Kilokalorien	428	Zucker	2 g
Eiweiß	31 g	Fett	32 g
Kohlenhydrate	4 g	davon gesättigt	4 g

25 MIN. — 1 STD.

4 PERSONEN

ZUTATEN

- 450 g Schweinefilet
- 50 g gehobelte Mandeln
- 2 EL Olivenöl
- 100 g Parmaschinken, fein gehackt
- 2 Knoblauchzehen, gehackt
- 1 EL frisch gehackter Oregano
- geriebene Schale von 1 Zitrone
- 4 Schalotten, fein gehackt
- 200 ml Fleisch- oder Hühnerbrühe
- Zesten von 1 Zitrone
- 1 TL Zucker

1 Das Fleisch in 4 gleich große Stücke schneiden. Die Stücke zwischen zwei Streifen Pergamentpapier legen und mit einem Holzhammer oder dem Ende eines Nudelholzes flach klopfen.

2 Mit einem scharfen Messer jedes Filetstück an einem Ende tief einschneiden, sodass eine Tasche entsteht.

3 Die Mandeln auf ein Backblech legen und unter einem vorgeheizten Grill 2–3 Minuten goldbraun rösten.

4 Mandeln mit 1 Esslöffel Olivenöl, Schinken, Knoblauch, Oregano und der geriebenen Zitronenschale verrühren. Diese Mischung in die Fleischtaschen füllen.

5 Das restliche Öl in einer großen Pfanne erhitzen und die Schalotten darin 2 Minuten dünsten.

6 Das Fleisch zugeben und von jeder Seite 2 Minuten gleichmäßig anbraten.

7 Brühe zugießen und aufkochen lassen. Die Hitze reduzieren und das Fleisch etwa 45 Minuten in der Brühe köcheln lassen, bis es gar ist. Dann aus der Pfanne nehmen, beiseite stellen und warm halten.

8 Die Zitronenzesten und den Zucker in die Pfanne geben und 3–4 Minuten kochen, bis die Fleischbrühe eingedickt ist. Die fertige Sauce über die warmen Filetstücke geben und servieren.

1
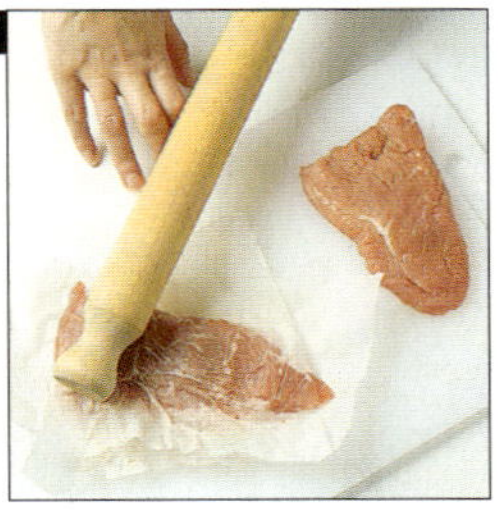

4

4

Schweinefleisch süß-sauer

In diesem klassischen chinesischen Gericht wird zartes Schweinefleisch kurz angebraten und mit Reis und einer deftigen süß-sauren Sauce serviert.

NÄHRWERTANGABEN

Kilokalorien 357	Zucker .... 25 g
Eiweiß .... 28 g	Fett .... 14 g
Kohlenhydrate .. 30 g	davon gesättigt .. 4 g

10 MIN. 20 MIN.

4 PERSONEN

ZUTATEN

- 450 g Schweinefilet (Lendenstück)
- 2 EL Sonnenblumenöl
- 225 g Zucchini
- 1 rote Zwiebel, in schmalen Spalten
- 2 Knoblauchzehen, zerdrückt
- 225 g Karotten, in feinen Stiften
- 1 rote Paprika, in Streifen
- 100 g Babymaiskolben
- 100 g kleine Champignons, halbiert
- 175 g frische Ananas, gewürfelt
- 100 g Bohnensprossen
- 150 ml Ananassaft
- 1 EL Speisestärke
- 2 EL Sojasauce
- 3 EL Tomatenketchup
- 1 EL Weißweinessig
- 1 EL flüssiger Honig

1 Das Schweinefilet mit einem scharfen Küchenmesser in mundgerechte Stücke schneiden.

2 Das Sonnenblumenöl in einem großen heißen Wok erhitzen. Das Fleisch in den Wok geben und 10 Minuten anbraten, bis es ganz durchgebraten ist und an den Rändern knusprig wird.

3 Die Zucchini in der Zwischenzeit in lange, feine Stifte schneiden.

4 Zwiebeln, Knoblauch, Karotten, Zucchini, Paprika, Babymaiskolben und Champignons in den Wok geben und weitere 5 Minuten pfannenrühren.

5 Die gewürfelte Ananas und die Bohnensprossen in den Wok geben und weitere 2 Minuten dünsten.

6 Ananassaft, Speisestärke, Sojasauce, Tomatenketchup, Weißweinessig und Honig vermengen.

7 Die süß-saure Mischung in den Wok gießen und bei starker Hitze und unter häufigem Wenden garen, bis sie eindickt. Das süß-saure Schweinefleisch in Servierschüsseln füllen und heiß servieren.

2

3

4

TIPP

Sollten Sie eine knusprigere Kruste des Schweinefleischs bevorzugen, wenden Sie es in einer Mischung aus Speisestärke und Eiweiß, und frittieren Sie es im Wok (Schritt 2).

Schweinekoteletts mit Salbei

Das frische Aroma des Salbeis passt hervorragend zum kräftigen Geschmack der Schweinekoteletts.

NÄHRWERTANGABEN

Kilokalorien	364	Zucker	5g
Eiweiß	34g	Fett	19g
Kohlenhydrate	14g	davon gesättigt	7g

10 MIN. 15 MIN.

4 PERSONEN

ZUTATEN

- 2 EL Mehl
- 1 EL frisch gehackter Salbei oder 1 TL getrockneter Salbei
- Salz und Pfeffer
- 4 magere Schweinekoteletts, entbeint und überschüssiges Fett entfernt
- 2 EL Olivenöl
- 1 EL Butter
- 2 rote Zwiebeln, in Ringen
- 1 EL Zitronensaft
- 2 TL Zucker
- 4 Eiertomaten, geviertelt

1 Mehl, Salbei, Salz und Pfeffer auf einem Teller mischen. Dann die Schweinekoteletts von beiden Seiten in dieser Mischung wenden.

2 Öl und Butter in einer Pfanne erhitzen, die Koteletts darin von beiden Seiten 6–7 Minuten braten, bis das Fleisch gar ist. Dann abtropfen lassen und warm halten.

3 Zwiebeln und Zitronensaft mischen und zusammen mit Zucker und Tomaten 5 Minuten in der Pfanne braten.

4 Die Schweinekoteletts zusammen mit der Tomaten-Zwiebel-Sauce servieren und einen grünen Salat dazu reichen.

Schweinebraten in Milch gekocht

Ein mageres Stück Schweinebraten wird zusammen mit Knoblauch in Milch geschmort. Servieren Sie dieses köstliche Gericht heiß oder kalt.

NÄHRWERTANGABEN

Kilokalorien 498	Zucker 15g
Eiweiß 50g	Fett 27g
Kohlenhydrate .. 15g	davon gesättigt .. 9g

20 MIN. 1 3/4 STD.

4 PERSONEN

ZUTATEN

- 800 g Schweinefleisch aus der Keule
- 1 EL Öl
- 25 g Butter
- 1 Zwiebel, gehackt
- 2 Knoblauchzehen, zerdrückt
- 75 g Pancetta, gewürfelt
- 1,2 l Milch
- 1 EL grüne Pfefferkörner, zerstoßen
- 2 frische Lorbeerblätter
- 2 EL Majoran
- 2 EL Thymian

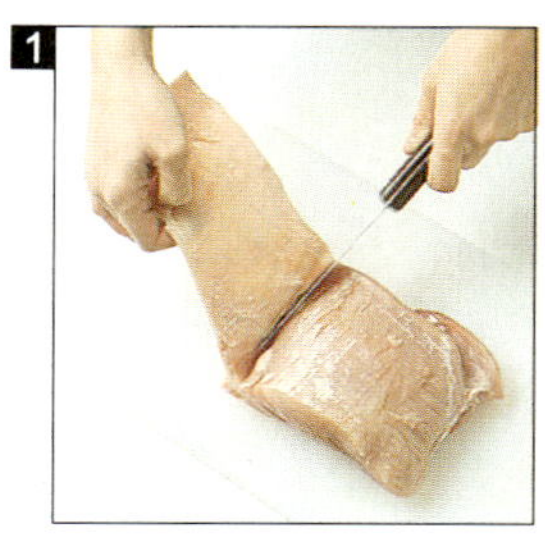

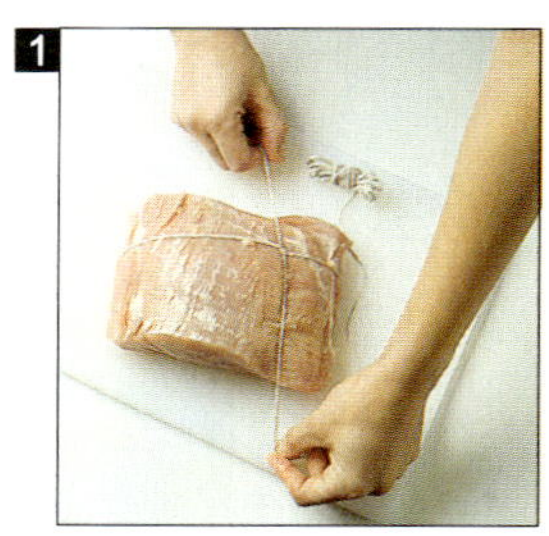

1 Das Fleisch mit einem scharfen Messer von seiner Fettschicht befreien, in Form drücken und mit Küchengarn umschnüren, damit die Form auch während der Zubereitung beibehalten bleibt.

2 Öl und Butter in einem großen Topf erhitzen. Dann Zwiebel, Knoblauch und Pancetta darin 2–3 Minuten anbraten.

3 Das Fleisch zufügen und unter Wenden von allen Seiten kräftig anbraten.

4 Die Milch über das angebratene Fleisch gießen. Pfeffer, Lorbeerblätter, Majoran und Thymian zugeben und das Fleisch bei niedriger Hitze $1^1/_4$–$1^1/_2$ Stunden garen. Während der letzten 15 Minuten Garzeit immer wieder nach dem Kochsud sehen, da er sehr schnell einkocht und leicht anbrennen kann. Falls der Sud weit eingekocht, das Fleisch aber noch nicht gar ist, erneut 100 ml Milch in den Topf geben und das Fleisch fertig garen. Übrigen Sud aufbewahren.

5 Das Fleisch aus dem Topf nehmen und mit einem scharfen Messer in Scheiben schneiden. Auf Teller verteilen, mit der übrig gebliebenen Sauce übergießen und sofort servieren.

Pikantes Schweinefleisch

Das Schweinefleisch wird in einer pikanten Mischung gewendet, knusprig angebraten und dann mit Reis und Ei gemischt. Sättigend und köstlich.

NÄHRWERTANGABEN

Kilokalorien	579	Zucker	11 g
Eiweiß	30 g	Fett	22 g
Kohlenhydrate	76 g	davon gesättigt	7 g

10 MIN. 35 MIN.

4 PERSONEN

ZUTATEN

- 275 g Langkornreis
- 600 ml kaltes Wasser
- Salz und Pfeffer
- 350 g Schweinefilet (Lendenstück)
- 2 TL Fünf-Gewürze-Pulver
- 25 g Speisestärke
- 3 große Eier, separat verquirlt
- 25 g brauner Zucker
- 2 EL Sonnenblumenöl
- 1 Zwiebel
- 2 Knoblauchzehen, zerdrückt
- 100 g Karotten, gewürfelt
- 1 rote Paprika, gewürfelt
- 100 g Erbsen, Tiefkühlware aufgetaut
- 15 g Butter

1 Den Reis unter kaltem Wasser waschen. In einen Topf geben, das kalte Wasser und eine Prise Salz zugeben. Aufkochen, abdecken, dann die Hitze reduzieren und 9 Minuten köcheln lassen, bis der Reis das Wasser aufgenommen hat und gar ist.

2 In der Zwischenzeit das Schweinefleisch mit einem scharfen Küchenmesser oder einem Küchenbeil in sehr dünne, gleich große Stücke schneiden. Zunächst beiseite stellen.

3 Fünf-Gewürze-Pulver, Speisestärke, 1 Ei und Zucker verquirlen. Das Schweinefleisch gut darin wenden, bis es davon überzogen ist.

4 Das Sonnenblumenöl in einem großen Wok erhitzen. Das Schweinefleisch zugeben und bei starker Hitze braten, bis es gar und knusprig ist. Mit einem Pfannenwender herausnehmen und zunächst beiseite stellen.

5 Die Zwiebel mit einem scharfen Küchenmesser in kleine Würfel schneiden.

6 Zwiebel, Knoblauch, Karotten, Paprika und Erbsen in den Wok geben und 5 Minuten pfannenrühren.

7 Das Schweinefleisch mit dem gekochten Reis wieder in den Wok geben und 5 Minuten pfannenrühren.

8 Die Butter in einer Pfanne zerlassen. Die restlichen Eier zugeben und braten, bis sie stocken. Herausnehmen und klein schneiden. Dann dem Reis und den anderen Zutaten untermischen und sofort servieren.

1

3
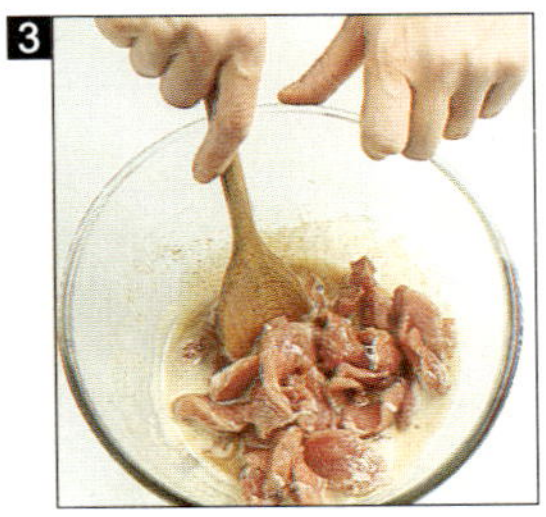

5
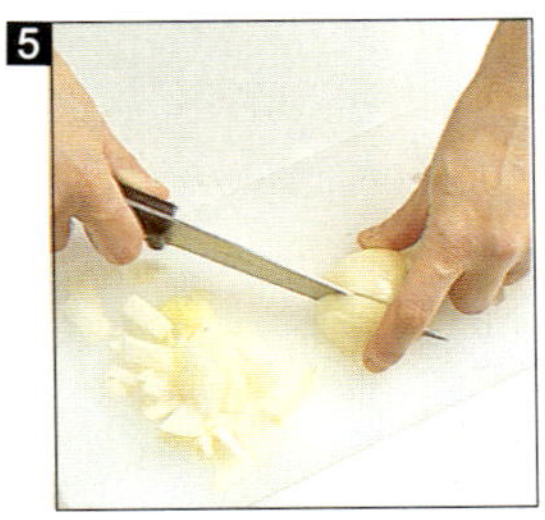

Spare-Ribs mit Chili

Dieses Gericht gelingt so gut, weil die Rippchen vorher in mundgerechte Stücke zerhackt werden.

NÄHRWERTANGABEN

Kilokalorien 497	Zucker .... 3 g
Eiweiß .... 13 g	Fett .... 47 g
Kohlenhydrate ... 4 g	davon gesättigt . 11 g

$4\frac{1}{4}$ STD. — 20 MIN.

4 PERSONEN

ZUTATEN

- 500 g Schweinerippchen
- 1 TL Zucker
- 1 EL helle Sojasauce
- 1 TL Reiswein oder trockener Sherry
- 1 TL Speisestärke
- 600 ml Öl
- 1 Knoblauchzehe, fein gehackt
- 1 Frühlingszwiebel, in Ringen
- 1 kleine Chili, gehackt
- 2 EL schwarze Bohnensauce
- 150 ml chinesische Brühe (siehe Seite 8) oder Wasser
- 1 kleine Zwiebel, gewürfelt
- 1 grüne Paprika, gewürfelt

1 Die Rippchen parieren, in mundgerechte Stücke hacken und in eine flache Form geben.

2 Zucker, Sojasauce, Wein und Speisestärke verrühren. Über die Rippchen gießen. 35–45 Minuten marinieren.

3 Das Öl in einem großen heißen Wok oder einer Pfanne stark erhitzen.

4 Die Rippchen darin 2–3 Minuten frittieren, bis sie leicht braun sind. Mit einem Schaumlöffel aus dem Wok nehmen und auf Küchenpapier abtropfen lassen.

5 Das Öl aus dem Wok bis auf 1 Esslöffel abgießen. Dann Knoblauch, Frühlingszwiebel, Chili und Bohnensauce 30–40 Sekunden im Wok andünsten.

6 Die Rippchen wieder in den Wok geben, gut mischen und Brühe oder Wasser zugießen. Aufkochen, die Hitze reduzieren, den Deckel aufsetzen und 8–10 Minuten schmoren, dabei ein- oder zweimal wenden.

7 Zwiebel und Paprika zugeben, die Hitze erhöhen und ohne Deckel 2 Minuten köcheln lassen, damit die Sauce etwas eindickt. Das fertige Gericht sofort servieren.

1
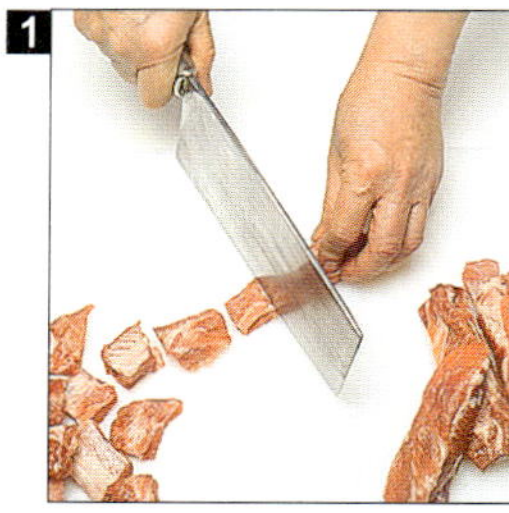

4

5

TIPP

Bei der Verarbeitung von Chillies sollten Sie vorsichtig sein, da sie Hautirritationen verursachen können. Waschen Sie gründlich Ihre Hände, und vermeiden Sie Gesichtshaut- und Augenkontakt. Die Kerne sind der schärfste Teil der Chili – für ein milderes Gericht sollten sie also entfernt werden.

Nudeln mit Chili-Schweinefleisch

Ein pikant scharfes Gericht mit köstlichem Erdnussgeschmack. Variieren Sie die Chili-Menge nach Belieben.

NÄHRWERTANGABEN

Kilokalorien 421	Zucker . . . . 3 g
Eiweiß . . . . 27 g	Fett . . . . 26 g
Kohlenhydrate . . 20 g	davon gesättigt . . 6 g

35 MIN. 10 MIN.

4 PERSONEN

ZUTATEN

- 350 g Schweinehack
- 1 EL helle Sojasauce
- 1 EL trockener Sherry
- 350 g chinesische Eiernudeln
- 2 TL Sesamöl
- 2 EL Pflanzenöl
- 2 Knoblauchzehen, zerdrückt
- 2 TL frisch geriebene Ingwerwurzel
- 2 rote Chillies, in Ringen
- 1 rote Paprika, in Streifen
- 25 g ungesalzene Erdnüsse
- 3 EL Erdnussbutter
- 3 EL dunkle Sojasauce
- 1 Spritzer Chiliöl
- 300 ml Fleischbrühe

1 Fleisch, Sojasauce und Sherry in einer Schüssel mischen. Abgedeckt 30 Minuten marinieren.

2 Inzwischen die Nudeln in einem Topf mit kochendem Wasser 4 Minuten kochen. Wasser abgießen, mit kaltem Wasser abspülen und erneut abtropfen lassen. Die Nudeln in Sesamöl schwenken.

3 Pflanzenöl in einem heißen Wok erhitzen und Knoblauch, Ingwer, Chillies und Paprika 30 Sekunden anbraten.

4 Das Hackfleisch mit Marinade in die Mischung geben. Etwa 1 Minute weiter garen, bis das Fleisch gebräunt ist.

5 Erdnüsse, Erdnussbutter, Sojasauce, Chiliöl und Brühe zugeben und 2–3 Minuten köcheln.

6 Die Nudeln in dieser Mischung schwenken und sofort servieren.

VARIATION

Lamm- oder Hühnerhack ist in diesem Rezept ebenso köstlich wie das Schweinefleisch.

Koteletts mit Ratatouille

Servieren Sie diese köstliche Kombination aus Fleisch und Gemüse mit Ofenkartoffeln als leichte Mahlzeit.

NÄHRWERTANGABEN

Kilokalorien 230	Zucker .... 8 g
Eiweiß .... 29 g	Fett .... 9 g
Kohlenhydrate ... 8 g	davon gesättigt .. 3 g

10 MIN. 35 MIN.

4 PERSONEN

ZUTATEN

4 magere Schweinekoteletts (à ca. 125 g), entbeint

Salz und Pfeffer

1 TL getrocknete gemischte Kräuter

Ofenkartoffeln, zum Servieren

RATATOUILLE

1 Zwiebel

1 Knoblauchzehe

je 1 kleine grüne und gelbe Paprika

1 Zucchini

100 g kleine Champignons

400 g gehackte Tomaten aus der Dose

2 EL Tomatenmark

1 TL getrocknete gemischte Kräuter

1 TL Zucker

Salz und Pfeffer

1

2

3

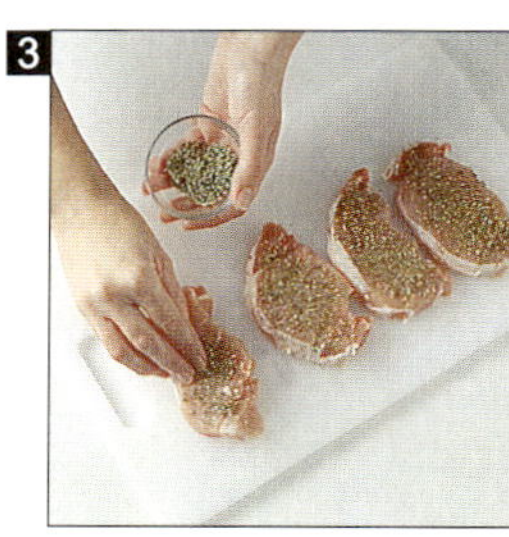

1 Für die Ratatouille Zwiebel und Knoblauch schälen und hacken. Die Paprika entkernen und würfeln. Die Zucchini putzen und würfeln, Champignons abwaschen und halbieren.

2 Das Gemüse in einen Topf geben, Tomaten und Tomatenmark unterrühren. Kräutermischung und Zucker zugeben. Mit Salz und Pfeffer abschmecken. Aufkochen und abgedeckt 20 Minuten köcheln lassen.

3 Unterdessen den Grill vorheizen. Vom Fleisch das sichtbare Fett entfernen. Beide Seiten mit Salz und Pfeffer bestreuen und mit der Kräutermischung einreiben. Die Koteletts 5 Minuten auf mittlerer Schiene grillen, dann wenden und weitere 6–7 Minuten grillen, bis sie gar sind.

4 Die Koteletts auf Küchenpapier abtropfen lassen und mit der Ratatouille servieren. Dazu passen Ofenkartoffeln.

TIPP

Diese Gemüsesauce passt auch zu anderem kurz gebratenen Fleisch oder zu Fisch. Sie eignet sich auch als Füllung für pikante Crêpes.

Schweinebraten mit Olivenpaste

Dieser raffinierte Schweinebraten mit mediterranem Flair passt hervorragend zu einer würzigen Olivenpaste.

NÄHRWERTANGABEN

Kilokalorien 427	Zucker .... 0 g
Eiweiß .... 31 g	Fett .... 34 g
Kohlenhydrate . 0,2 g	davon gesättigt .. 7 g

25 MIN. 55 MIN.

4 PERSONEN

ZUTATEN

- 500 g mageres Schweinefilet
- Salz und Pfeffer
- 1 Bund frische Basilikumblätter
- 2 EL frisch geriebener Parmesan
- 2 EL Pesto rosso
- 6 dünne Scheiben Parmaschinken
- 1 EL Olivenöl
- Salat, zum Servieren

OLIVENPASTE

- 125 g schwarze Oliven, entsteint
- 4 EL Olivenöl
- 2 Knoblauchzehen

1 Das Filet längs in der Mitte aufschneiden, dabei darauf achten, dass das Fleisch nicht durchgeschnitten wird.

2 Das Fleisch auseinander klappen, mit Salz und Pfeffer würzen und die Basilikumblätter in die Mitte legen. Parmesan mit Pesto rosso mischen und gleichmäßig auf dem Basilikum verteilen.

3 Das Filet wieder zusammendrücken und mit den Schinkenscheiben umwickeln. Dann das Schweinefilet mit der „Naht" nach unten in eine Auflaufform legen und mit Öl bestreichen. Im Ofen bei 190 °C 30–40 Minuten backen, bis das Fleisch gar ist. 10 Minuten ruhen lassen.

4 Für die Olivenpaste alle Zutaten in einer Küchenmaschine pürieren oder (für eine grobkörnigere Paste) Oliven und Knoblauch fein hacken und mit dem Öl mischen.

5 Den Braten abtropfen lassen, in dünne Scheiben schneiden und mit der Olivenpaste und einem Salat servieren.

1
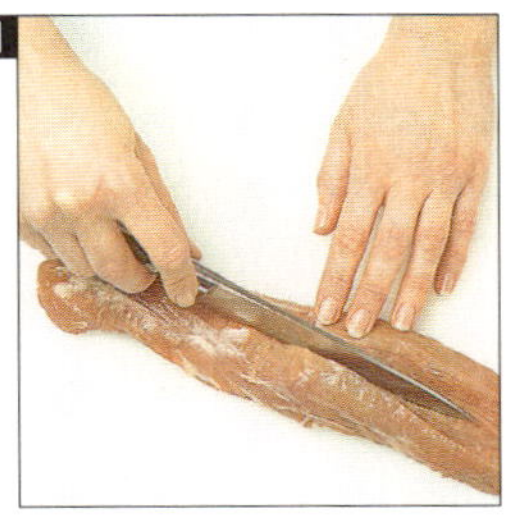

3
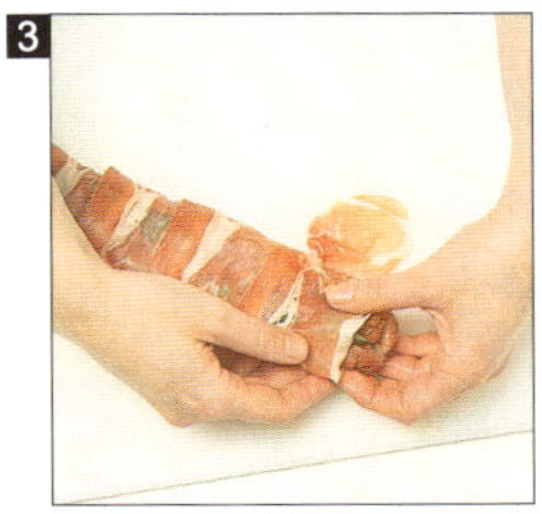

4

Fischduft-Schweinefleisch

„Fischduft" ist eine Garmethode der Szechuan-Küche, bei der man Speisen mit Gewürzen zubereitet, die normalerweise in Fischgerichten verwendet werden.

NÄHRWERTANGABEN

Kilokalorien	183	Zucker	0,2 g
Eiweiß	14 g	Fett	13 g
Kohlenhydrate	3 g	davon gesättigt	3 g

25 MIN. 10 MIN.

4 PERSONEN

ZUTATEN

- etwa 2 EL getrocknete Baumohren- oder andere getrocknete Pilze
- 250–300 g Schweinefilet
- 1 TL Speisestärke mit 2 TL Wasser angerührt
- 1 TL Salz
- 3 EL Pflanzenöl
- 1 Knoblauchzehe, gehackt
- ½ TL frisch geriebene Ingwerwurzel
- 2 Frühlingszwiebeln, weiße und grüne Teile getrennt, gehackt
- 2 Selleriestangen, in Scheiben
- ½ TL Zucker
- 1 EL helle Sojasauce
- 1 EL Chilisauce
- 2 TL Reisessig
- 1 TL Reiswein oder trockener Sherry
- einige Tropfen Sesamöl

TIPP

Baumohren (auch Holzohren genannt) sind getrocknete grauschwarze Fungi oder Baumpilze, die in der Szechuan-Küche häufig verwendet werden. Sie werden vor der Verwendung in warmem Wasser eingeweicht. Baumohren haben eine feste Konsistenz und sind mild im Geschmack.

1 Die Pilze in warmem Wasser etwa 20 Minuten einweichen, dann in kaltem Wasser so lange abspülen, bis das Wasser klar ist. Gut abtropfen lassen, dann klein schneiden.

2 Das Fleisch ebenfalls klein schneiden. Die Hälfte der Speisestärke zusammen mit einer Prise Salz in einer Schüssel verrühren. Das Fleisch damit gut panieren.

3 1 Esslöffel Pflanzenöl in einem heißen Wok erhitzen. Das Fleisch zugeben und etwa 1 Minute anbraten, herausnehmen und zunächst beiseite stellen.

4 Das restliche Öl im Wok erhitzen. Knoblauch, Ingwer, die weißen Teile der Frühlingszwiebeln, Pilze und Sellerie zugeben und alles etwa 1 Minute andünsten.

5 Das Fleisch zusammen mit Salz, Zucker, Sojasauce, Chilisauce, Essig und Wein oder Sherry erneut in den Wok geben. Gut mischen und 1 Minute pfannenrühren.

6 Zuletzt die grünen Teile der Frühlingszwiebeln zugeben und die restliche Speisestärke und das Sesamöl untermischen. Rühren, bis die Sauce andickt. Das fertige Gericht auf vorgewärmte Servierteller verteilen und sofort servieren.

1

1

3

Schweinefleisch mit Paprika

Ein einfach zuzubereitendes und durch die Farbenvielfalt auch optisch ansprechendes Gericht.

NÄHRWERTANGABEN

Kilokalorien 459	Zucker .... 5 g
Eiweiß .... 19 g	Fett .... 39 g
Kohlenhydrate ... 8 g	davon gesättigt . 13 g

30 MIN.   25 MIN.

4 PERSONEN

ZUTATEN

- 15 g getrocknete chinesische Pilze (z. B. Shiitake)
- 450 g Schweinefleisch (Haxensteak)
- 2 EL Pflanzenöl
- 1 Zwiebel, in Ringen
- je 1 rote, grüne und gelbe Paprika, gewürfelt
- 4 EL Austernsauce

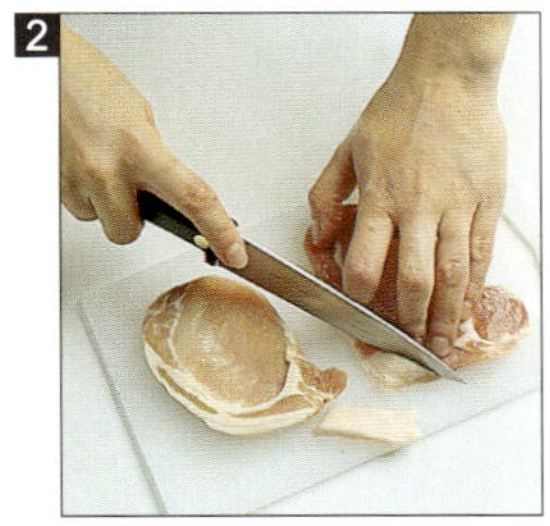

1 Die Pilze in eine große Schüssel geben. Ausreichend kochendes Wasser darüber gießen, sodass sie bedeckt sind, und 20 Minuten quellen lassen.

2 Mit einem scharfen Küchenmesser überflüssiges Fett vom Fleisch entfernen. Dann das Fleisch in dünne Streifen schneiden.

3 Wasser in einem großen Topf zum Kochen bringen. Das Fleisch hineingeben und 5 Minuten kochen.

4 Mit einem Schaumlöffel herausnehmen und auf Küchenpapier gründlich abtropfen lassen.

5 Das Öl in einem großen heißen Wok erhitzen und das Schweinefleisch darin etwa 5 Minuten anbraten.

6 Die Pilze aus dem Wasser nehmen und gründlich abtropfen lassen. In grobe Stücke schneiden.

7 Pilze, Zwiebel und Paprika in den Wok geben und 5 Minuten andünsten.

8 Die Austernsauce einrühren und alles 2–3 Minuten erhitzen. Sofort servieren.

TIPP

Falls keine chinesischen Pilze erhältlich sind oder sie andere bevorzugen, verwenden Sie in Scheiben geschnittene Pilze mit offenem Hut (z. B. Feldchampignons oder Maronenpilze).

Schweinefleisch mit Pflaumen

Die süß-saure Pflaumensauce wird, wie bei diesem Rezept, in der chinesischen Küche häufig mit Schweinefleisch oder Ente kombiniert.

NÄHRWERTANGABEN

Kilokalorien	281	Zucker	6 g
Eiweiß	25 g	Fett	14 g
Kohlenhydrate	10 g	davon gesättigt	4 g

35 MIN. 25 MIN.

4 PERSONEN

ZUTATEN

- 450 g Schweinefilet (Lende)
- 1 EL Speisestärke
- 2 EL helle Sojasauce
- 2 EL chinesischer Reiswein
- 4 TL brauner Zucker
- 1 Prise Zimt
- 5 TL Öl
- 2 Knoblauchzehen, zerdrückt
- 2 Frühlingszwiebeln, in Ringen
- 4 EL Pflaumensauce
- 1 EL Hoisin-Sauce
- 150 ml Wasser
- 1 Spritzer Chilisauce
- Backpflaumen, geviertelt, zum Garnieren
- Frühlingszwiebelringe, zum Garnieren

3

6

7

1 Das Schweinefilet mit einem scharfen Messer in dünne Scheiben schneiden.

2 Für die Marinade Speisestärke, Sojasauce, Reiswein, Zucker und Zimt gut mischen.

3 Das Schweinefleisch in eine flache Schüssel geben, die Marinade darüber gießen und abgedeckt mindestens 30 Minuten marinieren.

4 Das Fleisch herausnehmen und die Marinade aufbewahren.

5 Das Öl im heißen Wok erhitzen. Dann darin das Fleisch 3–4 Minuten anbraten, bis es leicht gebräunt ist.

6 Knoblauch, Frühlingszwiebeln, Pflaumensauce, Hoisin-Sauce, Wasser und Chilisauce zum Fleisch geben und alles gut verrühren. Aufkochen und bei geringer Hitze 8–10 Minuten köcheln lassen, bis das Fleisch zart und gar ist.

7 Die zurückbehaltene Marinade zugeben und 5 Minuten pfannenrühren. Das fertige Gericht auf einer vorgewärmten Servierplatte anrichten, mit Pflaumenvierteln und Frühlingszwiebeln garnieren und sofort servieren.

Schweinefilet mit Orangen

Diese würzigen Schweinefilets in herber Orangensauce werden in Alufolie gegrillt und bleiben so sehr saftig.

NÄHRWERTANGABEN

Kilokalorien	230	Zucker	16 g
Eiweiß	19 g	Fett	9 g
Kohlenhydrate	20 g	davon gesättigt	3 g

10 MIN. 55 MIN.

4 PERSONEN

ZUTATEN

- 400 g mageres Schweinefilet
- Salz und Pfeffer
- 3 EL Orangenmarmelade
- geriebene Schale und Saft von 1 Orange
- 1 EL Weißweinessig
- 1 Spritzer Tabasco

SAUCE

- 1 EL Olivenöl
- 1 kleine Zwiebel, gehackt
- 1 kleine grüne Paprika, in dünnen Streifen
- 1 EL Speisestärke
- 150 ml Orangensaft

ZUM SERVIEREN

- gekochter Reis
- gemischter Blattsalat

1

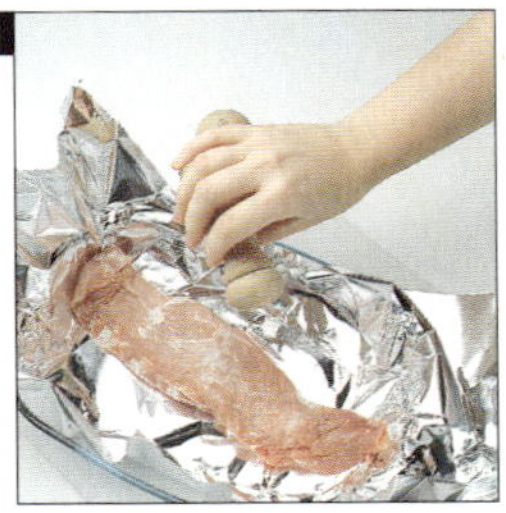

2

6

1 Ein großes Stück Alufolie doppelt falten und in eine flache Schale legen. Das Fleisch in die Mitte der Folie legen und mit Salz und Pfeffer bestreuen.

2 Den Grill vorheizen. Marmelade mit Orangenschale und -saft, Essig und Tabasco in einem Topf erwärmen. Dabei rühren, bis die Marmelade flüssig ist. Die Mischung über das Fleisch gießen und die Folie fest verschließen, damit kein Saft austreten kann. Das Päckchen 25 Minuten unter dem Grill garen, dabei gelegentlich wenden.

3 Für die Sauce das Öl erhitzen und die Zwiebel 2 Minuten dünsten. Die Paprika zugeben und 3–4 Minuten mitgaren.

4 Das Fleisch aus der Folie nehmen und auf den Rost legen. Den Fleischsaft zur Sauce in den Topf geben.

5 Das Fleisch weitere 10–20 Minuten ohne Folie grillen, bis es gar und goldbraun ist. Dabei gelegentlich wenden.

6 Die Speisestärke mit dem Orangensaft anrühren. Zur Sauce geben und unter Rühren aufkochen, bis die Sauce eindickt. Das Fleisch in Scheiben schneiden und mit der Sauce übergießen. Zu Reis und Salat servieren.

Schweinefleisch mit Satay-Sauce

Satay-Sauce ist leicht zuzubereiten und sehr beliebt in der orientalischen Küche. Sie passt ideal zu Rind-, Hühner- und Schweinefleisch.

NÄHRWERTANGABEN

Kilokalorien	506	Zucker	11 g
Eiweiß	31 g	Fett	36 g
Kohlenhydrate	15 g	davon gesättigt	8 g

10 MIN. 15 MIN.

4 PERSONEN

ZUTATEN

- 150 g Karotten
- 2 EL Sonnenblumenöl
- 350 g Schweinefilet (Nacken), in dünnen Streifen
- 1 Zwiebel, in Ringen
- 2 Knoblauchzehen, zerdrückt
- 1 gelbe Paprika, in Streifen
- 150 g Zuckererbsen
- 75 g junger grüner Spargel, Enden geschält
- gesalzene Erdnüsse, gehackt, zum Servieren

SATAY-SAUCE

- 6 EL grobe Erdnussbutter
- 6 EL Kokosmilch
- 1 TL zerstoßene getrocknete Chili
- 1 Knoblauchzehe, zerdrückt
- 1 TL Tomatenmark

1

2

3

1 Die Karotten mit einem scharfen Messer in Stifte schneiden.

2 Das Öl in einem heißen Wok erhitzen. Fleisch, Zwiebel und Knoblauch zugeben und 5 Minuten braten, bis das Fleisch durch und durch gar ist.

3 Karotten, Paprika, Zuckererbsen und Spargel in den Wok geben und 5 Minuten anbraten.

4 Für die Satay-Sauce Erdnussbutter, Kokosmilch, Chili, Knoblauch und Tomatenmark in einem Topf unter Rühren leicht erhitzen. Darauf achten, dass sich die Sauce nicht am Boden des Kochtopfs ansetzt.

5 Fleisch und Gemüse auf vorgewärmte Servierteller verteilen. Mit der Satay-Sauce beträufeln und mit gehackten Erdnüssen bestreuen. Sofort servieren.

TIPP

Die Sauce sollte erst kurz vor dem Servieren zubereitet werden, weil sie sehr schnell dickflüssig wird und sich dann nur noch schwer mit einem Löffel träufeln lässt.

Schweinefleisch mit Rettich

Schweinefleisch und weißer Rettich passen ausgezeichnet zusammen, besonders in Kombination mit der zusätzlichen Schärfe der süßen Chilisauce.

NÄHRWERTANGABEN

Kilokalorien 280	Zucker .... 1 g
Eiweiß .... 25 g	Fett .... 19 g
Kohlenhydrate ... 2 g	davon gesättigt .. 4 g

10 MIN. 15 MIN.

4 PERSONEN

ZUTATEN

4 EL Pflanzenöl
450 g Schweinefilet (Lendenstück)
1 Aubergine
225 g weißer Rettich
2 Knoblauchzehen, zerdrückt
3 EL Sojasauce
2 EL süße Chilisauce
Reis oder Nudeln, zum Servieren

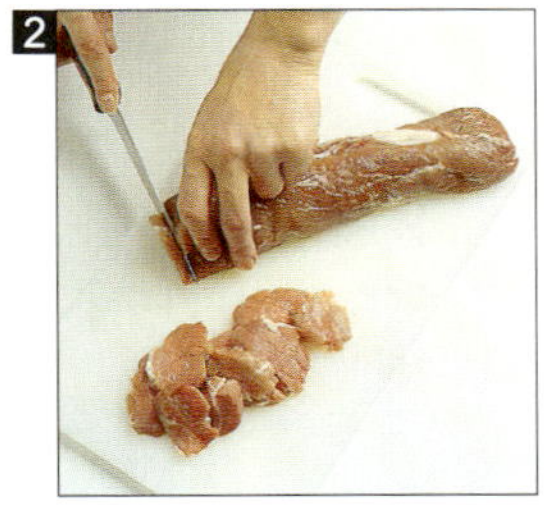

1 2 Esslöffel Pflanzenöl in einem großen heißen Wok erhitzen.

2 Das Schweinefleisch in mundgerechte Stücke schneiden.

3 Das Fleisch im Wok etwa 5 Minuten braten.

4 Den Stielansatz der Aubergine mit einem scharfen Küchenmesser abschneiden und die Frucht würfeln. Den Rettich schälen und in Scheiben schneiden.

5 Das restliche Pflanzenöl in den Wok geben.

6 Die Auberginenwürfel in den Wok geben und zusammen mit dem Knoblauch 5 Minuten andünsten.

7 Die Rettichscheiben ebenfalls in den Wok geben und etwa 2 Minuten pfannenrühren.

8 Soja- und Chilisauce in die Fleisch-Gemüse-Mischung einrühren und erhitzen, bis alles durchgewärmt ist.

9 Das fertige Gericht auf vorgewärmte Servierschüsseln verteilen und sofort mit Reis oder Nudeln servieren.

TIPP

Rettich (im süddeutschen Sprachraum auch Radi genannt) ist ein oft verwendetes Gemüse in der chinesischen Küche. Meist geraspelt, ist er im Geschmack milder als die kleineren roten Radieschen. Sie erhalten Rettich in den meisten großen Supermärkten.

Schweinefleisch mit Gemüse

Für dieses Gericht können Sie auch Rinder-, Lamm- oder Hähnchenbrustfilet verwenden. Das Gemüse wird dem saisonalen Angebot angepasst.

NÄHRWERTANGABEN

Kilokalorien 227	Zucker .... 4 g
Eiweiß .... 15 g	Fett .... 16 g
Kohlenhydrate ... 7 g	davon gesättigt .. 3 g

3¾ STD. 10 MIN.

4 PERSONEN

ZUTATEN

- 250 g Schweinefilet
- 1 TL Zucker
- 1 EL helle Sojasauce
- 1 TL Reiswein oder trockener Sherry
- ½ TL Speisestärke mit 1 TL Wasser angerührt
- 1 kleine Karotte
- 1 kleine grüne Paprika, entkernt
- 170 g Chinakohl
- 4 EL Öl
- 1 Frühlingszwiebel, in dicken Scheiben
- ein kleines Stück Ingwerwurzel, in dünne Scheiben geschnitten
- 1 TL Salz
- 2–3 EL chinesische Brühe (siehe Seite 8) oder Wasser
- Sesamöl

1 Das Fleisch in feine Streifen schneiden und auf einen tiefen Teller legen.

2 Die Hälfte des Zuckers mit Sojasauce, Wein oder Sherry und angerührter Speisestärke mischen, über das Fleisch geben und mehrmals wenden, um es gut mit der Marinade zu überziehen. Im Kühlschrank 10–15 Minuten marinieren.

3 Karotte, Paprika und Chinakohl in etwa so große Stücke wie das Fleisch schneiden.

4 Das Öl in einem heißen Wok erhitzen und das Fleisch ca. 1 Minute anbraten, bis die Poren geschlossen sind und das Fleisch fast gar ist. Dann mit einem Schaumlöffel aus dem Wok heben und warm stellen.

5 Karotte, Paprika, Chinakohl, Frühlingszwiebel und Ingwer zugeben und ca. 2 Minuten pfannenrühren.

6 Salz, restlichen Zucker, Filetstreifen, übrig gebliebene Marinade, chinesische Brühe oder Wasser zugeben und gut vermengen. Dann 1–2 Minuten erhitzen, bis alle Zutaten heiß sind. Das fertige Gericht mit etwas Sesamöl beträufeln und sofort servieren.

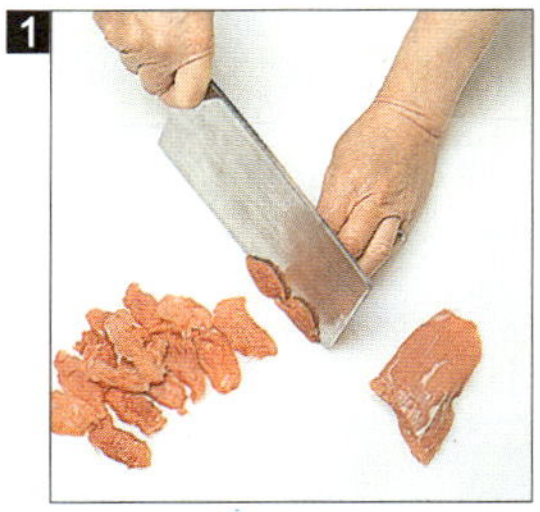

VARIATION

Falls Sie für dieses Gericht Hähnchenbrustfilet verwenden, beachten Sie, dass die Garzeit in Schritt 4 etwas kürzer ist.

Filetspieße mit Äpfeln

Diese appetitlichen Spieße mit ihrem kräftigen Senfaroma und einer delikaten Senfsauce sind ideal als leichtes Mittagessen.

NÄHRWERTANGABEN

Kilokalorien 290	Zucker .... 11 g
Eiweiß .... 24 g	Fett .... 17 g
Kohlenhydrate .. 11 g	davon gesättigt .. 5 g

10 MIN. 15 MIN.

4 PERSONEN

ZUTATEN

- 450 g Schweinefilet
- 2 Äpfel
- etwas Zitronensaft
- 1 Zitrone
- 2 TL grobkörniger Senf
- 2 TL Dijonsenf
- 2 EL Apfel- oder Orangensaft
- 2 EL Sonnenblumenöl
- knuspriges Bauernbrot, zum Servieren

SENFSAUCE

- 1 EL grobkörniger Senf
- 1 TL Dijonsenf
- 6 EL Schlagsahne

1

4

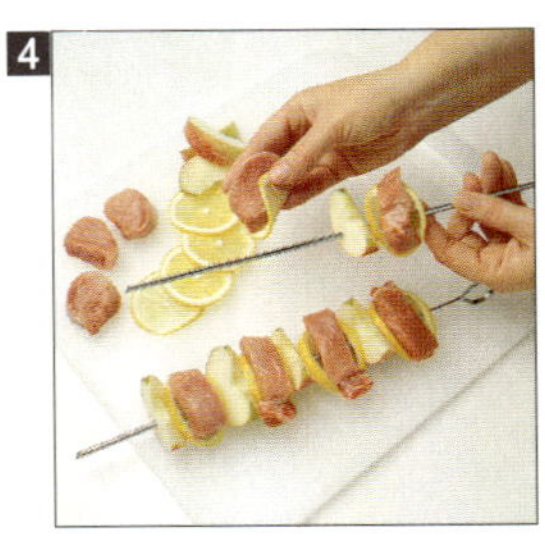

5

1 Für die Senfsauce grobkörnigen und Dijonsenf in einer kleinen Schüssel mischen, langsam die Sahne einrühren und zunächst beiseite stellen.

2 Das Schweinefilet in mundgerechte Stücke schneiden und beiseite stellen.

3 Die Äpfel entkernen und in dicke Spalten schneiden. Mit etwas Zitronensaft beträufeln, damit sie sich nicht verfärben. Die Zitrone in Scheiben schneiden.

4 Schweinefilet, Apfelspalten und Zitronenscheiben abwechselnd auf 4 Metallspieße oder zuvor gewässerte Holzspieße stecken.

5 Beide Senfsorten mit dem Apfel- oder Orangensaft und dem Sonnenblumenöl verrühren. Die Spieße damit bestreichen und 10–15 Minuten grillen, bis das Fleisch gar ist. Zwischendurch regelmäßig wenden und mit der Senfmischung bestreichen.

6 Die gegrillten Spieße auf vorgewärmte Teller verteilen und mit etwas Senfsauce übergießen. Mit frischem Bauernbrot servieren.

Fruchtiges Schweinefilet

Zartes Schweinefilet und aromatisch säuerliche Äpfel sind schon eine fast klassische Kombination. Hier kommen noch Brombeeren hinzu.

NÄHRWERTANGABEN

Kilokalorien	298	Zucker	16 g
Eiweiß	27 g	Fett	11 g
Kohlenhydrate	18 g	davon gesättigt	3 g

1 STD. 20 MIN.

4 PERSONEN

ZUTATEN

- 500 g Schweinefilet
- 2 TL Sonnenblumenöl
- 150 ml Gemüsebrühe (siehe Seite 8)
- 150 ml Roséwein
- 1 EL frisch gehackter Thymian
- 1 EL flüssiger Honig
- 2 säuerliche Äpfel, in Scheiben geschnitten und mit 1 EL Zitronensaft beträufelt
- 300 g frische Brombeeren (Tiefkühlware aufgetaut) oder 210 g Brombeeren aus dem Glas, abgetropft
- Salz und Pfeffer
- 2 TL Speisestärke mit 4 TL Wasser angerührt
- frisches Gemüse, zum Servieren

1 Das Schweinefilet parieren und in 1 cm dicke Scheiben schneiden.

2 Das Öl in einer beschichteten Pfanne erhitzen. Die Filetscheiben von beiden Seiten 4–5 Minuten goldbraun anbraten, dann aus der Pfanne heben und auf Küchenpapier abtropfen lassen. Den Bratensaft in der Pfanne belassen.

3 Brühe, Wein, Thymian und Honig gut mit dem Bratensaft verrühren, köcheln lassen und das Fleisch und die Äpfel zugeben. 5 Minuten ohne Deckel weiterköcheln lassen.

4 Die Brombeeren zugeben, alles mit Salz und Pfeffer abschmecken und weitere 5 Minuten köcheln lassen.

5 Die aufgelöste Speisestärke einrühren, bis die Sauce andickt. Das fertige Gericht mit frischem Gemüse servieren.

1
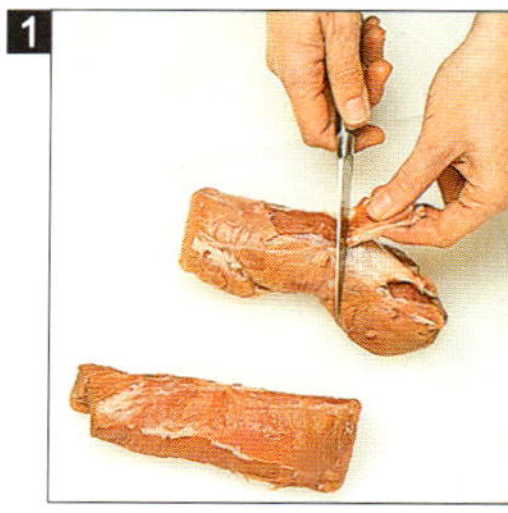

2

3

VARIATION

Sie können für dieses Gericht auch andere Beeren wie Himbeeren oder Blaubeeren verwenden, egal ob frisch, tiefgefroren oder aus dem Glas.

Fleischbällchen mit Minzsauce

Die Fleischbällchen aus magerem Schweinehack werden zuerst angebraten und dann mit eingelegten Walnüssen und Brühe geschmort.

NÄHRWERTANGABEN

Kilokalorien 318	Zucker 2g
Eiweiß 30g	Fett 20g
Kohlenhydrate ... 6g	davon gesättigt .. 5g

5 MIN. 25 MIN.

4 PERSONEN

ZUTATEN

- 500 g mageres Schweinehack
- 40 g Semmelbrösel
- ½ TL gemahlener Piment
- 1 Knoblauchzehe, zerdrückt
- 2 EL frisch gehackte Minze
- 1 Ei, verquirlt
- Salz und Pfeffer
- 2 EL Sonnenblumenöl
- 1 rote Paprika, in Streifen
- 250 ml Hühnerbrühe
- 4 eingelegte Walnüsse, in dünnen Scheiben
- frische Minzezweige, zum Garnieren
- Reis oder chinesische Eiernudeln, zum Servieren

1 Schweinehack, Semmelbrösel, Piment, Knoblauch, 1 Esslöffel Minze und das Ei gut vermengen und mit Salz und Pfeffer würzen.

2 Aus der Hackfleischmischung 20 Bällchen formen. Am einfachsten geht dies, wenn Sie Ihre Hände mit kaltem Wasser befeuchten.

3 Das Öl in einem Wok stark erhitzen, den Wok dabei schwenken. Die Fleischbällchen 4–5 Minuten von allen Seiten goldbraun anbraten.

4 Die Fleischbällchen aus dem Wok nehmen und auf Küchenpapier abtropfen lassen.

5 Das Fett aus dem Wok bis auf 1 Esslöffel abgießen. Dann die Paprika 2–3 Minuten weich dünsten, ohne sie zu bräunen.

6 Die Hühnerbrühe zugießen, aufkochen und gut mit Salz und Pfeffer abschmecken. Die Fleischbällchen zurück in den Wok geben. Alles 7–10 Minuten köcheln lassen, die Fleischbällchen dabei gelegentlich wenden.

7 Die restliche Minze und die Walnüsse zugeben und weitere 2–3 Minuten köcheln lassen. Die Fleischbällchen dabei regelmäßig wenden, damit sie gut mit Sauce bedeckt bleiben.

8 Mit Salz und Pfeffer abschmecken. Die Fleischbällchen mit den frischen Minzezweigen garnieren und mit Gemüse und Reis oder Eiernudeln servieren.

2

3

5

Koteletts mit Kidney-Bohnen

Die feurig scharfen Kidney-Bohnen passen auch hervorragend zu anderen Fleisch- oder Geflügelgerichten.

NÄHRWERTANGABEN

Kilokalorien	388	Zucker	5 g
Eiweiß	20 g	Fett	27 g
Kohlenhydrate	17 g	davon gesättigt	8 g

5 MIN. 50 MIN.

4 PERSONEN

ZUTATEN

- 3 EL Pflanzenöl
- 4 magere Schweinekoteletts
- 2 Zwiebeln, in feinen Ringen
- 2 Knoblauchzehen, zerdrückt
- 2 frische grüne Chillies, entkernt und gehackt oder 1–2 TL eingelegte Chillies, gehackt
- 2,5-cm-Stück Ingwerwurzel, gehackt
- 1½ TL Kreuzkümmelsamen
- 1½ TL gemahlener Koriander
- 600 ml Brühe oder Wasser
- 2 EL Tomatenmark
- ½ Aubergine, in 1 cm großen Würfeln
- Salz und Pfeffer
- 400 g Kidney-Bohnen aus der Dose, abgetropft
- 4 EL Crème fraîche
- frischer Koriander, zum Garnieren

1 Das Öl in einer großen Pfanne erhitzen und die Koteletts von beiden Seiten gut anbraten. Aus der Pfanne nehmen und warm halten.

2 Zwiebeln, Knoblauch, Chillies, Ingwer und Gewürze in die Pfanne geben und 2 Minuten andünsten. Brühe oder Wasser, Tomatenmark und Auberginenwürfel zugeben und mit Salz und Pfeffer würzen.

3 Alles aufkochen, die Koteletts auf das Gemüse legen und bei mittlerer Hitze mit aufgesetztem Deckel 30 Minuten köcheln lassen.

4 Die Koteletts aus der Pfanne nehmen, Kidney-Bohnen und Crème fraîche unterrühren. Die Koteletts wieder in die Pfanne geben und zugedeckt weitere 5 Minuten köcheln lassen.

5 Das fertige Gericht gut mit Salz und Pfeffer abschmecken, auf Servierteller verteilen, mit Koriander garnieren und sofort servieren.

1

2

3

Schweinefleisch-Gemüsepfanne

Ein sehr einfaches Gericht, für das nahezu jede Gemüsesorte verwendet werden kann.

NÄHRWERTANGABEN

Kilokalorien 216	Zucker .... 3 g
Eiweiß .... 19 g	Fett .... 12 g
Kohlenhydrate ... 5 g	davon gesättigt .. 3 g

5 MIN. 15 MIN.

4 PERSONEN

ZUTATEN

- 2 EL Pflanzenöl
- 2 Knoblauchzehen, zerdrückt
- 1-cm-Stück Ingwerwurzel, in dünnen Scheiben
- 350 g mageres Schweinefilet, in dünnen Scheiben
- 1 Karotte, in dünnen Stiften
- 1 rote Paprika, gewürfelt
- 1 Fenchelknolle, in dünnen Scheiben
- 25 g Wasserkastanien, halbiert
- 75 g Bohnensprossen
- 2 EL chinesischer Reiswein
- 300 ml Hühner- oder Fleischbrühe
- 1 Prise brauner Zucker
- 1 TL Speisestärke
- 2 TL Wasser

2

2

4

1 Das Öl in einem heißen Wok erhitzen. Knoblauch, Ingwer und das Fleisch zugeben und dieses 1–2 Minuten von allen Seiten knusprig anbraten.

2 Karotte, Paprika, Fenchel und Wasserkastanien in den Wok geben und etwa 2–3 Minuten andünsten.

3 Die Bohnensprossen zugeben und 1 Minute dünsten. Das Fleisch und das Gemüse herausnehmen und warm halten.

4 Den Reiswein, die Brühe und den Zucker in den Wok geben. Die Speisestärke mit dem Wasser glatt rühren und in die Sauce einrühren. Zum Kochen bringen und ständig rühren, bis die Sauce angedickt und klar ist.

5 Fleisch und Gemüse wieder in den Wok geben und 1–2 Minuten köcheln, bis alles heiß und mit der Sauce überzogen ist. Sofort servieren.

VARIATION

Statt chinesischem Reiswein können Sie auch trockenen Sherry verwenden.

Schweinefilet Stroganoff

Zartes, mageres Schweinefleisch wird in einer fruchtigen Tomatensauce gegart und zusätzlich mit Naturjoghurt aromatisiert.

NÄHRWERTANGABEN

Kilokalorien 223	Zucker .... 7 g
Eiweiß .... 22 g	Fett .... 10 g
Kohlenhydrate .. 12 g	davon gesättigt .. 3 g

2 ¹/₄ STD. 30 MIN.

4 PERSONEN

ZUTATEN

- 350 g mageres Schweinefilet
- 1 EL Pflanzenöl
- 1 Zwiebel, gehackt
- 2 Knoblauchzehen, zerdrückt
- 25 g Mehl
- 2 EL Tomatenmark
- 425 ml Hühner- oder Gemüsebrühe (siehe Seiten 8 und 9)
- 125 g kleine Champignons, in Scheiben
- 1 grüne Paprika, gewürfelt
- ½ TL frisch geriebene Muskatnuss, plus etwas mehr, zum Garnieren
- Salz und Pfeffer
- 4 EL fettarmer Naturjoghurt, plus etwas mehr, zum Garnieren
- frisch gehackte Petersilie, zum Garnieren
- gekochter Reis, zum Servieren

1 Fett und Sehnen vom Fleisch entfernen, dann das Filet in 1 cm dicke Scheiben schneiden.

2 Das Öl in einer großen Pfanne erhitzen. Fleisch, Zwiebel und Knoblauch darin 4–5 Minuten hellbraun anbraten.

3 Mehl und Tomatenmark einrühren, die Brühe zugießen und alles gut verrühren.

4 Champignons, Paprika und Gewürze zugeben. Das Geschnetzelte aufkochen und anschließend mit geschlossenem Deckel 20 Minuten köcheln lassen, bis das Fleisch gar ist.

5 Die Pfanne vom Herd nehmen und den Joghurt unterrühren.

6 Auf das Geschnetzelte etwas Joghurt geben und das fertige Gericht mit Muskatnuss bestäuben. Petersilie über den Reis streuen und alles zusammen servieren.

2

4

5

TIPP

Fertige Fisch-, Fleisch- oder Gemüsebrühe kann man auch in Gläsern kaufen. Sie ist teurer als Brühwürfel, enthält aber weniger Salz und meist keine künstlichen Aromastoffe. Am besten ist jedoch selbst gekochte Brühe.

Schweinemedaillons und Äpfel

Hier werden magere, zarte Schweinemedaillons mit Äpfeln und trockenem Cidre zu einem leichten Mahl kombiniert.

NÄHRWERTANGABEN

Kilokalorien	256	Zucker	12 g
Eiweiß	21 g	Fett	13 g
Kohlenhydrate	12 g	davon gesättigt	3 g

2 1/2 STD. 40 MIN.

4 PERSONEN

ZUTATEN

- 8 magere Schweinemedaillons (à ca. 50 g)
- 2 TL Pflanzenöl
- 1 Zwiebel, in dünnen Ringen
- 1 TL Zucker
- 1 TL getrockneter Salbei
- 150 ml trockener Cidre
- 150 ml Hühner- oder Gemüsebrühe (siehe Seiten 8 und 9)
- 1 grüner Apfel
- 1 roter Apfel
- 1 EL Zitronensaft
- Salz und Pfeffer
- frische Salbeiblätter, zum Garnieren
- gekochtes frisches Gemüse, zum Servieren

1

3

5

1 Das sichtbare Fett vom Fleisch entfernen. Die Medaillons mit Küchengarn umwickeln und beiseite stellen.

2 Das Öl in einer Pfanne erhitzen und die Zwiebel 5 Minuten darin dünsten, bis sie weich ist. Den Zucker zugeben und 2–3 Minuten anbräunen.

3 Das Fleisch in die Pfanne geben und von jeder Seite etwa 2 Minuten hellbraun anbraten. Salbei, Cidre und Brühe zugießen, aufkochen und 20 Minuten köcheln lassen.

4 Unterdessen die Äpfel entkernen und jeden in 8 Spalten schneiden. Dann die Apfelspalten mit dem Zitronensaft beträufeln, damit sie nicht braun werden.

5 Die Apfelspalten zum Fleisch in die Pfanne geben und 3–4 Minuten mitgaren, bis sie weich sind. Dann alles mit Salz und Pfeffer abschmecken.

6 Das Fleisch von dem Küchengarn befreien, das fertige Gericht mit frischen Salbeiblättern garnieren und sofort servieren. Dazu passt gekochtes oder gedämpftes Gemüse.

Gefüllte Cannelloni

Diese dicken Nudelröhren lassen sich bestens mit verschiedensten Füllungen zubereiten – und sind einfach köstlich.

NÄHRWERTANGABEN

Kilokalorien	520	Zucker	5 g
Eiweiß	21 g	Fett	39 g
Kohlenhydrate	23 g	davon gesättigt	18 g

30 MIN. 1 1/4 STD.

4 PERSONEN

ZUTATEN

- 8 Cannelloni
- 1 EL Olivenöl
- 2 EL frisch geriebener Parmesan
- frische Kräuterzweige, zum Garnieren

FÜLLUNG

- 1 EL Butter
- 300 g gehackter Spinat, Tiefkühlware aufgetaut
- 125 g Ricotta
- 1 EL frisch geriebener Parmesan
- 60 g Kochschinken, gehackt
- 1 Prise geriebene Muskatnuss
- Salz und Pfeffer
- 2 EL Schlagsahne
- 2 Eier, leicht verquirlt

SAUCE

- 1 EL Butter
- 1 EL Mehl
- 300 ml Milch
- 2 Lorbeerblätter
- 1 Prise geriebene Muskatnuss

1

3

5

1 Die Butter für die Füllung in einem Topf zerlassen und den Spinat 2–3 Minuten pfannenrühren. Vom Herd nehmen und Ricotta, Parmesan und Schinken einrühren. Mit Muskat, Salz und Pfeffer abschmecken. Mit Sahne und Eiern zu einer dicken Paste verquirlen.

2 Die Nudeln mit dem Öl in kochendem Salzwasser bissfest garen. Abtropfen lassen und beiseite stellen.

3 Die Butter für die Sauce in einem Topf zerlassen. Das Mehl einrühren und kurz unter Rühren anschwitzen. Milch und Lorbeerblätter einrühren und 5 Minuten köcheln lassen. Muskat zugeben und mit Salz und Pfeffer abschmecken. Vom Herd nehmen und die Lorbeerblätter entfernen.

4 Die Füllung in einen Spritzbeutel geben und die Cannelloni füllen.

5 Etwas Sauce in eine Auflaufform geben. Die Cannelloni hineinlegen und die restliche Sauce darüber gießen. Mit Parmesan bestreuen und 40–45 Minuten in einem auf 190 °C vorgeheizten Ofen backen. Mit frischen Kräuterzweigen garnieren und sofort servieren.

Nudeln mit Krabben und Fleisch

Ein wunderbarer, in wenigen Minuten zubereiteter Eintopf aus pfannengerührtem Schweinefilet, Krabben und Nudeln.

NÄHRWERTANGABEN	
Kilokalorien 424	Zucker .... 1 g
Eiweiß .... 33 g	Fett .... 27 g
Kohlenhydrate .. 13 g	davon gesättigt .. 5 g

5 MIN. 15 MIN.

4 PERSONEN

ZUTATEN

- 250 g chinesische Eiernudeln
- 3 EL Pflanzenöl
- 2 Knoblauchzehen, zerdrückt
- 350 g Schweinefilet, in Streifen
- 125 g geschälte Krabben
- 1 Bund Frühlingszwiebeln, in Ringen
- 90 g ungesalzene Erdnüsse, geröstet und gehackt
- 3 EL Fischsauce
- 1½ TL Palmzucker oder brauner Zucker
- 1–2 kleine rote Chillies, entkernt und gehackt
- 3 EL Limettensaft
- 3 EL frisch gehackter Koriander

1

2

3

1 Die Nudeln in einen großen Topf mit kochendem Wasser geben, dann sofort vom Herd nehmen und abgedeckt 6 Minuten stehen lassen. Nach 3 Minuten einmal umrühren. (Oder gemäß Packungsanleitung kochen.) Dann abtropfen lassen und warm halten.

2 Das Öl in einem Wok stark erhitzen, Knoblauch und Schweinefleisch zugeben und 2–3 Minuten anbraten, bis das Fleisch braun ist.

3 Krabben, Frühlingszwiebeln, Erdnüsse, Fischsauce, Zucker, Chillies und Limettensaft zugeben. 1 Minute pfannenrühren.

4 Die Nudeln und den Koriander zugeben und etwa 1 Minute pfannenrühren, bis alles heiß ist. Sofort servieren.

TIPP

Fischsauce wird aus gepresstem, gesalzenem Fisch hergestellt und ist in gut sortierten Supermärkten und asiatischen Lebensmittelgeschäften erhältlich. Sie ist sehr salzig, daher Salz nur sparsam verwenden.

Koteletts mit Wacholderbeeren

Die nicht alltägliche Kombination von Fenchel und Wacholderbeeren gibt den Schweinekoteletts ein interessantes Aroma.

1

2

5
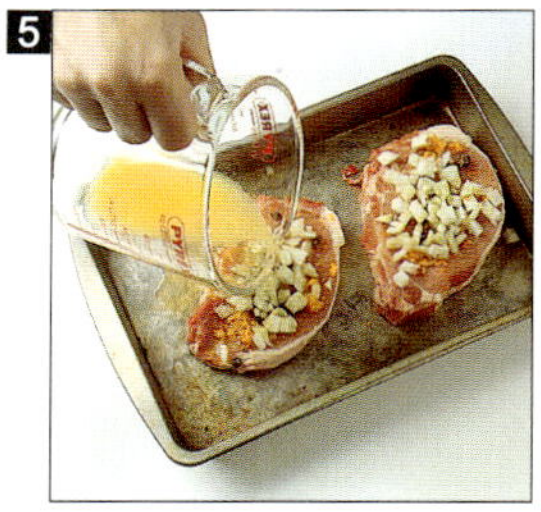

NÄHRWERTANGABEN

Kilokalorien 277	Zucker .... 0,4 g
Eiweiß .... 32 g	Fett .... 16 g
Kohlenhydrate . 0,4 g	davon gesättigt .. 5 g

2¼ STD. 15 MIN.

4 PERSONEN

ZUTATEN

- ½ Fenchelknolle
- 1 EL Wacholderbeeren
- 2 EL Olivenöl
- geriebene Schale und Saft von 1 Orange
- 4 Schweinekoteletts (à ca. 150 g)
- frisches Brot und knackiger Salat, zum Servieren

1 Den Fenchel mit einem Wiegemesser fein hacken. Die grünen Stiele der Knolle entfernen.

2 Die Wacholderbeeren in einem Mörser zerstoßen, dann mit Fenchel, Olivenöl und Orangenschale mischen.

3 Jedes Kotelett mit einem scharfen Messer leicht einritzen.

4 Die Koteletts in einen flachen Bräter oder eine Auflaufform geben und mit der Fenchel-Wacholder-Mischung belegen.

5 Den Orangensaft vorsichtig über die einzelnen Koteletts gießen. Dann den Bräter bzw. die Form abdecken und das Fleisch etwa 2 Stunden im Kühlschrank marinieren.

6 Das marinierte Fleisch herausnehmen und 10–15 Minuten unter einem vorgeheizten Grill garen, dabei gelegentlich wenden. Die tatsächliche Garzeit hängt von der Dicke der Koteletts ab.

7 Das fertig gegarte Fleisch auf Teller verteilen und mit Salat und Brot zum Auftunken der Sauce servieren.

TIPP

In Italien werden Wacholderbeeren relativ oft zum Kochen verwendet, um Speisen ein leichtes Zitrusaroma zu verleihen. Sie sind in getrockneter Form in Naturkostläden oder in Supermärkten erhältlich.

Fruchtige Schweinefleischspieße

Pflaumen und Aprikosen verleihen diesen Schweinefleischspießen Farbe und Geschmack. Am besten schmecken sie direkt vom Grill.

NÄHRWERTANGABEN

Kilokalorien 205	Zucker . . . . 8 g
Eiweiß . . . . 21 g	Fett . . . . 10 g
Kohlenhydrate . . . 8 g	davon gesättigt . . 3 g

1 ¼ STD. 15 MIN.

4 STÜCK

ZUTATEN

- 4 Schweinesteaks
- 8 Backpflaumen
- 8 getrocknete Aprikosen
- 4 Lorbeerblätter

MARINADE

- 4 EL Orangensaft
- 2 EL Olivenöl
- 1 TL gemahlener Lorbeer
- Salz und Pfeffer
- Orangen- und Zitronenscheiben, zum Garnieren

1
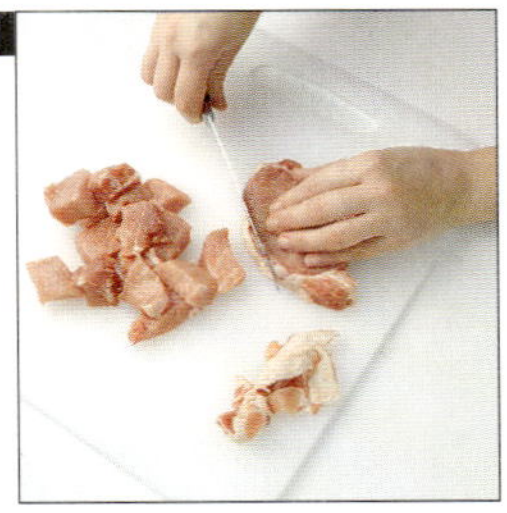
4

6

1 Das sichtbare Fett vom Fleisch entfernen und das Fleisch in gleich große Stücke schneiden.

2 Das Fleisch mit Pflaumen und Aprikosen in eine flache Schale geben.

3 Für die Marinade Orangensaft, Öl, Lorbeer sowie Salz und Pfeffer in einer Schüssel mischen.

4 Die Marinade über Fleisch und Obst geben und gründlich vermengen. Mindestens 1 Stunde, am besten aber über Nacht, im Kühlschrank marinieren.

5 Vier Holzspieße in kaltem Wasser einweichen.

6 Fleisch und Obst mit einem Schaumlöffel aus der Marinade nehmen, die Marinade zum Bestreichen aufbewahren. Fleisch und Obst abwechselnd mit den Lorbeerblättern auf die Spieße stecken.

7 Die Spieße 10–15 Minuten auf einem eingeölten Rost grillen. Dabei wenden und mit der Marinade bestreichen.

8 Die Spieße mit Orangen- und Zitronenscheiben garniert heiß servieren.

Rotes Schweinefilet

Bei diesem traditionellen chinesischen Gericht verfärbt sich das Schweinefleisch rot, weil es mit dunkler Sojasauce beträufelt wird.

NÄHRWERTANGABEN

Kilokalorien 268	Zucker .... 20 g
Eiweiß .... 26 g	Fett .... 8 g
Kohlenhydrate .. 22 g	davon gesättigt .. 3 g

1 ¼ STD. 1 ¼ STD.

4 PERSONEN

ZUTATEN

- 450 g mageres Schweinefilet
- 6 EL dunkle Sojasauce
- 2 EL trockener Sherry
- 1 TL Fünf-Gewürze-Pulver
- 2 Knoblauchzehen, zerdrückt
- 2,5-cm-Stück Ingwerwurzel, fein gehackt
- je 1 große rote, gelbe und orangefarbene Paprika
- 4 EL Zucker
- 2 EL Rotweinessig

GARNIERUNG

- Frühlingszwiebelstreifen
- Schnittlauchröllchen

2

4

6

1 Das Fleisch von Fett und Sehnen befreien und in eine flache Schale legen.

2 Sojasauce, Sherry, Fünf-Gewürze-Pulver, Knoblauch und Ingwer verrühren. Das Fleisch mit der Marinade bestreichen und im Kühlschrank mindestens 1 Stunde ziehen lassen.

3 Den Backofen auf 190 °C vorheizen. Das Fleisch aus der Marinade nehmen, diese aber aufbewahren.

4 Das Fleisch auf einen Bratrost über eine Fettpfanne legen und im Backofen etwa 1 Stunde garen. Dabei gelegentlich rundum mit der Marinade bestreichen.

5 In der Zwischenzeit die Paprika halbieren und entkernen. Jede Paprikahälfte in 3 gleich große Streifen schneiden. Die Streifen mit der Schnittfläche nach unten auf ein Backblech legen und während der letzten 30 Minuten zum Fleisch in den Backofen geben.

6 Zucker und Essig in einem Topf erwärmen, bis sich der Zucker löst. Aufkochen und 3–4 Minuten unter Rühren kochen, bis die Flüssigkeit eindickt. Das Fleisch aus dem Ofen nehmen und mit dem Zuckersirup bestreichen. 5 Minuten ruhen lassen.

7 Das Fleisch in Scheiben schneiden und mit den Paprikastreifen auf einem vorgewärmten Teller anrichten. Mit Frühlingszwiebeln und Schnittlauch garnieren und sofort servieren.

Zweimal gegartes Schweinefleisch

Zweimaliges Garen von Fleisch ist in China sehr beliebt. Es wird zuerst gekocht, damit es zart wird, dann in Streifen oder Scheiben geschnitten und gebraten.

NÄHRWERTANGABEN

Kilokalorien 199	Zucker .... 3 g
Eiweiß .... 15 g	Fett .... 13 g
Kohlenhydrate ... 4 g	davon gesättigt .. 3 g

3 ¼ STD. 30 MIN.

4 PERSONEN

ZUTATEN

- 250–300 g Schweinefleisch (Schulter oder Haxe) in einem Stück
- 3 EL Pflanzenöl
- je 1 kleine grüne und rote Paprika, grob gewürfelt
- 125 g Bambussprossen aus der Dose, abgetropft und abgespült
- 1 Frühlingszwiebel, in Ringen
- 1 TL Salz
- ½ TL Zucker
- 1 EL helle Sojasauce
- 1 TL Chilisauce
- 1 TL Reiswein oder trockener Sherry
- einige Tropfen Sesamöl

1

1

2

1 Das Fleisch in einen Topf mit kochendem Wasser legen, sodass es bedeckt ist. Zum Kochen bringen und den Schaum abschöpfen. Hitze reduzieren, abdecken und 15–20 Minuten köcheln lassen. Den Herd ausschalten und das Fleisch im Wasser mindestens 2–3 Stunden abkühlen lassen.

2 Das Fleisch herausnehmen und gut abtropfen lassen. Überschüssiges Fett entfernen und das Fleisch in kleine, dünne Scheiben schneiden.

3 Das Pflanzenöl in einem heißen Wok erhitzen und Paprika, Bambussprossen und Frühlingszwiebel 1 Minute andünsten.

4 Zuerst das Schweinefleisch und dann Salz, Zucker, Sojasauce, Chilisauce und Wein oder Sherry zugeben. Alles gut mischen und 1 weitere Minute pfannenrühren. Auf einen vorgewärmten Servierteller geben, mit Sesamöl beträufeln und servieren.

TIPP

Sie können sich etwas Arbeit ersparen, indem Sie einen Schweinerollbraten verwenden. Binden Sie ihn einfach mit einer Schnur wie ein Paket zusammen, bevor Sie ihn in das kochende Wasser legen.

Pikante Minifrikadellen

Diese kleinen Fleischbällchen aus Schweinefleisch werden in einer herzhaften Tomatensauce gegart und schmecken sehr würzig.

NÄHRWERTANGABEN

Kilokalorien	299	Zucker	3 g
Eiweiß	28 g	Fett	15 g
Kohlenhydrate	14 g	davon gesättigt	4 g

10 MIN. — 40 MIN.

4 PERSONEN

ZUTATEN

- 450 g Schweinehack
- 2 Schalotten, fein gehackt
- 2 Knoblauchzehen, zerdrückt
- 1 TL Kreuzkümmelsamen
- ½ TL Chilipulver
- 25 g Vollkornsemmelbrösel
- 1 Ei, verquirlt
- 2 EL Sonnenblumenöl
- 400 g gehackte Tomaten aus der Dose, mit zerstoßenen Chillies gewürzt
- 2 EL Sojasauce
- 200 g Wasserkastanien aus der Dose, abgetropft
- 3 EL frisch gehackter Koriander

1

2

3

1 Das Schweinehack in eine große Rührschüssel geben. Schalotten, Knoblauch, Kreuzkümmelsamen, Chilipulver, Semmelbrösel und Ei zugeben und alles gut mischen.

2 Die so zubereitete Fleischmasse zu Bällchen formen.

3 Das Öl in einem großen heißen Wok erhitzen. Die Fleischbällchen portionsweise in das Öl legen und bei starker Hitze etwa 5 Minuten anbraten oder bis sie rundum knusprig gebräunt sind. Die fertigen Bällchen herausnehmen, beiseite stellen und warm halten.

4 Tomaten, Sojasauce und Wasserkastanien in den Wok geben und zum Kochen bringen. Die Fleischbällchen erneut in den Wok legen, die Hitze reduzieren und alles 15 Minuten köcheln lassen.

5 Das fertige Gericht mit frischem Koriander bestreuen und heiß servieren.

TIPP

Statt der zerstoßenen Chillies können auch ein paar Teelöffel Chilisauce oder etwas Chilipulver zu den gehackten Dosentomaten gegeben werden.

Rippchen mit Pflaumensauce

Schweinerippchen sind zum Grillen sehr beliebt und können mit einer Reihe von pikanten Saucen bestrichen werden.

NÄHRWERTANGABEN

Kilokalorien 590	Zucker . . . . 1 g
Eiweiß . . . . 26 g	Fett . . . . 51 g
Kohlenhydrate . . . 3 g	davon gesättigt . 17 g

35 MIN. 45 MIN.

4 PERSONEN

ZUTATEN

- 900 g Schweinerippchen
- 2 EL Sonnenblumenöl
- 1 TL Sesamöl
- 2 Knoblauchzehen, zerdrückt
- 2,5-cm-Stück Ingwerwurzel, gerieben
- 150 ml Pflaumensauce
- 2 EL trockener Sherry
- 2 EL Hoisin-Sauce
- 2 EL Sojasauce
- 4–6 Frühlingszwiebeln, zum Garnieren (nach Belieben)

1
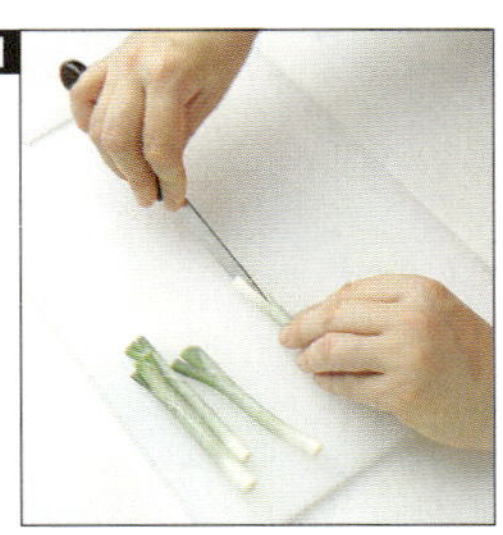

2

5
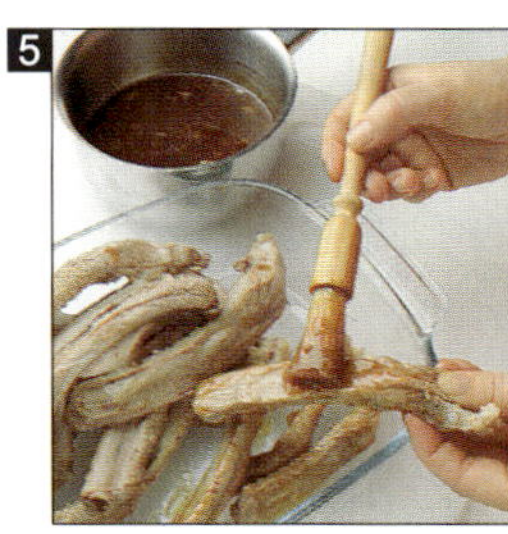

1 Für die Garnierung Frühlingszwiebeln in etwa 7,5 cm lange Stücke schneiden (Spitzen und Wurzelansätze entfernen). Grüne und weiße Enden in dünnen Streifen einschneiden, die Zwiebel in der Mitte ganz lassen.

2 Dann die Frühlingszwiebeln mindestens 30 Minuten in eine Schüssel mit Eiswasser legen, bis die Enden beginnen, sich zu kräuseln. Im Wasser beiseite stellen.

3 Die Rippchen in ihre einzelnen Rippen zerschneiden (falls als ganze Rippe gekauft). Einen großen Topf mit Wasser zum Kochen bringen und die Rippen hineingeben. 5 Minuten garen und dann gründlich abtropfen lassen.

4 Das Öl in einer Pfanne erhitzen, Knoblauch und Ingwer zugeben und bei geringer Hitze 1–2 Minuten anbraten. Die Pflaumensauce, den Sherry, die Hoisin- und Sojasauce einrühren und alles kurz erhitzen.

5 Rippchen mit der Sauce bestreichen. Über Holzkohle 5–10 Minuten grillen. Auf einem weniger heißen Teil des Grills 15–20 Minuten weitergrillen. Mit restlicher Sauce bestreichen. Garnieren und servieren.

TIPP

Das Vorkochen der Rippchen entfernt überschüssiges Fett und verhindert unangenehme Fettspritzer während des Grillens. Lassen Sie sich nicht von der großen Menge abschrecken – auf den Rippchen ist immer nur relativ wenig Fleisch und sie sind zudem recht preiswert.

Artischocken-Schinken-Salat

Reichen Sie zu diesem erlesenen Gericht ofenfrisches Brot, mit dem man das aromatische Dressing aufnehmen kann.

NÄHRWERTANGABEN

Kilokalorien 124	Zucker .... 2 g
Eiweiß .... 2 g	Fett .... 11 g
Kohlenhydrate ... 4 g	davon gesättigt .. 1 g

25 MIN. 0 MIN.

4 PERSONEN

ZUTATEN

300 g in Öl eingelegte Artischockenherzen, abgetropft
4 kleine Tomaten
2 sonnengetrocknete Tomaten in Öl, abgetropft
40 g Parmaschinken
25 g schwarze Oliven, entsteint und halbiert
einige Basilikumblätter

DRESSING

3 EL Olivenöl extra vergine
1 EL Weißweinessig
1 Knoblauchzehe, zerdrückt
½ TL milder Senf
1 TL flüssiger Honig
Salz und Pfeffer

1

3

5

1 Die Artischocken mit Küchenpapier trockentupfen, in Viertel schneiden und in eine Schüssel geben.

2 Die frischen Tomaten in Spalten und die getrockneten Tomaten in dünne Streifen schneiden. Den Schinken in dünne Streifen schneiden, dann mit den Tomaten und Oliven zu den Artischocken geben.

3 Ein paar Basilikumblätter zum Garnieren beiseite legen, die anderen behutsam in kleine Stücke zupfen und unter den Salat rühren.

4 Für das Dressing alle Zutaten in ein Glas mit Schraubverschluss geben und dieses kräftig schütteln.

5 Das Dressing über den Salat gießen und gut mit diesem mischen.

6 Den Salat mit den zurückgelegten Basilikumblättern garnieren.

TIPP

Falls Sie keine in Öl eingelegten Artischockenherzen bekommen können, nehmen Sie Artischockenherzen aus der Dose – lassen Sie sie vor der Zubereitung sorgfältig abtropfen.

Gefüllte Koteletts

Diese gefüllten, in der Mikrowelle zubereiteten Koteletts sind ein köstliches, schnelles Gericht.

NÄHRWERTANGABEN

Kilokalorien 148	Zucker . . . . 5 g
Eiweiß . . . . 15 g	Fett . . . . 6 g
Kohlenhydrate . . . 9 g	davon gesättigt . . 3 g

20 MIN. 30 MIN.

4 PERSONEN

ZUTATEN

60 g grüne Linsen
1 Selleriestange, in Scheiben
2 Frühlingszwiebeln, in dünnen Ringen
4 dicke magere Koteletts
4 Aprikosenhälften aus der Dose, abgetropft und gewürfelt
1 EL frisch gehackter Salbei
Salz und Pfeffer
1 TL Speisestärke
4 EL Aprikosensaft aus der Dose
2 EL frisch gepresster Orangensaft
1 TL geriebene Orangenschale
1 EL Sauerrahm

GARNIERUNG

Orangenscheiben
frische Salbeizweige

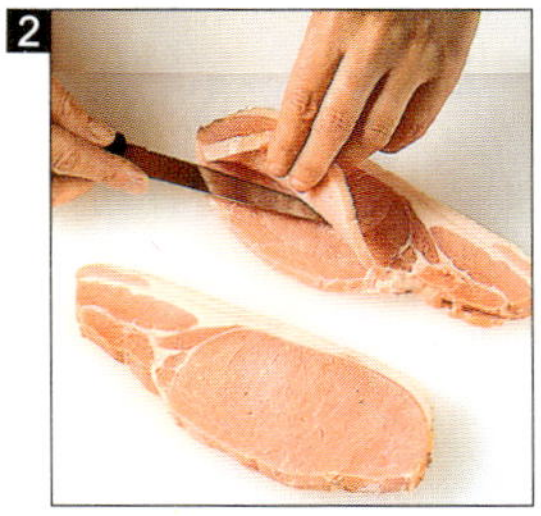

1 Linsen und Sellerie in kochend heißem Wasser einweichen. Abgedeckt auf hoher Stufe in der Mikrowelle 18–20 Minuten garen, bis sie weich sind. Falls erforderlich, Wasser zugießen. Die Frühlingszwiebeln kurz vor Ende der Garzeit zugeben. Abgedeckt 10 Minuten ruhen lassen.

2 In jedes Kotelett auf der Fettseite eine tiefe Tasche schneiden.

3 Die Linsenmischung abgießen, mit den Aprikosen und der Hälfte des Salbeis mischen und mit Salz und Pfeffer würzen. Die Mischung in die Koteletts füllen. Je zwei auf einen Teller legen und abdecken.

4 Das Fleisch auf hoher Stufe in der Mikrowelle 4 Minuten garen. Auf vorgewärmte Teller geben, abdecken und warm halten, bis alle Koteletts fertig sind.

5 Speisestärke mit etwas Wasser in einer Schüssel verrühren, dann Aprikosen- und Orangensaft sowie Orangenschale einrühren. Auf hoher Stufe kurz in der Mikrowelle erhitzen, dabei umrühren. Sauerrahm und übrigen Salbei zufügen. Mit Salz und Pfeffer abschmecken, erneut kurz erhitzen.

6 Die Koteletts garnieren und mit der Sauce servieren.

Würstchen mit Bohnen

In diesem Rezept aus der Toskana werden italienische Würste mit weißen Bohnen und Tomaten geschmort.

NÄHRWERTANGABEN

Kilokalorien 609	Zucker .... 7 g
Eiweiß .... 27 g	Fett .... 47 g
Kohlenhydrate .. 20 g	davon gesättigt . 16 g

15 MIN. 35 MIN.

4 PERSONEN

ZUTATEN

- 1 grüne Paprika
- 8 italienische Würstchen
- 1 EL Olivenöl
- 1 große Zwiebel, gehackt
- 2 Knoblauchzehen, zerdrückt
- 400 g Tomaten, gehäutet und gehackt, oder 400 g gehackte Tomaten aus der Dose
- 2 EL Pesto rosso
- 400 g weiße Bohnen aus der Dose
- Kartoffelpüree oder Reis, zum Servieren

1 Die Paprika mit einem scharfen Messer entkernen und längs in Streifen schneiden.

2 Die Würstchen von allen Seiten mit einer Gabel einstechen. Dann unter einen vorgeheizten Grill geben und 10–12 Minuten von allen Seiten goldbraun rösten, dabei gelegentlich wenden. Anschließend beiseite stellen und warm halten.

3 Das Öl in einer großen Pfanne erhitzen. Zwiebel, Knoblauch und Paprika darin 5 Minuten unter gelegentlichem Rühren weich dünsten.

4 Die Tomaten zugeben und die Sauce 5 Minuten eindicken lassen. Dabei gelegentlich umrühren.

5 Pesto, Bohnen und Würstchen einrühren und 4–5 Minuten in der Sauce kochen. Falls die Sauce zu dickflüssig wird, 4–5 Esslöffel Wasser zugeben.

6 Die Würstchen und das Gemüse in eine Servierschüssel füllen und mit Kartoffelpüree oder Reis servieren.

1

3

4

TIPP

Italienische Würstchen sind sehr aromatisch und grobkörnig. Sie werden in italienischen Lebensmittelgeschäften oder in gut sortierten Supermärkten angeboten. In diesem Rezept können sie durch Wildwürste ersetzt werden.

Schnitzel mit Salami und Kapern

Sardellen geben Fleisch einen besonders würzigen Geschmack. Kalbs- oder Putenschnitzel sind für dieses Rezept am besten geeignet.

NÄHRWERTANGABEN

Kilokalorien	233	Zucker	1 g
Eiweiß	28 g	Fett	13 g
Kohlenhydrate	1 g	davon gesättigt	1 g

10 MIN. 20 MIN.

4 PERSONEN

ZUTATEN

- 1 EL Olivenöl
- 6 Sardellenfilets, abgetropft
- 1 EL Kapern, abgetropft
- 1 EL frisch gezupfter Rosmarin
- geriebene Schale und Saft von 1 Orange
- 75 g italienische Salami, gewürfelt
- 3 Tomaten, gehäutet und gehackt
- 4 Puten- oder Kalbsschnitzel (à 125 g)
- Salz und Pfeffer
- knuspriges Brot oder gekochte Polenta, zum Servieren

1

2
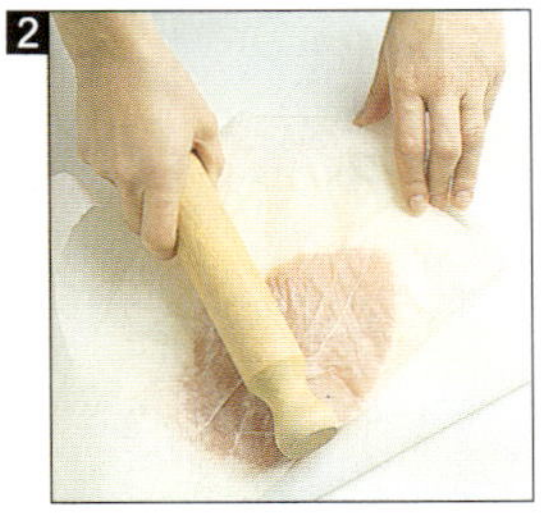

3

1 Das Öl in einer Pfanne erhitzen. Sardellen, Kapern, Rosmarin, Orangenschale und -saft sowie Salami und Tomaten zugeben und 5–6 Minuten unter gelegentlichem Rühren köcheln.

2 Währenddessen das Fleisch zwischen 2 Streifen Frischhaltefolie legen und mit einem Fleischklopfer flach klopfen.

3 Die so vorbereiteten Schnitzel in die Pfanne geben, mit Salz und Pfeffer würzen, abdecken und von jeder Seite 3–5 Minuten garen. Dickere Schnitzel benötigen eine etwas längere Garzeit.

4 Die Schnitzel mit der Sauce auf Teller verteilen und mit Brot oder Polenta servieren.

VARIATION

Statt der Schnitzel können Sie auch Minutensteaks verwenden. Sie benötigen eine Gesamtgarzeit von etwa 4–5 Minuten.

Vitello tonnato

Die berühmteste Kalbsspezialität aus der Lombardei dürfte wohl Vitello tonnato sein. Servieren Sie es kalt mit einem knackigen Salat.

NÄHRWERTANGABEN

Kilokalorien	654	Zucker	1 g
Eiweiß	49 g	Fett	47 g
Kohlenhydrate	1 g	davon gesättigt	8 g

12½ STD. 1¼ STD.

4 PERSONEN

ZUTATEN

- 750 g Kalbsrücken, entbeint und zu einer Rolle gebunden
- 2 Lorbeerblätter
- 10 schwarze Pfefferkörner
- 2–3 Gewürznelken
- ½ TL Salz
- 2 Karotten, in Scheiben
- 1 Zwiebel, in Ringen
- 2 Selleriestangen, in Scheiben
- 750 ml Brühe oder Wasser
- 150 ml trockener Weißwein (nach Belieben)
- 90 g Thunfisch, abgetropft
- 50 g Sardellenfilet, abgetropft
- 150 ml Olivenöl
- 2 TL Kapern, abgetropft
- 2 Eigelb
- 1 EL Zitronensaft
- Salz und Pfeffer

GARNIERUNG

- Kapern
- Zitronenspalten
- frische Kräuter

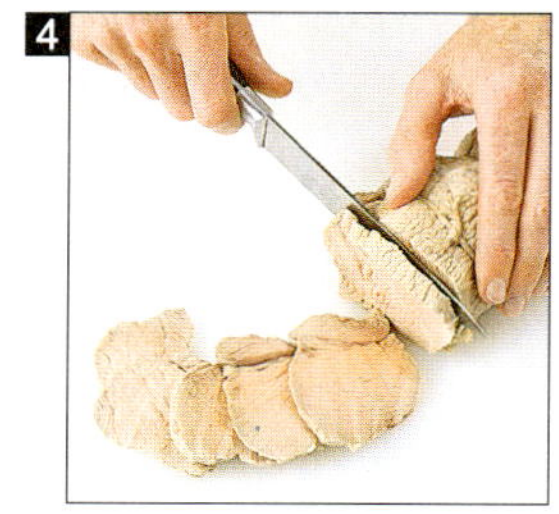

1 Kalbfleisch, Lorbeer, Pfefferkörner, Nelken, Salz und Gemüse in einen großen Topf geben. Mit Brühe oder Wasser und Wein, falls verwendet, so weit auffüllen, dass das Fleisch soeben bedeckt ist. Dann aufkochen, den Schaum an der Oberfläche abschöpfen und ca. 1 Stunde mit aufgesetztem Deckel sanft köcheln lassen, bis das Fleisch gar ist. Das Fleisch in dem Kochsud vollständig erkalten lassen, danach gut abtropfen. Falls es die Zeit erlaubt, das Fleisch vor dem Tranchieren in den Kühlschrank stellen.

2 Für die Sauce Thunfisch, einige Sardellenfilets, 1 Esslöffel Olivenöl und Kapern zerdrücken, das Eigelb unterrühren und alles durch ein Sieb passieren oder in einer Küchenmaschine pürieren.

3 Den Zitronensaft zugeben und das restliche Olivenöl in einem dünnen Strahl unterrühren, bis die Sauce glatt und cremig ist. Mit Salz und Pfeffer abschmecken.

4 Das Fleisch in möglichst dünne Scheiben schneiden, auf einem Teller anrichten und die Sauce darüber geben. Abgedeckt über Nacht in den Kühlschrank stellen.

5 Das Vitello tonnato mit den restlichen Sardellenfilets und den Kapern sowie Zitronenspalten und Kräutern garnieren und servieren.

Neapolitanische Kalbskoteletts

Das zarte Aroma von Kalbfleisch wird hervorragend ergänzt durch eine köstliche Kombination aus Äpfeln, Zwiebeln und Pilzen.

NÄHRWERTANGABEN

Kilokalorien . . . 1071	Zucker . . . . 13 g
Eiweiß . . . . 74 g	Fett . . . . 59 g
Kohlenhydrate . . 66 g	davon gesättigt . 16 g

20 MIN. 45 MIN.

4 PERSONEN

ZUTATEN

200 g Butter
4 parierte Kalbskoteletts (à 250 g)
1 große Zwiebel, in Ringen
2 Äpfel, geschält, entkernt und in Scheiben
200 g kleine Champignons
1 EL frisch gehackter Estragon
8 schwarze Pfefferkörner
1 EL Sesamsaat
400 g Tagliarini
100 ml Olivenöl extra vergine
2 große Fleischtomaten, halbiert
frische Basilikumblätter
200 g Mascarpone
Salz und Pfeffer

1 60 g Butter in einer Pfanne zerlassen. Die Koteletts darin 5 Minuten von jeder Seite sanft anbraten. In eine Schale geben und warm stellen.

2 Zwiebel und Äpfel goldgelb andünsten. In eine Schale geben, die Koteletts darüber legen und warm halten.

3 Champignons, Estragon und Pfefferkörner 3 Minuten in der restlichen Butter braten. Mit der Sesamsaat bestreuen.

4 Salzwasser in einem großen Topf aufkochen. Die Nudeln darin mit 1 Esslöffel Öl bissfest garen. Dann abgießen und auf einen feuerfesten Servierteller geben.

5 Die Tomaten mit dem Basilikum 2–3 Minuten grillen oder anbraten.

6 Den Mascarpone über die Nudeln geben und das restliche Olivenöl darüber träufeln. Zwiebel, Äpfel und Koteletts auf den Nudeln anrichten. Champignons, Pfefferkörner und Bratensaft über die Koteletts geben, Tomaten und Basilikumblätter am Rand anrichten und 5 Minuten in einem auf 150 °C vorgeheizten Ofen backen.

7 Die neapolitanischen Kalbskoteletts mit Salz und Pfeffer abschmecken und sofort servieren.

1

2

3

Saltimbocca

Der Name dieses Gerichts heißt wörtlich übersetzt: „Spring in den Mund!" Es ist leicht und schnell zuzubereiten und schmeckt hervorragend.

NÄHRWERTANGABEN

Kilokalorien	303	Zucker	0,3 g
Eiweiß	29 g	Fett	17 g
Kohlenhydrate	1 g	davon gesättigt	1 g

15 MIN. 20 MIN.

4 PERSONEN

ZUTATEN

- 4 Putenfilets oder Kalbsschnitzel (ca. 500 g)
- 100 g Parmaschinken
- 8 Salbeiblätter
- 1 EL Olivenöl
- 1 Zwiebel, fein gehackt
- 200 ml Weißwein
- 200 ml Hühnerbrühe
- Salz und Pfeffer

1 Das Fleisch zwischen Frischhaltefolie legen und mit einem Fleischklopfer flach klopfen. Dann die Schnitzel längs halbieren.

2 Den Parmaschinken so zuschneiden, dass er genau auf die halbierten Schnitzel passt. Jeweils ein Salbeiblatt auf den Schinken und diesen auf die Schnitzel legen. Die Schnitzel zusammenrollen und mit 2 Zahnstochern fixieren.

3 Das Olivenöl in einer Pfanne erhitzen und die Zwiebel darin 3–4 Minuten weich dünsten. Dann die Fleischrollen zugeben und 5 Minuten braten, bis sie rundum gut gebräunt sind.

4 Wein und Brühe in die Pfanne gießen und die Putenfilets darin 15 Minuten garen, Kalbsschnitzel benötigen weniger Zeit. Mit Salz und Pfeffer abschmecken und sofort servieren.

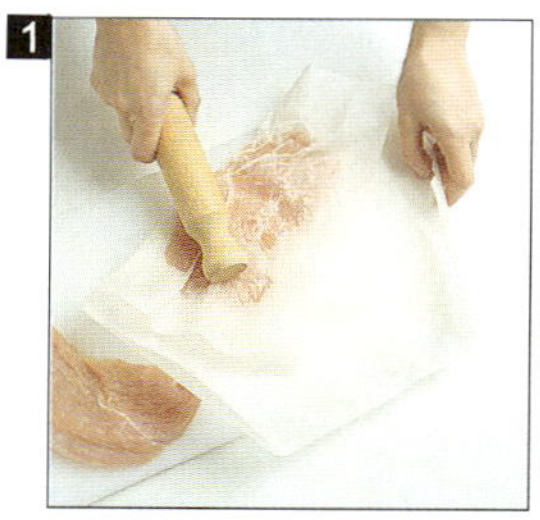

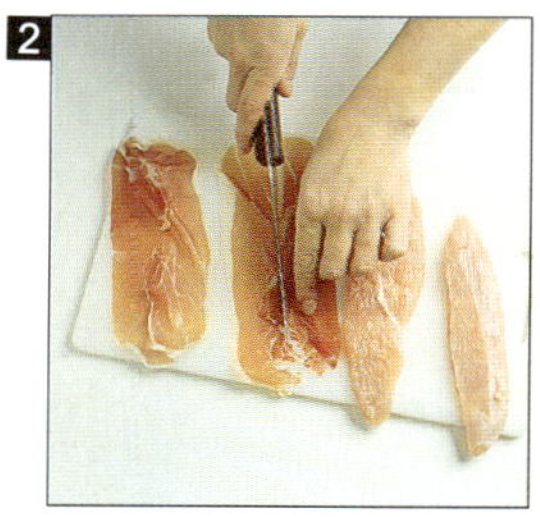

VARIATION

Das Gericht Bocconcini, was so viel wie „kleine Häppchen" heißt, wird wie Saltimbocca zubereitet, nur wird der Salbei durch kleine Stückchen Gruyère ersetzt.

Kalbsfilet in Rosenbutter-Sauce

Dieses exquisite Gericht können Sie mit Kalbs- oder Schweinefilet zubereiten. Verwenden Sie nur Rosen, die nicht chemisch behandelt wurden.

NÄHRWERTANGABEN

Kilokalorien	810	Zucker	2 g
Eiweiß	31 g	Fett	56 g
Kohlenhydrate	49 g	davon gesättigt	28 g

10 MIN. 35 MIN.

4 PERSONEN

ZUTATEN

- 500 g Fettuccine
- 7 EL Olivenöl
- 1 TL frisch gehackter Oregano
- 1 TL frisch gehackter Majoran
- 150 g Butter
- 400 g Kalbsfilet, in dünnen Scheiben
- 150 ml Rosenblütenessig
- 150 ml Gemüsebrühe
- 50 ml Grapefruitsaft
- 50 g Schlagsahne
- Salz

GARNIERUNG

- 12 rotfleischige Grapefruitfilets
- 12 rosafarbene Pfefferkörner
- Rosenblätter
- frische Kräuterblätter

2

3

3

1 Salzwasser in einem großen Topf aufkochen. Die Nudeln darin mit 1 Esslöffel Öl bissfest kochen. Abgießen, in eine vorgewärmte Servierschüssel geben, mit 2 Esslöffeln Olivenöl besprenkeln und mit Oregano und Majoran bestreuen.

2 50 g Butter mit dem restlichen Öl in einer Pfanne erhitzen und das Fleisch 6 Minuten darin anbraten. Dann das Fleisch auf die Nudeln legen.

3 Essig und Gemüsebrühe in die Pfanne geben und um zwei Drittel einkochen. Grapefruitsaft und Sahne zugeben und alles 4 Minuten köcheln lassen. Die restliche Butter unter Rühren in der Sauce zerlassen. Mit Salz abschmecken.

4 Die Sauce um das Fleisch gießen, garnieren und servieren.

TIPP

Rosenblütenessig:
Die Blütenblätter von 8 ungespritzten Rosen 48 Stunden in 150 ml Weißweinessig einlegen.

Italienische Kalbsschnitzel

Dieses Gericht gelingt besonders gut mit zartem Kalbfleisch, aber natürlich können Sie auch Schweine- oder Putenschnitzel verwenden.

NÄHRWERTANGABEN

Kilokalorien	592	Zucker	5 g
Eiweiß	44 g	Fett	23 g
Kohlenhydrate	48 g	davon gesättigt	9 g

25 MIN. 80 MIN.

4 PERSONEN

ZUTATEN

- 2–3 EL Butter
- 1 EL Olivenöl
- 700 g Kartoffeln, gewürfelt
- 4 Kalbsschnitzel (à 175 g)
- 1 Zwiebel, geachtelt
- 2 Knoblauchzehen, zerdrückt
- 2 EL Mehl
- 2 EL Tomatenmark
- 150 ml Rotwein
- 300 ml Kalbs- oder Hühnerbrühe
- 8 reife Tomaten, gehäutet, entkernt und gewürfelt
- 1–2 EL schwarze Oliven, entsteint und halbiert
- 2 EL frisch gehacktes Basilikum
- Salz und Pfeffer
- frische Basilikumblätter, zum Garnieren

1 Butter und Öl in einer großen Pfanne erhitzen. Die Kartoffeln darin unter ständigem Rühren 5–7 Minuten braten, bis sie leicht gebräunt sind.

2 Die Kartoffeln mit einem Schaumlöffel aus der Pfanne nehmen und beiseite stellen.

3 Die Schnitzel in der Pfanne 2–3 Minuten von jeder Seite anbraten, dann herausnehmen und beiseite stellen.

4 Zwiebel und Knoblauch in der Pfanne 2–3 Minuten dünsten.

5 Mehl und Tomatenmark unterrühren und 1 Minute anschwitzen. Dann Rotwein und Brühe zugießen und unter ständigem Rühren garen, bis eine glatte Sauce entsteht.

6 Kartoffeln und Schnitzel wieder in die Pfanne geben. Dann Tomaten, Oliven und Basilikum hineingeben und alles mit Salz und Pfeffer abschmecken.

7 Dann alles in eine Kasserolle füllen und in einem auf 180 °C vorgeheizten Backofen 1 Stunde garen, bis die Kartoffeln und das Fleisch gar sind. Mit Basilikum garnieren und sofort servieren.

3

5

6

TIPP

Besonders zart werden die Schnitzel, wenn Sie sie vor der Zubereitung mit einem Fleischklopfer flach klopfen. Dadurch verringert sich übrigens auch die Garzeit.

Wildpfanne süß-sauer

Wild ist mager und fettarm und eignet sich deshalb gut für eine kalorienbewusste Ernährung. Hier wird es mit knackigem Gemüse im Wok zubereitet.

NÄHRWERTANGABEN

Kilokalorien 250	Zucker .... 11 g
Eiweiß .... 30 g	Fett .... 8 g
Kohlenhydrate .. 13 g	davon gesättigt . 0,4 g

10 MIN. 15 MIN.

4 PERSONEN

ZUTATEN

- 1 Bund Frühlingszwiebeln
- 1 rote Paprika
- 100 g Zuckererbsen
- 100 g Babymaiskolben
- 350 g mageres Wildfleisch
- 1 EL Pflanzenöl
- 1 Knoblauchzehe, zerdrückt
- 2,5-cm-Stück Ingwerwurzel, fein gehackt
- 3 EL helle Sojasauce, plus etwas mehr, zum Servieren
- 2 EL trockener Sherry
- 1 EL Weißweinessig
- 2 TL flüssiger Honig
- 225 g Ananasstücke aus der Dose, abgetropft
- 25 g Bohnensprossen
- gekochter Reis, zum Servieren

2

2

5

1 Die Frühlingszwiebeln putzen und in 2,5 cm lange Stücke schneiden. Die Paprika halbieren, entkernen und in 2,5 cm große Stücke schneiden. Zuckererbsen und Babymaiskolben putzen.

2 Das Fleisch in dünne Streifen schneiden. Das Pflanzenöl in einer großen Pfanne oder einem Wok erhitzen. Dann Fleischstreifen, Knoblauch und Ingwer darin unter ständigem Rühren etwa 5 Minuten anbraten.

3 Frühlingszwiebeln, Paprika, Zuckererbsen und Mais zugeben. Dann Sojasauce, Sherry, Essig und Honig zugießen.

4 Alles unter Rühren bei starker Hitze weitere 5 Minuten pfannenrühren.

5 Die Ananasstücke und die Bohnensprossen vorsichtig unterrühren und weitere 2 Minuten pfannenrühren, bis alles heiß ist. Mit gekochtem Reis und etwas Sojasauce servieren.

Wildklößchen mit Kumquat-Sauce

Das Zitrusaroma der Kumquats ergänzt wunderbar die gedämpften Fleischbällchen. Sie können Sie solo oder auf einem Nudelbett servieren.

NÄHRWERTANGABEN

Kilokalorien 309	Zucker .... 5 g
Eiweiß .... 40 g	Fett .... 7 g
Kohlenhydrate .. 15 g	davon gesättigt .. 0 g

10 MIN. 20 MIN.

4 PERSONEN

ZUTATEN

- 450 g mageres Wildfleisch, zu Hack verarbeitet
- 1 kleine Porreestange, fein gehackt
- 1 Karotte, fein geraspelt
- ½ TL geriebene Muskatnuss
- Salz und Pfeffer
- 1 Eiweiß, leicht verquirlt

SAUCE

- 100 g Kumquats
- 15 g Zucker
- 150 ml Wasser
- 4 EL trockener Sherry
- 1 EL Speisestärke

ZUM SERVIEREN

- frisch gekochte Nudeln
- gekochtes, frisches Gemüse

2

3

5

1 Das Wildhack in einer Schüssel mit Porree, Karotte, Muskat, Salz und Pfeffer vermengen. Eiweiß zugeben und die Masse zu einem glatten Teig verkneten.

2 Mit den Händen aus dem Teig 16 gleich große Klößchen formen.

3 In einem großen Topf Wasser zum Kochen bringen. Die Klöße auf einem Stück Backpapier in einen Dämpfeinsatz oder ein großes Sieb setzen und über das kochende Wasser hängen. Abdecken und 10 Minuten im Dampf garen.

4 Unterdessen für die Sauce die Kumquats waschen und in dünne Scheiben schneiden. Mit Zucker und Wasser in einen Topf geben und aufkochen. 2–3 Minuten kochen.

5 Den Sherry und die Speisestärke verrühren und dann an die Sauce geben. Die Sauce unter Rühren kochen, bis sie eindickt. Eventuell mit Salz und Pfeffer abschmecken.

6 Die gedämpften Fleischklößchen auf Serviertellern anrichten. Mit der Sauce übergießen und mit Nudeln und Gemüse servieren.

Wildsteaks vom Grill

Wild hat einen starken Eigengeschmack und eignet sich deshalb sehr gut für den Grill. Lassen Sie es über Nacht marinieren, damit es zarter wird.

NÄHRWERTANGABEN

Kilokalorien	233	Zucker	2 g
Eiweiß	35 g	Fett	6 g
Kohlenhydrate	3 g	davon gesättigt	0 g

12 ¼ STD. 25 MIN.

4 PERSONEN

ZUTATEN

- 4 Hirsch- oder Rehsteaks
- 150 ml Rotwein
- 2 EL Sonnenblumenöl
- 1 EL Rotweinessig
- 1 Zwiebel, gehackt
- frische Petersilienzweige
- 2 frische Thymianzweige
- 1 Lorbeerblatt
- 1 TL Zucker
- ½ TL milder Senf
- Salz und Pfeffer

ZUM SERVIEREN

- Folienkartoffeln
- grüner Salat
- Kirschtomaten

1

2

3

1 Die Steaks in eine flache Schale aus Glas oder Porzellan legen.

2 Wein, Öl, Essig, Zwiebel, Petersilie, Thymian, Lorbeerblatt, Zucker, Senf, Salz und Pfeffer zusammen in ein Schraubglas füllen, verschließen und kräftig schütteln, bis alles gut vermischt ist. Alternativ die Zutaten in eine Schüssel füllen und mit einer Gabel verquirlen.

3 Die Steaks mit der Marinade übergießen, abdecken und im Kühlschrank über Nacht marinieren. Dabei die Steaks gelegentlich in der Marinade wenden.

4 Steaks auf der heißesten Stelle des Grills etwa 2 Minuten von jeder Seite grillen.

5 Das Fleisch an den Rand des Grills schieben, wo es nicht so heiß ist, und je nach Belieben weitere 4–10 Minuten von jeder Seite grillen. Mit einer Messerspitze in das Fleisch stechen, um zu testen, ob es gar ist – ist das Fleisch innen noch roh, sind die austretenden Säfte rötlich, je garer das Fleisch wird, desto klarer werden die Säfte.

6 Die Steaks mit Folienkartoffeln, grünem Salat und Kirschtomaten servieren.

Wild mit Pflaumen

Der Wildgeschmack erhält durch das fruchtige Aroma der Pflaumen eine besondere Note. Portwein und Brandy runden das Ganze ab.

NÄHRWERTANGABEN

Kilokalorien	311	Zucker	4 g
Eiweiß	35 g	Fett	12 g
Kohlenhydrate	8 g	davon gesättigt	1 g

5 MIN. 10 MIN.

4 PERSONEN

ZUTATEN

- 500 g Hirsch- oder Rehfilet
- 2 EL Olivenöl
- 4 Pflaumen, in Scheiben geschnitten
- 1 TL frisch gehackter Salbei
- 6 Frühlingszwiebeln, in 2 cm große Stücke geschnitten
- 1 EL Speisestärke
- 2 EL Orangensaft
- 150 ml Fleischbrühe
- 4 TL Portwein
- 1 EL rotes Johannisbeergelee
- Salz und Pfeffer
- 1 EL Brandy
- frischer Salbei, zum Garnieren
- Kartoffelpüree, zum Servieren

1 Das Fleisch in 1 cm große Streifen schneiden. Das Öl in einer Pfanne erhitzen und das Fleisch von allen Seiten ca. 2 Minuten scharf anbraten, bis es goldbraun ist. Dann das Fleisch aus der Pfanne heben und beiseite stellen.

2 Pflaumen, Salbei und Frühlingszwiebeln in die Pfanne geben und unter gelegentlichem Rühren 2 Minuten anbraten.

3 Die Speisestärke im Orangensaft anrühren und in die Pfanne geben.

4 Brühe, Portwein und Johannisbeergelee einrühren und die Sauce unter ständigem Rühren eindicken lassen.

5 Das Fleisch wieder in die Pfanne geben, mit Salz und Pfeffer abschmecken und den Brandy einrühren. Alles sanft erhitzen, bis das Fleisch wieder heiß ist.

6 Das fertige Gericht mit Salbei garnieren und mit Kartoffelpüree servieren.

1

2

4

TIPP

Wildfleisch ist besonders zart, wenn es von jungen Tieren stammt. Die besseren Stücke wie Filet oder Rücken können auch gebraten werden. Sie sollten dabei aber darauf achten, dass das Fleisch innen noch rosafarben ist.

Rehmedaillons mit Knoblauch

Zu Wild passt sehr gut eine süße, fruchtige Sauce. Das Rehfleisch wird hier mit Pflaumen und Johannisbeersauce gekocht.

NÄHRWERTANGABEN

Kilokalorien	602	Zucker	18 g
Eiweiß	51 g	Fett	14 g
Kohlenhydrate	62 g	davon gesättigt	1 g

5¼ STD. 35 MIN.

4 PERSONEN

ZUTATEN

- 8 Rehmedaillons (à 75 g)
- Salz und Pfeffer
- 1 EL Öl
- 1 rote Zwiebel, gehackt
- 150 ml Rinderbrühe (siehe Seite 9)
- 150 ml Rotwein
- 3 EL rotes Johannisbeergelee
- 100 g Backpflaumen, entsteint
- 2 TL Speisestärke
- 2 EL Weinbrand
- gegarte Patisson-Kürbisse, zum Servieren

KNOBLAUCHPÜREE

- 900 g Kartoffeln, gewürfelt
- ½ TL Knoblauchpaste
- 2 EL Magerquark oder fettarmer Naturjoghurt
- 4 EL frisch gehackte Petersilie

1 

2 

3 

1 Das Fleisch vom sichtbaren Fett befreien. Mit Salz und Pfeffer würzen. Das Öl in einer Pfanne erhitzen, dann Fleisch und Zwiebel darin 4 Minuten scharf anbraten.

2 Die Hitze reduzieren, dann Brühe und Wein zugießen. Johannisbeergelee und Pflaumen zugeben und rühren, bis sich das Gelee auflöst. Aufkochen und 10 Minuten bei geringer Hitze köcheln lassen.

3 Unterdessen das Püree zubereiten. Die Kartoffeln in einem Topf mit Wasser bedecken, aufkochen und 8–10 Minuten garen. Abgießen, dann die Kartoffeln zerstampfen. Knoblauchpaste, Quark oder Joghurt und Petersilie zugeben und gründlich verrühren. Abschmecken und warm halten.

4 Die Medaillons aus der Pfanne nehmen und warm halten.

5 Speisestärke und Weinbrand verrühren und zum Bratensaft in die Pfanne geben. Unter Rühren aufkochen, bis die Sauce eindickt. Eventuell nachwürzen. Das Fleisch mit Sauce und Püree sowie nach Belieben mit Patisson-Kürbissen servieren.

Lasagne mit Fasan und Erbsen

Diese Lasagne ist so reichhaltig, dass sie als komplette Mahlzeit dient. Servieren Sie sie mit Perlzwiebeln und grünen Erbsen.

NÄHRWERTANGABEN

Kilokalorien	1038	Zucker	13 g
Eiweiß	65 g	Fett	64 g
Kohlenhydrate	54 g	davon gesättigt	27 g

40 MIN. 1 ¼ STD.

4 PERSONEN

ZUTATEN

FÜLLUNG

- 250 g Speck, gewürfelt
- 16 Perlzwiebeln
- 3 EL Butter
- 8 große Fasanenbrüste, dünn aufgeschnitten
- 1 EL Mehl
- 600 ml Hühnerbrühe
- 1 Bouquet garni
- 500 g frische Erbsen, gepalt

LASAGNE

- Butter, zum Einfetten
- 14 Lasagneplatten, vorgekocht
- 800 ml Béchamelsauce (siehe Seite 6)
- 75 g Mozzarella, gerieben

1 Den Speck 3 Minuten in kochendem Salzwasser blanchieren, dann abtropfen lassen und trockentupfen.

2 In einer Pfanne Speck und Zwiebeln in der Butter leicht anbräunen und herausnehmen.

3 Das Fleisch bei geringer Hitze anbraten, dann in eine Auflaufform geben.

4 Das Mehl in der Pfanne anschwitzen, dann die Brühe einrühren. Alles über das Fleisch gießen, das Bouquet garni zufügen und 5 Minuten in einem auf 200 °C vorgeheizten Backofen garen.

5 Das Bouquet garni entfernen. Dann Zwiebeln, Speck und Erbsen in die Auflaufform geben und alles für weitere 10 Minuten im Backofen garen. Dann Fleisch und Speck in einer Küchenmaschine zerkleinern.

6 Die Hitze auf 190 °C reduzieren. Lasagneplatten, Fleischmischung und Béchamelsauce in einer Auflaufform abwechselnd übereinander schichten. Mit Mozzarella bestreuen und 30 Minuten überbacken. Dann mit Erbsen und Zwiebeln angerichtet servieren.

2

3

5

Rebhuhn mit Pesto-Kruste

Im Gegensatz zu anderem Wildgeflügel zeichnet sich Rebhuhn durch ein sehr feines Aroma aus.

2

2
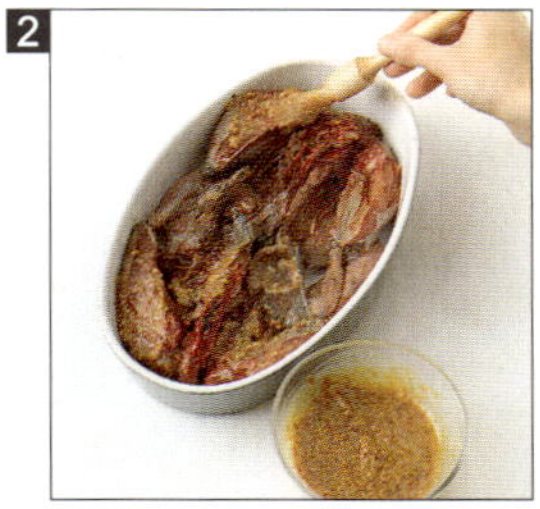
3

NÄHRWERTANGABEN

Kilokalorien	895	Zucker	5 g
Eiweiß	79 g	Fett	45 g
Kohlenhydrate	45 g	davon gesättigt	18 g

15 MIN. 40 MIN.

4 PERSONEN

ZUTATEN

- 8 Rebhuhnstücke (à ca. 120 g)
- 2–3 EL Butter, zerlassen
- 4 EL Dijonsenf
- 2 EL Limettensaft
- 1 EL brauner Zucker
- Salz und Pfeffer
- 6 EL Pesto
- 500 g Rigatoni
- 1 EL Olivenöl
- 120 g Parmesan, gerieben

1 Die Rebhuhnteile nebeneinander und mit der glatten Seite nach unten in eine Auflaufform legen.

2 Butter, Dijonsenf, Limettensaft und Zucker in einer Schüssel mischen und mit Salz und Pfeffer würzen. Die Hälfte der Mischung auf die Rebhuhnteile streichen und diese in einem auf 200 °C vorgeheizten Backofen 15 Minuten garen.

3 Die Auflaufform aus dem Backofen nehmen und die Rebhuhnteile mit 3 Esslöffeln Pesto bestreichen, dann weitere 12 Minuten im Backofen garen.

4 Die Auflaufform aus dem Backofen nehmen, die Rebhuhnteile vorsichtig wenden, mit der restlichen Senfmischung bestreichen und weitere 10 Minuten im Backofen braten.

5 In der Zwischenzeit Salzwasser in einem großen Topf aufkochen. Die Nudeln darin mit dem Olivenöl bissfest kochen. Abtropfen lassen und in eine Servierschüssel geben, dann mit dem restlichen Pesto und dem Parmesan mischen.

6 Die Rebhuhnteile mit dem Bratensud und den Nudeln servieren.

VARIATION

Auf die gleiche Weise lässt sich auch ein junger Fasan zubereiten.

WILKENS

Fisch & Meeresfrüchte

Von Natur aus fettarm, mineralstoff- und eiweißreich, sind Fisch und Meeresfrüchte wichtige Bestandteile für eine bewusste Ernährung. Die verschiedenen Fischsorten unterscheiden sich erheblich in Konsistenz und Geschmack und eignen sich für viele Garmethoden. Grillen und Dämpfen sind zwei überaus beliebte und dazu kalorienbewusste Zubereitungsarten, mit denen man köstliche und gesunde Resultate erzielen kann. Fisch sollte im Kühlschrank aufbewahrt und immer frisch, möglichst 24 Stunden nach dem Kauf zubereitet werden. Neben Fisch enthält dieses Kapitel auch schmackhafte Meeresfrüchte-Rezepte aus der ganzen Welt: Muscheln provenzalisch, Gebratene Jakobsmuscheln oder Tintenfisch in Tomatensauce. Für welche Gelegenheit auch immer, Sie werden das passende Rezept finden.

Seebrasse mit Olivensauce

Das feste weiße Fleisch der Seebrassen ist ein wahrer Hochgenuss und wird deshalb zu Recht hier zu Lande immer beliebter.

NÄHRWERTANGABEN

Kilokalorien	877	Zucker	3 g
Eiweiß	50 g	Fett	47 g
Kohlenhydrate	67 g	davon gesättigt	26 g

10 MIN. 30 MIN.

4 PERSONEN

ZUTATEN

500 g Makkaroni
1 EL Olivenöl
8 Seebrassen-Medaillons (à ca. 120 g)

SAUCE

2 EL Butter, zerlassen
4 Schalotten, fein gehackt
2 EL Kapern
180 g grüne Oliven, entsteint und gehackt
4 EL Balsamico-Essig
300 ml Fischfond
300 g Schlagsahne
Salz und Pfeffer
Saft von 1 Zitrone

GARNIERUNG

Zitronenspalten
Porreestreifen
Karottenstifte

1 Für die Sauce die Butter zerlassen, die Schalotten zugeben und 4 Minuten dünsten. Dann Kapern und Oliven zugeben und 3 Minuten mitdünsten.

2 Balsamico und Fischfond zugießen und die Flüssigkeit auf die Hälfte einkochen. Dann die Sahne einrühren und die Sauce erneut auf die Hälfte reduzieren. Mit Salz und Pfeffer abschmecken und den Zitronensaft einrühren. Die Sauce vom Herd nehmen, beiseite stellen und warm halten.

3 Salzwasser in einem großen Topf aufkochen. Die Makkaroni darin mit dem Olivenöl bissfest garen.

4 Die Fischmedaillons von jeder Seite ca. 4 Minuten braten, bis sie gar, aber noch saftig sind.

5 Die Nudeln gründlich abgießen und auf vorgewärmte Portionsteller verteilen. Dann den Fisch darauf anrichten, mit der Sauce übergießen, mit Porreestreifen, Zitronenspalten und Karottenstiften garnieren und sofort servieren.

1

2

2

Lachs Yakitori

Die süßliche japanische Sauce, die üblicherweise zu Hähnchen serviert wird, passt auch sehr gut zu Lachs.

NÄHRWERTANGABEN

Kilokalorien	247	Zucker	10 g
Eiweiß	19 g	Fett	11 g
Kohlenhydrate	12 g	davon gesättigt	2 g

20 MIN. 15 MIN.

4 PERSONEN

ZUTATEN

350 g Lachssteak
8 kleine Porreestangen

YAKITORI-SAUCE

5 EL helle Sojasauce
5 EL Fischfond
2 EL Zucker
5 EL Reiswein oder trockener Weißwein
3 EL Mirin oder süßer Sherry
1 Knoblauchzehe, zerdrückt

1 Den Lachs häuten und das Fleisch in 5 cm große Stücke schneiden. Den Porree in ebenso große Stücke schneiden.

2 Abwechselnd Lachs- und Porreestücke auf 8 zuvor gewässerte Holzspieße stecken und in den Kühlschrank legen.

3 Für die Sauce alle Zutaten in einen kleinen Topf geben, langsam erhitzen und rühren, bis sich der Zucker aufgelöst hat.

4 Aufkochen lassen, dann die Hitze reduzieren und 2 Minuten köcheln lassen. Die Sauce durch ein feines Sieb abgießen und abkühlen lassen.

5 Ein Drittel der Sauce in ein Schälchen geben, um sie zusammen mit den Spießen zu servieren.

6 Die Spieße großzügig mit der restlichen Sauce bestreichen und dann auf einen Grillrost legen.

7 Alternativ können Sie die Spieße auch auf eingefettete Alufolie legen.

8 Die Lachs-Porree-Spieße bei starker Hitze 10 Minuten grillen, bis sie gar sind. Dabei einmal wenden.

9 Während des Grillens häufig mit der restlichen Sauce bestreichen, damit Fisch und Gemüse nicht austrocknen. Den gegarten Fisch auf eine Servierplatte legen und mit dem Schälchen Yakitori-Sauce als Dip servieren.

Gebratener Lachs mit Porree

Lachs in einer köstlich herzhaften Sauce mariniert, pfannengerührt und auf einem Bett aus frischem Porree angerichtet.

NÄHRWERTANGABEN

Kilokalorien	360	Zucker	9 g
Eiweiß	24 g	Fett	25 g
Kohlenhydrate	11 g	davon gesättigt	4 g

35 MIN. 15 MIN.

4 PERSONEN

ZUTATEN

- 450 g Lachsfilet
- 2 EL Teriyaki-Sauce
- 2 El Tomatenketchup
- 1 TL Reisweinessig
- 1 EL brauner Zucker
- 1 Knoblauchzehe, zerdrückt
- 4 EL Maiskeimöl
- 450 g Porree, in Ringen
- rote Chiliringe, zum Garnieren

1 Den Lachs mit einem scharfen Küchenmesser in portionsgerechte Streifen schneiden. Die Lachsstreifen in eine flache, nichtmetallische Schüssel legen.

2 Sojasauce, Tomatenketchup, Reisweinessig, Zucker und Knoblauch verrühren.

3 Die Mischung über den Lachs gießen, diesen behutsam darin wenden und etwa 30 Minuten marinieren.

4 In der Zwischenzeit 3 Esslöffel Maiskeimöl in einem großen heißen Wok erhitzen.

5 Den Porree in den Wok geben und bei mittlerer Hitze etwa 10 Minuten andünsten.

6 Den Porree mit einem Pfannenwender behutsam aus dem Wok heben und auf vorgewärmte Servierteller verteilen.

7 Das restliche Öl in den Wok geben und den Lachs und die Marinade darin 2 Minuten garen.

8 Den Lachs auf dem Porree anrichten, mit roten Chiliringen garnieren und sofort servieren.

1

3

5

VARIATION

Nach Belieben können Sie statt Lachs auch Rinderfilet verwenden.

Gefüllte Seezunge

Die köstliche Füllung aus sonnengetrockneten Tomaten und Zitronenthymian wird Ihre Gäste begeistern.

NÄHRWERTANGABEN

Kilokalorien	207	Zucker	0,2 g
Eiweiß	24 g	Fett	10 g
Kohlenhydrate	8 g	davon gesättigt	4 g

25 MIN. 20 MIN.

4 PERSONEN

ZUTATEN

- 1 EL Olivenöl
- 1 EL Butter
- 1 kleine Zwiebel, fein gehackt
- 1 Knoblauchzehe, gehackt
- 3 sonnengetrocknete Tomaten, gehackt
- 2 EL frischer Zitronenthymian
- 50 g Semmelbrösel
- 1 EL Zitronensaft
- Salz und Pfeffer
- 4 kleine Seezungen, ausgenommen

GARNIERUNG

- Zitronenspalten
- grüne Salatblätter

1 Öl und Butter in einer Pfanne erhitzen, bis die Mischung schäumt.

2 Zwiebel und Knoblauch zufügen und unter Rühren 5 Minuten dünsten.

3 Für die Füllung Tomaten, Zitronenthymian, Semmelbrösel und Zitronensaft in einer Schüssel vermengen und mit Salz und Pfeffer würzen.

4 Die Füllung in die Pfanne geben und mit der Zwiebelmischung vermengen.

5 Die Haut hinter dem Kopf der Seezungen mit einem scharfen Messer von den Gräten lösen. Die Tomaten-Kräuter-Mischung in die Öffnung der Fische füllen.

6 Die Seezungen unter einem vorgeheizten Grill von jeder Seite 6 Minuten goldbraun rösten.

7 Mit Zitronenspalten und Salatblättern garnieren und sofort servieren.

TIPP

Zitronenthymian *(Thymus x citriodorus)* eventuell durch einfachen Thymian ersetzen. Um dem Zitronenaroma näher zu kommen, der Füllung 1 Teelöffel geriebene Zitronenschale beigeben.

Fisch-Curry mit Ananas

Bei diesem sehr scharfen thailändischen Currygericht ist es wirklich ratsam, zur „Kühlung" des Gaumens Ananas unterzumischen.

NÄHRWERTANGABEN

Kilokalorien	249	Zucker	4 g
Eiweiß	29 g	Fett	9 g
Kohlenhydrate	15 g	davon gesättigt	1 g

15 MIN. 15 MIN.

4 PERSONEN

ZUTATEN

- 2 Ananas
- 7-cm-Stück Galgant, in Scheiben
- 2 Stängel Zitronengras, in feinen Ringen
- 5 frische Basilikumzweige
- 450 g festes weißes Fischfilet (z. B. Seezunge oder Kabeljau), gewürfelt
- 125 g geschälte Krabben
- 2 EL Öl
- 2 EL thailändische rote Currypaste (siehe Seite 218)
- 125 ml dicke Kokosmilch oder -creme
- 2 EL Fischsauce
- 2 TL Palmzucker oder brauner Zucker
- 2–3 rote Chillies, entkernt und in feinen Streifen
- 6 Kaffir-Limettenblätter, zerpflückt
- Korianderzweige, zum Garnieren

1 Die Ananas längs halbieren, das Fruchtfleisch herausschneiden und die Schalen eventuell zum Servieren aufbewahren. Den Strunk der Ananas herauslösen und das Fruchtfleisch in mundgerechte Stücke schneiden.

2 Galgant, Zitronengras und Basilikum in eine Pfanne geben. Den Fisch zugeben und mit Wasser bedecken. Zum Kochen bringen, Hitze reduzieren und 2 Minuten köcheln lassen.

3 Krabben zugeben und 1 Minute mitköcheln. Mit einem Schaumlöffel Fisch und Krabben herausnehmen und warm halten.

4 Das Öl in einer Pfanne oder einem Wok erhitzen. Die Currypaste einrühren und 1 Minute köcheln lassen. Dann Kokosmilch oder -creme, Fischsauce, Palmzucker, Chillies und Limettenblätter einrühren.

5 Die Ananasstücke unterheben und erhitzen. Dann den Fisch zugeben und vorsichtig unterrühren.

6 Das Curry in die Ananasschalen füllen oder auf Teller verteilen und mit Korianderzweigen garniert servieren.

1

2

3

TIPP

Mit Seezunge harmonieren verschiedene Saucen, wie z. B. Sahne- und Tomatensauce oder auch Sauce hollandaise. Köstlich schmeckt sie auch kalt mit einer frischen Mayonnaise.

Forelle in Rotwein

Dieses Gericht aus der Gegend um Trient schmeckt am besten mit fangfrischen Forellen – es eignet sich aber auch für andere Fischsorten.

NÄHRWERTANGABEN

Kilokalorien	489	Zucker	0,6 g
Eiweiß	48 g	Fett	27 g
Kohlenhydrate	0,6 g	davon gesättigt	14 g

30 MIN. 30 MIN.

4 PERSONEN

ZUTATEN

- 4 frische Forellen (à ca. 300 g)
- 250 ml Rot- oder Weißweinessig
- 300 ml trockener Rot- oder Weißwein
- 150 ml Wasser
- 1 Karotte, in Scheiben
- 2–4 Lorbeerblätter
- geriebene Schale von 1 Zitrone
- 1 kleine Zwiebel, in sehr dünnen Ringen
- 4 frische Petersilienzweige
- 4 frische Thymianzweige
- 1 TL schwarze Pfefferkörner
- 6–8 Gewürznelken
- 1 Prise Meersalz
- 90 g Butter
- Salz und Pfeffer

GARNIERUNG

- Kräuterzweige
- Zitronenscheiben

1 Die Fische ausnehmen, Köpfe nicht entfernen. Mit Küchenpapier trockentupfen und auf ein Backblech legen.

2 Den Essig aufkochen, langsam über die Fische gießen und diese 20 Minuten im Kühlschrank marinieren.

3 In der Zwischenzeit Wein, Wasser, Karotte, Lorbeerblätter, Zitronenschale, Zwiebel, Kräuter, Pfeffer und Nelken mit einer guten Prise Meersalz in einem Topf langsam erhitzen.

4 Die Fische sorgfältig abtropfen lassen (den Essigsud wegschütten) und nebeneinander in eine große Pfanne legen. Die kochende Weinmischung durch ein Sieb gießen und über die Fische geben, bis sie zur Hälfte bedeckt sind. Dann alles abgedeckt 15 Minuten bei geringer Hitze köcheln lassen.

5 Den Fisch aus der Pfanne nehmen, sorgfältig abtropfen lassen, auf eine Servierplatte geben und warm stellen.

6 Den Kochsud bis auf 4–6 Esslöffel einkochen. Die Butter in einer Pfanne zerlassen, den Kochsud durch ein Sieb seihen, zur Butter geben und mit Salz und Pfeffer abschmecken. Die fertige Sauce über die Fische gießen, mit Kräutern und Zitronenscheiben garniert sofort servieren.

1

3

4

Kabeljau indonesisch

Die Kokosmilch-Panade macht dieses Gericht besonders aromatisch. Servieren Sie einen knackigen Salat und knuspriges Brot zum Fisch.

NÄHRWERTANGABEN

Kilokalorien	146	Zucker	2 g
Eiweiß	19 g	Fett	7 g
Kohlenhydrate	2 g	davon gesättigt	4 g

10 MIN. 15 MIN.

4 PERSONEN

ZUTATEN

- 4 Kabeljausteaks
- 1 Stängel Zitronengras
- 1 kleine rote Zwiebel, gehackt
- 3 Knoblauchzehen, zerdrückt
- 2 rote Chillies, entkernt und gehackt
- 1 TL frisch geriebene Ingwerwurzel
- Salz und Pfeffer
- ¼ TL gemahlene Kurkuma
- 2 EL Butter, gewürfelt
- 8 EL Kokosmilch
- 2 EL Zitronensaft
- rote Chillies, zum Garnieren

1 Die Kabeljausteaks abwaschen und mit Küchenpapier gründlich trockentupfen.

2 Die äußeren Blätter des Zitronengrases entfernen, den Rest in dünne Ringe schneiden.

3 Zitronengras, Zwiebel, Knoblauch, Chillies und Ingwer in einer Küchenmaschine sehr fein zerkleinern. Dann Salz und Pfeffer zugeben.

4 Bei laufender Küchenmaschine Kurkuma, Butter, Kokosmilch und Zitronensaft zugeben und alles gut vermischen.

5 Die Fischsteaks in eine Schüssel legen. Die Kokosmilchmischung darüber verteilen und den Fisch darin wenden, sodass er rundum von der Mischung überzogen ist.

6 Die Fischsteaks 15 Minuten im Backofengrill oder über Holzkohle grillen, dabei einmal wenden. Mit roten Chillies garnieren und sofort servieren.

2
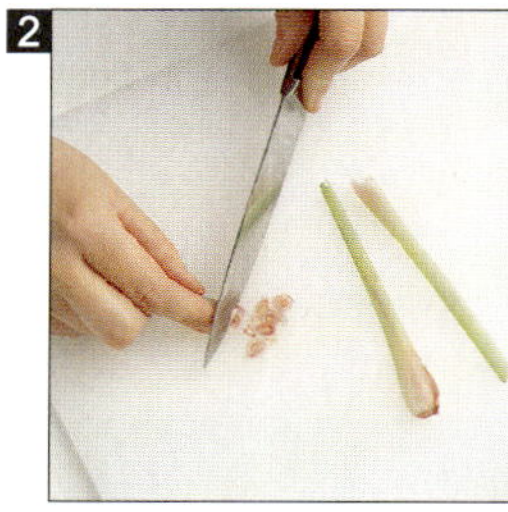

3

5

TIPP

Für einen milderen Geschmack können Sie die Chillies weglassen, wenn Sie es sehr scharf mögen, sollten Sie die Schoten nicht entkernen.

Stockfischpfanne mit Sellerie

Stockfisch wird zur Haltbarmachung getrocknet und gesalzen. Sein etwas eigenwilliger Geschmack passt sehr gut zu Sellerie.

NÄHRWERTANGABEN

Kilokalorien 173	Zucker .... 3 g
Eiweiß .... 14 g	Fett .... 12 g
Kohlenhydrate ... 3 g	davon gesättigt .. 1 g

25 MIN. 25 MIN.

4 PERSONEN

ZUTATEN

- 250 g Stockfisch, über Nacht in Wasser eingeweicht
- 1 EL Öl
- 4 Schalotten, fein gehackt
- 2 Knoblauchzehen, zerdrückt
- 3 Selleriestangen, in Scheiben
- 400 g gehackte Tomaten aus der Dose
- 150 ml Fischfond
- 50 g Pinienkerne
- 2 EL frisch gehackter Estragon
- 2 EL Kapern
- knuspriges Brot oder Kartoffelpüree, zum Servieren

1

2

5

1 Den Stockfisch abtropfen lassen, abwaschen und erneut gut abtropfen lassen. Dann die Haut und die Gräten entfernen und die Filets in Stücke schneiden.

2 Öl in einer Pfanne erhitzen. Schalotten und Knoblauch darin 2–3 Minuten andünsten.

3 Den Sellerie zugeben und weitere 2 Minuten mitdünsten, dann Tomaten und Fischfond zufügen.

4 Die Mischung aufkochen, dann die Hitze reduzieren und die Sauce 5 Minuten köcheln lassen.

5 Die Fischstücke zugeben und 10 Minuten in der Sauce garen. Währenddessen die Pinienkerne auf ein Backblech legen und unter einem vorgeheizten Grill 2–3 Minuten goldbraun rösten.

6 Estragon, Kapern und Pinienkerne in die Pfanne geben und zusammen mit dem Fisch vorsichtig erhitzen. Das fertige Gericht auf Teller verteilen und mit etwas frischem Brot oder Kartoffelpüree servieren.

TIPP

Stockfisch kann lange gelagert werden. Nachdem er eingeweicht wurde, kann er wie jeder andere Fisch verarbeitet werden. Er hat jedoch einen intensiveren und etwas salzigeren Geschmack als frischer Fisch.

Seeteufel mit Ingwer

Dieses Gericht ist ein echter Leckerbissen, ideal für besondere Gelegenheiten. Seeteufel ist sehr zart und harmoniert bestens mit Spargel, Chili und Ingwer.

NÄHRWERTANGABEN

Kilokalorien 133	Zucker .... 0 g
Eiweiß .... 21 g	Fett .... 5 g
Kohlenhydrate ... 1 g	davon gesättigt .. 1 g

5 MIN. 10 MIN.

4 PERSONEN

ZUTATEN

- 450 g Seeteufelfilet
- 1 EL frisch geriebene Ingwerwurzel
- 2 EL süße Chilisauce
- 1 EL Maiskeimöl
- 100 g grüner Spargel, Enden geschält
- 3 Frühlingszwiebeln, in Ringen
- 1 TL Sesamöl

1 Den Seeteufel mit einem scharfen Küchenmesser in dünne Scheiben schneiden und zunächst beiseite stellen.

2 Den Ingwer und die Chilisauce in einer kleinen Schüssel gründlich mischen. Die Seeteufelstücke mit der Mischung bestreichen.

1

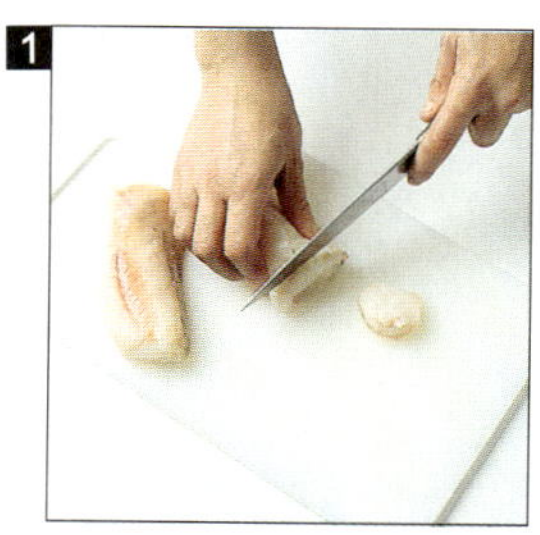

2

4

3 Das Maiskeimöl in einem großen heißen Wok oder einer gusseisernen Pfanne erhitzen.

4 Seeteufelstücke, Spargel und Frühlingszwiebeln zugeben. Etwa 5 Minuten anbraten, dabei behutsam rühren, damit die Fischstücke nicht zerfallen.

5 Den Wok oder die Pfanne vom Herd nehmen, dann Sesamöl über den Fisch und das Gemüse träufeln und alles gut mischen.

6 Die angebratenen Seeteufelstücke mit dem Gemüse auf vorgewärmte Serviertellerverteilen und sofort servieren.

TIPP

Seeteufel ist relativ teuer. Die Ausgabe lohnt sich jedoch, denn er schmeckt köstlich und ist sehr zart. Sie können stattdessen auch in große Würfel geschnittenes Kabeljaufilet verwenden.

Pesce marinati

Selbst kurzes Marinieren verleiht jedem Fisch ein feines Aroma und macht auch gegrillten Fisch zu einer Delikatesse.

NÄHRWERTANGABEN

Kilokalorien	361	Zucker	0g
Eiweiß	26g	Fett	29g
Kohlenhydrate	0g	davon gesättigt	5g

45 MIN. 15 MIN.

4 PERSONEN

ZUTATEN

- 4 Makrelen
- 4 EL frisch gehackter Majoran
- 2 EL Olivenöl extra vergine
- geriebene Schale und Saft von 1 Limette
- 2 Knoblauchzehen, zerdrückt
- Salz und Pfeffer

1 Die Schuppen der Makrelen mit der stumpfen Seite eines Messers in Richtung Kopf abschaben.

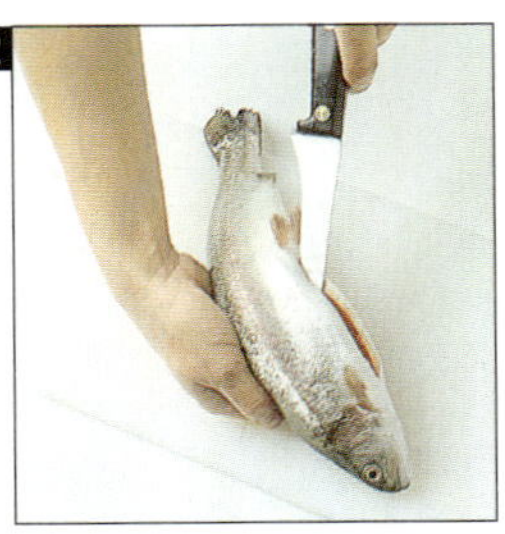

2

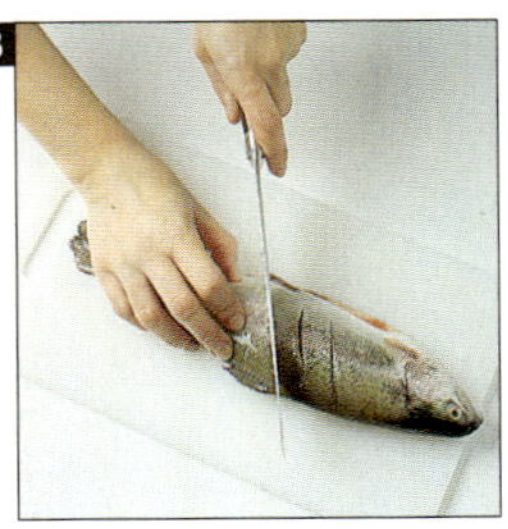

3

4

2 Die Bäuche der Makrelen mit einem scharfen Messer einstechen und den Bauchraum weit öffnen. Die Fische ausnehmen und unter kaltem Wasser abspülen. Die Köpfe können vor der weiteren Verarbeitung abgetrennt werden.

3 Die Makrelen auf beiden Seiten mit einem Messer je viermal diagonal einschneiden. Anschließend in eine tiefe Glasschüssel geben.

4 Für die Marinade Majoran, Olivenöl, Limettenschale und -saft, Knoblauch sowie Salz und Pfeffer in einer kleinen Schüssel vermengen.

5 Die fertige Marinade über die vorbereiteten Makrelen gießen und diese 30 Minuten im Kühlschrank marinieren.

6 Die marinierten Makrelen unter einem vorgeheizten Grill von jeder Seite 5–6 Minuten goldbraun rösten. Dabei gelegentlich mit der übrig gebliebenen Marinade bestreichen.

7 Die fertigen Makrelen auf Teller verteilen und vor dem Servieren mit eventuellen Marinaderesten übergießen.

TIPP

Ist die Limette hart und lässt sich nur schwer ausdrücken, kann sie für 30 Sekunden auf höchster Stufe in der Mikrowelle aufgeweicht werden.

Stockfischküchlein

Diese leckeren frittierten Küchlein können als Zwischenmahlzeit oder als Hauptgericht verzehrt werden. Weichen Sie den Stockfisch früh genug ein.

NÄHRWERTANGABEN

Kilokalorien 142	Zucker . . . . 2 g
Eiweiß . . . . 10 g	Fett . . . . 5 g
Kohlenhydrate . . 14 g	davon gesättigt . . 1 g

30 MIN. 45 MIN.

6 PERSONEN

ZUTATEN

- 100 g Mehl
- 1 TL Backpulver
- 1 Ei, verquirlt
- 150 ml Milch
- 250 g Stockfisch, über Nacht in Wasser eingeweicht
- 1 kleine rote Zwiebel, fein gehackt
- 1 kleine Fenchelknolle, gehackt
- 1 rote Chili, fein gehackt
- 2 EL Öl

ZUM SERVIEREN

knackiger Salat und Chili-Relish oder gekochter Reis und frisches Gemüse

1 Mehl und Backpulver in eine große Schüssel sieben. Eine Vertiefung in die Mitte der Mischung drücken und das Ei hineingeben.

2 Ei und Mehl mit einem Holzlöffel vermengen. Dann langsam die Milch zugießen und weiterrühren, bis ein glatter Teig entsteht. Diesen 10 Minuten ruhen lassen.

3 Den Stockfisch abtropfen lassen, unter kaltem Wasser abwaschen und erneut gut abtropfen lassen.

4 Haut und Gräten des Stockfischs entfernen und die Filets mit einer Gabel in kleine Stücke zupfen.

5 Den zerkleinerten Fisch in eine große Schüssel geben und mit Zwiebel, Fenchel und Chili mischen. Anschließend mit dem fertigen Teig vermengen.

6 Das Öl in einer Pfanne erhitzen. Jeweils 1 Teelöffel des Teigs in die Pfanne geben, andrücken und die so entstandenen Küchlein von jeder Seite 3–4 Minuten goldbraun braten, bis sie leicht aufgegangen sind.

7 Die fertigen Küchlein mit Salat und Chili-Relish als Zwischenmahlzeit oder mit Reis und Gemüse als Hauptgericht servieren.

2

5
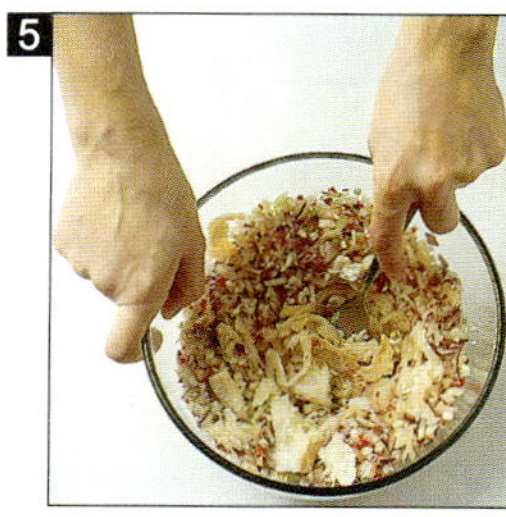

5

TIPP

Für größere Küchlein: 2 Teelöffel Teig pro Portion verwenden und den Teig etwas länger braten.

Frittierter Fisch im Teigmantel

Vorsicht, sehr scharf! Falls Sie es nicht so feurig mögen, können Sie die Chili auch weglassen oder nach Ihrem Geschmack dosieren.

NÄHRWERTANGABEN

Kilokalorien	281	Zucker	3 g
Eiweiß	25 g	Fett	12 g
Kohlenhydrate	15 g	davon gesättigt	2 g

30 MIN. 40 MIN.

4 PERSONEN

ZUTATEN

450 g weißes Fischfilet

TEIG

60 g Mehl
1 Ei, getrennt
1 EL Erdnussöl
4 EL Milch
Öl, zum Frittieren

SAUCE

1 rote Chili, gehackt
2 Knoblauchzehen, zerdrückt
1 Prise Chilipulver
3 EL Tomatenmark
1 EL Reisessig
2 EL dunkle Sojasauce
2 EL chinesischer Reiswein
2 EL Wasser
1 Prise Zucker

3

5

6

1 Den Fisch in 2,5 cm große Würfel schneiden und beiseite stellen. Mehl für den Teig in eine Schüssel sieben und in die Mitte eine kleine Mulde drücken.

2 Eigelb und Öl hineingeben, Milch einrühren und zu einem glatten Teig verarbeiten. Dann 20 Minuten ruhen lassen.

3 Das Eiweiß steif schlagen und unter den Teig ziehen. Das Öl in einem Wok erhitzen. Den Fisch kurz im Teig panieren, dann portionsweise 8–10 Minuten frittieren. Die Fischstücke mit einem Schaumlöffel herausnehmen und warm stellen.

4 Bis auf 1 Esslöffel alles Öl aus dem Wok abgießen und wieder erhitzen.

5 Für die Sauce Chili, Knoblauch, Chilipulver, Tomatenmark, Reisessig, Sojasauce, Reiswein, Wasser und Zucker im Wok 3–4 Minuten unter Rühren kochen.

6 Den Fisch wieder in den Wok geben. Behutsam rühren, bis er mit Sauce überzogen und aufgewärmt ist. Die Fischwürfel mit der Sauce servieren.

Sardische Rotbarbe

Die rote Meerbarbe hat eine hübsche rosa Farbe, die in diesem Rezept durch das Garen in Rotwein und Orangensaft noch verstärkt wird.

NÄHRWERTANGABEN

Kilokalorien	287	Zucker	15 g
Eiweiß	31 g	Fett	9 g
Kohlenhydrate	15 g	davon gesättigt	1 g

2 ½ STD. 25 MIN.

4 PERSONEN

ZUTATEN

- 150 ml Rotwein
- 50 g Sultaninen
- 2 EL Olivenöl
- 2 Zwiebeln, in Ringen
- 1 Zucchini, in 5 cm langen Streifen
- 2 Orangen
- 2 TL Koriandersamen, zerstoßen
- 4 Rotbarben, filetiert
- 50 g Sardellenfilets, abgetropft
- 2 EL frisch gehackter Oregano

1 Den Rotwein in eine Schüssel geben und die Sultaninen darin 10 Minuten einweichen lassen.

3

4

5

2 Das Öl in einer Pfanne erhitzen und die Zwiebeln darin 2 Minuten andünsten.

3 Die Zucchini zugeben und 3 Minuten weich dünsten.

4 Mit einem Zestenschneider dünne Streifen von der Schale einer Orange schälen. Dann die restliche Schale von den Orangen entfernen. Die einzelnen Fruchtsegmente entlang der Hautlappen einschneiden und die Filets herauslösen.

5 Orangenfilets, Rotwein, Sultaninen, Koriandersamen, Rotbarben und Sardellen zu dem Gemüse in die Pfanne geben und 10–15 Minuten köcheln lassen, bis der Fisch gar ist.

6 Den Oregano einrühren, die Pfanne vom Herd nehmen und abkühlen lassen. Anschließend alles in eine große Schüssel geben und abgedeckt mindestens 2 Stunden in den Kühlschrank stellen. Dann auf Teller verteilen und servieren.

TIPP

Rotbarbe ist normalerweise das ganze Jahr über erhältlich, wenn nicht frisch, dann tiefgefroren. Sie kann auch durch Tilapia ersetzt werden.

Fischfilet in Safransauce

Weißes Fischfilet wird in einem Bambus-Dämpfer schonend gegart und dazu wird eine leichte, cremige Safransauce gereicht.

NÄHRWERTANGABEN

Kilokalorien 254	Zucker 0,5g
Eiweiß 30g	Fett 14g
Kohlenhydrate ... 2g	davon gesättigt .. 5g

5 MIN. 30 MIN.

4 PERSONEN

ZUTATEN

- 600–750 g weißes Fischfilet (z. B. von Kabeljau oder Schellfisch)
- Salz und Pfeffer
- 1 Prise Fünf-Gewürze-Pulver
- 4 frische Thymianzweige
- einige Safranfäden
- 250 ml heißer Fischfond oder heiße Gemüsebrühe
- 2 EL Sonnenblumenöl
- 125 g kleine Pilze, in Scheiben
- geriebene Schale von ½ Zitrone
- 1 EL Zitronensaft
- ½ TL frisch gehackter Thymian oder ¼ TL getrockneter Thymian
- ½ Bund Brunnenkresse, gehackt
- 1½ TL Speisestärke
- 3 EL Schlagsahne

1

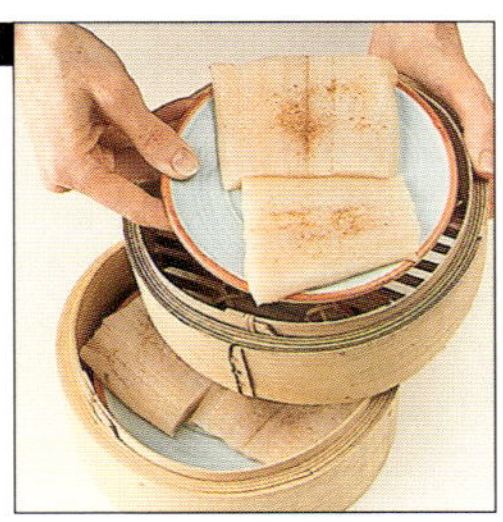

2

3

1 Den Fisch säubern und in vier Stücke schneiden. Mit Salz, Pfeffer und Fünf-Gewürze-Pulver würzen. Die Fischstücke auf einen Teller legen und diesen in einen Bambus-Dämpfeinsatz setzen. Auf jedes Fischstück einen Thymianzweig legen.

2 Einen niedrigen Dreifuß in einen Wok stellen und so viel Wasser einfüllen, dass es den Dreifuß fast bedeckt. Aufkochen und den Dämpfeinsatz auf den Dreifuß stellen. Den Bambusdeckel und den Wokdeckel aufsetzen oder mit Alufolie abdecken und 20 Minuten köcheln lassen, bis der Fisch gar ist. Falls erforderlich, kochendes Wasser nachgießen. Zwischenzeitlich die Safranfäden in kochender Brühe einweichen.

3 Den gegarten Fisch aus dem Dämpfeinsatz heben und warm stellen. Den Wok ausleeren und trockenreiben. Öl im Wok erhitzen und die Pilze 2 Minuten anbraten. Safranbrühe, Zitronenschale und -saft und Thymian zugeben und aufkochen. Die Brunnenkresse zufügen und 1–2 Minuten garen.

4 Die Speisestärke mit Sahne und etwas Kochsud aus dem Wok anrühren, dann in den Wok gießen und unter Rühren eindicken lassen. Die Sauce zum Fisch reichen.

Sesam-Lachs in Sahnesauce

Lachsfilet zerfällt nicht, wenn es mit Sesamsaat bestreut und pfannengerührt wird. Hier wird es mit gewürfelten Zucchini in Sahnesauce gereicht.

NÄHRWERTANGABEN

Kilokalorien	550	Zucker	1 g
Eiweiß	35 g	Fett	45 g
Kohlenhydrate	2 g	davon gesättigt	12 g

5 MIN. 10 MIN.

4 PERSONEN

ZUTATEN

- 625–750 g Lachs- oder Forellenfilets
- Salz und Pfeffer
- 2 EL helle Sojasauce
- 3 EL Sesamsaat
- 3 EL Sonnenblumenöl
- 4 Frühlingszwiebeln, diagonal in Scheiben
- 2 große Zucchini, gewürfelt, oder 1 Salatgurke, in 2,5 cm großen Würfeln
- geriebene Schale von ½ Zitrone
- 1 EL Zitronensaft
- ½ TL gemahlene Kurkuma
- 6 EL Fischfond oder Wasser
- 3 EL Schlagsahne oder Frischkäse
- Endiviensalat, zum Garnieren

1 Den Lachs häuten und in 4 cm × 2 cm große Stücke schneiden. Mit Küchenpapier trockentupfen. Leicht mit Salz und Pfeffer würzen, mit Sojasauce bestreichen und beidseitig mit Sesamsaat bestreuen.

2 2 Esslöffel Öl im Wok erhitzen. Den Lachs darin 3–4 Minuten anbraten, bis die Stücke rundum leicht gebräunt sind. Dann herausheben, auf Küchenpapier abtropfen lassen und warm halten.

3 Das restliche Öl in dem Wok erhitzen, die Frühlingszwiebeln und Zucchini oder Gurke zugeben und 1–2 Minuten anbraten. Zitronenschale und -saft, Kurkuma, Fischfond sowie Salz und Pfeffer zugeben und 1 Minute aufkochen. Sahne oder Frischkäse einrühren.

4 Die Lachsstücke wieder in den Wok geben und in der Sauce wenden, bis sie heiß sind. Garnieren und servieren.

TIPP

Das Filet mit der Hautseite nach unten legen. Ein scharfes, biegsames Messer an einem Ende zwischen Fleisch und Haut schieben. Halten Sie die Haut an einem Ende fest, und führen Sie die Messerklinge so flach wie möglich an der Haut entlang.

1

2

3

Fisch in Ingwerbutter

Eine ganze Makrele oder Forelle wird mit Kräutern und Gewürzen gefüllt, in Folie gepackt, gebacken und dann mit frischer Ingwerbutter beträufelt.

NÄHRWERTANGABEN

Kilokalorien 328	Zucker 0g
Eiweiß 24g	Fett 25g
Kohlenhydrate ... 1g	davon gesättigt . 13g

10 MIN. 30 MIN.

4 PERSONEN

ZUTATEN

- 4 Forellen oder Makrelen (à 250 g), ausgenommen
- 4 EL frisch gehackter Koriander
- 5 Knoblauchzehen, zerdrückt
- 2 TL geriebene Zitronen- oder Limettenschale
- Salz und Pfeffer
- 2 TL Pflanzenöl
- Bananenblätter, als Hüllen (nach Belieben)
- 90 g Butter
- 1 EL frisch geriebene Ingwerwurzel
- 1 EL helle Sojasauce
- Korianderzweige und Zitronen- oder Limettenspalten, zum Garnieren

1 

2 

2 

1 Die Fische waschen und trockentupfen. Koriander mit Knoblauch, Zitronen- oder Limettenschale, Salz und Pfeffer gut mischen. Dann mit einem Löffel die Fische damit füllen.

2 Die Fische mit etwas Öl bestreichen, gut würzen und jeden auf eine doppelte Lage Alufolie oder Backpapier legen und dicht darin verpacken. Alternativ können Bananenblätter verwendet werden (siehe Tipp).

3 Auf einem Backblech in einen vorgeheizten Backofen schieben und etwa 25 Minuten backen, bis sich das Fleisch leicht lösen lässt.

4 In der Zwischenzeit die Butter in einem kleinen Topf zerlassen. Dann den Ingwer und die Sojasauce zufügen und gut einrühren.

5 Die Fischpäckchen auseinander falten und die Ingwerbutter über die Fische träufeln. Mit Koriander und Zitronen- oder Limettenspalten garnieren und servieren.

TIPP

Eine richtig authentische Note erhalten Sie, wenn Sie zum Einwickeln Bananenblätter verwenden, die Sie in gut sortierten asiatischen Lebensmittelgeschäften erhalten können. Sie sind zwar nicht essbar, verleihen dem Fisch aber ihr eigenes Aroma.

Lachs mit Avocadosauce

Lachssteaks, gegart in einem aromatischen Fond und serviert mit einer pikanten Sauce, sind ein vorzügliches, leichtes Sommergericht.

NÄHRWERTANGABEN

Kilokalorien	712	Zucker	5 g
Eiweiß	66 g	Fett	47 g
Kohlenhydrate	6 g	davon gesättigt	9 g

10 MIN. 30 MIN.

4 PERSONEN

ZUTATEN

- 1 kleine Zwiebel, in Ringen
- 1 kleine Karotte, in Scheiben
- 1 Selleriestange, in Scheiben
- 1 Lorbeerblatt
- Schale und Saft von ½ Orange
- einige Petersilienzweige
- Salz
- 5–6 schwarze Pfefferkörner
- 750 ml Wasser
- 4 Lachssteaks (à 350 g)
- gemischte Salatblätter, zum Servieren
- Zitronenspiralen, zum Garnieren

SAUCE

- 1 große Avocado, geschält, halbiert und entkernt
- 125 g fettarmer Naturjoghurt
- geriebene Schale und Saft von ½ Orange
- schwarzer Pfeffer
- Tabasco

1 Zwiebel, Karotte, Sellerie, Lorbeer, Orangenschale und -saft, Petersilie, Salz, Pfefferkörner und Wasser in einen großen Topf geben. Der Topf sollte so groß sein, dass alle Lachssteaks nebeneinander hineinpassen. Abgedeckt zum Kochen bringen und 20 Minuten köcheln lassen.

2 Die Lachssteaks nebeneinander in den Topf legen, erneut aufkochen und 3 Minuten köcheln lassen. Vom Herd nehmen und abgedeckt abkühlen lassen.

3 Die Avocado grob hacken und mit Joghurt, Orangenschale und -saft in einer Küchenmaschine glatt pürieren. Mit Salz, Pfeffer und einigen Tropfen Tabasco abschmecken.

4 Die Lachssteaks aus dem Fond nehmen (aus dem Fond lässt sich noch eine Fischsuppe oder Sauce zubereiten), häuten und mit Küchenpapier trockentupfen.

5 Salatblätter und Lachssteaks auf Servietellern anrichten, etwas Avocadosauce auf die Steaks geben und mit den Zitronenspiralen garnieren. Die restliche Sauce separat dazu reichen.

1

2

3

Schnapper mit Füllung

Auch Meerbarben schmecken mit dieser Füllung köstlich. Da Barben kleiner sind, sollten Sie pro Person einen ganzen Fisch vorbereiten.

NÄHRWERTANGABEN

Kilokalorien 406	Zucker .... 4 g
Eiweiß .... 68 g	Fett .... 9 g
Kohlenhydrate ... 9 g	davon gesättigt .. 0 g

20 MIN. 10 MIN.

4 PERSONEN

ZUTATEN

- 1,4 kg Schnapper, küchenfertig
- 175 g frischer Blattspinat, gewaschen
- Orangenscheiben, zum Garnieren
- Frühlingszwiebelstreifen, zum Garnieren

FÜLLUNG

- 60 g Langkornreis, gekocht
- 1 TL frisch geriebene Ingwerwurzel
- 2 Frühlingszwiebeln, fein gehackt
- 2 TL helle Sojasauce
- 1 TL Sesamöl
- ½ TL gemahlener Sternanis
- 1 Orange, filetiert und gehackt

3

4

5

1 Den Fisch innen und außen gründlich unter fließendem kaltem Wasser waschen. Mit Küchenpapier trockentupfen.

2 Den Spinat 40 Sekunden blanchieren, kalt abspülen, abtropfen lassen und gut ausdrücken.

3 Den Spinat auf einem hitzebeständigen Teller ausbreiten und den Fisch darauf legen.

4 Für die Füllung den Reis mit Ingwer, Frühlingszwiebeln, Sojasauce, Sesamöl, Sternanis und Orangenstückchen mischen.

5 Die Füllung mit einem Löffel in die Bauchhöhle des Fischs füllen und gut hineindrücken.

6 Den Fisch auf einen Teller legen und 10 Minuten in einem Dämpfeinsatz garen.

7 Den Fisch auf eine vorgewärmte Platte legen und mit Orangenspalten und Frühlingszwiebeln garniert servieren.

TIPP

Zur Familie der Schnapper gehören unterschiedlich gefärbte Fische aus subtropischen und tropischen Gewässern. Es gibt rote, rosa- und orangefarbene, graue oder blaugrüne Exemplare, manche sind gestreift oder gepunktet.

Seezungenfilets in Sahnesauce

Seezunge in einer exquisiten Wein-Sahne-Sauce ist ein ideales Gericht, um Ihre Gäste zu beeindrucken. Den Fond sollten Sie am Vorabend ansetzen.

NÄHRWERTANGABEN			
Kilokalorien	474	Zucker	3 g
Eiweiß	47 g	Fett	28 g
Kohlenhydrate	3 g	davon gesättigt	14 g

1 1/4 STD. 1 1/2 STD.

4 PERSONEN

ZUTATEN

- 1 EL Pfefferkörner, zerstoßen
- 8 Seezungenfilets
- 100 ml Marsala
- 150 g Schlagsahne
- gekochtes Gemüse, zum Servieren

FOND

- 600 ml Wasser
- Gräten und Haut der Seezungenfilets
- 1 Zwiebel, halbiert
- 1 Karotte, halbiert
- 3 frische Lorbeerblätter

SAUCE

- 1 EL Olivenöl
- 1 EL Butter
- 4 Schalotten, fein gehackt
- 100 g kleine Champignons, halbiert

1

4

5

1 Für den Fond Wasser, Gräten, Fischhaut, Zwiebel, Karotte und Lorbeerblätter in einen Topf geben und aufkochen.

2 Die Hitze reduzieren und 1 Stunde köcheln lassen, bis noch 150 ml Flüssigkeit übrig sind. Den fertigen Fond durch ein feines Sieb seihen und beiseite stellen. Gemüse, Gräten und Fischhaut wegwerfen.

3 Für die Sauce Öl und Butter in einer Pfanne erhitzen. Die Schalotten darin unter Rühren 2–3 Minuten weich dünsten.

4 Die Champignons zugeben und unter Rühren 2–3 Minuten mitdünsten.

5 Pfefferkörner und Fisch zugeben und die Filets von jeder Seite 3–4 Minuten goldbraun braten.

6 Marsala und Fond zugießen und 3 Minuten mit den Filets köcheln lassen. Anschließend den Fisch aus der Pfanne nehmen, beiseite stellen und warm halten.

7 Die Hitze erhöhen und alles etwa 5 Minuten kochen, bis die Sauce eingedickt ist.

8 Dann die Sahne einrühren, die Filets zurück in die Pfanne geben und in der Sauce erneut erwärmen. Mit gekochtem Gemüse servieren.

Thunfisch-Gemüsepfanne

Frischer Thunfisch hat dunkles Fleisch und ist heute problemlos erhältlich. Er passt bestens zu den herzhaften Aromen in diesem Rezept.

NÄHRWERTANGABEN

Kilokalorien	245	Zucker	11 g
Eiweiß	30 g	Fett	7 g
Kohlenhydrate	14 g	davon gesättigt	1 g

10 MIN. 10 MIN.

4 PERSONEN

ZUTATEN

- 225 g Karotten
- 1 Zwiebel
- 175 g Babymaiskolben
- 2 EL Maiskeimöl
- 175 g Zuckererbsen
- 450 g frischer Thunfisch
- 2 EL Fischsauce
- 15 g Palmzucker
- geriebene Schale und Saft von 1 Orange
- 2 EL Sherry
- 1 TL Speisestärke
- Reis oder Nudeln, zum Servieren

1

3

4
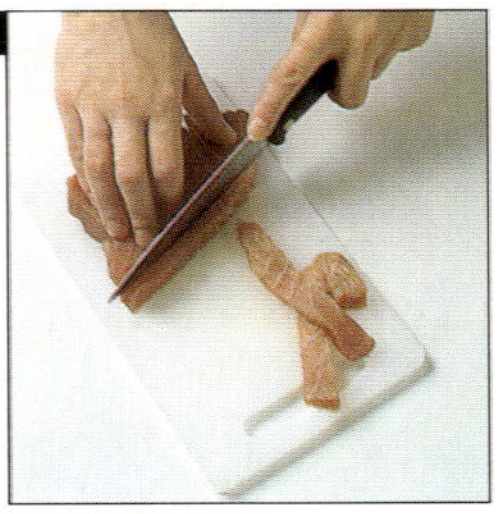

1 Die Karotten mit einem scharfen Messer in Stifte und die Zwiebel in Scheiben schneiden, dann die Babymaiskolben halbieren.

2 Das Maiskeimöl in einem großen heißen Wok oder einer Pfanne erhitzen.

3 Zwiebel, Karotten, Zuckererbsen und Mais in den Wok oder die Pfanne geben und 5 Minuten andünsten.

4 Den Thunfisch mit einem scharfen Messer in Streifen schneiden.

5 Die Fischstreifen im Wok 2–3 Minuten anbraten, bis sie milchig trüb sind.

6 Fischsauce, Zucker, Orangenschale und -saft, Sherry und Speisestärke in einer Schüssel verrühren.

7 Die Mischung über den Thunfisch und das Gemüse gießen und 2 Minuten garen, bis die Flüssigkeit angedickt ist. Mit Reis oder Nudeln servieren.

VARIATION

Nehmen Sie statt Thunfisch einmal Schwertfischsteaks. Sie sind heutzutage beinahe überall erhältlich und dem Fleisch des Thunfischs sehr ähnlich.

Kabeljau mit Mango

Fisch und Obst, eine klassische Kombination, werden in diesem Rezept durch ein wunderbares Tropenaroma ergänzt.

NÄHRWERTANGABEN

Kilokalorien	200	Zucker	12 g
Eiweiß	21 g	Fett	7 g
Kohlenhydrate	14 g	davon gesättigt	1 g

10 MIN. 15 MIN.

4 PERSONEN

ZUTATEN

- 175 g Karotten
- 2 EL Pflanzenöl
- 1 rote Zwiebel, in Ringen
- je 1 rote und grüne Paprika, in Streifen
- 450 g Kabeljaufilet
- 1 reife Mango
- 1 TL Speisestärke
- 1 EL Sojasauce
- 100 ml tropischer Fruchtsaft
- 1 EL Limettensaft
- 1 EL frisch gehackter Koriander, zum Garnieren

1 Die Karotten mit einem scharfen Messer in lange Stifte schneiden.

2 Das Öl in einem heißen Wok erhitzen und Zwiebel, Karotten und Paprika darin 5 Minuten andünsten.

3 Den Kabeljau mit einem scharfen Messer in kleine Würfel schneiden. Die Mango schälen, das Fruchtfleisch vom Stein lösen und in dünne Scheiben schneiden.

4 Den Fisch und die Mangostücke in den Wok geben und 4–5 Minuten andünsten, bis der Fisch durchgegart ist. Achten Sie darauf, dass der Fisch nicht auseinander fällt.

5 Speisestärke, Sojasauce, Fruchtsaft und Limettensaft verrühren. Mischung in den Wok einrühren und erhitzen, bis sie kleine Blasen wirft und der Saft andickt. Koriander darüber streuen und sofort servieren.

1

3

5

VARIATION

Sie können nach Belieben Papaya statt Mango verwenden.

Gefüllter Roter Schnapper

Dieser Fisch hat rosafarbenes, zartes Fleisch. In diesem Rezept wird er gedämpft, er lässt sich aber auch sehr gut grillen oder backen.

NÄHRWERTANGABEN

Kilokalorien	205	Zucker	0,1 g
Eiweiß	36 g	Fett	6 g
Kohlenhydrate	0,1 g	davon gesättigt	1 g

10 MIN. 25 MIN.

4 PERSONEN

ZUTATEN

4 Rote Schnapper (à 175 g), küchenfertig
Salz und Pfeffer
2 EL trockener Sherry
pfannengerührtes Gemüse, zum Servieren

FÜLLUNG

1 kleine rote Chili
1 Knoblauchzehe
1 Frühlingszwiebel
½ TL geriebene Limettenschale
1 EL Limettensaft
100 g Krebsfleisch, zerpflückt

GARNIERUNG

Limettenspalten
rote Chilistreifen

1

2

2

1 Die Fische waschen und mit Küchenpapier abtupfen. Von innen und außen mit Salz und Pfeffer würzen. In eine flache Schale legen, mit dem Sherry beträufeln und zunächst beiseite stellen.

2 Für die Füllung die Chili halbieren, entkernen und fein hacken. Dann in eine kleine Schüssel geben. Den Knoblauch schälen und fein hacken. Die Frühlingszwiebel putzen und fein hacken. Zusammen mit Limettenschale und -saft und dem Krebsfleisch zur Chili geben. Alles salzen und in die Bauchöffnungen der Fische füllen.

3 In einem großen Topf Wasser aufkochen. Einen Dämpfer oder ein Sieb mit Backpapier auslegen, die Fische darauf legen und über den Topf hängen. Abgedeckt im heißen Dampf 10 Minuten garen. Die Fische wenden und weitere 10 Minuten dämpfen, bis sie gar sind.

4 Die Fische abtropfen lassen und anrichten. Mit Limettenspalten und Chilistreifen garnieren und zu Gemüse servieren.

Meerbarbe mit Ingwer

Ingwer ist in der chinesischen Küche weit verbreitet. Obwohl er frisch am besten ist, kann stattdessen auch Ingwerpulver verwendet werden.

NÄHRWERTANGABEN

Kilokalorien 195	Zucker . . . . 6 g
Eiweiß . . . . 31 g	Fett . . . . 3 g
Kohlenhydrate . . . 9 g	davon gesättigt . . 0 g

10 MIN. 15 MIN.

4 PERSONEN

ZUTATEN

- 1 Meerbarbe, küchenfertig
- Salz und Pfeffer
- 2 Frühlingszwiebeln, in Ringen
- 1 TL frisch geriebene Ingwerwurzel
- 125 ml Knoblauchweinessig
- 125 ml helle Sojasauce
- 3 TL Zucker
- 1 Spritzer Chilisauce
- 125 ml Fischfond
- 1 grüne Paprika, in Streifen
- 1 große Tomate, gehäutet, entkernt und in dünnen Streifen

1 Den Fisch innen und außen waschen und mit Küchenpapier trockentupfen.

2 Den Fisch mit einem scharfen Küchenmesser auf beiden Seiten dreimal schräg einschneiden. Mit Salz und Pfeffer innen und außen würzen.

3 Den Fisch in eine Auflaufform legen und die Frühlingszwiebeln und den Ingwer darüber streuen. Abdecken, in einen Dämpfer geben und 10 Minuten dämpfen, bis der Fisch durchgegart ist.

4 Für die Sauce Essig, Sojasauce, Zucker, Chilisauce, Fischfond, Paprika und Tomate in einen Topf geben und unter gelegentlichem Rühren aufkochen.

5 Die Sauce bei starker Hitze kochen, bis sie leicht eingekocht und angedickt ist.

6 Den Fisch aus dem Dämpfer nehmen und auf einen vorgewärmten Servierteller legen. Die Sauce darüber gießen und sofort servieren.

2
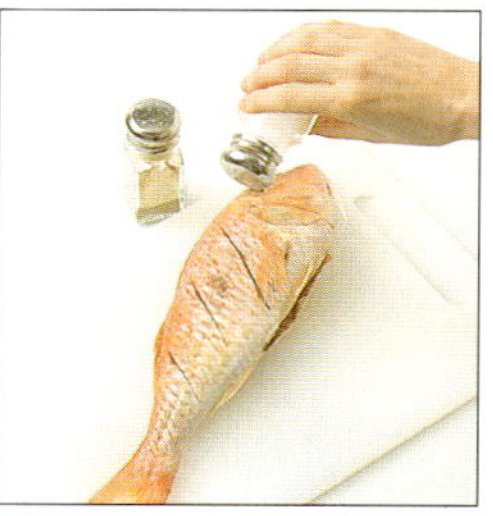

3

4

VARIATION

Sie können auch Fischfilets für dieses Rezept verwenden, sollten aber dann die Garzeit um 5–7 Minuten reduzieren.

Gebackener Wolfsbarsch

Wolfsbarsch ist ein Fisch mit weißem Fleisch. Haben Sie einen großen Fisch, sollte er im Ofen gegart werden, zwei kleine können Sie aber auch grillen.

NÄHRWERTANGABEN

Kilokalorien	378	Zucker	0 g
Eiweiß	62 g	Fett	14 g
Kohlenhydrate	0 g	davon gesättigt	2 g

15–20 MIN. 30–55 MIN.

4 PERSONEN

ZUTATEN

- 1,5 kg Wolfsbarsch, ausgenommen
- 2–4 frische Rosmarinzweige
- ½ Zitrone, in feinen Scheiben
- 2 EL Olivenöl
- Lorbeerblätter und Zitronenspalten, zum Garnieren

KNOBLAUCHSAUCE

- 2 TL grobes Meersalz
- 2 TL Kapern
- 2 Knoblauchzehen, zerdrückt
- 4 EL Wasser
- 2 frische Lorbeerblätter
- 1 TL Zitronensaft oder Weißweinessig
- 2 EL Olivenöl
- Pfeffer
- frische Lorbeerblätter, zum Garnieren
- Zitronenspalten, zum Garnieren

1

4

5

1 Den oder die Fische abschuppen, die scharfzackigen Rückenflossen abschneiden und beide Seiten mehrfach diagonal einritzen. Den Fisch abspülen und trockentupfen. Kleinere Fische mit je 1 Rosmarinzweig und der Hälfte der Zitronenscheiben füllen. Einen großen Fisch mit 2 Rosmarinzweigen und allen Zitronenscheiben füllen.

2 Zubereitung unter dem Grill: ein Backblech mit Alufolie auslegen, die Fische mit Öl bestreichen und von jeder Seite 5 Minuten grillen, bis sie gar sind.

3 Zubereitung im Ofen: eine große Auflaufform oder ein Backblech mit Alufolie auslegen. Folie und Fisch mit Öl bestreichen und die kleineren Fische im vorgeheizten Ofen 30 Minuten bei 190 °C garen. Ein großer Fisch benötigt eine Garzeit von 45–50 Minuten.

4 Für die Sauce Salz, Kapern und Knoblauch in einem Mörser zerstoßen. Mit dem Wasser zu einer Paste verrühren.

5 Lorbeerblätter und restliche Rosmarinzweige zerkleinern und mit Zitronensaft oder Essig und Öl zur Knoblauchpaste geben und erneut zerstoßen. Dann die Sauce mit Pfeffer abschmecken.

6 Den Fisch garnieren, mit der Sauce übergießen und servieren.

Seeteufel orientalisch

Für dieses Rezept benötigen Sie einen Dämpfeinsatz mit zwei Böden: einen für den Fisch und einen für das Gemüse.

NÄHRWERTANGABEN

Kilokalorien 255	Zucker . . . . 9 g
Eiweiß . . . . 44 g	Fett . . . . 4 g
Kohlenhydrate . . 11 g	davon gesättigt . . 1 g

1 STD. 30 MIN.

6 PERSONEN

ZUTATEN

750 g Seeteufelfilet
170 g geschälte Krabben
4 Frühlingszwiebeln, in feinen Ringen
1 rote Chili, entkernt und fein gehackt
2 EL Austernsauce
6 Scheiben magerer roher Schinken

GEMÜSE SÜSS-SAUER

2 Zucchini, in Streifen
2–3 Karotten, in Stiften
1 rote Paprika, in Streifen
150 g Zuckererbsen
½ TL geriebene Zitronenschale

SAUCE

300 ml frischer Fischfond (siehe Seite 8)
4 EL Weißweinessig
1 EL Zucker
2 EL Tomatenmark
2 EL helle Sojasauce
2 TL Speisestärke mit 4 EL Wasser angerührt

1 Den Fisch häuten und der Länge nach entlang der Rückgratlinie halbieren.

2 Den Fisch zwischen zwei Bögen Backpapier legen und mit einem Nudelholz flach klopfen, bis er etwa 1 cm dick ist. Für die Füllung Krabben, Frühlingszwiebeln, Chili und Austernsauce vermengen.

3 Eine Fischhälfte mit der Füllung bestreichen, die andere Hälfte darauf setzen. Fünf Schinkenscheiben dicht nebeneinander auf ein Backpapier legen. Den Fisch in die Mitte legen, die Schinkenscheiben über den Fisch klappen und die letzte Scheibe darauf legen. Mit Küchengarn umwickeln. Den Fisch auf einen Boden eines doppelten Dämpfeinsatzes legen. Wasser in einem Wok aufkochen, den Einsatz darauf setzen und abgedeckt 20 Minuten dämpfen.

4 Das Gemüse und die Zitronenschale auf den zweiten Boden geben. Den Fisch wenden, den zweiten Boden mit dem Gemüse darauf setzen und 10 Minuten dämpfen.

5 Für die Sauce alle Zutaten in einem kleinen Topf unter Rühren aufkochen und 5 Minuten köcheln lassen. Die Fischrolle in Scheiben schneiden und mit dem Gemüse und der Sauce servieren.

1
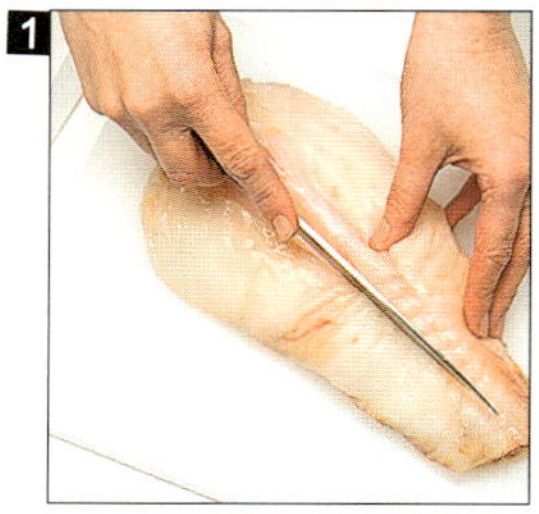
2

3
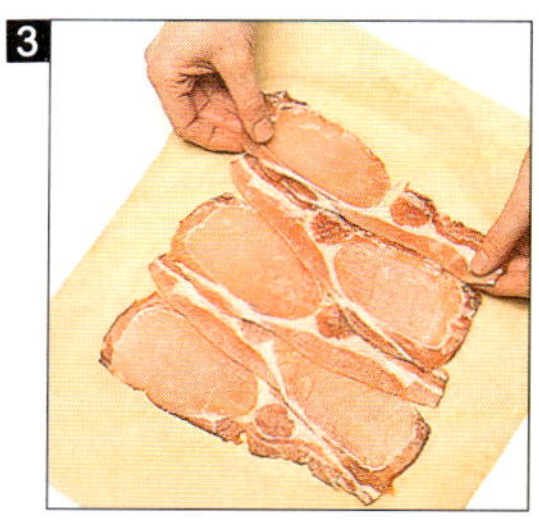

Meeräsche Amaretto-Orange

Dieses wunderbare Fisch- und Pastagericht servieren Sie am besten an einem warmen Sommerabend – warm oder kalt.

NÄHRWERTANGABEN

Kilokalorien 806	Zucker .... 6 g
Eiweiß .... 64 g	Fett .... 34 g
Kohlenhydrate .. 64 g	davon gesättigt . 16 g

15 MIN. 25 MIN.

4 PERSONEN

ZUTATEN

- 100 g Mehl
- Salz und Pfeffer
- 8 Meeräschenfilets
- 2 EL Butter
- 150 ml Fischfond
- 1 EL gemahlene Mandeln
- 1 TL rote Pfefferkörner
- 1 Orange, geschält und filetiert
- 1 EL Orangenlikör
- geriebene Schale von 1 Orange
- 500 g Orecchiette
- 1 EL Olivenöl
- 150 g Crème double
- 4 EL Amaretto

GARNIERUNG

- 2 EL frisch gehackter Schnittlauch
- 1 EL gehobelte Mandeln, geröstet

1 Das Mehl mit Salz und Pfeffer würzen, in eine flache Schüssel geben und die Fischfilets darin wenden. Die Butter in einer Pfanne zerlassen, den Fisch zugeben und 3 Minuten bei geringer Hitze bräunen.

2 Den Fischfond zugießen und 4 Minuten köcheln lassen. Vorsichtig den Fisch herausheben und mit Alufolie abgedeckt warm halten.

3 Dann Mandeln, Pfefferkörner, die Hälfte der Orangenfilets, Orangenlikör und -schale in die Pfanne geben und köchelnd auf die Hälfte reduzieren.

4 Unterdessen Salzwasser in einem großen Topf aufkochen. Die Nudeln mit dem Olivenöl zugeben und 15 Minuten gar, aber noch bissfest kochen.

5 Die Sauce abschmecken und Crème double und Amaretto einrühren. 2 Minuten kochen. Den Fisch in die Sauce geben.

6 Die Nudeln abtropfen und auf einen Servierteller geben. Dann Fischfilets und Sauce darauf anrichten. Mit den restlichen Orangenfilets, Schnittlauch und Mandeln garnieren und servieren.

1

2

3

Fisch nach Szechuan-Art

Szechuan-Pfeffer ist sehr scharf und sollte daher möglichst sparsam verwendet werden.

NÄHRWERTANGABEN

Kilokalorien 225	Zucker .... 3 g
Eiweiß .... 20 g	Fett .... 8 g
Kohlenhydrate .. 17 g	davon gesättigt .. 1 g

5 MIN. 20 MIN.

4 PERSONEN

ZUTATEN

- 350 g weißes Fischfilet
- 1 kleines Ei, verquirlt
- 3 EL Mehl
- 4 EL trockener Weißwein
- 3 EL helle Sojasauce
- Öl, zum Frittieren
- 1 Knoblauchzehe, in dünnen Scheiben
- 1-cm-Stück Ingwerwurzel, geraspelt
- 1 Zwiebel, fein gehackt
- 1 Selleriestange, in Scheiben
- 1 rote Chili, gehackt
- 3 Frühlingszwiebeln, in Ringen
- 1 TL Reisessig
- ½ TL gemahlener Szechuan-Pfeffer
- 175 ml Fischfond
- 1 TL Zucker
- 1 TL Speisestärke mit 2 TL Wasser angerührt

1 Das Fischfilet in 4 cm große Würfel schneiden. In einer Schüssel Ei, Mehl, Wein und 1 Esslöffel Sojasauce zu einem glatten Teig verrühren.

2 Die Fischwürfel in den Teig geben und gut damit panieren. In einem heißen Wok das Öl stark erhitzen. Dann die Hitze reduzieren, den Fisch portionsweise 2–3 Minuten frittieren und auf Küchenpapier abtropfen lassen.

3 Das Öl aus dem Wok bis auf 1 Esslöffel abgießen. Dann Knoblauch, Ingwer, Zwiebel, Sellerie, Chili und Frühlingszwiebeln zugeben und alles 1–2 Minuten pfannenrühren. Die restliche Sojasauce und den Essig unterrühren.

4 Pfeffer, Fond und Zucker zugeben. Die Speisestärkemischung in den Wok einrühren. Unter Rühren 1 Minute aufkochen, bis die Sauce eindickt.

5 Den Fisch zum Aufwärmen zugeben und 1–2 Minuten mitkochen. Auf einer Platte anrichten und sofort servieren.

1

2

3

Forelle mit Ananas

Ananas wird in der chinesischen Küche gern verwendet. Ihre fruchtige, leichte Säure passt hier besonders gut zur Forelle.

NÄHRWERTANGABEN

Kilokalorien 243	Zucker .... 4 g
Eiweiß .... 30 g	Fett .... 11 g
Kohlenhydrate ... 6 g	davon gesättigt .. 2 g

5 MIN. 15 MIN.

4 PERSONEN

ZUTATEN

- 4 Forellenfilets
- 2 EL Pflanzenöl
- 2 Knoblauchzehen, gehackt
- 4 Scheiben frische Ananas, gewürfelt
- 1 Selleriestange, in Scheiben
- 1 EL helle Sojasauce
- 50 ml frischer oder ungesüßter Ananassaft
- 150 ml Fischfond
- 1 TL Speisestärke
- 2 TL Wasser
- Sellerieblätter und rote Chillies, in Streifen geschnitten, zum Garnieren

1

2

3

1 Die Forellenfilets in Streifen schneiden. 1 Esslöffel Pflanzenöl in einem heißen Wok bis zum Rauchpunkt erhitzen. Die Hitze leicht reduzieren und den Fisch 2 Minuten anbraten. Aus dem Wok heben und zur Seite stellen.

2 Das restliche Öl in den Wok geben, die Hitze reduzieren und Knoblauch, Ananas und Sellerie zugeben. Alles 1–2 Minuten pfannenrühren.

3 Sojasauce, Ananassaft und Fischfond zugießen. Aufkochen und die Sauce 2–3 Minuten unter Rühren eindicken lassen.

4 Die Speisestärke mit dem Wasser zu einer Paste verrühren und in die Sauce einrühren. Aufkochen und unter ständigem Rühren eindicken lassen.

5 Den Fisch wieder in den Wok geben und unter vorsichtigem Rühren erhitzen. Auf einem vorgewärmten Servierteller anrichten und mit Sellerieblättern und Chilistreifen garniert servieren.

VARIATION

Ananas aus der Dose sollte im ungesüßten eigenen Saft und nicht in Sirup konserviert sein.

Räucherfischpastete

Diese aromatische und farbenfrohe Pastete eignet sich gut als leichte Abendmahlzeit. Der Räucherlachs gibt ihr zudem eine luxuriöse Note.

NÄHRWERTANGABEN

Kilokalorien	523	Zucker	15 g
Eiweiß	58 g	Fett	6 g
Kohlenhydrate	63 g	davon gesättigt	2 g

15 MIN. 1 STD.

4 PERSONEN

ZUTATEN

- 900 g geräuchertes Schellfisch- oder Kabeljaufilet
- 600 ml Magermilch
- 2 Lorbeerblätter
- 120 g Champignons, geviertelt
- 120 g Erbsen, Tiefkühlware aufgetaut
- 120 g Mais, Tiefkühlware aufgetaut
- 700 g Kartoffeln, gewürfelt
- 5 EL Magerjoghurt
- 4 EL frisch gehackte Petersilie
- Salz und Pfeffer
- 60 g Räucherlachs, in dünnen Streifen
- 3 EL Speisestärke
- 1 EL geriebener Räucherkäse

1 Den Backofen auf 200 °C vorheizen. Den Fisch in eine Pfanne geben, Milch und Lorbeerblätter zufügen und aufkochen. Dann abgedeckt 5 Minuten köcheln lassen.

2 Champignons, Erbsen und Mais unterrühren, abdecken und 5–7 Minuten köcheln lassen. Dann abkühlen lassen.

3 Die Kartoffeln in Salzwasser 10–15 Minuten garen, danach zerstampfen. Joghurt, Petersilie sowie Salz und Pfeffer zugeben und das Kartoffelpüree beiseite stellen.

4 Den Fisch mit einem Schaumlöffel aus der Pfanne nehmen, dann Haut und Gräten entfernen, das Fleisch mit einer Gabel zerdrücken und in eine Auflaufform geben. Den Kochsud beiseite stellen.

5 Das abgetropfte Gemüse (den Kochsud auffangen) mit den Lachsstreifen unter den Fisch heben.

6 Etwas Kochsud mit der Speisestärke zu einer Paste anrühren. Den restlichen Kochsud in einem Topf aufkochen und mit der Paste andicken. Lorbeerblätter entfernen und alles mit Salz und Pfeffer abschmecken. Die Sauce über den Fisch und das Gemüse geben und sorgfältig verrühren. Das Kartoffelpüree über die Fischmasse geben, mit Käse bestreuen und alles 20–25 Minuten im Backofen backen.

1

3

6

TIPP

Für dieses Gericht verwenden Sie am besten keinen Fisch, der mit künstlichen Farb- oder Aromastoffen „geräuchert" wurde, sondern richtigen geräucherten Fisch.

Lachsfilet mit Kräutern

Dieses Gericht wird jede Party bereichern. Die Kombination aus Kräutern und Grillaroma sorgt für eine ganz besondere Note.

NÄHRWERTANGABEN

Kilokalorien	507	Zucker	0,4 g
Eiweiß	46 g	Fett	35 g
Kohlenhydrate	0,5 g	davon gesättigt	6 g

5 MIN. 30 MIN.

4 PERSONEN

ZUTATEN

- ½ Bund getrockneter Thymian
- 5 frische Rosmarinzweige
- 8 Lorbeerblätter
- 1 kg Lachsfilet
- 1 Fenchelknolle, geachtelt
- 2 EL Zitronensaft
- 2 EL Olivenöl

ZUM SERVIEREN

- knuspriges Brot
- grüner Salat

1

2

3

1 Thymian, Rosmarin und Lorbeer so auf einen heißen Grill legen, dass die Kräuter einander überlappen und eine Fläche bedecken, die etwas größer ist als der Lachs.

2 Den Lachs vorsichtig auf das Kräuterbett legen.

3 Den Fenchel um den Lachs herum verteilen.

4 Zitronensaft und Öl mischen und den Lachs damit bestreichen.

5 Den Fisch locker mit Alufolie abdecken, damit er saftig bleibt.

6 Den Lachs ca. 20–30 Minuten garen, dabei regelmäßig mit der Zitronenmischung bestreichen.

7 Den fertigen Lachs vom Grill nehmen, in Scheiben schneiden und zusammen mit dem Fenchel servieren.

8 Dazu knuspriges Brot und einen grünen Salat reichen.

VARIATION

Sie können auch andere getrocknete Kräuter verwenden. Geschmacklich sehr intensive Kräuter wie Salbei und Majoran eignen sich allerdings nicht für Fisch.

Yucatan-Fisch

Der gebackene Fisch wird zuerst in Limettensaft mariniert und dann mit Kräutern, Zwiebel, Paprika und Kürbiskernen verfeinert.

NÄHRWERTANGABEN

Kilokalorien	248	Zucker	2 g
Eiweiß	33 g	Fett	11 g
Kohlenhydrate	3 g	davon gesättigt	1 g

40 MIN. 35 MIN.

4 PERSONEN

ZUTATEN

- 4 Kabeljaufilets (à 175 g)
- 2 EL Limettensaft
- Salz und Pfeffer
- 1 grüne Paprika, halbiert und entkernt
- 1 EL Olivenöl
- 1 Zwiebel, fein gehackt
- 1–2 Knoblauchzehen, zerdrückt
- 40 g Kürbiskerne
- geriebene Schale von ½ Limette
- 1 EL frisch gehackter Koriander oder frisch gehackte Petersilie
- 1 EL frisch gehackte gemischte Kräuter
- 60 g kleine Champignons, in dünnen Scheiben
- 2–3 EL frisch gepresster Orangensaft oder Weißwein

GARNIERUNG

- Limettenspalten
- frische Kräuter

1 Den Fisch abtupfen, in eine flache Auflaufform legen und mit Limettensaft beträufeln. Im Saft wenden, mit Salz und Pfeffer würzen, abdecken und 15–30 Minuten kalt stellen.

2 Die Paprika unter einem vorgeheizten Grill auf der mittleren Schiene mit der Haut nach oben rösten, bis die Haut anbräunt und aufplatzt. Abkühlen lassen, dann häuten und in kleine Würfel schneiden.

3 Das Öl in einer Pfanne erhitzen. Zwiebel, Knoblauch, Paprika und Kürbiskerne darin andünsten, bis die Zwiebel weich ist.

4 Limettenschale, Koriander oder Petersilie, gemischte Kräuter und Champignons zugeben, mit Salz und Pfeffer abschmecken und pfannenrühren. Dann über den Fisch in der Auflaufform geben.

5 Den Backofen auf 180 °C vorheizen. Orangensaft oder Weißwein über den Fisch träufeln. Abdecken und etwa 30 Minuten backen, bis der Fisch gar ist.

6 Das fertige Gericht mit Limettenspalten und frischen Kräutern garnieren und servieren.

1

2

3

Gegrillte Zitronen-Heringe

Die Heringe werden in Alufolie gegart – so werden sie schön saftig. Reichen Sie viel frisches Brot dazu, um die köstliche Sauce aufzusaugen.

NÄHRWERTANGABEN

Kilokalorien 355	Zucker .... 0 g
Eiweiß .... 19 g	Fett .... 31 g
Kohlenhydrate ... 0 g	davon gesättigt . 13 g

10 MIN. 20 MIN.

4 PERSONEN

ZUTATEN

- 4 grüne Heringe, ausgenommen
- Salz
- 4 Lorbeerblätter
- 1 Zitrone, in Scheiben
- 2 EL Butter
- 1 EL frisch gehackte Petersilie
- ½ TL Zitronenpfeffer
- knuspriges Brot, zum Servieren

3

4

5

1 Die Heringe von innen und außen nach Belieben mit Salz einreiben.

2 Ein Lorbeerblatt in jeden der Heringe legen.

3 Auf der Arbeitsfläche 4 Blätter Alufolie auslegen und die Zitronenscheiben darauf verteilen. Jeweils einen Fisch darauf legen.

4 Die Butter weich kneten, dann mit Petersilie und Zitronenpfeffer vermengen. Großzügig die Fische mit der Butter bestreichen.

5 Die Fische fest in die Folie einschlagen und 15–20 Minuten grillen, bis sie gar sind – das Fleisch sollte weiß und fest sein. Zum Prüfen die Folie kurz öffnen, dann wieder verschließen.

6 Die eingeschlagenen Fische auf vorgewärmte Teller verteilen.

7 Die Folie kurz vor dem Servieren öffnen und die Fische mit knusprigem Brot zum Aufsaugen der Sauce servieren.

VARIATION

Für ein Hauptgericht Forelle statt Hering nehmen. 20–30 Minuten grillen, bis das Fleisch fest und weiß ist.

Spaghetti alla bucaniera

Glattbutt galt einst als Armeleuteessen. Mittlerweile hat man jedoch erkannt, dass er ausgesprochen delikat schmeckt.

NÄHRWERTANGABEN

Kilokalorien 588	Zucker .... 5 g
Eiweiß .... 36 g	Fett .... 18 g
Kohlenhydrate .. 68 g	davon gesättigt .. 9 g

25 MIN. 50 MIN.

4 PERSONEN

ZUTATEN

- 100 g Mehl
- Salz und Pfeffer
- 500 g Glattbutt- oder Seezungenfilet, in kleinen Stücken
- 400 g Seehechtfilet, in kleinen Stücken
- 100 g Butter
- 4 Schalotten, fein gehackt
- 2 Knoblauchzehen, zerdrückt
- 1 Karotte, gewürfelt
- 1 Porreestange, fein gehackt
- 300 ml trockener Cidre
- 300 ml halbtrockener Cidre
- 1 EL Estragonessig
- 2 TL Fischsauce
- 500 g Spaghetti
- 1 EL Olivenöl
- frisch gehackte Petersilie, zum Garnieren
- ofenfrisches Graubrot, zum Servieren

1 Das Mehl mit Salz und Pfeffer würzen. 1 Esslöffel dieser Mischung auf einen flachen Teller streuen und die Fischstücke darin wenden.

2 Die Butter in einem Schmortopf zerlassen. Fisch, Schalotten, Knoblauch, Karotte und Porree hineingeben und unter regelmäßigem Rühren 10 Minuten bei geringer Hitze dünsten.

3 Das restliche Würzmehl einstreuen und unter ständigem Rühren 2 Minuten anschwitzen. Nach und nach Cidre, Essig und Fischsauce einrühren. Aufkochen und 30 Minuten bei geringer Hitze köcheln lassen. Alternativ 30 Minuten in einem auf 180 °C vorgeheizten Backofen garen.

4 Etwa 15 Minuten vor Ende der Garzeit Salzwasser in einem Topf aufkochen. Die Spaghetti darin mit dem Olivenöl bissfest kochen. Abgießen und in eine Servierschale geben.

5 Die Sauce mit dem Fisch über die Spaghetti geben. Mit gehackter Petersilie garnieren und sofort mit ofenfrischem Brot servieren.

2

3

3

Lachs mit Ananas

In der chinesischen Küche spielt das Aussehen einer Speise eine wichtige Rolle – es kommt bei diesem Gericht ganz zum Tragen.

NÄHRWERTANGABEN

Kilokalorien 347	Zucker .... 12 g
Eiweiß .... 24 g	Fett .... 20 g
Kohlenhydrate .. 16 g	davon gesättigt .. 3 g

10 MIN. 15 MIN.

4 PERSONEN

ZUTATEN

- 100 g Babymaiskolben
- 2 EL Sonnenblumenöl
- 1 rote Zwiebel, in Ringen
- je 1 grüne und orangefarbene Paprika, in Streifen
- 450 g Lachsfilet
- 1 EL Paprikapulver
- 225 g Ananasstücke aus der Dose, abgetropft
- 100 g Bohnensprossen
- 2 EL Tomatenketchup
- 2 EL Sojasauce
- 2 EL Sherry medium
- 1 TL Speisestärke

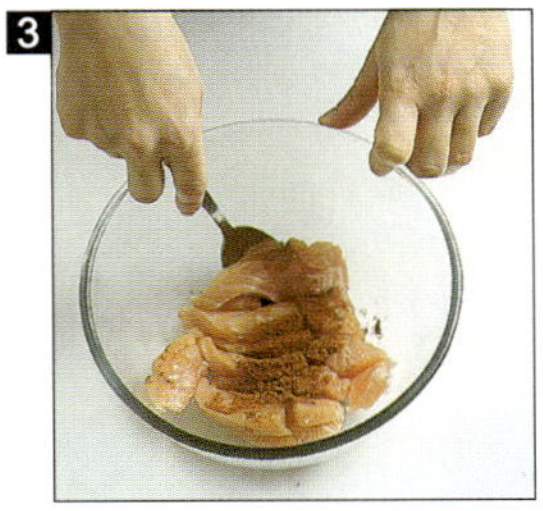

1 Die Babymaiskolben halbieren. Dann Öl in einem heißen Wok erhitzen und Mais, Zwiebel und Paprika darin etwa 5 Minuten pfannenrühren.

2 Das Lachsfilet unter kaltem Wasser abspülen und mit Küchenpapier trockentupfen.

3 Den Lachs in dünne Streifen schneiden und in einer Schüssel mit Paprikapulver bestreuen und gut darin wenden.

4 Den Lachs mit den Ananasstücken in den Wok geben und 2–3 Minuten unter Pfannenrühren garen.

5 Die Bohnensprossen zufügen und gut unterheben.

6 Ketchup, Sojasauce, Sherry und Speisestärke mischen. In den Wok geben und aufkochen, bis die Sauce andickt. Auf vorgewärmten Tellern sofort servieren.

VARIATION

Anstelle des Lachses eignen sich auch Forellenfilets für dieses Gericht.

Forelle mit Räucherspeck

Im Handel werden meist Regenbogenforellen von Zuchtfarmen angeboten. Hier wären jedoch wild lebende Forellen besser geeignet.

NÄHRWERTANGABEN

Kilokalorien	802	Zucker	8 g
Eiweiß	68 g	Fett	36 g
Kohlenhydrate	54 g	davon gesättigt	10 g

35 MIN. 25 MIN.

4 PERSONEN

ZUTATEN

- 4 Forellen (à ca. 300 g), ausgenommen
- Salz und Pfeffer
- 12 Sardellenfilets, abgetropft und gehackt
- 2 Äpfel, geschält, entkernt und in Scheiben
- 4 frische Minzezweige
- Saft von 1 Zitrone
- 12 Scheiben durchwachsener Räucherspeck, ohne Schwarte
- Butter, zum Einfetten
- schwarzer Pfeffer
- 500 g Tagliatelle
- 1 EL Olivenöl

GARNIERUNG

- 2 Äpfel, in Spalten geschnitten
- 4 frische Minzezweige

1 Das Innere der Forellen mit warmem Salzwasser auswaschen.

2 Die Fische innen mit Salz und Pfeffer einreiben.

3 Die Fische mit Sardellen, Apfelscheiben und Minze füllen und mit Zitronensaft beträufeln.

4 Jeden Fisch in 3 Scheiben Speck einrollen, Kopf und Schwanz frei lassen.

5 Die Fische mit den Speckenden nach unten auf ein tiefes, eingefettetes Backblech legen. Mit schwarzem Pfeffer bestreuen und etwa 20 Minuten in einem auf 200 °C vorgeheizten Backofen garen. Nach 10 Minuten einmal wenden.

6 Salzwasser in einem großen Topf aufkochen. Die Nudeln darin mit Öl bissfest kochen. Abtropfen lassen und auf einen vorgewärmten Servierteller geben.

7 Die Fische aus dem Ofen nehmen und auf den Nudeln anrichten. Mit Apfelspalten und Minzezweigen garnieren und sofort servieren.

Fisch in Szechuan-Sauce

Ein klassisches Rezept der Szechuan-Küche. Im Restaurant werden Fischkopf und Fischschwanz vor der Zubereitung entfernt.

NÄHRWERTANGABEN

Kilokalorien	470	Zucker	3 g
Eiweiß	45 g	Fett	29 g
Kohlenhydrate	7 g	davon gesättigt	4 g

3¾ STD. 15 MIN.

4 PERSONEN

ZUTATEN

- 1 Karpfen, Brasse, Seebarsch, Forelle, Groper oder Meeräsche (ca. 750 g), ausgenommen
- 1 EL helle Sojasauce
- 1 EL chinesischer Reiswein oder trockener Sherry
- Pflanzenöl, zum Frittieren
- frische glatte Petersilie oder frischer Koriander, zum Garnieren

SAUCE

- 2 Knoblauchzehen, gehackt
- 2–3 Frühlingszwiebeln, weiße und grüne Teile getrennt, in Ringen
- 1 TL frisch gehackte Ingwerwurzel
- 2 EL Chilisauce
- 1 EL Tomatenmark
- 2 TL Zucker
- 1 EL Reisessig
- 125 ml chinesische Brühe (siehe Seite 8) oder Wasser
- ½ EL Speisestärke mit 1 EL Wasser angerührt
- ½ TL Sesamöl

1 Den Fisch waschen und mit Küchenpapier trockentupfen.

2 Beide Fischseiten mit einem scharfen Messer in Abständen von 2,5 cm schräg bis auf die Mittelgräte einschneiden.

3 Den Fisch mit der Sojasauce und dem Reiswein oder Sherry auf beiden Seiten einreiben. Dann auf einen Teller legen, mit Frischhaltefolie abdecken und im Kühlschrank 10–15 Minuten marinieren.

4 Das Öl in einem heißen Wok oder einer großen Pfanne bis zum Rauchpunkt erhitzen.

5 Den Fisch in dem heißen Öl etwa 3–4 Minuten von beiden Seiten frittieren, bis er goldbraun ist.

6 Das Öl aus dem Wok bis auf etwa 1 Esslöffel abgießen. Den Fisch an den Rand des Woks schieben und den Knoblauch, die weißen Teile der Frühlingszwiebel, den Ingwer, die Chilisauce, das Tomatenmark, Zucker, Essig und die chinesische Brühe oder Wasser zugeben.

7 Die Wokmischung aufkochen und den Fisch in der Sauce 4–5 Minuten schmoren, dabei einmal wenden.

8 Die grünen Teile der Frühlingszwiebeln zugeben. Die Speisestärkepaste einrühren, um die Sauce anzudicken.

9 Mit Sesamöl beträufeln und mit frischer Petersilie oder Koriander garnieren und sofort servieren.

2

5

6

Seeteufelspieße mit Kokos

Diese Spieße erhalten ihren köstlichen asiatischen Geschmack durch die Kombination von Kokos und Koriander.

NÄHRWERTANGABEN

Kilokalorien	193	Zucker	2 g
Eiweiß	39 g	Fett	3 g
Kohlenhydrate	2 g	davon gesättigt	1 g

4 STD. 30 MIN.

4 PERSONEN

ZUTATEN

- 450 g Seeteufelfilet
- 225 g rohe Garnelen, ausgelöst
- Kokosraspel, geröstet, zum Garnieren

MARINADE

- 1 TL Sonnenblumenöl
- ½ kleine Zwiebel, fein gehackt
- 1 TL frisch geriebene Ingwerwurzel
- 150 ml Kokosmilch
- 2 EL frisch gehackter Koriander

2

4

6

1 Das Öl für die Marinade im Wok oder in einem großen Topf erhitzen und die Zwiebel und den Ingwer darin 5 Minuten glasig dünsten, aber nicht bräunen.

2 Die Kokosmilch zugießen und aufkochen. 5 Minuten stark kochen und reduzieren, bis die Konsistenz sahnig ist.

3 Den Topf vom Herd nehmen und vollständig abkühlen lassen.

4 Den Koriander einrühren und die Marinade in eine flache Schale gießen.

5 Den Fisch in mundgerechte Stücke schneiden und mit den Garnelen in der Marinade wenden. Alles 1–4 Stunden kalt stellen.

6 Fisch und Garnelen auf Spieße stecken, die Marinade weggießen. Unter häufigem Wenden 10–15 Minuten grillen. Mit gerösteten Kokosraspel garnieren.

TIPP

Verwenden Sie tiefgefrorene Garnelen, falls Sie keine frischen bekommen können. Ersatzweise können Sie auch gekochte Garnelen nehmen, die dann aber nur kurz erhitzt werden müssen.

Lasagne mit Räucherfisch

Mit diesem Rezept verwandeln Sie einfache Zutaten wie geräucherten Kabeljau oder Schellfisch in eine köstliche Lasagne.

NÄHRWERTANGABEN

Kilokalorien	483	Zucker	8 g
Eiweiß	36 g	Fett	24 g
Kohlenhydrate	32 g	davon gesättigt	12 g

20 MIN. 1 ¼ STD.

4 PERSONEN

ZUTATEN

- 2 TL Olivenöl
- 1 Knoblauchzehe, zerdrückt
- 1 kleine Zwiebel, fein gehackt
- 125 g Champignons, in Scheiben
- 400 g gehackte Tomaten aus der Dose
- 1 kleine Zucchini, in Scheiben
- 150 ml Gemüsebrühe oder Wasser
- Salz und Pfeffer
- 1 EL Butter oder Margarine
- 300 ml Magermilch
- 1 EL Mehl
- 125 g Emmentaler, gerieben
- 1 EL frisch gehackte Petersilie
- 6 Lasagneplatten, vorgekocht
- 350 g geräuchertes Kabeljau- oder Schellfischfilet, in Stücken
- frische Petersilienzweige, zum Garnieren

1

2

4

1 Das Öl in einem Topf erhitzen, Knoblauch und Zwiebel darin ca. 5 Minuten glasig dünsten. Champignons zufügen und unter ständigem Rühren 3 Minuten garen.

2 Tomaten, Zucchini, Brühe oder Wasser zugeben und 15–20 Minuten unabgedeckt köcheln lassen, bis das Gemüse gar ist. Mit Salz und Pfeffer abschmecken.

3 Butter oder Margarine, Milch und Mehl in einem kleinen Topf unter ständigem Rühren erhitzen, bis die Sauce kocht und andickt. Den Topf vom Herd nehmen, die Hälfte des Emmentalers sowie die Petersilie unterrühren, bis der Käse schmilzt, dann mit Salz und Pfeffer abschmecken.

4 Die Tomatenmischung in eine große, flache Auflaufform geben, die Hälfte der Lasagneplatten darauf legen und die Fischstücke gleichmäßig darüber verteilen. Dann die Hälfte der Käsesauce zugießen, die restlichen Lasagneplatten darauf legen, die restliche Käsesauce darüber gießen und alles mit dem zurückbehaltenen Käse bestreuen.

5 Die so vorbereitete Lasagne in einem auf 190 °C vorgeheizten Backofen 40 Minuten backen, bis die oberste Schicht goldbraun ist und Blasen wirft. Das fertige Gericht mit Petersilienzweigen garnieren und sofort servieren.

Rotzungen-Schellfisch-Ravioli

Dieses köstliche Nudelgericht ist ziemlich sättigend. Bereiten Sie die italienische Rotweinsauce im Voraus zu.

NÄHRWERTANGABEN

Kilokalorien 977	Zucker .... 7 g
Eiweiß .... 67 g	Fett .... 40 g
Kohlenhydrate .. 93 g	davon gesättigt . 17 g

9¾ STD. 25 MIN.

4 PERSONEN

ZUTATEN

- 500 g Rotzungenfilet
- 400 g Schellfischfilet
- 3 Eier, verquirlt
- 500 g Gnocchi, gekocht
- 175 g Semmelbrösel
- 50 g Schlagsahne
- Salz und Pfeffer
- 450 g Pastateig (siehe Seite 6)
- 300 ml italienische Rotweinsauce (siehe Seite 7)
- 60 g Parmesan, gerieben

1 Die Fischfilets mit einer Gabel zerkleinern und beiseite stellen.

2 Eier, Gnocchi, Semmelbrösel und Sahne in einer Schüssel mischen. Den Fisch zugeben und die Füllung mit Salz und Pfeffer würzen.

3 Den Nudelteig auf einer leicht bemehlten Arbeitsfläche ausrollen und 8 cm große Scheiben ausstechen.

4 Je einen Löffel Füllung auf jede Scheibe geben. Die Ränder leicht befeuchten, den Teig über die Füllung schlagen und die Ränder rundum andrücken.

5 Die Ravioli in kochendem Salzwasser etwa 15 Minuten garen.

6 Die Nudeln mit einem Schaumlöffel aus dem Wasser heben, abtropfen lassen und in eine Servierschale geben. Mit der Rotweinsauce übergießen, mit Parmesan bestreuen und sofort servieren.

2

3

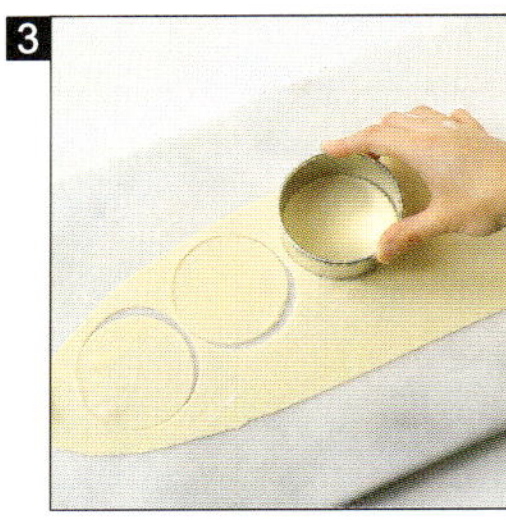

4

TIPP

Für viereckige Ravioli den Teig halbieren. Beide Hälften dünn ausrollen und bis zum nächsten Schritt mit einem feuchten Handtuch abdecken. Die Füllung in regelmäßigen Abständen auf einem Teigblatt verteilen, die Zwischenräume mit Wasser bestreichen. Mit dem zweiten Teigblatt bedecken, zwischen den Füllungen andrücken und ausschneiden.

Vermicelli mit Rotbarbenfilet

Dieses einfache Gericht lässt den lieblichen Geschmack der Rotbarbe optimal zur Geltung kommen.

NÄHRWERTANGABEN

Kilokalorien	457	Zucker	3 g
Eiweiß	39 g	Fett	12 g
Kohlenhydrate	44 g	davon gesättigt	5 g

15 MIN. 1 STD.

4 PERSONEN

ZUTATEN

- 1 kg Rotbarbenfilet
- 300 ml trockener Weißwein
- 4 Schalotten, fein gehackt
- 1 Knoblauchzehe, zerdrückt
- 3 EL frisch gehackte gemischte Kräuter
- geriebene Schale und Saft von 1 Zitrone
- 1 Prise geriebene Muskatnuss
- 3 Sardellenfilets aus der Dose, grob gehackt
- Salz und Pfeffer
- 2 EL Schlagsahne
- 1 TL Speisestärke
- 500 g Vermicelli
- 1 EL Olivenöl

GARNIERUNG

- 1 frischer Minzezweig
- Zitronenscheiben
- Zitronenzesten

1

2

3

1 Die Fischfilets in einen großen Schmortopf legen. Wein, Schalotten, Knoblauch, Kräuter, Zitronenschale und -saft, Muskat sowie die Sardellen zugeben. Mit Salz und Pfeffer abschmecken, abdecken und in einem auf 180 °C vorgeheizten Ofen 35 Minuten garen.

2 Den Fisch auf einen vorgewärmten Teller legen und warm halten.

3 Den Kochsud auf die Hälfte einkochen. Dann Sahne und Speisestärke verrühren und die Sauce damit leicht andicken.

4 Salzwasser in einem großen Topf aufkochen. Die Vermicelli darin mit dem Olivenöl bissfest garen. Abgießen und auf vorgewärmte Teller verteilen.

5 Die Filets auf den Nudeln anrichten und mit Sauce übergießen. Mit Minzeblättern, Zitronenscheiben und Zitronenzesten garniert sofort servieren.

Grünes Fisch-Curry

Frische Kräuter, scharfe Chillies und Kokosmilch geben diesem Gericht sein frisches und exotisches Aroma.

NÄHRWERTANGABEN

Kilokalorien	223	Zucker	2 g
Eiweiß	44 g	Fett	5 g
Kohlenhydrate	2 g	davon gesättigt	1 g

5 MIN. 20 MIN.

4 PERSONEN

ZUTATEN

- 1 EL Öl
- 2 Frühlingszwiebeln, in Ringen
- 1 TL gemahlener Kreuzkümmel
- 2 grüne Chillies, gehackt
- 1 TL gemahlener Koriander
- 4 EL frisch gehackter Koriander
- 4 EL frisch gehackte Minze
- 1 EL frisch gehackter Schnittlauch
- 150 ml Kokosmilch
- Salz und Pfeffer
- 4 weiße Fischfilets (à ca. 225 g)
- Basmati-Reis, zum Servieren
- 1 Minzezweig, zum Garnieren

1 Das Öl in einer großen Pfanne oder einem Schmortopf erhitzen und die Frühlingszwiebeln zugeben.

2 Die Zwiebeln bei mittlerer Hitze unter Rühren dünsten, aber nicht bräunen.

3 Kreuzkümmel, Chillies und gemahlenen Koriander zugeben und dünsten, bis die Aromen sich entfalten.

4 Gehackten Koriander, Minze, Schnittlauch und Kokosmilch zugeben und kräftig mit Salz und Pfeffer würzen.

5 Den Fisch vorsichtig in die Pfanne geben und 10–15 Minuten dünsten.

6 Den Fisch in der Sauce zu gekochtem Reis servieren. Mit einem Minzezweig garnieren.

2

4

5

TIPP

Fisch niemals zu lange kochen. Verglichen mit Fleisch hat Fisch sehr viel kürzere Garzeiten und gart beim Warmhalten oder während des Servierens weiter.

Seeteufel mit Okra

Okraschoten sind sowohl in türkischen Lebensmittelmärkten als auch bei gut sortierten Gemüsehändlern erhältlich.

NÄHRWERTANGABEN

Kilokalorien	266	Zucker	4 g
Eiweiß	46 g	Fett	7 g
Kohlenhydrate	5 g	davon gesättigt	1 g

1 ¹/₄ STD. 25 MIN.

4 PERSONEN

ZUTATEN

750 g Seeteufelfilet, in 3 cm großen Würfeln
250 g Okra, Stiele abgeschnitten
2 EL Öl
1 Zwiebel, in Ringen
1 Knoblauchzehe, zerdrückt
2,5-cm-Stück Ingwerwurzel, in Scheiben
150 ml Kokosmilch oder Fischfond
2 TL Garam Masala

MARINADE

3 EL Zitronensaft
geriebene Schale von 1 Zitrone
¼ TL Anis
½ TL Salz
½ TL Pfeffer

GARNIERUNG

4 Limettenspalten
frische Korianderzweige

2

4

5

1 Für die Marinade die Zutaten in einer Schüssel mischen. Den Fisch zugeben und darin 1 Stunde marinieren.

2 Die Okra 4–5 Minuten in kochendem Wasser garen. Abgießen und in 1 cm dicke Scheiben schneiden.

3 Das Öl in einer Pfanne oder einem Wok erhitzen, die Zwiebel andünsten, bis sie goldbraun ist. Dann Knoblauch und Ingwer zufügen und alles 1 Minute pfannenrühren. Den Fisch mit der Marinade zufügen und 2 Minuten unter Rühren anbraten.

4 Okra, Kokosmilch und Garam Masala zugeben und 10 Minuten köcheln lassen. Mit Limettenspalten und frischem Koriander garnieren und servieren.

VARIATION

Das Fleisch des Seeteufels ist fest und saftig und ähnelt Hummerfleisch. Für besondere Anlässe kann er deshalb durch Hummer ersetzt werden.

Merluzzo italiano

Mit einer Kruste aus Kräutern, Zitrone und Rosmarin ist Kabeljau ein exzellentes Hauptgericht.

NÄHRWERTANGABEN

Kilokalorien	313	Zucker	0,4 g
Eiweiß	29 g	Fett	20 g
Kohlenhydrate	6 g	davon gesättigt	5 g

10 MIN. 35 MIN.

4 PERSONEN

ZUTATEN

- 1 EL Butter
- 50 g Vollkornsemmelbrösel
- 2 EL gehackte Walnüsse
- geriebene Schale und Saft von 2 Zitronen
- 2 EL frisch gezupfter Rosmarin
- 2 EL frisch gehackte Petersilie
- 4 Kabeljaufilets (à ca. 150 g)
- 1 Knoblauchzehe, zerdrückt
- 1 kleine rote Chili, gehackt
- 3 EL Walnussöl
- Salatblätter, zum Servieren

1 Die Butter unter Rühren in einer Stielkasserolle zerlassen.

2 Den Topf vom Herd nehmen. Semmelbrösel, Nüsse, Schale und Saft von 1 Zitrone sowie die Hälfte des Rosmarins und der Petersilie mit der Butter verrühren.

3 Die Kabeljaufilets mit der so entstandenen Mischung bestreichen und in einen flachen Bräter legen.

4 Die Filets 25–30 Minuten in einem auf 200 °C vorgeheizten Ofen backen.

5 Knoblauch, Chili und restliches Rosmarin und Petersilie sowie Zitronenschale und -saft in einer Schüssel mischen. Das Öl zugeben und gut unterrühren. Das so entstandene Dressing über die Filets geben.

6 Den fertigen Fisch mit Salatblättern auf Teller verteilen und servieren.

2

2

3

VARIATION

Nach Belieben können Sie auf die Walnüsse verzichten. Das Walnussöl lässt sich durch Olivenöl ersetzen.

Gebratener Fisch mit Ingwer

Ein köstliches, pikantes Fischgericht, das schnell zubereitet ist – ideal als Mahlzeit für die Familie oder als leichtes Mittagessen.

NÄHRWERTANGABEN

Kilokalorien	280	Zucker	2 g
Eiweiß	31 g	Fett	10 g
Kohlenhydrate	17 g	davon gesättigt	2 g

5 MIN. 15 MIN.

4 PERSONEN

ZUTATEN

- 4 EL Speisestärke
- ½ TL Ingwerpulver
- 675 g festes weißes Fischfilet, gewürfelt
- 3 EL Erdnussöl
- 2,5-cm-Stück Ingwerwurzel, gerieben
- 1 Porreestange, in dünnen Scheiben
- 1 EL Weißweinessig
- 2 EL chinesischer Reiswein oder trockener Sherry
- 3 EL dunkle Sojasauce
- 1 TL Zucker
- 2 EL Zitronensaft
- Porreestreifen, zum Garnieren

2

4

5

1 Die Speisestärke mit dem Ingwerpulver in einer kleinen Schüssel verrühren.

2 Die Fischwürfel portionsweise in die Speisestärkemischung legen, darin wenden, bis sie gut davon überzogen sind.

3 Das Erdnussöl in einem heißen Wok oder einer Pfanne unter Schwenken stark erhitzen.

4 Den Ingwer und den Porree in den Wok oder die Pfanne geben und darin 1 Minute anbraten.

5 Die Fischwürfel zugeben und 5 Minuten unter Rühren anbraten, bis sie gebräunt sind.

6 Die restlichen Zutaten zugeben und bei geringer Hitze 3–4 Minuten garen, bis der Fisch durchgegart ist.

7 Das fertige Gericht auf vorgewärmte Servierteller verteilen, mit Porreestreifen garnieren und sofort servieren.

VARIATION

Verwenden Sie Fisch mit festem weißen Fleisch, der nicht auseinander fällt, wie Kabeljau, Heilbutt oder Seeteufel.

Pikante Fischplätzchen

Die Kombination unterschiedlicher Fischsorten mit feuriger Tomatensauce macht aus einem einfachen Fisch etwas Besonderes.

NÄHRWERTANGABEN

Kilokalorien	334	Zucker	7 g
Eiweiß	31 g	Fett	7 g
Kohlenhydrate	37 g	davon gesättigt	1 g

2 STD. 55 MIN.

4 PERSONEN

ZUTATEN

- 450 g mehlig kochende Kartoffeln, gewürfelt
- 225 g Heilbutt- und Forellenfilet
- 1 Lorbeerblatt
- 425 ml frischer Fischfond (siehe Seite 8)
- 2 EL fettarmer Naturjoghurt
- 4 EL frisch gehackter Schnittlauch
- Salz und Pfeffer
- 75 g Semmelbrösel
- 1 EL Sonnenblumenöl
- Schnittlauchröllchen, zum Garnieren
- Zitronenspalten, zum Servieren
- Salat, zum Servieren

PIKANTE TOMATENSAUCE

- 200 ml passierte Tomaten
- 4 EL trockener Weißwein
- Salz und Pfeffer
- 4 EL fettarmer Naturjoghurt
- Chilipulver

1 Die Kartoffeln mindestens 10 Minuten gar kochen, dann gründlich abgießen und zerstampfen.

2 Den Fisch mit dem Lorbeerblatt und dem Fond in einen Topf geben und 7–8 Minuten kochen. Dann den Fisch herausnehmen und zerpflücken.

3 Fisch, Kartoffeln, Joghurt, Schnittlauch, Salz und Pfeffer in einer Schüssel mischen. Abkühlen lassen, abdecken und für 1 Stunde kalt stellen.

4 Die Semmelbrösel auf einen Teller geben. Aus dem Fischteig 8 Plätzchen von je etwa 7,5 cm Durchmesser formen und in den Semmelbröseln gut wenden.

5 In einer mit Öl eingepinselten Pfanne die Fischplätzchen 5–6 Minuten von jeder Seite goldbraun braten. Auf Küchenpapier abtropfen lassen und warm halten. Vor dem Servieren mit Schnittlauch und Zitronenspalten garnieren.

6 Für die Sauce die Tomaten zusammen mit dem Wein erhitzen. Mit Salz und Pfeffer abschmecken, vom Herd nehmen und den Joghurt einrühren. Erneut erhitzen, mit Chilipulver bestreuen mit den Fischplätzchen servieren.

3

4

5

Fisch mit Kokosnuss und Basilikum

Fisch-Currys schmecken exzellent – und auch dieses ist keine Ausnahme. Hier verbinden sich die Aromen von Curry, Kokosnuss und Basilikum.

NÄHRWERTANGABEN

Kilokalorien	209	Zucker	10 g
Eiweiß	21 g	Fett	8 g
Kohlenhydrate	15 g	davon gesättigt	1 g

5 MIN. 15 MIN.

4 PERSONEN

ZUTATEN

- 2 EL Pflanzenöl
- 450 g Kabeljaufilet
- 25 g Mehl, mit Salz und Pfeffer gewürzt
- 1 Knoblauchzehe, zerdrückt
- 2 EL rote Currypaste
- 1 EL Fischsauce
- 300 ml Kokosmilch
- 175 g Kirschtomaten, halbiert
- 20 frische Basilikumblätter
- Duftreis, zum Servieren

3

4

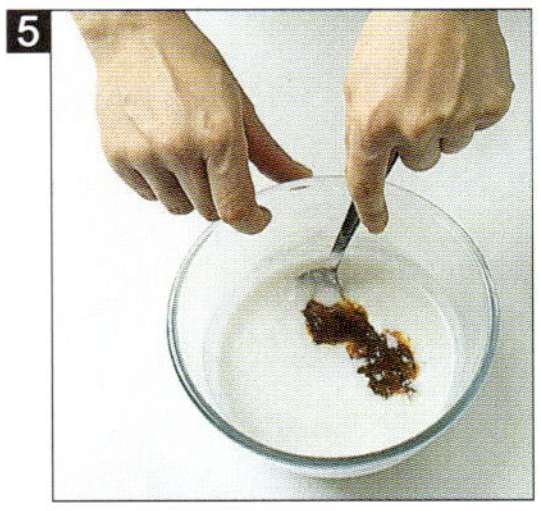
5

1 Das Pflanzenöl in einem großen heißen Wok erhitzen.

2 Den Fisch in große Würfel schneiden. Eventuelle Gräten mit einer sauberen Pinzette entfernen.

3 Das gewürzte Mehl in eine Schüssel geben und die Fischstücke darin wenden.

4 Den panierten Fisch in den Wok geben und bei starker Hitze 3–4 Minuten anbraten, bis die Fischstücke an den Rändern braun werden.

5 Knoblauch, Currypaste, Fischsauce und Kokosmilch in einer kleinen Schüssel mischen. Die Mischung über den Fisch gießen und alles aufkochen.

6 Die Tomaten in den Wok geben und alles 5 Minuten köcheln lassen.

7 Die Basilikumblätter grob zerpflücken und in den Wok geben. Dann behutsam einrühren, damit die Fischstücke nicht auseinander fallen.

8 Das fertige Gericht auf vorgewärmte Servierteller verteilen und mit Duftreis sofort servieren.

TIPP

Achten sie darauf, den Fisch nicht zu verkochen, sobald Sie die Tomaten hinzugefügt haben. Er könnte sonst zerfallen.

Kabeljau-Nudel-Auflauf

Eine köstliche Mischung aus zartem Kabeljau und Nudeln, die im Wasserbad gegart, dann gestürzt und mit Tomatensauce serviert wird.

NÄHRWERTANGABEN	
Kilokalorien 536	Zucker .... 4 g
Eiweiß .... 35 g	Fett .... 35 g
Kohlenhydrate .. 21 g	davon gesättigt . 17 g

35 MIN. 2 STD.

4 PERSONEN

ZUTATEN

- 125 g kurze Makkaroni oder andere kleine Nudelsorten
- 1 EL Olivenöl
- 1 EL Butter, plus etwas mehr, zum Einfetten
- 500 g Kabeljaufilet
- einige frische Petersilienzweige
- 6 schwarze Pfefferkörner
- 125 g Schlagsahne
- 2 Eier, getrennt
- 2 EL frisch gehackter Dill oder frisch gehackte Petersilie
- 1 Prise geriebene Muskatnuss
- Salz und Pfeffer
- 1 Portion Tomatensauce (siehe Seite 6), zum Servieren
- Dill- oder Petersilienzweige, zum Garnieren

1 Salzwasser in einem Topf aufkochen. Die Nudeln darin mit dem Öl bissfest garen. Abtropfen lassen, zurück in den Topf geben, die Butter zufügen und warm halten.

2 Fisch, Petersilie und Pfefferkörner in einer Pfanne knapp mit Wasser bedecken, aufkochen, abdecken und 10 Minuten köcheln lassen. Den Fisch herausnehmen und den Kochsud beiseite stellen. Wenn der Fisch abgekühlt ist, Gräten entfernen und den Fisch in kleine Stücke schneiden.

3 Die Nudeln in eine Schüssel geben. Sahne, Eigelb und Dill unterrühren. Den Fisch vorsichtig unterheben und so viel Kochsud zufügen, dass eine saftige, aber feste Masse entsteht. Das Eiweiß nicht zu steif schlagen und unter die Mischung heben. Alles mit Muskat, Salz und Pfeffer würzen.

4 Eine runde Auflaufform einfetten und die Mischung hineingeben, oben einen etwa 4 cm hohen Rand lassen. Die oberste Schicht mit Alufolie abdecken und am Rand entlang festdrücken.

5 Den Auflauf auf einen Dreifuß in einen Topf mit kochendem Wasser stellen (das Wasser sollte bis zur Hälfte der Auflaufform reichen), abdecken und $1^1/_2$ Stunden im Wasserbad garen (gegebenenfalls heißes Wasser nachfüllen).

6 Folie entfernen, den Auflauf vom Rand der Form lösen und auf eine vorgewärmte Servierplatte stürzen. Etwas Tomatensauce darüber geben, den Rest separat reichen. Mit Kräutern garniert servieren.

2

3

5

Japanische Scholle

Die Marinade verleiht dem Fisch ein typisch japanisches Aroma. Auch andere Fische mit weißem Fleisch eignen sich für dieses Gericht.

NÄHRWERTANGABEN

Kilokalorien	207	Zucker	9 g
Eiweiß	22 g	Fett	8 g
Kohlenhydrate	10 g	davon gesättigt	1 g

2 STD. 10 MIN.

4 PERSONEN

ZUTATEN

- 4 kleine Schollen, küchenfertig
- 6 EL Sojasauce
- 2 EL japanischer Reiswein oder trockener Weißwein
- 2 EL Sesamöl
- 1 EL Zitronensaft
- 2 EL hellbrauner Zucker
- 1 TL frisch geriebene Ingwerwurzel
- 1 Knoblauchzehe, zerdrückt

GARNIERUNG

- 1 kleine Karotte
- 4 Frühlingszwiebeln

2

4

5

1 Die Fische waschen und mit Küchenpapier trockentupfen.

2 Jeden Fisch auf beiden Seiten mehrfach einschneiden, damit er die Marinade gut aufnimmt.

3 Sojasauce, Reiswein, Öl, Zitronensaft, Zucker, Ingwer und Knoblauch in einer großen, flachen Schale mischen.

4 Die Fische in der Marinade sorgfältig wenden und 2 Stunden kalt stellen.

5 Die Karotte in gleich große, dünne Stifte schneiden. Die Frühlingszwiebeln putzen und in Streifen schneiden.

6 Die Fische unter einmaligem Wenden 10 Minuten grillen.

7 Die Fische mit Karotten und Frühlingszwiebeln garniert auf Tellern anrichten und servieren.

VARIATION

Verwenden Sie Seezungen anstelle der Schollen, und bestreuen Sie die Fische statt mit Frühlingszwiebeln und Karotten mit gerösteter Sesamsaat.

Seezunge an Lachsröllchen

Bei diesem Feinschmeckergericht werden die erlesenen Aromen von Seezunge und Lachs mit der Frische von Limetten kombiniert.

NÄHRWERTANGABEN

Kilokalorien	191	Zucker	3 g
Eiweiß	31 g	Fett	4 g
Kohlenhydrate	9 g	davon gesättigt	1 g

1 STD. 20 MIN.

4 PERSONEN

ZUTATEN

FÜLLUNG

- 60 g Semmelbrösel
- ½ TL geriebene Limettenschale
- 1 EL Limettensaft
- 60 g fettarmer Frischkäse
- Salz und Pfeffer
- frischer Kerbel, zum Garnieren
- 4 Seezungenfilets (à 125 g)
- 60 g Räucherlachs, in Streifen
- 150 ml Fischfond (siehe Seite 8)
- 150 g fettarmer Naturjoghurt
- 1 EL frisch gehackter Kerbel, plus etwas mehr, zum Garnieren

ZUM SERVIEREN

- Gemüse der Saison, gedünstet
- Limettenspalten

1 Semmelbrösel, Limettenschale und -saft und Frischkäse sowie Salz und Pfeffer in einer Schüssel zu einer sämigen Creme vermengen.

2 Falls die Seezungen noch nicht gehäutet sind, ein scharfes Messer am Schwanzende zwischen Haut und Fleisch ansetzen, die Haut straff halten und das Fleisch mit dem Messer von der Haut abziehen.

3 Die Filets längs halbieren und dann die Lachsstreifen über die gehäuteten Filetstreifen legen.

4 Den Backofen auf 190 °C vorheizen. Je ein Achtel der Creme auf jedes Filet streichen und festdrücken. Die Filets vorsichtig vom Kopfende an aufrollen. Mit dem aufgerollten Ende nach unten in eine Auflaufform legen, den Fond zugießen und 15 Minuten backen.

5 Mit einem Pfannenwender den Fisch auf eine vorgewärmte Servierplatte geben, abdecken und warm halten. Den Fischsud in eine Pfanne geben und Joghurt und Kerbel zufügen. Mit Salz und Pfeffer abschmecken und erhitzen, aber nicht aufkochen. Die Fischröllchen mit Kerbel garnieren und mit der Joghurtsauce sowie Gemüse und Limettenspalten servieren.

1

2
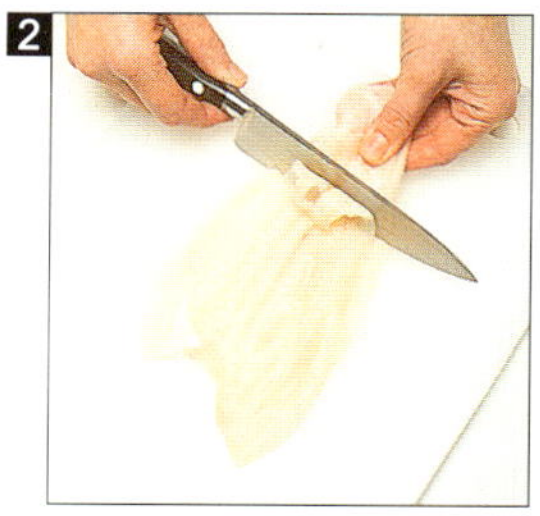

3

TIPP

Frische Fische erkennt man an den glänzenden Augen und roten Kiemen. Sie sollten sich fest anfühlen und nur leicht nach Fisch riechen.

Heringe mit Orangen-Estragon

Die Fische werden mit einer fruchtigen Farce gefüllt und vor dem Grillen in Alufolie gewickelt.

NÄHRWERTANGABEN

Kilokalorien	332	Zucker	4 g
Eiweiß	21 g	Fett	24 g
Kohlenhydrate	9 g	davon gesättigt	6 g

15 MIN. 35 MIN.

4 PERSONEN

ZUTATEN

- 1 Orange
- 4 Frühlingszwiebeln, in Ringen
- 50 g Vollkornsemmelbrösel
- 1 EL frisch gehackter Estragon
- Salz und Pfeffer
- 4 Heringe, küchenfertig
- grüner Salat, zum Servieren

GARNIERUNG

- 2 Orangen
- 1 EL brauner Zucker
- 1 EL Olivenöl
- frische Estragonzweige

1

2

3

1 Für die Füllung von der Hälfte einer Orange die Schale abreiben.

2 Die Orange über einem Teller schälen und in kleine Stücke schneiden und den Saft auffangen.

3 Fruchtfleisch, Saft, geriebene Schale der Orange mit Frühlingszwiebeln, Semmelbröseln und Estragon in einer Schüssel gut mischen. Dann alles mit Salz und Pfeffer würzen.

4 Die Füllung in vier gleich große Portionen teilen und dann die Heringe damit füllen.

5 Jeden Fisch auf ein Stück leicht eingeölte Alufolie legen und jeweils vollständig in der Folie einpacken. Die Heringe dann 20–30 Minuten grillen, bis sie gar sind. Das Fleisch der Fische sollte weiß und fest sein.

6 Unterdessen die Garnierung vorbereiten. Die Orangen in dicke Scheiben schneiden und mit Zucker bestreuen. Kurz bevor der Fisch gar ist, die Orangen mit etwas Öl beträufeln und 5 Minuten zum Erwärmen mit auf den Grill legen.

7 Die Heringe auf Teller verteilen und mit Orangenscheiben und Estragon garniert servieren. Grünen Salat dazu reichen.

Mediterraner Fischeintopf

Das feine Aroma und die saftige Konsistenz von Fisch und Meeresfrüchten bleiben durch sanftes Schmoren besonders gut erhalten.

NÄHRWERTANGABEN

Kilokalorien	533	Zucker	11 g
Eiweiß	71 g	Fett	10 g
Kohlenhydrate	30 g	davon gesättigt	2 g

1 ¼ STD. 25 MIN.

4 PERSONEN

ZUTATEN

- 2 TL Olivenöl
- 2 rote Zwiebeln, in Ringen
- 2 Knoblauchzehen, zerdrückt
- 2 EL Rotweinessig
- 2 TL Zucker
- 300 ml Fischfond (siehe Seite 8)
- 300 ml trockener Rotwein
- 800 g gehackte Tomaten aus der Dose
- 250 g kleine Auberginen, geviertelt
- 200 g gelbe Zucchini, geviertelt oder in Scheiben
- 1 grüne Paprika, in Streifen
- 1 EL frisch gehackter Rosmarin
- 500 g Heilbuttfilet, in 2 cm großen Stücken
- 750 g frische Miesmuscheln, abgebürstet und die Bärte entfernt
- 225 g kleiner Tintenfisch, in Ringen
- 225 g rohe Garnelen, ausgelöst
- Salz und Pfeffer

ZUM SERVIEREN

- 4 geröstete Baguettescheiben, mit einer halbierten Knoblauchzehe eingerieben
- Zitronenspalten

1. Das Öl in einem großen Topf erhitzen und Zwiebeln und Knoblauch darin 3 Minuten glasig dünsten.
2. Essig und Zucker unterrühren und alles weitere 2 Minuten kochen.
3. Dann Fond, Wein, Tomaten, Auberginen, Zucchini, Paprika und Rosmarin zugeben. Die Mischung aufkochen und 10 Minuten unabgedeckt köcheln lassen.
4. Heilbutt, Muscheln und Tintenfisch zufügen, sorgfältig verrühren, abdecken und 5 Minuten köcheln lassen, bis der Fisch nicht mehr durchsichtig schimmert.
5. Die Garnelen unterrühren und alles weitere 2–3 Minuten abgedeckt köcheln lassen, bis die Garnelen gar sind.
6. Nicht geöffnete Muscheln wegwerfen. Den fertigen Eintopf mit Salz und Pfeffer abschmecken.
7. Den Eintopf auf vorgewärmte Suppenteller verteilen und mit Knoblauchbrot und Zitronenspalten servieren.

Seeteufel mit Kapernsauce

Seeteufel hat ein wohl schmeckendes weißes Fleisch, das im Gegensatz zum Fleisch vieler anderer Fische sehr fest ist.

NÄHRWERTANGABEN

Kilokalorien 405	Zucker . . . . 0 g
Eiweiß . . . . 36 g	Fett . . . . 29 g
Kohlenhydrate . . . 0 g	davon gesättigt . . 4 g

25 MIN. 10 MIN.

4 PERSONEN

ZUTATEN

750 g Seeteufelfilet

geriebene Schale und Saft von 1 Zitrone

2 EL Olivenöl

1 kleines Bund frische Lorbeerblätter

1 kleine Zitrone, in Spalten

SAUCE

6 EL Olivenöl

1 Knoblauchzehe, fein gehackt

geriebene Schale und Saft von 1 Zitrone

1 EL frisch gehackte Petersilie

2 EL Kapern, gehackt

3 Sardellenfilets, fein gehackt

Pfeffer

1 Den Fisch behutsam säubern, abspülen und mit Küchenpapier trockentupfen. Entlang der Rückgratlinie in zwei Hälften teilen.

2 Die beiden Hälften in 2,5 cm große Würfel schneiden und in einen tiefen Teller geben. Zitronenschale und -saft mit Olivenöl verquirlen und die Fischwürfel damit beträufeln.

3 Die Fischwürfel abtropfen lassen, dabei die Marinade auffangen. Die Würfel abwechselnd mit Lorbeerblättern und Zitronenspalten auf Holzspieße stecken.

4 Den Backofengrill vorheizen, dann die Fischspieße auf einen Rost legen und die Enden mit Alufolie umwickeln. Mit etwas aufgefangener Flüssigkeit bestreichen und 3 Minuten grillen. Wenden, erneut bestreichen und weitere 3–4 Minuten grillen, bis der Fisch gar ist.

5 In der Zwischenzeit die Zutaten für die Kapernsauce gut mischen.

6 Die Fischspieße gut abtropfen lassen und auf vorgewärmte Teller legen. Mit der Sauce und einem gemischten Salat sofort servieren.

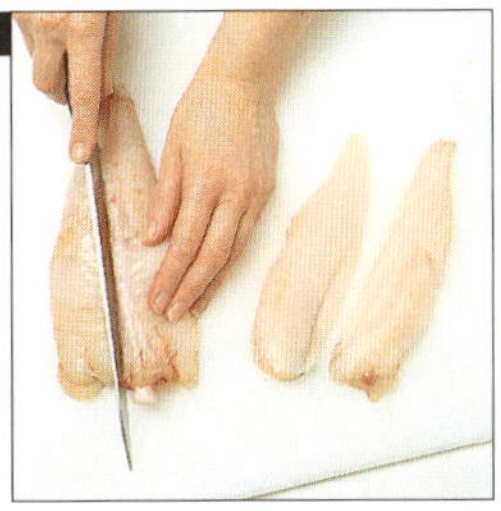
1

3

5

Gestürzter Fischauflauf

Dieser vorzügliche Auflauf aus Schellfisch oder Seelachs und Nudeln wird mit einer Tomatensauce serviert.

NÄHRWERTANGABEN	
Kilokalorien 536	Zucker .... 4 g
Eiweiß .... 35 g	Fett .... 35 g
Kohlenhydrate .. 21 g	davon gesättigt . 17 g

35 MIN. 2 STD.

4 PERSONEN

ZUTATEN

- 125 g kurze Makkaroni oder andere kleine Nudelsorten
- 1 EL Olivenöl
- 1 EL Butter, plus etwas mehr, zum Einfetten
- 500 g Schellfisch- oder Seelachsfilet
- einige frische Petersilienzweige
- 6 schwarze Pfefferkörner
- 125 g Schlagsahne
- 2 Eier, getrennt
- 2 EL frisch gehackter Dill oder frisch gehackte Petersilie
- 1 Prise geriebene Muskatnuss
- Salz und Pfeffer
- 1 Portion Tomatensauce (siehe Seite 6), zum Servieren
- Dill- oder Petersilienzweige, zum Garnieren

1 Salzwasser in einem Topf aufkochen. Die Nudeln darin mit dem Öl bissfest garen. Abtropfen lassen, zurück in den Topf geben, die Butter zufügen und warm halten.

2 Fisch, Petersilie und Pfefferkörner in einer Pfanne knapp mit Wasser bedecken, aufkochen, abdecken und 10 Minuten köcheln lassen. Den Fisch herausnehmen und den Kochsud beiseite stellen. Wenn der Fisch abgekühlt ist, Gräten entfernen und den Fisch in kleine Stücke schneiden.

3 Die Nudeln in eine Schüssel geben. Sahne, Eigelb und Dill unterrühren. Den Fisch vorsichtig unterheben und so viel Kochsud zufügen, dass eine saftige, aber feste Masse entsteht. Das Eiweiß nicht zu steif schlagen und unter die Mischung heben. Alles mit Muskat, Salz und Pfeffer würzen.

4 Eine runde Auflaufform einfetten und die Mischung hineingeben, oben einen etwa 4 cm hohen Rand lassen. Die oberste Schicht mit Alufolie abdecken und am Rand entlang festdrücken.

5 Den Auflauf auf einen Dreifuß in einen Topf mit kochendem Wasser stellen (das Wasser sollte bis zur Hälfte der Auflaufform reichen), abdecken und $1^1/_2$ Stunden im Wasserbad garen (gegebenenfalls heißes Wasser nachfüllen).

6 Folie entfernen, den Auflauf vom Rand der Form lösen und auf eine vorgewärmte Servierplatte stürzen. Etwas Tomatensauce darüber geben, den Rest separat reichen. Mit Kräutern garniert servieren.

Meereswogen

Für diesen köstlichen Fischauflauf können Sie eine Vielzahl von Fischsorten verwenden – je nachdem, welche die Saison gerade bietet.

NÄHRWERTANGABEN

Kilokalorien	599	Zucker	8 g
Eiweiß	45 g	Fett	21 g
Kohlenhydrate	58 g	davon gesättigt	4 g

15 MIN. 1 STD.

4 PERSONEN

ZUTATEN

500 g Kabeljau- oder Schellfischfilet
225 g Lachssteak
425 ml Magermilch, plus etwas mehr, für das Kartoffelpüree
1 Lorbeerblatt
Salz und Pfeffer
1 kg Kartoffeln
60 g geschälte Krabben
60 g Butter
25 g Mehl
4 EL Weißwein
1 TL frisch gehackter Dill oder ½ EL getrockneter Dill
2 EL Kapern, abgetropft
einige gekochte, ungeschälte Garnelen, zum Garnieren

1

3

4

1 Beide Fischsorten mit 300 ml Milch und dem Lorbeerblatt in eine Pfanne geben. Mit Salz und Pfeffer würzen, aufkochen und abgedeckt 12 Minuten köcheln.

2 Die Kartoffeln schälen, grob würfeln und in Salzwasser garen.

3 Den Fisch herausnehmen und 300 ml Fond aufbewahren, eventuell Milch zugießen. Den Fisch zerkleinern, von Gräten befreien und in eine flache Auflaufform legen. Die Krabben darüber verteilen.

4 30 g Butter in einer Pfanne zerlassen, das Mehl zufügen und unter Rühren 1 Minute anschwitzen. Langsam den Fond und den Wein einrühren. Alles aufkochen. Dill und Kapern zufügen, mit Salz und Pfeffer würzen und köcheln lassen, bis die Sauce eindickt. Die Sauce über den Fisch gießen und gut vermengen.

5 Die Kartoffeln abgießen und pürieren. Salz und Pfeffer und restliche Butter zufügen. Nach Belieben Milch zugießen.

6 Den Backofen auf 200 °C vorheizen. Das Püree in einen Spritzbeutel füllen und mit einem breiten Spritzaufsatz gleichmäßige Rosetten auf den Auflauf spritzen. Diesen ca. 25 Minuten backen, bis er sehr heiß und knusprig ist. Mit Garnelen garnieren und servieren.

Heilbutt-Nudelgratin

Dieses schnelle, einfache und günstige Gericht ist ein ideales Familienessen, das hervorragend schmeckt.

NÄHRWERTANGABEN

Kilokalorien	525	Zucker	8 g
Eiweiß	41 g	Fett	18 g
Kohlenhydrate	53 g	davon gesättigt	10 g

20 MIN. 45 MIN.

4 PERSONEN

ZUTATEN

- 1 EL Butter, plus etwas mehr zum Einfetten
- 500 g geräuchertes Heilbuttfilet, in 4 Stücken
- 600 ml Milch
- 1 EL Mehl
- Salz und Pfeffer
- 1 Prise geriebene Muskatnuss
- 3 EL Schlagsahne
- 1 EL frisch gehackte Petersilie
- 2 Eier, hart gekocht und zerdrückt
- 500 g Fusilli
- 1 EL Zitronensaft
- Petersilie, zum Garnieren
- Rote Bete, zum Servieren
- Pellkartoffeln, zum Servieren

1 Eine Auflaufform einfetten, den Heilbutt hineinlegen und mit der Milch übergießen. 15 Minuten in einem auf 200 °C vorgeheizten Backofen garen. Dann den Kochsud abgießen und auffangen.

2 Die Butter in einen Topf geben und bei mittlerer Hitze zerlassen. Das Mehl einrühren, dann langsam den aufgefangenen Kochsud zugießen und mit Salz, Pfeffer und Muskatnuss würzen. Dann Sahne, Petersilie und Eier einrühren und die Sauce 2 Minuten kochen.

3 Unterdessen die Fusilli in Salzwasser mit Zitronensaft bissfest garen.

4 Die Nudeln abgießen und über den Fisch geben. Dann die Sauce darüber gießen und den Auflauf im vorgeheizten Ofen bei 200 °C 10 Minuten überbacken.

5 Das fertige Gratin mit Petersilie garnieren und mit Roter Bete und Pellkartoffeln servieren.

VARIATION

Für dieses Rezept eignen sich alle kürzeren Nudeln, wie Penne, Conchiglie oder Rigatoni.

Sardinen-Kartoffel-Auflauf

Von der ligurischen Küste kommt dieser schmackhafte Auflauf aus frischen Sardinen, Kartoffeln und saftigen Tomaten.

NÄHRWERTANGABEN

Kilokalorien	626	Zucker	6 g
Eiweiß	45 g	Fett	29 g
Kohlenhydrate	43 g	davon gesättigt	8 g

20 MIN. | 1 STD.

4 PERSONEN

ZUTATEN

- 1 kg Kartoffeln, geschält
- 1 kg Sardinen
- 1 EL Olivenöl, plus etwas mehr, zum Einfetten
- 1 Zwiebel, gehackt
- 2–3 Knoblauchzehen, zerdrückt
- 2 EL frisch gehackte Petersilie
- Salz und Pfeffer
- 350 g reife Tomaten, gehäutet und in Scheiben, oder 400 g gehackte Tomaten aus der Dose, abgetropft
- 1–2 EL frisch gehackte gemischte Kräuter (z. B. Oregano, Thymian, Rosmarin und Majoran)
- 150 ml trockener Weißwein

1 Die Kartoffeln 10 Minuten in kochendem Salzwasser garen. Abgießen, abkühlen lassen und in sehr dünne Scheiben schneiden.

2 Die Sardinen ausnehmen und säubern: Kopf und Schwanzflosse entfernen. Die Fische entlang des Bauches vorsichtig auftrennen und die Eingeweide auslösen. Die Fische so aufklappen, dass die Haut nach oben zeigt. Mit kräftigem Druck das Rückgrat entlangfahren, um es zu lockern, umdrehen und Gräten entfernen. Unter fließendem kaltem Wasser abspülen, gut abtropfen lassen und mit Küchenpapier trockentupfen.

3 Das Öl in einer Pfanne erhitzen und Zwiebel und Knoblauch glasig dünsten.

4 Die Kartoffelscheiben in eine gut eingefettete Auflaufform legen und Zwiebel, Knoblauch, Petersilie und reichlich Salz und Pfeffer darüber geben.

5 Die aufgeklappten Sardinen mit der Haut nach unten auf die Kartoffeln legen. Die Tomaten darauf verteilen und mit den Kräutern bestreuen. Mit dem Wein übergießen und mit Salz und Pfeffer würzen.

6 In einem auf 180 °C vorgeheizten Ofen ca. 40 Minuten backen, bis der Fisch gar ist. Falls der Auflauf zu trocken wird, etwas Wein darüber gießen. Sofort servieren.

2

4

5

Pasta Vongole

Frische Venusmuscheln bekommt man auf dem Wochenmarkt und in gut sortierten Supermärkten.

NÄHRWERTANGABEN

Kilokalorien	410	Zucker	1 g
Eiweiß	39 g	Fett	9 g
Kohlenhydrate	39 g	davon gesättigt	1 g

20 MIN. 20 MIN.

4 PERSONEN

ZUTATEN

- 700 g frische Venusmuscheln
- 2 EL Olivenöl
- 2 Knoblauchzehen, zerdrückt
- 400 g gemischte Meeresfrüchte (z. B. Riesengarnelen, Tintenfisch und Miesmuscheln), Tiefkühlware aufgetaut
- 150 ml Weißwein
- 150 ml Fischfond (siehe Seite 8)
- 700 g frische Nudeln oder 400 g getrocknete Nudeln
- 2 EL frisch gehackter Estragon
- Salz und Pfeffer

1 Die Muscheln sorgfältig säubern und alle bereits offenen Exemplare aussortieren.

2 Das Öl in einer großen Pfanne erhitzen. Knoblauch und Muscheln darin unter mehrfachem Schwenken 2 Minuten anbraten, bis alle Muscheln mit Öl bedeckt sind.

3 Die Meeresfrüchtemischung zugeben und alles weitere 2 Minuten garen.

4 Wein und Fischfond zugießen und aufkochen. Dann die Pfanne abdecken, die Hitze reduzieren und die Meeresfrüchte 8–10 Minuten köcheln lassen, bis sich die Schalen der Muscheln öffnen. Alle jetzt noch geschlossenen Muscheln unbedingt wegwerfen.

5 Währenddessen Salzwasser in einem großen Topf aufkochen. Die Nudeln darin bissfest garen und anschließend abgießen.

6 Estragon unter die Sauce rühren und diese mit Salz und Pfeffer abschmecken.

7 Die Pasta in einer großen Schüssel mit der Sauce mischen und sofort servieren.

3

4

6

VARIATION

Eine rote Sauce erhält man, wenn in Schritt 4 zusammen mit der Brühe 8 Esslöffel passierte Tomaten mit in die Pfanne gegeben werden.

Sardinen mit Oliven und Tomaten

Sardinen werden mit Eiertomaten und schwarzen Oliven gegrillt und mit frischem Basilikum garniert.

NÄHRWERTANGABEN

Kilokalorien 741	Zucker . . . . 1 g
Eiweiß . . . . 77 g	Fett . . . . 48 g
Kohlenhydrate . . . 1 g	davon gesättigt . 10 g

25 MIN. 25 MIN.

4 PERSONEN

ZUTATEN

12 frische Sardinen, küchenfertig
frische Basilikumblätter
4 Eiertomaten
8 schwarze Oliven, entsteint
Salz und Pfeffer
1 EL Butter
1 EL Olivenöl
2 EL Zitronensaft

GARNIERUNG

Eiertomaten, in Scheiben geschnitten
Oliven, in Scheiben geschnitten
1 frischer Basilikumzweig

2

4

5

1 Die Sardinen von innen und außen salzen und pfeffern. 1–2 Basilikumblätter in jeden Fisch legen. Die Fische mehrfach an den Seiten einschneiden.

2 Tomaten und Oliven in Scheiben schneiden und in eine große Schüssel geben. 4 Basilikumblätter klein zupfen und unter die Tomaten und Oliven mischen.

3 Die Mischung auf 4 Bögen Alufolie verteilen, dann auf jeder Portion 3 Sardinen anrichten und mit Salz und Pfeffer würzen.

4 Butter und Öl in einem kleinen Topf erhitzen. Den Zitronensaft einrühren und die Mischung über die Fische geben.

5 Die Fische sorgfältig in Alufolie einschlagen und 15–20 Minuten grillen, bis sie gar sind.

6 Die Folie entfernen und die Sardinen auf Tellern anrichten. Mit Tomaten- und Olivenscheiben sowie einem Basilikumzweig garnieren und sofort servieren.

TIPP

Durch die Einschnitte kann der Fisch die Aromen besser aufnehmen. Das gilt besonders, wenn man ihn vor dem Grillen nicht mariniert.

Gebackene Sardinen

Für diesen omelettartigen Auflauf werden Sardinen, Kräuter und Gemüse in einer feinen Eiercreme gebacken.

NÄHRWERTANGABEN

Kilokalorien	679	Zucker	5 g
Eiweiß	60 g	Fett	47 g
Kohlenhydrate	6 g	davon gesättigt	15 g

15 MIN. 40 MIN.

4 PERSONEN

ZUTATEN

- 1 El Olivenöl
- 2 große Zwiebeln, in Ringen
- 3 Knoblauchzehen, zerdrückt
- 2 große Zucchini, in Stiften
- 3 EL frisch gehackter Thymian
- 8 Sardinenfilets oder 1 kg ganze Sardinen, filetiert
- 75 g Parmesan, gerieben
- 4 Eier, verquirlt
- 150 ml Milch
- Salz und Pfeffer

1 Das Öl in einer Pfanne erhitzen. Dann Zwiebeln und Knoblauch darin 2–3 Minuten dünsten.

2 Die Zucchinis zugeben und etwa 5 Minuten weich dünsten, bis sie leicht angebräunt sind.

2

4

4

3 Dann 2 Esslöffel Thymian unter die Zucchini rühren.

4 Die Hälfte der Zucchinimischung auf dem Boden einer großen Auflaufform verteilen. Die Sardinenfilets und die Hälfte des Parmesans darüber geben.

5 Übrige Mischung über die Filets verteilen, mit restlichem Thymian bestreuen.

6 Eier und Milch in einer Schüssel verrühren, mit Salz und Pfeffer würzen und über das Gemüse und die Fischfilets gießen. Dann den restlichen Parmesan darüber streuen.

7 Den Auflauf in einem auf 180 °C vorgeheizten Ofen 20–25 Minuten goldbraun backen. Herausnehmen und in der Auflaufform heiß servieren.

VARIATION

Statt Sardinen können auch kleine Makrelen verwendet werden.

Scholle mit Pilzen

Schollenfilets bleiben auch gegrillt saftig und harmonieren ausgezeichnet mit der zarten Konsistenz von Pilzen.

NÄHRWERTANGABEN

Kilokalorien 243	Zucker 2g
Eiweiß 30g	Fett 13g
Kohlenhydrate ... 2g	davon gesättigt .. 3g

10 MIN. 20 MIN.

4 PERSONEN

ZUTATEN

- 4 Schollenfilets (à ca. 150 g)
- 2 EL Limettensaft
- Selleriesalz und Pfeffer
- 90 g Halbfettmargarine
- 300 g gemischte kleine Pilze (z. B. Champignons, Austernpilze, Shiitake, Pfifferlinge oder Morcheln), halbiert oder geviertelt
- 4 Tomaten, gehäutet, entkernt und gehackt
- Basilikumblätter, zum Garnieren
- gemischter Salat, zum Servieren

1

2

4

1 Ein Backblech mit Backpapier auslegen.

2 Den Fisch auf das Backpapier legen, mit Limettensaft beträufeln und mit Selleriesalz und Pfeffer bestreuen.

3 Unter einem vorgeheizten Grill auf der mittleren Schiene ca. 7–9 Minuten garen, nicht wenden. Dann warm halten.

4 Unterdessen die Margarine in einer beschichteten Pfanne bei geringer Hitze zerlassen. Dann die Pilze zugeben und 4–5 Minuten dünsten.

5 Die Tomaten in einem kleinen Topf langsam erwärmen.

6 Den Fisch auf vorgewärmten Tellern anrichten und Tomaten und Pilze mit Pilzsud darüber geben.

7 Das fertige Gericht mit Basilikum garnieren und mit einem gemischten Salat servieren.

TIPP

Pilze sind ideal für eine fettarme Diät, da sie sehr aromatisch sind und kein Fett enthalten. „Fleischige" Pilzsorten benötigen eine etwas längere Garzeit.

Kabeljau indisch

Bei diesem schnellen und einfachen Gericht werden Kabeljaufilets in einer Tomaten-Kokosmilch-Sauce zart und saftig gegart.

NÄHRWERTANGABEN

Kilokalorien	194	Zucker	6 g
Eiweiß	21 g	Fett	9 g
Kohlenhydrate	7 g	davon gesättigt	1 g

5 MIN. 25 MIN.

4 PERSONEN

ZUTATEN

- 3 EL Pflanzenöl
- 4 Kabeljausteaks (ca. 2,5 cm dick)
- Salz und frisch gemahlener schwarzer Pfeffer
- 1 Zwiebel, fein gehackt
- 2 Knoblauchzehen, zerdrückt
- 1 rote Paprika, fein gewürfelt
- 1 TL gemahlener Koriander
- 1 TL gemahlener Kreuzkümmel
- 1 TL gemahlene Kurkuma
- ½ TL Garam Masala
- 400 g gehackte Tomaten aus der Dose
- 150 ml Kokosmilch
- 1–2 EL frisch gehackter Koriander oder frisch gehackte Petersilie

1

2

3

1 Das Öl in einer Pfanne erhitzen und den Fisch darin von beiden Seiten braun anbraten, aber nicht durchgaren. Mit Salz und Pfeffer würzen. Aus der Pfanne nehmen und beiseite stellen.

2 Zwiebel, Knoblauch, Paprika und Gewürze in der Pfanne unter Rühren 2 Minuten andünsten. Die Tomaten zufügen, aufkochen und 5 Minuten köcheln lassen.

3 Den Fisch zum Gemüse geben und ca. 8 Minuten köcheln lassen, bis er gar ist.

4 Den Fisch wieder aus der Pfanne nehmen und warm halten. Kokosmilch und Koriander oder Petersilie in die Pfanne geben und langsam erhitzen.

5 Die Filets mit der Sauce übergießen und sofort servieren.

VARIATION

Anstatt der angegebenen Gewürze kann in Schritt 2 Currypulver oder -paste (je nach Belieben mild oder scharf) an die Sauce gegeben werden.

Heringe mit warmem Pesto

Wenn bei der Zubereitung von Pesto der Käse weggelassen wird, kann er auch erhitzt werden, ohne Fäden zu ziehen.

NÄHRWERTANGABEN

Kilokalorien	546	Zucker	2 g
Eiweiß	32 g	Fett	46 g
Kohlenhydrate	2 g	davon gesättigt	9 g

15 MIN. 20 MIN.

4 PERSONEN

ZUTATEN

- 4 grüne Heringe oder kleine Makrelen, küchenfertig
- 2 EL Olivenöl
- 225 g Tomaten, gehäutet, entkernt und gehackt
- 8 Sardellenfilets, gehackt
- 30 frische Basilikumblätter
- 50 g Pinienkerne
- 2 Knoblauchzehen, zerdrückt

3

4

6

1 Die Heringe unter einem heißen Grill von jeder Seite 8–10 Minuten rösten, bis die Haut von beiden Seiten leicht gebräunt ist.

2 Währenddessen 1 Esslöffel Olivenöl in einem Topf erhitzen.

3 Tomaten und Sardellen zugeben und bei mittlerer Hitze 5 Minuten kochen.

4 Währenddessen Basilikum, Pinienkerne, Knoblauch und das restliche Öl vermischen.

5 Alles in eine Küchenmaschine oder einen Mörser geben und zu einer feinkörnigen Paste verarbeiten.

6 Den so zubereiteten Pesto zu den Tomaten und den Sardellen in den Topf geben, gut untermischen und alles unter Rühren erhitzen.

7 Einen Teil des Pestos auf vorgewärmte Teller verteilen und die gegarten Heringe darauf anrichten. Dann den Rest der Sauce über die Fische geben und sofort servieren.

TIPP

Für intensiveres Aroma die Heringe auf einem Holzkohlengrill rösten.

Fisch-Kokos-Brot

Dieses Fisch-Kokos-Brot schmeckt sowohl warm als auch kalt und eignet sich hervorragend für Picknicks.

NÄHRWERTANGABEN

Kilokalorien	138	Zucker	12 g
Eiweiß	11 g	Fett	1 g
Kohlenhydrate	23 g	davon gesättigt	0 g

15 MIN. 1¼ STD.

6 PERSONEN

ZUTATEN

- 225 g Seebarbenfilet
- 2 kleine Tomaten, entkernt und gewürfelt
- 2 grüne Paprika, klein gewürfelt
- 1 Zwiebel, fein gehackt
- 1 rote Chili, fein gehackt
- 150 g Semmelbrösel
- 600 ml Kokoswasser (Flüssigkeit aus dem Inneren der Kokosnuss, keine Kokosmilch!)
- Salz und Pfeffer

SCHARFE SAUCE

- 125 ml Tomatenketchup
- 1 TL scharfe Pfeffersauce
- ¼ TL scharfer Senf

GARNIERUNG

- Zitronenzesten
- frische Kerbelzweige

1 Den Backofen auf 200 °C vorheizen. Den Fisch zerpflücken und sorgfältig mit Tomaten, Paprika, Zwiebel und Chili mischen.

2 Semmelbrösel und Kokoswasser unterrühren und mit Salz und Pfeffer würzen. (Bei einer frischen Kokosnuss mit Hammer und Schraubenzieher ein Loch in die Schale schlagen und das Wasser ausgießen.)

3 Eine kleine Kastenform einfetten und die Fischmasse hineingeben.

4 Das Fisch-Kokos-Brot etwa 1–1¼ Stunden im Ofen backen.

5 Für die scharfe Sauce Ketchup, Pfeffersauce und Senf cremig rühren.

6 Das frisch gebackene Brot in Scheiben schneiden, mit Zitronenzesten und Kerbel garnieren und kalt oder warm mit der scharfen Sauce servieren.

1

2

3

TIPP

Vorsicht beim Hacken von Chillies! Tragen Sie dabei Gummihandschuhe, oder waschen Sie sich danach gründlich die Hände, damit es nicht zu Hautreizungen kommt.

Pochierte Lachssteaks mit Penne

Frischer Lachs und Pasta in einer köstlichen Zitronen-Kresse-Sauce schmecken an einem warmen Sommerabend besonders gut.

NÄHRWERTANGABEN

Kilokalorien	968	Zucker	3 g
Eiweiß	59 g	Fett	58 g
Kohlenhydrate	49 g	davon gesättigt	19 g

10 MIN. 30 MIN.

4 PERSONEN

ZUTATEN

- 4 Lachssteaks (à 250 g)
- 60 g Butter
- 180 ml trockener Weißwein
- 1 Prise Meersalz
- 8 Pfefferkörner
- frisch gehackter Dill
- 1 frischer Estragonzweig
- 1 Zitrone, in Scheiben
- 500 g Penne
- 2 EL Olivenöl
- Zitronenscheiben, zum Garnieren
- frische Brunnenkresse, zum Garnieren

ZITRONEN-KRESSE-SAUCE

- 1 EL Butter
- 1 EL Mehl
- 150 ml warme Milch
- Saft und geriebene Schale von 2 Zitronen
- 60 g Brunnenkresse, fein gehackt
- Salz und Pfeffer

1 Den Lachs in einer großen beschichteten Pfanne mit Butter, Wein, Meersalz, Pfefferkörnern, Dill, Estragon und Zitrone abgedeckt 10 Minuten köcheln lassen.

2 Den Fisch mit einem Schaumlöffel vorsichtig aus dem Sud heben, diesen abgießen, auffangen und beiseite stellen. Den Fisch von Haut und Gräten befreien und warm halten.

3 Die Penne in Salzwasser mit 1 Esslöffel Olivenöl bissfest garen. Dann abgießen, mit dem restlichen Öl vermengen und auf vorgewärmte Teller verteilen. Den Lachs darauf anrichten und warm halten.

4 Für die Sauce Butter und Mehl anschwitzen. Die Milch und 7 Esslöffel des aufgefangenen Fischsuds einrühren. Dann Zitronensaft und -schale zufügen und unter Rühren 10 Minuten köcheln lassen.

5 Die Brunnenkresse zufügen und alles mit Salz und Pfeffer abschmecken.

6 Die Sauce über Fisch und Nudeln gießen, das fertige Gericht mit Zitronenscheiben und frischer Kresse garnieren und sofort servieren.

1

4

5

Schollenfilets mit Trauben

Fisch ist ideal für schnelle Gerichte. Wenn er auch noch, wie hier, in Streifen geschnitten wird, ist er in wenigen Minuten gar.

NÄHRWERTANGABEN

Kilokalorien 226	Zucker . . . . 6 g
Eiweiß . . . . 23 g	Fett . . . . 9 g
Kohlenhydrate . . . 9 g	davon gesättigt . . 4 g

5 MIN. 10 MIN.

4 PERSONEN

ZUTATEN

500 g Schollenfilet

4 Frühlingszwiebeln, weiße und grüne Teile getrennt, diagonal in Ringen

125 ml trockener Weißwein

Salz und Pfeffer

1 EL Speisestärke

2 EL Magermilch

2 EL frisch gehackter Dill

50 g Schlagsahne

125 g kernlose grüne Weintrauben

1 TL Zitronensaft

frische Dillzweige, zum Garnieren

ZUM SERVIEREN

Basmati-Reis

Zucchinistreifen, blanchiert

1 Den Fisch in ca. 4 cm breite Streifen schneiden und mit Frühlingszwiebeln und Wein in eine Pfanne geben. Alles mit Salz und Pfeffer würzen.

2 Aufkochen und 4 Minuten köcheln lassen. Den Fisch vorsichtig auf eine angewärmte Servierplatte heben. Dann abdecken und warm halten.

3 Speisestärke und Milch verrühren und mit Dill und Sahne in die Pfanne geben. Unter Rühren 2 Minuten kochen, bis die Sauce eindickt.

4 Trauben und Zitronensaft zufügen und alles 1–2 Minuten erhitzen, dann über den Fisch gießen. Mit Dill garnieren und mit Reis und Zucchinistreifen servieren.

1

2

3

TIPP

Dill hat einen kräftigen Geschmack, der gut zu Fisch passt. Die zarten Blätter eignen sich außerdem gut zum Garnieren.

Fisch-Kartoffel-Kroketten

Für diese köstlichen Kroketten eignen sich mehlige Kartoffeln am besten. Jeder Fisch mit weißem Fleisch kann verwendet werden.

NÄHRWERTANGABEN

Kilokalorien 349	Zucker .... 4 g
Eiweiß .... 31 g	Fett .... 8 g
Kohlenhydrate .. 41 g	davon gesättigt .. 1 g

15 MIN. 25 MIN.

4 PERSONEN

ZUTATEN

- 500 g Kartoffeln, gewürfelt
- 500 g weißes Fischfilet (z. B. Kabeljau oder Schellfisch)
- 6 Frühlingszwiebeln, in Ringen
- 1 grüne Chili, entkernt
- 2 Knoblauchzehen
- 1 TL Salz
- 1 EL scharfe oder mittelscharfe Currypaste
- 2 Eier, verquirlt
- 150 g Semmelbrösel
- Öl, zum Frittieren
- Mango-Chutney, zum Servieren

GARNIERUNG

- Limettenspalten
- Korianderzweige

1

2

3

1 Kartoffeln in Salzwasser gar kochen. Abgießen und den Topf kurz zurück auf den Herd stellen, damit die Restflüssigkeit verdunstet. Kartoffeln etwas abkühlen lassen und zusammen mit Fisch, Zwiebeln, Chili, Knoblauch, Salz und Currypaste in einer Küchenmaschine zu einem Teig verarbeiten.

2 Den Teig in eine Schüssel geben und 2 Esslöffel Ei und 60 g Semmelbrösel zufügen. Das restliche Ei und die übrigen Semmelbrösel jeweils auf einen separaten Teller geben.

3 Den Teig in 8 Portionen teilen, jede zuerst im Ei und dann in den Semmelbröseln wenden. Aus jeder Portion Teig eine ovale Krokette formen.

4 Reichlich Öl in einer großen Pfanne erhitzen und darin die Kroketten bei mittlerer Hitze 3–4 Minuten frittieren, bis sie goldbraun und gar sind. Dabei mehrmals wenden.

5 Die Kroketten auf Küchenpapier abtropfen lassen. Mit Limettenspalten und Korianderzweigen garnieren und heiß mit Mango-Chutney servieren.

Lachs mit Kapernsauce

Der Lachsgeschmack harmoniert hervorragend mit den würzigen Kapern in dieser sahnigen Kräutersauce.

NÄHRWERTANGABEN

Kilokalorien	302	Zucker	0 g
Eiweiß	21 g	Fett	24 g
Kohlenhydrate	1 g	davon gesättigt	9 g

5 MIN. 25 MIN.

4 PERSONEN

ZUTATEN

4 Lachsfilets
1 frisches Lorbeerblatt
1 TL schwarze Pfefferkörner
1 TL Weißweinessig
150 ml Fischfond (siehe Seite 8)
3 EL Schlagsahne
1 EL Kapern
1 EL frisch gehackter Dill
1 EL frisch gehackter Schnittlauch
1 TL Speisestärke
2 EL Magermilch
Salz und Pfeffer
neue Kartoffeln, zum Servieren

GARNIERUNG

frische Dillzweige
Schnittlauchblüten

1 Die Lachsfilets in eine flache Auflaufform legen und Lorbeerblatt, Pfefferkörner, Essig und Fond zufügen.

2 Den Fisch mit Alufolie bedecken und in einem auf 180 °C vorgeheizten Backofen 15–20 Minuten garen, bis der Fisch nicht mehr durchsichtig schimmert und sich testweise mit einer Gabel leicht auseinander zupfen lässt. Die Filets auf vorgewärmte Teller legen, zudecken und warm halten.

3 Den Kochsud durch ein Sieb in einen Topf gießen und diesen auf den Herd stellen.

4 Sahne, Kapern, Dill und Schnittlauch in den Kochsud einrühren und alles mit Salz und Pfeffer abschmecken.

5 Die Speisestärke mit der Milch verrühren, zur Sauce geben und unter ständigem Rühren erhitzen, bis die Sauce leicht andickt. Dann 1 Minute kochen.

6 Die Sauce über die Lachsfilets gießen und das Gericht mit Dillzweigen und Schnittlauchblüten garnieren. Mit neuen Kartoffeln servieren.

1

2

4

TIPP

Bitten Sie Ihren Fischhändler, die Filets für Sie zu häuten. Die Garzeit richtet sich nach der Dicke des Lachses: Das dünne Schwanzende gart am schnellsten.

Marinierte Forellenfilets

Bei diesem Rezept werden Forellenfilets 24 Stunden in einem aromatisierten Essig eingelegt und kalt mit Kartoffelsalat serviert.

NÄHRWERTANGABEN

Kilokalorien 521	Zucker .... 3 g
Eiweiß .... 61 g	Fett .... 20 g
Kohlenhydrate .. 27 g	davon gesättigt .. 4 g

5 STD. 35 MIN.

4 PERSONEN

ZUTATEN

- 4 Forellen (à 250–350 g), filetiert
- 1 Zwiebel, in dünnen Ringen
- 2 Lorbeerblätter, vorzugsweise frische
- frische Petersilien- und Dillzweige oder andere frische Kräuterzweige
- 10–12 schwarze Pfefferkörner
- 4–6 Gewürznelken
- 1 Prise Salz
- 150 ml Rotweinessig
- Salatblätter, zum Garnieren

KARTOFFELSALAT

- 500 g kleine neue Kartoffeln
- 2 EL French Dressing
- 4 EL fettreduzierte Mayonnaise
- 3–4 Frühlingszwiebeln, in Ringen

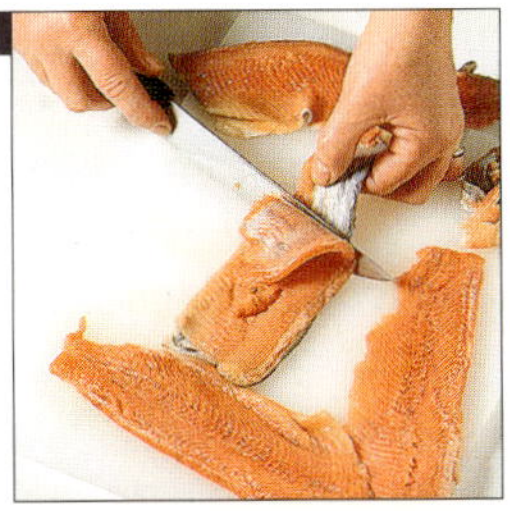
1

3

4

1 Die Filets säubern und alle Flossen vollständig entfernen. Nach Belieben können die Filets auch gehäutet werden: Die Filets auf eine Arbeitsfläche legen und mit einem scharfen Messer flach unter der Haut mit kräftigem Druck von hinten nach vorne fahren.

2 Die Forellenfilets in einer Schicht dicht nebeneinander in eine leicht gefettete flache Auflaufform legen. Zwiebelringe, Lorbeer und Kräuter darauf verteilen.

3 Pfefferkörner, Gewürznelken, Salz und Essig in einem kleinen Topf zum Sieden bringen und über die Filets gießen. Abdecken und in einem auf 160 °C vorgeheizten Backofen 15 Minuten garen. Abkühlen lassen und dann 24 Stunden im Kühlschrank marinieren.

4 Die Kartoffeln in kochendem Salzwasser garen. Abgießen, noch warm in große Stücke schneiden und in eine Salatschüssel geben. French Dressing und Mayonnaise verrühren und über die warmen Kartoffeln geben. Dann gut durchmischen, auskühlen lassen und mit den Frühlingszwiebeln bestreuen.

5 Den Fisch mit etwas Marinade, kaltem Kartoffelsalat und Salatblättern auf Tellern anrichten und servieren.

Mexikanische Forelle

Bestimmen Sie selbst, wie viele rote Chillies diesem Gericht Schärfe geben sollen. Grüne Chillies sind milder und haben einen leicht herben Geschmack.

NÄHRWERTANGABEN

Kilokalorien 329	Zucker .... 5 g
Eiweiß .... 53 g	Fett .... 10 g
Kohlenhydrate ... 6 g	davon gesättigt .. 2 g

10 MIN. 30 MIN.

4 PERSONEN

ZUTATEN

- 4 Forellen (à ca. 230 g), küchenfertig
- Salz und Pfeffer
- 1 kleines Bund frischer Koriander
- 4 Schalotten, fein gehackt
- je 1 kleine gelbe und rote Paprika, klein gewürfelt
- 2 grüne Chillies, entkernt und gehackt
- 1–2 rote Chillies, entkernt und gehackt
- 1 EL Zitronensaft
- 1 EL Weißweinessig
- 2 TL Zucker
- frischer Koriander, zum Garnieren
- Salatblätter und Chili-Bohnen-Reis, zum Servieren

1 Den Backofen auf 180 °C vorheizen. Die Forellen waschen, trockentupfen, würzen und mit Korianderblättern füllen.

2 Die Forellen nebeneinander in eine Auflaufform legen. Schalotten, Paprika und Chillies darauf verteilen.

3 Zitronensaft, Essig und Zucker in einer Schüssel verrühren, über die Forellen gießen und mit Salz und Pfeffer würzen. Die Form abdecken und 30 Minuten garen, bis der Fisch nicht mehr glasig aussieht.

4 Die Fische mit einem Pfannenwender aus der Form heben und abtropfen lassen. Auf Teller legen und mit dem Kochsud beträufeln. Mit frischem Koriander garnieren und zu Salat und Chili-Bohnen-Reis servieren (siehe Tipp).

TIPP

Für den Chili-Bohnen-Reis 225 g Langkornreis kochen. 1 Dose Kidneybohnen abgießen, abspülen und in den Reis einrühren. Je 1 Teelöffel gemahlenen Kreuzkümmel und Koriander unterrühren. 4 Esslöffel frischen Koriander zugeben und abschmecken.

1

2

3

Bajan-Fisch

Bajan ist eine Gewürzpaste aus Barbados, die gut zu Fleisch, Geflügel, Fisch oder Wild passt. Wenn Sie es schärfer mögen, geben Sie noch etwas mehr Chili dazu.

NÄHRWERTANGABEN

Kilokalorien 247	Zucker .... 4 g
Eiweiß .... 27 g	Fett .... 12 g
Kohlenhydrate ... 5 g	davon gesättigt .. 1 g

45 MIN. 15 MIN.

4 PERSONEN

ZUTATEN

- 500–600 g Seeteufelfilet, in Würfeln
- 2 große Karotten, in 3,5 cm langen Stiften
- 175–225 g Babymaiskolben, halbiert
- 3 EL Sonnenblumenöl
- 1 gelbe Paprika, in Streifen
- 1 EL Weinessig
- 150 ml Fischfond oder Gemüsebrühe
- 1 EL Zitronensaft
- 2 EL Sherry
- Salz und Pfeffer
- 1 TL Speisestärke
- frische Kräuter, zum Garnieren
- Zitronenscheiben, zum Garnieren

BAJAN

- 1 kleine Zwiebel, geviertelt
- 2 Schalotten
- 3–4 Knoblauchzehen, zerdrückt
- 4–6 Frühlingszwiebeln, in Ringen
- 1 kleine Hand voll frische Petersilie
- 2–3 frische Thymianzweige
- 1 grüne Chili, entkernt und in feinen Streifen
- ½ TL Salz
- ¼ TL schwarzer Pfeffer
- 2 EL brauner Rum oder Rotweinessig

1

2

3

1 Alle Bajan-Zutaten zu einer Paste verarbeiten. Den Fisch in einen tiefen Teller geben und das Bajan gleichmäßig darauf verteilen. Abgedeckt 30 Minuten in den Kühlschrank stellen.

2 In einem Wok 2 Esslöffel Öl stark erhitzen, den Wok dabei schwenken. Die Fischwürfel darin 3–4 Minuten anbraten, dabei mehrmals wenden. Dann aus dem Wok nehmen und warm stellen.

3 Karotten und Mais mit dem restlichen Öl 2 Minuten im Wok andünsten. Die Paprika zugeben und 1 Minute dünsten. Den Fisch samt Bratensaft wieder in den Wok geben und 2–3 Minuten pfannenrühren.

4 Essig, Fond oder Brühe, Zitronensaft, Sherry, Salz und Pfeffer mit der Speisestärke verrühren, in den Wok gießen und unter Rühren eindicken lassen. Mit den Kräutern und Zitronenspalten garnieren.

Räucherfischspieße

Verwenden Sie für diese Fischspieße möglichst dicke Fischfilets, damit der Räuchergeschmack nicht zu sehr dominiert.

NÄHRWERTANGABEN

Kilokalorien 221	Zucker .... 0 g
Eiweiß .... 33 g	Fett .... 10 g
Kohlenhydrate ... 0 g	davon gesättigt .. 1 g

4 STD. 10 MIN.

4 PERSONEN

ZUTATEN

- 350 g geräuchertes Kabeljaufilet
- 350 g Kabeljaufilet
- 8 rohe Riesengarnelen
- 8 Lorbeerblätter
- frischer Dill, zum Garnieren

MARINADE

- 4 EL Sonnenblumenöl
- 2 EL Zitronen- oder Limettensaft
- geriebene Schale von ½ Zitrone oder Limette
- ¼ TL getrockneter Dill
- Salz und Pfeffer

1 Die Filets zunächst eventuell häuten, dann in mundgerechte Stücke schneiden. Die Garnelen schälen, das Schwanzende nicht entfernen.

2 Für die Marinade das Öl in einer flachen Schüssel mit Zitronensaft und -schale, Dill sowie Salz und Pfeffer nach Belieben mischen.

3 Den Fisch gründlich in der Marinade wenden und 1–4 Stunden marinieren.

4 Die verschiedenen Fischstücke im Wechsel mit den Garnelen und den Lorbeerblättern auf 4 Spieße stecken.

5 Den Grillrost mit leicht eingefetteter Alufolie auslegen und die Spieße darauf legen.

6 Die Fischspieße 5–10 Minuten grillen und dabei gelegentlich mit der Marinade bestreichen. Während des Grillens einmal wenden.

7 Mit frischem Dill garnieren und sofort servieren.

TIPP

Kabeljaufilets zerfallen leicht. Nehmen Sie dickere Filets, die leichter in Stücke zu schneiden sind. Legen Sie den Grillrost mit Alufolie aus, damit nichts verloren geht, wenn der Fisch doch einmal auseinander fällt.

3

4

6

Fisch-Zitrus-Spieße

Für dieses Gericht können Sie Ihren Lieblingsfisch verwenden, solange er fest genug ist, um auf dem Spieß zu halten.

NÄHRWERTANGABEN

Kilokalorien	333	Zucker	10 g
Eiweiß	41 g	Fett	14 g
Kohlenhydrate	10 g	davon gesättigt	3 g

2 ½ STD. — 10 MIN.

4 PERSONEN

ZUTATEN

- 450 g festes weißes Fischfilet (z. B. Seeteufel oder Dorsch)
- 450 g Lachsfilet
- 2 große Orangen
- 1 rosafarbene Grapefruit
- 1 Hand voll frische Lorbeerblätter
- 1 TL geriebene Zitronenschale
- 3 EL Zitronensaft
- 2 TL flüssiger Honig
- 2 Knoblauchzehen, zerdrückt
- Salz und Pfeffer

ZUM SERVIEREN

- knuspriges Brot
- gemischter Salat

1

2

3

1 8 Holzspieße 30 Minuten wässern. Fisch häuten, abspülen und trockentupfen. Jedes Filet in 16 Stücke schneiden.

2 Mit einem scharfen Messer Orangen und Grapefruit schälen, dabei die weiße Haut entfernen. Die Filets sorgfältig zwischen den Häuten heraustrennen.

3 Die Fischwürfel abwechselnd mit den Fruchtfilets und den Lorbeerblättern auf die Holzspieße stecken. Dann die Spieße in eine Schale legen.

4 Zitronenschale und -saft, Honig, Knoblauch, Salz und Pfeffer in einer kleinen Schüssel verrühren.

5 Die Marinade über die Fischspieße gießen. Abdecken und für 2 Stunden im Kühlschrank marinieren. Dabei gelegentlich wenden.

6 Den Backofengrill vorheizen. Die Spieße aus der Marinade nehmen, auf einen Rost legen und diesen in die mittlere Schiene des Backofens schieben.

7 Die Spieße 8 Minuten grillen, dabei einmal wenden.

8 Dann die Spieße abtropfen lassen, auf Tellern anrichten und mit Brot und gemischtem Salat servieren.

Duftende Thunfischsteaks

Frische Thunfischsteaks sind fest und saftig zugleich. Am besten sind – nicht nur für dieses Gericht – die Stücke vom Bauch.

NÄHRWERTANGABEN

Kilokalorien	239	Zucker	0,1 g
Eiweiß	42 g	Fett	8 g
Kohlenhydrate	0,5 g	davon gesättigt	2 g

15 MIN. 15 MIN.

4 PERSONEN

ZUTATEN

- 4 Thunfischsteaks (à ca. 175 g)
- ½ TL geriebene Limettenschale
- 1 Knoblauchzehe, zerdrückt
- 2 TL Olivenöl
- 1 TL gemahlener Kreuzkümmel
- 1 TL gemahlener Koriander
- Pfeffer
- 1 EL Limettensaft
- frischer Koriander, zum Garnieren

ZUM SERVIEREN

- Avocado-Relish (siehe Tipp)
- Limettenspalten
- Tomatenspalten

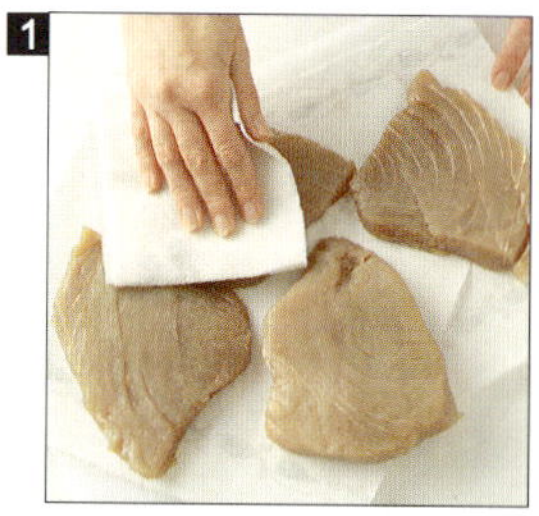

TIPP

Für das Avocado-Relish schälen und zerkleinern Sie eine kleine reife Avocado. Rühren Sie 1 Esslöffel Zitronensaft, 1 Esslöffel frisch gehackten Koriander, 1 kleine, fein gehackte rote Zwiebel und klein geschnittene frische Mango oder Tomate ein.

1 Die Haut vom Fisch entfernen, dann waschen und abtupfen.

2 In einer großen Schüssel Limettenschale, Knoblauch, Olivenöl, Kreuzkümmel, Koriander und Pfeffer zu einer Paste verrühren.

3 Den Fisch von beiden Seiten mit der Paste bestreichen. Eine Grillpfanne erhitzen, den Fisch hineingeben und andrücken, damit sich die Poren schließen. Die Hitze reduzieren und den Fisch von jeder Seite 4–5 Minuten braten. Auf Küchenpapier abtropfen lassen und auf eine Platte legen.

4 Mit Limettensaft beträufeln und mit frischem Koriander garnieren. Zusammen mit dem Avocado-Relish sowie den Limetten- und Tomatenspalten servieren.

Seezungenröllchen

In diese verführerischen Seezungenröllchen werden Spinat und Krabben eingewickelt. Dazu wird eine Ingwer-Sahne-Sauce gereicht.

NÄHRWERTANGABEN

Kilokalorien 253	Zucker .... 7 g
Eiweiß .... 24 g	Fett .... 14 g
Kohlenhydrate ... 9 g	davon gesättigt .. 5 g

10 MIN. 45 MIN.

4 PERSONEN

ZUTATEN

- 125 g frischer Blattspinat
- 2 Seezungen oder Schollen, filetiert
- 125 g geschälte Krabben
- 2 TL Sonnenblumenöl
- 3 Frühlingszwiebeln, diagonal in Ringen
- 2 frische Ingwerwurzeln, in dünne Scheiben geschnitten und gehackt
- 150 ml Fischfond oder Wasser
- 2 TL Speisestärke
- 4 EL Schlagsahne
- 6 EL fettarmer Naturjoghurt
- Salz und Pfeffer
- gekochte, ungeschälte Garnelen, zum Garnieren (nach Belieben)

1

1

2

1 Den Spinat verlesen, waschen und mit Küchenpapier trockentupfen. Die Spinatblätter in zwei Portionen teilen und auf jeweils eine Seite der Filets legen. Die Hälfte der Krabben ebenfalls auf die Filets legen. Dann die Fischfilets vom Kopfende her aufrollen und mit Holzspießen zusammenstecken. Die Röllchen in einen Dämpfeinsatz aus Bambus setzen.

2 In einen Wok einen niedrigen Dreifuß stellen und den Wok fast bis zum oberen Rand des Ständers mit Wasser füllen. Das Wasser aufkochen. Den Dämpfeinsatz auf den Ständer stellen und mit dem Wokdeckel oder einer Folie abdecken. 30 Minuten dämpfen, bis der Fisch gar ist.

3 Die Fischröllchen herausnehmen und warm halten. Den Wok ausleeren, trockenreiben und das Öl darin erhitzen. Frühlingszwiebeln und Ingwer zugeben und etwa 1–2 Minuten unter Rühren andünsten.

4 Den Fond zugießen und aufkochen. Speisestärke und Sahne verrühren. Joghurt und restliche Krabben in den Wok geben und aufkochen. Etwas Sauce zur Sahne geben, dann die Sahne zugießen. Leicht erhitzen, bis die Sauce eindickt, und mit Salz und Pfeffer abschmecken. Mit Sauce beträufeln, garnieren und servieren.

Makrele vom Grill

Die süßlich scharfe Aprikosenglasur mit einem Hauch Ingwer harmoniert sehr gut mit Makrelen.

NÄHRWERTANGABEN

Kilokalorien	343	Zucker	21 g
Eiweiß	23 g	Fett	18 g
Kohlenhydrate	22 g	davon gesättigt	4 g

5 MIN. 10 MIN.

4 PERSONEN

ZUTATEN

- 4 Makrelen (à ca. 225 g), küchenfertig
- 400 g Aprikosen im eigenen Saft, aus der Dose
- 3 EL brauner Zucker
- 3 EL Worcestersauce
- 3 EL Sojasauce
- 2 EL Tomatenmark
- 1 TL Ingwerpulver
- 1 Spritzer Tabasco
- 1 Knoblauchzehe, zerdrückt (nach Belieben)
- Salz und Pfeffer

1 Die Fische waschen und abtupfen, nach Belieben die Köpfe entfernen. Die Fische in eine flache Schale legen.

2 Die Aprikosen abgießen, den Saft auffangen. Die Hälfte der Früchte grob hacken und beiseite stellen. Die restlichen Früchte in einer Küchenmaschine mit Zucker, Worcestersauce, Sojasauce, Tomatenmark, Ingwer, Tabasco und Knoblauch fein pürieren. Alternativ die Früchte sehr fein hacken und mit den anderen Zutaten verrühren. Das Püree mit Salz und Pfeffer würzen.

3 Den Fisch mit der Sauce übergießen und darin wenden. Im Kühlschrank kalt stellen und erst zum Grillen wieder herausnehmen.

4 Die Makrelen direkt auf dem Holzkohlegrill oder auf eingeölter Alufolie 5–7 Minuten garen, dabei einmal wenden.

5 Die restliche Marinade in einen Topf geben. Die gehackten Aprikosen und die Hälfte des aufgefangenen Saftes zugeben und zum Kochen bringen. Die Hitze reduzieren und 2 Minuten köcheln lassen. Die gegrillten Fische mit der Sauce auf Serviertellern anrichten und servieren.

2

2

5

TIPP

Ein aufklappbarer Grillrost ist sehr praktisch, um den Fisch beim Grillen zu wenden.

Seebarsch auf chinesische Art

Achten Sie darauf, dass Sie für dieses Gericht Fisch mit festem Fleisch verwenden, beispielsweise Seebarsch, Lachs oder Lachsforelle.

NÄHRWERTANGABEN

Kilokalorien 194	Zucker . . . . 0,2 g
Eiweiß . . . . 27 g	Fett . . . . 9 g
Kohlenhydrate . . . 1 g	davon gesättigt . . 2 g

5 MIN. 20 MIN.

6 PERSONEN

ZUTATEN

- 1 Seebarsch, Lachs oder Lachsforelle (ca. 700 g), küchenfertig
- 1 TL Salz
- 1 EL Sesamöl
- 2–3 Frühlingszwiebeln, längs in Streifen
- 1 EL helle Sojasauce
- 1 EL chinesischer Reiswein oder trockener Sherry
- 1 EL feine Ingwerstreifen
- 1 EL Öl
- 2 EL schwarze Bohnensauce
- 2 Frühlingszwiebeln, in dünnen Streifen
- frische Korianderblätter, zum Garnieren
- Zitronenscheiben, zum Garnieren

1

2

3

1 Den Fisch auf beiden Seiten in Abständen von 2,5 cm schräg einschneiden. Innen und außen mit Salz und Sesamöl einreiben.

2 Die Frühlingszwiebeln in einen hitzebeständigen tiefen Teller geben, den Fisch darauf legen. Sojasauce mit Wein und Ingwer verrühren und darüber gießen.

3 Den Fisch mit dem Teller in einen sehr heißen Dämpfer setzen (oder auf ein Gitter im Wok), den Deckel auflegen und in heißem Dampf 12–15 Minuten garen.

4 Das Öl erhitzen, dann die Bohnensauce einrühren. Den Fisch aus dem Dämpfer nehmen und auf einem Servierteller anrichten.

5 Die Bohnensauce über dem Fisch verteilen, die gehackten Frühlingszwiebeln darüber streuen. Dann mit Korianderblättern und Zitronenscheiben garnieren und servieren.

TIPP

Wenn Sie Fischsteaks verwenden, diese mit Salz und Sesamöl einreiben, aber nicht einschneiden. Die Garzeit hängt von der Dicke ab. Testen Sie nach etwa 8 Minuten mit einem Spießchen, ob sie durchgegart sind.

Seeteufelspieße mit Zitrone

Diese Spieße werden mit einer einfachen Marinade bestrichen. Mit frischem Brot serviert, ergeben sie eine herrliche Zwischenmahlzeit.

NÄHRWERTANGABEN

Kilokalorien 209	Zucker .... 1 g
Eiweiß .... 20 g	Fett .... 14 g
Kohlenhydrate ... 1 g	davon gesättigt .. 2 g

10 MIN. 15 MIN.

4 PERSONEN

ZUTATEN

- 450 g Seeteufelfilet
- 2 Zucchini
- 1 Zitrone
- 12 Kirschtomaten
- 8 Lorbeerblätter

MARINADE

- 3 EL Olivenöl
- 2 EL Zitronensaft
- 1 TL frisch gehackter Thymian
- ½ TL Zitronenpfeffer
- Salz

ZUM SERVIEREN

- grüner Salat
- frisches, knuspriges Brot

2

3

4

1 Den Fisch in etwa 5 cm große Würfel, die Zucchini in dicke Scheiben und die Zitrone in Spalten schneiden.

2 Fischwürfel, Zucchinischeiben, Zitronenspalten, Kirschtomaten und Lorbeerblätter abwechselnd auf 4 Spieße stecken.

3 Für die Marinade Öl, Zitronensaft, Thymian, Zitronenpfeffer und Salz in einer kleinen Schüssel verrühren.

4 Die Spieße auf einen Holzkohlegrill legen und großzügig mit der Marinade einpinseln.

5 Die Spieße auf dem Grill bei mittlerer Hitze 15 Minuten garen, dabei einmal wenden und häufig mit der Marinade einpinseln. Die fertig gegrillten Spieße auf einer Servierplatte anrichten und mit grünem Salat und frischem, knusprigem Brot servieren.

VARIATION

Sie können anstelle des Seeteufels auch Seezungenfilets verwenden. Rechnen Sie 2 Filets pro Person. Erst häuten, dann längs halbieren. Jede Hälfte aufrollen und auf die Spieße stecken.

Gratinierter Roter Schnapper

Sie können statt des Schnappers auch andere ganze Fische oder sogar Kabeljau- und Heilbuttfilets verwenden.

NÄHRWERTANGABEN

Kilokalorien 519	Zucker .... 12 g
Eiweiß .... 61 g	Fett .... 23 g
Kohlenhydrate .. 18 g	davon gesättigt .. 3 g

20 MIN. 50 MIN.

4 PERSONEN

ZUTATEN

- 1 Roter Schnapper (ca. 1,25 kg), küchenfertig
- Saft von 2 Limetten
- Salz und Pfeffer
- 4–5 Thymian- oder Petersilienzweige
- 3 EL Olivenöl
- 1 große Zwiebel, gehackt
- 2 Knoblauchzehen, zerdrückt
- 425 g gehackte Tomaten aus der Dose
- 2 EL Tomatenmark
- 2 EL Rotweinessig
- 5 EL fettarmer Naturjoghurt
- 2 EL frisch gehackte Petersilie
- 2 TL getrockneter Oregano
- 6 EL Semmelbrösel
- 60 g Feta, zerbröckelt

SALAT

- 1 kleiner Kopfsalat, in breiten Streifen
- 10–12 junge Spinatblätter, gezupft
- ½ kleine Salatgurke, in Scheiben
- 4 Frühlingszwiebeln, in dicken Ringen
- 3 EL frisch gehackte Petersilie
- 2 EL Olivenöl extra vergine
- 2 EL fettarmer Naturjoghurt
- 1 EL Rotweinessig

1

2

3

1 Den Fisch von außen und innen mit Limettensaft beträufeln. Mit Salz und Pfeffer würzen und mit den Kräutern füllen.

2 Öl in einem Topf erhitzen und die Zwiebel darin glasig dünsten. Knoblauch zufügen und 1 Minute dünsten. Tomaten, Tomatenmark und Essig zugeben und 5 Minuten köcheln lassen. Abkühlen lassen, danach Joghurt, Petersilie und Oregano unterrühren.

3 Die Hälfte der Sauce in eine Auflaufform geben. Den Fisch hineinlegen, mit der restlichen Sauce begießen, mit Semmelbröseln bestreuen und im Backofen bei 200 °C 30–35 Minuten garen. Mit Feta bestreuen und garnieren.

4 Das Gemüse für den Salat in eine Schüssel geben. Öl, Joghurt und Essig verrühren und über den Salat gießen.

Spaghetti al tonno

Pasta und Thunfisch bilden eine klassische italienische Kombination, die hier mit einer feinen Petersiliensauce serviert wird.

NÄHRWERTANGABEN

Kilokalorien . . . 1065	Zucker . . . . 3 g
Eiweiß . . . . 27 g	Fett . . . . 85 g
Kohlenhydrate . . 52 g	davon gesättigt . 18 g

10 MIN. 15 MIN.

4 PERSONEN

ZUTATEN

- 200 g Thunfisch, abgetropft
- 50 g Sardellenfilets, abgetropft
- 250 ml Olivenöl
- 50 g glatte Petersilie, grob gehackt
- 150 g Crème fraîche
- Salz und Pfeffer
- 500 g Spaghetti
- 1 EL Butter
- knuspriges Brot, zum Servieren

GARNIERUNG

- schwarze Oliven
- glatte Petersilie

2

4

4

1 Eventuelle Gräten aus dem Thunfisch entfernen. Den Fisch in einer Küchenmaschine zusammen mit den Sardellen, 225 ml Olivenöl und der Petersilie pürieren.

2 Die Crème fraîche zu der Thunfischpaste in die Küchenmaschine geben und gut einrühren. Dann mit Salz und Pfeffer würzen.

3 Salzwasser in einem großen Topf aufkochen. Die Spaghetti darin mit dem restlichen Olivenöl bissfest garen.

4 Die Nudeln abgießen, in den Topf zurückgeben und bei mittlerer Hitze erneut erwärmen. Die Butter zugeben und gut mit den Nudeln vermengen. Dann die Sauce zugeben und ebenfalls gründlich mit den Nudeln mischen.

5 Den Topf vom Herd nehmen und die Spaghetti auf vorgewärmte Teller verteilen. Mit Oliven und Petersilie garnieren und mit etwas Brot servieren.

VARIATION

Geben Sie in Schritt 1 1–2 Knoblauchzehen mit in die Küchenmaschine, und ersetzen Sie die Hälfte der Petersilie durch frisches Basilikum. Zum Garnieren Oliven durch Kapern ersetzen.

Spaghetti al salmone

Mit diesem exklusiven Gericht können Sie unerwartete Gäste besonders gut davon überzeugen, dass sie herzlich willkommen sind.

NÄHRWERTANGABEN			
Kilokalorien	803	Zucker	3 g
Eiweiß	21 g	Fett	49 g
Kohlenhydrate	52 g	davon gesättigt	27 g

10 MIN. 20 MIN.

4 PERSONEN

ZUTATEN

- 500 g Buchweizen-Spaghetti
- 2 EL Olivenöl
- 100 g Feta, zerbröckelt
- frische Koriander- oder Petersilienblätter, zum Garnieren

SAUCE

- 300 g Schlagsahne
- 150 ml Whisky oder Weinbrand
- 125 g Räucherlachs
- 1 Prise Cayennepfeffer
- schwarzer Pfeffer
- 2 EL frisch gehackter Koriander oder frisch gehackte Petersilie

2

3

3

1 Salzwasser in einem großen Topf aufkochen. Die Spaghetti darin mit 1 Esslöffel Öl bissfest garen. Abgießen, in den Topf zurückgeben, mit dem restlichen Öl vermengen, abdecken und warm stellen.

2 Die Sahne in einen kleinen Topf geben und bis zum Siedepunkt erhitzen, aber nicht aufkochen. Whisky oder Weinbrand in einem zweiten Topf ebenfalls ohne aufzukochen bis zum Siedepunkt erhitzen. Beide Töpfe vom Herd nehmen, dann Sahne und Alkohol miteinander mischen.

3 Den Räucherlachs in schmale Streifen schneiden und zu der Sahnesauce geben. Mit Cayennepfeffer und schwarzem Pfeffer würzen und kurz vor dem Servieren Koriander oder Petersilie unterrühren.

4 Die Spaghetti in eine vorgewärmte Schüssel füllen, mit der Sauce übergießen und alles gründlich vermengen. Den Feta über die Nudeln streuen, das fertige Gericht mit Petersilie oder Koriander garnieren und sofort servieren.

Heilbutt mit roten Zwiebeln

Dieser Fisch hat festes weißes Fleisch, das hervorragend zu dem würzigen Relish passt. Die roten Zwiebeln verleihen ihm ein süßliches Aroma.

NÄHRWERTANGABEN

Kilokalorien	197	Zucker	1 g
Eiweiß	31 g	Fett	7 g
Kohlenhydrate	2 g	davon gesättigt	1 g

55 MIN. 30 MIN.

4 PERSONEN

ZUTATEN

1 TL Olivenöl

4 Heilbuttsteaks (à 175 g)

2 EL Schnittlauchröllchen, zum Garnieren

ZWIEBEL-RELISH

2 rote Zwiebeln

6 Schalotten

1 EL Zitronensaft

2 TL Olivenöl

2 EL Rotweinessig

2 TL Zucker

150 ml Fischfond (siehe Seite 8)

Salz und Pfeffer

½ TL Speisestärke mit 2 TL Wasser angerührt

1 Für das Relish die Zwiebeln und Schalotten schälen und in feine Ringe schneiden. Dann in einer Schüssel mit dem Zitronensaft verrühren.

2 Das Öl in einer Pfanne erhitzen und darin die Zwiebeln und Schalotten 3–4 Minuten andünsten.

3 Essig und Zucker zufügen und alles 2 Minuten bei starker Hitze aufkochen. Den Fond zugießen und mit Salz und Pfeffer abschmecken. Aufkochen und bei geringer Hitze 8–10 Minuten köcheln lassen, bis die Sauce eindickt.

4 Eine beschichtete Pfanne mit Öl einpinseln und erhitzen. Die Fischsteaks hineingeben und leicht andrücken. Die Hitze reduzieren und den Fisch von jeder Seite 5 Minuten braten, bis er gar ist. Auf Küchenpapier abtropfen lassen und warm halten.

5 Die angerührte Speisestärke zu dem Zwiebel-Relish geben und unter Rühren aufkochen, bis das Relish eindickt.

6 Das Relish zusammen mit dem Fisch auf vorgewärmten Tellern anrichten. Mit Schnittlauchröllchen garniert servieren.

1

3

4

TIPP

Falls Ihnen beim Zwiebelschälen die Augen tränen, halten Sie die Zwiebeln beim Schälen unter fließendes kaltes Wasser. Sollte das nicht helfen, achten Sie darauf, dass Ihr Gesicht weit genug von der Zwiebel entfernt ist.

Thunfisch mit Paprika

Für dieses Gericht benötigen Sie frischen Thunfisch. Bitten Sie Ihren Fischhändler um helle Steaks, da sie delikater schmecken.

NÄHRWERTANGABEN

Kilokalorien	428	Zucker	5 g
Eiweiß	60 g	Fett	19 g
Kohlenhydrate	5 g	davon gesättigt	3 g

20 MIN. 30 MIN.

4 PERSONEN

ZUTATEN

- 4 Thunfischsteaks (à ca. 250 g)
- 3 EL Zitronensaft
- 1 l Wasser
- 6 EL Olivenöl
- Salz und Pfeffer
- je 2 orangefarbene und rote Paprika
- 12 schwarze Oliven
- 1 TL Balsamico-Essig

2
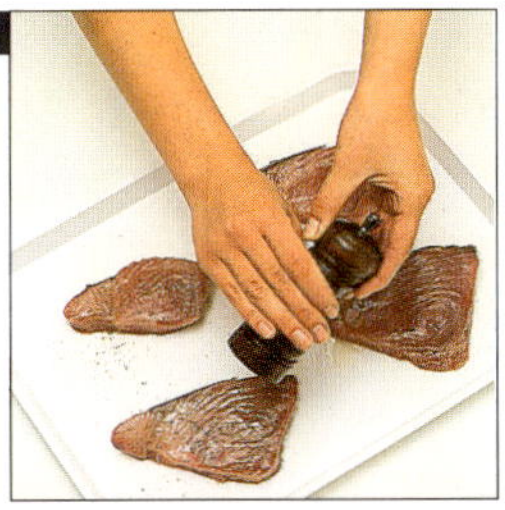

3

4

1 Den Thunfisch mit Zitronensaft und Wasser in eine Schüssel geben und 15 Minuten marinieren.

2 Dann den Fisch abtropfen lassen, von allen Seiten mit Öl bestreichen und mit Salz und Pfeffer würzen.

3 Die Paprikas halbieren, entkernen und mit der Schnittfläche nach unten auf ein Backblech legen. Dann bei 200 °C 10–12 Minuten grillen, bis die Haut Blasen wirft und stellenweise schwarz wird. Die gegrillte Paprika in einen Gefrierbeutel geben, diesen fest verschließen und die Hälften darin abkühlen lassen.

4 Derweil die Thunfischsteaks auf einem heißen Grill 12–15 Minuten garen, nach etwa 7 Minuten einmal wenden.

5 Wenn die Paprikahälften abgekühlt sind, aus dem Beutel nehmen, die verkohlte Haut mit einer Messerspitze abziehen und das Fruchtfleisch in je 4 Streifen schneiden. Die Paprikastreifen mit dem restlichen Öl, den Oliven und dem Balsamico verrühren.

6 Die fertigen Thunfischsteaks mit dem Paprikasalat sofort servieren.

TIPP

Wenn es einmal besonders schnell gehen soll, verwenden Sie doch einfach eingelegte Paprika, die in gut sortierten Supermärkten oder in italienischen Lebensmittelgeschäften erhältlich sind.

Mediterrane Sardinen

Mit diesem Gericht holen Sie sich Urlaubserinnerungen vom Mittelmeer ins Haus. Mit knusprigem Landbrot sind die Sardinen eine herrliche Vorspeise.

NÄHRWERTANGABEN

Kilokalorien	857	Zucker	0 g
Eiweiß	88 g	Fett	56 g
Kohlenhydrate	0 g	davon gesättigt	11 g

45 MIN. 10 MIN.

4 PERSONEN

ZUTATEN

- 8–12 frische Sardinen
- 8–12 frische Thymianzweige
- Salz und Pfeffer
- 3 EL Zitronensaft
- 4 EL Olivenöl

GARNIERUNG

- Zitronenspalten
- Tomatenscheiben
- frische Kräuter

1 Sofern erforderlich, die Fische putzen und ausnehmen.

2 Die Schuppen vom Kopf aus bis zum Schwanz hin mit dem Messerrücken abstreifen. Die Sardinen waschen und mit Küchenpapier trockentupfen.

3 In jede Sardine einen Thymianzweig legen.

4 Die Fische in eine metallfreie Schale legen und mit Salz und Pfeffer würzen.

5 Zitronensaft und Öl in einer Schüssel verrühren und mit Salz und Pfeffer abschmecken. Dann über die Sardinen geben und 30 Minuten im Kühlschrank marinieren.

6 Die Sardinen aus der Marinade nehmen und auf einen Grillrost legen. Von jeder Seite 3–4 Minuten grillen und dabei regelmäßig mit der Marinade bestreichen.

7 Die gegrillten Sardinen mit Zitronenspalten, Tomatenscheiben und frischen Kräutern garniert servieren.

2

3

6

VARIATION

Die Fische in Paniermehl wenden und mit Olivenöl bestreichen. Sie werden dann schön knusprig.

Fisch in schwarzer Bohnensauce

Das Dämpfen ist eine in China bevorzugte Methode, Fisch zuzubereiten, weil Geschmack und Konsistenz bestens erhalten bleiben.

NÄHRWERTANGABEN

Kilokalorien 292	Zucker .... 3 g
Eiweiß .... 44 g	Fett .... 7 g
Kohlenhydrate ... 6 g	davon gesättigt . 0,4 g

10 MIN. 10 MIN.

4 PERSONEN

ZUTATEN

1 Roter Schnapper oder Goldbarsch, küchenfertig (ca. 900 g)

3 Knoblauchzehen, zerdrückt

2 EL schwarze Bohnensauce

1 TL Speisestärke

2 TL Sesamöl

2 EL helle Sojasauce

2 TL Zucker

2 EL trockener Sherry

1 kleine Porreestange, in schmalen Streifen

1 kleine rote Paprika, in Streifen

Porreestreifen, zum Garnieren

Zitronenspalten, zum Garnieren

Reis oder Nudeln, zum Servieren

2

4

4

1 Den Fisch gründlich mit kaltem Wasser abspülen und trockentupfen.

2 Den Fisch auf jeder Seite dreimal schräg einschneiden und dann mit Knoblauch einreiben.

3 Bohnensauce, Speisestärke, Sesamöl, Sojasauce, Zucker und Sherry mischen.

4 Den Fisch in eine flache Auflaufform legen und die Sauce darüber gießen. Porree und Paprika auf dem Fisch verteilen.

5 Die Auflaufform in einen Dämpfer in einem Wok mit heißem Wasser (oder auf einen geeigneten Untersetzer) stellen und etwa 10 Minuten im Dampf garen, bis der Fisch durchgegart ist.

6 Den Fisch auf einen Servierteller legen, mit Porree und Zitronenspalten garnieren und mit gekochtem Reis oder mit Nudeln servieren.

TIPP

Um zu prüfen, ob der Fisch gar ist, stechen Sie ihn mit der Spitze eines scharfen Messers ein. Er ist gar, wenn Sie beim Einstechen keinen Widerstand spüren.

Cannelloni salmone

Dieses wunderbare Gericht mit einer Füllung aus frischem Lachs und Austernpilzen wurde speziell für die Mikrowelle entwickelt.

NÄHRWERTANGABEN

Kilokalorien	352	Zucker	5g
Eiweiß	19g	Fett	19g
Kohlenhydrate	25g	davon gesättigt	9g

20 MIN. 35 MIN.

4 PERSONEN

ZUTATEN

- 8 grüne Lasagneplatten
- 1 Zwiebel, in Ringen
- 1 EL Butter
- ½ rote Paprika, gewürfelt
- 1 Zucchini, gewürfelt
- 1 TL frisch geriebene Ingwerwurzel
- 125 g Austernpilze, grob gehackt
- 250 g Lachsfilet, in Würfeln
- 2 EL trockener Sherry
- 2 TL Speisestärke
- Salz und Pfeffer
- 1 EL Mehl
- 2 EL Butter
- 300 ml Milch
- 1 EL frisch geriebener Gouda
- 1 EL Semmelbrösel
- Salatblätter, zum Servieren

1 Die Lasagneplatten in eine große Schüssel geben, mit kochendem Wasser bedecken und 5 Minuten auf höchster Stufe in der Mikrowelle garen. Dann ein paar Minuten abgedeckt ruhen lassen. Die Lasagneplatten unter fließendem kaltem Wasser abspülen und auf einer sauberen Arbeitsfläche ausbreiten.

2 Zwiebel und Butter abgedeckt 2 Minuten auf höchster Stufe in der Mikrowelle erhitzen. Paprika, Zucchini und Ingwer zufügen und weitere 3 Minuten garen.

3 Pilze und Lachs dazugeben. Den Sherry mit der Speisestärke mischen und zugießen. Alles 4 Minuten auf höchster Stufe in der Mikrowelle garen, bis sich der Fisch mit einer Gabel leicht auseinander zupfen lässt. Dann mit Salz und Pfeffer würzen.

4 Mehl, Butter und Milch in einer Schüssel verrühren, 3–4 Minuten auf höchster Stufe in der Mikrowelle erhitzen, dabei nach jeder Minute durchrühren. Die Hälfte des Käses unterrühren und alles mit Salz und Pfeffer würzen.

5 Die Lachsfüllung auf eine schmale Seite von jeder Lasagneplatte geben. Dann die Platten vorsichtig aufrollen. Die fertigen Cannelloni in eine gefettete rechteckige Auflaufform legen, die Sauce darüber gießen und alles mit dem restlichen Käse und den Semmelbröseln bestreuen.

6 Die Röllchen 3 Minuten auf höchster Stufe in der Mikrowelle garen und kurz unter einem vorgeheizten Grill bräunen. Auf den Salatblättern anrichten und servieren.

1

3

5

Seebarsch aus dem Backofen

Ingwer und Mirin geben diesem Fisch ein japanisches Flair. Er wird mit eingelegtem Ingwer und Sojasauce serviert.

NÄHRWERTANGABEN

Kilokalorien	140	Zucker	0,1 g
Eiweiß	29 g	Fett	1 g
Kohlenhydrate	0,1 g	davon gesättigt	0,2 g

10 MIN. 15 MIN.

4 PERSONEN

ZUTATEN

2 Seebarsche (à ca. 1 kg), küchenfertig

2 Frühlingszwiebeln, nur das Grün, in Streifen

5-cm-Stück Ingwerwurzel, in Streifen

2 Knoblauchzehen, ungeschält und leicht zerdrückt

2 EL Mirin oder trockener Sherry

Salz und Pfeffer

ZUM SERVIEREN

eingelegter Ingwer (nach Belieben)

Sojasauce

2

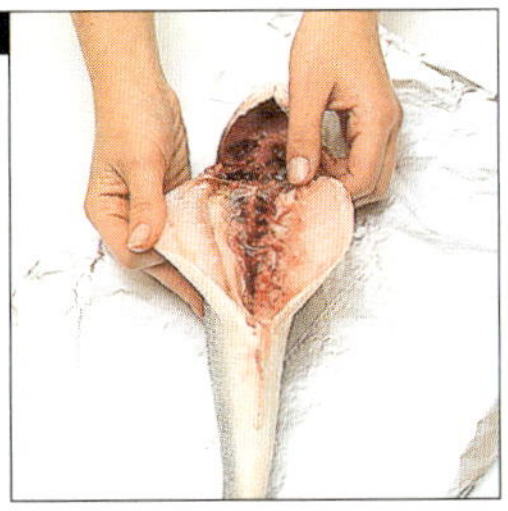

3

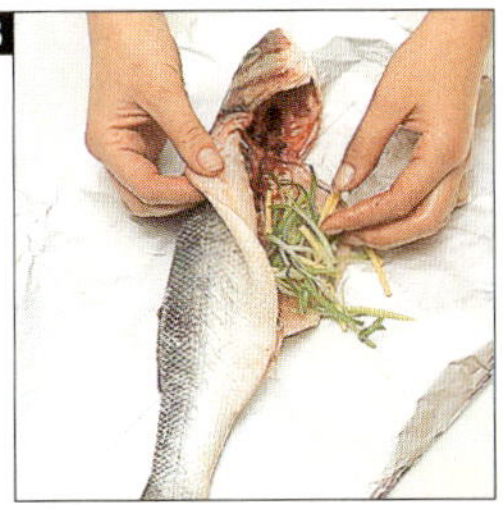

4

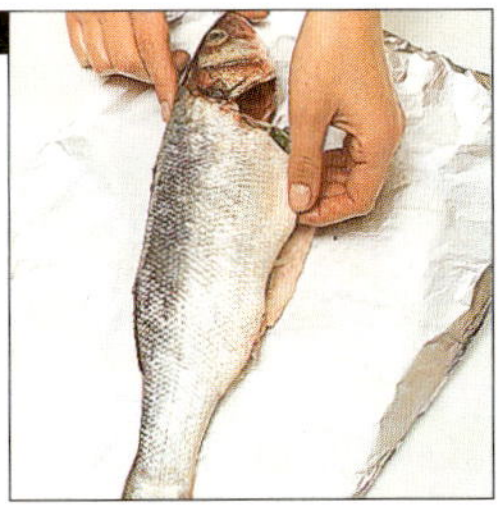

1 Für jeden Fisch ein Stück Alufolie ausbreiten und mit Öl bestreichen.

2 Jeden Fisch in die Mitte einer Folie legen und die Bauchseite aufklappen.

3 Frühlingszwiebeln, Ingwer und Knoblauch in die aufgeklappten Fische füllen.

4 Mirin oder Sherry über das Gemüse träufeln, mit Salz und Pfeffer würzen. Die Fische zuklappen und auf die Seite legen. Die Folien darum gut verschließen, die Enden zusammenfalten.

5 Die Päckchen auf dem Grill bei mittlerer Hitze 15 Minuten garen, dabei einmal wenden.

6 Zum Servieren die Folien entfernen und jeden Fisch vorsichtig in 2–3 Stücke schneiden.

7 Dazu eingelegten Ingwer und Sojasauce reichen.

TIPP

Frischer Seebarsch schmeckt schlicht zubereitet am besten, z. B. mit Knoblauch und frischen Kräutern gefüllt, mit Olivenöl bestrichen und im Ofen gebacken.

Fünf-Gewürze-Lachs

Der Lachs wird mit Fünf-Gewürze-Pulver – einer Mischung aus Sternanis, Fenchel, Zimt, Nelken und Szechuan-Pfeffer – aromatisiert.

NÄHRWERTANGABEN

Kilokalorien	267	Zucker	3 g
Eiweiß	24 g	Fett	17 g
Kohlenhydrate	4 g	davon gesättigt	3 g

15 MIN. 15 MIN.

4 PERSONEN

ZUTATEN

- 4 Lachsfilets (à 125 g)
- 2 TL Fünf-Gewürze-Pulver
- Salz und Pfeffer
- 1 große Porreestange
- 1 große Karotte
- 115 g Zuckererbsen
- 2,5-cm-Stück Ingwerwurzel
- 2 EL Ingwerwein
- 2 EL helle Sojasauce
- 1 EL Pflanzenöl
- Nudeln, zum Servieren

GARNIERUNG

- Porreestreifen
- Ingwerstreifen
- Karottenstreifen

TIPP

Fünf-Gewürze-Pulver hat einen sehr intensiven Geschmack und sollte daher sparsam verwendet werden.

1 Den Lachs waschen und mit Küchenpapier abtupfen. Rundum mit Fünf-Gewürze-Pulver, Salz und Pfeffer einreiben. Zunächst beiseite stellen.

2 Den Porree putzen, längs aufschneiden und unter fließendem Wasser gründlich waschen. In feine Streifen schneiden. Die Karotte schälen und ebenfalls in feine Streifen schneiden. Die Zuckererbsen putzen und in Streifen schneiden. Den Ingwer schälen und in feine Streifen schneiden.

3 Das Gemüse in eine große Schüssel geben, mit Ingwerwein und 1 Esslöffel Sojasauce vermischen und ziehen lassen.

4 Den Grill auf mittlere Hitze vorheizen. Die Lachsfilets auf einen Rost legen und mit der restlichen Sojasauce bestreichen. Von jeder Seite etwa 2–3 Minuten grillen, bis der Fisch gar ist.

5 Inzwischen in einer großen Pfanne das Öl erhitzen und das Gemüse 5 Minuten pfannenrühren. Nicht zu lange garen – das Gemüse soll noch Biss haben! Auf Teller verteilen. Den Lachs auf Küchenpapier abtropfen lassen und auf dem Bett aus Gemüsestreifen anrichten. Mit feinen Porree-, Karotten- und Ingwerstreifen garnieren.

Spaghetti mit Thunfisch & Petersilie

Dieses Gericht schmeckt am besten, wenn die Petersilie erntefrisch vom Markt kommt.

NÄHRWERTANGABEN

Kilokalorien	970	Zucker	2 g
Eiweiß	23 g	Fett	80 g
Kohlenhydrate	42 g	davon gesättigt	18 g

10 MIN. 15 MIN.

4 PERSONEN

ZUTATEN

500 g Spaghetti

1 EL Olivenöl

25 g Butter

schwarze Oliven, zum Servieren (nach Belieben)

SAUCE

200 g Thunfisch im eigenen Saft, abgetropft

250 ml Olivenöl

60 g Sardellenfilets, abgetropft

60 g glatte Petersilie, grob gehackt

150 g Crème fraîche

Salz und Pfeffer

1 Die Spaghetti in kochendem Salzwasser bissfest garen. Dann abgießen und wieder zurück in den Topf geben. Die Butter zugeben und gut mit den Nudeln vermengen. Warm halten.

2 Den Thunfisch mit zwei Gabeln in kleine Stücke zerpflücken und mit Olivenöl, Sardellenfilets und Petersilie in einer Küchenmaschine glatt pürieren. Die Crème fraîche einrühren und noch einmal alles kurz pürieren. Die Sauce mit Salz und Pfeffer abschmecken.

3 Die Spaghetti wieder auf den Herd stellen, bei mittlerer Hitze und unter gelegentlichem Rütteln des Topfes wieder heiß werden lassen.

4 Die Sauce über die Spaghetti geben und mit zwei Gabeln schnell vermengen. Dazu können separat schwarze Oliven gereicht werden.

Makkaroni-Thunfisch-Auflauf

Thunfisch, Knoblauch, Champignons und Paprika zwischen zwei Makkaronischichten, abgerundet mit einer knusprigen Käsekruste.

NÄHRWERTANGABEN

Kilokalorien	691	Zucker	10 g
Eiweiß	41 g	Fett	33 g
Kohlenhydrate	62 g	davon gesättigt	15 g

20 MIN. 50 MIN.

2 PERSONEN

ZUTATEN

- 150 g Makkaroni
- 2 EL Olivenöl
- 1 Knoblauchzehe, zerdrückt
- 60 g Champignons, in Scheiben
- ½ rote Paprika, in Streifen
- 200 g Thunfisch im eigenen Saft, abgetropft und zerkleinert
- ½ TL getrockneter Oregano
- Salz und Pfeffer

SAUCE

- 1 EL Butter oder Margarine
- 1 EL Mehl
- 250 ml Milch
- Salz und Pfeffer
- 2 Tomaten, in Scheiben
- 2 EL Semmelbrösel
- 25 g Parmesan, gerieben

VARIATION

Sie können den Thunfisch durch gegarte Hähnchenbruststreifen, angebratenes Rinder- oder Schweinehack, Schinken oder 3–4 hart gekochte und in Scheiben geschnittene Eier ersetzen.

1 Salzwasser in einem großen Topf aufkochen. Die Nudeln darin mit 1 Esslöffel Olivenöl bissfest garen. Abtropfen lassen, abspülen und noch einmal abtropfen lassen.

2 Das restliche Öl in einer Pfanne erhitzen. Knoblauch, Champignons und Paprika darin glasig dünsten. Dann Thunfisch, Oregano, Salz und Pfeffer zugeben und alles gut erhitzen.

3 Eine Auflaufform einfetten, die Hälfte der Nudeln hineingeben, mit der Thunfischmischung bedecken und die restlichen Makkaroni darüber geben.

4 Für die Sauce Butter in einem Topf zerlassen, Mehl unterrühren und 1 Minute anschwitzen. Die Milch nach und nach zufügen, aufkochen und unter Rühren 1–2 Minuten köcheln lassen, bis die Sauce andickt. Die Sauce mit Salz und Pfeffer abschmecken und über die Makkaroni gießen.

5 Die Tomatenscheiben auf die Sauce legen und mit Semmelbröseln und Parmesan bestreuen.

6 Den Auflauf in einem auf 200 °C vorgeheizten Backofen 25 Minuten garen, bis die Oberfläche goldbraun und knusprig ist. Sofort servieren.

2

4

5

Cannelloni filetti di sogliola

Dies ist eine leichtere Version der bekannteren, mit Hackfleisch gefüllten Cannelloni.

NÄHRWERTANGABEN	
Kilokalorien 555	Zucker .... 4 g
Eiweiß .... 53 g	Fett .... 21 g
Kohlenhydrate .. 36 g	davon gesättigt . 12 g

20 MIN. 45 MIN.

6 PERSONEN

ZUTATEN

- 12 kleine Seezungenfilets (à 120 g), mit Haut
- Salz und Pfeffer
- 150 ml Rotwein
- 100 g Butter
- 120 g kleine Champignons, in Scheiben
- 4 Schalotten, fein gehackt
- 120 g Tomaten, gehackt
- 2 EL Tomatenmark
- 3 EL Mehl
- 150 ml warme Milch
- 2 EL Schlagsahne
- 6 Cannelloni
- 200 g geschälte Krabben
- 1 Dillzweig, zum Garnieren

1 Die Fischfilets mit etwas Wein bestreichen. Dann mit Salz und Pfeffer würzen, mit der Haut nach innen aufrollen und mit Holzspießen feststecken.

2 Die Fischröllchen in eine große Pfanne geben, den restlichen Wein zugeben und 4 Minuten garen. Aus der Pfanne nehmen und den Kochsud aufbewahren.

3 Die Butter in einer zweiten Pfanne zerlassen. Pilze und Schalotten zugeben und 2 Minuten dünsten, dann Tomaten und Tomatenmark zugeben. Das Mehl mit Salz und Pfeffer würzen, einrühren und anschwitzen. Die Weinsauce und die Hälfte der Milch einrühren. Bei geringer Hitze 4 Minuten rühren. Vom Herd nehmen, die Sahne einrühren.

4 Salzwasser in einem großen Topf aufkochen. Die Cannelloni darin bissfest garen, danach abgießen.

5 Die Spieße aus den Fischfilets ziehen. 2 Filets, 3–4 Krabben und etwas Weinsauce in jede Cannelloni füllen. Die Cannelloni in eine Auflaufform legen, mit der Sauce übergießen und 20 Minuten in einem auf 200 °C vorgeheizten Ofen backen.

6 Die fertigen Cannelloni mit einem Dillzweig garnieren und servieren.

1

2

3

Lachs-Pizza

Für diese schmackhafte Pizza können Sie entweder Rot- oder Buckellachs verwenden. Rotlachs verleiht eine schönere Farbe und ein feineres Aroma.

NÄHRWERTANGABEN

Kilokalorien	321	Zucker	6 g
Eiweiß	12 g	Fett	14 g
Kohlenhydrate	39 g	davon gesättigt	6 g

1 ¹/₄ STD. 20 MIN.

4 PERSONEN

ZUTATEN

- fertiger Pizzateig (siehe Seite 861)
- Tomatensauce (siehe Seite 6)
- 1 Zucchini, in Stiften
- 1 Tomate, in dünnen Scheiben
- 100 g Rotlachs oder Buckellachs aus der Dose
- 60 g Champignons, in Scheiben
- 1 EL frisch gehackter Dill
- ½ TL getrockneter Oregano
- 2–3 EL frisch geriebener Mozzarella
- Olivenöl, zum Beträufeln
- Salz und Pfeffer
- 1 Dillzweig, zum Garnieren

1 Den Pizzateig auf einer leicht bemehlten Arbeitsfläche zu einem Kreis von 25 cm Durchmesser ausrollen, auf ein eingefettetes Backblech legen und den Rand etwas höher ziehen.

2 Den Boden mit der Tomatensauce bestreichen, dabei einen schmalen Rand lassen.

3 Die Zucchini auf die Tomatensauce streuen und dann die Tomatenscheiben darauf legen.

4 Den Lachs abtropfen lassen, eventuell Haut und Gräten entfernen und den Fisch zerpflücken. Dann zusammen mit den Champignons auf den Boden geben, mit Kräutern und Käse bestreuen. Dann etwas Olivenöl darüber träufeln und mit Salz und Pfeffer würzen.

5 Die so vorbereitete Pizza in einem auf 200 °C vorgeheizten Ofen 18–20 Minuten backen, bis der Rand goldbraun und knusprig ist.

6 Dann auf einen vorgewärmten Servierteller legen, mit frischem Dill garnieren und sofort servieren.

1

3

4

TIPP

Statt teuren Lachs können Sie auch Thunfisch oder Sardinen aus der Dose nehmen und den Dill durch Petersilie ersetzen. Für einen besonders gesunden Belag verwenden Sie am besten Fisch im eigenen Saft statt in Öl.

Spaghetti mit Sardellenpesto

Dies ist ein ideales Gericht, wenn es mal schnell gehen muss. Die Zutaten sollten ohnehin jederzeit vorrätig sein.

NÄHRWERTANGABEN

Kilokalorien 712	Zucker .... 4 g
Eiweiß .... 25 g	Fett .... 34 g
Kohlenhydrate .. 81 g	davon gesättigt .. 8 g

10 MIN. 25 MIN.

4 PERSONEN

ZUTATEN

- 3 EL Olivenöl
- 2 Knoblauchzehen, zerdrückt
- 60 g Sardellenfilets, abgetropft
- 500 g Spaghetti
- 60 g Pesto
- 2 EL frisch gehackter Oregano
- Salz und Pfeffer
- 100 g Parmesan, gerieben, plus etwas mehr, zum Servieren (nach Belieben)
- 2 Oreganozweige, zum Garnieren

1

2

4

1 1 Esslöffel Öl in einem kleinen Topf erhitzen und den Knoblauch 3 Minuten darin andünsten.

2 Die Sardellen zugeben und unter Rühren braten, bis sie auseinander fallen.

3 Salzwasser in einem großen Topf aufkochen. Die Spaghetti mit dem restlichen Olivenöl bissfest garen.

4 Pesto und Oregano zur Sardellenmischung geben und mit Salz und Pfeffer abschmecken.

5 Die Spaghetti abtropfen lassen und in eine vorgewärmte Schüssel geben. Die Sauce über die Nudeln verteilen und mit Parmesan bestreuen. Mit Oreganozweigen garnieren und nach Belieben mit zusätzlichem Parmesan servieren.

TIPP

Wenn die Sardellen aus der Dose zu salzig sind, sollten Sie sie 5 Minuten in eine Schale mit kalter Milch legen, abtropfen lassen und trockentupfen. Die Milch entzieht den Sardellen das Salz.

Balinesischer Kabeljau

Anis verleiht diesem balinesischen Fischgericht ein unverwechselbares Aroma. Servieren Sie dazu Fladenbrot oder Naan-Brot.

NÄHRWERTANGABEN

Kilokalorien	236	Zucker	3 g
Eiweiß	29 g	Fett	7 g
Kohlenhydrate	15 g	davon gesättigt	1 g

5 MIN. 1 STD.

4 PERSONEN

ZUTATEN

- 2 EL Öl
- ¼ TL Asafoetida (nach Belieben)
- 1 EL frisch zerdrückte Anissamen
- 1 TL Ingwerpulver
- 1 TL Chilipulver
- ¼ TL gemahlene Kurkuma
- 200 g rote Linsen, abgetropft
- 1 TL Salz
- 500 g Kabeljaufilet, in 2,5 cm großen Würfeln
- 1 rote Chili, gehackt
- 3 EL fettarmer Naturjoghurt
- 2 EL frisch gehackter Koriander
- Fladenbrot oder Naan-Brot (siehe Seite 923), zum Servieren

TIPP

Verwenden Sie Asafoetida in Pulverform, so ist es am einfachsten zu dosieren. Verwenden Sie nur kleine Mengen. Lassen Sie sich nicht von seinem befremdlichen Geruch irritieren – nicht ohne Grund heißt dieses Gewürz auch „Teufelsdreck".

1

3

5

1 Das Öl in einem Wok erhitzen und das Asafoetida, falls verwendet, 10 Sekunden darin rösten, bis sich die Aromastoffe freisetzen.

2 Anis, Ingwer, Chilipulver und Kurkuma zugeben und alles weitere 30 Sekunden rösten.

3 Die Linsen und das Salz in den Wok geben und knapp mit Wasser bedecken.

4 Dann alles aufkochen und 45 Minuten sanft köcheln lassen, bis die Linsen gar sind, aber nicht breiig.

5 Kabeljau und Chili zugeben, erneut aufkochen und weitere 10 Minuten köcheln lassen.

6 Joghurt und Koriander unterrühren und das fertige Gericht mit warmem Fladen- oder Naan-Brot servieren.

Rigatoni mit Thunfischfüllung

Die gerillten Pastaröhrchen werden mit Thunfisch und Ricotta gefüllt, mit einer Sahnesauce übergossen und im Ofen überbacken.

NÄHRWERTANGABEN

Kilokalorien 949	Zucker .... 5 g
Eiweiß .... 51 g	Fett .... 48 g
Kohlenhydrate .. 85 g	davon gesättigt . 26 g

10 MIN. 45 MIN.

4 PERSONEN

ZUTATEN

- Butter, zum Einfetten
- 500 g Rigatoni
- 1 EL Olivenöl
- 200 g Thunfisch aus der Dose, abgetropft
- 250 g Ricotta
- 125 g Schlagsahne
- 200 g Parmesan, gerieben
- Salz und Pfeffer
- 125 g sonnengetrocknete Tomaten in Öl, abgetropft und in Streifen

3

3

4

1 Eine Auflaufform mit der Butter leicht einfetten.

2 Salzwasser in einem großen Topf aufkochen. Die Rigatoni darin mit Olivenöl bissfest garen. Dann abgießen und zum Abkühlen beiseite stellen.

3 Thunfisch und Ricotta in einer Schüssel zu einer glatten Paste verrühren. Die Mischung in einen Spritzbeutel geben, die Rigatoni damit füllen und dann nebeneinander in die Form legen.

4 Für die Sauce Sahne und Parmesan mischen und mit Salz und Pfeffer würzen. Über die Rigatoni geben und mit getrockneten Tomaten kreuzförmig belegen. In einem auf 200 °C vorgeheizten Ofen 20 Minuten backen. In der Form servieren.

VARIATION

Für eine vegetarische Variante dieses Gerichts ersetzen Sie den Thunfisch einfach durch entsteinte und gehackte schwarze Oliven und gehackte Walnüsse. An der weiteren Zubereitung ändert sich nichts.

Mango-Kabeljau mit Nudeln

In diesem Rezept wird Fisch mit verschiedenfarbigen Paprika vermischt und mit Eiernudeln serviert.

NÄHRWERTANGABEN

Kilokalorien	274	Zucker	11 g
Eiweiß	25 g	Fett	8 g
Kohlenhydrate	26 g	davon gesättigt	1 g

10 MIN. 25 MIN.

4 PERSONEN

ZUTATEN

250 g chinesische Eiernudeln
450 g Kabeljaufilet
1 EL Paprikapulver
2 EL Sonnenblumenöl
1 rote Zwiebel, in Ringen
je 1 gelbe und grüne Paprika, in Streifen
100 g Babymaiskolben, halbiert
1 Mango, in Scheiben
100 g Bohnensprossen
2 EL Tomatenketchup
2 EL Sojasauce
2 EL Sherry medium
1 TL Speisestärke

3

5

6

1 Die Eiernudeln in einer großen Schüssel mit kochendem Wasser bedecken und ca. 10 Minuten quellen lassen.

2 Das Fischfilet säubern, mit Küchenpapier trockentupfen und in schmale Streifen schneiden.

3 Die Fischstreifen in eine große Schale geben, mit Paprikapulver bestreuen und gut darin wenden.

4 Das Sonnenblumenöl in einem heißen Wok erhitzen.

5 Zwiebel, Paprika und Mais zugeben und ca. 5 Minuten pfannenrühren.

6 Fisch und Mango zugeben und 2–3 Minuten weiterrühren, bis der Fisch gar ist.

7 Die Bohnensprossen zugeben und alles gut vermengen.

8 Tomatenketchup, Sojasauce, Sherry und Speisestärke mischen. Diese Mischung in den Wok gießen und unter gelegentlichem Rühren garen, bis die Flüssigkeit eingedickt ist.

9 Die Nudeln gut abtropfen lassen und in Portionsschalen füllen. Die fertig gegarte Fisch-Mango-Mischung aus dem Wok ebenfalls auf Schalen verteilen. Dann alles gemeinsam servieren.

Polenta-Kabeljau-Gratin

Wenn man ein Gratin mit Polenta überbackt, wird die Oberfläche schön knusprig, das Innere bleibt jedoch weich.

NÄHRWERTANGABEN

Kilokalorien 616	Zucker .... 3 g
Eiweiß .... 41 g	Fett .... 24 g
Kohlenhydrate .. 58 g	davon gesättigt . 12 g

30 MIN. 45 MIN.

4 PERSONEN

ZUTATEN

- 1½ l Wasser
- 350 g Instant-Polenta
- 200 g Spinat, Tiefkühlware aufgetaut
- 2 EL Butter
- 50 g Pecorino, gerieben
- Salz und Pfeffer
- 200 ml Milch
- 500 g geräuchertes Kabeljaufilet
- 4 Eier, verquirlt

2

4

5

1 Wasser aufkochen, die Polenta gleichmäßig einstreuen und sorgfältig unterrühren, bis sie steif ist. Eventuell abweichende Packungsangaben beachten.

2 Spinat, Butter und die Hälfte des Pecorinos unter die fertige Polenta rühren und mit Salz und Pfeffer würzen.

3 Die Böden und Ränder von 4 hitzebeständigen Suppenschalen gleichmäßig mit der Polenta bestreichen.

4 Die Milch in einer großen Pfanne aufkochen. Die Kabeljaufilets zugeben und unter einmaligem Wenden 8–10 Minuten garen. Dann mit einem Schaumlöffel aus der Pfanne heben.

5 Die Pfanne vom Herd nehmen, die Eier hineingießen und behutsam mit der Milch verrühren.

6 Die Fischfilets mit einer Gabel in kleine Stücke teilen und jeweils in die Mitte der vorbereiteten Schalen legen.

7 Die Milchmischung über die Filetstücke gießen.

8 Den Fisch mit dem restlichen Käse bestreuen, in einem auf 190 °C vorgeheizten Ofen 25–30 Minuten goldbraun backen und heiß servieren.

VARIATION

Statt Fisch können Sie 350 g gekochtes und mit gehacktem Estragon gewürztes Hähnchenbrustfilet verwenden.

Fettuccine mit Spinat

Diese farbenfrohe Pasta-Kreation lässt sich auch mit anderen Nudeln, wie Spaghetti oder Linguine, zubereiten.

NÄHRWERTANGABEN

Kilokalorien 619	Zucker .... 5 g
Eiweiß .... 21 g	Fett .... 31 g
Kohlenhydrate .. 67 g	davon gesättigt .. 3 g

10 MIN. 25 MIN.

4 PERSONEN

ZUTATEN

- 1 kg frischer Spinat
- 700 g frische oder 400 g getrocknete Fettuccine
- 6 EL Olivenöl
- 3 EL Pinienkerne
- 3 Knoblauchzehen, zerdrückt
- 8 Sardellenfilets, abgetropft und gehackt
- Salz und Pfeffer

1

3

4

1 Alle harten Spinatstängel entfernen. Die Blätter abspülen und nass in einen großen Topf geben. Abdecken und bei mittlerer Hitze dünsten. Den Topf hin und wieder schütteln, bis die Blätter zusammenfallen, aber ihre Farbe noch nicht verloren haben. Gut abtropfen lassen und warm stellen.

2 Salzwasser in einem großen Topf aufkochen und die Fettuccine darin mit 1 Esslöffel Olivenöl bissfest garen.

3 4 Esslöffel Öl in einem Topf erhitzen und die Pinienkerne darin goldgelb rösten. Herausnehmen und beiseite stellen.

4 Den Knoblauch in den Topf geben und goldgelb andünsten, dann die Sardellen und den Spinat zugeben. Unter Rühren alles 2–3 Minuten erwärmen. Die Pinienkerne zum Spinat geben und mit Salz und Pfeffer würzen.

5 Die Fettuccine abgießen, mit dem restlichen Olivenöl vermengen und in eine vorgewärmte Schüssel geben. Die Sauce über die Nudeln geben, gut vermengen und sofort servieren.

TIPP

Wenn es schnell gehen muss, kann man auch tiefgefrorenen Spinat verwenden. Diesen zunächst auftauen und abtropfen lassen, dabei möglichst viel Flüssigkeit herausdrücken. Die Blätter in Streifen schneiden und wie in Schritt 4 beschrieben mit den Sardellen in den Topf geben.

Gegrillte Thunfischsteaks

Das feste Thunfischfleisch eignet sich hervorragend zum Grillen, es kann aber schnell austrocknen, wenn es vorher nicht mariniert wird.

NÄHRWERTANGABEN

Kilokalorien 153	Zucker .... 1 g
Eiweiß .... 29 g	Fett .... 3 g
Kohlenhydrate ... 1 g	davon gesättigt .. 1 g

2 STD. 15 MIN.

4 PERSONEN

ZUTATEN

- 4 Thunfischsteaks
- 3 EL Sojasauce
- 1 EL Worcestersauce
- 1 TL körniger Senf
- 1 TL Zucker
- 1 EL Sonnenblumenöl
- grüner Salat, zum Servieren

GARNIERUNG

- glatte Petersilie
- Zitronenspalten

3

4
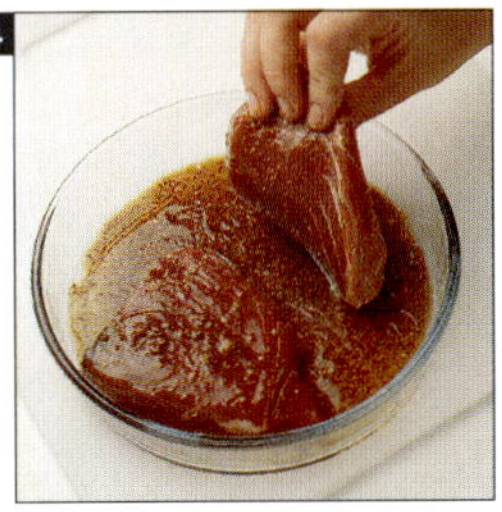

6

1 Die Thunfischsteaks in eine flache Schale legen.

2 Sojasauce, Worcestersauce, Senf, Zucker und Öl in einer kleinen Schüssel mischen.

3 Die so zubereitete Marinade über den Thunfisch gießen.

4 Die Steaks behutsam in der Marinade wenden.

5 Die Steaks abdecken und mindestens 30 Minuten, aber höchstens 2 Stunden im Kühlschrank marinieren.

6 Den Fisch aus der Marinade nehmen und 10–15 Minuten unter einmaligem Wenden grillen.

7 Dabei regelmäßig mit der Marinade bestreichen.

8 Den gegrillten Fisch mit Petersilie und Zitrone garnieren und mit grünem Salat servieren.

TIPP

Thunfisch besitzt dunkelrotes, festes Fleisch, das beim Garen heller wird. Als Ersatz können Sie auch Schwertfischsteaks verwenden.

Orangenmakrele

Makrelen können ziemlich mächtig sein, aber mit Orangen und gerösteten Mandeln gefüllt, schmecken sie leicht und würzig.

NÄHRWERTANGABEN

Kilokalorien 623	Zucker .... 7 g
Eiweiß .... 42 g	Fett .... 47 g
Kohlenhydrate ... 8 g	davon gesättigt .. 8 g

15 MIN. 35 MIN.

4 PERSONEN

ZUTATEN

- 2 EL Öl
- 4 Frühlingszwiebeln, in Ringen
- 2 Orangen
- 50 g gemahlene Mandeln
- 1 EL Haferflocken
- 50 g gemischte grüne und schwarze Oliven, entsteint und gehackt
- Salz und Pfeffer
- 8 Makrelenfilets
- knackiger Salat, zum Servieren

1 Öl in der Pfanne erhitzen und Frühlingszwiebeln darin 2 Minuten andünsten.

2 Die Orangenschale fein reiben und die weißen Reste mit einem scharfen Messer entfernen.

3 Die Orange filetieren. Die Fruchtsegmente entlang der Hautlappen einschneiden, das Fleisch herauslösen und halbieren. Die Orangen dabei über eine Schüssel halten, um den auslaufenden Fruchtsaft aufzufangen.

4 Die Mandeln auf ein Backblech streuen und 2–3 Minuten unter einem vorgeheizten Grill leicht anrösten. Aufpassen, dass sie nicht zu dunkel werden.

1

5

6

5 Frühlingszwiebeln, Orangen, Orangenschale, Mandeln, Haferflocken und Oliven mischen und mit Salz und Pfeffer würzen.

6 Die so entstandene Mischung auf die Makrelenfilets verteilen. Dann die Filets zusammenrollen und jeweils mit einem Zahnstocher fixieren.

7 Die Makrelenröllchen in einem auf 190 °C vorgeheizten Backofen 25 Minuten garen.

8 Die fertig gegarten Makrelenröllchen auf vorgewärmte Servierteller verteilen und warm mit einem frischen, knackigen Salat servieren.

Marinierte Forelle

Das feste, schmackhafte Fleisch der Forelle erhält durch die süßliche Marinade und den Kochsud ein köstliches Aroma.

1

3

4

NÄHRWERTANGABEN

Kilokalorien 374	Zucker .... 13 g
Eiweiß .... 38 g	Fett .... 19 g
Kohlenhydrate .. 14 g	davon gesättigt .. 3 g

45 MIN. 20 MIN.

4 PERSONEN

ZUTATEN

- 4 Forellen (à 200 g), küchenfertig
- 3 EL Öl
- 1 TL Fenchelsamen
- 1 TL Schwarzkümmelsamen
- 1 Knoblauchzehe, zerdrückt
- 150 ml Kokosmilch oder Fischfond
- 3 EL Tomatenmark
- 60 g Sultaninen
- ½ TL Garam Masala

GARNIERUNG

- 25 g gehackte Cashewkerne
- Zitronenspalten
- frische Korianderzweige

MARINADE

- 4 EL Zitronensaft
- 2 EL frisch gehackter Koriander
- 1 TL gemahlener Kreuzkümmel
- ½ TL Salz
- ½ TL gemahlener schwarzer Pfeffer

1 Die Haut der Fische auf beiden Seiten mit einem scharfen Messer mehrmals einschneiden.

2 Für die Marinade alle Zutaten in einer Schüssel mischen.

3 Die Forellen in eine flache Schale legen und mit der Marinade übergießen. Dann in den Kühlschrank stellen und 30–40 Minuten marinieren, dabei einmal wenden.

4 Das Öl in einer Pfanne oder einem Wok erhitzen und die Fenchelsamen und den Schwarzkümmel darin scharf anbraten. Knoblauch, Kokosmilch und Tomatenmark einrühren und aufkochen.

5 Sultaninen, Garam Masala, Forellen und Marinade zugeben und abgedeckt alles 5 Minuten köcheln lassen. Die Forellen wenden und weitere 10 Minuten garen.

6 Mit Cashewkernen, Zitronenspalten und Koriander garniert servieren.

Garnelen in roter Currysauce

Diese Garnelen in scharfer Sauce sind schnell und einfach zubereitet – eine wahrhaft „feurige" Speise.

NÄHRWERTANGABEN			
Kilokalorien	175	Zucker	3 g
Eiweiß	29 g	Fett	5 g
Kohlenhydrate	3 g	davon gesättigt	1 g

10 MIN. 10 MIN.

4 PERSONEN

ZUTATEN

1 EL Öl
6 Frühlingszwiebeln, in Ringen
1 Stängel Zitronengras
1-cm-Stück Ingwerwurzel
250 ml Kokosmilch
2 EL rote Currypaste
1 EL Fischsauce
500 g rohe Riesengarnelen
1 EL frisch gehackter Koriander
rote und grüne Chillies, zum Garnieren

1

3

4

1 Das Öl in einem Wok oder einer großen Pfanne erhitzen und die Frühlingszwiebeln darin 2 Minuten dünsten.

2 Das Zitronengras mit einem Nudelholz leicht zerdrücken.

3 Das Stück Ingwerwurzel schälen und fein reiben.

4 Zitronengras, Ingwer, Kokosmilch, Currypaste und Fischsauce in den Wok geben und alles erhitzen, aber nicht aufkochen.

5 Die Garnelen bis auf die Schwanzenden schälen und die Därme behutsam entfernen.

6 Die Garnelen und den Koriander zu der Kokosmischung in den Wok geben und alles 5 Minuten köcheln lassen.

7 Die Garnelen in der Sauce servieren und mit den Chillies garnieren.

VARIATION

Probieren Sie dieses Gericht auch mit grüner Currypaste. Sowohl rote als auch grüne Currypaste sind in jedem asiatischen Lebensmittelgeschäft erhältlich.

Karibische Garnelenspieße

Das ideale Rezept für eine sommerliche Grillparty mit karibischem Flair: Die Garnelen werden in einer Ananas-Kokos-Sauce mariniert.

NÄHRWERTANGABEN

Kilokalorien	110	Zucker	15 g
Eiweiß	5 g	Fett	4 g
Kohlenhydrate	15 g	davon gesättigt	3 g

40 MIN. 15 MIN.

4 PERSONEN

ZUTATEN

- 16 gekochte Riesengarnelen
- 1 kleine Ananas
- Kokosraspel, zum Garnieren (nach Belieben)

MARINADE

- 150 ml Ananassaft
- 2 EL Weißweinessig
- 2 EL brauner Zucker
- 2 EL Kokosraspel

1

2

5

1 Den Grill vorbereiten. Die Garnelen auslösen. Die Schwanzenden nach Belieben entfernen.

2 Die Ananas schälen und längs halbieren. Eine Ananashälfte in gleich große Würfel schneiden.

3 Für die Marinade die Hälfte des Ananassafts sowie Essig, Zucker und Kokosraspel in einer flachen metallfreien Schüssel verrühren. Garnelen und Ananasstücke zufügen, gut mit der Marinade vermengen und mindestens 30 Minuten ziehen lassen.

4 Die Ananasstücke und die Garnelen aus der Marinade nehmen und abwechselnd auf Spieße stecken. Die Marinade aufbewahren.

5 Die Marinade abseihen und in eine Küchenmaschine geben. Die andere Ananashälfte in grobe Stücke schneiden und mit dem restlichen Ananassaft ebenfalls in die Küchenmaschine geben. Wenige Sekunden pürieren, bis eine dicke Sauce entsteht.

6 Die Sauce in einer kleinen Pfanne aufkochen und dann etwa 5 Minuten köcheln lassen oder im Backofen in einer Auflaufform erhitzen.

7 Die vorbereiteten Spieße auf den Grill legen und mit der Ananas-Kokos-Sauce bestreichen. Die Spieße 5 Minuten grillen, dabei die Spieße wenden und gelegentlich erneut etwas Sauce auftragen.

8 Die gegrillten Spieße nach Belieben mit Kokosraspel bestreuen und mit der restlichen Sauce servieren.

Krabben-Omelett

Ein echtes Minuten-Gericht, das viele typisch chinesische Zutaten zu einer köstlichen Speise verbindet.

NÄHRWERTANGABEN

Kilokalorien 270	Zucker . . . . 1 g
Eiweiß . . . . 30 g	Fett . . . . 15 g
Kohlenhydrate . . . 3 g	davon gesättigt . . 3 g

5 MIN. 10 MIN.

4 PERSONEN

ZUTATEN

- 2 EL Sonnenblumenöl
- 4 Frühlingszwiebeln
- 350 g geschälte Krabben
- 100 g Bohnensprossen
- 1 TL Speisestärke
- 1 EL helle Sojasauce
- 6 Eier
- 3 EL kaltes Wasser

1 Das Sonnenblumenöl in einem heißen Wok oder einer Pfanne erhitzen.

2 Dann die Frühlingszwiebeln in schmale Streifen schneiden.

3 Krabben, Frühlingszwiebeln und Bohnensprossen in den Wok geben und alles 2 Minuten anbraten.

4 In einer kleinen Schüssel die Speisestärke mit der Sojasauce anrühren.

5 In einer anderen Schüssel die Eier mit dem Wasser verquirlen, dann die Speisestärkemischung zugeben und alles gut verrühren.

6 Die Eimischung in den Wok geben und etwa 5–6 Minuten braten, bis die Eier stocken.

7 Das Omelett auf einen vorgewärmten Teller legen und zum Servieren in vier Portionen teilen.

TIPP

Es ist besser, frische Bohnensprossen zu verwenden, weil Bohnensprossen aus der Dose nicht knackig genug sind.

Garnelen-Biryani

Dieses Gericht ist etwas milder und leichter als die Lamm-Variante und eignet sich deshalb besser als Mahlzeit für jeden Tag.

NÄHRWERTANGABEN

Kilokalorien	177	Zucker	6 g
Eiweiß	15 g	Fett	6 g
Kohlenhydrate	18 g	davon gesättigt	0,5 g

2½ STD. 45 MIN.

8 PERSONEN

ZUTATEN

- 1 TL Safranfäden
- 50 ml lauwarmes Wasser
- 2 Schalotten, grob gehackt
- 3 Knoblauchzehen, zerdrückt
- 1 TL frisch gehackte Ingwerwurzel
- 2 TL Koriandersamen
- ½ TL schwarze Pfefferkörner
- 2 Gewürznelken
- 2 grüne Kardamomkapseln
- 2,5-cm-Stück Zimtstange
- 1 TL gemahlene Kurkuma
- 1 grüne Chili, gehackt
- ½ TL Salz
- 2 EL Ghee oder Butter
- 1 TL schwarze Senfkörner
- 500 g rohe ungeschälte Garnelen oder 400 g geschälte
- 300 ml Kokosmilch
- 300 g fettarmer Naturjoghurt
- 225 g Basmati-Reis, 2 Stunden eingeweicht und abgetropft
- 1 EL Sultaninen

GARNIERUNG

- gehobelte Mandeln, geröstet
- 1 Frühlingszwiebel, in Ringen

2

2

3

1 Den Safran 10 Minuten im lauwarmen Wasser einweichen. Schalotten, Knoblauch, Ingwer, Gewürze und Salz in einem Mörser zu einer Paste verarbeiten.

2 Das Ghee in einer Pfanne erhitzen und die Senfkörner zufügen. Wenn sie aufplatzen, die Garnelen zugeben und 1 Minute bei starker Hitze anbraten. Gewürzpaste, Kokosmilch und Joghurt einrühren und 20 Minuten köcheln lassen.

3 Den Reis 12 Minuten in Salzwasser kochen. Abgießen und in der Pfanne über die Garnelenmischung schichten. Die Sultaninen darüber streuen und das Safranwasser in Linien über den Reis träufeln. Ein sauberes Küchentuch über die Pfanne legen und den Deckel darauf setzen. Die Pfanne vom Herd nehmen und alles etwa 5 Minuten ziehen lassen. Das fertige Gericht mit Mandeln und Frühlingszwiebeln garnieren und servieren.

Garnelen-Dansak

Das pikante Linsenpüree, das zu den Garnelen gereicht wird, ist parsischen Ursprungs und sehr beliebt auf dem gesamten indischen Subkontinent.

NÄHRWERTANGABEN

Kilokalorien	379	Zucker	5 g
Eiweiß	45 g	Fett	12 g
Kohlenhydrate	25 g	davon gesättigt	2 g

1 ¼ STD. — 1 ¼ STD.

4 PERSONEN

ZUTATEN

- 700 g rohe ungeschälte Garnelen oder 600 g geschälte
- 1 TL Salz
- 1 Lorbeerblatt
- 3 Knoblauchzehen, halbiert
- 80 g gelbe Spalterbsen, 1 Stunde in kaltem Wasser eingeweicht und abgetropft
- 50 g rote Linsen
- 1 Karotte, in Scheiben
- 1 Kartoffel, grob gewürfelt
- 3 EL Mais aus der Dose, abgetropft
- 3 EL Öl
- 2 Zwiebeln, gehackt
- ½ TL gelbe Senfkörner
- 1½ TL gemahlener Koriander
- ½ TL gemahlener Kreuzkümmel
- ½ TL gemahlener Bockshornklee
- 1½ TL gemahlene Kurkuma
- 1 getrocknete rote Chili
- 425 g Tomaten aus der Dose
- ½ TL Garam Masala
- Salz und Pfeffer
- 3 EL frisch gehackter Koriander
- 2 EL frisch gehackte Minze

1 4 Garnelen mit Schale 3–5 Minuten in kochendem Salzwasser garen, beiseite legen. Die restlichen Garnelen auslösen.

2 In einem Topf Wasser mit Salz, Lorbeer, der Hälfte des Knoblauchs und den Erbsen aufkochen und 15 Minuten garen. Linsen, Karotte und Kartoffel zugeben und weitere 15 Minuten kochen. Abgießen, Knoblauch und Lorbeer entfernen, den Rest mit dem Mais in einer Küchenmaschine pürieren.

3 Das Öl in einem großen Topf erhitzen, den restlichen Knoblauch zerdrücken und mit den Zwiebeln andünsten. Senfkörner zugeben. Wenn diese zu springen beginnen, restliche Gewürze und Garnelen zufügen und 1–2 Minuten anbraten. Tomaten und Linsenpüree zugeben und alles 30–40 Minuten köcheln lassen. Dann Garam Masala unterrühren und alles mit Salz und Pfeffer abschmecken. Das Gericht mit Koriander, Minze und den 4 ganzen Garnelen garnieren.

2

2

3

Nudeln süß-sauer

Dieses köstliche Gericht verbindet süß-saure Geschmacksnoten mit Eiern, Reisnudeln, Garnelen und Gemüse zu einer wahren Gaumenfreude.

NÄHRWERTANGABEN

Kilokalorien	352	Zucker	14 g
Eiweiß	23 g	Fett	17 g
Kohlenhydrate	29 g	davon gesättigt	3 g

10 MIN. 10 MIN.

4 PERSONEN

ZUTATEN

- 3 EL Fischsauce
- 2 EL Weißweinessig
- 2 EL Zucker
- 2 EL Tomatenmark
- 2 EL Sonnenblumenöl
- 3 Knoblauchzehen, zerdrückt
- 350 g Reisnudeln, 5 Minuten in kochendem Wasser eingeweicht
- 8 Frühlingszwiebeln, in Ringen
- 175 g Karotten, geraspelt
- 150 g Bohnensprossen
- 2 Eier, verquirlt
- 225 g gekochte Garnelen, ausgelöst
- 50 g Erdnüsse, gehackt
- 1 TL Chiliflocken

1 Fischsauce, Essig, Zucker und Tomatenmark vermischen.

2 Das Sonnenblumenöl in einem großen heißen Wok erhitzen.

3 Den Knoblauch in den Wok geben und darin 30 Sekunden andünsten.

4 Die Nudeln gut abtropfen lassen und zusammen mit der Tomatenmarkmischung in den Wok geben und alles gut vermengen.

1

4

6

5 Frühlingszwiebeln, Karotten und Bohnensprossen zufügen und alles 2–3 Minuten mitdünsten.

6 Alle Zutaten im Wok zur Seite schieben. Dann die Eier in die Mitte gießen und braten, bis sie stocken. Garnelen und Erdnüsse in den Wok geben und alles vermengen. Das fertige Gericht auf vorgewärmte Teller verteilen und mit Chiliflocken garnieren. Heiß servieren.

TIPP
Chiliflocken sind in der Gewürzabteilung großer Supermärkte erhältlich.

Gebratene Krabben

Die hier verwendete Paprika kann durch anderes grünes Gemüse ersetzt werden, um den schönen Grün-Rosa-Kontrast beizubehalten.

NÄHRWERTANGABEN

Kilokalorien	116	Zucker	1 g
Eiweiß	10 g	Fett	6 g
Kohlenhydrate	4 g	davon gesättigt	1 g

5 MIN. 10 MIN.

4 PERSONEN

ZUTATEN

170 g geschälte Krabben
1 TL Salz
½ Eiweiß
1 TL Speisestärke mit 2 TL Wasser angerührt
300 ml Öl
2,5-cm-Stück Ingwerwurzel, in dünnen Scheiben
1 Frühlingszwiebel, in Ringen
1 kleine grüne Paprika, gewürfelt
½ TL Zucker
1 EL helle Sojasauce
1 TL Reiswein oder trockener Sherry
Sesamöl

1 Die Krabben mit einer Prise Salz, dem Eiweiß und der angerührten Speisestärke gut mischen.

2 Das Öl in einem heißen Wok erhitzen und darin die Krabben etwa 30–40 Sekunden sautieren. Herausnehmen und auf Küchenpapier abtropfen lassen.

3 Das Öl aus dem Wok bis auf 1 Esslöffel abgießen. Dann Ingwer und Frühlingszwiebel hineingeben und kurz andünsten, um das Öl zu aromatisieren. Die Paprika zugeben und unter Rühren ca. 1 Minute mitdünsten.

4 Das restliche Salz, den Zucker und zuletzt die angebratenen Krabben in den Wok geben und alles ca. 1 Minute pfannenrühren. Dann Sojasauce und Wein einrühren, einige Tropfen Sesamöl darüber träufeln und sofort servieren.

VARIATION

Um dem Gericht etwas mehr Schärfe zu verleihen, geben Sie mit der Paprika auch 1–2 kleine grüne oder rote gehackte Chillies in den Wok. Wenn Sie die Chillies nicht entkernen, wird's noch schärfer.

Krabben süß-sauer

Nach Möglichkeit sollten rohe Krabben verwendet werden. Falls Sie gekochte nehmen, lassen Sie Schritt 1 und 2 einfach aus.

NÄHRWERTANGABEN

Kilokalorien	373	Zucker	11 g
Eiweiß	13 g	Fett	26 g
Kohlenhydrate	19 g	davon gesättigt	3 g

$3^1/_2$ STD. 10 MIN.

4 PERSONEN

ZUTATEN

- 175–250 g geschälte Krabben
- 1 Prise Salz
- 1 TL Eiweiß
- ½ TL Speisestärke mit 1 TL Wasser angerührt
- 300 ml Pflanzenöl

SAUCE

- 1 EL Pflanzenöl
- ½ kleine grüne Paprika, in schmalen Streifen
- ½ kleine Karotte, in dünnen Scheiben
- 125 g Wasserkastanien aus der Dose, abgetropft und in Scheiben
- ½ TL Salz
- 1 EL helle Sojasauce
- 2 EL Zucker
- 3 EL Reisessig oder Sherry-Essig
- 1 TL Reiswein oder trockener Sherry
- 1 EL Tomatensauce
- ½ TL Chilisauce
- 3–4 EL chinesische Brühe (siehe Seite 8) oder Wasser
- ½ TL Speisestärke mit 1 TL Wasser angerührt
- Sesamöl

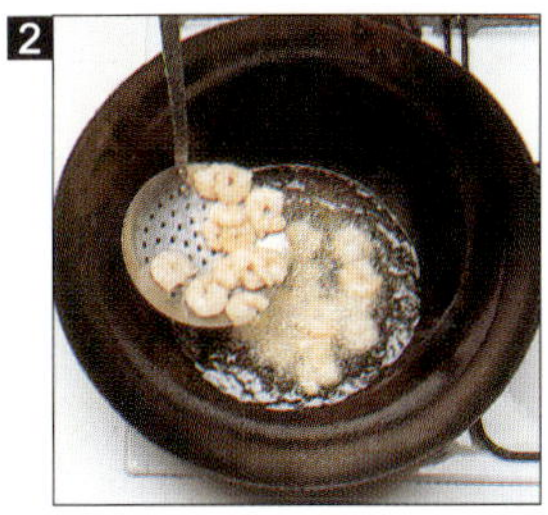
2

3

3

1 Die Krabben mit Salz, Eiweiß und der angerührten Speisestärke vermengen.

2 Das Öl in einem heißen Wok erhitzen und die Krabben 30–40 Sekunden darin anbraten. Dann herausnehmen und auf Küchenpapier abtropfen lassen.

3 Das Öl abgießen und den Wok mit Küchenpapier reinigen. Das Öl für die Sauce im Wok erhitzen. Dann Paprika, Karotte und Wasserkastanien zugeben und etwa 1 Minute andünsten. Dann Salz, Sojasauce, Zucker, Essig, Reiswein oder Sherry, Tomatensauce, Chilisauce und Brühe oder Wasser zufügen und alles aufkochen.

4 Die Krabben zugeben und alles gut verrühren. Die Sauce mit der angerührten Speisestärke andicken und glatt rühren. Mit Sesamöl beträufeln und heiß servieren.

Gemüse mit Krabben und Ei

In diesem Rezept wird ein leichtes Omelett in schmale Streifen geschnitten und am Ende der Garzeit dem Krabbengericht zugefügt.

NÄHRWERTANGABEN

Kilokalorien	258	Zucker	7 g
Eiweiß	21 g	Fett	15 g
Kohlenhydrate	10 g	davon gesättigt	3 g

10 MIN. 15 MIN.

4 PERSONEN

ZUTATEN

- 225 g Zucchini
- 3 EL Pflanzenöl
- 2 Eier
- 2 EL kaltes Wasser
- 225 g Möhren, geraspelt
- 1 Zwiebel, in Ringen
- 150 g Bohnensprossen
- 225 g geschälte Krabben
- 2 EL Sojasauce
- 1 Prise Fünf-Gewürze-Pulver
- 25 g Erdnüsse, gehackt
- 2 EL frisch gehackter Koriander

1 Die Zucchini mit einer Küchenreibe fein raspeln.

2 1 Esslöffel Pflanzenöl in einen großen heißen Wok geben.

3 Die Eier mit 2 Esslöffel kaltem Wasser verquirlen. Die Eimischung in den Wok gießen und 2–3 Minuten pfannenrühren, bis das Ei zu stocken beginnt.

4 Das fertige Omelett herausnehmen, auf einem sauberen Küchenbrett zusammenklappen und in schmale Streifen schneiden. Beiseite stellen.

5 Das restliche Öl in den Wok geben. Möhren, Zwiebel und Zucchini zufügen und 5 Minuten pfannenrühren.

6 Die Bohnensprossen und die Krabben zugeben und 2 Minuten unter Rühren heiß werden lassen.

7 Sojasauce, Fünf-Gewürze-Pulver und Erdnüsse in den Wok geben, Omelettstreifen zufügen und alles erhitzen. Zum Servieren mit Koriander bestreuen.

1

4
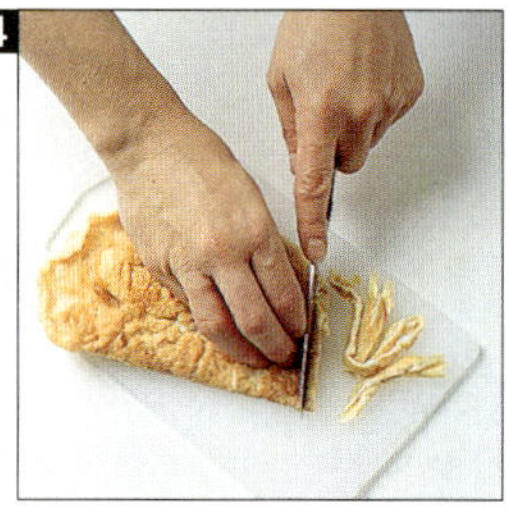

5

TIPP

Durch Zufügen von Wasser in Schritt 3 wird das Omelett locker und leicht.

Sesam-Schweinefleisch-Toast

Ein klassisches chinesisches Appetithäppchen, auch wunderbar als kleiner Party-Leckerbissen geeignet, nur sollte man dann ausreichend davon machen!

NÄHRWERTANGABEN

Kilokalorien 674	Zucker . . . . 2 g
Eiweiß . . . . 33 g	Fett . . . . 46 g
Kohlenhydrate . . 33 g	davon gesättigt . . 7 g

5 MIN. 35 MIN.

4 PERSONEN

ZUTATEN

250 g mageres Schweinefleisch
250 g geschälte Krabben
4 Frühlingszwiebeln
1 Knoblauchzehe, zerdrückt
1 EL frisch gehackter Koriander
1 EL Fischsauce
1 Ei
Salz und Pfeffer
8–10 dicke Weißbrotscheiben
3 EL Sesamsaat
150 ml Pflanzenöl

GARNIERUNG

Korianderzweige
1 rote Paprika, in dünnen Streifen

1 

2 

3 

1 Schweinefleisch, Krabben, Frühlingszwiebeln, Knoblauch, Koriander, Fischsauce, Ei sowie Salz und Pfeffer in eine Küchenmaschine geben und einige Sekunden pürieren. Die so entstandene Paste in eine Schüssel füllen. Alternativ das Schweinefleisch, die Krabben und die Frühlingszwiebeln sehr fein hacken und mit Knoblauch, Koriander, Fischsauce, verquirltem Ei und Salz und Pfeffer verrühren, bis alle Zutaten gut vermengt sind.

2 Die Schweinefleisch-Krabben-Paste dick bis zum Rand auf das Brot auftragen. Die Brotrinde abschneiden und jede Brotscheibe in vier Quadrate oder Dreiecke schneiden.

3 Den Brotaufstrich reichlich mit Sesamsaat bestreuen.

4 Das Öl in einem Wok oder einer großen Pfanne erhitzen. Ein paar Brotscheiben mit der Aufstrichseite zuunterst in das Öl legen, damit das Ei stocken kann, und 2 Minuten frittieren, bis sie goldbraun sind. Die Scheiben einmal wenden und erneut etwa 1 Minute frittieren.

5 Die Fleisch-Krabben-Toasts auf Küchenpapier abtropfen lassen. Die restlichen Stücke frittieren. Mit Korianderzweigen und roten Paprikastreifen garnieren und servieren.

Garnelen süß-pikant

Rohe Garnelen werden auf Spieße gesteckt, mit einer Marinade aus Sesamöl, Limettensaft und Koriander bestrichen und dann gegrillt.

NÄHRWERTANGABEN

Kilokalorien	239	Zucker	8 g
Eiweiß	28 g	Fett	11 g
Kohlenhydrate	8 g	davon gesättigt	2 g

1 STD. 10 MIN.

4 PERSONEN

ZUTATEN

- 500 g rohe Garnelen
- 3 EL Sesamöl
- 2 EL Limettensaft
- 1 EL frisch gehackter Koriander

SAUCE

- 4 EL heller Malzessig
- 2 EL Fischsauce oder helle Sojasauce
- 2 EL Wasser
- 2 EL hellbrauner Zucker
- Salz
- 2 Knoblauchzehen, zerdrückt
- 2 TL frisch geriebene Ingwerwurzel
- 1 rote Chili, entkernt und gehackt
- 2 EL frisch gehackter Koriander

1

2

3

1 Die Garnelen bis auf die Schwanzenden schälen. Den fadenförmigen Darm am Rücken jeder Garnele herausziehen und die Garnelen auf Holzspieße stecken.

2 Sesamöl, Limettensaft und Koriander in einer flachen Schüssel mischen. Die Garnelenspieße hineinlegen, abdecken und im Kühlschrank 30 Minuten lang marinieren. Einmal wenden, damit die Marinade gut aufgenommen wird.

3 In der Zwischenzeit die Sauce zubereiten. Dazu Essig, Fisch- oder Sojasauce, Wasser, Zucker und Salz aufkochen. Dann vom Herd nehmen, beiseite stellen und abkühlen lassen.

4 Knoblauch, Ingwer, Chili und Koriander in einer kleinen Servierschüssel vermengen. Dann die abgekühlte Essigmischung zugeben und alles zu einer Sauce gut verrühren.

5 Die Garnelenspieße auf einer mit Alufolie abgedeckten Grillpfanne unter einen vorgeheizten Grill legen und etwa 6 Minuten grillen. Dabei einmal wenden und gelegentlich mit der Marinade bestreichen, bis sie gar sind.

6 Die fertig gegrillten Garnelenspieße auf eine vorgewärmte Servierplatte legen und mit der vorbereiteten Sauce zum Dippen servieren.

Krabben-Mais-Taler

Gehackte Krabben und Mais verbinden sich in einem leichten Teig, der im heißen Fett zu verführerischen Talern ausgebacken wird.

NÄHRWERTANGABEN

Kilokalorien	250	Zucker	1 g
Eiweiß	17 g	Fett	9 g
Kohlenhydrate	26 g	davon gesättigt	2 g

35 MIN. 20 MIN.

4 PERSONEN

ZUTATEN

- 125 g Mehl
- 1½ TL Backpulver
- ½ TL Salz
- 2 Eier
- 250 ml kaltes Wasser
- 1 Knoblauchzehe, gehackt
- 3 Frühlingszwiebeln, fein gehackt
- 250 g geschälte Krabben, gehackt
- 125 g Mais aus der Dose, abgetropft
- Pfeffer
- Pflanzenöl, zum Frittieren

GARNIERUNG

- Frühlingszwiebelquasten (siehe Tipp)
- Limettenscheiben
- 1 Chiliblüte (siehe Tipp)

1

1

2

1 Mehl, Backpulver und Salz in eine Schüssel sieben. Die Eier und die Hälfte des Wassers zugeben und mit weiterem Wasser zu einem sämigen, glatten Teig verarbeiten. Knoblauch und Frühlingszwiebeln zufügen, abdecken und etwa 30 Minuten ruhen lassen.

2 Die Krabben und den Mais in den Teig einrühren und mit Pfeffer würzen.

3 2–3 Esslöffel Öl in einem Wok erhitzen. Den Teig darin löffelweise bei mittlerer Hitze ausbacken, bis er Blasen wirft und die Oberfläche stockt. Die Taler wenden und von der anderen Seite goldbraun backen, dann auf Küchenpapier abtropfen lassen.

4 Den gesamten Teig auf diese Weise ausbacken, bei Bedarf erneut Öl zufügen. Garnieren und sofort servieren.

TIPP

Für Chiliblüten und Frühlingszwiebelquasten jeweils die Spitze der Chilischote oder Frühlingszwiebel abschneiden und die Frucht mehrfach längs einschneiden. In eine Schale mit Eiswasser legen, bis sich die „Blütenblätter" und „Quasten" aufkräuseln. Dann die Kerne der Chili entfernen.

Krabben-Curry

Dieses leichte, aromatische Curry macht sich gut auf einem Buffet oder – mit einer Reisbeilage – als etwas anderer Mittagsimbiss.

NÄHRWERTANGABEN

Kilokalorien	538	Zucker	28 g
Eiweiß	40 g	Fett	28 g
Kohlenhydrate	33 g	davon gesättigt	15 g

30 MIN. 20 MIN.

4 PERSONEN

ZUTATEN

- 2 EL Öl
- 25 g Butter
- 2 Zwiebeln, fein gehackt
- 2 Knoblauchzehen, fein gehackt
- 1 TL Kreuzkümmelsamen, leicht zerdrückt
- 1 TL gemahlene Kurkuma
- 1 TL Paprikapulver
- ½ TL Chilipulver
- 60 g Kokoscreme
- 400 g gehackte Tomaten aus der Dose
- 1 EL Tomatenmark
- 500 g geschälte Krabben
- ½ Salatgurke, in dünnen Scheiben
- 150 g fettarmer Naturjoghurt
- Salz und Pfeffer
- 2 Eier, hart gekocht und geviertelt
- Korianderzweige, zum Garnieren
- Zwiebelringe, zum Garnieren

RAITA

- 1 kleiner Granatapfel
- 300 g fettarmer Naturjoghurt
- ¼ TL Salz
- 1 Knoblauchzehe, zerdrückt
- 2 EL frisch gehackte Minze
- 4 EL Rosinen

1 Öl und Butter in einer Pfanne erhitzen und die Zwiebel andünsten, bis sie glasig ist. Den Knoblauch zugeben und 1 weitere Minute dünsten, bis die Zwiebel weich, aber nicht angebräunt ist.

2 Die Gewürze zugeben und unter Rühren 2 Minuten rösten. Dann Kokoscreme, Tomatenstückchen und Tomatenmark einrühren und aufkochen. Die Sauce 10 Minuten köcheln lassen, bis sie gut eingedickt ist.

3 Die Pfanne vom Herd nehmen und abkühlen lassen. Krabben, Gurke und Joghurt einrühren. Das Curry mit Salz und Pfeffer abschmecken. Abdecken und bis zum Servieren kalt stellen.

4 Für die Raita den Granatapfel halbieren und die Kerne mit einem kleinen Löffel herauslösen. Einige Kerne beiseite legen, die restlichen mit den anderen Zutaten in einer Schüssel verrühren.

5 Das Curry in eine Servierschüssel füllen und mit den Eiern, den Korianderzweigen und den Zwiebelringen garnieren. Die Sauce mit den beiseite gelegten Granatapfelkernen garnieren und separat zum Curry reichen.

Ingwer-Garnelen

Der knusprige Ingwer liefert hier eine Garnitur, die sich optisch und geschmacklich von den pikanten Garnelen abhebt.

NÄHRWERTANGABEN

Kilokalorien 229	Zucker .... 7 g
Eiweiß .... 29 g	Fett .... 8 g
Kohlenhydrate .. 10 g	davon gesättigt .. 1 g

10 MIN. 15 MIN.

4 PERSONEN

ZUTATEN

- 5-cm-Stück Ingwerwurzel
- Öl, zum Braten
- 1 Zwiebel, gewürfelt
- 225 g Karotten, gewürfelt
- 100 g Erbsen, Tiefkühlware aufgetaut
- 100 g Bohnensprossen
- 450 g rohe Garnelen, ausgelöst
- 1 TL Fünf-Gewürze-Pulver
- 1 EL Tomatenmark
- 1 EL Sojasauce

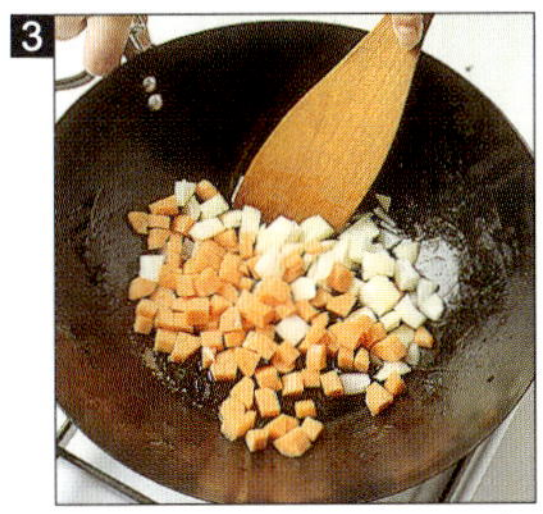

1 Den Ingwer schälen und in sehr dünne Scheiben schneiden.

2 Das Öl etwa 2,5 cm hoch in einen heißen Wok füllen und erhitzen. Den Ingwer hineingeben und etwa 1 Minute unter Rühren knusprig frittieren. Dann mit einem Schaumlöffel herausheben und auf Küchenpapier abtropfen lassen.

3 Das Öl aus dem Wok bis auf 2 Esslöffel abgießen. Zwiebel und Karotten zugeben und 5 Minuten pfannenrühren. Erbsen und Bohnensprossen zufügen und weitere 2 Minuten pfannenrühren.

4 Die Garnelen unter kaltem Wasser abspülen und mit Küchenpapier gut trockentupfen.

5 Das Fünf-Gewürze-Pulver mit Tomatenmark und Sojasauce mischen und die Garnelen damit bestreichen.

6 Die so vorbereiteten Garnelen in den Wok geben und 2 Minuten unter Pfannenrühren garen. Das fertige Gericht in eine vorgewärmte Servierschüssel füllen, mit dem frittierten Ingwer garnieren und sofort servieren.

VARIATION

Sie können die Garnelen durch in Streifen geschnittene weiße Fischfilets ersetzen.

Garnelen nach Szechuan-Art

Nach Möglichkeit sollten Sie rohe Garnelen verwenden, ansonsten in Schritt 3 küchenfertige zugeben.

NÄHRWERTANGABEN

Kilokalorien	315	Zucker	1 g
Eiweiß	16 g	Fett	27 g
Kohlenhydrate	3 g	davon gesättigt	3 g

3½ STD. — 10 MIN.

4 PERSONEN

ZUTATEN

- 250–300 g rohe Garnelen
- 1 Prise Salz
- ½ Eiweiß, leicht verquirlt
- ½ TL Speisestärke mit 1 TL Wasser angerührt
- 600 ml Pflanzenöl
- Korianderblätter, zum Garnieren

SAUCE

- 1 TL frisch gehackte Ingwerwurzel
- 2 Frühlingszwiebeln, gehackt
- 1 Knoblauchzehe, gehackt
- 3–4 kleine getrocknete rote Chillies, entkernt und gehackt
- 1 EL helle Sojasauce
- 1 TL Reiswein oder trockener Sherry
- 1 EL Tomatenmark
- 1 EL Austernsauce
- 2–3 EL chinesische Brühe (siehe Seite 8) oder Wasser
- einige Tropfen Sesamöl

1

2

3

1 Die rohen Garnelen auslösen. Dann in der aus Salz, Eiweiß und der Speisestärkepaste angerührten Masse wenden, bis sie gut davon überzogen sind.

2 Das Öl in einem heißen Wok oder einer großen Pfanne bis zum Rauchpunkt erhitzen. Dann die Garnelen darin etwa 1 Minute frittieren. Mit einem Schaumlöffel herausheben und auf Küchenpapier abtropfen lassen.

3 Das Öl aus dem Wok bis auf 1 Esslöffel abgießen. Sämtliche Zutaten für die Sauce der Reihe nach zugeben, alles zum Kochen bringen und die Sauce glatt rühren.

4 Die frittierten Garnelen zugeben und alles mischen.

5 Die fertigen Garnelen mit frischen Korianderblättern garniert servieren.

Indische Meeresfrüchte

Auch wenn Garnelen keine typische Zutat der indischen Küche sind, harmonieren sie sehr gut mit deren Gewürzen und Garmethoden.

NÄHRWERTANGABEN

Kilokalorien 194	Zucker .... 2 g
Eiweiß .... 29 g	Fett .... 8 g
Kohlenhydrate ... 2 g	davon gesättigt .. 1 g

2 ¼ STD. 15 MIN.

4 PERSONEN

ZUTATEN

- 1 Knoblauchzehe, zerdrückt
- 2 TL frisch geriebene Ingwerwurzel
- 2 TL gemahlener Koriander
- 2 TL gemahlener Kreuzkümmel
- ½ TL gemahlener Kardamom
- ¼ TL Chilipulver
- 2 EL Tomatenmark
- 5 EL Wasser
- 3 EL frisch gehackter Koriander
- 500 g gekochte Garnelen, ausgelöst
- 2 EL Öl
- 2 kleine Zwiebeln, in Ringen
- 1 grüne Chili, gehackt
- Salz

1

3

4

1 Knoblauch, Ingwer, Koriander, Kreuzkümmel, Kardamom, Chilipulver, Tomatenmark, 4 Esslöffel Wasser und 2 Esslöffel gehackten Koriander in eine Schüssel geben und alles mischen.

2 Die Garnelen in die Schüssel geben, gut mit der Gewürzmischung überziehen und 2 Stunden marinieren.

3 Das Öl in einem Wok erhitzen, die Zwiebeln zugeben und pfannenrühren, bis sie gebräunt sind.

4 Garnelen, Marinade und Chili zugeben und bei mittlerer Hitze 5 Minuten pfannenrühren. Mit Salz abschmecken und das restliche Wasser zugeben, wenn die Mischung zu trocken ist. Bei mittlerer Hitze weitere 5 Minuten pfannenrühren.

5 Die gegarten Garnelen mit dem restlichen gehackten Koriander garnieren und sofort servieren.

TIPP

Garnelen verlieren weniger Geschmack, wenn man sie ohne Wasser in einem gut verschlossenen Topf bei großer Hitze im eigenen Saft garen lässt.

Gebratene Garnelen

Ein exklusives Gericht, das Sie sowohl als Vorspeise als auch als leichten Imbiss servieren können.

NÄHRWERTANGABEN

Kilokalorien	455	Zucker	0 g
Eiweiß	6 g	Fett	37 g
Kohlenhydrate	0 g	davon gesättigt	18 g

10 MIN. 5 MIN.

4 PERSONEN

ZUTATEN

- 4 Knoblauchzehen
- 20–24 rohe ungeschälte Riesengarnelen
- 125 g Butter
- 4 EL Olivenöl
- 6 EL Weinbrand
- Salz und Pfeffer
- 2 EL frisch gehackte Petersilie

ZUM SERVIEREN

- Zitronenspalten
- frisches Ciabatta

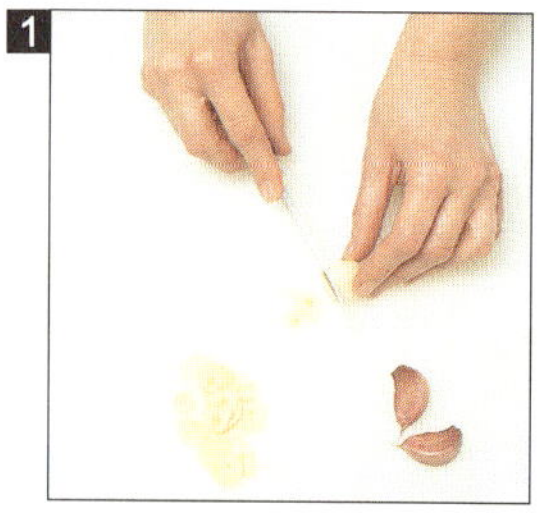

1 Den Knoblauch schälen und in feine Scheiben schneiden.

2 Die Garnelen waschen und mit Küchenpapier trockentupfen.

3 Butter und Öl in einer großen Pfanne stark erhitzen und die Garnelen darin 3–4 Minuten scharf anbraten, bis sie rosa sind. Dabei mehrmals wenden.

4 Die Garnelen mit dem Weinbrand beträufeln und mit Salz und Pfeffer würzen. Dann mit frischer Petersilie bestreuen und mit Zitronenspalten und Ciabatta servieren.

Garnelen nach Kanton-Art

Dieses Garnelengericht ist sehr einfach zuzubereiten und damit ideal als schnelles Abend- oder Mittagessen oder immer, wenn die Zeit knapp ist.

NÄHRWERTANGABEN

Kilokalorien	460	Zucker	3 g
Eiweiß	53 g	Fett	24 g
Kohlenhydrate	6 g	davon gesättigt	5 g

10 MIN. 20 MIN.

4 PERSONEN

ZUTATEN

- 5 EL Pflanzenöl
- 4 Knoblauchzehen, zerdrückt
- 675 g rohe Garnelen, ausgelöst
- 5-cm-Stück Ingwerwurzel, gehackt
- 175 g mageres Schweinefleisch, gewürfelt
- 1 Porreestange, in Scheiben
- 3 Eier, verquirlt
- Porreestreifen, zum Garnieren
- rote Paprikastreifen, zum Garnieren
- Reis, zum Servieren

SAUCE

- 2 EL Reiswein oder trockener Sherry
- 2 EL helle Sojasauce
- 2 TL Zucker
- 150 ml Fischfond
- 4½ TL Speisestärke
- 3 EL Wasser

1 2 Esslöffel Pflanzenöl in einem heißen Wok erhitzen.

2 Den Knoblauch in den Wok geben und 30 Sekunden andünsten.

3 Die Garnelen in den Wok geben und 5 Minuten anbraten, bis sie ihre Farbe ändern. Mit einem Pfannenwender herausheben, beiseite stellen und warm halten.

4 Das restliche Öl in den Wok geben und unter vorsichtigem Schwenken erhitzen, bis es sehr heiß ist.

5 Ingwer, Fleisch und Porree in den Wok geben und bei mittlerer Hitze 4–5 Minuten anbraten, bis das Fleisch angebräunt ist und eine leichte Kruste bekommen hat.

6 Für die Sauce den Reiswein oder Sherry, die Sojasauce, den Zucker und den Fischfond in den Wok geben und unter Rühren eindicken lassen.

7 Die Speisestärke in einer Schüssel mit dem Wasser zu einer Paste verquirlen und in den Wok einrühren. Unter Rühren garen, bis die Sauce eingedickt und klar ist.

8 Die Garnelen wieder in den Wok geben und die Eier zugeben. Alles 5–6 Minuten ziehen lassen, dabei gelegentlich umrühren, bis die Eier stocken.

9 Auf einen vorgewärmten Servierteller geben, mit Porree- und Paprikastreifen garnieren und sofort mit Reis servieren.

3

5

5

Chili-Garnelen

Garnelen werden zunächst in einer Chili-Sauce mariniert und dann mit Cashewkernen angebraten.

NÄHRWERTANGABEN

Kilokalorien 435	Zucker .... 2 g
Eiweiß .... 4,2 g	Fett .... 23 g
Kohlenhydrate .. 10 g	davon gesättigt .. 4 g

2 ¼ STD. 5 MIN.

4 PERSONEN

ZUTATEN

- 5 EL Sojasauce
- 5 EL trockener Sherry
- 3 getrocknete rote Chillies, zerstoßen
- 2 Knoblauchzehen, zerdrückt
- 2 TL frisch geriebene Ingwerwurzel
- 5 EL Wasser
- 625 g gekochte Garnelen, ausgelöst
- 1 großes Bund Frühlingszwiebeln, in Ringen
- 90 g gesalzene Cashewkerne
- 3 EL Pflanzenöl
- 2 TL Speisestärke

1 Sojasauce, Sherry, Chillies, Knoblauch, Ingwer und Wasser in einer Schüssel verrühren.

2 Garnelen, Frühlingszwiebeln und Cashewkerne zugeben und gut mischen. Abgedeckt mindestens 2 Stunden marinieren, dabei gelegentlich umrühren.

3 Das Öl in einem großen Wok erhitzen. Garnelen, Frühlingszwiebeln und Cashewkerne mit einem Pfannenwender oder Schaumlöffel aus der Marinade heben und in den Wok geben. Die Marinade aufbewahren. Garnelen, Frühlingszwiebeln und Cashewkerne bei starker Hitze 1–2 Minuten anbraten.

4 Die Marinade mit der Speisestärke verrühren, in den Wok geben und etwa 30 Sekunden köcheln lassen, bis die Marinade eine leicht angedickte, glänzende Glasur über der Garnelen-Mischung gebildet hat. Sofort servieren.

TIPP

Servieren Sie dieses Gericht auf einer Mischung aus Wildreis und Basmati-Reis. Kochen Sie zunächst den Wildreis. Geben Sie nach 10 Minuten den Basmati-Reis hinzu und kochen Sie diesen gemischten Reis weiter, bis er gar ist. Gut abgießen und abschmecken.

1

2

3

Makkaroni-Krabben-Auflauf

Diese Abwandlung eines Rezepts aus dem 18. Jahrhundert wird goldbraun gebacken und wie ein Kuchen in Stücke geschnitten.

NÄHRWERTANGABEN

Kilokalorien	478	Zucker	6 g
Eiweiß	27 g	Fett	17 g
Kohlenhydrate	57 g	davon gesättigt	7 g

30 MIN. 50 MIN.

4 PERSONEN

ZUTATEN

350 g Makkaroni
1 EL Olivenöl
100 g Butter
2 kleine Fenchelknollen, in dünnen Scheiben (das Grün aufbewahren)
175 g Champignons, in dünnen Scheiben
200 g geschälte Krabben
1 Prise Cayennepfeffer
350 ml Béchamelsauce (siehe Seite 6)
60 g Parmesan, gerieben
2 große Tomaten, in Scheiben
Olivenöl
1 TL getrockneter Oregano

3

5

6

1 Salzwasser in einem großen Topf aufkochen. Die Makkaroni darin mit dem Olivenöl bissfest garen.

2 Die Nudeln abgießen, in den Topf zurückgeben und mit 2 Esslöffeln Butter mischen. Abdecken und warm halten.

3 Den Fenchel in der restlichen Butter 3–4 Minuten andünsten. Die Champignons zugeben und 2 Minuten mitdünsten.

4 Die Krabben einrühren und die Pfanne vom Herd nehmen.

5 Nudeln, Pfeffer, Krabbenmischung und Béchamelsauce mischen.

6 In eine eingefettete Auflaufform geben und mit Parmesan bestreuen. Die Tomatenscheiben am Rand auslegen, mit Olivenöl bestreichen und mit Oregano bestreuen.

7 Den Auflauf in einem auf 180 °C vorgeheizten Ofen etwa 25 Minuten goldbraun backen. Den fertigen Auflauf herausnehmen und in der Form sofort servieren.

Krabben Fu-Yong

Die klassischen Zutaten dieser beliebten Speise sind Eier, Karotten und Krabben. Nach Belieben können Erbsen oder Krebsfleisch hinzugefügt werden.

NÄHRWERTANGABEN

Kilokalorien	240	Zucker	1 g
Eiweiß	22 g	Fett	16 g
Kohlenhydrate	1 g	davon gesättigt	3 g

5 MIN. 10 MIN.

4 PERSONEN

ZUTATEN

- 2 EL Pflanzenöl
- 1 Karotte, geraspelt
- 5 Eier, verquirlt
- 225 g geschälte Krabben
- 1 EL helle Sojasauce
- 1 Prise Fünf-Gewürze-Pulver
- 2 Frühlingszwiebeln, in Ringen
- 2 TL Sesamsaat
- 1 TL Sesamöl

3

4

5

1 Pflanzenöl in einem heißen Wok oder einer Pfanne unter leichtem Schwenken erhitzen.

2 Die Karotte zugeben und 1–2 Minuten andünsten.

3 Die Karotten zur Seite schieben, die Eier auf die freie Fläche gießen und unter behutsamem Rühren 1–2 Minuten braten.

4 Krabben, Sojasauce und Fünf-Gewürze-Pulver in die Wokmischung einrühren. Alles 2–3 Minuten pfannenrühren, bis die Krabben sich verfärben und die Mischung fast trocken ist.

5 Die fertigen Krabben Fu-Yong auf einen vorgewärmten Servierteller geben, mit Frühlingszwiebeln und Sesamsaat bestreuen und mit Sesamöl beträufeln. Dann sofort servieren.

TIPP

Wenn nur gekochte Krabben erhältlich sind, geben Sie sie kurz vor Ende des Kochvorgangs hinzu. Achten Sie jedoch darauf, dass sie ganz im Fu-Yong eingebettet sind. Sie müssen lediglich erhitzt werden. Werden sie jedoch verkocht, verlieren sie ihren Geschmack und werden zäh.

Pasta-Päckchen

Diese Päckchen können problemlos im Voraus vorbereitet werden. Sie werden erst kurz vor dem Essen im Ofen gebacken.

NÄHRWERTANGABEN

Kilokalorien	640	Zucker	1 g
Eiweiß	50 g	Fett	29 g
Kohlenhydrate	42 g	davon gesättigt	4 g

15 MIN. 30 MIN.

4 PERSONEN

ZUTATEN

- 500 g Fettuccine
- 150 g Pesto
- 4 TL Olivenöl extra vergine
- 750 g rohe Riesengarnelen, ausgelöst
- 2 Knoblauchzehen, zerdrückt
- Salz und Pfeffer
- 125 ml trockener Weißwein
- Zitronenspalten, zum Garnieren

3

3

4

1 Aus Backpapier 4 Quadrate mit einer Seitenlänge von 30 cm zuschneiden.

2 Die Fettucine 2–3 Minuten in Salzwasser kochen, bis sie gerade weich werden. Abgießen und beiseite stellen.

3 Die Nudeln mit der Hälfte des Pestos mischen. In die Mitte jedes Papierquadrats 1 Teelöffel Olivenöl geben. Die Nudeln auf den Quadraten verteilen und die Garnelen darüber geben.

4 Den restlichen Pesto mit dem Knoblauch mischen und über die Garnelen geben. Alle Pasta-Päckchen mit Salz und Pfeffer würzen und mit Weißwein beträufeln.

5 Die Ränder der Papierquadrate befeuchten, dann hochschlagen und zusammendrehen.

6 Die so vorbereiteten Pasta-Päckchen auf ein Backblech geben und in einem auf 200 °C vorgeheizten Ofen 10–15 Minuten backen. Auf vorgewärmte Teller legen und mit Zitronenspalten sofort servieren.

TIPP

Der Koch, der dieses Gericht kreierte, wollte, dass die Päckchen wie Geldsäckchen aussehen. Das gelingt mit Backpapier besser als mit Alufolie.

Indische Garnelenpfanne

Ein scharfes Rezept mit feinen Untertönen. Damit der Garnelengeschmack nicht verblasst, sollten Sie das Gericht nur sparsam würzen.

NÄHRWERTANGABEN

Kilokalorien 141	Zucker .... 0,4 g
Eiweiß .... 19 g	Fett .... 7 g
Kohlenhydrate ... 1 g	davon gesättigt .. 1 g

15 MIN. 20 MIN.

4–6 PERSONEN

ZUTATEN

- 2 getrocknete rote Chillies, zerstoßen
- 3 grüne Chillies, gehackt
- 3 Knoblauchzehen, zerdrückt
- 1 TL gemahlene Kurkuma
- ½ TL Pfeffer
- 1 TL Paprikapulver
- 2 TL Weißweinessig
- ½ TL Salz
- 500 g rohe Garnelen, ausgelöst
- 3 EL Öl
- 1 Zwiebel, fein gehackt
- 175 ml Wasser
- 2 EL Zitronensaft
- 2 TL Garam Masala
- Korianderblätter, zum Garnieren

1

3

3

1 Chillies, Knoblauch, Gewürze, Essig und Salz in einer metallfreien Schüssel mischen. Die Garnelen untermischen und 10 Minuten ziehen lassen.

2 Das Öl in einer großen Pfanne oder einem Wok erhitzen und die Zwiebel darin 3–4 Minuten weich dünsten.

3 Die Garnelen mit der Marinade zugeben und bei starker Hitze unter Rühren 2 Minuten braten. Die Hitze reduzieren, das Wasser zugießen und unter gelegentlichem Rühren 10 Minuten köcheln lassen, bis das Wasser verdunstet ist und das Curry duftet.

4 Zitronensaft und Garam Masala einrühren und das Gericht in eine vorgewärmte Schüssel geben.

5 Mit frischen Korianderblättern garnieren und servieren.

TIPP

Garam Masala sollte nur sparsam verwendet und gewöhnlich erst gegen Ende der Kochzeit zugegeben werden. Es kann auch als Garnierung über Fleisch und Gemüse gestreut werden.

Pikante Garnelen

Basilikum und Tomaten sind ideale Aromen für Garnelen, aber erst Kreuzkümmel und Knoblauch geben diesem Gericht den richtigen Pep.

NÄHRWERTANGABEN

Kilokalorien 208	Zucker .... 8 g
Eiweiß .... 27 g	Fett .... 8 g
Kohlenhydrate ... 8 g	davon gesättigt .. 1 g

5 MIN. | 20 MIN.

4 PERSONEN

ZUTATEN

- 2 EL Maiskeimöl
- 1 Zwiebel
- 2 Knoblauchzehen, zerdrückt
- 1 TL Kreuzkümmelsamen
- 400 g gehackte Tomaten aus der Dose
- 1 EL Pesto rosso
- 1 EL brauner Zucker
- 1 EL frisch gehacktes Basilikum
- 450 g rohe Garnelen, ausgelöst
- Salz und Pfeffer

2

3

4

1 Das Öl in einem großen heißen Wok erhitzen.

2 Die Zwiebel schälen, fein hacken, mit dem Knoblauch in den Wok geben und unter Rühren 2–3 Minuten scharf anbraten.

3 Dann den Kreuzkümmel zugeben und 1 Minute mitdünsten.

4 Tomaten, Pesto und Zucker in den Wok geben.

5 Die Mischung zum Kochen bringen, dann die Hitze reduzieren und die Sauce 10 Minuten köcheln lassen.

6 Basilikum und Garnelen in den Wok geben, mit Salz und Pfeffer würzen.

7 Bei erhöhter Hitze 2–3 Minuten braten, bis die Garnelen gar sind. Auf eine vorgewärmte Servierplatte geben und sofort servieren.

TIPP

Der Pesto rosso schmeckt recht intensiv und verleiht Tomatengerichten eine festere Konsistenz.

Nudeln mit Chili und Garnelen

Dieses Gericht ist einfach zuzubereiten und überrascht mit wunderbaren Geschmacksnoten – ideal für besondere Anlässe.

NÄHRWERTANGABEN

Kilokalorien	259	Zucker	9 g
Eiweiß	28 g	Fett	8 g
Kohlenhydrate	20 g	davon gesättigt	1 g

10 MIN. 5 MIN.

4 PERSONEN

ZUTATEN

- 250 g dünne Glasnudeln
- 2 EL Sonnenblumenöl
- 1 Zwiebel, in Scheiben
- 2 rote Chillies, entkernt und gehackt
- 4 Kaffir-Limettenblätter, in feinen Streifen
- 1 EL frisch gehackter Koriander
- 2 EL Palmzucker oder brauner Zucker
- 2 EL Fischsauce
- 450 g rohe Garnelen, ausgelöst

3

4

5

1 Die Nudeln in eine große Schüssel geben und mit reichlich kochendem Wasser übergießen. Dann 5 Minuten garen, abgießen, gründlich abtropfen lassen und zunächst beiseite stellen.

2 Das Sonnenblumenöl in einem heißen Wok oder einer großen Pfanne stark erhitzen.

3 Zwiebeln, Chillies und Limettenblätter in den Wok geben und 1 Minute andünsten.

4 Koriander, Zucker, Fischsauce und Garnelen in den Wok oder die Pfanne geben und 2 Minuten pfannenrühren, bis die Garnelen rosafarben sind.

5 Die abgetropften Nudeln in den Wok geben, gut schwenken und 1–2 Minuten pfannenrühren, bis sie heiß sind.

6 Das fertige Gericht auf vorgewärmte Servierschüsseln verteilen und sofort servieren.

TIPP

Wenn keine rohen Garnelen erhältlich sind, verwenden Sie stattdessen küchenfertige und kochen Sie sie mit den Nudeln nur 1 Minute, damit sie einmal gründlich erhitzt werden.

Nudeln spezial

Dieses Gericht kombiniert Fleisch, Gemüse, Garnelen und Nudeln in einer Curry-Kokosnuss-Sauce. Es kann als Hauptgericht oder als Beilage serviert werden.

NÄHRWERTANGABEN

Kilokalorien	409	Zucker	12 g
Eiweiß	24 g	Fett	23 g
Kohlenhydrate	28 g	davon gesättigt	8 g

5 MIN. 25 MIN.

4 PERSONEN

ZUTATEN

- 250 g dünne Reisnudeln
- 4 EL Erdnussöl
- 2 Knoblauchzehen, zerdrückt
- 2 rote Chillies, entkernt und gehackt
- 1 TL frisch geriebene Ingwerwurzel
- 2 EL Madras-Currypaste
- 2 EL Reisessig
- 1 EL Zucker
- 225 g gekochter Schinken, in Streifen
- 100 g Wasserkastanien aus der Dose, in Scheiben
- 100 g Pilze, in Scheiben
- 100 g Erbsen, Tiefkühlware aufgetaut
- 1 rote Paprika, in Streifen
- 100 g rohe Garnelen, ausgelöst
- 2 große Eier
- 4 EL Kokosmilch
- 25 g Kokosraspel
- 2 EL frisch gehackter Koriander

1 Die Reisnudeln in eine große Schüssel füllen, mit kochendem Wasser übergießen und 10 Minuten einweichen. Gut abtropfen lassen, dann 2 Esslöffel Erdnussöl zugeben und schwenken.

2 Das restliche Erdnussöl in einem großen heißen Wok stark erhitzen.

3 Knoblauch, Chillies, Ingwer, Currypaste, Reisessig und Zucker in den Wok geben und 1 Minute pfannenrühren.

4 Schinken, Wasserkastanien, Pilze, Erbsen und Paprika ebenfalls in den Wok geben und alles 5 Minuten pfannenrühren.

5 Dann die Nudeln und die Garnelen zufügen und weitere 2 Minuten pfannenrühren.

6 Die Eier und die Kokosmilch in einer kleinen Schüssel verquirlen, dann über die Mischung im Wok gießen und anbraten, bis die Eier stocken.

7 Die Kokosraspel und den Koriander zugeben und gut untermischen. Dann das fertige Gericht auf vorgewärmte Servierteller verteilen und sofort servieren.

1

4

5

Garnelen mit Gemüse

Ein köstliches, auch das Auge ansprechende Gericht mit Gemüse, das je nach Saison variiert werden kann.

NÄHRWERTANGABEN

Kilokalorien	298	Zucker	1 g
Eiweiß	13 g	Fett	26 g
Kohlenhydrate	3 g	davon gesättigt	3 g

10 MIN. 15 MIN.

4 PERSONEN

ZUTATEN

- 60 g Zuckererbsen
- ½ kleine Karotte
- 60 g Babymaiskolben
- 60 g Strohpilze
- 1 TL Salz
- ½ Eiweiß, leicht verquirlt
- ½ TL Speisestärke mit 1 TL Wasser angerührt
- 175–250 g rohe Garnelen, ausgelöst
- 300 ml Pflanzenöl
- 1 Frühlingszwiebel, in Ringen
- 4 Scheiben frische Ingwerwurzel
- ½ TL Zucker
- 1 EL helle Sojasauce
- 1 TL Reiswein oder trockener Sherry
- einige Tropfen Sesamöl
- Zitronenscheiben, zum Garnieren
- Schnittlauchröllchen, zum Garnieren

1 Die Zuckererbsen putzen, die Karotte auf die Länge der Zuckererbsen kürzen und in Streifen schneiden, die Maiskolben und die Strohpilze halbieren.

2 Salz, Eiweiß und angerührte Speisestärke mischen und die Garnelen darin wenden, bis sie gleichmäßig davon überzogen sind.

3 Das Pflanzenöl in einen heißen Wok gießen und stark erhitzen.

4 Die Garnelen in den Wok geben und pfannenrühren. Die Garnelen, sobald sie sich verfärben, mit einem Pfannenwender oder Schaumlöffel herausnehmen.

5 Das Öl aus dem Wok bis auf 1 Esslöffel abgießen. Dann Zuckererbsen, Karotten, Pilze und Frühlingszwiebeln zugeben.

6 Die Garnelen zusammen mit Ingwer, Zucker, Sojasauce und Wein oder Sherry zufügen und alles gut mischen.

7 Das Gericht mit Sesamöl beträufeln und mit Zitronenscheiben und Schnittlauchröllchen garniert servieren.

1

2

4

TIPP

Die Strohpilze können Sie nach Belieben durch kleine Champignons ersetzen.

Gebratener Reis mit Garnelen

Für dieses Reisgericht können Sie Krabben, Garnelen oder Riesengarnelen verwenden.

NÄHRWERTANGABEN

Kilokalorien	599	Zucker	0g
Eiweiß	26g	Fett	16g
Kohlenhydrate	94g	davon gesättigt	3g

5 MIN. 35 MIN.

4 PERSONEN

ZUTATEN

- 350 g Langkornreis
- 2 Eier
- 4 TL kaltes Wasser
- Salz und Pfeffer
- 3 EL Sonnenblumenöl
- 4 Frühlingszwiebeln, diagonal in Ringen
- 1 Knoblauchzehe, zerdrückt
- 130 g kleine Champignons, in Scheiben
- 2 EL Austern- oder Fischsauce
- 200 g Wasserkastanien aus der Dose, abgetropft und in Scheiben
- 260 g rohe Garnelen, ausgelöst
- ½ Bund Brunnenkresse, grob gehackt
- Brunnenkresse, zum Garnieren (nach Belieben)

3

4

5

1 Den Reis in kochendem Salzwasser garen und dann warm halten.

2 Jedes Ei separat mit 2 Esslöffeln kaltem Wasser, Salz und Pfeffer verquirlen.

3 In einem Wok oder einer großen Pfanne 2 Esslöffel Sonnenblumenöl stark erhitzen, dabei den Wok schwenken. Das erste Ei in den Wok gießen, den Wok schwenken und das Ei ohne zu rühren stocken lassen. Das Omelett aus dem Wok heben und auf einen Teller legen. Mit dem zweiten Ei ebenso verfahren. Die Omeletts in 2,5 cm große Quadrate schneiden.

4 Das restliche Öl im Wok stark erhitzen und Frühlingszwiebeln und Knoblauch darin andünsten. Dann die Champignons zugeben und 2 weitere Minuten mitdünsten.

5 Die Austern- oder Fischsauce einrühren. Alles mit Salz und Pfeffer würzen, dann Wasserkastanien und Garnelen zugeben und 2 Minuten garen.

6 Den gekochten Reis zugeben und 1 Minute pfannenrühren. Brunnenkresse und Omelettstücke unterheben und 1–2 Minuten erhitzen, bis alle Zutaten heiß sind. Eventuell mit Brunnenkresse garnieren und sofort servieren.

Currynudeln mit Garnelen

Dieses Pastagericht können Sie als vollwertige Mahlzeit oder als Beilage zu Gemüse oder Fischgerichten reichen.

NÄHRWERTANGABEN

Kilokalorien	246	Zucker	1 g
Eiweiß	17 g	Fett	14 g
Kohlenhydrate	14 g	davon gesättigt	2 g

5 MIN. 15 MIN.

4 PERSONEN

ZUTATEN

- 220 g Reisnudeln
- 4 EL Öl
- 1 Zwiebel, in Ringen
- 2 Scheiben Schinken, gewürfelt
- 2 EL Currypulver
- 150 ml Fischfond
- 220 g rohe Garnelen, ausgelöst
- 2 Knoblauchzehen, zerdrückt
- 6 Frühlingszwiebeln, gehackt
- 1 EL helle Sojasauce
- 2 EL Hoisin-Sauce
- 1 EL Reiswein oder trockener Sherry
- 2 TL Limettensaft
- Schnittlauchröllchen, zum Garnieren

1 Reisnudeln 4 Minuten kochen, kalt abspülen, abtropfen und beiseite stellen.

2 In einem heißen Wok 2 Esslöffel Öl erhitzen. Die Zwiebel und den Schinken darin 1 Minute pfannenrühren. Currypulver zugeben und weitere 30 Sekunden pfannenrühren.

3 Die Nudeln und den Fischfond in den Wok geben und 2–3 Minuten kochen. Danach die Nudeln wieder aus dem Wok herausnehmen und warm halten.

4 Das restliche Öl im Wok erhitzen und dann Garnelen, Knoblauch und Frühlingszwiebeln ca. 2 Minuten pfannenrühren.

5 Sojasauce, Hoisin-Sauce, Reiswein und Limettensaft einrühren. Dann über die Nudeln gießen und leicht untermischen. Mit Schnittlauchröllchen garniert servieren.

VARIATION

Sie können auch gekochte Krabben verwenden. Diese sollten aber erst in letzter Minute zugeben werden, damit sie gerade heiß und nicht durch langes Kochen zäh werden.

Glasnudeln mit Garnelen

Garnelen werden hier mit Orangensaft, Paprika, Sojasauce und Essig zubereitet und auf einem Bett aus Glasnudeln angerichtet.

NÄHRWERTANGABEN

Kilokalorien	118	Zucker	4 g
Eiweiß	7 g	Fett	4 g
Kohlenhydrate	15 g	davon gesättigt	1 g

10 MIN. 25 MIN.

4 PERSONEN

ZUTATEN

- 175 g Glasnudeln
- 1 EL Pflanzenöl
- 1 Knoblauchzehe, zerdrückt
- 2 TL frisch geriebene Ingwerwurzel
- 24 rohe Riesengarnelen, ausgelöst
- je 1 rote und grüne Paprika, in dünnen Streifen
- 1 Zwiebel, gehackt
- 2 EL helle Sojasauce
- Saft von 1 Orange
- 2 TL Weinessig
- 1 Prise brauner Zucker
- 150 ml Fischfond
- 1 EL Speisestärke
- 2 TL Wasser
- Orangenscheiben, zum Garnieren

3

4

4

1 Die Nudeln in einen Topf mit kochendem Wasser geben und 1 Minute garen. Gut abtropfen lassen, unter kaltem Wasser abspülen und dann erneut abtropfen lassen.

2 Das Öl in einem Wok erhitzen, den Knoblauch und den Ingwer zugeben und darin 30 Sekunden andünsten.

3 Die Garnelen 2 Minuten pfannenrühren. Herausnehmen und warm halten.

4 Paprika und Zwiebel im Wok 2 Minuten anbraten. Sojasauce, Orangensaft, Essig, Zucker und Fond einrühren. Die Garnelen erneut zugeben und 8–10 Minuten pfannenrühren, bis sie durchgegart sind.

5 Die Speisestärke mit dem Wasser mischen und in den Wok einrühren. Aufkochen, die Nudeln zugeben und 1–2 Minuten kochen. Garnieren und servieren.

VARIATION

Statt der Orange können Saft und Schalen von Limetten oder Zitronen verwendet werden. Verwenden Sie in diesem Fall 3–5 1/2 Teelöffel Saft.

Kokos-Garnelen

Riesengarnelen machen aus jeder Mahlzeit etwas ganz Besonderes, vor allem, wenn sie in einem köstlich knusprigen Kokosnussmantel serviert werden.

NÄHRWERTANGABEN

Kilokalorien	236	Zucker	1 g
Eiweiß	27 g	Fett	13 g
Kohlenhydrate	3 g	davon gesättigt	7 g

5 MIN. 10 MIN.

4 PERSONEN

ZUTATEN

- 50 g Kokosraspel
- 25 g frische Semmelbrösel
- 1 TL Fünf-Gewürze-Pulver
- ½ TL Salz
- geriebene Schale von 1 Limette
- 1 Eiweiß
- 450 g rohe Riesengarnelen, ausgelöst
- Sonnenblumen- oder Maiskeimöl, zum Frittieren
- Zitronenspalten, zum Garnieren
- Soja- oder Chilisauce, zum Servieren

1 Kokosraspel, Semmelbrösel, Fünf-Gewürze-Pulver, Salz und Limettenschale in einer Schüssel gut mischen.

2 Das Eiweiß in einer anderen Rührschüssel leicht aufschlagen.

3 Die Garnelen unter fließendem kaltem Wasser abwaschen und mit Küchenpapier trockentupfen.

4 Die Garnelen in das Eiweiß tunken und dann in der Kokos-Gewürze-Mischung wenden, sodass sie davon ganz überzogen werden.

5 Einen großen heißen Wok 5 cm hoch mit Sonnenblumen- oder Maiskeimöl füllen und dieses erhitzen.

6 Die Garnelen in den Wok geben und etwa 5 Minuten frittieren, bis sie goldbraun und knusprig sind.

7 Die Garnelen mit einem Pfannenwender herausheben und auf Küchenpapier abtropfen lassen.

8 Die frittierten Garnelen auf vorgewärmte Servierschalen verteilen und mit Zitronenspalten garnieren. Mit einer Soja- oder Chilisauce sofort servieren.

1

2
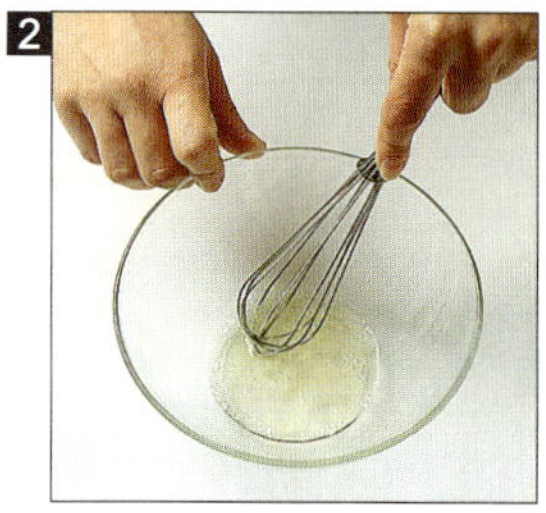

4

TIPP

Das chinesische Fünf-Gewürze-Pulver setzt sich zusammen aus Sternanis, Fenchelsamen, Gewürznelken, Zimt und Szechuan-Pfeffer. Es hat eine gewisse Schärfe, deshalb empfiehlt es sich, sparsam damit umzugehen. Es ist in einem luftdichten Behälter nahezu unbegrenzt haltbar.

Nudeln mit Krabben und Chili

Glasnudeln werden aus Mungbohnen hergestellt. Sie werden getrocknet verkauft und müssen vor der Verwendung eingeweicht werden.

NÄHRWERTANGABEN

Kilokalorien	152	Zucker	2 g
Eiweiß	11 g	Fett	8 g
Kohlenhydrate	10 g	davon gesättigt	1 g

25 MIN. 10 MIN.

4 PERSONEN

ZUTATEN

- 2 EL helle Sojasauce
- 1 EL Zitronen- oder Limettensaft
- 1 EL Fischsauce
- 125 g fester Tofu, gewürfelt
- 125 g Glasnudeln
- 2 EL Sesamöl
- 4 Schalotten, gehackt
- 2 Knoblauchzehen, zerdrückt
- 1 kleine rote Chili, entkernt und gehackt
- 2 kleine Selleriestangen, in Scheiben
- 2 Karotten, in dünnen Scheiben
- 125 g geschälte Krabben
- 60 g Bohnensprossen

ZUM GARNIEREN

- Sellerieblätter
- rote Chillies

1

2

3

1 Sojasauce, Limetten- oder Zitronensaft und Fischsauce in einer kleinen Schüssel verrühren. Die Tofuwürfel zugeben und in der Sauce schwenken, bis sie vollständig davon überzogen sind. Dann abgedeckt 15 Minuten marinieren.

2 Die Glasnudeln in eine große Schüssel geben und mit reichlich warmem Wasser übergießen. Etwa 5 Minuten einweichen, dann abseihen und gut abtropfen lassen.

3 Das Sesamöl in einem Wok oder einer großen Pfanne erhitzen. Dann die Schalotten, den Knoblauch und die Chili in den Wok geben und alles 1 Minute pfannenrühren.

4 Den Sellerie und die Karotten ebenfalls in den Wok geben und weitere 2–3 Minuten pfannenrühren.

5 Die abgetropften Nudeln in den Wok oder die Pfanne geben und unter Rühren 2 Minuten garen, dann Krabben, Bohnensprossen und marinierten Tofu mit der Marinade untermischen. Bei mittlerer Hitze 2–3 Minuten pfannenrühren, bis alle Zutaten heiß sind.

6 Das fertige Gericht in eine vorgewärmte Servierschüssel füllen und mit Sellerieblättern und roten Chillies garnieren. Sofort servieren.

Gebratener Tintenfisch

Grüne Paprika und schwarze Bohnensauce mit Tintenfischen ergeben ein farbenfrohes und köstliches Gericht aus der kantonesischen Küche.

NÄHRWERTANGABEN

Kilokalorien 172	Zucker .... 1 g
Eiweiß .... 13 g	Fett .... 13 g
Kohlenhydrate ... 2 g	davon gesättigt .. 1 g

10 MIN. 5 MIN.

4 PERSONEN

ZUTATEN

- 350–400 g Tintenfisch, küchenfertig (siehe Tipp)
- 1 grüne Paprika
- 3–4 EL Pflanzenöl
- 1 Knoblauchzehe, gehackt
- ¼ TL frisch geriebene Ingwerwurzel
- 2 TL Frühlingszwiebeln, in Ringen
- ½ TL Salz
- 2 EL schwarze Bohnensauce
- 1 TL Reiswein oder trockener Sherry
- einige Tropfen Sesamöl
- Reis, zum Servieren

1 Wenn keine küchenfertigen Tintenfische erhältlich sind, den Anleitungen des Tipps folgen.

2 Den Tintenfisch aufschneiden und die Rumpfinnenseite kreuzförmig einritzen.

3 Den Tintenfisch in etwa 2 cm x 4 cm große Stücke schneiden.

4 Diese Stücke ein paar Sekunden in eine Schüssel mit kochend heißem Wasser tauchen, aber nicht nicht zu lange, sonst werden sie hart. Dann herausnehmen und auf Küchenpapier abtropfen lassen.

5 Die Paprika in kleine Dreiecke schneiden. Das Öl in einem Wok erhitzen und die Paprika 1 Minute andünsten.

6 Dann Knoblauch, Ingwer, Frühlingszwiebeln, Salz und Tintenfischstücke zugeben und alles 1 weitere Minute pfannenrühren.

7 Die Bohnensauce und den Reiswein oder Sherry zugeben und alles gut verrühren. Das fertige Gericht auf einen Servierteller geben, mit Sesamöl beträufeln und zusammen mit gekochtem Reis servieren.

2

4

5

TIPP

Den Kopf abtrennen und den Tintenfisch waschen. Die Fangarme abtrennen und beiseite legen. Den kleinen, weichen konischen Knochen am Ansatz der Fangarme und den transparenten Rückenpanzer sowie den Tintenbeutel entfernen. Die dünne Haut abziehen, dann waschen und gut trocknen.

Asiatische Muschelspieße

Diese Spieße sind ideal für Ihre Grillparty. Sie sind im Handumdrehen zubereitet und müssen nur kurze Zeit gegrillt werden.

NÄHRWERTANGABEN

Kilokalorien	93	Zucker	1 g
Eiweiß	15 g	Fett	2 g
Kohlenhydrate	2 g	davon gesättigt	0,3 g

2½ STD. 5 MIN.

12 SPIESSE

ZUTATEN

- 350 g rohe Riesengarnelen, ausgelöst
- 350 g Jakobsmuscheln, küchenfertig, abgespült und halbiert
- 1 Bund Frühlingszwiebeln, in 2,5 cm lange Stücke geschnitten
- 1 rote Paprika, gewürfelt
- 100 g Babymaiskolben, in 1 cm langen Stücken
- 3 EL dunkle Sojasauce
- ½ TL scharfes Chilipulver
- ½ TL Ingwerpulver
- 1 EL Sonnenblumenöl
- 1 rote Chili, entkernt und in Ringen, zum Garnieren

DIP

- 4 EL dunkle Sojasauce
- 4 EL trockener Sherry
- 2 TL flüssiger Honig
- 2,5-cm-Stück Ingwerwurzel, geschält und gerieben
- 1 Frühlingszwiebel, in Ringen

1

2

2

1 Garnelen, Muscheln, Frühlingszwiebeln, Paprika und Mais in jeweils 12 Portionen teilen und abwechselnd auf die Spieße stecken. Die Enden mit Alufolie umwickeln, dann die Spieße in eine flache Schale legen.

2 Sojasauce mit Chili- und Ingwerpulver verrühren. Die Spieße damit bestreichen. Dann abgedeckt 2 Stunden zum Marinieren in den Kühlschrank stellen.

3 Den Grill stark vorheizen. Die Spieße auf einen Rost legen, das Gemüse und die Muscheln mit Öl bepinseln und von jeder Seite 2–3 Minuten grillen, bis die Garnelen sich rötlich färben, die Muscheln weiß werden und das Gemüse gar ist.

4 Sämtliche Zutaten für den Dip sorgfältig verrühren.

5 Die Folie von den Spießen entfernen und die Spieße auf eine vorgewärmte Servierplatte legen. Mit Chiliringen garnieren und mit dem Dip servieren.

Tintenfischragout

In Italien wird Tintenfisch häufig frittiert gereicht. Hier bildet er mit Tomaten und Paprika die Basis eines aromatischen Ragouts.

NÄHRWERTANGABEN

Kilokalorien	281	Zucker	8 g
Eiweiß	31 g	Fett	10 g
Kohlenhydrate	9 g	davon gesättigt	1 g

25 MIN. 1 1/2 STD.

4 PERSONEN

ZUTATEN

- 1 kg ganze Tintenfische, küchenfertig oder 750 g Tintenfischringe, Tiefkühlware aufgetaut
- 3 EL Olivenöl
- 1 große Zwiebel, in dünnen Ringen
- 2 Knoblauchzehen, zerdrückt
- 1 rote Paprika, in Scheiben
- 1–2 Rosmarinzweige
- 150 ml trockener Weißwein
- 250 ml Wasser oder 350 ml Fischfond
- 400 g gehackte Tomaten aus der Dose
- 2 EL Tomatenmark
- Salz und Pfeffer
- 1 TL Paprikapulver
- Rosmarin- oder Petersilienzweige, zum Garnieren
- knuspriges Brot, zum Servieren

1

2

3

1 Den Tintenfischmantel in ca. 1 cm dicke Scheiben, die Fangarme in ca. 5 cm lange Stücke schneiden.

2 Das Öl in einem Schmortopf erhitzen, die Zwiebel und den Knoblauch darin glasig dünsten. Den Tintenfisch zufügen, die Hitze erhöhen und anbraten, bis er leicht gebräunt ist. Dann Paprika, Rosmarin, Wein und Wasser oder Fond zugeben. Alles aufkochen, die Hitze reduzieren und abgedeckt 45 Minuten köcheln lassen.

3 Die Rosmarinzweige entfernen, aber einzelne Blätter darin belassen. Dann Tomaten, Tomatenmark, Salz, Pfeffer und Paprika unterrühren und alles 45–60 Minuten köcheln lassen oder den Topf abgedeckt in einen auf 180 °C vorgeheizten Backofen stellen und alles 45–60 Minuten garen.

4 Das fertige Gericht gut durchrühren, mit Salz und Pfeffer abschmecken und mit Rosmarin- oder Petersilienzweigen garnieren. Dann mit frischem, knusprigem Brot servieren.

Garnelen mit Cashewkernen

Cashewkerne passen in pfannengerührten Gerichten ausgezeichnet zu fast allen anderen Zutaten. Verwenden Sie zum Kochen ungesalzene Kerne.

NÄHRWERTANGABEN

Kilokalorien	406	Zucker	3 g
Eiweiß	31 g	Fett	25 g
Kohlenhydrate	13 g	davon gesättigt	4 g

5 MIN. 5 MIN.

4 PERSONEN

ZUTATEN

- 2 Knoblauchzehen, zerdrückt
- 1 EL Speisestärke
- 1 Prise Zucker
- 450 g rohe Riesengarnelen
- 4 EL Pflanzenöl
- 1 Porreestange, in Scheiben
- 125 g Brokkoli, in Röschen
- 1 orangefarbene Paprika, gewürfelt
- 75 g ungesalzene Cashewkerne

SAUCE

- 175 ml Fischfond
- 1 EL Speisestärke
- 1 Spritzer Chilisauce
- 2 TL Sesamöl
- 1 EL chinesischer Reiswein

1 Knoblauch, Speisestärke und Zucker in einer Schüssel mischen.

2 Die Garnelen schälen, ihren Darm entfernen und sie in die Knoblauchmischung geben und gut darin wenden.

3 Das Pflanzenöl in einem Wok erhitzen und die Garnelenmischung zugeben. Bei starker Hitze 20–30 Sekunden anbraten. Sobald die Garnelen rosa sind, mit einem Pfannenwender herausheben, auf Küchenpapier abtropfen lassen und zunächst beiseite stellen.

4 Porree, Brokkoli und Paprika in den Wok geben und 2 Minuten anbraten.

5 Für die Sauce Fischfond, Speisestärke, Chilisauce, Sesamöl und Reiswein in eine kleine Schüssel geben und alles gut mischen.

6 Die Sauce zusammen mit den Cashewkernen in den Wok geben. Dann die Garnelen wieder hinzufügen und 1 Minute erhitzen.

7 Das fertige Gericht in eine vorgewärmte Servierschüssel füllen und sofort servieren.

Tintenfisch in Tomatensauce

Dieses Gericht ist schnell und einfach zubereitet. Tintenfisch und Nudeln sind nicht nur besonders köstlich, sondern auch sehr nahrhaft.

NÄHRWERTANGABEN

Kilokalorien 292	Zucker .... 3 g
Eiweiß .... 13 g	Fett .... 14 g
Kohlenhydrate .. 24 g	davon gesättigt .. 2 g

15 MIN. 35 MIN.

6 PERSONEN

ZUTATEN

250 g kurze Nudeln (z. B. Rigatoni)
7 EL Olivenöl
2 Zwiebeln, in Ringen
350 g Tintenfisch, küchenfertig, in 3 cm breiten Ringen
250 ml Fischfond
160 ml Rotwein
350 g Tomaten, gehäutet und in Scheiben
2 EL Tomatenmark
1 TL getrockneter Oregano
2 Lorbeerblätter
Salz und Pfeffer
2 EL frisch gehackte Petersilie
knuspriges Brot, zum Servieren

1 Einen großen Topf mit leicht gesalzenem Wasser zum Kochen bringen. Nudeln und 1 Esslöffel Olivenöl zugeben und 3 Minuten kochen. Abgießen und abtropfen lassen.

2 Das restliche Öl in einem Topf erhitzen und die Zwiebeln bei mittlerer Hitze andünsten, bis sie glasig sind. Tintenfisch und Fischfond zufügen und alles 5 Minuten köcheln lassen. Dann Wein, Tomaten, Tomatenmark, Oregano und Lorbeer zugeben. Die Sauce aufkochen, mit Salz und Pfeffer abschmecken und erneut 5 Minuten köcheln lassen.

3 Die Pasta in die Sauce geben und alles 10 Minuten abgedeckt köcheln lassen, bis die Nudeln und der Tintenfisch gar sind und die Sauce etwas eingedickt ist. Ist die Sauce noch zu flüssig, einige Minuten unabgedeckt köcheln lassen.

4 Die Lorbeerblätter entfernen. Etwas Petersilie zurückbehalten, den Rest unter die Sauce rühren. Das fertige Gericht in eine vorgewärmte Servierschüssel füllen, mit der restlichen Petersilie bestreuen und mit Brot servieren.

2

3

4

TIPP

Um den Tintenfisch zu säubern, die Haut abziehen und den Kopf abschneiden. Den transparenten Rückenpanzer und sämtliche Innereien herausziehen. Den Körpermantel umstülpen und unter fließendem kaltem Wasser abspülen. Die Tentakel vom Kopf abschneiden und abspülen.

Tintenfisch mit Austernsauce

Tintenfisch ist köstlich, und wenn er richtig zubereitet und gekocht wird, eine schmackhafte, schnelle und attraktive Zutat.

NÄHRWERTANGABEN

Kilokalorien 320	Zucker .... 1 g
Eiweiß .... 18 g	Fett .... 26 g
Kohlenhydrate ... 2 g	davon gesättigt .. 3 g

5 MIN. 15 MIN.

4 PERSONEN

ZUTATEN

450 g Tintenfisch, küchenfertig
150 ml Pflanzenöl
1-cm-Stück Ingwerwurzel, gerieben
60 g Zuckererbsen
5 EL heißer Fischfond
rote Paprika, in Triangelform, zum Garnieren

SAUCE

1 EL Austernsauce
1 EL helle Sojasauce
1 Prise Zucker
1 Knoblauchzehe, zerdrückt

1

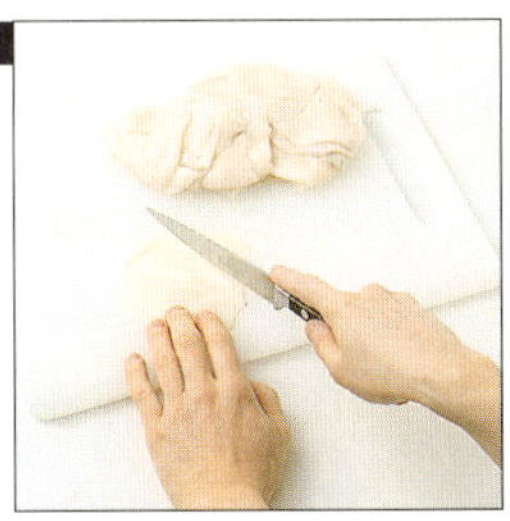

2

3

1 Den Rumpf des Tintenfischs mittig der Länge nach aufschneiden. Mit der Innenseite nach oben flach drücken und mit einem Küchenmesser so einschneiden, dass ein Gitternetzmuster entsteht. In kleine mundgerechte Stücke schneiden.

2 Für die Sauce Austernsauce, Sojasauce, Zucker und Knoblauch in einer Schüssel verrühren, bis sich der Zucker auflöst. Die Mischung beiseite stellen.

3 Das Öl in einem heißen Wok stark erhitzen. Die Hitze etwas reduzieren, den Tintenfisch zugeben und anbraten, bis sich die Stücke leicht krümmen. Dann mit einem Pfannenwender herausheben und auf Küchenpapier gut abtropfen lassen.

4 Das Öl aus dem Wok bis auf 2 Esslöffel abgießen und den Wok wieder auf den Herd stellen. Den Ingwer und die Zuckererbsen darin 1 Minute andünsten.

5 Den Tintenfisch erneut mit der Sauce und dem Fond in den Wok geben und 3 Minuten köcheln lassen, bis die Sauce eingedickt ist. Auf eine Servierplatte geben, mit Paprikatriangeln garnieren und servieren.

TIPP

Achten Sie darauf, den Tintenfisch nicht zu lange zu kochen, sonst wird er zäh und unappetitlich.

Tintenfisch knusprig gebraten

Tintenfische gehören zu den klassischen Speisen der chinesischen Küche und werden im folgenden Rezept auf sehr attraktive Weise zubereitet.

NÄHRWERTANGABEN

Kilokalorien	156	Zucker	0 g
Eiweiß	17 g	Fett	6 g
Kohlenhydrate	7 g	davon gesättigt	8 g

10 MIN. 10 MIN.

4 PERSONEN

ZUTATEN

- 450 g Tintenfisch, küchenfertig
- 25 g Speisestärke
- 1 TL Salz
- 1 TL frisch gemahlener schwarzer Pfeffer
- 1 TL Chiliflocken
- Erdnussöl, zum Braten
- Dip, zum Servieren

1 Die Fangarme mit einem Küchenmesser vom Tintenfisch abtrennen und putzen. Die Rumpfteile auf einer Seite einschneiden und zu flachen Stücken aufklappen.

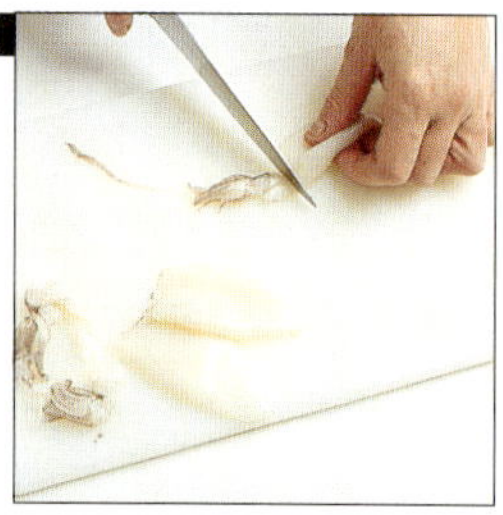

2 Die flachen Stücke kreuzförmig einritzen und dann jedes Stück in 4 Teile schneiden.

3 Speisestärke, Salz, Pfeffer und Chiliflocken mischen.

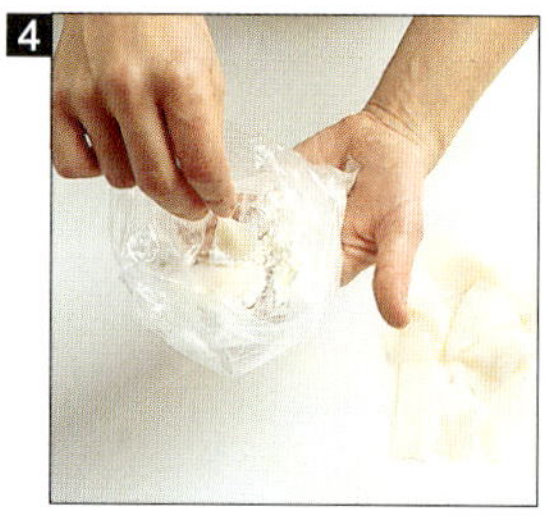

4 Die Mischung mit den Tintenfischstücken in einen Gefrierbeutel füllen, diesen verschließen und gut schütteln, bis alle Stücke von der Mischung überzogen sind.

5 Etwa 5 cm hoch Erdnussöl in einen heißen Wok füllen und erhitzen.

6 Die Tintenfischstücke nacheinander in den Wok geben und etwa 2 Minuten frittieren, bis sie sich einzurollen beginnen. Vorsicht, nicht zu lange frittieren, weil der Tintenfisch sonst zäh wird.

7 Die Tintenfischstücke mit einem Pfannenwender oder Schaumlöffel herausnehmen und auf Küchenpapier gründlich abtropfen lassen.

8 Die Tintenfischstücke auf Servierteller verteilen und zusammen mit einem Dip sofort servieren.

TIPP

Tintenfische können gefroren gekauft werden, wenn sie nicht frisch verfügbar sind. Sie sind normalerweise küchenfertig und leicht zuzubereiten. Achten Sie jedoch darauf, dass sie vor der Zubereitung ganz aufgetaut sind.

Gefüllter Tintenfisch

Die Tintenfische werden mit einer Mischung aus frischen Kräutern und sonnengetrockneten Tomaten gefüllt und in einer Weinsauce gegart.

NÄHRWERTANGABEN

Kilokalorien 276	Zucker .... 1 g
Eiweiß .... 23 g	Fett .... 8 g
Kohlenhydrate .. 20 g	davon gesättigt .. 1 g

25 MIN. 35 MIN.

4 PERSONEN

ZUTATEN

- 8 Tintenfische, küchenfertig
- 6 Sardellenfilets, gehackt
- 2 Knoblauchzehen, zerdrückt
- 2 EL frisch gehackter Rosmarin
- 2 sonnengetrocknete Tomaten, gehackt
- 150 g Semmelbrösel
- 1 EL Olivenöl
- 1 Zwiebel, fein gehackt
- 200 ml Weißwein
- 200 ml Fischfond
- Reis, zum Servieren

1

2

4

1 Die Tentakel vom Körper der Tintenfische abtrennen und fein hacken.

2 Sardellen, Knoblauch, Rosmarin und Tomaten in einem Mörser zerstoßen.

3 Semmelbrösel und gehackte Tintenfischstücke unterrühren. Falls die Mischung zu trocken ist und keine sämige Paste entsteht, 1 Teelöffel Wasser zugeben.

4 Die Körperbeutel der Tintenfische mit der Paste füllen und die Öffnung mit Küchengarn verschließen. Die Tintenfische nicht überfüllen, weil sich die Füllung beim Kochen noch ausdehnt.

5 Das Öl in einer Pfanne erhitzen. Die Zwiebel unter Rühren darin 3–4 Minuten goldbraun andünsten.

6 Die gefüllten Tintenfische zugeben und 3–4 Minuten braten, bis sie von allen Seiten gut gebräunt sind.

7 Den Wein und den Fischfond zugießen und alles aufkochen. Dann die Hitze reduzieren, die Pfanne abdecken und die Tintenfische 15 Minuten in der Sauce köcheln lassen.

8 Den Deckel von der Pfanne nehmen und die Tintenfische weitere 5 Minuten garen, bis die Sauce eingekocht ist. Das fertige Gericht mit gekochtem Reis servieren.

Tintenfisch und Krake mit Chili

In Fischgeschäften erhalten Sie bereits vorbereitete, küchenfertige Tintenfische. Ansonsten wird Ihnen Ihr Fischhändler gerne dabei helfen.

NÄHRWERTANGABEN

Kilokalorien	319	Zucker	2 g
Eiweiß	40 g	Fett	13 g
Kohlenhydrate	4 g	davon gesättigt	1 g

8½ STD. 10 MIN.

6 PERSONEN

ZUTATEN

- 160 ml Reisessig
- 60 ml trockener Sherry
- 2 rote Chillies, gehackt
- 1 TL Zucker
- 4 EL Öl
- Salz
- 12 kleine Kraken
- 12 kleine Tintenfischmäntel, gesäubert
- 2 Frühlingszwiebeln, in Ringen
- 1 Knoblauchzehe, zerdrückt
- 2,5-cm-Stück Ingwerwurzel, gerieben
- 4 EL süße Chilisauce

1 Essig, Sherry, Chillies, Zucker, 2 Esslöffel Öl und eine Prise Salz in einer großen Schüssel verrühren.

2 Die Kraken unter fließendem kaltem Wasser abspülen und abtropfen lassen. Die Fangarme vom Kopf abschneiden, die Kauwerkzeuge sollten dabei am Kopfstück bleiben, falls nicht, von den Fangarmen trennen, dabei darauf achten, dass die Fangarme zusammenbleiben. Kopf und Kauwerkzeuge entfernen. Fangarme in die Marinade geben.

3 Die Tintenfischmäntel auch in die Marinade geben und abgedeckt mindestens 8 Stunden im Kühlschrank marinieren.

4 Das restliche Öl in einem Wok stark erhitzen und Frühlingszwiebeln, Knoblauch und Ingwer 1 Minute scharf anbraten. Vom Herd nehmen und die Chilisauce einrühren.

5 Tintenfisch und Krake aus der Marinade nehmen und abtropfen lassen. Die Tintenfische so zuschneiden, dass sie gleich groß sind, und dann diagonal einritzen. Die Kraken etwas platt drücken.

6 Die Kraken und die Tintenfische unter ständigem Wenden 4–5 Minuten auf höchster Stufe grillen. Die Tentakeln der Kraken und die Tintenfische rollen sich dabei auf und sind gar, wenn das Fleisch nicht mehr glasig ist.

7 Die Chilisauce über die Kraken und die Tintenfische geben und gut mischen, bis sie rundum davon überzogen sind. Dann sofort servieren.

1

2
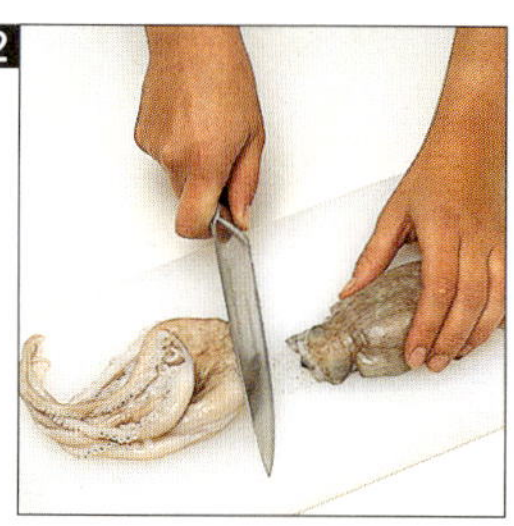

3

Tintenfisch in Bohnensauce

Wird Tintenfisch, wie in diesem Rezept, schnell gegart, ist er sehr köstlich. Zäh wird er nur, wenn er zu lange gekocht wird.

NÄHRWERTANGABEN

Kilokalorien 180	Zucker .... 2 g
Eiweiß .... 19 g	Fett .... 7 g
Kohlenhydrate .. 10 g	davon gesättigt .. 1 g

5 MIN. 20 MIN.

4 PERSONEN

ZUTATEN

- 450 g Tintenfischringe
- 2 EL Mehl
- ½ TL Salz
- 1 grüne Paprika
- 2 EL Erdnussöl
- 1 rote Zwiebel, in Scheiben
- 160 g schwarze Bohnensauce

1 Die Tintenfischringe unter fließendem kaltem Wasser abwaschen und mit Küchenpapier gründlich trockentupfen.

2 Das Mehl und das Salz in einer Schüssel gut mischen. Die Tintenfischringe zugeben und darin wenden, bis sie gleichmäßig davon überzogen sind.

3 Die Paprika entkernen und in dünne Streifen schneiden.

4 Das Erdnussöl in einem großen heißen Wok oder einer Pfanne unter vorsichtigem Schwenken des Woks oder der Pfanne stark erhitzen.

5 Die Paprikastreifen und die Zwiebel zugeben und etwa 2 Minuten andünsten, bis das Gemüse gerade weich wird.

2

3

5

6 Tintenfischringe in den Wok oder die Pfanne geben und weitere 5 Minuten braten, bis sie durchgegart sind. Dabei darauf achten, dass sie nicht zäh werden.

7 Die schwarze Bohnenpaste in den Wok einrühren und so lange erhitzen, bis die Flüssigkeit zu sieden beginnt. Die gebratenen Tintenfischringe in vorgewärmte Schüsseln füllen und sofort servieren.

TIPP

Mit gebratenem Reis oder Nudeln und mit Sojasauce gewürzt servieren.

Austern mit Tofu

Austern werden oft roh verzehrt, sind aber ebenso köstlich, wenn sie, wie hier, kurz gegart und mit Salz und Zitrusaromen abgerundet werden.

NÄHRWERTANGABEN

Kilokalorien 175	Zucker .... 2 g
Eiweiß .... 18 g	Fett .... 10 g
Kohlenhydrate ... 3 g	davon gesättigt .. 1 g

5 MIN. 10 MIN.

4 PERSONEN

ZUTATEN

- 225 g Porree
- 350 g Tofu
- 2 EL Sonnenblumenöl
- 350 g Austern, küchenfertig
- 2 EL frischer Limettensaft
- 1 TL Speisestärke
- 2 EL helle Sojasauce
- 100 ml Fischfond
- 2 EL frisch gehackter Koriander
- 1 TL Zitronenzesten

1 Den Porree mit einem scharfen Küchenmesser in Ringe schneiden.

2 Den Tofu in mundgerechte Stücke schneiden.

3 Das Sonnenblumenöl in einem großen heißen Wok oder einer Pfanne erhitzen. Den Porree in den Wok geben und etwa 2 Minuten andünsten.

4 Den Tofu und die Austern in den Wok oder die Pfanne geben und 1–2 Minuten pfannenrühren.

5 Zitronensaft, Speisestärke, Sojasauce und Fischfond in einer kleinen Schüssel gut mischen.

6 Die Speisestärkemischung in den Wok gießen und unter gelegentlichem Rühren eindicken lassen.

7 Das fertige Gericht auf Servierschüsseln verteilen und mit Koriander und Zitronenschale bestreuen. Sofort servieren.

1

2

5

VARIATION

Sie könnten nach Wunsch auch ausgelöste Venus- oder Miesmuscheln verwenden.

Muscheln mit Eisbergsalat

Muscheln erfordern eine sorgfältige Vorbereitung, aber nur eine geringe Garzeit. Es gibt sie frisch oder außerhalb der Saison auch konserviert.

NÄHRWERTANGABEN

Kilokalorien 205	Zucker .... 0,3 g
Eiweiß .... 31 g	Fett .... 9 g
Kohlenhydrate ... 1 g	davon gesättigt .. 4 g

15 MIN. 5 MIN.

4 PERSONEN

ZUTATEN

- 1 kg frische Miesmuscheln, abgebürstet und ggf. die Bärte entfernt
- 2 Stängel Zitronengras
- 1 Eisbergsalat
- 2 EL Zitronensaft
- 100 ml Wasser
- 25 g Butter
- geriebene Schale von 1 Zitrone
- 2 EL Austernsauce

3

4

5

1 Die Muscheln in einen großen Topf geben.

2 Das Zitronengras in dünne Scheiben und den Eisbergsalat in Streifen schneiden.

3 Zitronengras, Zitronensaft und Wasser in den Topf mit den Muscheln geben. Abgedeckt 5 Minuten kochen, bis sich die Muscheln geöffnet haben. Die Muscheln herausnehmen und diejenigen wegwerfen, die sich nicht geöffnet haben.

4 Die Muscheln mit einer Gabel aus den Schalen lösen und beiseite stellen.

5 Die Butter in einem Wok erhitzen. Salat und Zitronenschale hineingeben und 2 Minuten andünsten, bis der Salat zusammenfällt.

6 Die Austernsauce in den Wok geben und erhitzen, dabei gut rühren, bis die Sauce ganz mit der Wokmischung verbunden ist. Das ausgelöste Muschelfleisch zugeben und gut mischen.

7 Das Gericht in eine vorgewärmte Servierschüssel füllen und sofort servieren.

TIPP

Wenn Sie frische Muscheln verwenden, entfernen Sie unbedingt vor dem Bürsten alle Muscheln, die bereits geöffnet sind, und nach dem Kochen diejenigen, die noch geschlossen sind.

Muscheln in Bohnensauce

Die Farbkombination dieses Gerichts ist so beeindruckend, dass es fast zu schade ist, es zu essen. Ein wahrer Augen- und Gaumenschmaus!

NÄHRWERTANGABEN

Kilokalorien 174	Zucker .... 4 g
Eiweiß .... 19 g	Fett .... 8 g
Kohlenhydrate ... 6 g	davon gesättigt .. 1 g

5 MIN. 10 MIN.

4 PERSONEN

ZUTATEN

- 350 g Porree
- 350 g ausgelöste und gekochte Grünlipp-Miesmuscheln
- 1 TL Kreuzkümmelsamen
- 2 EL Pflanzenöl
- 2 Knoblauchzehen, zerdrückt
- 1 rote Paprika, in Streifen
- 50 g Bambussprossen aus der Dose, abgetropft
- 175 g frischer junger Spinat, gewaschen
- 160 g schwarze Bohnensauce

1 Den Porree in schmale Streifen schneiden.

2 Die Muscheln in eine Schüssel geben, mit Kreuzkümmel bestreuen und gut mischen, bis sie ganz davon überzogen sind. Zunächst beiseite stellen.

3 Das Pflanzenöl in einen heißen Wok geben und unter vorsichtigem Schwenken stark erhitzen.

4 Dann Porree, Knoblauch und Paprika in den Wok geben und das Gemüse 5 Minuten andünsten, bis es weich geworden ist.

5 Bambussprossen, Spinatblätter und Muscheln zufügen und etwa 2 Minuten garen.

6 Die Bohnensauce über die Zutaten geben, gut schwenken und alles mischen. Kurz unter gelegentlichem Rühren köcheln lassen.

7 Das Gericht auf vorgewärmte Servierschüsseln verteilen und sofort servieren.

TIPP

Sind grüne Miesmuscheln nicht frisch erhältlich, kann man sie ausgelöst in Dosen oder Gläsern in gut sortierten Supermärkten kaufen.

Pasta mit Muscheln

Servieren Sie dieses vorzügliche Muschelgericht Familienmitgliedern oder Freunden, die gerne Knoblauch mögen.

NÄHRWERTANGABEN

Kilokalorien	735	Zucker	3 g
Eiweiß	37 g	Fett	46 g
Kohlenhydrate	41 g	davon gesättigt	26 g

25 MIN. 25 MIN.

6 PERSONEN

ZUTATEN

- 1250 g frische Miesmuscheln
- ¼ l trockener Weißwein
- 2 große Zwiebeln, gehackt
- 125 g Butter
- 6 große Knoblauchzehen, fein gehackt
- 5 EL frisch gehackte Petersilie
- 300 g Crème double
- Salz und Pfeffer
- 400 g Conchiglie
- 1 EL Olivenöl
- knuspriges Brot, zum Servieren

1 Die Muscheln abbürsten, die Bärte entfernen und alle geöffneten wegwerfen.

2 Die Muscheln mit dem Wein und der Hälfte der Zwiebeln in einem geschlossenen Topf garen, bis sich ihre Schalen öffnen – den Topf gelegentlich rütteln. Dann die Muscheln abgießen und den Sud auffangen. Alle noch geschlossenen Muscheln aussortieren und wegwerfen.

3 Die restliche Zwiebel 2–3 Minuten in der Butter andünsten. Den Knoblauch zugeben und 1 Minute mitbraten. Nach und nach Muschelsud, Petersilie und Crème double einrühren. Alles mit Salz und Pfeffer abschmecken und einige Minuten köcheln lassen.

4 Salzwasser in einem großen Topf aufkochen. Die Nudeln darin mit dem Olivenöl bissfest garen. Anschließend die Nudeln abgießen, in den Topf zurückgeben und warm halten.

5 Einige Muscheln für die Garnierung beiseite legen. Die übrigen aus den Schalen lösen, zur Sauce geben und kurz erwärmen. Die Nudeln mit der Sauce mischen und in eine Servierschüssel geben. Das fertige Gericht mit den zurückbehaltenen Muscheln garnieren und mit warmem, knusprigem Brot servieren.

2

3

3

Spaghetti mit Muscheln

Für dieses Pastagericht werden Miesmuscheln und Jakobsmuscheln verwendet. In Weißwein gedünstet ergeben sie eine stilvolle Mahlzeit.

NÄHRWERTANGABEN

Kilokalorien 301	Zucker .... 1 g
Eiweiß .... 42 g	Fett .... 5 g
Kohlenhydrate .. 17 g	davon gesättigt .. 1 g

55 MIN. 30 MIN.

4 PERSONEN

ZUTATEN

- 225 g Vollkornspaghetti
- 60 g magerer Speck, gewürfelt
- 2 Schalotten, fein gehackt
- 2 Selleriestangen, fein gehackt
- 150 ml trockener Weißwein
- 150 ml Fischfond (siehe Seite 8)
- 500 g frische Miesmuscheln, abgebürstet und die Bärte entfernt
- 225 g ausgelöste frische Jakobsmuscheln
- 1 EL frisch gehackte Petersilie
- Salz und Pfeffer

1 Die Spaghetti in Salzwasser gemäß Packungsanleitung bissfest garen.

2 Unterdessen den Speck ohne Öl in einer großen beschichteten Pfanne 2–3 Minuten auslassen. Schalotten, Sellerie und Wein zugeben. 5 Minuten köcheln lassen, bis das Gemüse weich ist.

3 Fond und Muscheln zugeben und abgedeckt 6–7 Minuten kochen. Alle geschlossenen Miesmuscheln aussortieren und wegwerfen.

4 Die fertig gegarten Spaghetti abgießen und zu den Muscheln in die Pfanne geben. Die Petersilie zufügen, alles mit Salz und Pfeffer abschmecken und sorgfältig mischen. Alles noch 1–2 Minuten erhitzen. Anschließend das fertige Gericht auf vorgewärmte Servierteller verteilen und sofort servieren.

1

2

3

TIPP

Vollkornnudeln werden ohne Ei hergestellt. Sie haben daher einen geringen Fettgehalt und enthalten mehr Ballaststoffe als andere Nudeln.

Muscheln mit Zitronengras

Verleihen Sie frischen Muscheln einen exotisch fernöstlichen Geschmack und dämpfen Sie sie mit Kaffir-Limettenblättern, Knoblauch und Zitronengras.

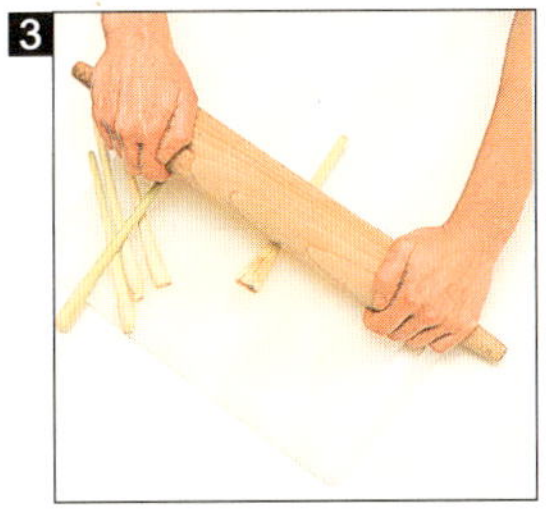

NÄHRWERTANGABEN

Kilokalorien	194	Zucker	0 g
Eiweiß	33 g	Fett	7 g
Kohlenhydrate	1 g	davon gesättigt	1 g

10 MIN. 10 MIN.

4 PERSONEN

ZUTATEN

- 750 g frische Miesmuscheln
- 1 EL Sesamöl
- 3 Schalotten, gehackt
- 2 Knoblauchzehen, gehackt
- 1 Stängel Zitronengras
- 2 Kaffir-Limettenblätter
- 2 EL frisch gehackter Koriander
- geriebene Schale von 1 Limette
- 2 EL Limettensaft
- 300 ml heiße Gemüsebrühe
- frischer Koriander und Limettenspalten, zum Garnieren
- knuspriges Brot, zum Servieren

1 Die Bärte der Muscheln mit einem Messer unter fließendem kaltem Wasser entfernen, die Muscheln gut abbürsten und alle entsorgen, die sich nicht schließen, wenn man mit dem Messerrücken auf die Schale klopft. Gut abspülen.

2 Das Sesamöl in einem Topf erhitzen und darin die Schalotten und den Knoblauch bei geringer Hitze 2 Minuten andünsten.

3 Das Zitronengras mit einem Nudelholz flach klopfen und zusammen mit Limettenblättern, Koriander, Limettenschale und -saft, Muscheln und Brühe in den Topf geben. Abgedeckt bei mittlerer Hitze 3–5 Minuten garen, dabei den Topf von Zeit zu Zeit schütteln.

4 Die Muscheln auf Suppenteller verteilen, ungeöffnete entfernen. Die verbliebene Flüssigkeit reduzieren. Das Zitronengras und die Limettenblätter herausnehmen und die Sauce über die Muscheln gießen.

5 Mit Koriander und Limettenspalten garniert mit Brot sofort servieren.

TIPP

Muscheln werden heutzutage in Muschelfarmen gezüchtet und sollten daher das ganze Jahr hindurch bei Ihrem Fischhändler erhältlich sein.

Gebackene Jakobsmuscheln

Ein weiteres unwiderstehliches Gericht mit Meeresfrüchten, bei dem sowohl Optik als auch Geschmack stimmen.

NÄHRWERTANGABEN

Kilokalorien 725	Zucker .... 2 g
Eiweiß .... 38 g	Fett .... 48 g
Kohlenhydrate .. 38 g	davon gesättigt . 25 g

20 MIN. 30 MIN.

4 PERSONEN

ZUTATEN

- 12 frische Jakobsmuscheln
- 3 EL Olivenöl
- 350 g kleine Muschel-Vollkornnudeln
- 1 Zwiebel, gehackt
- 150 ml Fischfond
- Salz und Pfeffer
- Saft und geriebene Schale von 2 Zitronen
- 150 g Crème double
- 250 g Gouda, gerieben
- ofenfrisches Graubrot und Butter, zum Servieren

4

5

5

1 Die Muscheln aus den Schalen lösen. Schwarze Innereien und Bart entfernen. Den weißen Teil (das Fleisch) und den orangfarbenen Teil (den Rogen) vorsichtig mit einem Messer aus der Schale lösen.

2 Die Schalen gründlich waschen und trocknen. Dann auf ein Backblech legen, leicht mit etwa zwei Dritteln des Olivenöls beträufeln und beiseite stellen.

3 Salzwasser in einem großen Topf aufkochen. Die Nudeln darin mit dem restlichen Olivenöl bissfest garen. Dann abgießen und etwa 2 Esslöffel Nudeln in jede Schale geben.

4 Muscheln, Zwiebel und Fond in eine Auflaufform geben und mit Salz und Pfeffer würzen. Mit Alufolie abdecken und 8 Minuten in einem auf 180 °C vorgeheizten Ofen backen.

5 Die Auflaufform aus dem Ofen nehmen, die Alufolie entfernen und die Muscheln mit einem Schaumlöffel in die Schalen füllen. 1 Esslöffel Sud in jede Schale geben, mit Zitronensaft und Crème double beträufeln und mit Käse bestreuen.

6 Die Hitze auf 230 °C erhöhen und die Muscheln für 4 Minuten in den Ofen geben. Anschließend mit ofenfrischem Brot und Butter servieren.

Miesmuscheln Pomodoro

Das Rezept für dieses mediterrane Muschelgericht mit frischer Tomatensauce wurde speziell für die Mikrowelle entwickelt.

NÄHRWERTANGABEN

Kilokalorien	254	Zucker	1 g
Eiweiß	37 g	Fett	10 g
Kohlenhydrate	4 g	davon gesättigt	3 g

20 MIN. 15 MIN.

4 PERSONEN

ZUTATEN

½ kleine Zwiebel, gehackt
1 Knoblauchzehe, zerdrückt
1 EL Olivenöl
3 Tomaten
1 EL frisch gehackte Petersilie
Salz und Pfeffer
900 g frische Miesmuscheln
1 EL frisch geriebener Parmesan
1 EL frische Semmelbrösel
frisch gehackte Petersilie, zum Garnieren

5

6

6

1 Zwiebel, Knoblauch und Öl in eine Schüssel geben und 3 Minuten auf höchster Stufe in der Mikrowelle garen.

2 Die Tomaten leicht einritzen, in eine kleine Schüssel geben, mit kochendem Wasser begießen und 1 Minute ruhen lassen. Dann in kaltes Wasser tauchen. Die Haut lässt sich nun mühelos abziehen. Kerne entfernen und das Fruchtfleisch hacken.

3 Die Tomaten zur Zwiebelmischung geben und abgedeckt 3 Minuten garen. Anschließend die Petersilie unterrühren und alles mit Salz und Pfeffer würzen.

4 Die Muscheln unter fließendem kaltem Wasser reinigen. Die Bärte entfernen und die Muscheln mit geöffneten Schalen, die sich bei Berührung nicht schließen, aussortieren und wegwerfen.

5 Die Muscheln in einer großen Schüssel mit kochendem Wasser bedecken und abgedeckt 2 Minuten auf höchster Stufe in der Mikrowelle garen, bis sich alle geöffnet haben; dabei nach 1 Minute einmal umrühren. Alle ungeöffneten Muscheln wegwerfen. Dann abtropfen lassen, die leeren Muschelhälften entfernen und die Muscheln auf einem Teller nebeneinander ausbreiten.

6 Auf jede Muschelhälfte Tomatensauce geben. Parmesan und Semmelbrösel darüber streuen und 2 Minuten in der Mikrowelle garen. Mit Petersilie garnieren und servieren.

TIPP

Für eine besonders knusprige Kruste die Semmelbrösel in der Mikrowelle trocknen. Dazu die Semmelbrösel auf einen Teller geben und 2 Minuten auf höchster Stufe garen; dabei einmal umrühren. Dann unabgedeckt eine Weile ruhen lassen.

Tagliatelle mit Muscheln und Safran

Safran ist das teuerste Gewürz der Welt, es wird allerdings auch nur in sehr kleinen Mengen verwendet. Es ist als Pulver oder Fäden im Handel erhältlich.

NÄHRWERTANGABEN

Kilokalorien	854	Zucker	3 g
Eiweiß	43 g	Fett	49 g
Kohlenhydrate	57 g	davon gesättigt	28 g

15 MIN. 35 MIN.

4 PERSONEN

ZUTATEN

- 1 kg frische Miesmuscheln, abgebürstet und Bärte entfernt
- 150 ml Weißwein
- 1 Zwiebel, fein gehackt
- 1 EL Butter
- 2 Knoblauchzehen, zerdrückt
- 2 TL Speisestärke
- 300 g Crème double
- einige Safranfäden
- Salz und Pfeffer
- 1 Eigelb
- Saft von ½ Zitrone
- 500 g Tagliatelle
- 1 EL Olivenöl
- 3 EL frisch gehackte Petersilie, zum Garnieren

4

4

5

1 Die Muscheln mit Wein und der Hälfte der Zwiebel in einem Topf abgedeckt unter gelegentlichem Rütteln des Topfes garen, bis sich ihre Schalen öffnen.

2 Die Muscheln abgießen und den Sud auffangen. Geschlossene Muscheln aussortieren. Einige Muscheln zurückbehalten, die anderen aus den Schalen lösen.

3 Den Sud aufkochen und dann köchelnd auf die Hälfte reduzieren.

4 Die Butter in einem Topf zerlassen und den Knoblauch darin andünsten. Die Speisestärke zufügen und verrühren. Nach und nach den Sud und die Crème double einrühren. Den Safran zufügen, die Sauce kräftig mit Salz und Pfeffer abschmecken und eindicken lassen.

5 Eigelb, Zitronensaft und die geschälten Muscheln zufügen. Alles erwärmen, aber nicht mehr aufkochen.

6 Die Tagliatelle mit Olivenöl in Salzwasser bissfest garen. Die Nudeln abgießen und in eine Servierschüssel füllen. Dann die Muschelsauce zugeben und gut unterrühren. Das Gericht mit Petersilie und den ungeschälten Muscheln garnieren und servieren.

Penne mit gebratenen Muscheln

Schnell und einfach zubereitet, ist dies eines der leckersten italienischen Gerichte mit gebratenen Meeresfrüchten. Serviert wird es mit Penne.

NÄHRWERTANGABEN

Kilokalorien 537	Zucker .... 2 g
Eiweiß .... 22 g	Fett .... 24 g
Kohlenhydrate .. 62 g	davon gesättigt .. 3 g

10 MIN. 25 MIN.

6 PERSONEN

ZUTATEN

- 400 g Penne
- 125 g Olivenöl
- 450 g ausgelöste und gekochte Miesmuscheln
- 1 TL Meersalz
- 80 g Mehl
- Salz und Pfeffer
- 100 g getrocknete Tomaten, in Streifen geschnitten
- 2 EL frisch gehacktes Basilikum
- 1 Zitrone, in dünnen Scheiben, zum Garnieren

1

3

4

1 Die Nudeln in kochendem Salzwasser mit 1 Esslöffel Olivenöl bissfest garen.

2 Die Nudeln abgießen, in eine vorgewärmte Servierschüssel geben und warm halten.

3 Die Muscheln mit dem Salz bestreuen. Das Mehl in einen tiefen Teller geben und mit Salz und Pfeffer würzen. Die Muscheln darin wenden, bis sie vollständig mit Mehl bedeckt sind.

4 Das restliche Öl in einer großen Pfanne erhitzen. Die Muscheln darin unter häufigem Wenden goldbraun anbraten.

5 Nudeln und Muscheln gut vermengen und mit Tomatenstreifen und Basilikum bestreuen. Garnieren und servieren.

TIPP

Sonnengetrocknete Tomaten sind mittlerweile auch hierzulande in jedem gut sortierten Supermarkt erhältlich. Sie haben ein intensives, nussiges Aroma und eine feste Konsistenz. Sie sind meist in Öl eingelegt und sollten gut abgetropft und gehackt oder in feine Streifen geschnitten werden.

Kartoffel-Krebs-Puffer

Diese Puffer basieren auf einem traditionellen thailändischen Gericht. Mit einer Gurkensauce werden sie zu einer delikaten Zwischenmahlzeit.

NÄHRWERTANGABEN

Kilokalorien	254	Zucker	9 g
Eiweiß	12 g	Fett	6 g
Kohlenhydrate	40 g	davon gesättigt	1 g

10 MIN. 30 MIN.

4 PERSONEN

ZUTATEN

450 g mehlig kochende Kartoffeln, gewürfelt
175 g weißes Krebsfleisch aus der Dose, abgetropft
4 Frühlingszwiebeln, in Ringen
1 TL helle Sojasauce
½ TL Sesamöl
1 TL frisch gehacktes Zitronengras
1 TL Limettensaft
3 EL Mehl
Salz und Pfeffer
2 EL Öl

SAUCE

4 EL fein gehackte Salatgurke
2 EL flüssiger Honig
1 EL Knoblauchessig
½ TL helle Sojasauce
1 rote Chili, gehackt

GARNIERUNG

1 rote Chili, in Ringen
Salatgurkenscheiben

2

3

5

1 Die Kartoffeln in einem Topf mit kochendem Wasser 10 Minuten garen, abgießen und mit einem Kartoffelstampfer oder einer Gabel zerdrücken.

2 Krebsfleisch, Frühlingszwiebeln, Sojasauce, Sesamöl, Zitronengras, Limettensaft und Mehl zufügen und vermengen. Kräftig mit Salz und Pfeffer würzen.

3 Die Kartoffelmischung in 8 Portionen aufteilen und mit bemehlten Händen zu Puffern formen.

4 Das Öl in einem Wok oder in einer Pfanne erhitzen. Die Puffer in 2 Portionen je 5–7 Minuten goldbraun braten, einmal wenden. Die gebratenen Puffer auf Küchenpapier legen, damit das überschüssige Fett aufgesaugt wird. Warm halten.

5 Unterdessen die Zutaten für die Sauce in einer Schüssel gut verrühren.

6 Die Puffer mit Chiliringen und Gurkenscheiben garnieren und mit der Sauce servieren.

Jakobsmuscheln scharf gewürzt

Jakobsmuscheln gibt es sowohl frisch als auch tiefgefroren. Achten Sie darauf, dass sie vor der Zubereitung ganz aufgetaut sind.

NÄHRWERTANGABEN

Kilokalorien	276	Zucker	6g
Eiweiß	25g	Fett	15g
Kohlenhydrate	8g	davon gesättigt	2g

10 MIN. 10 MIN.

4 PERSONEN

ZUTATEN

- 12 große frische Jakobsmuscheln mit Rogen oder tiefgefrorene, aufgetaut oder 350 g kleine Jakobsmuscheln ohne Rogen, Tiefkühlware aufgetaut
- 4 EL Sonnenblumenöl
- 4–6 Frühlingszwiebeln, diagonal in Ringen
- 1 Knoblauchzehe, zerdrückt
- 2,5-cm-Stück Ingwerwurzel, gehackt
- 250 g Zuckererbsen
- 125 g kleine Champignons, in Scheiben
- 2 EL Sherry
- 2 EL Sojasauce
- 1 EL Honig
- ¼ TL Piment
- Salz und Pfeffer
- 1 EL Sesamsaat, geröstet

1 Die Muscheln auslösen, waschen und trocknen. Alle dunklen Teile entfernen und den Rogen, falls verwendet, abtrennen.

2 Jede Jakobsmuschel in 3–4 Stücke schneiden. Wenn der Rogen groß ist, halbieren.

3 Das Sonnenblumenöl in einen großen heißen Wok oder eine Pfanne gießen und unter vorsichtigem Schwenken des Woks oder der Pfanne stark erhitzen.

4 Frühlingszwiebeln, Knoblauch und Ingwer zugeben und etwa 1 Minute anbraten.

5 Die Zuckererbsen in den Wok geben und unter ständigem Rühren weitere 2–3 Minuten anbraten. Die Zutaten herausheben, in eine Schüssel füllen und beiseite stellen.

6 Das restliche Sonnenblumenöl in den Wok gießen. Sobald es sehr heiß ist, das Muschelfleisch und den Rogen zugeben und einige Minuten anbraten.

7 Die Champignons untermischen und alles etwa 1 weitere Minute garen.

8 Sherry, Sojasauce, Honig und Piment zugeben. Alles mit Salz und Pfeffer abschmecken und gründlich vermengen. Dann die Zuckererbsen wieder in den Wok geben.

9 Alles erneut mit Salz und Pfeffer abschmecken und bei starker Hitze etwa 1 Minute gut schwenken und durchmischen, bis alles heiß ist. Die Muscheln und das Gemüse mit Sesamsaat bestreut sofort servieren.

2

6

8

Gebratene Jakobsmuscheln

Jakobsmuscheln sind sehr aromatisch, in diesem Gericht setzt die Buttersauce einen interessanten Akzent.

NÄHRWERTANGABEN

Kilokalorien	272	Zucker	0 g
Eiweiß	28 g	Fett	17 g
Kohlenhydrate	2 g	davon gesättigt	8 g

5 MIN. 10 MIN.

4 PERSONEN

ZUTATEN

- 450 g ausgelöste frische Jakobsmuscheln
- 6 Frühlingszwiebeln
- 2 EL Pflanzenöl
- 1 grüne Chili, entkernt und in Streifen
- 3 EL süße Sojasauce
- 50 g Butter

1 Die Jakobsmuscheln unter fließendem kaltem Wasser abspülen, abtropfen lassen und mit Küchenpapier trockentupfen.

2 Jede Muschel mit einem Messer horizontal halbieren.

3 Dann die Frühlingszwiebeln in Scheiben schneiden.

2

3

5

TIPP

Wenn Sie Jakobsmuscheln mit Schale kaufen, lösen Sie sie entlang der Membran aus der flachen Schale, und schneiden Sie den zähen Muskel ab, der beide Schalen zusammenhält. Den Muskel auch von der unteren Schale lösen. Schwarzen Magensack, grauen Fransenrand und dunkle Teile entfernen.

4 Das Pflanzenöl in einem großen heißen Wok oder einer großen Pfanne unter vorsichtigem Schwenken sehr stark erhitzen.

5 Dann Chili, Frühlingszwiebeln und Jakobsmuscheln zugeben und bei starker Hitze 4–5 Minuten anbraten, bis die Muscheln gerade durchgegart sind. Bei tiefgefrorenen Jakobsmuscheln darauf achten, dass sie nicht verkochen, weil sie leicht auseinander fallen.

6 Sojasauce und Butter unter die Muscheln mischen und erhitzen, bis die Butter zerlassen ist.

7 Das fertige Gericht in eine vorgewärmte Servierschüssel füllen und heiß servieren.

Jakobsmuscheln mit Pilzen

Jakobsmuscheln haben einen zarten, sehr eigenen Geschmack. Mit Pilzen und einer Weinbrand-Sahne-Sauce werden sie zu einem edlen Gericht.

NÄHRWERTANGABEN

Kilokalorien	390	Zucker	1 g
Eiweiß	31 g	Fett	28 g
Kohlenhydrate	1 g	davon gesättigt	4 g

5 MIN. 10 MIN.

2 PERSONEN

ZUTATEN

- 1 EL Butter
- 230 g ausgelöste frische Jakobsmuscheln
- 1 EL Olivenöl
- 50 g Austernpilze, in Streifen
- 50 g Shiitake-Pilze, in Streifen
- 1 Knoblauchzehe, gehackt
- 4 Frühlingszwiebeln, in Ringen
- 3 EL Crème double
- 1 EL Weinbrand
- Salz und Pfeffer
- frische Dillspitzen, zum Garnieren
- Basmati-Reis, zum Servieren

1

3

4

1 Die Butter in einer großen Pfanne erhitzen und die Muscheln 1 Minute anbraten, dabei gelegentlich wenden.

2 Muscheln mit einem Schaumlöffel aus der Pfanne nehmen und warm stellen.

3 Olivenöl in der Pfanne erhitzen. Pilze, Knoblauch und Frühlingszwiebeln zugeben und unter Rühren 2 Minuten dünsten.

4 Die Muscheln wieder in die Pfanne geben. Crème double und Weinbrand zugießen, alles gut mischen.

5 Mit Salz und Pfeffer gut abschmecken und durchwärmen lassen.

6 Das fertige Gericht mit frischen Dillspitzen garnieren und zu Basmati-Reis servieren.

TIPP

Jakobsmuscheln gelten mit ihrem großen weißen, runden Muskel und dem orangefarbenen Rogen als sehr delikate Meeresfrüchte. Sie können sehr gut in ihrer Schale serviert werden.

Jakobsmuscheln in Ingwersauce

Jakobsmuscheln sind nicht nur ein optischer Genuss. Hier werden sie mit Ingwer und Orange aromatisiert und mit gekochtem Reis serviert.

NÄHRWERTANGABEN

Kilokalorien	216	Zucker	4 g
Eiweiß	30 g	Fett	8 g
Kohlenhydrate	8 g	davon gesättigt	1 g

5 MIN. 10 MIN.

4 PERSONEN

ZUTATEN

- 2 EL Öl
- 450 g ausgelöste frische Jakobsmuscheln, halbiert
- 2,5-cm-Stück Ingwerwurzel, fein gehackt
- 3 Knoblauchzehen, zerdrückt
- 2 Porreestangen, in dünnen Streifen
- 80 g Erbsen, Tiefkühlware aufgetaut
- 125 g Bambussprossen aus der Dose, abgetropft
- 2 EL helle Sojasauce
- 2 EL ungesüßter Orangensaft
- 1 TL Zucker
- Orangenzesten, zum Garnieren

1 Das Öl in einem heißen Wok erhitzen und die Muscheln darin 1–2 Minuten unter Rühren braten. Dann aus dem Wok herausnehmen und warm halten.

2 Den Ingwer und den Knoblauch zugeben und 30 Sekunden unter Rühren andünsten. Dann den Porree und die Erbsen zufügen und unter Rühren 2 Minuten mitdünsten.

3 Die Bambussprossen zugeben und die Muscheln in den Wok zurückgeben. Alles behutsam mischen, ohne die Muscheln zu beschädigen.

4 Sojasauce, Orangensaft und Zucker zufügen und alles 1–2 Minuten köcheln lassen. Dann das fertige Gericht auf vorgewärmte Schalen verteilen und mit Orangenzesten garniert servieren.

TIPP

Die essbaren Teile der Jakobsmuscheln sind der runde, weiße Muskel und der orangefarbene Rogen. Der krause Rand des Muskels kann zur Herstellung von Brühen verwendet werden. Alles andere wegwerfen.

1

2

3

Gekochte Miesmuscheln

Muscheln sind einfach zuzubereiten, nur der Verzehr erfordert etwas Geschick. Reichen Sie eine Schale mit warmem Wasser dazu, um die Finger zu säubern.

NÄHRWERTANGABEN

Kilokalorien	299	Zucker	3 g
Eiweiß	33 g	Fett	7 g
Kohlenhydrate	3 g	davon gesättigt	1 g

25 MIN. 25 MIN.

4 PERSONEN

ZUTATEN

- 1 kg frische Miesmuscheln
- 150 ml Weißwein
- 1 EL Öl
- 1 Zwiebel, fein gehackt
- 2 Knoblauchzehen, zerdrückt
- 1 rote Chili, fein gehackt
- 100 g passierte Tomaten
- 1 EL frisch gehackter Majoran
- Toast oder knuspriges Brot

1 Die Muscheln unter fließendem kaltem Wasser abspülen.

2 Den Bart an den Muschelschalen mit einem Messer entfernen und die Muscheln erneut reinigen. Alle offenen Muscheln, die sich auch nach leichtem Gegenklopfen nicht schließen, aussortieren.

3 Die Muscheln in einen Topf geben. Den Wein zugießen und die Muscheln darin unter gelegentlichem Schütteln des Topfes 5 Minuten kochen, bis sie sich öffnen. Vom Herd nehmen und alle noch geschlossenen Muscheln entfernen.

4 Die restlichen Muscheln mit einem Schaumlöffel aus dem Topf heben. Den Kochsud durch ein feines Sieb seihen und in einer Schüssel auffangen.

5 Das Öl in einer großen Pfanne erhitzen. Zwiebel, Knoblauch und Chili darin 4–5 Minuten weich dünsten.

6 Die aufgefangene Kochflüssigkeit zugeben und 5 Minuten einkochen.

7 Die passierten Tomaten, den Majoran und die gekochten Muscheln zugeben und in der Sauce erhitzen.

8 Die Muscheln auf Servierschalen verteilen und mit knusprigem Brot servieren.

TIPP

Fingerschalen sind kleine, mit lauwarmem Wasser und Zitronenscheiben gefüllte Schalen, in denen man die Finger säubert.

Muschel-Pfannkuchen

Wie alle Meeresfrüchte müssen Jakobsmuscheln nur kurz gegart werden. Die Pfannkuchen verpacken sie auf originelle Weise.

NÄHRWERTANGABEN

Kilokalorien 240	Zucker .... 1 g
Eiweiß .... 29 g	Fett .... 9 g
Kohlenhydrate .. 11 g	davon gesättigt .. 1 g

5 MIN. 30 MIN.

4 PERSONEN

ZUTATEN

- 100 g Prinzessbohnen
- 1 rote Chili
- Salz
- 450 g ausgelöste frische Jakobsmuscheln
- 1 Ei
- 3 Frühlingszwiebeln, in Ringen
- 50 g Reismehl
- 1 EL Fischsauce
- Öl, zum Braten
- süßer Chili-Dip, zum Servieren

1 Die Bohnen putzen und in sehr dünne Scheiben schneiden.

2 Die Chili mit einem scharfen Messer entkernen und fein hacken.

3 In einem kleinen Topf leicht gesalzenes Wasser zum Kochen bringen. Die Bohnen zugeben und 3–4 Minuten blanchieren.

4 Die Muscheln grob hacken und in eine große Schüssel geben. Die blanchierten Bohnen zufügen.

5 Das Ei mit Frühlingszwiebeln, Reismehl, Fischsauce und Chili vermengen. Zu den Muscheln geben und gut unterheben. Alles mit Salz würzen.

6 Das Öl etwa 2,5 cm hoch in einen heißen Wok füllen und erhitzen. Darin jeweils 1 Schöpflöffel Teig 5 Minuten ausbacken, bis der Pfannkuchen goldgelb und fest ist. Auf diese Weise den gesamten Teig verarbeiten.

7 Die bereits fertigen Pfannkuchen auf Küchenpapier abtropfen lassen und warm stellen. Die Pfannkuchen heiß mit dem süßen Chili-Dip servieren.

1

2
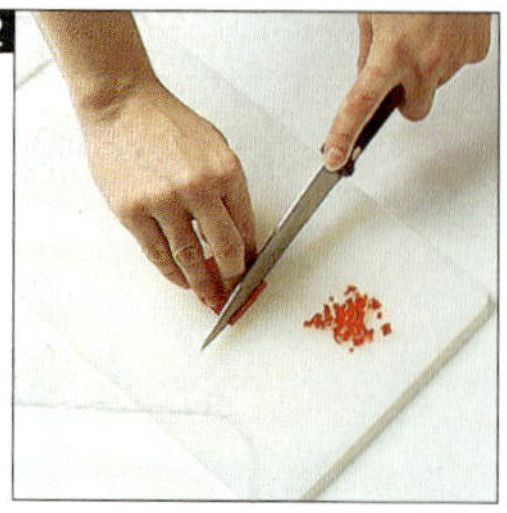

5

VARIATION

Sie können auch Krabben oder Venusmuscheln anstelle der Jakobsmuscheln verwenden.

Muschelspieße

Weil die Muscheln mariniert werden, müssen sie nicht unbedingt frisch sein. Zum Grillen sind tiefgefrorene Muscheln gut geeignet.

NÄHRWERTANGABEN

Kilokalorien 182	Zucker . . . . 0 g
Eiweiß . . . . 29 g	Fett . . . . 7 g
Kohlenhydrate . . . 0 g	davon gesättigt . . 1 g

30 MIN. 10 MIN.

4 PERSONEN

ZUTATEN

Saft und geriebene Schale von 2 Limetten

2 EL fein gehacktes Zitronengras oder 1 EL Zitronensaft

2 Knoblauchzehen, zerdrückt

1 grüne Chili, entkernt und gehackt

16 frische Jakobsmuscheln mit Rogen, ausgelöst

2 Limetten, geachtelt

DRESSING

2 EL Sonnenblumenöl

1 EL Zitronensaft

Salz und Pfeffer

ZUM SERVIEREN

60 g Rucola

200 g gemischter Blattsalat

2

3

5
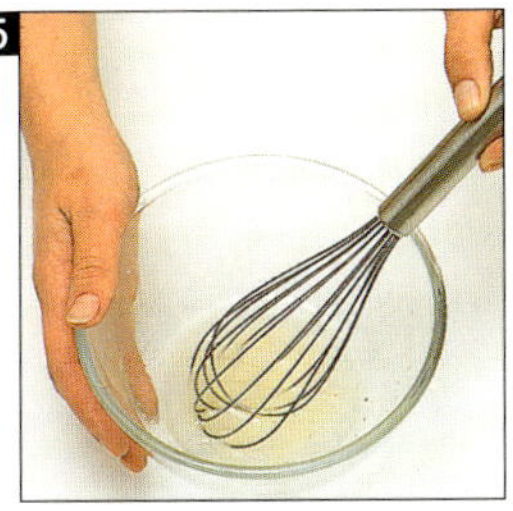

1 8 Holzspieße mindestens 10 Minuten in Wasser einweichen.

2 Limettensaft und -schale, Zitronengras oder -saft, Knoblauch und Chili in einem Mörser zu einer Paste verarbeiten.

3 Auf jeden Spieß abwechselnd je 3 Muscheln und Limettenspalten stecken.

4 Die Enden der Spieße in Alufolie wickeln, damit sie nicht verbrennen.

5 Für das Dressing Öl, Zitronensaft, Salz und Pfeffer verrühren.

6 Die Muscheln mit der Gewürzpaste bestreichen und bei mittlerer Hitze grillen, dabei gelegentlich mit der Paste bestreichen.

7 Die Spieße 10 Minuten grillen, dabei einmal wenden.

8 Den Rucola und die gemischten Salatblätter mit dem Dressing mischen und in eine Salatschüssel geben.

9 Je 2 fertig gegrillte Spieße mit etwas Salat auf einem Teller anrichten. Sofort servieren.

Jakobsmuscheln indisch

Dieses köstliche Gericht, verfeinert mit Koriander und Tomate, ist genau das Richtige für einen besonderen Anlass.

NÄHRWERTANGABEN

Kilokalorien	258	Zucker	2 g
Eiweiß	44 g	Fett	8 g
Kohlenhydrate	3 g	davon gesättigt	1 g

1 ¼ STD. 15 MIN.

4 PERSONEN

ZUTATEN

- 750 g ausgelöste frische Jakobsmuscheln
- 2 EL Öl
- 2 Zwiebeln, gehackt
- 3 Tomaten, geviertelt
- 2 grüne Chillies, in Ringen
- 4 Limettenspalten, zum Garnieren

MARINADE

- 3 EL frisch gehackter Koriander
- 2,5-cm-Stück Ingwerwurzel, gerieben
- 1 TL gemahlener Koriander
- 3 EL Zitronensaft
- geriebene Schale von 1 Zitrone
- ¼ TL gemahlener schwarzer Pfeffer
- ½ TL Salz
- ½ TL gemahlener Kreuzkümmel
- 1 Knoblauchzehe, zerdrückt

1 Für die Marinade alle Zutaten in einer metallfreien Schüssel mischen.

2 Die Muscheln in eine Schüssel geben, die Marinade darüber gießen und die Muscheln darin wenden.

3 Abdecken und mindestens 1 Stunde oder über Nacht im Kühlschrank marinieren.

4 Das Öl in einer Pfanne oder einem Wok erhitzen, die Zwiebeln zugeben und andünsten, bis sie glasig sind. Dann Tomaten und Chillies zugeben und 1 Minute unter Rühren anbraten.

5 Die Muscheln zugeben und 6–8 Minuten pfannenrühren, bis sie außen gar, aber innen noch saftig sind.

6 Das fertige Gericht mit Limettenspalten garnieren und servieren.

TIPP

Am besten kaufen Sie Jakobsmuscheln frisch mit Schale und Rogen – Sie benötigen 1,5 kg – und bitten den Fischhändler, sie zu reinigen und die Schalen zu entfernen.

Muscheln provenzalisch

Die großen Miesmuscheln werden heiß mit einer aromatischen Tomatensauce serviert. Knuspriges Brot ist die beste Beilage.

NÄHRWERTANGABEN

Kilokalorien 253	Zucker .... 8 g
Eiweiß .... 31 g	Fett .... 8 g
Kohlenhydrate ... 9 g	davon gesättigt .. 1 g

5 MIN. 50 MIN.

4 PERSONEN

ZUTATEN

1 EL Olivenöl
1 große Zwiebel, fein gehackt
1 Knoblauchzehe, fein gehackt
1 kleine rote Paprika, gewürfelt
1 Rosmarinzweig
2 Lorbeerblätter
400 g gehackte Tomaten aus der Dose
150 ml Weißwein
Salz und Pfeffer
1 Zucchini, fein gewürfelt
2 EL Tomatenmark
1 TL Zucker
50 g eingelegte schwarze Oliven, entsteint, abgetropft und gehackt
675 g frische große Miesmuscheln, abgebürstet und Bärte entfernt
1 TL geriebene Orangenschale
2 EL frisch gehackte Petersilie, zum Garnieren
knuspriges Brot, zum Servieren

2

3

4

1 Das Öl in einer großen Pfanne erhitzen. Zwiebel, Knoblauch und Paprika hineingeben und 3–4 Minuten dünsten, bis das Gemüse gerade weich ist.

2 Rosmarin, Lorbeerblätter, Tomaten, und 100 ml Wein zugeben. Mit Salz und Pfeffer würzen. Dann aufkochen und 15 Minuten köcheln lassen.

3 Zucchini, Tomatenmark, Zucker und Oliven zugeben und weitere 10 Minuten köcheln lassen.

4 In einem Topf Wasser zum Kochen bringen. Die Muscheln in einen Dämpfeinsatz oder ein großes Sieb geben und über dem Dampf garen. Mit dem restlichen Wein beträufeln und mit der Orangenschale bestreuen. Abdecken und die Muscheln dämpfen, bis sie sich öffnen. Muscheln, die nach dem Garen geschlossen bleiben, wegwerfen.

5 Die Muscheln mit einer Schaumkelle herausnehmen und auf einer vorgewärmten Servierplatte anrichten. Lorbeer und Rosmarin entfernen. Die Sauce über die Muscheln gießen, mit frischer Petersilie garnieren und mit frischem knusprigem Brot servieren.

Krebs-Curry

Die Panzer frischer Taschenkrebse kann man säubern, leicht einölen und dann als dekorative Servierschalen verwenden.

NÄHRWERTANGABEN

Kilokalorien	272	Zucker	5g
Eiweiß	27g	Fett	16g
Kohlenhydrate	5g	davon gesättigt	2g

5 MIN. 15 MIN.

4 PERSONEN

ZUTATEN

- 2 EL Senföl
- 1 EL Ghee oder Butter
- 1 Zwiebel, fein gehackt
- 5-cm-Stück Ingwerwurzel, gerieben
- 2 Knoblauchzehen
- 1 TL gemahlene Kurkuma
- 1 TL Salz
- 1 TL Chilipulver
- 2 grüne Chillies, gehackt
- 1 TL Paprikapulver
- 125 g braunes Krebsfleisch aus der Dose
- 350 g weißes Krebsfleisch aus der Dose
- 250 g fettarmer Naturjoghurt
- 1 TL Garam Masala
- frischer Koriander, zum Garnieren
- Basmati-Reis, zum Servieren

1 Das Senföl in einer großen beschichteten Pfanne, einem Wok oder einem Schmortopf erhitzen.

2 Wenn es zu rauchen beginnt, Ghee und Zwiebel zugeben. 3 Minuten bei mittlerer Hitze andünsten, bis die Zwiebel weich ist.

3 Den Ingwer und die ganzen Knoblauchzehen zugeben und unterrühren.

4 Kurkuma, Salz, Chilipulver, Chillies und Paprikapulver zugeben und gut verrühren.

5 Die Hitze erhöhen, dann Krebsfleisch und Joghurt zugeben. Unter gelegentlichem Rühren 10 Minuten köcheln lassen, bis die Sauce leicht eindickt.

6 Die Hitze reduzieren und alles mit Garam Masala abschmecken.

7 Das fertige Gericht mit Korianderblättern garnieren und zu Basmati-Reis servieren.

2

3

4

TIPP

Eine ungewöhnliche Geschmackskombination erhalten Sie, wenn Sie das Krebsfleisch mit Grapefruitspalten und Mayonnaise mischen und dies mit gehobelten Mandeln bestreuen.

Krebsfleisch mit Chinakohl

Die feinen Aromen von Chinakohl und Krebsfleisch werden in diesem Rezept durch die Kokosmilch noch verfeinert und abgerundet.

NÄHRWERTANGABEN

Kilokalorien 109	Zucker .... 1 g
Eiweiß .... 11 g	Fett .... 6 g
Kohlenhydrate ... 2 g	davon gesättigt .. 1 g

5 MIN. 10 MIN.

4 PERSONEN

ZUTATEN

- 225 g Shiitake-Pilze
- 2 EL Pflanzenöl
- 2 Knoblauchzehen, zerdrückt
- 6 Frühlingszwiebeln, in Ringen
- 1 Chinakohl, in Streifen
- 1 EL milde Currypaste
- 6 EL Kokosmilch
- 200 g weißes Krebsfleisch aus der Dose, abgetropft
- 1 TL Chiliflocken

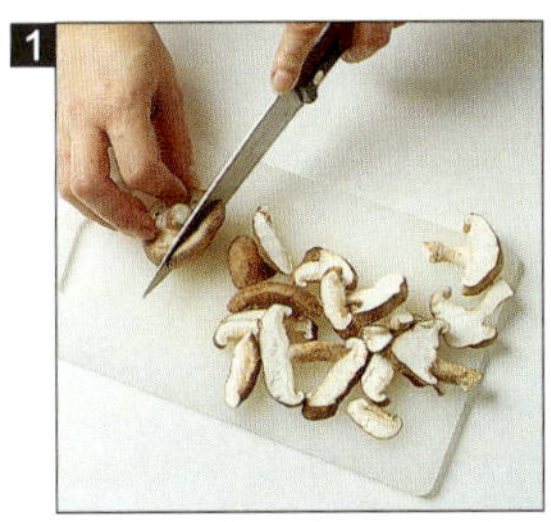

1 Die Pilze mit einem scharfen Messer in Scheiben schneiden.

2 Das Pflanzenöl in einem großen heißen Wok oder einer großen Pfanne erhitzen.

3 Die Pilze und den Knoblauch in den Wok oder die Pfanne geben und darin 3 Minuten weich dünsten.

4 Die Frühlingszwiebeln und den Chinakohl zugeben und andünsten, bis die Blätter zusammenfallen.

5 Die Currypaste und die Kokosmilch in einer kleinen Schüssel verrühren.

6 Die Kokosmischung zusammen mit dem Krebsfleisch und den Chiliflocken in den Wok geben und alles gut miteinander vermengen.

7 Die Wokmischung erhitzen, bis die Sauce zu sieden beginnt.

8 Das Gericht auf vorgewärmte Servierschüsseln verteilen und servieren.

TIPP

Shiitake-Pilze sind mittlerweile in den Gemüseabteilungen der meisten großen Supermärkte erhältlich.

Krebse in Ingwersauce

Bei diesem Rezept werden die Krebse für einen schöneren optischen Effekt ganz gelassen und mit einer sämigen Ingwersauce überzogen.

NÄHRWERTANGABEN

Kilokalorien 125	Zucker .... 2 g
Eiweiß .... 8 g	Fett .... 8 g
Kohlenhydrate ... 5 g	davon gesättigt .. 1 g

10 MIN. 10 MIN.

4 PERSONEN

ZUTATEN

- 2 kleine Taschenkrebse, gekocht
- 2 EL Öl
- 9-cm-Stück Ingwerwurzel, gerieben
- 2 Knoblauchzehen, in dünnen Scheiben
- 1 grüne Paprika, in Streifen
- 6 Frühlingszwiebeln, in 2,5 cm langen Stücken
- 2 EL Reiswein oder trockener Sherry
- ½ TL Sesamöl
- 150 ml Fischfond
- 1 TL brauner Zucker
- 2 TL Speisestärke
- 150 ml Wasser

1 Die Krebse waschen und den oberen Panzer leicht anheben. Das graue Fleisch mit einem scharfen Messer ablösen und wegwerfen. Die Krebse noch einmal waschen.

2 Die Beine und Scheren der Krebse abdrehen. Mit einer Krebszange oder einem Nussknacker die Scheren öffnen, sodass das Fleisch sichtbar wird. Lose Schalenstücke entfernen.

3 Den Panzer öffnen, die ungenießbare Lunge und die Innereien entfernen. Den Körper erst längs, dann quer halbieren.

4 Das Öl in einem heißen Wok erhitzen, Ingwer und Knoblauch zugeben und 1 Minute pfannenrühren. Das Krebsfleisch zugeben und alles 1 weitere Minute garen.

5 Paprika, Frühlingszwiebeln, Reiswein, Sesamöl, Fischfond und Zucker zugeben. Alles kräftig aufkochen, dann die Hitze reduzieren, den Wok abdecken und den Inhalt 3–4 Minuten köcheln lassen.

6 Die Speisestärke mit dem Wasser anrühren und in den Wok gießen. Alles unter Rühren kurz aufkochen. Das fertige Gericht sofort servieren.

2

2

3

VARIATION

Das Krebsfleisch vor dem Garen aus dem Panzer lösen und erst in Schritt 5 zugeben.

Gebratener Reis mit Krebsfleisch

Aus Kosten- und Zeitgründen wurde hier Krebsfleisch aus der Dose verwendet; frisches weißes Krebsfleisch ist jedoch noch köstlicher.

NÄHRWERTANGABEN

Kilokalorien	225	Zucker	1 g
Eiweiß	12 g	Fett	11 g
Kohlenhydrate	20 g	davon gesättigt	2 g

5 MIN. 25 MIN.

4 PERSONEN

ZUTATEN

150 g Langkornreis
2 EL Erdnussöl
125 g weißes Krebsfleisch aus der Dose, abgetropft
1 Porreestange, in Scheiben
150 g Bohnensprossen
2 Eier, verquirlt
Salz
1 EL helle Sojasauce
2 TL Limettensaft
1 TL Sesamöl
Limettenscheiben, zum Garnieren

1 Den Reis in einen Topf mit kochendem Salzwasser geben und etwa 15 Minuten kochen. Gründlich abtropfen lassen, unter fließendem kaltem Wasser waschen und erneut gründlich abtropfen lassen.

2 Das Erdnussöl in einem heißen Wok stark erhitzen.

3 Krebsfleisch, Porree und Bohnensprossen in den Wok geben und darin 2–3 Minuten garen. Alles mit einem Pfannenwender herausnehmen und beiseite stellen.

4 Die Eier im Wok unter Rühren 2–3 Minuten braten, bis sie stocken.

5 Die Reis- und Krebsfleisch-Mischung in den Wok geben, gut mit den Eiern mischen und mit Salz abschmecken.

6 Die Sojasauce und den Limettensaft in den Wok gießen, 1 Minute garen und gut verrühren. Sesamöl darüber träufeln.

7 Das fertige Gericht in eine vorgewärmte Servierschüssel füllen, mit Limettenscheiben garnieren und sofort servieren.

VARIATION

Statt Krebsfleisch können Sie, wenn Sie etwas ganz Besonderes wünschen, auch gekochtes Hummerfleisch verwenden.

Gebratene Meeresfrüchte

Die Kombination von frischen Meeresfrüchten und zartem Gemüse mit Ingweraroma ergibt eine gesunde leichte Mahlzeit.

NÄHRWERTANGABEN

Kilokalorien	226	Zucker	5 g
Eiweiß	35 g	Fett	7 g
Kohlenhydrate	6 g	davon gesättigt	1 g

5 MIN. 15 MIN.

4 PERSONEN

ZUTATEN

- 100 g junger grüner Spargel, Enden geschält
- 1 EL Sonnenblumenöl
- 2,5-cm-Stück Ingwerwurzel, in Streifen
- 1 Porreestange, in Streifen
- 2 Karotten, in dünnen Stiften
- 100 g Babymaiskolben, längs geviertelt
- 2 EL helle Sojasauce
- 1 EL Austernsauce
- 1 TL Honig
- 450 g gemischte Meeresfrüchte, gekocht
- Eiernudeln, zum Servieren

GARNIERUNG

- 4 Riesengarnelen, gekocht
- 1 kleines Bund frischer Schnittlauch, in kleinen Röllchen

1

3

5

1 Wasser in einem Topf aufkochen und den Spargel 1–2 Minuten blanchieren.

2 Den Spargel abgießen, gut abtropfen lassen und warm halten.

3 Das Öl in einem Wok erhitzen und Ingwer, Porree, Karotten und Mais darin 3 Minuten pfannenrühren.

4 Soja- und Austernsauce sowie Honig in den Wok geben.

5 Die Meeresfrüchte ebenfalls zugeben und 2–3 Minuten pfannenrühren, bis das Gemüse zart ist und die Meeresfrüchte erhitzt sind. Den Spargel zufügen und weitere 2 Minuten pfannenrühren.

6 Die Nudeln auf vorgewärmte Teller verteilen und die Meeresfrüchte darauf anrichten.

7 Das fertige Gericht mit Garnelen und Schnittlauch garniert sofort servieren.

Krebsfleisch-Küchlein

Diese schmackhaften Küchlein aus Krebsfleisch können als Snack, Vorspeise oder zu einem Hauptgericht gereicht werden.

NÄHRWERTANGABEN

Kilokalorien	262	Zucker	4 g
Eiweiß	13 g	Fett	17 g
Kohlenhydrate	14 g	davon gesättigt	3 g

20 MIN. 55 MIN.

4 PERSONEN

ZUTATEN

- 90 g Langkornreis
- 1 EL Sesamöl
- 1 kleine Zwiebel, gehackt
- 1 große Knoblauchzehe, zerdrückt
- 2 EL frisch gehackter Koriander
- 200 g Krebsfleisch aus der Dose, abgetropft
- 1 EL Fischsauce oder helle Sojasauce
- 250 ml Kokosmilch
- Salz und Pfeffer
- 2 Eier
- 4 EL Pflanzenöl
- Frühlingszwiebelringe, zum Garnieren

2

3

3

1 Reis in reichlich Wasser mit etwas Salz etwa 12 Minuten kochen, bis er gar ist. Mit kaltem Wasser spülen und gut abgießen.

2 Das Sesamöl in einer Pfanne erhitzen und die Zwiebel und den Knoblauch darin etwa 5 Minuten andünsten, bis sie gerade weich und goldbraun sind.

3 Reis, Zwiebel, Knoblauch, Koriander, Krebsfleisch, Fisch- oder Sojasauce und Kokosmilch vermengen. Alles mit Salz und Pfeffer würzen. Die Eier verquirlen und untermischen. In 8 eingefettete Gratinier- oder ähnliche Formen füllen und diese in eine große Backform oder einen Bräter mit warmem Wasser stellen, das etwa bis zur Hälfte der Förmchen reichen sollte. Die Küchlein in einem auf 180 °C vorgeheizten Ofen 25 Minuten backen, bis sich die Masse gesetzt hat. Dann abkühlen lassen.

4 Die Krebsfleischküchlein aus den Formen stürzen. Das Öl in der Pfanne erhitzen und die Krebsfleischküchlein braten, bis sie goldbraun sind. Auf Küchenpapier abtropfen lassen, garnieren und servieren.

TIPP

Sie können, falls gewünscht, diese Krebsfleischküchlein bis inklusive Schritt 3 vorbereiten. Bewahren Sie sie abgedeckt im Kühlschrank auf. Sie müssen vor dem Verzehr nur noch gebraten werden.

Vermicelli vongole

Eine schnelle Mahlzeit mit Venusmuscheln, bei der Zutaten aus dem Vorratsschrank ihren großen Auftritt haben.

NÄHRWERTANGABEN

Kilokalorien	520	Zucker	2 g
Eiweiß	26 g	Fett	13 g
Kohlenhydrate	71 g	davon gesättigt	4 g

10 MIN. 25 MIN.

4 PERSONEN

ZUTATEN

- 400 g Vermicelli, Spaghetti oder andere lange Nudeln
- 2 EL Olivenöl
- 1 EL Butter
- 2 Zwiebeln, gehackt
- 2 Knoblauchzehen, gehackt
- 400 g Venusmuscheln aus der Dose, abgetropft und Sud aufgefangen
- 125 ml Weißwein
- 4 EL frisch gehackte Petersilie
- ½ TL getrockneter Oregano
- Salz und Pfeffer
- 1 Prise geriebene Muskatnuss
- 2 EL frisch geriebener Parmesan
- frische Basilikumblätter, zum Garnieren

1 Die Vermicelli mit der Hälfte des Olivenöls bissfest garen. Abgießen, in den Topf zurückgeben und mit der Butter mischen. Den Topf abdecken und die Nudeln warm halten.

2 Die Zwiebeln in dem restlichen Öl glasig dünsten. Den Knoblauch zugeben und 1 Minute mitdünsten.

3 Die Hälfte des Muschelsuds mit dem Wein zur Zwiebelmischung geben. (Der restliche Muschelsud wird nicht mehr benötigt.) Die Flüssigkeit aufkochen und 3 Minuten köcheln lassen.

4 Muscheln, Petersilie und Oregano zur Sauce geben und alles mit Salz, Pfeffer und Muskat würzen. Die Hitze reduzieren und die Sauce so lange sanft köcheln lassen, bis alle Zutaten gleichmäßig erwärmt sind.

5 Die Nudeln in eine Schüssel füllen und mit der Sauce übergießen. Das fertige Gericht mit Parmesan bestreuen, mit Basilikum garnieren und sofort servieren.

2

3

4

TIPP

Venusmuscheln findet man an fast allen Küsten der Welt. Für dieses Rezept wird normalerweise eine nur etwa 3–5 cm große Art verwendet. Auf Italienisch heißen Muscheln allgemein *vongole*.

Hummer auf Farfallini

Dieses Gericht sieht fast zu gut aus, um es zu essen. Man sollte es aber trotzdem nicht als Dekoration stehen lassen, sondern genießen.

NÄHRWERTANGABEN

Kilokalorien	686	Zucker	1 g
Eiweiß	45 g	Fett	36 g
Kohlenhydrate	44 g	davon gesättigt	19 g

30 MIN. 25 MIN.

4 PERSONEN

ZUTATEN

2 Hummer (à 700 g), längs halbiert
Saft und geriebene Schale von 1 Zitrone
120 g Butter
4 EL frische Semmelbrösel
2 EL Weinbrand
5 EL Crème double oder Crème fraîche
Salz und Pfeffer
500 g Farfallini
1 EL Olivenöl
60 g Parmesan, gerieben

GARNIERUNG

1 Kiwi, in Scheiben
4 gekochte Riesengarnelen, ungeschält
Dillzweige

1 Die Hummer sorgfältig ausnehmen. Das Fleisch aus dem Schwanz lösen und hacken. Scheren und Beine aufbrechen, das Fleisch auslösen und hacken. Das Fleisch in einer Schüssel mit Zitronensaft und -schale mischen.

2 Die Hummerpanzer gut säubern und bei 170 °C im Ofen trocknen.

3 1 Esslöffel Butter in einer Pfanne zerlassen und die Semmelbrösel darin 3 Minuten knusprig und goldbraun rösten.

4 Die restliche Butter in einem Topf zerlassen und das Hummerfleisch sanft anbraten. Den Weinbrand zugießen und alles 3 Minuten kochen, dann mit Crème double oder Crème fraîche verfeinern und mit Salz und Pfeffer abschmecken.

5 Salzwasser in einem großen Topf aufkochen, die Farfallini hineingeben und darin mit dem Olivenöl bissfest garen. Die Nudeln abgießen und in die gesäuberten Hummerpanzer füllen.

6 Das Hummerfleisch auf die Nudeln in den Panzern legen, mit Parmesan und Semmelbröseln bestreuen und 2–3 Minuten goldbraun grillen. Dann die Hummerpanzer auf einem vorgewärmten Servierteller anrichten, mit Kiwi, Garnelen und Dill garnieren und sofort servieren.

1

3

6

Frittierter Meeresfrüchte-Mix

So wie hier Garnelen, Tintenfisch und Weißfisch können Sie auch andere Fische und Meeresfrüchte kombinieren – die Weinsauce passt immer.

NÄHRWERTANGABEN

Kilokalorien	168	Zucker	2 g
Eiweiß	29 g	Fett	3 g
Kohlenhydrate	4 g	davon gesättigt	1 g

5 MIN. 15 MIN.

4 PERSONEN

ZUTATEN

- 2 EL trockener Weißwein
- 1 Eiweiß, leicht verquirlt
- ½ TL Fünf-Gewürze-Pulver
- 1 TL Speisestärke
- 300 g rohe Garnelen, ausgelöst
- 125 g Tintenfischringe
- 125 g weißes Fischfilet, in Streifen
- Pflanzenöl, zum Frittieren
- 1 grüne Paprika, in Streifen
- 1 Karotte, in dünnen Streifen
- 4 Babymaiskolben, längs halbiert

1 Weißwein, Eiweiß, Fünf-Gewürze-Pulver und Speisestärke in einer großen Schüssel mischen. Garnelen, Tintenfischringe und Fischfilet zugeben und sorgfältig darin wenden. Fisch und Meeresfrüchte mit einem Schaumlöffel herausheben und die Panade aufbewahren.

2 Das Öl in einem heißen Wok erhitzen und Fisch und Meeresfrüchte 2–3 Minuten darin pfannenrühren. Mit einem Schaumlöffel aus dem Wok heben und zunächst beiseite stellen.

3 Das Öl aus dem Wok bis auf 1 Esslöffel abgießen, den Wok wieder auf den Herd stellen und dann Paprika, Karotte und Maiskolben darin 4–5 Minuten pfannenrühren.

4 Fisch, Meeresfrüchte und die restliche Panade wieder in den Wok geben und alles unter Rühren erhitzen. Sofort servieren.

TIPP

Öffnen Sie die Tintenfischringe mit einem scharfen Messer und schneiden Sie sie gitterförmig ein, damit sie attraktiver aussehen.

1

2

3

Pizza frutti di mare

Bringen Sie Abwechslung in Ihre Küche: Belegen Sie Ihre Pizza doch einmal mit frischen Meeresfrüchten auf einer Tomaten-Paprika-Sauce.

2

3
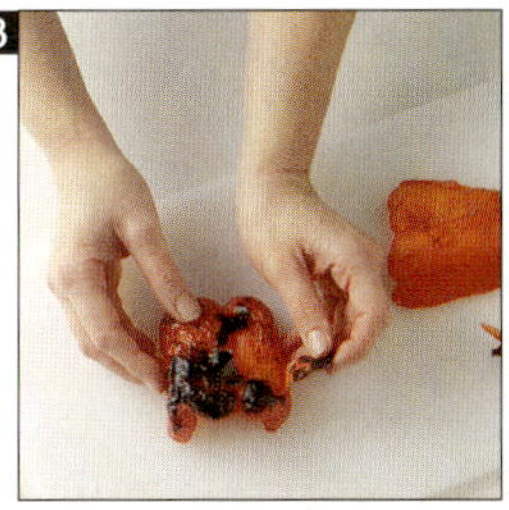
5

NÄHRWERTANGABEN

Kilokalorien 248	Zucker .... 7 g
Eiweiß .... 27 g	Fett .... 6 g
Kohlenhydrate .. 22 g	davon gesättigt .. 2 g

25 MIN. 55 MIN.

4 PERSONEN

ZUTATEN

- 150 g fertiger Pizzateig
- 4 EL frisch gehackter Dill oder 2 EL getrockneter Dill
- frischer Dill, zum Garnieren

SAUCE

- 1 große rote Paprika
- 400 g fertige Tomatensauce mit Zwiebeln und Kräutern
- 3 EL Tomatenmark
- Salz und Pfeffer

BELAG

- 350 g vorgegarte Meeresfrüchtemischung, Tiefkühlware aufgetaut
- 1 EL eingelegte Kapern, abgetropft
- 25 g schwarze Oliven, entsteint
- 25 g Mozzarella, gerieben
- 1 EL frisch geriebener Parmesan

1 Den Backofen auf 200 °C vorheizen. In der Zwischenzeit die Fertigmischung für den Pizzateig in einer Schüssel mit dem Dill verrühren und den Teig gemäß der Packungsanleitung zubereiten.

2 Den Teig zu einem Boden von 25 cm Durchmesser ausrollen, auf ein gefettetes Backblech legen und beiseite stellen, damit der Teig aufgehen kann.

3 Die Paprika halbieren, entkernen, mit der Schnittfläche nach unten auf ein Backblech legen und 10–12 Minuten grillen, bis die Haut Blasen wirft und schwarz wird. Dann die Paprika vom Blech nehmen, die verkohlte Haut abziehen und das Fruchtfleisch fein hacken.

4 Tomatensauce und Paprika in einem Topf aufkochen, dann 10 Minuten köcheln lassen. Tomatenmark zufügen und alles mit Salz und Pfeffer abschmecken.

5 Die Sauce auf dem Pizzaboden verstreichen, die Meeresfrüchte darauf verteilen. Mit Kapern, Oliven und Käse bestreuen und 25–30 Minuten backen.

6 Die fertige Pizza mit frischem Dill garnieren und sofort servieren.

Meeresfrüchte Chow-Mein

Sie können für dieses köstliche Nudelgericht alle Arten von Meeresfrüchten verwenden, je nach Verfügbarkeit.

NÄHRWERTANGABEN

Kilokalorien	281	Zucker	1 g
Eiweiß	15 g	Fett	18 g
Kohlenhydrate	16 g	davon gesättigt	2 g

15 MIN. 15 MIN.

4 PERSONEN

ZUTATEN

- 90 g Tintenfisch, küchenfertig
- 3–4 Jakobsmuscheln, ausgelöst
- 90 g rohe Garnelen, ausgelöst
- ½ Eiweiß, leicht verquirlt
- ½ EL Speisestärke mit 1 EL Wasser angerührt
- 275 g Eiernudeln
- 5–6 EL Pflanzenöl
- 2 EL helle Sojasauce
- 60 g Zuckererbsen
- ½ TL Salz
- ½ TL Zucker
- 1 TL chinesischer Reiswein
- 2 Frühlingszwiebeln, gehackt
- einige Tropfen Sesamöl

1 Den Rumpf des Tintenfischs umstülpen und die Innenseite mit einem scharfem Küchenmesser kreuzförmig einritzen. Den Tintenfisch in rechteckige Stücke schneiden. Die Tintenfischstücke in einer Schüssel mit kochendem Wasser einweichen, bis sie sich leicht krümmen. Dann mit kaltem Wasser abspülen und gründlich abtropfen lassen.

2 Die Muscheln in je 3–4 Scheiben schneiden. Große Garnelen längs halbieren. Das Eiweiß mit der Speisestärke vermengen und die Muscheln und die Garnelen darin wenden.

3 Die Nudeln kochen, dann abtropfen lassen und in kaltem Wasser spülen. Erneut abtropfen lassen, dann 1 Esslöffel Öl untermischen und schwenken. Dann 3 Esslöffel Öl in einem heißen Wok erhitzen. Die Nudeln und 1 Esslöffel Sojasauce zugeben und 2–3 Minuten pfannenrühren. Auf einen großen Servierteller umfüllen.

4 Das restliche Öl im Wok erhitzen und die Zuckererbsen und Meeresfrüchte zugeben. Etwa 2 Minuten anbraten, dann Salz, Zucker, Wein, restliche Sojasauce und die Hälfte der Frühlingszwiebeln zufügen. Gut durchmischen und gegebenenfalls etwas Brühe oder Wasser zugießen. Die Meeresfrüchte-Mischung auf die Nudeln geben und mit Sesamöl beträufeln. Mit den restlichen Frühlingszwiebeln garniert servieren.

1

1

2

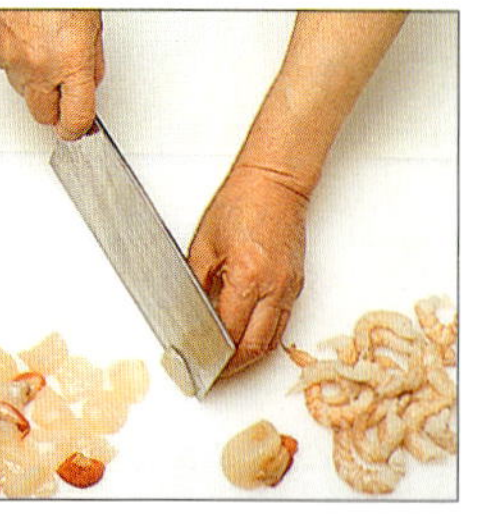

TIPP

Chinesischer Reiswein wird aus Klebreis hergestellt und wegen seiner goldgelben Farbe auch „Gelber Wein" genannt. Ein guter trockener oder halbtrockener Sherry ist ein annehmbarer Ersatz.

Lasagne frutti di mare

Für diese Lasagne eignet sich nahezu jeder Fisch und jede Sauce: Hier wird geräucherter Schellfisch, Seezunge und Käsesauce kombiniert.

NÄHRWERTANGABEN

Kilokalorien	790	Zucker	23 g
Eiweiß	55 g	Fett	32 g
Kohlenhydrate	74 g	davon gesättigt	19 g

30 MIN. 45 MIN.

4 PERSONEN

ZUTATEN

- 500 g geräucherter Schellfisch, filetiert, gehäutet und zerkleinert
- 120 g Seezungenfilet, gehäutet und in Streifen
- 120 g gekochte Garnelen
- schwarzer Pfeffer
- Saft von 1 Zitrone
- 60 g Butter
- 3 Porreestangen, in dünnen Scheiben
- 60 g Mehl
- 600 ml Milch
- 2 EL klarer Honig
- 200 g Mozzarella, gerieben
- 500 g Lasagneplatten, vorgekocht
- 60 g Parmesan, gerieben

1 Die Fischfilets und die Garnelen in einer Schüssel mit schwarzem Pfeffer und Zitronensaft würzen und beiseite stellen.

2 Die Butter in einem großen Topf zerlassen und den Porree unter gelegentlichem Rühren 8 Minuten darin andünsten. Das Mehl zugeben und alles 1 Minute pfannenrühren. Nach und nach die Milch zugießen und zu einer cremigen Sauce verrühren.

3 Honig und Mozzarella einrühren und weitere 3 Minuten kochen. Vom Herd nehmen und Fisch und Garnelen zugeben.

4 Die Fischsauce und die Lasagneplatten abwechselnd in eine große Auflaufform schichten und mit einer Lage Fischsauce abschließen. Mit Parmesan bestreuen und in einem auf 180 °C vorgeheizten Ofen 30 Minuten überbacken. Sofort servieren.

VARIATION

Für eine Apfelsauce den Porree durch 1 fein gehackte Schalotte, die Milch durch 300 ml Cidre sowie 300 g Crème double und den Honig durch 1 Teelöffel Senf ersetzen. Für eine toskanische Sauce den Porree durch 1 fein gehackte Fenchelknolle ersetzen und den Honig weglassen.

Pizza marinara

Diese Pizza besitzt einen saftigen Belag aus gemischten Meeresfrüchten wie Garnelen, Muscheln und Tintenfischringen.

NÄHRWERTANGABEN

Kilokalorien	359	Zucker	9 g
Eiweiß	19 g	Fett	14 g
Kohlenhydrate	42 g	davon gesättigt	4 g

3 ¹/₄ STD. — 20 MIN.

4 PERSONEN

ZUTATEN

- 150 g Pizzateig (siehe Seite 861)
- Tomatensauce (siehe Seite 6)
- 200 g Meeresfrüchtemischung, Tiefkühlware aufgetaut
- 1 EL Kapern
- 1 kleine gelbe Paprika, gehackt
- 1 EL frisch gehackter Majoran
- ½ TL getrockneter Oregano
- 3 EL frisch geriebener Mozzarella
- 1 EL frisch geriebener Parmesan
- 12 schwarze Oliven
- Olivenöl, zum Beträufeln
- Salz und Pfeffer
- frischer Majoran oder Oregano, zum Garnieren

3

4

5

1 Den Pizzateig auf einer leicht bemehlten Arbeitsfläche zu einem Kreis von 25 cm Durchmesser ausrollen.

2 Den Teigkreis auf ein eingefettetes Backblech legen und den Rand etwas höher ziehen.

3 Danach gleichmäßig mit der Tomatensauce bestreichen und dabei einen schmalen Rand lassen.

4 Meeresfrüchte, Kapern und Paprika auf der Tomatensauce verteilen.

5 Dann Kräuter und Käse darüber streuen, die Oliven darauf legen, mit etwas Olivenöl beträufeln und mit Salz und Pfeffer würzen.

6 Die Pizza in einem auf 200 °C vorgeheizten Ofen 18–20 Minuten backen, bis der Rand goldbraun und knusprig ist.

7 Auf einen vorgewärmten Servierteller legen, mit einem Majoran- oder Oreganozweig garnieren und sofort servieren.

Meeresfrüchte-Risotto Genua

Für diesen Risotto wird zuerst der Reis gekocht, dann die Sauce zubereitet und schließlich beides miteinander vermischt.

NÄHRWERTANGABEN

Kilokalorien	424	Zucker	0 g
Eiweiß	23 g	Fett	17 g
Kohlenhydrate	46 g	davon gesättigt	10 g

10 MIN. 25 MIN.

4 PERSONEN

ZUTATEN

- 1,2 l Fischfond oder Hühnerbrühe
- 350 g Arborio-Reis
- 2 EL Butter
- 2 Knoblauchzehen, zerdrückt
- 250 g Meeresfrüchtemischung, Tiefkühlware aufgetaut
- 2 EL frisch gehackter Oregano, plus etwas mehr, zum Garnieren
- 50 g Pecorino oder Parmesan, gerieben

1

3

5

1 Den Fond in einem Topf erhitzen, dann den Reis zufügen und 12 Minuten darin kochen, bis er gar ist; dabei regelmäßig umrühren. Dann sorgfältig abtropfen lassen und den Kochsud auffangen.

2 Die Butter in einer Pfanne zerlassen und den Knoblauch darin andünsten.

3 Die Meeresfrüchte zugeben und 5 Minuten anbraten (vorgegarte Meeresfrüchte nur 2–3 Minuten braten).

4 Den Oregano unter die Mischung in der Pfanne rühren.

5 Den Reis zugeben und 2–3 Minuten unter ständigem Rühren aufwärmen, bis er vollständig erhitzt ist. Falls der Risotto zu klebrig wird, etwas von dem aufgefangenen Kochsud unterrühren.

6 Dann Pecorino oder Parmesan zufügen und sorgfältig einrühren.

7 Den Risotto auf vorgewärmte Servierteller verteilen und sofort servieren.

TIPP

Die Genueser Küche ist berühmt für ihre köstlichen Fischgerichte, die meist mit dem Olivenöl aus der Region zubereitet werden.

Omelett mit Meeresfrüchten

Dieses köstliche Omelett ist mit frischem Gemüse, klein geschnittenem Tintenfisch und Krabben gefüllt.

NÄHRWERTANGABEN

Kilokalorien	216	Zucker	2 g
Eiweiß	20 g	Fett	13 g
Kohlenhydrate	4 g	davon gesättigt	4 g

5 MIN. 10 MIN.

4 PERSONEN

ZUTATEN

- 4 Eier
- 3 EL Milch
- 1 EL Fischsauce oder helle Sojasauce
- 1 EL Sesamöl
- 3 Schalotten, fein gehackt
- 1 kleine rote Paprika, in Streifen
- 1 kleine Porreestange, in Stiften
- 125 g Tintenfischringe
- 125 g geschälte Krabben
- 1 EL frisch gehacktes Basilikum
- Salz und Pfeffer
- 15 g Butter
- Basilikumzweige, zum Garnieren

1 Die Eier mit der Milch und der Fisch- oder Sojasauce gut verquirlen. Zunächst beiseite stellen.

2 Das Sesamöl in einem Wok erhitzen und darin Schalotten, Paprika und Porree 2–3 Minuten andünsten.

3 Tintenfischringe, Krabben und Basilikum zufügen und 2–3 Minuten pfannenrühren, bis der Tintenfisch milchig trüb ist.

4 Die Wokmischung mit Salz und Pfeffer abschmecken, auf einen vorgewärmten Teller geben und warm halten.

5 Die Butter in einer großen Pfanne zerlassen und die vorbereitete Eimischung zugeben. Bei mittlerer Hitze braten, bis das Omelett gerade gar und fest ist.

6 Die Mischung aus Gemüse und Meeresfrüchten mit einem Löffel in einem breiten Streifen in die Mitte des Omeletts füllen und beide Seiten des Omeletts nach innen klappen.

7 Das Omelett auf einen vorgewärmten Servierteller heben und in 4 Portionen teilen. Mit frischen Basilikumzweigen garniert sofort servieren.

1

2

3

VARIATION

Gekochtes und klein gezupftes Hühnerfleisch ist eine köstliche Alternative zu Tintenfisch. Sie können auch frischen Koriander anstelle von Basilikum verwenden.

Krabben aus dem Wok

Krabben werden kurz angebraten und mit Gurken, Zitronengras, Chili und Ingwer pikant zubereitet – ein köstliches und schnelles Gericht.

NÄHRWERTANGABEN

Kilokalorien	178	Zucker	1 g
Eiweiß	22 g	Fett	7 g
Kohlenhydrate	3 g	davon gesättigt	1 g

5 MIN. 5 MIN.

4 PERSONEN

ZUTATEN

- ½ Salatgurke
- 2 EL Sonnenblumenöl
- 6 Frühlingszwiebeln, längs halbiert und in 4 cm langen Stücken
- 1 Stängel Zitronengras, in dünnen Streifen
- 1 Knoblauchzehe, gehackt
- 1 TL frisch gehackte rote Chili
- 125 g Austernpilze
- 1 TL frisch gehackte Ingwerwurzel
- 350 g geschälte Krabben
- 2 TL Speisestärke
- 2 EL Wasser
- 1 EL dunkle Sojasauce
- ½ TL Fischsauce
- 2 EL trockener Sherry oder Reiswein
- Reis, zum Servieren

1

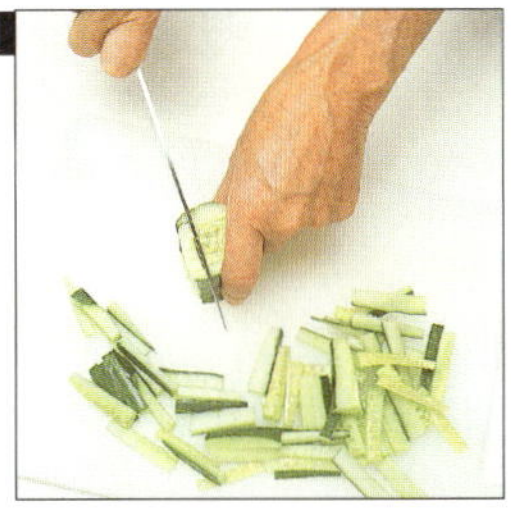

3

4

1 Die Gurke in schmale, ca. 4 cm lange Streifen schneiden.

2 Das Sonnenblumenöl in einem Wok oder einer großen Pfanne erhitzen.

3 Frühlingszwiebeln, Gurke, Zitronengras, Knoblauch, Chili, Austernpilze und Ingwer zugeben und alles 2 Minuten pfannenrühren.

4 Die Krabben zugeben und 1 Minute pfannenrühren.

5 Speisestärke, Wasser, Sojasauce und Fischsauce glatt rühren.

6 Die Mischung zusammen mit dem Sherry oder Wein in den Wok einrühren und erhitzen. So lange rühren, bis die Sauce eingekocht ist. Mit Reis servieren.

TIPP

Weiße Teile des Zitronengrasstängels können fein geschnitten in der fertigen Speise bleiben. Verwenden Sie aber den ganzen Stängel, sollten Sie diese vor dem Servieren entfernen. Zitronengras ist geschnitten, getrocknet oder im Glas erhältlich.

Pasta mit Meeresfrüchten

Für dieses Gericht können Sie nahezu alle Arten von Meeresfrüchten verwenden. Ganz besonders gut schmeckt das Fleisch von Meerbrassen.

NÄHRWERTANGABEN

Kilokalorien	699	Zucker	4g
Eiweiß	56g	Fett	35g
Kohlenhydrate	35g	davon gesättigt	20g

20 MIN. 30 MIN.

4 PERSONEN

ZUTATEN

- 500 g Meerbrassenfilet
- 100 g Butter
- 12 rohe Riesengarnelen
- 12 geschälte Krabben
- 12 Jakobsmuscheln, ausgelöst
- 130 g Tintenfischmäntel
- Pfeffer
- Saft und geriebene Schale von 1 Zitrone
- 1 Msp. Safranfäden
- 1 l Gemüsebrühe
- 160 ml Rosenblütenessig
- 500 g Farfalle
- 1 EL Olivenöl
- 160 ml Weißwein
- 1 EL rote Pfefferkörner
- 120 g junge Karotten
- 160 ml Crème double

1 Die Garnelen schälen und die Därme entfernen. Die Brassenfilets in Scheiben schneiden. Die Butter in einer Pfanne zerlassen und den Fisch, die Garnelen, die Krabben, die Muscheln und den Tintenfisch 1–2 Minuten anbraten.

2 Mit Pfeffer würzen. Dann Zitronensaft und -schale einrühren und den Safran in den Bratensaft geben; er darf nicht direkt auf die Meeresfrüchte gegeben werden!

3 Die Meeresfrüchte aus der Pfanne nehmen und warm halten.

4 Die Brühe in der Pfanne aufkochen und auf zwei Drittel einkochen lassen. Den Essig zugießen und weitere 4 Minuten eindicken lassen.

5 Die Nudeln in kochendem Salzwasser mit dem Öl bissfest garen. Dann abgießen und in eine Servierschüssel füllen. Die Meeresfrüchte darüber geben.

6 Wein, Pfefferkörner und Karotten in die Pfanne geben und die Sauce weitere 6 Minuten einkochen. Crème double zugießen und 2 Minuten köcheln lassen.

7 Die Sauce über die Meeresfrüchte und Nudeln gießen und sofort servieren.

1

1

4

Pasta frutti di mare

Diese mediterrane Meeresfrüchteplatte begeistert mit ihren unterschiedlichen Aromen, Konsistenzen und Farben.

NÄHRWERTANGABEN

Kilokalorien 188	Zucker .... 2 g
Eiweiß .... 16 g	Fett .... 7 g
Kohlenhydrate .. 13 g	davon gesättigt .. 1 g

30 MIN. 30 MIN.

8 PERSONEN

ZUTATEN

200 g Fussili
1 EL Olivenöl
125 g kleine Champignons
4 EL italienisches Dressing (Fertigprodukt)
2 Knoblauchzehen, zerdrückt
6 EL Weißwein
3 Karotten
600 g frische Miesmuscheln
150 g Tintenfischringe, Tiefkühlware aufgetaut
200 g Riesengarnelen, ausgelöst
6 sonnengetrocknete Tomaten, abgetropft und in Streifen
3 EL frisch gehackter Schnittlauch
Salz und Pfeffer

GARNIERUNG

24 Zuckererbsen
12 Babymaiskolben
12 gekochte Garnelen, ungeschält

1 Salzwasser in einem großen Topf aufkochen. Die Nudeln darin mit dem Olivenöl bissfest garen. Abtropfen lassen.

2 Die Champignons in Dressing, Knoblauch und 2 Esslöffel Wein marinieren.

3 Karotten in 1 cm dicke Scheiben schneiden, 3–4 Minuten blanchieren, abtropfen lassen und zu den Champignons geben.

4 Die Muscheln mehrfach unter kaltem Wasser reinigen und die Bärte entfernen. Muscheln mit zerbrochenen Schalen sowie die, die sich bei Berührung nicht schließen, wegwerfen. Dann die Muscheln mit 150 ml Wasser und dem restlichen Wein in einem Topf erhitzen, aufkochen, abdecken und 3–4 Minuten köcheln lassen, bis sich alle Muscheln geöffnet haben. Abtropfen lassen, verschlossene Muscheln wegwerfen, 12 Stück zum Garnieren beiseite legen. Die anderen Muscheln aus der Schale lösen und zusammen mit Tintenfisch und Garnelen zu den Champignons geben.

5 Getrocknete Tomaten, Nudeln und Schnittlauch zufügen, mischen, mit Salz und Pfeffer abschmecken und auf eine große Servierplatte geben.

6 Die Zuckererbsen 1 Minute und den Mais 3 Minuten blanchieren, unter kaltem Wasser abspülen, abtropfen lassen und abwechselnd mit Muscheln und Garnelen um die Nudeln herum anrichten. Mit Frischhaltefolie abdecken und bis zum Verzehr in den Kühlschrank stellen.

4

5

6

Meeresfrüchtereis

Bei diesem einfachen, aber köstlichen Gericht werden Fisch und Reis zusammen in einer Pfanne gekocht.

NÄHRWERTANGABEN

Kilokalorien	380	Zucker	2g
Eiweiß	40g	Fett	13g
Kohlenhydrate	26g	davon gesättigt	5g

20 MIN. 25 MIN.

4 PERSONEN

ZUTATEN

225 g Basmati-Reis
2 EL Ghee oder Pflanzenöl
1 Zwiebel, gehackt
1 Knoblauchzehe, zerdrückt
1 TL Kreuzkümmelsamen
½ TL Chilipulver
4 Gewürznelken
1 Zimtstange
2 TL Currypaste
225 g geschälte Krabben
500 g weißes Fischfilet (z. B. Kabeljau oder Schellfisch), in mundgerechten Stücken
Salz und frisch gemahlener Pfeffer
600 ml kochendes Wasser
60 g Erbsen, Tiefkühlware aufgetaut
60 g Mais aus der Dose, abgetropft
2 EL Limettensaft
2 EL Kokosraspel

GARNIERUNG

Korianderzweige
Limettenspalten

1 Den Reis in einem Sieb gründlich unter fließendem kaltem Wasser waschen, bis das Wasser klar ist. Gut abtropfen lassen. Dann Ghee oder Öl in einer Pfanne erhitzen und Zwiebel, Knoblauch, sämtliche Gewürze und Currypaste 1 Minute andünsten.

2 Den Reis einrühren und gut mit dem gewürzten Öl vermengen.

3 Krabben und Fisch zugeben und alles mit Salz und Pfeffer würzen. Dann gut umrühren und das kochende Wasser zugießen.

4 Abgedeckt 10 Minuten köcheln lassen, den Deckel zwischenzeitlich nicht abnehmen. Dann Erbsen und Mais zufügen und abgedeckt weitere 8 Minuten kochen. Vom Herd nehmen und 10 Minuten abkühlen lassen. Dann die Nelken und die Zimtstange entfernen.

5 Den Deckel abnehmen. Den Reis mit einer Gabel auflockern und in eine Servierschüssel geben.

6 Den Reis mit Limettensaft beträufeln und mit Kokosraspeln bestreuen. Mit Korianderzweigen und Limettenspalten garniert servieren.

Spaghetti frutti di mare

Geschälte Krabben sind die Hauptzutat in diesem farbenprächtigen und köstlichen Gericht. Die Garnelen sind das i-Tüpfelchen.

NÄHRWERTANGABEN

Kilokalorien	498	Zucker	5 g
Eiweiß	32 g	Fett	23 g
Kohlenhydrate	43 g	davon gesättigt	11 g

30 MIN. 35 MIN.

4 PERSONEN

ZUTATEN

- 250 g Spaghetti, in 15 cm langen Stücken
- 2 EL Olivenöl
- 300 ml Hühnerbrühe
- 1 TL Zitronensaft
- 1 kleiner Blumenkohl, in Röschen
- 2 Karotten, in dünnen Scheiben
- 120 g Zuckererbsen
- 60 g Butter
- 1 Zwiebel, in Ringen
- 250 g Zucchini, in Scheiben
- 350 g geschälte Krabben
- 1 Knoblauchzehe, gehackt
- Salz und Pfeffer
- 2 EL frisch gehackte Petersilie
- 1 EL frisch geriebener Parmesan
- ½ TL Paprikapulver
- 4 gekochte Riesengarnelen, ungeschält, zum Garnieren

1 Salzwasser in einem großen Topf aufkochen. Spaghetti darin mit 1 Esslöffel Öl bissfest garen. Abgießen, in den Topf zurückgeben, mit dem restlichen Öl vermengen und abgedeckt warm halten.

2 Brühe und Zitronensaft in einem Topf aufkochen. Blumenkohl und Karotten zufügen und 3–4 Minuten kochen, dann aus dem Topf nehmen und beiseite stellen. Anschließend die Zuckererbsen in der Brühe 1–2 Minuten kochen, herausnehmen und mit dem restlichen Gemüse beiseite stellen.

3 Die Hälfte der Butter in einer Pfanne zerlassen. Zwiebel und Zucchinischeiben 3 Minuten darin andünsten. Dann Krabben und Knoblauch zugeben und weitere 2–3 Minuten garen.

4 Das vorgegarte Gemüse ebenfalls in die Pfanne geben und erhitzen. Die Sauce mit Salz und Pfeffer abschmecken und die restliche Butter einrühren.

5 Die Nudeln auf vorgewärmte Teller verteilen, dann die Sauce darüber gießen, die Petersilie zugeben und alles mischen. Dann mit Parmesan und Paprika bestreuen, mit den Garnelen garnieren und sofort servieren.

2

3

4

Gemüse & Salate

Elementare Bestandteile einer gesunden Ernährung sind frisches Gemüse und Salate. Neuere ernährungswissenschaftliche Studien empfehlen täglich fünf kleinere Mahlzeiten. In anderen Regionen der Welt, z. B. in Indien oder China, spielt Gemüse, wirtschaftlich und religiös bedingt, eine sehr wichtige Rolle. Die Rezepte in diesem Kapitel bieten eine große Vielfalt an Gemüse- und vegetarischen Gerichten sowie Salaten aus Indien, China, Italien, der Türkei, Frankreich und vielen anderen Ländern. Sie werden sehen, wie einfach es ist, Gemüse und Salate in den eigenen Speiseplan zu integrieren. Raffinierte und originelle Rezepte wie Gemüselasagne, Mexikanischer Chili-Mais-Auflauf oder Brokkoli-Mandel-Salat lassen Sie das Fleisch auf Ihrem Teller nicht vermissen.

Überbackene Auberginen

Dieses köstliche Rezept stammt aus Parma. Wenn Sie die Tomatensauce etwas einkochen, schmeckt sie noch intensiver.

NÄHRWERTANGABEN

Kilokalorien	578	Zucker	22 g
Eiweiß	17 g	Fett	43 g
Kohlenhydrate	25 g	davon gesättigt	13 g

15 MIN. 1¼ STD.

4 PERSONEN

ZUTATEN

- 4 Auberginen
- 3 EL Olivenöl
- 300 g Mozzarella, in dünnen Scheiben
- 4 Scheiben Parmaschinken, in Streifen
- 1 EL frisch gehackter Majoran
- 1 EL frisch gehacktes Basilikum
- Salz und Pfeffer
- ½ Portion Béchamelsauce (siehe Seite 6)
- 3 EL frisch geriebener Parmesan

TOMATENSAUCE

- 4 EL Olivenöl
- 1 große Zwiebel, in Ringen
- 4 Knoblauchzehen, zerdrückt
- 400 g gehackte Tomaten aus der Dose
- 500 g frische Tomaten, gehäutet und gehackt
- 4 EL frisch gehackte Petersilie
- 600 ml heiße Gemüsebrühe
- 1 EL Zucker
- 2 EL Zitronensaft
- 150 ml trockener Weißwein
- Salz und Pfeffer

1 Für die Tomatensauce das Öl in einer großen Pfanne erhitzen und Zwiebel und Knoblauch darin glasig dünsten. Sämtliche Tomaten, Petersilie, Brühe, Zucker und Zitronensaft zufügen, abdecken und 15 Minuten köcheln, dann den Wein einrühren. Mit Salz und Pfeffer abschmecken.

2 Auberginen längs in Scheiben schneiden. Einen großen Topf mit Wasser aufkochen und die Auberginen 5 Minuten blanchieren, dann abtropfen lassen und mit Küchenpapier trockentupfen.

3 Die Hälfte der Tomatensauce in eine gefettete Auflaufform geben, mit der Hälfte der Auberginenscheiben belegen und mit Olivenöl beträufeln. Dann die Hälfte des Mozzarellas, des Parmaschinkens und der Kräuter darüber geben und mit Salz und Pfeffer abschmecken.

4 Den Vorgang mit den restlichen Zutaten wiederholen, mit Béchamelsauce bedecken und mit Parmesan bestreuen. Bei 190 °C 35–40 Minuten garen, bis die Oberfläche goldbraun ist. Sofort servieren.

2
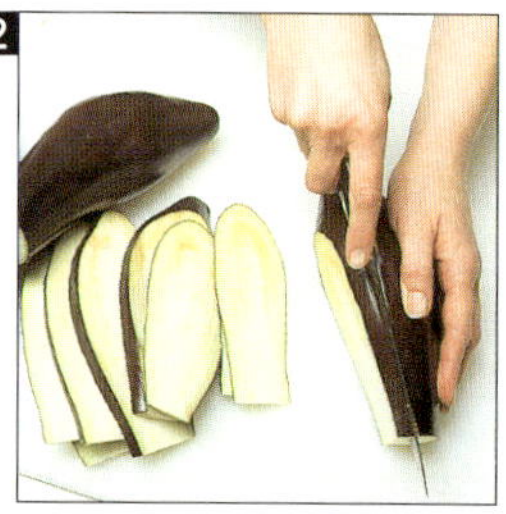

2

3

Gemüsestrudel

Dieser köstliche Strudel beeindruckt auch äußerlich. Die Gemüsemischung gibt dem Gericht Farbe und Geschmack.

NÄHRWERTANGABEN

Kilokalorien 660	Zucker . . . . 7 g
Eiweiß . . . . 11 g	Fett . . . . 45 g
Kohlenhydrate . . 53 g	davon gesättigt . 15 g

25 MIN. 45 MIN.

4 PERSONEN

ZUTATEN

500 g Blätterteig
1 Ei, verquirlt

FÜLLUNG

2 EL Butter oder Margarine
1 Porreestange, klein gehackt
2 Knoblauchzehen, zerdrückt
1 rote Paprika, in Streifen
1 gelbe Paprika, in Streifen
50 g Pilze, in Scheiben
75 g kleine grüne Spargelspitzen
2 EL Mehl
6 EL Gemüsebrühe
6 El Milch
4 EL trockener Weißwein
1 EL frisch gehackter Oregano
Salz und Pfeffer

1 Butter oder Margarine in einer Pfanne zerlassen. Porree und Knoblauch darin unter häufigem Wenden 2 Minuten anbraten. Restliches Gemüse zugeben und unter Rühren 3–4 Minuten garen.

2 Mehl zugeben und eine Minute anschwitzen. Die Pfanne vom Herd nehmen, in einen Topf geben und Gemüsebrühe, Milch und Weißwein einrühren. Unter Rühren zum Kochen bringen und eindicken. Oregano einrühren, mit Salz und Pfeffer abschmecken.

3 Die Hälfte des Blätterteigs auf einer leicht bemehlten Fläche zu einem 38 cm x 15 cm großen Rechteck ausrollen.

4 Restlichen Teig etwas größer ausrollen. Das kleinere Rechteck auf ein mit feuchtem Backpapier ausgelegtes Backblech legen.

5 Die Füllung auf dem kleineren Rechteck verteilen. Dabei einen Rand von 1 cm lassen.

6 Mit einem scharfen Messer diagonal parallele Schlitze in das große Rechteck schneiden. Dabei an den langen Seiten 2,5 cm Rand lassen.

7 Die Ränder des kleineren Rechtecks mit verquirltem Ei bestreichen und das große Rechteck darauf legen. Die Ränder fest zusammendrücken.

8 Den Strudel mit Ei bestreichen und im vorgeheizten Backofen bei 200 °C ca. 30–35 Minuten backen, bis der Teig aufgegangen und goldbraun ist. Auf einen vorgewärmten Servierteller geben und sofort servieren.

5

6

7

Kartoffel-Käse-Soufflé

Dieses Soufflé zergeht auf der Zunge. Sie können dafür auch andere Käsesorten verwenden.

NÄHRWERTANGABEN

Kilokalorien	447	Zucker	1 g
Eiweiß	22 g	Fett	23 g
Kohlenhydrate	41 g	davon gesättigt	11 g

10 MIN. 55 MIN.

4 PERSONEN

ZUTATEN

- 2 EL Butter
- 2 TL Mehl
- 900 g mehlig kochende Kartoffeln
- 8 Eier, getrennt
- 25 g Gruyère, gerieben
- 25 g Blauschimmelkäse, zerbröckelt
- 25 g mittelalter Gouda, gerieben
- Salz und Pfeffer

1 Eine Souffléform (2,4 l Inhalt) mit Butter einfetten und mit Mehl bestäuben. Beiseite stellen.

2 Die Kartoffeln in einem Topf mit kochendem Wasser weich kochen. Zu einem glatten Brei zerstampfen und zum Abkühlen in eine Schüssel geben.

3 Das Eigelb in den Kartoffelbrei einrühren und Gruyère, Blauschimmelkäse und Gouda zugeben. Gut vermischen. Mit Salz und Pfeffer abschmecken.

4 Das Eiweiß steif schlagen, dann vorsichtig mit einem Metalllöffel unter die Kartoffelmischung ziehen, bis alles gut vermischt ist.

5 Die Kartoffelmischung vorsichtig in die vorbereitete Souffléform füllen.

6 Im vorgeheizten Backofen bei 220 °C 35–40 Minuten backen, bis das Soufflé aufgegangen ist. Sofort servieren.

1

3

4

TIPP

Stechen Sie ein Holzstäbchen in die Mitte des Soufflés. Bleibt das Stäbchen beim Herausziehen sauber, ist das Soufflé fertig.

Kidneybohnen Kiew

Eine vegetarische Variante des Hähnchen-Klassikers: Bohnenpasteten mit Knoblauch und Kräuterbutter, in Semmelbröseln gewendet.

NÄHRWERTANGABEN

Kilokalorien	688	Zucker	8 g
Eiweiß	17 g	Fett	49 g
Kohlenhydrate	49 g	davon gesättigt	20 g

25 MIN. | 20 MIN.

4 PERSONEN

ZUTATEN

KNOBLAUCHBUTTER

100 g Butter
3 Knoblauchzehen, zerdrückt
1 EL frisch gehackte Petersilie

BOHNENPASTETEN

675 g rote Kidneybohnen aus der Dose, abgespült und abgetropft
150 g frische Semmelbrösel
25 g Butter
1 Porreestange, klein geschnitten
1 Selleriestange, klein geschnitten
1 EL frisch gehackte Petersilie
Salz und Pfeffer
1 Ei, verquirlt
Pflanzenöl, zum Braten

1

6

7

1 Für die Knoblauchbutter Butter, Knoblauch und Petersilie in einer Schüssel mit einem Holzlöffel vermischen. Knoblauchbutter auf ein Stück Backpapier geben, zigarrenförmig rollen und in das Backpapier einwickeln. Im Kühlschrank kalt stellen, bis sie benötigt wird.

2 Mit einem Kartoffelstampfer die Kidneybohnen in einer Rührschüssel zerstampfen und die Hälfte der Semmelbrösel unterrühren.

3 Butter in einer Pfanne zerlassen. Porree und Sellerie zugeben und bei schwacher Hitze unter ständigem Rühren 3–4 Minuten anbraten.

4 Bohnenmischung zusammen mit der Petersilie in die Pfanne geben, mit Salz und Pfeffer abschmecken und gut vermengen. Pfanne vom Herd nehmen und langsam abkühlen lassen.

5 Die Bohnenmischung in 4 gleich große Portionen teilen und zu ovalen Pastetchen formen.

6 Knoblauchbutter in 4 Stücke schneiden und je eine Scheibe in die Mitte jeder Bohnenpastete geben. Mit den Händen die Bohnenmischung so um die Knoblauchbutter formen, dass sie vollständig bedeckt ist.

7 Jede Bohnenpastete zuerst in das Ei tauchen und dann in den restlichen Semmelbröseln wälzen.

8 Etwas Öl in einer Pfanne erhitzen und die Pasteten 7–10 Minuten goldbraun braten, dabei einmal wenden. Sofort servieren.

Türkische Gemüsespieße

Die gegrillten bunten Gemüsespieße werden mit einer würzigen Kichererbsensauce serviert.

NÄHRWERTANGABEN

Kilokalorien	303	Zucker	13 g
Eiweiß	13 g	Fett	15 g
Kohlenhydrate	30 g	davon gesättigt	2 g

20 MIN. 20 MIN.

4 PERSONEN

ZUTATEN

SAUCE

4 EL Olivenöl
3 Knoblauchzehen, zerdrückt
1 kleine Zwiebel, fein gehackt
425 g Kichererbsen aus der Dose, abgespült und abgetropft
300 g Naturjoghurt
1 TL gemahlener Kreuzkümmel
½ TL Chilipulver
Zitronensaft
Salz und Pfeffer

GEMÜSE-KEBABS

1 Aubergine
1 rote Paprika, entkernt
1 grüne Paprika, entkernt
4 Eiertomaten
1 Zitrone, geviertelt
8 kleine frische Lorbeerblätter
Olivenöl, zum Bestreichen

1 Für die Sauce Olivenöl in einer kleinen Pfanne erhitzen. Knoblauch und Zwiebel dazugeben und bei mittlerer Hitze unter gelegentlichem Rühren ca. 5 Minuten andünsten, bis die Zwiebel weich und goldbraun ist.

2 Kichererbsen und Joghurt in Mixer oder Küchenmaschine geben und Kreuzkümmel, Chilipulver und Zwiebelmischung zugeben. Ca. 15 Sekunden zerkleinern, bis die Mischung sämig ist. Man kann die Kichererbsen auch mit einem Kartoffelstampfer zerstampfen und Joghurt, Kreuzkümmel, Chilipulver und Zwiebel einrühren.

3 Das Püree in eine Schüssel geben und mit Zitronensaft, Salz und Pfeffer abschmecken. Abdecken und bis zum Servieren kalt stellen.

4 Für die Kebabs Gemüse in große Stücke schneiden und abwechselnd auf 4 Spieße schieben. Auf die Spießenden jeweils ein halbes Zitonenviertel und ein Lorbeerblatt stecken.

5 Spieße mit Olivenöl bestreichen und auf einem Grill unter häufigem Wenden 5–8 Minuten grillen. Kichererbsenpüree erhitzen und mit den Spießen servieren.

2

3

4

Vegetarische „Kröte im Loch"

Dieses Gericht kann in einer großen Form oder in vier einzelnen Puddingförmchen zubereitet werden.

NÄHRWERTANGABEN

Kilokalorien 313	Zucker .... 9 g
Eiweiß .... 9 g	Fett .... 18 g
Kohlenhydrate .. 31 g	davon gesättigt .. 7 g

15 MIN. 55 MIN.

4 PERSONEN

ZUTATEN

TEIG

- 100 g Mehl
- 1 Prise Salz
- 2 Eier, verquirlt
- 200 ml Milch
- 2 EL grobkörniger Senf
- 2 EL Pflanzenöl

FÜLLUNG

- 25 g Butter
- 2 Knoblauchzehen, zerdrückt
- 1 Zwiebel, geachtelt
- 75 g junge Karotten, längs halbiert
- 50 g grüne Bohnen, geputzt
- 50 g Mais aus der Dose, abgetropft
- 2 Tomaten, entkernt und gewürfelt
- 1 TL grobkörniger Senf
- 1 EL fein gehackte gemischte Kräuter
- Salz und Pfeffer

1

5

5

1 Für den Teig Mehl und eine Prise Salz in eine Schüssel sieben. Eier und Milch zugeben und zu einem Teig verrühren. Senf einrühren und ruhen lassen.

2 Öl in eine flache Auflaufform gießen und im vorgeheizten Backofen bei 200 °C 10 Minuten erhitzen.

3 Für die Füllung Butter in einer Pfanne zerlassen und Knoblauch und Zwiebel darin unter ständigem Rühren 2 Minuten anbraten. Karotten und Bohnen in einem Topf mit kochendem Wasser ca. 7 Minuten kochen, bis sie gar sind. Gut abtropfen lassen.

4 Mais und Tomaten mit Senf und Kräutern in die Pfanne geben. Abschmecken und Karotten und Bohnen zugeben.

5 Form aus dem Backofen nehmen und Teig hineingießen. Gemüse in die Mitte geben, dann 30–35 Minuten backen, bis der Teig aufgegangen ist. Sofort servieren.

Kidneybohnen-Stew

Dieses herzhafte Stew ist der ideale Eintopf für einen kalten Tag. Er lässt sich sehr schnell und leicht zubereiten.

NÄHRWERTANGABEN

Kilokalorien	508	Zucker	15 g
Eiweiß	22 g	Fett	12 g
Kohlenhydrate	83 g	davon gesättigt	4 g

1 STD. 40 MIN.

4 PERSONEN

ZUTATEN

- 1 EL Pflanzenöl
- 1 rote Zwiebel, in Ringen
- 2 Selleriestangen, klein geschnitten
- 850 ml Gemüsebrühe (siehe Seite 8)
- 225 g Karotten, gewürfelt
- 225 g Kartoffeln, gewürfelt
- 225 g Zucchini, gewürfelt
- 4 Tomaten, gehäutet und klein geschnitten
- 125 g rote Linsen
- 400 g Kidneybohnen aus der Dose, abgespült und abgetropft
- 1 TL Paprikapulver
- Salz und Pfeffer

KLÖSSCHEN

- 125 g Mehl
- ½ TL Salz
- 2 TL Backpulver
- 1 TL Paprikapulver
- 1 TL getrocknete gemischte Kräuter
- 25 g Pflanzenfett
- 7 EL Wasser
- Petersilienzweige, zum Garnieren

1 Öl in einem Topf erhitzen. Zwiebel und Sellerie zugeben und bei schwacher Hitze unter häufigem Rühren ca. 3–4 Minuten anbraten, bis beides weich ist. Brühe zugießen und Karotten und Kartoffeln einrühren. Zum Kochen bringen, abdecken und 5 Minuten kochen.

2 Zucchini, Tomaten, Linsen, Kidneybohnen und Gewürze einrühren. Abdecken und 5 Minuten kochen.

3 Zwischenzeitlich die Klößchen herstellen. Mehl, Salz, Backpulver und Paprikapulver in eine Schüssel sieben. Kräuter und Fett einrühren. Mit dem Wasser zu einem glatten Teig verarbeiten. In 8 Portionen teilen und zu Klößchen formen.

4 Den Eintopf durchrühren. Dann die Klößchen darauf geben und vorsichtig hineindrücken. Abdecken, Hitze reduzieren und weitere 15 Minuten köcheln lassen, bis die Klößchen aufgegangen und gar sind. Mit Petersilienzweigen garnieren und sofort servieren.

1

3

4

Butternut-Kürbis mit Limette

Der schmelzzarte Butternut-Kürbis besitzt einen einnehmend nussigen Geschmack. Man kann ihn aber auch durch Süßkartoffeln ersetzen.

NÄHRWERTANGABEN

Kilokalorien	301	Zucker	4 g
Eiweiß	9 g	Fett	22 g
Kohlenhydrate	19 g	davon gesättigt	4 g

5 MIN. 25 MIN.

4 PERSONEN

ZUTATEN

- 1 kg Butternut-Kürbis, geschält
- 3 EL Erdnussöl
- 1 Zwiebel, in Ringen
- 2 Knoblauchzehen, zerdrückt
- 1 TL Koriandersamen
- 1 TL Kreuzkümmelsamen
- 2 EL frisch gehackter Koriander
- 150 ml Kokosmilch
- 100 ml Wasser
- 100 g gesalzene Cashewkerne

GARNIERUNG

- frisch geriebene Limettenschale
- frischer Koriander
- Limettenspalten

3

4

5

1 Den Kürbis in kleine, mundgerechte Würfel schneiden.

2 Das Öl in einem großen heißen Wok oder einer Pfanne erhitzen.

3 Kürbis, Zwiebel und Knoblauch darin 5 Minuten pfannenrühren.

4 Koriander- und Kümmelsamen sowie frischen Koriander unterheben und 1 Minute pfannenrühren.

5 Kokosmilch und Wasser zugießen und aufkochen. Abgedeckt 10–15 Minuten köcheln lassen, bis der Kürbis gar ist.

6 Die Cashewkerne zugeben und gut unterrühren.

7 Auf vorgewärmte Schalen verteilen und mit Limettenschale, frischem Koriander und Limettenspalten garnieren. Heiß servieren.

TIPP

Anstelle von Kokosmilch in Schritt 5 etwas Kokoscreme mit dem Wasser einrühren.

Penne mit Kürbissauce

Das milde, nussige Kürbisaroma passt ausgezeichnet zu Pasta. Dieses Rezept wurde hier für die Mikrowelle adaptiert.

NÄHRWERTANGABEN

Kilokalorien	499	Zucker	4 g
Eiweiß	20 g	Fett	26 g
Kohlenhydrate	49 g	davon gesättigt	13 g

15 MIN. 30 MIN.

4 PERSONEN

ZUTATEN

- 2 EL Olivenöl
- 1 Knoblauchzehe, zerdrückt
- 70 g frische Semmelbrösel
- 500 g Butternut-Kürbis, geschält und entkernt
- 8 EL Wasser
- 500 g frische Penne oder andere Nudeln
- 1 EL Butter
- 1 Zwiebel, in Ringen
- 120 g gekochter Schinken, in Streifen
- 250 g Schlagsahne
- 60 g Edamer, gerieben
- 2 EL frisch gehackte Petersilie
- Salz und Pfeffer

TIPP

Kürbisfleischreste garen Sie mit ein wenig Wasser zugedeckt 3–4 Minuten auf hoher Stufe. Dann Wasser abgießen, abkühlen lassen und das Kürbisfleisch in einen Gefrierbeutel geben. Hält im Gefrierfach bis zu drei Monaten.

1 Olivenöl, Knoblauch und Semmelbrösel mischen und auf einem großen Teller verteilen. In der Mikrowelle auf hoher Stufe 4–5 Minuten backen. Jede Minute wenden. Die Semmelbrösel sollten leicht braun und kross sein.

2 Kürbis würfeln, in eine Schüssel geben. Mit der Hälfte des Wassers zugedeckt 8–9 Minuten auf hoher Stufe garen. Gelegentlich umrühren. 2 Minuten ruhen lassen.

3 Pasta mit etwas Salz in eine Schüssel geben und 2,5 cm hoch mit kochendem Wasser auffüllen. Zugedeckt auf hoher Stufe 5 Minuten kochen, bis die Pasta bissfest ist, dabei einmal umrühren. Vor dem Abgießen zugedeckt 1 Minute stehen lassen.

4 Butter und Zwiebel in eine große Schüssel geben und zugedeckt 3 Minuten auf hoher Stufe dünsten.

5 Kürbis mit einer Gabel grob zerkleinern. Zusammen mit Nudeln, Schinken, Sahne, Edamer, Petersilie und dem restlichen Wasser zu den Zwiebeln geben. Abschmecken und gut vermengen. Zugedeckt 4 Minuten auf hoher Stufe kochen.

6 Mit den Knoblauch-Semmelbröseln garnieren und sofort servieren.

2

3

5

Chinesische Pilze mit Tofu

Chinesische Pilze sind in asiatischen Lebensmittelgeschäften erhältlich. Sie geben chinesischen Gerichten ihr einzigartiges Aroma.

NÄHRWERTANGABEN

Kilokalorien 218	Zucker .... 1 g
Eiweiß .... 12 g	Fett .... 14 g
Kohlenhydrate .. 13 g	davon gesättigt .. 2 g

15 MIN. 15 MIN.

4 PERSONEN

ZUTATEN

- 25 g getrocknete chinesische Pilze
- 450 g Tofu
- 25 g Speisestärke
- Öl, zum Frittieren
- 2 Knoblauchzehen, fein gehackt
- 2,5-cm-Stück Ingwer, geraspelt
- 100 g Erbsen, Tiefkühlware aufgetaut

1 Die Pilze in eine große Schüssel geben. Mit kochendem Wasser bedecken und ca. 10 Minuten einweichen.

2 Tofu inzwischen mit einem scharfen Messer in mundgerechte Stücke schneiden.

3 Die Speisestärke ebenfalls in eine große Schüssel geben.

4 Die Tofuwürfel rundum gleichmäßig in der Speisestärke wälzen.

5 Das Frittieröl in einem großen heißen Wok erhitzen.

6 Die Tofuwürfel portionsweise im Wok 2–3 Minuten frittieren, bis sie goldbraun und knusprig sind. Dann mit dem Schaumlöffel herausheben und auf Küchenpapier abtropfen lassen.

1

2

6

7 Das Öl bis auf 2 Esslöffel aus dem Wok abgießen. Knoblauch, Ingwer und Pilze zugeben und 2–3 Minuten pfannenrühren.

8 Zuerst den Tofu, dann die Erbsen in den Wok geben. 1 Minute durchwärmen und dann heiß servieren.

TIPP

Marinierter Tofu ist geschmacksintensiver als naturbelassener.

Gebackene Linsen

Der perfekte Sonntags-„Braten“ für Vegetarier. Als saftige Beilage ist gebackenes Gemüse zu empfehlen.

NÄHRWERTANGABEN

Kilokalorien 400	Zucker . . . . 2 g
Eiweiß . . . . 26 g	Fett . . . . 20 g
Kohlenhydrate . . 32 g	davon gesättigt . 10 g

15 MIN. 1 ½ STD.

6 PERSONEN

ZUTATEN

- 225 g rote Linsen
- 450 ml Gemüsebrühe
- 1 Lorbeerblatt
- 1 EL weiche Butter oder Margarine
- 2 EL Vollkornsemmelbrösel
- 225 g alter Gouda, gerieben
- 1 Porreestange, fein gehackt
- 125 g kleine Champignons, fein gehackt
- 90 g frische Vollkornsemmelbrösel
- 2 EL gehackte Petersilie
- 1 EL Zitronensaft
- 2 Eier, leicht verquirlt
- Salz und Pfeffer
- Petersilienzweige, zum Garnieren
- gemischtes gebackenes Gemüse, zum Servieren

1 Linsen, Gemüsebrühe und Lorbeerblatt in einem Topf zum Kochen bringen, abdecken und 15–20 Minuten köcheln lassen, bis die Flüssigkeit absorbiert ist und die Linsen weich sind. Das Lorbeerblatt entfernen.

2 Eine Kastenform mit Backpapier auslegen. Mit Butter oder Margarine einfetten und mit Semmelbrösel ausstreuen.

3 Gouda, Porree, Champignons, Brösel und Petersilie mit den Linsen vermengen.

4 Die Mischung mit Zitronensaft und Eiern binden und mit Salz und Pfeffer abschmecken. In die Kastenform füllen und glatt streichen.

5 Im vorgeheizten Backofen bei 190 °C etwa 1 Stunde goldgelb backen.

6 Den Linsenkuchen mit einem Palettmesser lösen und auf einen vorgewärmten Servierteller stürzen. In Scheiben schneiden, mit Petersilie garnieren und zu gebackenem Gemüse servieren.

Auberginen auf Linguine

Die Auberginen werden im Voraus mariniert, sodass man unmittelbar vor dem Essen nur noch die Linguine kochen muss.

NÄHRWERTANGABEN

Kilokalorien	378	Zucker	3 g
Eiweiß	12 g	Fett	30 g
Kohlenhydrate	16 g	davon gesättigt	3 g

13¼ STD. 15 MIN.

4 PERSONEN

ZUTATEN

- 150 ml Gemüsebrühe
- 150 ml Weißweinessig
- 2 TL Balsamico-Essig
- 3 EL Olivenöl
- 1 frischer Oreganozweig
- 500 g Auberginen, geschält und in dünnen Scheiben
- 400 g Linguine

MARINADE

- 2 EL Olivenöl extra vergine
- 2 Knoblauchzehen, zerdrückt
- 2 EL frisch gehackter Oregano
- 2 EL fein gehackte geröstete Mandeln
- 2 EL rote Paprika, gewürfelt
- 2 EL Limettensaft
- geriebene Schale und Saft von 1 Orange
- Salz und Pfeffer

1 Brühe und den gesamten Essig in einen Topf geben und bei schwacher Hitze aufkochen. 2 Teelöffel Olivenöl sowie den Oreganozweig zugeben und 1 Stunde sanft köcheln lassen.

2 Die Auberginenscheiben in den Topf geben, vom Herd nehmen und 10 Minuten ziehen lassen.

3 Für die Marinade Öl, Knoblauch, Oregano, Mandeln, Paprika, Limettensaft, Orangenschale und -saft in einer großen Schüssel mischen. Mit Salz und Pfeffer abschmecken.

4 Die Auberginen mit einem Schaumlöffel aus dem Topf heben und gut abtropfen lassen. Die Scheiben in der Marinade wälzen und gut 12 Stunden ziehen lassen.

5 Salzwasser in einem großen Topf aufkochen. Die Hälfte des restlichen Öls und die Linguine zugeben und die Nudeln darin bissfest kochen. Abgießen und mit dem restlichen Öl vermengen. Die Nudeln auf einem Servierteller anrichten, die Auberginenscheiben und die Marinade darauf geben und servieren.

1

2

4

Geschmortes Gemüse mit Tofu

Das Originalrezept verlangt 18 verschiedene Gemüsesorten, die in Asien 18 Buddhas repräsentieren – aber 6 bis 8 sind wohl auch akzeptabel!

NÄHRWERTANGABEN

Kilokalorien	300	Zucker	2 g
Eiweiß	8 g	Fett	28 g
Kohlenhydrate	6 g	davon gesättigt	3 g

3³/₄ STD. 10 MIN.

4 PERSONEN

ZUTATEN

- 5 g getrocknete Baumohren-Pilze
- 1 Block Tofu
- 60 g Zuckererbsen
- 125 g Chinakohl
- 1 kleine Karotte
- 90 g Babymaiskolben aus der Dose, abgetropft
- 90 g Strohpilze aus der Dose, abgetropft
- 60 g Wasserkastanien aus der Dose, abgetropft
- 300 ml Pflanzenöl
- 1 TL Salz
- ½ TL Zucker
- 1 EL helle Sojasauce oder Austernsauce
- 2–3 EL chinesische Brühe (siehe Seite 8) oder Wasser
- einige Tropfen Sesamöl

1

2

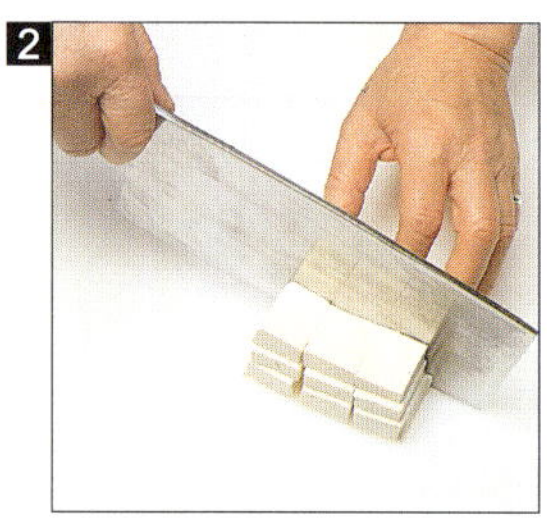

4

1 Die Pilze in warmem Wasser 15–20 Minuten einweichen, dann abspülen und abtropfen lassen. Harte Teile entfernen und auf Küchenpapier trockentupfen.

2 Den Tofu in 18 gleich große Stücke schneiden.

3 Die Zuckererbsen putzen. Chinakohlblätter und die Karotte in etwa gleiche Größe und Form wie die Zuckererbsen schneiden. Maiskolben, Strohpilze und Wasserkastanien halbieren.

4 Das Öl in einem heißen Wok erhitzen. Den Tofu darin etwa 2 Minuten frittieren, bis er eine leicht goldene Farbe angenommen hat. Herausnehmen und abtropfen lassen.

5 Das Öl bis auf 2 Esslöffel aus dem Wok abgießen. Karotten, Chinakohl und Zuckererbsen zugeben und 1 Minute anbraten.

6 Mais, Pilze und Wasserkastanien zufügen. Weitere 2 Minuten behutsam rühren, dann Salz, Zucker, Soja- oder Austernsauce und chinesische Brühe oder Wasser zugeben. Aufkochen und 1 weitere Minute erhitzen. Mit Sesamöl beträufeln. Das Gericht kann heiß oder kalt serviert werden.

Grünes Curry mit Tempeh

Grüne Currypaste hält sich im Kühlschrank bis zu drei Wochen. Man sollte das Curry auf Reis oder Nudeln servieren.

NÄHRWERTANGABEN

Kilokalorien 237	Zucker .... 4 g
Eiweiß .... 16 g	Fett .... 17 g
Kohlenhydrate ... 5 g	davon gesättigt .. 3 g

20 MIN. — 15–20 MIN.

4 PERSONEN

ZUTATEN

- 1 EL Sonnenblumenöl
- 175 g Tempeh (mariniert oder einfach), in Rautenform geschnitten
- 6 Frühlingszwiebeln, in 2,5 cm großen Stücken
- 150 ml Kokosmilch
- geriebene Schale von 1 Limette
- 15 g frische Basilikumblätter
- ¼ TL Flüssigwürze, z. B. Maggi

GRÜNE CURRYPASTE

- 2 TL Koriandersamen
- 1 TL Kreuzkümmelsamen
- 1 TL schwarze Pfefferkörner
- 4 große grüne Chillies, entkernt
- 2 Schalotten, geviertelt
- 2 Knoblauchzehen
- 2 EL frisch gehackter Koriander
- geriebene Schale von 1 Limette
- 1 EL grob gehackter Galangal
- 1 TL gemahlene Kurkuma
- Salz
- 2 EL Öl

GARNIERUNG

- Korianderblätter
- 2 Chillies, in dünnen Ringen

1 Für die grüne Currypaste Koriander- und Kreuzkümmelsamen sowie Pfefferkörner mit der Küchenmaschine zerkleinern oder im Mörser zerstoßen.

2 Restliche Zutaten zerkleinern und die Gewürzmischung zugeben. In einem sauberen, trockenen Gefäß bis zu 3 Wochen im Kühlschrank aufbewahren oder in einem geeigneten Behälter einfrieren.

3 Öl in einem Wok oder einer Pfanne erhitzen. Tempeh zugeben und bei starker Hitze ca. 2 Minuten pfannenrühren, bis er von allen Seiten gebräunt ist. Frühlingszwiebeln zufügen und 1 Minute unter Rühren anbraten. Danach herausnehmen und beiseite stellen.

4 Die Hälfte der Kokosmilch in einen Wok oder eine Pfanne geben und zum Kochen bringen. 6 Esslöffel Currypaste und Limettenschale zugeben und 1 Minute erhitzen, bis sich das Aroma entfaltet. Tempeh und Frühlingszwiebeln zugeben.

5 Restliche Kokosmilch zufügen und 7–8 Minuten köcheln lassen. Basilikumblätter und Flüssigwürze unterrühren. Noch 1 Minute köcheln lassen, mit Korianderblättern und Chillies garnieren und sofort servieren.

Indisches Gemüse-Curry

Dieses vegetarische Curry ist schnell und einfach zubereitet. Minz-Raita ist eine perfekte Begleitung.

NÄHRWERTANGABEN

Kilokalorien	473	Zucker	18 g
Eiweiß	19 g	Fett	9 g
Kohlenhydrate	84 g	davon gesättigt	1 g

25–30 MIN. 55 MIN.

4 PERSONEN

ZUTATEN

- 1 EL Pflanzenöl
- 2 Knoblauchzehen, zerdrückt
- 1 Zwiebel, gehackt
- 3 Selleriestangen, in Scheiben
- 1 Apfel, entkernt und gewürfelt
- 1 EL Currypulver
- 1 TL Ingwerpulver
- 400 g Kichererbsen aus der Dose
- 130 g junge grüne Bohnen, in Stücken
- 230 g Blumenkohl, in Röschen
- 230 g Kartoffeln, gewürfelt
- 175 g Pilze, in Scheiben
- 620 ml Gemüsebrühe
- 1 EL Tomatenmark
- 30 g Rosinen
- 175 g Basmati-Reis
- 1 TL Garam Masala
- Minzeblätter, zum Garnieren

MINZ-RAITA

- 150 g Naturjoghurt
- 1 EL frisch gehackte Minze

1 Das Öl in einem großen Topf erhitzen und Knoblauch, Zwiebel, Sellerie und Apfel 3–4 Minuten unter gelegentlichem Rühren anbraten. Curry- und Ingwerpulver zugeben und 1 weitere Minute braten.

2 Die Kichererbsen abtropfen und mit dem Gemüse, Brühe, Tomatenmark und Rosinen in den Topf geben. Aufkochen, Hitze reduzieren und 35–40 Minuten köcheln lassen.

3 In der Zwischenzeit das Raita zubereiten: Joghurt und Minze in einer Schale verrühren und bis zum Gebrauch abgedeckt in den Kühlschrank stellen.

4 Den Reis in einem großen Topf mit leicht gesalzenem Wasser in ca. 12 Minuten gar kochen. Abgießen, mit kochendem Wasser abspülen und abtropfen lassen.

5 Kurz vor dem Servieren das Garam Masala einrühren. Das Gemüsecurry auf vorgewärmte Teller geben und mit dem Reis und der Raita, garniert mit Minzeblättern, servieren.

Gemüse-Nudelpfanne

Bei diesem Gericht treffen sich östliche und westliche Esskultur. Die Gemüse vorbereiten und die Nudeln im Voraus kochen.

NÄHRWERTANGABEN

Kilokalorien 383	Zucker .... 18 g
Eiweiß .... 14 g	Fett .... 23 g
Kohlenhydrate .. 32 g	davon gesättigt .. 8 g

20 MIN. 30 MIN.

4 PERSONEN

ZUTATEN

- 400 g Vollkorn-Teigmuscheln oder andere kurze Nudeln
- 1 EL Olivenöl
- 2 Karotten, in dünnen Scheiben
- 115 g Babymaiskolben
- 3 EL Erdnussöl
- 2,5-cm-Stück Ingwerwurzel, in dünnen Scheiben
- 1 große Zwiebel, in dünnen Ringen
- 1 Knoblauchzehe, in dünnen Scheiben
- 3 Selleriestangen, in dünnen Scheiben
- 1 kleine rote Paprika, in Streifen
- 1 kleine grüne Paprika, in Streifen
- gedämpfte Zuckererbsen, zum Servieren

SAUCE

- 1 TL Speisestärke
- 2 EL Wasser
- 3 EL Sojasauce
- 3 EL trockener Sherry
- 1 TL flüssiger Honig
- 1 Spritzer Hot Pepper Sauce (nach Belieben)

1 Nudeln in einem großen Topf mit kochendem, leicht gesalzenem Wasser und 1 Esslöffel Olivenöl bissfest kochen. Anschließend abgießen, zurück in den Topf geben, abdecken und warm stellen.

2 Karotten und Mais in kochendem gesalzenem Wasser 2 Minuten kochen. In ein Sieb schütten, mit kaltem Wasser abschrecken und abtropfen lassen.

3 Erdnussöl in einer Pfanne bei mittlerer Hitze erwärmen. Ingwer zugeben und 1 Minute pfannenrühren, um das Öl zu aromatisieren. Den Ingwer mit einem Schaumlöffel herausnehmen und wegwerfen.

4 Zwiebel, Knoblauch, Sellerie und Paprika in die Pfanne geben und bei mittlerer Hitze 2 Minuten pfannenrühren. Karotten und Mais zugeben, weitere 2 Minuten pfannenrühren, dann die Pasta unterrühren.

5 Für die Sauce die Stärke in eine kleine Schüssel geben und mit Wasser zu einer glatten Paste verrühren. Sojasauce, Sherry und Honig einrühren.

6 Sauce in die Pfanne geben, gut vermengen und 2 Minuten mit erwärmen. Nach Belieben mit Hot Pepper Sauce abschmecken. Mit gedämpften Zuckererbsen servieren.

3

4

6

Tagliatelle mit Kürbis

Dieses ungewöhnliche und schmackhafte Gericht stammt aus der zentral-italienischen Emilia Romagna.

NÄHRWERTANGABEN

Kilokalorien	454	Zucker	4 g
Eiweiß	9 g	Fett	33 g
Kohlenhydrate	33 g	davon gesättigt	12 g

15 MIN. 35 MIN.

4 PERSONEN

ZUTATEN

- 500 g Butternut-Kürbis, geschält
- 3 EL Olivenöl
- 1 Zwiebel, fein gehackt
- 2 Knoblauchzehen, zerdrückt
- 4–6 EL frisch gehackte Petersilie
- Salz und Pfeffer
- 1 Prise frisch geriebene Muskatnuss
- 250 ml Hühner- oder Gemüsebrühe
- 125 g Parmaschinken
- 250 g Tagliatelle
- 150 g Schlagsahne
- frisch geriebener Parmesan, zum Servieren

1

2

4

1 Den Kürbis halbieren und entkernen, das Fruchtfleisch in 1 cm dicke Würfel schneiden.

2 In einem Topf 2 Esslöffel Öl erhitzen. Zwiebel und Knoblauch 3 Minuten bei schwacher Hitze glasig dünsten. Die Hälfte der Petersilie zugeben und 1 Minute braten.

3 Kürbis zugeben und 2–3 Minuten braten. Mit Salz, Pfeffer und Muskat abschmecken.

4 Die Hälfte der Brühe in den Topf geben, aufkochen, abdecken und 10 Minuten köcheln lassen, bis der Kürbis gar ist. Bei Bedarf Brühe nachgießen. Den Schinken in den Topf geben und unter regelmäßigem Rühren 2 Minuten kochen.

6 Salzwasser in einem großen Topf aufkochen. Die Tagliatelle mit dem restlichen Öl darin bissfest kochen. Abgießen und auf einen vorgewärmten Servierteller geben.

7 Die Sahne unter Kürbis und Schinken rühren und erhitzen. Über die Nudeln geben, mit der restlichen Petersilie bestreuen und mit Parmesan servieren.

Tofu-Pizza

Diese Pizza mit ihren in Sojasauce marinierten Tofuwürfeln verströmt ein geradezu orientalisches Aroma.

NÄHRWERTANGABEN

Kilokalorien	596	Zucker	17 g
Eiweiß	33 g	Fett	23 g
Kohlenhydrate	66 g	davon gesättigt	9 g

1 STD. 35 MIN.

4 PERSONEN

ZUTATEN

- 1 l Milch
- 1 TL Salz
- 250 g Weizengrieß
- 1 EL Sojasauce
- 1 EL trockener Sherry
- ½ TL frisch geriebene Ingwerwurzel
- 250 g Tofu, gewürfelt
- 2 Eier
- Pfeffer
- 2–3 EL frisch geriebener Parmesan
- Tomatensauce für Pizza (siehe Seite 6)
- 3 Babymaiskolben, jeweils in 4 Stücken
- 2 EL Zuckererbsen, jeweils in 4 Stücken
- 4 Frühlingszwiebeln, in 2 cm langen Streifen
- 60 g Mozzarella, in dünnen Scheiben
- 2 TL Sesamöl

1 Milch und Salz aufkochen, den Grieß unter ständigem Rühren zufügen und 10 Minuten köcheln lassen – regelmäßig rühren, damit die Mischung nicht anbrennt. Dann abkühlen lassen, bis die Mischung nur noch lauwarm ist.

2 Sojasauce, Sherry und Ingwer verrühren, Tofu zugeben, alles vermengen und 20 Minuten marinieren.

3 Die Eier mit Pfeffer verquirlen, mit dem Parmesan zum Grieß geben und einrühren. Die Teigmischung auf ein eingefettetes Backblech geben und zu einem Kreis (25 cm Durchmesser) formen. Dann mit Tomatensauce bestreichen, dabei einen schmalen Rand aussparen.

4 Mais und Zuckererbsen in kochendem Wasser 1 Minute blanchieren, abtropfen lassen und mit dem abgetropften Tofu auf die Pizza geben. Mit Frühlingszwiebeln und Mozzarellascheiben belegen, etwas Sesamöl darüber träufeln und mit Salz und Pfeffer würzen.

5 Die Pizza im vorgeheizten Backofen bei 200 °C 18–20 Minuten backen, bis der Rand goldbraun ist. Sofort servieren.

1

2

4

Blumenkohl mit Mohn

Ganze Blumenkohlköpfe werden in der Mikrowelle mit rotem Leicesterkäse und einer Mohnsauce überbacken.

NÄHRWERTANGABEN

Kilokalorien	173	Zucker	6 g
Eiweiß	8 g	Fett	11 g
Kohlenhydrate	10 g	davon gesättigt	6 g

30 MIN. 15 MIN.

4 PERSONEN

ZUTATEN

½ Zwiebel
4 Gewürznelken
½ Karotte
1 Bouquet garni
250 ml Milch
4 kleine Blumenkohlköpfe
3 EL Wasser
15 g Butter
15 g Mehl
60 g roter Leicester, gerieben
1 EL Mohnsamen
Salz und Pfeffer
1 Prise Paprikapulver
Petersilie, zum Garnieren

1 Die Zwiebel mit den Nelken spicken. Mit Karotte, Bouquet garni und Milch in einer Schüssel 2½–3 Minuten in der Mikrowelle aufkochen, anschließend 20 Minuten ruhen lassen, damit sich die Aromen voll entfalten können.

2 Strünke und Blätter des Blumenkohls entfernen. Die Stiele mit einem Messer herausschneiden, ohne die Köpfe zu beschädigen. Kohlköpfe dann umgedreht in eine große Schüssel setzen. Wasser zugeben, abdecken und 5 Minuten auf hoher Stufe garen, dann 2–3 Minuten ruhen lassen.

3 Die Butter in einer Schüssel 30 Sekunden auf hoher Stufe zerlassen. Das Mehl einrühren und 30 Sekunden erwärmen.

4 Die Gewürzmilch durch ein Sieb in ein Glas gießen. Das Gemüse wegwerfen. Die Milch nach und nach unter ständigem Rühren zu Butter und Mehl geben. Abdecken und 3 Minuten auf hoher Stufe erwärmen, dabei nach der ersten Minute alle 30 Sekunden durchrühren, bis die Sauce eindickt.

5 Käse und Mohnsamen in die Sauce rühren und mit Salz und Pfeffer abschmecken. Abdecken und 30 Sekunden auf hoher Stufe kochen.

6 Den Blumenkohl abgießen und auf einem großen Teller oder in einer Schüssel anrichten. Mit der Sauce begießen und mit etwas Paprikapulver bestreuen, dann etwa 1 Minute auf hoher Stufe erwärmen. Mit Petersilie garniert servieren.

1

2

6

Gemüselasagne

Bei dieser farbenfrohen und geschmackvollen Lasagne werden Teigplatten, Gemüse und Auberginenscheiben geschichtet und mit Käsesauce überbacken.

NÄHRWERTANGABEN

Kilokalorien	544	Zucker	18 g
Eiweiß	20 g	Fett	26 g
Kohlenhydrate	61 g	davon gesättigt	12 g

35 MIN. 55 MIN.

4 PERSONEN

ZUTATEN

1 Aubergine, in dünnen Scheiben
Salz und Pfeffer
3 EL Olivenöl
2 Knoblauchzehen, zerdrückt
1 rote Zwiebel, halbiert und in Scheiben
3 gemischte Paprika, gewürfelt
225 g gemischte Pilze, in Scheiben
2 Selleriestangen, in Scheiben
1 Zucchini, gewürfelt
½ TL Chilipulver
½ TL gemahlener Kreuzkümmel
2 Tomaten, klein geschnitten
300 ml passierte Tomaten
2 EL frisch gehacktes Basilikum
8 grüne Lasagne-Platten

KÄSESAUCE

2 EL Butter oder Margarine
1 EL Mehl
150 ml Gemüsebrühe
300 ml Milch
75 g Emmentaler, gerieben
1 TL Dijonsenf
1 EL gehacktes Basilikum
1 Ei, verquirlt

1 Auberginen in ein Sieb legen, mit Salz bestreuen und 20 Minuten ruhen lassen. Unter fließendem kaltem Wasser abspülen, abtropfen lassen und beiseite stellen.

2 Öl in einer Pfanne erhitzen und Knoblauch und Zwiebel darin 1–2 Minuten braten. Paprika, Pilze, Sellerie und Zucchini zugeben und unter ständigem Rühren 3–4 Minuten garen.

3 Die Gewürze einrühren und 1 Minute mitbraten. Sämtliche Tomaten und Basilikum zugeben. Mit Salz und Pfeffer abschmecken.

4 Für die Sauce Butter im Topf zerlassen, Mehl einrühren. 1 Minute anschwitzen. Vom Herd nehmen, Brühe und Milch einrühren. Erneut auf den Herd stellen, die Hälfte des Käses und den Senf zugeben. Unter Rühren einkochen. Basilikum zufügen, vom Herd nehmen und das Ei einrühren.

5 Die Hälfte der Lasagne-Platten in eine Auflaufform geben. Zuerst die Hälfte der Gemüsemischung, dann die Hälfte der Auberginen darauf geben. Wiederholen und mit der Käsesauce abschließen. Mit Käse bestreuen und im vorgeheizten Backofen 40 Minuten bei 180 °C backen.

5

5

5

Spinat in Honig und Sherry

Der pfannengerührte Spinat ist ein perfekter Begleiter von Tofugerichten – und außerdem einfach und schnell zuzubereiten.

NÄHRWERTANGABEN

Kilokalorien 146	Zucker .... 9 g
Eiweiß .... 4 g	Fett .... 9 g
Kohlenhydrate .. 10 g	davon gesättigt .. 2 g

5 MIN. 15 MIN.

4 PERSONEN

ZUTATEN

- 4 Frühlingszwiebeln
- 3 EL Erdnussöl
- 350 g Shiitake-Pilze, in Scheiben
- 2 Knoblauchzehen, zerdrückt
- 350 g frischer junger Blattspinat
- 2 EL trockener Sherry
- 2 EL flüssiger Honig

1 Die Frühlingszwiebeln putzen und mit einem scharfen Messer in Ringe schneiden.

2 Das Erdnussöl in einem großen heißen Wok oder einer großen Pfanne erhitzen.

3 Die Pilze in Wok oder Pfanne 5 Minuten anbraten, bis sie weich sind.

4 Den zerdrückten Knoblauch unter die Pilze rühren.

5 Den Blattspinat zugeben und weitere 2–3 Minuten braten, bis die Blätter zusammenfallen.

6 Sherry und Honig in einer kleinen Schüssel gut mischen. Über den Spinat träufeln und unter Schwenken und Rühren die Blätter gründlich damit überziehen.

7 Auf vorgewärmte Servierteller füllen, mit den Frühlingszwiebeln bestreuen und sofort servieren.

TIPP

Honig schmeckt nach den Ursprungsblüten. Darum ist Honig aus Einzelblüten wesentlich individueller im Geschmack als gemischter. Statt des typisch chinesischen Akazienhonigs können Sie Blütenklee-, Zitronenblüten-, Limettenblüten- und Orangenblütenhonig verwenden.

Grüne Tagliatelle mit Knoblauch

Dieses Nudelgericht ist im Handumdrehen zubereitet. Durch die intensiven Aromen wird diese Kreation jedem Pasta-Liebhaber schmecken.

NÄHRWERTANGABEN

Kilokalorien 501	Zucker .... 3 g
Eiweiß .... 15 g	Fett .... 31 g
Kohlenhydrate .. 43 g	davon gesättigt . 11 g

15 MIN. 20 MIN.

4 PERSONEN

ZUTATEN

- 2 EL Walnussöl
- 1 Bund Frühlingszwiebeln, in Ringen
- 2 Knoblauchzehen, in dünnen Scheiben
- 250 g Champignons, in Scheiben
- 500 g frische grüne und weiße Tagliatelle
- 1 EL Olivenöl
- 250 g gehackter Spinat, Tiefkühlware aufgetaut und abgetropft
- 120 g Frischkäse mit Knoblauch und Kräutern
- 4 EL Schlagsahne
- Salz und Pfeffer
- 60 g ungesalzene Pistazien, gehackt
- 2 EL frisch gehacktes Basilikum
- frische Basilikumzweige, zum Garnieren
- italienisches Brot, zum Servieren

1

3

4

1 Das Walnussöl in einer großen Pfanne erhitzen. Frühlingszwiebeln und Knoblauch 1 Minute darin andünsten. Die Champignons zugeben, durchrühren, abdecken und 5 Minuten bei schwacher Hitze garen.

2 Währenddessen Salzwasser in einem großen Topf aufkochen. Tagliatelle darin mit Öl bissfest kochen. Abgießen und wieder zurück in den Topf geben.

3 Den Spinat in die Pfanne geben und 1–2 Minuten erhitzen. Den Frischkäse zugeben und schmelzen lassen. Die Schlagsahne einrühren und, ohne zu kochen, erhitzen.

4 Die Sauce über die Nudeln geben, mit Salz und Pfeffer abschmecken und gut vermengen. Unter Rühren kurz erhitzen.

5 Die Nudeln auf einem Servierteller anrichten und mit Pistazien und Basilikum bestreuen. Mit den Basilikumzweigen garnieren und mit Brot servieren.

Kasserolle mit Bohnensauce

Diese Kasserolle nach chinesischer Art wird mit Tofu, Gemüse und schwarzer Bohnensauce zubereitet.

NÄHRWERTANGABEN

Kilokalorien	513	Zucker	5 g
Eiweiß	19 g	Fett	25 g
Kohlenhydrate	56 g	davon gesättigt	4 g

30 MIN. 30 MIN.

4 PERSONEN

ZUTATEN

- 6 getrocknete chinesische Pilze
- 275 g Tofu
- Salz
- 3 EL Pflanzenöl
- 1 Karotte, in dünnen Stiften
- 125 g Zuckererbsen
- 125 g Babymaiskolben, längs halbiert
- 225 g Bambussprossen aus der Dose, abgetropft und in Scheiben
- 1 rote Paprika, in Stücken
- 125 g Chinakohl, klein geschnitten
- 1 EL Sojasauce
- 1 EL schwarze Bohnensauce
- 1 TL Zucker
- 1 TL Speisestärke
- Pflanzenöl, zum Frittieren
- 250 g chinesische Reisnudeln

2

3

4

1 Die Pilze in einer Schüssel mit warmem Wasser 20–25 Minuten einweichen. Abtropfen lassen, überschüssiges Wasser auspressen. Flüssigkeit beiseite stellen. Die zäheren Mittelteile entfernen und die Pilze in dünne Scheiben schneiden.

2 Tofu würfeln und in einem Topf mit Wasser und etwas Salz 2–3 Minuten kochen, dann abgießen.

3 Die Hälfte des Öls in einem Topf erhitzen. Tofu zugeben und hellbraun anbraten. Herausnehmen und auf Küchenpapier abtropfen lassen.

4 Das restliche Öl zugeben und die Pilze, Karotten, Zuckererbsen, Mais, Bambussprossen und Paprika 2–3 Minuten anbraten. Chinakohl und Tofu zufügen und weitere 2 Minuten braten.

5 Sojasauce, Bohnensauce und Zucker einrühren und mit Salz abschmecken. 6 EL der Pilzflüssigkeit mit Stärke vermischen und zugeben. Kurz aufkochen, Hitze reduzieren und die Sauce in 2–3 Minuten eindicken.

6 Frittieröl in einem Topf stark erhitzen. Nudeln portionsweise darin goldbraun frittieren. Abgießen und zusammen mit der Kasserolle servieren.

Spaghetti mit Artischocken

Ein Pasta-Fest für Feinschmecker. Artischocken und schwarze Oliven verleihen der Tomaten-Auberginen-Sauce ihre besondere Würze.

NÄHRWERTANGABEN

Kilokalorien	393	Zucker	11 g
Eiweiß	14 g	Fett	11 g
Kohlenhydrate	63 g	davon gesättigt	2 g

20 MIN. 35 MIN.

4 PERSONEN

ZUTATEN

- 3 EL Olivenöl
- 1 große rote Zwiebel, gehackt
- 2 Knoblauchzehen, zerdrückt
- 1 EL Zitronensaft
- 4 kleine Auberginen, geviertelt
- 600 g passierte Tomaten
- Salz und Pfeffer
- 2 TL Zucker
- 2 EL Tomatenmark
- 400 g Artischockenböden aus der Dose, abgetropft und halbiert
- 125 g schwarze Oliven, entsteint
- 350 g Vollkornspaghetti
- frische Basilikumzweige, zum Garnieren
- Olivenbrot, zum Servieren

1

2

3

1 In einer Pfanne 1 Esslöffel Öl erhitzen. Zwiebel, Knoblauch, Zitronensaft und Auberginen darin 4–5 Minuten bei schwacher Hitze goldbraun dünsten.

2 Tomaten zufügen, mit Salz und Pfeffer abschmecken. Zucker und Tomatenmark unterrühren. Aufkochen, Hitze reduzieren und 20 Minuten köcheln lassen.

3 Artischocken und Oliven unterheben und 5 Minuten köcheln lassen.

4 Inzwischen Salzwasser in einem großen Topf aufkochen. Die Nudeln darin mit etwas Olivenöl 8–10 Minuten bissfest kochen. Abtropfen lassen, mit dem restlichen Öl mischen und mit Salz und Pfeffer abschmecken.

5 Die Spaghetti in eine vorgewärmte Schüssel geben, die Gemüsesauce darüber geben, mit Basilikumzweigen garnieren und mit Olivenbrot servieren.

Fettuccine mit Walnuss-Sauce

Dieses köstliche Nudelgericht können Sie als Hauptspeise für vier oder als Vorspeise für sechs Personen servieren.

NÄHRWERTANGABEN

Kilokalorien 833	Zucker 5g
Eiweiß 20g	Fett 66g
Kohlenhydrate .. 44g	davon gesättigt . 15g

15 MIN. 10 MIN.

4–6 PERSONEN

ZUTATEN

- 2 dicke Scheiben Vollkornbrot ohne Kruste
- 300 ml Milch
- 250 g Walnusshälften
- 2 Knoblauchzehen, zerdrückt
- 125 g schwarze Oliven, entsteint
- 60 g Parmesan, frisch gerieben
- 8 EL Olivenöl extra vergine
- Salz und Pfeffer
- 150 g Schlagsahne
- 500 g frische Fettuccine
- 2–3 EL frisch gehackte Petersilie

1 Das Brot in eine flache Schale legen, mit der Milch übergießen und einweichen, bis die Flüssigkeit vollständig aufgenommen ist.

2 Die Walnüsse auf einem Backblech ausbreiten und im vorgeheizten Backofen 5 Minuten bei 190 °C goldgelb rösten. Zum Abkühlen beiseite stellen.

3 Brot, Walnüsse, Knoblauch, Oliven, Parmesan und 6 Esslöffel Öl im Mixer pürieren. Mit Salz und Pfeffer abschmecken und die Sahne zugeben.

4 Salzwasser in einem großen Topf aufkochen. Die Fettuccine darin mit 1 Esslöffel Olivenöl bissfest kochen. Abgießen und mit dem restlichen Olivenöl gründlich vermengen.

5 Die Fettuccine auf Portionsteller verteilen und die Oliven-Walnuss-Sauce darauf anrichten. Mit frischer Petersilie bestreuen und servieren.

1

3

3

TIPP

Parmesan verliert schnell sein würziges Aroma. Deshalb ist es besser, kleine Mengen zu kaufen und immer frisch gerieben zu verwenden. Er hält sich in Frischhaltefolie gewickelt im Kühlschrank einige Wochen.

Nudeln mit grünem Gemüse

Die verschiedenen Gemüsesorten machen dieses Gericht so verführerisch – ein leichtes Essen für warme Sommertage.

NÄHRWERTANGABEN

Kilokalorien	517	Zucker	5 g
Eiweiß	17 g	Fett	32 g
Kohlenhydrate	42 g	davon gesättigt	18 g

10 MIN. 30 MIN.

4 PERSONEN

ZUTATEN

- 250 g Spiralnudeln
- 1 EL Olivenöl
- 1 Brokkoli, in Röschen
- 2 Zucchini, in Scheiben
- 250 g grüner Spargel, Enden geschält
- 125 g Zuckererbsen
- 125 g Erbsen, Tiefkühlware aufgetaut
- 1 EL Butter
- 3 EL Gemüsebrühe
- 4 EL Sahne
- Salz und Pfeffer
- frisch geriebene Muskatnuss
- 2 EL frisch gehackte Petersilie
- 2 EL frisch geriebener Parmesan

1 Salzwasser in einem großen Topf aufkochen. Die Nudeln darin mit Olivenöl bissfest kochen. Abgießen, wieder in den Topf geben, abdecken und warm stellen.

2 Brokkoli, Zucchini, Spargel und Zuckererbsen im Dampfkochtopf garen, bis sie zart sind. Vom Herd nehmen und in kaltem Wasser abschrecken. Abtropfen lassen und beiseite stellen.

3 Salzwasser in einem kleinen Topf aufkochen und die Erbsen darin 3 Minuten garen. Abgießen, mit kaltem Wasser abschrecken und erneut abtropfen lassen. Zu dem übrigen Gemüse beiseite stellen.

4 Butter und Brühe bei mittlerer Hitze in einem Topf erwärmen. Das Gemüse bis auf einige Spargelstangen hineingeben und vermengen, bis es heiß ist. Die Sahne einrühren und erhitzen, aber nicht kochen. Mit Salz, Pfeffer und Muskat abschmecken.

5 Die Nudeln auf einen vorgewärmten Servierteller geben und mit Petersilie bestreuen. Die Sauce darüber geben und mit Parmesan bestreuen. Die zurückbehaltenen Spargelstangen dekorativ darauf anrichten und sofort servieren.

Pasta mit Käse und Brokkoli

Mit Nudeln lassen sich die köstlichsten Gerichte zaubern – wie etwa diese bunten Tagliatelle mit Mascarpone-Käse-Sauce.

NÄHRWERTANGABEN

Kilokalorien	624	Zucker	2 g
Eiweiß	22 g	Fett	45 g
Kohlenhydrate	34 g	davon gesättigt	28 g

5 MIN. 15 MIN.

4 PERSONEN

ZUTATEN

- 300 g Tagliatelle Tricolore (dreifarbige Bandnudeln)
- 1 EL Olivenöl
- 250 g Brokkoli, in kleinen Röschen
- 350 g Mascarpone
- 150 g Blauschimmelkäse, zerbröckelt
- 1 EL frisch gehackter Oregano
- Salz und Pfeffer
- 1 EL Butter
- frische Oreganozweige, zum Garnieren
- frisch geriebener Parmesan, zum Servieren

1 Salzwasser in einem großen Topf aufkochen. Die Nudeln darin mit etwas Olivenöl bissfest kochen. Abtropfen lassen.

2 In der Zwischenzeit die Brokkoliröschen in etwas kochendem Salzwasser blanchieren. Abtropfen lassen.

3 Mascarpone und Blauschimmelkäse in einem großen Topf vorsichtig erhitzen, bis sie schmelzen. Oregano unterrühren und mit Salz und Pfeffer abschmecken.

4 Die Nudeln in den Topf geben, Butter zufügen und vermengen. Brokkoli zu den Nudeln mit der Sauce geben, dann vorsichtig mischen.

5 Die Nudeln auf 4 vorgewärmte Servierteller geben, mit Oreganozweigen garnieren und mit frisch geriebenem Parmesan servieren.

1

3

4

Pizza gorgonzola

Gorgonzola, Birnen und Kürbis sind ein nicht ganz alltäglicher Pizzabelag. Der Vollkornteig verleiht dieser Pizza ein nussiges Aroma.

NÄHRWERTANGABEN

Kilokalorien 470	Zucker 5g
Eiweiß 17g	Fett 15g
Kohlenhydrate .. 72g	davon gesättigt .. 6g

1 ¼ STD. 35 MIN.

4 PERSONEN

ZUTATEN

TEIG

- 7 g Trockenhefe
- 1 TL Zucker
- 250 ml lauwarmes Wasser
- 175 g Vollkornmehl
- 175 g Weizenmehl
- 1 TL Salz
- 1 EL Olivenöl

BELAG

- 400 g Kürbis, geschält und gewürfelt
- 1 EL Olivenöl
- 1 Birne, entkernt, geschält und in Scheiben
- 100 g Gorgonzola, zerbröckelt
- 1 frischer Rosmarinzweig, zum Garnieren

1 Hefe und Zucker in einen Messbecher geben, mit 50 ml Wasser auffüllen und etwa 15 Minuten gehen lassen, bis die Mischung schäumt.

2 Das gesamte Mehl mit dem Salz in einer Schüssel mischen. Eine Vertiefung in die Mitte drücken. Öl, Hefe und das restliche Wasser zugießen und zu einem festen Teig verarbeiten.

3 Den Teig auf einer bemehlten Arbeitsfläche 4–5 Minuten glatt kneten.

4 Den Teig zurück in die Schüssel geben, mit eingefetteter Frischhaltefolie abdecken und 30 Minuten gehen lassen, bis er sein Volumen verdoppelt hat.

5 Den Teig aus der Schüssel nehmen und noch einmal 2 Minuten durchkneten. Dann ausrollen und auf ein eingefettetes Backblech legen. Der Teig sollte nicht dicker als 6 mm sein, da er beim Backen aufgeht.

6 Für den Belag die Kürbiswürfel in einen flachen Bräter geben, mit Olivenöl beträufeln und unter dem vorgeheizten Grill 20 Minuten weich und knusprig garen.

7 Birnenscheiben und Kürbiswürfel gleichmäßig auf dem Pizzateig verteilen. Die Ölreste aus dem Bräter über das Gemüse träufeln. Anschließend den Gorgonzola über die Pizza streuen und diese bei 200 °C im vorgeheizten Backofen 15 Minuten goldbraun und knusprig backen. Mit dem Rosmarinzweig garnieren und heiß servieren.

5

7

7

Linsen-Ratatouille-Pizza

Ratatouille und Linsen auf einem Vollkornboden werden mit Käse und Sonnenblumenkernen überbacken. Die Linsen sollten vorher eingeweicht werden.

NÄHRWERTANGABEN

Kilokalorien 377	Zucker . . . . 6 g
Eiweiß . . . . 11 g	Fett . . . . 19 g
Kohlenhydrate . . 44 g	davon gesättigt . . 5 g

2½ STD. 55 MIN.

4 PERSONEN

ZUTATEN

- 50 g braune Linsen
- ½ Aubergine, gewürfelt
- 3 EL Olivenöl
- 1 kleine Zwiebel, in Ringen
- 1 Knoblauchzehe, zerdrückt
- ½ Zucchini, in Scheiben
- ½ rote Paprika, in Streifen
- ½ grüne Paprika, in Streifen
- 200 g gehackte Tomaten aus der Dose
- 1 EL frisch gehackter Oregano
- Salz und Pfeffer
- 4 runde Vollkorn-Pizzaböden (siehe Seite 861)
- 60 g Emmentaler, in feinen Scheiben
- 1 EL Sonnenblumenkerne
- Olivenöl

1 Die Linsen 30 Minuten in heißem Wasser quellen lassen. Abgießen und abspülen. Mit frischem Wasser bedecken und bei geringer Hitze 10 Minuten kochen.

2 Die Auberginenwürfel in ein Sieb geben, mit etwas Salz bestreuen und 20 Minuten ziehen lassen. Gut abspülen und mit Küchenpapier trockentupfen.

3 Das Öl in einem Topf erhitzen und Zwiebel und Knoblauch darin 3 Minuten anbraten. Zucchini, Paprika und Aubergine zugeben, abdecken und bei geringer Hitze zugedeckt 5 Minuten garen.

4 Tomaten, abgetropfte Linsen, Oregano, 2 Esslöffel Wasser, Salz und Pfeffer unterrühren, abdecken und 15 Minuten köcheln lassen. Gelegentlich umrühren und falls nötig noch etwas Wasser zugeben.

5 Die Pizzaböden auf zwei mit eingefettetem Backpapier ausgelegte Backbleche oder auf eingefettete Pizzableche legen und 10 Minuten ruhen lassen.

6 Die Linsen-Ratatouille auf den Pizzaböden verteilen, dabei einen schmalen Rand lassen. Die Käsescheiben auf den Linsen verteilen und mit Sonnenblumenkernen bestreuen. Mit 1 Esslöffel Olivenöl beträufeln und mit Salz und Pfeffer würzen.

7 Im vorgeheizten Backofen bei 200 °C 18–20 Minuten backen, bis der Pizzarand knusprig und goldbraun ist. Sofort servieren.

1

3

6

Gebackener Rahmfenchel

Fenchel passt fantastisch in diese Kümmel-Rahmsauce. Ein knuspriger Überzug aus Semmelbröseln verlockt zum Zubeißen.

NÄHRWERTANGABEN

Kilokalorien	292	Zucker	5g
Eiweiß	10g	Fett	23g
Kohlenhydrate	12g	davon gesättigt	14g

10 MIN. 45 MIN.

4 PERSONEN

ZUTATEN

- 2 EL Zitronensaft
- 2 Fenchelknollen, in dünnen Scheiben
- 60 g Butter, plus etwas mehr, zum Einfetten
- 125 g fettarmer Frischkäse
- 150 g Schlagsahne
- 150 ml Milch
- 1 Ei, verquirlt
- Salz und Pfeffer
- 2 TL Kümmel
- 60 g frische Semmelbrösel
- Petersilienzweige, zum Garnieren

1

2

4

1 Wasser in einem Topf zum Kochen bringen, Zitronensaft zufügen und den Fenchel darin 2–3 Minuten blanchieren. Dann abgießen und in eine eingefettete Auflaufform geben.

2 Frischkäse in einer Schüssel glatt rühren. Sahne, Milch und Ei zugeben und gut mischen. Mit Salz und Pfeffer abschmecken und über den Fenchel geben.

3 In einer kleinen Pfanne 15 g Butter zerlassen und den Kümmel darin vorsichtig 1–2 Minuten anbraten, bis er sein Aroma entfaltet. Über den Fenchel streuen.

4 Restliche Butter in einer Pfanne zerlassen. Semmelbrösel zugeben und bei schwacher Hitze unter Rühren hellbraun anbraten. Dann über den Fenchel geben.

5 Im vorgeheizten Backofen bei 180 °C 25–30 Minuten backen, bis der Fenchel gar ist. Sofort mit frischer Petersilie garniert servieren.

Pasta mit Chili und Paprika

Süß und scharf zugleich – eine unvergleichliche Geschmackskombination, die die Sauce den Aromen von Paprika und Chili verdankt.

NÄHRWERTANGABEN

Kilokalorien	423	Zucker	5 g
Eiweiß	9 g	Fett	27 g
Kohlenhydrate	38 g	davon gesättigt	4 g

25 MIN. 30 MIN.

4 PERSONEN

ZUTATEN

2 rote Paprika, halbiert und entkernt

4 Tomaten, halbiert

2 Knoblauchzehen

1 kleine rote Chili

50 g gemahlene Mandeln

7 EL Olivenöl

700 g frische oder 500 g getrocknete Nudeln

frischer Oregano, zum Garnieren

1 Paprika und Tomaten mit der Schnittseite nach unten mit dem Knoblauch und der Chili auf ein Backblech legen und unter dem vorgeheizten Grill 15 Minuten rösten, bis das Gemüse stellenweise schwarz geworden ist. Gemüse herausnehmen und abkühlen lassen.

1

2

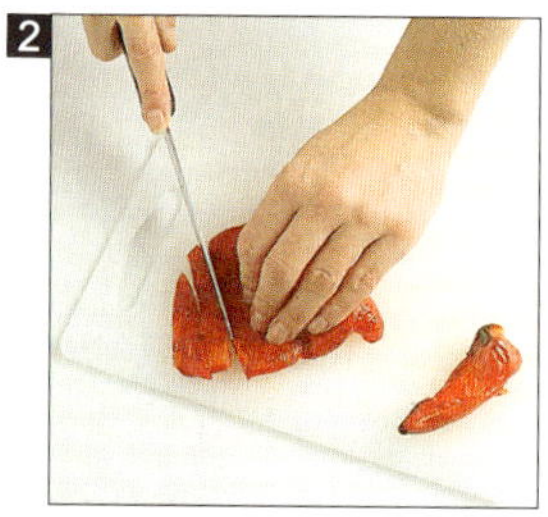

4

2 Paprika und Chili häuten und in Streifen schneiden.

3 Knoblauch schälen, Tomaten häuten und entkernen.

4 Die Mandeln auf ein Backblech streuen und unter dem heißen Grill einige Minuten anrösten.

5 Währenddessen das vorbereitete Gemüse in einer Küchenmaschine zu einer glatten Paste pürieren. Bei laufender Maschine das Olivenöl in einem dünnen Strahl zugießen und so lange unterrühren, bis die Sauce eindickt. Alternativ das Gemüse mit einer Gabel zerdrücken und das Olivenöl löffelweise unterrühren.

6 Die gerösteten Mandeln unter die Sauce rühren.

7 Die fertige Sauce in einen Topf geben und vorsichtig aufwärmen.

8 Die Nudeln in einem großen Topf mit Salzwasser bissfest kochen. Anschließend abtropfen lassen, in eine große Schüssel geben, mit der heißen Sauce vermengen und mit Oregano garnieren.

VARIATION

Abgekühlt und mit 2 Esslöffeln Rotweinessig verfeinert, ist die Sauce auch als Dressing verwendbar.

Rotes Curry mit Cashewkernen

Dieses Gericht lässt sich schnell zubereiten. Wenn Sie keine Zeit für die Zubereitung der Currypaste haben, verwenden Sie fertig gekaufte.

NÄHRWERTANGABEN

Kilokalorien 274	Zucker 5g
Eiweiß 10g	Fett 10g
Kohlenhydrate .. 38g	davon gesättigt .. 3g

25 MIN. 15 MIN.

4 PERSONEN

ZUTATEN

- 250 ml Kokosmilch
- 1 Kaffir-Limettenblatt
- ¼ TL helle Sojasauce
- 60 g Babymaiskolben, längs halbiert
- 125 g Brokkoliröschen
- 125 g grüne Bohnen, in 5 cm großen Stücken
- 25 g Cashewkerne
- 15 frische Basilikumblätter
- 1 EL gehackter Koriander
- 1 EL geröstete Erdnüsse, gehackt, zum Garnieren

ROTE CURRYPASTE

- 7 rote Chillies, halbiert, entkernt und blanchiert
- 2 TL Kreuzkümmel
- 2 TL Koriandersamen
- 2,5-cm-Stück Galangal
- ½ Stängel Zitronengras, gehackt
- 1 TL Salz
- geriebene Schale von 1 Limette
- 4 Knoblauchzehen, gehackt
- 3 Schalotten, gehackt
- 2 Kaffir-Limettenblätter, gehackt
- 1 EL Pflanzenöl

1 Für die Currypaste alle Zutaten mit Mörser, Mühle oder kurz in der Küchenmaschine zerkleinern. Für dieses Rezept wird nicht die gesamte rote Currypaste benötigt. Der Rest hält sich jedoch in einem verschlossenen Behälter im Kühlschrank bis zu drei Wochen.

2 Einen Wok oder eine große Pfanne stark erhitzen, 3 Esslöffel Currypaste zugeben und rühren, bis sich ihr Aroma entfaltet. Auf mittlere Hitze reduzieren.

3 Kokosmilch, Limettenblatt, Sojasauce, Mais, Brokkoli, Bohnen und Cashewkerne zugeben. Zum Kochen bringen und ca. 10 Minuten köcheln, bis das Gemüse gar, jedoch noch fest und knackig ist.

4 Limettenblatt herausnehmen und wegwerfen. Basilikumblätter und Koriander einrühren. In eine vorgewärmte Servierschüssel füllen, mit Erdnüssen garnieren und sofort servieren.

1

3

4

Auberginen mit Linsenfüllung

Mit Linsen gefüllte Auberginen unter einer Haube von Naturjoghurt schmecken heiß oder kalt.

NÄHRWERTANGABEN

Kilokalorien	386	Zucker	9g
Eiweiß	14g	Fett	24g
Kohlenhydrate	30g	davon gesättigt	3g

25 MIN. 1 STD.

6 PERSONEN

ZUTATEN

- 225 g Linsen
- 850 ml Wasser
- 2 Knoblauchzehen, zerdrückt
- 3 Auberginen
- 150 ml Pflanzenöl, plus etwas mehr, zum Einfetten
- Salz und Pfeffer
- 2 Zwiebeln, gehackt
- 4 Tomaten, klein geschnitten
- 2 TL Kreuzkümmelsamen
- 1 TL Zimt
- 2 EL milde Currypaste
- 1 TL gehackte Chili
- 2 EL gehackte Minze
- Naturjoghurt und Minzezweige, zum Servieren

1 Die Linsen unter fließendem kaltem Wasser abspülen. Abtropfen lassen und mit Wasser und Knoblauch in einen Topf geben. Abdecken und ca. 30 Minuten köcheln lassen.

1

2 Die Auberginen in einem Topf mit kochendem Wasser 5 Minuten kochen. Abgießen, dann 5 Minuten in kaltem Wasser abkühlen. Erneut abgießen, dann Auberginen längs halbieren und das Fruchtfleisch auslösen. Dabei einen 1 cm dicken Rand stehen lassen.

3

3 Auberginen in eine flache, gefettete Auflaufform legen. Mit etwas Öl bestreichen, salzen und pfeffern. Abgedeckt im vorgeheizten Backofen bei 190 °C 10 Minuten backen. In der Zwischenzeit die Hälfte des restlichen Öls in eine Pfanne geben, Zwiebeln und Tomaten zugeben und 5 Minuten leicht dünsten. Das Auberginenfleisch klein schneiden, mit den Gewürzen und Chili in die Pfanne geben und 5 Minuten leicht kochen. Salzen.

4

4 Linsen, das restliche Öl und die Minze einrühren. Etwas Öl aufbewahren. Die Mischung in die Auberginen füllen. Mit dem restlichen Öl beträufeln und 15 Minuten backen. Heiß oder kalt mit einem Häubchen Naturjoghurt und Minzezweigen servieren.

TIPP

Nehmen Sie keine schmalen Auberginen, sondern schöne bauchige, da diese ihre Form beim Backen mit Füllung besser beibehalten.

Chinesische Gemüsepfanne

Die köstliche Geschmacksvielfalt dieser Gemüsepfanne fängt alle Vorzüge der fernöstlichen Küche ein.

NÄHRWERTANGABEN

Kilokalorien	127	Zucker	7 g
Eiweiß	4 g	Fett	9 g
Kohlenhydrate	8 g	davon gesättigt	1 g

5 MIN. 25 MIN.

4 PERSONEN

ZUTATEN

- 3 EL Pflanzenöl
- 8 Silberzwiebeln, halbiert
- 1 Aubergine, gewürfelt
- 225 g Zucchini, in Scheiben
- 225 g Champignons mit offenem Hut, halbiert
- 2 Knoblauchzehen, zerdrückt
- 400 g gehackte Tomaten aus der Dose
- 2 EL Pesto rosso
- 2 EL Sojasauce
- 1 TL Sesamöl
- 1 EL chinesischer Reiswein oder trockener Sherry
- frisch gemahlener schwarzer Pfeffer
- frische Basilikumblätter, zum Garnieren

2

3

5

1 Das Öl in einem Wok oder einer Pfanne erhitzen.

2 Zwiebeln und Aubergine zugeben und 5 Minuten anbraten, bis das Gemüse zart und leicht gebräunt ist.

3 Zucchini, Champignons, Knoblauch, Tomaten und Pesto zufügen und 5 Minuten anbraten. Die Hitze reduzieren und 10 Minuten köcheln lassen.

4 Sojasauce, Sesamöl und Reiswein oder Sherry unterrühren, erneut zum Kochen bringen und 1 Minute garen.

5 Das Gemüse mit frisch gemahlenem schwarzen Pfeffer würzen und mit frischen Basilikumblättern bestreuen. Sofort servieren.

TIPP

Basilikum passt ideal zu Gemüse und chinesischen Zutaten. Statt es in diesem Gericht nur als Garnitur zu verwenden, geben Sie zu dem Gemüse in Schritt 4 eine Hand voll frischer Basilikumblätter hinzu.

Bohnen nach Südstaatenart

Cajun-Gewürz verleiht diesem bunten Salat aus Reis und roten Kidneybohnen den Geschmack der amerikanischen Südstaaten.

NÄHRWERTANGABEN

Kilokalorien	336	Zucker	8 g
Eiweiß	7 g	Fett	13 g
Kohlenhydrate	51 g	davon gesättigt	2 g

10 MIN. 15 MIN.

4 PERSONEN

ZUTATEN

- 175 g Langkornreis
- 4 EL Olivenöl
- 1 kleine grüne Paprika, gewürfelt
- 1 kleine rote Paprika, gewürfelt
- 1 Zwiebel, fein gehackt
- 1 kleine rote oder grüne Chili, entkernt und fein gehackt
- 2 Tomaten, klein geschnitten
- 125 g rote Kidneybohnen aus der Dose, abgespült und abgetropft
- 1 EL frisch gehacktes Basilikum
- 2 TL frisch gehackter Thymian
- 1 TL Cajun-Gewürz
- Salz und Pfeffer
- frische Basilikumblätter, zum Garnieren

2

4

5

1 Reis in kochendem, leicht gesalzenem Wasser ca. 12 Minuten nahezu weich kochen. Mit kaltem Wasser abspülen und gut abtropfen lassen.

2 In der Zwischenzeit das Öl in einer Pfanne erhitzen und darin Paprika und Zwiebel ca. 5 Minuten leicht dünsten, bis sie weich sind.

3 Chili und Tomaten zugeben und weitere 2 Minuten garen.

4 Gemüsemischung und Kidneybohnen zum Reis geben. Gut vermengen.

5 Die gehackten Kräuter und das Cajun-Gewürz in die Reismischung rühren. Mit Salz und Pfeffer abschmecken und mit Basilikumblättern garniert servieren.

Acht Gemüseschätze

Wie der Name andeutet, ist dieses Gericht eine Zusammenstellung köstlicher Gemüsesorten in einer Soja- und schwarzen Bohnensauce.

NÄHRWERTANGABEN

Kilokalorien 110	Zucker .... 3 g
Eiweiß .... 4 g	Fett .... 8 g
Kohlenhydrate ... 7 g	davon gesättigt .. 1 g

5 MIN. 10 MIN.

4 PERSONEN

ZUTATEN

- 2 EL Erdnussöl
- 6 Frühlingszwiebeln, in Ringen
- 3 Knoblauchzehen, zerdrückt
- 1 grüne Paprika, gewürfelt
- 1 rote Paprika, gewürfelt
- 1 frische rote Chili, in Scheiben
- 2 EL gehackte Wasserkastanien
- 1 Zucchini, gewürfelt
- 125 g Austernpilze
- 3 EL schwarze Bohnensauce
- 2 TL chinesischer Reiswein oder trockener Sherry
- 4 EL dunkle Sojasauce
- 1 TL brauner Zucker
- 2 EL Wasser
- 1 TL Sesamöl

2

3

4

1 Erdnussöl im Wok oder in einer Pfanne bis zum Rauchpunkt erhitzen.

2 Die Hitze leicht reduzieren und die Frühlingszwiebeln und den Knoblauch darin etwa 30 Sekunden anbraten.

3 Paprika, Chili, Wasserkastanien und Zucchini zugeben und 2–3 Minuten anbraten, bis das Gemüse weich ist.

4 Austernpilze, Bohnensauce, Reiswein oder Sherry, Sojasauce, Zucker und Wasser in den Wok geben und weitere 4 Minuten garen.

5 Die „Schätze" mit Sesamöl beträufeln und sofort servieren.

TIPP

Acht Schätze sind Bestandteil der chinesischen Neujahrsfeiern, die in der letzten Woche des Jahres beginnen. In dieser Zeit wird der Küchengott, eine wichtige Figur in China, beauftragt, im Himmel einen Bericht abzuliefern. Er kehrt zum Fest am Neujahrsabend zurück.

Gefülltes Gemüse

Mit einer nussigen Mischung aus Bulgur, Tomaten und Gurke können Sie ganz einfach Ihr Lieblingsgemüse füllen.

NÄHRWERTANGABEN

Kilokalorien	194	Zucker	7 g
Eiweiß	5 g	Fett	4 g
Kohlenhydrate	36 g	davon gesättigt	0,5 g

40 MIN. 25 MIN.

4 PERSONEN

ZUTATEN

- 4 große Fleischtomaten
- Salz und Pfeffer
- 4 Zucchini
- 2 orangefarbene Paprika

FÜLLUNG

- 225 g Bulgur
- ¼ Salatgurke
- 1 rote Zwiebel
- 2 EL Zitronensaft
- 2 EL frisch gehackter Koriander
- 2 EL frisch gehackte Minze
- 1 EL Olivenöl
- 2 TL Kreuzkümmelsamen

ZUM SERVIEREN

- warmes Fladenbrot
- Hummus

1 Den Backofen auf 200 °C vorheizen. Von den Tomaten den „Deckel" abschneiden und beiseite legen. Das Fruchtfleisch herauslösen und in eine Schale geben. Die Tomaten innen mit Salz und Pfeffer würzen, dann kopfüber auf Küchenpapier stellen.

2 Die Zucchini putzen und von oben in Längsrichtung einen langen Keil herausschneiden. Die Keile fein würfeln und zu dem Tomatenfruchtfleisch geben. Die Zucchini salzen und beiseite stellen. Die Paprika so halbieren, dass die Stiele ganz bleiben. Entkernen, dann die Paprika innen mit Salz und Pfeffer würzen.

3 Für die Füllung den Bulgur einweichen. Die Gurke fein hacken und zur Tomaten-Zucchini-Mischung geben. Die Zwiebel hacken, mit Zitronensaft, Kräutern, Olivenöl und Kreuzkümmel zur Gemüsemischung geben und gründlich verrühren.

4 Den Bulgur unter die Mischung rühren, dann in das ausgehöhlte Gemüse füllen. Die „Deckel" der Tomaten wieder auflegen, das Gemüse auf ein Backblech setzen und 20–25 Minuten backen, bis es gar ist. Abtropfen lassen und mit Fladenbrot und Hummus servieren.

TIPP

Um die Garzeit zu verkürzen, bietet es sich an, Gemüse – bis auf Tomaten – vor dem Füllen zu blanchieren. Blanchieren Sie Paprika, Zucchini und Aubergine 5 Minuten.

Paprika mit Gemüsefüllung

Halbierte Paprika werden mit buntem Sommergemüse gefüllt. Das Rezept wurde für den Grill adaptiert.

NÄHRWERTANGABEN

Kilokalorien	193	Zucker	8 g
Eiweiß	2 g	Fett	17 g
Kohlenhydrate	9 g	davon gesättigt	2 g

20 MIN. 25 MIN.

4 PERSONEN

ZUTATEN

- 1 rote Paprika
- 1 grüne Paprika
- 1 gelbe Paprika
- 1 orangefarbene Paprika
- 6 EL Olivenöl
- Salz und Pfeffer
- 1 kleine rote Zwiebel, in Ringen
- 1 kleine Aubergine, in großen Würfeln
- 130 g Champignons
- 130 g Kirschtomaten, halbiert
- 1 Hand voll frische Basilikumblätter, zerpflückt
- 2 EL Zitronensaft
- frisches Basilikum, zum Garnieren
- Zitronenspalten, zum Servieren

2

3

4

1 Die Paprika halbieren und entkernen. Mit etwas Olivenöl beträufeln und mit Salz und Pfeffer würzen.

2 Das restliche Öl in einer Pfanne erhitzen. Darin Zwiebel, Aubergine und Champignons unter häufigem Rühren 3–4 Minuten anbraten. In eine große Schüssel füllen.

3 Tomaten, Basilikum und Zitronensaft zum Gemüse geben. Mit Salz und Pfeffer abschmecken.

4 Gemüsemischung in die Paprikahälften füllen, in Alufolie einwickeln und 15–20 Minuten unter dem Grill garen, dabei einmal wenden.

5 Paprika auspacken, mit Basilikum garnieren, mit Zitronenspalten servieren.

VARIATION

Sie können frisches Basilikum durch 1 Teelöffel getrocknetes Basilikum oder alternativ durch getrocknete Kräuter der Provence ersetzen. Und bestreuen Sie die Paprika mit etwa 100 g geriebenem Mozzarella oder Emmentaler!

Überbackene Ratatouille

Ratatouille ist ein Klassiker unter den Gemüsegerichten. Hier wird das in Tomatensauce gegarte Gemüse mit Kartoffeln und Käse überbacken.

NÄHRWERTANGABEN

Kilokalorien	287	Zucker	13 g
Eiweiß	14 g	Fett	4 g
Kohlenhydrate	53 g	davon gesättigt	2 g

15 MIN. 35 MIN.

4 PERSONEN

ZUTATEN

- 2 Zwiebeln
- 1 Knoblauchzehe
- 1 rote Paprika
- 1 grüne Paprika
- 1 Aubergine
- 2 Zucchini
- 800 g gehackte Tomaten aus der Dose
- 1 Bouquet garni
- 2 EL Tomatenmark
- Salz und Pfeffer
- 900 g Kartoffeln
- 75 g Hartkäse, gerieben
- 2 EL Schnittlauchröllchen, zum Garnieren

1 Zwiebeln und Knoblauch schälen und fein hacken. Die Paprika waschen, entkernen und in Streifen schneiden. Die Aubergine putzen und in kleine Würfel schneiden. Die Zucchini putzen und in dünne Scheiben schneiden.

2 Zwiebeln, Knoblauch und Paprika in einen Topf geben. Die Tomaten, das Bouquet garni und Tomatenmark zufügen, mit Salz und Pfeffer abschmecken. Aufkochen. Dann abgedeckt 10 Minuten köcheln, dabei gelegentlich umrühren. Aubergine und Zucchini zugeben und weitere 10 Minuten ohne Deckel kochen. Häufig umrühren.

3 Die Kartoffeln schälen, in 2,5 cm dicke Würfel schneiden und in einem zweiten Topf mit Wasser bedecken. Aufkochen und 10 Minuten kochen, bis sie weich sind. Abgießen und beiseite stellen.

4 Das Gemüse in eine Auflaufform geben. Die gegarten Kartoffelwürfel gleichmäßig darauf verteilen.

5 Den Grill auf mittlere Hitze vorheizen. Das Gemüse mit geriebenem Käse bestreuen und 5 Minuten überbacken, bis die Kruste goldbraun ist und die Sauce köchelt. Zum Servieren mit Schnittlauchröllchen bestreuen.

1

2

4

VARIATION

Je nach Saison können Sie auch andere Gemüsesorten Ihrer Wahl für dieses Gericht verwenden. Köstlich schmecken Brokkoli, Karotten oder Mais.

Gemüsespieße vom Grill

Diese Spieße mit Paprika, Zucchini, Auberginen und roten Zwiebeln kann man als Hauptmahlzeit oder als originelle Beilage servieren.

NÄHRWERTANGABEN

Kilokalorien 66	Zucker .... 7 g
Eiweiß .... 2 g	Fett .... 3 g
Kohlenhydrate ... 7 g	davon gesättigt .0,5 g

15 MIN. 15 MIN.

4 PERSONEN

ZUTATEN

- 1 große rote Paprika
- 1 große grüne Paprika
- 1 große orangefarbene Paprika
- 1 große Zucchini
- 4 kleine Auberginen
- 2 rote Zwiebeln
- 2 EL Zitronensaft
- 1 EL Olivenöl
- 1 Knoblauchzehe, zerdrückt
- 1 EL frisch gehackter Rosmarin oder 1 TL getrockneter Rosmarin
- Salz und Pfeffer

ZUM SERVIEREN

- Bulgur, gegart
- Tomaten-Oliven-Relish

1 Die Paprika halbieren, entkernen und in gleichmäßige Stücke von 2,5 cm Breite schneiden.

2 Die Zucchini putzen, längs halbieren und in 2,5 cm große Stücke schneiden. Paprika und Zucchini in eine große Schüssel füllen und beiseite stellen. Die Auberginen putzen und längs vierteln.

3 Die Zwiebeln schälen und jeweils in 8 gleich große Spalten schneiden.

4 Zwiebeln und Auberginen in die Schüssel mit den Paprika und Zucchini geben.

5 In einer kleinen Schüssel Zitronensaft, Olivenöl, Knoblauch, Rosmarin, Salz und Pfeffer verrühren.

6 Die Flüssigkeit über das Gemüse gießen und gut unterheben.

7 Den Grill vorheizen. Das Gemüse auf 8 zuvor eingeweichte Holzspieße stecken. Die Spieße auf den Grillrost legen und 10–12 Minuten auf mittlerer Schiene grillen, bis das Gemüse gar und leicht gebräunt ist. Dabei häufig wenden.

8 Die Spieße abtropfen lassen und auf einem Bett aus Bulgur anrichten. Dazu passt ein Tomaten-Oliven-Relish.

Hausgemachte Nudeln mit Gemüse

Um diese Nudeln herzustellen, brauchen Sie keine Nudelmaschine – sie werden mit der Hand ausgerollt.

NÄHRWERTANGABEN

Kilokalorien	294	Zucker	3 g
Eiweiß	7 g	Fett	15 g
Kohlenhydrate	35 g	davon gesättigt	2 g

20 MIN. 15 MIN.

2–4 PERSONEN

ZUTATEN

NUDELN

- 125 g Mehl
- ½ TL Salz
- 2 EL Speisestärke
- 125 ml kochendes Wasser
- 5 EL Pflanzenöl

GEBRATENES GEMÜSE

- 1 Zucchini, in feinen Stiften
- 1 Selleriestange, in feinen Stiften
- 1 Karotte, in feinen Stiften
- 130 g Pilze, in Scheiben
- 400 g Brokkoliröschen und -stängel, in Scheiben
- 1 Porreestange, in Ringen
- 125 g Bohnensprossen
- 1 EL Sojasauce
- 2 TL Reisessig
- ½ TL Zucker

2

3

4

1 Für die Nudeln Mehl, Salz und Stärke in eine große Schüssel sieben. Eine Vertiefung in die Mitte drücken und kochendes Wasser und 1 Esslöffel Öl hineingeben. Mit dem Mehl rasch zu einem glatten Teig verarbeiten. Zugedeckt 5–6 Minuten ruhen lassen.

2 Kleine Stücke von dem Teig abbrechen, daraus Kugeln formen und diese auf einer leicht eingefetteten Arbeitsfläche manuell zu dünnen Nudeln ausrollen.

3 In einem Wok 3 Esslöffel Öl stark erhitzen und die Nudeln darin portionsweise 1 Minute frittieren. Die Hitze reduzieren und weitere 2 Minuten frittieren. Aus dem Wok heben und auf Küchenpapier abtropfen lassen.

4 Das restliche Öl im Wok erhitzen. Zucchini, Sellerie und Karotte 1 Minute darin sautieren. Pilze, Brokkoli und Porree zugeben und 1 weitere Minute sautieren. Dann die restlichen Zutaten zufügen und alles unter Rühren gut erhitzen.

5 Die Nudeln unter das Gemüse heben und bei starker Hitze gut erwärmen. Sofort servieren.

Geschichtetes Gemüsegratin

Für dieses Gratin werden verschiedene Gemüsesorten in einer leichten Sauce gegart und mit einer Kartoffel-Käse-Schicht bedeckt.

NÄHRWERTANGABEN

Kilokalorien 236	Zucker .... 9 g
Eiweiß .... 9 g	Fett .... 9 g
Kohlenhydrate .. 31 g	davon gesättigt .. 3 g

25 MIN. 1½ STD.

6 PERSONEN

ZUTATEN

225 g Karotten
225 g kleine Pastinaken
1 Fenchelknolle
Salz und Pfeffer
500 g Kartoffeln
90 g fettarmer Frischkäse
25 g Mehl
300 ml Magermilch
½ TL gemahlene Muskatnuss
1 Ei, verquirlt
25 g Parmesan, gerieben

ZUM SERVIEREN
frisches, knuspriges Brot
Tomatensalat

1

2

3

1 Karotten und Pastinaken in dünne Stifte schneiden. 5 Minuten in kochendes Wasser geben, abgießen und in eine Auflaufform legen.

2 Den Fenchel in Scheiben schneiden und 2–3 Minuten in kochendem Wasser blanchieren. Abgießen und zu Karotten und Pastinaken geben. Mit Salz und Pfeffer abschmecken.

3 Die Kartoffeln schälen und in 2 cm große Würfel schneiden. 6 Minuten in kochendes Wasser geben und anschließend gut abgießen.

4 Die Hälfte des Frischkäses in einem Topf schmelzen, das Mehl einrühren, den Topf vom Herd nehmen und die Milch unterrühren.

5 Den Topf wieder auf die Herdplatte stellen. Die Sauce unter Rühren aufkochen, bis sie eindickt. Muskat zugeben, mit Salz und Pfeffer abschmecken. 10 Minuten abkühlen lassen. Dann das Ei unterheben. Die Sauce über das Gemüse gießen. Die Kartoffeln darauf legen und mit dem Parmesan bestreuen.

6 Den Backofen auf 180 °C vorheizen. Den restlichen Frischkäse über die Kartoffeln verteilen und das Gratin etwa 1 Stunde backen, bis das Gemüse gar ist. Das Gratin kann als leichte Mahlzeit mit Brot und Tomatensalat oder als Vorspeise gereicht werden.

Gefüllte Artischocken

Dieses Rezept ist speziell auf die Mikrowelle abgestimmt. Sie können die Artischocken aber natürlich auch auf herkömmliche Weise zubereiten.

NÄHRWERTANGABEN

Kilokalorien 248	Zucker .... 8 g
Eiweiß .... 5 g	Fett .... 19 g
Kohlenhydrate .. 16 g	davon gesättigt .. 2 g

15 MIN. 30 MIN.

4 PERSONEN

ZUTATEN

- 4 Artischocken
- 8 EL Wasser
- 4 EL Zitronensaft
- 1 Zwiebel, gehackt
- 1 Knoblauchzehe, zerdrückt
- 2 EL Olivenöl
- 250 g Champignons, gehackt
- 40 g schwarze Oliven, entsteint und in Scheiben
- 60 g sonnengetrocknete Tomaten in Öl, abgetropft und gehackt (das Öl zum Beträufeln aufbewahren)
- 1 EL frisch gehacktes Basilikum
- 60 g frische Semmelbrösel
- 3 EL Pinienkerne, geröstet
- Salz und Pfeffer

1 Die Stiele und äußeren Blätter der Artischocken entfernen und die Blattspitzen abschneiden. Die Hälfte von Wasser und Zitronensaft in eine große Schüssel geben. 2 Artischocken in die Schüssel legen, abdecken und 10 Minuten auf höchster Stufe in der Mikrowelle garen (nach 5 Minuten wenden), bis sich die Blätter gut vom Boden lösen lassen. Die Artischocken kopfüber auf Küchenpapier abkühlen lassen. In der Zwischenzeit die restlichen Artischocken ebenso garen.

2 Zwiebel, Knoblauch und Olivenöl in eine Schüssel geben, abdecken und 2 Minuten auf höchster Stufe in der Mikrowelle garen. Champignons, Oliven und Tomaten zufügen, zudecken und 2 Minuten auf höchster Stufe garen.

3 Basilikum, Semmelbrösel und Pinienkerne unterrühren und mit Salz und Pfeffer abschmecken.

4 Die Artischockenblätter vorsichtig auseinander biegen. Die mittleren Blütenblätter entfernen, den faserigen Flaum in der Mitte mit einem Löffel herauskratzen und wegwerfen.

5 Die Füllung vierteln und in die Artischocken füllen. Die Blätter jeweils über der Füllung zusammendrücken.

6 Die Artischocken in eine flache Schale geben, mit etwas Öl beträufeln und 7 Minuten auf höchster Stufe in der Mikrowelle garen. Sofort servieren.

1

4

5

Kartoffel-Haschee

Dies ist die vegetarische Variante eines amerikanischen Gerichts mit Pökelfleisch, das traditionell Seefahrern in Neuengland serviert wurde.

NÄHRWERTANGABEN

Kilokalorien 302	Zucker .... 5 g
Eiweiß .... 15 g	Fett .... 10 g
Kohlenhydrate .. 40 g	davon gesättigt . 4 g

5 MIN. 30 MIN.

4 PERSONEN

ZUTATEN

- 25 g Butter
- 1 rote Zwiebel, halbiert und in Ringen
- 1 Karotte, gewürfelt
- 25 g grüne Bohnen, halbiert
- 3 große fest kochende Kartoffeln, gewürfelt
- 2 EL Mehl
- 600 ml Gemüsebrühe
- 225 g Tofu, gewürfelt
- Salz und Pfeffer
- frisch gehackte Petersilie, zum Garnieren

1 Die Butter in einer Pfanne behutsam zerlassen.

2 Zwiebel, Karotte, Bohnen und Kartoffeln zugeben und 5 Minuten unter ständigem Rühren anbraten, bis das Gemüse angebräunt ist.

3 Das Mehl zufügen und 1 Minute unter ständigem Rühren anschwitzen.

4 Langsam die Brühe in die Gemüsemischung gießen.

5 Bei niedriger Hitze ca. 15 Minuten köcheln lassen, bis die Kartoffeln gar sind.

6 Den Tofu zufügen und weitere 5 Minuten kochen.

7 Das Haschee mit Salz und Pfeffer abschmecken.

8 Das Haschee mit der Petersilie garnieren und heiß aus der Pfanne servieren.

TIPP

Ein Haschee (franz. hacher = hacken) ist ein Gericht aus fein zerkleinerten Zutaten, meist mit Fleisch. Ein amerikanisches Hackfleisch-Haschee besteht aus gehacktem Roastbeef oder Corned Beef, Paprika, Zwiebeln und Sellerie.

Bunte Gemüsespieße

Es muss nicht immer Fleisch sein! Diese farbenfrohen vegetarischen Spieße werden vor dem Grillen mit einem aromatisierten Öl bestrichen.

NÄHRWERTANGABEN

Kilokalorien	131	Zucker	7 g
Eiweiß	2 g	Fett	11 g
Kohlenhydrate	8 g	davon gesättigt	2 g

15 MIN. 15 MIN.

4 PERSONEN

ZUTATEN

- 1 rote Paprika, entkernt
- 1 gelbe Paprika, entkernt
- 1 grüne Paprika, entkernt
- 1 kleine Zwiebel
- 8 Kirschtomaten
- 100 g gemischte Pilze

ÖLMISCHUNG

- 6 EL Olivenöl
- 1 Knoblauchzehe, zerdrückt
- ½ TL Kräuter der Provence

1 Die Paprika in 2,5 cm große Stücke schneiden.

2 Zwiebel schälen und in Spalten schneiden, dabei das Wurzelende intakt lassen, um die Spalten zusammenzuhalten.

3 Paprika, Zwiebel, Tomaten und Pilze abwechselnd auf zuvor eingeweichte Holzspieße schieben.

4 Für die Ölmischung Öl, Knoblauch und Kräuter in einer kleinen Schüssel verrühren. Die Spieße großzügig damit bestreichen.

5 Die Spieße 10–15 Minuten grillen und dabei regelmäßig mit Öl bestreichen und wenden.

6 Die Gemüsespieße auf vorgewärmten Tellern anrichten. Nach Wunsch mit einer Walnuss-Sauce servieren (siehe Tipp).

1

2

4

TIPP

Zu diesen Kebabs passt eine Walnuss-Sauce: 125 g Walnusshälften im Mixer zu einer glatten Paste pürieren. 150 g Sahne und 1 EL Olivenöl zugießen und abschmecken. Alternativ die Walnüsse hacken, im Mörser zu einer Paste zerreiben. Mit Sahne und Öl verrühren, abschmecken.

Asiatische Gemüsenudeln

Vor allem die Erdnussbutter und die trocken gerösteten Erdnüsse geben diesem Gericht seinen milden, nussigen Geschmack.

NÄHRWERTANGABEN

Kilokalorien 193	Zucker .... 5 g
Eiweiß .... 7 g	Fett .... 12 g
Kohlenhydrate .. 14 g	davon gesättigt .. 2 g

10 MIN. 15 MIN.

4 PERSONEN

ZUTATEN

- 175 g grüne Fadennudeln oder bunte Spaghetti
- 1 TL Sesamöl
- 2 EL grobe Erdnussbutter
- 2 EL helle Sojasauce
- 1 EL Weißweinessig
- 1 TL flüssiger Honig
- 125 g Daikon (japanischer Rettich), geraspelt
- 125 g Karotten, geraspelt
- 125 g Gurken, fein geraspelt
- 1 Bund Frühlingszwiebeln, fein gehackt
- 1 EL trocken geröstete Erdnüsse, gehackt

GARNIERUNG

- Blüten aus Karottenscheiben
- Frühlingszwiebelquasten

1

2

3

1 In einem großen Topf reichlich leicht gesalzenes Wasser aufkochen. Die Nudeln zugeben und bissfest garen. Abgießen und kalt abspülen. In einer Schüssel mit kaltem Wasser beiseite stellen.

2 Für die Sauce Sesamöl, Erdnussbutter, Sojasauce, Essig und Honig in ein Schraubglas geben. Das Glas verschließen und kräftig schütteln.

3 Die Nudeln abtropfen lassen, in eine Schüssel geben und mit der Hälfte der Erdnusssauce vermischen.

4 Daikon, Karotten, Gurke und Frühlingszwiebeln unterheben. Mit den gehackten Erdnüssen bestreuen, mit Karottenblüten und Frühlingszwiebelquasten garnieren. Die Nudeln mit der restlichen Erdnusssauce servieren.

TIPP

Die Auswahl an asiatischen Nudeln in Supermärkten und asiatischen Lebensmittelgeschäften ist groß. Versuchen Sie Reisnudeln – sie enthalten nur wenig Fett und sind schnell gar.

Basilikum-Tomaten-Pasta

Geröstete Tomaten verleihen der Sauce ihren besonderen Geschmack. Kaufen Sie italienische Eiertomaten, die besonders aromatisch sind.

NÄHRWERTANGABEN

Kilokalorien	177	Zucker	4 g
Eiweiß	5 g	Fett	4 g
Kohlenhydrate	31 g	davon gesättigt	1 g

15 MIN. 35 MIN.

4 PERSONEN

ZUTATEN

- 2 Rosmarinzweige
- 2 Knoblauchzehen, ungeschält
- 500 g Tomaten, halbiert
- 1 EL Olivenöl
- 1 EL Pesto rosso
- 12 frische Basilikumblätter
- Salz und Pfeffer
- 700 g frische oder 500 g getrocknete Farfalle
- frisches Basilikum, zum Garnieren

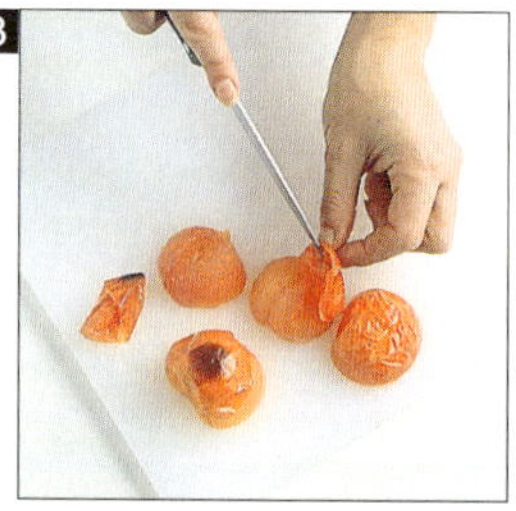

1 Rosmarin, Knoblauch und Tomaten mit der Schnittfläche nach unten in einen flachen Bräter geben.

2 Gemüse mit dem Öl beträufeln, unter einen vorgeheizten Grill stellen und etwa 20 Minuten rösten, bis die Tomaten Blasen werfen und stellenweise schwarz geworden sind.

3 Die Tomaten abkühlen lassen, häuten, hacken und in einen Topf geben.

4 Knoblauchzehen schälen, zerdrücken und mit der Paste aus den getrockneten Tomaten zu den gehackten Tomaten geben.

5 Das Basilikum grob zerpflücken und ebenfalls zu den Tomaten geben. Die Sauce mit Salz und Pfeffer abschmecken.

6 Die Farfalle in Salzwasser bissfest kochen und abtropfen lassen. Die Tomatensauce langsam erwärmen.

7 Nudeln mit der Tomatensauce mischen und auf vorgewärmte Teller verteilen. Mit Basilikum garniert sofort servieren.

TIPP

Die Sauce kann kalt als Dressing für Pastasalate verwendet werden.

Pasta-Auflauf provençale

Eine typisch mediterrane Mischung aus roter Paprika, Knoblauch und Zucchini, in Olivenöl mit bissfesten Fusilli.

NÄHRWERTANGABEN

Kilokalorien 487	Zucker . . . . 14 g
Eiweiß . . . . 17 g	Fett . . . . 24 g
Kohlenhydrate . . 53 g	davon gesättigt . . 8 g

15 MIN. 20 MIN.

4 PERSONEN

ZUTATEN

4 EL Olivenöl
1 Zwiebel, in Ringen
2 Knoblauchzehen, zerdrückt
3 rote Paprika, in dünnen Streifen
3 Zucchini, in Scheiben
400 g gehackte Tomaten aus der Dose
3 EL Pesto rosso
2 EL frisch gehacktes Basilikum
Salz und Pfeffer
250 g frische Fusilli
150 g Gruyère, frisch gerieben
frisches Basilikum, zum Garnieren

1 In einer gusseisernen Pfanne 3 Esslöffel Öl erhitzen und Zwiebel und Knoblauch darin glasig dünsten. Paprika und Zucchini zugeben und unter Rühren weitere 5 Minuten dünsten.

2 Tomaten, Pesto rosso und Basilikum zufügen, mit Salz und Pfeffer abschmecken und mit geschlossenem Deckel 5 Minuten köcheln lassen.

3 Unterdessen Salzwasser in einem großen Topf aufkochen. Die Nudeln darin mit 1 Esslöffel Öl bissfest kochen. Abgießen, zu der Gemüsemischung geben und alles gut vermengen.

4 Die Mischung in eine flache Auflaufform geben und mit Käse bestreuen.

5 Den Auflauf unter dem vorgeheizten Grill 5 Minuten backen, bis der Käse goldbraun ist und Blasen wirft. Mit frischem Basilikum garnieren und servieren.

Zucchini-Auberginen-Lasagne

Dieses gehaltvolle Hauptgericht aus dem Ofen ist prall gefüllt mit Gemüse, Mozzarella und Nudeln.

NÄHRWERTANGABEN

Kilokalorien	510	Zucker	14 g
Eiweiß	17 g	Fett	38 g
Kohlenhydrate	28 g	davon gesättigt	14 g

50 MIN. 50 MIN.

6 PERSONEN

ZUTATEN

- 1 kg Auberginen
- 8 EL Olivenöl
- 1 EL Knoblauch-Kräuter-Butter
- 500 g Zucchini, in Scheiben
- Salz und Pfeffer
- 250 g Mozzarella, gerieben
- 600 g passierte Tomaten
- 6 grüne Lasagneplatten, vorgekocht
- 600 ml Béchamelsauce (siehe Seite 6)
- 60 g Parmesan, frisch gerieben
- 1 TL getrockneter Oregano

1 Die Auberginen in dünne Scheiben schneiden, salzen und 20 Minuten beiseite stellen. Abspülen und trockentupfen.

2 In einer großen Pfanne 4 Esslöffel Öl erhitzen. Die Hälfte der Auberginen 6–7 Minuten bei schwacher Hitze goldgelb braten. Abtropfen lassen und die zweite Hälfte im restlichen Öl braten. Herausnehmen und abtropfen lassen.

3 Die Knoblauchbutter in der Pfanne zerlassen und die Zucchini 5–6 Minuten goldbraun braten. Abtropfen lassen.

4 Die Hälfte der Auberginen- und Zucchinischeiben in eine große Auflaufform schichten. Mit Salz und Pfeffer und der Hälfte des Mozzarellas bestreuen. Die Hälfte der passierten Tomaten darüber geben und mit 3 Lasagneplatten belegen. Den Vorgang wiederholen und mit einer Lage Lasagneplatten abschließen.

5 Mit Béchamelsauce übergießen und mit Parmesan und Oregano bestreuen. Die Lasagne auf einem Backblech 35 Minuten im vorgeheizten Backofen bei 220 °C goldbraun backen. Servieren.

Spaghetti mit Sahnechampignons

Dieses vegetarische Gericht gibt stressgeplagten Alltagsmenschen die Chance, dennoch gewissen kulinarischen Ansprüchen gerecht zu werden.

NÄHRWERTANGABEN

Kilokalorien 604	Zucker . . . . 5 g
Eiweiß . . . . 11 g	Fett . . . . 39 g
Kohlenhydrate . . 54 g	davon gesättigt . 21 g

20 MIN. 35 MIN.

4 PERSONEN

ZUTATEN

60 g Butter
2 EL Olivenöl
6 Schalotten, in Ringen
500 g kleine Champignons, in Scheiben
Salz und Pfeffer
1 TL Mehl
150 g Schlagsahne
2 EL Portwein
120 g sonnengetrocknete Tomaten, gehackt
1 Prise frisch geriebene Muskatnuss
500 g Spaghetti
1 EL frisch gehackte Petersilie, zum Garnieren
4 Scheiben Toast, diagonal halbiert, zum Servieren

1 Butter und 1 Esslöffel Öl in einem Topf erhitzen. Schalotten darin 3 Minuten bei mittlerer, Champignons 2 Minuten bei schwacher Hitze dünsten. Mit Salz und Pfeffer abschmecken, mit Mehl bestreuen und unter ständigem Rühren 1 Minute braten.

2 Schlagsahne und Portwein einrühren, die getrockneten Tomaten und eine Prise Muskat zugeben und 8 Minuten bei schwacher Hitze köcheln.

3 Salzwasser in einem großen Topf aufkochen. Die Spaghetti darin mit dem restlichen Öl bissfest kochen.

4 Die Spaghetti abgießen und wieder in den Topf geben. Die Pilzsauce darüber geben und 3 Minuten kochen. Die Nudeln auf einen großen Servierteller geben und mit Petersilie bestreuen. Mit knusprigen Toastdreiecken servieren.

VARIATION

Fleischfreunde können mit der Pilzsauce 125 g in Streifen geschnittenen und in 1 Esslöffel Butter sanft erhitzten Parmaschinken zugeben.

Paprika-Tomaten-Tarte

Der Teigboden ist durch den Parmesankäse besonders herzhaft. Er wird mit einer köstlichen Tomatensauce und Paprikastreifen belegt.

NÄHRWERTANGABEN

Kilokalorien 611	Zucker 8g
Eiweiß 14g	Fett 38g
Kohlenhydrate .. 56g	davon gesättigt . 21g

1 STD. 55 MIN.

4 PERSONEN

ZUTATEN

- 250 g Mehl
- 130 g Butter, gewürfelt
- ½ TL Salz
- 75 g Parmesan, gerieben
- 1 Ei, verquirlt
- 2 EL kaltes Wasser
- 2 EL Olivenöl
- 1 große Zwiebel, fein gehackt
- 1 Knoblauchzehe, gehackt
- 400 g gehackte Tomaten aus der Dose
- 4 EL Tomatenmark
- 1 rote Paprika, halbiert
- 5 Thymianzweige, gezupft
- 6 schwarze Oliven, entsteint und in Scheiben

1

1

3
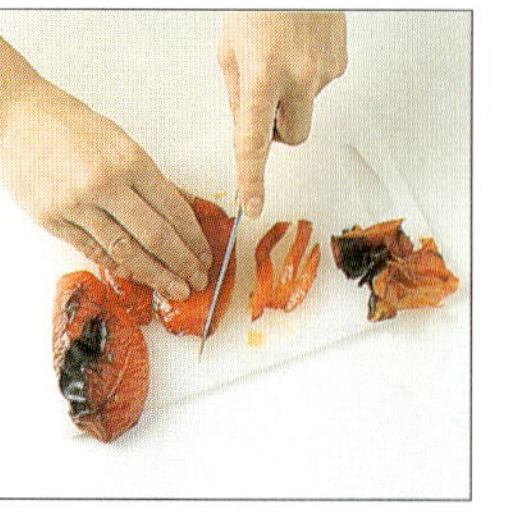

1 Das Mehl in eine große Schüssel sieben und mit der Butter verreiben, bis ein krümeliger Teig entsteht. Salz und 2 Esslöffel Parmesan untermischen. Mit Ei und so viel Wasser wie nötig zu einem weichen Teig verarbeiten. In Frischhaltefolie wickeln und 30 Minuten im Kühlschrank ruhen lassen.

2 Unterdessen das Öl in einer Pfanne stark erhitzen und Zwiebel und Knoblauch darin 5 Minuten anbraten, bis die Zwiebel goldbraun ist. Die Tomaten zugeben und 8–10 Minuten köcheln lassen. Dann das Tomatenmark einrühren.

3 Die Paprikahälften mit der Schnittfläche nach unten auf ein Backblech legen und 15 Minuten unter dem vorgeheizten Backofengrill rösten. In einen Frischhaltebeutel geben und 10 Minuten abkühlen lassen. Dann herausnehmen, die Haut abziehen und das Fruchtfleisch in feine Streifen schneiden.

4 Den Teig rund ausrollen, eine Quicheform (22 cm Durchmesser) damit auslegen und mit Alufolie abdecken. Im vorgeheizten Backofen 10 Minuten bei 200 °C backen. Folie entfernen und weitere 5 Minuten backen, bis der Teig zu bräunen beginnt.

5 Die Tomatensauce auf den Teig geben. Paprika, Thymian, Oliven und Parmesan darauf verteilen und 15 Minuten goldbraun und knusprig backen.

Spinat-Ricotta-Pastete

Diese Blätterteigpastete lädt schlicht zum Reinbeißen ein – und ist zudem noch einfach zuzubereiten. Schmeckt heiß oder lauwarm.

NÄHRWERTANGABEN

Kilokalorien 545	Zucker .... 3 g
Eiweiß .... 19 g	Fett .... 42 g
Kohlenhydrate .. 25 g	davon gesättigt . 13 g

25 MIN. 50 MIN.

4 PERSONEN

ZUTATEN

250 g frischer Spinat, gewaschen
2 EL Pinienkerne
100 g Ricotta
2 große Eier, verquirlt
50 g gemahlene Mandeln
40 g Parmesan, frisch gerieben
250 g Blätterteig, Tiefkühlware aufgetaut

3

4

6

1 Den Spinat in einem großen Topf kurz dämpfen, bis die Blätter zusammenfallen. Abtropfen und etwas abkühlen lassen. Restliche Flüssigkeit ausdrücken.

2 Die Pinienkerne auf einem Backblech unter dem vorgeheizten Grill goldbraun rösten.

3 Ricotta, Spinat und die 2 Eier (etwas Ei zurückbehalten) in einer Schüssel mischen. Pinienkerne zugeben und unterrühren. Dann Mandeln und Parmesan einrühren.

4 Den Blätterteig zu zwei Quadraten mit einer Seitenlänge von 20 cm ausrollen. Die Ränder glatt abschneiden und den überschüssigen Teig aufbewahren.

5 Ein Teigquadrat auf ein Backblech legen und mit Spinatmischung belegen, dabei einen Rand von 1 cm lassen und mit etwas verquirltem Ei bestreichen. Danach das zweite Teigquadrat über das erste legen.

6 Die Ränder der beiden Teigquadrate zusammendrücken und aus den Teigresten kleine Blätter formen, die als Dekoration auf den Teig gelegt werden.

7 Die Pastete mit dem restlichen Ei bestreichen und 10 Minuten im vorgeheizten Backofen bei 220 °C backen. Die Hitze auf 190 °C reduzieren, die Pastete weitere 25–30 Minuten backen und heiß servieren.

TIPP

Spinat ist sehr nahrhaft. Roher Spinat ist reich an Folsäure, Vitamin A, Kalium und Magnesium. Matte, gelbliche und weiche Spinatblätter aussortieren.

Grüner Risotto

Das Rezept für dieses einfache Reisgericht mit grünem Gemüse und frischen Kräutern wurde speziell für die Mikrowelle entwickelt.

NÄHRWERTANGABEN

Kilokalorien	344	Zucker	4 g
Eiweiß	13 g	Fett	10 g
Kohlenhydrate	54 g	davon gesättigt	4 g

15 MIN. 20 MIN.

4 PERSONEN

ZUTATEN

- 1 Zwiebel, gehackt
- 2 EL Olivenöl
- 250 g Arborio-Reis
- 700 ml heiße Gemüsebrühe
- 350 g grünes Gemüse (z. B. grüner Spargel, grüne Bohnen, Zuckererbsen, Zucchini, Brokkoliröschen und Erbsen)
- 2 EL frisch gehackte Petersilie
- Salz und Pfeffer
- 60 g Parmesan, frisch gehobelt

1 Zwiebel und Öl in eine Schüssel geben, abdecken und 2 Minuten auf höchster Stufe in der Mikrowelle garen.

2 Reis zufügen und sorgfältig unterrühren, bis er gleichmäßig mit Öl überzogen ist. Dann 75 ml Gemüsebrühe zugeben und 2 Minuten ohne Deckel garen, bis die Flüssigkeit aufgenommen ist. Erneut 75 ml Brühe zufügen und ebenfalls ohne Deckel weitere 2 Minuten auf höchster Stufe in der Mikrowelle garen. Dann den Vorgang ein drittes Mal wiederholen.

3 Das Gemüse in gleich große Stücke schneiden oder hacken, mit der restlichen Brühe zum Reis geben. Abdecken und 8 Minuten unter gelegentlichem Rühren auf höchster Stufe in der Mikrowelle garen, bis ein Großteil der Flüssigkeit aufgenommen und der Reis gerade gar ist.

4 Petersilie unterrühren, mit Salz und Pfeffer abschmecken und abgedeckt 5 Minuten ruhen lassen.

5 Den Parmesan über den Risotto streuen und sofort servieren.

2

3

4

TIPP

Der Risotto erhält noch mehr Biss, wenn Sie gegen Ende der Garzeit geröstete Pinienkerne oder grob gehackte Cashewkerne zufügen.

Gougère mit grünem Gemüse

Ein köstliches, einfaches Abendessen aus Brandteig und knackigem Gemüse. Der Ring aus Brandteig kann mit beliebigen Gemüsesorten gefüllt werden.

NÄHRWERTANGABEN

Kilokalorien 672	Zucker .... 6 g
Eiweiß .... 19 g	Fett .... 51 g
Kohlenhydrate .. 36 g	davon gesättigt . 14 g

30 MIN. 40 MIN.

4 PERSONEN

ZUTATEN

- 150 g Mehl
- 125 g Butter
- 300 ml Wasser
- 4 Eier, verquirlt
- 90 g Gruyère, gerieben
- Salz und Pfeffer
- 1 El Milch

FÜLLUNG

- 2 EL Knoblauch-Kräuter-Butter oder Margarine
- 2 TL Olivenöl
- 2 Porreestangen, klein gehackt
- 225 g Kohl, fein geraspelt
- 125 g Bohnensprossen
- ½ TL geriebene Limettenschale
- 1 EL Limettensaft
- Selleriesalz und Pfeffer
- Limettenscheiben, zum Garnieren

2

3

4

1 Das Mehl auf Backpapier sieben. Butter würfeln, mit Wasser in einen Topf geben und zerlassen.

2 Butter und Wasser zum Kochen bringen. Das Mehl auf einmal zugeben. Schlagen, bis die Mischung dick wird. Vom Herd nehmen und weiterschlagen, bis sich die Mischung vom Topfrand löst.

3 In eine Rührschüssel geben und etwa 10 Minuten abkühlen lassen. Nach und nach die Eier gründlich unterrühren. 60 g Käse einrühren und mit Salz und Pfeffer abschmecken.

4 Den Teig löffelweise zu einem Kranz von 23 cm Durchmesser auf einem befeuchteten Backblech auslegen. Mit Milch bestreichen und den restlichen Käse darüber streuen. Im vorgeheizten Backofen bei 220 °C 30–35 Minuten backen, bis der Teig goldbraun und knusprig ist. Auf einen Servierteller geben.

5 In der Zwischenzeit die Füllung zubereiten. Butter oder Margarine und Öl in einer großen Pfanne erhitzen und Porree mit dem Kohl darin 2 Minuten andünsten. Bohnensprossen, Limettenschale und -saft zugeben und 1 Minute pfannenrühren. Mit Selleriesalz und Pfeffer abschmecken.

6 Die Füllung in die Mitte des Teigrings geben. Mit Limettenscheiben garnieren und servieren.

Karottenauflauf mit Mohn

Der Mohn bildet einen reizvollen Geschmackskontrast zur leichten Süße der Karotten und verleiht dem Gericht den nötigen Biss.

NÄHRWERTANGABEN

Kilokalorien	138	Zucker	31 g
Eiweiß	2 g	Fett	1 g
Kohlenhydrate	32 g	davon gesättigt	0,2 g

10 MIN. 40 MIN.

4 PERSONEN

ZUTATEN

- 675 g Karotten, in Stiften
- 1 Porreestange, in Ringen
- 300 ml frisch gepresster Orangensaft
- 2 EL flüssiger Honig
- 1 Knoblauchzehe, zerdrückt
- 1 TL Gewürzmischung (nach Belieben)
- 2 TL frisch gehackter Thymian
- Salz und Pfeffer
- 1 EL Mohn
- frische Thymianzweige und Orangenschale, zum Garnieren

1 Karotten und Porree 5 Minuten in Salzwasser kochen. Abgießen und in eine flache Auflaufform geben.

2 Orangensaft, Honig, Knoblauch, Gewürzmischung und Thymian mischen, mit Salz und Pfeffer abschmecken und über das Gemüse gießen.

3 Den Backofen auf 180 °C vorheizen. Die Auflaufform abdecken und 30 Minuten backen, bis das Gemüse gar ist.

4 Aus dem Backofen nehmen und mit Mohn bestreuen. Mit Thymianzweigen und Orangenschale garnieren und sofort servieren.

1

2

4

VARIATION

Die Gewürzmischung und den Thymian kann man durch Kreuzkümmel ersetzen.

Pikanter Augenbohnentopf

Dieser herzhafte Eintopf mit Augenbohnen bezieht seine Anziehungskraft von einer kräftigen Tomatensauce, abgeschmeckt mit Senf.

NÄHRWERTANGABEN

Kilokalorien	233	Zucker	21 g
Eiweiß	11 g	Fett	4 g
Kohlenhydrate	42 g	davon gesättigt	1 g

12 STD. 2 1/2 STD.

4 PERSONEN

ZUTATEN

- 350 g getrocknete Augenbohnen, über Nacht in kaltem Wasser eingeweicht
- 1 EL Pflanzenöl
- 2 Zwiebeln, gehackt
- 1 EL flüssiger Honig
- 2 EL Melasse
- 4 EL dunkle Sojasauce
- 1 TL scharfer Senf
- 4 EL Tomatenmark
- 450 ml Gemüsebrühe (siehe Seite 8)
- 1 Lorbeerblatt
- je 1 Zweig Rosmarin, Thymian und Salbei
- 1 kleine Orange
- Pfeffer
- 1 EL Speisestärke
- 2 rote Paprika, gewürfelt
- 2 EL frisch gehackte glatte Petersilie, zum Garnieren
- knuspriges Brot, zum Servieren

1 Den Backofen auf 150 °C vorheizen. Die Bohnen abspülen und in einen Topf geben. Mit Wasser bedecken, aufkochen und 10 Minuten sprudelnd kochen. Abgießen und in eine Auflaufform füllen.

2 Inzwischen das Öl in einer Pfanne erhitzen und die Zwiebeln 5 Minuten darin anbraten. Honig, Melasse, Sojasauce, Senf und Tomatenmark zugeben. Die Brühe zugießen, aufkochen und alles über die Bohnen gießen.

3 Lorbeerblatt, Rosmarin, Thymian und Salbei mit Küchengarn zusammenbinden und zu den Bohnen geben. Mit einem Sparschäler von der Orange 3 Streifen Schale schneiden und mit reichlich Pfeffer zu den Bohnen geben. Abdecken und etwa 1 Stunde backen.

4 Die Orange auspressen und den Saft mit der Stärke verrühren. Die so angerührte Stärke zu den Bohnen geben und die Paprika zufügen. Abdecken und 1 weitere Stunde backen, bis die Sauce cremig ist und die Bohnen weich sind. Kräuter und Orangenschale entfernen.

5 Mit Petersilie garnieren und mit frischem, knusprigem Brot servieren.

1

2

3

Linsen-Kartoffel-Topf

Eine Mischung aus roten Linsen, Tofu und Gemüse wird unter einer knusprigen Kartoffelschicht gebacken – ein herzhaftes Gericht.

NÄHRWERTANGABEN

Kilokalorien	627	Zucker	7 g
Eiweiß	26 g	Fett	30 g
Kohlenhydrate	66 g	davon gesättigt	13 g

10 MIN. 1 1/2 STD.

4 PERSONEN

ZUTATEN

ÜBERZUG

- 675 g mehlig kochende Kartoffeln, gewürfelt
- 25 g Butter
- 1 El Milch
- 50 g Pekannüsse, klein gehackt
- 2 EL gehackter Thymian
- Thymianzweige, zum Garnieren

FÜLLUNG

- 225 g rote Linsen
- 60 g Butter
- 1 Porreestange, in Ringen
- 2 Knoblauchzehen, zerdrückt
- 1 Selleriestange, klein geschnitten
- 125 g Brokkoli, in Röschen
- 175 g geräucherter Tofu, gewürfelt
- 2 TL Tomatenmark
- Salz und Pfeffer

1 Für den Überzug Kartoffeln in kochendem Wasser 10–15 Minuten kochen, bis sie gar sind. Abgießen, Butter und Milch zugeben und zu Püree zerstampfen. Pekannüsse und gehackten Thymian einrühren und beiseite stellen.

2 Die Linsen in kochendem Wasser 20–30 Minuten weich garen. Herausnehmen und beiseite stellen.

3 Die Butter in einer Pfanne zerlassen. Porree, Knoblauch, Sellerie und Brokkoli zugeben. Bei mittlerer Hitze unter häufigem Rühren 5 Minuten anbraten, bis das Gemüse weich ist. Tofu zugeben. Die Linsen zusammen mit dem Tomatenmark einrühren. Mit Salz und Pfeffer abschmecken, dann die Mischung auf dem Boden einer Auflaufform verteilen.

4 Die Linsenmischung vollständig mit dem Kartoffelpüree bedecken.

5 Im vorgeheizten Backofen bei 200 °C 30–35 Minuten backen, bis der Überzug goldbraun ist. Mit frischen Thymianzweigen garnieren und sofort servieren.

1

3

3

VARIATION

Sie können für dieses Gericht Ihre Lieblingsgemüse nach Herzenslust kombinieren.

Linsen-Gemüse-Biryani

Eine leckere Mischung aus Gemüse, Basmati-Reis und braunen Linsen ergibt ein gesundes und nahrhaftes Gericht.

NÄHRWERTANGABEN

Kilokalorien 516	Zucker 9g
Eiweiß 20g	Fett 19g
Kohlenhydrate .. 72g	davon gesättigt .. 3g

20 MIN. 45 MIN.

6 PERSONEN

ZUTATEN

- 125 g Linsen
- 4 EL Ghee oder Butter
- 2 Zwiebeln, geviertelt und in Ringen
- 2 Knoblauchzehen, zerdrückt
- 2,5-cm-Stück Ingwerwurzel, klein gehackt
- 1 TL gemahlene Kurkuma
- ½ TL Chilipulver
- 1 TL gemahlener Koriander
- 2 TL gemahlener Kreuzkümmel
- 3 Tomaten, gehäutet und klein geschnitten
- 1 Aubergine, in 1 cm große Würfel geschnitten
- 1,75 l heiße Gemüsebrühe
- 1 rote oder grüne Paprika, gewürfelt
- 350 g Basmati-Reis
- 125 g grüne Bohnen, halbiert
- 225 g Blumenkohl, in Röschen
- 125 g Pilze, in Scheiben oder geviertelt
- 60 g ungesalzene Cashewkerne

GARNIERUNG

- 3 Eier, hart gekocht und halbiert
- Korianderzweige

1 Die Linsen unter fließendem kaltem Wasser abspülen, dann abtropfen lassen. Ghee oder Butter in einem großen Topf erhitzen, die Zwiebeln darin 2 Minuten andünsten. Knoblauch, Ingwer und Gewürze einrühren und unter Rühren 1 Minute braten.

2 Linsen, Tomaten, Aubergine und 600 ml Brühe zugeben und verrühren. Abdecken und 20 Minuten köcheln lassen.

3 Paprika zugeben und weitere 10 Minuten kochen, bis die Linsen weich sind und die ganze Flüssigkeit aufgenommen haben.

4 Währenddessen den Reis unter fließendem kaltem Wasser waschen. Abtropfen lassen und mit restlicher Brühe in einen anderen Topf geben. Zum Kochen bringen, grüne Bohnen, Blumenkohl und Pilze zugeben. Abgedeckt 15 Minuten kochen, bis Reis und Gemüse gar sind. Vom Herd nehmen und abgedeckt 10 Minuten beiseite stellen.

5 Linsenmischung und Cashewkerne in den Reis geben und leicht unterheben. Auf vorgewärmte Servierteller geben, mit Eiern und Korianderzweigen garnieren. Heiß servieren.

Kichererbsen-Curry

Dieses vegetarische Currygericht ist schnell und einfach zubereitet. Auch die Zubereitung größerer Mengen ist kein Problem.

NÄHRWERTANGABEN

Kilokalorien	403	Zucker	19 g
Eiweiß	19 g	Fett	15 g
Kohlenhydrate	31 g	davon gesättigt	3 g

1¼ STD. 45 MIN.

4 PERSONEN

ZUTATEN

- 2 EL Öl
- 2 Knoblauchzehen, zerdrückt
- 1 große Zwiebel, gehackt
- 1 große Karotte, in Scheiben
- 1 Apfel, entkernt und gewürfelt
- 2 EL Currypulver
- 1 TL fein geriebene Ingwerwurzel
- 2 TL Paprikapulver
- 900 ml Gemüsebrühe (siehe Seite 8)
- 2 EL Tomatenmark
- ½ Blumenkohl, in Röschen
- 425 g Kichererbsen aus der Dose, abgetropft und abgespült
- 2 EL Rosinen
- 2 EL Speisestärke
- 2 EL Wasser
- Salz und Pfeffer
- 4 Eier, hart gekocht und geviertelt
- Paprikapulver, zum Garnieren

GURKEN-DIP

- 7,5-cm-Stück Gurke, geraspelt
- 1 EL frisch gehackte Minze
- 150 g fettarmer Naturjoghurt
- frische Minzeblätter, zum Garnieren

1

1

2

1 Das Öl in einem großen Topf erhitzen und darin Knoblauch, Zwiebel, Karotte und Apfel 4–5 Minuten anbraten. Currypulver, Ingwer und Paprikapulver einrühren und 1 Minute mitbraten. Gemüsebrühe und Tomatenmark zugeben.

2 Blumenkohl, Kichererbsen und Rosinen zufügen. Aufkochen, die Hitze reduzieren und zugedeckt 25–30 Minuten köcheln lassen, bis das Gemüse gar ist.

3 Die Speisestärke im Wasser auflösen und in das Curry einrühren, bis die Sauce leicht eingedickt ist. Erneut 2 Minuten köcheln lassen. Mit Salz und Pfeffer abschmecken.

4 Für den Dip Gurke, Minze und Joghurt in einer Schale verrühren. Das Curry in eine Servierschüssel füllen. Die Eier darauf anrichten und mit etwas Paprikapulver garnieren. Den Gurken-Dip dazu reichen.

Auberginenpfanne

Eine Moussaka ohne Auberginen wäre undenkbar. Aber auch im Wok frittiert schmecken sie köstlich – und das Schweinefleisch kann man durchaus weglassen.

NÄHRWERTANGABEN

Kilokalorien	130	Zucker	3g
Eiweiß	8g	Fett	8g
Kohlenhydrate	6g	davon gesättigt	2g

35 MIN. 15 MIN.

4 PERSONEN

ZUTATEN

- 500 g Auberginen
- Salz
- Pflanzenöl, zum Frittieren
- 1 Knoblauchzehe, fein gehackt
- ½ TL klein gehackte Ingwerwurzel
- 2 Frühlingszwiebeln, fein geschnitten, weiße und grüne Teile getrennt
- 125 g Schweinefleisch, in Streifen
- 1 EL helle Sojasauce
- 2 TL Reiswein oder trockener Sherry
- 1 EL Chilisauce
- ½ TL Zucker
- 1 EL Reisessig
- 2 TL Speisestärke mit 4 TL Wasser angerührt
- einige Tropfen Sesamöl

1 Die Auberginen mit einem scharfen Messer zunächst in Scheiben, dann in Stifte (wie Pommes frites) schneiden (die Schale kann entfernt oder mit verwendet werden). Die Stifte in ein Sieb geben, mit Salz bestreuen und 30 Minuten ruhen lassen. Dann gründlich abspülen und mit Küchenpapier trockentupfen. Die Bitterstoffe der Auberginen werden auf diese Weise entfernt.

2 Das Öl in einem heißen Wok oder einer großen Pfanne bis zum Rauchpunkt erhitzen.

3 Die Auberginenstifte zugeben und 3–4 Minuten frittieren, bis sie weich sind. Herausnehmen und auf Küchenpapier abtropfen lassen.

4 Das heiße Öl bis auf etwa 1 Esslöffel aus dem Wok gießen. Den Knoblauch, den Ingwer und die weißen Teile der Frühlingszwiebeln zugeben, danach das Schweinefleisch. Etwa 1 Minute braten, bis das Fleisch Farbe annimmt, dann Sojasauce, Reiswein oder Sherry und die Chilisauce zugeben. Gut verrühren.

5 Die Auberginenstifte mit dem Zucker, ½ TL Salz und dem Reisessig in Wok oder Pfanne zurückgeben.

6 Eine Minute rühren, dann die angerührte Speisestärke zufügen und so lange rühren, bis die Masse eindickt.

7 Die grünen Teile der Frühlingszwiebeln in den Wok geben und gut unterrühren. Mit Sesamöl beträufeln und sofort servieren.

1

3

4

Tofu-Gemüse mit Nudeln

Hier bleiben Wok oder Pfanne kalt! Nudeln, Tofu und Gemüse werden in der Mikrowelle gegart.

NÄHRWERTANGABEN

Kilokalorien	222	Zucker	3 g
Eiweiß	11 g	Fett	13 g
Kohlenhydrate	16 g	davon gesättigt	2 g

45 MIN. 15 MIN.

4 PERSONEN

ZUTATEN

2 EL Sojasauce
1 EL trockener Sherry
1 TL Sesamöl
250 g geräucherter Tofu, gewürfelt
4 getrocknete Shiitake-Pilze
250 g chinesische Eiernudeln
Salz und Pfeffer
1 Karotte, in feinen Stiften
1 Selleriestange, in feinen Scheiben
130 g Babymaiskolben, längs halbiert
2 EL Öl
1 Zucchini, in Scheiben
4 Frühlingszwiebeln, in Ringen
200 g Zuckererbsen, halbiert
2 EL schwarze Bohnensauce
1 EL Speisestärke
1 EL geröstete Sesamsaat, zum Garnieren

1 Sojasauce, Sherry und Sesamöl verrühren und den Tofu darin 30 Minuten marinieren.

2 Die Pilze in einer kleinen Schale mit kochendem Wasser übergießen und 20 Minuten einweichen.

3 Die Nudeln in eine große Schüssel geben, vollständig mit kochendem Wasser bedecken, ½ Teelöffel Salz zugeben, abdecken und auf hoher Stufe 4 Minuten garen.

4 Karotte, Sellerie, Mais und Öl in einer großen Schüssel zugedeckt auf hoher Stufe 1 Minute garen.

5 Die Pilze abgießen, dabei 1 Esslöffel der Flüssigkeit auffangen. Die Pilze ausdrücken, den harten Stielansatz entfernen und die Pilze in feine Streifen schneiden.

6 Pilze, Zucchini, Frühlingszwiebeln und Zuckererbsen unter das andere Gemüse mischen. Zugedeckt 4 Minuten auf hoher Stufe garen, dabei viermal umrühren. Dann die Bohnensauce unterrühren.

7 Die Speisestärke in der aufgefangenen Pilzflüssigkeit anrühren und mit Tofu und Marinade unter das Gemüse mischen. Zugedeckt auf hoher Stufe 2–3 Minuten garen, bis die Sauce leicht eingedickt ist und alle Zutaten heiß sind. Mit Salz und Pfeffer abschmecken. Die Nudeln abgießen. Das Gemüse mit Sesamsaat bestreuen und mit den Nudeln servieren.

1

5

6

Pilzpastete

Eine leichte, knusprige Blätterteigpastete wird mit zart-cremigem Pilzragout gefüllt – ein Highlight für jedes Partybuffet.

NÄHRWERTANGABEN

Kilokalorien	688	Zucker	2 g
Eiweiß	10 g	Fett	52 g
Kohlenhydrate	45 g	davon gesättigt	22 g

25 MIN. 50 MIN.

4 PERSONEN

ZUTATEN

500 g Blätterteig

1 Ei, verquirlt, zum Glasieren

FÜLLUNG

50 g Butter oder Margarine

750 g gemischte Pilze (z. B. Champignons, Steinpilze, Shiitake-Pilze oder Austernpilze)

6 EL trockener Weißwein

4 EL Schlagsahne

2 EL frisch gehackter Kerbel

Salz und Pfeffer

Kerbelblätter, zum Garnieren

1 Den Blätterteig auf einer leicht bemehlten Arbeitsfläche zu einem 20 cm großen Quadrat ausrollen.

2 Mit einem scharfen Messer mittig ein um 2,5 cm kleineres Quadrat markieren und halb in den Teig einritzen.

3 Die Fläche des kleineren Quadrats diagonal einritzen. Die ganze Teigplatte mit einem Küchenmesser an den Ecken leicht anheben und auf ein Backblech legen. Mit dem Ei bestreichen (dabei sollte möglichst wenig in die Ritzen laufen). Im vorgeheizten Backofen 35 Minuten bei 210 °C backen.

4 Das innere Quadrat als Deckel herauslösen, den Teigboden dabei unversehrt lassen. Den Teigwürfel innen aushöhlen und samt Deckel nochmals für 10 Minuten im Ofen backen.

5 In der Zwischenzeit die Füllung zubereiten: Butter oder Margarine in einer Pfanne zerlassen und darin die Pilze 3 Minuten scharf anbraten.

6 Den Wein zugießen und unter Rühren 10 Minuten garen, bis die Pilze weich sind. Sahne und Kerbel zufügen und mit Salz und Pfeffer abschmecken.

7 Die Pastete mit dem Pilzragout füllen. Den Blätterteigdeckel aufsetzen und mit Kerbelblättern garnieren.

Mexikanischer Chili-Mais-Auflauf

Knuspriges Käse-Maisbrot bildet den krönenden Abschluss dieses mit Chili und frischem Koriander gewürzten Gerichts aus Mais und Kidneybohnen.

NÄHRWERTANGABEN

Kilokalorien	519	Zucker	17 g
Eiweiß	22 g	Fett	22 g
Kohlenhydrate	61 g	davon gesättigt	9 g

25 MIN. 50 MIN.

4 PERSONEN

ZUTATEN

1 EL Maisöl
2 Knoblauchzehen, zerdrückt
1 rote Paprika, gewürfelt
1 grüne Paprika, gewürfelt
1 Selleriestange, gewürfelt
1 TL scharfes Chilipulver
400 g gehackte Tomaten aus der Dose
325 g Mais aus der Dose, abgetropft
215 g Kidneybohnen aus der Dose, abgespült und abgetropft
Salz und Pfeffer
2 EL frisch gehackter Koriander
Korianderzweige, zum Garnieren
Tomaten-Avocado-Salat, zum Servieren

ÜBERZUG

125 g Maismehl
1 EL Mehl
½ TL Salz
2 TL Backpulver
1 Ei, verquirlt
6 EL Milch
1 EL Maisöl
125 g Emmentaler, gerieben

1 Öl in einer großen Pfanne erhitzen und Knoblauch, Paprika und Sellerie darin vorsichtig 5–6 Minuten dünsten, bis sie gerade weich sind.

2 Chilipulver, Tomaten, Mais, Bohnen und Salz und Pfeffer einrühren. Zum Kochen bringen und 10 Minuten köcheln lassen. Koriander einrühren und in eine Auflaufform geben.

3 Für den Überzug Maismehl, Mehl, Salz und Backpulver mischen. Eine Vertiefung in die Mitte drücken. Ei, Milch und Öl zugeben und einen glatten Teig kneten.

4 Den Teig mit einem Löffel auf der Paprika-Mais-Mischung verteilen und mit Käse bestreuen. Im vorgeheizten Backofen bei 220 °C 25–30 Minuten überbacken, bis die Kruste goldbraun und fest ist.

5 Den Auflauf mit Korianderzweigen garnieren und sofort mit einem Tomaten-Avocado-Salat servieren.

2

3

4

Lauch-Kräuter-Soufflé

Heiße Soufflés sehen in der Regel nur eindrucksvoll aus, wenn sie direkt aus dem Ofen serviert werden. Ansonsten fallen sie recht schnell zusammen.

NÄHRWERTANGABEN

Kilokalorien 182	Zucker .... 4 g
Eiweiß .... 8 g	Fett .... 15 g
Kohlenhydrate ... 5 g	davon gesättigt .. 2 g

15 MIN. 50 MIN.

4 PERSONEN

ZUTATEN

- 350 g junger Porree
- 1 EL Olivenöl
- 125 ml Gemüsebrühe
- 50 g Walnusshälften
- 2 Eier, getrennt
- 2 EL fein gehackte gemischte Kräuter
- 2 EL Naturjoghurt
- Salz und Pfeffer

1

4

6

1 Den Porree mit einem scharfen Messer in Ringe schneiden. Das Öl in einer Pfanne erhitzen, den Porree darin bei mittlerer Hitze unter gelegentlichem Rühren 2–3 Minuten andünsten.

2 Die Gemüsebrühe zugießen, die Hitze reduzieren und weitere 5 Minuten leicht köcheln lassen.

3 Walnüsse in einer Küchenmaschine sehr klein hacken. Porree dazugeben und kurz pürieren. In eine Rührschüssel geben.

4 Eigelb, Kräuter und Joghurt gut mischen. Die Mischung in das Porree-Nuss-Püree geben. Mit Salz und Pfeffer abschmecken und gut verrühren.

5 In einer separaten Schüssel das Eiweiß steif schlagen.

6 Unter die Porree-Mischung ziehen. Diese in eine leicht eingefettete Souffléform (900 ml Inhalt) geben und auf ein vorgewärmtes Backblech stellen.

7 Im vorgeheizten Backofen bei 180 °C 35–40 Minuten backen, bis das Soufflé aufgegangen und gar ist. Sofort servieren.

TIPP

Stellen Sie das Soufflé auf ein vorgewärmtes Backblech. Dies unterstützt den Backvorgang von unten und macht das Soufflé luftiger.

Kartoffel-Gemüse-Gratin

Wie bei einem einfachen Moussaka werden in diesem Rezept Lagen aus Auberginen, Tomaten und Kartoffeln mit Joghurt überbacken.

NÄHRWERTANGABEN

Kilokalorien	409	Zucker	17 g
Eiweiß	28 g	Fett	14 g
Kohlenhydrate	45 g	davon gesättigt	3 g

25 MIN. 1 1/4 STD.

4 PERSONEN

ZUTATEN

- 500 g fest kochende Kartoffeln, in Scheiben
- 1 EL Pflanzenöl
- 1 Zwiebel, gehackt
- 2 Knoblauchzehen, zerdrückt
- 500 g Tofu, gewürfelt
- 2 EL Tomatenmark
- 2 EL Mehl
- 300 ml Gemüsebrühe
- 2 große Tomaten, in Scheiben
- 1 Aubergine, in Scheiben
- 2 EL frisch gehackter Thymian
- 450 ml Naturjoghurt
- 2 Eier, verquirlt
- Salz und Pfeffer
- Salat, zum Servieren

3

4

5

1 Die Kartoffelscheiben in einem Topf mit kochendem Wasser 10 Minuten kochen, bis sie weich sind, aber nicht zerfallen. Herausnehmen und vorerst beiseite stellen.

2 Öl in einer Pfanne erhitzen. Zwiebel und Knoblauch darin unter gelegentlichem Rühren 2–3 Minuten andünsten.

3 Tofu, Tomatenmark und Mehl zugeben und 1 Minute erhitzen. Nach und nach die Brühe einrühren und zum Kochen bringen. Die Hitze reduzieren und 10 Minuten köcheln lassen.

4 Den Boden einer tiefen Auflaufform mit 1 Lage Kartoffelscheiben auslegen. Tofumischung gleichmäßig darauf verteilen. 1 Lage Tomaten-, dann Auberginen- und die restlichen Kartoffelscheiben als Abschluss auf die Mischung schichten und vollständig bedecken. Mit Thymian bestreuen.

5 In einer Schüssel Joghurt und Eier verquirlen und mit Salz und Pfeffer abschmecken. Die Kartoffelscheiben vollständig mit der Ei-Joghurt-Mischung bedecken.

6 Im vorgeheizten Backofen bei 190 °C 35–40 Minuten goldbraun backen. Mit Salat servieren.

VARIATION

Nach Wunsch kann auch marinierter oder geräucherter Tofu verwendet werden, der dem Gericht eine eigene Note gibt.

Kichererbsen-Gemüse-Pfanne

Damit es schneller geht, werden hier Kichererbsen aus der Dose verwendet. Sie können auch durch Augenbohnen oder Kidneybohnen ersetzt werden.

NÄHRWERTANGABEN

Kilokalorien 480	Zucker .... 8 g
Eiweiß .... 11 g	Fett .... 38 g
Kohlenhydrate .. 25 g	davon gesättigt . 13 g

15 MIN. — 20–25 MIN.

4 PERSONEN

ZUTATEN

- 1 große Aubergine
- 2 Zucchini
- 6 EL Ghee oder Öl
- 1 große Zwiebel, geviertelt und in Scheiben
- 2 Knoblauchzehen, zerdrückt
- 1–2 frische grüne Chillies, entkernt und gehackt
- 2 TL gemahlener Koriander
- 2 TL Kreuzkümmelsamen
- 1 TL gemahlene Kurkuma
- 1 TL Garam Masala
- 400 g gehackte Tomaten aus der Dose
- 300 ml Gemüsebrühe oder Wasser
- Salz und Pfeffer
- 400 g Kichererbsen aus der Dose, abgetropft und abgespült
- 2 EL gehackte Minze
- 150 g Schlagsahne

1

3

5

1 Die Aubergine in Würfel und die Zucchini in Scheiben schneiden.

2 Ghee oder Öl in einer Pfanne erhitzen und Aubergine, Zucchini, Zwiebel, Knoblauch und Chillies bei niedriger Hitze unter häufigem Rühren 5 Minuten anbraten. Falls nötig noch etwas Öl zufügen.

3 Die Gewürze zugeben, 30 Sekunden anbraten, dann Tomaten und Brühe sowie Salz und Pfeffer zufügen. 10 Minuten köcheln lassen.

4 Die Kichererbsen in den Topf geben und 4 Minuten köcheln lassen.

5 Minze und Sahne unter die Kichererbsen rühren. Mit Salz und Pfeffer abschmecken. Das Gericht in eine vorgewärmte Servierschüssel füllen. Dazu passen Reis oder Fladenbrot.

Chow-Mein mit Gemüse

Eiernudeln werden mit einer bunten Gemüsemischung gebraten, wobei dieses äußerst beliebte chinesische Gericht entsteht.

NÄHRWERTANGABEN

Kilokalorien	669	Zucker	9 g
Eiweiß	19 g	Fett	23 g
Kohlenhydrate	100 g	davon gesättigt	4 g

15 MIN. 10 MIN.

4 PERSONEN

ZUTATEN

- 500 g chinesische Eiernudeln
- 4 EL Pflanzenöl
- 1 Zwiebel, in dünnen Ringen
- 2 Karotten, in dünnen Stiften
- 125 g Champignons, geviertelt
- 125 g Zuckererbsen
- ½ Gurke, in Stiften
- 125 g Blattspinat, gegart und gehackt
- 125 g Bohnensprossen
- 2 EL dunkle Sojasauce
- 1 EL Sherry
- 1 TL Salz
- 1 TL Zucker
- 1 TL Speisestärke
- 1 TL Sesamöl

2

4

5

1 Die Nudeln in Salzwasser bissfest kochen. Abgießen und unter fließendem kaltem Wasser abspülen. Beiseite stellen.

2 In einem Wok oder einer Pfanne 3 Esslöffel Öl erhitzen. Zwiebel und Karotten zugeben und 1 Minute unter Rühren anbraten. Champignons, Zuckererbsen und Gurke zufügen und 1 Minute unter Rühren anbraten.

3 Das restliche Öl einrühren und die abgetropften Nudeln zusammen mit Spinat und Bohnensprossen zugeben.

4 Die restlichen Zutaten mischen und über Nudeln und Gemüse geben.

5 Das Chow-Mein gut durchrühren und erhitzen, in eine vorgewärmte Servierschüssel füllen und servieren.

TIPP

Für ein würziges, scharfes Chow-Mein 1 EL Chilisauce zugeben oder statt Sesamöl Chiliöl verwenden.

Pikante japanische Nudeln

Diese Nudeln vereinen die Schärfe von Chili mit dem nussigen Geschmack von Sesam – eine wahre, leicht exotische Gaumenfreude.

NÄHRWERTANGABEN

Kilokalorien	381	Zucker	12 g
Eiweiß	11 g	Fett	13 g
Kohlenhydrate	59 g	davon gesättigt	2 g

5 MIN. 15 MIN.

4 PERSONEN

ZUTATEN

- 500 g japanische Nudeln
- 1 EL Sesamöl
- 1 EL Sesamsaat
- 1 EL Sonnenblumenöl
- 1 rote Zwiebel, in Scheiben
- 100 g Zuckererbsen
- 175 g Karotten, in dünnen Scheiben
- 350 g Weißkohl, geraspelt
- 3 EL süße Chilisauce
- 2 Frühlingszwiebeln, in Ringen, zum Garnieren

2

4

5

1 Wasser in einem Topf zum Kochen bringen und die Nudeln 2–3 Minuten kochen. Anschließend abgießen.

2 Die Nudeln mit Sesamöl und Sesamsaat vermengen.

3 Sonnenblumenöl in einem großen heißen Wok erhitzen.

4 Zwiebel, Zuckererbsen, Karotten und Kohl zugeben und ca. 5 Minuten pfannenrühren.

5 Die Chilisauce zufügen und unter ständigem Rühren 2 Minuten aufkochen.

6 Die Nudeln in den Wok geben, gut durchrühren und 2–3 Minuten erhitzen. (Falls Sie die Nudeln separat servieren möchten, geben Sie sie in eine Servierschüssel.)

7 Nudeln und Gemüse in vorgewärmte Servierschüsseln füllen, mit Frühlingszwiebelringen garnieren und servieren.

TIPP

Statt japanischer Nudeln können Sie getrocknete Reisnudeln oder feine Eiernudeln verwenden.

Tofu süß-sauer

Die süß-saure Sauce war eine der ersten chinesischen Saucen, die in westlichen Küchen eingeführt wurde. Sie ist bis heute eine der beliebtesten.

NÄHRWERTANGABEN

Kilokalorien	205	Zucker	12 g
Eiweiß	11 g	Fett	11 g
Kohlenhydrate	17 g	davon gesättigt	1 g

5 MIN. 10 MIN.

4 PERSONEN

ZUTATEN

- 2 Selleriestangen
- 1 Karotte
- 1 grüne Paprika, entkernt
- 75 g Zuckererbsen
- 2 EL Pflanzenöl
- 2 Knoblauchzehen, zerdrückt
- 8 Babymaiskolben
- 125 g Bohnensprossen
- 450 g Tofu, gewürfelt
- Reis oder Nudeln, zum Servieren

SAUCE

- 2 EL brauner Zucker
- 2 EL Weinessig
- 225 ml Gemüsebrühe
- 1 TL Tomatenmark
- 1 EL Speisestärke

1 Den Sellerie mit einem scharfen Messer in dünne Streifen, die Karotte in Stifte schneiden, die Paprika würfeln und die Zuckererbsen schräg halbieren.

2 Das Öl in einem heißen Wok bis zum Rauchpunkt erhitzen. Die Hitze leicht reduzieren, dann Knoblauch, Sellerie, Karotte, Paprika, Erbsen und Mais zugeben und 3–4 Minuten anbraten.

3 Bohnensprossen und Tofu zugeben und unter Rühren 2 Minuten garen.

4 Für die Sauce Zucker, Weinessig, Brühe, Tomatenmark und Stärke gut mischen. Unter das Gemüse rühren, zum Kochen bringen und rühren, bis die Sauce einkocht. 1 weitere Minute köcheln und mit Reis oder Nudeln servieren.

2

3

4

TIPP

Handhaben Sie den Tofu vorsichtig, damit er beim Rühren und Schwenken nicht zerfällt.

Chinesische Gemüse-Kasserolle

Diese Gemüse-Kasserolle ist sehr variabel und schmeckt in jeder Gemüsezusammenstellung großartig.

NÄHRWERTANGABEN

Kilokalorien 218	Zucker .... 4 g
Eiweiß .... 7 g	Fett .... 14 g
Kohlenhydrate .. 12 g	davon gesättigt .. 2 g

5 MIN. 30 MIN.

4 PERSONEN

ZUTATEN

- 4 EL Pflanzenöl
- 2 Karotten, in Scheiben
- 1 Zucchini, in Scheiben
- 4 Babymaiskolben, längs halbiert
- 125 g Blumenkohl, in Röschen
- 1 Porreestange, in Ringen
- 125 g Wasserkastanien, halbiert
- 225 g Tofu, gewürfelt
- 300 ml Gemüsebrühe
- 1 TL Salz
- 2 TL brauner Zucker
- 2 TL dunkle Sojasauce
- 2 EL trockener Sherry
- 1 EL Speisestärke
- 2 EL Wasser
- 1 EL frisch gehackter Koriander, zum Garnieren

1

2

4

1 Öl in einem Wok bis zum Rauchpunkt erhitzen. Hitze reduzieren, Karotten, Zucchini, Mais, Blumenkohl und Porree zugeben und 2–3 Minuten anbraten.

2 Kastanien, Tofu, Brühe, Salz, Zucker, Sojasauce und Sherry einrühren und zum Kochen bringen. Hitze reduzieren, abdecken und 20 Minuten köcheln lassen.

3 Die Speisestärke in einer kleinen Schüssel mit dem Wasser glatt rühren.

4 Unter das Gemüse rühren, aufkochen und unter Rühren eindicken.

5 Die Kasserolle auf einen vorgewärmten Servierteller füllen, mit Koriander bestreuen und sofort servieren.

TIPP

Wenn zu viel Flüssigkeit übrig ist, kochen Sie sie 1 Minute sprudelnd ein, bevor Sie das Stärkemehl zufügen.

Blumenkohl-Brokkoli-Tarte

Dies ist wirklich eine leckere Tarte. Der Teig kann schon vorher zubereitet, eingefroren und bei Bedarf aufgetaut werden.

NÄHRWERTANGABEN

Kilokalorien 252	Zucker .... 3 g
Eiweiß .... 7 g	Fett .... 16 g
Kohlenhydrate .. 22 g	davon gesättigt .. 5 g

15 MIN. 50 MIN.

8 PERSONEN

ZUTATEN

TEIG

175 g Mehl
1 Prise Salz
½ TL Paprikapulver
1 TL getrockneter Thymian
6 EL Margarine
3 EL Wasser
Paprikapulver, zum Garnieren

FÜLLUNG

100 g Blumenkohlröschen
100 g Brokkoliröschen
1 Zwiebel, geachtelt
25 g Butter oder Margarine
1 EL Mehl
6 EL Gemüsebrühe
125 ml Milch
75 g Emmentaler, gerieben
Salz und Pfeffer

1 Für den Teig Mehl und Salz in eine Schüssel sieben. Paprika und Thymian zugeben und Margarine hineinkneten. Wasser zugießen und zu einem Teig verarbeiten.

2 Den Teig auf einer leicht bemehlten Fläche ausrollen und in eine beschichtete Obstkuchenform oder einen Flanring (18 cm Durchmesser) legen. Teig mit einer Gabel einstechen und mit Backpapier abdecken. Mit Backbohnen belegen und im vorgeheizten Ofen bei 190 °C 15 Minuten backen. Backpapier und Bohnen entfernen und Teigboden weitere 5 Minuten im Ofen backen.

3 Für die Füllung das Gemüse in einem Topf mit leicht gesalzenem kochendem Wasser 10–12 Minuten weich garen. Abgießen und zur Seite stellen.

4 Butter in einem Topf zerlassen. Mehl zugeben und unter ständigem Rühren eine Minute anschwitzen. Vom Herd nehmen, Brühe und Milch einrühren und wieder zum Kochen bringen. Verrühren und 50 g Käse zugeben. Mit Salz und Pfeffer abschmecken.

5 Blumenkohl, Brokkoli und Zwiebel auf den Teigboden geben, mit Sauce übergießen und mit dem restlichen Käse bestreuen. 10 Minuten überbacken, bis der Käse Blasen wirft. Mit Paprika bestreuen und servieren.

2

4

5

Pilzauflauf mit Nusskruste

Dieser köstliche Auflauf ist ein ideales Familiengericht. Drei verschiedene Nusssorten verleihen der Knusperkruste ein besonderes Aroma.

NÄHRWERTANGABEN

Kilokalorien	779	Zucker	5 g
Eiweiß	16 g	Fett	59 g
Kohlenhydrate	48 g	davon gesättigt	14 g

20 MIN. 55 MIN.

4 PERSONEN

ZUTATEN

- 350 g Champignons, in Scheiben
- 350 g Egerlinge, in Scheiben
- 400 ml Gemüsebrühe
- 60 g Butter oder Margarine
- 1 große Zwiebel, fein gehackt
- 1 Knoblauchzehe, zerdrückt
- 60 g Mehl
- Salz und Pfeffer
- 4 EL Schlagsahne
- 2 EL frisch gehackte Petersilie
- gemischte Kräuter, zum Garnieren

NUSSKRUSTE

- 80 g Haferschrot
- 80 g Vollkornmehl
- 30 g gemahlene Mandeln
- 30 g Walnusshälften, fein gehackt
- 60 g ungesalzene Pistazien, fein gehackt
- 1 TL getrockneter Thymian
- Salz und Pfeffer
- 90 g weiche Butter oder Margarine
- 1 EL Fenchelsamen

1 Pilze und Brühe in einem großen Topf aufkochen und abgedeckt 15 Minuten köcheln lassen, bis die Pilze gar sind. Abgießen und die Brühe auffangen.

2 Butter oder Margarine in einem Topf zerlassen und darin Zwiebel und Knoblauch 2–3 Minuten anbraten, bis die Zwiebel glasig ist. Das Mehl einrühren und 1 Minute anschwitzen.

3 Topf vom Herd nehmen. Aufgefangene Brühe nach und nach einrühren. Wieder auf den Herd stellen und unter Rühren erhitzen, bis die Sauce eindickt. Pilze, Salz und Pfeffer sowie Sahne und Petersilie untermischen und in eine flache Auflaufform füllen.

4 Für die Nusskruste Haferschrot, Mehl, Mandeln, Nüsse, Pistazien, Thymian und Salz und Pfeffer vermengen.

5 Mit einer Gabel Butter oder Margarine einarbeiten. Die Mischung sollte die Konsistenz von Butterstreuseln haben.

6 Die Mischung auf den Pilzen verteilen und mit Fenchelsamen bestreuen. Im vorgeheizten Backofen ca. 25–30 Minuten bei 190 °C goldbraun backen. Mit Kräutern garnieren und sofort servieren.

1

3

6

Risotto mit Wildpilzen

Dieser cremige Risotto erhält seinen besonderen Geschmack durch eine Mischung aus Wild- und Zuchtpilzen in Kombination mit Thymian.

NÄHRWERTANGABEN

Kilokalorien	364	Zucker	1 g
Eiweiß	15 g	Fett	16 g
Kohlenhydrate	44 g	davon gesättigt	6 g

15 MIN. 25 MIN.

4 PERSONEN

ZUTATEN

- 2 EL Olivenöl
- 1 große Zwiebel, fein gehackt
- 1 Knoblauchzehe, zerdrückt
- 200 g gemischte Wild- und Zuchtpilze (z. B. Champignons, Stein- und Austernpilze), in gleich großen Stücken
- 250 g Arborio-Reis
- 1 Msp. Safran
- 700 ml heiße Gemüsebrühe
- 100 g Parmesan, gerieben
- 2 EL frisch gehackter Thymian
- frisch gemahlener schwarzer Pfeffer
- geriebener Parmesan, zum Servieren

1 Das Öl in einer Pfanne erhitzen. Die Zwiebel und den Knoblauch darin 3–4 Minuten weich dünsten.

2 Die Pilze zugeben und 3 Minuten anbraten, bis sie gerade zu bräunen beginnen.

3 Reis und Safran zugeben und kurz unterrühren, bis der Reis mit Öl bedeckt ist.

4 Nach und nach die Brühe zugießen. Jeweils so lange warten, bis die neu zugefügte Flüssigkeit vom Reis aufgenommen ist, bevor weitere zugegeben wird.

5 Nach etwa 15 Minuten sollte die gesamte Flüssigkeit absorbiert sein. Falls der Reis zu diesem Zeitpunkt noch immer hart ist, etwas heißes Wasser zugießen und weiterkochen, bis er gar ist.

6 Parmesan und Thymian einrühren und den Reis mit frisch gemahlenem schwarzen Pfeffer würzen.

7 Den fertigen Risotto auf Teller verteilen und mit zusätzlichem Parmesan bestreuen.

1

2

4

TIPP

Wildpilze haben einen sehr intensiven Geschmack, sind jedoch recht teuer. Sie können auch durch einfache weiße und braune Champignons ersetzt werden.

Kartoffeln und Erbsen

Dieses schnell und einfach zubereitete vegetarische Gericht reicht man als Beilage oder als eigenständigen Gang mit Chapatis.

NÄHRWERTANGABEN

Kilokalorien 434	Zucker . . . . 6 g
Eiweiß . . . . 5 g	Fett . . . . 35 g
Kohlenhydrate . . 28 g	davon gesättigt . 4 g

15 MIN. 30 MIN.

4 PERSONEN

ZUTATEN

- 150 ml Öl
- 3 Zwiebeln, in Ringen
- 1 TL zerdrückter Knoblauch
- 1 TL frisch gehackte Ingwerwurzel
- 1 TL Chilipulver
- ½ TL gemahlene Kurkuma
- 1 TL Salz
- 2 grüne Chillies, fein gehackt
- 300 ml Wasser
- 3 Kartoffeln
- 100 g frische Erbsen, gepalt

GARNIERUNG

- frische Korianderblätter
- rote Chillies, gehackt

2

3

4

1 Das Öl in einer großen Pfanne langsam erhitzen.

2 Die Zwiebeln darin unter gelegentlichem Rühren goldbraun anbraten.

3 Knoblauch, Ingwer, Chilipulver und Kurkuma sowie Salz und Chillies vermengen und zu den Zwiebeln geben.

4 150 ml Wasser zugießen, verrühren, abdecken und kochen, bis die Zwiebeln gar sind.

5 Die Kartoffeln schälen und waschen, dann in jeweils 6 Scheiben schneiden.

6 Die Kartoffelscheiben in die Pfanne geben und 5 Minuten pfannenrühren.

7 Erbsen und restliches Wasser zugeben, abdecken und 7–10 Minuten kochen.

8 Das Gericht auf Tellern anrichten und mit Korianderblättern und gehackten Chillies garniert servieren.

TIPP

Kurkuma ist eine aromatische Wurzel, die getrocknet und zu einem leuchtend gelben Pulver gemahlen wird, das in vielen indischen Gerichten Verwendung findet. Es duftet aromatisch und hat einen vollen Geschmack.

Gemüse-Couscous

Couscous, aus grobem Grieß hergestellt, ist rasch und leicht zuzubereiten. Er stellt eine willkommene Abwechslung zu Reis und Nudeln dar.

NÄHRWERTANGABEN

Kilokalorien 280	Zucker .... 13 g
Eiweiß .... 10 g	Fett .... 7 g
Kohlenhydrate .. 47 g	davon gesättigt .. 1 g

20 MIN. 40 MIN.

4 PERSONEN

ZUTATEN

- 2 EL Pflanzenöl
- 1 große Zwiebel, grob gehackt
- 1 Karotte, gewürfelt
- 1 weiße Rübe, gewürfelt
- 600 ml Gemüsebrühe
- 175 g Couscous
- 2 Tomaten, gehäutet und geviertelt
- 2 Zucchini, gewürfelt
- 1 rote Paprika, gewürfelt
- 125 g grüne Bohnen, klein geschnitten
- geriebene Schale von 1 Zitrone
- 1 Prise gemahlene Kurkuma (nach Belieben)
- Salz und Pfeffer
- 1 EL frisch gehackter Koriander oder Petersilie
- Petersilienzweige, zum Garnieren

1

2

3

1 Das Öl in einem großen Topf erhitzen und Zwiebel, Karotte und Rübe darin 3–4 Minuten andünsten. Brühe zugeben, zum Kochen bringen, abdecken und etwa 20 Minuten köcheln lassen.

2 In der Zwischenzeit den Couscous in eine Schüssel geben und mit etwas kochendem Wasser übergießen. Durchrühren, bis die Körner aufgequollen sind und sich getrennt haben.

3 Tomaten, Zucchini, Paprika und Bohnen in den Topf geben.

4 Zitronenschale und nach Belieben Kurkuma zum Couscous geben, abschmecken und durchrühren. In einen Dämpfeinsatz geben und auf den Topf mit dem Gemüse setzen. Köcheln lassen und den Couscous 8–10 Minuten dämpfen.

5 Couscous auf vorgewärmten Serviertellern anrichten. Gemüse und etwas Brühe darüber geben. Mit Koriander oder Petersilie bestreuen und mit Petersilienzweigen garniert sofort servieren.

Paprika mit Risottofüllung

Süße geröstete Paprika werden mit einem cremigen Risotto gefüllt und mit Mozzarella überbacken.

NÄHRWERTANGABEN

Kilokalorien 613	Zucker .... 7 g
Eiweiß .... 17 g	Fett .... 32 g
Kohlenhydrate .. 61 g	davon gesättigt . 15 g

15 MIN. 35 MIN.

4 PERSONEN

ZUTATEN

- 4 rote oder orangefarbene Paprika
- 1 EL Olivenöl
- 1 große Zwiebel, fein gehackt
- 350 g Arborio-Reis
- 1 Msp. Safran
- 150 ml Weißwein
- 850 ml heiße Gemüse- oder Hühnerbrühe
- 50 g Butter
- 50 g Pecorino, gerieben
- 50 g grobe italienische Salami, z. B. Salami Felino, gewürfelt
- 200 g Mozzarella, in Scheiben

2

5

6

1 Die Paprika so halbieren, dass an beiden Hälften ein Stück Stiel bleibt. Dann entkernen.

2 Die Paprika mit der Schnittseite nach oben 12–15 Minuten unter einen vorgeheizten Grill geben, bis sie weich und stellenweise schwarz verfärbt sind.

3 Das Öl in einer Pfanne erhitzen. Die Zwiebel darin 3–4 Minuten weich dünsten. Reis und Safran zugeben und etwa 1 Minute gut mit der Zwiebelmischung vermengen.

4 Nach und nach Wein und Brühe zugießen. Jeweils so lange warten, bis die neu zugefügte Flüssigkeit aufgenommen ist, bevor weitere zugegeben wird. Nach etwa 15 Minuten sollte die gesamte Flüssigkeit absorbiert sein. Falls der Reis noch hart ist, etwas heißes Wasser zugießen und weiterkochen, bis er gar ist.

5 Butter, Pecorino und Salami unter den Reis rühren.

6 Den Risotto in die Paprikahälften füllen, jede Hälfte mit einer Scheibe Mozzarella belegen und alle Hälften 4–5 Minuten unter dem vorgeheizten Grill überbacken. Heiß servieren.

VARIATION

Die Paprika durch Tomaten ersetzen. Dazu 4 große Tomaten halbieren und entkernen. Nicht wie die Paprika rösten, ansonsten aber wie beschrieben vorgehen.

Tofu mit Pilzen

Gurkenstücke und geräucherter Tofu werden mit Strohpilzen, Zuckererbsen und Mais in einer gelben Bohnensauce gebraten.

NÄHRWERTANGABEN

Kilokalorien	130	Zucker	2 g
Eiweiß	9 g	Fett	9 g
Kohlenhydrate	3 g	davon gesättigt	1 g

15 MIN. 10 MIN.

4 PERSONEN

ZUTATEN

- 1 große Gurke
- 1 TL Salz
- 225 g geräucherter Tofu
- 2 EL Pflanzenöl
- 60 g Zuckererbsen
- 125 g Babymaiskolben
- 1 Selleriestange, schräg in Scheiben geschnitten
- 425 g Strohpilze aus der Dose, abgetropft
- 2 Frühlingszwiebeln, in Streifen
- 1-cm-Stück Ingwerwurzel, fein gehackt
- 1 EL gelbe Bohnensauce
- 1 EL helle Sojasauce
- 1 EL trockener Sherry
- 2 EL Wasser

1 Die Gurke längs halbieren und mit einem Teelöffel oder Melonenformer die Kerne entfernen.

2 Die Gurke würfeln, in ein Sieb geben und mit Salz bestreuen. 10 Minuten abtropfen lassen. Das Salz unter kaltem Wasser gründlich abspülen. Auf Küchenpapier gut abtropfen lassen.

2

3 Den Tofu würfeln.

4 Das Öl in einem Wok oder einer großen Pfanne bis zum Rauchpunkt erhitzen.

5

5 Tofu, Zuckererbsen, Mais und Sellerie in den Wok geben. Unter Rühren den Tofu leicht anbräunen.

6 Strohpilze, Frühlingszwiebeln und Ingwer zugeben und 1 Minute anbraten.

7

7 Gurke, Bohnensauce, Sojasauce, Sherry und 2 Esslöffel Wasser einrühren. 1 Minute unter Rühren braten, sodass das Gemüse gut von der Sauce überzogen ist. Heiß servieren.

TIPP

Strohpilze in der Dose sind in gut sortierten Asia-Shops und einigen Supermärkten erhältlich. Ersatzweise können Sie auch junge Champignons verwenden.

Gebratener Reis mit Gemüse

Geeignet für mehrere Personen als Teil eines großen Menüs oder auch als vegetarisches Gericht für vier Personen.

NÄHRWERTANGABEN

Kilokalorien	175	Zucker	3 g
Eiweiß	3 g	Fett	10 g
Kohlenhydrate	20 g	davon gesättigt	2 g

10 MIN. 20 MIN.

4 PERSONEN

ZUTATEN

- 125 g Langkornreis
- 3 EL Erdnussöl
- 2 Knoblauchzehen, zerdrückt
- ½ TL Fünf-Gewürze-Pulver
- 60 g grüne Bohnen
- 1 grüne Paprika, klein gewürfelt
- 4 Babymaiskolben, längs halbiert
- 25 g Bambussprossen, klein geschnitten
- 3 Tomaten, gehäutet, entkernt und klein geschnitten
- 60 g Erbsen, gekocht
- 1 TL Sesamöl

1 Salzwasser in einem großen Topf zum Kochen bringen.

2 Den Langkornreis zugeben und etwa 15 Minuten kochen. Den Reis gründlich abtropfen lassen, unter fließendem kaltem Wasser abspülen und erneut gut abtropfen lassen.

3 Das Erdnussöl in einem heißen Wok oder einer großen Pfanne erhitzen. Den Knoblauch und das Fünf-Gewürze-Pulver zufügen und 30 Sekunden braten.

4 Bohnen, Paprika und Mais zugeben und 2 Minuten anbraten.

4

5

6

5 Bambussprossen, Tomaten, Erbsen und den Reis einrühren und 1 Minute mitbraten.

6 Mit Sesamöl beträufeln und auf Servierteller umfüllen. Sofort servieren.

VARIATION

Sie können für dieses Rezept beliebige Gemüse verwenden. Achten Sie nur darauf, sie in etwa gleich große Stücke zu schneiden, um sicherzugehen, dass sie zur gleichen Zeit gar werden.

Tofu-Kasserolle

Tofu nimmt hier alle anderen Aromen perfekt auf. Wird er mariniert verwendet, verleiht das dem Gericht noch eine zusätzliche Note.

NÄHRWERTANGABEN

Kilokalorien 228	Zucker .... 3 g
Eiweiß .... 16 g	Fett .... 15 g
Kohlenhydrate ... 7 g	davon gesättigt .. 2 g

5 MIN. 15 MIN.

4 PERSONEN

ZUTATEN

- 450 g Tofu
- 2 EL Erdnussöl
- 8 Frühlingszwiebeln, in kleinen Stücken
- 2 Selleriestangen, in Scheiben
- 125 g Brokkoliröschen
- 125 g Zucchini, in Scheiben
- 2 Knoblauchzehen, in dünnen Scheiben
- 450 g frischer junger Blattspinat
- Reis, zum Servieren

SAUCE

- 425 ml Gemüsebrühe
- 2 EL helle Sojasauce
- 3 EL Hoisin-Sauce
- ½ TL Chilipulver
- 1 EL Sesamöl

1 Den Tofu in 2,5 cm große Würfel schneiden und vorerst beiseite stellen.

2 Das Erdnussöl in einem heißen Wok oder einer großen Pfanne erhitzen.

3 Frühlingszwiebeln, Sellerie, Brokkoli, Zucchini, Knoblauch, Spinat und Tofu zugeben und 3–4 Minuten pfannenrühren.

4 Für die Sauce Gemüsebrühe, Sojasauce, Hoisin-Sauce, Chilipulver und Sesamöl in einem Schmortopf gründlich mischen und aufkochen.

5 Das Gemüse mit dem Tofu in die Sauce geben, die Hitze reduzieren, abdecken und 10 Minuten garen.

6 Tofu und Gemüse auf einen vorgewärmten Servierteller füllen und mit Reis servieren.

VARIATION

Grünes Gemüse ist in diesem Rezept zwar tonangebend, Sie können die Zusammenstellung aber abwandeln und bei Schritt 3 Ihr Lieblingsgemüse hinzufügen – etwa 75 g frische Strohpilze oder abgetropfte Strohpilze aus der Dose.

Saté-Nudeln

Hier werden Reisnudeln und Gemüse mit grober Erdnussbutter, Kokosmilch und Chiliflocken angerichtet.

NÄHRWERTANGABEN

Kilokalorien 281	Zucker .... 7 g
Eiweiß .... 9 g	Fett .... 20 g
Kohlenhydrate .. 18 g	davon gesättigt .. 4 g

5 MIN. 20 MIN.

4 PERSONEN

ZUTATEN

- 275 g flache Reisnudeln
- 3 EL Erdnussöl
- 2 Knoblauchzehen, zerdrückt
- 2 Schalotten, in Ringen
- 225 g grüne Bohnen, in Stücken
- 100 g Kirschtomaten, halbiert
- 1 TL Chiliflocken
- 4 EL grobe Erdnussbutter
- 150 ml Kokosmilch
- 1 EL Tomatenmark
- Frühlingszwiebelringe, zum Garnieren

1 Reisnudeln in einer großen Schüssel mit kochendem Wasser bedecken und 10 Minuten einweichen.

2 Erdnussöl in einem großen heißen Wok erhitzen.

3 Knoblauch und Schalotten zufügen und 1 Minute pfannenrühren.

4 Reisnudeln gut abtropfen. Grüne Bohnen und Nudeln in den Wok geben und 5 Minuten weiterrühren.

5 Kirschtomaten zufügen und gut unterrühren.

6 Chiliflocken, Erdnussbutter, Kokosmilch und Tomatenmark verrühren.

7 Die Kokossauce gründlich mit den Nudeln vermengen und erhitzen.

8 Auf Tellern mit Frühlingszwiebelringen garnieren und sofort servieren.

Frittierte Nudeln mit Gemüse

Bei diesem Rezept werden gegarte Nudeln knusprig frittiert und mit knackigem Gemüse aus dem Wok serviert.

NÄHRWERTANGABEN

Kilokalorien	229	Zucker	4g
Eiweiß	5g	Fett	15g
Kohlenhydrate	20g	davon gesättigt	2g

5 MIN. 25 MIN.

4 PERSONEN

ZUTATEN

- 350 g chinesische Eiernudeln
- 2 EL Erdnussöl
- 2 Knoblauchzehen, zerdrückt
- ½ TL gemahlener Sternanis
- 1 Karotte, in dünnen Stiften
- 1 grüne Paprika, in Streifen
- 1 Zwiebel, geviertelt und in Ringen
- 125 g Brokkoliröschen
- 80 g Bambussprossen
- 1 Selleriestange, in Scheiben
- 1 EL helle Sojasauce
- 150 ml Gemüsebrühe
- Öl, zum Frittieren
- 1 TL Speisestärke
- 2 TL Wasser

1 Die Nudeln 1–2 Minuten in Wasser kochen. Abgießen, kalt abspülen und gut abtropfen lassen.

2 Erdnussöl in einem heißen Wok bis zum Rauchpunkt erhitzen. Die Hitze reduzieren. Knoblauch und Sternanis darin 30 Sekunden unter Rühren anbraten. Das gesamte Gemüse zugeben und 1–2 Minuten pfannenrühren.

3 Sojasauce und Brühe zugießen und bei geringer Hitze 5 Minuten köcheln.

4 Das Frittieröl in einer Pfanne auf 180 °C erhitzen, sodass ein Brotwürfel darin in 30 Sekunden knusprig braun wird.

5 Die Nudeln mit Küchenpapier gut trockentupfen. Dann zu kleinen Nestern formen und nach und nach knusprig frittieren, dabei einmal wenden. Auf Küchenpapier abtropfen lassen.

6 Die Stärke mit Wasser verrühren und unter das Gemüse rühren. Aufkochen, dabei weiterrühren, bis die Sauce eindickt.

7 Die frittierten Nudeln auf einer Platte anrichten, das Gemüse darauf verteilen und servieren.

2

3

5
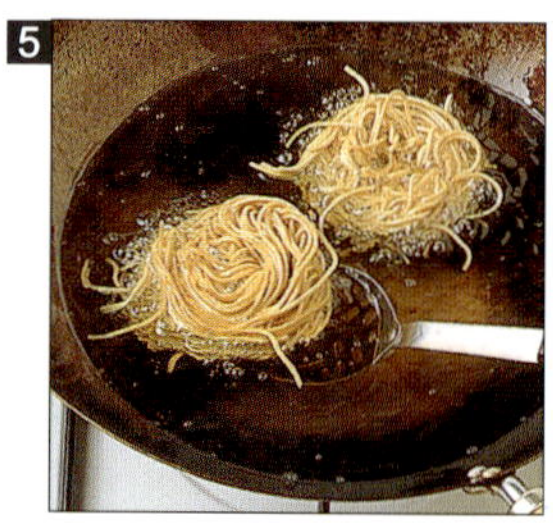

Pizza funghi

Die Grundlage dieser Pizza sind Tomaten – saftige Pilze und weicher Mozzarella ihre Krönung. Mischen Sie wilde und Zuchtchampignons.

NÄHRWERTANGABEN

Kilokalorien 302	Zucker .... 7 g
Eiweiß .... 10 g	Fett .... 12 g
Kohlenhydrate .. 41 g	davon gesättigt .. 4 g

1 1/4 STD. — 45 MIN.

4 PERSONEN

ZUTATEN

Zutaten für 1 Pizzaboden (siehe Seite 861)

BELAG

- 200 g Champignons
- 400 g gehackte Tomaten aus der Dose
- 2 Knoblauchzehen, zerdrückt
- 1 TL getrocknetes Basilikum
- 1 EL Olivenöl
- Salz und Pfeffer
- 2 EL Tomatenmark
- 150 g Mozzarella, gerieben
- frisches Basilikum, zum Garnieren

5

6

6

1 Für den Teig Hefe und Zucker in einen Messbecher geben, mit 50 ml Wasser auffüllen und etwa 15 Minuten gehen lassen, bis die Mischung schäumt.

2 Das Mehl mit dem Salz in einer Schüssel vermengen. Eine Vertiefung in die Mitte drücken. Öl, die angerührte Hefe und restliches Wasser zugießen und alles zu einem festen Teig verarbeiten.

3 Den Teig auf einer bemehlten Arbeitsfläche 4–5 Minuten glatt kneten. Dann zurück in die Schüssel geben, mit eingefetteter Frischhaltefolie abdecken und 30 Minuten gehen lassen, bis er sein Volumen verdoppelt hat.

4 Den aufgegangenen Teig aus der Schüssel nehmen und nochmals 2 Minuten durchkneten. Dann auf einer bemehlten Arbeitsfläche ausrollen und auf ein eingefettetes Backblech legen. Der Teig sollte nicht dicker als 6 mm sein, da er beim Backen noch aufgeht.

5 Für den Belag die Champignons mit einem scharfen Messer in Scheiben schneiden.

6 Tomaten, Knoblauch, Basilikum und Öl in einer großen Pfanne mit Salz und Pfeffer abschmecken und 20 Minuten einkochen. Dann das Tomatenmark einrühren und die Sauce leicht abkühlen lassen.

7 Die Sauce gleichmäßig auf dem Pizzaboden verteilen. Mit Champignonscheiben belegen und mit Mozzarella bestreuen. Bei 200 °C 20–25 Minuten backen, dann mit Basilikum garnieren.

Überbackene Pesto-Kartoffeln

Für dieses Gericht werden gegarte Kartoffeln ausgehöhlt, mit einer delikaten Pestosauce gefüllt und dann überbacken.

NÄHRWERTANGABEN

Kilokalorien 444	Zucker .... 3 g
Eiweiß .... 10 g	Fett .... 28 g
Kohlenhydrate .. 40 g	davon gesättigt . 13 g

10 MIN. 1 ½ STD.

4 PERSONEN

ZUTATEN

- 4 fest kochende Kartoffeln (à ca. 225 g)
- Salz und Pfeffer
- 150 g Crème double
- 100 ml Gemüsebrühe
- 1 EL Zitronensaft
- 2 Knoblauchzehen, zerdrückt
- 3 EL frisch gehacktes Basilikum
- 2 EL Pinienkerne
- 2 EL frisch geriebener Parmesan

1 Die Kartoffeln unter fließendem Wasser abbürsten, mit einer Gabel einstechen, mit Salz einreiben und auf ein Backblech legen.

2 Im vorgeheizten Backofen bei 190 °C ca. 1 Stunde garen, bis das Innere weich und die Schale knusprig ist.

3 Kartoffeln aus dem Backofen nehmen und längs halbieren. Die Hälften mit einem Löffel bis auf einen dünnen Rand aushöhlen. Kartoffelmasse in eine Schüssel geben und mit einer Gabel zerdrücken.

4 In der Zwischenzeit Crème double und Brühe in einem Topf verrühren und 8–10 Minuten köcheln lassen. Auf die Hälfte einkochen.

5 Zitronensaft, Knoblauch und Basilikum zufügen, mit Salz und Pfeffer abschmecken und mit den Pinienkernen unter die Kartoffelmasse geben.

6 Die Mischung in die Kartoffelhälften füllen, mit Parmesan bestreuen und bei 190 °C 10 Minuten im Backofen überbacken, bis der Käse goldbraun ist. Sofort servieren, dazu einen Salat reichen.

3

4

6

VARIATION

Nach Wunsch in Schritt 5 Frischkäse oder Champignonscheiben zur Kartoffelmasse geben.

Kohlpfanne mit Walnüssen

Bei diesem schnellen Pfannengericht kommen Weißkohl und Rotkohl sowohl geschmacklich als auch optisch zum Tragen.

NÄHRWERTANGABEN

Kilokalorien	422	Zucker	9 g
Eiweiß	13 g	Fett	37 g
Kohlenhydrate	10 g	davon gesättigt	5 g

10 MIN. 10 MIN.

4 PERSONEN

ZUTATEN

- 350 g Weißkohl
- 350 g Rotkohl
- 4 EL Erdnussöl
- 1 EL Walnussöl
- 2 Knoblauchzehen, zerdrückt
- 8 Frühlingszwiebeln
- 225 g fester Tofu, gewürfelt
- 2 EL Zitronensaft
- 100 g Walnusshälften
- 2 TL Dijonsenf
- Salz und Pfeffer
- 2 TL Mohn

1

2

3

1 Weißkohl und Rotkohl mit einem scharfen Messer in dünne Streifen schneiden und beiseite stellen.

2 Erdnuss- und Walnussöl im heißen Wok erhitzen. Kohl, Knoblauch, Frühlingszwiebeln und Tofu zugeben und unter Rühren 5 Minuten anbraten.

3 Zitronensaft, Walnüsse und Senf zugeben, mit Salz und Pfeffer abschmecken und 5 Minuten schmoren, bis der Kohl gar ist.

4 Die Kohlmischung in eine Schüssel geben, mit dem Mohn bestreuen und sofort servieren.

TIPP

Nüsse bereichern eine vegetarische Mahlzeit nicht nur mit Proteinen, Vitaminen und wertvollen Fettsäuren, sondern auch hinsichtlich Geschmack und Konsistenz.

Sautiertes Sommergemüse

Die Frische dieses sanft gebratenen Sommergemüses verbindet sich mit dem Aroma des Estragon- und Weißwein-Dressings.

NÄHRWERTANGABEN

Kilokalorien 217	Zucker . . . . 8 g
Eiweiß . . . . 2 g	Fett . . . . 18 g
Kohlenhydrate . . . 9 g	davon gesättigt . . 9 g

10 MIN. 10–15 MIN.

4 PERSONEN

ZUTATEN

- 225 g junge Karotten
- 125 g Stangenbohnen
- 2 Zucchini
- 1 Bund große Frühlingszwiebeln
- 1 Bund Radieschen
- 60 g Butter
- 2 EL Olivenöl
- 2 EL Weißweinessig
- 4 EL trockener Weißwein
- 1 TL Zucker
- 1 EL gehackter Estragon
- Salz und Pfeffer
- Estragonzweige, zum Garnieren

1 Karotten längs halbieren, Bohnen und Zucchini in Scheiben schneiden und Frühlingszwiebeln und Radieschen halbieren.

2 Butter in einer großen Pfanne zerlassen. Das Gemüse zugeben und bei mittlerer Hitze unter häufigem Rühren braten, bis es gar, jedoch noch knackig und bissfest ist.

3 Olivenöl, Essig, Weißwein und Zucker in einem kleinen Topf bei schwacher Hitze erhitzen. Rühren, bis der Zucker aufgelöst ist. Vom Herd nehmen und den Estragon zufügen.

4 Das Gemüse mit dem Dressing begießen und alles gründlich vermengen. In eine vorgewärmte Servierschüssel geben. Mit Estragonzweigen garnieren und sofort servieren.

Gemüse in Kokossauce

Karotten und Pastinaken werden in einer cremigen Kokossauce gegart und auf einem Bett aus frischem Spinat serviert.

NÄHRWERTANGABEN

Kilokalorien 386	Zucker . . . . 14 g
Eiweiß . . . . 6 g	Fett . . . . 32 g
Kohlenhydrate . . 20 g	davon gesättigt . 15 g

10 MIN. 35 MIN.

4 PERSONEN

ZUTATEN

- 80 ml Kokoscreme
- 300 ml heißes Wasser
- 2 EL gehobelte Mandeln
- 4 EL Pflanzenöl
- 5 Kardamomkapseln
- 4 dünne Scheiben Ingwer
- 2 Karotten, in Scheiben
- 2 Pastinaken, in großen Würfeln
- ¼ TL Fünf-Gewürze-Pulver
- 2 EL gemahlene Mandeln
- Salz und Pfeffer
- 350 g frischer junger Blattspinat
- ½ rote Zwiebel, in dünnen Ringen
- 1 Knoblauchzehe, in dünnen Scheiben

1

3

4

1 In einer Schüssel die Kokoscreme im heißen Wasser unter Rühren auflösen.

2 Die Mandeln trocken in einer Pfanne goldbraun rösten. Aus der Pfanne nehmen und beiseite stellen.

3 Die Hälfte des Öls in einem Topf erhitzen. Den Kardamom leicht andrücken, mit dem Ingwer im Topf 30 Sekunden anbraten. Karotten und Pastinaken zugeben und 2–3 Minuten anbraten.

4 Das Fünf-Gewürze-Pulver, gemahlene Mandeln und Kokosmilch zugeben. Aufkochen und salzen. Abgedeckt 12–15 Minuten köcheln lassen, bis das Gemüse gar ist. Gelegentlich umrühren und falls nötig Wasser zugießen.

5 Den Spinat waschen und abtropfen lassen. Das restliche Öl in einem Wok erhitzen und darin Zwiebel und Knoblauch 2 Minuten anbraten. Den Spinat zugeben und kurz anbraten, bis er beginnt zusammenzufallen. Gut abtropfen lassen und salzen.

6 Kardamom und Ingwer entfernen und das Gemüse mit Salz und Pfeffer abschmecken. Das Gemüse auf dem Spinatbett anrichten und mit den gerösteten Mandeln garnieren.

Rettich-Curry

Dieses Gericht ist wegen des Rettichs eher ungewöhnlich für ein Curry. Reichen Sie dazu warmes Chapati-Brot.

NÄHRWERTANGABEN

Kilokalorien	384	Zucker	4 g
Eiweiß	3 g	Fett	38 g
Kohlenhydrate	9 g	davon gesättigt	4 g

10 MIN. 20 MIN.

4 PERSONEN

ZUTATEN

- 450 g weißer Rettich, möglichst mit Blättern
- 1 EL Munglinsen
- 600 ml Wasser
- 150 ml Pflanzenöl
- 1 Zwiebel, in dünnen Ringen
- 1 große Knoblauchzehe, zerdrückt
- 1 TL gehackte getrocknete rote Chillies
- 1 TL Salz

1 Den Rettich mitsamt seinen Blättern putzen und in dicke Scheiben schneiden.

2 Mit den Munglinsen in einen großen Topf geben. Das Wasser zugießen und zum Kochen bringen. Hitze reduzieren und köcheln, bis der Rettich weich ist.

3 Rettich und Linsen gründlich abtropfen lassen und überschüssiges Wasser mit den Händen ausdrücken.

4 Das Öl in einem Topf erhitzen. Zwiebel, Knoblauch, Chillies und Salz zugeben und unter gelegentlichem Rühren anbraten, bis die Zwiebel goldgelb anbräunt.

5 Rettich und Linsen in den Topf geben und gut vermengen. Hitze reduzieren und unter Rühren 3–5 Minuten braten.

6 Das Rettich-Curry auf Teller verteilen und heiß servieren, dazu Chapati-Brot reichen.

1

2

4

TIPP

Weißer Rettich, ein Scharfmacher, ist entsprechend der Jahreszeit in gut sortierten Supermärkten zu finden, auf alle Fälle aber in Asia-Shops.

Nudel-Bohnen-Eintopf

Eintöpfe entfalten besonders im Winter ihre herzerwärmenden Qualitäten. Nicht vergessen: Die Bohnen müssen über Nacht einweichen.

NÄHRWERTANGABEN

Kilokalorien	323	Zucker	5 g
Eiweiß	13 g	Fett	12 g
Kohlenhydrate	41 g	davon gesättigt	2 g

25 MIN. 3 1/2 STD.

6 PERSONEN

ZUTATEN

- 250 g getrocknete Gartenbohnen, über Nacht eingeweicht und abgetropft
- 250 g Penne
- 6 EL Olivenöl
- 850 ml Gemüsebrühe
- 2 große Zwiebeln, in Streifen
- 2 Knoblauchzehen, gehackt
- 2 Lorbeerblätter
- 1 TL getrockneter Oregano
- 1 TL getrockneter Thymian
- 5 EL Rotwein
- 2 EL Tomatenmark
- 2 Selleriestangen, in Scheiben
- 1 Fenchelknolle, in Streifen
- 120 g Champignons, in Scheiben
- 250 g Tomaten, in Scheiben
- Salz und Pfeffer
- 1 TL brauner Zucker
- 4 EL Semmelbrösel
- Salatblätter und ofenfrisches Brot, zum Servieren

1 Die Bohnen in einem großen Topf mit kaltem Wasser bedecken. Aufkochen und 20 Minuten sprudelnd kochen. Abgießen und warm stellen.

2 Die Penne in einem Topf mit Salzwasser und 1 Esslöffel Öl 3 Minuten kochen. Abgießen und warm stellen.

3 Die Bohnen in eine Auflaufform geben. Die Brühe zugießen und das restliche Öl, Zwiebeln, Knoblauch, Lorbeer, Oregano, Thymian, Wein und Tomatenmark einrühren.

4 Aufkochen, abdecken und 2 Stunden im vorgeheizten Backofen bei 180 °C garen.

5 Nudeln, Sellerie, Fenchel, Champignons und Tomaten zugeben und mit Salz und Pfeffer abschmecken.

6 Den Zucker einrühren und den Auflauf mit Semmelbröseln bestreuen. Abdecken und 1 weitere Stunde im Backofen garen. Heiß mit Salat und Brot servieren.

3

5

6

Pizza giardiniera

Diese farbenfrohe rustikale Pizza wird mit knackigem Sommergemüse frisch aus dem Garten belegt.

NÄHRWERTANGABEN			
Kilokalorien	362	Zucker	10 g
Eiweiß	13 g	Fett	15 g
Kohlenhydrate	48 g	davon gesättigt	5 g

1½ STD. 20 MIN.

4 PERSONEN

ZUTATEN

6 Spinatblätter
Pizza-Grundteig (siehe Seite 861)
Tomatensauce (siehe Seite 6)
1 Tomate, in Scheiben
1 Selleriestange, in dünnen Scheiben
½ grüne Paprika, in dünnen Streifen
1 kleine Zucchini, in Scheiben
1–2 EL Spargelspitzen, Enden geschält
1–2 EL Mais
1–2 EL Erbsen, Tiefkühlware aufgetaut
4 Frühlingszwiebeln, in Ringen
1 EL frisch gehackte Kräuter
60 g Mozzarella, gerieben
2 EL frisch geriebener Parmesan
1 Artischockenboden
Olivenöl, zum Beträufeln
Salz und Pfeffer

1 Spinat unter fließendem kaltem Wasser abspülen, harte Stiele entfernen und mit Küchenpapier trockentupfen.

2 Den Teig auf einer bemehlten Arbeitsfläche zu einem Kreis (25 cm Durchmesser) ausrollen, auf ein eingefettetes Backblech legen, den Rand etwas höher ziehen und mit der Tomatensauce bestreichen.

3 Mit Spinat, Tomatenscheiben, restlichem Gemüse und Kräutern belegen.

4 Mozzarella und Parmesan mischen und auf die Pizza streuen. Den Artischockenboden in der Mitte platzieren, die Pizza mit etwas Olivenöl beträufeln und mit Salz und Pfeffer würzen.

5 Die Pizza giardiniera im vorgeheizten Backofen bei 200 °C 18–20 Minuten backen, bis der Rand goldbraun und knusprig ist. Sofort servieren.

1

3

4

Couscous royale

Servieren Sie dieses außergewöhnliche Gericht als Höhepunkt eines Festessens im nordafrikanischen Stil – es wird allen in Erinnerung bleiben.

NÄHRWERTANGABEN

Kilokalorien 329	Zucker .... 31 g
Eiweiß .... 6 g	Fett .... 13 g
Kohlenhydrate .. 50 g	davon gesättigt .. 6 g

25 MIN. 45 MIN.

6 PERSONEN

ZUTATEN

3 Karotten
3 Zucchini
350 g Kürbis
1,25 l Gemüsebrühe
2 Zimtstangen, halbiert
2 TL gemahlener Kreuzkümmel
1 TL gemahlener Koriander
1 Prise Safranfäden
2 EL Olivenöl
Zesten und Saft von 1 Zitrone
2 El flüssiger Honig
Salz und Pfeffer
500 g Couscous
60 g weiche Butter
175 g große kernlose Rosinen
Korianderzweige, zum Garnieren

2

4

5

1 Karotten und Zucchini in 7 cm große Stücke schneiden und längs halbieren.

2 Kürbis schälen und die Kerne entfernen. Dann in gleich große Stücke wie Karotten und Zucchini schneiden.

3 Brühe, Gewürze, Safran und Karotten in einem großen Topf aufkochen, abschäumen und das Olivenöl zugeben. Etwa 15 Minuten köcheln lassen.

4 Zitronenzesten und -saft zusammen mit Honig, Zucchini und Kürbis zugeben. Mit Pfeffer und Salz abschmecken. Erneut zum Kochen bringen und weitere 10 Minuten köcheln lassen.

5 In der Zwischenzeit den Couscous nach Packungsanleitung einweichen, dann in einen Dämpfeinsatz oder ein großes, mit Musselin ausgelegtes Sieb geben und in den Topf mit dem Gemüse hängen. Abdecken und nach Packungsanleitung dämpfen. Die Butter einrühren.

6 Couscous auf einem vorgewärmten Servierteller anrichten. Das Gemüse abgießen, Brühe mit Zitronenzesten und Zimtstangen aufbewahren. Gemüse auf den Couscous geben. Mit den Rosinen belegen und mit 6 Esslöffeln Brühe begießen. Warm stellen.

7 Die restliche Brühe 5 Minuten zu einer Sauce einkochen. Zitronenzesten und Zimt entfernen. Couscous mit Korianderzweigen garnieren und sofort servieren. Dazu die Sauce reichen.

Auberginen-Nudel-Auflauf

Dieses Gericht wird Ihre Gäste beeindrucken, obwohl es nur wenige Zutaten enthält und leicht zuzubereiten ist.

NÄHRWERTANGABEN

Kilokalorien	201	Zucker	4g
Eiweiß	14g	Fett	7g
Kohlenhydrate	22g	davon gesättigt	4g

55 MIN. 35 MIN.

4 PERSONEN

ZUTATEN

- etwas Butter, zum Einfetten
- 1 Aubergine
- 300 g bunte Nudeln
- 125 g fettarmer Frischkäse mit Knoblauch und Kräutern
- 350 ml passierte Tomaten
- 4 EL geriebener Parmesan
- 1½ TL getrockneter Oregano
- Salz und Pfeffer
- 2 EL Semmelbrösel

1 Den Backofen auf 190 °C vorheizen. Eine Springform (20 cm Durchmesser) einfetten und den Boden mit Backpapier auslegen.

2 Die Aubergine putzen und längs in 5 mm dicke Scheiben schneiden. In eine Schüssel geben, mit Salz bestreuen und 30 Minuten ziehen lassen. Mit Wasser abspülen und abtropfen lassen.

3 In einem Topf Wasser aufkochen und die Auberginenscheiben darin 1 Minute blanchieren. Abgießen und mit Küchenpapier trockentupfen. Beiseite stellen.

4 Die Nudeln bissfest kochen. Abgießen und wieder in den Topf geben. Den Frischkäse zugeben und auf den Nudeln schmelzen.

5 Passierte Tomaten, Parmesan und Oregano unterrühren und mit Salz und Pfeffer abschmecken. Beiseite stellen.

6 Die Springform so mit Auberginenscheiben auslegen, dass die einzelnen Scheiben einander überlappen und keine Lücken frei bleiben.

7 Die Nudelmischung in die Form füllen, andrücken und mit Semmelbröseln bestreuen. 20 Minuten backen, dann 15 Minuten ruhen lassen.

8 Den Auberginen-Nudel-Auflauf ringsum mit einem Palettenmesser von der Form lösen, auf eine Platte stürzen und heiß servieren.

2

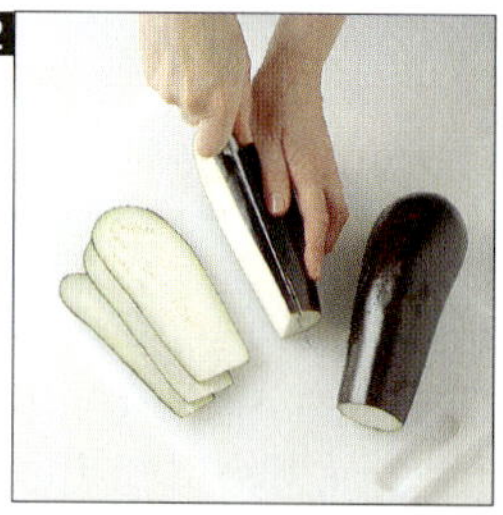

6

7

Gemüse-Biryani

Biryani stammt aus dem nördlichen Indien, wo es einst als besonderes Festessen galt. Das Gemüse wird in einer joghurthaltigen Marinade eingelegt.

NÄHRWERTANGABEN

Kilokalorien 449	Zucker .... 18 g
Eiweiß .... 12 g	Fett .... 12 g
Kohlenhydrate .. 79 g	davon gesättigt . 6 g

2 ¼ STD. 1 STD.

4 PERSONEN

ZUTATEN

- 1 große Kartoffel, gewürfelt
- 100 g junge Karotten
- 50 g Okra, in dicken Scheiben
- 2 Selleriestangen, in Scheiben
- 75 g kleine Champignons, halbiert
- 1 Aubergine, halbiert und in Scheiben
- 300 g Naturjoghurt
- 1 EL geriebene Ingwerwurzel
- 2 große Zwiebeln, gehackt
- 4 Knoblauchzehen, zerdrückt
- 1 TL gemahlene Kurkuma
- 1 EL Currypulver
- 2 EL Butter
- 2 Zwiebeln, in Ringen
- 225 g Basmati-Reis
- gehackter Koriander, zum Garnieren

2

3

6

1 Kartoffeln, Karotten und Okra 7–8 Minuten in Salzwasser kochen. Abgießen und in eine große Schüssel geben. Mit Sellerie, Pilzen und Aubergine vermengen.

2 Joghurt, Ingwer, Zwiebeln, Knoblauch, Kurkuma und Currypulver gründlich mischen, über das Gemüse geben und vorsichtig verrühren. Mindestens 2 Stunden marinieren.

3 Die Butter in einer Pfanne erhitzen und die Zwiebelringe darin 5–6 Minuten goldbraun braten. Einige zum Garnieren beiseite stellen.

4 Den Reis 7 Minuten in Wasser kochen, dann abgießen und beiseite stellen.

5 Das marinierte Gemüse zu den Zwiebeln geben und 10 Minuten schmoren.

6 Die Hälfte des Reises in eine feuerfeste Kasserolle (ca. 2 l Inhalt) füllen. Die Gemüsemischung darauf geben und mit dem restlichen Reis bedecken. Abgedeckt 20–25 Minuten im vorgeheizten Backofen bei 190 °C backen, bis der Reis gar ist. Das Biryani auf einer Servierplatte anrichten, mit den aufbewahrten Zwiebelringen und gehacktem Koriander garnieren und sofort servieren.

Chatuchak-Reis

Wenn Sie den Reis vorkochen und einfrieren, zaubern Sie diese köstliche Mahlzeit noch schneller auf den Tisch.

NÄHRWERTANGABEN

Kilokalorien	241	Zucker	5 g
Eiweiß	7 g	Fett	5 g
Kohlenhydrate	46 g	davon gesättigt	1 g

25 MIN. 15 MIN.

4 PERSONEN

ZUTATEN

1 EL Sonnenblumenöl
3 Schalotten, fein gehackt
2 Knoblauchzehen, zerdrückt
1 rote Chili, entkernt und fein gehackt
2,5-cm-Stück Ingwerwurzel, in dünnen Streifen
½ grüne Paprika, in dünnen Streifen
150 g Baby-Auberginen, geviertelt
90 g Zuckererbsen, blanchiert
90 g Babymaiskolben, längs halbiert und blanchiert
1 Tomate, geachtelt
90 g Bohnensprossen
500 g Duftreis, gekocht
2 EL Tomatenketchup
2 EL helle Sojasauce

GARNIERUNG

frische Korianderblätter
Limettenspalten

1 Das Öl in einem Wok oder einer großen Pfanne stark erhitzen.

2 Schalotten, Knoblauch, Chili und Ingwer darin pfannenrühren, bis die Schalotten glasig sind.

3 Paprika und Auberginen zugeben und gründlich unterrühren.

4 Zuckererbsen, Mais, Tomate und Bohnensprossen zufügen und 3 Minuten pfannenrühren.

5 Den Duftreis zugeben und 4–5 Minuten vorsichtig unterheben, bis kein Dampf mehr aufsteigt.

6 Tomatenketchup und Sojasauce zugießen und gut unterrühren.

7 Den Chatuchak-Reis mit Korianderblättern und Limettenspalten garnieren und sofort servieren.

2

4

5

Asiatischer Nudel-Paprika-Salat

Wenn es einmal ganz schnell gehen soll, dann bereiten Sie doch diesen kalten asiatischen Nudel-Paprika-Salat.

NÄHRWERTANGABEN

Kilokalorien	260	Zucker	4 g
Eiweiß	4 g	Fett	21 g
Kohlenhydrate	15 g	davon gesättigt	4 g

5 MIN. 15 MIN.

4–6 PERSONEN

ZUTATEN

- 250 g chinesische Eiernudeln
- Salz
- 1 EL Sesamöl
- 1 rote Paprika
- 1 gelbe Paprika
- 1 grüne Paprika
- 6 Frühlingszwiebeln, in Stiften

DRESSING

- 5 EL Sesamöl
- 2 EL helle Sojasauce
- 1 EL Tahini (Sesampaste)
- 4–5 Tropfen Tabasco-Sauce

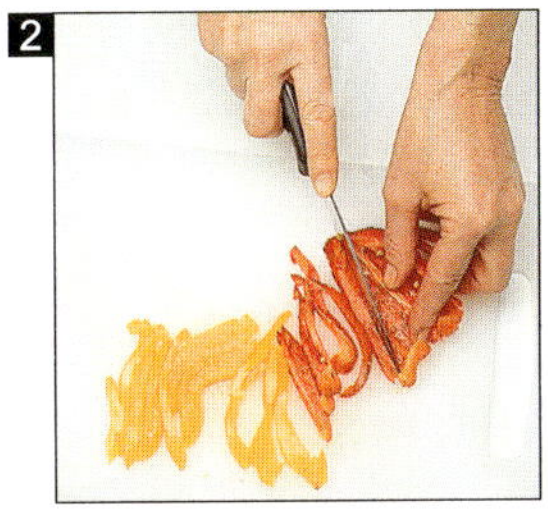

1 Den Backofengrill vorheizen. Die Nudeln in kochendem Salzwasser bissfest kochen. Abgießen, unter kaltem Wasser abschrecken und gut abtropfen lassen. Dann in eine große Salatschüssel geben und mit Sesamöl beträufeln.

2 Die Paprika halbieren und unter dem Grill grillen, bis die Haut stellenweise schwarz wird. Unter kaltem Wasser abschrecken und die Haut abziehen. Entkernen und das Fleisch in Streifen schneiden. Abgedeckt beiseite stellen.

3 Für das Dressing alle Zutaten gut verrühren.

4 Das Dressing bis auf 1 Esslöffel über die Nudeln geben und gut mit ihnen vermengen. Die Paprikastreifen über die Nudeln geben und mit dem restlichen Dressing beträufeln. Mit den Frühlingszwiebeln garnieren.

TIPP

Paprika häuten: Grillen und anschließend 20 Minuten in einem verschlossenen Plastikbeutel abkühlen lassen. Danach kann die Haut problemlos abgezogen werden.

Reis mit grünem Gemüse

Basierend auf dem mexikanischen Gericht *Arroz verde* ist dieses Rezept ideal für alle, die Paprika und scharfes Essen lieben.

NÄHRWERTANGABEN

Kilokalorien	445	Zucker	6 g
Eiweiß	13 g	Fett	12 g
Kohlenhydrate	76 g	davon gesättigt	2 g

25 MIN. 30 MIN.

4 PERSONEN

ZUTATEN

- 2 große grüne Paprika
- 2 frische grüne Chillies
- 2½ TL Pflanzenöl
- 1 große Zwiebel, fein gehackt
- 1 Knoblauchzehe, zerdrückt
- 1 EL gemahlener Koriander
- 375 g Langkornreis
- 750 ml Gemüsebrühe
- 300 g Erbsen, Tiefkühlware aufgetaut
- Salz und Pfeffer
- 6 EL frisch gehackter Koriander
- 1 Ei, verquirlt
- Korianderzweige, zum Garnieren

ZUM SERVIEREN

- Tortilla-Chips
- Limettenspalten

TIPP

Es gibt unzählige Chiliarten. Sie unterscheiden sich in ihrer Schärfe. In der Regel sind kleine, spitze Chillies schärfer als große, rundere. Diese Angaben sind allerdings ohne Gewähr!

2

3

5

1 Paprika halbieren, entkernen und in kleine Rauten schneiden. Die Chillies entkernen und fein hacken.

2 In einem Topf 2 Esslöffel Öl erhitzen und Zwiebel, Knoblauch, Paprika und Chili 5–6 Minuten leicht anbraten.

3 Koriander, Reis und Brühe unterrühren und aufkochen. Abgedeckt 10 Minuten köcheln lassen. Erbsen zugeben, erneut aufkochen und dann abgedeckt weitere 5 Minuten köcheln lassen, bis der Reis gar ist. Vom Herd nehmen und abgedeckt etwa 10 Minuten ruhen lassen.

4 Mit Salz und Pfeffer abschmecken und den frischen Koriander unterrühren. In eine vorgewärmte Servierschüssel füllen und warm stellen.

5 Das restliche Öl in einer kleinen Pfanne erhitzen. Das Ei zugießen und von jeder Seite 1–2 Minuten backen. Das Omelett auf einen Teller heben, locker aufrollen und in Streifen schneiden.

6 Den Gemüsereis mit den Omelettstreifen und den Korianderzweigen garnieren und mit Tortilla-Chips und Limettenspalten servieren.

Gemüse-Linsen-Koftas

Eine Gemüse-Nuss-Linsenmischung wird zu kleinen Bällchen geformt, mit aromatischem Garam Masala bestreut und im Ofen gebacken.

NÄHRWERTANGABEN

Kilokalorien 679	Zucker .... 20 g
Eiweiß .... 29 g	Fett .... 33 g
Kohlenhydrate .. 73 g	davon gesättigt .. 5 g

30 MIN. 50 MIN.

4 PERSONEN

ZUTATEN

- 6 EL Ghee oder Butter
- 1 Zwiebel, fein gehackt
- 2 Karotten, in dünnen Scheiben
- 2 Selleriestangen, klein geschnitten
- 2 Knoblauchzehen, zerdrückt
- 1 frische grüne Chili, entkernt und fein gehackt
- 4½ TL Currypulver oder -paste
- 225 g rote Linsen
- 600 ml Gemüsebrühe
- 2 EL Tomatenmark
- 125 g frische Vollkornsemmelbrösel
- 90 g ungesalzene Cashewkerne, fein gehackt
- 2 EL gehackter Koriander
- 1 Ei, verquirlt
- Salz und Pfeffer
- Garam Masala, zum Bestreuen

JOGHURT-DRESSING

- 250 g Naturjoghurt
- 1–2 EL gehackter Koriander
- 1–2 EL Mango-Chutney, ggf. zerkleinert

1 In einem großen Topf 4 Esslöffel Ghee oder Butter erhitzen und darin Zwiebel, Karotten, Sellerie, Knoblauch und Chili unter häufigem Rühren 5 Minuten leicht anbraten. Currypulver oder -paste und Linsen zugeben und 1 Minute unter ständigem Rühren kochen.

2 Brühe und Tomatenmark zugeben und zum Kochen bringen. Hitze reduzieren, abdecken und 20 Minuten köcheln lassen, bis die Linsen gar sind und die gesamte Flüssigkeit aufgenommen haben.

3 Vom Herd nehmen und Semmelbrösel, Cashewkerne, Koriander und Ei zufügen, mit Salz und Pfeffer abschmecken. Gut mischen und abkühlen lassen. Zu golfballgroßen Kugeln formen (benutzen Sie zum Formen 2 Löffel).

4 Die Kugeln auf ein gefettetes Backblech legen, mit restlichem Öl beträufeln und mit etwas Garam Masala würzen. Im vorgeheizten Backofen bei 180 °C 15–20 Minuten backen, bis sie heiß und goldgelb sind.

5 In der Zwischenzeit alle Zutaten für das Joghurt-Dressing in einer Schüssel mischen. Zu den heißen Koftas servieren.

3

4

5

Kartoffelrösti mit Chutney

Auch dieses Gericht ist einfach zuzubereiten und passt hervorragend als Snack oder Beilage zu fast allen indischen Speisen.

NÄHRWERTANGABEN

Kilokalorien	294	Zucker	4 g
Eiweiß	4 g	Fett	24 g
Kohlenhydrate	18 g	davon gesättigt	3 g

40 MIN. 15 MIN.

4 PERSONEN

ZUTATEN

- 60 g Vollkornmehl
- ½ TL gemahlener Koriander
- ½ TL Kreuzkümmelsamen
- ¼ TL Chilipulver
- ½ TL gemahlene Kurkuma
- ¼ TL Salz
- 1 Ei
- 3 EL Milch
- 350 g Kartoffeln, geschält
- 1–2 Knoblauchzehen, zerdrückt
- 4 Frühlingszwiebeln, gehackt
- 60 g Mais aus der Dose
- Pflanzenöl, zum Braten

CHUTNEY

- 1 Zwiebel, gewürfelt
- 225 g Tomaten, gewürfelt
- 2 EL gehackter Koriander
- 2 EL gehackte Minze
- 2 EL Zitronensaft
- ½ TL geröstete Kreuzkümmelsamen
- ¼ TL Salz
- 1 Prise Cayennepfeffer

2

3

5

1 Alle Zutaten für das Chutney in einer Schüssel gut vermengen und 15 Minuten ruhen lassen, damit sich das Aroma vor dem Servieren entfalten kann.

2 Mehl in eine Schüssel geben, Gewürze und Salz einrühren und in die Mitte eine Vertiefung drücken. Mit Ei und Milch zu einem dickflüssigen Teig verarbeiten.

3 Kartoffeln grob reiben, in ein Sieb geben und unter kaltem Wasser abspülen. Abtropfen lassen und trockenpressen, dann mit Knoblauch, Frühlingszwiebeln und Mais unter den Teig rühren.

4 Pflanzenöl ca. 5 mm hoch in eine große Pfanne füllen und portionsweise einige Esslöffel Teig hineingeben. Jede Portion flach drücken und zu einem dünnen Kuchen formen. Bei schwacher Hitze unter Wenden 2–3 Minuten goldbraun braten.

5 Auf Küchenpapier abtropfen lassen und warm stellen, bis der gesamte Teig verarbeitet ist. Heiß mit dem Chutney servieren.

Spinat-Nuss-Pilaw

Duftender Basmati-Reis wird in diesem einfachen Rezept für die Mikrowelle mit Steinpilzen, Spinat und Pistazien gekocht.

NÄHRWERTANGABEN			
Kilokalorien	403	Zucker	7 g
Eiweiß	10 g	Fett	15 g
Kohlenhydrate	62 g	davon gesättigt	2 g

55 MIN. 15–20 MIN.

4 PERSONEN

ZUTATEN

- 10 g getrocknete Steinpilze
- 300 ml heißes Wasser
- 1 Zwiebel, gehackt
- 1 Knoblauchzehe, zerdrückt
- 1 TL geriebene Ingwerwurzel
- ½ frische grüne Chili, entkernt und fein gehackt
- 2 EL Öl
- 225 g Basmati-Reis
- 1 große Karotte, geraspelt
- 175 ml Gemüsebrühe
- ½ TL Zimt
- 4 Gewürznelken
- ½ TL Safranfäden
- Salz und Pfeffer
- 225 g frischer Spinat, Stängel entfernt
- 60 g Pistazien
- 1 EL gehackter Koriander
- Korianderblätter, zum Garnieren

1

3

4

1 Die Steinpilze in einer kleinen Schüssel mit heißem Wasser übergießen und 30 Minuten einweichen.

2 Zwiebel, Knoblauch, Ingwer, Chili und Öl in eine große, mikrowellentaugliche Schüssel geben. Abgedeckt auf höchster Stufe 2 Minuten kochen. Den Reis abspülen und zusammen mit der Karotte in die Schüssel geben. Abdecken und auf höchster Stufe 1 Minute erhitzen.

3 Die Pilze abgießen und klein schneiden. Mit der Einweichflüssigkeit die Brühe auf 425 ml Flüssigkeit auffüllen. Über das Reisgemüse gießen. Pilze, Zimt, Gewürznelken, Safran und ½ Teelöffel Salz einrühren. Abgedeckt auf höchster Stufe 10 Minuten kochen, dabei einmal umrühren. Abgedeckt 10 Minuten ruhen lassen.

4 Spinat in eine große Schüssel geben. Abdecken und auf höchster Stufe 3½ Minuten dämpfen, dabei einmal umrühren. Gut abgießen und grob hacken.

5 Spinat, Pistazien und Koriander unter den Reis rühren. Mit Salz und Pfeffer abschmecken und mit Korianderblättern garnieren. Sofort servieren.

Udon-Nudeln mit Gemüse

Mit seiner Pilzmischung in einer süßen Sauce eignet sich dieses schnell zuzubereitende Gericht hervorragend als Mittagessen.

NÄHRWERTANGABEN

Kilokalorien	379	Zucker	8 g
Eiweiß	12 g	Fett	13 g
Kohlenhydrate	53 g	davon gesättigt	3 g

15 MIN. 15 MIN.

4 PERSONEN

ZUTATEN

- 225 g japanische Eiernudeln
- 2 EL Sonnenblumenöl
- 1 rote Zwiebel, in Ringen
- 1 Knoblauchzehe, zerdrückt
- 500 g gemischte Pilze (z. B. Shiitake-Pilze, Austernpilze, braune Champignons)
- 350 g Pak Choi
- 2 EL süßer Sherry
- 6 EL Sojasauce
- 4 Frühlingszwiebeln, in Ringen, und 1 EL Sesamsaat, geröstet, zum Garnieren

1 Die Nudeln in eine große Schüssel geben, mit kochendem Wasser bedecken und 10 Minuten einweichen.

2 Sonnenblumenöl in einem großen heißen Wok erhitzen.

3 Zwiebel und Knoblauch in den Wok geben und 2–3 Minuten unter Rühren leicht dünsten.

4 Pilze zugeben und ca. 5 Minuten unter Rühren anbraten, bis sie weich sind.

5 Die Nudeln gründlich abgießen und beiseite stellen.

6 Pak Choi, Nudeln, Sherry und Sojasauce in den Wok geben, unterrühren und unter Rühren 2–3 Minuten erhitzen, bis die Flüssigkeit zu kochen beginnt.

7 Die Mischung in eine vorgewärmte Servierschüssel geben und mit Frühlingszwiebeln und Sesamsaat garnieren. Sofort servieren.

TIPP

In gut sortierten Supermärkten sind gute Pilzmischungen leicht zu bekommen. Ansonsten verwenden Sie möglichst flache Pilze.

Bohnen in Tomatensauce

Diese Kasserolle ist im Handumdrehen zubereitet, entweder als leichte Mittagsmahlzeit oder als Beilage zu Würstchen oder gegrilltem Fisch.

NÄHRWERTANGABEN

Kilokalorien 273	Zucker .... 8 g
Eiweiß .... 15 g	Fett .... 7 g
Kohlenhydrate .. 40 g	davon gesättigt .. 1 g

10 MIN. 15 MIN.

4 PERSONEN

ZUTATEN

- 400 g weiße Bohnen aus der Dose
- 400 g Borlotti-Bohnen aus der Dose
- 2 EL Olivenöl
- 1 Selleriestange, in Scheiben
- 2 Knoblauchzehen, zerdrückt
- 150 g Perlzwiebeln, halbiert
- 500 g Tomaten
- 80 g Rucola

1 Die Bohnen abgießen, dabei 6 Esslöffel der Abtropfflüssigkeit auffangen und beiseite stellen.

2 Das Öl in einer Pfanne erhitzen. Sellerie, Knoblauch und Zwiebeln darin 5 Minuten dünsten, bis die Zwiebeln goldbraun sind.

3 Die Tomaten unten kreuzförmig einritzen. In eine feuerfeste Schüssel legen, mit heißem Wasser übergießen und ca. 30 Sekunden ruhen lassen, bis die Haut aufplatzt. Das Wasser abgießen, die Tomaten abkühlen lassen, häuten, hacken, mit der zurückbehaltenen Bohnenflüssigkeit zu dem Gemüse in die Pfanne geben und 5 Minuten mitkochen.

4 Die Bohnen zu dem Gemüse geben und 3–4 Minuten kochen.

5 Rucola zugeben und köcheln lassen, bis er zusammenfällt. Die Bohnen heiß servieren.

VARIATION

Etwas pikanter? Bei Schritt 4 einfach 1–2 Teelöffel scharfe Pfeffersauce zugeben.

Bubble & Squeak

In England ein schneller Standard-Snack: gebratenes Kartoffelpüree mit Gemüseresten, das auch gern als Beilage serviert wird.

NÄHRWERTANGABEN

Kilokalorien 301	Zucker .... 5 g
Eiweiß .... 11 g	Fett .... 18 g
Kohlenhydrate .. 24 g	davon gesättigt .. 2 g

15 MIN. 40 MIN.

4 PERSONEN

ZUTATEN

- 450 g mehlig kochende Kartoffeln, gewürfelt
- 225 g Wirsing, klein geschnitten
- 5 EL Pflanzenöl
- 2 Porreestangen, klein geschnitten
- 1 Knoblauchzehe, zerdrückt
- 225 g geräucherter Tofu, gewürfelt
- Salz und Pfeffer
- gehackter gekochter Porree, zum Garnieren

1 Die Kartoffeln in leicht gesalzenem kochendem Wasser 10 Minuten weich kochen. Abgießen und pürieren.

2 In der Zwischenzeit in einem anderen Topf den Wirsing in kochendem Wasser 5 Minuten blanchieren. Abgießen und zum Kartoffelpüree geben.

2

4

5

3 Das Öl in einer Pfanne erhitzen. Porree und Knoblauch darin 2–3 Minuten leicht anbraten, dann die Kartoffel-Wirsing-Mischung unterrühren.

4 Tofu zugeben, mit Salz und Pfeffer abschmecken und bei mittlerer Hitze 10 Minuten braten.

5 Vorsichtig wenden und 5–7 Minuten bei mittlerer Hitze weiterbraten, bis die Unterseite knusprig ist. Sofort servieren. Mit gehacktem Porree garniert servieren.

TIPP

Durch den zum „Bubble & Squeak" hinzugegebenen geräucherten Tofu entsteht eine wirklich nahrhafte Hauptmahlzeit.

Pasta mit Zucchini und Käse

Ein einfaches und preiswertes Gericht, das zudem noch blitzschnell zubereitet ist und hervorragend schmeckt.

NÄHRWERTANGABEN

Kilokalorien	531	Zucker	4 g
Eiweiß	20 g	Fett	35 g
Kohlenhydrate	35 g	davon gesättigt	16 g

10 MIN. 30 MIN.

4 PERSONEN

ZUTATEN

- 60 g Pinienkerne
- 350 g Farfalle oder Conchiglie
- 1 EL Olivenöl
- 2 Zucchini, in Scheiben
- 150 g Brokkoliröschen
- 200 g Frischkäse
- 150 ml Milch
- 1 EL frisch gehacktes Basilikum
- 150 g Champignons, in Scheiben
- 100 g Blauschimmelkäse, zerbröckelt
- Salz und Pfeffer
- grüner Salat, zum Servieren

1 Die Pinienkerne auf einem Backblech verteilen und unter dem vorgeheizten Grill goldbraun rösten, dabei gelegentlich wenden.

2 Salzwasser in einem großen Topf aufkochen. Die Nudeln darin mit dem Olivenöl bissfest kochen.

3 Unterdessen Zucchini und Brokkoli in kochendem Wasser 5 Minuten blanchieren, bis sie gerade gar sind. Den Frischkäse in einem Topf unter Rühren bei schwacher Hitze schmelzen. Die Milch einrühren. Basilikum und Champignons zugeben und 2–3 Minuten köcheln lassen.

4 Den Blauschimmelkäse einrühren und mit Salz und Pfeffer abschmecken.

5 Nudeln und Gemüse abgießen und in eine Schüssel geben. Mit der Sauce übergießen und mit den Pinienkernen bestreuen. Gut vermengen und mit grünem Salat servieren.

Gefüllte Reispfannkuchen

Dosas – Pfannkuchen – sind fester Bestandteil der südindischen Küche. Der Teig muss zuvor quellen und gären. Setzen Sie ihn also rechtzeitig an.

NÄHRWERTANGABEN

Kilokalorien	748	Zucker	1 g
Eiweiß	10 g	Fett	47 g
Kohlenhydrate	76 g	davon gesättigt	5 g

6½ STD. 40–45 MIN.

4 PERSONEN

ZUTATEN

- 200 g Reis und 50 g Urid-Linsen oder 200 g grobes Reismehl und 50 g Urid-Linsen-Mehl
- 450–600 ml Wasser
- 1 TL Salz
- 4 EL Öl

FÜLLUNG

- 4 Kartoffeln, gewürfelt
- 3 grüne Chillies, gehackt
- ½ TL gemahlene Kurkuma
- 1 TL Salz
- 150 ml Öl
- 1 TL Senfkörner und Schwarzkümmelsamen
- 3 getrocknete Chillies
- 4 Curryblätter
- 2 EL Zitronensaft

1 Reis und Linsen 3 Stunden im gesalzenen Wasser einweichen. Dann zu einem flüssigen Brei pürieren, bei Bedarf Wasser zugießen. Weitere 3 Stunden ruhen lassen. Alternativ Reis- und Linsenmehl in einer Schüssel mischen und mit Wasser und Salz zu einem glatten Teig verrühren.

2 In einer beschichteten Pfanne 1 Esslöffel Öl erhitzen. Etwas Teig in die Pfanne geben und gleichmäßig verteilen. Abgedeckt bei mittlerer Hitze 3 Minuten backen, dann den Pfannkuchen vorsichtig wenden. Den Rand mit etwas Öl bepinseln und abgedeckt weitere 2 Minuten backen. Auf die gleiche Weise den gesamten Teig verarbeiten.

3 Für die Füllung die Kartoffeln mit Chillies, Kurkuma und Salz in Wasser weich kochen, dann leicht zerdrücken.

4 Das Öl in einem Topf erhitzen und Senfkörner, getrocknete Chillies und Curryblätter ca. 1 Minute anbraten. Die Gewürzmischung über die Kartoffeln geben, mit Zitronensaft beträufeln und gut verrühren. Die Kartoffelfüllung auf je eine Hälfte jedes Pfannkuchens verteilen und die andere Hälfte darüber klappen.

Gemüse-Ziegenkäse-Pizza

Diese Pizza ist mit buntem, in Olivenöl geröstetem Gemüse und aromatisch würzigem Ziegenkäse belegt.

NÄHRWERTANGABEN

Kilokalorien	387	Zucker	9 g
Eiweiß	10 g	Fett	21 g
Kohlenhydrate	42 g	davon gesättigt	5 g

1 ½ STD. 40 MIN.

4 PERSONEN

ZUTATEN

- 2 kleine Zucchini, längs halbiert
- 2 kleine Auberginen, längs geviertelt
- ½ rote Paprika, in 4 Streifen
- ½ gelbe Paprika, in 4 Streifen
- 1 kleine rote Zwiebel, geachtelt
- 2 Knoblauchzehen, ungeschält
- 4 EL Olivenöl
- 1 EL Rotweinessig
- 1 EL frisch gehackter Thymian
- Salz und Pfeffer
- 4 runde Pizzateigböden (siehe Seite 861)
- 1 Portion Tomatensauce (siehe Seite 6)
- 85 g Ziegenkäse, in dünnen Scheiben
- frisches Basilikum, zum Garnieren

1

3

5

1 Das Gemüse in die Fettpfanne des Backofens legen. Olivenöl, Essig, Thymian und Salz und Pfeffer verrühren und über das Gemüse gießen.

2 Das Gemüse im vorgeheizten Backofen 15–20 Minuten bei 200 °C rösten, bis die Haut der Gemüse stellenweise dunkel wird. Nach 10 Minuten wenden.

3 Die Haut von Paprika und Knoblauchzehen abziehen. Den Knoblauch in feine Scheiben schneiden.

4 Die Pizzaböden auf 2 leicht eingefettete Backbleche oder 4 Pizzableche legen, einen kleinen Rand formen, mit Tüchern abdecken und 10 Minuten ruhen lassen. Dann die Tomatensauce gleichmäßig auf den Böden verteilen.

5 Die Pizzaböden zunächst mit dem Gemüse, dann mit dem Ziegenkäse belegen und mit dem Olivenöl aus der Fettpfanne beträufeln. Mit Salz und Pfeffer würzen.

6 Im vorgeheizten Backofen bei 200 °C 18–20 Minuten backen, bis der Teigrand goldbraun und knusprig ist. Mit Basilikum garnieren und sofort servieren.

Gemüse-Jambalaya

Dieses Gericht wird traditionell mit pikanter Wurst zubereitet. Diese würzige vegetarische Füllung ist jedoch ebenso schmackhaft.

NÄHRWERTANGABEN

Kilokalorien 181	Zucker .... 8 g
Eiweiß .... 6 g	Fett .... 7 g
Kohlenhydrate .. 25 g	davon gesättigt .. 1 g

10 MIN. 55 MIN.

4 PERSONEN

ZUTATEN

- 75 g Naturreis
- 2 EL Olivenöl
- 2 Knoblauchzehen, zerdrückt
- 1 rote Zwiebel, geachtelt
- 1 Aubergine, gewürfelt
- 1 grüne Paprika, gewürfelt
- 50 g Babymaiskolben, längs halbiert
- 50 g Erbsen, Tiefkühlware aufgetaut
- 100 g Brokkoliröschen
- 150 ml Gemüsebrühe
- 225 g gehackte Tomaten aus der Dose
- 1 TL Tomatenmark
- 1 TL Cajun-Gewürz
- ½ TL Chiliflocken
- Salz und Pfeffer

1 Den Reis in einem großen Topf mit gesalzenem kochendem Wasser 20 Minuten kochen, bis er gar ist. Abgießen, mit kochendem Wasser abspülen, wieder abgießen und beiseite stellen.

2 Das Öl in einer großen Pfanne erhitzen und Knoblauch und Zwiebel unter ständigem Rühren 2–3 Minuten anbraten.

3 Aubergine, Paprika, Mais, Erbsen und Brokkoli in die Pfanne geben und unter gelegentlichem Rühren 2–3 Minuten anbraten.

4 Brühe, Tomaten, Tomatenmark, Cajun-Gewürz und Chiliflocken einrühren.

5 Mit Salz und Pfeffer abschmecken und bei schwacher Hitze 15–20 Minuten köcheln, bis das Gemüse gar ist.

6 Den Reis unter die Gemüsemischung rühren und 3–4 Minuten kochen, bis er heiß ist. Das Gemüse-Jambalaya in eine vorgewärmte Servierform geben und sofort servieren.

TIPP

Verwenden Sie verschiedene Reissorten, z. B. wilden oder roten Reis, um dem Gericht eine interessante Note zu verleihen. Den Reis vorkochen, wenn die Zubereitung schnell gehen soll.

Erbsen-Gemüse-Eintopf

Dieser aromatische Eintopf ist ideal für kalte Wintertage und schmeckt mit frischem Naan-Brot am besten.

NÄHRWERTANGABEN

Kilokalorien	358	Zucker	10 g
Eiweiß	19 g	Fett	12 g
Kohlenhydrate	45 g	davon gesättigt	1 g

2¼ STD. — 1½ STD.

4 PERSONEN

ZUTATEN

- 2 EL Ghee oder Butter
- 1 TL schwarze Senfkörner
- 1 Zwiebel, fein gehackt
- 2 Knoblauchzehen, zerdrückt
- 1 Karotte, geraspelt
- 2,5-cm-Stück Ingwerwurzel, gerieben
- 1 frische grüne Chili, entkernt und in Ringen
- 1 EL Tomatenmark
- 250 g gelbe Spalterbsen, 2 Stunden in Wasser eingeweicht, abgetropft
- 400 g gehackte Tomaten aus der Dose
- 500 ml Gemüsebrühe
- Salz und Pfeffer
- 250 g Kürbis, gewürfelt
- 250 g Blumenkohl, in Röschen
- 2 EL Pflanzenöl
- 1 große Aubergine, grob gewürfelt
- 1 EL frisch gehackter Koriander
- 1 TL Garam Masala

1

3

4

1 Ghee oder Butter in einem großen Topf bei mittlerer Hitze zerlassen. Senfkörner zugeben. Sobald sie zu springen beginnen, Zwiebel, Knoblauch, Karotte, Ingwer und Chili zufügen.

2 Unter Rühren 5 Minuten dünsten. Tomatenmark und Spalterbsen unterrühren.

3 Tomaten und Brühe zugeben und zum Kochen bringen. Salzen und pfeffern.

4 Hitze reduzieren und 40 Minuten unter Rühren köcheln lassen. Kürbis und Blumenkohl zufügen, abgedeckt 30 Minuten köcheln lassen, bis die Erbsen gar sind.

5 Währenddessen das Pflanzenöl in einer Pfanne stark erhitzen und die Auberginenwürfel von allen Seiten anbraten. Dann herausnehmen und auf Küchenpapier abtropfen lassen.

6 Die Auberginen mit Koriander und Garam Masala zum Eintopf geben. Mit Pfeffer und Salz abschmecken. Den Eintopf in eine vorgewärmte Servierschüssel füllen und sofort servieren.

Süßkartoffel-Kroketten

Die sehr festen Süßkartoffeln haben ein süßliches, erdiges Aroma, das hervorragend mit dem intensiven Ingweraroma harmoniert.

NÄHRWERTANGABEN

Kilokalorien	403	Zucker	34 g
Eiweiß	8 g	Fett	12 g
Kohlenhydrate	67 g	davon gesättigt	2 g

2 STD. 40 MIN.

4 PERSONEN

ZUTATEN

- 900 g Süßkartoffeln
- 4 TL Sonnenblumenöl
- 2 Porreestangen, fein gehackt
- 2,5-cm-Stück Ingwerwurzel, fein gehackt
- 1 Knoblauchzehe, zerdrückt
- 2 EL Magerquark oder fettarmer Naturjoghurt
- 200 g Mais aus der Dose, abgetropft
- Salz und Pfeffer
- 60 g Vollkornmehl

INGWERSAUCE

- 2 EL Weißweinessig
- 2 TL Zucker
- 1 rote Chili, entkernt und fein gehackt
- 2,5-cm-Stück Ingwerwurzel, in feinen Stiften
- 2 EL Ingwerwein
- 1 TL Speisestärke
- 4 EL Gemüsebrühe (siehe Seite 8)

ZUM SERVIEREN

- Salatblätter
- Frühlingszwiebeln, in feinen Streifen

1 Süßkartoffeln schälen und in 2 cm große Stücke schneiden. 10–15 Minuten garen. Abgießen und pürieren, dann abkühlen lassen.

2 2 Teelöffel Öl erhitzen. Porree, Ingwer und Knoblauch darin 2–3 Minuten dünsten, mit Quark und Mais unter die Kartoffeln rühren, salzen und pfeffern. Aus dem Teig 8 Kroketten formen und im Mehl wälzen. 30 Minuten kalt stellen.

3 Den Grill vorheizen. Die Kroketten mit dem restlichen Öl bepinseln und auf mittlerer Schiene von jeder Seite 5 Minuten grillen. Für die Sauce Essig, Zucker, Chili und Ingwer aufkochen, 5 Minuten köcheln lassen. Den Ingwerwein einrühren. Speisestärke und Brühe verrühren und an die Sauce geben. Unter Rühren aufkochen, bis die Sauce eindickt. Die Kroketten mit Salatblättern und Frühlingszwiebeln garnieren und mit der Sauce servieren.

1

2

2

Gemüse-Tofu-Strudel

Mit diesem Strudel können Sie nicht nur Ihre Freunde beeindrucken, sondern auch bei festlichen Anlässen glänzen.

NÄHRWERTANGABEN

Kilokalorien	485	Zucker	5 g
Eiweiß	16 g	Fett	27 g
Kohlenhydrate	47 g	davon gesättigt	5 g

25 MIN. 30 MIN.

4 PERSONEN

ZUTATEN

- 12 Blätter Filo-Teig
- 2 EL zerlassene Butter

FÜLLUNG

- 2 EL Pflanzenöl
- 2 EL Butter
- 150 g Kartoffeln, fein gewürfelt
- 1 Porreestange, klein gehackt
- 2 Knoblauchzehen, zerdrückt
- 1 TL Garam Masala
- ½ TL Chilipulver
- ½ TL gemahlene Kurkuma
- 50 g Okra, in Scheiben
- 100 g Champignons, geviertelt
- 2 Tomaten, gewürfelt
- 225 g Tofu, gewürfelt
- Salz und Pfeffer

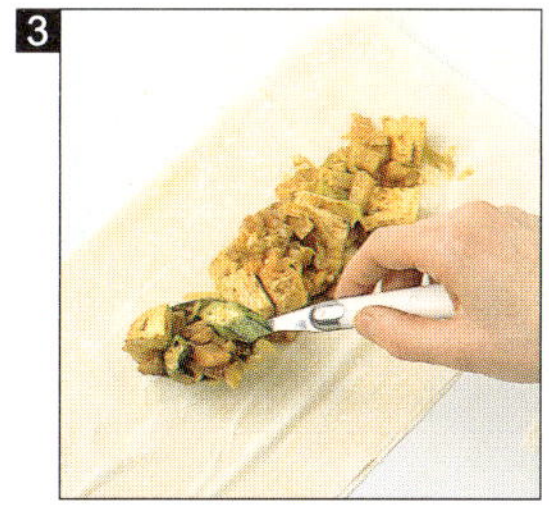

1 Für die Füllung Öl und Butter in einer Pfanne erhitzen. Kartoffeln und Porree zugeben und unter ständigem Rühren 2–3 Minuten anbraten. Knoblauch und Gewürze, Okra, Champignons, Tomaten und Tofu zufügen und mit Salz und Pfeffer abschmecken. 5–7 Minuten kochen, bis alles weich ist.

2 Filo-Teig auf der Arbeitsfläche auslegen und jedes Blatt mit zerlassener Butter bestreichen. Jeweils 3 Blätter aufeinander legen, sodass 4 Blätterstapel entstehen.

3 Ein Viertel der Füllung jeweils in die Mitte eines Stapels geben und die Ränder mit zerlassener Butter bestreichen. Die kurzen Ränder einschlagen und die Blätter der Länge nach in Zigarrenform aufrollen. Die Außenseite mit zerlassener Butter bestreichen. Die Strudel auf ein eingefettetes Backblech legen.

4 Im vorgeheizten Backofen bei 190 °C ca. 20 Minuten backen, bis die Strudel goldbraun und knusprig sind. In eine Servierschüssel geben und sofort servieren.

Gefüllte Folienkartoffeln

Folienkartoffeln sind ideal für Grillparties. Im Ofen oder als Pellkartoffeln gegart, werden sie auf dem Grill bis zum Verzehr in Folie warm gehalten.

NÄHRWERTANGABEN

Kilokalorien	564	Zucker	14 g
Eiweiß	21 g	Fett	29 g
Kohlenhydrate	58 g	davon gesättigt	18 g

15 MIN. 65 MIN.

4 PERSONEN

ZUTATEN

4 große oder 8 mittelgroße mehlig kochende Kartoffeln

Paprika- oder Chilipulver und frisch gehackte Kräuter, zum Garnieren

MEXIKANISCHES RELISH

225 g Mais aus der Dose, abgetropft

½ rote Paprika, klein gewürfelt

5-cm-Stück Gurke, klein gewürfelt

½ TL Chilipulver

Salz und Pfeffer

KÄSE-KRÄUTER-CREME

120 g Frischkäse

120 g Quark

120 g Blauschimmelkäse, zerbröckelt

1 Selleriestange, klein gewürfelt

2 TL frisch gehackter Schnittlauch

Selleriesalz und Pfeffer

PILZFÜLLUNG

25 g Butter oder Margarine

230 g kleine Champignons

150 g Naturjoghurt

1 EL Tomatenmark

2 TL mildes Currypulver

Salz und Pfeffer

2

3

4

1 Die Kartoffeln abbürsten, mehrmals einstechen und im vorgeheizten Backofen 1 Stunde bei 200 °C backen, bis sie gar, aber nicht zu weich sind.

2 Für das Relish die Hälfte des Maises in eine Schüssel geben. Die andere Hälfte in der Küchenmaschine 10–15 Sekunden pürieren oder mit einer Gabel zerdrücken. Maispüree, Paprika, Gurke und Chilipulver mit den Maiskörnern vermischen. Mit Salz und Pfeffer abschmecken.

3 Für die Käse-Kräuter-Creme Frischkäse und Quark verrühren. Blauschimmelkäse, Sellerie und Schnittlauch unterheben und mit Selleriesalz und Pfeffer abschmecken.

4 Für die Pilzfüllung Butter oder Margarine in einer Pfanne zerlassen und die Champignons darin 3–4 Minuten andünsten. Vom Herd nehmen und Joghurt, Tomatenmark und Currypulver unterrühren. Mit Salz und Pfeffer abschmecken.

5 Die gekochten Kartoffeln in Alufolie wickeln und am Rand des Grills warm halten. Die Füllungen mit Paprika- oder Chilipulver und Kräutern garnieren.

Würzige Soba-Nudeln

Mit dieser einfachen Idee, die von einer beliebten thailändischen Beilage inspiriert ist, verleihen Sie Nudeln eine besonders köstliche Note.

NÄHRWERTANGABEN

Kilokalorien 568	Zucker .... 3 g
Eiweiß .... 16 g	Fett .... 19 g
Kohlenhydrate .. 90 g	davon gesättigt .. 4 g

15 MIN. 3–5 MIN.

4 PERSONEN

ZUTATEN

- 500 g Soba-Nudeln
- 60 g Bohnensprossen
- 15 g Schnittlauch
- 3 EL Sonnenblumenöl
- 1 Knoblauchzehe, zerdrückt
- 4 grüne Chillies, entkernt, in Streifen geschnitten und in 2 EL Reisessig eingeweicht
- Salz

1 Die Nudeln in einer Schüssel mit kochendem Wasser bedecken und 10 Minuten einweichen. Abgießen und beiseite stellen.

2 Die Bohnensprossen in kaltem Wasser einweichen und den Schnittlauch in 2,5 cm lange Stücke schneiden. Etwas Schnittlauch zum Garnieren beiseite legen. Die Bohnensprossen gut abgießen.

3 Das Öl in einem heißen Wok oder einer großen Pfanne erhitzen. Den Knoblauch zugeben und verrühren. Dann die Chili-Streifen mit dem Essig zugeben und etwa 1 Minute unter ständigem Rühren anbraten.

4 Die Bohnensprossen unterrühren, dann die Nudeln zugeben. Nach Belieben salzen, dann den Schnittlauch zufügen. Die Nudeln mit 2 Löffeln 1 Minute verrühren.

5 Die Nudeln in eine vorgewärmte Servierschüssel geben, mit dem restlichen Schnittlauch garnieren und servieren.

TIPP

Wenn Sie die Chillies in Reisessig einweichen, verteilt sich ihre Schärfe im ganzen Gericht. Wenn Sie es milder mögen, schneiden Sie sie zum Einweichen etwas gröber.

Tarte mit gerösteter Paprika

Dieses Gericht überzeugt und überrascht jeden, denn geröstetes Gemüse schmeckt völlig anders als gekochtes oder gebratenes.

NÄHRWERTANGABEN

Kilokalorien 237	Zucker .... 3 g
Eiweiß .... 6 g	Fett .... 15 g
Kohlenhydrate .. 20 g	davon gesättigt .. 4 g

25 MIN. 40 MIN.

8 PERSONEN

ZUTATEN

TEIG

175 g Mehl

1 Prise Salz

6 EL Butter oder Margarine

2 EL gehackte entsteinte grüne Oliven

3 EL kaltes Wasser

BELAG

1 rote Paprika

1 grüne Paprika

1 gelbe Paprika

2 Knoblauchzehen, zerdrückt

2 EL Olivenöl

100 g Mozzarella, gerieben

2 Eier

150 ml Milch

1 EL frisch gehacktes Basilikum

Salz und Pfeffer

1 Für den Teig Mehl und Salz in eine Schüssel sieben. Butter oder Margarine hineinkneten, bis Streusel entstehen. Oliven und kaltes Wasser zugeben und zu einem Teig verkneten.

2 Den Teig auf der bemehlten Arbeitsfläche ausrollen und einen beschichteten Flanring (20 cm Durchmesser) damit auslegen. Mit einer Gabel einstechen und kalt stellen.

3 Paprika längs halbieren, entkernen und mit der Schnittfläche nach unten auf ein Backblech legen. Knoblauch und Öl mischen, die Paprika damit bestreichen. Im vorgeheizten Backofen bei 200 °C 20 Minuten leicht anrösten. Langsam abkühlen lassen und in dünne Streifen schneiden. Auf dem Teigboden verteilen und mit Mozzarella belegen.

4 Ei, Milch und Basilikum verquirlen, würzen und über die Paprika gießen. Tarte auf einem Backblech 20 Minuten backen, bis sie stockt. Heiß oder kalt servieren.

3

3

4

Grüne Gnocchi mit Tomatensauce

Diese kleinen und in Italien beliebten Kartoffelklößchen werden mit Spinat aromatisiert und mit einer einfachen Tomatensauce serviert.

NÄHRWERTANGABEN

Kilokalorien	315	Zucker	7g
Eiweiß	8g	Fett	8g
Kohlenhydrate	56g	davon gesättigt	1g

20 MIN. 45 MIN.

4 PERSONEN

ZUTATEN

300 g mehlig kochende Kartoffeln, gewürfelt
200 g frischer junger Blattspinat
1 Eigelb
1 TL Olivenöl
125 g Mehl
Salz und Pfeffer
Spinatblätter, zum Garnieren

SAUCE

1 EL Olivenöl
2 Schalotten, gehackt
1 Knoblauchzehe, zerdrückt
300 g passierte Tomaten
2 TL brauner Zucker

3

3

6

1 Die Kartoffeln in einem Topf mit kochendem Wasser 10–15 Minuten garen. Abgießen und pürieren.

2 Unterdessen den Spinat in einem anderen Topf 1–2 Minuten in kochendem Wasser blanchieren, abgießen und hacken.

3 Das Kartoffelpüree auf eine leicht bemehlte Arbeitsfläche geben und eine Vertiefung in die Mitte drücken. Eigelb, Öl, Spinat und etwas Mehl hineingeben und mit dem Püree verkneten. Dabei allmählich mehr Mehl zufügen, bis ein fester Teig entsteht. Mit Salz und Pfeffer abschmecken und kleine Klößchen formen.

4 Die Klößchen portionsweise jeweils ca. 5 Minuten in kochendem Salzwasser garen, bis sie an die Oberfläche steigen.

5 Öl, Schalotten, Knoblauch, Tomaten und Zucker in einem Topf bei schwacher Hitze 10–15 Minuten köcheln, bis die Sauce eindickt.

6 Die Gnocchi mit einem Schaumlöffel herausheben und auf Teller verteilen. Mit Sauce und Spinatblättern servieren.

VARIATION
Statt Spinat können Sie dem Gnocchi-Teig auch frisch gehackte Kräuter oder geriebenen Käse zufügen.

Gemüse-Crêpes

Crêpes lassen sich mit jeder erdenklichen Zutat füllen. Hier ist es eine würzige Gemüsemischung – und dann werden sie mit Käsesauce überbacken.

NÄHRWERTANGABEN

Kilokalorien 509	Zucker .... 10 g
Eiweiß .... 17 g	Fett .... 34 g
Kohlenhydrate .. 36 g	davon gesättigt .. 9 g

15 MIN. 45 MIN.

4 PERSONEN

ZUTATEN

CRÊPES

100 g Mehl
1 Prise Salz
1 Ei, verquirlt
300 ml Milch
Pflanzenöl, zum Braten

FÜLLUNG

2 EL Pflanzenöl
1 Porreestange, grob geraspelt
½ TL Chilipulver
½ TL gemahlener Kreuzkümmel
50 g Zuckererbsen
100 g kleine Champignons
1 rote Paprika, in Streifen
25 g Cashewkerne, gehackt

SAUCE

25 g Margarine
25 g Mehl
150 ml Gemüsebrühe
150 ml Milch
1 TL Dijonsenf
75 g Emmentaler, gerieben
2 EL gehackter Koriander

2

4

4

1 Mehl und Salz in eine Schüssel sieben. Mit Ei und Milch zu einem Teig verquirlen.

2 Für die Füllung Öl in einer Pfanne erhitzen und darin den Porree 2–3 Minuten andünsten. Restliche Zutaten zugeben und 5 Minuten dünsten.

3 Für die Sauce Margarine in einer Pfanne zerlassen und das Mehl einrühren. 1 Minute anschwitzen, dann vom Herd nehmen. Brühe und Milch zugießen und unter Rühren aufkochen, bis die Sauce andickt. Senf, die Hälfte des Käses und den Koriander zugeben und 1 Minute kochen.

4 In einer Pfanne 1 Esslöffel Öl erhitzen, darin mit jeweils 1/8 des Teigs 1 Crêpe von jeder Seite goldbraun backen. Jede Crêpe mit etwas Füllung belegen und aufrollen. Die Crêpes in eine Auflaufform geben und mit der Sauce begießen. Mit dem restlichen Käse bestreuen und unter dem heißen Grill 3–5 Minuten überbacken, bis der Käse schmilzt und braun wird.

Gefüllte Champignons

Große Pilze sind für dieses Gericht eher zu empfehlen als kleine, da mehr Füllung hineinpasst – eine ideale Vorspeise oder Beilage.

NÄHRWERTANGABEN

Kilokalorien	148	Zucker	1 g
Eiweiß	11 g	Fett	7 g
Kohlenhydrate	11 g	davon gesättigt	3 g

10 MIN. 15 MIN.

4 PERSONEN

ZUTATEN

- 12 große Champignons mit offenem Hut
- 4 TL Olivenöl
- 4 Frühlingszwiebeln, in feinen Ringen
- 100 g frische Semmelbrösel
- 1 TL frisch gehackter Oregano
- 100 g fettreduzierter mittelalter Hartkäse
- Salz und Pfeffer

1

5

5

1 Die Pilze waschen und mit Küchenpapier trockentupfen. Die Stiele abschneiden und fein hacken.

2 Die Hälfte des Öls in einer Pfanne erhitzen und Pilzstiele sowie Frühlingszwiebeln darin andünsten.

3 Anschließend beides in eine Schüssel geben.

4 Semmelbrösel und Oregano zugeben, gut verrühren und beiseite stellen.

5 Den Käse fein reiben und unter die Pilz-Zwiebel-Mischung rühren. Mit Salz und Pfeffer abschmecken, dann die Mischung in die Pilzhüte füllen.

6 Den Grill vorheizen. Die Pilze mit dem restlichen Öl beträufeln. Dann auf einem eingefetteten Rost unter dem Grill auf mittlerer Schiene etwa 10 Minuten grillen, bis die Pilze gar sind.

7 Auf Tellern anrichten und sofort heiß servieren.

VARIATION

Man kann statt des Käses auch fein gehackte Chorizo (ohne Haut), gehackte hart gekochte Eier, gehackte Oliven oder Sardellenfilets zugeben.

Parmesankartoffeln

Schlichte Ofenkartoffeln können sehr einfach und wirkungsvoll veredelt werden. Servieren Sie dazu einmal gebratenen Fisch oder Fleisch.

NÄHRWERTANGABEN

Kilokalorien 307	Zucker .... 2 g
Eiweiß .... 11 g	Fett .... 14 g
Kohlenhydrate .. 37 g	davon gesättigt .. 6 g

15 MIN. 65 MIN.

4 PERSONEN

ZUTATEN

- 6 Kartoffeln
- 50 g Parmesan, frisch gerieben
- 1 Prise frisch geriebene Muskatnuss
- 1 EL frisch gehackte Petersilie
- Öl, zum Rösten
- 4 Scheiben geräucherter Speck, in Streifen

1 Die Kartoffeln längs halbieren und in einem Topf mit kochendem Salzwasser 10 Minuten garen. Gründlich abgießen.

2 Parmesan, Muskat und Petersilie in einer kleinen Schale gut mischen.

3 Die Kartoffeln gut in der Käsemischung wälzen, überschüssigen Käse abschütteln.

4 Etwas Öl in einen feuerfesten Bräter geben und im vorgeheizten Backofen bei 200 °C 10 Minuten erhitzen. Die Kartoffeln hineingeben und etwa 30 Minuten backen, dabei einmal wenden.

5 Den Bräter herausnehmen, die Kartoffeln mit dem Speck belegen, dann weitere 15 Minuten goldbraun backen. Überschüssiges Fett abtropfen lassen und sofort servieren.

3

4

5

VARIATION

Statt des Specks Salami oder luftgetrockneten Parmaschinken verwenden – allerdings erst 5 Minuten vor Ende der Backzeit zugeben.

Tofu mit Paprika

Tofu lässt sich ausgezeichnet marinieren, da er den Geschmack der Zutaten für ein köstliches Hauptgericht leicht annimmt.

NÄHRWERTANGABEN

Kilokalorien 267	Zucker .... 2 g
Eiweiß .... 9 g	Fett .... 23 g
Kohlenhydrate ... 5 g	davon gesättigt .. 3 g

25 MIN. 15 MIN.

4 PERSONEN

ZUTATEN

350 g Tofu, in mundgerechten Würfeln
2 Knoblauchzehen, zerdrückt
4 EL Sojasauce
1 EL süße Chilisauce
6 EL Sonnenblumenöl
1 Zwiebel, in Ringen
1 grüne Paprika, gewürfelt
1 EL Sesamöl

1 Die Tofuwürfel in ein flache, nichtmetallene Schüssel legen.

2 Knoblauch, Soja- und Chilisauce mischen und über den Tofu träufeln. Den Tofu darin wälzen und etwa 20 Minuten marinieren.

3 Das Öl in einem großen heißen Wok erhitzen.

4 Die Zwiebeln darin bei starker Hitze knusprig braten, herausnehmen und auf Küchenpapier abtropfen lassen.

5 Den Tofu in das heiße Öl geben und etwa 5 Minuten anbraten.

6 Das Öl bis auf 1 Esslöffel aus dem Wok gießen. Paprika 2–3 Minuten anbraten, bis sie gerade gar ist.

7 Tofu und Zwiebeln wieder in den Wok geben und unter gelegentlichem Rühren erhitzen.

8 Mit Sesamöl beträufeln. Auf Servierteller geben und sofort servieren.

TIPP

Wenn zum Marinieren die Zeit fehlt, kaufen Sie fertig marinierten Tofu im Supermarkt.

Gefüllte Aubergine

Eine große Aubergine wird hier mit einer Reismischung gefüllt und mit Käse überbacken – eine vollwertige Mahlzeit für zwei Personen.

NÄHRWERTANGABEN

Kilokalorien	435	Zucker	17 g
Eiweiß	13 g	Fett	23 g
Kohlenhydrate	48 g	davon gesättigt	8 g

20 MIN. 1 STD.

2 PERSONEN

ZUTATEN

- 60 g Wildreismischung
- 1 große Aubergine (ca. 350 g)
- 1 EL Olivenöl
- 1 kleine Zwiebel, fein gehackt
- 1 Knoblauchzehe, zerdrückt
- ½ kleine rote Paprika, klein gewürfelt
- 2 EL Wasser
- 3 EL Rosinen
- 40 g Cashewkerne, grob gehackt
- ½ TL getrockneter Oregano
- Salz und Pfeffer
- 60 g Emmentaler oder Parmesan, gerieben
- frischer Oregano oder Petersilie, zum Garnieren

1 Den Reis in kochendem Salzwasser garen. Abgießen, abspülen und gut abtropfen lassen.

2 Wasser in einem großen Topf aufkochen. Die Aubergine putzen, halbieren und aushöhlen, dabei einen 1 cm breiten Rand lassen. Im kochenden Wasser 3–4 Minuten blanchieren und abtropfen lassen.

3 Das Auberginenfleisch mit einem scharfen Messer klein würfeln.

4 Das Öl in einem Topf erhitzen und darin Zwiebel und Knoblauch andünsten, bis die Zwiebel weich ist. Paprika- und Auberginenwürfel zugeben und 2 Minuten anbraten. Das Wasser zugießen und alles 2–3 Minuten dünsten.

5 Rosinen, Cashewkerne, Oregano und Reis unterrühren und mit Salz und Pfeffer abschmecken.

6 Die Auberginenhälften in eine flache Auflaufform legen und mit der Reismischung füllen. Abdecken und im vorgeheizten Backofen 20 Minuten bei 190 °C garen.

7 Den Käse über die Auberginen streuen und unter dem Backofengrill 3–4 Minuten goldgelb überbacken. Mit Oregano oder Petersilie garnieren und servieren.

Gemüse-Ravioli

Diese überaus beliebten kleinen Teigtaschen herzustellen, ist gar kein Problem. Hier werden sie mit frischen Pilzen gefüllt.

3

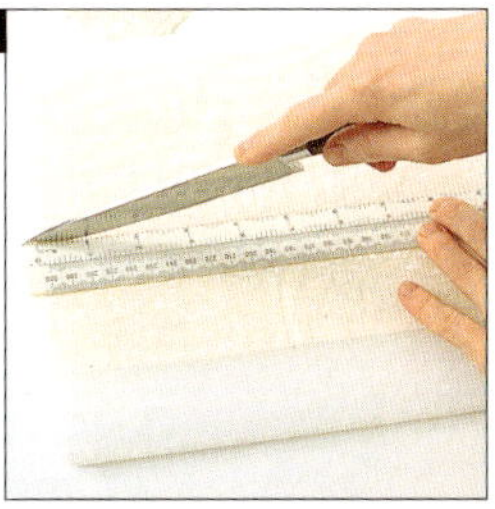

4

5

NÄHRWERTANGABEN

Kilokalorien 333	Zucker .... 1 g
Eiweiß .... 7 g	Fett .... 30 g
Kohlenhydrate .. 10 g	davon gesättigt . 13 g

20 MIN. 20 MIN.

4 PERSONEN

ZUTATEN

FÜLLUNG

1 EL Butter

2 Knoblauchzehen, zerdrückt

1 kleine Porreestange, gehackt

2 Selleriestangen, gehackt

200 g Wiesenchampignons, gehackt

1 Ei, verquirlt

2 EL frisch geriebener Parmesan

Salz und Pfeffer

RAVIOLI

4 Blätter Filo-Teig

1 EL zerlassene Butter

Öl, zum Frittieren

1 Für die Füllung Butter in einer Pfanne zerlassen und darin Knoblauch und Porree 2–3 Minuten glasig dünsten.

2 Sellerie und Champignons zufügen und weitere 4–5 Minuten dünsten, bis das Gemüse gar ist.

3 Die Hitze reduzieren, Ei und Parmesan unterrühren und mit Salz und Pfeffer abschmecken.

4 Die Teigplatten auf einem Brett in jeweils neun Quadrate schneiden.

5 Auf die Mitte von 18 Teigquadraten etwas Füllung geben, die Ränder mit Butter bestreichen. Darauf jeweils ein weiteres Teigquadrat legen und die Ränder fest zusammendrücken.

6 Das Frittieröl in einem großen Topf auf 180 °C erhitzen. Die Ravioli nacheinander darin 2–3 Minuten goldbraun frittieren, mit einem Schaumlöffel herausnehmen und mit Küchenpapier trockentupfen. Auf einen vorgewärmten Servierteller geben und sofort servieren.

Grillkartoffeln mit Salsa

Hier präsentiert sich die Ofenkartoffel von ihrer besten Seite, und zwar mit Avocado aromatisiert und mit einer scharfen Tomaten-Salsa serviert.

NÄHRWERTANGABEN

Kilokalorien 274	Zucker .... 4 g
Eiweiß .... 10 g	Fett .... 8 g
Kohlenhydrate .. 43 g	davon gesättigt .. 2 g

15 MIN. 1 STD.

4 PERSONEN

ZUTATEN

4 Backkartoffeln (à ca. 225 g)
Salz
1 große reife Avocado
1 TL Zitronensaft
175 g geräucherter Tofu, gewürfelt
2 Knoblauchzehen, zerdrückt
1 Zwiebel, fein gehackt
1 Tomate, fein gehackt
125 g gemischter grüner Salat
frischer Koriander, zum Garnieren

SALSA

2 reife Tomaten, entkernt und gewürfelt
1 EL frisch gehackter Koriander
1 Schalotte, fein gehackt
1 grüne Chili, gehackt
1 EL Zitronensaft
Salz und Pfeffer

1 Kartoffeln waschen, rundum mit einer Gabel einstechen und etwas Salz auf die Schale reiben. Auf ein Backblech legen.

2 Im vorgeheizten Backofen bei 190 °C ca. 1 Stunde backen, bis die Kartoffeln gar sind und die Schale knusprig ist.

3 Aus dem Ofen nehmen und längs halbieren. Mit einem Löffel aushöhlen, das Fruchtfleisch in eine Schüssel geben.

4 Die Avocado halbieren, den Kern entfernen und das Fruchtfleisch mit einem Löffel auslösen. Mit dem Zitronensaft zur Kartoffelmasse geben und pürieren. Dann Tofu, Knoblauch, Zwiebel und Tomate unterrühren. Jeweils 1 Kartoffelhälfte mit der Mischung füllen.

5 Die Salatblätter auf der Füllung anrichten und die andere Kartoffelhälfte aufsetzen.

6 Die Zutaten für die Salsa in einer kleinen Schüssel gut verrühren und mit Salz und Pfeffer abschmecken. Etwas Salsa zu den Kartoffeln geben und mit Koriander garniert servieren.

4

4

6

Artischockenpizza

Artischockenherzen, Parmesan und Blauschimmelkäse bilden den köstlichen Belag für diese rustikale Pizza.

NÄHRWERTANGABEN

Kilokalorien	424	Zucker	9 g
Eiweiß	16 g	Fett	20 g
Kohlenhydrate	47 g	davon gesättigt	8 g

1 3/4 STD. — 20 MIN.

4 PERSONEN

ZUTATEN

4 runde Pizzateigböden (siehe Seite 861)

1 Portion Tomatensauce (siehe Seite 6)

60 g Blauschimmelkäse, in Scheiben

130 g in Öl eingelegte Artischockenherzen, geviertelt (das Öl aufbewahren)

½ kleine rote Zwiebel, gehackt

60 g Emmentaler, gerieben

2 EL geriebener Parmesan

1 EL frisch gehackter Thymian

Salz und Pfeffer

ZUM SERVIEREN

bunte Salatblätter

Kirschtomaten, halbiert

3

4

6

1 Die Pizzaböden auf 2 leicht eingefettete Back- oder Pizzableche legen.

2 Jeweils einen kleinen Rand formen, mit Tüchern abdecken und 10 Minuten ruhen lassen.

3 Die Tomatensauce gleichmäßig bis an den Rand auf den Pizzaböden verstreichen. Den Blauschimmelkäse darauf verteilen, dann die Artischockenherzen und die Zwiebeln.

4 Emmentaler, Parmesan und Thymian mischen. Die Pizzen damit bestreuen und mit dem Artischockenöl beträufeln. Salzen und pfeffern.

5 Im vorgeheizten Backofen bei 200 °C 18–20 Minuten backen, bis der Teigrand goldbraun und knusprig ist und der Käse Blasen wirft.

6 Die Pizzen in Stücke schneiden und mit Salatblättern und Kirschtomaten servieren.

Gelber Paprikasalat

Die farbenfrohe Kombination von gelber Paprika mit Radieschen und hellem Sellerie macht diesen Salat auch zu einer Augenweide.

NÄHRWERTANGABEN

Kilokalorien 176	Zucker 4g
Eiweiß 4g	Fett 16g
Kohlenhydrate ... 4g	davon gesättigt .. 4g

25 MIN. 5 MIN.

4 PERSONEN

ZUTATEN

- 4 Scheiben durchwachsener Speck, gewürfelt
- 2 gelbe Paprika
- 8 Radieschen
- 1 Selleriestange, in dünnen Scheiben
- 3 Eiertomaten, in Streifen
- 3 EL Olivenöl extra vergine
- 1 EL frischer Thymian
- Salz und Pfeffer

1 Den Speck in eine Pfanne geben und darin etwa 4–5 Minuten knusprig braten. Beiseite stellen und abkühlen lassen.

2 Die Paprika mit einem scharfen Messer halbieren, entkernen und in schmale Streifen schneiden.

3 Die Radieschen halbieren und in dünne Scheiben schneiden.

4 Paprika, Radieschen, Sellerie, Tomaten, Olivenöl und Thymian mischen und mit Salz und Pfeffer abschmecken.

5 Den Paprikasalat auf Teller verteilen und mit den Speckwürfeln garnieren.

1

2

3
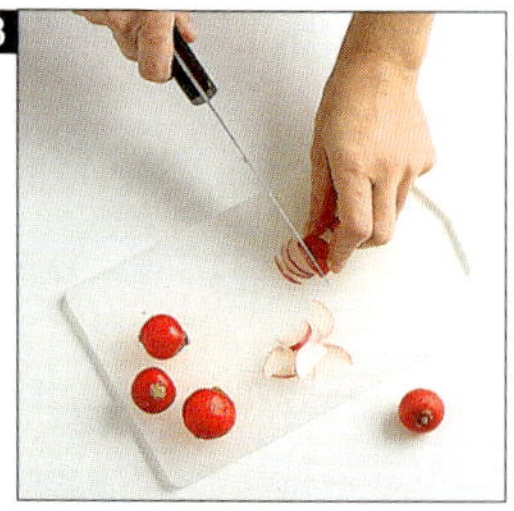

TIPP

Tomaten sind Beerenfrüchte und gehören wie die Kartoffeln zur Familie der Nachtschattengewächse. Es gibt sie in vielen Formen und Größen. In der italienischen Küche verwendet man meist die sehr aromatischen Eiertomaten.

Bohnensalat mit Thunfisch

Bohnen mit Thunfisch zuzubereiten, ist in der Toscana sehr beliebt. Honig und Zitronensaft machen das Dressing besonders erfrischend.

NÄHRWERTANGABEN

Kilokalorien 224	Zucker 4g
Eiweiß 19g	Fett 10g
Kohlenhydrate .. 16g	davon gesättigt .. 2g

30 MIN. 0 MIN.

4 PERSONEN

ZUTATEN

- 1 kleine Zwiebel oder 2 Frühlingszwiebeln, fein gehackt
- 800 g weiße Bohnen aus der Dose, abgetropft
- 2 Eiertomaten
- 200 g Thunfisch im eigenen Saft aus der Dose, abgetropft
- 2 EL frisch gehackte glatte Petersilie
- 2 EL Olivenöl extra vergine
- 1 EL Zitronensaft
- 2 TL flüssiger Honig
- 1 Knoblauchzehe, zerdrückt
- Salz und Pfeffer

1

2

5

1 Die Zwiebeln mit den Bohnen in eine Schüssel geben und gut vermengen.

2 Die Tomaten mit einem scharfen Messer in Streifen schneiden.

3 Die Tomatenstreifen mit der Bohnenmischung verrühren.

4 Den Thunfisch mit einer Gabel auflockern und mit der Petersilie ebenfalls unter die Bohnenmischung rühren.

5 Olivenöl, Zitronensaft, Honig und Knoblauch in ein kleines Glas mit Schraubverschluss geben und durch kräftiges Schütteln mischen. Mit Salz und Pfeffer abschmecken.

6 Das fertige Dressing über den Bohnen-Thunfisch-Salat gießen, gut unterheben und servieren.

VARIATION

Für besondere Anlässe ersetzen Sie den Thunfisch durch frisch pochierten Lachs.

Meeresfrüchtesalat Napoli

Dieser Mix aus Meeresfrüchten, Salatblättern, Pasta und aromatischen Tomaten bringt die Wärme und Sonne Neapels auf den Teller.

NÄHRWERTANGABEN

Kilokalorien . . . 1152	Zucker . . . . 3 g
Eiweiß . . . . 67 g	Fett . . . . 81 g
Kohlenhydrate . . 35 g	davon gesättigt . 12 g

6½ STD. 25 MIN.

4 PERSONEN

ZUTATEN

- 500 g küchenfertiger Tintenfisch, in Streifen geschnitten
- 750 g Miesmuscheln, gekocht
- 400 g eingelegte Herzmuscheln, gekocht
- 150 ml Weißwein
- 300 ml Olivenöl
- 250 g Campanelle oder andere kleine Nudeln
- Saft von 1 Zitrone
- 1 Bund Schnittlauch, gehackt
- 1 Bund frische Petersilie, fein gehackt
- Salz und Pfeffer
- 4 große Tomaten, geviertelt
- gemischte Salatblätter
- frische Basilikumzweige, zum Garnieren

1 Alle Meeresfrüchte in einer Schüssel mit dem Wein und der Hälfte des Öls übergießen und 6 Stunden marinieren.

2 Die Meeresfrüchte mit Marinade in einen Topf geben und 10 Minuten bei schwacher Hitze köcheln, dann abkühlen lassen.

3 Salzwasser in einem großen Topf aufkochen. Die Nudeln darin mit 1 Esslöffel Öl bissfest kochen. Abgießen und in kaltem Wasser abschrecken.

4 Die Hälfte des Kochsuds der Meeresfrüchte wegschütten, in den Rest Zitronensaft, Schnittlauch, Petersilie und das restliche Olivenöl einrühren. Mit Salz und Pfeffer abschmecken. Die Nudeln vorsichtig unterheben.

5 Die Salatblätter in mundgerechte Stücke zupfen und in einer Schüssel anrichten. Den Meeresfrüchtesalat darüber geben und mit Tomatenvierteln und Basilikumzweigen garnieren.

1

4

5

VARIATION

Miesmuscheln können durch gekochte Jakobsmuscheln ersetzt werden und Herzmuscheln durch eingelegte Venusmuscheln. Denken Sie daran, dass die Meeresfrüchte sechs Stunden marinieren müssen.

Tabbouleh

Dieser Salat ist im Nahen Osten ein weit verbreitetes Gericht. Er schmeckt am zweiten Tag noch weit besser.

NÄHRWERTANGABEN

Kilokalorien	637	Zucker	8 g
Eiweiß	20 g	Fett	41 g
Kohlenhydrate	50 g	davon gesättigt	11 g

1½ STD. 5–10 MIN.

2 PERSONEN

ZUTATEN

- 125 g Bulgur
- 600 ml kochendes Wasser
- 1 rote Paprika, halbiert
- 3 EL Olivenöl
- 1 Knoblauchzehe, zerdrückt
- geriebene Schale von ½ Limette
- 1 EL Limettensaft
- Salz und Pfeffer
- 1 EL gehackte Minze
- 1 EL gehackte Petersilie
- 3–4 Frühlingszwiebeln, in dünnen Ringen
- 8 schwarze Oliven, halbiert und entsteint
- 40 g gesalzene Erdnüsse oder Cashewkerne
- 1–2 TL Zitronensaft
- 60–90 g Gruyère
- Minzezweige, zum Garnieren
- warme Pittabrote oder knusprige Brötchen, zum Servieren

1 Bulgur in einer Schüssel 2,5 cm hoch mit kochendem Wasser bedecken. Beiseite stellen und 20 Minuten einweichen, bis das Wasser fast vollständig aufgenommen und abgekühlt ist.

2 In der Zwischenzeit die rote Paprika mit der Schnittseite auf einen Grillrost legen und unter dem vorgeheizten Grill bei mittlerer Hitze rösten, bis die Haut braune Blasen wirft. Leicht abkühlen lassen.

3 Danach häuten, entkernen und in schmale Streifen schneiden.

4 Öl, Knoblauch, Limettenschale und -saft mischen. Mit Salz und Pfeffer abschmecken und gründlich verrühren. 4½ Teelöffel dieses Dressings zu der Paprika geben und leicht vermischen.

5 Den Bulgur gut abtropfen lassen, in einem trockenen Tuch ausdrücken und in eine Schüssel geben.

6 Gehackte Kräuter, Frühlingszwiebeln, Oliven sowie Erd- oder Cashewkerne zum Bulgur geben und vermengen. Zitronensaft in das restliche Dressing rühren und unter den Salat mischen. Tabbouleh auf 2 Servierteller verteilen.

7 Käse in schmale Streifen schneiden, mit den Paprikastreifen vermengen und um den Bulgur anrichten. Mit Minzezweigen garnieren und mit warmen Pittabroten oder Brötchen servieren.

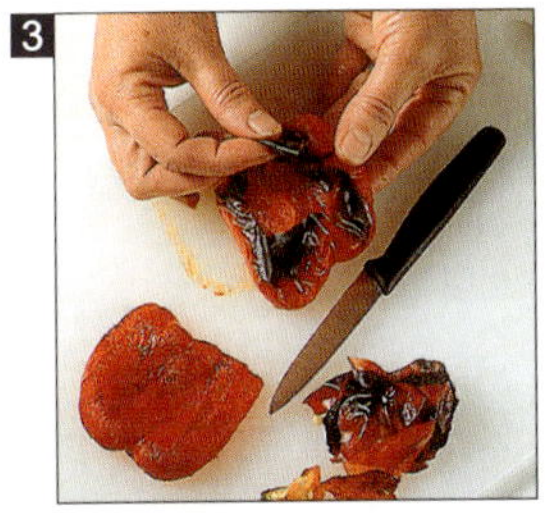

Gemischter Bohnensalat

Für diesen knackigen, sehr gehaltvollen Salat sollte man so viele verschiedene konservierte Bohnensorten wie möglich zusammenbringen.

NÄHRWERTANGABEN

Kilokalorien 198	Zucker 6g
Eiweiß 10g	Fett 6g
Kohlenhydrate .. 26g	davon gesättigt .. 1g

30 MIN. 15–20 MIN.

6–8 PERSONEN

ZUTATEN

400 g Flageoletbohnen aus der Dose, abgetropft

400 g rote Kidney-Bohnen aus der Dose, abgetropft

400 g dicke Bohnen aus der Dose, abgetropft

1 kleine rote Zwiebel, in dünnen Ringen

Salz und Pfeffer

200 g junge grüne Bohnen, Stielansätze abgeschnitten

1 rote Paprika, halbiert und entkernt

DRESSING

4 EL Olivenöl

2 EL Sherryessig

2 EL Zitronensaft

1 TL brauner Zucker

1 TL Chilisauce (nach Belieben)

1 Die Dosenbohnen in einer Schüssel mit der Zwiebel vermengen. Salzen und pfeffern.

2 Die frischen Bohnen halbieren und 8 Minuten in sprudelndem Salzwasser garen. Abschrecken und abtropfen. Zu den Dosenbohnen geben.

3 Die Paprikahälften mit der Schnittseite nach unten auf den Grillrost legen und unter dem Grill rösten, bis sich die Schale schwarz färbt. Leicht abkühlen lassen, dann 10 Minuten in einem geschlossenen Gefrierbeutel ausschwitzen lassen. Anschließend häuten. Das Fruchtfleisch hacken und zu den Bohnen geben.

4 Für das Dressing Öl, Essig, Zitronensaft, Zucker und Chilisauce in einem Schraubglas schütteln.

5 Das Dressing über den Bohnensalat geben und gut vermengen. Bis zum Servieren kalt stellen.

1

2

5

VARIATION

Für diesen Salat sind viele verschiedene Kombinationen von Bohnen denkbar. Geben Sie 1 Teelöffel Currypaste statt der Chilisauce zu.

Sauer-scharfer Salat mit Ente

Ein scharf säuerlicher Salat, beträufelt mit Limettensaft und einem Dressing aus Fischsauce – eine hervorragende Vorspeise oder kleine Mahlzeit.

NÄHRWERTANGABEN

Kilokalorien 236	Zucker .... 3 g
Eiweiß .... 27 g	Fett .... 10 g
Kohlenhydrate .. 10 g	davon gesättigt .. 3 g

40 MIN. 5 MIN.

4 PERSONEN

ZUTATEN

- 2 Kopfsalate
- 2 Schalotten, in dünnen Ringen
- 4 Frühlingszwiebeln, gehackt
- 1 Selleriestange, in feinen Streifen
- 5-cm-Stück Gurke, in dünnen Streifen
- 125 g Bohnensprossen
- 200 g Wasserkastanien aus der Dose, abgetropft und in Scheiben
- 4 Entenbrustfilets, gebraten und in Scheiben
- Orangenscheiben, zum Servieren

DRESSING

- 3 EL Fischsauce
- 1½ EL Limettensaft
- 2 Knoblauchzehen, zerdrückt
- 1 rote Chili, gehackt
- 1 grüne Chili, entkernt und gehackt
- 1 TL Farin-Zucker

1

2

3

1 Die Salatblätter waschen, abtropfen lassen und in eine große Schüssel geben. Schalotten, Frühlingszwiebeln, Sellerie und Gurke, Bohnensprossen und Wasserkastanien zufügen. Gut vermengen, dann auf einem großen Teller anrichten.

2 Das Salatbett dekorativ mit den Entenbrustscheiben belegen.

3 Für das Dressing Fischsauce, Limettensaft, Knoblauch, Chillies und Zucker in einem kleinen Topf unter ständigem Rühren leicht erhitzen. Würze und Schärfe prüfen und gegebenenfalls mehr Limettensaft oder Fischsauce zugeben.

4 Das Dressing warm über den Entensalat träufeln und mit Orangenscheiben garniert sofort servieren.

Amerikanischer Kohlsalat

Hausgemachter Kohlsalat ist bei weitem jedem fertigen vorzuziehen. Die Sonnenblumenkerne sollten erst vor dem Servieren zugegeben werden.

NÄHRWERTANGABEN

Kilokalorien 224	Zucker 8g
Eiweiß 3g	Fett 20g
Kohlenhydrate ... 8g	davon gesättigt .. 3g

10 MIN. 5 MIN.

4 PERSONEN

ZUTATEN

- 150 ml Mayonnaise
- 150 g fettarmer Naturjoghurt
- 1 Spritzer Tabasco
- Salz und Pfeffer
- 1 Weißkohl
- 4 Karotten
- 1 grüne Paprika
- 2 EL Sonnenblumenkerne

1 Für das Dressing Mayonnaise, Joghurt, Tabasco, Salz und Pfeffer in einer kleinen Schüssel verrühren. Bis zur weiteren Verwendung in den Kühlschrank stellen.

1

2

5

2 Den Kohl halbieren und vierteln. Den Strunk entfernen, den Kohl fein hobeln, waschen und gründlich trockenschleudern.

3 Die Karotten schälen und im Mixer oder mit einer Reibe grob raspeln.

4 Die Paprika vierteln und entkernen, dann in schmale Streifen schneiden.

5 Das Gemüse in einer großen Servierschüssel gründlich vermengen, mit dem Dressing übergießen, mischen, kalt stellen.

6 Vor dem Servieren die Sonnenblumenkerne auf ein Backblech streuen und unter dem Backofengrill goldbraun rösten.

7 Den Salat mit den Sonnenblumenkernen bestreuen und servieren.

VARIATION

Probieren Sie den Salat einmal mit Rosinen, Weintrauben, geraspelten Äpfeln, Walnüssen, Käsewürfeln oder gerösteten Erdnüssen.

Couscous-Kokosnuss-Salat

In diesem Salat sorgt Kokosraspel für einen nussigen Geschmack. Heiß serviert, ohne Dressing, ist er die ideale Beilage zu einem Lammtopf.

NÄHRWERTANGABEN

Kilokalorien	330	Zucker	18 g
Eiweiß	7 g	Fett	7 g
Kohlenhydrate	63 g	davon gesättigt	3 g

1 ½ STD. 15 MIN.

4 PERSONEN

ZUTATEN

- 350 g Couscous
- 175 g Trockenaprikosen
- 1 Bund frischer Schnittlauch
- 2 EL Kokosraspel
- 1 TL Zimt
- Salz und Pfeffer
- gehackte Minzeblätter, zum Garnieren

DRESSING

- 1 EL Olivenöl
- 2 EL ungesüßter Orangensaft
- ½ TL geriebene Orangenschale
- 1 TL körniger Senf
- 1 TL flüssiger Honig
- 2 EL frisch gehackte Minzeblätter

1 Den Couscous nach Packungsanweisung einweichen. Wasser zum Kochen bringen. Den Couscous in einen Dämpfer oder ein mit Musselin ausgelegtes Sieb geben und in den Topf hängen. Abgedeckt nach Packungsanweisung dämpfen. Vom Herd nehmen, in eine feuerfeste Schüssel geben und zum Abkühlen beiseite stellen.

2 Aprikosen in Streifen schneiden und in eine Schüssel geben. Schnittlauch klein schneiden und zu den Aprikosen geben.

3 Den abgekühlten Couscous mit Aprikosen, Schnittlauch, Kokosraspel und Zimt vermengen und mit Salz und Pfeffer abschmecken.

4 Alle Zutaten für das Dressing verrühren, über den Salat gießen und unterheben. Mindestens 1 Stunde abgedeckt im Kühlschrank ziehen lassen. Zum Servieren mit Minzeblättern garnieren.

VARIATION

Den Salat kann man auch warm servieren. Dann wird mit Aprikosen, Schnittlauch, Kokosraspeln und Zimt zusätzlich 1 Esslöffel Olivenöl untergerührt.

Artischockensalat

Für diesen Salat verwendet man am besten in Öl eingelegte Artischocken, die ein feineres Aroma besitzen als Artischocken aus der Dose.

NÄHRWERTANGABEN

Kilokalorien 139	Zucker .... 4 g
Eiweiß .... 2 g	Fett .... 12 g
Kohlenhydrate ... 6 g	davon gesättigt .. 1 g

30 MIN. 0 MIN.

4 PERSONEN

ZUTATEN

- 250 g Artischockenböden in Öl, abgetropft
- 4 kleine Tomaten
- 2 sonnengetrocknete Tomaten, in Streifen
- 25 g schwarze Oliven, halbiert und entsteint
- 25 g Parmaschinken, in Streifen
- frische Basilikumzweige, zum Garnieren

DRESSING

- 3 EL Olivenöl extra vergine
- 1 EL Weinessig
- 1 kleine Knoblauchzehe, zerdrückt
- ½ TL Senf
- 1 TL flüssiger Honig
- Salz und Pfeffer

1 Die Artischockenböden mit Küchenpapier trockentupfen, dann vierteln und in eine Schüssel geben.

2 Frische Tomaten sechsteln und mit den getrockneten Tomaten und Oliven und Schinken zu den Artischocken geben.

3 Für das Dressing alle Zutaten in einem Glas mit Schraubverschluss unter Schütteln sorgfältig mischen.

4 Das Dressing über den Salat träufeln und vorsichtig unterrühren. Dann den Salat auf Servierteller verteilen und mit Basilikumzweigen garnieren.

1

2

4

Ziegenkäsesalat

Die Oliven-Vinaigrette und die herben Salatblätter verleihen dieser schnellen Zwischenmahlzeit die besondere südeuropäische Würze.

NÄHRWERTANGABEN

Kilokalorien 379	Zucker . . . . 3 g
Eiweiß . . . . 15 g	Fett . . . . 23 g
Kohlenhydrate . . 30 g	davon gesättigt . 10 g

15 MIN. 5–6 MIN.

4 PERSONEN

ZUTATEN

- 3 EL Olivenöl extra vergine
- 1 EL Weißweinessig
- 1 TL schwarze Olivenpaste
- 1 Knoblauchzehe, zerdrückt
- 1 TL frisch gehackter Thymian
- 1 Ciabatta-Brot
- 4 kleine Tomaten, in Scheiben
- 12 frische Basilikumblätter
- 250 g fester Ziegenkäse (siehe Tipp)
- Salatblätter, zum Servieren
- frische Basilikumzweige, zum Garnieren

2
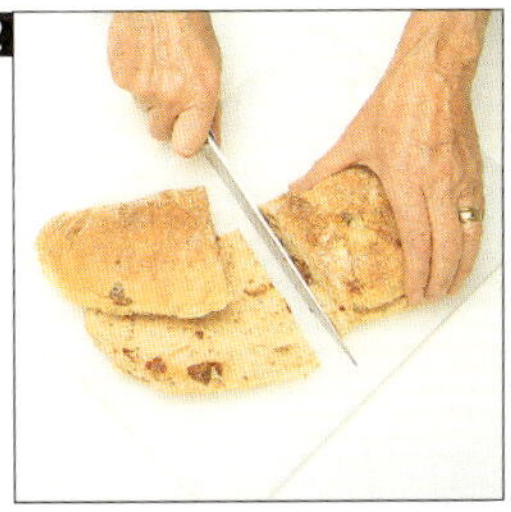

3

4

1 Öl, Essig, Olivenpaste, Knoblauch und Thymian in einer kleinen Schüssel sorgfältig zu einem Dressing verrühren.

2 Das Ciabatta-Brot zunächst waagerecht, dann senkrecht halbieren, sodass 4 Stücke entstehen.

3 Die Brotstücke mit etwas Dressing beträufeln, dann mit Tomaten und Basilikumblättern belegen.

4 Den Ziegenkäse in 12 Scheiben schneiden und jedes Ciabatta-Stück mit 3 Scheiben belegen.

5 Den Käse mit etwas Dressing bestreichen und die Brote im vorgeheizten Backofen bei 230 °C 5–6 Minuten überbacken, bis die Ränder goldbraun werden.

6 Die Brotstücke halbieren. Die Salatblätter auf Serviertellern anrichten, das Brot darauf geben, mit dem restlichen Dressing beträufeln und mit frischen Basilikumzweigen garnieren.

TIPP

Ziegenkäse ist in unterschiedlichen Reifegraden erhältlich – von sahnig bis kräftig. Frischer Ziegenkäse sollte innerhalb von 2 Tagen verzehrt werden.

Provenzalischer Nudelsalat

Verschiedene italienische Gemüse mit einem Tomaten-Dressing auf einem Bett von Salatblättern – ein ausgesprochen appetitlicher Anblick.

NÄHRWERTANGABEN

Kilokalorien 197	Zucker 5g
Eiweiß 10g	Fett 5g
Kohlenhydrate .. 30g	davon gesättigt .. 1g

10 MIN. 15 MIN.

4 PERSONEN

ZUTATEN

- 225 g Nudeln, z. B. Penne
- 1 EL Olivenöl
- Salz und Pfeffer
- 25 g eingelegte schwarze Oliven, entsteint, abgetropft und in dünnen Scheiben
- 25 g sonnengetrocknete Tomaten in Öl, abgetropft und fein gehackt
- 400 g Artischockenherzen aus der Dose, abgetropft und halbiert
- 120 g kleine Zucchini, in Scheiben
- 120 g Kirschtomaten, halbiert
- 100 g gemischte kleine Salatblätter
- gehackte Basilikumblätter, zum Garnieren

DRESSING

- 2 EL passierte Tomaten
- 2 EL fettarmer Frischkäse oder Naturjoghurt
- 1 EL ungesüßter Orangensaft
- 1 Bund frisches Basilikum, gehackt

2

3

4

1 Die Nudeln in Salzwasser bissfest kochen. Dann abgießen und wieder in den Topf geben.

2 Olivenöl, Salz, Pfeffer, Oliven und getrocknete Tomaten unterrühren. Abkühlen lassen.

3 Artischocken, Zucchini und Kirschtomaten behutsam unter die gekochten Nudeln rühren. Die Salatblätter auf einer Servierschale anrichten.

4 Alle Zutaten für das Dressing mit Ausnahme des Basilikums gut verrühren, dann über Nudeln und Gemüse gießen und gründlich vermengen.

5 Den Nudelsalat auf den Salatblättern anrichten und mit Basilikumblättern garnieren.

Marokkanischer Salat

Couscous wird aus Hartweizen hergestellt. Er eignet sich gut für Salate, da er den Geschmack des Dressings hervorragend aufnimmt.

NÄHRWERTANGABEN

Kilokalorien	195	Zucker	15 g
Eiweiß	8 g	Fett	2 g
Kohlenhydrate	40 g	davon gesättigt	0,3 g

15 MIN. 15 MIN.

6 PERSONEN

ZUTATEN

175 g Couscous

1 Bund Frühlingszwiebeln, in Ringen

1 kleine grüne Paprika, klein gewürfelt

10-cm-Stück Salatgurke, klein gewürfelt

200 g Kichererbsen aus der Dose, abgetropft und abgespült

60 g Sultaninen oder Korinthen

Salz und Pfeffer

frische Minzezweige, zum Garnieren

DRESSING

fein geriebene Schale von 1 Orange

1 EL frisch gehackte Minze

150 g Naturjoghurt

ZUM SERVIEREN

2 Orangen

Salatblätter

1

2

4

1 Couscous in einer Schüssel mit kochendem Wasser bedecken. Ca. 15 Minuten quellen lassen, dann die Körner vorsichtig mit einer Gabel auflockern.

2 Frühlingszwiebeln, Paprika, Gurke, Kichererbsen und Sultaninen zugeben. Gründlich vermengen und mit Salz und Pfeffer abschmecken.

3 Die Zutaten für das Dressing in einer Schüssel gut verrühren. Über die Couscous-Mischung geben und unterheben.

4 Die Orangen schälen, die weiße Haut entfernen. Die Filets herauslösen und Zwischenhäute entfernen.

5 Die Salatblätter auf 6 Serviertellern anrichten. Couscous-Mischung auf die Teller verteilen und mit den Orangenfilets belegen.

6 Mit frischen Minzezweigen garniert servieren.

Kartoffelsalat auf dreierlei Art

Kleine neue Kartoffeln und ein köstliches Dressing – die Nährwertangaben beziehen sich nur auf den Kartoffelsalat mit Curry-Dressing.

NÄHRWERTANGABEN

Kilokalorien	310	Zucker	12 g
Eiweiß	6 g	Fett	19 g
Kohlenhydrate	31 g	davon gesättigt	4 g

15–20 MIN. 20 MIN.

4 PERSONEN

ZUTATEN

500 g neue Kartoffeln
gemischte frische Kräuter, zum Garnieren

CURRY-DRESSING

1 EL Pflanzenöl
1 EL mittelscharfe Currypaste
1 Zwiebel, klein gehackt
1 EL Mango-Chutney, zerkleinert
6 EL Naturjoghurt
3 EL Schlagsahne
2 EL Mayonnaise
Salz und Pfeffer
1 EL Schlagsahne, zum Garnieren

VINAIGRETTE

6 EL Haselnussöl
3 EL Apfelessig
1 TL körniger Senf
1 TL Zucker
einige zerpflückte Basilikumblätter

PETERSILIENSAHNE

150 g saure Sahne
3 EL Mayonnaise
4 Frühlingszwiebeln, fein gehackt
1 EL frisch gehackte Petersilie

1

2

4

1 Für das Curry-Dressing das Öl in einem Topf erhitzen, Currypaste und Zwiebeln zugeben und unter häufigem Rühren braten, bis die Zwiebel weich ist. Vom Herd nehmen und langsam abkühlen lassen.

2 Mango-Chutney, Joghurt, Sahne und Mayonnaise mischen. Die Currymischung zugeben und gut verrühren. Mit Salz und Pfeffer abschmecken.

3 Alle Zutaten für die Vinaigrette in einer kleinen Kanne oder Schale mischen. Mit Salz und Pfeffer abschmecken.

4 Alle Zutaten für die Petersiliensahne gründlich vermengen und mit Salz und Pfeffer abschmecken.

5 Die Kartoffeln in leicht gesalzenem kochenden Wasser fast weich garen. Gut abgießen und zum Abkühlen 5 Minuten zur Seite stellen. Dann das gewünschte Dressing zugeben und die Kartoffeln darin wenden. Mit frischen Kräutern garniert servieren. Beim Curry-Dressing noch etwas saure Sahne auf die Kartoffeln geben.

Italienischer Kartoffelsalat

Kartoffelsalat mag fast jeder gerne, aber mit sonnengetrockneten Tomaten und frischer Petersilie ist er einfach unwiderstehlich.

NÄHRWERTANGABEN

Kilokalorien 425	Zucker .... 6 g
Eiweiß .... 6 g	Fett .... 27 g
Kohlenhydrate .. 43 g	davon gesättigt .. 5 g

40 MIN. 15 MIN.

4 PERSONEN

ZUTATEN

- 500 g kleine neue Kartoffeln, ungeschält
- 8 sonnengetrocknete Tomaten
- 4 EL Naturjoghurt
- 4 EL Mayonnaise
- Salz und Pfeffer
- 2 EL glatte Petersilie, frisch gehackt

1 

2 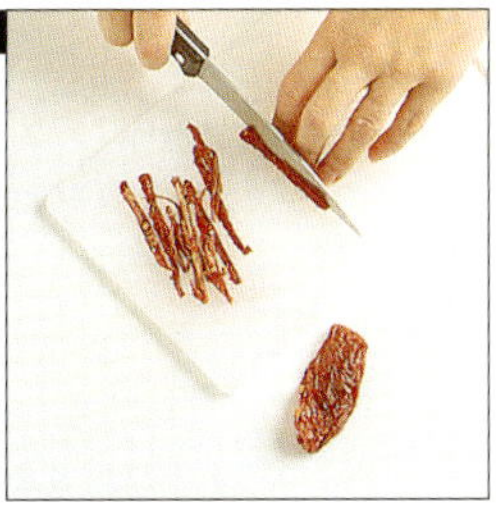

3 

1 Die Kartoffeln gründlich waschen und in einen großen Topf mit Wasser geben. Aufkochen und 8–12 Minuten garen. Die genaue Garzeit hängt von der Größe der Kartoffeln ab.

2 Die getrockneten Tomaten mit einem scharfen Messer in dünne Streifen schneiden.

3 Für das Dressing Joghurt und Mayonnaise in einer Schüssel mischen und mit Salz und Pfeffer abschmecken. Dann die Tomatenstreifen und die gehackte Petersilie zugeben.

4 Das Kartoffelwasser abgießen und die Kartoffeln zum Abkühlen beiseite stellen. Anschließend größere Kartoffeln in mundgerechte Stücke schneiden.

5 Das Dressing über die Kartoffeln gießen und gut unterheben.

6 Den Salat etwa 20 Minuten in den Kühlschrank stellen und danach als Vorspeise oder Beilage servieren.

TIPP

Größere Kartoffeln sollten erst nach dem Kochen zerkleinert werden. Kleinere Stücke benötigen zwar eine kürzere Garzeit, doch sie zerfallen auch ziemlich schnell.

Bunter Salat mit Roter Bete

Die Rote Bete verleiht diesem Salat seine satte appetitliche Farbe. Das Dill-Dressing geht mit den Kartoffeln eine klassische Verbindung ein.

NÄHRWERTANGABEN

Kilokalorien 174	Zucker 8g
Eiweiß 4g	Fett 6g
Kohlenhydrate .. 27g	davon gesättigt .. 1g

25 MIN. 15 MIN.

4 PERSONEN

ZUTATEN

- 450 g mehlig kochende Kartoffeln, gewürfelt
- 4 kleine Rote Beten, gekocht und in Scheiben
- ½ Salatgurke, in dünnen Scheiben
- 2 Gewürzgurken, in Scheiben
- 1 rote Zwiebel, halbiert und in Ringen
- Dillzweige, zum Garnieren

DRESSING

- 1 Knoblauchzehe, zerdrückt
- 2 EL Olivenöl
- 2 EL Rotweinessig
- 2 EL frisch gehackter Dill
- Salz und Pfeffer

2

3

5

1 Die Kartoffeln etwa 15 Minuten kochen, bis sie beginnen weich zu werden. Abgießen und beiseite stellen.

2 Die abgekühlten Kartoffeln und Rote Bete in einer Schüssel vermengen und beiseite stellen.

3 Eine Servierplatte mit den Gurkenscheiben und Zwiebelringen auslegen.

4 Kartoffeln und Rote Bete in der Mitte darauf anrichten.

5 Für das Dressing alle Zutaten in einer kleinen Schüssel oder einem Schraubglas mischen. Das Dressing über den Salat verteilen.

6 Den Salat mit frischen Dillzweigen garniert servieren.

TIPP

Die Rote Bete muss vollständig ausgekühlt sein, bevor sie mit den Kartoffeln vermengt wird, sonst färbt sie diese rot.

Süßkartoffelsalat mit Nüssen

Der leicht bittere Geschmack der Pecannüsse trifft hier auf das Aroma der Süßkartoffeln – eine faszinierende Kombination.

NÄHRWERTANGABEN

Kilokalorien	330	Zucker	5 g
Eiweiß	4 g	Fett	20 g
Kohlenhydrate	36 g	davon gesättigt	2 g

25 MIN. 10 MIN.

4 PERSONEN

ZUTATEN

450 g Süßkartoffeln, gewürfelt
2 Selleriestangen, in feinen Scheiben
125 g Knollensellerie, geraspelt
2 Frühlingszwiebeln, in dünnen Ringen
50 g Pecannüsse, gehackt
2 Chicorée, in einzelnen Blättern
1 TL Zitronensaft
Thymianstängel, zum Garnieren

DRESSING

4 EL Pflanzenöl
1 EL Knoblauchessig
1 TL brauner Zucker
2 EL frisch gehackter Thymian

2

3

6

1 Die Süßkartoffeln in einem Topf mit kochendem Wasser 5 Minuten garen, abgießen und abkühlen lassen.

2 Den gesamten Sellerie sowie die Frühlingszwiebeln und Nüsse unterrühren.

3 Die Chicoréeblätter auf einer Salatplatte anrichten und mit Zitronensaft beträufeln.

4 Das Gemüse dekorativ auf dem Salatbett verteilen.

5 Die Zutaten für das Dressing in einer kleinen Schüssel gut mischen.

6 Den Salat mit dem Dressing begießen und mit Thymianzweigen garnieren. Sofort servieren.

TIPP

Süßkartoffeln sind nicht lange haltbar, daher sollte man sie kühl und dunkel lagern (nicht im Kühlschrank) und innerhalb einer Woche verbrauchen.

Süßkartoffelsalat mit Banane

Dieser pikant-fruchtige Salat kombiniert die Süße von Kartoffeln und Bananen mit der Schärfe der Paprika. Croûtons geben den nötigen Biss.

NÄHRWERTANGABEN

Kilokalorien	424	Zucker	29 g
Eiweiß	5 g	Fett	17 g
Kohlenhydrate	68 g	davon gesättigt	8 g

15 MIN. 20 MIN.

4 PERSONEN

ZUTATEN

- 450 g Süßkartoffeln, gewürfelt
- 50 g Butter
- 1 EL Zitronensaft
- 1 Knoblauchzehe, zerdrückt
- 1 rote Paprika, gewürfelt
- 1 grüne Paprika, gewürfelt
- Salz und Pfeffer
- 2 Bananen, in dicken Scheiben
- 2 dicke Scheiben Weißbrot ohne Kruste, gewürfelt

DRESSING

- 2 EL flüssiger Honig
- 2 EL Olivenöl
- 2 EL Zitronensaft
- 2 EL frisch gehackter Schnittlauch

1 Die Süßkartoffeln in kochendem Wasser 10–15 Minuten garen. Abgießen, abtropfen lassen und beiseite stellen.

2 Unterdessen die Butter in einer Pfanne zerlassen. Zitronensaft, Knoblauch und Paprika zugeben, unter ständigem Rühren 3 Minuten dünsten und abschmecken.

3 Die Bananen zufügen und 1 Minute mitdünsten. Gemüse und Banane mit einem Schaumlöffel herausheben und unter die Süßkartoffeln mischen.

4 Die Brotwürfel in die Pfanne geben und unter Rühren 2 Minuten goldbraun rösten.

5 Die Zutaten für das Dressing in einem Topf unter Rühren erwärmen, bis der Honig flüssig geworden ist.

6 Das Kartoffelgemüse in eine Salatschüssel geben und mit Salz und Pfeffer abschmecken. Das Dressing zugießen, gut verrühren und den Salat mit den Croûtons bestreuen. Sofort servieren.

1

3

4

TIPP

Verwenden Sie feste, noch leicht unreife Bananen, da diese beim Dünsten nicht so schnell zerfallen.

Indischer Kartoffelsalat

Viele scharf gewürzte indische Gerichte werden heiß serviert, aber dieser fruchtige Salat schmeckt gekühlt am besten.

NÄHRWERTANGABEN

Kilokalorien	175	Zucker	8 g
Eiweiß	6 g	Fett	1 g
Kohlenhydrate	38 g	davon gesättigt	0,3 g

25 MIN. 20 MIN.

4 PERSONEN

ZUTATEN

- 4 mehlig kochende Kartoffeln, gewürfelt
- 75 g Brokkoli, in Röschen
- 1 kleine Mango, gewürfelt
- 4 Frühlingszwiebeln, in Ringen
- Salz und Pfeffer
- kleine Papadams, zum Servieren

DRESSING

- ½ TL gemahlener Kreuzkümmel
- ½ TL gemahlener Koriander
- 1 EL Mango-Chutney
- 150 g fettarmer Naturjoghurt
- 1 TL frisch gehackte Ingwerwurzel
- 2 EL frisch gehackter Koriander

2

3

5

1 Die Kartoffeln in Salzwasser gar kochen. Abgießen und in eine Schüssel geben.

2 Inzwischen die Brokkoliröschen 2 Minuten in einem separaten Topf blanchieren. Abgießen und zu den Kartoffeln in die Schüssel geben.

3 Sobald Kartoffeln und Brokkoli abgekühlt sind, Mango und Frühlingszwiebeln zufügen. Mit Salz und Pfeffer abschmecken und gut vermengen.

4 Alle Zutaten für das Dressing in einer kleinen Schüssel mischen.

5 Das Dressing über das Gemüse geben und vorsichtig unterrühren, ohne dass Kartoffeln und Brokkoli zerbröckeln.

6 Den Salat mit den Papadams als Beilage servieren.

TIPP

Den Salat schon einige Stunden im Voraus anrichten und im Kühlschrank ziehen lassen. So entfaltet sich das Aroma besser.

Kartoffelsalat mit Bohnen und Äpfeln

Für dieses Rezept kann man verschiedene Bohnensorten nach Belieben mischen – je mehr, desto bunter der Salat.

NÄHRWERTANGABEN

Kilokalorien 183	Zucker .... 8 g
Eiweiß .... 6 g	Fett .... 7 g
Kohlenhydrate .. 26 g	davon gesättigt .. 1 g

10 MIN. 15 MIN.

4 PERSONEN

ZUTATEN

- 225 g neue Kartoffeln, geviertelt
- 225 g gemischte Bohnen aus der Dose (z. B. rote Kidney-Bohnen, Flageolet- und Borlotti-Bohnen), abgespült und abgetropft
- 1 roter Apfel, gewürfelt und mit 1 EL Zitronensaft beträufelt
- 1 gelbe Paprika, gewürfelt
- 1 Schalotte, in Ringen
- ½ Fenchelknolle, in Scheiben
- einige Blätter Eichblattsalat

DRESSING

- 1 EL Rotweinessig
- 2 EL Olivenöl
- ½ EL amerikanischer Senf
- 1 Knoblauchzehe, zerdrückt
- 2 TL frisch gehackter Thymian

1 Die Kartoffeln in kochendem Wasser 15 Minuten gar kochen. Abgießen und in eine Schüssel geben.

2 Die Bohnen mit Apfel, Paprika, Schalotten und Fenchel zu den Kartoffeln geben. Gut vermengen, ohne dass die Kartoffeln dabei zerfallen.

3 Für das Dressing alle Zutaten gut verrühren und über den Salat geben.

4 Die Salatblätter auf einem Servierteller oder in einer Salatschüssel anrichten und den Kartoffelsalat in die Mitte geben. Sofort servieren.

TIPP

Sie können auch getrocknete Bohnen verwenden, die Sie 8 Stunden oder über Nacht einweichen sollten. Dann abtropfen lassen, in einem Topf mit Wasser bedecken und 10 Minuten kochen.

Kartoffelsalat mit Radieschen

Radieschen, Kräuter und Senf-Dressing geben diesem bunten Salat einen milden Senfgeschmack, der die Kartoffeln perfekt ergänzt.

NÄHRWERTANGABEN

Kilokalorien 140	Zucker 3g
Eiweiß 3g	Fett 6g
Kohlenhydrate .. 20g	davon gesättigt .. 1g

50 MIN. | 20 MIN.

4 PERSONEN

ZUTATEN

- 500 g neue Kartoffeln, halbiert
- ½ Gurke, in dünnen Scheiben
- 2 TL Salz
- 1 Bund Radieschen, in dünnen Scheiben

DRESSING

- 1 EL Dijonsenf
- 2 EL Olivenöl
- 1 EL Weißweinessig
- 2 EL fein gehackte gemischte Kräuter

2

2

3

1 Die Kartoffeln in kochendem Wasser 10–15 Minuten gar kochen. Abgießen und beiseite stellen.

2 In der Zwischenzeit die Gurkenscheiben auf einem Teller auslegen und mit Salz bestreuen. 30 Minuten ruhen lassen, dann unter fließendem kaltem Wasser abspülen und mit Küchenpapier abtrocknen.

3 Gurken- und Radieschenscheiben auf einem Servierteller dekorativ anrichten und die gekochten Kartoffeln in der Mitte aufschichten.

4 Die Zutaten für das Dressing in einer kleinen Schüssel gut mischen und über den Salat geben. Vor dem Servieren im Kühlschrank kalt stellen.

TIPP

Der Gurke wird durch das Salzen überschüssiges Wasser entzogen. Gurkenscheiben gründlich abwaschen, um das Salz zu entfernen, bevor sie in den Salat gegeben werden.

Salat grün-weiß

Dieser Salat aus Kartoffeln, Rucola und Apfel verdankt seinen Geschmack cremigem, salzigem Ziegenkäse, der zu jedem grünen Salat passt.

NÄHRWERTANGABEN

Kilokalorien	282	Zucker	10 g
Eiweiß	8 g	Fett	17 g
Kohlenhydrate	26 g	davon gesättigt	5 g

15 MIN. 20 MIN.

4 PERSONEN

ZUTATEN

- 2 große Kartoffeln, ungeschält und in Scheiben
- 2 grüne Äpfel, gewürfelt
- 1 TL Zitronensaft
- 25 g Walnusshälften, in Stücken
- 125 g Ziegenkäse, gewürfelt
- 150 g Rucola
- Salz und Pfeffer

DRESSING

- 2 EL Olivenöl
- 1 EL Rotweinessig
- 1 TL flüssiger Honig
- 1 TL Fenchelsamen

2

3

4

TIPP

Servieren Sie diesen Salat sofort, damit sich der Apfel nicht verfärbt. Oder bereiten Sie alle anderen Zutaten vor und geben Sie den Apfel zuletzt dazu.

1 Die Kartoffeln 15 Minuten gar kochen. Abgießen und abkühlen lassen, dann in eine Servierschale geben.

2 Die Äpfel in Zitronensaft wenden, abtropfen lassen und mit den Kartoffeln vermengen.

3 Walnüsse, Käse und Rucola zugeben, abschmecken und gut verrühren.

4 Die Zutaten für das Dressing in einer kleinen Schüssel oder einem Schraubglas gut vermischen, dann über den Salat geben. Sofort servieren.

Salat im Kartoffelnest

Knusprig frittierte Kartoffelnester bilden hier essbare Salatschalen, in die buntes Gemüse und Obst gefüllt wird.

NÄHRWERTANGABEN

Kilokalorien 272	Zucker . . . . 11 g
Eiweiß . . . . 4 g	Fett . . . . 4 g
Kohlenhydrate . . 59 g	davon gesättigt . 0,4 g

15 MIN. 15 MIN.

4 PERSONEN

ZUTATEN

KARTOFFELNESTER

- 450 g mehlig kochende Kartoffeln, geraspelt
- 125 g Speisestärke
- Pflanzenöl, zum Frittieren
- frischer Schnittlauch, zum Garnieren

SALAT

- 125 g Ananas, gewürfelt
- 1 grüne Paprika, in Streifen
- 1 Karotte, in Stiften
- 50 g Zuckererbsen, halbiert
- 4 Babymaiskolben, längs halbiert
- 25 g Bohnensprossen
- 2 Frühlingszwiebeln, in Ringen

DRESSING

- 1 EL klarer Honig
- 1 TL helle Sojasauce
- 1 Knoblauchzehe, zerdrückt
- 1 TL Zitronensaft

1

2

3

1 Die Kartoffelraspel für die Nester mehrmals in kaltem Wasser abspülen. Auf Küchenpapier gut abtropfen lassen, damit sie vollständig trocken sind und beim Frittieren im Öl nicht spritzen. Die Kartoffelraspel in eine Schüssel geben. Die Stärke zufügen und gut unterrühren.

2 Einen Wok bis zur Hälfte mit Pflanzenöl füllen und so stark erhitzen, dass das Öl zu rauchen beginnt. Ein Drahtsieb (15 cm Durchmesser) mit ¼ der Kartoffelraspel füllen und ein zweites Drahtsieb der gleichen Größe darauf pressen.

3 Die beiden Siebe in das Öl senken und 2 Minuten frittieren, bis das Kartoffelnest goldbraun und knusprig ist. Dann herausnehmen und das Öl abtropfen lassen.

4 Auf die gleiche Weise alle Kartoffelraspel zu insgesamt 4 Nestern backen. Abkühlen lassen.

5 Die Salatzutaten mischen und in die Kartoffelnester verteilen.

6 Die Dressing-Zutaten in einer Schüssel verrühren. Das Dressing über den Salat gießen, mit Schnittlauch garnieren und sofort servieren.

Kartoffelsalat mit Thunfisch

Eine farbenfrohe Variante des französischen Klassikers Salade niçoise. Er schmeckt nicht nur köstlich, sondern sättigt auch.

NÄHRWERTANGABEN

Kilokalorien	225	Zucker	5 g
Eiweiß	21 g	Fett	5 g
Kohlenhydrate	27 g	davon gesättigt	2 g

40 MIN. 20 MIN.

4 PERSONEN

ZUTATEN

- 450 g neue Kartoffeln, geviertelt
- 1 grüne Paprika, in Streifen
- 50 g Mais aus der Dose, abgetropft
- 1 rote Zwiebel, in Ringen
- 300 g Thunfisch im eigenen Saft aus der Dose, abgetropft und zerpflückt
- 2 EL gehackte schwarze Oliven
- Salz und Pfeffer
- Limettenspalten, zum Garnieren

DRESSING

- 2 EL fettarme Mayonnaise
- 2 EL saure Sahne
- 1 EL Limettensaft
- 2 Knoblauchzehen, zerdrückt
- Schale von 1 Limette, fein gerieben

1 Die Kartoffeln in Salzwasser gar kochen. Abgießen und in einer Schüssel abkühlen lassen.

2 Paprika, Mais und Zwiebel vorsichtig unterheben, damit die Kartoffeln nicht zerfallen.

3 Das Gemüse in eine große Servierschüssel geben und Thunfisch und Oliven darauf arrangieren.

4 Den Salat mit Salz und Pfeffer abschmecken.

5 Alle Zutaten für das Dressing in einer Schüssel gründlich verrühren.

6 Das Dressing über den Salat geben. Mit Limettenspalten garnieren und servieren.

2

3

5

TIPP

Für einen stilechten Salade niçoise können noch grüne Bohnen und hart gekochte Eier zugefügt werden.

Waldorfsalat mit Huhn

Dieser gesunde Salat ist eine fettarme Variation des weltbekannten Waldorfsalats. Man kann dazu Salatblätter nach Belieben verwenden.

NÄHRWERTANGABEN

Kilokalorien 471	Zucker .... 19 g
Eiweiß .... 38 g	Fett .... 27 g
Kohlenhydrate .. 20 g	davon gesättigt .. 4 g

50 MIN. 0 MIN.

4 PERSONEN

ZUTATEN

- 500 g rote Äpfel, gewürfelt
- 3 EL frisch gepresster Zitronensaft
- 150 ml fettarme Mayonnaise
- 1 Bund Selleriestangen
- 4 Schalotten, in Ringen
- 1 Knoblauchzehe, zerdrückt
- 90 g Walnusshälften, gehackt
- 500 g Hühnerfleisch, gekocht und gewürfelt
- 1 Romanasalat
- Salz und Pfeffer

1

2

3

1 Die Äpfel mit dem Zitronensaft und 1 Esslöffel Mayonnaise in eine Schüssel geben. 40 Minuten ziehen lassen.

2 Den Sellerie mit einem scharfen Messer in sehr dünne Scheiben schneiden. Sellerie, Schalotten, Knoblauch und Walnüsse zu den Äpfeln geben und vermengen. Die restliche Mayonnaise einrühren, mit Salz abschmecken und gründlich vermischen.

3 Das Hühnerfleisch unter die Gemüse-Mayonnaise-Mischung heben.

4 Eine Salatschüssel oder einen Servierteller mit den Salatblättern auslegen. Den Hühnersalat in die Mitte geben, mit Pfeffer bestreuen und servieren.

VARIATION

Für einen milderen Geschmack ersetzen Sie die Schalotten durch geputzte und dünn geschnittene Frühlingszwiebeln.

Gegrillte Paprika mit Rosmarin

Gegrillte und rohe Paprika unterscheiden sich deutlich im Aroma – probieren Sie dieses Gericht und vergleichen Sie selbst.

NÄHRWERTANGABEN

Kilokalorien 201	Zucker 6g
Eiweiß 2g	Fett 19g
Kohlenhydrate ... 6g	davon gesättigt .. 2g

20 MIN. 10 MIN.

4 PERSONEN

ZUTATEN

- 4 EL Olivenöl
- fein geriebene Schale von 1 Zitrone
- 4 EL Zitronensaft
- 1 EL Balsamico-Essig
- 1 EL frisch gehackter Rosmarin oder 1 TL getrockneter Rosmarin
- 2 Knoblauchzehen, zerdrückt
- Salz und Pfeffer
- 2 rote Paprika, halbiert und entkernt
- 2 gelbe Paprika, halbiert und entkernt
- 2 EL Pinienkerne
- frische Rosmarinzweige, zum Garnieren

1 Öl, Zitronenschale und -saft, Essig, Rosmarin und Knoblauch mischen und mit Salz und Pfeffer abschmecken.

2 Die Paprika mit der Schnittfläche nach unten auf ein mit Alufolie ausgelegtes Backblech legen und mit der Öl-Zitronen-Mischung bestreichen.

3 Im Backofen bei 200 °C grillen, bis die Haut stellenweise schwarz wird, dabei immer wieder mit der Ölmischung bestreichen. Herausnehmen, mit Alufolie abdecken und 5 Minuten ruhen lassen.

4 In der Zwischenzeit die Pinienkerne auf dem Backblech 2–3 Minuten leicht rösten.

5 Paprika häuten, das Fruchtfleisch in Streifen schneiden und in eine Servierschüssel geben. Mit den Pinienkernen bestreuen, die restliche Ölmischung vom Backblech darüber träufeln, mit Rosmarinzweigen garnieren und sofort servieren.

1

3

5

Bohnensprossensalat

Dieses Gericht wird kalt als Salat oder Vorspeise gereicht und ist leicht zuzubereiten. Es handelt sich um eine Art kaltes Chop-Suey.

NÄHRWERTANGABEN

Kilokalorien	56	Zucker	5 g
Eiweiß	4 g	Fett	1 g
Kohlenhydrate	9 g	davon gesättigt	0,2 g

3¼ STD. 0 MIN.

4 PERSONEN

ZUTATEN

450 g Bohnensprossen
2 rote Chillies, entkernt und fein gehackt
je 1 rote und grüne Paprika, in dünnen Streifen
60 g Wasserkastanien, geviertelt
1 Selleriestange, in Scheiben
gebratenes Fleisch oder Nudeln, zum Servieren (nach Belieben)

MARINADE

3 EL Reisweinessig
2 EL helle Sojasauce
2 EL Schnittlauchröllchen
1 Knoblauchzehe, zerdrückt
1 Prise Currypulver

1

3

5

1 Bohnensprossen, Chillies, Paprikastreifen, Wasserkastanien und Sellerie in eine große Schüssel geben und gründlich vermengen.

2 Alle Zutaten für die Marinade in einer Schüssel verrühren.

3 Die Marinade über das Gemüse gießen und das Gemüse gründlich in der Marinade schwenken.

4 Mit Frischhaltefolie abdecken und mindestens 3 Stunden im Kühlschrank ziehen lassen.

5 Das Gemüse gut abtropfen lassen, auf einen Servierteller füllen und mit gebratenem Fleisch oder Nudeln servieren.

TIPP

Chillies gibt es in hunderten von Varianten, und es ist nicht immer leicht vorauszusagen, wie scharf sie sind. Allgemein gilt, dass dunkelgrüne Chillies schärfer sind als hellgrüne oder rote. Und dünne, spitze sind gewöhnlich schärfer als dicke, stumpfe.

Kartoffelsalat mit Salami

Italienische Salami passt in diesem Fall besonders gut zu den mediterranen Aromen von getrockneten Tomaten und Basilikum.

NÄHRWERTANGABEN

Kilokalorien 450	Zucker 6g
Eiweiß 13g	Fett 28g
Kohlenhydrate .. 38g	davon gesättigt .. 1g

25 MIN. 25 MIN.

4 PERSONEN

ZUTATEN

- 450 g fest kochende Kartoffeln
- 1 Radicchio- oder Lollo-Rosso-Salat
- 1 grüne Paprika, in Streifen
- 175 g italienische Salami, in Scheiben
- 1 rote Zwiebel, halbiert und in Ringen
- 125 g sonnengetrocknete Tomaten, in Streifen
- 2 EL frisch gehacktes Basilikum

DRESSING

- 1 EL Balsamico-Essig
- 1 TL Tomatenmark
- 2 EL Olivenöl
- Salz und Pfeffer

3

3

4

1 Die Kartoffeln in kochendem Wasser 20 Minuten garen. Gut abgießen und zum Abkühlen in eine Schüssel geben.

2 Eine große Servierplatte mit den Salatblättern auslegen.

3 Die Kartoffeln in Scheiben schneiden und abwechselnd mit Paprika, Salami, Zwiebel, Tomaten und Basilikum auf das Salatbett schichten.

4 Die Zutaten für das Dressing in einer kleinen Schüssel gut mischen. Über den Salat gießen und den Kartoffelsalat sofort servieren.

TIPP

Jede Art von italienischer Wurst oder Salami kann für diesen Salat verwendet werden, wobei die Sorten aus dem Süden Italiens tendenziell pikanter sind.

Mexikanischer Kartoffelsalat

Dieser Salat ist inspiriert von einem mexikanischen Gericht, bei dem Kartoffeln mit Tomaten, Chillies, Schinken und Guacamole belegt werden.

NÄHRWERTANGABEN

Kilokalorien 260	Zucker . . . . 6 g
Eiweiß . . . . 6 g	Fett . . . . 9 g
Kohlenhydrate . . 41 g	davon gesättigt . . 2 g

10 MIN. 15 MIN.

4 PERSONEN

ZUTATEN

- 4 große fest kochende Kartoffeln, in Scheiben
- 1 reife Avocado
- 1 TL Olivenöl
- 1 TL Zitronensaft
- 1 Knoblauchzehe, zerdrückt
- 1 Zwiebel, gehackt
- Salz und Pfeffer
- 2 große Tomaten, in Scheiben
- 1 grüne Chili, gehackt
- 1 gelbe Paprika, in Streifen
- 2 EL frisch gehackter Koriander
- Zitronenspalten, zum Garnieren

2

4

5

1 Die Kartoffeln ca. 10–15 Minuten in Wasser gar kochen. Abgießen und abkühlen lassen.

2 Inzwischen die Avocado halbieren und entkernen. Das Fleisch auslösen und in eine Schüssel geben.

3 Avocadofleisch mit einer Gabel zerdrücken, mit Öl, Zitronensaft, Knoblauch und Zwiebel vermengen und mit Salz und Pfeffer abschmecken. Die Schüssel abdecken und beiseite stellen.

4 Tomaten, Chili und Paprika vermengen und mit den Kartoffelscheiben in eine Salatschüssel geben.

5 Das Avocado-Mus darüber geben und mit Koriander bestreuen. Den Kartoffelsalat mit Zitronenspalten garnieren und servieren.

VARIATION

Zitronensaft verhindert, dass das Avocadofleisch bräunlich und unansehnlich wird.

Huhn-Papaya-Salat

Man kann bei diesem Rezept die Papaya durch Pfirsiche oder Nektarinen ersetzen – so oder so ein leichter, bekömmlicher Sommersalat.

NÄHRWERTANGABEN

Kilokalorien	408	Zucker	8 g
Eiweiß	30 g	Fett	28 g
Kohlenhydrate	10 g	davon gesättigt	5 g

5 MIN. 15 MIN.

4 PERSONEN

ZUTATEN

- 4 Hähnchenbrustfilets
- 1 Papaya, geschält
- 1 Avocado, geschält
- 125 g Alfalfasprossen
- 125 g Bohnensprossen

DRESSING

- 1 rote Chili, entkernt und gehackt
- 30 ml Rotweinessig
- 75 ml Olivenöl
- Salz und Pfeffer

GARNIERUNG

- 1 rote Paprika, gewürfelt
- 1 Salatgurke, gewürfelt

1 Die Hähnchenfilets etwa 15 Minuten in sprudelndem Wasser gar kochen.

2 Mit einem Schaumlöffel herausheben und zum Abkühlen zur Seite stellen.

3 Für das Dressing Chili, Rotweinessig und Olivenöl verrühren, gut mit Salz und Pfeffer abschmecken und beiseite stellen.

4 Die Filets mit einem scharfen Messer schräg zur Faser in Scheiben schneiden. Zur Seite stellen.

5 Papaya und Avocado in ebenso dicke Scheiben wie das Fleisch schneiden.

6 Die Papaya- und Avocadoscheiben abwechselnd mit den Filetscheiben auf 4 Tellern anrichten.

7 Mit Alfalfa- und Bohnensprossen dekorieren, mit Paprika- und Gurkenwürfeln garnieren und mit dem Chili-Dressing servieren.

1

3
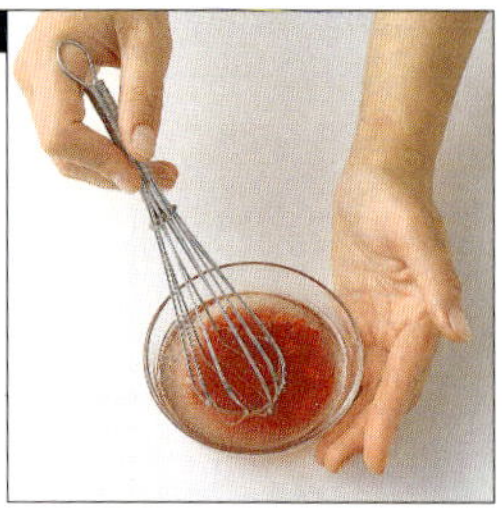

4
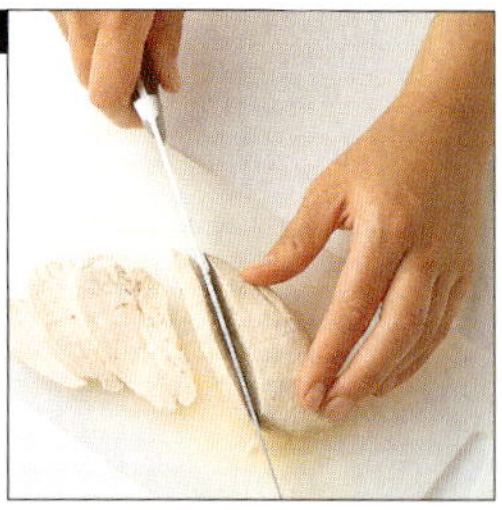

VARIATION

Ersetzen Sie die Papaya durch Pfirsiche oder Nektarinen.

Selleriesalat mit Sesam

Ein eleganter, bestechend einfacher Salat, der zu Reisgerichten genauso hervorragend wie zu Nudelgerichten passt.

NÄHRWERTANGABEN

Kilokalorien	78	Zucker	8 g
Eiweiß	3 g	Fett	3 g
Kohlenhydrate	3 g	davon gesättigt	0,5 g

10 MIN. 0 MIN.

4 PERSONEN

ZUTATEN

- 125 g Bohnensprossen
- 1½ EL frisch gehackter Koriander
- 3 EL frischer Limettensaft
- ½ TL mildes Chilipulver
- 1 TL Zucker
- ½ TL Salz
- 3 Selleriestangen
- 1 große grüne Paprika
- 1 großer Apfel (Granny Smith)
- 2 EL Sesamsaat, geröstet, zum Garnieren

1 Die Bohnensprossen einweichen und dann gründlich abtropfen lassen.

2 Alte, braune oder weiche Sprossen entfernen – für dieses Rezept ist es wichtig, dass die Sprossen frisch und bissfest sind.

3 Für das Dressing Koriander, Limettensaft, Chilipulver, Zucker und Salz in einer kleinen Schüssel gründlich mischen.

4 Die Selleriestangen mit einem scharfen Messer in 2,5 cm große Stücke schneiden. Paprika und Apfel in mundgerechte Stücke schneiden.

5 Sellerie, Paprika und Apfel mit den Bohnensprossen in eine Schüssel geben und vorsichtig mischen.

6 Das Dressing kurz vor dem Servieren über den Salat gießen und unterrühren.

7 Den Salat mit Sesamsaat garnieren und zu Reis- oder Nudelgerichten servieren.

TIPP

Für dieses Rezept sollten alle Zutaten so frisch und bissfest wie möglich sein. Das macht Geschmack und Aussehen dieses Salats aus. Damit Äpfel nach dem Zerschneiden nicht braun werden, legen Sie sie kurz in ein wenig Wasser mit Zitronensaft.

Garnelensalat

Nudeln und Bohnensprossen bilden die Grundlage dieses erfrischenden Salats, in dem Obst und Garnelen eine köstliche Geschmacksverbindung eingehen.

NÄHRWERTANGABEN

Kilokalorien 359	Zucker .... 4 g
Eiweiß .... 31 g	Fett .... 15 g
Kohlenhydrate .. 25 g	davon gesättigt .. 2 g

15 MIN. 5 MIN.

4 PERSONEN

ZUTATEN

- 250 g chinesische Eiernudeln
- 3 EL Sonnenblumenöl
- 1 EL Sesamöl
- 1 EL Sesamsaat
- 150 g Bohnensprossen
- 1 reife Mango, in Streifen
- 6 Frühlingszwiebeln, in Ringen
- 75 g Rettich, in Scheiben
- 350 g gekochte Garnelen, ausgelöst
- 2 EL helle Sojasauce
- 1 EL Sherry

1 Die Nudeln in einer großen Schüssel mit kochendem Wasser vollständig bedecken und 10 Minuten ruhen lassen.

2 Dann gut abtropfen lassen und mit Küchenpapier trockentupfen.

3 Sonnenblumenöl in einem Wok oder einer Pfanne erhitzen und die Nudeln darin unter häufigem Wenden 5 Minuten pfannenrühren.

4 Vom Herd nehmen und Sesamöl, Sesamsaat und Bohnensprossen zufügen. Gut verrühren.

5 In einer Schüssel Mango, Frühlingszwiebeln, Rettich und Garnelen vermengen. Sojasauce und Sherry zugießen und gut unterrühren.

6 Die Garnelenmischung mit den Nudeln vermengen und auf einem Servierteller anrichten. Sofort servieren, weil der Salat warm am besten schmeckt.

TIPP

Statt frischer Mango können Sie auch Mangoscheiben aus der Dose, abgetropft und abgespült, verwenden.

Gado-Gado

Dieser sehr beliebte indonesische Salat kombiniert verschiedene Gemüsesorten mit einem bestechenden Erdnuss-Dressing.

NÄHRWERTANGABEN

Kilokalorien	392	Zucker	8 g
Eiweiß	9 g	Fett	35 g
Kohlenhydrate	11 g	davon gesättigt	5 g

10 MIN. 25 MIN.

4 PERSONEN

ZUTATEN

- 100 g Weißkohl, geraspelt
- 100 g grüne Bohnen, jeweils gedrittelt
- 100 g Karotten, in Stiften
- 100 g Blumenkohlröschen
- 100 g Sojasprossen

DRESSING

- 100 ml Pflanzenöl
- 100 g ungesalzene Erdnüsse
- 2 Knoblauchzehen, zerdrückt
- 1 kleine Zwiebel, fein gehackt
- ½ TL Chilipulver
- ½ TL brauner Zucker
- 1 Prise Salz
- 425 ml Wasser
- Saft von ½ Zitrone
- Frühlingszwiebelringe, zum Garnieren

3

5

6

1 Die Gemüse jeweils getrennt in gesalzenem Wasser 4–5 Minuten kochen. Gut abgießen und abkühlen lassen.

2 Für das Dressing Öl in einer Pfanne erhitzen und die Erdnüsse darin unter häufigem Wenden 3–4 Minuten braten.

3 Die gebratenen Erdnüsse mit einem Schaumlöffel aus der Pfanne nehmen und auf Küchenpapier abtropfen lassen. Dann in der Küchenmaschine sehr fein zerkleinern oder mit einem Nudelholz fein zerdrücken.

4 Bis auf 1 Esslöffel das Öl aus der Pfanne abgießen. Knoblauch und Zwiebel 1 Minute andünsten. Chilipulver, Zucker, 1 Prise Salz und Wasser zugeben und alles zum Kochen bringen.

5 Erdnüsse einrühren. Hitze reduzieren und 4–5 Minuten köcheln lassen, bis die Sauce eindickt. Zitronensaft zugeben und zum Abkühlen beiseite stellen.

6 Das Gemüse auf einem Servierteller anrichten und das Erdnuss-Dressing in die Mitte geben. Mit Frühlingszwiebeln garnieren und servieren.

Rote-Bete-Salat

Benutzen Sie für diesen ungewöhnlichen Salat nur frische Rote Bete. Der Essiggeschmack der Konserve würde das feine Aroma zerstören.

NÄHRWERTANGABEN

Kilokalorien	240	Zucker	29 g
Eiweiß	10 g	Fett	2 g
Kohlenhydrate	49 g	davon gesättigt	0,3 g

2 1/4 STD. 1 STD.

4 PERSONEN

ZUTATEN

- 225 g Langkorn-Wildreismischung
- 4 große Orangen
- 450 g Rote Bete, geschält und gegart
- Salz und Pfeffer
- 2 Chicorée
- Schnittlauchröllchen, zum Garnieren

DRESSING

- 4 EL Magerquark oder fettarmer Naturjoghurt
- 1 Knoblauchzehe, zerdrückt
- 1 EL körniger Senf
- ½ TL fein geriebene Orangenschale
- 2 TL flüssiger Honig

2

3

5

1 Den Reis garen, abgießen und zum Abkühlen beiseite stellen.

2 Die Orangen schälen, dabei die weiße Haut komplett entfernen. Mit einem scharfen Messer die Filets ohne Reste der weißen Haut auslösen und in eine Schüssel geben. Dabei den Saft in einer anderen Schüssel auffangen. Den Saft abgedeckt in den Kühlschrank stellen.

3 Die Rote Bete abtropfen lassen und würfeln. Mit den Orangenfilets vermengen, abdecken und in den Kühlschrank stellen.

4 Den Reis mit dem Orangensaft vermengen sowie salzen und pfeffern.

5 Auf 4 Tellern je 1 Kranz aus Chicoréeblättern formen. Den Reis in die Mitte füllen, darauf Rote Bete und Orangenfilets anrichten.

6 Alle Zutaten für das Dressing verrühren und über den Salat geben. Mit Schnittlauchröllchen garnieren.

Brokkoli-Mandel-Salat

Ein knackig frischer Salat mit einem köstlichen Dressing – möglichst über Nacht ruhen lassen, damit sich die Aromen optimal verbinden.

NÄHRWERTANGABEN

Kilokalorien	181	Zucker	7 g
Eiweiß	9 g	Fett	12 g
Kohlenhydrate	9 g	davon gesättigt	2 g

4 ½ STD. 10 MIN.

4 PERSONEN

ZUTATEN

- 450 g Brokkoli, in Röschen
- 50 g Babymaiskolben, längs halbiert
- 1 rote Paprika, in dünnen Streifen
- 50 g Mandeln, blanchiert
- 1 EL Sesamsaat
- 1 EL Erdnussöl
- 2 Knoblauchzehen, zerdrückt
- 2 EL helle Sojasauce
- 1 EL flüssiger Honig
- 2 TL Zitronensaft
- Pfeffer
- geriebene Zitronenschale, zum Garnieren (nach Belieben)

1

2

3

1 Brokkoli und Mais in kochendem Wasser 5 Minuten blanchieren. Abgießen, abtropfen lassen, abspülen und erneut abtropfen lassen.

2 In eine große Schüssel geben und Paprika und Mandeln zufügen.

3 Die Sesamsaat ohne Öl im heißen Wok etwa 1 Minute unter ständigem Rühren rösten, bis sie leicht gebräunt ist.

4 Erdnussöl, Knoblauch, Sojasauce, Honig und Zitronensaft mischen, mit Pfeffer abschmecken. Die Sesamsaat zufügen und gut verrühren.

5 Über den Salat gießen, abdecken und mindestens 4 Stunden (noch besser über Nacht) im Kühlschrank marinieren.

6 Den Salat nach Belieben mit geriebener Zitronenschale garnieren und servieren.

TIPP

Beim Bräunen der Sesamsaat behutsam vorgehen, da sie schnell verbrennt. Sie verhindern dies durch fortwährendes Rühren bei geringer Hitze.

Chicoréesalat

Nicht nur der herb-frische Geschmack, sondern auch die Farbkontraste von Grapefruit, Chicorée und Feldsalat sprechen für dieses Gericht.

NÄHRWERTANGABEN

Kilokalorien	137	Zucker	4 g
Eiweiß	1 g	Fett	13 g
Kohlenhydrate	4 g	davon gesättigt	2 g

10 MIN. 0 MIN.

4 PERSONEN

ZUTATEN

1 rosa Grapefruit
1 Avocado
150 g Feldsalat
2 Chicorée, quer in Streifen geschnitten
1 EL frisch gehackte Minze

DRESSING

3 EL Olivenöl
1 EL Weißweinessig
1 kleine Knoblauchzehe, zerdrückt
½ TL Dijonsenf
1 TL flüssiger Honig
Salz und Pfeffer

1 Die Grapefruit möglichst mit einem gezahnten Messer schälen.

2 Zwischen den Häutchen einschneiden und Filets hautfrei auslösen.

3 Für das Dressing alle Zutaten in einem Schraubglas unter Schütteln gut mischen.

4 Die Avocado halbieren und mit einem Messer entkernen, dann schälen.

5 In Scheiben schneiden und in einer Schüssel mit dem Dressing beträufeln.

6 Den Feldsalat von den Stielen befreien. Mit Grapefruit, Chicorée und Minze in eine Schüssel geben.

7 Die Avocadoscheiben und 2 Esslöffel Dressing zufügen. Gut vermengen und auf Teller verteilen.

1
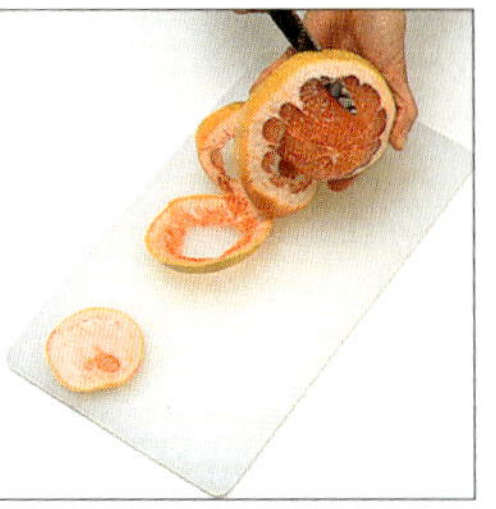

2

5

TIPP

Feldsalat wird auch Rapunzel oder Ackersalat genannt. Er wird als Herbst- und Wintersalat angebaut, ist frostresistent und lässt sich leicht im eigenen Garten ziehen.

Papaya-Salat

Dieser köstliche, exotische Salat gelingt am besten mit ganz frischen und festen Papayas.

NÄHRWERTANGABEN

Kilokalorien	193	Zucker	11 g
Eiweiß	3 g	Fett	15 g
Kohlenhydrate	12 g	davon gesättigt	2 g

10 MIN. 0 MIN.

4 PERSONEN

ZUTATEN

DRESSING

4 EL Olivenöl

1 EL Fischsauce oder helle Sojasauce

2 EL Zitronen- oder Limettensaft

1 EL brauner Zucker

1 TL gehackte rote oder grüne Chili

SALAT

1 fester Kopfsalat

¼ Weißkohl

2 Papayas

2 Tomaten

25 g Erdnüsse, geröstet und grob gehackt

4 Frühlingszwiebeln, in dünnen Ringen

Basilikumblätter, zum Garnieren

1

2

3

1 Für das Dressing alle Zutaten mit einem Schneebesen verrühren. Beiseite stellen und gelegentlich durchrühren, um den Zucker ganz aufzulösen.

2 Kopfsalat und Weißkohl zerkleinern, vermengen und auf einem großen Servierteller anrichten.

3 Papayas schälen, halbieren und entkernen, das Fruchtfleisch in dünne Scheiben schneiden. Auf den Salat geben.

4 Die Tomaten in einer Schüssel mit kochendem Wasser 1 Minute überbrühen und dann häuten. Entkernen und das Fruchtfleisch klein hacken. Auf dem Salat verteilen.

5 Mit Erdnüssen und Frühlingszwiebeln bestreuen. Das Dressing mit einem Schneebesen aufschlagen und über den Salat gießen. Mit Basilikumblättern garnieren und sofort servieren.

TIPP

Ungesalzene Erdnüsse verwenden und unter dem Grill goldbraun rösten. So entfalten sie ihren Geschmack am besten. Darauf achten, dass sie nicht verbrennen, weil das sehr schnell passieren kann.

Grapefruitsalat mit Kokosnuss

Dieser köstliche Salat ist trügerisch: Er sieht einladend leicht aus, hat es aber durchaus in sich.

NÄHRWERTANGABEN

Kilokalorien	201	Zucker	13 g
Eiweiß	3 g	Fett	15 g
Kohlenhydrate	14 g	davon gesättigt	9 g

10 MIN. 10 MIN.

4 PERSONEN

ZUTATEN

- 100 g Kokosraspel
- 2 TL helle Sojasauce
- 2 EL Limettensaft
- 2 EL Wasser
- 2 TL Sonnenblumenöl
- 1 Zwiebel, fein gehackt
- 1 Knoblauchzehe, halbiert
- 2 große rosa Grapefruits, geschält und filetiert
- 125 g Alfalfasprossen

1 Die Kokosraspel trocken in einer Pfanne bei niedriger Hitze und unter ständigem Rühren goldbraun rösten. In eine Schüssel geben.

2 Sojasauce, Limettensaft und Wasser zu den Kokosraspeln geben und gut vermengen.

3 Das Öl in einem Topf erhitzen und darin Zwiebel und Knoblauch anbraten, bis die Zwiebel weich ist. Gut unter die Kokosraspel heben.

4 Die Grapefruitfilets auf 4 Tellern anrichten und mit den Alfalfasprossen und der Kokosmischung dekorativ belegen.

1

2

4

TIPP

Alfalfasprossen sind in fast jedem Supermarkt im Kühlfach der Gemüseabteilung zu finden. Sie können die Sprossen aber auch ganz einfach selber ziehen.

Birnensalat mit Roquefort

Der süßliche Geschmack der Birne kontrastiert hier hervorragend mit dem knackigen Biss von Radicchio und Roquefort.

NÄHRWERTANGABEN

Kilokalorien 94	Zucker 10g
Eiweiß 5g	Fett 4g
Kohlenhydrate .. 10g	davon gesättigt .. 3g

10 MIN. 0 MIN.

4 PERSONEN

ZUTATEN

- 50 g Roquefort
- 150 g fettarmer Naturjoghurt
- 2 EL Schnittlauchröllchen
- Pfeffer
- einige Blätter Lollo Rosso, Radiccio und Feldsalat
- 2 reife Birnen
- Schnittlauchhalme, zum Garnieren

1

2

4

1 Den Käse in einer Schüssel mit der Gabel zerkleinern und mit dem Joghurt zu einem glatten Dressing verrühren. Den Schnittlauch einrühren und mit Pfeffer abschmecken.

2 Die Salatblätter in mundgerechte Stücke zupfen und auf einer Servierplatte oder auf Tellern anrichten.

3 Die Birnen vierteln, das Kerngehäuse entfernen und die Birnen in Spalten schneiden.

4 Die Birnenspalten auf die Salatblätter legen.

5 Mit dem Dressing beträufeln und mit Schnittlauch garniert sofort servieren.

TIPP

Praktisch und sehr preisgünstig sind fertig abgepackte Salatmischungen im Beutel.

Nudel-Mango-Salat

Bei diesem köstlichen warmen Salat harmoniert die Mangofrucht ganz hervorragend mit dem Erdnuss-Dressing sowie mit Paprika und Chili.

NÄHRWERTANGABEN

Kilokalorien 368	Zucker 11g
Eiweiß 11g	Fett 26g
Kohlenhydrate .. 24g	davon gesättigt .. 5g

15 MIN. 5 MIN.

4 PERSONEN

ZUTATEN

250 g chinesische Eiernudeln
2 EL Erdnussöl
4 Schalotten, in Streifen
2 Knoblauchzehen, zerdrückt
1 rote Chili, entkernt und in Streifen
1 rote Paprika, in Streifen
1 grüne Paprika, in Streifen
1 reife Mango, in dünnen Streifen
25 g gesalzene Erdnüsse, gehackt

DRESSING

4 EL Erdnussbutter
100 ml Kokosmilch
1 EL Tomatenmark

1

3

4

1 Die Nudeln in einer großen Schüssel mit kochendem Wasser bedecken und 10 Minuten quellen lassen.

2 Das Erdnussöl in einem großen heißen Wok oder einer großen Pfanne erhitzen.

3 Darin Schalotten, Knoblauch, Chili und Paprikastreifen 2–3 Minuten pfannenrühren.

4 Die Nudeln gut abtropfen lassen. Mit den Mangostreifen in den Wok geben und 2 Minuten erhitzen.

5 Den Nudel-Mango-Salat auf vorgewärmten Tellern anrichten und mit den Erdnüssen bestreuen.

6 Die Zutaten für das Dressing verrühren und über den warmen Salat geben. Sofort servieren.

TIPP

Sie können das Erdnuss-Dressing auch sanft erhitzen, bevor Sie es über den Salat geben.

Fenchelsalat mit Minze

Das feine Lakritzaroma des Fenchels harmoniert gut mit Gurke und Minze, kurz: ein äußerst erfrischender Salat.

NÄHRWERTANGABEN

Kilokalorien 90	Zucker .... 7 g
Eiweiß .... 4 g	Fett .... 5 g
Kohlenhydrate ... 7 g	davon gesättigt .. 1 g

25 MIN. 0 MIN.

4 PERSONEN

ZUTATEN

- 1 Fenchelknolle
- etwas Zitronensaft
- 2 kleine Orangen
- ½ Salatgurke
- 1 EL frisch gehackte Minze
- 1 EL Olivenöl extra vergine
- 2 Eier, hart gekocht

1

2

3

1 Mit einem scharfen Messer den Fenchel von den äußeren Blättern befreien, dann in feine Scheiben schneiden, in eine Schüssel mit Wasser geben und den Zitronensaft zufügen.

2 Von den Orangen die Schale über einer Schüssel abreiben. Dann die Früchte vollständig schälen und die Filets zwischen den Trennhäuten herauslösen. Dabei den Saft auffangen.

3 Mit einem scharfen Messer die Gurke in 1 cm dicke Scheiben schneiden, dann jede Scheibe vierteln.

4 Gurke, Fenchel und Orangen vermengen, anschließend die Minze zufügen.

5 Das Olivenöl über den Salat geben und gut unterrühren.

6 Die hart gekochten Eier schälen, vierteln und auf dem Salat anrichten. Sofort servieren.

TIPP

Geschnittener Fenchel wird ohne Dressing an der Luft braun. Legen Sie ihn in eine Schüssel mit Wasser und beträufeln Sie ihn mit Zitronensaft, um die Bräunung zu verhindern.

Gurkensalat

Ein Gurkensalat passt zu allen Hauptgerichten und in besonderer Weise dank seiner hervorragenden „Kühlwirkung" zu scharfen Curries.

NÄHRWERTANGABEN

Kilokalorien	33	Zucker	8 g
Eiweiß	0,2 g	Fett	0 g
Kohlenhydrate	9 g	davon gesättigt	0 g

10 MIN. 0 MIN.

4 PERSONEN

ZUTATEN

- ½ Gurke
- 1 EL Reisessig
- 2 EL Zucker
- ½ TL Salz
- 2 EL heißes Wasser
- 1 kleine Schalotte

1 Die Gurke schälen und der Länge nach halbieren.

2 Die Kerne sorgfältig mit einem Melonenformer entfernen.

3 Die Gurke mit einem scharfen Küchenmesser in dünne Scheiben schneiden.

4 Die Gurkenscheiben dekorativ auf einem Servierteller anordnen.

5 Reisessig, Zucker und Salz für das Dressing in einer Schüssel mischen. Mit dem heißen Wasser verrühren, bis sich der Zucker aufgelöst hat. Das Dressing leicht abkühlen lassen.

6 Das Dressing gleichmäßig über die Gurkenscheiben gießen.

7 Die Schalotte mit einem scharfen Messer in dünne Ringe schneiden und über die Gurken verteilen.

8 Den Gurkensalat mit Frischhaltefolie abdecken und vor dem Servieren kühl stellen. Als Salat z. B. zu Curries reichen.

TIPP

Gurken können einen etwas bitteren Geschmack haben, der nicht jedem zusagt. Er lässt sich jedoch oft abschwächen, wenn man die Gurke schält und die Kerne entfernt. Am elegantesten geht das mit einem Melonenformer.

2

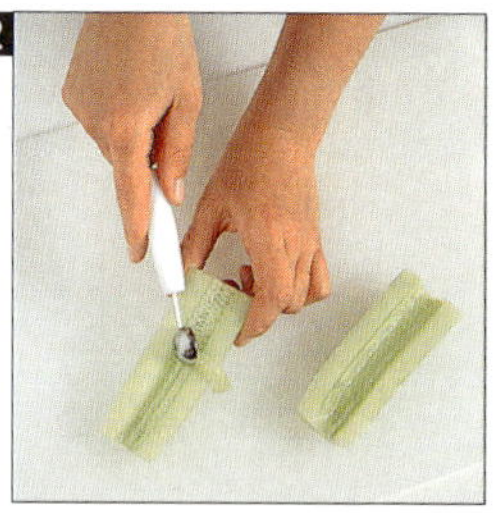

4

5

Spinat-Mozzarella-Salat

Dieser farbenfrohe und leicht zuzubereitende Salat steckt voller köstlicher Aromen.

NÄHRWERTANGABEN

Kilokalorien 79	Zucker . . . . 2 g
Eiweiß . . . . 4 g	Fett . . . . 6 g
Kohlenhydrate . . . 2 g	davon gesättigt . . 2 g

20 MIN. 0 MIN.

6 PERSONEN

ZUTATEN

200 g frischer junger Spinat
125 g Brunnenkresse
125 g Mozzarella
250 g Kirschtomaten
2 TL Balsamico-Essig
2 EL Olivenöl extra vergine
Salz und Pfeffer

1 Spinat und Brunnenkresse waschen, die harten Stiele entfernen, dann abtropfen lassen und in eine große Servierschüssel geben.

2 Mozzarella in kleine Stücke schneiden und auf das Gemüse geben.

3 Die Kirschtomaten halbieren und ebenfalls in die Schüssel geben.

4 Den Salat mit Balsamico-Essig und Öl beträufeln, mit Salz und Pfeffer abschmecken, sorgfältig durchrühren und sofort servieren oder bis zur Verwendung in den Kühlschrank stellen.

1

2

3

Hähnchen-Nudelsalat

Hähnchenfleischstreifen werden in einer pikanten Mischung gewälzt, dann mit Nudeln kurz gebraten und auf einem Salatbett angerichtet.

NÄHRWERTANGABEN

Kilokalorien	217	Zucker	1 g
Eiweiß	21 g	Fett	11 g
Kohlenhydrate	9 g	davon gesättigt	2 g

10 MIN. 10 MIN.

4 PERSONEN

ZUTATEN

- 1 TL frisch geriebene Ingwerwurzel
- ½ TL Fünf-Gewürze-Pulver
- 1 EL Mehl
- ½ TL Chilipulver
- Salz und Pfeffer
- 350 g Hähnchenbrustfilet, gehäutet und in dünnen Streifen
- 60 g Reisnudeln
- 125 g Chinakohl oder Weißkohl, sehr fein geschnitten
- 7-cm-Stück Gurke, in feinen Streifen
- 1 Karotte, in dünnen Scheiben
- 1 EL Olivenöl
- 2 EL Zitronen- oder Limettensaft
- 2 EL Sesamöl
- Zitronen- oder Limettenscheiben und frische Korianderblätter, zum Garnieren

1 Ingwer, Fünf-Gewürze-Pulver, Mehl und Chilipulver in einer flachen Schüssel vermengen. Mit Salz und Pfeffer würzen. Das Hähnchenfleisch zugeben und darin wenden, bis es ganz von der Mischung überzogen ist.

2 Die Nudeln in einer großen Schüssel mit reichlich warmem Wasser bedecken. Etwa 5 Minuten quellen lassen, dann gut abtropfen lassen.

3 China- oder Weißkohl, Gurke und Karotte in einer Salatschüssel vermengen. Für das Dressing das Olivenöl mit Zitronen- oder Limettensaft verquirlen, mit Salz und Pfeffer würzen und unter das Gemüse rühren.

4 Sesamöl in einem Wok oder einer Pfanne erhitzen und das Hähnchenfleisch darin 5–6 Minuten knusprig anbraten. Herausnehmen und abtropfen lassen.

5 Die Nudeln in Wok oder Pfanne geben und 3–4 Minuten braten. Herausnehmen, mit dem Fleisch vermengen und beides auf den Salat geben. Mit Zitronen- oder Limettenscheiben und Korianderblättern garniert servieren.

1

2

3

Bunter Paprikasalat

Man kann den Salat entweder warm mit knusprigem Knoblauchbrot oder als köstliche kalte Vorspeise mit Bratenaufschnitt servieren.

NÄHRWERTANGABEN

Kilokalorien	141	Zucker	8 g
Eiweiß	1 g	Fett	11 g
Kohlenhydrate	9 g	davon gesättigt	2 g

20 MIN. 20 MIN.

4 PERSONEN

ZUTATEN

- 4 gemischte große Paprika
- 4 EL Olivenöl extra vergine
- 1 große rote Zwiebel, in Ringen
- 2 Knoblauchzehen, zerdrückt
- 4 Tomaten, gehäutet und gehackt
- 1 Prise Zucker
- 1 TL Zitronensaft
- Salz und Pfeffer

1 Die Paprika halbieren und sorgfältig entkernen.

2 Mit der Schnittfläche nach unten auf ein Backblech legen und bei 200 °C 10–12 Minuten grillen, bis die Haut stellenweise schwarz wird. Unter kaltem Wasser abspülen und häuten.

3 Alle weißen Scheidewände entfernen, Paprika in dünne Streifen schneiden.

4 Das Öl in einer Pfanne erhitzen. Zwiebel und Knoblauch darin glasig dünsten. Paprika und Tomaten zufügen und bei schwacher Hitze 10 Minuten dünsten.

5 Vom Herd nehmen, Zucker und Zitronensaft unterrühren und mit Salz und Pfeffer abschmecken. Abkühlen lassen und servieren.

2

3

4

Krautsalat mit Karotten und Nüssen

Das Dressing wird mit in Sesamöl gebratenen Mohnsamen zubereitet und verleiht diesem einfachen Salat Geschmack und Aroma.

NÄHRWERTANGABEN

Kilokalorien 220	Zucker .... 7 g
Eiweiß .... 4 g	Fett .... 19 g
Kohlenhydrate .. 10 g	davon gesättigt .. 3 g

15 MIN. 5–10 MIN.

4 PERSONEN

ZUTATEN

- 1 große Karotte, geraspelt
- 1 kleine Zwiebel, fein gehackt
- 2 Selleriestangen, in Scheiben
- ¼ Weißkohl, geraspelt
- 1 EL gehackte Petersilie
- Salz und Pfeffer
- 4 EL Sesamöl
- ½ TL Mohnsamen
- 60 g Cashewkerne
- 2 EL Weißwein- oder Apfelessig
- Petersilienzweige, zum Garnieren

1 Karotte, Zwiebel, Sellerie und Kohl in einer großen Salatschüssel vermengen. Petersilie einrühren und mit Salz und Pfeffer abschmecken.

2 Sesamöl abgedeckt in einer Pfanne erhitzen. Mohnsamen zugeben und abgedeckt bei mittlerer Hitze braten, bis die Samen aufplatzen. Pfanne vom Herd nehmen und abkühlen lassen.

2

3

4

3 Cashewkerne auf einem Backblech verteilen. Bei mittlerer Hitze unter dem Grill hellbraun anrösten – Vorsicht, nicht anbrennen lassen. Abkühlen lassen.

4 Essig zu den Mohnsamen geben. Dann das Dressing über das Gemüse gießen. Die Cashewkerne zugeben und alles gut vermengen.

5 Den Salat mit frischen Petersilienzweigen garnieren und sofort servieren.

Krönungssalat

Das klassische britische Gericht „Coronation Chicken" wurde anlässlich der Krönung von Königin Victoria kreiert – hier eine aufgefrischte Variante.

NÄHRWERTANGABEN

Kilokalorien	236	Zucker	24 g
Eiweiß	7 g	Fett	5 g
Kohlenhydrate	43 g	davon gesättigt	1 g

25 MIN. 0 MIN.

4 PERSONEN

ZUTATEN

- 1 rote Paprika
- 60 g Sultaninen
- 1 Selleriestange, in Scheiben
- 125 g Mais aus der Dose
- 1 Apfel (Granny Smith), gewürfelt
- 125 g kernlose weiße Weintrauben, halbiert
- 250 g Basmati-Reis, gekocht
- 60 g gekochte Krabben, geschält (nach Belieben)

DRESSING

- 4 EL fettarme Mayonnaise
- 2 TL mildes Currypulver
- 1 TL Zitronensaft
- 1 TL Paprikapulver
- 1 Prise Salz

ZUM SERVIEREN

- Blätter von 1 kleinen Kopfsalat
- 1 TL Paprikapulver

1

2

3

1 Die Paprika entkernen und in kleine Würfel schneiden.

2 Paprika, Sultaninen, Sellerie, Mais, Apfel und Trauben in einer großen Schüssel mischen. Reis und Krabben unterrühren.

3 Für das Dressing alle Zutaten in einer kleinen Schüssel gründlich verrühren.

4 Über den Salat geben und gründlich vermengen.

5 Eine Servierplatte mit Salatblättern auslegen und den Krönungssalat darauf anrichten. Mit Paprikapulver bestreuen und servieren.

TIPP

Benötigen Sie für ein Dressing dünnflüssige Mayonnaise, fügen Sie einfach löffelweise Wasser zu, bis die Mayonnaise die gewünschte Konsistenz erreicht hat.

Rindfleisch-Erdnuss-Salat

Erdnüsse haben zwar einen relativ hohen Fettgehalt, besitzen aber einen kräftigen Geschmack – mit wenigen kann man große Wirkung erzielen.

NÄHRWERTANGABEN

Kilokalorien	194	Zucker	3 g
Eiweiß	21 g	Fett	10 g
Kohlenhydrate	5 g	davon gesättigt	3 g

10 MIN. 10 MIN.

4 PERSONEN

ZUTATEN

- ½ Chinakohl
- 1 große Karotte
- 100 g Radieschen
- 100 g Babymaiskolben
- 1 EL Erdnussöl
- 1 rote Chili, entkernt und fein gehackt
- 1 Knoblauchzehe, fein gehackt
- 350 g mageres Rindfleisch, in Streifen
- 1 EL dunkle Sojasauce
- 25 g frische Erdnüsse (nach Belieben)
- 1 rote Chili, in Ringen, zum Garnieren

DRESSING

- 1 EL Erdnussbutter
- 1 TL Zucker
- 2 EL helle Sojasauce
- 1 EL Sherry-Essig
- Salz und Pfeffer

1 Den Chinakohl fein zerkleinern und auf einer Servierplatte anrichten.

2 Die Karotte schälen und in dünne Stifte schneiden. Die Radieschen putzen und vierteln. Die Maiskolben längs halbieren. Diese Zutaten auf dem Rand der Servierplatte dekorativ anrichten. Die Platte beiseite stellen.

3 Das Erdnussöl in einem beschichteten Wok oder einer beschichteten Pfanne stark erhitzen.

4 Chili, Knoblauch und Rindfleisch zugeben und 5 Minuten anbraten.

5 Die Sojasauce zufügen und weitere 1–2 Minuten braten, bis das Fleisch gar und zart ist.

6 Währenddessen alle Zutaten für das Dressing in einer kleinen Schüssel sämig verrühren.

7 Das gegarte Rindfleisch in die Mitte des Gemüsebetts geben. Das Dressing darauf träufeln und nach Belieben mit Erdnüssen bestreuen. Mit Chiliringen garnieren und servieren.

2

4

6

VARIATION

Sie können in diesem Rezept auch Hühnerfleisch, Putenfleisch, mageres Schweinefleisch, ja sogar in Streifen geschnittenes Wild verwenden. In jedem Fall zuvor alles sichtbare Fett entfernen.

Sardischer Kartoffelsalat

Die warmen Kartoffeln nehmen die mediterranen Aromen von Oliven, Tomaten und Olivenöl sofort auf. Dieser Salat schmeckt warm wie kalt.

NÄHRWERTANGABEN

Kilokalorien	239	Zucker	2 g
Eiweiß	4 g	Fett	10 g
Kohlenhydrate	36 g	davon gesättigt	1 g

15 MIN. 15 MIN.

4 PERSONEN

ZUTATEN

750 g fest kochende Kartoffeln
1 Schalotte
2 Tomaten
Salz und Pfeffer
1 EL frisch gehacktes Basilikum

DRESSING

1 Tomate, gehäutet und fein gehackt
4 schwarze Oliven, entsteint und gehackt
4 EL Olivenöl extra vergine
1 EL Weinessig
1 Knoblauchzehe, zerdrückt
Salz und Pfeffer

3

4

5

1 Die Kartoffeln in kochendem Salzwasser 15 Minuten garen.

2 Abgießen, dann grob würfeln und in eine Schüssel geben.

3 Die Schalotte hacken, die Tomaten in Spalten schneiden und beides zu den Kartoffeln geben.

4 Alle Zutaten für das Dressing in ein Schraubglas füllen, verschließen und kräftig schütteln.

5 Das Dressing über den Kartoffelsalat gießen und sorgfältig unterrühren.

6 Den Salat in eine Servierschüssel geben, mit Salz und Pfeffer abschmecken und mit Basilikum bestreuen.

TIPP

Dieses Gericht gelingt auch mit mehlig kochenden Kartoffeln. Die Kartoffeln zerfallen zwar beim Kochen, doch nehmen sie das Dressing optimal auf. Verwenden Sie für das Dressing kaltgepresstes Olivenöl – es verleiht den Kartoffeln das fruchtige Aroma.

Tomatensalsa-Salat

Dieser Klassiker aus der mexikanischen Küche wird traditionell zu einer Vielzahl populärer Speisen serviert.

NÄHRWERTANGABEN

Kilokalorien	10	Zucker	2 g
Eiweiß	0,4 g	Fett	0,1 g
Kohlenhydrate	2 g	davon gesättigt	0 g

10 MIN. 0 MIN.

4 PERSONEN

ZUTATEN

- 4 reife Tomaten
- 1 rote Zwiebel oder 6 Frühlingszwiebeln
- 1–2 Knoblauchzehen, zerdrückt (nach Belieben)
- 2 EL frisch gehackter Koriander
- ½ rote oder grüne Chili (nach Belieben)
- geriebene Schale von 1 Zitrone oder Limette
- 1–2 EL Zitronen- oder Limettensaft
- Pfeffer

1 Die Tomaten würfeln und in eine Schüssel geben (nach Wunsch zuvor etwa 1–2 Minuten in kochendem Wasser blanchieren, dann mit einem Messer häuten).

2 Die Zwiebel schälen und in feine Ringe schneiden bzw. die Frühlingszwiebeln in schräge Ringe schneiden. Mit Knoblauch und Koriander zu den Tomaten geben und vorsichtig vermengen.

3 Die Chili entkernen, fein hacken und zum Salat geben. Vorsicht: Berühren Sie bei und nach der Verarbeitung von Chillies nicht Gesicht oder Augen! Der Saft ist sehr aggressiv und kann Reizungen verursachen.

4 Zitronenschale und -saft zufügen und gut vermengen. Den Salat in eine Servierschüssel geben und mit Pfeffer bestreuen.

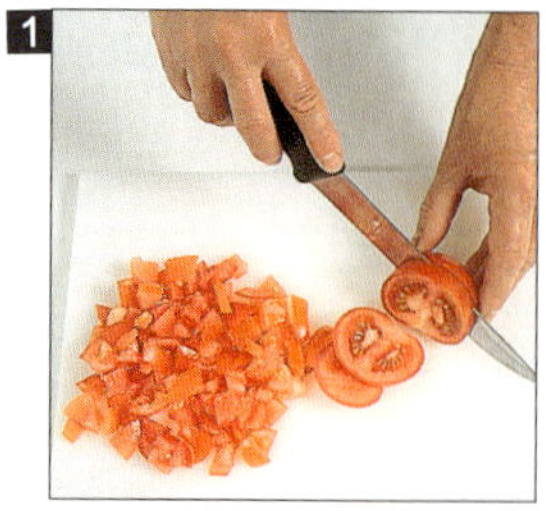
1

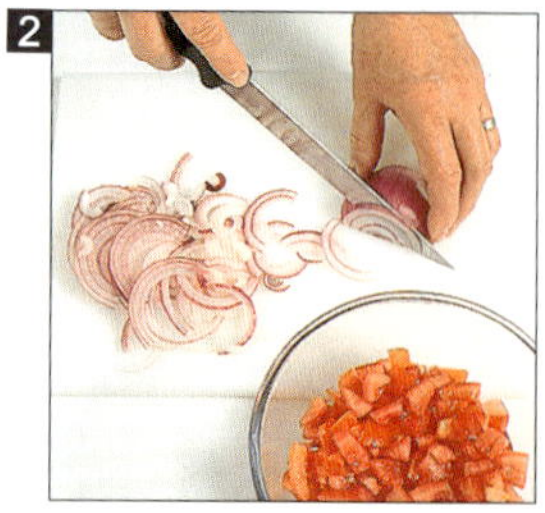
2

3

TIPP

Wenn Sie den intensiven Geschmack von frischem Koriander nicht mögen, verarbeiten Sie stattdessen glatte Petersilie.

Bruschetta mit grünem Salat

Geröstetes Brot mit Kräutern, pfeffrigem Rucola, rotem Mangold, grünen Oliven und Pistazien – ein exquisiter Snack.

NÄHRWERTANGABEN

Kilokalorien	256	Zucker	3 g
Eiweiß	4 g	Fett	17 g
Kohlenhydrate	23 g	davon gesättigt	3 g

25 MIN. 10 MIN.

4 PERSONEN

ZUTATEN

- 25 g Pistazien
- 5 EL Olivenöl extra vergine
- 1 EL frisch gehackter Rosmarin
- 2 Knoblauchzehen, zerdrückt
- 4 Scheiben Bauernbrot
- 1 EL Rotweinessig
- 1 TL körniger Senf
- 1 TL Zucker
- 50 g grüne Oliven, entsteint
- 25 g Rucola
- 25 g roter Mangold
- frisches Basilikum, in Streifen

1

3

4

1 Die Pistazien schälen und mit einem scharfen Messer grob hacken.

2 In einer Pfanne 2 Esslöffel Olivenöl erhitzen und darin Rosmarin und Knoblauch 2 Minuten weich dünsten.

3 Das Brot in die Pfanne geben und von jeder Seite 2–3 Minuten goldbraun rösten. Dann aus der Pfanne nehmen und auf Küchenpapier abtropfen lassen.

4 Für das Dressing das restliche Olivenöl mit Essig, Senf und Zucker mischen.

5 Die Oliven je nach Größe halbieren oder vierteln. Das Brot auf einen Servierteller legen, mit Rucola und Mangold belegen und mit den Oliven garnieren.

6 Mit dem Dressing beträufeln, mit Pistazien und Basilikumstreifen garnieren und zu den Bruschettas servieren.

TIPP

Falls kein roter Mangold erhältlich ist, kann eine in sehr feine Streifen geschnittene Tomate verwendet werden.

Kartoffel-Ananas-Huhn-Salat

Das pikante Erdnuss-Dressing zu diesem Salat kann im Voraus zubereitet und einen Tag vor der Verwendung kühl gestellt werden.

NÄHRWERTANGABEN

Kilokalorien 802	Zucker 15g
Eiweiß 35g	Fett 55g
Kohlenhydrate .. 45g	davon gesättigt . 10g

5 MIN. 15 MIN.

4 PERSONEN

ZUTATEN

- 4 große fest kochende Kartoffeln
- 300 g frische Ananas, in Würfeln
- 2 Karotten, geraspelt
- 175 g Bohnensprossen
- 1 Bund Frühlingszwiebeln, in Ringen
- 1 große Zucchini, in Scheiben
- 3 Selleriestangen, in Streifen
- 175 g ungesalzene Erdnüsse
- 2 Hähnchenbrustfilets (à 125 g), gekocht und in Streifen

DRESSING

- 6 EL grobe Erdnussbutter
- 6 EL Olivenöl
- 2 EL helle Sojasauce
- 1 rote Chili, fein gehackt
- 2 TL Sesamöl
- 4 TL Limettensaft

1 Die Kartoffeln mit einem scharfen Messer in kleine Würfel schneiden. Wasser in einem Topf zum Kochen bringen.

2 Die Kartoffeln im kochenden Wasser 10 Minuten garen. Abgießen und abkühlen lassen.

3 Die abgekühlten Kartoffeln in eine große Salatschüssel füllen.

4 Ananas, Karotten, Bohnensprossen, Frühlingszwiebeln, Zucchini, Sellerie, Erdnüsse und Hühnerfleisch zugeben und gut vermengen.

5 Für das Dressing die Erdnussbutter in eine kleine Schüssel geben, das Olivenöl und die Sojasauce langsam zufügen und verrühren.

6 Chili, Sesamöl und Limettensaft unterrühren. Das Dressing über den Salat gießen und unterheben. Servieren.

4

5

6

TIPP

Sie können ungesüßte Ananas aus der Dose statt einer frischen Ananas verwenden. Sind sie nur gesüßt erhältlich, gießen Sie das Wasser ab, und spülen Sie die Ananas vor Verwendung unter fließendem kaltem Wasser ab.

Nudel-Knoblauch-Salat

Dieser knackige Salat passt vorzüglich zu gebratenem Fleisch und zu einem kulinarisch leichten sommerlichen Grillfest.

NÄHRWERTANGABEN

Kilokalorien 858	Zucker 35g
Eiweiß 11g	Fett 64g
Kohlenhydrate .. 64g	davon gesättigt .. 8g

1 ½ STD. 10 MIN.

4 PERSONEN

ZUTATEN

- Blätter von 2 großen Kopfsalaten
- 250 g Penne
- 1 EL Olivenöl extra vergine
- 8 rote Äpfel
- Saft von 4 Zitronen
- 1 Bund Selleriestangen, in Scheiben
- 125 g Walnusshälften, halbiert
- 250 ml Knoblauchmayonnaise (siehe Tipp)
- Salz

1

3

4

1 Die Salatblätter waschen, abtropfen lassen und mit Küchenpapier trockentupfen. 1 Stunde kalt stellen.

2 In der Zwischenzeit Salzwasser in einem großen Topf aufkochen. Die Nudeln darin mit Olivenöl bissfest kochen. Abgießen und unter fließendem kaltem Wasser abschrecken. Gut abtropfen lassen und beiseite stellen.

3 Die Äpfel entkernen, würfeln und in einer kleinen Schüssel mit Zitronensaft übergießen.

4 Nudeln, Sellerie, Äpfel und Walnüsse vermengen, die Mayonnaise unterrühren und mit Salz abschmecken.

5 Eine Salatschüssel mit den Salatblättern auslegen, den Nudelsalat hineingeben und servieren.

TIPP

Knoblauchmayonnaise: 2 Eigelb mit 1 Prise Salz und 6 zerdrückten Knoblauchzehen verrühren. Teelöffelweise 350 ml Olivenöl einrühren. Wenn ¼ des Öls verarbeitet ist, 2 Esslöffel Weißweinessig einrühren. Restliches Öl in einem dünnen Strahl einrühren. 1 Teelöffel Senf zugeben und abschmecken.

Mango-Salat

Diese ungewöhnliche Verbindung begeistert jeden Feinschmecker. Statt der Mango kann man auch eine Papaya verwenden.

NÄHRWERTANGABEN

Kilokalorien 26	Zucker . . . . 3 g
Eiweiß . . . . 1 g	Fett . . . . 0,2 g
Kohlenhydrate . . . 6 g	davon gesättigt . . 0 g

10 MIN. 0 MIN.

4 PERSONEN

ZUTATEN

- 1 große, nicht ganz reife Mango, in langen, dünnen Streifen
- 1 kleine rote Chili, entkernt und gehackt
- 2 Schalotten, fein gehackt
- 2 EL Zitronensaft
- 1 EL helle Sojasauce
- 6 Wasserkastanien aus der Dose, geröstet und geviertelt
- 1 Kopfsalat (Lollo biondo) oder ein anderer Blattsalat (z. B. Eichblattsalat)
- 1 Wassermelone, zum Servieren
- 15 g Korianderblätter, zum Garnieren

1 Die Mango kurz in kaltem Wasser einweichen. Chili, Schalotten, Zitronensaft und Sojasauce verrühren. Die Mango aus dem Wasser nehmen und mit den Wasserkastanien vermengen.

2 Die Wassermelone am unteren Ende begradigen, damit sie steht. Ein Messer waagerecht in der Mitte ansetzen und die Melone um ihre eigene Achse drehen, sodass das Messer eine gerade Linie um die Melone zieht. Im rechten Winkel zu dieser Linie mit dem Messer zwei Linien für einen 2,5 cm breiten Griff ziehen, der über den höchsten Punkt verläuft und am anderen Ende wieder auf die waagerechte Mittellinie trifft.

3 Mit einem scharfen Messer entlang den Markierungslinien für den Korbgriff tief einschneiden. Dann die andere Seite des Griffs einschneiden. Jetzt der Mittellinie folgen und eine Zickzacklinie schneiden. Darauf achten, dass das Messer zum Mittelpunkt der Melone zeigt und parallel zur Arbeitsfläche weist. Nur so lässt sich das ausgeschnittene Stück der Melone sauber herausziehen.

4 Das Fruchtfleisch mit einem Löffel aus dem Melonenkorb lösen, den Rand mit Kopfsalat- und Korianderblättern dekorativ belegen. Mit dem Salat füllen, das Dressing darüber gießen und servieren.

1

1

4

TIPP

Schalotten sind weniger scharfe Verwandte der Zwiebel. Es gibt sie rund und länglich. Beim Kauf sollten Sie darauf achten, dass sie fest sind und eine trockene Schale haben, die keine Anzeichen von Schrumpfung zeigt. Frische Schalotten halten sich im Kühlschrank bis zu einer Woche.

Schneller Kichererbsensalat

Dieser verführerisch einladende Salat kann zu ein paar leckeren Gemüse-Kebabs als leichtes Mittag- oder Abendessen gereicht werden.

NÄHRWERTANGABEN

Kilokalorien 139	Zucker .... 5 g
Eiweiß .... 8 g	Fett .... 3 g
Kohlenhydrate .. 21 g	davon gesättigt . 0,4 g

10 MIN. 0 MIN.

4 PERSONEN

ZUTATEN

- 400 g Kichererbsen aus der Dose, abgetropft
- 4 Karotten
- 1 Bund Frühlingszwiebeln
- 1 Salatgurke
- ½ TL Salz
- ½ TL Pfeffer
- 3 EL Zitronensaft
- 1 rote Paprika

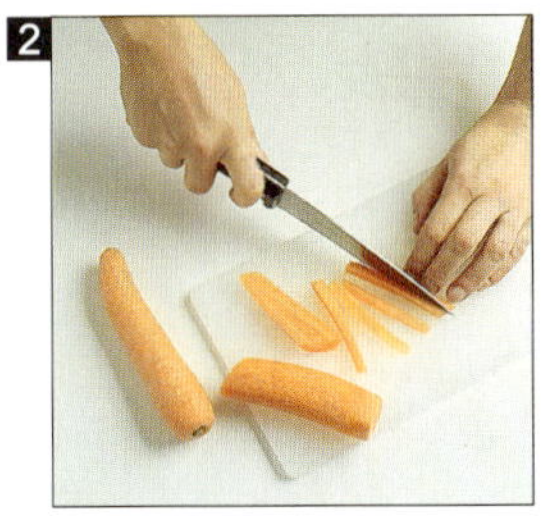

1 Die Kichererbsen in eine große Salatschüssel füllen.

2 Die Karotten mit einem scharfen Messer schälen und in dünne Stifte schneiden.

3 Die Frühlingszwiebeln in schmale Streifen schneiden.

4 Die Gurke in dicke Scheiben schneiden und diese dann vierteln.

5 Karotten, Frühlingszwiebeln und Gurke zu den Kichererbsen geben und gründlich vermengen. Mit Salz und Pfeffer abschmecken, mit Zitronensaft beträufeln und den Salat vorsichtig durchrühren.

6 Die Paprika entkernen und mit einem scharfen Messer in feine Streifen schneiden. Die Streifen dekorativ auf dem Kichererbsensalat anrichten.

7 Den Salat bis zum Servieren im Kühlschrank kalt stellen.

TIPP

Mit Kichererbsen aus der Dose statt getrockneter Hülsenfrüchte ist die Zubereitungszeit sehr viel kürzer.

Süß-saurer Fischsalat

Diese Kombination aus rosa und weißem Fisch mit frischer Ananas und Paprika kann als Vorspeise oder als kleine Mahlzeit serviert werden.

NÄHRWERTANGABEN

Kilokalorien	168	Zucker	5 g
Eiweiß	24 g	Fett	6 g
Kohlenhydrate	5 g	davon gesättigt	1 g

25 MIN. 10 MIN.

4 PERSONEN

ZUTATEN

- 225 g Forellenfilet
- 225 g weißes Fischfilet (z. B. Schellfisch oder Kabeljau)
- 300 ml Wasser
- 1 Stängel Zitronengras
- 2 Limettenblätter
- 1 große rote Chili
- 1 Bund Frühlingszwiebeln, in Streifen
- 115 g frische Ananas, gewürfelt
- 1 kleine rote Paprika, gewürfelt
- 1 Bund Brunnenkresse
- Schnittlauchröllchen, zum Garnieren

DRESSING

- 1 EL Sonnenblumenöl
- 1 EL Reisweinessig
- 1 Prise Chilipulver
- 1 TL flüssiger Honig
- Salz und Pfeffer

1 Den Fisch gut abspülen, in eine Pfanne legen und das Wasser darüber gießen. Den Zitronengrasstängel in der Mitte knicken, leicht flach klopfen und mit den Limettenblättern in die Pfanne geben. Die Chili mit einer Gabel einstechen und in die Pfanne geben. Aufkochen und 7–8 Minuten köcheln, dann abkühlen lassen.

2 Die Filets herausnehmen, häuten, zerpflücken und in eine Schüssel geben. Frühlingszwiebeln, Ananas und Paprika vorsichtig einrühren.

3 Die Brunnenkresse auf 4 Serviertellern anrichten, die Fischmischung darauf verteilen und beiseite stellen.

4 Alle Zutaten für das Dressing mischen und über den Fischsalat träufeln. Mit Schnittlauch garniert servieren.

1

2

3

Hühnchen-Nudel-Salat

Zarte Hähnchenbruststreifen, Trauben und ein außergewöhnliches Pesto-Dressing verfeinern diesen pastellfarbenen Nudelsalat.

NÄHRWERTANGABEN

Kilokalorien	609	Zucker	11 g
Eiweiß	26 g	Fett	38 g
Kohlenhydrate	45 g	davon gesättigt	6 g

30 MIN. 10 MIN.

2 PERSONEN

ZUTATEN

- 120–150 g Pasta
- 2 EL Mayonnaise
- 2 TL Pesto
- 1 EL saure Sahne
- Salz und Pfeffer
- 175 g Hähnchenbrustfilet, gekocht
- 1–2 Selleriestangen
- 125 g blaue Trauben
- 1 große Karotte
- Selleriegrün, zum Garnieren

FRENCH DRESSING

- 1 EL Weißweinessig
- 3 EL Olivenöl extra vergine
- Salz und Pfeffer

1 Für das Dressing alle Zutaten gut verrühren.

2 Die Nudeln in kochendem Salzwasser bissfest kochen, abgießen, abspülen und abtropfen lassen. In eine Salatschüssel geben, das Dressing über die noch warmen Nudeln gießen, gut mischen und erkalten lassen.

3 Mayonnaise, Pesto und saure Sahne verrühren und mit Salz und Pfeffer abschmecken.

4 Das Hühnerfleisch in mundgerechte Stücke, den Sellerie schräg in feine Scheiben schneiden. Einige Trauben für die Garnitur zurücklegen, die restlichen halbieren und entkernen. Die Karotte in feine Stifte schneiden.

5 Fleisch, Sellerie, Trauben, Karotte und Pesto-Mayonnaise zu den Nudeln geben und gut unterrühren. Nach Belieben mit Salz und Pfeffer abschmecken.

6 Den Salat auf zwei Tellern anrichten und mit den zurückbehaltenen Trauben und dem Selleriegrün garnieren.

Pikanter Reissalat

Natur- oder Vollkornreis passt zu Erdnüssen ebenso wie zu der süß-sauren Obst- und Gemüsemischung, die diesen pikant-nussigen Salat ausmachen.

NÄHRWERTANGABEN

Kilokalorien 464	Zucker . . . . 17 g
Eiweiß . . . . 15 g	Fett . . . . 24 g
Kohlenhydrate . . 52 g	davon gesättigt . . 4 g

5 MIN. 30 MIN.

4 PERSONEN

ZUTATEN

- 300 g Naturreis
- 1 Bund Frühlingszwiebeln
- 1 rote Paprika
- 125 g Radieschen
- 425 g Ananas im eigenen Saft aus der Dose, in Stücken und abgetropft
- 125 g Bohnensprossen
- 90 g Erdnüsse, geröstet

DRESSING

- 2 EL grobe Erdnussbutter
- 1 EL Erdnussöl
- 2 EL helle Sojasauce
- 2 EL Weißweinessig
- 2 TL flüssiger Honig
- 1 TL Chilipulver
- ½ TL Knoblauchsalz
- Pfeffer

1

3

6

1 Den Reis in einem Topf mit Wasser bedecken. Aufkochen lassen und den Deckel aufsetzen. 30 Minuten bei niedriger Hitze garen.

2 In der Zwischenzeit die Frühlingszwiebeln klein schneiden, die Paprika entkernen und würfeln, die Radieschen in Scheiben schneiden.

3 Für das Dressing alle Zutaten in einer kleinen Schüssel verquirlen.

4 Den Reis gut abtropfen lassen und in eine feuerfeste Schüssel füllen.

5 Das Dressing in einem kleinen Kochtopf 1 Minute erhitzen, dann gründlich unter den Reis rühren.

6 Ananas, Frühlingszwiebeln, Paprika, Bohnensprossen und Erdnüsse mit dem Reis in der Schüssel vermengen.

7 Den Salat auf einen vorgewärmten Servierteller füllen.

8 Die Radieschenscheiben dekorativ um den Salat anordnen. Sofort servieren.

Paprikasalat

Farbenfrohe marinierte Gemüse ergeben eine wundervoll schmackhafte Vorspeise, zu der man am besten Tomatentoast reicht.

NÄHRWERTANGABEN			
Kilokalorien	234	Zucker	4 g
Eiweiß	6 g	Fett	17 g
Kohlenhydrate	15 g	davon gesättigt	2 g

5–10 MIN. 35 MIN.

4 PERSONEN

ZUTATEN

1 Zwiebel
2 rote Paprika
2 gelbe Paprika
3 EL Olivenöl
2 große Zucchini, in Scheiben
2 Knoblauchzehen, in Scheiben
1 EL Balsamico-Essig
50 g Sardellenfilets, gehackt
25 g schwarze Oliven, halbiert und entsteint
Salz und Pfeffer
1 EL frisch gehacktes Basilikum

TOMATENTOAST

1 kleines Baguette
1 Knoblauchzehe, zerdrückt
1 Tomate, gehäutet und gehackt
3 EL Olivenöl

1 Die Zwiebel in Spalten schneiden, Paprika entkernen und in dicke Streifen schneiden.

2 Das Olivenöl in einer großen Pfanne erhitzen. Zwiebel, Paprika, Zucchini und Knoblauchscheiben zufügen und 20 Minuten bei schwacher Hitze dünsten. Dabei gelegentlich umrühren.

3 Essig, Sardellenfilets und Oliven zugeben, mit Salz und Pfeffer abschmecken und abkühlen lassen.

4 Das Gemüse auf Servierteller verteilen und mit Basilikum bestreuen.

5 Für die Toasts das Baguette schräg in 1 cm dicke Scheiben schneiden.

6 Knoblauch, Tomate und 2 Esslöffel Olivenöl mischen, mit Salz und Pfeffer abschmecken und dünn auf die Brotscheiben streichen.

7 Das Brot auf ein Backblech legen, mit restlichem Olivenöl beträufeln und im vorgeheizten Backofen bei 220 °C 5–10 Minuten rösten. Zusammen mit dem Paprikasalat servieren.

1

2

3

Nudelsalat Nizza

Das Rezept für diesen Salat basiert auf dem klassischen Salade niçoise. Hinzu kommt hier ein Hauch von Kapern und Basilikum.

NÄHRWERTANGABEN

Kilokalorien	214	Zucker	2 g
Eiweiß	26 g	Fett	7 g
Kohlenhydrate	14 g	davon gesättigt	1 g

15 MIN. 35 MIN.

4 PERSONEN

ZUTATEN

- 225 g Nudeln (z. B. Farfalle)
- 175 g grüne Bohnen
- 350 g Thunfischsteaks
- Pfeffer
- 115 g Kirschtomaten, halbiert
- 8 Sardellenfilets, abgetropft
- 2 EL eingelegte Kapern, abgetropft
- 25 g eingelegte schwarze Oliven, entsteint und abgetropft
- frisches Basilikum, zum Garnieren

DRESSING

- 1 EL Olivenöl
- 1 Knoblauchzehe, zerdrückt
- 1 EL Zitronensaft
- ½ TL geriebene Zitronenschale
- 1 EL frisch gehacktes Basilikum
- Salz und Pfeffer

1 Die Nudeln in Salzwasser bissfest kochen. Abgießen und warm halten.

2 In einem kleinen Topf leicht gesalzenes Wasser aufkochen und die Bohnen darin 5–6 Minuten kochen, bis sie gerade weich sind. Abgießen, mit den Nudeln vermengen und warm halten.

3 Den Grill auf mittlere Hitze vorheizen. Die Thunfischsteaks abspülen und mit Küchenpapier abtupfen. Von beiden Seiten mit Pfeffer würzen. Die Steaks auf den Grillrost legen und 4–5 Minuten von jeder Seite grillen, bis sie gar sind.

4 Anschließend auf Küchenpapier abtropfen lassen, dann in mundgerechte Stücke zerpflücken. Den Thunfisch mit Tomaten, Sardellen, Kapern und Oliven zu den Nudeln geben und gut unterrühren. Warm halten.

5 Die Zutaten für das Dressing verrühren und mit Salz und Pfeffer abschmecken. Das Dressing über den Salat gießen und vorsichtig unterheben. In eine vorgewärmte Schüssel geben, mit Basilikum bestreuen und servieren.

VARIATION

Für diesen Salat eignet sich jede Nudelsorte. Besonders schön fürs Auge sind verschiedenfarbige Pasta.

Mischsalat mit Knoblauch

Durch die vielen bunten Zutaten isst bei diesem in zehn Minuten zubereiteten Salat auch das Auge mit.

NÄHRWERTANGABEN

Kilokalorien 82	Zucker .... 5 g
Eiweiß .... 2 g	Fett .... 6 g
Kohlenhydrate ... 5 g	davon gesättigt .. 1 g

10 MIN. 0 MIN.

4 PERSONEN

ZUTATEN

- 75 g Salatgurke, in Scheiben
- 6 Frühlingszwiebeln, längs halbiert
- 2 Tomaten, entkernt und geachtelt
- 1 gelbe Paprika, in Streifen
- 2 Selleriestangen, in Streifen
- 4 Radieschen, geviertelt
- 75 g Rucola
- 1 EL frisch gehackte Minze, zum Garnieren

DRESSING

- 2 EL Zitronensaft
- 1 Knoblauchzehe, zerdrückt
- 150 g fettarmer Naturjoghurt
- 2 EL Olivenöl
- Salz und Pfeffer

1 

2 

3 

1 Gurke, Frühlingszwiebeln, Tomaten, Paprika, Sellerie, Radieschen und Rucola in einer großen Salatschüssel vermengen.

2 Für das Dressing Zitronensaft, Knoblauch, Joghurt und Öl in ein Schraubglas geben und unter Schütteln mischen.

3 Das Dressing mit Salz und Pfeffer abschmecken.

4 Über den Salat geben und gut unterheben. Mit Minze bestreuen und sofort servieren.

TIPP

Rucola hat einen markanten nussig pfeffrigen Geschmack, der Salaten eine besondere Note gibt. Ersatzweise können Sie Feldsalat verwenden.

Leichte Gerichte & Beilagen

In der Hektik unseres Alltags werden Schnellgerichte immer beliebter. Aber auch bei Gerichten „auf die Hand" sollte man darauf achten, eine ausgewogene und vitaminreiche Kost und nicht einfach Junkfood zu sich zu nehmen. Die Rezepte in diesem Kapitel bieten Köstliches für jeden Geschmack: Gemüse, Käse, Fleisch und Pasta. Auch die allseits beliebte Pizza ist mit vielen Variationen vertreten: Pizza quattro stagioni, Pizza calabrese oder Pizza mexicana. Überdies präsentiert dieses Kapitel viele Beilagenrezepte wie Pommes Anna oder die Grüne Bohnenpfanne.

Teppanyaki

Diese einfache japanische Garmethode eignet sich ausgezeichnet für geschnetzelte Hähnchen- oder Putenbrustfilets.

NÄHRWERTANGABEN

Kilokalorien	206	Zucker	4 g
Eiweiß	30 g	Fett	7 g
Kohlenhydrate	6 g	davon gesättigt	2 g

5 MIN. 10 MIN.

4 PERSONEN

ZUTATEN

4 Hähnchenbrustfilets
1 rote Paprika
1 grüne Paprika
4 Frühlingszwiebeln
8 Babymaiskolben
100 g Bohnensprossen
1 EL Sonnenblumenöl
4 EL Sojasauce
4 EL Mirin
1 EL frisch geriebene Ingwerwurzel

1 Die Filets quer zur Faser in 5 mm dicke Streifen schneiden.

2 Die Paprika entkernen und in Streifen schneiden. Frühlingszwiebeln in Ringe und Maiskolben in Scheiben schneiden.

3 Paprika, Frühlingszwiebeln, Mais und Bohnensprossen mit den Fleischscheiben auf einem Teller vermengen.

4 Eine große Pfanne erhitzen und leicht mit Öl einpinseln. Gemüse und Fleisch darin in kleinen Portionen scharf anbraten, dabei das Gegarte zum Rand schieben, damit die jeweils neue Portion ebenfalls schnell gart.

5 Sojasauce, Mirin und Ingwer verrühren und als Dip zu Fleisch und Gemüse servieren.

TIPP

Mirin ist ein süßer Reiswein, den Sie in asiatischen Lebensmittelgeschäften finden können. Alternativ kann man auch süßen Sherry verwenden.

1

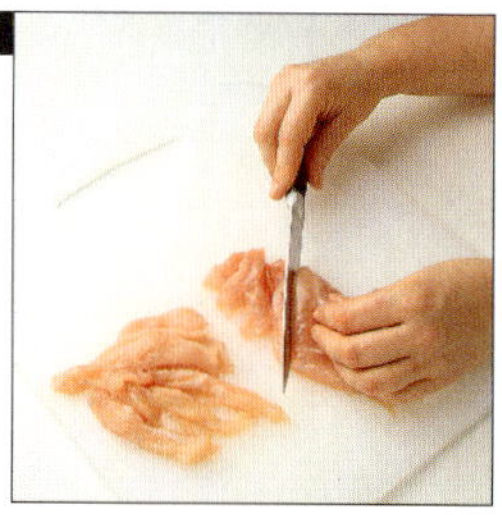

2

5

Hähnchen im Spinatmantel

Ein köstliches Gericht mit einem Hauch von Orient – Hähnchenbrustfilets werden mit Spinatblättern umhüllt und dann gedämpft.

NÄHRWERTANGABEN

Kilokalorien 216	Zucker .... 7 g
Eiweiß .... 31 g	Fett .... 7 g
Kohlenhydrate ... 7 g	davon gesättigt .. 2 g

20 MIN. 30 MIN.

4 PERSONEN

ZUTATEN

- 4 Hähnchenbrustfilets
- 1 TL gemahlenes Zitronengras
- Salz und Pfeffer
- 2 Frühlingszwiebeln, in feinen Ringen
- 250 g junge Karotten
- 250 g kleine Zucchini
- 2 Selleriestangen
- 1 TL helle Sojasauce
- 250 g frische junge Spinatblätter
- 2 TL Sesamöl

1

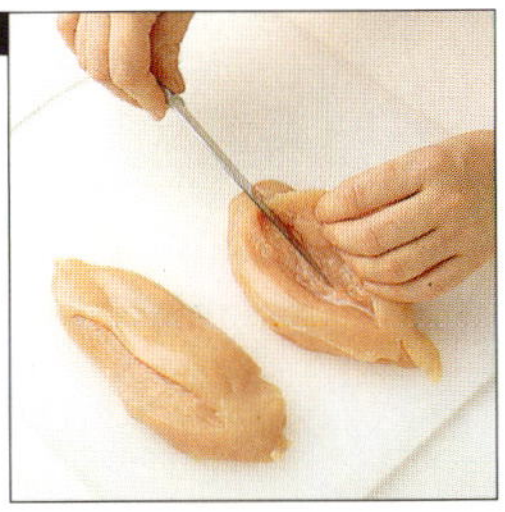

3

4

1 Mit einem Messer in die Seite jedes Filets eine große Tasche schneiden.

2 Die Taschen innen mit Zitronengras, Salz und Pfeffer einreiben und mit den Frühlingszwiebeln füllen.

3 Karotten, Zucchini und Sellerie waschen und in Stifte schneiden. 1 Minute in kochendem Wasser blanchieren, abtropfen lassen und mit der Sojasauce vermengen.

4 Einen Teil der Gemüsemischung in die Filettaschen füllen. Die Ränder jeder Tasche einschlagen, um die Öffnungen zu schließen. Das restliche Gemüse beiseite stellen. Die Spinatblätter waschen und trockentupfen, dann um die Filets wickeln, einige Blätter zurückbehalten. Sind die Blätter zu hart zum Wickeln, einige Sekunden dämpfen, bis sie weich genug sind.

5 Die Filets je nach Größe 20–25 Minuten dämpfen. Dazu die Filets in einen Dämpfeinsatz legen und diesen über leicht kochendes Wasser setzen.

6 Restliches Gemüse und zurückbehaltene Spinatblätter 1–2 Minuten in Öl pfannenrühren und zu den Hähnchenfilets servieren.

Gemüse-Mix

Dieses farbenfrohe Gericht können Sie als vegetarische Hauptmahlzeit genießen oder als knackige Beilage zu kurz gebratenem Fleisch.

NÄHRWERTANGABEN

Kilokalorien 190	Zucker . . . . 17 g
Eiweiß . . . . 7 g	Fett . . . . 7 g
Kohlenhydrate . . 27 g	davon gesättigt . . 1 g

10 MIN. 20 MIN.

4 PERSONEN

ZUTATEN

- 150 g Prinzessbohnen
- 8 junge Karotten
- 6 kleine weiße Rüben
- ½ kleiner Blumenkohl
- 2 EL Öl
- 2 große Zwiebeln, in Ringen
- 2 Knoblauchzehen, fein gehackt
- 300 g fettarmer Naturjoghurt
- 1 EL Speisestärke
- 2 EL Tomatenmark
- Salz
- 1 Prise Chilipulver

1

3

4

1 Die Bohnen putzen und halbieren. Die Karotten halbieren, die Rüben vierteln, den Blumenkohl in Röschen teilen. Das Gemüse in einem Dämpfeinsatz über kochendem Salzwasser 3 Minuten dämpfen. Unter kaltem Wasser abschrecken.

2 Das Öl in einer Pfanne erhitzen und die Zwiebeln darin glasig dünsten. Den Knoblauch dazugeben und 1 weitere Minute anbraten.

3 Joghurt, Speisestärke und Tomatenmark gut verrühren, zu den Zwiebeln geben und 1–2 Minuten unter Rühren erhitzen.

4 Das Gemüse gut abtropfen lassen und nach und nach in die Sauce geben. Mit Salz und Chilipulver würzen, dann abgedeckt 5 Minuten köcheln lassen, bis das Gemüse gar, aber noch knackig ist. Mit Salz abschmecken und sofort servieren.

Pancetta-Pecorino-Küchlein

Mit einer leckeren Pesto-Sardellen-Sauce bilden diese Küchlein eine köstliche leichte Mahlzeit.

NÄHRWERTANGABEN

Kilokalorien 619	Zucker .... 4 g
Eiweiß .... 22 g	Fett .... 29 g
Kohlenhydrate .. 71 g	davon gesättigt .. 8 g

20 MIN. 25 MIN.

4 PERSONEN

ZUTATEN

- 2 EL Butter, plus etwas mehr, zum Einfetten
- 100 g Pancetta, ohne Schwarte
- 225 g Mehl
- 2 TL Backpulver
- Salz und Pfeffer
- 75 g Pecorino, gerieben
- 150 ml Milch, plus etwas mehr, zum Glasieren
- 1 EL Tomatenketchup
- 1 TL Worcestersauce
- 400 g Farfalle
- 1 EL Olivenöl
- 3 EL Pesto (siehe Seite 19) oder Anchovispaste (nach Belieben)
- grüner Salat, zum Servieren

1 Ein Backblech mit Butter einfetten. Die Pancetta unter dem Backofengrill braten, dann abkühlen und fein hacken.

2 Mehl, Backpulver und 1 Prise Salz in eine Schüssel sieben. Die Butter sorgfältig einkneten, dann Pancetta und ein Drittel des Käses zugeben.

3 Milch, Ketchup und Worcestersauce mischen und mit der Mehlmischung sorgfältig zu einem weichen und sehr glatten Teig verkneten.

4 Den Teig auf einer bemehlten Arbeitsfläche zu einem 18 cm großen Kreis ausrollen. Mit Milch bestreichen und in 8 Dreiecke schneiden.

5 Die Dreiecke nebeneinander auf dem Backblech auslegen und mit dem restlichen Käse bestreuen. 20 Minuten im vorgeheizten Backofen bei 200 °C backen.

6 Salzwasser in einem großen Topf aufkochen. Die Farfalle darin mit dem Olivenöl bissfest kochen. Abgießen und in eine Schüssel geben. Mit den Kuchenecken belegen und mit einer Sauce nach Belieben und einem grünen Salat servieren.

2

4

5

Hähnchenspieße nach Thai-Art

Die Spieße werden in einer aromatischen Sauce mariniert und gegrillt. Statt der Kaffir-Limettenblätter kann man auch Lorbeerblätter verwenden.

NÄHRWERTANGABEN

Kilokalorien 218	Zucker .... 4 g
Eiweiß .... 28 g	Fett .... 10 g
Kohlenhydrate ... 5 g	davon gesättigt .. 2 g

2 1/4 STD. 20 MIN.

4 PERSONEN

ZUTATEN

- 4 Hähnchenbrustfilets
- 1 Zwiebel
- 1 große rote Paprika, entkernt
- 1 große gelbe Paprika, entkernt
- 12 Kaffir-Limettenblätter
- 2 EL Sonnenblumenöl
- 2 EL Limettensaft
- Tomatenhälften, zum Servieren

MARINADE

- 1 EL rote Currypaste
- 150 ml Kokosmilch

1 Für die Marinade die Currypaste in einem kleinen Topf bei mittlerer Hitze 1 Minute erwärmen. Die Hälfte der Kokosmilch zugießen und 2–3 Minuten köcheln lassen, bis die Flüssigkeit auf ein Drittel reduziert ist.

2 Den Topf vom Herd nehmen und die restliche Kokosmilch einrühren. Zum Abkühlen beiseite stellen.

3 Das Hühnerfleisch in 2,5 cm große Stücke schneiden und mit der kalten Marinade vermengen. Abgedeckt mindestens 2 Stunden kalt stellen.

4 Die Zwiebel in Spalten und die Paprika in 2,5 cm große Stücke schneiden.

5 Die Fleischstücke aus der Marinade nehmen und abwechselnd mit dem Gemüse und den Kaffir-Limettenblättern auf Bratspieße stecken. Die Marinade mit Öl und Limettensaft verrühren und die Spieße damit bestreichen.

6 Die Spieße 10–15 Minuten im Backofengrill oder über Holzkohle grillen. Die Spieße dabei mehrmals wenden und mit der Marinade bestreichen. Die Tomatenhälften ebenfalls grillen und mit den Spießen servieren.

1

1

3

TIPP

Um ihre Aromen zu entfalten, muss eine Marinade zunächst abgekühlt sein, bevor das Fleisch zugefügt wird – außerdem stellt sie warm ein ideales Milieu für die Vermehrung von Bakterien dar.

Pasta mit Pesto

Pesto verfeinert Nudeln, Suppen und Salatdressings. Sie ist in vielen Supermärkten fertig erhältlich, aber selbst gemacht schmeckt sie besser.

NÄHRWERTANGABEN

Kilokalorien	321	Zucker	1 g
Eiweiß	11 g	Fett	17 g
Kohlenhydrate	32 g	davon gesättigt	4 g

15 MIN. 10 MIN.

4 PERSONEN

ZUTATEN

- 40 frische Basilikumblätter
- 3 Knoblauchzehen, zerdrückt
- 25 g Pinienkerne
- 50 g Parmesan, frisch gerieben
- 2–3 EL Olivenöl extra vergine
- 675 g frische oder 350 g getrocknete Nudeln
- Salz und Pfeffer

1 Basilikum waschen und mit Küchenpapier trockentupfen.

2 Basilikum, Knoblauch, Pinienkerne und Parmesan in einer Küchenmaschine oder einem Mörser zu einer glatten Paste verarbeiten.

3 Das Öl in einem dünnen Strahl zugießen und unterrühren. Oder bei der Verarbeitung von Hand das Öl portionsweise zugießen und kräftig verrühren.

4 Währenddessen Salzwasser in einem großen Topf aufkochen. Die Nudeln darin bissfest kochen und abtropfen lassen.

1

2

3

5 Pestos mit Salz und Pfeffer abschmecken und mit den heißen Nudeln vermengen. Auf Teller verteilen und sofort servieren.

TIPP

Pesto ist im Kühlschrank 4 Wochen haltbar – dazu in ein Schraubglas füllen und mit Olivenöl bedecken, damit das Basilikum nicht schwarz wird.

Pasta mit sizilianischer Sauce

Diese sizilianische Tomatensauce mit Sardellenfilets, Pinienkernen und Rosinen passt zu jeder Pastasorte.

NÄHRWERTANGABEN

Kilokalorien	286	Zucker	14 g
Eiweiß	11 g	Fett	8 g
Kohlenhydrate	46 g	davon gesättigt	1 g

25 MIN. 30 MIN.

4 PERSONEN

ZUTATEN

450 g Tomaten, halbiert
25 g Pinienkerne
50 g Sultaninen
50 g Sardellenfilets, abgetropft und längs halbiert
2 EL Tomatenmark
675 g frische oder 350 g getrocknete Penne

1

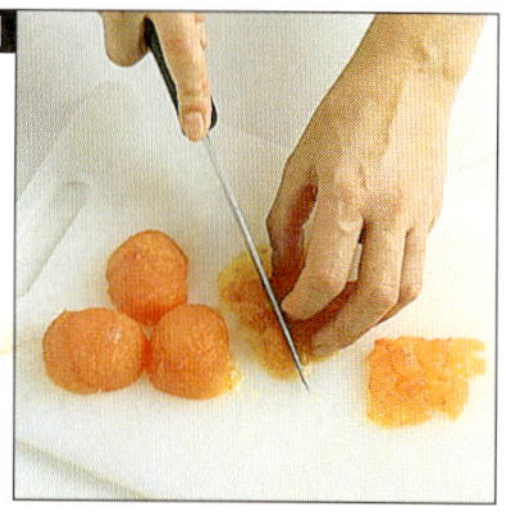

3

5

1 Die Tomaten unter einem vorgeheizten Grill 10 Minuten rösten. Abkühlen lassen, häuten und in Würfel schneiden.

2 Die Pinienkerne auf ein Backblech legen und unter dem heißen Grill 2–3 Minuten goldbraun rösten.

3 Sultaninen in einer Schüssel mit warmem Wasser etwa 20 Minuten einweichen. Anschließend gut abtropfen lassen.

4 Tomaten, Pinienkerne und Sultaninen in einem kleinen Topf langsam erhitzen.

5 Sardellenfilets und Tomatenmark zufügen und weitere 2–3 Minuten kochen, bis die Sauce heiß ist.

6 Die Penne in Salzwasser bissfest kochen, abgießen und gut abtropfen lassen.

7 Die heißen Nudeln mit der fertigen Sauce vermengen und servieren.

VARIATION

Statt der Sardellen 100 g gewürfelten, knusprig gebratenen Speck verwenden.

Bunte Hähnchenpfanne

Dieses fröhliche, bunte Gericht aus Hähnchenfleisch, Paprika und Tomaten schmeckt der ganzen Familie.

NÄHRWERTANGABEN

Kilokalorien	183	Zucker	8 g
Eiweiß	24 g	Fett	6 g
Kohlenhydrate	8 g	davon gesättigt	1 g

5 MIN. 25 MIN.

4 PERSONEN

ZUTATEN

- 10 Hähnchenschenkel, entbeint und ohne Haut
- 1 Zwiebel
- je 1 rote, grüne und gelbe Paprika
- 1 EL Sonnenblumenöl
- 400 g gehackte Tomaten aus der Dose
- 2 EL frisch gehackte Petersilie
- Pfeffer
- Vollkornbrot und grüner Salat, zum Servieren

1

2

4

1 Die Hähnchenschenkel mit einem Messer in mundgerechte Stücke schneiden.

2 Die Zwiebel schälen und in dünne Ringe schneiden. Die Paprika halbieren, entkernen und in kleine Rauten schneiden.

3 Das Öl in einer großen Pfanne erhitzen. Fleisch und Zwiebel darin goldbraun anbraten.

4 Die Paprika zugeben, 2–3 Minuten dünsten, dann Tomaten und Petersilie einrühren und mit Pfeffer abschmecken.

5 Abdecken und etwa 15 Minuten köcheln lassen, bis Fleisch und Gemüse gar sind. Heiß mit Vollkornbrot und grünem Salat servieren.

TIPP

Für Kinder sollte man das Fleisch fein hacken oder durch den Fleischwolf drehen.

Drei-Käse-Makkaroni

Diese aromatische Pastazubereitung ist eine vollständige Mahlzeit. Am besten schmeckt dazu ein knackiger Salat.

NÄHRWERTANGABEN

Kilokalorien 672	Zucker . . . . 10 g
Eiweiß . . . . 31 g	Fett . . . . 44 g
Kohlenhydrate . . 40 g	davon gesättigt . 23 g

30 MIN. 45 MIN.

4 PERSONEN

ZUTATEN

600 ml Béchamelsauce (siehe Seite 6)
225 g Makkaroni
1 Ei, verquirlt
125 g Pecorino, frisch gerieben
1 EL körniger Senf
2 EL frische Schnittlauchröllchen
Salz und Pfeffer
4 Tomaten, in Scheiben
125 g Butterkäse, frisch gerieben
60 g Blauschimmelkäse, zerbröckelt
2 EL Sonnenblumenkerne
frische Schnittlauchröllchen, zum Garnieren

2

3

4

1 Die Béchamelsauce frisch zubereiten und mit Frischhaltefolie abdecken, damit sich keine Haut bildet. Beiseite stellen.

2 Salzwasser in einem großen Topf aufkochen. Die Nudeln darin 8–10 Minuten bissfest kochen. Abtropfen lassen und in eine Auflaufform geben.

3 Ei, Pecorino, Senf, Schnittlauch sowie Salz und Pfeffer unter die Béchamelsauce rühren und über die Makkaroni geben. Dann mit einer Schicht aus Tomatenscheiben bedecken.

4 Mit dem Käse und den Sonnenblumenkernen belegen. Den Auflauf auf einem Backblech im Backofen bei 190 °C 25–30 Minuten garen, bis er goldbraun und knusprig ist. Mit Schnittlauchröllchen garnieren und sofort servieren.

Hühnergeschnetzeltes mit Mais

Für dieses pfannengerührte Gericht braucht man ein Minimum an Zeit und Öl – in jeder Hinsicht eine gesunde Mahlzeit.

NÄHRWERTANGABEN

Kilokalorien	280	Zucker	7 g
Eiweiß	31 g	Fett	11 g
Kohlenhydrate	9 g	davon gesättigt	2 g

5 MIN.   10 MIN.

4 PERSONEN

ZUTATEN

- 4 Hähnchenbrustfilets
- 250 g Babymaiskolben
- 250 g Zuckererbsen
- 2 EL Sonnenblumenöl
- 1 EL Sherry-Essig
- 1 EL flüssiger Honig
- 1 EL helle Sojasauce
- 1 EL Sonnenblumenkerne
- Pfeffer
- Reis oder chinesische Eiernudeln, zum Servieren

2

5

7

1 Das Fleisch mit einem scharfen Messer in schmale Streifen schneiden.

2 Die Maiskolben längs halbieren. Die Zuckererbsen putzen.

3 Das Öl in einem heißen Wok oder einer großen Pfanne erhitzen.

4 Das Fleisch zugeben und bei starker Hitze 1 Minute pfannenrühren.

5 Mais und Zuckererbsen zufügen und bei mittlerer Hitze 5–8 Minuten pfannenrühren – das Gemüse sollte noch bissfest und knackig sein.

6 Essig, Honig und Sojasauce in einer kleinen Schüssel verrühren.

7 Mit den Sonnenblumenkernen in den Wok oder die Pfanne einrühren.

8 Gut pfeffern und 1 Minute unter Rühren garen.

9 Die Mais-Huhn-Pfanne mit Reis oder Eiernudeln heiß servieren.

VARIATION

Reisessig oder Balsamico-Essig sind ein guter Ersatz für Sherry-Essig.

Pasta carbonara

Die klassische Sauce wird aus der italienischen Pancetta, frischen Eiern und Parmesan zubereitet und passt zu vielen Nudelsorten.

NÄHRWERTANGABEN

Kilokalorien	547	Zucker	1 g
Eiweiß	21 g	Fett	31 g
Kohlenhydrate	49 g	davon gesättigt	14 g

15 MIN. 20 MIN.

4 PERSONEN

ZUTATEN

- 1 EL Olivenöl
- 3 EL Butter
- 100 g Pancetta oder ungeräucherter Speck, gewürfelt
- 3 Eier, verquirlt
- 2 EL Milch
- 1 EL Thymianblätter
- Salz und Pfeffer
- 675 g Conchiglioni rigati
- 50 g Parmesan, frisch gerieben

1 Öl und Butter in einer großen Pfanne erhitzen, bis die Mischung zu schäumen beginnt.

2 Pancetta oder anderen Speck zufügen und 5 Minuten von allen Seiten bräunen.

3 Eier und Milch in einer Schüssel mischen, Thymian unterrühren und mit Salz und Pfeffer abschmecken.

4 Die Nudeln in Salzwasser 8–10 Minuten bissfest kochen, dann gut abtropfen lassen.

5 Die Nudeln und die Eimischung zur Pancetta in die Pfanne geben und bei starker Hitze ca. 30 Sekunden garen, bis die Eier gerade stocken.

6 Die Hälfte des geriebenen Parmesans unter die Carbonara-Sauce rühren.

7 Pasta carbonara in eine Servierschüssel geben.

8 Mit dem restlichen Parmesan bestreuen und sofort heiß servieren.

2

3

5

VARIATION

Für eine besonders sahnige Carbonara-Sauce in Schritt 3 4 Esslöffel Crème double zu Eiern und Milch geben.

Hähnchenrouladen am Spieß

Hähnchenfleisch wird hier mit Schinken und Basilikum aufgerollt, in Scheiben geschnitten, aufgespießt und gegrillt.

NÄHRWERTANGABEN

Kilokalorien 231	Zucker .... 1 g
Eiweiß .... 29 g	Fett .... 13 g
Kohlenhydrate ... 1 g	davon gesättigt .. 5 g

15 MIN. 10 MIN.

4 PERSONEN

ZUTATEN

- 4 Hähnchenbrustfilets
- 1 Knoblauchzehe, zerdrückt
- 2 EL Tomatenmark
- 4 Scheiben Räucherspeck
- 1 Hand voll frische Basilikumblätter
- Salz und Pfeffer
- Öl, zum Bepinseln
- grüner Salat, zum Servieren

1 Je 1 Filet zwischen 2 Bögen Frischhaltefolie legen und mit einem Nudelholz flach klopfen, damit das Fleisch gleichmäßig dick ist.

2 Knoblauch und Tomatenmark mischen und über das Fleisch geben. Dann mit 1 Scheibe Speck belegen, mit Basilikum bestreuen und mit Salz und Pfeffer würzen.

3 Das Hähnchenfleisch zusammenrollen und in dicke Scheiben schneiden.

4 Die Scheiben auf 4 Fleischspieße stecken – die Spieße müssen die Fleischröllchen vollständig durchstechen.

5 Die Spieße leicht mit Öl bepinseln und unter einem heißen Grill 10 Minuten garen, dabei einmal wenden. Sofort servieren und einen grünen Salat dazu reichen.

1
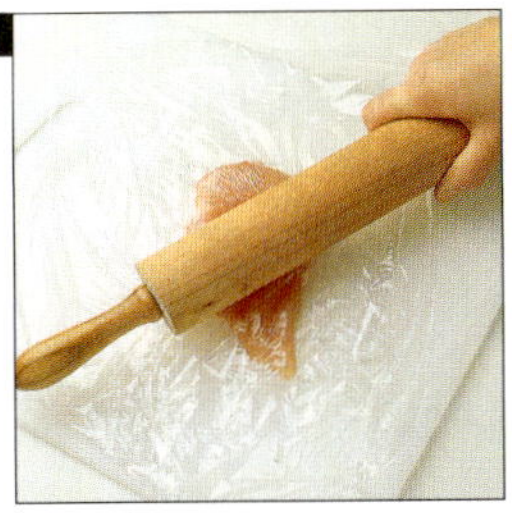

2

3

Champignons mit Reisfüllung

Große Champignons bieten sich einfach zum Füllen und Überbacken an. Die Wildpilze verleihen diesem Gericht zusätzliches Aroma.

NÄHRWERTANGABEN

Kilokalorien	168	Zucker	1 g
Eiweiß	7 g	Fett	3 g
Kohlenhydrate	23 g	davon gesättigt	1 g

25 MIN. 35 MIN.

4 PERSONEN

ZUTATEN

- 4 große flache Champignons
- 100 g gemischte Wildpilze, in Scheiben
- 4 getrocknete Tomaten, klein gehackt
- 150 ml trockener Rotwein
- 4 Frühlingszwiebeln, fein gehackt
- 75 g Reis, gekocht
- Salz und Pfeffer
- 2 EL frisch geriebener Parmesan
- 4 dicke Scheiben Brot, ohne Kruste
- Frühlingszwiebeln, in Streifen, zum Garnieren

1 Den Backofen auf 190 °C vorheizen. Die Champignons häuten, die Stiele herausdrehen, fein hacken und in eine Pfanne geben. Die Hüte beiseite legen.

2 Wildpilze, Tomaten und Rotwein mit in die Pfanne geben.

3 Aufkochen und abgedeckt 2–3 Minuten leicht kochen, bis die Pilze weich sind. Abgießen, dabei die Kochflüssigkeit auffangen. Die Pilze in eine Schüssel geben.

4 Frühlingszwiebeln und gekochten Reis mit den Wildpilzen verrühren. Abschmecken und in die Champignonhüte füllen. Dabei leicht flach drücken. Mit geriebenem Parmesan bestreuen.

5 Die Champignons auf ein Backblech legen und die zurückbehaltene Kochflüssigkeit auf dem Blech verteilen. 20–25 Minuten backen, bis die Pilze gar sind.

6 Unterdessen den Grill auf hoher Stufe vorheizen. Die Brotscheiben darunter hellbraun rösten.

7 Die Champignons abgießen und jeweils einen auf eine geröstete Brotscheibe geben. Mit Frühlingszwiebeln garnieren und servieren.

1

2

4

Tagliatelle mit Geflügelsauce

Diese grünen Bandnudeln mit einer gehaltvollen Tomatensauce und einer sahnigen Hähnchensauce sind einfach unwiderstehlich.

NÄHRWERTANGABEN

Kilokalorien	995	Zucker	8 g
Eiweiß	36 g	Fett	74 g
Kohlenhydrate	50 g	davon gesättigt	34 g

15 MIN. 45 MIN.

4 PERSONEN

ZUTATEN

- 250 g frische grüne Tagliatelle
- 1 EL Olivenöl
- frische Basilikumblätter, zum Garnieren

TOMATENSAUCE

- 2 EL Olivenöl
- 1 kleine Zwiebel, gehackt
- 1 Knoblauchzehe, gehackt
- 400 g gehackte Tomaten aus der Dose
- 2 EL frisch gehackte Petersilie
- 1 TL getrockneter Oregano
- 2 Lorbeerblätter
- 2 EL Tomatenmark
- 1 TL Zucker
- Salz und Pfeffer

GEFLÜGELSAUCE

- 60 g Butter
- 400 g Hähnchenbrustfilet, in dünnen Streifen
- 100 g blanchierte Mandeln
- 300 g Schlagsahne
- Salz und Pfeffer

1 Für die Tomatensauce das Öl bei mittlerer Hitze in einer Pfanne erhitzen. Die Zwiebel darin glasig dünsten. Knoblauch zufügen und 1 Minute pfannenrühren. Die restlichen Zutaten unterrühren, aufkochen und unabgedeckt 15–20 Minuten köcheln lassen, bis die Sauce auf die Hälfte eingedickt ist. Vom Herd nehmen und die Lorbeerblätter entfernen.

1

2 Für die Geflügelsauce die Butter in einer Pfanne zerlassen und Fleisch und Mandeln darin 5–6 Minuten pfannenrühren, bis das Fleisch gar ist.

2

3 Die Sahne in einem Topf aufkochen und bei schwacher Hitze in etwa 10 Minuten auf die Hälfte reduzieren. Über Hähnchen und Mandeln geben, durchrühren und mit Salz und Pfeffer abschmecken. Warm stellen.

4 Die Tagliatelle mit dem Öl in Salzwasser bissfest kochen. Abgießen und in eine vorgewärmte Schüssel geben. Mit der Tomatensauce übergießen und die Geflügelsauce darauf anrichten. Mit Basilikumblättern garnieren und servieren.

3

Mediterrane Huhn-Gemüse-Pakete

Fleisch und Gemüse werden im eigenen Saft gegart und bleiben so aromatisch und saftig – man braucht sehr wenig Öl.

NÄHRWERTANGABEN

Kilokalorien	234	Zucker	5 g
Eiweiß	28 g	Fett	12 g
Kohlenhydrate	5 g	davon gesättigt	5 g

25 MIN. 30 MIN.

6 PERSONEN

ZUTATEN

- 1 EL Olivenöl
- 6 Hähnchenbrustfilets
- 250 g Mozzarella
- 500 g Zucchini, in Scheiben
- 6 große Tomaten, in Scheiben
- Pfeffer
- 1 kleines Bund frisches Basilikum
- Reis oder Nudeln, zum Servieren

1 Aus Alufolie 6 Quadrate mit einer Seitenlänge von 25 cm schneiden, dünn mit Öl bestreichen und beiseite legen.

2 Jedes Filet mit einem scharfen Messer mehrfach quer einschneiden, dann den Mozzarella aufschneiden und die Scheiben in die Einschnitte stecken.

3 Zucchini- und Tomatenscheiben auf die Quadrate verteilen und mit Pfeffer bestreuen. Basilikum zupfen oder hacken und über das Gemüse streuen.

4 Die Filets auf dem Gemüse anrichten und die Folien zu Paketen packen.

5 Den Backofen auf 200 °C vorheizen. Die Huhn-Gemüse-Pakete auf ein Backblech legen und etwa 30 Minuten backen.

6 Die Pakete zum Servieren öffnen und mit Reis oder Nudeln servieren.

2

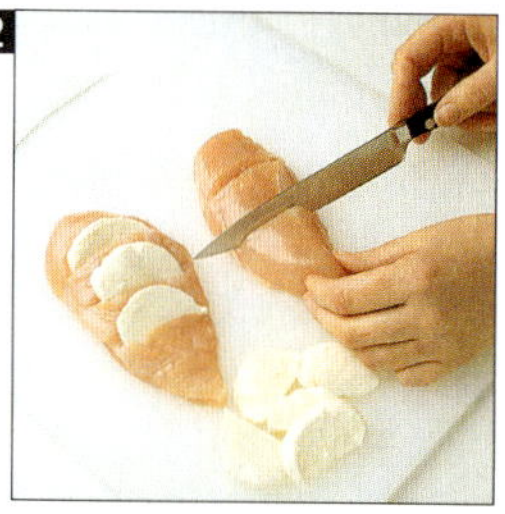

3

4

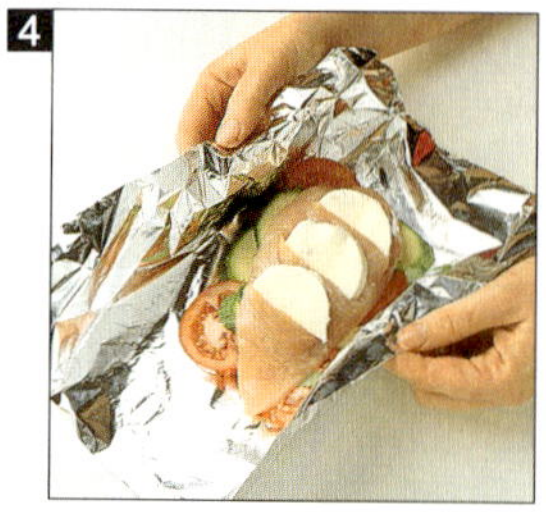

TIPP

Legen Sie Gemüse und Fleisch auf die glänzende Seite der Alufolie, sodass die matte Seite nach außen weist. Sie reflektiert die Hitze und beschleunigt so das Garen.

Chinesische Kartoffelpfanne

In diesem süß-sauren Gericht wird zartes Gemüse mit Gewürzen und Kokosmilch pfannengerührt und mit Limette abgeschmeckt.

NÄHRWERTANGABEN

Kilokalorien 138	Zucker .... 5 g
Eiweiß .... 2 g	Fett .... 6 g
Kohlenhydrate .. 20 g	davon gesättigt .. 1 g

10 MIN. 20 MIN.

4 PERSONEN

ZUTATEN

- 4 fest kochende Kartoffeln
- 2 EL Pflanzenöl
- 1 gelbe Paprika, gewürfelt
- 1 rote Paprika, gewürfelt
- 1 Karotte, in Stiften
- 1 Zucchini, in Stiften
- 2 Knoblauchzehen, zerdrückt
- 1 rote Chili, klein geschnitten
- 1 Bund Frühlingszwiebeln, jeweils längs halbiert
- 8 EL Kokosmilch
- 1 TL gehacktes Zitronengras
- 2 TL Limettensaft
- fein geriebene Schale von 1 Limette
- 1 EL frisch gehackter Koriander

4

5

6

1 Die Kartoffeln mit einem scharfen Messer in kleine Würfel schneiden.

2 Wasser in einem großen Kochtopf zum Kochen bringen und die Kartoffelwürfel 5 Minuten darin kochen. Abgießen und gründlich abtropfen lassen.

3 Das Öl in einem Wok oder einer großen Pfanne unter vorsichtigem Schwenken stark erhitzen.

4 Kartoffeln, Paprika, Karotte, Zucchini, Knoblauch und Chili in den Wok geben und 2–3 Minuten pfannenrühren.

5 Frühlingszwiebeln, Kokosmilch, Zitronengras und Limettensaft unterrühren und 5 Minuten pfannenrühren.

6 Limettenschale und Koriander zugeben und 1 Minute mitbraten. Die Kartoffelpfanne heiß servieren.

TIPP

Die Kartoffeln in Schritt 2 nicht zu weich kochen, da sie sonst während des Anbratens im Wok zerfallen.

Gefüllte Weinblätter

Eine Füllung aus Frischkäse, gehackten Datteln, gemahlenen Mandeln und leicht gerösteten Nüssen macht die herben Weinblätter zum Genuss.

NÄHRWERTANGABEN

Kilokalorien 459	Zucker . . . . 8 g
Eiweiß . . . . 12 g	Fett . . . . 42 g
Kohlenhydrate . . . 9 g	davon gesättigt . 20 g

25 MIN. 15 MIN.

4 PERSONEN

ZUTATEN

300 g Frischkäse
60 g gemahlene Mandeln
25 g Datteln, gehackt
Salz und Pfeffer
25 g Butter
25 g gehobelte Mandeln
12–16 Weinblätter
gegrillte Babymaiskolben, zum Servieren

GARNIERUNG

Rosmarinzweige
Tomatenviertel

1

3

4

1 Den Frischkäse in einer großen Schüssel glatt rühren. Gemahlene Mandeln und Datteln zugeben und gründlich verrühren. Mit Salz und Pfeffer abschmecken.

2 Butter in einer kleinen Pfanne zerlassen. Gehobelte Mandeln zugeben und bei geringer Hitze unter gelegentlichem Rühren 2–3 Minuten goldbraun anrösten. Vom Herd nehmen und einige Minuten abkühlen lassen.

3 Die gerösteten Mandeln gut unter die Käsemischung rühren.

4 Die Weinblätter nach Packungsanleitung zum Entsalzen in Wasser einweichen. Dann das Wasser abgießen, die Weinblätter auf der Arbeitsfläche auslegen und die Käsemischung mit einem Löffel darauf verteilen. Die Blätter so falten, dass die Füllung ganz umwickelt ist.

5 Jeweils 1 oder 2 Weinblattpäckchen in Alufolie wickeln. Zum Erwärmen etwa 8–10 Minuten unter den Grill legen, dabei einmal wenden. Mit Rosmarinzweigen und Tomatenvierteln garnieren und mit gegrilltem Babymais servieren.

Koriander-Curry

Kichererbsen lassen sich auf viele verschiedene Arten zubereiten – dieses klassische Rezept liefert eine der leckersten und beliebtesten.

NÄHRWERTANGABEN

Kilokalorien	313	Zucker	5 g
Eiweiß	8 g	Fett	19 g
Kohlenhydrate	29 g	davon gesättigt	2 g

10 MIN. 20 MIN.

4 PERSONEN

ZUTATEN

6 EL Pflanzenöl
2 Zwiebeln, in Ringen
1 TL fein gehackte Ingwerwurzel
1 TL gemahlener Kreuzkümmel
1 TL gemahlener Koriander
1 TL zerdrückter Knoblauch
1 TL Chilipulver
2 frische grüne Chillies
Korianderblätter
150 ml Wasser
1 große Kartoffel
400 g Kichererbsen aus der Dose, abgetropft
1 EL Zitronensaft

2

2

4

1 Öl in einem großen Topf erhitzen. Zwiebeln darin bei mittlerer Hitze unter gelegentlichem Rühren 5–8 Minuten goldbraun anbraten.

2 Hitze reduzieren, Ingwer, gemahlener Kreuzkümmel und Koriander, Knoblauch, Chilipulver, Chillies und Korianderblätter zugeben und 2 Minuten pfannenrühren.

3 Das Wasser zugießen und gründlich vermengen.

4 Die Kartoffel in kleine Würfel schneiden und mit den Kichererbsen in den Topf geben. Die Hitze reduzieren, abdecken und unter gelegentlichem Rühren 5–7 Minuten köcheln lassen.

5 Mit Zitronensaft begießen und verrühren.

6 Das Koriander-Curry in vorgewärmte Servierschalen geben und sofort servieren.

TIPP

Sie sparen Zeit, wenn Sie Kichererbsen aus der Dose verwenden. Getrocknete Kichererbsen müssen über Nacht einweichen und dann 15–20 Minuten kochen, bis sie weich sind.

Zweierlei Hühnchen

Vier Hähnchenschenkel – zwei werden heiß mit einer Senfsauce serviert, aus den beiden anderen entsteht ein köstlicher Salat.

NÄHRWERTANGABEN

Kilokalorien	421	Zucker	20 g
Eiweiß	31 g	Fett	18 g
Kohlenhydrate	34 g	davon gesättigt	4 g

2 ½ STD. 45 MIN.

2 PERSONEN

ZUTATEN

4 Hähnchenschenkel
Öl, zum Einfetten
Knoblauchpulver
Salz und Pfeffer
½ Apfel, geraspelt
1½ EL Pesto
gekochte Nudeln, zum Servieren

SAUCE

1 EL Butter oder Margarine
2 TL Mehl
5 EL Magermilch
2 EL trockener Weißwein oder Brühe
½ TL Senfpulver
1 TL Kapern oder gehackte Cornichons
Salz und Pfeffer

HÄHNCHENSALAT

1 EL Öl
½ kleine Zwiebel, fein gehackt
1 TL Tomatenmark
½ TL Currypulver
1 TL Aprikosenkonfitüre
2 EL fettarme Mayonnaise
1 TL Zitronensaft
1 EL fettarmer Frischkäse
Salz und Pfeffer
90 g kernlose Trauben, halbiert
60 g Langkornreis, gekocht, zum Servieren

1 Die Hähnchenschenkel in eine flache Auflaufform legen. Mit Öl bestreichen und mit Knoblauchpulver, Salz und Pfeffer würzen. Im vorgeheizten Backofen 25 Minuten bei 200 °C braten, bis das Fleisch fast gar ist. Apfel und Pesto vermengen. Die Hähnchenschenkel mit Bratensaft übergießen, dann zwei der Schenkel mit Apfel-Pesto bestreichen. Erneut 10 Minuten braten, bis das Fleisch gar ist.

1

2 Für die Sauce Butter oder Margarine zerlassen und das Mehl darin 1–2 Minuten anschwitzen. Die Milch nach und nach einrühren, dann Wein oder Brühe zugeben. Aufkochen und Senfpulver, Kapern oder Cornichons sowie Salz und Pfeffer unterrühren und 1 Minute köcheln lassen. Die beiden mit Apfel-Pesto bestrichenen Hähnchenschenkel mit der Sauce und den Nudeln servieren.

1

3 Für den Salat Öl in einem Topf erhitzen und die Zwiebel darin glasig dünsten. Tomatenmark, Currypulver und Konfitüre zugeben und 1 Minute kochen lassen. Abkühlen lassen, dann pürieren oder durch ein Sieb passieren und mit Mayonnaise, Zitronensaft und Frischkäse verrühren. Mit Salz und Pfeffer abschmecken.

4

4 Das restliche Fleisch in Streifen schneiden und mit den Trauben unter den Salat mengen. Mit Reis servieren.

Orecchiette mit Specktomaten

Schon bei der Zubereitung kann man dem verführerischen Duft von Oregano und gebratenem Speck kaum widerstehen.

NÄHRWERTANGABEN

Kilokalorien 431	Zucker . . . . 8 g
Eiweiß . . . . 10 g	Fett . . . . 29 g
Kohlenhydrate . . 34 g	davon gesättigt . 14 g

10 MIN. 35 MIN.

4 PERSONEN

ZUTATEN

- 900 g kleine Tomaten
- 6 Scheiben Räucherspeck, ohne Schwarte
- 4 EL Butter
- 1 Zwiebel, gehackt
- 1 Knoblauchzehe, zerdrückt
- 4 frische Oreganozweige, fein gehackt
- Salz und Pfeffer
- 450 g Orecchiette
- 1 EL Olivenöl
- frische Basilikumzweige, zum Garnieren
- frisch geriebener Pecorino, zum Servieren

1

3

5

1 Die Tomaten in sprudelnd kochendem Wasser blanchieren. Abtropfen, häuten und entkernen, dann grob hacken.

2 Den Speck mit einem scharfen Messer klein würfeln.

3 Die Butter in einem Topf zerlassen und den Speck darin goldgelb braten.

4 Zwiebel und Knoblauch zugeben und 5–7 Minuten anbraten.

5 Tomaten und Oregano zufügen, mit Salz und Pfeffer abschmecken und 12 Minuten köcheln lassen.

6 Salzwasser in einem großen Topf aufkochen. Die Orecchiette darin mit Öl bissfest kochen. Abgießen und in eine Schüssel geben.

7 Die Speck-Tomaten-Sauce über die Nudeln geben, gut vermengen und mit Basilikum garnieren. Sofort mit dem Pecorino servieren.

TIPP

Für einen authentischen italienischen Geschmack ist Pancetta anstelle des hiesigen Specks unverzichtbar. Pancetta ist geräuchert und ungeräuchert erhältlich.

Glasierte Hähnchenkeulen

Diesen köstlichen Hähnchenkeulen kann man nur mit den Fingern beikommen – also Zitronensaft und Servietten bereithalten.

NÄHRWERTANGABEN

Kilokalorien	213	Zucker	14 g
Eiweiß	27 g	Fett	6 g
Kohlenhydrate	14 g	davon gesättigt	2 g

5 MIN. 30 MIN.

4 PERSONEN

ZUTATEN

- 10 Hähnchenkeulen
- 4 EL feine Orangenmarmelade
- geriebene Schale und Saft von ½ Orange
- 1 EL Worcestersauce
- Salz und Pfeffer

ZUM SERVIEREN

- Kirschtomaten
- Salatblätter

1 Mit einem scharfen Messer jede Hähnchenkeule 2- bis 3-mal einschneiden.

2 Einen großen Topf mit Wasser zum Kochen bringen und die Keulen darin abgedeckt 5–10 Minuten kochen. Dann das Fleisch herausnehmen und gut abtropfen lassen.

3 In der Zwischenzeit für die Glasur Orangenmarmelade, Orangenschale und -saft, Worcestersauce sowie Salz und Pfeffer in einem kleinen Topf unter Rühren erhitzen, bis die Marmelade sich auflöst.

4 Die gekochten Keulen mit der Glasur überziehen und auf dem Holzkohlegrill oder unter dem Backofengrill ca. 10 Minuten braten. Häufiger wenden und mit der restlichen Glasur bestreichen.

5 Jeweils 3 Kirschtomaten auf einen Spieß stecken und 1–2 Minuten grillen.

6 Die fertigen Keulen auf Tellern anrichten und mit den Tomatenspießen sowie frischen Salatblättern servieren.

TIPP

Durch Vorgaren gelingt das Fleisch beim Grillen besser – man vermeidet so, dass es außen schon knusprig und innen noch nicht gar ist.

1
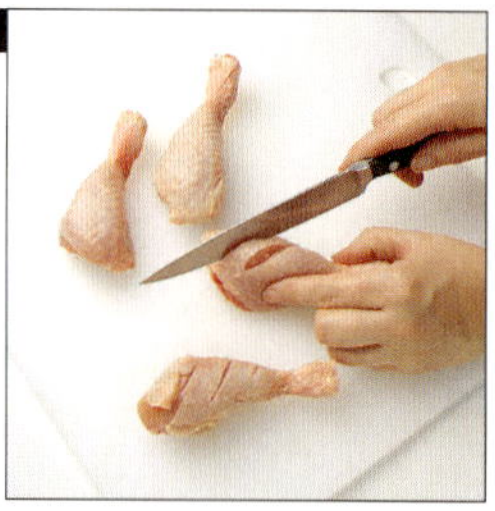

2

3

Gemüse-Enchiladas

Für dieses mexikanische Gericht werden fertige Tortillas aus dem Supermarkt mit einer würzigen Gemüsemischung gefüllt.

NÄHRWERTANGABEN

Kilokalorien	309	Zucker	14 g
Eiweiß	12 g	Fett	19 g
Kohlenhydrate	23 g	davon gesättigt	8 g

20 MIN. 55 MIN.

4 PERSONEN

ZUTATEN

4 Weizenmehltortillas
75 g Gouda, gerieben

FÜLLUNG

75 g frischer Spinat
2 EL Olivenöl
8 Babymaiskolben, in Scheiben
25 g Erbsen, Tiefkühlware aufgetaut
1 rote Paprika, in Streifen
1 Karotte, gewürfelt
1 Porreestange, in Ringen
2 Knoblauchzehen, zerdrückt
1 rote Chili, gehackt
Salz und Pfeffer

SAUCE

300 ml passierte Tomaten
2 Schalotten, gehackt
1 Knoblauchzehe, zerdrückt
300 ml Gemüsebrühe
1 TL Zucker
1 TL Chilipulver

1 Für die Füllung den Spinat in einem Topf mit kochendem Wasser 2 Minuten blanchieren. Gut abtropfen lassen, kräftig auspressen und hacken.

2 Das Öl bei mittlerer Hitze in einer Pfanne erhitzen. Mais, Erbsen, Paprika, Karotte, Porree, Knoblauch und Chili zufügen und unter raschem Rühren 3–4 Minuten kurz andünsten. Den Spinat einrühren und mit Salz und Pfeffer abschmecken.

3 Sämtliche Zutaten für die Sauce in einem Topf unter Rühren zum Kochen bringen. Bei starker Hitze unter ständigem Rühren 20 Minuten kochen, bis die Sauce um ein Drittel reduziert ist.

4 Ein Viertel der Füllung in die Mitte jeder Tortilla geben. Die Tortillas einrollen und mit der Naht nach unten nebeneinander in eine Auflaufform setzen.

5 Die Sauce über die Tortillas gießen und den Käse darüber streuen. Im vorgeheizten Backofen 20 Minuten bei 180 °C backen, bis der Käse geschmolzen und gebräunt ist. Sofort servieren.

2

4

4

Kartoffel-Thunfisch-Quiche

Für diese Quiche bereitet man einen Kartoffelteig zu, der hervorragend mit der köstlichen Thunfischfüllung harmoniert.

NÄHRWERTANGABEN

Kilokalorien	383	Zucker	5g
Eiweiß	25g	Fett	15g
Kohlenhydrate	40g	davon gesättigt	6g

20 MIN. 1 STD.

4 PERSONEN

ZUTATEN

450 g mehlig kochende Kartoffeln, gewürfelt
25 g Butter
6 EL Mehl

FÜLLUNG

1 EL Öl
1 Schalotte, gehackt
1 Knoblauchzehe, zerdrückt
1 rote Paprika, klein gewürfelt
175 g Thunfisch aus der Dose, abgetropft
50 g Mais aus der Dose, abgetropft
150 ml Magermilch
3 Eier, verquirlt
1 EL frisch gehackter Dill
Salz und Pfeffer
50 g halbfetter Hartkäse, gerieben

GARNIERUNG

frische Dillzweige
Zitronenspalten

2

3

5

1 Den Backofen auf 200 °C vorheizen. Die Kartoffeln in kochendem Wasser 10 Minuten garen. Abgießen und zerstampfen. Butter und Mehl zugeben und zu einem Teig verkneten.

2 Den Teig durchkneten. Eine Quicheform (20 cm Durchmesser) damit auslegen.

3 Das Öl in einer Pfanne erhitzen. Schalotte, Knoblauch und Paprika 5 Minuten darin dünsten. Flüssigkeit abgießen und die Mischung auf dem Quicheboden verteilen. Den Thunfisch zerpflücken und mit dem Mais auf dem Gemüse verteilen.

4 Milch, Eier und Dill verquirlen und mit Salz und Pfeffer abschmecken.

5 Gleichmäßig über die Quiche gießen und mit dem Käse bestreuen.

6 Die Quiche im Backofen 20 Minuten backen, dann mit Dillzweigen und Zitronenspalten garnieren und nach Belieben mit Gemüse oder Salat servieren.

Tortellini in Hühner-Sahnesauce

Angeblich bilden Tortellini den Nabel der Liebesgöttin Venus nach. In jedem Fall sind die köstlichen Aromen Italiens eine Versuchung wert.

NÄHRWERTANGABEN

Kilokalorien	635	Zucker	4 g
Eiweiß	31 g	Fett	36 g
Kohlenhydrate	50 g	davon gesättigt	16 g

1 STD. 35 MIN.

4 PERSONEN

ZUTATEN

- 120 g Hähnchenbrustfilet
- 60 g Parmaschinken
- 40 g Blattspinat, gekocht und abgetropft
- 1 EL fein gehackte Zwiebel
- 2 EL frisch geriebener Parmesan
- 1 Prise gemahlener Piment
- 1 Ei, verquirlt
- Salz und Pfeffer
- 450 g Pastateig (siehe Seite 6)
- 2 EL frisch gehackte Petersilie, zum Garnieren

SAUCE

- 300 g Schlagsahne
- 2 Knoblauchzehen, zerdrückt
- 120 g kleine Champignons, in dünnen Scheiben
- 4 EL frisch geriebener Parmesan

1

3

3

1 Für die Füllung Salzwasser in einem großen Topf aufkochen und das Filet 10 Minuten darin pochieren. Leicht abkühlen lassen, dann mit Schinken, Spinat und Zwiebel in der Küchenmaschine fein hacken. Parmesan, Piment und Ei einrühren und mit Salz und Pfeffer abschmecken.

2 Den Pastateig dünn ausrollen und runde Scheiben (5 cm Durchmesser) ausstechen.

3 In die Mitte jeder Scheibe 1 Teelöffel der Huhn-Gemüse-Füllung geben. Die Scheiben über der Mitte falten und die Ränder zusammendrücken. Jede Teigtasche einmal um den Zeigefinger wickeln, die Enden kreuzen und den Teigrand nach hinten schlagen.

4 Die Tortellini 5 Minuten in Salzwasser bissfest kochen. Abgießen und auf einen Servierteller geben.

5 Sahne und Knoblauch für die Sauce aufkochen und 3 Minuten köcheln lassen. Die Champignons und die Hälfte des Parmesans zugeben, mit Salz und Pfeffer abschmecken und 3 Minuten köcheln lassen. Die Sauce über die Tortellini geben. Mit Parmesan bestreuen, mit Petersilie garnieren und sofort servieren.

Buck Rarebit

Diese gehaltvolle Käsetoastvariante, mit cremiger Käsesauce und pochiertem Ei, ist ein leckerer, sättigender Snack.

NÄHRWERTANGABEN

Kilokalorien 478	Zucker .... 2 g
Eiweiß .... 29 g	Fett .... 34 g
Kohlenhydrate .. 14 g	davon gesättigt . 20 g

10 MIN. 15–20 MIN.

4 PERSONEN

ZUTATEN

350 g Emmentaler
125 g Gouda oder Gruyère
1 TL Senfpulver
1 TL körniger Senf
2–4 EL dunkles Bier, Cidre oder Milch
½ TL Worcestersauce
4 dicke Scheiben Weiß- oder Graubrot
4 Eier
Salz und Pfeffer

GARNIERUNG

Tomatenviertel
Brunnenkresse

1 Sämtlichen Käse reiben und in einen Topf geben.

2 Gewürze, Bier, Cidre oder Milch und die Worcestersauce zugeben und gut verrühren.

3

4

6

3 Die Käsemischung unter Rühren langsam erhitzen, bis der Käse geschmolzen und cremig ist. Vom Herd nehmen und leicht abkühlen lassen.

4 Brotscheiben von jeder Seite unter einem vorgeheizten Grill toasten und die Käsemischung gleichmäßig auf jeder Scheibe verstreichen. Bei mittlerer Hitze goldbraun grillen.

5 Die Eier in einer Pochierpfanne pochieren. Oder 4 cm Wasser in einer Pfanne oder einem Topf zum Kochen bringen. Dann das Wasser schnell mit einem Messer aufwirbeln und das aufgeschlagene Ei in das Wirbelauge gießen. Ca. 4 Minuten kochen, bis es stockt.

6 Jedes Rarebit mit 1 pochierten Ei belegen und mit Tomatenvierteln und Brunnenkresse garniert servieren.

VARIATION

Sie können auch Stilton oder jeden anderen Blauschimmelkäse verwenden. Das Gericht schmeckt auch dann hervorragend.

Tagliatelle mit Knoblauchbutter

Pasta selbst zu machen, ist gar nicht schwer, aber zeitaufwändig. Dafür ist die Kochzeit sehr kurz, und die Pasta schmeckt unvergleichlich gut.

NÄHRWERTANGABEN

Kilokalorien	642	Zucker	2 g
Eiweiß	16 g	Fett	29 g
Kohlenhydrate	84 g	davon gesättigt	13 g

45 MIN. 5 MIN.

4 PERSONEN

ZUTATEN

- 450 g Mehl
- 2 TL Salz
- 4 Eier, verquirlt
- 3 EL Olivenöl
- 5 EL Butter, zerlassen
- 3 Knoblauchzehen, zerdrückt
- 2 EL frisch gehackte Petersilie
- frisch gemahlener schwarzer Pfeffer

2

2
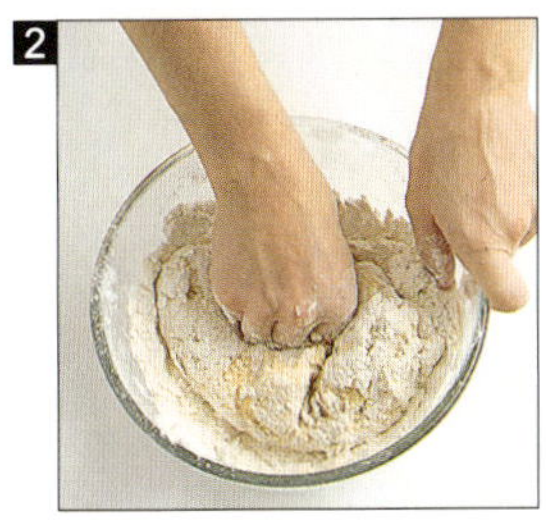

3
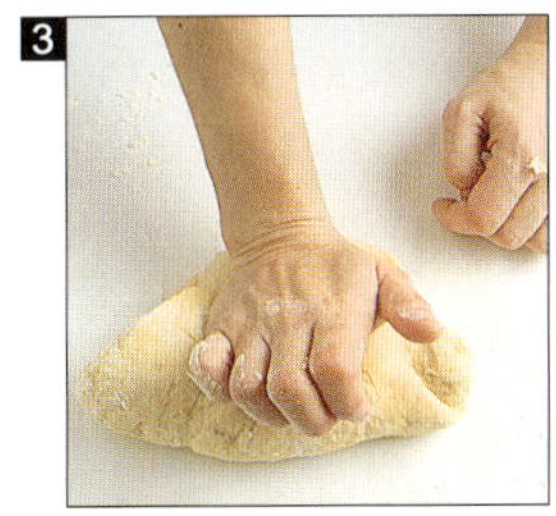

1 Das Mehl in eine große Schüssel sieben und mit dem Salz mischen.

2 Eine Vertiefung in die Mitte des Mehls drücken, die Eier und 2 Esslöffel Öl hineingeben und unter das Mehl rühren. Wenn der Teig zu fest wird, mit den Händen weiterkneten, bis sich Mehl und Eier vollständig verbunden haben.

3 Den Teig aus der Schüssel nehmen und 5 Minuten auf einer bemehlten Arbeitsfläche weiterkneten. Gegebenenfalls zusätzliches Mehl zugeben. Den fertigen Teig in Frischhaltefolie wickeln und mindestens 15 Minuten im Kühlschrank ruhen lassen.

4 Den abgekühlten Pastateig entweder von Hand oder mit einer Pastamaschine dünn ausrollen und in die gewünschte Form bringen.

5 Die dünn ausgerollten Teigplatten dreifach zusammenfalten und in lange, dünne, etwa 1 cm breite Bänder schneiden.

6 Wasser in einem großen Topf zum Kochen bringen. 1 Esslöffel Öl und die Tagliatelle zugeben – sie werden nach nur 2–3 Minuten gar sein. Aus dem Topf nehmen und gut abtropfen lassen.

7 Butter, Knoblauch und Petersilie vermengen, über die Pasta geben, mit Pfeffer bestreuen und sofort servieren.

TIPP

Man veranschlagt für ein Hauptgericht 150 g frische oder 100 g getrocknete Pasta pro Person.

Kartoffelpuffer mit Käse

Diese geriebenen Kartoffelkuchen nennt man auch Strohkuchen, weil sie Strohmatten ähneln. Dazu reicht man Tomatensauce oder einen Salat.

NÄHRWERTANGABEN

Kilokalorien 307	Zucker .... 4 g
Eiweiß .... 8 g	Fett .... 13 g
Kohlenhydrate .. 42 g	davon gesättigt .. 6 g

15 MIN. 40 MIN.

4 PERSONEN

ZUTATEN

- 900 g Kartoffeln
- 1 Zwiebel, gerieben
- 50 g Gruyère, gerieben
- 2 EL gehackte Petersilie
- 1 EL Olivenöl
- 25 g Butter
- Salz und Pfeffer

GARNIERUNG

- Frühlingszwiebeln, in Streifen
- 1 kleine Tomate, geviertelt

1 Die Kartoffeln in einem Topf mit leicht gesalzenem Wasser 10 Minuten kochen, abgießen und abkühlen lassen. Kartoffeln schälen und grob reiben. Die geriebenen Kartoffeln in eine große Rührschüssel geben.

2 Zwiebel, Käse und Petersilie unterrühren und mit Salz und Pfeffer abschmecken. Die Mischung in vier gleich große Portionen teilen und zu Küchlein formen.

3 Die Hälfte von Öl und Butter in einer Pfanne erhitzen und 2 Kartoffelkuchen bei starker Hitze 1 Minute braten. Dann die Hitze reduzieren und 5 Minuten weiterbraten, bis die Unterseiten goldbraun sind. Wenden und weitere 5 Minuten braten.

4 Die restlichen beiden Kuchen ebenso backen. Dann auf einen vorgewärmten Servierteller legen, garnieren und sofort servieren.

TIPP

Drücken Sie die Kartoffelkuchen während des Bratens flach an, da sie sonst außen verbrennen, bevor sie innen gar sind.

Tofu-Kichererbsen-Burger

Dieser vegetarische Burger verdankt seinen Geschmack den köstlichen Gewürzen und wird mit einem feinen Tahini-Relish serviert.

NÄHRWERTANGABEN

Kilokalorien 471	Zucker .... 7 g
Eiweiß .... 22 g	Fett .... 12 g
Kohlenhydrate .. 74 g	davon gesättigt .. 2 g

15 MIN. 20 MIN.

4 PERSONEN

ZUTATEN

- 1 kleine rote Zwiebel, fein gehackt
- 1 Knoblauchzehe, zerdrückt
- 1 TL gemahlener Kreuzkümmel
- 1 TL gemahlener Koriander
- 2 EL Zitronensaft
- 400 g Kichererbsen aus der Dose, abgespült und abgetropft
- 75 g weicher Tofu, abgetropft
- 120 g Kartoffeln, gekocht und gewürfelt
- 4 EL frisch gehackter Koriander
- 75 g Vollkornsemmelbrösel
- 1 EL Pflanzenöl
- 4 Burger-Brötchen, aufgeschnitten
- 2 Tomaten, in Scheiben
- 1 große Karotte, geraspelt
- Salz und Pfeffer

RELISH

- 1 EL Tahini (Sesampaste)
- 4 EL fettarmer Frischkäse oder Naturjoghurt
- 2,5-cm-Stück Salatgurke, fein gehackt
- 1 EL frisch gehackter Koriander
- Knoblauchsalz

2

2

3

1 Zwiebel, Knoblauch, Gewürze und Zitronensaft in einer Pfanne aufkochen und 5 Minuten dünsten.

2 Die Kichererbsen mit Tofu und Kartoffeln in einer Schüssel zerstampfen. Die Zwiebelmischung und Koriander zugeben und gründlich verkneten. Aus dem Teig 4 Burger von etwa 10 cm Durchmesser formen. Die Semmelbrösel auf einen Teller streuen und die Burger darin wälzen.

3 Das Öl in einer beschichteten Pfanne erhitzen und die Burger darin von jeder Seite etwa 5 Minuten goldbraun braten. Anschließend gut auf Küchenpapier abtropfen lassen. Alle Zutaten für das Relish verrühren, dann im Kühlschrank kalt stellen. Die Brötchen aufschneiden, eine Brötchenhälfte mit Tomatenscheiben und Karottenraspel belegen, darauf die Burger setzen. Etwas Relish darauf geben und mit der zweiten Brötchenhälfte bedecken.

Hähnchen im Schinkenmantel

Die Füllung besteht aus Ricotta, Muskat und Spinat. Das Hähnchen wird in hauchdünnen Parmaschinken gewickelt und in Weißwein gebacken.

NÄHRWERTANGABEN

Kilokalorien 426	Zucker .... 4 g
Eiweiß .... 44 g	Fett .... 21 g
Kohlenhydrate ... 9 g	davon gesättigt .. 8 g

30 MIN. 45 MIN.

4 PERSONEN

ZUTATEN

- 125 g Spinat, Tiefkühlware aufgetaut
- 125 g Ricotta
- 1 Prise frisch geriebene Muskatnuss
- Salz und Pfeffer
- 4 Hähnchenbrustfilets (à ca. 200 g)
- 4 Scheiben Parmaschinken
- 2 EL Butter
- 1 EL Olivenöl
- 12 kleine Zwiebeln oder Schalotten, in Ringen
- 125 g kleine Champignons, in Scheiben
- 1 EL Mehl
- 150 ml trockener Rot- oder Weißwein
- 300 ml Hühnerbrühe

ZUM SERVIEREN

- Karottenpüree
- grüne Bohnen

2

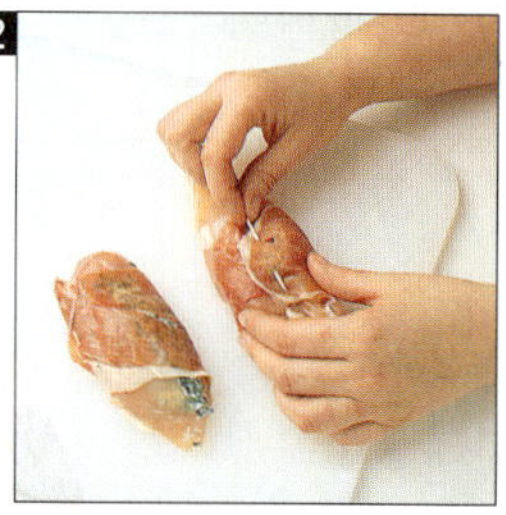

3

4

1 Den Spinat gut ausdrücken, dann mit Ricotta und Muskat mischen und mit Salz und Pfeffer abschmecken.

2 In jedes Hähnchenbrustfilet seitlich eine Tasche schneiden. Die Spinatmischung hineinfüllen und die Taschen schließen. Jedes Filet mit einer Scheibe Schinken umwickeln, mit einem Zahnstocher fixieren. Dann abdecken und im Kühlschrank abkühlen.

3 Butter und Öl in einer Pfanne erhitzen und die Filets darin von beiden Seiten je 2 Minuten anbraten. In eine große Auflaufform legen und warm stellen.

4 Zwiebeln und Pilze in der Pfanne 2–3 Minuten leicht anbräunen. Das Mehl einstreuen und langsam Wein und Brühe zugießen. Unter ständigem Rühren aufkochen, mit Salz und Pfeffer abschmecken und zu dem Fleisch in die Form geben.

5 Das Hähnchen im Schinkenmantel im vorgeheizten Backofen bei 200 °C 20 Minuten backen. Dann wenden und erneut 10 Minuten backen. Die Zahnstocher entfernen und das fertige Gericht sofort mit Karottenpüree und grünen Bohnen servieren.

Porree-Tomaten-Timbalen

Für diese exotische Köstlichkeit werden Nudeln mit Porree, getrockneten Tomaten, frischem Oregano und Ei in kleinen Souffléformen gebacken.

NÄHRWERTANGABEN

Kilokalorien	331	Zucker	10 g
Eiweiß	10 g	Fett	21 g
Kohlenhydrate	26 g	davon gesättigt	9 g

5–10 MIN. 50 MIN.

4 PERSONEN

ZUTATEN

- 90 g Engelshaarnudeln
- 1 EL Olivenöl
- 2 EL Butter, plus etwas mehr, zum Einfetten
- 1 große Porreestange, in dünnen Ringen
- 60 g sonnengetrocknete Tomaten in Öl, abgetropft und gehackt
- 1 EL frisch gehackter Oregano oder 1 TL getrockneter Oregano
- 2 Eier, verquirlt
- 100 g Crème fraîche
- 1 EL frisch geriebener Parmesan
- Salz und Pfeffer
- Oreganozweige, zum Garnieren
- Salatblätter, zum Servieren

TOMATENSAUCE

- 1 kleine Zwiebel, fein gehackt
- 1 kleine Knoblauchzehe, zerdrückt
- 350 g Tomaten, gehäutet und gehackt
- 1 TL italienische Kräutermischung
- 4 EL trockener Weißwein

1 Salzwasser in einem großen Topf aufkochen. Die Nudeln darin bissfest kochen. Unter kaltem Wasser abspülen und abtropfen lassen.

2 In der Zwischenzeit Öl und Butter in einer Pfanne erhitzen und den Porree darin 5–6 Minuten weich braten. Getrocknete Tomaten und Oregano zufügen und 2 Minuten dünsten. Dann vom Herd nehmen.

3 Die Porreemischung zu den Nudeln geben. Eier, Crème fraîche und Parmesan zufügen und mit Salz und Pfeffer abschmecken. Auf 4 eingefettete Souffléformen verteilen.

4 Die Formen auf ein tiefes Backblech stellen und dieses mit warmem Wasser so weit füllen, dass die Formen halb im Wasser stehen. Im vorgeheizten Backofen bei 180 °C ca. 30 Minuten garen, bis die Mischung fest wird.

5 In der Zwischenzeit für die Tomatensauce Zwiebel und Knoblauch im restlichen Fett in der Pfanne glasig dünsten. Tomaten, Kräuter und Wein zufügen, abdecken und 20 Minuten garen. Dann im Mixer pürieren.

6 Mit einem Messer die Ränder der Timbalen von den Formen lösen, auf 4 vorgewärmte Teller stürzen, etwas Tomatensauce darüber geben und mit Oregano garnieren. Mit den Salatblättern servieren.

2

5

6

Marinierte Hähnchenflügel

Dieses Gericht ist ideal für ein geselliges Abendessen mit Freunden – man darf (und sollte) nämlich mit den Fingern essen.

NÄHRWERTANGABEN

Kilokalorien	165	Zucker	12 g
Eiweiß	14 g	Fett	7 g
Kohlenhydrate	12 g	davon gesättigt	1 g

3 ¼ STD. — 1 STD.

4–6 PERSONEN

ZUTATEN

- 2 EL Olivenöl
- 1 kleine Zwiebel, fein gehackt
- 2 Knoblauchzehen, zerdrückt
- 425 ml passierte Tomaten
- 2 TL getrockneter Thymian
- 1 TL getrockneter Oregano
- 1 Prise Fenchelsamen
- 3 EL Rotweinessig
- 2 EL Dijonsenf
- 1 Prise Zimt
- 2 EL brauner Zucker
- 1 TL Chiliflocken
- 2 EL Zuckerrübensirup
- Salz und Pfeffer
- 16 Hähnchenflügel

GARNIERUNG

- Selleriestangen
- Kirschtomaten

1 Das Öl in einer großen Pfanne erhitzen. Zwiebel und Knoblauch darin etwa 10 Minuten andünsten.

2 Tomaten, getrocknete Kräuter, Fenchelsamen, Essig, Senf und Zimt zugeben, dann Zucker, Chiliflocken, Sirup sowie Salz und Pfeffer einrühren. Zum Kochen bringen, dann bei reduzierter Hitze ca. 15 Minuten köcheln, bis die Sauce leicht eingekocht ist.

3 Die Hähnchenflügel in eine flache Schale legen und die Sauce darauf verteilen. Mindestens 3 Stunden marinieren, dabei die Flügel öfter wenden.

4 Den Backofen auf 220 °C vorheizen. Die Flügel auf ein mit Backpapier ausgelegtes Backblech geben und 10 Minuten garen. Dann bei 190 °C weitere 20 Minuten garen, dabei öfter mit der Marinade bestreichen.

5 Sehr heiß mit Selleriestangen und Kirschtomaten garniert auf vorgewärmten Tellern servieren.

1

2

3

Gefüllte Tomaten

Hier werden Tomaten zunächst mit einer köstlichen Melange aus Kräutern, Nüssen und Rosinen gefüllt und dann gegrillt.

NÄHRWERTANGABEN

Kilokalorien 156	Zucker 10g
Eiweiß 3g	Fett 7g
Kohlenhydrate .. 22g	davon gesättigt . 0,7g

25 MIN. 10 MIN.

4 PERSONEN

ZUTATEN

- 4 Fleischtomaten
- Salz und Pfeffer
- 300 g Reis, gekocht
- 8 Frühlingszwiebeln, in feinen Ringen
- 3 EL frisch gehackte Minze
- 2 EL frisch gehackte Petersilie
- 3 EL Pinienkerne
- 3 EL Rosinen
- 2 TL Olivenöl

1

5

6

1 Die Tomaten halbieren und die Kerne mit einem Löffel entfernen.

2 Die Tomatenhälften mit den Schnittseiten nach unten kurz auf Küchenpapier abtropfen lassen.

3 Die Tomaten innen mit Salz und Pfeffer würzen.

4 Reis, Frühlingszwiebeln, Minze, Petersilie, Pinienkerne und Rosinen vermengen.

5 Die Reis-Würzmischung in die Tomatenhälften füllen.

6 Mit etwas Olivenöl beträufeln, auf ein eingefettetes Backblech geben und unter dem vorgeheizten Backofengrill auf mittlerer Schiene 10 Minuten grillen, bis sie gar sind.

7 Die Tomaten auf einer Platte anrichten und sofort heiß servieren.

TIPP

Tomaten sind ideal für das Grillen über Holzkohle. Kombinieren Sie sie einmal mit Zwiebeln und einem frischen Kräuterzweig. Oder grillen Sie ganze Kirschtomaten 5 Minuten auf Holzspießen.

Gemüsebällchen mit Chilisauce

Diese Gemüsebällchen werden von einer feurigen Chilisauce begleitet, die einen verführerischen Kontrast zu den gehaltvollen Erdnüssen bildet.

NÄHRWERTANGABEN

Kilokalorien	615	Zucker	13 g
Eiweiß	23 g	Fett	43 g
Kohlenhydrate	37 g	davon gesättigt	8 g

25 MIN. 30 MIN.

4 PERSONEN

ZUTATEN

- 3 EL Erdnussöl
- 1 Zwiebel, fein gehackt
- 1 Selleriestange, in feinen Streifen
- 1 TL getrocknete gemischte Kräuter
- 225 g ungesalzene geröstete Erdnüsse, gemahlen
- 175 g Kichererbsen aus der Dose, abgetropft und zerstampft
- 1 TL Hefeextrakt (aus dem Reformhaus)
- 60 g frische Vollkornsemmelbrösel
- 1 Eigelb
- 25 g Mehl
- 1 rote Chili, in Streifen, zum Garnieren
- Reis und Salatblätter, zum Servieren

CHILISAUCE

- 2 TL Erdnussöl
- 1 große rote Chili, entkernt und fein gehackt
- 2 Frühlingszwiebeln, in feinen Ringen
- 2 EL Rotweinessig
- 200 g gehackte Tomaten aus der Dose
- 2 EL Tomatenmark
- 2 TL Puderzucker
- Salz und Pfeffer

1 Einen Esslöffel Öl in einer Pfanne erhitzen und Zwiebel und Sellerie darin 3–4 Minuten andünsten, bis sie weich, aber noch nicht gebräunt sind.

2 Die anderen Zutaten für die Bällchen, ausgenommen das restliche Öl und das Mehl, in einer großen Schüssel mit Zwiebel und Sellerie vermengen.

3 Die Mischung in 12 Portionen teilen, zu Bällchen formen und gründlich in dem Mehl wälzen.

4 Das restliche Öl in der Pfanne erhitzen und die Bällchen darin bei mittlerer Hitze 15 Minuten rundum goldbraun anbraten. Auf Küchenpapier abtropfen lassen.

5 In der Zwischenzeit für die Sauce das Öl in einer Pfanne erhitzen und Chili und Frühlingszwiebeln darin 2–3 Minuten andünsten. Die restlichen Zutaten unterrühren und mit Salz und Pfeffer abschmecken. Aufkochen und 5 Minuten köcheln lassen.

6 Die Gemüsebällchen mit Chilistreifen garnieren und mit der Sauce sowie Reis und Salat servieren.

2

3

4

Eier mit Linsen

Die Linsensauce mit Tomaten, die zu den hart gekochten Eiern serviert wird, passt auch ausgezeichnet zu gedämpftem Gemüse.

NÄHRWERTANGABEN

Kilokalorien	298	Zucker	6 g
Eiweiß	17 g	Fett	17 g
Kohlenhydrate	20 g	davon gesättigt	4 g

10 MIN. 35 MIN.

4 PERSONEN

ZUTATEN

- 3 EL Ghee oder Butter
- 1 große Zwiebel, gehackt
- 2 Knoblauchzehen, gehackt
- 2,5-cm-Stück frische Ingwerwurzel, gehackt
- ½ TL Chilipulver
- 1 TL gemahlener Koriander
- 1 TL gemahlener Kreuzkümmel
- 1 TL Paprikapulver
- 90 g rote Linsen
- 425 ml Gemüsebrühe
- 225 g gehackte Tomaten aus der Dose
- 6 Eier
- 50 ml Kokosmilch
- Salz
- 2 Tomaten, in Spalten, zum Garnieren
- frische Korianderblätter, zum Garnieren
- Chapatis oder Naan-Brot, zum Servieren (siehe Seite 917 oder 923)

1 Ghee oder Butter in einem Topf erhitzen und die Zwiebel darin 3 Minuten glasig dünsten. Knoblauch, Ingwer, Chili und Gewürze zugeben und unter Rühren 1 Minute andünsten. Linsen, Brühe und Tomaten zufügen und aufkochen. Hitze reduzieren und abgedeckt unter gelegentlichem Rühren 30 Minuten köcheln lassen, bis die Linsen gar sind.

2 In der Zwischenzeit die Eier hart kochen, abgießen und unter kaltem Wasser abschrecken.

3 Die Kokosmilch in die Linsenmischung rühren und mit Salz abschmecken. Im Mixer oder mit dem Pürierstab pürieren. Wieder in den Topf geben und erhitzen.

4 Die Eier schälen und längs halbieren. Jeweils 3 Hälften auf einem Teller anrichten und so viel heiße Sauce darüber geben, dass sich ein Saucenspiegel auf dem Teller bildet. Tomatenspalten zwischen die Eierhälften setzen und mit Korianderblättern garnieren. Heiß mit Chapatis oder Naan-Brot servieren.

Spinat-Ricotta-Muscheln

Hier kommt die klassische Kombination aus cremigem Ricotta und kräftig gewürztem Spinat voll zum Tragen.

NÄHRWERTANGABEN

Kilokalorien	672	Zucker	10 g
Eiweiß	23 g	Fett	26 g
Kohlenhydrate	93 g	davon gesättigt	8 g

5 MIN. 40 MIN.

4 PERSONEN

ZUTATEN

- 400 g Lumache rigate grande
- 5 EL Olivenöl
- 60 g frische Semmelbrösel
- 125 ml Milch
- 300 g Spinat, Tiefkühlware aufgetaut
- 225 g Ricotta
- 1 Prise frisch geriebene Muskatnuss
- Salz und Pfeffer
- 400 g gehackte Tomaten aus der Dose
- 1 Knoblauchzehe, zerdrückt

1 Salzwasser in einem großen Topf aufkochen. Die Nudeln darin mit 1 Esslöffel Öl bissfest kochen. Abgießen, unter kaltem Wasser abschrecken und beiseite stellen.

2 Semmelbrösel, Milch und 3 Esslöffel Olivenöl in der Küchenmaschine gut verrühren.

3 Spinat und Ricotta zufügen und glatt pürieren. In eine Schüssel geben, Muskat unterrühren und mit Salz und Pfeffer abschmecken.

4 Tomaten, Knoblauch und das restliche Öl vermengen und auf dem Boden einer Auflaufform verteilen.

5 Die Lumache mithilfe eines Teelöffels mit der Spinatmischung füllen und auf die Tomaten setzen. Abdecken und im vorgeheizten Backofen bei 180 °C 20 Minuten backen. Heiß servieren.

2

3

5

TIPP

Ricotta ist ein cremiger italienischer Käse aus Schafs-, Kuh- oder Büffelmilch. Er ist weiß und geschmeidig und hat einen leicht süßlichen Geschmack. Er sollte innerhalb von 2–3 Tagen verbraucht werden.

Hackfleischzwiebeln

Für dieses Gericht sind Gemüsezwiebeln ideal, da sie milder, süßer und größer sind als andere Sorten.

NÄHRWERTANGABEN

Kilokalorien 182	Zucker .... 6 g
Eiweiß .... 10 g	Fett .... 9 g
Kohlenhydrate .. 18 g	davon gesättigt .. 5 g

15 MIN. — 2 1/4 STD.

4 PERSONEN

ZUTATEN

- 4 große Gemüsezwiebeln
- 2 Scheiben Bauchspeck, gewürfelt
- ½ rote Paprika, gewürfelt
- 125 g mageres Rinderhack
- 1 EL frisch gehackte gemischte Kräuter (z. B. Petersilie, Thymian und Rosmarin), oder 1 TL getrocknete Kräuter
- 25 g frische Semmelbrösel
- Salz und Pfeffer
- 300 ml Rinderbrühe
- frisch gehackte Petersilie, zum Garnieren
- gekochter Langkornreis, zum Servieren

SAUCE

- 2 EL Butter
- 125 g Pilze, fein gehackt
- 300 ml Rinderbrühe
- 2 EL Speisestärke
- 2 EL Wasser

1 Die Zwiebeln in einem Topf mit leicht gesalzenem Wasser aufkochen und 15 Minuten köcheln lassen.

2 Aus dem Wasser nehmen, abtropfen und leicht abkühlen lassen, den Kochsud aufbewahren. Aushöhlen und die inneren Teile der Zwiebel fein hacken.

3 Den Speck in einer Pfanne zerlassen. Gehackte Zwiebeln und Paprika zugeben und unter häufigem Rühren 5–7 Minuten anbraten.

4 Das Rinderhack zufügen und unter Rühren 3 Minuten braun anbraten. Vom Herd nehmen und Kräuter, Semmelbrösel sowie Salz und Pfeffer unterrühren.

5 Die ausgehöhlten Zwiebeln in eine eingefettete Auflaufform setzen, mit der Hackfleisch-Kräuter-Mischung füllen und die Brühe zugießen.

6 Im vorgeheizten Backofen 1–1½ Stunden bei 180 °C backen.

7 Für die Sauce die Butter in einer Pfanne zerlassen und die Pilze darin 3–4 Minuten anbraten. Den Kochsud der Zwiebeln filtern, mit der Rinderbrühe aus der Auflaufform in die Pfanne gießen und 2–3 Minuten erhitzen.

8 Die Speisestärke mit Wasser verquirlen und in die Sauce rühren. Unter Rühren eindicken lassen. Mit Salz und Pfeffer abschmecken. Die gefüllten Zwiebeln mit Petersilie garnieren und mit Sauce und Reis servieren.

1

4

5

Gemüse-Calzone

Diese gefüllten Teigtaschen lassen sich gut einfrieren, sodass sie für eine schnelle Zwischenmahlzeit rasch zur Verfügung stehen.

NÄHRWERTANGABEN

Kilokalorien	499	Zucker	7 g
Eiweiß	16 g	Fett	9 g
Kohlenhydrate	95 g	davon gesättigt	2 g

1 ½ STD. 40 MIN.

4 PERSONEN

ZUTATEN

TEIG

- 450 g Mehl
- 2 TL Trockenhefe
- 1 TL feiner Zucker
- 150 ml Gemüsebrühe
- 150 g passierte Tomaten
- 1 Ei, verquirlt

FÜLLUNG

- 1 EL Pflanzenöl
- 1 Zwiebel, gehackt
- 1 Knoblauchzehe, zerdrückt
- 2 EL sonnengetrocknete Tomaten in Öl, abgetropft und gehackt
- 100 g frischer Spinat, gehackt
- 3 EL Mais aus der Dose, abgetropft
- 25 g grüne Bohnen, jeweils gedrittelt
- 1 EL Tomatenmark
- 1 EL frisch gehackter Oregano
- Salz und Pfeffer
- 50 g Mozzarella, in Scheiben

1 Das Mehl in eine Schüssel sieben, Trockenhefe, Zucker, Brühe und passierte Tomaten gut damit verrühren, sodass ein weicher Teig entsteht.

2 Den Teig auf einer bemehlten Arbeitsfläche 10 Minuten kneten, dann in eine eingefettete Schüssel legen und an einem warmen Ort 1 Stunde gehen lassen.

3 Das Öl in einer Pfanne erhitzen und die Zwiebel 2–3 Minuten darin dünsten.

4 Knoblauch, Tomaten, Spinat, Mais und Bohnen zufügen und 3–4 Minuten dünsten. Dann Tomatenmark und Oregano unterrühren und mit Salz und Pfeffer abschmecken.

5 Den Teig vierteln und auf einer bemehlten Arbeitsfläche zu 4 Teigscheiben (18 cm Durchmesser) ausrollen.

6 Je ein Viertel der Füllung auf eine Teigscheibe geben, mit Mozzarella belegen und zusammenklappen. Die Ränder mit dem verquirlten Ei bestreichen und mit einer Gabel festdrücken. Die Calzone auf ein eingefettetes Backblech legen und im vorgeheizten Backofen bei 220 °C 25–30 Minuten backen, bis sie aufgegangen und goldbraun geworden sind. Heiß servieren.

2

5

6

Kofta-Kebabs

Traditionelle Koftas werden aus einer würzigen Fleischmischung zubereitet. Bohnen und Bulgur bilden eine leckere vegetarische Alternative.

NÄHRWERTANGABEN

Kilokalorien 598	Zucker .... 7 g
Eiweiß .... 26 g	Fett .... 17 g
Kohlenhydrate .. 90 g	davon gesättigt .. 3 g

1 ½ STD. | 1 ½ STD.

4 PERSONEN

ZUTATEN

- 175 g Adzuki-Bohnen
- 175 g Bulgur
- 450 ml Gemüsebrühe
- 3 EL Olivenöl
- 1 Zwiebel, fein gehackt
- 2 Knoblauchzehen, zerdrückt
- 1 TL gemahlener Koriander
- 1 TL gemahlener Kreuzkümmel
- 2 EL frisch gehackter Koriander
- 3 Eier, verquirlt
- 125 g Semmelbrösel
- Salz und Pfeffer

TABBOULEH

- 175 g Bulgur
- 425 ml kochendes Wasser
- 2 EL Zitronensaft
- 1 EL Olivenöl
- 6 EL gehackte Petersilie
- 4 Frühlingszwiebeln, fein gehackt
- 60 g Gurke, klein geschnitten
- 3 EL gehackte Minze
- 2 Tomaten, gehackt

ZUM SERVIEREN

- schwarze Oliven
- Pittabrot

4

5

6

1 Bohnen in kochendem Wasser 40 Minuten weich kochen. Abgießen, abspülen und abkühlen lassen. 175 g Bulgur 10 Minuten in der Gemüsebrühe kochen, bis sie absorbiert ist. Beiseite stellen.

2 1 Esslöffel Öl in einer Pfanne erhitzen und darin Zwiebel, Knoblauch und Gewürze 4–5 Minuten andünsten.

3 Die Mischung mit den Bohnen, frischem Koriander und den Eiern in einer Schüssel mit einem Kartoffelstampfer oder einer Gabel zerdrücken. Semmelbrösel und Bulgur gut unterrühren. Abdecken und 1 Stunde kalt stellen, bis die Mischung fest ist.

4 Den Bulgur für das Tabbouleh in 425 ml kochendem Wasser 15 Minuten einweichen. Mit den restlichen Zutaten vermengen, abdecken und kalt stellen.

5 Unterdessen die Bohnenmischung zu 32 ovalen Bällchen formen.

6 Auf Spieße stecken, mit Öl bepinseln und 10–12 Minuten unter Wenden und erneutem Einpinseln goldbraun grillen. Abtropfen lassen und mit Tabbouleh, schwarzen Oliven und Pittabrot servieren.

Hähnchen-Fajitas

Die würzige Hähnchenfüllung aus Paprika, Chillies und Pilzen wird auf Tortillas serviert und mit saurer Sahne garniert.

NÄHRWERTANGABEN

Kilokalorien	303	Zucker	8 g
Eiweiß	23 g	Fett	18 g
Kohlenhydrate	13 g	davon gesättigt	7 g

15 MIN. 25 MIN.

4 PERSONEN

ZUTATEN

2 rote Paprika
2 grüne Paprika
2 EL Olivenöl
2 Zwiebeln, gehackt
3 Knoblauchzehen, zerdrückt
1 Chili, entkernt und fein gehackt
350 g Hähnchenbrustfilet
60 g kleine Champignons, in Scheiben
2 TL frisch gehackter Koriander
geriebene Schale von ½ Limette
2 EL Limettensaft
Salz und Pfeffer
4 Weizen- oder Maistortillas
4–6 EL saure Sahne, leicht verquirlt

ZUM SERVIEREN

Tomaten-Salsa (siehe Seite 756)
Limettenspalten

1 Paprika halbieren, entkernen und mit der Schnittseite nach unten unter dem vorgeheizten Backofengrill rösten, bis die Haut Blasen wirft. Leicht abkühlen lassen, dann die Haut abziehen und das Fleisch in Streifen schneiden.

2 Das Öl in einer Pfanne erhitzen und darin Zwiebeln, Knoblauch und Chili einige Minuten anbraten, bis die Zwiebeln weich sind.

3 Das Filet in feine Streifen schneiden und in der Pfanne unter gelegentlichem Wenden 4–5 Minuten pfannenrühren, bis das Fleisch fast gar ist.

4 Paprika, Champignons, Koriander, Limettenschale und -saft zugeben und weitere 2–3 Minuten garen. Mit Salz und Pfeffer abschmecken.

5 Die Tortillas in Alufolie im vorgeheizten Backofen bei 180 °C einige Minuten aufwärmen. Die Hähnchenmischung auf die Tortillas verteilen und einschlagen.

6 Die Füllung mit etwas Sahne garnieren und mit Tomaten-Salsa und Limettenspalten servieren.

1

2

3

Hähnchen Peperonata

Der typisch italienische Geschmack dieses Gerichts findet seinen optischen Ausdruck in den italienischen Nationalfarben – grün, weiß, rot.

NÄHRWERTANGABEN

Kilokalorien	328	Zucker	7 g
Eiweiß	35 g	Fett	15 g
Kohlenhydrate	13 g	davon gesättigt	4 g

15 MIN. 40 MIN.

4 PERSONEN

ZUTATEN

- 8 Hähnchenkeulen
- 2 EL Vollkornmehl
- 2 EL Olivenöl
- 1 kleine Zwiebel, in Ringen
- 1 Knoblauchzehe, zerdrückt
- je 1 große rote, gelbe und grüne Paprika, in dünnen Streifen
- 400 g gehackte Tomaten aus der Dose
- 1 EL frisch gehackter Oregano
- Salz und Pfeffer
- frischer Oregano, zum Garnieren
- Vollkornbrot, zum Servieren

1

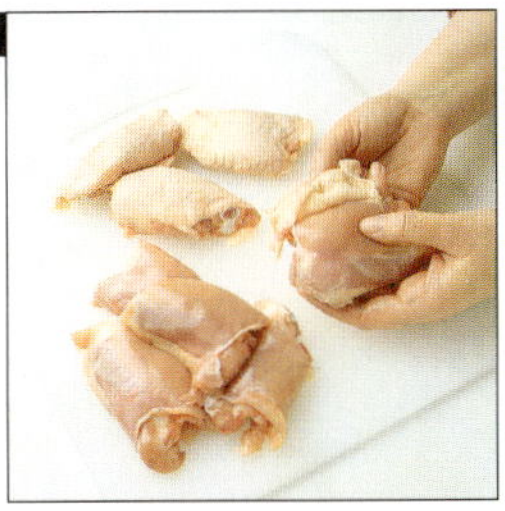

2

4

1 Die Hähnchenkeulen häuten und in Mehl wälzen.

2 Das Öl in einer großen Pfanne erhitzen und die Hähnchenkeulen von allen Seiten darin leicht anbräunen. Aus der Pfanne nehmen.

3 Die Zwiebel in der Pfanne glasig dünsten. Knoblauch, Paprika, Tomaten und Oregano zugeben und unter Rühren aufkochen.

4 Die Hähnchenkeulen auf das Gemüse legen, mit Salz und Pfeffer abschmecken, abdecken und 20–25 Minuten köcheln lassen, bis das Fleisch gar ist.

5 Abschmecken, mit Oregano garnieren und mit Vollkornbrot servieren.

TIPP

Für einen intensiveren Geschmack die Paprika halbieren und die Schale unter dem Grill schwärzen. Abkühlen lassen, häuten, entkernen und in dünne Streifen schneiden.

Crespelles mit Räucherfisch

Crespelles – Pfannkuchen – schmecken gut als Vorspeise oder als leichtes Abendessen. Die Füllung lässt sich beliebig abwandeln.

NÄHRWERTANGABEN

Kilokalorien	399	Zucker	6 g
Eiweiß	36 g	Fett	18 g
Kohlenhydrate	25 g	davon gesättigt	10 g

15 MIN. 1 ¼ STD.

12 STÜCK

ZUTATEN

CRESPELLES

100 g Mehl
½ TL Salz
1 Ei, verquirlt
300 ml Milch
1 EL Öl, zum Braten

FÜLLUNG

450 g geräucherter Schellfisch, ohne Haut
300 ml Milch
3 EL Butter oder Margarine
40 g Mehl
300 ml Fischfond
75 g Parmesan, gerieben
Salz und Pfeffer
100 g Erbsen, Tiefkühlware aufgetaut
100 g gekochte Riesengarnelen, ausgelöst
50 g Gruyère, gerieben

1 Für die Crespelles Mehl und Salz in eine Schüssel sieben. Eine Vertiefung in die Mitte der Mischung drücken, das Ei hineingeben und vermengen. Unter Rühren langsam so viel Milch zugießen, dass ein glatter Teig entsteht.

2 Den Fisch in eine große Pfanne geben, die Milch zugießen, aufkochen und etwa 10 Minuten köcheln lassen, bis der Fisch zerfällt. Dann die Milch abgießen und auffangen. Den Fisch beiseite stellen.

3 Butter oder Margarine in einem Topf zerlassen, mit dem Mehl vermengen und 2–3 Minuten bräunen. Vom Herd nehmen, die aufgefangene Milch zugießen und zu einer glatten Sauce verrühren. Den Fischfond einrühren. Unter Rühren aufkochen. Parmesan zufügen und mit Salz und Pfeffer abschmecken.

4 In einer eingefetteten Pfanne jeweils 2 Esslöffel Teig 2–3 Minuten von jeder Seite zu einem goldbraunen Pfannkuchen backen, bis der gesamte Teig aufgebraucht ist. Zwischen die Crespelles jeweils ein Stück Backpapier legen, die Crespelles stapeln und im Backofen warm halten.

5 Fisch, Erbsen und Garnelen mit der Hälfte der Fischsauce vermengen und die Crespelles mit dieser Mischung füllen. In eine Auflaufform geben und mit der restlichen Sauce übergießen. Mit dem geriebenen Gruyère bestreuen und 20 Minuten bei 190 °C im vorgeheizten Backofen goldbraun backen.

Frittierte Kartoffeln

Kartoffelwürfel, in Parmesan gewälzt und in einen leichten Backteig getaucht, werden goldbraun frittiert – ein leckerer heißer Snack.

NÄHRWERTANGABEN

Kilokalorien 599	Zucker .... 9 g
Eiweiß .... 22 g	Fett .... 39 g
Kohlenhydrate .. 42 g	davon gesättigt . 13 g

20 MIN. 20–25 MIN.

4 PERSONEN

ZUTATEN

- 500 g fest kochende Kartoffeln, in großen Würfeln
- 125 g Parmesan, gerieben
- Öl, zum Frittieren

SAUCE

- 25 g Butter
- 1 Zwiebel, halbiert und in Ringen
- 2 Knoblauchzehen, zerdrückt
- 25 g Mehl
- 300 ml Milch
- 1 EL gehackte Petersilie

TEIG

- 50 g Mehl
- 1 kleines Ei
- 150 ml Milch

1 Für die Sauce die Butter in einem Topf zerlassen und darin die Zwiebel und den Knoblauch bei geringer Hitze unter häufigem Rühren 2–3 Minuten andünsten. Mehl zugeben und unter ständigem Rühren eine Minute anschwitzen lassen.

2 Vom Herd nehmen und Milch und Petersilie einrühren. Wieder aufkochen, dann warm stellen.

3 In der Zwischenzeit die Kartoffeln in einem Topf mit kochendem Wasser 5–10 Minuten bissfest kochen – nicht zu lange kochen, da sie sonst zerfallen.

4 Kartoffeln abgießen und noch feucht im Parmesan wälzen.

5 Für den Teig das Mehl in eine Schüssel geben und nach und nach mit Ei und Milch zu einem glatten Teig verarbeiten. Die Kartoffelwürfel ganz in den Teig tauchen.

6 Das Frittieröl in einem großen Topf oder einer Fritteuse auf 180 °C erhitzen, sodass ein Brotwürfel darin in 30 Sekunden bräunt. Kartoffeln hineingeben und 3–4 Minuten goldbraun frittieren.

7 Die Kartoffeln mit einem Schaumlöffel herausheben und gut abtropfen lassen. In eine vorgewärmte Servierschüssel geben und sofort mit der Sauce servieren.

Nudel-Lamm-Hackbraten

Für dieses köstliche, speziell für die Mikrowelle entwickelte Rezept eignet sich jede getrocknete Nudelsorte.

NÄHRWERTANGABEN

Kilokalorien	245	Zucker	2 g
Eiweiß	15 g	Fett	18 g
Kohlenhydrate	6 g	davon gesättigt	7 g

35 MIN. 35 MIN.

4 PERSONEN

ZUTATEN

- 1 EL Butter
- ½ kleine Aubergine, gewürfelt
- Salz
- 60 g bunte Fusilli
- 2 TL Olivenöl
- 225 g Lammfleisch, zu Hack verarbeitet
- ½ kleine Zwiebel, gehackt
- ½ rote Paprika, gehackt
- 1 Knoblauchzehe, zerdrückt
- 1 TL getrocknete gemischte Kräuter
- 2 Eier, verquirlt
- 2 EL Crème fraîche
- Salz und Pfeffer

ZUM SERVIEREN

- Salat
- Nudelsauce nach Belieben

1 Die Butter in eine Brotform (1 l Inhalt) geben und in der Mikrowelle zerlassen. Die Form damit einfetten.

2 Die Auberginenwürfel nebeneinander in ein Sieb legen, gleichmäßig mit Salz bestreuen und 20 Minuten ruhen lassen. Unter Wasser abspülen und trockentupfen.

3 Die Nudeln in einer Schüssel mit kochendem Wasser 2 cm hoch bedecken. Salzen und abgedeckt 8 Minuten auf höchster Stufe in der Mikrowelle garen, nach 4 Minuten umrühren. 3 Minuten ruhen lassen.

4 Öl, Lammhack und Zwiebel in einer Schüssel abgedeckt 2 Minuten in der Mikrowelle garen.

5 Paprika, Knoblauch, Kräuter und Aubergine zufügen und 5 Minuten in der Mikrowelle garen.

6 Die Nudeln abtropfen lassen, mit Eiern und Crème fraîche unter das Fleisch rühren, mit Salz und Pfeffer würzen und in die Brotform geben. Die Masse mit der Rückseite eines Löffels glatt klopfen.

7 Den Hackbraten 10 Minuten auf mittlerer Stufe in der Mikrowelle garen, bis er fest ist. 5 Minuten ruhen lassen, dann in Scheiben schneiden und mit Salat und Nudelsauce servieren.

Lammburger mit Minze

Eine Alternative zu den traditionellen Hamburgern – die Lammburger werden mit Minze gewürzt und mit einem Minze-Relish serviert.

NÄHRWERTANGABEN

Kilokalorien	320	Zucker	11 g
Eiweiß	28 g	Fett	10 g
Kohlenhydrate	33 g	davon gesättigt	4 g

40 MIN. 20 MIN.

4 PERSONEN

ZUTATEN

- 350 g mageres Lammfleisch, zu Hack verarbeitet
- 1 Zwiebel, fein gehackt
- 4 EL Vollkornsemmelbrösel
- 2 EL Minzgelee
- Salz und Pfeffer

MINZE-RELISH

- 4 EL fettarmer Naturjoghurt
- 1 EL Minzgelee, glatt gerührt
- 5-cm-Stück Salatgurke, fein gewürfelt
- 1 EL frisch gehackte Minze

ZUM SERVIEREN

- 4 Vollkornbrötchen, aufgeschnitten
- Salatblätter
- 2 große Tomaten, in Scheiben
- 1 Stück Salatgurke, in Scheiben

1

3

4

1 Das Fleisch in einer großen Schüssel mit Zwiebel, Semmelbröseln und Gelee verrühren und zu einem glatten Teig verkneten. Mit Salz und Pfeffer abschmecken.

2 Den Teig in 4 Portionen teilen und aus jeder einen Burger von 10 cm Durchmesser formen. Dann die Burger auf einen mit Backpapier ausgelegten Teller legen und 30 Minuten in den Kühlschrank stellen.

3 Den Grill auf mittlere Hitze vorheizen. Einen Grillrost mit Backpapier belegen, die Ränder nach unten umschlagen. Die Burger darauf setzen und 8 Minuten grillen. Dann wenden und weitere 7 Minuten grillen, bis sie gar sind.

4 Unterdessen für das Relish alle Zutaten in einer Schüssel gut verrühren. Abgedeckt in den Kühlschrank stellen.

5 Die Burger auf Küchenpapier abtropfen lassen. Je 1 Brötchenhälfte mit Salat, Burger, Tomaten und Gurken belegen. Das Relish darauf verteilen und die andere Brötchenhälfte aufsetzen. Warm servieren.

Polentaspieße

Bei diesem Gericht werden zarte Polentawürfel mit Parmaschinken umwickelt, auf Spieße gesteckt und gegrillt.

NÄHRWERTANGABEN

Kilokalorien	212	Zucker	0g
Eiweiß	8g	Fett	6g
Kohlenhydrate	32g	davon gesättigt	1g

20 MIN. 45 MIN.

4 PERSONEN

ZUTATEN

- 750 ml Wasser
- 175 g Polenta
- 2 EL frisch gezupfter Thymian
- Salz und Pfeffer
- 8 Scheiben Parmaschinken (ca. 75 g)
- 1 EL Olivenöl
- grüner Salat, zum Servieren

1 Das Wasser in einem Topf zum Kochen bringen. Die Polenta gleichmäßig einstreuen und sorgfältig unterrühren, bis sie steif ist.

2 Thymian zugeben und mit Salz und Pfeffer würzen.

3 Die fertige Polenta etwa 2,5 cm dick auf ein Küchenbrett streichen und gut auskühlen lassen.

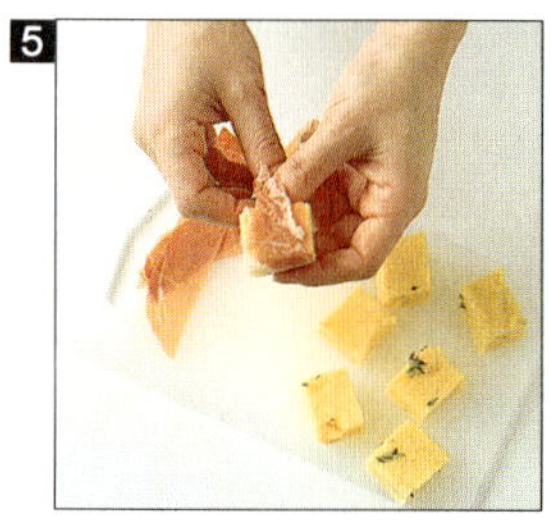

4 Die erkaltete Polenta mit einem scharfen Messer in 2,5 cm große Würfel schneiden.

5 Die Schinkenscheiben längs halbieren und um die Polentawürfel wickeln.

6 Die fertigen Würfel auf zuvor eingeweichte Spieße stecken.

7 Die Polentaspieße mit etwas Öl bestreichen und unter regelmäßigem Wenden 7–8 Minuten unter dem vorgeheizten Backofengrill oder auf einem Holzkohlegrill braten. Anschließend auf Teller verteilen und mit grünem Salat servieren.

VARIATION

Polenta kann auch mit anderen Kräutern wie Oregano, Majoran oder Basilikum gewürzt werden. Für 350 g Polenta benötigt man etwa 3 Esslöffel frisch gehackte Kräuter.

Kibbeh

Dieses Grillgericht aus dem Libanon ähnelt den türkischen Köfte, doch werden andere Gewürze verwendet.

NÄHRWERTANGABEN

Kilokalorien 232	Zucker .... 3 g
Eiweiß .... 19 g	Fett .... 13 g
Kohlenhydrate ... 9 g	davon gesättigt .. 4 g

1 STD. 15 MIN.

4 PERSONEN

ZUTATEN

75 g Couscous
1 kleine Zwiebel
350 g Lammfleisch, zu Hack verarbeitet
½ TL Zimt
¼ TL Cayennepfeffer
4 TL gemahlener Piment

SAUCE

2 EL Tomatenketchup
2 EL Sonnenblumenöl

ZUM SERVIEREN

grüner Salat
geröstete Zwiebelringe

1

2

3

1 In kaltem Wasser 8 Holzspieße einweichen, damit sie später beim Grillen nicht verbrennen. Den Couscous in eine große Schüssel geben, mit kochendem Wasser bedecken und 30 Minuten quellen lassen, bis er weich ist.

2 In einem Sieb abtropfen lassen und möglichst viel Wasser auspressen.

3 Die Zwiebel in der Küchenmaschine sehr fein hacken. Das Lammfleisch zugeben und fein pürieren. Alternativ die Zwiebel sehr fein reiben und mit dem Hackfleisch vermengen.

4 Couscous, Fleisch und Gewürze gut verkneten. Die Masse in 8 gleich große Portionen teilen und jede Portion um einen Holzspieß legen. Dann zu einem länglichen Ballen formen und fest andrücken. Mindestens 30 Minuten kalt stellen.

5 Für die Sauce Ketchup und Öl gut verrühren.

6 Die Spieße 10–15 Minuten grillen, dabei häufig wenden und mit der Sauce bestreichen. Mit Zwiebelringen und Salat servieren.

Spinat-Ricotta-Gnocchi

Damit das Gericht optimal gelingt, ist es wichtig, den Gnocchi-Teig nicht zu lange zu kneten, sonst wird er zu schwer.

NÄHRWERTANGABEN

Kilokalorien	712	Zucker	15 g
Eiweiß	29 g	Fett	59 g
Kohlenhydrate	16 g	davon gesättigt	33 g

20 MIN. 15 MIN.

4 PERSONEN

ZUTATEN

- 1 kg frischer Spinat
- 350 g Ricotta
- 125 g Pecorino, gerieben
- 3 Eier, verquirlt
- ¼ TL frisch geriebene Muskatnuss
- Salz und Pfeffer
- Mehl
- 1 Spritzer Öl
- 125 g Butter, plus etwas mehr, zum Einfetten
- 25 g Pinienkerne
- 50 g Rosinen

1 Den Spinat waschen, abtropfen lassen und in einem abgedeckten Topf ohne Wasser etwa 8 Minuten dämpfen. In ein Sieb geben, gut ausdrücken und durch ein Haarsieb passieren oder im Mixer pürieren.

2 Das Püree mit Ricotta, der Hälfte des Pecorinos, Eiern und Muskatnuss gründlich mischen und mit Salz und Pfeffer abschmecken. So viel Mehl einarbeiten, dass die Masse griffig ist.

3 Den Teig rasch zu kleinen Klößchen formen und diese mit etwas Mehl bestäuben.

4 Öl in einem Topf mit Salzwasser zum Kochen bringen. Gnocchi vorsichtig in den Topf geben und ca. 2 Minuten garen, bis sie an die Wasseroberfläche steigen. Mit einem Schaumlöffel aus dem Topf heben, in eine eingefettete Auflaufform geben und warm stellen.

5 Die Butter bei mittlerer Hitze in einer Pfanne zerlassen und Pinienkerne sowie Rosinen darin anbraten, bis die Pinienkerne gebräunt sind. Über die Gnocchi geben und mit dem restlichen Pecorino bestreuen.

2

3

5

Kartoffelnudeln in Sahnesauce

Die Kartoffeln werden zu einem dünnen Teig verarbeitet und mit einer feinen Sauce aus Speck und Pilzen serviert.

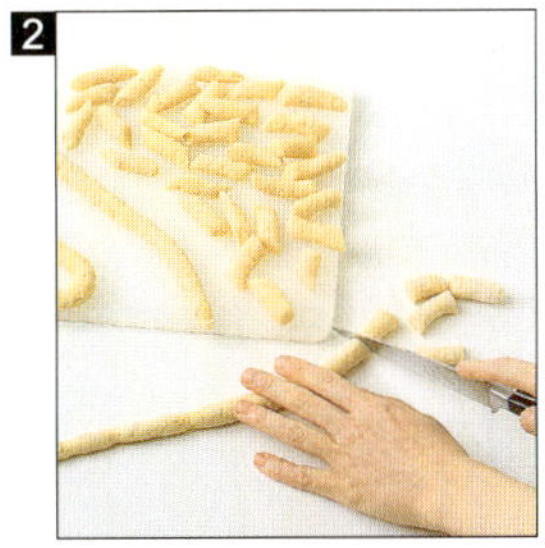

NÄHRWERTANGABEN

Kilokalorien 810	Zucker .... 5 g
Eiweiß .... 21 g	Fett .... 47 g
Kohlenhydrate .. 81 g	davon gesättigt . 26 g

30 MIN. 25 MIN.

4 PERSONEN

ZUTATEN

- 450 g mehlig kochende Kartoffeln, gewürfelt
- 225 g Mehl
- 1 Ei, verquirlt
- 1 EL Milch
- Salz und Pfeffer
- Petersilienzweige, zum Garnieren

SAUCE

- 1 EL Pflanzenöl
- 1 Zwiebel, gehackt
- 1 Knoblauchzehe, zerdrückt
- 125 g große Champignons mit offenem Hut, in Scheiben
- 3 Scheiben geräucherter Speck, gehackt
- 50 g Parmesan, gerieben
- 300 g Crème double
- 2 EL frisch gehackte Petersilie

1 Die Kartoffeln garen und abgießen. Zu Püree zerstampfen, dann Mehl, Ei und Milch einarbeiten und mit Salz und Pfeffer abschmecken.

2 Den Teig auf einer bemehlten Arbeitsfläche zu einem dünnen Strang formen. Diesen in 2 cm lange Stücke schneiden. Salzwasser in einem großen Topf aufkochen, die Teigstücke darin 3–4 Minuten garen, bis sie an die Oberfläche steigen.

3 Für die Sauce das Öl in einer Pfanne erhitzen und Zwiebel und Knoblauch darin 2 Minuten dünsten. Champignons und Speck zugeben und weitere 5 Minuten braten. Parmesan, Crème double und Petersilie einrühren und abschmecken.

4 Die Nudeln abgießen und in eine vorgewärmte Schüssel füllen. Mit der Sauce übergießen und gut vermengen. Mit Petersilie garnieren und servieren.

TIPP

Sie können den Teig auch am Vortag zubereiten. Dann einwickeln und im Kühlschrank bis zu 24 Stunden lagern.

Pan Bagna

Ein besonders saftiges Sandwich für ein Picknick oder für zwischendurch, das ursprünglich von den Bauern mit aufs Feld genommen wurde.

NÄHRWERTANGABEN

Kilokalorien	377	Zucker	3 g
Eiweiß	20 g	Fett	25 g
Kohlenhydrate	19 g	davon gesättigt	6 g

10 MIN. 2½ STD.

4 PERSONEN

ZUTATEN

- 1 rote Paprika, halbiert und entkernt
- 2,5 cm dickes Rumpsteak (ca. 250 g)
- 1 kleines Ciabatta-Brot
- 4 EL Olivenöl
- 2 sehr große Tomaten, in Scheiben
- 10 schwarze Oliven, halbiert
- ½ Salatgurke, geschält und in Scheiben
- 6 Sardellenfilets, gehackt
- Salz und Pfeffer

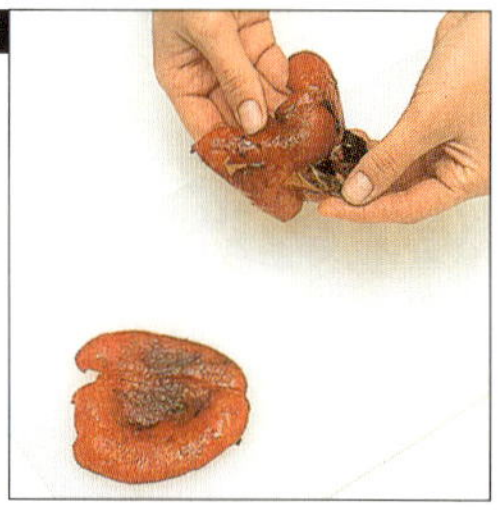
3

5

6

1 Die Paprikahälften mit der Schnittfläche nach unten 10–12 Minuten grillen, bis die Haut leicht schwarz wird. Dann in einen Gefrierbeutel geben, fest verschließen und die Paprika darin ausschwitzen lassen.

2 In der Zwischenzeit das Steak von beiden Seiten anbraten.

3 Die Paprika aus dem Beutel nehmen, häuten und in Streifen schneiden.

4 Das Steak mit einem scharfen Messer in dünne Streifen schneiden.

5 Das Ciabatta-Brot längs aufschneiden. Beide Hälften etwas aushöhlen, dann mit reichlich Olivenöl bestreichen.

6 Die untere Brothälfte mit Tomaten, Oliven, Gurke, Steakstreifen, Sardellenfilets und Paprika belegen, mit Salz und Pfeffer würzen und die obere Brothälfte darauf legen.

7 Das Pan Bagna kurz fest zusammendrücken und in Frischhaltefolie wickeln. Vor dem Servieren mindestens 2 Stunden im Kühlschrank ruhen lassen. Wenn man Pan Bagna am Morgen zubereitet, können sich die Aromen bis zum Mittagessen entfalten.

VARIATION

Je nach Geschmack können Sie auch Füllungen wie Pasteten, Würste oder andere Salate verwenden. Mozzarella bietet sich ebenfalls an, da er nicht so trocken ist wie andere Käsesorten. Zwiebeln verleihen der Pan Bagna zusätzliche Schärfe.

Chorizo-Wildpilz-Vermicelli

Einfach und schnell zuzubereiten, regt dieses scharfe Gericht unter Garantie die Geschmacksknospen an.

NÄHRWERTANGABEN

Kilokalorien 495	Zucker .... 1 g
Eiweiß .... 15 g	Fett .... 35 g
Kohlenhydrate .. 33 g	davon gesättigt .. 5 g

5 MIN. 20 MIN.

6 PERSONEN

ZUTATEN

700 g Vermicelli
125 ml Olivenöl
2 Knoblauchzehen, zerdrückt
125 g Chorizo, in Scheiben
225 g Wildpilze
3 frische rote Chillies, gehackt
Salz und Pfeffer
2 EL frisch geriebener Parmesan
10 Sardellenfilets, zum Garnieren

2

4

5

1 Salzwasser in einem großen Topf aufkochen, die Nudeln darin mit 1 Esslöffel Öl bissfest kochen.

2 Die Nudeln abgießen, gut abtropfen lassen und warm stellen.

3 In der Zwischenzeit das restliche Öl in einer großen Pfanne erhitzen und den Knoblauch darin 1 Minute andünsten.

4 Chorizo und Pilze zugeben und 4 Minuten braten.

5 Die Chillies zugeben und 1 weitere Minute braten.

6 Wurst und Pilze über die Nudeln geben und mit Salz und Pfeffer abschmecken.

7 Mit Parmesan bestreuen, mit den Sardellenfilets garnieren und servieren.

TIPP

Kaufen Sie Wildpilze immer aus verlässlicher Quelle. Nur ausgewiesene Pilzkenner sollten Pilze sammeln. Viele Pilzarten werden heute kultiviert und sind von den wilden Arten kaum zu unterscheiden.

Pizza mit Hackbällchen

Der Boden dieser Pizza wird aus Brötchenteig zubereitet und mit einer Mischung aus Hackfleisch, Jalapeño und Kreuzkümmel belegt.

NÄHRWERTANGABEN

Kilokalorien	568	Zucker	5 g
Eiweiß	24 g	Fett	37 g
Kohlenhydrate	38 g	davon gesättigt	15 g

2¼ STD. 25 MIN.

4 PERSONEN

ZUTATEN

- 225 g mageres Rinderhack
- 2 Jalapeño-Chillies, gehackt
- 1 TL Kreuzkümmelsamen
- 1 EL frisch gehackte Petersilie
- 1 EL verquirltes Ei
- Salz und Pfeffer
- 3 EL Olivenöl
- Pizza-Grundteig (siehe Seite 861)
- Tomatensauce (siehe Seite 6)
- 2 Peperoni, in Ringen
- 2 Scheiben durchwachsener Speck, in Streifen
- 60 g Emmentaler, frisch gerieben
- Olivenöl, zum Beträufeln
- frisch gehackte Petersilie, zum Garnieren

1 Rinderhack, Chillies, Kreuzkümmel, Petersilie und Ei in einer Schüssel verrühren, mit Salz und Pfeffer abschmecken und zu 12 kleinen Bällchen formen. Dann abdecken und 1 Stunde kalt stellen.

2 Das Öl in einer Pfanne erhitzen und die Hackbällchen rundum anbraten. Mit einem Schaumlöffel herausnehmen und auf Küchenpapier abtropfen lassen.

3 Den Pizzateig auf einer bemehlten Arbeitsfläche zu einem Kreis (25 cm Durchmesser) ausrollen. Auf ein Backblech legen, den Rand leicht hochziehen und den Boden mit der Tomatensauce bestreichen.

4 Die Hackbällchen mit Peperoni und Speck auf die Pizza geben, mit dem Käse bestreuen und mit Olivenöl beträufeln. Mit Salz und Pfeffer würzen.

5 Die Pizza bei 200 °C 18–20 Minuten backen, bis der Rand goldbraun ist. Mit Petersilie garnieren und sofort servieren.

Schweinefleisch im Teigmantel

Kleine Schweinefleischwürfel werden in einem leichten Teigmantel ausgebacken. Zum Dippen wird eine süß-saure Soja-Honig-Sauce gereicht.

NÄHRWERTANGABEN

Kilokalorien 528	Zucker .... 12 g
Eiweiß .... 32 g	Fett .... 22 g
Kohlenhydrate .. 52 g	davon gesättigt .. 6 g

10 MIN. 15 MIN.

4 PERSONEN

ZUTATEN

450 g Schweinefilet (Lende)
2 EL Erdnussöl
200 g Mehl
2 TL Backpulver
1 Ei, verquirlt
225 ml Milch
1 Prise Chilipulver
Öl, zum Frittieren
Schnittlauch, zum Garnieren

SAUCE

2 EL dunkle Sojasauce
3 EL flüssiger Honig
1 EL Reisessig
1 EL Schnittlauchröllchen
1 EL Tomatenmark

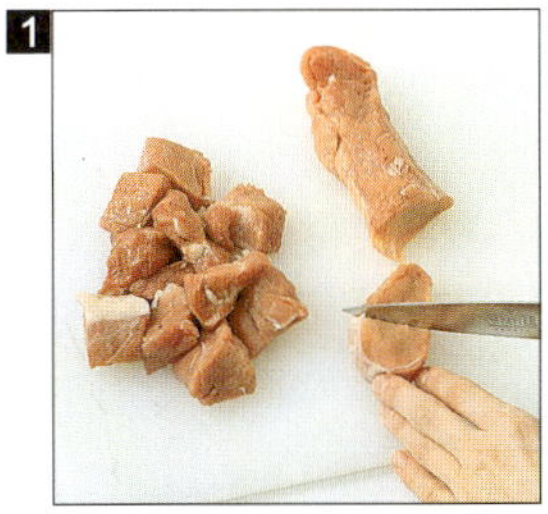

1 Das Fleisch mit einem scharfen Messer in 2,5 cm große Würfel schneiden.

2 Das Erdnussöl in einem Wok erhitzen, und das Fleisch darin unter Rühren 2–3 Minuten anbraten.

3 Das Fleisch mit einem Schaumlöffel herausnehmen und beiseite stellen.

4 Das Mehl in eine Schüssel sieben, in der Mitte eine Mulde formen. Backpulver, Ei, Milch und Chilipulver zufügen und zu einem festen Teig verarbeiten.

5 Das Frittieröl im Wok bis zum Rauchpunkt erhitzen, dann die Hitze leicht reduzieren.

6 Die Fleischwürfel gründlich im Teig wenden, dann im Wok goldgelb frittieren. Herausnehmen und gut auf Küchenpapier abtropfen lassen.

7 Für die Sauce Sojasauce, Honig, Essig, Schnittlauch und Tomatenmark sorgfältig verrühren.

8 Das Fleisch auf einer Servierplatte anrichten, mit Schnittlauch garnieren und mit der Sauce servieren.

Tagliarini mit Gorgonzola

Bei der cremigen Sahnesauce, die zu Nudeln gereicht wird, handelt es sich um ein klassisches italienisches Rezept.

NÄHRWERTANGABEN

Kilokalorien 904	Zucker .... 4 g
Eiweiß .... 27 g	Fett .... 53 g
Kohlenhydrate .. 83 g	davon gesättigt . 36 g

5 MIN. 20 MIN.

4 PERSONEN

ZUTATEN

- 2 EL Butter
- 225 g Gorgonzola, zerbröckelt
- 150 g Schlagsahne
- 2 EL trockener Weißwein
- 1 TL Speisestärke
- 4 frische Salbeizweige, fein gehackt
- Salz und weißer Pfeffer
- 400 g Tagliarini
- 2 EL Olivenöl
- frische Kräuterblätter, zum Garnieren

1

2

3

1 Die Butter in einem Topf zerlassen. 150 g Gorgonzola einrühren und 2 Minuten bei schwacher Hitze schmelzen.

2 Sahne, Wein und Stärke zugeben und gründlich verquirlen.

3 Den Salbei einrühren und mit Salz und Pfeffer abschmecken. Unter ständigem Rühren bei schwacher Hitze aufkochen, bis die Sauce eindickt. Vom Herd nehmen und beiseite stellen.

4 Salzwasser in einem großen Topf aufkochen. Die Tagliarini darin mit 1 Esslöffel Olivenöl 12–14 Minuten bissfest kochen, gut abtropfen lassen und mit dem restlichen Olivenöl vermengen. In eine Servierschüssel füllen und warm stellen.

5 Die Sauce unter ständigem Rühren bei niedriger Temperatur erwärmen. Über die Tagliarini geben, mit dem restlichen Käse bestreuen, mit den Kräuterblättern garnieren und sofort servieren.

TIPP

Gorgonzola ist einer der besten Blauschimmelkäse der Welt. Achten Sie beim Kauf auf eine cremig-gelbe Farbe und eine feine blaugrüne Äderung. Meiden Sie harten oder verfärbten Käse. Gorgonzola sollte nie bitter sein. Sie können ihn durch den milderen Danish Blue ersetzen.

Nusstaschen

Diese knusprigen, butterigen Teigtaschen sind mit Nüssen und Pesto gefüllt – eine interessante Abwechslung zum herkömmlichen Sonntagsessen.

NÄHRWERTANGABEN

Kilokalorien . . . 1100	Zucker . . . . 9 g
Eiweiß . . . . 29 g	Fett . . . . 80 g
Kohlenhydrate . . 73 g	davon gesättigt . 15 g

15 MIN. 25 MIN.

4 PERSONEN

ZUTATEN

- 3 EL Butter
- 1 große Zwiebel, fein gehackt
- 275 g gemischte helle Nüsse (z. B. Pinienkerne, ungesalzene Cashewkerne, blanchierte Mandeln, ungesalzene Erdnüsse), fein gehackt
- 90 g frische Semmelbrösel
- ½ TL gemahlene Muskatblüte
- 1 Ei, verquirlt
- Salz und Pfeffer
- 1 Eigelb
- 3 EL Pesto
- 2 EL frisch gehacktes Basilikum
- 125 g Butter, zerlassen
- 16 Blätter Filo-Teig
- Basilikumzweige, zum Garnieren

ZUM SERVIEREN

- Preiselbeeren
- gedämpftes Gemüse

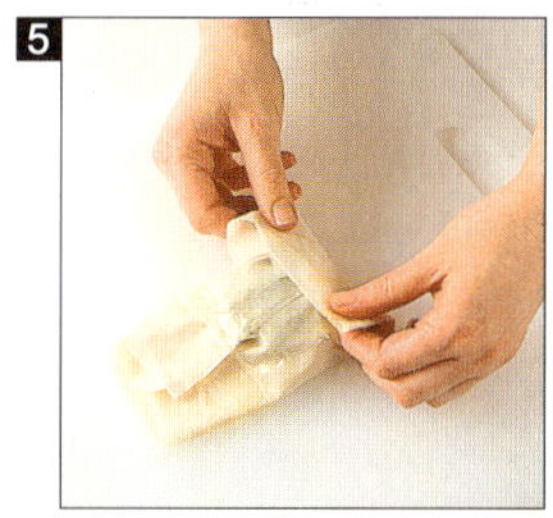

1 Butter in einer Pfanne zerlassen und die Zwiebel darin 2–3 Minuten glasig dünsten.

2 Vom Herd nehmen und Nüsse, 60 g Semmelbrösel, Muskatblüte und Ei einrühren. Mit Salz und Pfeffer abschmecken. Beiseite stellen.

3 Restliche Semmelbrösel in eine Schüssel geben und mit Eigelb, Pesto, Basilikum und 1 Esslöffel zerlassener Butter gründlich verrühren.

4 Ein Blatt Filo-Teig mit zerlassener Butter bestreichen. Einmal falten und erneut bestreichen. Mit einem zweiten Blatt wiederholen, dann dieses Blatt so auf das erste legen, dass beide ein Kreuz bilden.

5 Ein Achtel der Nussmischung in die Mitte des Kreuzes geben und mit einem Achtel der Pestomischung belegen. Durch Einfalten der „Balken" des Kreuzes ein Päckchen formen. Mit Butter bestreichen und auf ein Backblech legen – so insgesamt 8 Nusstaschen herstellen und mit der restlichen Butter bestreichen.

6 Die Taschen im vorgeheizten Backofen bei 220 °C 15–20 Minuten goldbraun backen. Auf Servierteller geben. Mit Basilikumzweigen garnieren und mit Preiselbeeren und gedämpftem Gemüse servieren.

Drei-Käse-Fondue

Bei diesem warmen Käse-Dip aus drei verschiedenen Käsesorten, der sich in der Mikrowelle rasch zubereiten lässt, ist der Erfolg garantiert.

NÄHRWERTANGABEN	
Kilokalorien 565	Zucker .... 1 g
Eiweiß .... 29 g	Fett .... 38 g
Kohlenhydrate .. 15 g	davon gesättigt . 24 g

15 MIN. 10 MIN.

4 PERSONEN

ZUTATEN

- 1 Knoblauchzehe
- 300 ml trockener Weißwein
- 250 g Emmentaler, gerieben
- 125 g Gruyère, gerieben
- 125 g Mozzarella, gerieben
- 2 EL Speisestärke
- Pfeffer

ZUM SERVIEREN

- Baguette
- Gemüse (z. B. Zucchini, Pilze, Babymaiskolben und Blumenkohl)

1 Den Knoblauch mit der flachen Klingenseite eines Messers eindrücken.

2 Eine große Schüssel mit dem Knoblauch ausreiben. Den Knoblauch wegwerfen.

3 Wein in die Schüssel gießen und unabgedeckt in der Mikrowelle auf höchster Stufe 3–4 Minuten erhitzen, bis er heiß ist, aber noch nicht kocht.

4 Zunächst Emmentaler und Gruyère nach und nach zugeben und gut verrühren. Dann den Mozzarella zugeben und rühren, bis sämtlicher Käse vollständig geschmolzen ist.

5 Speisestärke mit etwas Wasser zu einer glatten Paste verrühren und in die Käsemischung rühren. Mit Pfeffer abschmecken.

6 Abdecken und auf mittlerer Stufe 6 Minuten kochen, bis das Fondue glatt ist. Dabei zweimal umrühren.

7 Baguette in Würfel und das Gemüse in Stifte, Scheiben oder Röschen schneiden. Beim Servieren das Fondue auf einem Spiritusbrenner warm halten. Wenn nötig, nochmals in der Mikrowelle erhitzen. Baguettewürfel und Gemüsestücke darin dippen.

3

4

5

TIPP

Den Käse nach und nach in den Wein geben und jeweils gut verrühren, damit die Mischung nicht gerinnt.

Falafel

Dieses sehr bekannte Gericht aus dem Nahen Osten besteht aus delikat gewürzten, frittierten Kichererbsenbällchen.

NÄHRWERTANGABEN	
Kilokalorien 491	Zucker .... 3 g
Eiweiß .... 15 g	Fett .... 30 g
Kohlenhydrate .. 43 g	davon gesättigt .. 3 g

25 MIN. — 10–15 MIN.

4 PERSONEN

ZUTATEN

- 675 g Kichererbsen aus der Dose, abgetropft
- 1 rote Zwiebel, gehackt
- 3 Knoblauchzehen, zerdrückt
- 100 g Vollkornbrot
- 2 kleine rote Chillies
- 1 TL gemahlener Kreuzkümmel
- 1 TL gemahlener Koriander
- ½ TL gemahlene Kurkuma
- 1 EL gehackter Koriander, plus etwas mehr, zum Garnieren
- Salz und Pfeffer
- 1 Ei, verquirlt
- 100 g Vollkornsemmelbrösel
- Pflanzenöl, zum Frittieren
- Tomaten-Gurken-Salat und Zitronenviertel, zum Servieren

2

3

4

1 Kichererbsen, Zwiebel, Knoblauch, Brot, Chillies, Gewürze und Kräuter in der Küchenmaschine 30 Sekunden zerkleinern. Mit Salz und Pfeffer abschmecken.

2 Die Mischung zu walnussgroßen Bällchen formen.

3 Das Ei in eine flache Schüssel und die Semmelbrösel auf einen Teller geben. Die Bällchen zuerst in das Ei tauchen und dann in den Semmelbröseln wälzen – überschüssige Brösel abschütteln.

4 Das Frittieröl auf 180 °C erhitzen, sodass ein Brotwürfel darin in 30 Sekunden bräunt. Die Falafel 2–3 Minuten portionsweise knusprig frittieren. Mit einem Schaumlöffel herausnehmen und auf Küchenpapier abtropfen lassen. Mit Koriander garnieren und mit Tomaten-Gurken-Salat und Zitronenvierteln servieren.

Lyoneser Kartoffeln

In diesem klassischen französischen Rezept werden Kartoffelscheiben mit Zwiebeln zubereitet – eine köstliche Beilage zum Hauptgericht.

NÄHRWERTANGABEN

Kilokalorien	277	Zucker	4g
Eiweiß	5g	Fett	12g
Kohlenhydrate	40g	davon gesättigt	4g

10 MIN. 25 MIN.

6 PERSONEN

ZUTATEN

- 1,25 kg Kartoffeln
- 4 EL Olivenöl
- 25 g Butter
- 2 Zwiebeln, in Ringen
- 2–3 Knoblauchzehen, zerdrückt
- Salz und Pfeffer
- gehackte Petersilie, zum Garnieren

1 Die Kartoffeln in 5 mm dicke Scheiben schneiden und in leicht gesalzenem Wasser zum Kochen bringen. Abgedeckt ca. 10–12 Minuten fast gar köcheln lassen – nicht zu weich kochen, da die Kartoffeln sonst zerfallen. Abgießen.

2 Währenddessen Öl und Butter in einer großen Pfanne erhitzen. Zwiebeln und Knoblauch darin bei mittlerer Hitze pfannenrühren, bis die Zwiebeln weich sind.

3 Die Kartoffelscheiben in die Pfanne geben und unter gelegentlichem Rühren ca. 5–8 Minuten gut bräunen.

4 Mit Salz und Pfeffer abschmecken und mit gehackter Petersilie garnieren. Man kann die Lyoneser Kartoffeln gut in einer großen Auflaufform bis zum Servieren warm halten.

TIPP

Falls die Kartoffeln sich beim Kochen leicht schwärzen, geben Sie 1 Löffel Zitronensaft in das Kochwasser.

Würzige Hühnertortillas

Die einfach zuzubereitende Hähnchenfüllung für diese Tortillas hat ein mild-würziges Aroma. Als Beilage empfiehlt sich ein knackiger Salat.

NÄHRWERTANGABEN

Kilokalorien 650	Zucker . . . . 15 g
Eiweiß . . . . 48 g	Fett . . . . 31 g
Kohlenhydrate . . 47 g	davon gesättigt . 10 g

10 MIN. 35 MIN.

4 PERSONEN

ZUTATEN

- 2 EL Öl
- 6 Hähnchenbrustfilets, in Streifen
- 1 Zwiebel, gehackt
- 2 Knoblauchzehen, gehackt
- 1 TL Kreuzkümmelsamen, grob zerstoßen
- 2 große getrocknete Chillies, in Ringen
- 400 g Tomaten aus der Dose
- 400 g Kidney-Bohnen aus der Dose, abgetropft
- 150 ml Hühnerbrühe
- 2 TL Zucker
- Salz und Pfeffer

ZUM SERVIEREN

- 1 große reife Avocado
- 1 Limette
- 8 Tortillas
- 250 g Naturjoghurt
- Limettenspalten, zum Garnieren

1 Das Öl in einer Pfanne oder einem Wok erhitzen und das Fleisch darin 3 Minuten rundum goldbraun anbraten.

2 Die Zwiebel zufügen und unter Rühren 5 Minuten anbräunen.

3 Knoblauch, Kümmel und Chillies zufügen und 1 Minute mitdünsten.

4 Tomaten, Kidney-Bohnen, Brühe und Zucker zufügen und mit Salz und Pfeffer abschmecken. Zum Kochen bringen und die Tomaten dabei zerdrücken. Abgedeckt 15 Minuten köcheln lassen. Ohne Deckel unter Rühren weitere 5 Minuten köcheln.

5 Die Avocado halbieren und entkernen. Das Fruchtfleisch mit einem Löffel auslösen und auf einem Teller zerdrücken. Die Limette auspressen und den Saft über die Avocado träufeln.

6 Die Tortillas erwärmen. Je 2 Tortillas auf einen Teller legen, mit der Huhnmischung füllen und je 1 Löffel Avocado und Joghurt darauf geben. Mit Limettenspalten garnieren und servieren.

Currypasteten

Diese für Vegetarier geeigneten Pasteten kombinieren auf unwiderstehliche Weise Gemüse und Gewürze. Sie können heiß oder kalt gegessen werden.

NÄHRWERTANGABEN

Kilokalorien 455	Zucker 5g
Eiweiß 8g	Fett 27g
Kohlenhydrate .. 48g	davon gesättigt .. 5g

1 STD. 1 STD.

4 PERSONEN

ZUTATEN

- 225 g Vollkornmehl
- 100 g Margarine, in kleinen Stücken
- 4 EL Wasser
- 2 EL Öl
- 225 g Wurzelgemüse (z. B. Kartoffeln, Karotten und Pastinaken), gewürfelt
- 1 kleine Zwiebel, gehackt
- 2 Knoblauchzehen, gehackt
- ½ TL Currypulver
- ½ TL gemahlene Kurkuma
- ½ TL gemahlener Kreuzkümmel
- ½ TL körniger Senf
- 5 EL Gemüsebrühe
- Sojamilch, zum Glasieren

1

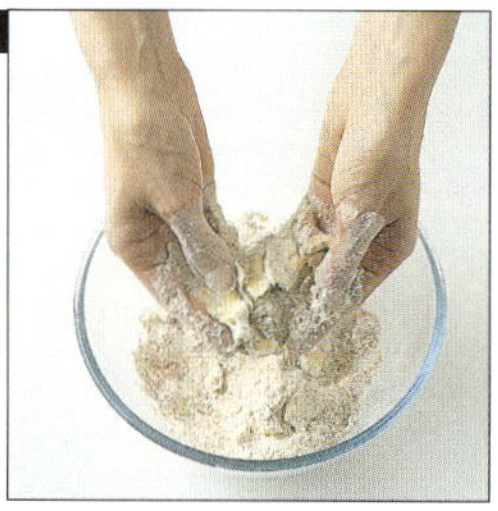

2

5

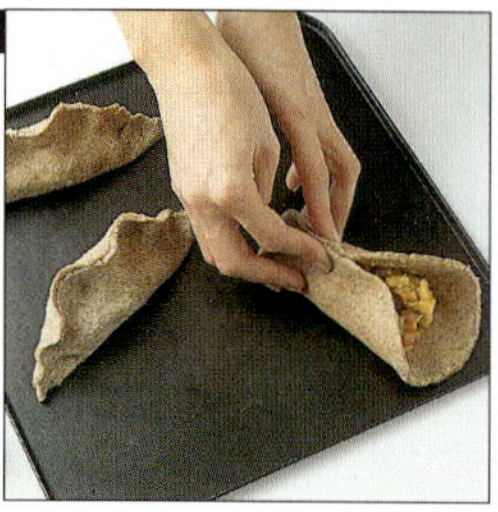

1 Das Mehl in eine Schüssel geben und die Margarine mit den Fingerspitzen so einkneten, dass Streusel entstehen. Wasser einrühren und zu einem weichen Teig verarbeiten. Einwickeln und 30 Minuten im Kühlschrank kalt stellen.

2 Für die Füllung das Öl in einem großen Topf erhitzen. Wurzelgemüse, Zwiebel und Knoblauch zugeben und unter gelegentlichem Rühren 2 Minuten anbraten. Sämtliche Gewürze gründlich unterrühren. Unter ständigem Rühren 1 Minute weiterbraten.

3 Die Brühe zugießen und zum Kochen bringen. Abgedeckt ca. 20 Minuten unter gelegentlichem Rühren köcheln lassen, bis das Gemüse weich ist und die Flüssigkeit absorbiert hat. Abkühlen lassen.

4 Den Teig in 4 Portionen teilen. Jede Portion zu einer runden Scheibe (15 cm Durchmesser) ausrollen. In die Mitte jeder Scheibe etwas Füllung geben.

5 Die Teigränder mit Sojamilch bestreichen, dann die Scheiben zusammenfalten und die Ränder fest zusammendrücken. Die Pasteten auf einem Backblech bei 200 °C 25–30 Minuten im vorgeheizten Backofen goldbraun backen.

Chili-Tofu

Dieses mexikanische Gericht mit einer Tofu-Avocado-Mischung, die auf der Zunge zergeht, wird mit einer scharfen Tomatensauce serviert.

NÄHRWERTANGABEN

Kilokalorien	806	Zucker	20 g
Eiweiß	37 g	Fett	54 g
Kohlenhydrate	45 g	davon gesättigt	19 g

30 MIN. 35 MIN.

4 PERSONEN

ZUTATEN

- ½ TL Chilipulver
- 1 TL Paprikapulver
- 2 EL Mehl
- Salz und Pfeffer
- 225 g Tofu, in 1 cm großen Würfeln
- 2 EL Pflanzenöl
- 1 Zwiebel, fein gehackt
- 1 Knoblauchzehe, zerdrückt
- 1 große rote Paprika, fein gewürfelt
- 1 große reife Avocado
- 1 EL Limettensaft
- 4 Tomaten, gehäutet, entkernt und gehackt
- 125 g Gouda, gerieben
- 8 Tortillas
- 150 g saure Sahne
- Korianderzweige, zum Garnieren
- eingelegte grüne Jalapeño-Chillies, zum Servieren

SAUCE

- 850 ml Sugocasa (klare Tomatensauce)
- 3 EL gehackte Petersilie
- 3 EL gehackter Koriander

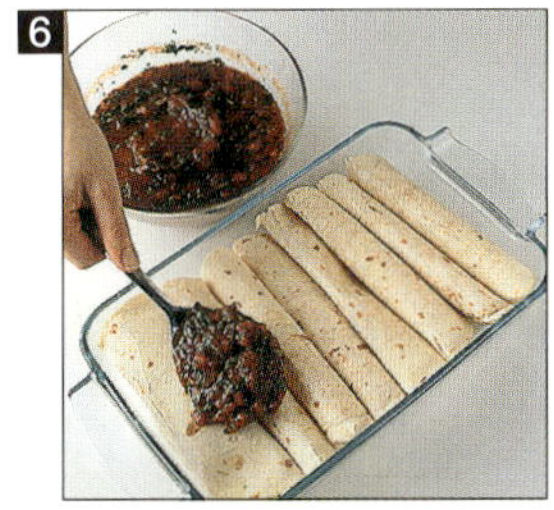

1 Chili- und Paprikapulver, Mehl, Salz und Pfeffer auf einem Teller vermischen und die Tofustücke darin wälzen.

2 Öl in einer Pfanne erhitzen und den Tofu vorsichtig 3–4 Minuten von jeder Seite goldbraun anbraten. Herausnehmen, abtropfen lassen und beiseite stellen.

3 Zwiebel, Knoblauch und Paprika in der Pfanne 2–3 Minuten weich dünsten. Herausnehmen und beiseite stellen.

4 Avocado halbieren, schälen und entkernen. Längs in Scheiben schneiden, mit Limettensaft in eine Schüssel geben und darin wälzen.

5 Tofu und Zwiebelmischung zugeben und die Tomaten und die Hälfte des Käses einrühren. Ein Achtel der Füllung in die Mitte jeder Tortilla geben, mit saurer Sahne bedecken und einrollen. Tortillas in einer flachen Auflaufform nebeneinander legen.

6 Für die Sauce alle Zutaten mischen. Über die Tortillas geben, mit dem restlichen Käse bestreuen und im vorgeheizten Backofen bei 190 °C 25 Minuten backen, bis der Käse goldbraun ist und Blasen wirft. Mit Korianderzweigen garnieren und mit eingelegten Jalapeño-Chillies servieren.

Pizza calabrese

Traditionell wird diese Pizza mit einem doppelten Boden zubereitet, um den Belag zu halten. Auf dem Foto die Variante mit nur einem Boden.

NÄHRWERTANGABEN

Kilokalorien 574	Zucker . . . . 6 g
Eiweiß . . . . 20 g	Fett . . . . 30 g
Kohlenhydrate . . 60 g	davon gesättigt . . 7 g

2 ½ STD. 55 MIN.

6 PERSONEN

ZUTATEN

- 400 g Mehl
- ½ TL Salz
- 7 g Trockenhefe
- 2 EL Olivenöl
- 275 ml warmes Wasser

BELAG

- 2 EL Olivenöl
- 2 Knoblauchzehen, zerdrückt
- 1 rote Paprika, in Streifen
- 1 gelbe Paprika, in Streifen
- Salz und Pfeffer
- 125 g Ricotta
- 175 g sonnengetrocknete Tomaten in Öl, abgetropft
- 3 hart gekochte Eier, in feinen Scheiben
- 1 EL frisch gehackte gemischte Kräuter
- 125 g Salami, in Streifen
- 150–175 g Mozzarella, gerieben
- etwas Milch, zum Bestreichen

1 Mehl und Salz in eine Schüssel sieben und mit der Trockenhefe mischen.

2 Mit Öl und Wasser zu einem geschmeidigen Teig verarbeiten, dann 10–15 Minuten kneten.

3 Den Teig zu einer Kugel formen, mit einem Tuch bedecken und an einem warmen Platz 1–1½ Stunden gehen lassen, bis sich sein Volumen verdoppelt hat.

4 Für den Belag das Öl in einer Pfanne erhitzen und Knoblauch und Paprika darin dünsten, bis die Paprika weich ist.

5 Den Teig erneut kurz durchkneten und die Hälfte auf einem eingefetteten Backblech zu einem 30 cm x 25 cm großen Rechteck ausrollen.

6 Den Teig salzen und pfeffern, mit Ricotta bestreichen und mit Tomaten, Eiern, Kräutern, Paprika, Salamistreifen und Mozzarella belegen.

7 Den restlichen Teig ebenfalls ausrollen und auf den Pizzaboden legen. Die Ränder zusammendrücken und die Pizza an einem warmen Ort 1 Stunde ruhen lassen.

8 Die Pizza mehrmals mit einer Gabel einstechen. Mit Milch bestreichen und im vorgeheizten Backofen bei 180 °C 50 Minuten knusprig backen. Heiß servieren.

2

5

6

Pizza-Toasties

Als Basis werden hier fertige Toasties aus dem Supermarkt verwendet – sie sind im Handumdrehen zubereitet und lassen sich prima variieren.

NÄHRWERTANGABEN

Kilokalorien	259	Zucker	7 g
Eiweiß	9 g	Fett	15 g
Kohlenhydrate	24 g	davon gesättigt	3 g

45 MIN. 5 MIN.

4 PERSONEN

ZUTATEN

- 4 Toasties
- Tomatensauce (siehe Seite 6)
- 2 sonnengetrocknete Tomaten in Öl, abgetropft und gehackt
- 60 g Parmaschinken
- 2 Ananasscheiben aus der Dose, gehackt
- ½ grüne Paprika, gewürfelt
- 125 g Mozzarella, in dünnen Scheiben
- Olivenöl, zum Beträufeln
- Salz und Pfeffer
- frische Basilikumblätter, zum Garnieren

1 Die Toasties halbieren und jede Hälfte an der Schnittseite toasten.

2 Die Tomatensauce gleichmäßig auf den Toasties verstreichen.

3 Mit den gehackten getrockneten Tomaten bestreuen.

4 Den Schinken in dünne Streifen schneiden und mit Ananas und Paprika auf die Muffins geben.

5 Sorgfältig mit den Mozzarellascheiben belegen.

6 Jedes Toastie mit etwas Öl beträufeln und mit Salz und Pfeffer würzen.

7 Die Toasties unter einem vorgeheizten Grill backen, bis der Käse schmilzt und Blasen wirft.

8 Mit Basilikumblättern garnieren und sofort servieren.

TIPP

Sie können statt der dicken runden Toasties auch herkömmliche Toasts oder Hamburger-Brötchen verwenden. Am besten halten Sie immer ein paar Toasties auf Vorrat im Tiefkühlfach – so haben Sie stets einen „schnellen Pizzaboden" zur Hand.

Paprika-Zwiebel-Pizza

Diese farbenfrohe Pizza ist nicht nur eine Freude für den Gaumen, sondern auch fürs Auge. In Streifen geschnitten, ist sie ideal für ein Partybuffet.

NÄHRWERTANGABEN			
Kilokalorien	380	Zucker	19 g
Eiweiß	7 g	Fett	17 g
Kohlenhydrate	53 g	davon gesättigt	2 g

2½ STD. 25 MIN.

8 PERSONEN

ZUTATEN

- Pizza-Grundteig (siehe Seite 861)
- 2 EL Olivenöl, plus etwas mehr, zum Beträufeln
- je ½ rote, grüne und gelbe Paprika, in feinen Streifen
- 1 kleine rote Zwiebel, in feinen Ringen
- 1 Knoblauchzehe, zerdrückt
- Tomatensauce (siehe Seite 6)
- 3 EL Rosinen
- 25 g Pinienkerne
- 1 EL frisch gehackter Thymian
- Salz und Pfeffer

1 Den Pizzateig auf einer bemehlten Arbeitsfläche zu einem 30 cm x 18 cm großen Rechteck ausrollen. In eine Auflaufform oder auf ein Backblech legen und einen Rand formen.

2 Mit Frischhaltefolie abdecken und an einem warmen Ort 10 Minuten ruhen lassen.

3 Das Öl in einer großen Pfanne erhitzen. Paprika, Zwiebel und Knoblauch darin 5 Minuten anbraten. Vom Herd nehmen und abkühlen lassen.

4 Die Tomatensauce auf dem Pizzaboden verteilen, den Rand aussparen.

3

5

6

5 Mit den Rosinen bestreuen und mit der Paprikamischung belegen. Pinienkerne und Thymian darauf verteilen, mit etwas Öl beträufeln und mit Salz und Pfeffer würzen.

6 Die Pizza im vorgeheizten Backofen 18–20 Minuten bei 200 °C backen, bis der Rand goldbraun ist. In Streifen schneiden und sofort servieren.

Gnocchi mit Kräutersauce

Die kleinen Kartoffelklößchen sind eine italienische Vorspeise, doch mit Salat und Brot serviert, werden sie zu einem nahrhaften Hauptgericht.

NÄHRWERTANGABEN

Kilokalorien 619	Zucker .... 3 g
Eiweiß .... 11 g	Fett .... 30 g
Kohlenhydrate .. 81 g	davon gesättigt .. 9 g

30 MIN. 30 MIN.

6 PERSONEN

ZUTATEN

- 1 kg Kartoffeln, in 1 cm großen Würfeln
- Salz
- 60 g Butter oder Margarine
- 1 Ei, verquirlt
- 300 g Mehl

SAUCE

- 125 ml Olivenöl
- 2 Knoblauchzehen, sehr fein gehackt
- Salz und Pfeffer
- 1 EL frisch gehackter Oregano
- 1 EL frisch gehacktes Basilikum

ZUM SERVIEREN

- frisch geriebener Parmesan (nach Belieben)
- gemischter Salat
- warmes Ciabatta-Brot

1 Die Kartoffeln in kochendem Salzwasser 10 Minuten weich garen und abgießen.

2 Kartoffeln durch ein Sieb in eine große Schüssel drücken. Mit 1 Teelöffel Salz, Butter oder Margarine, Ei und 150 g Mehl zu einem Teig verarbeiten.

3 Den Teig auf einer leicht mit Mehl bestäubten Arbeitsfläche kneten und nach und nach das restliche Mehl einarbeiten, bis ein weicher, glatter und zäher Teig entsteht.

4 Den Teig mit bemehlten Händen zu 2 cm dicken Strängen rollen. Diese in 1 cm lange Stücke schneiden. Die Stücke mit einer bemehlten Gabel flach drücken und auf einem bemehlten Küchentuch verteilen.

5 In einem großen Topf Salzwasser zum Kochen bringen. Die Gnocchi portionsweise zugeben und 2–3 Minuten kochen, bis sie an die Oberfläche steigen.

6 Die Gnocchi mit einem Schaumlöffel herausheben und in eine vorgewärmte, eingefettete Schüssel legen. Abdecken und warm halten.

7 Für die Sauce Öl, Knoblauch sowie Salz und Pfeffer in einem Topf mischen und 2–3 Minuten unter gelegentlichem Rühren braten, bis der Knoblauch goldbraun ist. Vom Herd nehmen und die Kräuter einrühren. Die Gnocchi mit der Sauce übergießen, nach Belieben mit Parmesan bestreuen und mit Salat und Ciabatta-Brot servieren.

2

3

4

Avocado-Schinken-Pizza

Räucherschinken und Avocado, sonnengetrocknete Tomaten und schwarze Oliven machen diese Pizza unwiderstehlich.

NÄHRWERTANGABEN

Kilokalorien	397	Zucker	9 g
Eiweiß	10 g	Fett	22 g
Kohlenhydrate	43 g	davon gesättigt	5 g

2¾ STD. 20 MIN.

4 PERSONEN

ZUTATEN

Pizza-Grundteig (siehe Seite 861)

4 sonnengetrocknete Tomaten in Öl, abgetropft und gehackt

25 g schwarze Oliven, gehackt

Tomatensauce (siehe Seite 6)

4 kleine Chicoréeblätter, in Streifen

4 kleine Radicchioblätter, in Streifen

1 Avocado, geschält, entkernt und in Spalten

60 g Räucherschinken, in feinen Streifen

60 g Blauschimmelkäse, zerbröckelt

Olivenöl, zum Beträufeln

Salz und Pfeffer

frisch gehackter Kerbel, zum Garnieren

1 Den Teig mit den Tomaten und Oliven sorgfältig verkneten.

2 Dann auf einer bemehlten Arbeitsfläche zu einem Kreis (25 cm Durchmesser) ausrollen, auf ein Backblech legen und den Rand etwas hochziehen.

3 Abdecken und an einem warmen Ort 10 Minuten ruhen lassen. Danach mit der Tomatensauce bestreichen, dabei einen schmalen Rand aussparen.

4 Den Pizzaboden mit Salatblättern und Avocadospalten belegen. Schinken und Käse darauf verteilen.

5 Mit etwas Olivenöl beträufeln und mit Salz und Pfeffer würzen.

6 Die Pizza bei 200 °C 18–20 Minuten im Backofen backen, bis der Rand goldbraun und knusprig ist.

7 Mit gehacktem Kerbel bestreuen und sofort servieren.

Huhn-Erdnuss-Pizza

Diese Pizza wird mit Hähnchenfleisch belegt, das zuvor in einer köstlichen Erdnuss-Sauce mariniert wurde.

NÄHRWERTANGABEN

Kilokalorien 418	Zucker .... 7 g
Eiweiß .... 22 g	Fett .... 19 g
Kohlenhydrate .. 43 g	davon gesättigt .. 5 g

2¾ STD. 20 MIN.

4 PERSONEN

ZUTATEN

2 EL grobe Erdnussbutter
1 EL Limettensaft
1 EL Sojasauce
3 EL Milch
1 rote Chili, entkernt und gehackt
1 Knoblauchzehe, zerdrückt
Salz und Pfeffer
175 g Hühnerfleisch, gekocht und in Würfeln
Pizza-Grundteig (siehe Seite 861)
Tomatensauce (siehe Seite 6)
4 Frühlingszwiebeln, in Ringen
60 g Mozzarella, gerieben
Olivenöl

1

4

6

1 Erdnussbutter, Limettensaft, Sojasauce, Milch, Chili und Knoblauch in einer Schüssel zu einer Marinade verrühren. Mit Salz und Pfeffer würzen.

2 Das Hühnerfleisch in die Marinade geben. Abdecken und ca. 20 Minuten an einem kühlen Platz marinieren.

3 Den Pizzateig zu einem Kreis (25 cm Durchmesser) ausrollen, auf ein eingefettetes Back- oder Pizzablech legen und einen kleinen Rand formen. Mit einem Tuch abdecken und 10 Minuten ruhen lassen.

4 Den Pizzaboden bis nahe an den Rand mit der Tomatensauce bestreichen.

5 Mit Frühlingszwiebeln und Hühnerfleisch mit Marinade belegen.

6 Die Pizza mit dem Mozzarella bestreuen und mit etwas Olivenöl beträufeln.

Im vorgeheizten Backofen 18–20 Minuten bei 200 °C backen, bis der Teigrand goldbraun und knusprig ist. Heiß servieren.

Tagliatelle mit Tomatensauce

Pasta in einer köstlich frischen und leicht scharfen Tomatensauce ist jederzeit ein exzellentes und leichtes Mittagsmahl.

NÄHRWERTANGABEN

Kilokalorien 306	Zucker .... 7 g
Eiweiß .... 8 g	Fett .... 12 g
Kohlenhydrate .. 45 g	davon gesättigt .. 7 g

15 MIN. 35 MIN.

4 PERSONEN

ZUTATEN

50 g Butter
1 Zwiebel, fein gehackt
1 Knoblauchzehe, zerdrückt
2 kleine rote Chillies, entkernt und gewürfelt
450 g Tomaten, gehäutet, entkernt und gewürfelt
200 ml Gemüsebrühe
2 EL Tomatenmark
1 TL Zucker
Salz und Pfeffer
675 g frische oder 350 g getrocknete grüne und weiße Tagliatelle

1 Die Butter in einem großen Topf zerlassen. Zwiebel und Knoblauch darin 3–4 Minuten weich dünsten.

2 Die Chillies zugeben und 2 Minuten dünsten.

3 Tomaten und Brühe zugeben, die Hitze reduzieren und 10 Minuten köcheln lassen.

4 Die Sauce in der Küchenmaschine pürieren oder durch ein Sieb passieren.

5 Die Sauce wieder in den Topf gießen, Tomatenmark, Zucker sowie Salz und Pfeffer zufügen und bei niedriger Hitze langsam erwärmen.

6 Währenddessen die Tagliatelle bissfest kochen. Abgießen, mit der heißen Sauce vermengen und auf Tellern servieren.

VARIATION

Zusätzlich 50 g Pancetta oder anderen ungeräucherten Speck würfeln, knusprig braten und über die Nudeln streuen.

Pizza quattro stagioni

Eine traditionelle Pizza, deren Belag in vier Bereiche unterteilt ist, die die vier Jahreszeiten symbolisieren.

NÄHRWERTANGABEN

Kilokalorien	313	Zucker	8 g
Eiweiß	8 g	Fett	13 g
Kohlenhydrate	44 g	davon gesättigt	3 g

2 3/4 STD. 20 MIN.

4 PERSONEN

ZUTATEN

- Pizza-Grundteig (siehe Seite 861)
- Tomatensauce (siehe Seite 6)
- 25 g Chorizo (oder andere pikante Paprikasalami), in dünnen Scheiben
- 25 g Champignons, in dünnen Scheiben
- 45 g Artischockenböden, in dünnen Scheiben
- 25 g Mozzarella, in dünnen Scheiben
- 3 Sardellenfilets, längs halbiert
- 2 TL Kapern
- 4 schwarze Oliven, in Scheiben
- 4 frische Basilikumblätter, in Streifen
- Olivenöl, zum Beträufeln
- Salz und Pfeffer

1 

3 

4 

1 Den Teig auf einer bemehlten Arbeitsfläche zu einem Kreis (25 cm Durchmesser) ausrollen, auf ein Backblech legen und den Rand etwas hochziehen.

2 Mit einem Tuch abdecken und an einem warmen Ort 10 Minuten ruhen lassen. Dann mit Tomatensauce bestreichen, dabei einen schmalen Rand lassen.

3 Je ein Viertel des Pizzabodens mit Chorizo, Champignons und Artischocken belegen, das letzte Viertel mit Mozzarella und Sardellenfilets.

4 Mit Kapern, Oliven und Basilikum bestreuen, mit etwas Olivenöl beträufeln und mit Salz und Pfeffer würzen – das Viertel mit den Sardellen nicht salzen, da der Fisch schon recht salzig ist.

5 Die Pizza im vorgeheizten Backofen bei 200 °C 18–20 Minuten backen, bis der Rand goldbraun ist. Sofort servieren.

Pikante Pilzpfanne

Für dieses aus Asien entlehnte Rezept wurde eine in Europa übliche Pilzauswahl verwendet, die ebenfalls aromatische Vielfalt garantiert.

NÄHRWERTANGABEN

Kilokalorien	103	Zucker	4 g
Eiweiß	3 g	Fett	8 g
Kohlenhydrate	5 g	davon gesättigt	2 g

5 MIN. 10 MIN.

4 PERSONEN

ZUTATEN

2 EL Erdnussöl
2 Knoblauchzehen, zerdrückt
3 Frühlingszwiebeln, in Ringen
300 g kleine Champignons
2 große Pilze mit offenem Hut, in Scheiben
125 g Austernpilze
1 TL Chilisauce
1 EL dunkle Sojasauce
1 EL Hoisin-Sauce
1 EL Weinessig
½ TL gemahlener Szechuan-Pfeffer
1 EL brauner Zucker
1 TL Sesamöl
fein gehackte Petersilie, zum Garnieren

1 Das Erdnussöl in einem heißen Wok oder einer großen Pfanne bis zum Rauchpunkt erhitzen.

2 Die Hitze reduzieren, den Knoblauch und die Frühlingszwiebeln zugeben und etwa 30 Sekunden anbraten.

3 Sämtliche Pilze mit Chilisauce, Sojasauce, Hoisin-Sauce, Weinessig, Szechuan-Pfeffer und Zucker zufügen und 4–5 Minuten anbraten, bis die Pilze gar sind. Dabei ständig rühren, damit nichts ansetzt.

4 Die Pilzpfanne mit dem Sesamöl beträufeln. Auf einen vorgewärmten Servierteller füllen, mit Petersilie garnieren und sofort servieren.

TIPP

Ideal für dieses Rezept sind getrocknete chinesische Pilze (z. B. Mu-Err-Pilze), sie verleihen dem Gericht Biss. Getrocknete Baumohren werden häufig verwendet und sind in gut sortierten Asia-Shops erhältlich. Sie müssen sie gut abspülen, 20 Minuten in warmem Wasser einweichen und erneut abspülen.

Zwiebelpizza mit Sardellen

Diese würzige Pizza wird von einem Gitter aus Sardellenfilets und schwarzen Oliven gekrönt – zum Servieren in handliche Stücke schneiden.

NÄHRWERTANGABEN

Kilokalorien 373	Zucker .... 5 g
Eiweiß .... 12 g	Fett .... 20 g
Kohlenhydrate .. 39 g	davon gesättigt .. 4 g

1 3/4 STD. — 30 MIN.

6 PERSONEN

ZUTATEN

- 4 EL Olivenöl
- 3 Zwiebeln, in dünnen Ringen
- 1 Knoblauchzehe, zerdrückt
- 1 TL brauner Zucker
- ½ TL frisch gehackter Rosmarin
- 200 g gehackte Tomaten aus der Dose
- Salz und Pfeffer
- Pizza-Grundteig (siehe Seite 861)
- 2 EL frisch geriebener Parmesan
- 50 g Sardellenfilets aus der Dose
- 12–14 schwarze Oliven

1 In einer großen Pfanne 3 Esslöffel Öl erhitzen. Zwiebeln, Knoblauch, Zucker und Rosmarin zufügen, abdecken und unter gelegentlichem Rühren 10 Minuten dünsten, bis die Zwiebeln glasig sind.

2 Die Tomaten unterrühren, mit Salz und Pfeffer abschmecken und leicht abkühlen lassen.

3 Den Teig auf einer leicht bemehlten Arbeitsfläche so ausrollen, dass er in ein tiefes eingefettetes Backblech (30 cm x 18 cm) passt. Den Rand etwas hochziehen.

4 Mit dem restlichen Öl beträufeln und mit Käse bestreuen. Abdecken und an einem warmen Ort 10 Minuten gehen lassen.

5 Die Zwiebel-Tomaten-Mischung auf den Pizzaboden geben. Die Sardellenfilets abtropfen lassen, dabei das Öl auffangen. Die Filets längs halbieren und auf der Pizza über Kreuz arrangieren. Oliven zwischen die Sardellen setzen und mit dem Sardellenöl beträufeln. Mit Salz und Pfeffer würzen.

6 Die Zwiebelpizza im vorgeheizten Backofen bei 200 °C 18–20 Minuten backen, bis der Rand goldbraun und knusprig ist. Dann in 6 Quadrate schneiden und sofort servieren.

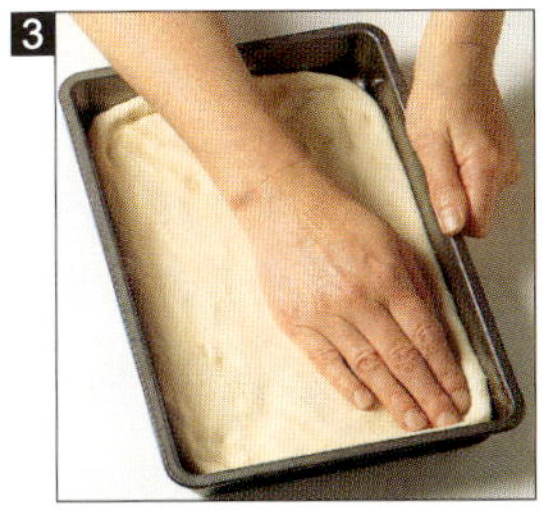

Käse-Kartoffel-Auflauf

Diese wohl schmeckende, gehaltvolle Beilage passt perfekt zu einfachen Hauptgerichten.

NÄHRWERTANGABEN

Kilokalorien	295	Zucker	5 g
Eiweiß	13 g	Fett	17 g
Kohlenhydrate	24 g	davon gesättigt	11 g

20 MIN. 1 ½ STD.

4 PERSONEN

ZUTATEN

- 500 g Kartoffeln
- 1 Porreestange, in Ringen
- 3 Knoblauchzehen, zerdrückt
- 50 g Emmentaler, gerieben
- 50 g Mozzarella, gerieben
- 25 g Parmesan, gerieben
- 2 EL gehackte Petersilie
- Salz und Pfeffer
- 150 g Schlagsahne
- 150 ml Milch
- gehackte Petersilie, zum Garnieren

1 Die Kartoffeln in einem Topf mit kochendem Salzwasser 10 Minuten vorkochen. Gut abtropfen lassen.

2 Die Kartoffeln in dünne Scheiben schneiden und den Boden einer Auflaufform mit ihnen auslegen. Mit etwas Porree, Knoblauch, Käse und Petersilie belegen. Mit Salz und Pfeffer würzen.

3 Die Zutaten in gleicher Reihenfolge weiterschichten, bis sie aufgebraucht sind. Mit einer Lage Käse abschließen. Sahne und Milch mischen, mit Salz und Pfeffer abschmecken und gleichmäßig auf dem Auflauf verteilen.

4 Im vorgeheizten Backofen bei 160 °C 1–1¼ Stunden goldbraun backen.

5 Den fertigen Auflauf mit der gehackten Petersilie garnieren und sofort heiß servieren.

2

2

3

TIPP

Kartoffeln sind eine gute Basis für Gemüsebeilagen. Sie enthalten viele Kohlenhydrate und eine Reihe von Vitaminen. Geschmacklich lassen sie sich mit einer Vielzahl anderer Zutaten kombinieren.

Zwiebel-Schinken-Pizza

Diese ungewöhnliche Pizza wird ohne Tomatensauce zubereitet. Sie zählte zu den Lieblingsgerichten der Römer.

NÄHRWERTANGABEN

Kilokalorien	333	Zucker	8 g
Eiweiß	12 g	Fett	14 g
Kohlenhydrate	43 g	davon gesättigt	4 g

1 STD. 40 MIN.

4 PERSONEN

ZUTATEN

Zutaten für Pizza-Grundteig
(siehe Seite 861)

BELAG

- 2 EL Olivenöl
- 250 g Zwiebeln, in Ringen
- 2 Knoblauchzehen, zerdrückt
- 1 rote Paprika, gewürfelt
- 100 g Parma- oder anderer Schinken, in Streifen
- 100 g Mozzarella, in Scheiben
- 2 EL Rosmarinblätter, grob gehackt

5

5

7

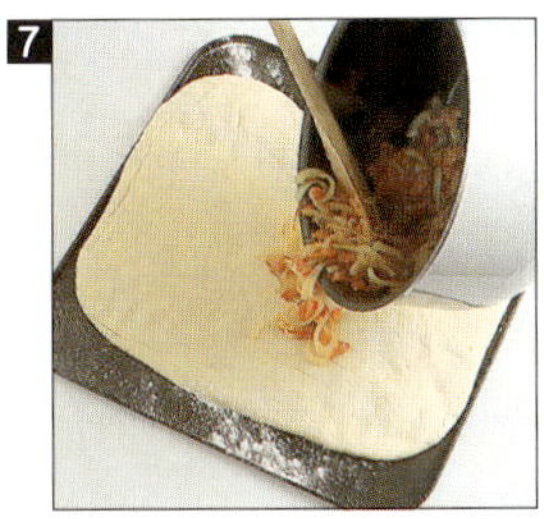

1 Hefe und Zucker in einen Messbecher geben, mit 50 ml Wasser auffüllen und etwa 15 Minuten ruhen lassen, bis die Mischung schäumt.

2 Das Mehl mit dem Salz in einer Schüssel vermengen. Eine Vertiefung in die Mitte drücken. Das Öl, die angerührte Hefe und das restliche Wasser zugießen und zu einem festen Teig verrühren.

3 Den Teig auf eine bemehlte Arbeitsfläche geben und 4–5 Minuten glatt kneten. Zurück in die Schüssel geben, mit eingefetteter Frischhaltefolie abdecken und 30 Minuten ruhen lassen, bis er sein Volumen verdoppelt hat.

4 Den Teig erneut 2 Minuten durchkneten, zu einem großen Quadrat ausrollen, auf ein eingefettetes Backblech legen und am Rand glätten. Der Boden sollte maximal 6 mm dick sein.

5 Für den Belag Öl in einem Topf erhitzen. Zwiebeln und Knoblauch darin glasig dünsten, Paprika zufügen und 3 Minuten anbraten.

6 Das Gemüse abgedeckt 10 Minuten köcheln lassen, bis die Zwiebeln leicht gebräunt sind, dabei gelegentlich umrühren. Etwas abkühlen lassen.

7 Den Belag gleichmäßig auf dem Pizzaboden verteilen, mit Schinken und Mozzarella belegen und mit Rosmarin bestreuen.

8 Die Pizza im vorgeheizten Backofen bei 200 °C 20–25 Minuten backen, bis der Rand goldbraun ist. Sofort servieren.

Pizza mexicana

Fertige Pizza-Böden werden mit einer pikanten Tomatensauce und mit Kidney-Bohnen, Käse und Jalapeño-Chillies belegt.

NÄHRWERTANGABEN

Kilokalorien	350	Zucker	8 g
Eiweiß	18 g	Fett	10 g
Kohlenhydrate	49 g	davon gesättigt	3 g

10 MIN. 20 MIN.

4 PERSONEN

ZUTATEN

- 4 fertige Pizza-Portionsböden
- 1 EL Olivenöl
- 200 g Pizzatomaten aus der Dose
- 2 EL Tomatenmark
- 200 g Kidney-Bohnen aus der Dose, abgespült und abgetropft
- 115 g Mais aus der Dose, abgetropft
- 1–2 TL Chilisauce
- Salz und Pfeffer
- 1 große rote Zwiebel, in Ringen
- 100 g Gouda, gerieben
- 1 große grüne Chili, entkernt und in Ringen

1 Den Backofen auf 220 °C vorheizen. Die Pizzaböden auf ein Backblech legen und leicht mit Öl einpinseln.

2 In einer Schüssel Tomaten, Tomatenmark, Kidney-Bohnen und Mais vermengen und mit Chilisauce sowie Salz und Pfeffer abschmecken.

3 Die Gemüsemischung gleichmäßig auf die Pizzaböden verteilen. Mit Zwiebelringen belegen, mit geriebenem Käse bestreuen und mit einigen Chiliringen dekorieren.

4 Die Pizzen 20 Minuten backen, bis das Gemüse weich ist, der Käse schmilzt und der Teigrand knusprig und goldbraun ist.

5 Vom Backblech nehmen und auf Tellern anrichten. Sofort servieren.

1

3

3

TIPP

Für einen mexikanischen Salat richten Sie Tomatenscheiben, frische Korianderblätter und einige Scheiben reife Avocado auf Tellern an. Mit frischem Limettensaft und grobem Salz bestreuen. Avocados wegen ihres relativ hohen Fettanteils nur sparsam verwenden.

Belegte Pittabrote

Diese winzigen Pittas mit Räucherlachs und Spargelspitzen ergeben feinste Partyhäppchen. Kleine Pittabrote dienen als Böden.

NÄHRWERTANGABEN

Kilokalorien	518	Zucker	10 g
Eiweiß	21 g	Fett	12 g
Kohlenhydrate	87 g	davon gesättigt	4 g

55 MIN. 15 MIN.

4 PERSONEN

ZUTATEN

- 8 dünne grüne Spargelspitzen
- 16 Mini-Pittabrote
- Tomatensauce (siehe Seite 6)
- 25 g Parmesan, frisch gerieben
- 25 g Ricotta
- 60 g Räucherlachs
- Olivenöl, zum Beträufeln
- Salz und Pfeffer

1

4

5

1 Die Spargelspitzen in 3 cm lange Stücke schneiden und diese der Länge nach halbieren.

2 Die Spargelstücke in kochendem Wasser 1 Minute blanchieren, abtropfen lassen, in kaltes Wasser tauchen und erneut abtropfen lassen.

3 Die Pittabrote auf 2 Backbleche legen und mit jeweils 1 Teelöffel Tomatensauce bestreichen.

4 Die beiden Käse mischen und auf die Pittabrote verteilen.

5 Den Räucherlachs in 16 lange, dünne Streifen schneiden und mit den Spargelstücken auf den Pittabroten verteilen.

6 Mit etwas Olivenöl beträufeln und mit Salz und Pfeffer würzen.

7 Die Pittabrote im vorgeheizten Ofen bei 200 °C 8–10 Minuten backen und sofort servieren.

TIPP

Statt teurem Räucherlachs können Sie auch die billigere geräucherte Forelle verwenden, die genauso gut schmeckt. Versuchen Sie auch einmal anderen geräucherten Fisch, wie Räuchermakrele, die ein kräftiges Aroma besitzt.

Griechische weiße Bohnen

Ein Gericht mit vielen griechischen Zutaten wie Zitrone, Knoblauch, Oregano und Oliven – ein Gruß vom östlichen Mittelmeer.

NÄHRWERTANGABEN

Kilokalorien 115	Zucker 4g
Eiweiß 6g	Fett 4g
Kohlenhydrate .. 15g	davon gesättigt . 0,6g

5 MIN. 1 STD.

4 PERSONEN

ZUTATEN

- 400 g weiße Bohnen aus der Dose, abgetropft
- 1 EL Olivenöl
- 3 Knoblauchzehen, zerdrückt
- 425 ml Gemüsebrühe
- 1 Lorbeerblatt
- 2 Oreganozweige
- 1 EL Tomatenmark
- Saft von 1 Zitrone
- 1 kleine rote Zwiebel, gehackt
- 25 g Oliven, halbiert und entsteint
- Salz und Pfeffer

1 Die Bohnen in einen großen Schmortopf geben.

2 Öl und Knoblauch zugeben und bei mittlerer Hitze unter gelegentlichem Rühren 4–5 Minuten dünsten, bis der Knoblauch leicht gebräunt ist.

3 Brühe, Lorbeerblatt, Oregano, Tomatenmark, Zitronensaft und Zwiebel zufügen, abdecken und ca. 1 Stunde köcheln lassen, bis die Sauce eindickt.

4 Oliven einrühren, mit Salz und Pfeffer abschmecken und servieren.

TIPP

Sie können für dieses Gericht auch andere Hülsenfrüchte verwenden, etwa Bohnen oder Kichererbsen.

Gefüllte Zucchini

Die Zucchini werden ausgehöhlt, mit einer würzig scharfen Rindfleischmischung gefüllt und im Ofen gebacken – eine köstliche Beilage.

NÄHRWERTANGABEN

Kilokalorien 208	Zucker .... 3 g
Eiweiß .... 12 g	Fett .... 9 g
Kohlenhydrate .. 20 g	davon gesättigt .. 4 g

45 MIN. 35 MIN.

4 PERSONEN

ZUTATEN

8 Zucchini

Salz und Pfeffer

1 EL Sesam- oder Pflanzenöl

1 Knoblauchzehe, zerdrückt

2 Schalotten, fein gehackt

1 kleine rote Chili, entkernt und klein geschnitten

250 g mageres Rinderhack

1 EL Fischsauce

1 EL frisch gehackter Koriander oder Basilikum

2 TL Speisestärke mit etwas Wasser angerührt

90 g Langkornreis, gekocht

GARNIERUNG

frische Koriander- oder Basilikumzweige

Karottenscheiben, in Blüten geschnitten

2

3

4

1 Die Zucchini längs halbieren, das Fruchtfleisch auslösen und die Kerne entfernen. Mit etwas Salz bestreuen und 15 Minuten beiseite stellen.

2 Das Öl in einem Wok oder einer Pfanne erhitzen. Knoblauch, Schalotten und Chili darin 2 Minuten unter Rühren anbräunen. Das Hackfleisch zufügen und 5 Minuten anbraten. Fischsauce, Koriander oder Basilikum und Speisestärke einrühren und 2 Minuten andicken. Mit Salz und Pfeffer abschmecken und vom Herd nehmen.

3 Die Zucchini unter kaltem Wasser abwaschen und mit der Schnittfläche nach oben in eine eingefettete, flache Auflaufform legen. Den gekochten Reis mit dem Hackfleisch vermengen und die Zucchinihälften damit füllen.

4 Mit Alufolie abdecken und bei 190 °C im vorgeheizten Backofen 20–25 Minuten backen. Die Folie für die letzten 5 Minuten entfernen.

5 Mit Koriander- oder Basilikumzweigen und Karottenscheiben garnieren und heiß servieren.

Zitronen-Kräuter-Bohnen

Verwenden Sie für dieses Gericht so viele Bohnensorten wie möglich – aber selbstverständlich schmeckt es auch mit nur einer Sorte.

NÄHRWERTANGABEN

Kilokalorien 285	Zucker 6g
Eiweiß 9g	Fett 19g
Kohlenhydrate .. 18g	davon gesättigt .. 6g

5 MIN. 20 MIN.

4 PERSONEN

ZUTATEN

900 g gemischte Bohnen (z. B. dicke Bohnen, grüne Bohnen und Stangenbohnen)

65 g Butter oder Margarine

4 TL Mehl

300 ml Gemüsebrühe

85 ml trockener Weißwein

6 EL Schlagsahne

3 EL frisch gehackte gemischte Kräuter

2 EL Zitronensaft

geriebene Schale von 1 Zitrone

Salz und Pfeffer

1

2

3

VARIATION

Mit Limettenschale und Limettensaft erhalten Sie ein anderes Aroma. Und Sie können die Sahne durch Naturjoghurt ersetzen – eine etwas fettärmere Version des Gerichts.

1 Die Bohnen in Salzwasser 10 Minuten gar kochen. Abgießen und in eine vorgewärmte Servierschüssel geben.

2 In der Zwischenzeit Butter oder Margarine in einem Topf zerlassen. Das Mehl zufügen und 1 Minute anschwitzen. Den Topf vom Herd nehmen, nach und nach Brühe und Wein einrühren. Den Topf wieder auf den Herd setzen und die Mischung aufkochen.

3 Erneut vom Herd nehmen und Sahne, Kräuter, Zitronensaft und -schale einrühren. Mit Salz und Pfeffer abschmecken. Die Sauce über die Bohnen gießen und gut unterheben. Sofort servieren.

Mandelkartoffeln mit Sahne

Seine besondere Färbung erhält dieses Gericht durch die Zugabe von Kurkuma, auch Gelbwurz genannt. Die Mandeln geben ein unverwechselbares Aroma.

NÄHRWERTANGABEN

Kilokalorien	531	Zucker	6 g
Eiweiß	7 g	Fett	46 g
Kohlenhydrate	24 g	davon gesättigt	23 g

5 MIN. 40–45 MIN.

4 PERSONEN

ZUTATEN

- 2 große Kartoffeln, in Scheiben
- 1 EL Pflanzenöl
- 1 rote Zwiebel, halbiert und in Ringen
- 1 Knoblauchzehe, zerdrückt
- 50 g gehobelte Mandeln
- ½ TL gemahlene Kurkuma
- 125 g Rucola
- 300 g Schlagsahne oder Crème double
- Salz und Pfeffer

1 Die Kartoffeln in kochendem Wasser 10 Minuten garen. Gut abgießen.

2 Das Öl in einer Pfanne erhitzen. Zwiebel und Knoblauch darin 3–4 Minuten unter ständigem Rühren andünsten.

3 Mandeln, Kurkuma und Kartoffeln zufügen und 2–3 Minuten unter ständigem Rühren garen. Dann den Rucola einrühren.

4 Die Kartoffelmischung in eine flache Auflaufform geben. Mit Sahne oder Crème double übergießen und mit Salz und Pfeffer abschmecken.

5 Im vorgeheizten Backofen bei 190 °C 20 Minuten backen. Als Beilage zu gegrilltem Fleisch oder Fisch servieren.

Blumenkohl mit grünem Gemüse

Dieser Blumenkohl wird hier mit asiatischem Blattgemüse serviert. Sie können ihn aber auch solo zubereiten.

NÄHRWERTANGABEN

Kilokalorien	49	Zucker	2 g
Eiweiß	2 g	Fett	3 g
Kohlenhydrate	3 g	davon gesättigt	0,5 g

5 MIN. 5 MIN.

4 PERSONEN

ZUTATEN

- 175 g Blumenkohl, in Röschen
- 1 Knoblauchzehe
- ½ TL gemahlene Kurkuma
- 1 EL gehackte Korianderwurzel oder -stängel
- 1 EL Sonnenblumenöl
- 2 Frühlingszwiebeln, in 2 cm langen Streifen
- 125 g asiatisches Blattgemüse (z. B. Pak Choi)
- 1 TL gelbe Senfkörner

1 Den Blumenkohl blanchieren, unter fließendem kaltem Wasser abschrecken und abtropfen lassen.

2 Knoblauch, Kurkuma und Koriander im Mörser oder in der Gewürzmühle zu einer Paste verarbeiten.

3 Das Öl in einem Wok oder einer großen Pfanne erhitzen.

4 Die Frühlingszwiebeln im heißen Öl unter ständigem Rühren 2 Minuten scharf anbraten.

5 Das Blattgemüse in Wok oder Pfanne geben und 1 Minute anbraten. Kurz vom Herd nehmen.

6 Wieder auf den Herd stellen, die Senfkörner zugeben und unter Rühren rösten, bis sie zu springen beginnen. Knoblauchpaste und Blumenkohl zufügen und sorgfältig vermengen.

7 Blumenkohl mit grünem Gemüse auf einem vorgewärmten Servierteller anrichten und servieren.

1

2

5

TIPP

Mörser und Stößel gibt es aus Stein oder Porzellan. Sie können aber auch eine Kaffeemühle als Gewürzmühle verwenden. Sie sollte allerdings vorher und nachher gründlich gereinigt werden.

Gegrillte Porreestangen

Für diese einfache und dennoch raffinierte Gemüsebeilage sollten Sie ein erstklassiges Olivenöl verwenden.

NÄHRWERTANGABEN

Kilokalorien	71	Zucker	2 g
Eiweiß	2 g	Fett	6 g
Kohlenhydrate	3 g	davon gesättigt	1 g

5 MIN. 7 MIN.

6 PERSONEN

ZUTATEN

4 Porreestangen

3 EL Olivenöl extra vergine

2 TL Balsamico-Essig

Meersalz und Pfeffer

1 Die Porreestangen putzen und der Länge nach bis knapp über das Schaftende einschneiden, aber nicht durchtrennen.

2 Jede Porreestange mit reichlich Öl bestreichen. Dann 6–7 Minuten grillen. Nach 3 Minuten wenden.

3 Die Porreestangen vom Grill nehmen und mit Balsamico-Essig einpinseln.

4 Mit Meersalz und Pfeffer würzen und warm oder heiß servieren.

Chinesischer Zitronenkohl

Hier steht Chinakohl im Mittelpunkt. Er wird mit einer frischen Sauce aus geriebener Zitronenschale, Zitronensaft und Ingwer serviert.

NÄHRWERTANGABEN

Kilokalorien 120	Zucker 0g
Eiweiß 5g	Fett 8g
Kohlenhydrate ... 8g	davon gesättigt .. 1g

5 MIN. 10 MIN.

4 PERSONEN

ZUTATEN

- 500 g Chinakohl
- 3 EL Pflanzenöl
- 1-cm-Stück Ingwerwurzel, gerieben
- 1 TL Salz
- 1 TL Zucker
- 125 ml Wasser oder Gemüsebrühe
- 1 TL geriebene Zitronenschale
- 1 EL Speisestärke
- 1 EL Zitronensaft

1 Die Kohlblätter trennen, waschen und gut abtropfen lassen, dann mit Küchenpapier trockentupfen.

2 Kohlblätter in etwa 5 cm breite Streifen schneiden.

1

3

5

3 Das Öl in einem Wok erhitzen und zunächst den Ingwer, dann den Kohl zugeben und 2–3 Minuten pfannenrühren, bis die Kohlblätter zusammenfallen.

4 Salz und Zucker zufügen und gut verrühren. Den Kohl mit einem Schaumlöffel herausheben und zur Seite stellen.

5 Wasser oder Brühe und Zitronenschale in den Wok geben und aufkochen.

6 Währenddessen die Speisestärke mit dem Zitronensaft zu einer glatten Paste verrühren. In den Wok geben und unter ständigem Rühren etwa 1 Minute köcheln lassen, bis die Sauce sämig ist.

7 Den Kohl wieder zugeben und unter die Sauce heben. Auf einem Servierteller anrichten und sofort servieren.

TIPP

Sie können den Chinakohl auch durch Wirsing ersetzen, den Sie aber etwa 1 Minute länger kochen müssen.

Pikante Kartoffeln mit Spinat

Dieses Gericht ist eine klassische indische Beilage für viele verschiedene Currys oder Gemüsegerichte. Es lässt sich sehr schnell zubereiten.

NÄHRWERTANGABEN

Kilokalorien 176	Zucker .... 4 g
Eiweiß .... 6 g	Fett .... 9 g
Kohlenhydrate .. 18 g	davon gesättigt .. 1 g

10 MIN. 20–25 MIN.

4 PERSONEN

ZUTATEN

- 3 EL Pflanzenöl
- 1 rote Zwiebel, in Ringen
- 2 Knoblauchzehen, zerdrückt
- ½ TL Chilipulver
- 2 TL gemahlener Koriander
- 1 TL gemahlener Kreuzkümmel
- 150 ml Gemüsebrühe
- 300 g Kartoffeln, gewürfelt
- 500 g frischer junger Spinat
- Salz und Pfeffer
- 1 rote Chili, in Ringen

2

3

4

1 Das Öl in einer großen Pfanne erhitzen. Zwiebel und Knoblauch darin bei mittlerer Hitze unter gelegentlichem Rühren 2–3 Minuten kurz andünsten, bis sie weich sind.

2 Chilipulver, Koriander und Kreuzkümmel einrühren und unter ständigem Rühren 30 Sekunden schwenken.

3 Brühe, Kartoffeln und Spinat zugeben und aufkochen. Die Hitze reduzieren, die Pfanne abdecken und 10 Minuten köcheln lassen, bis die Kartoffeln gar sind.

4 Deckel abnehmen, mit Salz und Pfeffer abschmecken, Chili zufügen und 2–3 Minuten kochen. In eine vorgewärmte Servierschüssel geben und sofort servieren.

TIPP

Rote Zwiebeln verleihen dem Gericht nicht nur zusätzliche Farbe, sie sind auch süßer als andere Sorten.

Brokkoli in Austernsauce

Einige kantonesische Restaurants verwenden für dieses Gericht wegen ihrer knackigen Konsistenz nur die Stiele des Brokkoli.

NÄHRWERTANGABEN

Kilokalorien	100	Zucker	1 g
Eiweiß	3 g	Fett	9 g
Kohlenhydrate	2 g	davon gesättigt	1 g

$3\frac{1}{2}$ STD. 5 MIN.

4 PERSONEN

ZUTATEN

- 250–300 g Brokkoli
- 3 EL Pflanzenöl
- 3–4 dünne Scheiben Ingwerwurzel
- ½ TL Salz
- ½ TL Zucker
- 3–4 EL chinesische Brühe (siehe Seite 8) oder Wasser
- 1 EL Austernsauce

TIPP

Die Brokkolistiele müssen geschält und schräg geschnitten werden, um ein gleichmäßiges Garen zu gewährleisten. Sehr dünne Stiele kann man mit den Röschen in den Wok geben, in der Regel müssen die Stiele aber zuerst angebraten werden, damit sie mit den Röschen gar werden.

1 Den Brokkoli mit einem scharfen Messer in kleine Röschen teilen. Holzige Strünke abschneiden, die Stiele stutzen und schräg in Rautenform zuschneiden.

2 Das Öl in einem heißen Wok stark erhitzen.

3 Brokkolistiele und Ingwerscheiben darin 30 Sekunden anbraten, die Röschen zufügen und weitere 2 Minuten braten.

4 Salz, Zucker und Brühe oder Wasser einrühren und unter Rühren etwa 1 Minute weiter köcheln lassen.

5 Die Austernsauce unterrühren. Den Brokkoli auf einen Servierteller füllen und heiß oder kalt servieren.

Gebackene Kartoffeln mit Curry

Dieses von der indischen Küche inspirierte Gericht fügt sich gut in ein westliches Menü ein. Man kann es aber auch statt Reis zu einem Curry servieren.

NÄHRWERTANGABEN

Kilokalorien 297	Zucker .... 2 g
Eiweiß .... 3 g	Fett .... 19 g
Kohlenhydrate .. 30 g	davon gesättigt . 12 g

5 MIN. 35 MIN.

4 PERSONEN

ZUTATEN

- 2 TL Kreuzkümmelsamen
- 2 TL Koriandersamen
- 90 g Butter
- 1 TL gemahlene Kurkuma
- 1 TL schwarze Senfsamen
- 2 Knoblauchzehen, zerdrückt
- 2 getrocknete rote Chillies
- 750 g neue kleine Kartoffeln

1 Kreuzkümmel und Koriander im Mörser oder in der Gewürzmühle mahlen.

2 Butter vorsichtig auf einem Backblech zerlassen und Kurkuma, Senfsamen, Knoblauch, Chillies sowie Kreuzkümmel und Koriander zugeben. Verrühren und gut vermengen. Im vorgeheizten Backofen bei 200 °C 5 Minuten backen.

3 Backblech aus dem Ofen nehmen und die Kartoffeln zugeben. Gut vermengen, damit die Gewürzmischung die Kartoffeln vollständig überzieht.

4 Im Backofen 30 Minuten backen, dabei gelegentlich durchrühren. Garprobe mit einem Holzspieß: Wenn die Kartoffeln vom Spieß rutschen, sind sie gar. In eine Servierschüssel geben und servieren.

1

2

4

TIPP

Neue Kartoffeln sind ganzjährig erhältlich. Sie können aber auch durch normale Kartoffeln (in 2,5 cm großen Würfeln) ersetzt werden. Gewürfelte Pastinaken, Karotten oder weiße Rüben passen ebenfalls gut zu diesem Rezept.

Pikante Bratkartoffeln

Diese umwerfende Kartoffelzubereitung ist eine ideale Beilage zu den meisten Hauptgerichten – allerdings auch recht kalorienreich!

NÄHRWERTANGABEN

Kilokalorien	430	Zucker	7 g
Eiweiß	4 g	Fett	35 g
Kohlenhydrate	26 g	davon gesättigt	11 g

15 MIN. 30 MIN.

6 PERSONEN

ZUTATEN

- 2 Zwiebeln, geviertelt
- 5-cm-Stück Ingwerwurzel, fein gehackt
- 2 Knoblauchzehen
- 2–3 EL milde oder mittelscharfe Currypaste
- 4 EL Wasser
- 750 g neue Kartoffeln
- Pflanzenöl, zum Frittieren
- 3 EL pflanzliches Ghee oder Öl
- 150 g Naturjoghurt
- 150 g Schlagsahne
- 3 EL gehackte Minze
- Salz und Pfeffer
- ½ Bund Frühlingszwiebeln, gehackt, zum Garnieren

1 Zwiebeln, Ingwer, Knoblauch, Currypaste und Wasser mit Mixer oder Küchenmaschine glatt rühren.

2 Die Kartoffeln in etwa 2,5 cm große Stücke vierteln und mit Küchenpapier trockentupfen. Das Öl in einer Fritteuse auf 180 °C erhitzen, sodass ein Brotwürfel darin in 30 Sekunden bräunt. Die Kartoffeln portionsweise im Öl ca. 5 Minuten goldbraun backen. Dabei häufig wenden. Aus dem Topf nehmen und auf Küchenpapier abtropfen lassen.

3 Ghee oder Öl in einer großen Pfanne erhitzen. Die Zwiebelmischung zugeben und vorsichtig unter ständigem Rühren 2 Minuten braten. Joghurt, Sahne und 2 Esslöffel Minze zufügen und gut mischen.

4 Die Kartoffeln sorgfältig unterrühren, dann unter häufigem Rühren weitere 5–7 Minuten kochen, bis die Sauce eingedickt ist. Mit Salz und Pfeffer abschmecken und mit der restlichen Minze und den Frühlingszwiebeln garnieren. Sofort servieren.

TIPP

Wählen Sie beim Kauf neuer Kartoffeln die frischesten aus. Die Haut sollte sich schon leicht abpellen. Kochen Sie sie sobald wie möglich. Ansonsten lagern Sie sie an einem kühlen, dunklen, gut belüfteten Ort.

Gnocchi mit Tomatensauce

Frisch gemachte Gnocchi sind ein Genuss, vor allem wenn sie von einer aromatischen Tomatensauce begleitet werden.

NÄHRWERTANGABEN

Kilokalorien	216	Zucker	5 g
Eiweiß	5 g	Fett	6 g
Kohlenhydrate	39 g	davon gesättigt	1 g

30 MIN. 45 MIN.

4 PERSONEN

ZUTATEN

- 350 g mehlig kochende Kartoffeln, halbiert
- Salz und Pfeffer
- 75 g Mehl
- ¾ TL Backpulver
- 2 TL getrockneter Oregano
- 2 EL Öl
- 1 große Zwiebel, gehackt
- 2 Knoblauchzehen, zerdrückt
- 400 g gehackte Tomaten aus der Dose
- ½ Würfel Gemüsebrühe in 100 ml kochendem Wasser angerührt
- 2 EL frisches Basilikum, in Streifen

GARNIERUNG

- frische Basilikumblätter
- frisch gemahlener schwarzer Pfeffer
- geriebener Parmesan

2

3

4

1 Einen Topf mit Wasser zum Kochen bringen und die Kartoffeln darin 12–15 Minuten garen. Dann abgießen und abkühlen lassen.

2 Die Kartoffeln schälen, stampfen, mit Salz, Pfeffer, Mehl, Backpulver und Oregano mischen und von Hand zu einem festen Teig verarbeiten.

3 Das Öl in einer Pfanne erhitzen. Zwiebel und Knoblauch darin 3–4 Minuten dünsten. Tomaten und Brühe zugeben und 10 Minuten kochen. Mit Salz und Pfeffer abschmecken.

4 Den Kartoffelteig zu einer langen Rolle von etwa 2,5 cm Durchmesser formen und in etwa 2,5 cm dicke Scheiben schneiden. Jede Teigscheibe mit einer bemehlten Gabel leicht andrücken.

5 In einem Topf Wasser zum Kochen bringen und die Gnocchi darin portionsweise 2–3 Minuten kochen, bis sie an die Oberfläche steigen. Abtropfen lassen und warm halten.

6 Die Basilikumstreifen in die Tomatensauce geben und diese über die Gnocchi gießen. Mit Basilikum, schwarzem Pfeffer und Parmesan garnieren und servieren.

VARIATION

Servieren Sie die Gnocchi einmal mit Pestosauce.

Mungbohnen mit Baghaar

Zu diesem leicht und schnell zubereiteten Bohnengericht gehört ein gewürztes Öl-Dressing aus Butter, roten Chillies und weißem Kreuzkümmel.

NÄHRWERTANGABEN

Kilokalorien 304	Zucker . . . . 1 g
Eiweiß . . . . 9 g	Fett . . . . 21 g
Kohlenhydrate . . 21 g	davon gesättigt . 14 g

5 MIN. 30–35 MIN.

4 PERSONEN

ZUTATEN

150 g Mungbohnen
1 TL fein gehackte Ingwerwurzel
½ TL gemahlener Kreuzkümmel
½ TL gemahlener Koriander
1 TL zerdrückter Knoblauch
½ TL Chilipulver
600 ml Wasser
1 TL Salz

BAGHAAR

8 EL Butter
5 getrocknete rote Chillies
1 TL weißer Kreuzkümmelsamen

ZUM SERVIEREN

Chapatis (siehe Seite 917)
Gemüse-Curry

2

3

4

1 Die Bohnen unter fließendem kaltem Wasser abspülen und in einen großen Topf geben. Ingwer, Kreuzkümmel, Koriander, Knoblauch und Chilipulver zugeben und gut vermengen.

2 Mit dem Wasser bedecken und bei mittlerer Hitze unter häufigem Rühren weich kochen, ohne dass die Bohnen zerfallen.

3 Mit Salz würzen, in eine Servierschüssel geben und warm stellen.

4 In der Zwischenzeit für das Baghaar die Butter in einem Topf bei geringer Hitze zerlassen. Chillies und Kreuzkümmel zugeben und unter ständigem Rühren anbraten, bis die Samen aufplatzen.

5 Das Baghaar über die Linsen geben und mit Chapatis zu einem Gemüse-Curry servieren.

TIPP

Mungbohnen sind gelbe Spaltbohnen, die im Norden Indiens verbreiteter sind als im Süden. Mit getrockneten roten Chillies bekommen Sie schnell Schärfe an das Gericht.

Kartoffeln mit Ingwer

Diese pikante Kartoffelbeilage passt hervorragend zu jedem einfachen Hauptgericht. Die Cashewkerne geben extra Biss.

NÄHRWERTANGABEN

Kilokalorien	325	Zucker	1 g
Eiweiß	5 g	Fett	21 g
Kohlenhydrate	30 g	davon gesättigt	9 g

20 MIN. 30 MIN.

4 PERSONEN

ZUTATEN

- 675 g mehlig kochende Kartoffeln, gewürfelt
- 2 EL Pflanzenöl
- 5-cm-Stück Ingwerwurzel, gerieben
- 1 frische grüne Chili, gehackt
- 1 Selleriestange, in Ringen
- 25 g Cashewkerne
- einige Safranfäden
- 3 EL kochendes Wasser
- 60 g Butter
- Sellerieblätter, zum Garnieren

1 Die Kartoffeln in kochendem Salzwasser 10 Minuten kochen. Abgießen.

2 Das Öl in einer Pfanne erhitzen und die Kartoffeln darin bei mittlerer Hitze unter ständigem Rühren 3–4 Minuten schwenken.

3 Ingwer, Chili, Sellerie und Cashewkerne zufügen und 1 Minute braten.

4 In der Zwischenzeit die Safranfäden in einer kleinen Schüssel im kochenden Wasser 5 Minuten einweichen.

5 Die Butter in die Pfanne geben, die Hitze reduzieren und Safran mit Wasser unterrühren. 10 Minuten bei geringer Hitze kochen, bis die Kartoffeln gar sind.

6 In eine vorgewärmte Servierschüssel geben, die Ingwerkartoffeln mit Sellerieblättern garnieren und sofort servieren.

TIPP

Nehmen Sie eine beschichtete Pfanne, da die Kartoffelmischung in einer gewöhnlichen Pfanne leicht anbrennen kann.

Grüne Bohnenpfanne

Die grünen Bohnen werden hier kurz in einer pikant-scharfen Sauce pfannengerührt – überaus schmackhaft, leicht und gesund.

NÄHRWERTANGABEN

Kilokalorien	86	Zucker	4 g
Eiweiß	2 g	Fett	6 g
Kohlenhydrate	6 g	davon gesättigt	1 g

5 MIN. 5 MIN.

4 PERSONEN

ZUTATEN

- 450 g Prinzessbohnen
- 2 frische rote Chillies
- 2 EL Erdnussöl
- ½ TL gemahlener Sternanis
- 1 Knoblauchzehe, zerdrückt
- 2 EL helle Sojasauce
- 2 TL flüssiger Honig
- ½ TL Sesamöl

1 Die Bohnen mit einem scharfen Messer halbieren.

2 Die Chillies klein schneiden – zuerst entkernen, wenn das Gericht weniger scharf sein soll.

3 Das Öl in einem heißen Wok oder einer großen Pfanne bis zum Rauchpunkt erhitzen.

4 Die Hitze reduzieren, die Bohnen in den Wok geben und 1 Minute braten.

5 Chillies, Sternanis und Knoblauch zufügen und 30 Sekunden mitbraten.

6 Sojasauce, Honig und Sesamöl in einer kleinen Schüssel verrühren.

7 Die Sauce unter die Bohnen rühren. Weitere 2 Minuten braten, dabei gut schwenken, damit sich die Bohnen gut mit der Sauce verbinden.

8 Auf einen vorgewärmten Servierteller geben und sofort servieren.

VARIATION

Sehr köstlich ist dieses Rezept auch mit Rosenkohl statt grüner Bohnen. Dazu den Rosenkohl putzen, klein schneiden, in heißem Öl 2 Minuten anbraten und bei Schritt 4 dieses Rezepts fortfahren.

4

5

7

Brokkoli mit Ingwer und Orange

Kleine Brokkoliröschen werden mit Ingwer leicht angebraten und in einer schmackhaften Orangensauce angerichtet.

NÄHRWERTANGABEN	
Kilokalorien 133	Zucker .... 6 g
Eiweiß .... 9 g	Fett .... 7 g
Kohlenhydrate .. 10 g	davon gesättigt .. 1 g

5 MIN. 10 MIN.

4 PERSONEN

ZUTATEN

- 750 g Brokkoli
- 2 dünne Scheiben Ingwerwurzel
- 2 Knoblauchzehen
- 1 Orange
- 2 TL Speisestärke
- 1 EL helle Sojasauce
- ½ TL Zucker
- 4 EL Wasser
- 2 EL Pflanzenöl

1 Den Brokkoli in kleine Röschen schneiden. Die Stiele schälen und in dünne Scheiben schneiden.

2 Die Ingwerscheiben in Streifen und den Knoblauch in Scheiben schneiden.

3 Zwei lange Streifen Orangenschale in feine Streifen schneiden. In eine Schüssel mit kaltem Wasser legen und beiseite stellen.

4 Die Orange pressen und den Saft mit Speisestärke, Sojasauce, Zucker und 4 Esslöffel Wasser verrühren.

5 Das Öl in einem Wok oder einer großen Pfanne erhitzen. Die Brokkolistiele zugeben und 2 Minuten anbraten.

6 Ingwer, Knoblauch und Brokkoliröschen zufügen und 3 Minuten braten.

7 Die Orangensauce in den Wok geben. Unter ständigem Rühren garen, bis die Sauce andickt.

8 Die Orangenzesten abgießen und kurz vor dem Servieren unter das Gemüse mischen.

VARIATION

Sie können dieses Gericht auch mit Blumenkohl oder einer Mischung aus Blumenkohl und Brokkoli zubereiten.

Bombay-Kartoffeln

In Indien nahezu unbekannt, erfreut sich dieses Gericht auf Speisekarten indischer Restaurants in anderen Teilen der Welt großer Beliebtheit.

NÄHRWERTANGABEN			
Kilokalorien	307	Zucker	9 g
Eiweiß	9 g	Fett	9 g
Kohlenhydrate	51 g	davon gesättigt	5 g

5 MIN. 1 1/4 STD.

4 PERSONEN

ZUTATEN

- 1 kg mehlig kochende Kartoffeln
- 2 EL pflanzliches Ghee
- 1 TL Panch-Phoran-Gewürzmischung (siehe Tipp)
- 3 TL gemahlene Kurkuma
- 2 EL Tomatenmark
- 300 g Naturjoghurt
- Salz
- gehackter Koriander, zum Garnieren

1 Die Kartoffeln ganz in einem großen Topf mit Salzwasser zum Kochen bringen, dann köcheln lassen, bis die Kartoffeln fast gar, aber nicht weich sind (die Kochzeit hängt von der Größe der Kartoffeln ab und liegt bei mittelgroßen Kartoffeln bei ca. 15 Minuten).

2

2

3

TIPP

Panch-Phoran-Gewürzmischung erhält man in asiatischen Lebensmittelgeschäften. Sie können sie auch selbst aus jeweils der gleichen Menge Kreuzkümmel, Fenchelsamen, Senfsamen, schwarzen Zwiebelsamen (Nigellasamen) und Bockshornkleesamen herstellen.

2 Ghee in einem Topf bei mittlerer Hitze erwärmen und Panch Phoran, Kurkuma, Tomatenmark, Joghurt und Salz zugeben. Zum Kochen bringen und ohne Deckel 5 Minuten köcheln lassen.

3 Kartoffeln abgießen und vierteln. In den Topf mit der Sauce geben, abdecken und kurz köcheln. In einen feuerfesten Schmortopf geben, abdecken und bei 180 °C ca. 40 Minuten im vorgeheizten Backofen backen, bis die Kartoffeln weich sind und die Sauce leicht eingedickt ist.

4 Mit gehacktem Koriander garnieren und sofort servieren.

Pizza Margherita

Pizza heißt übersetzt „Kuchen". Frischer Pizzateig ist nicht schwer herzustellen, erfordert aber etwas Zeit.

NÄHRWERTANGABEN

Kilokalorien 456	Zucker 7g
Eiweiß 16g	Fett 13g
Kohlenhydrate .. 74g	davon gesättigt .. 5g

1 STD. 45 MIN.

4 PERSONEN

ZUTATEN

PIZZA-GRUNDTEIG

7 g Trockenhefe
1 TL Zucker
250 ml lauwarmes Wasser
350 g Mehl
1 TL Salz
1 EL Olivenöl

BELAG

400 g gehackte Tomaten aus der Dose
2 Knoblauchzehen, zerdrückt
2 TL getrocknetes Basilikum
1 EL Olivenöl
Salz und Pfeffer
2 EL passierte Tomaten
100 g Mozzarella, gewürfelt
2 EL frisch geriebener Parmesan

1

2

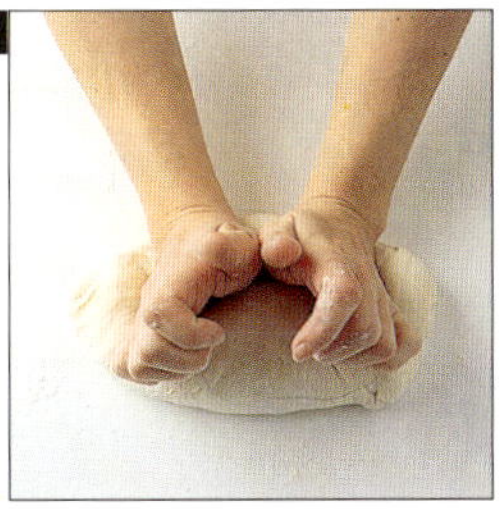
3

1 Hefe und Zucker in einen Messbecher geben, mit 50 ml Wasser auffüllen und etwa 15 Minuten ruhen lassen, bis die Mischung schäumt.

2 Das Mehl mit dem Salz in einer Schüssel mischen. Eine Vertiefung in die Mitte drücken. Das Öl, die angerührte Hefe und das restliche Wasser zugießen und zu einem festen Teig verrühren.

3 Den Teig auf eine bemehlte Arbeitsfläche geben und 4–5 Minuten glatt kneten.

4 Den Teig zurück in die Schüssel geben, mit eingefetteter Frischhaltefolie abdecken und 30 Minuten ruhen lassen, bis er sein Volumen verdoppelt hat.

5 Den Teig erneut 2 Minuten durchkneten. Mit der Hand glatt streichen, auf die Rückseite eines eingefetteten Backblechs legen und nicht dicker als 6 mm ausrollen, da er beim Backen aufgeht.

6 Für den Belag gehackte Tomaten, Knoblauch, Basilikum und Öl in eine große Pfanne geben. Mit Salz und Pfeffer abschmecken und 20 Minuten einkochen. Dann die passierten Tomaten einrühren und die Sauce leicht abkühlen lassen.

7 Die Sauce gleichmäßig auf dem Pizzaboden verteilen. Mit Mozzarella und Parmesan bestreuen, dann bei 200 °C im vorgeheizten Backofen 20–25 Minuten backen und heiß servieren.

Masala Aloo

Masala Aloo sind mit Gewürzen und Zwiebeln angebratene gekochte Kartoffeln. Durch ihre Konsistenz eignen sie sich gut als Beilage zu Currygerichten.

NÄHRWERTANGABEN

Kilokalorien 313	Zucker 5g
Eiweiß 2g	Fett 25g
Kohlenhydrate .. 21g	davon gesättigt .. 3g

10–15 MIN. 10 MIN.

4 PERSONEN

ZUTATEN

- 6 EL Pflanzenöl
- 2 Zwiebeln, fein gehackt
- 1 TL fein gehackte Ingwerwurzel
- 1 TL zerdrückter Knoblauch
- 1 TL Chilipulver
- 1½ TL gemahlener Kreuzkümmel
- 1½ TL gemahlener Koriander
- 1 TL Salz
- 400 g neue Kartoffeln, gekocht
- 1 EL Zitronensaft

BAGHAAR

- 3 EL Öl
- 3 getrocknete rote Chillies
- ½ TL Zwiebelsamen
- ½ TL Senfsamen
- ½ TL Bockshornkleesamen

GARNIERUNG

- frische Korianderblätter
- 1 grüne Chili, fein gehackt

1 Das Öl in einem großen Topf erhitzen. Zwiebeln darin unter Rühren goldbraun anbraten. Die Hitze reduzieren, Ingwer, Knoblauch, Chilipulver, Kreuzkümmel, Koriander und Salz zugeben und ca. 1 Minute unter ständigem Rühren braten. Vom Herd nehmen und zur Seite stellen.

2 Die Kartoffeln abtropfen lassen, unter die Zwiebelmischung rühren und erhitzen. Mit Zitronensaft beträufeln und gut verrühren.

3 Für den Baghaar Öl in einem Topf erhitzen. Chillies und Gewürze zugeben und braten, bis die Samen dunkler werden. Vom Herd nehmen und über die Kartoffeln geben.

4 Mit Korianderblättern und Chillies garnieren. Dann servieren.

Kartoffeln en papillotes

Neue Kartoffeln sind für dieses Rezept optimal. Kartoffeln und Gemüse werden in Backpapier gewickelt und im Ofen gegart.

NÄHRWERTANGABEN

Kilokalorien	85	Zucker	4 g
Eiweiß	2 g	Fett	0,5 g
Kohlenhydrate	15 g	davon gesättigt	0,1 g

10 MIN. 35 MIN.

4 PERSONEN

ZUTATEN

16 kleine neue Kartoffeln
1 Karotte, in Stiften
1 Fenchelknolle, in Scheiben
75 g grüne Bohnen
1 gelbe Paprika, in Streifen
16 EL trockener Weißwein
4 Rosmarinzweige
Salz und Pfeffer
Rosmarinzweige, zum Garnieren

2

3

4

1 Aus Backpapier 4 Quadrate von 25 cm Seitenlänge zurechtschneiden.

2 Kartoffeln und Gemüse gleichmäßig auf die 4 Quadrate verteilen.

3 Die Papierecken über dem Gemüse so zusammenschlagen, dass oben eine Öffnung bleibt.

4 Die Päckchen in einen Bräter setzen. In jedes Paket 4 Esslöffel Weißwein und einen Rosmarinzweig geben. Mit Salz und Pfeffer bestreuen.

5 Den Backofen auf 190 °C vorheizen. Die Päckchen oben fest einschlagen und dann 30–35 Minuten backen, bis das Gemüse gar ist.

6 Die Päckchen auf Serviertellern anrichten und mit Rosmarinzweigen garnieren.

7 Öffnen Sie die Päckchen erst zum Servieren, damit das volle Aroma von Kartoffeln und Gemüse erhalten bleibt.

TIPP

Wenn Sie keine kleinen Kartoffeln bekommen, verwenden Sie große, die geviertelt werden, damit sie in der vorgegebenen Zeit gar werden.

Pikanter Grießbrei

Bei dieser sehr schnell und einfach zuzubereitenden Spezialität aus Südindien entfalten sich die Aromen ganz, wenn man sie warm serviert.

NÄHRWERTANGABEN

Kilokalorien 556	Zucker .... 2 g
Eiweiß .... 9 g	Fett .... 41 g
Kohlenhydrate .. 40 g	davon gesättigt .. 5 g

5 MIN. 15 MIN.

4 PERSONEN

ZUTATEN

- 150 ml Pflanzenöl
- ½ TL Senfkörner
- ½ TL Schwarzkümmel
- 4 Curryblätter
- 4 getrocknete rote Chillies
- 8 EL Grieß
- 50 g Cashewkerne
- 1 TL Salz
- 150 ml Wasser

1 Das Öl in einem großen Topf bei mittlerer Hitze erwärmen.

2 Senfkörner, Schwarzkümmel, Curryblätter und Chillies darin ca. 1 Minute unter ständigem Rühren anbraten.

3 Bei reduzierter Hitze den Grieß und die Cashewkerne zufügen. Ca. 5 Minuten unter Rühren braten, dabei den Grieß nicht am Topfboden anbrennen lassen.

4 Mit Salz abschmecken, dabei fortwährend weiter rühren.

5 Das Wasser zugießen und unter ständigem Rühren köcheln lassen, bis der Grießbrei eindickt.

6 Den Grießbrei als warme Zwischenmahlzeit servieren.

2

3

3
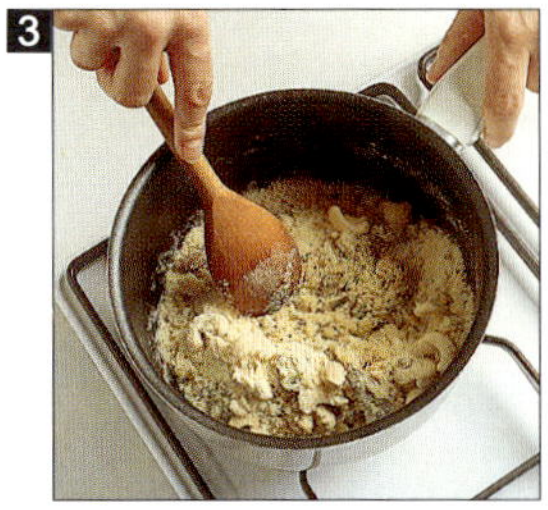

TIPP

Curryblätter ähneln Lorbeerblättern, schmecken aber anders. Sie sind frisch oder getrocknet erhältlich, und man würzt damit vor allem Linsengerichte und Gemüse-Currys.

Knoblauchspinat

Eines der einfachsten und köstlichsten Rezepte der Welt – Spinat wird mit Knoblauch und Zitronengras gebraten und in Sojasauce und Zucker geschwenkt.

NÄHRWERTANGABEN

Kilokalorien 118	Zucker .... 6 g
Eiweiß .... 7 g	Fett .... 7 g
Kohlenhydrate ... 7 g	davon gesättigt .. 1 g

5 MIN. 10 MIN.

4 PERSONEN

ZUTATEN

- 2 Knoblauchzehen
- 1 TL Zitronengras
- 900 g frischer Spinat
- 2 EL Erdnussöl
- Salz
- 1 EL dunkle Sojasauce
- 2 TL brauner Zucker

3

5

6

1 Die Knoblauchzehen schälen, in einem Mörser zerstoßen und beiseite stellen.

2 Das Zitronengras sehr klein schneiden und beiseite stellen.

3 Die Stiele des Spinats sorgfältig entfernen. Die Blätter waschen und gründlich abtropfen lassen und mit Küchenpapier trockentupfen.

4 Das Erdnussöl in einem heißen Wok oder einer großen Pfanne bis zum Rauchpunkt erhitzen.

5 Bei reduzierter Hitze Knoblauch und Zitronengras zugeben und 30 Sekunden anbraten.

6 Die Spinatblätter und 1 Prise Salz zufügen und 2–3 Minuten anbraten, bis die Blätter zusammenfallen.

7 Sojasauce und Zucker in die Mischung rühren und den Spinat 3–4 Minuten darin schwenken.

8 Auf einen vorgewärmten Servierteller geben und als Beilage zu einer Hauptspeise servieren.

TIPP

Zitronengras ist frisch oder getrocknet erhältlich. Das getrocknete sollte zwei Stunden vor Gebrauch eingeweicht werden. Die harten Stängel werden mitgekocht und vor dem Servieren entfernt. Sie können sie auch zerdrücken oder hacken.

Kandierte neue Kartoffeln

Diese Kartoffeln serviert man am besten zu einem einfachen Hauptgang, den sie durch ihre leichte Süße bereichern.

NÄHRWERTANGABEN

Kilokalorien 289	Zucker .... 18 g
Eiweiß .... 3 g	Fett .... 13 g
Kohlenhydrate .. 43 g	davon gesättigt .. 8 g

5 MIN. 20 MIN.

4 PERSONEN

ZUTATEN

- 700 g kleine neue Kartoffeln
- 4 EL brauner Zucker
- 60 g Butter
- 1 EL Orangensaft
- 1 EL frisch gehackte Petersilie oder frisch gehackter Koriander
- Salz und Pfeffer
- Orangenschalenröllchen, zum Garnieren

1 Die Kartoffeln in kochendem Wasser 15 Minuten garen, bis sie fast weich sind, dann gut abgießen.

2 Den Zucker in einer großen Pfanne bei schwacher Hitze unter ständigem Rühren auflösen.

3 Butter und Orangensaft unter Rühren zufügen und so lange weiterrühren, bis die Butter zerlassen ist.

4 Die Kartoffeln zugeben und unter ständigem Rühren goldbraun karamellisieren.

5 Mit den gehackten Kräutern bestreuen und mit Salz und Pfeffer abschmecken.

6 Die Kartoffeln in eine Servierschüssel geben und mit der Orangenschale garnieren. Sofort servieren.

3

4

5

VARIATION

Statt des Orangensaftes können Sie auch Zitronen- oder Limettensaft verwenden und mit Zitronen- oder Limettenschale garnieren.

Frittierte Käsekartoffeln

Diese kleinen Kartoffelstückchen werden in einer cremigen Käsesauce gewendet und in Öl goldbraun ausgebacken.

NÄHRWERTANGABEN	
Kilokalorien 614	Zucker 2g
Eiweiß 12g	Fett 46g
Kohlenhydrate .. 40g	davon gesättigt . 18g

20 MIN. 25 MIN.

4 PERSONEN

ZUTATEN

- 900 g Kartoffeln, in groben Stücken
- 150 g Crème double
- 75 g Gruyère, gerieben
- 1 Prise Cayennepfeffer
- Salz und Pfeffer
- 2 Eiweiß
- Öl, zum Frittieren

GARNIERUNG

- frisch gehackte glatte Petersilie
- geriebener Käse

2

3

4

1 Die Kartoffeln in leicht gesalzenem, kochendem Wasser 10 Minuten garen. Gründlich abgießen und mit Küchenpapier trockentupfen. Beiseite stellen.

2 Crème double und Gruyère in einer großen Schüssel mischen. Cayennepfeffer einrühren und mit Salz und Pfeffer abschmecken.

3 Das Eiweiß steif schlagen und unter die Käsemischung rühren.

4 Die Kartoffeln zugeben und gründlich vermengen.

5 Das Öl auf 180 °C erhitzen, sodass ein Brotwürfel darin in 30 Sekunden bräunt. Die Kartoffeln portionsweise mit einem Schaumlöffel aus der Käsemischung heben und 3–4 Minuten im Öl goldbraun frittieren.

6 Die frittierten Kartoffeln auf einen vorgewärmten Teller geben, mit Petersilie und Käse garnieren und servieren.

VARIATION

Sie können die Käsecreme auch mit geriebener Muskatnuss oder Currypulver aromatisieren.

Colcannon

Dieses alte irische Gericht serviert man traditionell zu Speck – es schmeckt aber auch vorzüglich zu Geflügel oder Fisch.

NÄHRWERTANGABEN

Kilokalorien 102	Zucker 4g
Eiweiß 4g	Fett 4g
Kohlenhydrate .. 14g	davon gesättigt .. 2g

20 MIN. 20 MIN.

4 PERSONEN

ZUTATEN

225 g Wirsing oder Spitzkohl, klein geschnitten

5 EL Milch

250 g mehlig kochende Kartoffeln, gewürfelt

1 große Porreestange, in Ringen

1 Prise frisch geriebene Muskatnuss

Salz und Pfeffer

1 EL Butter, zerlassen

1 Wirsing oder Spitzkohl in kochendem Salzwasser 7–10 Minuten garen, abtropfen lassen und beiseite stellen.

2 Inzwischen die Milch in einem anderen Topf kurz aufkochen und Kartoffeln und Porree zufügen. Die Hitze reduzieren und 15–20 Minuten köcheln lassen.

3 Muskat, Salz und Pfeffer zu der Kartoffel-Porree-Mischung geben und zu einem groben Püree zerstampfen.

4 Den abgetropften Kohl zufügen, mit Pfeffer und Salz abschmecken und gut verrühren.

5 Die Mischung in eine Servierschüssel geben und mit dem Löffelrücken eine Vertiefung in die Mitte drücken.

6 Die zerlassene Butter in die Vertiefung füllen und den Colcannon sofort heiß servieren.

2

4

5

TIPP

Da ganzjährig verschiedene Kohlsorten frisch auf dem Markt erhältlich sind, können Sie dieses Rezept stets neu variieren.

Maiskolben mit Petersilienbutter

Mais kann auf viele Arten auf dem Grill zubereitet werden. Lässt man ihn dabei in seinen Hüllblättern, sind die weichen Körner besser geschützt.

NÄHRWERTANGABEN

Kilokalorien	178	Zucker	7 g
Eiweiß	2 g	Fett	11 g
Kohlenhydrate	19 g	davon gesättigt	7 g

10 MIN. 30 MIN.

4 PERSONEN

ZUTATEN

- 4 Maiskolben mit Hüllblatt
- 100 g weiche Butter
- 1 EL gehackte Petersilie
- 1 TL gehackter Schnittlauch
- 1 TL gehackter Thymian
- geriebene Schale von 1 Zitrone
- Salz und Pfeffer

1

2

5

1 Die Hüllblätter der Maiskolben zurückschieben und die feinen Härchen entfernen.

2 Die Hüllblätter wieder umstülpen und mit einem Faden festbinden.

3 Die Maiskolben in leicht gesalzenem kochendem Wasser ca. 5 Minuten garen. Dann mit einem Schaumlöffel herausnehmen und gut abtropfen lassen.

4 Den Mais ca. 20–30 Minuten bei mittlerer Hitze auf einem Holzkohlegrill unter häufigem Wenden grillen.

5 In der Zwischenzeit die Butter mit Petersilie, Schnittlauch, Thymian und Zitronenschale verrühren und mit Salz und Pfeffer würzen.

6 Die Maiskolben auf einen Servierteller geben, die Fäden entfernen und die Hüllblätter zurückschlagen. Mit der Kräuterbutter servieren.

TIPP

Falls Sie keine frischen Maiskolben bekommen, grillen sie tiefgefrorene. Dazu etwas Kräuterbutter auf doppelt gelegte Alufolie streichen, die Maiskolben darin einwickeln und 20–30 Minuten grillen.

Pommes Anna

Diese klassische Kartoffelbeilage kann man leicht nebenher zubereiten, während man die übrigen Speisen kocht – ideal zu Eintöpfen.

NÄHRWERTANGABEN

Kilokalorien 237	Zucker 1g
Eiweiß 4g	Fett 13g
Kohlenhydrate .. 29g	davon gesättigt .. 8g

15 MIN. 2 STD.

4 PERSONEN

ZUTATEN

60 g Butter, zerlassen
700 g weich kochende Kartoffeln
4 EL fein gehackte gemischte Kräuter
Salz und Pfeffer
frisch gehackte Kräuter, zum Garnieren

1 Eine flache Auflaufform (1 l Inhalt) mit etwas zerlassener Butter einfetten.

2 Kartoffeln in dünne Scheiben schneiden und mit Küchenpapier trocknen.

3 Den Boden der Auflaufform mit einer Schicht Kartoffeln auslegen. Mit etwas Butter bestreichen, mit einem Viertel der gemischten Kräuter bestreuen und mit Salz und Pfeffer würzen.

4 Die Zutaten in der gleichen Reihenfolge weiterschichten, bis keine Kartoffeln mehr übrig sind.

5 Die Oberfläche mit Butter bestreichen, abdecken und im vorgeheizten Backofen bei 190 °C 1½ Stunden backen.

6 Auf einen feuerfesten Teller stürzen und weitere 25–30 Minuten im Backofen goldbraun backen. Mit gehackten Kräutern garniert sofort servieren.

2

3

6

TIPP
Die Kartoffeln sollten sehr dünn geschnitten sein – so garen sie schneller.

Peperoni-Pizza mit Speck

Bei dieser traditionellen Pizza wird der Boden mit Peperoni-Salami, Räucherspeck und Paprika belegt und mit geräuchertem Käse überbacken.

NÄHRWERTANGABEN

Kilokalorien	450	Zucker	6g
Eiweiß	19g	Fett	24g
Kohlenhydrate	41g	davon gesättigt	6g

1 ½ STD. 20 MIN.

4 PERSONEN

ZUTATEN

- Pizza-Grundteig (siehe Seite 861)
- 1 EL Olivenöl
- 1 EL frisch geriebener Parmesan
- Tomatensauce (siehe Seite 6)
- 125 g Räucherspeck, gewürfelt
- ½ grüne Paprika, in Streifen
- ½ gelbe Paprika, in Streifen
- 60 g Peperoni-Salami (oder andere pikante Wurst), in Scheiben
- 60 g Räucherkäse, frisch gerieben
- ½ TL getrockneter Oregano
- Olivenöl, zum Beträufeln
- Salz und Pfeffer

1 Den Pizzateig auf einer leicht bemehlten Arbeitsfläche zu einem Kreis (25 cm Durchmesser) ausrollen.

2 Auf ein eingefettetes Backblech legen und den Rand leicht hochziehen.

3 Mit Öl bestreichen und mit Parmesan bestreuen, dann abgedeckt an einem warmen Ort 10 Minuten ruhen lassen.

4 Danach den Boden mit der Tomatensauce bestreichen, dabei einen schmalen Rand aussparen. Mit Speck und Paprika belegen, die Salami darauf verteilen und mit Räucherkäse bestreuen.

5 Mit Oregano bestreuen und mit etwas Olivenöl beträufeln, dann mit Salz und Pfeffer würzen.

6 Die Peperoni-Pizza im vorgeheizten Backofen bei 200 °C 18–20 Minuten backen, bis der Rand goldbraun und knusprig ist. In Stücke schneiden und sofort servieren.

3

4

5

Aloo Chat

Aloo Chat ist ein indisches Gericht, das man mittags wie abends servieren kann. Die Kichererbsen sollten über Nacht eingeweicht werden.

NÄHRWERTANGABEN			
Kilokalorien	262	Zucker	6 g
Eiweiß	13 g	Fett	4 g
Kohlenhydrate	46 g	davon gesättigt	0,5 g

12½ STD. 1¼ STD.

4 PERSONEN

ZUTATEN

- 125 g Kichererbsen, über Nacht in kaltem Wasser eingeweicht, abgetropft
- 1 getrocknete rote Chili
- 500 g fest kochende Kartoffeln, als Pellkartoffeln gekocht und geschält
- 1 TL Kreuzkümmelsamen
- 2 TL Salz
- 1 TL schwarze Pfefferkörner
- ½ TL getrocknete Minze
- ½ TL Chilipulver
- ½ TL Ingwerpulver
- 2 TL Mangopulver
- 125 g Naturjoghurt
- Öl, zum Frittieren
- 4 Papadams

VARIATION

Statt Kichererbsen können Sie auch gewürfelte tropische Früchte zu den Kartoffeln geben. In diesem Fall noch etwas Zitronensaft zugeben, um die Süße der Früchte auszugleichen.

1 Die Kichererbsen mit der Chili in reichlich kochendem Wasser 1 Stunde garen. Gut abtropfen lassen.

2 Die Kartoffeln in 2,5 cm große Stücke schneiden und mit den noch warmen Kichererbsen vermengen.

3 Kreuzkümmel, Salz und Pfefferkörner in einem Mörser oder in einer Gewürzmühle zerkleinern und mit Minze, Chili-, Ingwer- und Mangopulver mischen.

4 Eine kleine Pfanne bei mittlerer Hitze erwärmen. Die Gewürze darin unter Rühren so lange rösten, bis die Aromen sich entfalten. Die Pfanne sofort vom Herd nehmen.

5 Die Hälfte der Gewürzmischung mit den Kartoffeln und Kichererbsen vermengen. Die andere Hälfte unter den Joghurt rühren.

6 Die Papadams laut Packungsanweisung ausbacken und auf Küchenpapier abtropfen lassen. In mundgerechte Stücke brechen und zu den Kartoffeln und Kichererbsen geben. Den Gewürzjoghurt darüber geben und sofort servieren.

Kürbispäckchen mit Chili

Diese pikante Beilage bereichert jede Grillparty, aber auch ein gediegenes Sommerdiner im Garten.

NÄHRWERTANGABEN

Kilokalorien	118	Zucker	3 g
Eiweiß	1 g	Fett	11 g
Kohlenhydrates	4 g	davon gesättigt	4 g

10 MIN. 25–30 MIN.

4 PERSONEN

ZUTATEN

- 700 g Garten- oder Sommerkürbis
- 2 EL Sonnenblumenöl
- 25 g Butter
- ½ TL Chilisauce
- geriebene Schale von 1 Limette
- 2 TL Limettensaft

1 Den Kürbis halbieren, die Kerne auslösen, abspülen und aufbewahren. Den Kürbis in Streifen schneiden und schälen.

2 Öl und Butter unter ständigem Rühren in einem großen Topf erhitzen, bis die Butter zerlassen ist. Chilisauce, Limettenschale und -saft einrühren.

3 Kürbisfleisch und -kerne zugeben und gründlich im Würzfett wenden.

4 Die Mischung vierteln, die Portionen jeweils auf eine doppelte Lage Alufolie verteilen und ganz darin einschlagen.

5 Die Folienpäckchen 15–25 Minuten über heißer Holzkohle grillen, bis das Kürbisfleisch zart ist.

6 Die Kürbispäckchen auf vorgewärmten Tellern sofort servieren und erst am Tisch öffnen.

VARIATION

Geben Sie statt Limette und Chilisauce 2 Teelöffel Currypaste in die Butter. Verwenden Sie Eichel- statt Gartenkürbis.

Kräuterkartoffeln mit Zwiebeln

Bratkartoffeln sind allemal ein Klassiker – hier werden sie durch Zwiebel, Knoblauch und Kräuter besonders aromatisch.

NÄHRWERTANGABEN

Kilokalorien	413	Zucker	4g
Eiweiß	5g	Fett	26g
Kohlenhydrate	42g	davon gesättigt	17g

10 MIN. 50 MIN.

4 PERSONEN

ZUTATEN

- 900 g mehlig kochende Kartoffeln, gewürfelt
- 125 g Butter
- 1 rote Zwiebel, geachtelt
- 2 Knoblauchzehen, zerdrückt
- 1 TL Zitronensaft
- 2 EL frisch gehackter Thymian
- Salz und Pfeffer

1 Die Kartoffeln in kochendem Wasser 10 Minuten kochen. Abgießen.

2 Butter in einer großen Pfanne zerlassen. Zwiebel, Knoblauch und Zitronensaft zugeben und unter ständigem Rühren 2–3 Minuten schwenken.

3 Kartoffeln zufügen und gut mit der Buttermischung vermengen.

4 Die Hitze reduzieren, abdecken und 25–30 Minuten braten, bis die Kartoffeln goldbraun und weich sind.

5 Thymian unter die Kartoffeln rühren und mit Salz und Pfeffer würzen.

6 Die Kräuterkartoffeln in eine vorgewärmte Servierschüssel geben und sofort servieren.

TIPP

Die Kartoffeln ständig rühren und darauf achten, dass sie nicht anbrennen oder am Boden der Pfanne anhaften.

Kartoffeln mit Safran

Safran, aus getrockneten Krokusstaubgefäßen hergestellt, stammt aus Griechenland. Er ist sehr teuer, wird jedoch nur in sehr geringen Mengen verwendet.

NÄHRWERTANGABEN

Kilokalorien	197	Zucker	4g
Eiweiß	4g	Fett	6g
Kohlenhydrate	30g	davon gesättigt	1g

25 MIN. 40 MIN.

4 PERSONEN

ZUTATEN

- 1 TL Safranfäden
- 6 EL kochendes Wasser
- 700 g mehlig kochende Kartoffeln, ungeschält gewürfelt
- 1 rote Zwiebel, geachtelt
- 2 Knoblauchzehen, zerdrückt
- 1 EL Weißweinessig
- 2 EL Olivenöl
- 1 EL körniger Senf
- 5 EL Gemüsebrühe
- 5 EL trockener Weißwein
- 2 TL frisch gehackter Rosmarin
- Salz und Pfeffer

2

3

5

1 Die Safranfäden in einer kleinen Schale mit kochendem Wasser übergießen. Beiseite stellen und 10 Minuten einweichen.

2 Die Kartoffeln mit Zwiebel und Knoblauch auf ein Backblech geben.

3 Essig, Öl, Senf, Gemüsebrühe, Weißwein, Rosmarin und Safran (mit Einweichwasser) auf die Kartoffeln geben. Mit Salz und Pfeffer abschmecken.

4 Das Backblech mit Alufolie abdecken und die Kartoffeln im vorgeheizten Backofen bei 200 °C 30 Minuten backen.

5 Folie entfernen und die Kartoffeln erneut 10 Minuten backen, bis sie knusprig, braun und gar sind. Heiß servieren.

TIPP

Statt durch Safran kann man die Gelbfärbung auch mit Kurkuma erzielen. Nach Möglichkeit sollte man jedoch Safran nehmen, der dem Gericht einen nussigen Geschmack verleiht.

Blumenkohl-Brokkoli-Auflauf

Für dieses Rezept werden ganze kleine Baby-Blumenkohlköpfe benötigt. Falls diese nicht erhältlich sind, nimmt man große Blumenkohlröschen.

NÄHRWERTANGABEN

Kilokalorien	433	Zucker	2 g
Eiweiß	8 g	Fett	44 g
Kohlenhydrate	3 g	davon gesättigt	9 g

10 MIN. 20 MIN.

4 PERSONEN

ZUTATEN

- 2 Baby-Blumenkohlköpfe
- 225 g Brokkoli

SAUCE

- 8 EL Olivenöl
- 4 EL Butter oder Margarine
- 2 TL geriebene Ingwerwurzel
- Saft und geriebene Schale von 2 Zitronen
- 5 EL gehackter Koriander
- Salz und Pfeffer
- 5 EL geriebener Gouda

1 Blumenkohl mit einem scharfen Messer halbieren, Brokkoli in sehr große Röschen schneiden.

2 Beide in einem Topf mit kochendem Salzwasser 10 Minuten kochen. Abgießen, in eine flache Auflaufform geben und warm stellen.

3 Für die Sauce Öl und Butter oder Margarine in einem Topf vorsichtig erhitzen, bis die Butter zerlassen ist. Ingwer, Zitronensaft und -schale sowie Koriander zugeben und 2–3 Minuten unter gelegentlichem Rühren köcheln lassen.

4 Mit Salz und Pfeffer abschmecken, dann auf das Gemüse in der Form geben und mit Käse bestreuen.

5 Unter dem vorgeheizten heißen Grill 2–3 Minuten backen, bis der Käse Blasen wirft und goldbraun ist. 1–2 Minuten abkühlen lassen und dann servieren.

1

3

4

TIPP

Anstelle der Zitrone kann man auch Limetten oder Orangen nehmen, wenn die Sauce fruchtig frisch werden soll.

Pikante indische Kartoffeln

Die Kartoffel spielt in der indischen Küche eine große Rolle, und es gibt zahlreiche pikante Zubereitungen.

NÄHRWERTANGABEN	
Kilokalorien 173	Zucker .... 6 g
Eiweiß .... 7 g	Fett .... 9 g
Kohlenhydrate .. 18 g	davon gesättigt .. 1 g

15 MIN. 40 MIN.

6 PERSONEN

ZUTATEN

- ½ TL Koriandersamen
- 1 TL Kreuzkümmelsamen
- 4 EL Pflanzenöl
- 2 Kardamomkapseln
- 1-cm-Stück Ingwerwurzel, gerieben
- 1 rote Chili, gehackt
- 1 Zwiebel, gehackt
- 2 Knoblauchzehen, zerdrückt
- 500 g neue Kartoffeln, halbiert
- 150 ml Gemüsebrühe
- 700 g frischer Blattspinat, zerkleinert
- 4 EL Naturjoghurt
- Salz und Pfeffer

1

3

4

1 Koriander und Kreuzkümmel in Mörser oder Gewürzmühle zerkleinern.

2 Das Öl in einer Pfanne erhitzen. Kreuzkümmel, Koriander, Kardamom und Ingwer zugeben und 2 Minuten anbraten.

3 Chili, Zwiebel und Knoblauch zufügen und weitere 2 Minuten unter häufigem Rühren dünsten.

4 Kartoffeln und Gemüsebrühe zugeben und unter gelegentlichem Rühren 30 Minuten köcheln lassen, bis die Kartoffeln gar sind.

5 Den Spinat zufügen und weitere 5 Minuten köcheln lassen.

6 Die Pfanne vom Herd nehmen und den Joghurt einrühren. Mit Salz und Pfeffer abschmecken, in eine Servierschüssel geben und sofort servieren.

VARIATION

Auch tiefgefrorener Spinat eignet sich – auftauen und gut abtropfen lassen, sonst wird das Gericht zu wässerig.

Kartoffeln mit Petersilienstreuseln

Bei dieser köstlichen Kartoffelpüreevariante setzen Petersilie, Senf und Zwiebeln besondere geschmackliche Akzente.

NÄHRWERTANGABEN

Kilokalorien 451	Zucker .... 5 g
Eiweiß .... 13 g	Fett .... 19 g
Kohlenhydrate .. 60 g	davon gesättigt . 12 g

25 MIN. 30 MIN.

4 PERSONEN

ZUTATEN

- 900 g mehlig kochende Kartoffeln, gewürfelt
- 25 g Butter
- 2 EL Milch
- 50 g Blauschimmelkäse, gerieben

STREUSELBELAG

- 40 g Butter
- 1 Zwiebel, in großen Würfeln
- 1 Knoblauchzehe, zerdrückt
- 1 EL körniger Senf
- 175 g Vollkornsemmelbrösel
- 2 EL gehackte Petersilie
- Salz und Pfeffer

1 Die Kartoffeln in leicht gesalzenem, kochendem Wasser 10 Minuten kochen, bis sie gar sind.

2 In der Zwischenzeit für den Streuselbelag Butter in einer Pfanne zerlassen. Zwiebel, Knoblauch und Senf darin bei mittlerer Hitze unter ständigem Rühren 5 Minuten andünsten, bis die Zwiebel weich ist.

3 Semmelbrösel in einer Schüssel mit der Zwiebelbutter und der Petersilie verrühren. Mit Salz und Pfeffer abschmecken.

4 Kartoffeln abgießen und in eine andere Schüssel geben. Butter und Milch zugeben und zu einem glatten Püree zerstampfen. Käse unterrühren, solange die Kartoffeln noch heiß sind.

5 Das Kartoffelpüree in eine flache Auflaufform geben und mit den Streuseln belegen.

6 Im vorgeheizten Backofen bei 200 °C 10–15 Minuten backen, bis die Streusel goldbraun und knusprig sind. Sofort servieren.

2

4

5

TIPP

Noch knuspriger wird das Gericht, wenn Sie in Schritt 4 frisch gekochtes Gemüse wie Sellerie und Paprika zum Kartoffelpüree geben.

Grünes Gemüse in Sahnesauce

Diese ansprechende Gemüsepfanne gewinnt noch durch einen Schuss Sahne – danach nicht mehr aufkochen, sonst gerinnt sie.

NÄHRWERTANGABEN

Kilokalorien	111	Zucker	2 g
Eiweiß	5 g	Fett	8 g
Kohlenhydrate	7 g	davon gesättigt	2 g

5 MIN. 20 MIN.

4 PERSONEN

ZUTATEN

- 450 g Chinakohl, klein geschnitten
- 2 EL Erdnussöl
- 2 Porreestangen, in Ringen
- 4 Knoblauchzehen, zerdrückt
- 300 ml Gemüsebrühe
- 1 EL helle Sojasauce
- 2 TL Speisestärke
- 4 TL Wasser
- 2 EL Schlagsahne oder Naturjoghurt
- 1 EL gehackter Koriander

1 Die Kohlblätter in kochendem Wasser 30 Sekunden blanchieren. Abtropfen lassen, unter fließendem kaltem Wasser abspülen und erneut gründlich abtropfen lassen.

2 Das Öl in einem heißen Wok erhitzen und darin Kohl, Porree und Knoblauch 2–3 Minuten anbraten.

3 Brühe und Sojasauce zufügen, die Hitze reduzieren, abdecken und 10 Minuten köcheln lassen.

4 Das Gemüse aus dem Wok nehmen und beiseite stellen. Die Brühe aufkochen und heftig sieden lassen, bis sie auf die Hälfte eingekocht ist.

5 Stärke mit Wasser verrühren und mit der Brühe unter ständigem Rühren köcheln und andicken lassen.

6 Das Gemüse hineingeben und Sahne oder Joghurt einrühren. Bei geringer Hitze 1 Minute köcheln lassen.

7 Auf einen Servierteller geben, mit dem Koriander bestreuen und servieren.

TIPP

Die Sauce nicht mehr aufkochen, wenn Sie Sahne oder Joghurt zugefügt haben – sie gerinnt sonst.

Gedämpftes Wermutgemüse

Servieren Sie dieses Gemüse direkt im Backpapier, um den besonders köstlichen Bratensaft aufzufangen.

NÄHRWERTANGABEN

Kilokalorien	64	Zucker	9 g
Eiweiß	2 g	Fett	0,5 g
Kohlenhydrate	12 g	davon gesättigt	0,1 g

10 MIN. 20 MIN.

4 PERSONEN

ZUTATEN

- 1 Karotte, in Stiften
- 1 Fenchelknolle, in Streifen
- 100 g Zucchini, in Scheiben
- 1 rote Paprika, in Streifen
- 4 kleine Zwiebeln, halbiert
- 8 EL Wermut
- 4 EL Limettensaft
- Schale von 1 Limette
- 1 Prise Paprikapulver
- Salz und Pfeffer
- 4 Zweige Estragon
- frische Estragonzweige, zum Garnieren

2

2

3

1 Sämtliches Gemüse in einer großen Schüssel gut vermengen.

2 Vier große Quadrate Backpapier zurechtschneiden und jeweils ein Viertel des Gemüses in die Mitte geben. Die Ecken des Papiers so zusammenfalten, dass Tüten entstehen.

3 Wermut, Limettensaft und -schale sowie Paprikapulver mischen, ein Viertel davon in jede Tüte gießen. Salz und Pfeffer sowie 1 Estragonzweig zufügen. Die Tüten oben mit einer Nadel verschließen.

4 Die Gemüsetüten über Wasserdampf 15–20 Minuten im geschlossenen Topf garen. Garnieren und servieren.

TIPP

Wermut ist mit Kräutern und Gewürzen versetzter Weißwein, enthält aber mehr Alkohol. Er ist trocken und süß erhältlich.

Chili-Polenta-Streifen

Polenta wird in Italien als Beilage sehr geschätzt. Sie hat wenig Eigengeschmack, nimmt aber gut das Aroma von Kräutern und Knoblauch an.

NÄHRWERTANGABEN

Kilokalorien 365	Zucker .... 1 g
Eiweiß .... 8 g	Fett .... 12 g
Kohlenhydrate .. 54 g	davon gesättigt .. 5 g

5 MIN. 20 MIN.

4 PERSONEN

ZUTATEN

- 1,5 l Wasser
- 350 g Polenta
- Salz und Pfeffer
- 2 TL Chilipulver
- 1 EL Olivenöl
- 150 g saure Sahne
- 1 EL frisch gehackte Petersilie

1 In einem Topf 1,5 Liter Wasser aufkochen. Salz zufügen, die Polenta gleichmäßig einstreuen und sorgfältig unterrühren.

2 Die Hitze leicht reduzieren und die Polenta etwa 5 Minuten weiterrühren, damit sie nicht anbrennt. Sie ist fertig, wenn sie so steif geworden ist, dass der Kochlöffel aufrecht darin stehen bleibt.

3 Chilipulver unterrühren, dann mit Salz und Pfeffer abschmecken.

4 Die fertige Polenta etwa 4 cm dick auf die Arbeitsfläche streichen und auskühlen lassen.

5 Die abgekühlte Polenta in dünne Streifen schneiden.

1

2

4

6 Das Öl in einer Pfanne erhitzen und die Polentastreifen darin von jeder Seite 3–4 Minuten goldbraun und knusprig frittieren. Auf Küchenpapier abtropfen lassen. Oder die Streifen mit zerlassener Butter bestreichen und 6–7 Minuten unter einem vorgeheizten Grill rösten.

7 Die saure Sahne und die Petersilie in einer Schüssel mischen.

8 Die fertigen Polentastreifen mit dem Petersilien-Dip servieren.

TIPP

Polenta ist in vielen Supermärkten erhältlich und einfach zuzubereiten. Angerührt ist sie im Kühlschrank bis zu 1 Woche haltbar.

Zwiebel-Dhal

Dieses halbtrockene Linsengericht findet seine ideale Ergänzung in einem Curry mit Sauce. Übrigens kann man auch normale Zwiebeln verwenden.

NÄHRWERTANGABEN

Kilokalorien 232	Zucker . . . . 1 g
Eiweiß . . . . 6 g	Fett . . . . 17 g
Kohlenhydrate . . 15 g	davon gesättigt . . 2 g

5 MIN. 30 MIN.

4 PERSONEN

ZUTATEN

- 100 g rote Linsen
- 6 EL Pflanzenöl
- 1 kleines Bund Frühlingszwiebeln, in Ringen
- 1 TL fein gehackte Ingwerwurzel
- 1 TL zerdrückter Knoblauch
- ½ TL Chilipulver
- ½ TL gemahlene Kurkuma
- 300 ml Wasser
- 1 TL Salz
- 1 frische grüne Chili, fein gehackt
- frische Korianderblätter

2

3

3

1 Die Linsen gründlich waschen und beiseite stellen.

2 Das Öl in einem Topf erhitzen. Frühlingszwiebeln darin bei mittlerer Hitze unter häufigem Rühren leicht bräunen.

3 Die Hitze reduzieren und Ingwer, Knoblauch, Chilipulver und Kurkuma zugeben und kurz anbraten. Linsen zufügen und gut vermengen.

4 Das Wasser zugießen, die Hitze reduzieren und 20–25 Minuten kochen.

5 Wenn die Linsen weich sind, salzen und vorsichtig verrühren.

6 Linsengemüse in eine Servierschüssel geben. Mit Chili und Korianderblättern garnieren und sofort servieren.

TIPP

Die kleinen, runden, lachsfarbenen Spaltlinsen heißen auch Masoor Dhal. Sie werden beim Kochen hellgelb.

Kartoffeln auf spanische Art

Dieses schnelle, kleine Gericht wird in Spanien üblicherweise als Tapas serviert. Es passt gut zu Salat oder zu warmen Hauptgerichten.

NÄHRWERTANGABEN

Kilokalorien	176	Zucker	9 g
Eiweiß	5 g	Fett	6 g
Kohlenhydrate	27 g	davon gesättigt	1 g

20 MIN. 35 MIN.

4 PERSONEN

ZUTATEN

- 2 EL Olivenöl
- 500 g kleine neue Kartoffeln, halbiert
- 1 Zwiebel, halbiert und in Ringen
- 1 grüne Paprika, in Streifen
- 1 TL Chilipulver
- 1 TL Senf
- 300 ml passierte Tomaten
- 300 ml Gemüsebrühe
- Salz und Pfeffer
- frisch gehackte Petersilie, zum Garnieren

1

2

3

1 Das Öl in einer großen Pfanne erhitzen. Kartoffeln und Zwiebel zugeben und unter häufigem Rühren 4–5 Minuten anbraten, bis die Zwiebel glasig ist.

2 Paprika, Chilipulver und Senf zugeben und weitere 2–3 Minuten garen.

3 Passierte Tomaten und Brühe einrühren und aufkochen. Die Hitze reduzieren, abdecken und 25 Minuten köcheln lassen, bis die Kartoffeln weich sind.

4 Kartoffeln in eine vorgewärmte Servierschüssel geben. Mit Petersilie garnieren und heiß servieren – oder abkühlen lassen und bei Zimmertemperatur servieren.

TIPP

In Spanien werden Tapas traditionell mit einem Glas gekühltem Sherry oder einem anderen Aperitif serviert.

Knuspriger Kohl mit Mandeln

Dieses Gericht ist auch bekannt als „Knuspriger Seetang" (siehe Seite 118). Dabei enthält es gar keinen Seetang, sondern Pak Choi oder Grünkohl.

NÄHRWERTANGABEN

Kilokalorien	431	Zucker	17 g
Eiweiß	9 g	Fett	37 g
Kohlenhydrate	17 g	davon gesättigt	4 g

10 MIN. 10 MIN.

4 PERSONEN

ZUTATEN

- 1,25 kg Pak Choi oder Grünkohl
- 700 ml Pflanzenöl
- 75 g blanchierte Mandeln
- 1 TL Salz
- 1 EL brauner Zucker
- 1 Prise Zimt

1 Die Blätter des Pak Choi oder Grünkohls vom Strunk lösen, verlesen und gut abspülen. Gründlich abtropfen lassen und mit Küchenpapier trockentupfen.

2 Die Blätter mit einem scharfen Messer klein schneiden.

3 Das Öl in einem heißen Wok oder einer großen Pfanne bis zum Rauchpunkt erhitzen.

4 Die Hitze reduzieren und den Pak Choi oder Grünkohl darin 2–3 Minuten garen, bis die Blätter zusammengefallen und knusprig sind.

5 Mit einem Schaumlöffel herausheben, auf Küchenpapier gut abtropfen lassen und in eine vorgewärmte Servierschüssel geben.

6 Die Mandeln in Wok oder Pfanne 30 Sekunden anrösten. Herausheben und ebenfalls auf Küchenpapier abtropfen lassen.

7 Salz, Zucker und Zimt mischen und mit den Mandeln auf das Gemüse geben.

8 Der knusprige Kohl mit Mandeln sollte sofort serviert werden.

2

4

6

TIPP

Die Pak Choi- oder Grünkohlblätter müssen ganz trocken sein, bevor man sie in das Öl gibt, sonst kommt es zu unangenehmen Ölspritzern. Außerdem wird das grüne Gemüse nicht knusprig wie Seetang, wenn es nass in das Öl gegeben wird.

Murkha Dhal

Bei diesem Linsen-Rezept wird der Knoblauch sehr stark angebraten, damit er seine Aromen an die anderen Zutaten weitergibt.

NÄHRWERTANGABEN

Kilokalorien 372	Zucker . . . . 7 g
Eiweiß . . . . 18 g	Fett . . . . 16 g
Kohlenhydrate . . 42 g	davon gesättigt . 10 g

5 MIN. 55 MIN.

4 PERSONEN

ZUTATEN

60 g Butter
2 TL schwarze Senfkörner
1 Zwiebel, fein gehackt
2 Knoblauchzehen, fein gehackt
1 EL frisch geriebene Ingwerwurzel
1 TL gemahlene Kurkuma
2 grüne Chillies, entkernt und fein gehackt
225 g rote Linsen
1 l Wasser
300 ml Kokosmilch
1 TL Salz

2

3

4

1 Die Butter bei mittlerer Hitze in einem großen Topf zerlassen, die Senfkörner zugeben und abdecken. Wenn die Senfkörner zu springen beginnen, Zwiebel, Knoblauch und Ingwer zufügen und ohne Deckel 7–8 Minuten anbraten, bis Zwiebel und Knoblauch braun sind.

2 Kurkuma und Chillies zufügen und 1–2 Minuten anbraten, bis die Chillies weich sind.

3 Die Linsen zugeben und unter häufigem Rühren 2 Minuten anbraten, bis sie glänzen.

4 Wasser, Kokosmilch und Salz zufügen. Aufkochen, die Hitze reduzieren und das Murkha Dhal 40 Minuten köcheln lassen (wenn man das Gericht zu einem späteren Zeitpunkt servieren will, die Linsen nur 30 Minuten garen).

5 Das Dhal in eine vorgewärmte Servierschüssel füllen und sofort servieren.

TIPP

In der indischen Küche werden viele Linsenarten verarbeitet, am häufigsten aber rote und braune. Rote Linsen haben eine relativ kurze Garzeit und verblassen eher als grüne oder braune.

Gedämpfter Reis im Lotusblatt

Das Lotusblattaroma verleiht dem Reis eine einzigartige Geschmacksnote. Lotusblätter sind in chinesischen Spezialgeschäften erhältlich.

NÄHRWERTANGABEN

Kilokalorien 163	Zucker .... 0,1 g
Eiweiß .... 5 g	Fett .... 6 g
Kohlenhydrate .. 2,1 g	davon gesättigt .. 1 g

1 STD. 40 MIN.

4 PERSONEN

ZUTATEN

2 Lotusblätter
4 getrocknete chinesische Pilze (oder Pilze mit offenem Hut, in Scheiben)
175 g Langkornreis
1 Zimtstange
6 Kardamomkapseln
4 Gewürznelken
1 TL Salz
1 EL Pflanzenöl
2 Eier, leicht verquirlt
2 Frühlingszwiebeln, fein gehackt
1 EL Sojasauce
2 EL Sherry
1 TL Zucker
1 TL Sesamöl

1 

4 

5 

1 Die Lotusblätter vorsichtig ausbreiten und jedes Blatt längs halbieren. Auf einem großen Backblech ausbreiten und ganz mit heißem Wasser bedecken. 30 Minuten einweichen.

2 Die Pilze in einer kleinen Schüssel mit warmem Wasser bedecken und 20–25 Minuten einweichen.

3 Den Reis in kochendem Wasser mit Zimt, Kardamom, Nelken und Salz etwa 10 Minuten kochen – der Reis soll nicht ganz garen. Gut abtropfen lassen, Zimtstange entfernen, den Reis in eine Schüssel füllen.

4 Das Öl in einem Wok erhitzen und die Eier rasch im Öl verrühren. In eine Schüssel füllen und beiseite stellen.

5 Die Pilze abtropfen lassen und auspressen. Die zähen Mittelteile entfernen und die Pilze klein hacken. Mit Ei, Frühlingszwiebeln, Sojasauce, Sherry, Zucker und Sesamöl unter den Reis rühren.

6 Die Lotusblätter abtropfen lassen und den Reis in 4 Portionen teilen. In die Mitte jedes Blatts 1 Portion geben und zu einem Päckchen verpacken. In einem Dämpfeinsatz abgedeckt über siedendem Wasser 20 Minuten dämpfen. Zum Servieren die Lotusblätter oben aufschneiden.

Kashmiri-Spinat

Bei dieser ungewöhnlichen Zubereitung erhält der Spinat zusätzlichen Biss – diese schnelle Beilage passt zu fast allen Currys.

NÄHRWERTANGABEN

Kilokalorien	81	Zucker	2 g
Eiweiß	4 g	Fett	7 g
Kohlenhydrate	2 g	davon gesättigt	1 g

5 MIN. 25 MIN.

4 PERSONEN

ZUTATEN

- 500 g frischer Spinat oder Mangold
- 2 EL Senföl
- ¼ TL Garam Masala
- 1 TL gelbe Senfkörner
- 2 Frühlingszwiebeln, in Ringen

1

3

5

1 Den Spinat von harten Stielen befreien, waschen und abtropfen lassen.

2 Das Senföl im heißen Wok oder einer großen Pfanne erhitzen, bis es raucht. Garam Masala und Senfsamen zugeben und die Pfanne schnell abdecken.

3 Nach dem Aufplatzen der Senfkörner Deckel abnehmen, Frühlingszwiebeln und Spinat zugeben und unter ständigem Rühren dünsten, bis der Spinat weich ist.

4 Weitere 10–15 Minuten ohne Deckel bei mittlerer Hitze kochen, bis das Wasser weitgehend verdampft ist (bei tiefgefrorenem Spinat ist die Kochzeit kürzer. Auch er sollte so lange gekocht werden, bis das meiste Wasser verdampft ist).

5 Spinat und Frühlingszwiebeln mit einem Schaumlöffel herausheben und sämtliche Flüssigkeit abtropfen lassen, denn dieses Gericht schmeckt am besten, wenn es so trocken wie möglich ist.

6 Den Spinat in eine vorgewärmte Servierschüssel geben und sofort kochend heiß servieren.

TIPP

Senföl wird aus Senfsamen hergestellt und ist kalt sehr feurig. Wird es jedoch erhitzt, bis es zu rauchen beginnt, verliert es viel Schärfe und wird süß.

Gebratener Chili-Reis

Dieser köstliche gebratene Reis kann entweder als Beilage zu chinesischen Gerichten oder als Hauptmahlzeit serviert werden.

NÄHRWERTANGABEN

Kilokalorien 290	Zucker .... 2 g
Eiweiß .... 11 g	Fett .... 14 g
Kohlenhydrate .. 26 g	davon gesättigt .. 2 g

20 MIN. 25 MIN.

4 PERSONEN

ZUTATEN

250 g Langkornreis
4 EL Pflanzenöl
2 Knoblauchzehen, fein gehackt
1 kleine rote Chili, entkernt und fein gehackt
8 Frühlingszwiebeln, in Ringen
1 EL rote Currypaste oder 2 TL Chilisauce
1 rote Paprika, gewürfelt
90 g grüne Bohnen, in kurzen Stücken
250 g gekochte Garnelen, ausgelöst, oder gekochtes Hühnerfleisch, in kleinen Stücken
2 EL Fischsauce

GARNIERUNG

Gurkenscheiben
Frühlingszwiebeln, in dünnen Streifen

1 Den Reis in reichlich leicht gesalzenem Wasser ca. 12 Minuten garen. Abgießen, abspülen und abtropfen lassen.

2 Das Öl in einem Wok oder einer großen Pfanne stark erhitzen.

3 Den Knoblauch darin 2 Minuten anbraten, bis er goldbraun ist.

4 Chili und Frühlingszwiebeln zugeben und unter Rühren 3–4 Minuten anbraten.

5 Currypaste oder Chilisauce zufügen und 1 Minute anbraten. Dann Paprika und Bohnen zugeben und 2 Minuten anbraten.

6 Reis, Garnelen oder Hühnerfleisch und Fischsauce zufügen und bei mittlerer Hitze unter Rühren 4–5 Minuten anbraten, bis der Reis vollständig heiß ist.

7 Den Chili-Reis in eine vorgewärmte Servierschüssel geben, mit Gurkenscheiben und Frühlingszwiebeln garnieren und sofort servieren.

1

4

5

TIPP

Ein besseres Resultat erreichen Sie, wenn Sie den Reis am Vortag garen. Für dieses Gericht können Sie darum auch hervorragend übrig gebliebenen Reis verwerten.

Kabli Channa Sag

Hülsenfrüchte wie Kichererbsen sind in Indien weit verbreitet – getrocknete Kichererbsen müssen über Nacht eingeweicht werden.

NÄHRWERTANGABEN

Kilokalorien	217	Zucker	5 g
Eiweiß	12 g	Fett	9 g
Kohlenhydrate	25 g	davon gesättigt	1 g

12¼ STD. 1 STD.

6 PERSONEN

ZUTATEN

- 225 g Kichererbsen, über Nacht eingeweicht und abgetropft
- 5 Gewürznelken
- 2,5-cm-Stück Zimtstange
- 2 Knoblauchzehen
- 3 EL Sonnenblumenöl
- 1 Zwiebel, in dünnen Ringen
- 3 EL Zitronensaft
- 1 TL Koriandersamen
- 2 Tomaten, gehäutet, entkernt und klein gehackt
- 500 g frischer Spinat, Stiele entfernt
- 1 EL gehackter Koriander

GARNIERUNG

- Korianderzweige
- Zitronenscheiben

1

3

4

1 Kichererbsen reichlich mit Wasser bedeckt in einem Topf erhitzen. Nelken, Zimt und 1 Knoblauchzehe zugeben. Die Knoblauchzehe leicht andrücken, damit der Saft austreten kann. Zum Kochen bringen, dann die Hitze reduzieren und 40–50 Minuten köcheln lassen, bis die Kichererbsen gar sind (mit einem Holzspieß testen). Schaum abschöpfen.

2 In der Zwischenzeit 1 Esslöffel Öl in einem Topf erhitzen. Die zweite Knoblauchzehe zerdrücken, mit der Zwiebel in den Topf geben und bei mittlerer Hitze ca. 5 Minuten andünsten.

3 Gewürznelken, Zimt und Knoblauch aus den Kichererbsen entfernen und die Kichererbsen abgießen. In der Küchenmaschine oder mit einer Gabel 90 g Kichererbsen mit Zwiebel, Knoblauch, Zitronensaft und 1 Esslöffel Öl glatt rühren. Das Püree zu den restlichen Kichererbsen geben.

4 Das restliche Öl in einer großen Pfanne erhitzen. Koriandersamen zugeben und 1 Minute anbraten. Tomaten zufügen, unterrühren, dann den Spinat zugeben. Abdecken und 1 Minute bei mittlerer Hitze kochen. Der Spinat sollte leicht zusammengefallen, aber nicht matschig sein. Gehackten Koriander einrühren und die Pfanne vom Herd nehmen.

5 Die Kichererbsen in eine vorgewärmte Servierschüssel füllen, den Spinat darüber geben. Mit Koriander und Zitronenscheiben garnieren und sofort servieren.

Frittierte Zucchini

Diese unwiderstehlichen Zucchini können als Vorspeise oder als Snack mit einem pikanten Chili-Dip gereicht werden.

NÄHRWERTANGABEN

Kilokalorien	117	Zucker	2 g
Eiweiß	3 g	Fett	6 g
Kohlenhydrate	14 g	davon gesättigt	1 g

5 MIN. 20 MIN.

4 PERSONEN

ZUTATEN

- 450 g Zucchini
- 1 Eiweiß
- 50 g Speisestärke
- 1 TL Salz
- 1 TL Fünf-Gewürze-Pulver
- Öl, zum Frittieren
- Chilisauce, als Dip

1 Die Zucchini mit einem scharfen Messer in Scheiben oder Streifen schneiden.

2 Das Eiweiß in einer kleinen Schüssel mit einer Gabel leicht schaumig schlagen.

3 Die Stärke mit Salz und dem Fünf-Gewürze-Pulver mischen und auf einen großen Teller streuen.

4 Das Frittieröl in einem großen Wok oder einer großen Pfanne erhitzen.

5 Die Zucchini Stück für Stück zunächst in das Eiweiß tunken, dann in der Stärke-Würzmischung wälzen.

6 Die Zucchini portionsweise ca. 5 Minuten goldbraun und knusprig frittieren.

7 Die Zucchini-Portionen jeweils aus dem Öl heben und auf Küchenpapier abtropfen lassen.

8 Auf Servierteller geben und mit einem Chili-Dip sofort servieren.

1

2

5

VARIATION

Sie können statt des Fünf-Gewürze-Pulvers auch Chili- oder Currypulver verwenden.

Kandierte Süßkartoffeln

Bei diesem Gericht werden Süßkartoffeln mit Zucker, Limette und einem Schuss Brandy zubereitet – ein Hauch von Karibik.

NÄHRWERTANGABEN

Kilokalorien 348	Zucker .... 21 g
Eiweiß .... 3 g	Fett .... 9 g
Kohlenhydrate .. 67 g	davon gesättigt .. 6 g

15 MIN. 25 MIN.

4 PERSONEN

ZUTATEN

- 700 g Süßkartoffeln, in Scheiben
- 40 g Butter
- 1 EL Limettensaft
- 75 g brauner Zucker
- 1 EL Brandy
- geriebene Schale von 1 Limette
- Limettenspalten, zum Garnieren

1

3

4

1 Die Süßkartoffeln in kochendem Wasser ca. 5 Minuten fast gar kochen. Mit einem Schaumlöffel herausheben und gut abtropfen lassen.

2 Butter in einer großen Pfanne zerlassen. Limettensaft und Zucker zugeben und vorsichtig unter Rühren erhitzen, bis der Zucker aufgelöst ist.

3 Süßkartoffeln und Brandy in die Pfanne geben und unterrühren. Bei schwacher Hitze ca. 10 Minuten köcheln, bis die Kartoffeln gar sind.

4 Limettenschale über die Kartoffeln streuen und gut unterrühren.

5 Die kandierten Kartoffeln auf einen Servierteller geben. Mit Limettenspalten garnieren und sofort servieren.

TIPP

Süßkartoffeln haben eine rosa Schale und weißes, gelbes oder orangefarbenes Fruchtfleisch. Für dieses Gericht sind alle Sorten gleich gut geeignet.

Gebackener Sahnesellerie

Unter der herzhaften Kruste dieses Gerichts verbirgt sich eine cremig zarte Mischung aus Sellerie und Pecannüssen.

NÄHRWERTANGABEN

Kilokalorien 237	Zucker . . . . 5 g
Eiweiß . . . . 7 g	Fett . . . . 19 g
Kohlenhydrate . . 11 g	davon gesättigt . . 7 g

15 MIN. 40 MIN.

4 PERSONEN

ZUTATEN

- 1 Bund Selleriestangen
- ½ TL gemahlener Kreuzkümmel
- ½ TL gemahlener Koriander
- 1 Knoblauchzehe, zerdrückt
- 1 rote Zwiebel, in dünnen Ringen
- 50 g Pecannüsse, halbiert
- 150 ml Gemüsebrühe
- 150 g Schlagsahne
- Salz und Pfeffer
- 50 g frische Vollkornsemmelbrösel
- 25 g Parmesan, gerieben
- Selleriegrün, zum Garnieren

1

2

3

TIPP

Geriebener Parmesan verliert schnell an Aroma. Man sollte also nur so viel reiben, wie man gerade braucht. Der Rest hält sich, in Folie eingeschlagen, mehrere Monate im Kühlschrank.

1 Den Sellerie putzen und in Stifte schneiden. Mit Kreuzkümmel, Koriander, Knoblauch, Zwiebel und Pecannüssen in eine Auflaufform geben.

2 Gemüsebrühe und Sahne verrühren und zu dem Gemüse geben. Mit Salz und Pfeffer abschmecken.

3 Semmelbrösel und Käse vermengen und über das Gemüse streuen.

4 Im vorgeheizten Backofen 40 Minuten bei 200 °C backen, bis das Gemüse zart und die Kruste knusprig ist. Mit Selleriegrün garnieren und sofort servieren.

Nudelpfanne auf thailändische Art

Diese Pfanne ist ein thailändisches Nationalgericht, das überall im Land gegessen wird – ein schneller Imbiss für unterwegs.

NÄHRWERTANGABEN

Kilokalorien	407	Zucker	11 g
Eiweiß	14 g	Fett	16 g
Kohlenhydrate	56 g	davon gesättigt	3 g

15 MIN. 5 MIN.

4 PERSONEN

ZUTATEN

- 225 g Reisnudeln
- 2 rote Chillies, entkernt und klein geschnitten
- 2 Schalotten, fein gehackt
- 2 EL Zucker
- 2 EL Tamarindenwasser
- 1 EL Limettensaft
- 2 EL helle Sojasauce
- Salz und Pfeffer
- 1 EL Sonnenblumenöl
- 1 TL Sesamöl
- 175 g geräucherter Tofu, gewürfelt
- 2 EL gehackte geröstete Erdnüsse, zum Garnieren

1

2

5

1 Die Reisnudeln nach Packungsanweisung kochen oder 5 Minuten in kochendem Wasser einweichen.

2 Chillies und Schalotten in einem Mörser mit Zucker, Tamarindenwasser, Limettensaft und Sojasauce vermengen und mit Salz und Pfeffer abschmecken.

3 Sämtliches Öl in einem heißen Wok oder einer großen Pfanne stark erhitzen. Tofuwürfel zugeben und 1 Minute pfannenrühren.

4 Chilimischung zugeben, zum Kochen bringen und unter ständigem Rühren ca. 2 Minuten eindicken lassen.

5 Die Reisnudeln abgießen und zu der Chili-Tofu-Mischung geben. Gründlich vermengen, bis die Nudeln nicht mehr dampfen. Mit Erdnüssen garnieren und sofort servieren.

TIPP

Dieses Gericht kann als schneller Imbiss oder vegetarische Alternative für einen einzelnen Gast serviert werden.

Süßer Chili-Schweinstopf

Dieses Reisgericht ist eine Variante von Eierreis. Es kann als Hauptgericht oder als Beilage zu einem anderen Fleischgericht serviert werden.

NÄHRWERTANGABEN

Kilokalorien 366	Zucker .... 5 g
Eiweiß .... 29 g	Fett .... 16 g
Kohlenhydrate .. 28 g	davon gesättigt .. 4 g

25 MIN. 20 MIN.

4 PERSONEN

ZUTATEN

- 450 g Schweinefleisch (Lende)
- 2 EL Sonnenblumenöl
- 2 EL süße Chilisauce, plus etwas mehr, zum Servieren
- 1 Zwiebel, in Ringen
- 175 g Karotten, in dünnen Stiften
- 175 g Zucchini, in Stiften
- 100 g Bambussprossen aus der Dose, abgetropft
- 275 g Langkornreis, gekocht
- 1 Ei, verquirlt
- 1 EL frisch gehackte Petersilie

1 Das Schweinefleisch mit einem scharfen Messer in dünne Scheiben schneiden.

2 Das Öl in einem großen heißen Wok oder einer großen Pfanne erhitzen.

3 Die Fleischscheiben zugeben und 5 Minuten pfannenrühren.

4 Chilisauce zufügen und unter Rühren 2–3 Minuten kochen, bis die Flüssigkeit eindickt.

5 Zwiebel, Karotten, Zucchini und Bambussprossen zugeben und unter Rühren 3 Minuten anbraten.

6 Gegarten Reis zufügen und 2–3 Minuten pfannenrühren, bis er heiß ist.

7 Das Ei über den Reis gießen und so lange unterheben, bis es stockt.

8 Den Schweinstopf mit Petersilie bestreuen und sofort servieren. Nach Wunsch süße Chilisauce dazu reichen.

4

5

6

TIPP

Wenn es besonders schnell gehen soll, können Sie tiefgefrorenes Gemüse unter den Reis mischen.

Pikante Sesamnudeln

Eiernudeln werden hier durch ein Dressing aus Sesamöl, Sojasauce, Erdnussbutter, Koriander, Limette, Chili und Sesamsaat bereichert.

NÄHRWERTANGABEN	
Kilokalorien 300	Zucker .... 1 g
Eiweiß .... 7 g	Fett .... 21 g
Kohlenhydrate .. 21 g	davon gesättigt .. 3 g

5 MIN. 10 MIN.

4 PERSONEN

ZUTATEN

- 500 g chinesische Eiernudeln
- 3 EL Sonnenblumenöl
- 2 EL Sesamöl
- 1 Knoblauchzehe, zerdrückt
- 1 EL glatte Erdnussbutter
- 1 kleine grüne Chili, entkernt und fein gehackt
- 3 EL Sesamsaat, geröstet
- 4 EL helle Sojasauce
- ½ EL Limettensaft
- Salz und Pfeffer
- 4 EL frisch gehackter Koriander

1

2

3

1 Die Nudeln in einen großen Topf mit kochendem Wasser geben und dann sofort vom Herd nehmen. Abgedeckt 6 Minuten ruhen lassen, nach 3 Minuten einmal durchrühren.

2 In der Zwischenzeit für das Dressing Sonnenblumenöl, Sesamöl, Knoblauch und Erdnussbutter in einer Schüssel glatt rühren.

3 Chili, Sesamsaat und Sojasauce unter das Dressing rühren, den Limettensaft zufügen und gut verrühren. Mit Salz und Pfeffer abschmecken.

4 Die Nudeln gut abtropfen lassen und anschließend in eine vorgewärmte Servierschüssel füllen.

5 Das Dressing und den frisch gehackten Koriander zu den Nudeln geben und gut vermengen. Heiß zu einem Hauptgericht servieren.

TIPP

Kochen Sie die Nudeln im Voraus, schwenken Sie sie abgetropft in 2 Teelöffel Sesamöl und füllen Sie sie anschließend in eine Schüssel. Gut abdecken und warm halten.

Chow-Mein klassisch

Chow-Mein ist das Standardrezept für pfannengerührte Nudeln. Man kann dazu auch Hühner- oder Schweinefleisch als weitere Zutaten verwenden.

2

3

6

NÄHRWERTANGABEN

Kilokalorien	716	Zucker	2 g
Eiweiß	4 g	Fett	12 g
Kohlenhydrate	14 g	davon gesättigt	1 g

5 MIN. 15 MIN.

4 PERSONEN

ZUTATEN

- Salz
- 275 g chinesische Eiernudeln
- 3–4 EL Pflanzenöl
- 1 kleine Zwiebel, fein gehackt
- 125 g frische Bohnensprossen
- 1 Frühlingszwiebel, fein gehackt
- 2 EL helle Sojasauce
- einige Tropfen Sesamöl

1 Wasser mit etwas Salz in einem Wok oder Topf zum Kochen bringen.

2 Die Eiernudeln zugeben und nach Packungsanweisung garen.

3 Gut abtropfen lassen und mit kaltem Wasser abspülen, dann erneut abtropfen lassen und in eine Schüssel geben. Etwas Öl zugeben und schwenken.

4 Das restliche Öl in einem Wok oder einer großen Pfanne stark erhitzen.

5 Die Zwiebel darin 30–40 Sekunden pfannenrühren.

6 Bohnensprossen und Nudeln zugeben und 1 Minute unter Rühren schwenken.

7 Frühlingszwiebel und Sojasauce gut unterrühren.

8 Das Chow-Mein auf einen vorgewärmten Servierteller füllen, mit Sesamöl beträufeln und sofort servieren.

TIPP

Nudeln sind in China ein Symbol für langes Leben. Sie werden aus Weizen- oder Reismehl, Wasser und Eiern hergestellt. Die Herstellung von Nudeln in reiner Handarbeit erfordert viel Erfahrung und jahrelange Übung, um das Kneten, Schleudern, Schlagen, Ziehen und Drehen des Teigs perfekt zu beherrschen.

Knusprige Nudeln mit Tofu

Dieses Gericht erfordert ein gewisses Fingerspitzengefühl, damit die knusprigen Nudeln gelingen, doch die Mühe lohnt sich.

NÄHRWERTANGABEN			
Kilokalorien	242	Zucker	2 g
Eiweiß	13 g	Fett	17 g
Kohlenhydrate	10 g	davon gesättigt	3 g

35 MIN. 25 MIN.

4 PERSONEN

ZUTATEN

- 175 g chinesische Eiernudeln
- 600 ml Sonnenblumenöl, zum Frittieren
- 2 TL geriebene Zitronenschale
- 1 EL helle Sojasauce
- 1 EL Reisessig
- 1 EL Zitronensaft
- 1½ EL Zucker
- 250 g marinierter Tofu, gewürfelt
- 2 Knoblauchzehen, zerdrückt
- 1 rote Chili, in feinen Ringen
- 1 rote Paprika, gewürfelt
- 4 Eier, verquirlt
- 1 rote Chiliblüte, zum Garnieren (nach Belieben)

1 Etwas Öl in heißes Wasser geben und die Eiernudeln kurz darin blanchieren. Abtropfen und mindestens 30 Minuten ausgebreitet trocknen lassen. In etwa 7 cm lange Fäden schneiden.

2 Zitronenschale, Sojasauce, Reisessig, Zitronensaft und Zucker in einer kleinen Schüssel verrühren und beiseite stellen.

3 Das Öl in einem Wok oder einer großen Pfanne erhitzen und mit einigen Nudeln prüfen, ob es die geeignete Temperatur erreicht hat: Die Nudeln sollten um das Vielfache ihrer Größe aufquellen. Ist das nicht der Fall, warten, bis das Öl heiß genug ist.

4 Die Nudeln portionsweise frittieren. Sobald sie eine blassgoldene Farbe annehmen, herausheben und auf Küchenpapier abtropfen lassen. Abkühlen lassen.

5 Das Öl bis auf 2 Esslöffel aus Wok oder Pfanne abgießen. Den Rest erhitzen.

6 Den Tofu darin bei starker Hitze anbraten, bis er leicht knusprig ist.

7 Knoblauch, Chili und Paprika zugeben und 1–2 Minuten anbraten.

8 Die Zitronen-Essig-Mischung zugießen und verrühren. Die Eier zugeben und unter Rühren stocken lassen.

9 Die Tofumischung mit den knusprigen Nudeln servieren, nach Belieben mit einer Chiliblüte garnieren.

1

2

3

Gebackene Chili-Kartoffeln

Kleine neue Kartoffeln werden mit der Schale gekocht, dann in einer Chilimischung gewälzt und im Ofen gebacken.

NÄHRWERTANGABEN

Kilokalorien	178	Zucker	2 g
Eiweiß	2 g	Fett	11 g
Kohlenhydrate	18 g	davon gesättigt	1 g

5–10 MIN. 30 MIN.

4 PERSONEN

ZUTATEN

- 500 g kleine neue Kartoffeln
- 150 ml Pflanzenöl
- 1 TL Chilipulver
- ½ TL Kümmelsamen
- 1 TL Salz
- 1 EL gehacktes Basilikum, zum Garnieren

1 Die Kartoffeln in kochendem Salzwasser 10 Minuten kochen. Abgießen.

2 Den Boden eines flachen Backblechs mit etwas Öl bedecken und im vorgeheizten Backofen bei 200 °C 10 Minuten erhitzen. Die Kartoffeln auf das Backblech geben und mit dem heißen Öl bestreichen.

3 Chilipulver, Kümmel und Salz in einer kleinen Schüssel mischen. Die Kartoffeln damit bestreuen und darin wälzen.

4 Das restliche Öl auf die Kartoffeln gießen und diese ca. 15 Minuten backen, bis sie gar sind.

5 Mit einem Schaumlöffel herausheben und gut abtropfen lassen. In eine vorgewärmte Servierschüssel geben, mit Basilikum garnieren und sofort servieren.

2

3

5

VARIATION

Sie können zur Abwechslung auch andere Gewürze, wie z. B. Curry- oder Paprikapulver, verwenden.

Risotto milanese

Einen Risotto milanese kann man auf verschiedene Arten zubereiten, aber immer mit Safran. Hier geben getrocknete Tomaten den Ton an.

NÄHRWERTANGABEN

Kilokalorien	558	Zucker	2 g
Eiweiß	16 g	Fett	19 g
Kohlenhydrate	80 g	davon gesättigt	9 g

10 MIN. 30 MIN.

4 PERSONEN

ZUTATEN

- 1 EL Olivenöl
- 2 EL Butter
- 1 große Zwiebel, fein gehackt
- 350 g Arborio-Reis
- 1 Msp. Safran
- 150 ml Weißwein
- 850 ml heiße Gemüse- oder Hühnerbrühe
- 8 sonnengetrocknete Tomaten, in Streifen
- 50 g Parmaschinken, in Streifen
- 100 g Erbsen, Tiefkühlware aufgetaut
- 75 g Parmesan, frisch gerieben, plus etwas mehr, zum Servieren

1 Öl und Butter in einer großen Pfanne erhitzen. Die Zwiebel darin 4–5 Minuten anbraten, bis sie weich ist.

2 Reis und Safran zugeben und 1 Minute vermengen, bis der Reis von Öl überzogen ist.

3 Nach und nach Wein und Brühe zugießen. Jedesmal so lange warten, bis die zugefügte Flüssigkeit vom Reis aufgesogen ist, bevor man weitere zufügt.

4 Sobald die Hälfte der Flüssigkeit verbraucht ist, die Tomaten zufügen.

5 Nach etwa 15 Minuten sollte die gesamte Flüssigkeit verbraucht sein. Ist der Reis dann noch immer zu hart, etwas Wasser zugießen und gar kochen.

6 Zuletzt Schinken, Erbsen und Parmesan unterrühren und etwa 2–3 Minuten weiterkochen, bis alle Zutaten erwärmt sind. Dann mit geriebenem Parmesan servieren.

TIPP

Risottos werden mit Rundkornreis zubereitet, am besten mit dem nussigem Arborio-Reis. Das fertige Gericht sollte feucht sein, aber nicht kleben. Darum die Kochflüssigkeit immer nur portionsweise zugeben, sodass man sofort bemerkt, wenn der Reis gar ist.

Pikanter Reis mit Linsen

Eine großartige Kombination aus Reis und roten Linsen. Man kann vor dem Servieren noch einen Stich Butter dazugeben.

NÄHRWERTANGABEN

Kilokalorien	394	Zucker	3 g
Eiweiß	14 g	Fett	8 g
Kohlenhydrate	70 g	davon gesättigt	1 g

5 MIN. 30 MIN.

4 PERSONEN

ZUTATEN

200 g Basmati-Reis
175 g rote Linsen
2 EL Ghee
1 kleine Zwiebel, in Ringen
1 TL fein gehackte Ingwerwurzel
1 TL zerdrückter Knoblauch
½ TL gemahlene Kurkuma
600 ml Wasser
1 TL Salz

1 Reis und Linsen gut vermengen und gründlich unter fließendem kaltem Wasser abspülen. Beiseite stellen.

2 Ghee in einem großen Topf erhitzen. Die Zwiebel darin ca. 2 Minuten unter gelegentlichem Rühren anbraten.

3 Die Hitze reduzieren, Ingwer, Knoblauch und Kurkuma zugeben und etwa 1 Minute pfannenrühren.

4 Reis und Linsen zufügen und alles vorsichtig vermengen.

5 Wasser zugeben und bei mittlerer Hitze zum Kochen bringen. Die Hitze reduzieren, abdecken und 20–25 Minuten kochen, bis der Reis gar ist und die Flüssigkeit aufgenommen hat.

6 Unmittelbar vor dem Servieren salzen und gut verrühren.

7 In eine große, vorgewärmte Servierschüssel geben und sofort servieren.

TIPP

Viele indische Rezepte verwenden Ghee als Bratfett, weil es sehr hoch erhitzt werden kann, ohne anzubrennen. Ghee verleiht Gerichten ein nussiges Aroma und Saucen Glanz.

Fruchtiger Kokosreis

Kurkumagelber Reis mit dem Aroma von Kokosnuss und Gewürzen – eine köstliche Beilage oder mit Huhn oder Schweinefleisch ein Hauptgericht.

NÄHRWERTANGABEN

Kilokalorien	578	Zucker	17 g
Eiweiß	8 g	Fett	31 g
Kohlenhydrate	71 g	davon gesättigt	15 g

5 MIN. 35 MIN.

4 PERSONEN

ZUTATEN

- 90 g Kokoscreme
- 700 ml kochendes Wasser
- 1 EL Sonnenblumen- oder Olivenöl
- 1 Zwiebel, in dünnen Ringen
- 250 g Langkornreis
- ¼ TL gemahlene Kurkuma
- 6 Gewürznelken
- 1 Zimtstange
- ½ TL Salz
- 60–90 g Rosinen
- 60 g Walnusshälften oder Pecannüsse
- 2 EL Kürbiskerne (nach Belieben)

2

3

4

1 Die Kokoscreme mit der Hälfte des kochenden Wassers glatt rühren. Dann den Rest einrühren und zu Kokosmilch mischen.

2 Das Öl in einem Wok erhitzen und die Zwiebel darin 3–4 Minuten anbraten, bis sie weich ist.

3 Den Reis gut unter fließendem kaltem Wasser abspülen und gut abtropfen lassen. Mit der Kurkuma in den Wok geben und 1–2 Minuten unter Rühren anbraten.

4 Kokosmilch, Nelken, Zimtstange und Salz zugeben und aufkochen. Abdecken und etwa 10 Minuten bei geringer Hitze köcheln lassen.

5 Rosinen, Nüsse und Kürbiskerne unterheben. Den Wok abdecken und weitere 5–8 Minuten köcheln lassen, bis die Flüssigkeit aufgesogen und der Reis zart ist. Vom Herd nehmen und 5 Minuten abgedeckt ruhen lassen. Dann die Zimtstange herausnehmen und den Reis servieren.

TIPP

Fügen Sie mit den Rosinen 250 g gekochtes Hühner- oder Schweinefleisch, gewürfelt oder in Scheiben geschnitten, hinzu, um aus der Beilage ein Hauptgericht zu machen. Kokosmilch macht den gekochten Reis leicht klebrig.

Safranreis

Reis und Safran gehen hier eine klassische Verbindung ein – und das sowohl geschmacklich als auch optisch.

NÄHRWERTANGABEN

Kilokalorien 63	Zucker .... 0,1 g
Eiweiß .... 1,4 g	Fett .... 2 g
Kohlenhydrate .. 11 g	davon gesättigt . 0,2 g

15 MIN. 25 MIN.

8 PERSONEN

ZUTATEN

12 Safranfäden
2 EL warmes Wasser
400 ml Wasser
225 g Basmati-Reis
1 EL gehobelte Mandeln, geröstet

1 Die Safranfäden leicht zerdrücken und 10 Minuten in einer Schüssel mit dem warmen Wasser einweichen.

2 Wasser mit dem Reis in einem mittelgroßen Topf aufkochen. Safran mit Einweichwasser einrühren.

3 Erneut aufkochen, durchrühren und ohne Deckel ca. 10 Minuten köcheln lassen, bis das Wasser aufgesogen ist.

4 Abgedeckt bei geringer Hitze 10 Minuten ziehen lassen.

5 Alternativ den Reis über Nacht einweichen und vor dem Kochen abgießen. Dann wie beschrieben kochen, aber die Wassermenge um 100 ml und die Kochzeit um 3–4 Minuten reduzieren.

6 Den Safranreis vom Herd nehmen und in eine Servierschüssel geben. Mit einer Gabel auflockern und mit gerösteten Mandeln bestreuen.

TIPP

Safranfäden sind die Staubgefäße einer Krokusart. Safran wächst in Südeuropa und im Nahen Osten. Es ist das älteste und teuerste Gewürz der Welt und wird von Hand geerntet.

Zitronen- und Kräuterkartoffeln

Zwei schmackhafte Rezepte für neue Kartoffeln. Tipp: Reiben Sie an der Schale einer Kartoffel – wenn sie sich leicht löst, ist die Kartoffel frisch.

NÄHRWERTANGABEN

Kilokalorien	226	Zucker	2g
Eiweiß	5g	Fett	5g
Kohlenhydrate	42g	davon gesättigt	3g

20 MIN. 35 MIN.

4 PERSONEN

ZUTATEN

ZITRONENKARTOFFELN

1 kg neue Kartoffeln

25 g Butter

1 EL fein geriebene Zitronenschale

2 EL Zitronensaft

1 EL frisch gehackter Dill oder Schnittlauch, plus etwas mehr, zum Garnieren

Salz und Pfeffer

KRÄUTERKARTOFFELN

1 kg neue Kartoffeln

3 EL Olivenöl

1 EL Weißweinessig

1 Prise Senfpulver

1 Prise Zucker

Salz und Pfeffer

2 EL frisch gehackte gemischte Kräuter (z. B. Petersilie, Schnittlauch, Majoran, Basilikum und Rosmarin), plus etwas mehr, zum Garnieren

1

2

4

1 Für die Zitronenkartoffeln die Kartoffeln gut abbürsten oder die Schalen mit einem scharfen Messer abkratzen. Ca. 15 Minuten in leicht gesalzenem Wasser kochen, bis sie gerade gar sind.

2 Inzwischen die Butter bei geringer Hitze zerlassen. Zitronenschale und -saft sowie Kräuter zufügen und mit Salz und Pfeffer abschmecken.

3 Die Kartoffeln abgießen und in eine Servierschüssel geben.

4 Mit der Butter übergießen und vermengen. Mit den zusätzlichen Kräutern garnieren und warm servieren.

5 Für die Kräuterkartoffeln Kartoffeln wie in Schritt 1 garen. Öl, Essig, Senf, Zucker sowie Salz und Pfeffer in einer kleinen Schüssel gut mischen. Die Kräuter zugeben und verrühren.

6 Die Kartoffeln abgießen und mit der Kräutersauce vermengen. Mit den zusätzlichen Kräutern garnieren und warm oder kalt servieren.

Gebratener Eierreis

Gekochter Reis wird in diesem klassischen chinesischen Gericht mit Erbsen, Frühlingszwiebeln und Eiern gebraten und mit Sojasauce gewürzt.

NÄHRWERTANGABEN

Kilokalorien	203	Zucker	1 g
Eiweiß	9 g	Fett	11 g
Kohlenhydrate	19 g	davon gesättigt	2 g

20 MIN. 10 MIN.

4 PERSONEN

ZUTATEN

- 150 g Langkornreis
- 3 Eier, verquirlt
- 2 EL Pflanzenöl
- 2 Knoblauchzehen, zerdrückt
- 4 Frühlingszwiebeln, in Ringen
- 125 g grüne Erbsen, gekocht
- 1 EL helle Sojasauce
- 1 Prise Salz
- 1 Frühlingszwiebel, klein geschnitten, zum Garnieren

1 Den Reis in einem Topf mit kochendem Wasser 10–12 Minuten kochen, bis er fast gar ist. Wasser abgießen, unter kaltem Wasser abspülen und erneut abtropfen lassen.

2 Die Eier in einem Topf bei geringer Hitze leicht verrühren.

3 Das Öl in einem heißen Wok oder einer großen Pfanne unter vorsichtigem Schwenken stark erhitzen.

4 Knoblauch, Frühlingszwiebeln und Erbsen zugeben und unter gelegentlichem Rühren 1–2 Minuten anbraten. Den Reis zugeben und gut unterrühren.

5 Eier, Sojasauce und Salz gründlich unterrühren.

6 Auf Servierteller geben und mit den Frühlingszwiebelringen garnieren.

TIPP

Der Reis wird unter kaltem Wasser gewaschen, um die Stärke zu entfernen und zu verhindern, dass er verklebt.

Pesto-Reis mit Knoblauchbrot

Hier werden zwei Sorten Reis mit Pinienkernen, Basilikum und Parmesan kombiniert und mit delikatem Knoblauchbrot serviert.

NÄHRWERTANGABEN

Kilokalorien	918	Zucker	2 g
Eiweiß	18 g	Fett	64 g
Kohlenhydrate	73 g	davon gesättigt	19 g

20 MIN. 40 MIN.

4 PERSONEN

ZUTATEN

- 300 g Langkorn-Wildreis-Mischung
- frische Basilikumzweige, zum Garnieren
- Tomaten-Orangen-Salat, zum Servieren

PESTO

- 15 g frisches Basilikum
- 125 g Pinienkerne
- 2 Knoblauchzehen, zerdrückt
- 6 EL Olivenöl
- 60 g Parmesan, frisch gerieben
- Salz und Pfeffer

KNOBLAUCHBROT

- 2 kleine Vollkornbaguettes
- 90 g weiche Butter
- 2 Knoblauchzehen, zerdrückt
- 1 TL getrocknete gemischte Kräuter
- Salz und Pfeffer

1 Den Reis in einem Topf mit Wasser bedecken, aufkochen und 15–20 Minuten garen. Dann abtropfen lassen und warm halten.

2 In der Zwischenzeit für den Pesto die Basilikumblätter fein hacken. Ca. 1 Esslöffel Pinienkerne beiseite legen und den Rest fein hacken. Mit dem Basilikum und den anderen Dressingzutaten mischen. Oder alle Zutaten im Mixer glatt pürieren. Dann beiseite stellen.

3 Für das Knoblauchbrot die Baguettes 3 cm tief schräg ein-, aber nicht durchschneiden. Butter mit Knoblauch, Kräutern sowie Salz und Pfeffer verrühren und dick zwischen die Brotscheiben streichen.

4 Die Brote in Alufolie wickeln und im vorgeheizten Backofen bei 200 °C 10–15 Minuten backen.

5 Die beiseite gelegten Pinienkerne in einer Pfanne ohne Fett 2–3 Minuten goldbraun rösten. Den Pesto unter den heißen Reis rühren und in eine vorgewärmte Servierschüssel geben. Mit Pinienkernen bestreuen, mit Basilikum garnieren und mit Knoblauchbrot und einem Tomaten-Orangen-Salat servieren.

2

3

5

Kokosreis mit Linsen

Reis und Linsen werden mit Kokoscreme, Zitronengras und Curryblättern zubereitet – auch eine ideale Vorspeise für vier Personen.

NÄHRWERTANGABEN

Kilokalorien	511	Zucker	3 g
Eiweiß	12 g	Fett	24 g
Kohlenhydrate	67 g	davon gesättigt	15 g

25 MIN. 35 MIN.

4 PERSONEN

ZUTATEN

- 80 g braune Linsen
- 250 g Langkornreis
- 2 EL Pflanzenöl
- 1 Zwiebel, in Ringen
- 2 Knoblauchzehen, zerdrückt
- 3 Curryblätter
- 1 Stängel Zitronengras, gehackt, oder geriebene Schale von ½ Zitrone
- 1 frische grüne Chili, entkernt und gehackt
- ½ TL Kreuzkümmelsamen
- 1½ TL Salz
- 90 g Kokoscreme
- 600 ml heißes Wasser
- 2 EL frisch gehackter Koriander

GARNIERUNG

- geraspelte Radieschen
- geraspelte Gurke

1 Die Linsen waschen, in einem Topf mit Wasser bedecken, zum Kochen bringen und 10 Minuten kochen.

2 Den Reis gründlich abspülen und gut abtropfen lassen.

3 Das Öl in einem Topf erhitzen. Die Zwiebel darin bei mittlerer Hitze 3–4 Minuten unter gelegentlichem Rühren andünsten. Knoblauch, Curryblätter, Zitronengras oder Zitronenschale, Chili, Kreuzkümmel und Salz zugeben.

4 Die Linsen abgießen und abspülen. Mit dem Reis zu der Zwiebelmischung geben und vermengen.

5 Kokoscreme unter Rühren im heißen Wasser auflösen. Unter die Linsen rühren und aufkochen. Bei reduzierter Hitze abgedeckt 15 Minuten köcheln lassen.

6 Den Topf vom Herd nehmen und abgedeckt 10 Minuten ruhen lassen.

7 Die Curryblätter entfernen und den Koriander unterheben. In eine vorgewärmte Servierschüssel füllen und mit den Radieschen und Gurken garnieren.

1

3

5

Reispfanne Spezial

Diese Zubereitung mit Schinken, Garnelen, Gemüse und Reis findet man in Restaurants nicht immer unter dem gleichen Namen.

NÄHRWERTANGABEN

Kilokalorien	301	Zucker	1 g
Eiweiß	26 g	Fett	13 g
Kohlenhydrate	21 g	davon gesättigt	3 g

5 MIN. 30 MIN.

4 PERSONEN

ZUTATEN

- 150 g Langkornreis
- 2 EL Pflanzenöl
- 2 Eier, verquirlt
- 2 Knoblauchzehen, zerdrückt
- 1 TL frisch geraspelte Ingwerwurzel
- 3 Frühlingszwiebeln, in Ringen
- 75 g Erbsen, gekocht
- 150 g Bohnensprossen
- 225 g Schinken, in Streifen
- 150 g gekochte Garnelen, ausgelöst
- 2 EL helle Sojasauce

1 Den Reis in kochendem Wasser etwa 15 Minuten kochen. Wasser abgießen, unter kaltem Wasser abspülen und gründlich abtropfen lassen.

2 Einen Esslöffel Öl in einem heißen Wok erhitzen.

3 Die Eier und 1 Teelöffel Öl zugeben. Den Wok leicht schwenken, sodass ein dünnes Omelett entsteht.

4 Das Omelett von der Unterseite leicht anbräunen, dann wenden und die andere Seite 1 Minute braten. Herausheben, beiseite stellen und abkühlen lassen.

5 Das restliche Öl im Wok erhitzen. Knoblauch und Ingwer darin 30 Sekunden anbraten. Frühlingszwiebeln, Erbsen, Bohnensprossen, Schinken und Garnelen zugeben und 2 Minuten anbraten.

6 Die Sojasauce und den Reis unterrühren und 2 Minuten durchwärmen. Auf Servierteller geben. Das Omelett einrollen, in feine Streifen schneiden und damit den Reis garnieren. Sofort servieren.

TIPP

Zu diesem Gericht passen einfache Gemüsebeilagen ideal, weil es Fleisch und Fisch enthält.

Thailändischer Jasminreis

Im Mittelpunkt jedes thailändischen Menüs steht eine große Schüssel mit dampfendem, lockerem Jasminreis. Er sollte nicht gesalzen werden.

NÄHRWERTANGABEN

Kilokalorien	239	Zucker	0g
Eiweiß	5g	Fett	2g
Kohlenhydrate	54g	davon gesättigt	0,6g

5 MIN. 10–15 MIN.

4 PERSONEN

ZUTATEN

IM OFFENEN TOPF

225 g thailändischer Jasminreis

1 l Wasser

ABSORBIERMETHODE

225 g thailändischer Jasminreis

450 ml Wasser

2

5

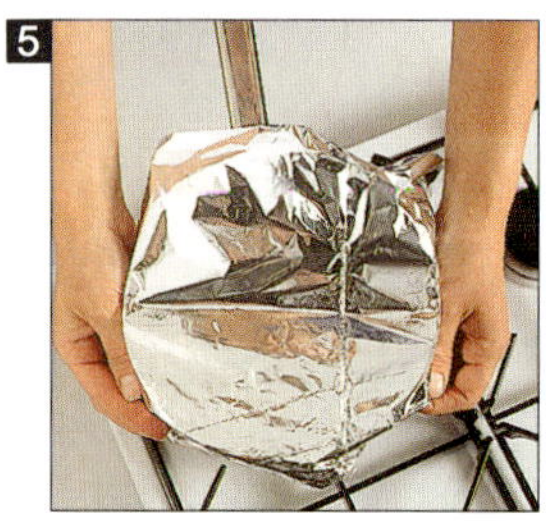

6

1 **Kochmethode mit offenem Topf:** Den Reis in einem Sieb unter kaltem Wasser abspülen und abtropfen lassen.

2 Das Wasser zum Kochen bringen. Reis zugeben, einmal umrühren und bei mittlerer Hitze 8–10 Minuten ohne Deckel kochen, bis er weich ist.

3 Gut abgießen und mit einer Gabel vor dem Servieren leicht auflockern.

4 **Absorbiermethode:** Den Reis unter fließendem kaltem Wasser abspülen.

5 Wasser und Reis in einem Topf zum Kochen bringen. Einmal umrühren und Topf abdecken. Die Hitze so weit wie möglich reduzieren. 10 Minuten köcheln und 5 Minuten ruhen lassen.

6 Mit der Gabel leicht auflockern und sofort servieren.

TIPP

Thailändischer Jasminreis lässt sich gut einfrieren. Eingefrorener Reis eignet sich ideal für pfannengerührte Gerichte, da er nicht verklebt.

Gebratener Reis mit Ananas

Eine gute Idee für ein Partybuffet. Überschüssige Ananas kann zusammen mit Papaya und Mango zu einem exotischen Fruchtsalat verarbeitet werden.

NÄHRWERTANGABEN

Kilokalorien	197	Zucker	8 g
Eiweiß	5 g	Fett	8 g
Kohlenhydrate	29 g	davon gesättigt	1 g

30 MIN. 10 MIN.

4 PERSONEN

ZUTATEN

- 1 große Ananas
- 1 EL Sonnenblumenöl
- 1 Knoblauchzehe, zerdrückt
- 1 kleine Zwiebel, gehackt
- ½ Selleriestange, in Scheiben
- 1 TL gemahlener Koriander
- 1 TL gemahlener Kreuzkümmel
- 150 g kleine Pilze, in Scheiben
- 250 g Reis, gekocht
- 2 EL helle Sojasauce
- ½ TL Zucker
- ½ TL Salz
- 25 g Cashewkerne

GARNIERUNG

- 1 Frühlingszwiebel, in feinen Ringen
- frische Korianderblätter
- Minzeblätter

1 Die Ananas mit einem scharfen Messer längs halbieren und aushöhlen.

2 Das Fruchtfleisch würfeln. Ca. 200 g abwiegen und beiseite stellen. Das restliche Fruchtfleisch kann für einen Fruchtsalat verwendet werden.

3 Das Öl in einem Wok oder einer großen Pfanne stark erhitzen.

4 Knoblauch, Zwiebel und Sellerie darin unter ständigem Rühren 2 Minuten scharf anbraten. Koriander, Kreuzkümmel und Pilze unterrühren.

5 Ananaswürfel und Reis in Wok oder Pfanne geben und mit den anderen Zutaten vermengen.

6 Sojasauce, Zucker, Salz und Cashewkerne unterrühren.

7 Unter ständigem Rühren 4 Minuten erhitzen, bis der Reis heiß ist.

8 Die Reismischung in die ausgehöhlten Ananashälften füllen. Mit Frühlingszwiebeln, Koriander und Minze garnieren.

Pulao-Reis

Einfacher gekochter Reis wird von den meisten Menschen in Indien täglich gegessen. Zu Festlichkeiten reicht man diese interessantere Variante.

NÄHRWERTANGABEN

Kilokalorien 265	Zucker 0g
Eiweiß 4g	Fett 10g
Kohlenhydrate .. 43g	davon gesättigt .. 6g

5 MIN. 25 MIN.

4 PERSONEN

ZUTATEN

- 200 g Basmati-Reis
- 2 EL Ghee
- 3 grüne Kardamomkapseln
- 2 Gewürznelken
- 3 Pfefferkörner
- ½ TL Salz
- ½ TL Safran
- 400 ml Wasser

1 Den Reis zweimal unter fließendem Wasser abspülen, dann beiseite stellen.

2 Ghee in einem Topf zerlassen. Kardamom, Gewürznelken und Pfefferkörner zugeben und unter ständigem Rühren ca. 1 Minute anbraten.

3 Reis zufügen und bei mittlerer Hitze weitere 2 Minuten pfannenrühren.

4 Salz, Safran und Wasser zugeben und die Hitze reduzieren. Abgedeckt bei schwacher Hitze köcheln lassen, bis das Wasser aufgenommen worden ist.

5 Den Pulao-Reis in eine Servierschale geben und heiß servieren.

3

4

4

TIPP

Safran, das teuerste Gewürz der Welt, verleiht Gerichten eine goldene Farbe und steuert einen leicht bitteren Geschmack bei. Safran wird als Pulver oder – noch teurer – in Fäden verkauft.

Orientalischer Hirse-Pilaw

Hirse ist eine gute Alternative zu Reis, dem traditionellen Bestandteil eines Pilaw. Man serviert dieses Gericht mit einem kleinen Salat.

NÄHRWERTANGABEN

Kilokalorien	660	Zucker	28 g
Eiweiß	15 g	Fett	27 g
Kohlenhydrate	94 g	davon gesättigt	5 g

20 MIN. 30 MIN.

4 PERSONEN

ZUTATEN

- 300 g Hirse
- 1 EL Pflanzenöl
- 1 Bund Frühlingszwiebeln, in Ringen
- 1 Knoblauchzehe, zerdrückt
- 1 TL frisch geriebene Ingwerwurzel
- 1 gelbe Paprika, gewürfelt
- 600 ml Wasser
- 1 Orange
- Salz und Pfeffer
- 125 g Datteln, gehackt
- 2 TL Sesamöl
- 125 g Cashewkerne, geröstet
- 2 EL Kürbiskerne
- Salat, zum Servieren

1 Die Hirse in einem großen Topf bei mittlerer Hitze 4–5 Minuten rösten, bis die Körner zu platzen beginnen. Den Topf ab und zu schütteln.

2 In einem zweiten Topf das Öl erhitzen. Frühlingszwiebeln, Knoblauch, Ingwer und Paprika darin bei mittlerer Hitze unter Rühren 2–3 Minuten dünsten, bis das Gemüse weich, aber noch nicht gebräunt ist. Die Hirse zugeben und mit dem Wasser bedecken.

3 Mit einem Sparschäler die Orangenschale dünn ablösen und zu der Hirse geben. Dann die Orange auspressen und den Saft sowie Salz und Pfeffer zugeben.

4 Aufkochen, dann bei reduzierter Hitze 20 Minuten köcheln lassen, bis alle Flüssigkeit aufgesogen ist. Den Topf vom Herd nehmen, Datteln und Sesamöl unterheben, beiseite stellen und 10 Minuten ruhen lassen.

5 Die Orangenschale entfernen und die Cashewkerne unterrühren. In eine vorgewärmte Schale füllen, mit Kürbiskernen bestreuen und sofort mit einem kleinen Salat servieren.

Pikanter Basmati-Pilaw

Die verwendeten Gewürze werden vor dem Servieren entfernt. Für einen einfachen, rustikalen Pilaw lassen Sie den Brokkoli und die Pilze weg.

NÄHRWERTANGABEN

Kilokalorien	450	Zucker	3 g
Eiweiß	9 g	Fett	15 g
Kohlenhydrate	76 g	davon gesättigt	2 g

20 MIN. 25 MIN.

6 PERSONEN

ZUTATEN

- 500 g Basmati-Reis
- 175 g Brokkoli
- 6 EL Pflanzenöl
- 2 große Zwiebeln, gehackt
- 225 g Pilze, in Scheiben
- 2 Knoblauchzehen, zerdrückt
- 6 Kardamomkapseln, gespalten
- 6 Gewürznelken
- 8 schwarze Pfefferkörner
- 1 Zimtstange oder 1 Stück Cassia-Rinde
- 1 TL gemahlene Kurkuma
- 1,2 l kochende Gemüsebrühe oder Wasser
- Salz und Pfeffer
- 60 g Rosinen
- 60 g ungesalzene Pistazien, grob gehackt

VARIATION

Der Reis wird gehaltvoller, wenn Sie unmittelbar vor dem Servieren 1 Löffel Ghee zugeben. Mischen Sie bei Schritt 4 gewürfelte rote Paprika und einige gekochte Erbsen hinzu, um den Reis farbiger zu machen.

1 Reis in einem Sieb unter fließendem kaltem Wasser abspülen. Abgießen. Brokkolistiele weitgehend abschneiden und den Brokkoli in kleine Röschen schneiden. Die Stiele längs vierteln und diagonal in 1 cm große Stücke schneiden.

2 Öl in einem großen Topf erhitzen. Zwiebeln und Brokkolistiele darin bei schwacher Hitze unter Rühren 3 Minuten dünsten. Pilze, Reis, Knoblauch und Gewürze zugeben und 1 Minute pfannenrühren, bis der Reis ganz von Öl bedeckt ist.

3 Die kochende Brühe oder Wasser zugießen und mit Salz und Pfeffer würzen. Brokkoliröschen zugeben und erneut zum Kochen bringen. Abdecken, die Hitze reduzieren und bei schwacher Hitze 15 Minuten köcheln lassen.

4 Den Topf vom Herd nehmen und 5 Minuten abgedeckt ruhen lassen. Rosinen und Pistazien zugeben und den Reis mit einer Gabel leicht auflockern. Heiß servieren.

1

3

4

Reis mit Tofu

Reis mit mariniertem Tofu, Gemüse und Erdnüssen ergibt ein überaus köstliches und herzhaftes Gericht.

NÄHRWERTANGABEN	
Kilokalorien 598	Zucker .... 2 g
Eiweiß .... 16 g	Fett .... 25 g
Kohlenhydrate .. 81 g	davon gesättigt .. 4 g

15 MIN. 15 MIN.

4 PERSONEN

ZUTATEN

- 1 TL Koriandersamen
- 1 TL Kreuzkümmelsamen
- 1 TL Zimt
- 1 TL Gewürznelken
- 1 Sternanis
- 1 TL Kardamomkapseln
- 1 TL weiße Pfefferkörner
- 3 EL Sonnenblumenöl
- 6 Schalotten, grob gehackt
- 6 Knoblauchzehen, grob gehackt
- 5-cm-Stängel Zitronengras, in Ringen
- 4 frische rote Chillies, entkernt und fein gehackt
- geriebene Schale von 1 Limette
- 1 TL Salz
- 1 EL Pflanzenöl
- 250 g marinierter Tofu, in 2,5 cm großen Würfeln
- 125 g grüne Bohnen, in 2,5 cm langen Stücken
- 300 g Reis, gekocht

ZUM SERVIEREN

- 3 Schalotten, fein geschnitten und frittiert
- 1 Frühlingszwiebel, fein gehackt
- 2 EL gehackte geröstete Erdnüsse
- 1 EL Limettensaft

1

2

3

1 Die Gewürze im Mörser gründlich zerkleinern und gut vermengen.

2 Das Sonnenblumenöl in einem Wok stark erhitzen. Schalotten, Knoblauch und Zitronengras zugeben und bei geringer Hitze etwa 5 Minuten weich braten. Die Chillies mit der Gewürzmischung zugeben. Limettenschalen und Salz einrühren.

3 Das Pflanzenöl in einem zweiten Wok oder einer großen Pfanne erhitzen. Tofu bei starker Hitze 2 Minuten anbraten. Die Chilipaste und die Bohnen einrühren. Den Reis zugeben und bei starker Hitze etwa 3 Minuten unter ständigem Rühren anbraten.

4 Auf einen vorgewärmten Servierteller geben. Mit den frittierten Schalotten, Frühlingszwiebeln und Erdnüssen garnieren, mit Limettensaft beträufeln.

Tomaten-Paprika-Brot

Dieses besonders aromatische Brot enthält nur ein Minimum an Fett. Mit heißer Suppe bildet es ein sättigendes, leichtes Mahl.

NÄHRWERTANGABEN

Kilokalorien	468	Zucker	11 g
Eiweiß	16 g	Fett	5 g
Kohlenhydrate	97 g	davon gesättigt	1 g

2 STD. 50 MIN.

4 PERSONEN

ZUTATEN

- 1 kleine rote Paprika
- 1 kleine grüne Paprika
- 1 kleine gelbe Paprika
- 60 g sonnengetrocknete Tomaten
- 50 ml kochendes Wasser
- 2 TL Trockenhefe
- 1 TL Zucker
- 150 ml lauwarmes Wasser
- 450 g Mehl
- 2 TL getrockneter Rosmarin
- 2 EL Tomatenmark
- 150 g Magerquark oder Naturjoghurt
- 1 EL grobes Salz
- 1 EL Olivenöl

1 Den Grill auf hoher Stufe vorheizen. Die Paprika halbieren, entkernen und grillen, bis die Haut Blasen wirft. Häuten und würfeln. Die Tomaten in Streifen schneiden und in eine Schüssel geben. Mit dem kochenden Wasser übergießen und quellen lassen.

2 Den Backofen auf 220 °C vorheizen. Hefe und Zucker mit dem lauwarmen Wasser vermischen und 10 Minuten ruhen lassen. Das Mehl in eine Schüssel sieben und 1 Teelöffel Rosmarin zugeben. Eine Vertiefung in die Mitte drücken und die Hefemischung hineingießen.

3 Tomatenmark, Tomaten mit Einweichflüssigkeit, Paprika, Quark oder Joghurt und die Hälfte des Salzes zugeben. Zu einem geschmeidigen Teig verarbeiten und dann auf einer bemehlten Arbeitsfläche 3–4 Minuten durchkneten. In eine Schüssel legen, abdecken und an einem warmen Ort gehen lassen, bis sich das Volumen verdoppelt hat.

4 Noch einmal durchkneten und in eine eingefettete Springform (23 cm Durchmesser) legen. 30 Minuten abgedeckt gehen lassen. Mit Öl einpinseln, mit restlichem Salz und Rosmarin bestreuen und 35–40 Minuten backen. 10 Minuten abkühlen lassen, dann aus der Form lösen und servieren.

2

3

4

TIPP

Für einen schnellen Snack das Brot im Winter mit einer heißen Suppe, im Sommer mit einem knackigen Salat servieren.

Paprikabrot

Wenn man Paprikaschoten röstet, werden sie milder und süßer – und machen so dieses Brot einfach unwiderstehlich.

NÄHRWERTANGABEN	
Kilokalorien 426	Zucker .... 4 g
Eiweiß .... 12 g	Fett .... 4 g
Kohlenhydrate .. 90 g	davon gesättigt .. 1 g

$1\frac{3}{4}$ STD. 1 STD.

4 PERSONEN

ZUTATEN

- 1 rote Paprika, halbiert
- 1 gelbe Paprika, halbiert
- 2 frische Rosmarinzweige
- 1 EL Olivenöl
- 7 g Trockenhefe
- 1 TL Zucker
- 300 ml lauwarmes Wasser
- 450 g Mehl
- 1 TL Salz

1 Eine Springform (25 cm Durchmesser) leicht einfetten.

2 Paprika (Schnittseite nach unten) und den Rosmarin in einen flachen Bräter geben, mit Öl beträufeln und bei 200 °C etwa 20 Minuten rösten, bis die Paprika stellenweise schwarz ist. Abkühlen lassen, dann die Paprika häuten und in Streifen schneiden.

3 Hefe und Zucker in einen Messbecher geben, mit 100 ml Wasser auffüllen und 15 Minuten gehen lassen, bis die Mischung schäumt.

4 Das Mehl mit dem Salz in einer Schüssel vermengen. Die angerührte Hefe und das restliche Wasser zugießen und zu einem festen Teig verarbeiten.

5 Den Teig etwa 5 Minuten glatt kneten. Dann mit eingefetteter Frischhaltefolie abdecken und 30 Minuten gehen lassen, bis sich sein Volumen verdoppelt hat.

6 Den Teig dritteln. Jeweils zu einem Kreis von 29 cm Durchmesser ausrollen.

7 Eine Teigscheibe so in die Form legen, dass die Ränder hochragen. Mit der Hälfte der Paprikastreifen belegen.

8 Die zweite Teigscheibe darauf legen und mit der restlichen Mischung bedecken. Mit der letzten Scheibe abschließen und die Ränder nach unten drücken.

9 Den Teig mit eingefetteter Frischhaltefolie abdecken und erneut 30–40 Minuten gehen lassen. Dann 45 Minuten bei 190 °C im vorgeheizten Backofen goldbraun backen und warm servieren.

2

6

7
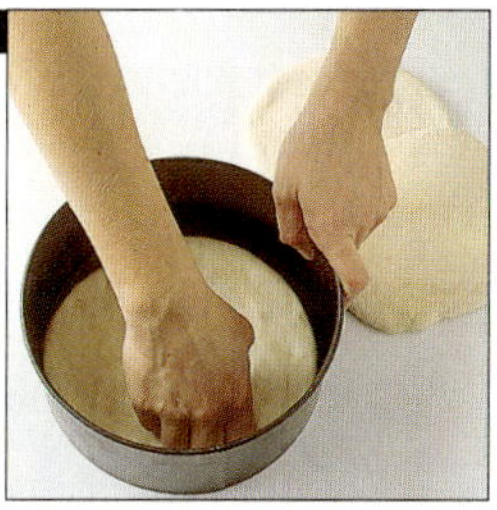

Knoblauchkartoffeln

Ein ideales Gericht zum Grillen, ob draußen oder drinnen – die würzigen Kartoffeln passen zu gegrilltem Fisch oder Fleisch.

NÄHRWERTANGABEN

Kilokalorien 259	Zucker .... 1 g
Eiweiß .... 3 g	Fett .... 17 g
Kohlenhydrate .. 26 g	davon gesättigt .. 5 g

10 MIN. 35 MIN.

4 PERSONEN

ZUTATEN

- 3 große fest kochende Kartoffeln, ungeschält
- 4 EL Olivenöl
- 25 g Butter
- 2 Knoblauchzehen, gehackt
- 1 EL frisch gehackter Rosmarin
- 1 EL frisch gehackte Petersilie
- 1 EL frisch gehackter Thymian
- Salz und Pfeffer

1 Die Kartoffeln in kochendem Wasser 10 Minuten garen. Herausnehmen und unter kaltem Wasser abspülen, abtropfen und abkühlen lassen.

2 In dicke Spalten schneiden, aber nicht schälen.

2

3

4

3 Öl und Butter in einem Topf erhitzen, Knoblauch darin bei schwacher Hitze goldbraun dünsten, dann vom Herd nehmen.

4 Kräuter unterrühren und Salz und Pfeffer zugeben.

5 Die Kartoffelspalten mit der Knoblauchmischung bestreichen.

6 Die Kartoffeln auf dem Holzkohlegrill oder unter dem heißen Backofengrill 10–15 Minuten grillen, bis sie gar sind, dabei regelmäßig mit der Knoblauchmischung bestreichen.

7 Die Knoblauchkartoffeln auf eine vorgewärmte Servierplatte geben und als Vorspeise oder Beilage servieren.

TIPP

Sie können die Kartoffeln auch in einer gusseisernen Grillpfanne mit gewelltem Boden zubereiten.

Chapatis

Dieses indische Brot enthält kein Gramm Fett. Umso besser schmeckt es warm, mit etwas zerlassener Butter bestrichen.

NÄHRWERTANGABEN

Kilokalorien 61	Zucker .... 0,5 g
Eiweiß .... 2 g	Fett .... 0,3 g
Kohlenhydrate .. 13 g	davon gesättigt .. 0 g

40 MIN. 25 MIN.

10–12 STÜCK

ZUTATEN

225 g Chapati-Mehl

½ TL Salz

200 ml Wasser

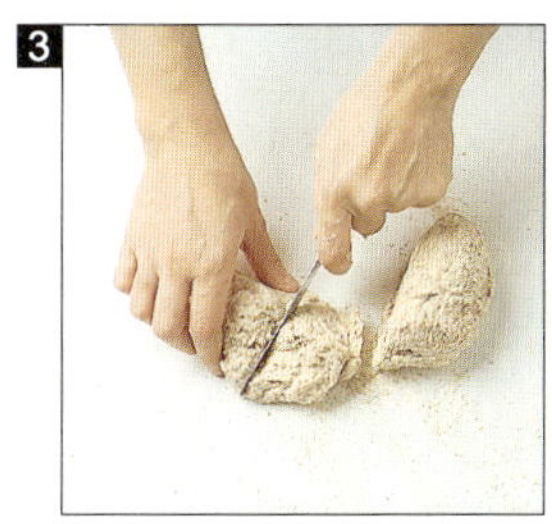

1 Das Mehl in eine große Schüssel geben und mit dem Salz mischen.

2 In die Mitte eine Vertiefung drücken und das Wasser zugießen. Mit den Händen zu einem geschmeidigen Teig verarbeiten.

3 Dann den Teig 7–10 Minuten kneten, 15–20 Minuten ruhen lassen und in 10–12 Portionen aufteilen. Jede Portion auf einer bemehlten Arbeitsfläche zu einem runden Fladen ausrollen.

4 Eine Pfanne stark erhitzen, dann auf mittlere Hitze reduzieren.

5 Jeweils 1 Brotfladen in die Pfanne geben und wenden, sobald der Teig Blasen bildet. Mit einem Tuch oder einem Pfannenwender das Brot vorsichtig andrücken und dann noch einmal wenden. Das Brot aus der Pfanne nehmen und warm halten, während die restlichen Fladen gebacken werden.

TIPP

Chapatis verzehrt man am besten frisch oder man hält die Fladen in Alufolie warm. In Indien werden Chapatis über offenem Feuer zubereitet, sodass sie stark aufgehen.

Focaccia alla romana

Focaccia kann man auch als Beilage zu geräuchertem Fleisch und Salat reichen – in Italien sind sie aber eine eigenständige Mahlzeit.

NÄHRWERTANGABEN

Kilokalorien	119	Zucker	2 g
Eiweiß	3 g	Fett	2 g
Kohlenhydrate	24 g	davon gesättigt	0,3 g

1 STD. 45 MIN.

16 STÜCK

ZUTATEN

- 7 g Trockenhefe
- 1 TL Zucker
- 300 ml lauwarmes Wasser
- 450 g Mehl
- 2 TL Salz
- 3 EL frisch gehackter Rosmarin
- 2 EL Olivenöl
- 450 g rote und weiße Zwiebeln, in Ringen
- 4 Knoblauchzehen, in Scheiben

1 Hefe und Zucker in einen Messbecher geben, mit 100 ml Wasser verrühren und 15 Minuten ruhen lassen.

2 Das Mehl mit dem Salz in einer Schüssel mischen. Die angerührte Hefe, die Hälfte des Rosmarins und das restliche Wasser zugießen und zu einem glatten Teig verarbeiten. Diesen auf einer bemehlten Arbeitsfläche 4 Minuten durchkneten.

3 Den Teig in eine Schüssel geben und abdecken. 30 Minuten gehen lassen, bis sich sein Volumen verdoppelt hat.

4 Das Öl in einem Topf erhitzen. Zwiebeln und Knoblauch darin weich dünsten. Abgedeckt 7–8 Minuten weiterdünsten, bis die Zwiebeln goldbraun sind.

5 Den Teig aus der Schüssel nehmen und erneut 1–2 Minuten durchkneten.

6 Anschließend zu einem Quadrat ausrollen und auf ein eingefettetes Backblech legen. Der Teig sollte nicht dicker als 6 mm sein, da er beim Backen aufgeht.

7 Die Zwiebelmischung auf dem Teigquadrat verteilen und mit dem restlichen Rosmarin bestreuen.

8 Die Focaccia 25–30 Minuten bei 200 °C im vorgeheizten Backofen goldbraun backen. Anschließend in 16 Quadrate teilen und sofort servieren.

2

4

6

Parathas

Diese dreieckigen Brote sind eine perfekte Beilage zu den meisten indischen Gerichten. Man serviert sie heiß, mit etwas Butter bestrichen.

NÄHRWERTANGABEN

Kilokalorien 127	Zucker .... 0,5 g
Eiweiß .... 3 g	Fett .... 4 g
Kohlenhydrate .. 22 g	davon gesättigt . 0,4 g

50 MIN. 10 MIN.

6 STÜCK

ZUTATEN

- 90 g Vollkornmehl
- 90 g Mehl
- 1 Prise Salz
- 1 EL Pflanzenöl, plus etwas mehr, zum Einfetten
- 75 ml lauwarmes Wasser

1 Mehl und Salz in eine Schüssel geben. 1 Esslöffel Öl über das Mehl träufeln, lauwarmes Wasser zugießen und zu einem weichen Teig verarbeiten. Falls nötig, mehr Wasser zugeben. Auf einer leicht bemehlten Fläche glatt kneten, dann abdecken und 30 Minuten ruhen lassen.

2 Den Teig auf einer bemehlten Arbeitsfläche erneut kneten und in 6 gleich große Stücke teilen. Zu Bällen formen, diese zu 15 cm großen Fladen ausrollen und leicht mit Öl bestreichen.

3 Die Fladen in der Mitte falten, dann nochmals, sodass ein Dreieck entsteht. Zu einem ca. 18 cm großen Dreieck ausrollen, bei Bedarf mit Mehl bestäuben.

4 Eine große Pfanne mit etwas Öl einfetten und erhitzen. 1 oder 2 Parathas darin ca. 1–1½ Minuten backen. Die Oberflächen mit Öl bestreichen, dann wenden und von der anderen Seite 1½ Minuten fertig backen.

2

3

4

5 Die jeweils fertigen Parathas auf einen Servierteller geben und mit Folie abdecken oder in einem sauberen Küchentuch warm halten, während die restlichen Parathas gebacken werden. Die Pfanne nach jeder Portion etwas einfetten.

VARIATION

Sie erzielen eine besondere Geschmacksnote, wenn Sie die Parathas während des Backens mit Knoblauch- oder Chiliöl bestreichen.

Gnocchi piemontese

Gnocchi sind eine Spezialität aus Norditalien: kleine Klößchen aus Weizenmehl und Kartoffeln. Bereiten Sie die Sauce rechtzeitig vor.

NÄHRWERTANGABEN

Kilokalorien 643	Zucker .... 4 g
Eiweiß .... 25 g	Fett .... 44 g
Kohlenhydrate .. 34 g	davon gesättigt . 21 g

4 3/4 STD. 15 MIN.

4 PERSONEN

ZUTATEN

500 g Kartoffeln, gekocht und zerstampft
75 g Mehl
½ TL Backpulver
1 Ei
2 Eigelb
Salz und Pfeffer
1 EL Olivenöl

SAUCE

150 ml Espagnole-Sauce (siehe Seite 7)
4 EL Butter
175 g Parmesan, frisch gerieben
frisch gehackte Kräuter, zum Garnieren

1 Kartoffeln, Mehl, Backpulver, Ei und Eigelb in einer Schüssel mischen, mit Salz und Pfeffer abschmecken und zu einem Teig verkneten.

1

2

4

2 Kleine Teigstücke abzupfen und zwischen den Handflächen zu walnussgroßen Kugeln rollen. Mit einer Gabel die Kugeln etwas flach drücken.

3 Die Gnocchi mit Olivenöl 10 Minuten in einem großen Topf mit leicht gesalzenem, kochendem Wasser garen.

4 Espagnole-Sauce und Butter bei geringer Hitze in einem großen Topf verrühren. Nach und nach den Parmesan einrühren.

5 Die Gnocchi aus dem Wasser heben und mit der Sauce vermengen. Auf Tellern anrichten, garnieren und servieren.

VARIATION

Trentiner Tomatensauce:
120 g fein gehackte getrocknete Tomaten, 1 gehackte Selleriestange, 1 zerdrückte Knoblauchzehe und 6 Esslöffel Rotwein 15–20 Minuten köcheln lassen. 8 gehäutete, gehackte Eiertomaten einrühren, abschmecken und 10 Minuten köcheln lassen.

Pooris mit Paprika

Pooris sind leicht herzustellen und schmecken mit einem leckeren Belag aus verschiedenfarbigen Paprika und Joghurt köstlich.

NÄHRWERTANGABEN

Kilokalorien	386	Zucker	6 g
Eiweiß	5 g	Fett	32 g
Kohlenhydrate	21 g	davon gesättigt	4 g

55 MIN. 15 MIN.

6 PERSONEN

ZUTATEN

POORIS

- 125 g Vollkornmehl
- 1 EL pflanzliches Ghee oder Öl
- 1 Prise Salz
- 5 EL heißes Wasser
- Pflanzenöl, zum Braten
- Naturjoghurt, zum Servieren
- Korianderzweige, zum Garnieren

BELAG

- 4 EL pflanzliches Ghee oder Öl
- 1 große Zwiebel, geviertelt und in dünnen Scheiben
- je ½ rote und grüne Paprika, in dünnen Streifen
- ¼ Aubergine, längs in 6 Streifen und dann in dünne Scheiben geschnitten
- 1 Knoblauchzehe, zerdrückt
- 2,5-cm-Stück Ingwerwurzel, klein gehackt
- ½–1 TL gehackte Chili
- 2 TL milde oder mittelscharfe Currypaste
- 225 g gehackte Tomaten aus der Dose
- Salz

1 Pooris: Mehl mit Ghee oder Öl und Salz in eine Schüssel geben. Heißes Wasser zugießen und zu einem weichen Teig verarbeiten. Kneten, mit einem feuchten Tuch abdecken und 30 Minuten ruhen lassen.

2 Für den Belag Ghee oder Öl in einer großen Pfanne erhitzen. Alles Gemüse mit Ausnahme der Tomaten zugeben und 5 Minuten leicht anbraten. Tomaten unterheben, mit Salz abschmecken und unabgedeckt 5 Minuten unter gelegentlichem Rühren leicht köcheln lassen, bis die Sauce eindickt. Dann vom Herd nehmen.

3 Den Teig erneut kneten und in 6 Portionen teilen. Jede Portion zu einem runden Fladen von ca. 15 cm Durchmesser ausrollen. Jeden Fladen sofort abdecken, damit er nicht austrocknet.

4 In eine große Pfanne ca. 1 cm hoch Öl füllen und erhitzen. Die Pooris darin nacheinander ca. 15 Sekunden von jeder Seite goldbraun braten, bis sie sich aufblähen, dabei häufig wenden. Auf Küchenpapier abtropfen lassen und warm stellen, bis alle Pooris gebacken sind.

5 Das Gemüse nochmals erhitzen. Auf jeden Servierteller 1 Poori legen und etwas Gemüsemischung darauf geben. Etwas Joghurt zugeben, mit Korianderzweigen garnieren und servieren.

2

3

5

Bruschetta originale

Für diese Zubereitung sollte man unbedingt ein erstklassiges Olivenöl verwenden. Bruschetta passt hervorragend zu Fleischspießchen oder Fisch.

NÄHRWERTANGABEN

Kilokalorien 415	Zucker .... 2 g
Eiweiß .... 8 g	Fett .... 24 g
Kohlenhydrate .. 45 g	davon gesättigt .. 4 g

10 MIN. 10 MIN.

4 PERSONEN

ZUTATEN

- 1 Ciabatta-Brot oder 1 kleines Baguette
- 1 große Knoblauchzehe
- Olivenöl extra vergine
- frisch geriebener Parmesan, nach Belieben

1 Das Brot halbieren und längs aufschneiden, sodass 4 Stücke entstehen.

2 Die Knoblauchzehe halbieren, aber nicht schälen.

3 Das Brot auf einem heißen Grill von jeder Seite 2–3 Minuten rösten, bis es goldbraun ist.

4 Die gerösteten Seiten mit den halbierten Knoblauchzehen kräftig einreiben.

1

3

4

5 Mit etwas Olivenöl beträufeln und warm als Beilage servieren.

6 Falls Sie Parmesan verwenden, die Brote damit bestreuen und 1–2 Minuten grillen, bis der Käse zu schmelzen beginnt. Sofort servieren.

TIPP

Geriebener Parmesan verliert rasch sein Aroma – darum eine kleine Menge frischen Parmesan kaufen und nach Bedarf reiben. Wenn Sie den Käse fest in Frischhalte- oder Alufolie wickeln, ist er mehrere Monate im Kühlschrank haltbar.

Naan-Brot

Naan-Brot kann auf viele verschiedene Weisen zubereitet werden und sollte sofort nach dem Backen frisch serviert werden.

NÄHRWERTANGABEN

Kilokalorien	152	Zucker	1 g
Eiweiß	3 g	Fett	7 g
Kohlenhydrate	20 g	davon gesättigt	4 g

2 1/4 STD. 10 MIN.

8 PERSONEN

ZUTATEN

1 TL Zucker
1 TL frische Hefe
150 ml warmes Wasser
200 g Mehl
1 EL Ghee
1 TL Salz
50 g Butter
1 TL Mohn

1

2

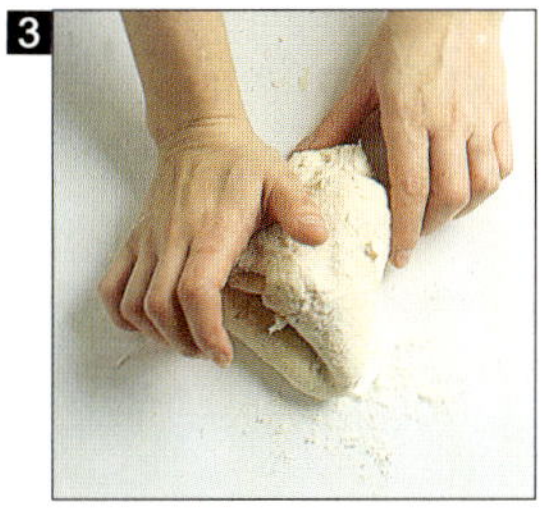

3

1 Zucker und Hefe mit dem warmen Wasser in einen Messbecher geben und gut mischen, bis sich die Hefe vollständig aufgelöst hat. Ca. 10 Minuten beiseite stellen, bis die Mischung schaumig ist.

2 Mehl in eine große Schüssel geben. In die Mitte eine Vertiefung drücken, Ghee und Salz zugeben und die Hefemischung zugießen. Mit den Händen zu einem weichen Teig verarbeiten – bei Bedarf mehr Wasser zugeben.

3 Den Teig auf einer bemehlten Arbeitsfläche ca. 5 Minuten glatt kneten.

4 Wieder in die Schüssel geben, abdecken und an einem warmen Ort 1 1/2 Stunden gehen lassen, bis sich sein Volumen verdoppelt hat.

5 Anschließend den Teig auf einer leicht bemehlten Arbeitsfläche erneut 2 Minuten kneten. In kleine Bälle teilen und zu Fladen von ca. 2 cm Durchmesser und 1 cm Dicke formen.

6 Die Fladen auf eingefettete Folie legen und unter einem sehr heißen Grill 10 Minuten backen. Dabei zweimal wenden, mit Butter bestreichen und mit Mohn bestreuen.

7 Noch warm servieren oder bis zum Servieren in Folie wickeln.

Pfannenbrot

Dieses Brot passt gut zu Eiergerichten und Gemüse-Currys. Man rechnet zwei Stück pro Person (die Nährwertangaben beziehen sich auf ein Brot).

NÄHRWERTANGABEN

Kilokalorien	133	Zucker	1 g
Eiweiß	3 g	Fett	7 g
Kohlenhydrate	17 g	davon gesättigt	4 g

35 MIN. 20–25 MIN.

10 STÜCK

ZUTATEN

- 225 g Vollkorn-, Ata- oder Chapati-Mehl
- ½ TL Salz
- 1 EL Ghee, plus etwas mehr zum Bestreichen
- 300 ml Wasser

1 Mehl und Salz in eine große Schüssel geben und gut mischen.

2 In die Mitte des Mehls eine Vertiefung drücken. Ghee zugeben und gut einarbeiten. Nach und nach Wasser einrühren und zu einem weichen Teig verarbeiten. 10–15 Minuten beiseite stellen und ruhen lassen.

3 Dann den Teig 5–7 Minuten kneten und in 10 gleich große Portionen teilen.

4 Auf einer bemehlten Arbeitsfläche jede Portion zu einem flachen Fladen ausrollen.

5 Mit einem scharfen Messer ein Rautenmuster in jeden Fladen schneiden.

6 Eine Pfanne erhitzen. Die Fladen nacheinander darin backen. Dazu einen Fladen ca. 1 Minute backen, dann wenden, mit 1 Teelöffel Ghee bestreichen und die Rückseite goldbraun backen. Dabei mit einem Pfannenwender in der Pfanne bewegen oder schwenken. Jedes Brot noch einmal wenden, dann aus der Pfanne nehmen und warm stellen, bis alle Brote gebacken sind.

TIPP

In Indien werden Brote auf einer Tava, einer gusseisernen Platte zum Pfannkuchenbacken, zubereitet. Eine große Bratpfanne leistet die gleichen Dienste.

Brot mit getrockneten Tomaten

Dieses Tomatenbrot ist ein guter Begleiter für Käse oder Suppe, bietet sich aber auch für Sandwiches an. Die Zutaten sind für einen Laib berechnet.

NÄHRWERTANGABEN

Kilokalorien 403	Zucker . . . . 5 g
Eiweiß . . . . 12 g	Fett . . . . 2 g
Kohlenhydrate . . 91 g	davon gesättigt . 0,3 g

1 ³/₄ STD. 35 MIN.

1 LAIB

ZUTATEN

- 7 g Trockenhefe
- 1 TL Zucker
- 300 ml lauwarmes Wasser
- 450 g Mehl
- 1 TL Salz
- 2 TL getrocknetes Basilikum
- 2 EL Pesto rosso
- 12 sonnengetrocknete Tomaten, in Streifen

2

5

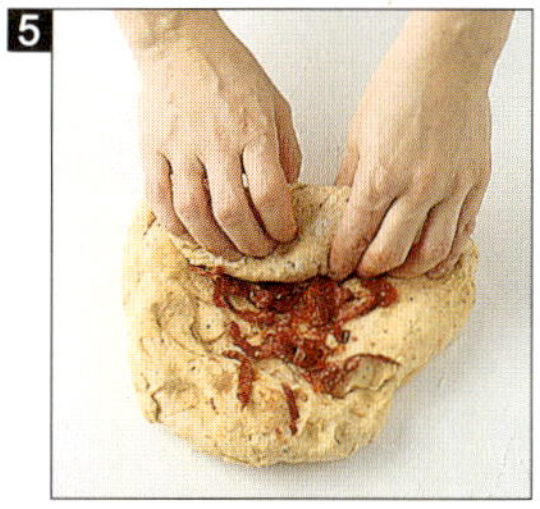

6

1 Hefe und Zucker in einen Messbecher geben, mit 100 ml Wasser auffüllen und etwa 15 Minuten gehen lassen, bis die Mischung schäumt.

2 Das Mehl mit dem Salz in einer Schüssel mischen. Eine Vertiefung in die Mitte drücken. Basilikum, angerührte Hefe, Pesto und die Hälfte des restlichen Wassers hineingeben und verrühren. Nach und nach das restliche Wasser zugießen, bis der Teig fest ist.

3 Den Teig auf einer bemehlten Arbeitsfläche etwa 5 Minuten glatt kneten. Dann zurück in die Schüssel geben, mit eingefetteter Frischhaltefolie abdecken und 30 Minuten gehen lassen, bis sich sein Volumen verdoppelt hat.

4 Eine große Kastenform leicht mit Öl oder Butter einfetten.

5 Den Teig aus der Schüssel nehmen, die getrockneten Tomaten zugeben und erneut 2–3 Minuten durchkneten.

6 Den Teig in die Form geben und noch einmal 30–40 Minuten gehen lassen. Wenn er abermals auf etwa das doppelte Volumen aufgegangen ist, bei 190 °C im vorgeheizten Backofen 30–35 Minuten goldbraun backen.

TIPP

Sie können aus dem Teig auch 8 Minibrote machen, die in entsprechend kleinen Kastenformen 20 Minuten backen müssen, oder 12 Brötchen, die eine Backzeit von nur 12–15 Minuten benötigen.

Olivenölbrot mit Käse

Diese Käse-Foccacia ist ein hervorragender Begleiter für eine Antipasti-Platte. Die Zutaten sind für ein Brot berechnet.

NÄHRWERTANGABEN

Kilokalorien	586	Zucker	3 g
Eiweiß	22 g	Fett	26 g
Kohlenhydrate	69 g	davon gesättigt	12 g

1 STD. | 30 MIN.

1 BROT

ZUTATEN

- 14 g Trockenhefe
- 1 TL Zucker
- 250 ml lauwarmes Wasser
- 350 g Mehl
- 1 TL Salz
- 3 EL Olivenöl
- 200 g Pecorino, gewürfelt
- ½ TL Fenchelsamen, leicht zerstoßen

1 Hefe und Zucker in einem Messbecher mit 100 ml Wasser auffüllen und etwa 15 Minuten gehen lassen, bis die Mischung schäumt.

2 Mehl und Salz in einer Schüssel mischen. 1 Esslöffel Öl, die Hefe und das restliche Wasser zugießen, zu einem glatten Teig verarbeiten und auf einer bemehlten Arbeitsfläche 4 Minuten kneten.

3 Den Teig in zwei gleich große Portionen teilen. Jede zu einem 6 mm dicken Fladen ausrollen. 1 Fladen auf ein eingefettetes Backblech legen.

4 Den Pecorino sowie die Hälfte des Fenchelsamens auf dem Fladen verteilen.

5 Den zweiten Fladen darauf legen und die Ränder beider Fladen fest zusammendrücken, damit die Füllung beim Backen nicht ausläuft.

5 Den oberen Fladen mit einem scharfen Messer einige Male einritzen und mit dem restlichen Olivenöl bestreichen.

6 Mit dem restlichen Fenchelsamen bestreuen und 20–30 Minuten an einem warmen Ort gehen lassen.

7 Das Olivenölbrot 30 Minuten bei 200 °C im vorgeheizten Backofen goldbraun backen. Sofort servieren.

3

4

5

TIPP

Pecorino ist ein relativ salziger Hartkäse, der im Fachhandel erhältlich ist. Er kann durch Parmesan oder reifen, kräftigen Gouda ersetzt werden.

Knoblauchbrot

Es gibt eigentlich kein Gericht, zu dem dieses klassische Knoblauchbrot nicht passt – unverzichtbar jedenfalls ist es bei Grillgerichten.

NÄHRWERTANGABEN	
Kilokalorien 261	Zucker . . . . 1 g
Eiweiß . . . . 3 g	Fett . . . . 22 g
Kohlenhydrate . . 15 g	davon gesättigt . 14 g

10 MIN. 15 MIN.

6 PERSONEN

ZUTATEN

- 150 g weiche Butter
- 3 Knoblauchzehen, zerdrückt
- 2 EL frisch gehackte Petersilie
- Salz und Pfeffer
- 1 großes oder 2 kleine Baguettes

1 Butter, Knoblauch und Petersilie in einer Schüssel gut verrühren und mit Salz und Pfeffer abschmecken.

2 Das Baguette diagonal in dicke Scheiben schneiden.

3 Die Scheiben mit Knoblauchbutter bestreichen und auf Alufolie wieder zu einem Laib zusammenfügen.

4 Das Brot sorgfältig in der Alufolie einwickeln und unter einem heißen Grill 10–15 Minuten backen, bis die Butter zerläuft und das Brot vollständig erhitzt ist.

5 Das Knoblauchbrot als Beilage zu diversen Grillgerichten servieren.

1

2

3

Desserts

Nicht jeder ist eine Naschkatze, aber fast jeder hat hin und wieder Lust auf etwas Süßes, und ein Dessert ist immer ein gelungener Abschluss eines Menüs. In diesem Kapitel finden Sie eine Auswahl an klassischen Desserts aus der ganzen Welt: Bread-and-Butter-Pudding und Sommerpudding aus Großbritannien, Tiramisu und Zabaglione aus Italien oder Kirsch-Clafoutis aus Frankreich. Wenn Sie es ganz süß mögen, sind die orientalischen Desserts wie Süße Karotten-Halva oder Grießdessert genau das Richtige für Sie. Von Natur aus süß, sind Früchte ebenfalls bestens geeignet, um ein Menü zu beenden, deshalb kommen auch schmackhafte Frucht-Desserts in diesem Kapitel nicht zu kurz.

Kirsch-Clafoutis

Dieses warme Dessert ist einfach und schnell zuzubereiten. Probieren Sie auch einmal anderes Obst – Aprikosen und Pflaumen sind besonders lecker.

NÄHRWERTANGABEN

Kilokalorien 261	Zucker .... 24 g
Eiweiß .... 10 g	Fett .... 6 g
Kohlenhydrate .. 40 g	davon gesättigt . 3 g

10 MIN. 40 MIN.

6 PERSONEN

ZUTATEN

- 125 g Mehl
- 4 Eier, leicht verquirlt
- 2 EL Zucker
- 1 Prise Salz
- 600 ml Milch
- Butter, zum Einfetten
- 500 g Schattenmorellen, frisch oder aus dem Glas, entsteint
- 3 EL Weinbrand
- 1 EL Zucker, zum Dekorieren

1 Das Mehl in eine große Schüssel sieben. Eine Vertiefung in die Mitte drücken. Eier, Zucker sowie Salz hineingeben und nach und nach mit dem Mehl vermengen.

2 Die Milch zugießen und gut unterrühren, bis ein glatter Teig entsteht.

3 Eine Auflaufform (1,75 l Inhalt) sorgfältig mit Butter einfetten. Die Hälfte des Teigs in die Form geben.

4 Den Teig mit den Kirschen belegen. Den restlichen Teig über den Kirschen verteilen und mit Weinbrand beträufeln.

5 Den so vorbereiteten Auflauf in einem auf 180 °C vorgeheizten Backofen etwa 40 Minuten goldbraun backen.

6 Kurz vor dem Servieren den fertigen, noch warmen Auflauf mit Zucker bestreuen.

Schicht-Tiramisu

Diese moderne Variante des gehaltvollen italienischen Klassikers ist genau das Richtige für Schokoladenfreunde.

NÄHRWERTANGABEN

Kilokalorien 798	Zucker .... 60 g
Eiweiß .... 12 g	Fett .... 50 g
Kohlenhydrate .. 76 g	davon gesättigt . 25 g

1 1/4 STD. 5 MIN.

6 PERSONEN

ZUTATEN

- 300 g Zartbitterschokolade
- 400 g Mascarpone
- 150 g Crème double, steif geschlagen
- 400 ml kalter Kaffee, mit 50 g Zucker gemischt
- 6 EL brauner Rum oder Weinbrand
- 54 Löffelbiskuits
- Kakaopulver, zum Bestäuben

1 Die Schokolade unter gelegentlichem Rühren über einem heißen Wasserbad schmelzen. Dann leicht abkühlen lassen und mit dem Mascarpone und der Crème double mischen.

2 Kaffee und Rum in einer Glasschüssel sorgfältig vermengen. Anschließend die Löffelbiskuits kurz in die so entstandene Mischung tauchen. (Sie sollen etwas Flüssigkeit aufsaugen, aber nicht aufweichen.)

3 Je 3 Löffelbiskuits nebeneinander auf 6 Dessertteller legen.

4 Je eine Lage Mascarponecreme über den Löffelbiskuits verstreichen.

5 Erneut je 3 Löffelbiskuits auf die Mascarponeschicht legen, diese abermals mit Mascarponecreme bedecken und mit einer letzten Lage Löffelbiskuits abschließen.

6 Das fertige Schicht-Tiramisu für mindestens 1 Stunde in den Kühlschrank stellen und vor dem Servieren mit Kakaopulver bestäuben.

VARIATION

Das Tiramisu kann auch halbgefroren serviert werden. Dazu das Tiramisu 2 Stunden einfrieren und sofort servieren.

Kokos-Karamellcreme

Sämig, cremig und erfrischend – diese verlockenden kleinen Vanillepuddings werden aus Kokosnussmilch, Sahne und Eiern zubereitet.

NÄHRWERTANGABEN

Kilokalorien	288	Zucker	24 g
Eiweiß	4 g	Fett	20 g
Kohlenhydrate	25 g	davon gesättigt	14 g

12 1/4 STD. 45 MIN.

8 PERSONEN

ZUTATEN

KARAMELL

- 125 g Zucker
- 150 ml Wasser

CREME

- 90 g Kokoscreme, klein gehackt
- 2 Eier
- 2 Eigelb
- 1½ EL Zucker
- 300 g Schlagsahne
- 1–2 EL Kokosraspel
- Bananen oder frische Ananas, in dünnen Scheiben

1 8 kleine Auflaufformen (150 ml Inhalt) bereitstellen. Für den Karamell Zucker und Wasser in einem Topf vorsichtig erhitzen und den Zucker auflösen. Dann ohne Rühren stark aufkochen, bis die Mischung eine goldbraune Farbe annimmt.

2 Den Topf sofort vom Herd nehmen und in kaltes Wasser tauchen, um ein Weiterkochen zu unterbinden. Den fertigen Karamell schnell, aber vorsichtig in die bereitgestellten Förmchen gießen, bis die Böden bedeckt sind.

3 Für die Creme die Kokoscreme in dem für den Karamell benutzten Topf erhitzen. Eier, Eigelb und Zucker in eine Schüssel geben und mit einer Gabel verschlagen. Die warme Kokosmischung zugießen und gut verrühren, bis sich der Zucker auflöst. Dann die Sahne einrühren und die Masse in eine Kanne abseihen.

4 Die mit dem Karamell gefüllten Förmchen auf ein Backblech stellen. So viel Wasser zugießen, bis sie zur Hälfte im Wasser stehen. Dann die Creme zugießen. Die Förmchen mit Backpapier oder Alufolie abdecken und die Creme in einem auf 150 °C vorgeheizten Backofen etwa 40 Minuten backen, bis sie fest ist.

5 Die Förmchen aus dem Backofen nehmen und zum Auskühlen über Nacht in den Kühlschrank stellen. Die Cremeportionen vor dem Servieren mit einem Messer vorsichtig aus den Förmchen lösen und auf Teller stürzen. Anschließend mit Kokosraspeln bestreuen und mit Bananen- oder Ananasscheiben servieren.

Exotische Obsttaschen

Köstliche exotische Früchte werden mit einer duftenden Sauce übergossen und erwärmt – ein herrliches, ungewöhnliches Grilldessert.

NÄHRWERTANGABEN

Kilokalorien	43	Zucker	9 g
Eiweiß	2 g	Fett	0,3 g
Kohlenhydrate	9 g	davon gesättigt	0,1 g

40 MIN. 20 MIN.

4 PERSONEN

ZUTATEN

1 Papaya
1 Mango
1 Sternfrucht
1 EL Grenadine
3 EL Orangensaft
fettarmer Naturjoghurt, zum Servieren

1

3

3

1 Die Papaya halbieren, die Kerne entfernen und wegwerfen. Die Papaya schälen und in dicke Scheiben schneiden.

2 Die Mango rings um den flachen Stein in der Mitte einschneiden und halbieren. Den Stein entfernen.

3 Das Fruchtfleisch kreuzförmig einschneiden und die Würfel etwas herausdrücken, dann behutsam mit einem Messer auslösen.

4 Die Sternfrucht mit einem scharfen Messer in dicke Scheiben schneiden.

5 Sämtliche Früchte in einer Schüssel vermengen.

6 Grenadine und Orangensaft mischen, über die Früchte gießen und mindestens 30 Minuten ziehen lassen.

7 Das Obst auf 4 Lagen doppelt geschlagener Alufolie verteilen und die Folie zu Paketen verschließen.

8 Die Pakete auf ein Grillrost legen und 15–20 Minuten über mäßig heißen Kohlen garen.

9 Die fertigen Obsttaschen auf Tellern anrichten, öffnen und mit fettarmem Joghurt servieren.

TIPP

Grenadine ist ein süßer Sirup aus Granatäpfeln. Sie können stattdessen auch Granatapfelsaft verwenden. Dazu die Granatäpfel halbieren und mit einer Zitronenpresse entsaften. Nicht zu fest drücken, da der Saft sonst bitter wird.

Toskanischer Pudding

Diese kleinen Ricotta-Puddings schmecken warm ebenso gut wie kalt. Im Kühlschrank sind sie bis zu vier Tagen haltbar.

NÄHRWERTANGABEN

Kilokalorien	293	Zucker	28 g
Eiweiß	9 g	Fett	17 g
Kohlenhydrate	28 g	davon gesättigt	9 g

20 MIN. 15 MIN.

4 PERSONEN

ZUTATEN

- 1 EL Butter
- 80 g gemischte Trockenfrüchte
- 250 g Ricotta
- 3 Eigelb
- 50 g Zucker
- 1 TL Zimt
- geriebene Schale von 1 Orange
- Orangenzesten, zum Dekorieren
- Crème fraîche, zum Servieren

1 Mit der Butter 4 kleine Back- oder Auflaufformen leicht einfetten.

2 Die Trockenfrüchte in eine Schüssel geben, mit warmem Wasser bedecken und 10 Minuten einweichen lassen.

3 Ricotta und Eigelb in einer Schüssel vermengen. Zucker, Zimt und Orangenschale einstreuen und gut unterrühren.

4 Die Trockenfrüchte in einem Sieb über einer Schüssel abtropfen lassen und unter die Ricotta-Mischung rühren.

5 Die Ricotta-Mischung auf die Back- oder Auflaufformen verteilen.

6 Die gefüllten Förmchen in einem auf 180 °C vorgeheizten Backofen 15 Minuten backen. Gegen Ende der Backzeit sollte der Pudding oben fest, aber nicht gebräunt sein.

7 Die fertigen Puddings stürzen, mit Orangenzesten dekorieren und noch warm oder gut gekühlt mit etwas Crème fraîche servieren.

TIPP

Crème fraîche hat einen säuerlichen, nussigen Geschmack und ist dickflüssig, besitzt aber den gleichen Fettgehalt wie Schlagsahne (mindestens 30 %). Da sie beim Erhitzen nicht ausflockt, kann sie gut zum Kochen verwendet werden.

Gegrillte Tropenfrüchte

Dieser warme Tropenfruchtsalat erhält seine Raffinesse dadurch, dass er kurz vor dem Grillen mit braunem Zucker und Piment bestreut wird.

NÄHRWERTANGABEN

Kilokalorien 120	Zucker .... 20 g
Eiweiß .... 1 g	Fett .... 3 g
Kohlenhydrate .. 21 g	davon gesättigt .. 1 g

40 MIN. 5 MIN.

4 PERSONEN

ZUTATEN

- 1 Baby-Ananas
- 1 reife Papaya
- 1 reife Mango
- 2 Kiwis
- 4 kleine Bananen
- 4 EL brauner Rum
- 1 TL gemahlener Piment
- 2 EL Limettensaft
- 4 EL brauner Zucker

LIMETTENCREME

- 60 g Halbfettmargarine
- ½ TL geriebene Limettenschale
- 1 EL Puderzucker

1

3

5

1 Die Ananas vierteln, die Blätter weitgehend entfernen. Die Viertel in eine große, flache Schale legen. Die Papaya schälen, halbieren und die Kerne ausschaben. Das Fleisch in dicke Spalten schneiden und zur Ananas geben.

2 Die Mango schälen, das Fleisch von dem flachen Stein lösen und in dicke Spalten schneiden. Die Kiwis schälen und halbieren. Die Bananen schälen. Dann alle Früchte in die Schale geben.

3 Die Fruchtstücke mit Rum, Piment und Limettensaft beträufeln und bei Zimmertemperatur 30 Minuten ziehen lassen, damit sich die Aromen entfalten, dabei gelegentlich wenden.

4 Für die Creme die Margarine in eine Schüssel geben. Limettenschale und Puderzucker unterrühren und alles bis zum Servieren in den Kühlschrank stellen.

5 Die Früchte abgießen, den Saft auffangen. Die Früchte in einen Bräter legen, mit dem Zucker bestreuen und 3–4 Minuten unter einem vorgeheizten Backofengrill grillen, bis der Zucker Blasen wirft und zu bräunen beginnt.

6 Die fertigen Früchte mit dem aufgefangenen Saft beträufeln und mit Limettencreme servieren.

Honig-Pistazien-Nester

Pistazien, Honig und Engelshaarnudeln werden hier zu einem ungewöhnlichen Dessert kombiniert.

NÄHRWERTANGABEN

Kilokalorien 802	Zucker .... 53 g
Eiweiß .... 13 g	Fett .... 48 g
Kohlenhydrate .. 85 g	davon gesättigt . 16 g

10 MIN. 1 STD.

4 PERSONEN

ZUTATEN

- 250 g Engelshaarnudeln
- 125 g Butter
- 200 g Pistazien, gehackt
- 125 g Zucker
- 125 g flüssiger Honig
- 200 ml Wasser
- 2 TL Zitronensaft
- griechischer Joghurt, zum Servieren

1 Die Nudeln in einem großen Topf mit leicht gesalzenem Wasser bissfest kochen. Abgießen, dann in den Topf zurückgeben, mit der Butter vermengen und abkühlen lassen.

2 4 kleine Flan-Ringe auf ein Backblech setzen. Die Nudeln in 8 Portionen aufteilen, 4 davon in die Ringe geben und leicht andrücken. Mit der Hälfte der Pistazien bestreuen, dann mit den restlichen Nudeln bedecken.

3 Die vorbereiteten Nudelnester in einem auf 180 °C vorgeheizten Backofen 45 Minuten goldbraun backen.

4 In der Zwischenzeit Zucker, Honig und Wasser in einem Topf bei geringer Hitze unter Rühren zum Kochen bringen, bis der Zucker vollständig gelöst ist. Dann alles 10 Minuten köcheln lassen. Anschließend den Zitronensaft zugießen und die Mischung weitere 5 Minuten köcheln lassen.

5 Die Nudelnester vorsichtig mit einem Palettenmesser auf einen Servierteller setzen. Mit dem Honigsirup übergießen, mit den restlichen Pistazien bestreuen und vollständig abkühlen lassen. Dann mit Joghurt servieren.

2

2

2

TIPP

Engelshaarnudeln sind in Italien als capelli d'angelo bekannt. Die langen, dünnen Nudeln werden getrocknet in Form von Nestern verkauft.

Panforte di Siena

In Italien ist dieser berühmte toskanische Kuchen eine gern verschenkte Weihnachtsspezialität. Er wird in dünnen Scheiben serviert.

NÄHRWERTANGABEN

Kilokalorien	257	Zucker	29 g
Eiweiß	5 g	Fett	13 g
Kohlenhydrate	33 g	davon gesättigt	1 g

10 MIN. 1 ¼ STD.

12 STÜCKE

ZUTATEN

- 125 g blanchierte Mandeln, halbiert
- 125 g Haselnüsse
- 100 g kandierte Früchte, grob gehackt
- 60 g getrocknete Aprikosen
- 60 g kandierte Ananas
- geriebene Schale von 1 großen Orange
- 60 g Mehl
- 2 EL Kakaopulver
- 2 TL Zimt
- 125 g Zucker
- 175 g Honig
- Puderzucker, zum Bestäuben

2

3

6

1 Die Mandeln unter einem Grill leicht anrösten und in eine Schüssel geben.

2 Die Haselnüsse rösten, bis ihre Häute einreißen. Auf ein sauberes Küchentuch geben und die Häute abreiben. Dann die Nüsse grob hacken und mit den kandierten Früchten zu den Mandeln geben.

3 Aprikosen und Ananas fein hacken, mit der Orangenschale zu den Nüssen geben und alles gründlich vermengen.

4 Mehl mit Kakao und Zimt vermengen und unter die Nussmischung rühren.

5 Eine Springform (20 cm Durchmesser) mit Backpapier auslegen.

6 Zucker und Honig in einem Topf erhitzen, bis sich der Zucker auflöst. Die Mischung köcheln lassen, bis sie andickt und bräunt. Anschließend rasch zum Teig geben und gut unterrühren. Dann den Teig in die vorbereitete Form füllen und mit einem feuchten Löffelrücken glatt streichen.

7 Den Panforte in einem auf 150 °C vorgeheizten Backofen 60 Minuten backen. In der Form abkühlen lassen, dann herauslösen und das Backpapier entfernen. Den fertigen Kuchen vor dem Servieren großzügig mit Puderzucker bestäuben. In schmale Stücke geschnitten servieren.

Exotischer Obstsalat

Diese exotische Fruchtmischung wird dekorativ angerichtet und mit einem würzig aromatischen Sirup verfeinert.

NÄHRWERTANGABEN

Kilokalorien 125	Zucker .... 29 g
Eiweiß .... 3 g	Fett .... 1 g
Kohlenhydrate .. 29 g	davon gesättigt . 0,2 g

25 MIN. 5 MIN.

6 PERSONEN

ZUTATEN

- 60 g Zucker
- 150 ml Wasser
- 1 Zimtstange
- 4 Kardamomkapseln, zerdrückt
- 1 Gewürznelke
- Saft von 1 Orange
- Saft von 1 Limette
- ½ Honigmelone
- 1 großes Stück Wassermelone
- 2 reife Guaven
- 3 reife Nektarinen
- 18 Erdbeeren
- geröstete Kokosraspel, zum Bestreuen
- Minzezweige oder Rosenblütenblätter, zum Dekorieren
- fettarmer Joghurt, zum Servieren

1 Für den Sirup Zucker, Wasser, Zimtstange, Kardamomkapseln und Gewürznelke in einen Topf geben und unter Rühren aufkochen, bis sich der Zucker auflöst. Alles 2 Minuten köcheln lassen, dann vom Herd nehmen.

2 Orangen- und Limettensaft zufügen. Abkühlen und ziehen lassen.

3 In der Zwischenzeit die Melonen entkernen und in gleich große Scheiben schneiden.

4 Die Guaven halbieren, entkernen, schälen und in Scheiben schneiden.

5 Die Nektarinen in Scheiben schneiden. Die Erdbeeren entstielen und in Scheiben schneiden.

6 Die Obstscheiben dekorativ auf 6 Tellern anrichten.

7 Den Sirup abseihen und über das Obst löffeln.

8 Den Salat mit gerösteten Kokosraspeln bestreuen. Mit Minzezweigen oder Rosenblütenblättern dekorieren und mit Joghurt servieren.

1

2

3
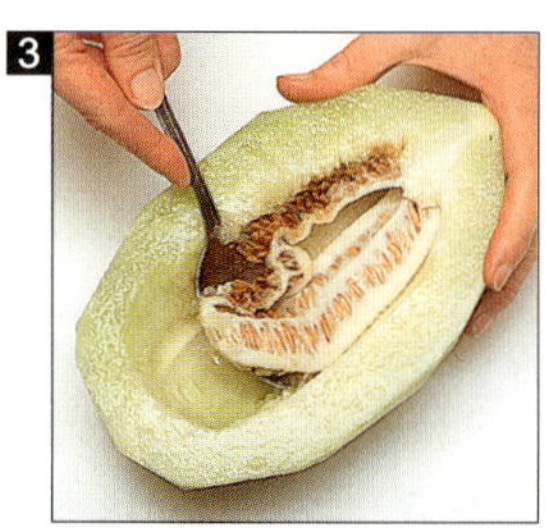

Kokosnuss-Bananen

Der perfekte Abschluss eines chinesischen Menüs: in Zitrus-Butter gebratene und mit Kokosraspeln angerichtete Bananen.

NÄHRWERTANGABEN

Kilokalorien	514	Zucker	70 g
Eiweiß	4 g	Fett	21 g
Kohlenhydrate	75 g	davon gesättigt	14 g

10 MIN. 10 MIN.

4 PERSONEN

ZUTATEN

- 3 EL Kokosraspel
- 60 g Butter
- 1 EL geraspelte Ingwerwurzel
- geriebene Schale von 1 Orange
- 60 g Zucker
- 4 EL frischer Limettensaft
- 6 Bananen
- 6 EL Orangenlikör (z. B. Cointreau oder Grand Marnier)
- 3 TL Sesamsaat, geröstet
- Limettenscheiben, zum Dekorieren
- Eiscreme, zum Servieren (nach Belieben)

1 Eine Pfanne erhitzen. Die Kokosraspel zugeben und unter Rühren 1 Minute rösten, bis sie leicht gebräunt sind, dann vom Herd nehmen und abkühlen lassen.

2 Die Butter in einer großen Pfanne zerlassen. Ingwer, Orangenschale, Zucker und Limettensaft zugeben und gut mit der Butter vermengen.

3 Die Bananen schälen und längs halbieren. Sehr große Bananen auch quer halbieren. Die Stücke mit der Schnittfläche nach unten in die Buttermischung geben und 1–2 Minuten braten, bis die Sauce klebrig wird. Dabei wenden, damit die Bananen rundum von der Sauce überzogen werden.

4 Die Bananen auf vorgewärmte Servierteller legen und warm halten.

5 Den Orangenlikör in die Pfanne gießen und unter den Bratensatz rühren. Den Likör anzünden, die Flammen ausgehen lassen und die Sauce über die Bananen gießen.

6 Die Bananen mit den restlichen Kokosraspeln und der Sesamsaat bestreuen, mit Limettenscheiben dekorieren.

TIPP

Für ganz besondere Anlässe oder als zusätzlichen Gaumengenuss können Sie die Bananen zusätzlich mit Kokoseis, Ingwereis oder einer anderen Sorte Ihrer Wahl servieren.

Exotischer Frucht-Reis-Kranz

Für diesen dekorativen Milchreis mit Ananas-Limetten-Geschmack kann jede beliebige exotische Obstsorte verwendet werden.

NÄHRWERTANGABEN

Kilokalorien	145	Zucker	18 g
Eiweiß	7 g	Fett	1 g
Kohlenhydrate	30 g	davon gesättigt	0,3 g

4 1/4 STD. 25 MIN.

8 PERSONEN

Z U T A T E N

- 225 g Milchreis
- 850 ml Magermilch
- 1 EL Zucker
- 4 EL weißer Rum, mit Kokosmilch gemischt, oder ungesüßter Ananassaft
- 175 g fettarmer Naturjoghurt
- 400 g Ananasstücke im eigenen Saft aus der Dose, abgetropft
- 1 TL geriebene Limettenschale
- 1 EL Limettensaft
- 2 EL gemahlene Gelatine, in 3 EL kochendem Wasser aufgelöst
- Limettenspalten, zum Dekorieren
- gemischte exotische Früchte (z. B. Passionsfrucht, kleine Ananas, Papaya, Mango, Karambole), zum Servieren

1 Reis und Milch in einem Topf zum Kochen bringen. Dann die Hitze reduzieren und die Mischung unabgedeckt 20 Minuten bei niedriger Hitze unter gelegentlichem Rühren köcheln lassen, bis der Reis gar ist und die Milch aufgesogen hat.

2 Den fertigen Reis in eine große Schüssel umfüllen und abkühlen lassen.

3 Zucker, Rum, Joghurt, Ananas, Limettenschale und -saft einrühren, dann die Gelatine unterheben.

4 Eine beschichtete Ringform mit Wasser ausspülen. Die Reismischung einfüllen, gut festdrücken und für 2 Stunden in den Kühlschrank stellen, bis die Masse fest geworden ist.

5 Den erstarrten Reis mit einem dünnen Messer sehr behutsam aus der Form lösen, anschließend auf eine Servierplatte stürzen.

6 Den gestürzten Reiskranz mit einigen Limettenspalten dekorieren und mit einer exotischen Früchtemischung füllen.

1

3

4

TIPP

Servieren Sie dieses Dessert mit einer leichten Sauce aus 300 ml exotischem Fruchtsaft oder Ananassaft, der mit 2 Teelöffeln Pfeilwurzelstärke eingedickt wird.

Pochierte Pimentbirnen

Diese Birnen werden in einer Mischung aus Orangensaft, Zucker und Piment gekocht. Sie können heiß oder kalt gegessen werden.

NÄHRWERTANGABEN

Kilokalorien 157	Zucker .... 17 g
Eiweiß .... 5 g	Fett .... 19 g
Kohlenhydrate .. 17 g	davon gesättigt . 12 g

5 MIN. 15 MIN.

4 PERSONEN

ZUTATEN

4 große reife Birnen
300 ml Orangensaft
2 TL gemahlener Piment
60 g Sultaninen
2 EL brauner Zucker
Orangenzesten, zum Dekorieren

1

4

6

1 Die Birnen mithilfe eines Apfelausstechers entkernen.

2 Die entkernten Birnen mit einem scharfen Messer schälen und der Länge nach halbieren.

3 Die vorbereiteten Birnenhälften in einen Topf geben.

4 Orangensaft, Piment, Sultaninen und Zucker zugeben. Die Mischung unter vorsichtigem Rühren erwärmen, bis sich der Zucker aufgelöst hat.

5 Die Hitze erhöhen und die Birnenmischung 1 Minute kochen.

6 Die Hitze reduzieren und die Birnen weitere 10 Minuten köcheln lassen, bis sie gar, aber noch fest sind. Die Konsistenz während des Kochens durch Einstechen mit einer Messerspitze überprüfen.

7 Die fertigen Birnen auf Desserttellern anrichten. Mit den Orangenzesten dekorieren, mit dem heißen Sirup übergießen und sofort servieren.

TIPP

Wenn Sie Zitronen-, Limetten- oder Orangenschalen zum Kochen oder Dekorieren verwenden, achten Sie darauf, dass die Schalen nicht behandelt wurden. Behandelte Zitrusschalen eignen sich nicht zum Verzehr.

Mango-Teigtaschen

Diese kleinen gedämpften Teigtaschen werden mit frischer Mango und Litschis gefüllt – ein farbenfroher und äußerst delikater Leckerbissen.

NÄHRWERTANGABEN

Kilokalorien	434	Zucker	16 g
Eiweiß	12 g	Fett	4 g
Kohlenhydrate	93 g	davon gesättigt	1 g

1 3/4 STD. 25 MIN.

4 PERSONEN

ZUTATEN

MÜRBETEIG

- 2 TL Backpulver
- 1 EL Zucker
- 150 ml Wasser
- 150 ml Milch
- 400 g Mehl

FÜLLUNG UND SAUCE

- 1 kleine Mango
- 100 g Litschis aus der Dose, abgetropft
- 1 EL gemahlene Mandeln
- 4 EL Orangensaft
- Zimt, zum Bestäuben

1 Für den Teig Backpulver und Zucker in eine große Schüssel geben.

2 Wasser und Milch vermengen, dann zu Backpulver und Zucker in die Schüssel geben und gut unterrühren. Nach und nach das Mehl einrühren, bis ein weicher Teig entsteht. Diesen für etwa 1 Stunde beiseite stellen und an einem warmen Ort ruhen lassen.

3 Für die Füllung die Mango schälen. Das Fruchtfleisch so nahe wie möglich am Stein abschneiden, dann grob würfeln und beiseite stellen.

4 Für die Füllung Litschis hacken, mit den Mandeln sowie der Hälfte der Mangowürfel vermengen und 20 Minuten ruhen lassen.

5 In der Zwischenzeit die Sauce zubereiten. Dazu die restlichen Mangowürfel und den Orangensaft in einen Mixer geben und glatt pürieren. Für eine noch sämigere Sauce die Mischung mit der Rückseite eines Löffels durch ein Sieb passieren.

6 Den vorbereiteten Teig in 16 gleich große Stücke teilen und jedes Stück auf einer leicht bemehlten Arbeitsfläche zu einem Kreis von 7,5 cm Durchmesser ausrollen.

7 Je einen Teil der vorbereiteten Litschi-Mango-Füllung auf die Mitte eines jeden Teigkreises geben. Dann den Teig über der Füllung zusammenklappen und an den Rändern fest zusammendrücken.

8 Die Teigtaschen auf einen hitzebeständigen Teller legen, in einen Dämpfer geben, abdecken und 20–25 Minuten dämpfen, bis sie gar sind.

9 Die fertigen Teigtaschen aus dem Dämpfer nehmen, auf Servierteller verteilen, mit etwas Zimt bestäuben und mit der Mangosauce servieren.

3

5

7

Rosmarinplätzchen

Kräuter in süßem Gebäck? Eine wahrlich ungewöhnliche Kombination, die Sie jedoch mit Sicherheit begeistern wird.

NÄHRWERTANGABEN

Kilokalorien	50	Zucker	2 g
Eiweiß	1 g	Fett	2 g
Kohlenhydrate	8 g	davon gesättigt	1 g

45 MIN. 15 MIN.

25 STÜCK

ZUTATEN

- 50 g weiche Butter, plus etwas mehr, zum Einfetten
- 4 EL Zucker
- geriebene Schale von 1 Zitrone
- 4 EL Zitronensaft
- 1 Ei, getrennt
- 2 TL frisch gehackter Rosmarin
- 200 g Mehl, gesiebt
- Zucker, zum Bestreuen (nach Belieben)

1 Zunächst 2 Backbleche mit etwas Butter leicht einfetten.

2 Butter und Zucker in einer großen Schüssel schaumig schlagen.

3 Zitronenschale und -saft einrühren. Dann das Eigelb unterheben. Alles gründlich vermengen und den Rosmarin zugeben.

4 Das Mehl zufügen und alles zu einem geschmeidigen Teig verarbeiten. Diesen in Frischhaltefolie wickeln und 30 Minuten kalt stellen.

5 Den abgekühlten Teig auf einer leicht bemehlten Arbeitsfläche dünn ausrollen. 25 Kreise von 6 cm Durchmesser daraus ausstechen und auf die vorbereiteten Backbleche verteilen.

4

5

6

6 Das Eiweiß in einer Schüssel leicht aufschlagen. Die vorbereiteten Plätzchen dünn damit bestreichen und nach Wunsch mit etwas Zucker bestreuen.

7 Die Plätzchen in einem auf 180 °C vorgeheizten Backofen 15 Minuten goldgelb backen.

8 Die fertigen Rosmarinplätzchen vor dem Servieren auf einem Kuchengitter vollständig auskühlen lassen.

TIPP

Die fertigen Plätzchen sind in einem luftdicht verschließbaren Gefäß bis zu 1 Woche haltbar.

Zitronen-Granita

Granitas sind sehr erfrischend. Sie schmelzen jedoch rasch und sollten daher schnell serviert werden, sobald sie aus der Kühlung kommen.

NÄHRWERTANGABEN

Kilokalorien 102	Zucker .... 27 g
Eiweiß .... 0,1 g	Fett .... 0 g
Kohlenhydrate .. 27 g	davon gesättigt .. 0 g

5¼ STD. 6 MIN.

4 PERSONEN

ZUTATEN

3 Zitronen

200 ml Zitronensaft

100 g Zucker

550 ml kaltes Wasser

1 Die Schale der Zitronen fein abreiben. Den Fruchtsaft auspressen.

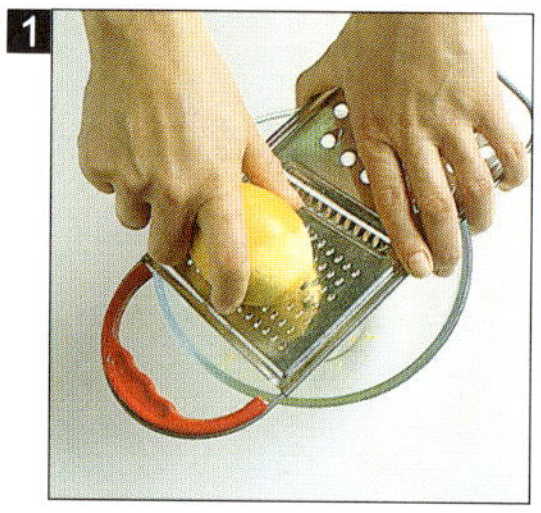

2 Zitronenschale und -saft sowie Zucker in einen Topf geben und langsam zum Kochen bringen. Dann alles 5–6 Minuten köcheln lassen, bis die gesamte Masse sirupartig eindickt. Den Topf vom Herd nehmen und den Zitronensirup abkühlen lassen.

3 Die abgekühlte Masse mit dem kalten Wasser verrühren. In eine Gefrierdose gießen und 4–5 Stunden ins Tiefkühlfach stellen. Gelegentlich umrühren, um die sich bildenden Eiskristalle gleichmäßig zu zerstoßen. Zwischen zwei Gängen als Geschmacksneutralisierer reichen.

VARIATION

Für eine Kaffee-Granita 2 Esslöffel Instant-Kaffeepulver und 2 Esslöffel Zucker in 2 Esslöffel heißem Wasser auflösen. Mit 375 ml kaltem Wasser und 2 Esslöffeln Rum oder Weinbrand mischen. Dann für mindestens 6 Stunden ins Tiefkühlfach geben, gelegentlich umrühren.

Himbeer-Fusilli

Wenn Sie sich und Ihre Gäste verwöhnen möchten, ist dies genau das richtige Dessert. Es schmeckt so gut, wie es aussieht.

NÄHRWERTANGABEN

Kilokalorien	235	Zucker	20 g
Eiweiß	7 g	Fett	7 g
Kohlenhydrate	36 g	davon gesättigt	1 g

5 MIN. 20 MIN.

4 PERSONEN

ZUTATEN

- 175 g Fusilli
- 700 g Himbeeren
- 2 EL Zucker
- 1 EL Zitronensaft
- 4 EL gehobelte Mandeln
- 3 EL Himbeerlikör

1 Die Nudeln in einem großen Topf mit kochendem, leicht gesalzenem Wasser bissfest kochen. Abgießen, dann in den Topf zurückgeben und zum Abkühlen beiseite stellen.

2 Ein Drittel der Himbeeren mit einem Löffel durch ein Sieb in eine große Schüssel passieren.

3 Himbeerpüree und Zucker in einen kleinen Topf geben und unter gelegentlichem Rühren 5 Minuten köcheln lassen.

4 Den Zitronensaft einrühren und die Himbeersauce beiseite stellen.

5 Die restlichen Himbeeren zu den Fusilli in den Topf geben und gut unterheben. Dann die Himbeer-Nudel-Mischung auf einem Servierteller anrichten.

2

3

4

6 Die Mandeln auf einem Backblech verteilen und unter einem vorgeheizten Backofengrill goldbraun rösten. Zum Abkühlen kurz beiseite stellen.

7 Den Himbeerlikör in die Himbeersauce gießen und glatt rühren. Die fertige Sauce über die Fusilli gießen, die Nudeln großzügig mit den gerösteten Mandeln bestreuen und das Dessert sofort servieren.

VARIATION

Sie können nahezu alle süßen Beeren für dieses Dessert verwenden. Besonders bieten sich Erd- und Brombeeren mit den entsprechenden Likören an. Sie können aber auch andere Beeren zu den Nudeln geben und diese mit der Himbeersauce übergießen.

Schokoladen-Fudge-Pudding

Dieser Pudding hält eine kleine Überraschung für Sie bereit: Nach dem Backen setzt sich eine gehaltvolle Schokoladensauce am Boden ab.

NÄHRWERTANGABEN

Kilokalorien 397	Zucker 27g
Eiweiß 10g	Fett 25g
Kohlenhydrate . . 36g	davon gesättigt . . 5g

10 MIN. 40 MIN.

4 PERSONEN

ZUTATEN

- 50 g Margarine, plus etwas mehr, zum Einfetten
- 75 g brauner Zucker
- 2 Eier, verquirlt
- 350 ml Milch
- 50 g Walnusshälften, gehackt
- 40 g Mehl
- 2 EL Kakaopulver
- Puderzucker und Kakaopulver, zum Bestäuben

1 Eine Auflaufform (1 l Inhalt) mit etwas Margarine leicht einfetten.

2 Margarine und Zucker in einer großen Schüssel schaumig schlagen. Dann die Eier zugeben.

2

3

4

3 Nach und nach die Milch zugießen, dann die Walnüsse einrühren.

4 Mehl und Kakaopulver in die Puddingmischung sieben und mit einem Metalllöffel sorgfältig unterheben.

5 Die Mischung in die vorbereitete Form geben und in einem auf 180 °C vorgeheizten Backofen 35–40 Minuten backen.

6 Den fertigen Pudding mit Zucker und Kakaopulver bestäuben und servieren.

VARIATION

Geben Sie nach Belieben 1–2 Esslöffel Weinbrand oder Rum oder 1–2 Esslöffel Orangensaft zu der Puddingmasse.

Chinesischer Fruchtsalat

Dieses erfrischende, farbenfrohe Dessert wird mit einem Sirup voll von typisch chinesischen Geschmacksnoten verfeinert.

NÄHRWERTANGABEN

Kilokalorien	405	Zucker	81 g
Eiweiß	3 g	Fett	6 g
Kohlenhydrate	83 g	davon gesättigt	1 g

1 3/4 STD. 10 MIN.

4 PERSONEN

ZUTATEN

- 75 ml chinesischer Reiswein oder trockener Sherry
- 850 ml Wasser
- Schale und Saft von 1 Zitrone
- 225 g Zucker
- 2 Gewürznelken
- 2,5-cm-Stück Zimtstange, leicht geklopft
- 1 Vanilleschote
- 1 Msp. Lebkuchengewürz
- 1 Sternanis
- 2,5-cm-Stück frische Ingwerwurzel, in dünnen Scheiben
- 50 g ungesalzene Cashewkerne
- 2 Kiwi
- 120 g Erdbeeren
- 1 Sternfrucht
- 400 g Litschis aus der Dose, abgetropft
- 1 Stück kandierter Ingwer, abgetropft und in Scheiben
- frisch gehackte Minze, zum Dekorieren

1 Reiswein oder Sherry, Wasser, Zitronenschale und -saft in einen Topf geben.

2 Zucker, Gewürznelken, Zimtstange, Vanilleschote, Lebkuchengewürz, Sternanis und Ingwerscheiben zugeben.

3 Die Mischung unter Rühren leicht erhitzen, bis sich der Zucker aufgelöst hat. Dann aufkochen. Die Hitze reduzieren und alles 5 Minuten köcheln lassen. Dann zum Abkühlen beiseite stellen.

4 Den Sirup abseihen und die Gewürze wegwerfen. Die Cashewkerne einrühren, den Sirup mit Frischhaltefolie abdecken und im Kühlschrank vollständig auskühlen lassen.

5 In der Zwischenzeit die Kiwi halbieren und in Scheiben schneiden. Die Erdbeeren putzen, dann halbieren und die Sternfrucht in Scheiben schneiden.

6 Die vorbereiteten Früchte mit den Litschis und dem kandierten Ingwer in eine Schüssel geben und behutsam vermengen.

7 Den Sirup über die Früchte gießen, den fertigen Fruchtsalat mit der gehackten Minze dekorieren und servieren.

2

4

5

Orangencreme

Ein erfrischend-cremiger Dessertcocktail aus Joghurt und Milch mit einem Hauch Orange – dazu gibt es saftige Biskuitherzen.

NÄHRWERTANGABEN

Kilokalorien	464	Zucker	74 g
Eiweiß	22 g	Fett	5 g
Kohlenhydrate	89 g	davon gesättigt	2 g

1 ½ STD. 10 MIN.

4 PERSONEN

ZUTATEN

- 4 Orangen
- 600 g fettarmer Naturjoghurt
- 6 EL Magermilchpulver
- 4 EL Zucker
- 1 EL geriebene Orangenschale
- 4 EL Orangensaft
- 2 Eiweiß
- frische Orangenzesten, zum Dekorieren

BISKUITHERZEN

- 2 Eier
- 90 g Zucker
- 40 g Weizenmehl
- 40 g Vollkornmehl
- 1 EL heißes Wasser
- 1 TL Puderzucker

1 Die Orangen sorgfältig schälen, dann filetieren. Die Fruchtfilets auf 4 Dessertschalen verteilen und kalt stellen. Joghurt, Milchpulver, Zucker, Orangenschale und -saft in einer Schüssel verrühren.

2 Die Mischung abdecken und 1 Stunde kalt stellen. Das Eiweiß steif schlagen und unter die Joghurtmischung ziehen. Die fertige Creme über die vorbereiteten Orangenfilets löffeln und alles 1 weitere Stunde kalt stellen. Dann mit Orangenzesten garnieren.

3 Für die Biskuitherzen eine Backform (15 cm x 20 cm) mit Backpapier auslegen. Eier und Zucker cremig schlagen. Beide Mehle durchsieben und mit dem heißen Wasser mit einem großen Metalllöffel unter das Ei ziehen.

4 Den Teig in die vorbereitete Form geben und in einem auf 220 °C vorgeheizten Backofen 9–10 Minuten goldgelb backen.

5 Den fertigen Biskuitboden auf Backpapier legen und mit einer entsprechenden Ausstechform mehrere Herzen daraus ausstechen. Diese auf einem Rost auskühlen lassen, dann mit Puderzucker bestäuben und zu der Orangencreme servieren.

Fruchtsalat mit Ingwersirup

Dieser Fruchtsalat wird aus exotischen Früchten bereitet, die in einem Sirup aus frischem Ingwer und Ingwerwein eingeweicht werden.

NÄHRWERTANGABEN

Kilokalorien 225	Zucker . . . . 45 g
Eiweiß . . . . 2 g	Fett . . . . 4 g
Kohlenhydrate . . 45 g	davon gesättigt . . 3 g

4 ½ STD. 5 MIN.

4 PERSONEN

ZUTATEN

- 2,5-cm-Stück Ingwerwurzel, gehackt
- 60 g Zucker
- 150 ml Wasser
- Saft und geriebene Schale von 1 Limette
- 4 EL Ingwerwein
- 1 frische Ananas, in mundgerechten Stücken
- 2 Mangos, gewürfelt
- 4 Kiwis, in Scheiben
- 1 Papaya, gewürfelt
- 2 Passionsfrüchte, halbiert und die Kerne ausgelöst
- 350 g Litschis, geschält und entsteint
- ¼ frische Kokosnuss, geraspelt
- 60 g Physalis, zum Dekorieren (nach Belieben)

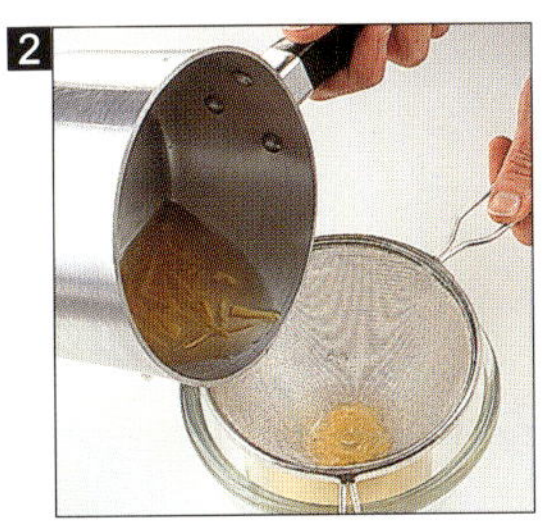

1 Ingwer, Zucker, Wasser und Limettensaft und -schale in einen Topf geben. Unter Rühren erwärmen, bis sich der Zucker aufgelöst hat, dann 1 Minute köcheln lassen. Vom Herd nehmen und leicht abkühlen lassen.

2 Den Sirup abseihen, den Ingwerwein zugeben und gut unterrühren. Dann den Sirup vollständig abkühlen lassen.

3 Die Früchte in eine Schüssel geben. Den kalten Sirup zugeben, gut unterheben und die Früchte abgedeckt im Kühlschrank 2–4 Stunden ziehen lassen. Kurz vor dem Servieren die Hälfte der frischen Kokosraspel untermengen. Den Rest über den Fruchtsalat streuen.

4 Werden Physalis verwendet, die Kelchblätter dieser Früchte etwas nach außen biegen, damit sie wie Blumen aussehen. Die Beeren putzen und vor dem Servieren am Rand des Fruchtsalats anordnen.

TIPP

Physalis oder Kapstachelbeeren sind goldfarben und etwa kirschgroß. Sie eignen sich hervorragend als Dekoration für viele Desserts, bei denen Früchte als Grundlage verwendet werden.

Mangos mit Klebreis

Diese köstlichen Reispuddings sind wunderbare Nachspeisen oder Snacks. Besonders appetitlich sehen sie aus, wenn sie fantasievoll geformt werden.

NÄHRWERTANGABEN

Kilokalorien 202	Zucker . . . . 31 g
Eiweiß . . . . 2 g	Fett . . . . 2 g
Kohlenhydrate . . 47 g	davon gesättigt . 0,3 g

12¾ STD. 50 MIN.

4 PERSONEN

ZUTATEN

- 125 g Klebreis
- 250 ml Kokosmilch
- 60 g hellbrauner Zucker
- ½ TL Salz
- 1 TL Sesamsaat, geröstet
- 4 Mangos, in Scheiben

1 Den Klebreis in ein Sieb geben und unter kaltem Wasser abspülen, bis das Wasser klar abläuft. In eine große Schüssel umfüllen, mit reichlich kaltem Wasser bedecken und für mindestens 12 Stunden einweichen. Dann gründlich abtropfen lassen.

TIPP

Klebreis ist in gut sortierten asiatischen Lebensmittelläden erhältlich. Zur Not können Sie für dieses Rezept aber auch Rundkornreis verwenden.

2 Einen Bambuskorb oder einen Dämpfer mit Musselin auslegen. Den Reis hineingeben und über leicht köchelndem Wasser etwa 40 Minuten dämpfen, bis er weich ist.

3 Den Reis vom Herd nehmen und in eine große Schüssel umfüllen.

4 4 Esslöffel der Kokosmilch zurückbehalten. Den Rest mit Zucker und Salz in einen kleinen Topf geben. Die Mischung erhitzen und 8 Minuten köcheln lassen, bis sie um etwa ein Drittel reduziert ist.

5 Die Mischung über den Reis gießen und mit einer Gabel vorsichtig unterheben. Dann den Reis 10–15 Minuten ziehen lassen.

6 Den Reis in verschiedene Ausstechförmchen drücken und auf 4 Servierteller stürzen.

7 Die Reisportionen mit der zurückbehaltenen Kokosmilch übergießen und mit der Sesamsaat bestreuen.

8 Einige Mangoscheiben neben den Reisportionen auf den Tellern anrichten, aus den anderen unterschiedlich geformte Stückchen ausstechen und den Reis damit dekorieren.

1

2

4

Sesambananen

Diese kleinen, mit Karamell besprenkelten und mit Sesamsaat bestreuten Bananenhäppchen sind ganz vorzügliche Leckerbissen.

NÄHRWERTANGABEN

Kilokalorien 215	Zucker . . . . 38 g
Eiweiß . . . . 6 g	Fett . . . . 3 g
Kohlenhydrate . . 41 g	davon gesättigt . . 1 g

10 MIN. 20 MIN.

4 PERSONEN

ZUTATEN

- 4 Bananen
- 3 EL Zitronensaft
- 115 g Zucker
- 4 EL kaltes Wasser
- 2 EL Sesamsaat
- 150 g fettarmer Frischkäse oder fettarmer Naturjoghurt
- 1 EL Puderzucker
- 5 Tropfen Vanillearoma
- abgeriebene Zitronen- und Limettenschale, zum Dekorieren

1 Die Bananen schälen und in 5 cm lange Stücke schneiden. Anschließend in eine Schüssel geben und mit dem Zitronensaft beträufeln, damit sie sich nicht verfärben.

2 Zucker und Wasser in einem kleinen Topf unter Rühren langsam erwärmen, bis sich der Zucker auflöst. Dann bei starker Hitze 5–6 Minuten kochen, bis der Zucker karamellisiert.

3 Die Bananen abgießen und mit Küchenpapier trockentupfen. Ein großes Brett mit Backpapier bedecken und die Bananenstücke mit ausreichend Abstand darauf verteilen.

4 Den noch warmen Karamellsirup über die Bananenstücke träufeln – dabei zügig arbeiten, denn der Karamell wird schnell fest. Dann die Bananen mit Sesam bestreuen und 10 Minuten ruhen lassen.

5 Inzwischen den Frischkäse oder den Joghurt mit Puderzucker und Vanillearoma verrühren.

6 Die Bananen vorsichtig vom Backpapier lösen und auf Desserttellern anrichten.

7 Die Joghurtcreme mit Zitronen- und Limettenschalen bestreuen und als Dip zu den Bananen reichen.

Schokoladen-Brownies

Es gibt ihn tatsächlich, den fettarmen Schokogenuss! Trockenobstpüree sorgt dafür, dass Sie für die saftigen Brownies kein Backfett brauchen.

NÄHRWERTANGABEN

Kilokalorien	271	Zucker	45 g
Eiweiß	5 g	Fett	4 g
Kohlenhydrate	57 g	davon gesättigt	2 g

30 MIN. 40 MIN.

12 STÜCK

ZUTATEN

- 60 g ungesüßte Datteln, gehackt
- 60 g getrocknete Pflaumen, gehackt
- 6 EL ungesüßter Apfelsaft
- 4 Eier, verquirlt
- 300 g brauner Zucker
- 5 Tropfen Vanillearoma
- 4 EL fettarmes Schokoladen-Getränkepulver, plus etwas mehr, zum Bestäuben
- 2 EL Kakaopulver
- 175 g Mehl
- 60 g dunkle Schokoflocken

GLASUR

- 125 g Puderzucker
- 1–2 TL Wasser
- 5 Tropfen Vanillearoma

1 Eine flache Backform (18 cm x 28 cm) einfetten und mit Backpapier auslegen. Datteln, Pflaumen und Apfelsaft in einem kleinen Topf aufkochen, dann abdecken und 10 Minuten köcheln lassen, bis die Früchte weich sind. Alles zu einer glatten Paste verrühren und zum Abkühlen beiseite stellen.

2 Die abgekühlte Fruchtmasse in eine Schüssel geben und mit Eiern, Zucker und Vanillearoma mischen. Schokoladen-Getränkepulver, Kakaopulver und Mehl einsieben, dann die Schokoflocken unterziehen und gründlich verrühren.

3 Den Teig in die vorbereitete Form geben, glatt streichen und 25–30 Minuten in einem auf 180 °C vorgeheizten Backofen backen, bis er fest ist. Dann den Teig in 12 Stücke schneiden und 10 Minuten in der Form abkühlen lassen. Zum völligen Auskühlen auf ein Kuchengitter stellen.

4 Für die Glasur den Puderzucker in eine Schüssel sieben. Mit ausreichend Wasser und dem Vanillearoma zu einer geschmeidigen, nicht zu dünnflüssigen Glasur verrühren.

5 Die Glasur über die Brownies träufeln und erkalten lassen. Die fertigen Brownies vor dem Servieren mit etwas Schokoladen-Getränkepulver bestreuen.

2

2

3

TIPP

Bereiten Sie die doppelte Menge zu und frieren Sie die Hälfte der Brownies ein. So haben Sie für jede Gelegenheit immer einen kleinen Vorrat zur Hand.

Zabaglione

Diese bekannte Köstlichkeit aus warm geschlagenem Eigelb mit Marsala kommt zwar locker-leicht daher, ist aber sehr sättigend.

NÄHRWERTANGABEN

Kilokalorien	158	Zucker	29 g
Eiweiß	1 g	Fett	1 g
Kohlenhydrate	29 g	davon gesättigt	0,2 g

5 MIN. 15 MIN.

4 PERSONEN

ZUTATEN

- 5 Eigelb
- 100 g Zucker
- 150 ml Marsala oder süßer Sherry
- frische Früchte oder Amaretti, zum Servieren (nach Belieben)

1 Das Eigelb in eine große hitzebeständige Schüssel geben.

2 Den Zucker zufügen und mit dem Eigelb aufschlagen, bis eine helle, dicke, cremige Masse von doppeltem Volumen entstanden ist.

3 Die Schüssel mit der Masse über einen Topf mit leicht köchelndem Wasser stellen.

4 Marsala oder Sherry zugießen und die Mischung unter ständigem Rühren erwärmen, bis sie leicht schäumt. Dies wird etwa 10 Minuten dauern.

5 Den Zabaglione-Schaum auf 4 Dessertgläser verteilen.

6 Die fertige Zabaglione noch warm, nach Belieben mit frischen Früchten oder Amaretti servieren.

Sizilianischer Zitruskuchen

Dieser locker-leichte Zitruskuchen schmeckt als Dessert ebenso gut wie als süßes Schmankerl zum Nachmittagskaffee.

NÄHRWERTANGABEN

Kilokalorien	399	Zucker	20 g
Eiweiß	8 g	Fett	31 g
Kohlenhydrate	23 g	davon gesättigt	13 g

30 MIN. 40 MIN.

8 STÜCKE

ZUTATEN

- 4 Eier, getrennt
- 125 g Zucker
- geriebene Schale und Saft von 2 Orangen und 1 Zitrone
- 125 g gemahlene Mandeln
- 200 g Mehl
- 2 TL Backpulver
- 200 g Schlagsahne
- 1 TL Zimt
- 2 TL Zucker
- 2 EL gehobelte Mandeln, geröstet
- Puderzucker, zum Bestäuben

1 Eine Springform (18 cm Durchmesser) leicht einfetten.

2 Eigelb und Zucker schaumig schlagen. Die Hälfte der Orangen- und sämtliche Zitronenschale unterheben.

VARIATION

Servieren Sie diesen Kuchen einmal mit einem köstlichen Orangensirup: Kochen Sie die abgeriebene Schale von 2 Orangen, 75 g Zucker und 2 Esslöffel Wasser für 5 Minuten, bis eine dickflüssige Masse entsteht, und rühren Sie vor dem Servieren 1 Esslöffel Orangenlikör ein.

3 Orangensaft, Zitronensaft und gemahlene Mandeln unter die Eigelbmasse rühren. Dann Mehl und Backpulver zufügen.

4 Das Eiweiß steif schlagen und vorsichtig unter die Zitrusmischung heben.

5 Den fertigen Teig in die vorbereitete Form füllen und in einem auf 180 °C vorgeheizten Backofen 35–40 Minuten goldbraun backen, bis er so fest ist, dass er leicht nachgibt, wenn er vorsichtig angedrückt wird. Aus dem Ofen nehmen und 10 Minuten in der Form abkühlen lassen, dann herausnehmen. Der Kuchen kann dabei etwas zusammenfallen.

6 Die Sahne mit Zimt, Zucker und Orangenschale mischen und steif schlagen.

7 Sobald der Kuchen abgekühlt ist, mit den gerösteten Mandeln belegen, mit Puderzucker bestäuben und mit der geschlagenen Sahne servieren.

Sommerpudding

Unter einer Hülle aus Brotscheiben verbergen sich rote Sommerfrüchte. Für zusätzlichen Geschmack und viel Farbe sorgt eine köstliche Himbeersauce.

NÄHRWERTANGABEN

Kilokalorien	250	Zucker	41 g
Eiweiß	4 g	Fett	4 g
Kohlenhydrate	53 g	davon gesättigt	2 g

12 ¼ STD. 10 MIN.

6 PERSONEN

ZUTATEN

- Butter oder Öl, zum Einfetten
- 6–8 dünne Scheiben Weißbrot, ohne Kruste
- 175 g Zucker
- 300 ml Wasser
- 225 g Erdbeeren
- 500 g Himbeeren
- 175 g schwarze oder rote Johannisbeeren
- 175 g Brombeeren
- Minzezweige, zum Dekorieren
- Schlagsahne, zum Servieren

1 6 Backförmchen (150 ml Inhalt) mit Butter oder Öl einfetten.

2 Die Brotscheiben zurechtschneiden und die Förmchen damit auslegen.

3 Zucker und Wasser unter Rühren erhitzen, bis sich der Zucker auflöst. Dann aufkochen und 2 Minuten köcheln lassen.

4 6 große Erdbeeren für die Dekoration aufbewahren, die restlichen längs halbieren und mit den anderen Früchten und der Hälfte der Himbeeren in den Zuckersirup geben. Einige Minuten köcheln lassen, bis die Früchte weich werden, aber noch nicht die Form verlieren.

2

5

7

5 Die Früchte und etwas Sirup in die Puddingförmchen füllen und mit Brotscheiben abdecken. Etwas Sirup mit einem Löffel über das Brot und die Ränder der Form träufeln, damit das Brot gut durchtränkt wird. Die Förmchen mit einer Untertasse abdecken und mit einem Gewicht beschweren. Abkühlen lassen und am besten über Nacht in den Kühlschrank stellen.

6 Die restlichen Himbeeren pürieren oder durch ein Sieb pressen. Mit dem verbliebenen Sirup vermengen, bis eine glasurähnliche Masse entsteht.

7 Die fertigen Puddings auf Teller stürzen, mit der Himbeerglasur bestreichen, mit Minzezweigen und den restlichen Erdbeeren dekorieren und mit etwas Sahne servieren.

Mokka-Mousse

Eine Kombination aus leichter, aber leckerer Schokoladen- und Kaffeecreme, die in Dessertschalen attraktiv serviert wird.

NÄHRWERTANGABEN

Kilokalorien 130	Zucker .... 10 g
Eiweiß .... 5 g	Fett .... 8 g
Kohlenhydrate .. 11 g	davon gesättigt .. 5 g

1 ¹/₄ STD. 0 MIN.

4 PERSONEN

ZUTATEN

- 1 EL löslicher Kaffee
- 1 EL löslicher Getreidekaffee
- 2 TL Kakaopulver, plus etwas mehr, zum Bestäuben
- 1 TL fettarmes Schokoladen-Getränkepulver
- 150 g saure Sahne, plus 4 TL, zum Dekorieren
- 2 TL Gelatinepulver
- 2 EL kochendes Wasser
- 2 große Eiweiß
- 2 EL Zucker
- 4 Schokoladen-Kaffeebohnen, zum Dekorieren

1 Kaffee- und Getreidekaffeepulver in eine Schüssel geben, Kakao und Getränkepulver in eine zweite. Die saure Sahne auf die beiden Schüsseln verteilen und sorgfältig unterrühren.

2 Die Gelatine in kochendem Wasser auflösen und beiseite stellen. Das Eiweiß in einer sauberen Schüssel steif schlagen, dabei langsam den Zucker einstreuen. Den Eischnee gleichmäßig auf die beiden vorbereiteten Cremes verteilen.

3 Die aufgelöste Gelatine ebenfalls auf die Cremes verteilen und unterheben.

4 Die Cremes schichtweise auf 4 Dessertgläser verteilen und mit einem Löffelstiel ein spiralförmiges Muster hineinziehen. Dann für mindestens 1 Stunde in den Kühlschrank stellen.

5 Die fertigen Desserts mit je 1 Teelöffel Sauerrahm und einer Kaffeebohne dekorieren und mit Kakaopulver bestäuben.

TIPP

Saure Sahne hat einen Fettgehalt von 10 %. Er sollte in der fettarmen Ernährung nur maßvoll verwendet werden. Wer mehr Fett einsparen will, verwendet ungesüßten Naturjoghurt oder Magerquark.

1

2

4

Gebackener Kokosreis

Diese Reisspeise wird mit Kokosmilch und Limettenschale zubereitet. Servieren Sie sie heiß oder kalt mit frischen oder gedünsteten Früchten.

NÄHRWERTANGABEN

Kilokalorien	211	Zucker	27 g
Eiweiß	5 g	Fett	2 g
Kohlenhydrate	46 g	davon gesättigt	1 g

5 MIN. 2½ STD.

4–6 PERSONEN

ZUTATEN

- 90 g Rundkornreis
- 600 ml Kokosmilch
- 300 ml Milch
- 1 breiter Streifen Limettenschale
- 60 g Zucker
- etwas Butter, in Flöckchen
- 1 Prise gemahlener Sternanis (nach Belieben)
- frische oder gedünstete Früchte, zum Servieren

1 Eine flache Auflaufform (1,4 l Inhalt) leicht einfetten.

2 Reis, Kokosmilch, Milch, Limettenschale und Zucker in einer Schüssel sorgfältig vermengen.

3 Die Reismischung in die vorbereitete Auflaufform geben. Mit einigen Butterflöckchen bedecken und etwa 30 Minuten bei 180 °C im Backofen backen.

4 Die Form aus dem Backofen nehmen. Den Limettenstreifen entfernen und wegwerfen.

5 Den Reis gut durchrühren und nach Belieben mit Sternanis würzen. Anschließend den Reis weitere 1–2 Stunden backen, bis er fast die gesamte Milch absorbiert und sich an der Oberfläche eine goldbraune Haut gebildet hat. Falls die Oberfläche gegen Ende der Backzeit zu stark bräunt, den Reis mit Alufolie abdecken.

6 Den fertigen Kokosreis warm oder nach Belieben auch kalt mit frischen oder gedünsteten Früchten servieren.

TIPP

Beim Abkühlen verdickt die Mischung. Heben Sie daher, wenn Sie den Reis kalt anbieten wollen, vor dem Servieren etwa 3 Esslöffel Sahne oder zusätzliche Kokosmilch unter die Mischung, damit sie etwas dünnflüssiger wird

Johannisbeercreme

Ihre rosa Farbe verdankt diese Sahnecreme dem schwarzen Johannisbeerlikör, der vor dem Aufschlagen zur Crème double gegeben wird.

NÄHRWERTANGABEN

Kilokalorien	536	Zucker	17 g
Eiweiß	2 g	Fett	48 g
Kohlenhydrate	17 g	davon gesättigt	30 g

45 MIN. 0 MIN.

2 PERSONEN

ZUTATEN

5 EL Weißwein

2–3 TL schwarzer Johannisbeerlikör

fein geriebene Schale von ½ Zitrone oder Orange

1 EL Zucker

200 g Crème double

4 Löffelbiskuits (nach Belieben)

DEKORATION

frische Früchte (z. B. Erdbeeren, Himbeeren oder rote Johannisbeeren) oder Pecannüsse oder Walnusshälften

Minzezweige

1 Weißwein, Johannisbeerlikör, Zitronen- oder Orangenschale und Zucker in einer Schüssel vermengen und mindestens 30 Minuten ziehen lassen.

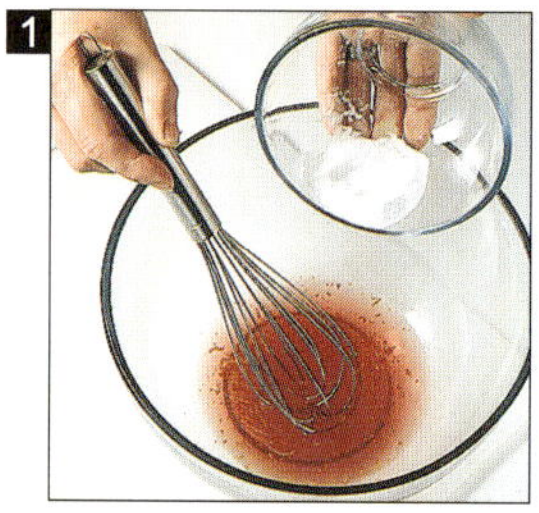

2 Crème double zugeben und die Mischung so lange schlagen, bis sie fast steif ist.

3 Die Löffelbiskuits, falls verwendet, in grobe Stücke brechen und auf 2 Dessertgläser verteilen.

4 Die Crèmemischung in einen Spritzbeutel mit einer großen sternförmigen oder glatten Tülle geben und über die Löffelbiskuits spritzen. Oder die Creme einfach über die Löffelbiskuits geben. Bis zum Servieren kalt stellen.

5 Vor dem Servieren die Johannisbeercreme mit frischen Obstscheiben, Obststücken oder Nüssen und Minzezweigen dekorieren.

TIPP

Sie können die Sahnecreme 48 Stunden im Kühlschrank aufbewahren. Sie können also mehr zubereiten, als Sie benötigen, und den Rest für einen anderen Tag aufbewahren.

Birnentarte

Für diesen italienischen Kuchen aus dem Gebiet um Trient werden Birnen mit Mandelkeksen, Zimt, Rosinen und Aprikosenkonfitüre kombiniert.

NÄHRWERTANGABEN

Kilokalorien 629	Zucker .... 70 g
Eiweiß .... 7 g	Fett .... 21 g
Kohlenhydrate . 109 g	davon gesättigt . 13 g

1½ STD. 50 MIN.

6 STÜCKE

ZUTATEN

- 300 g Mehl
- 1 Prise Salz
- 150 g feiner Zucker
- 150 g Butter, gewürfelt
- 1 Ei
- 1 Eigelb
- 5 Tropfen Vanillearoma
- 3–4 TL Wasser
- Puderzucker, zum Bestäuben

FÜLLUNG

- 4 EL Aprikosenkonfitüre
- 60 g Amaretti oder anderes kleines Mandelgebäck, zerkrümelt
- 1 kg Birnen, geschält und entkernt
- 1 TL Zimt
- 100 g Sultaninen
- 60 g Farin-Zucker

1 Mehl und Salz auf eine Arbeitsfläche sieben, eine Vertiefung in die Mitte drücken und Zucker, Butter, Ei, Eigelb, Vanillearoma und einen Großteil des Wassers hineingeben.

2 Das Mehl mit den Fingern nach und nach unter die anderen Zutaten kneten, bis ein glatter Teig entsteht, gegebenenfalls noch Wasser zufügen. Den fertigen Teig in Frischhaltefolie wickeln und für 1 Stunde in den Kühlschrank stellen, bis er fest wird.

3 Drei Viertel des Teigs ausrollen und in eine flache Obstkuchenform (25 cm Durchmesser) einpassen. Den Boden mit Konfitüre bestreichen und die Amaretti darüber streuen.

4 Die Birnen in dünne Scheiben schneiden, über den Mandelkeksen verteilen und mit Zimt, Sultaninen und braunem Zucker bestreuen.

5 Ein Drittel der restlichen Teigmenge zu einem dünnen Strang rollen und um den Rand des Kuchens legen. Den restlichen Teig zu mehreren dünnen Strängen rollen. Diese wie ein Gitter über der Kuchenfüllung anrichten (etwa 4–5 Streifen in jede Richtung) und am Teigrand festdrücken.

6 Den Kuchen in einem auf 200 °C vorgeheizten Backofen etwa 50 Minuten goldbraun backen. Dann abkühlen lassen, mit Puderzucker bestreuen und noch warm oder gekühlt servieren.

1

3

5

Rosinenkuchen de Luxe

Dieser saftige, fettarme Kuchen wird kombiniert mit einer köstlichen Sauce, die jeden Gast überraschen wird.

NÄHRWERTANGABEN

Kilokalorien	529	Zucker	41 g
Eiweiß	9 g	Fett	31 g
Kohlenhydrate	58 g	davon gesättigt	4 g

25 MIN. 1 ¼ STD.

6–8 PERSONEN

ZUTATEN

- 125 g Rosinen
- 125 ml Wasser
- 125 ml Maiskeimöl, plus etwas mehr, zum Einfetten
- 125 g Zucker
- 25 g gemahlene Mandeln
- 2 Eier, leicht verquirlt
- 175 g Mehl
- 1 ¾ TL Backpulver

SAUCE

- 60 g Walnusshälften, gehackt
- 60 g gemahlene Mandeln
- 300 ml fettarme Milch
- 4 EL Zucker

TIPP

Weichen Sie Rosinen vor dem Backen immer ein. Auf diese Weise behalten sie ihre Feuchtigkeit und bewahren ihren Geschmack.

1 Rosinen und Wasser in einem Topf zum Kochen bringen. Dann sofort vom Herd nehmen und 10 Minuten ziehen lassen. Anschließend das Wasser abgießen.

2 Öl, Zucker und Mandeln etwa 8 Minuten mit einem Rührer verschlagen, bis die Mischung sirupartig eindickt.

3 Nach und nach die Eier zugeben und jeweils sorgfältig unterrühren. Mehl, Backpulver und Rosinen vermengen und in die Eiermischung rühren. Dann eine Pudding- oder Napfkuchenform (1 l Inhalt) mit etwas Öl einfetten.

4 Alle Saucenzutaten in einem Topf aufkochen, verrühren und 10 Minuten köcheln lassen.

5 Den Rosinenteig in die vorbereitete Form geben und mit der heißen Sauce übergießen. Dann auf ein Backblech setzen.

6 Den Kuchen in einem auf 170 °C vorgeheizten Backofen etwa 1 Stunde backen. Wenn er zu schnell bräunt, mit Backpapier abdecken.

7 Den fertigen Kuchen 2–3 Minuten in der Form auskühlen lassen, dann auf einen Teller stürzen und servieren.

2
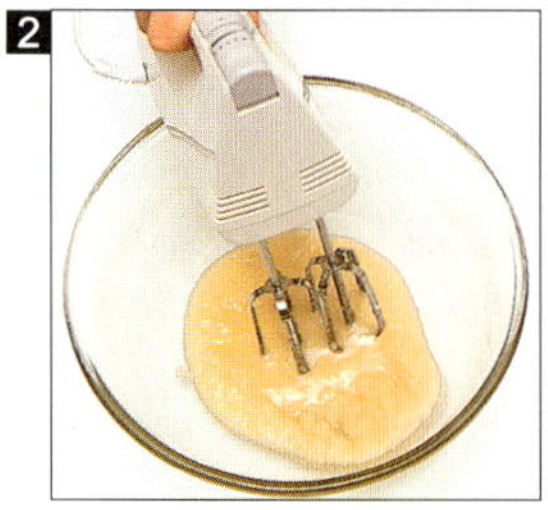

3

3

Exotische Obstpfannkuchen

Diese schmackhaften Pfannkuchen werden mit einer Vielzahl tropischer Früchte gefüllt. Dekorieren Sie sie mit tropischen Blüten oder Minzezweigen.

NÄHRWERTANGABEN

Kilokalorien	382	Zucker	24 g
Eiweiß	7 g	Fett	17 g
Kohlenhydrate	53 g	davon gesättigt	3 g

40 MIN. | 35 MIN.

4 PERSONEN

ZUTATEN

- 125 g Mehl
- 1 Prise Salz
- 1 Ei
- 1 Eigelb
- 300 ml Kokosmilch
- 4 EL Pflanzenöl, plus etwas mehr, zum Braten

FÜLLUNG

- 1 Banane
- 1 Papaya
- Saft von 1 Limette
- 2 Passionsfrüchte
- 1 Mango, gewürfelt
- 4 Litschis, entkernt und halbiert
- 1–2 EL flüssiger Honig
- Blüten oder Minzezweige, zum Dekorieren

1

2

2

1 Mehl und Salz in eine Schüssel sieben. In die Mitte eine Vertiefung drücken und Ei, Eigelb sowie einen kleinen Teil der Kokosmilch hineingeben. Nach und nach das Mehl vom Rand her gründlich in die Eimischung einrühren, dann mit der restlichen Kokosmilch zu einem glatten Teig verarbeiten. Das Öl unterrühren, den Teig abdecken und 20 Minuten kalt stellen.

2 Die Banane schälen, in Scheiben schneiden und in eine Schüssel geben. Die Papaya schälen, entkernen, in Scheiben schneiden, mit dem Limettensaft zur Banane geben und gut vermengen. Die Passionsfrüchte halbieren, Fruchtfleisch und Kerne zu den anderen Früchten geben, dann Mango, Litschis und Honig unterrühren.

3 Etwas Öl in einer kleinen Pfanne (15 cm Durchmesser) erhitzen. So viel Pfannkuchenteig zugeben und durch Schwenken verteilen, bis der Boden gerade bedeckt ist. Den Teig braten, bis er stockt und auf der Unterseite leicht gebräunt ist. Dann wenden und von der anderen Seite fertig braten. Aus der Pfanne nehmen und warm stellen, während der restliche Teig auf dieselbe Weise verarbeitet wird.

4 Zum Servieren einen Teil der Obstmischung in die Mitte eines jeden Pfannkuchens geben. Die Pfannkuchen einrollen, auf vorgewärmte Servierteller verteilen, mit Blüten oder Minzezweigen garnieren und sofort servieren.

Zitronen-Mascarpone-Kuchen

Der Mascarpone macht diesen Kuchen so wunderbar saftig. Alternativ kann auch Ricotta verwendet werden.

NÄHRWERTANGABEN

Kilokalorien	327	Zucker	25 g
Eiweiß	9 g	Fett	18 g
Kohlenhydrate	33 g	davon gesättigt	11 g

15 MIN. 50 MIN.

8 STÜCKE

ZUTATEN

- 50 g Butter
- 150 g Ingwerkekse oder einfache Butterkekse, zerstoßen
- 25 g kandierter Ingwer, gehackt
- 500 g Mascarpone
- geriebene Schale und Saft von 2 Zitronen
- 100 g Zucker
- 2 große Eier, getrennt
- Fruchtcoulis (siehe Tipp), zum Servieren

1 Eine Springform (26 cm Durchmesser) leicht mit etwas Butter einfetten.

2 Die Butter in einer Pfanne zerlassen und Kekse sowie Ingwer einrühren. Die fertige Mischung auf dem Boden der vorbereiteten Form verteilen und am Rand 1 cm hochziehen.

1

2

2

3 Mascarpone, Zitronenschale und -saft sowie Zucker und Eigelb zu einer cremigen Masse verrühren.

4 Das Eiweiß steif schlagen und unter die Mascarponecreme ziehen.

5 Die fertige Mascarponecreme auf dem Keksboden verteilen und alles in einem auf 180 °C vorgeheizten Backofen 35–45 Minuten backen, bis die Mascarponecreme fest geworden ist. Wahrscheinlich wird die Creme beim Backen Risse bekommen und ein wenig zusammenfallen, aber keine Sorge, das ist ganz normal.

6 Den fertigen Kuchen in der Form auskühlen lassen. Dann in Stücke schneiden und mit Fruchtcoulis servieren.

TIPP

Für den Fruchtcoulis 400 g frische Früchte 5 Minuten mit 2 Esslöffeln Wasser kochen. Dann durch ein Sieb streichen und mit 1 Esslöffel gesiebtem Puderzucker verrühren.

Italienische Schokotrüffel

Diese köstlichen Mandel-Schokoladen-Kreationen sind einfach herzustellen und können nach einer Mahlzeit zum Kaffee gereicht werden.

NÄHRWERTANGABEN

Kilokalorien 82	Zucker .... 7 g
Eiweiß .... 1 g	Fett .... 5 g
Kohlenhydrate ... 8 g	davon gesättigt .. 3 g

20 MIN. 5 MIN.

24 STÜCK

ZUTATEN

175 g Zartbitterschokolade
2 EL Mandel- oder Orangenlikör
2 EL Butter
50 g Puderzucker
50 g gemahlene Mandeln
50 g Vollmilchschokolade, geraspelt

1 Zartbitterschokolade und Likör über einem heißen Wasserbad erhitzen, dabei ständig rühren, damit sich die Zutaten verbinden.

2 Die Butter zufügen und unter Rühren zerlassen. Dann Puderzucker und Mandeln unterrühren.

3 Die Schokoladenmasse an einem kühlen Ort erkalten lassen, bis sie formbar geworden ist. Dann zu 24 Kugeln rollen.

4 Die Vollmilchschokoladenraspel auf einen Teller geben und die Trüffel darin wälzen.

5 Die fertigen Trüffel in Pralinenpapierförmchen setzen und bis zum Verzehr in den Kühlschrank stellen.

2

2

4

Chinesische Cremetörtchen

Diese unwiderstehlichen Mürbeteigtörtchen werden mit einer köstlichen Cremefüllung gebacken und können warm oder kalt gereicht werden.

NÄHRWERTANGABEN			
Kilokalorien	474	Zucker	30 g
Eiweiß	9 g	Fett	22 g
Kohlenhydrate	64 g	davon gesättigt	12 g

20 MIN. 30 MIN.

15 STÜCK

ZUTATEN

MÜRBETEIG

175 g Mehl
3 EL Zucker
85 g Butter
2 EL Wasser

FÜLLUNG

2 kleine Eier
60 g Zucker
175 ml Milch
½ TL gemahlener Muskat, plus etwas mehr, zum Bestäuben
Schlagsahne, zum Servieren

1 Für den Teig das Mehl in eine Schüssel sieben und den Zucker unterrühren. Die Butter in Flöckchen zugeben und mit den Fingerspitzen einkneten, bis ein feinkrümeliger Teig entsteht. Zuletzt das Wasser zugießen und alles zu einem festen Teig verarbeiten.

2 Den Teig auf einer leicht bemehlten Arbeitsfläche 5 Minuten durchkneten. Dann in Frischhaltefolie wickeln und in den Kühlschrank legen.

3 Für die Füllung Eier und Zucker schaumig schlagen. Dann nach und nach die Milch zugießen. Zuletzt den Muskat zugeben und gut unterrühren.

4 Den vorbereiteten Teig in 15 gleich große Portionen aufteilen. Diese zu kleinen Kreisen ausrollen und in flache Pastetchenformen einpassen.

5 Die Füllung auf die Teigböden verteilen und die so vorbereiteten Törtchen in einem auf 150 °C vorgeheizten Backofen 25–30 Minuten backen.

6 Die fertigen Törtchen auf ein Kuchengitter stellen und leicht abkühlen lassen. Dann mit etwas Muskat bestäuben und heiß oder kalt mit etwas Schlagsahne servieren.

3

4

6

TIPP

Sie können sich die Arbeit erleichtern, wenn Sie den Teig im Voraus zubereiten, abdecken und bis zur Verwendung im Kühlschrank aufbewahren.

Bratäpfel mit Brombeeren

Bei diesem klassischen Winterdessert können Sie die Brombeeren durch Himbeeren und den Portwein durch Orangensaft ersetzen.

NÄHRWERTANGABEN

Kilokalorien 228	Zucker .... 31 g
Eiweiß .... 1 g	Fett .... 2 g
Kohlenhydrate .. 31 g	davon gesättigt . 0,2 g

10 MIN. 45 MIN.

4 PERSONEN

ZUTATEN

- 4 Kochäpfel
- 1 EL Zitronensaft
- 100 g Brombeeren, Tiefkühlware aufgetaut
- 15 g gehobelte Mandeln
- ½ TL gemahlener Piment
- ½ TL geriebene Zitronenschale
- 2 EL Farin-Zucker
- 300 ml süßer Portwein
- 1 Zimtstange, in Stücke gebrochen
- 2 TL Speisestärke, mit 2 EL Wasser angerührt
- fettarme Vanillesauce, zum Servieren

1

2

3

1 Die Äpfel waschen und abtrocknen. Die Schale in der Mitte mit einem Messer rundum leicht einritzen, damit die Äpfel beim Backen nicht aufplatzen.

2 Die Kerngehäuse ausstechen und das Innere der Äpfel mit Zitronensaft bestreichen, um Verfärbungen zu vermeiden. Dann die Äpfel in eine flache Auflaufform stellen.

3 Brombeeren, Mandeln, Piment, Zitronenschale und Zucker mischen und in die ausgehöhlten Äpfel füllen.

4 Den Portwein zu den Äpfeln in die Auflaufform gießen. Den Zimt zufügen und die Äpfel in einem auf 200 °C vorgeheizten Backofen 35–40 Minuten backen, bis sie weich sind.

5 Die Äpfel aus der Form nehmen und warm stellen. Für die Sauce den beim Backen ausgetretenen Fruchtsaft in einen Topf gießen.

6 Die Zimtstücke aus dem Saft entfernen und die angerührte Speisestärke zugeben. Die Mischung unter Rühren aufkochen, bis sie eindickt.

7 Die warm gehaltenen Bratäpfel auf Servierteller verteilen. Die fertige Sauce darüber gießen. Die Vanillesauce vorsichtig erwärmen, in einen Krug umfüllen und separat dazu servieren.

Indischer Brotpudding

Dieser Nachtisch ist das indische Äquivalent zum englischen Bread-and-Butter-Pudding. Er wird gewöhnlich nur zu besonderen Anlässen gekocht.

NÄHRWERTANGABEN

Kilokalorien	445	Zucker	43 g
Eiweiß	10 g	Fett	20 g
Kohlenhydrate	60 g	davon gesättigt	11 g

20 MIN. 25 MIN.

6 PERSONEN

ZUTATEN

- 6 Scheiben Weißbrot
- 5 EL Ghee (am besten reines Ghee) oder Butter
- 150 g Zucker
- 300 ml Wasser
- Samen von 3 grünen Kardamomkapseln
- 600 ml Milch
- 175 ml Kondensmilch oder Khoya (siehe Tipp)
- ½ TL Safranfäden
- Schlagsahne, zum Servieren (nach Belieben)

DEKORATION

- 8 Pistazien, gehackt
- gehackte Mandeln

TIPP

Für den Khoya 900 ml Milch in einem großen Topf aufkochen. Dann die Hitze reduzieren und die Milch 35–40 Minuten unter gelegentlichem Rühren kochen, bis sie auf ein Viertel ihres ursprünglichen Volumens reduziert ist und einem klebrigen Teig ähnelt.

1 Die Brotscheiben vierteln. Das Ghee in einer Pfanne erhitzen. Das Brot zugeben und rundum knusprig und goldbraun anbraten, dabei einmal wenden. Dann auf dem Boden einer Auflaufform verteilen und beiseite stellen.

2 Für den Sirup Zucker, Wasser und Kardamomsamen in einen Topf geben und bei mittlerer Hitze unter Rühren erhitzen, bis sich der Zucker gelöst hat. Dann kochen, bis der Sirup eindickt. Den fertigen Sirup über das Brot gießen.

3 Milch, Kondensmilch oder Khoya und Safran in einen separaten Topf geben und bei geringer Hitze zum Kochen bringen. Dann köcheln lassen, bis die Mischung um die Hälfte reduziert ist. Die fertige Sauce ebenfalls über das vorbereitete Brot gießen.

4 Das fertige Dessert mit Pistazien und gehackten Mandeln dekorieren und nach Belieben mit Sahne servieren. Wer mag, lässt die Sauce vor dem Servieren noch etwas durchziehen.

1

2

3

Aprikosen-Brûlée

Dieses zartschmelzende Dessert ist einfach köstlich. Servieren Sie es zu feierlichen Anlässen mit knusprig gebackenen Baisers.

NÄHRWERTANGABEN

Kilokalorien	307	Zucker	38 g
Eiweiß	5 g	Fett	16 g
Kohlenhydrate	38 g	davon gesättigt	9 g

2¼ STD. — 35 MIN.

6 PERSONEN

ZUTATEN

- 125 g getrocknete Aprikosen
- 150 ml Orangensaft
- 4 Eigelb
- 2 EL Zucker
- 150 g Naturjoghurt
- 150 g Schlagsahne
- 1 TL Vanillearoma
- 90 g Farin-Zucker
- Baisers, zum Servieren (nach Belieben)

1 Aprikosen und Orangensaft in eine Schüssel geben und mindestens 1 Stunde einweichen lassen. In einen kleinen Topf gießen, langsam aufkochen und 20 Minuten köcheln lassen. Dann in einem Mixer pürieren oder sehr fein hacken und durch ein Sieb streichen.

2 Eigelb und Zucker schaumig schlagen. Den Joghurt in einen kleinen Topf geben, Sahne und Vanillearoma zufügen und bei schwacher Hitze zum Kochen bringen.

3 Die Joghurtmischung unter Rühren zur Eimischung gießen. Dann über einem heißen Wasserbad so lange verrühren, bis eine dickflüssige Creme entsteht. Das Aprikosenpüree auf 6 kleine Auflaufförmchen verteilen. Die Vanillecreme vorsichtig darüber löffeln. Die Mischung abkühlen lassen und für mindestens 1 Stunde in den Kühlschrank stellen.

4 Den Farin-Zucker gleichmäßig über die Creme streuen und die Förmchen unter einen sehr heißen Grill stellen, bis der Zucker karamellisiert. Die Creme erneut abkühlen lassen. Den harten Karamellüberzug vor dem Servieren mit einem Löffel aufschlagen.

2

3

4

Doppeldecker

Selbst Veganer können diese überaus gesunde und bekömmliche Variante des klassischen Biskuitkuchens bedenkenlos genießen.

NÄHRWERTANGABEN

Kilokalorien	273	Zucker	27 g
Eiweiß	3 g	Fett	9 g
Kohlenhydrate	49 g	davon gesättigt	1 g

15 MIN. 30 MIN.

1 KUCHEN

ZUTATEN

- 225 g Vollkornmehl
- 4 TL Backpulver
- 175 g Zucker
- 6 EL Sonnenblumenöl
- 250 ml Wasser
- 5 Tropfen Vanillearoma
- 4 EL Diät-Erdbeer- oder Himbeergelee
- Zucker, zum Bestreuen

1 2 Kuchenformen (20 cm Durchmesser) einfetten und mit Backpapier auslegen.

2 Mehl, Backpulver und Zucker in eine große Schüssel sieben. Eventuelle Kleierückstände aus dem Sieb zu der Mischung geben und unterrühren.

3 Öl, Wasser und Vanillearoma zugeben. Alles 1 Minute glatt rühren und auf die Kuchenformen verteilen.

4 Den so vorbereiteten Teig 25–30 Minuten in einem auf 180 °C vorgeheizten Backofen backen.

5 Die fertigen Biskuitböden in den Formen etwas abkühlen lassen, dann auf ein Kuchengitter geben und sorgfältig auskühlen lassen.

6 Das Backpapier entfernen. Einen Biskuitboden auf einen Servierteller legen und mit dem Gelee bestreichen. Den zweiten Biskuitboden darüber legen.

7 Den fertigen Doppeldecker vor dem Servieren mit etwas Zucker bestreuen und in Stücke schneiden.

Karamellisierte Orangen

Das Geheimnis dieser Orangen ist, dass sie mindestens 3 Stunden im Sirup marinieren und sich die Aromen so wunderbar vereinen.

NÄHRWERTANGABEN

Kilokalorien	235	Zucker	59 g
Eiweiß	2 g	Fett	0,2 g
Kohlenhydrate	59 g	davon gesättigt	0 g

3¼ STD. 20 MIN.

6 PERSONEN

ZUTATEN

- 6 große Orangen
- 225 g Zucker
- 250 ml Wasser
- 6 Gewürznelken (nach Belieben)
- 2–4 EL Orangenlikör oder Weinbrand

3

5

6

1 Mit einem Zestenschneider oder Sparschäler die Schale von 2 Orangen dünn abschälen. Mit einem Sparschäler abgeschälte Streifen anschließend in feine Stifte schneiden.

2 Die Orangenzesten in einen kleinen Topf geben, knapp mit Wasser bedecken, aufkochen und 5 Minuten köcheln lassen. Dann abtropfen lassen, den Kochsud aber aufbewahren.

3 Die Orangen schälen (die weiße Haut sorgfältig entfernen) und quer in je 4 Scheiben schneiden. Die Orangen wieder zusammensetzen, mit Zahnstochern fixieren und in eine Auflaufform setzen.

4 Zucker, Wasser und eventuell Nelken in einen Topf geben. Alles langsam erwärmen, bis sich der Zucker aufgelöst hat. Dann aufkochen, bis der Sirup eindickt und sich verfärbt, dabei nicht rühren. Weiter kochen, bis der Sirup goldbraun geworden ist, dann vom Herd nehmen und den zurückbehaltenen Orangensud zugeben.

5 Bei schwacher Hitze den Sirup erneut erhitzen und verflüssigen. Dann vom Herd nehmen und den Orangenlikör zugießen. Den Sud über die Orangen gießen.

6 Die Orangen mit den vorbereiteten Zesten bestreuen, mit Frischhaltefolie abdecken und abkühlen lassen. Das fertige Dessert vor dem Servieren für mindestens 3, besser aber 24–48 Stunden in den Kühlschrank stellen, wenn möglich, öfter mit dem Sirup befeuchten. Vor dem Servieren die Zahnstocher entfernen.

Vanilleeis

Diese Eiscreme mit echter Vanille schmeckt unvergleichlich gut und ist einfach herzustellen. Probieren Sie auch die Tuttifrutti-Variante.

NÄHRWERTANGABEN

Kilokalorien	626	Zucker	33 g
Eiweiß	7 g	Fett	53 g
Kohlenhydrate	33 g	davon gesättigt	31 g

12 STD. 15 MIN.

6 PERSONEN

ZUTATEN

600 g Crème double

1 Vanilleschote

Zesten von 1 Zitrone

4 Eier, verquirlt

2 Eigelb

150 g feiner Zucker

1 Die Crème double in einem Topf unter Rühren leicht erhitzen.

2 Vanilleschote, Zitronenzesten, Eier und Eigelb zugeben und bis kurz vor dem Siedepunkt erhitzen.

3 Die Hitze reduzieren und die Masse 8–10 Minuten unter stetigem Rühren köcheln, bis sie eindickt.

4 Den Zucker unter die Creme rühren, beiseite stellen und abkühlen lassen.

5 Die abgekühlte Masse durch ein Sieb in eine Schüssel seihen.

6 Die Vanilleschote aufschlitzen, die kleinen schwarzen Samen herauskratzen und unter die Creme rühren.

7 Die fertige Eismischung in eine Gefrierdose geben und über Nacht ins Tiefkühlfach stellen. Kurz vor dem Servieren in den Kühlschrank stellen, damit das Eis beim Servieren nicht zu hart ist.

1

4

6
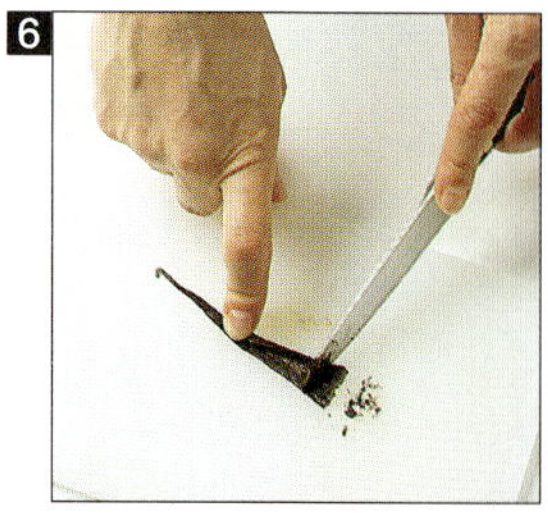

VARIATION

Tuttifrutti-Eis: 100 g gemischte Trockenfrüchte (Sultaninen, Aprikosen, Zitronat, Orangeat und Ananas) 20 Minuten in 2 Esslöffeln Marsala oder Sherry einweichen. Die Grundcreme ohne die Vanilleschote zubereiten und vor dem Einfrieren die Früchte unterrühren.

Bananen im Backteig

Diese Bananen sind einfach unwiderstehlich. Bereiten Sie deshalb für willensschwache Gäste vorsorglich die doppelte Menge zu!

NÄHRWERTANGABEN

Kilokalorien 562	Zucker . . . . 79 g
Eiweiß . . . . 6 g	Fett . . . . 10 g
Kohlenhydrate . 118 g	davon gesättigt . . 1 g

10 MIN. 20 MIN.

4 PERSONEN

ZUTATEN

- 8 Bananen, geschält
- 2 TL Zitronensaft
- 75 g Mehl
- ¾ TL Backpulver
- 75 g Reismehl
- 1 EL Speisestärke
- ½ TL Zimt
- 250 ml Wasser
- Öl, zum Frittieren
- 4 EL brauner Zucker
- Schlagsahne oder Eiscreme, zum Servieren

1 Die Bananen in gleich große Stücke schneiden und in eine Schüssel legen.

2 Die Bananen mit dem Zitronensaft besprenkeln, damit sie nicht braun werden.

3 Mehl, Backpulver, Reismehl, Stärke und Zimt in eine Schüssel sieben. Dann langsam das Wasser einrühren, bis ein dünnflüssiger Teig entsteht.

4 Das Öl in einem heißen Wok erhitzen, bis es raucht, dann die Hitze etwas reduzieren.

5 Die einzelnen Bananenstücke auf eine Gabel spießen und behutsam in den vorbereiteten Teig tauchen. Dann kurz abtropfen lassen.

6 Den Zucker auf einen großen Teller streuen.

7 Die Bananen in den Wok geben und 2–3 Minuten frittieren, bis sie goldbraun sind. Dann mit einem Wokwender aus dem Öl heben und im Zucker wälzen.

8 Die fertigen Bananenstücke auf Servierschalen verteilen und sofort mit etwas Sahne oder Eiscreme servieren.

1

5

7

TIPP

Reismehl ist in Bioläden, Reformhäusern oder in asiatischen Supermärkten erhältlich.

Christmas Shortbread

Britisches Shortbread ist garantiert unwiderstehlich. Wenn Sie weihnachtliche Motive aus dem Teig stechen, ist auch feierliche Vorfreude garantiert.

NÄHRWERTANGABEN

Kilokalorien	162	Zucker	10 g
Eiweiß	1 g	Fett	9 g
Kohlenhydrate	21 g	davon gesättigt	6 g

45 MIN. — 15 MIN.

24 STÜCK

ZUTATEN

125 g Zucker
225 g Butter
350 g Mehl
1 Prise Salz

DEKORATION

60 g Puderzucker
Silberperlen
Belegkirschen, gehackt
Angelika (Engelwurz)

1 Zucker und Butter in einer großen Schüssel sorgfältig vermengen, aber nicht cremig schlagen.

2 Mehl und Salz in die Mischung sieben und alles zu einem festen Teig verarbeiten. Diesen auf einer leicht bemehlten Arbeitsfläche kurz durchkneten, bis er glatt ist, aber nicht zu stark bearbeiten. Dann 10–15 Minuten in den Kühlschrank stellen.

3 Den Teig auf der leicht bemehlten Arbeitsfläche ausrollen. Weihnachtliche Motive aus dem Teig stechen und auf gefettete Backbleche legen.

4 Die Kekse in einem auf 180 °C vorgeheizten Backofen 10–15 Minuten hellbraun backen. 10 Minuten auf dem Backblech, anschließend vollständig auf einem Kuchengitter auskühlen lassen.

5 Den Puderzucker mit etwas Wasser mischen. Die Kekse mit dieser Glasur verzieren. Zusätzlich Silberperlen, kleine Stücke kandierter Kirschen und Angelika auf den Keksen verteilen.

6 Die Kekse in einem luftdichten Behälter lagern. Oder einzeln in Folie verpacken, mit einem bunten Band verschließen und an den Weihnachtsbaum hängen.

2

3

5

Grießdessert

In Nordindien wird diese Süßspeise mit Pooris und einem Kartoffel-Curry zum Frühstück serviert, aber sie ist auch ein vorzügliches Dessert.

NÄHRWERTANGABEN

Kilokalorien	676	Zucker	66 g
Eiweiß	10 g	Fett	31 g
Kohlenhydrate	96 g	davon gesättigt	19 g

5 MIN. 10 MIN.

4 PERSONEN

ZUTATEN

- 75 g Ghee oder Butter
- 3 Gewürznelken
- 3 Kardamomkapseln
- 8 EL Grieß
- ½ TL Safran
- 50 g Sultaninen
- 150 g Zucker
- 300 ml Wasser
- 300 ml Milch
- Schlagsahne, zum Servieren

DEKORATION

- 25 g Kokosraspel, geröstet
- 25 g gehackte Mandeln
- 25 g ungesalzene Pistazien, eingeweicht und gehackt

2

3

4

1 Das Ghee in einen Topf geben und bei mittlerer Hitze zerlassen.

2 Nelken und Kardamomkapseln zugeben. Die Hitze reduzieren und die Gewürze unter Rühren sorgfältig mit dem Ghee vermengen.

3 Den Grieß zugeben und unter Rühren kurz anbraten, bis er sich dunkel verfärbt.

4 Safran, Sultaninen und Zucker unter die Grießmischung heben.

5 Wasser und Milch unter Rühren langsam zugießen. Die Mischung köcheln lassen, dabei ständig weiterrühren, bis der Grieß gar ist. Bei Bedarf ein wenig mehr Wasser zugeben.

6 Den Topf vom Herd nehmen und den Grieß in eine vorgewärmte Servierschüssel füllen.

7 Das fertige Dessert mit Kokosraspeln, Mandeln und Pistazien garnieren, mit einem Klacks flüssiger Sahne beträufeln und servieren.

Bananen-Limetten-Kuchen

Dank des Bananenpürees bleibt der Teig dieses fruchtigen Kuchens saftig und die Limettenglasur verleiht ihm zusätzlichen Geschmack und Frische.

NÄHRWERTANGABEN

Kilokalorien 235	Zucker .... 31 g
Eiweiß .... 5 g	Fett .... 1 g
Kohlenhydrate .. 55 g	davon gesättigt . 0,3 g

35 MIN. 45 MIN.

8 STÜCKE

ZUTATEN

- 300 g Mehl
- 1 TL Salz
- 1½ TL Backpulver
- 175 g hellbrauner Zucker
- 1 TL geriebene Limettenschale
- 1 Ei, verquirlt
- 1 Banane, mit 1 EL Limettensaft püriert
- 150 g fettarmer Frischkäse
- 115 g Sultaninen

GLASUR

- 115 g Puderzucker
- 1–2 TL Limettensaft
- ½ TL fein geriebene Limettenschale

DEKORATION

- Bananenchips
- fein geriebene Limettenschale

1 Eine Springform (18 cm Durchmesser) einfetten und mit Backpapier auslegen.

2 Mehl, Salz und Backpulver in eine Schüssel sieben, dann Zucker und Limettenschale einrühren

3 In die Mitte der Mehlmischung eine Vertiefung drücken. Ei, Banane, Frischkäse sowie Sultaninen hineingeben und gut vermengen.

4 Den Teig in die vorbereitete Form geben, glatt streichen und 40–45 Minuten in einem auf 180 °C vorgeheizten Backofen backen, bis er fest ist. Dann 10 Minuten abkühlen lassen und auf ein Kuchengitter setzen.

5 Für die Glasur den Puderzucker in eine Schüssel sieben und mit dem Limettensaft zu einer geschmeidigen, nicht zu dünnflüssigen Masse verrühren, dann die Limettenschale unterrühren. Die Glasur über den Kuchen träufeln und an den Rändern herablaufen lassen.

6 Den fertigen Kuchen mit Bananenchips und Limettenschale dekorieren. Anschließend 15 Minuten ruhen lassen, bis die Glasur fest ist. Dann in Stücke schneiden und servieren.

1

3

4

VARIATION

Ersetzen Sie Limettenschale und -saft durch Orangenschale und -saft sowie die Sultaninen durch klein gehackte Aprikosen.

Gebackene Birnen mit Zimt

Dieses herrliche Winterrezept ist leicht zuzubereiten und zergeht auf der Zunge. Servieren Sie die Birnen mit einer fettarmen Vanillesauce.

1

2

2

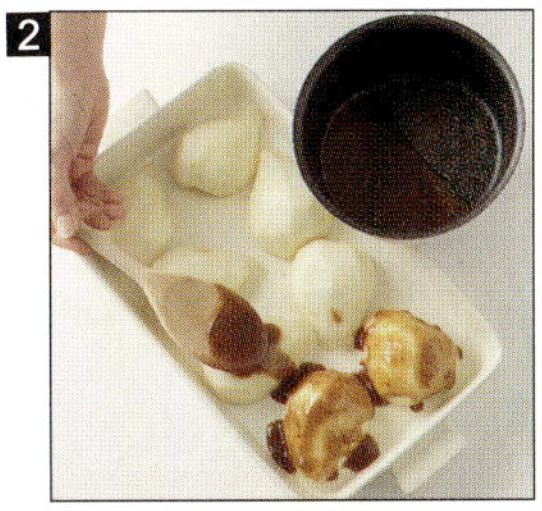

NÄHRWERTANGABEN

Kilokalorien	207	Zucker	35g
Eiweiß	3g	Fett	6g
Kohlenhydrate	37g	davon gesättigt	2g

10 MIN. 25 MIN.

4 PERSONEN

ZUTATEN

- 4 reife Birnen
- 2 EL Zitronensaft
- 4 EL hellbrauner Zucker
- 1 TL Zimt
- 60 g Halbfettmargarine
- Vanillesauce, zum Servieren
- Zitronenzesten, zum Dekorieren

1 Den Backofen auf 200 °C vorheizen. Die Birnen schälen, der Länge nach halbieren und entkernen. Dann mit Zitronensaft bestreichen, damit sie nicht braun werden und mit der Schnittfläche nach unten in eine Auflaufform legen.

2 Zucker, Zimt und Halbfettmargarine in einen kleinen Topf geben und bei geringer Hitze unter Rühren erwärmen, bis sich der Zucker gelöst hat. Nicht zu stark erhitzen, sonst verdunstet zu viel Wasser aus der Halbfettmargarine. Danach die Mischung über die Birnen träufeln.

3 Die Birnen in den Backofen geben und 20–25 Minuten backen, bis sie weich und goldbraun sind. Dabei von Zeit zu Zeit mit der Zuckerlösung begießen.

4 Die Vanillesauce vorsichtig erhitzen, bis sie sehr heiß ist. Dann auf 4 Dessertteller verteilen.

5 Auf jedem Teller 2 Birnenhälften anrichten. Die Birnen mit Zitronenzesten dekorieren und servieren.

VARIATION

Ersetzen Sie den Zimt durch Ingwerpulver und garnieren Sie die Früchte mit Streifen von eingelegtem Ingwer. Oder würzen Sie mit Piment und geben Sie vor dem Servieren 1 Esslöffel erwärmten braunen Rum über jede Portion.

Honigsüße Reispuddings

Die Kombination von Ingwer, Honig und Zimt verleiht diesen süßen Reispuddings ein wundervolles Aroma.

NÄHRWERTANGABEN

Kilokalorien	199	Zucker	15g
Eiweiß	3g	Fett	1g
Kohlenhydrate	46g	davon gesättigt	0g

10 MIN. 50 MIN.

4 PERSONEN

ZUTATEN

- 300 g Milchreis
- 2 EL flüssiger Honig, plus etwas mehr, zum Beträufeln
- 1 große Prise Zimt
- 15 getrocknete Aprikosen, gehackt
- 3 eingelegte Ingwerstücke, abgetropft und gehackt
- 8 getrocknete Aprikosen, zum Dekorieren

1 Den Reis in einen Topf geben und mit kaltem Wasser bedecken. Aufkochen, dann die Hitze reduzieren. Den Reis abdecken und 15 Minuten köcheln lassen, bis er das Wasser aufgesogen hat. Dann Honig und Zimt einrühren.

2 4 kleine Auflaufformen (150 ml Inhalt) einfetten.

3 Aprikosen- und Ingwerstücke in einen Mixer geben und pürieren.

4 Das Aprikosenpüree in 4 gleich große Portionen aufteilen und zu flachen Fladen formen, die in die vorbereiteten Formen passen.

5 Die Hälfte des Reises auf die Formen verteilen. Die Aprikosenfladen darauf legen.

6 Die Aprikosenfladen mit dem restlichen Reis bedecken. Die Formen mit Backpapier und Alufolie abdecken, in einen Dämpfer geben und 30 Minuten dämpfen.

7 Die Formen aus dem Dämpfer nehmen und 5 Minuten ruhen lassen.

8 Die Puddings auf warme Teller stürzen, mit Honig beträufeln, mit getrockneten Aprikosen dekorieren und servieren.

TIPP

Die Puddings können auch kalt serviert werden. Dazu die Puddings nach dem Dämpfen im Kühlschrank in den Formen abkühlen lassen, dann auf Servierteller stürzen und mit Eis oder Sahne servieren.

1

4

6

Bread-and-Butter-Pudding

In England kursieren zahlreiche Rezepte für dieses dort sehr beliebte Gericht. Hier spielen Orangenmarmelade und ein Apfel die entscheidende Rolle.

NÄHRWERTANGABEN

Kilokalorien	427	Zucker	63 g
Eiweiß	9 g	Fett	13 g
Kohlenhydrate	74 g	davon gesättigt	7 g

45 MIN.   1 STD.

6 PERSONEN

ZUTATEN

- 60 g Butter, plus etwas mehr, zum Einfetten
- 4–5 Scheiben Weiß- oder Graubrot
- 4 EL Orangenmarmelade
- geriebene Schale von 1 Zitrone
- 100 g Sultaninen
- 40 g kandierte Früchte, gehackt
- 1 TL Zimt oder Lebkuchen-Gewürzmischung
- 1 Apfel, geschält, entkernt und grob gerieben
- 90 g brauner Zucker
- 3 Eier
- 500 ml Milch
- 2 EL Farin-Zucker

2

5

6

1 Eine Auflaufform mit Butter einfetten. Das Brot mit Butter und Marmelade bestreichen.

2 Den Boden der vorbereiteten Form mit einer Schicht Brot auslegen. Zitronenschale, die Hälfte der Sultaninen, die Hälfte der kandierten Früchte und der Gewürze, Apfel und die Hälfte des Zuckers darauf verteilen.

3 Die Fruchtmischung mit einer weiteren Brotschicht bedecken. Die Scheiben dabei, falls nötig, so zurechtschneiden, dass sie in die Form passen.

4 Den Großteil der restlichen Rosinen oder Sultaninen, restliche Zitronenschale, Gewürze sowie Zucker gleichmäßig auf dem Brot verteilen.

5 Eier und Milch leicht verquirlen und durch ein Sieb über das Brot gießen. Falls genügend Zeit vorhanden ist, die Mischung für 20–30 Minuten ruhen lassen.

6 Die Mischung mit Farin-Zucker bestreuen, mit den restlichen Sultaninen dekorieren und 50–60 Minuten in einem auf 200 °C vorgeheizten Backofen goldbraun backen.

7 Den fertigen Pudding entweder heiß servieren oder abkühlen lassen und kalt verzehren.

Erdbeerrolle

Servieren Sie diese locker-leichte Biskuitrolle mit einer Füllung aus Frischkäse und Erdbeeren zum Nachmittagskaffee.

NÄHRWERTANGABEN

Kilokalorien 166	Zucker .... 19 g
Eiweiß .... 6 g	Fett .... 3 g
Kohlenhydrate .. 30 g	davon gesättigt .. 1 g

30 MIN. 10 MIN.

8 PERSONEN

ZUTATEN

3 große Eier
125 g Zucker
125 g Mehl
1 EL heißes Wasser
1 EL gehobelte Mandeln, geröstet, zum Dekorieren
1 TL Puderzucker, zum Dekorieren

FÜLLUNG

200 g fettarmer Frischkäse oder fettarmer Naturjoghurt
5 Tropfen Bittermandelaroma
225 g kleine Erdbeeren

1 Ein Backblech mit Backpapier auslegen. Eier und Zucker in eine Schüssel geben, über einen Topf mit heißem Wasser hängen und die Mischung cremig schlagen.

2 Die Schüssel vom Topf nehmen. Das Mehl einsieben, das Wasser zugießen und alles unter die Eier heben. Den fertigen Teig auf das vorbereitete Blech streichen und in einem auf 220 °C vorgeheizten Backofen 8–10 Minuten backen, bis er fest ist.

3 Den Biskuit auf ein weiteres großes Stück Backpapier stürzen. Das Papier auf der Oberseite abziehen und den Biskuit mit dem unteren Backpapier aufrollen. Die Rolle in ein Küchentuch hüllen und abkühlen lassen.

4 Für die Füllung Frischkäse und Bittermandelaroma verrühren. Einige Erdbeeren für die Dekoration beiseite legen, die übrigen waschen und in Scheiben schneiden. Die Creme in den Kühlschrank stellen.

5 Die kalte Biskuitrolle entrollen, mit der Käsecreme bestreichen und mit den Erdbeeren belegen. Dann wieder aufrollen.

6 Die fertige Erdbeerrolle mit den gerösteten Mandeln bestreuen, mit Puderzucker bestäuben und mit den restlichen Erdbeeren dekorieren. Als Rolle oder in Stücke geschnitten servieren.

1

3

5

Boston Chocolate Pie

Diese leichte Version des beliebten *Chocolate Cream Pie* wird mit Joghurt und Crème fraîche zubereitet.

NÄHRWERTANGABEN

Kilokalorien	795	Zucker	73 g
Eiweiß	13 g	Fett	40 g
Kohlenhydrate	99 g	davon gesättigt	21 g

1 STD. 35 MIN.

6 PERSONEN

ZUTATEN

225 g Mürbeteig (siehe Seite 988)

SCHOKOLADENSPÄNE

225 g Bitterschokolade

FÜLLUNG

3 Eier

125 g Zucker

60 g Mehl, plus etwas mehr, zum Bestäuben

1 EL Puderzucker

1 Prise Salz

5 Tropfen Vanillearoma

400 ml Milch

150 g Naturjoghurt

150 g Zartbitterschokolade, in Stücken

2 EL Kirschwasser

BELAG

150 g Crème fraîche

1 Den Teig ausrollen, in eine beschichtete Flanform (23 cm Durchmesser) einpassen und mehrmals mit einer Gabel einstechen. Dann mit Backpapier sowie getrockneten Bohnen belegen und 20 Minuten blind backen. Bohnen und Backpapier entfernen und den Boden weitere 5 Minuten backen. Dann auf einem Kuchengitter abkühlen lassen.

2 Für die Schokoladenspäne die Schokolade über einem heißen Wasserbad schmelzen. Dann auf einer kühlen Arbeitsfläche verstreichen, abkühlen lassen und mit einem scharfen Messer mehrere Späne abschaben.

3 Für die Füllung Eier und Zucker schaumig schlagen. Mehl, Puderzucker und Salz einsieben, dann das Vanillearoma einrühren.

4 Milch und Joghurt in einem kleinen Topf aufkochen, dann durch ein Sieb zur Eimischung seihen. Alles verrühren und über einem heißen Wasserbad so lange schlagen, bis eine cremige, dickflüssige Mischung entsteht.

5 Die Schokolade in einem kleinen Topf mit dem Kirschwasser schmelzen. Dann unter die Vanillecreme rühren und diese in einem kalten Wasserbad abkühlen lassen.

6 Die abgekühlte Mischung auf dem Tortenboden verteilen. Die Crème fraîche darüber streichen und die fertige Torte mit den Schokospänen dekorieren.

Gefrorenes Zitrus-Soufflé

Mit diesem eleganten Dessert setzen Sie jeder Mahlzeit einen Glanzpunkt auf. Es kann vorweg zubereitet und im Tiefkühlfach gekühlt werden.

NÄHRWERTANGABEN

Kilokalorien . . . 364	Zucker . . . . 27 g
Eiweiß . . . . 11 g	Fett . . . . 24 g
Kohlenhydrate . . 27 g	davon gesättigt . 14 g

35 MIN. 0 MIN.

4 PERSONEN

ZUTATEN

- 1 EL Gelatine
- 6 EL sehr heißes Wasser
- 3 Eier, getrennt
- 90 g Zucker
- fein geriebene Schale und Saft von 1 Zitrone, ½ Limette und ½ Orange
- 150 g Crème double
- 125 g Quark
- dünne Zitronen-, Limetten- und Orangenscheiben, zum Dekorieren

1 4 kleine Soufflé- oder Ramequin-Formen mit Kragen aus Backpapier versehen.

2 Die Gelatine in das heiße, aber nicht kochende Wasser streuen und unter Rühren vollständig auflösen. 2–3 Minuten unter gelegentlichem Rühren ziehen lassen, bis die Flüssigkeit völlig klar ist. Dann 10–15 Minuten abkühlen lassen.

3 Unterdessen Eigelb und Zucker schaumig schlagen. Schale und Saft der Zitrusfrüchte zugeben und gut verrühren. Die abgekühlte Gelatinemischung gründlich einarbeiten.

4 Crème double in einer gekühlten Schüssel steif schlagen. Den Quark glatt rühren und unter die Crème ziehen.

Die Mischung mit einem großen Metalllöffel vorsichtig unter die Zitrusmischung heben.

5 Das Eiweiß steif schlagen und ebenfalls mit einem Metalllöffel unter die Zitrusmischung ziehen.

6 Die Creme fast bis zum Rand in die vorbereiteten Formen füllen, dabei etwas Platz zum Ausdehnen lassen. Anschließend die Creme 2 Stunden unabgedeckt im Tiefkühlfach gefrieren lassen.

7 Die fertig gefrorenen Zitrus-Soufflés 10 Minuten vor dem Servieren aus dem Gefrierfach holen. Die Backpapierkragen vorsichtig abziehen, die Zitrus-Soufflés mit Zitronen-, Limetten- und Orangenscheiben dekorieren und eiskalt servieren.

Pfirsiche in Weißwein

Dieses scheinbar schlichte, aber köstliche Dessert ist ein wunderbares Schmankerl für eine sommerliche Gartenparty.

NÄHRWERTANGABEN

Kilokalorien 89	Zucker . . . . 14 g
Eiweiß . . . . 1 g	Fett . . . . 0 g
Kohlenhydrate . . 14 g	davon gesättigt . . 0 g

1¼ STD. 0 MIN.

4 PERSONEN

ZUTATEN

4 große reife Pfirsiche

2 EL Puderzucker, gesiebt

1 Orange

200 ml halbtrockener oder lieblicher Weißwein, gekühlt

1 Die Pfirsiche halbieren und entsteinen. Die Früchte nach Belieben schälen, dann in Spalten schneiden.

2 Die Pfirsichspalten in eine Schale geben und mit dem Puderzucker bestreuen.

3 Die Orangenschale dünn abschälen und in feine Streifen schneiden oder die Schale mit einem Zestenschneider ablösen. Die Zesten in eine Schüssel mit kaltem Wasser geben und beiseite stellen.

4 Die Orange auspressen, den Saft zusammen mit dem Weißwein über die Pfirsiche gießen und die Früchte für mindestens 1 Stunde in den Kühlschrank stellen.

5 Die Orangenzesten aus dem Wasser nehmen und mit Küchenpapier sorgfältig trockentupfen.

6 Die gekühlten Pfirsiche mit den Zesten bestreuen und das fertige Dessert sofort servieren.

1

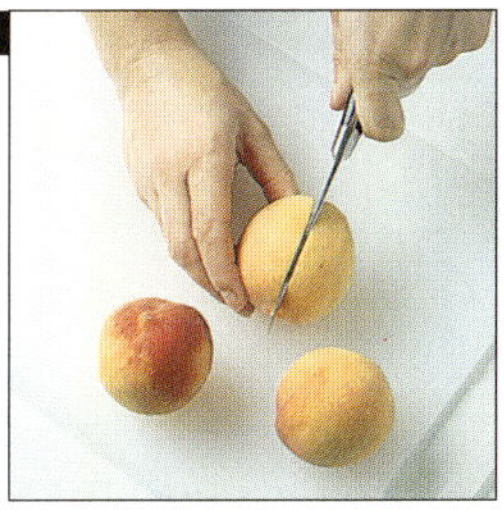

1

3

Erdbeer-Pavlova

Dieses fruchtige Baiserdessert ist nach der russischen Primaballerina Anna Pavlova (1881–1931) benannt.

NÄHRWERTANGABEN

Kilokalorien	321	Zucker	37 g
Eiweiß	3 g	Fett	18 g
Kohlenhydrate	37 g	davon gesättigt	11 g

20 MIN. 1½ STD.

8 PERSONEN

ZUTATEN

- 6 Eiweiß
- ½ TL Weinstein (aus dem Reformhaus)
- 150 g Puderzucker
- 5 Tropfen Vanillearoma
- 300 g Schlagsahne
- 400 g Erdbeeren, halbiert
- 3 EL Orangenlikör
- Früchte nach Wahl, zum Dekorieren

1 Einen Kreis von 30 cm Durchmesser auf einen Bogen Backpapier aufzeichnen und den Bogen auf ein Backblech legen.

2 Das Eiweiß mit dem Weinstein steif schlagen. Dann nach und nach den Puderzucker zusieben, das Vanillearoma zugeben und weiterschlagen, bis eine sehr steife und glänzende Baisermasse entstanden ist.

3 Die Baisermasse mithilfe eines Löffels oder einer Spritztülle auf dem vorgezeichneten Backpapierkreis verteilen, dabei einen etwas erhöhten Rand formen.

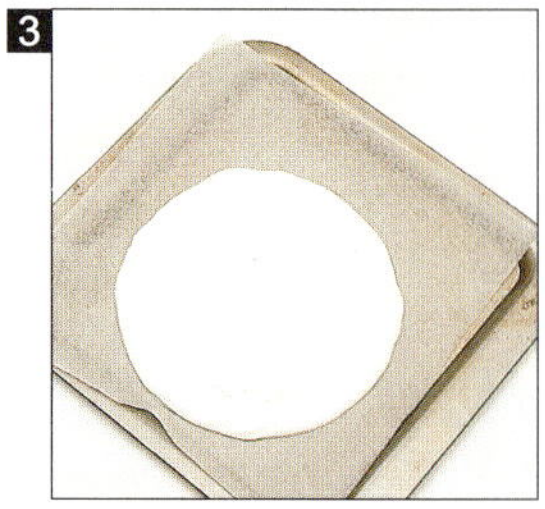

4 Für ein weiches, innen noch feuchtes Baiser die Masse in einem auf 140 °C vorgeheizten Backofen 1½ Stunden backen. Für ein trockeneres Baiser die Masse in einem auf 100 °C vorgeheizten Backofen 3 Stunden backen.

5 Vor dem Servieren die Sahne steif schlagen und mit einem Löffel oder einer Spritztülle auf dem Boden des fertigen Baisers verteilen.

6 Die Erdbeeren mit dem Likör beträufeln und gleichmäßig auf der Sahneschicht verteilen. Mit weiteren Früchten nach Wahl dekorieren und servieren.

TIPP

Soll das Baiser trocken werden, kann es auch auf der kleinsten Stufe über Nacht im Backofen bleiben. Diese Technik empfiehlt sich allerdings nur für einen Elektroofen und in keinem Fall für einen Gasofen!

Ingwer-Aprikosen-Alaska

In diesem Alaska finden Sie kein Eis, sondern eine Mischung aus in Orangensaft gekochten Äpfeln und Aprikosen in einem Baiser.

NÄHRWERTANGABEN

Kilokalorien	442	Zucker	77 g
Eiweiß	7 g	Fett	9 g
Kohlenhydrate	83 g	davon gesättigt	3 g

15 MIN. 10 MIN.

2 PERSONEN

ZUTATEN

- 2 Scheiben dunkler Ingwerkuchen (je etwa 2 cm dick)
- 1–2 EL Ingwerwein oder Rum
- 1 Apfel
- 6 getrocknete Aprikosen, gehackt
- 4 EL Orangensaft oder Wasser
- 15 g gehobelte Mandeln
- 2 Eiweiß
- 100 g Zucker

1 Die Ingwerkuchenscheiben auf einen Teller legen und mit Ingwerwein oder Rum beträufeln.

2 Den Apfel vierteln, entkernen und in einen kleinen Topf schneiden. Aprikosen und Orangensaft oder Wasser zugeben und alles bei schwacher Hitze etwa 5 Minuten köcheln lassen, bis die Früchte weich sind.

3 Die Mandeln einrühren und die fertige Mischung auf dem beträufelten Kuchen verteilen, dabei in der Mitte anhäufen.

4 Das Eiweiß steif schlagen. Nach und nach den Zucker einrühren (dabei darauf achten, dass der Eischnee immer wieder steif geworden ist, bevor mehr Zucker zugegeben wird).

5 Die Baisermasse in einen Spritzbeutel füllen und über das Obst und den Kuchen geben. Obst und Kuchen dabei vollständig bedecken.

6 Den so vorbereiteten Alaska in einem auf 220 °C vorgeheizten Backofen 4–5 Minuten backen, bis er leicht goldbraun geworden ist. Dann aus dem Ofen nehmen und sofort servieren.

VARIATION

Legen Sie eine Scheibe Vanille-, Kaffee- oder Schokoladeneis auf das Obst, bevor Sie den Baiser darüber geben. Allerdings erst ganz zum Schluss. Das Dessert muss dann sofort gegessen werden, wenn es aus dem Backofen kommt.

Warmer Fruchtsalat

Dieser erlesene Fruchtsalat krönt jede Mahlzeit. Er wird mit Früchten bereitet, die in allen gut sortierten Supermärkten erhältlich sind.

NÄHRWERTANGABEN

Kilokalorien	149	Zucker	39 g
Eiweiß	1 g	Fett	0,1 g
Kohlenhydrate	39 g	davon gesättigt	0 g

10 MIN. 15 MIN.

4 PERSONEN

ZUTATEN

- 3 Passionsfrüchte
- 125 g Zucker
- 150 ml Wasser
- 1 Mango
- 10 Litschis
- 1 Sternfrucht

1 Die Passionsfrüchte halbieren und das Fruchtfleisch durch ein Sieb in einen Topf passieren.

2 Zucker und Wasser zugeben und die Mischung unter Rühren langsam aufkochen.

3 Von der Mango längs zu beiden Seiten eine möglichst dicke Scheibe abschneiden. So viel Fruchtfleisch wie möglich in großen Stücken vom Stein lösen.

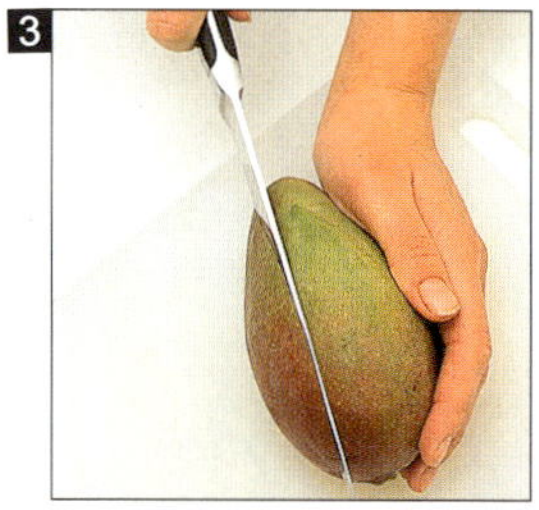

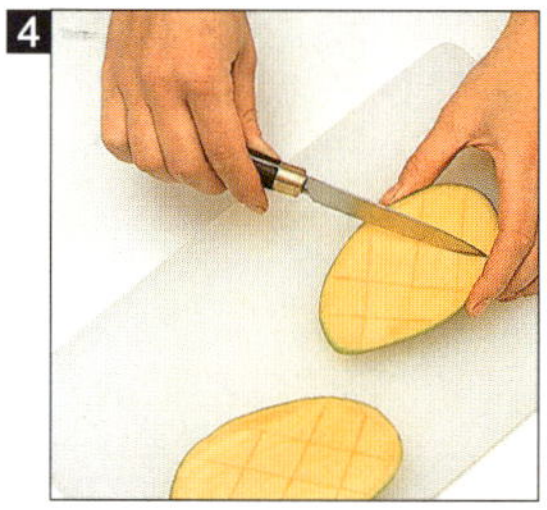

4 Das Fruchtfleisch der beiden Mangostücke gitterförmig einschneiden, ohne die Schale zu verletzen.

5 Die Mangostücke von der Schale aus nach außen stülpen, sodass sich das Fruchtfleisch aufwölbt. Dann die Fruchtwürfel abtrennen.

6 Die Litschis schälen und entsteinen. Die Sternfrucht in 12 gleich dicke Scheiben schneiden.

7 Alle Früchte zum Passionsfruchtsirup geben und 5 Minuten leicht darin pochieren. Dann mit einem Schaumlöffel herausheben und warm halten.

8 Den Sirup aufkochen und 5 Minuten köcheln lassen, bis er leicht eingedickt ist.

9 Die pochierten Früchte in Servierschalen füllen, mit dem Sirup begießen und warm servieren.

TIPP

Zu jedem Dessert mit exotischen Früchten ist Kardamomcreme eine ideale Beilage. Dazu die Samen von 8 Kardamomkapseln zerdrücken, 300 g Schlagsahne zugeben und steif schlagen.

Limetten-Mousse mit Mango

Eine kleine, fruchtige Cremespeise wird hier mit einer frischen Mango- und Limettensauce angerichtet.

NÄHRWERTANGABEN

Kilokalorien 254	Zucker . . . . 17 g
Eiweiß . . . . 5 g	Fett . . . . 19 g
Kohlenhydrate . . 17 g	davon gesättigt . 12 g

10 MIN. 0 MIN.

4 PERSONEN

ZUTATEN

250 g Quark
geriebene Schale von 1 Limette
1 EL Zucker
125 g Schlagsahne

MANGOSAUCE

1 Mango
Saft von 1 Limette
4 TL Zucker

DEKORATION

4 Physalis
Limettenzesten

1 Quark, Limettenschale und Zucker in einer Schüssel vermengen.

2 Die Sahne in einer separaten Schüssel schlagen und unter den Quark heben.

3 4 dekorative Förmchen mit Musselin oder Frischhaltefolie auskleiden. Den Sahnequark gleichmäßig darauf verteilen. Musselin oder Frischhaltefolie über der Füllung zusammenfalten und die Füllung damit etwas andrücken.

4 Für die Sauce beiderseits des flachen Steins der Mango 2 dicke Scheiben abschneiden, dann das restliche Fleisch vom Kern lösen. Die Schale entfernen.

1

3

5
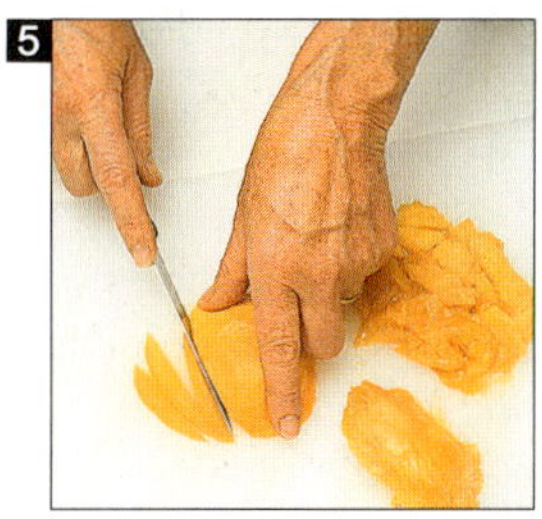

5 Die dicken Mangoscheiben in 12 dünne Scheiben schneiden und beiseite stellen. Das restliche Fruchtfleisch hacken und mit Limettensaft und Zucker pürieren.

6 Die Sahnequarkportionen auf Servierteller stürzen, mit je 3 Mangoscheiben dekorieren, mit etwas Sauce begießen und mit Physalis und Limettenzesten dekoriert servieren.

TIPP

Physalis schmecken leicht herb und aromatisch und eignen sich ausgezeichnet als Dekoration für viele Desserts. Ziehen Sie nur die papierartigen Blätter etwas zurück, damit die kleine orangefarbene Frucht voll zur Geltung kommt.

Knuspereis

Dieses Rezept ist einfach köstlich, auch wenn zur Zubereitung der Eiscreme nur Joghurt und keine Sahne verwendet wird.

NÄHRWERTANGABEN

Kilokalorien	264	Zucker	25 g
Eiweiß	12 g	Fett	6 g
Kohlenhydrate	43 g	davon gesättigt	1 g

2 1/4 STD. 5 MIN.

4 PERSONEN

ZUTATEN

175 g Vollkornsemmelbrösel
25 g Walnusshälften, fein gehackt
60 g Zucker
½ TL geriebene Muskatnuss
1 TL geriebene Orangenschale
450 g fettarmer Naturjoghurt
2 Eiweiß

DEKORATION

Walnusshälften
Orangenscheiben
frische Minzeblätter

1 Den Backofengrill vorheizen. Semmelbrösel, Walnüsse und Zucker vermengen. Ein Blech mit Alufolie auslegen und die Mischung darauf geben.

2 Die Mischung unter häufigem Rühren etwa 5 Minuten grillen, bis sie gleichmäßig gebräunt ist. Zum Abkühlen beiseite stellen.

3 Die abgekühlte Bröselmischung mit Muskat, Orangenschale und Joghurt vermengen. Das Eiweiß steif schlagen und mit einem Metalllöffel unter die Bröselmischung ziehen.

4 Die fertige Mischung auf 4 Soufflé-Förmchen verteilen, glatt streichen und für 1 1/2–2 Stunden ins Tiefkühlfach stellen.

5 Zum Servieren die Böden der Förmchen für einige Sekunden in heißes Wasser tauchen, dann stürzen und das fertige Eis mit Walnusshälften, Orangenscheiben und Minzeblättern dekorieren.

1

3

4

TIPP
Statt Soufflé-Förmchen können Sie auch Tassen verwenden oder die Eiscreme in ein Gefriergefäß füllen, tiefkühlen und vor dem Servieren zu Kugeln portionieren.

Süße Mascarpone-Mousse

Die süße Frischkäsecreme passt hervorragend zu frischen, sommerlichen Beeren.

NÄHRWERTANGABEN

Kilokalorien	542	Zucker	31 g
Eiweiß	14 g	Fett	41 g
Kohlenhydrate	31 g	davon gesättigt	24 g

1 ½ STD. 0 MIN.

4 PERSONEN

ZUTATEN

- 500 g Mascarpone
- 4 Eigelb
- 100 g Zucker
- 400 g Beeren (z. B. Erd- oder Johannisbeeren), leicht gefroren
- Johannisbeeren, zum Dekorieren
- Amaretti, zum Servieren

1 Den Mascarpone in eine große Schüssel geben und mit einem Holzlöffel cremig schlagen.

2 Eigelb und Zucker zufügen und gut unterrühren. Die fertige Mischung für etwa 1 Stunde in den Kühlschrank stellen.

3 Dann 4 tiefe Gläser oder Dessertschalen mit je einer Lage der gekühlten Mascarponecreme füllen. Darüber eine Lage Beeren geben. Diese Schichtung so lange wiederholen, bis die Gläser voll sind. Die letzte Schicht sollte aus einer Lage Mascarponecreme bestehen.

4 Die gefüllten Schalen für 20 Minuten in den Kühlschrank stellen, damit die Früchte noch einmal gut gekühlt werden.

5 Das Dessert mit Johannisbeeren dekorieren und mit Amaretti servieren.

1

2

2

Traditioneller Apple Pie

Der Apple Pie kann heiß oder kalt serviert werden. Die Äpfel können Sie nach Belieben auch mit anderen Gewürzen verfeinern.

NÄHRWERTANGABEN

Kilokalorien	577	Zucker	36 g
Eiweiß	6 g	Fett	28 g
Kohlenhydrate	80 g	davon gesättigt	9 g

55 MIN. 50 MIN.

6 PERSONEN

ZUTATEN

- 1 kg Äpfel, geschält, entkernt und in Scheiben
- 125 g brauner oder weißer Zucker, plus etwas mehr, zum Bestreuen
- ½–1 TL Zimt, Lebkuchen-Gewürzmischung oder Ingwerpulver
- 1–2 EL Wasser

MÜRBETEIG

- 350 g Mehl
- 1 Prise Salz
- 90 g Butter oder Margarine
- 90 g weißes Pflanzenfett
- 6 EL kaltes Wasser
- 1 Ei, verquirlt, oder Milch, zum Glasieren

3

4

5

1 Für den Teig Mehl und Salz in eine Schüssel sieben. Butter oder Margarine und Pflanzenfett zugeben und mit den Fingern in das Mehl einkneten, bis eine feinkrümelige Mischung entsteht. Das Wasser zugießen und alles zu einem elastischen Teig verarbeiten. Den Teig in Frischhaltefolie wickeln und 30 Minuten kalt stellen.

2 Etwa zwei Drittel des Teigs auf einer bemehlten Arbeitsfläche dünn ausrollen und in eine tiefe, runde Auflaufform (20–25 cm Durchmesser) einpassen.

3 Äpfel, Zucker und Gewürze vermengen und gleichmäßig auf dem Teigboden verteilen – die Füllung darf etwas über die Form hinausragen. Bei Bedarf etwas Wasser zugießen, insbesondere wenn es sich um eine trockene Apfelsorte handelt.

4 Den restlichen Teig als Deckel ausrollen. Die Ränder der Form leicht anfeuchten. Den Teigdeckel über die Füllung legen und die Ränder fest an die Form drücken – eventuell überstehende Teigstücke abschneiden.

5 Aus den Teigresten Blätter oder andere dekorative Formen ausstechen oder ausschneiden. Die Formen anfeuchten und den Pie-Deckel damit dekorieren. Dann den Deckel mit Ei oder Milch bestreichen und in der Mitte zweimal kurz einschneiden.

6 Den Pie in einem auf 220 °C vorgeheizten Backofen etwa 20 Minuten backen. Dann die Temperatur auf 180 °C reduzieren und den Pie etwa 30 Minuten weiterbacken, bis er goldbraun ist. Heiß oder kalt mit Zucker bestreut servieren.

Pistazienbällchen

Diese schmackhafte, mit Minze und Mandeln ansprechend dekorierte Nachspeise lässt sich gut im Voraus zubereiten.

NÄHRWERTANGABEN

Kilokalorien	676	Zucker	98 g
Eiweiß	15 g	Fett	27 g
Kohlenhydrate	98 g	davon gesättigt	9 g

15 MIN. 10 MIN.

6 PERSONEN

ZUTATEN

- 850 ml Wasser
- 225 g Pistazienkerne
- 225 g Milchpulver
- 450 g Zucker
- Samen von 2 Kardamomkapseln, zerstoßen
- 2 EL Rosenwasser
- 1 Msp. Safranfäden

DEKORATION

- 25 g gehobelte Mandeln
- frische Minzeblätter

1 Etwa 600 ml des Wassers aufkochen und die Pistazien darin etwa 5 Minuten einweichen. Anschließend gut abtropfen lassen und die dünnen Schalen entfernen.

2 Die Pistazien in einem Mixer oder einem Mörser zerkleinern und in einen Topf geben.

3 Das Milchpulver zugeben und gründlich unterrühren.

4 Dann das restliche Wasser und den Zucker in einem großen Topf erwärmen. Sobald die Mischung sirupartig eindickt, Kardamom, Rosenwasser und Safran zugeben.

5 Den Sirup zu den Pistazien geben und 5 Minuten unter Rühren kochen, bis eine feste Masse entsteht, dann langsam abkühlen lassen.

6 Die kalte Pistazienmasse mit den Händen zu kleinen Bällchen formen. Die Bällchen mit Mandeln und Minzeblättern dekorieren und vor dem Servieren vollständig auskühlen und fest werden lassen.

TIPP

Kaufen Sie ganze Pistazien und zerkleinern Sie sie selbst. Frisch gemahlen entwickeln sie das intensivste Aroma, da durch das Mahlen ihre essenziellen Öle freigesetzt werden.

Litschis mit Orangensorbet

Dieses Dessert ist einfach köstlich – der frische Sorbet-Geschmack passt perfekt zu dem leicht pikanten Geschmack der Litschis.

NÄHRWERTANGABEN

Kilokalorien	313	Zucker	82 g
Eiweiß	1 g	Fett	0 g
Kohlenhydrate	82 g	davon gesättigt	0 g

10 ½ STD. 5 MIN.

4 PERSONEN

ZUTATEN

SORBET

225 g Zucker
425 ml kaltes Wasser
350 g Mandarinen im eigenen Saft aus der Dose
2 EL Zitronensaft

LITSCHIS

425 g Litschis aus der Dose, abgetropft
60 g eingelegter Ingwer, abgetropft und fein gehackt
Limettenschale, in Rauten, zum Dekorieren

1 Für das Sorbet Zucker und Wasser in einen Topf geben und bei geringer Hitze unter Rühren erwärmen, bis sich der Zucker gelöst hat. Dann aufkochen und 2–3 Minuten heftig kochen lassen.

2 Die Mandarinen pürieren. Das Püree mit dem Zitronensaft durch ein Sieb passieren und zum Sirup geben. Die Mischung zum Abkühlen beiseite stellen. Dann in eine Gefrierdose umfüllen, ins Tiefkühlfach stellen und fest werden lassen, dabei gelegentlich umrühren.

3 Unterdessen die Litschis auf Küchenpapier abtropfen lassen und mit den Ingwerstücken füllen.

4 Die Litschis auf Servierteller verteilen, einige Kugeln Orangensorbet zugeben. Alles mit Limettenschalenrauten dekorieren und servieren.

TIPP

Stellen Sie das Sorbet vor dem Servieren 10 Minuten in den Kühlschrank, damit es weicher wird. So lässt es sich mit einem Portionierer problemlos anrichten.

2

2

3

Himbeercreme

Diese sahnig fruchtige Creme lässt sich gut im Voraus zubereiten und kann bis zum Servieren im Kühlschrank aufbewahrt werden.

NÄHRWERTANGABEN

Kilokalorien	288	Zucker	19 g
Eiweiß	4 g	Fett	22 g
Kohlenhydrate	19 g	davon gesättigt	14 g

1 1/4 STD. 0 MIN.

4 PERSONEN

ZUTATEN

- 300 g frische Himbeeren
- 50 g Puderzucker
- 300 g Crème fraîche
- 2–3 Tropfen Vanillearoma
- 2 Eiweiß
- Himbeeren und Zitronenmelissenblätter, zum Dekorieren

1

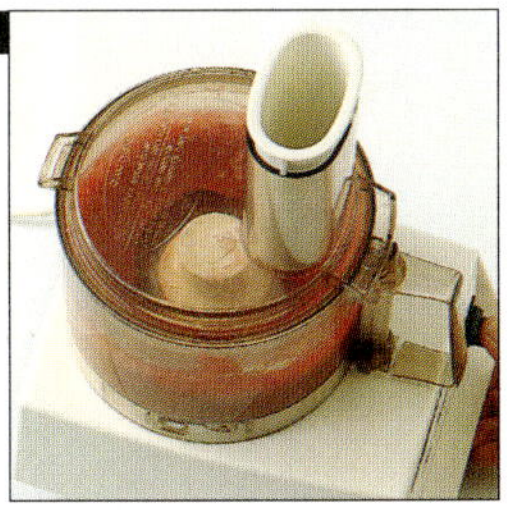

3

4

1 Himbeeren und Puderzucker in einer Küchenmaschine glatt pürieren oder mit einem Löffel durch ein Sieb streichen.

2 1 Esslöffel Crème fraîche pro Portion für die Dekoration beiseite stellen.

3 Das Vanillearoma und die restliche Crème fraîche in eine Schüssel geben und mit dem Himbeerpüree vermengen.

4 Das Eiweiß in einer separaten Schüssel steif schlagen und mit einem Metalllöffel unter die Himbeermischung ziehen.

5 Die fertige Himbeercreme in Schalen füllen und mindestens 1 Stunde kalt stellen, besser länger. Mit der restlichen Crème fraîche, einigen Himbeeren und Zitronenmelissenblättern dekorieren und servieren.

TIPP

Sollten sie auf dem Markt angeboten werden, sind für dieses Dessert frische Himbeeren vorzuziehen. Es kann aber auch mit tiefgefrorenen Früchten bereitet werden.

Weiße Florentiner

Diese klassischen Gebäckstücke erhalten durch die Glasur aus weißer Schokolade ein besonders feines Aroma.

NÄHRWERTANGABEN

Kilokalorien	235	Zucker	20 g
Eiweiß	3 g	Fett	17 g
Kohlenhydrate	20 g	davon gesättigt	7 g

20 MIN. 15 MIN.

24 STÜCK

ZUTATEN

- 200 g Butter
- 200 g Zucker
- 125 g Walnusshälften, gehackt
- 125 g Mandeln, gehackt
- 60 g Sultaninen, gehackt
- 2 EL Belegkirschen, gehackt
- 2 EL kandierte Früchte (z. B. Zitronat und Orangeat), fein gehackt
- 2 EL Schlagsahne
- 250 g weiße Schokolade, geschmolzen

1 Etwa 3–4 Backbleche mit Backpapier auslegen.

2 Die Butter bei geringer Hitze zerlassen. Den Zucker zufügen und unterrühren, bis er sich aufgelöst hat. Alles 1 Minute aufkochen, dann vom Herd nehmen.

TIPP

Besonders attraktiv wirkt eine Mischung aus Florentinern mit dunkler und weißer Schokolade, die Sie auch gut verschenken können. Dazu das Gebäck in eine hübsche, mit Seidenpapier ausgelegte Schachtel legen und mit einer Schleife verzieren.

4

5

6

3 Walnüsse, Mandeln, Sultaninen, Kirschen, kandierte Früchte und Sahne in den Topf geben und verrühren.

4 Mehrere gehäufte Teelöffel der Masse mit ausreichend Abstand zueinander auf die Backbleche geben und in einem auf 180 °C vorgeheizten Backofen etwa 10 Minuten goldbraun backen.

5 Die Ränder der gebackenen Florentiner mit einem Messer glätten, solange das Gebäck noch warm ist. Dann die Florentiner auf einem Kuchengitter auskühlen lassen.

6 Die glatte Seite der Florentiner mit der flüssigen Schokolade bestreichen. Sobald diese zu erstarren beginnt, mit einer Gabel wellenförmige Muster hineinritzen.

7 Die fertigen Florentiner mit der Schokoladenseite nach oben vollständig abkühlen lassen. An einem kühlen Ort in einem luftdichten Behälter aufbewahren.

Kirschpfannkuchen

Dieses Gericht kann entweder mit frischen entsteinten Kirschen oder, wenn es schnell gehen muss, mit Kirschen aus dem Glas zubereitet werden.

NÄHRWERTANGABEN

Kilokalorien	345	Zucker	25 g
Eiweiß	8 g	Fett	11 g
Kohlenhydrate	56 g	davon gesättigt	2 g

10 MIN. 15 MIN.

4 PERSONEN

ZUTATEN

FÜLLUNG

400 g entsteinte Kirschen aus dem Glas

2–3 Tropfen Bittermandelaroma

½ TL Lebkuchen-Gewürzmischung

2 EL Speisestärke

PFANNKUCHEN

100 g Mehl

1 Prise Salz

2 EL gehackte Minze

1 Ei

300 ml Milch

Pflanzenöl, zum Braten

Puderzucker und geröstete Mandelblättchen, zum Dekorieren

1 

2 

3 

1 Die Kirschen mit 300 ml ihres Einlegesafts sowie Mandelaroma, Gewürzmischung und Speisestärke in einen Topf geben. Die Mischung unter Rühren aufkochen, bis sie eingedickt und klar ist. Dann beiseite stellen.

2 Für die Pfannkuchen Mehl und Salz in eine Schüssel sieben. Die Minze einrühren und eine Vertiefung in die Mitte der Masse drücken. Nach und nach Ei und Milch zugießen und alles zu einem glatten Teig verarbeiten.

3 1 Esslöffel Öl in einer Pfanne (18 cm Durchmesser) erhitzen und abgießen, wenn es heiß ist. Gerade genug Teig zum Bedecken des Bodens in die Pfanne geben und 1–2 Minuten backen, bis die Unterseite leicht gebräunt ist. Dann wenden und etwa 1 Minute von der anderen Seite backen. Herausnehmen und warm stellen, während der restliche Teig gebacken wird.

4 Ein Viertel der Kirschfüllung auf ein Viertel eines jeden Pfannkuchens geben. Die Pfannkuchen zu Tüten falten, mit Puderzucker und Mandelblättchen bestreuen und sofort servieren.

Chinesische Datteltaschen

Wantan-Taschen, die chinesischen Ravioli, können pikant oder wie hier mit gehackten Datteln gefüllt werden – eine Delikatesse sind sie immer.

NÄHRWERTANGABEN

Kilokalorien 244	Zucker .... 25 g
Eiweiß .... 2 g	Fett .... 12 g
Kohlenhydrate .. 35 g	davon gesättigt .. 3 g

10 MIN. 15 MIN.

4 PERSONEN

ZUTATEN

- 12 Wantan-Hüllen
- 2 TL Speisestärke
- 6 TL kaltes Wasser
- Öl, zum Frittieren
- 2 EL flüssiger Honig
- frisches Obst (z. B. Kiwis, Limetten, Orangen, Mangos und Äpfel), zum Servieren

FÜLLUNG

- 175 g getrocknete Datteln, gehackt
- 2 TL brauner Zucker
- ½ TL Zimt

2

3

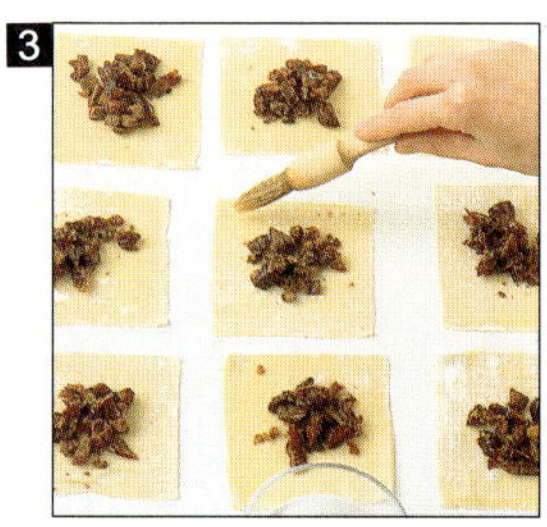

4

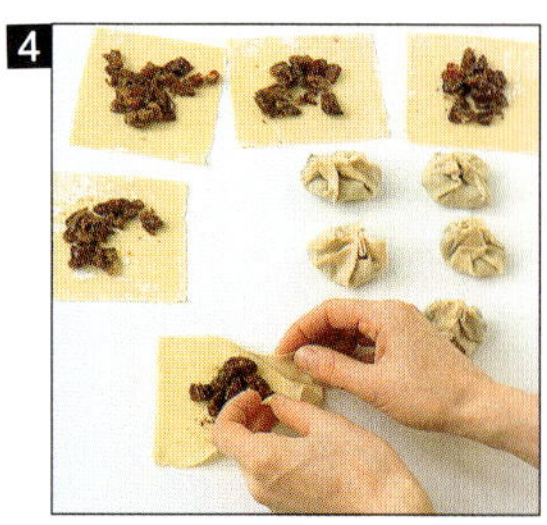

1 Für die Füllung Datteln, Zucker und Zimt in einer Schüssel mischen.

2 Die Wantan-Hüllen auf einem Küchenbrett oder einer Arbeitsfläche ausbreiten und in die Mitte jedes Teigblatts 1 Esslöffel der Dattelmischung geben.

3 Die Speisestärke und das Wasser gründlich vermengen. Anschließend die Ränder der Wantan-Hüllen damit bestreichen.

4 Die Teigblätter über der Füllung zusammenfalten und an den bestrichenen Rändern zusammendrücken.

5 Das Öl in einem Wok auf 180 °C erhitzen. Die Wantans darin portionsweise jeweils 2–3 Minuten goldgelb frittieren. Dann mit einem Schaumlöffel aus dem Wok heben und auf Küchenpapier abtropfen lassen.

6 Den Honig in einer Schale über einem warmen Wasserbad verflüssigen. Die fertigen Wantans damit beträufeln, dann mit frischem Obst servieren.

TIPP
Wantan-Hüllen erhält man in asiatischen Lebensmittelgeschäften.

Süße Karotten-Halva

Dieses gehaltvolle Dessert wird mit Gewürzen, Nüssen und Rosinen verfeinert – in den Nährwertangaben ist die Schlagsahne ausgespart.

NÄHRWERTANGABEN

Kilokalorien	284	Zucker	33 g
Eiweiß	7 g	Fett	14 g
Kohlenhydrate	34 g	davon gesättigt	3 g

10 MIN. 55 MIN.

6 PERSONEN

ZUTATEN

- 750 g Karotten, geraspelt
- 700 ml Milch
- 1 Zimtstange
- 4 EL Ghee oder Butter
- 60 g Zucker
- 25 g ungesalzene Pistazien, gehackt
- 40 g blanchierte Mandeln, gehackt
- 60 g Rosinen
- 8 Kardamomkapseln ohne Samen, zerstoßen
- Schlagsahne, zum Servieren

1

2

3

1 Karotten, Milch und Zimtstange in einem großen Topf zum Kochen bringen. Die Hitze stark reduzieren und die Mischung unabgedeckt 35–40 Minuten köcheln lassen, bis sie eingedickt ist – dabei rühren, damit sie nicht ansetzt.

2 Die Zimtstange entfernen. Ghee oder Butter in einer Pfanne erhitzen und die Karottenmischung etwa 5 Minuten pfannenrühren.

3 Zucker, Pistazien, Mandeln, Rosinen und Kardamom zugeben und gründlich untermengen. Alle Zutaten weitere 3–4 Minuten pfannenrühren und das fertige Dessert warm oder kalt mit Schlagsahne servieren.

TIPP

Am schnellsten reibt man Karotten in der Küchenmaschine. Man kann das im Voraus erledigen und die Karotten dann bei Bedarf z. B. in der Mikrowelle aufwärmen.

Rhabarber-Orangen-Streusel

Rhabarber und Äpfel werden mit Orangenschale, braunem Zucker und Gewürzen verfeinert. Den Abschluss bildet ein Belag aus knusprigen Streuseln.

NÄHRWERTANGABEN

Kilokalorien	516	Zucker	45 g
Eiweiß	6 g	Fett	22 g
Kohlenhydrate	77 g	davon gesättigt	4 g

15 MIN. 45 MIN.

6 PERSONEN

ZUTATEN

- 500 g Rhabarber
- 500 g Äpfel
- geriebene Schale und Saft von 1 Orange
- ½–1 TL Zimt
- 90 g brauner Zucker

STREUSEL

- 225 g Mehl
- 125 g Butter oder Margarine
- 125 g brauner Zucker
- 50 g gehackte Haselnüsse, geröstet
- 2 EL Farin-Zucker (nach Belieben)

VARIATION

Man kann auch andere aromatische Zutaten, wie z. B. 60 g gehackten kandierten Ingwer, in die Obst- oder in die Streuselmischung geben. Die Streusel können über jegliche Obstsorten oder Obstmischungen gegeben werden.

1 Den Backofen auf 200 °C vorheizen. Den Rhabarber in 2,5 cm große Stücke schneiden und in einen großen Topf geben.

2 Die Äpfel schälen, entkernen, in Scheiben schneiden und mit Orangenschale und -saft zum Rhabarber geben.

3 Die Fruchtmischung aufkochen, dann die Hitze reduzieren und die Früchte 2–3 Minuten köcheln lassen, bis sie weich werden. Zimt und Zucker zugeben und zu zwei Dritteln in eine Auflaufform füllen.

4 Das Mehl in eine Schüssel sieben und mit Butter oder Margarine zu einem feinkrümeligen Teig verarbeiten. Dann den Zucker, zuletzt die Nüsse unterkneten.

5 Das Obst gleichmäßig mit dem Streuselteig belegen. Die Streusel glatt streichen und nach Belieben mit Farin-Zucker bestreuen.

6 Den Streusel in einem auf 200 °C vorgeheizten Backofen 30–40 Minuten goldbraun backen.

7 Den fertigen Streusel aus dem Backofen nehmen und heiß oder kalt servieren.

3

4

5

Biskuittörtchen mit Sirup

Sie werden Ihren Augen nicht trauen, wenn Sie sehen, wie schnell dieser luftige Biskuit in der Mikrowelle zubereitet werden kann.

NÄHRWERTANGABEN

Kilokalorien 650	Zucker . . . . 60 g
Eiweiß . . . . 10 g	Fett . . . . 31 g
Kohlenhydrate . . 89 g	davon gesättigt . . 7 g

15 MIN. 5 MIN.

4 PERSONEN

ZUTATEN

- 125 g Butter oder Margarine
- 4 EL heller Sirup (z. B. Ahornsirup)
- 90 g Zucker
- 2 Eier
- 125 g Mehl
- 1 TL Backpulver
- 2 EL warmes Wasser
- Vanillesauce, zum Servieren

2

3

4

1 Eine hitzebeständige Glasschüssel (1,5 l Inhalt) mit Butter oder Margarine einfetten. Dann den Sirup hineingießen.

2 Die restliche Butter oder Margarine mit dem Zucker schaumig schlagen. Dann nach und nach die Eier zugeben und nach jeder Zugabe sorgfältig unterheben.

3 Mehl und Backpulver über die Buttermischung sieben und mit einem Metalllöffel unterrühren. Das Wasser zufügen und alles zu einem weichen Teig verarbeiten. Diesen in die vorbereitete Schüssel geben und die Oberfläche glatt streichen.

4 Den Teig mit Mikrowellenfolie abdecken. Die Folie ein- bis zweimal einstechen, damit Dampf entweichen kann, und den Teig 4 Minuten auf höchster Stufe in der Mikrowelle garen. Dann das Biskuittörtchen herausnehmen und 5 Minuten ruhen lassen.

5 Das fertige Biskuittörtchen auf einen Teller stürzen und mit Vanillesauce servieren.

TIPP

Alternativ kann das Törtchen auch mit Backpapier und Alufolie abgedeckt und in einem Dämpfer oder einem zur Hälfte mit kochendem Wasser gefüllten Topf $1^1/_2$ Stunden gedämpft werden.

Mandel-Käseküchlein

Diese cremigen Käseküchlein sind nicht nur unwiderstehlich dekoriert, es steckt auch einiges in ihnen – allerdings kaum Fett.

NÄHRWERTANGABEN

Kilokalorien	361	Zucker	29 g
Eiweiß	16 g	Fett	15 g
Kohlenhydrate	43 g	davon gesättigt	4 g

1 ¼ STD. 10 MIN.

4 PERSONEN

ZUTATEN

- 12 Amaretti
- 1 Eiweiß, leicht aufgeschlagen
- 225 g fettarmer Frischkäse
- 2–3 Tropfen Bittermandelaroma
- ½ TL fein geriebene Limettenschale
- 25 g gemahlene Mandeln
- 25 g Zucker
- 60 g Sultaninen
- 2 TL Gelatinepulver
- 2 EL kochendes Wasser
- 2 EL Limettensaft

DEKORATION

- 25 g gehobelte Mandeln, geröstet
- Limettenzesten

1 Die Amaretti in einem verschlossenen Gefrierbeutel mit einer Teigrolle zerkleinern.

2 Amarettibrösel und Eiweiß in einer Schüssel vermengen.

3 4 beschichtete Kuchenringe (9 cm Durchmesser) auf ein mit Backpapier ausgelegtes Backblech setzen. Die Keks-Eiweiß-Mischung einfüllen, andrücken und in einem auf 180 °C vorgeheizten Backofen 10 Minuten knusprig backen. Dann abkühlen lassen.

4 Frischkäse, Mandelaroma, Limettenschale, Mandeln, Zucker und Sultaninen gründlich vermengen.

5 Die Gelatine in kochendem Wasser auflösen. Den Limettensaft einrühren und die Mischung unter die Frischkäsemasse ziehen. Anschließend die Mischung auf die Keksböden verteilen, glatt streichen und 1 Stunde im Kühlschrank erstarren lassen.

6 Die fertigen Käseküchlein aus den Ringen lösen und auf Teller verteilen. Mit gehobelten Mandeln und Limettenzesten garnieren und servieren.

1

3

5

Syllabub

Dieses Dessert ist sehr gehaltvoll, aber ausgesprochen köstlich. Wegen des hohen Sahneanteils eignet es sich allerdings nicht für Kalorienbewusste.

NÄHRWERTANGABEN

Kilokalorien	403	Zucker	16 g
Eiweiß	2 g	Fett	36 g
Kohlenhydrate	16 g	davon gesättigt	22 g

4¼ STD. — 0 MIN.

4 PERSONEN

ZUTATEN

50 g Zucker

fein geriebene Schale und Saft von 1 kleinen Zitrone

fein geriebene Schale und Saft von 1 kleinen Limette

50 ml Marsala oder Sherry medium

300 g Schlagsahne

Limetten- und Zitronenschale, zum Dekorieren

1

2

3

1 Zucker, Zitronensaft und -schale, Limettensaft und -schale sowie Marsala oder Sherry in eine Schüssel geben, gut vermengen und 2 Stunden ziehen lassen.

2 Die Sahne zugeben und aufschlagen, bis die Mischung fest und cremig wird.

3 Die Creme in 4 hohe Dessert- oder Cocktailgläser füllen und für 2 Stunden in den Kühlschrank stellen.

4 Das fertige Dessert mit Limetten- und Zitronenschale dekoriert servieren.

Kokosschnitten

Eine frisch-fruchtige Süßspeise, die geschmacklich an Kokoseis erinnert. Mit Lebensmittelfarbe können Sie ein buntes Potpourri kreieren.

NÄHRWERTANGABEN

Kilokalorien 338	Zucker .... 5 g
Eiweiß .... 4 g	Fett .... 34 g
Kohlenhydrate ... 5 g	davon gesättigt . 26 g

1 1/4 STD. 15 MIN.

6 PERSONEN

ZUTATEN

- 75 g Butter
- 200 g Kokosraspel
- 175 ml Kondensmilch
- einige Tropfen Lebensmittelfarbe (nach Belieben)

1 Die Butter bei schwacher Hitze in einem Topf zerlassen. Dabei ständig rühren, damit sie nicht anbrennt.

2 Die Kokosraspel zugeben und sorgfältig unter die Butter rühren.

3 Kondensmilch und eventuell Lebensmittelfarbe zufügen und die Mischung 7–10 Minuten unter ständigem Rühren erwärmen.

2

3

3

4 Den Topf vom Herd nehmen und die Kokosmischung ein klein wenig abkühlen lassen.

5 Die abgekühlte Mischung zu Blöcken formen, in Scheiben schneiden und 1 Stunde auskühlen lassen. Dann servieren.

VARIATION

Sie können in Schritt 2 die Mischung teilen und nur der einen Hälfte eine Lebensmittelfarbe zusetzen. So erhalten Sie eine attraktive Mischung aus gefärbten und weißen Kokosschnitten.

Ricotta-Eis

Der Ricotta verleiht diesem Dessert eine sahnige Note, während die Nüsse für „Biss" sorgen. Das Eis muss über Nacht im Tiefkühlfach durchkühlen.

NÄHRWERTANGABEN

Kilokalorien	438	Zucker	39 g
Eiweiß	13 g	Fett	25 g
Kohlenhydrate	40 g	davon gesättigt	9 g

12½ STD. 0 MIN.

6 PERSONEN

ZUTATEN

- 2 EL Pistazien
- 2 EL Wal- oder Pecannüsse
- 2 EL gehackte Haselnüsse, geröstet
- fein geriebene Schale von 1 Orange und 1 Zitrone
- 2 EL kandierter Ingwer
- 2 EL Belegkirschen
- 2 EL getrocknete Aprikosen
- 2 EL Sultaninen
- 500 g Ricotta
- 2 EL Maraschino, Amaretto oder Weinbrand
- 5 Tropfen Vanillearoma
- 4 Eigelb
- 100 g Zucker

DEKORATION

- Schlagsahne
- einige Belegkirschen, Pistazien oder Minzeblätter

1

5

6

1 Pistazien und Walnüsse grob hacken und mit Haselnüssen sowie Orangen- und Zitronenschale mischen.

2 Ingwer, Kirschen, Aprikosen und Sultaninen fein hacken und zu den Nüssen geben.

3 Den Ricotta sorgfältig mit der Nuss-Früchte-Masse vermengen, anschließend den Likör und das Vanillearoma gut unterrühren.

4 Eigelb und Zucker mit einem Mixer cremig schlagen. Oder die Mischung im Wasserbad von Hand verrühren und danach gründlich abkühlen lassen.

5 Die Ricottamischung mit einem Holzlöffel vorsichtig unter die Ei-Zucker-Mischung heben.

6 Eine Kastenform (18 cm x 12 cm) mit zwei Lagen Frischhaltefolie oder Backpapier auslegen, die Ricottamasse hineingeben, glatt streichen, mit weiterer Folie oder Papier abdecken und über Nacht ins Tiefkühlfach stellen.

7 Vor dem Servieren die Eiscreme aus der Form nehmen, Folie oder Papier entfernen. Das Eis auf eine Servierplatte stürzen und mit Schlagsahne, Belegkirschen, Pistazien und/oder Minzeblättern garnieren und in Scheiben geschnitten servieren.

Gedämpfter Kaffeebiskuit

Dieser Biskuitpudding ist sehr leicht und schmeckt besonders gut, wenn er mit einer süßen Schokoladensauce serviert wird.

NÄHRWERTANGABEN

Kilokalorien	300	Zucker	21 g
Eiweiß	8 g	Fett	13 g
Kohlenhydrate	40 g	davon gesättigt	4 g

10 MIN. 1 ¼ STD.

4 PERSONEN

ZUTATEN

- 25 g Margarine, plus etwas mehr, zum Einfetten
- 2 EL brauner Zucker
- 2 Eier
- 50 g Mehl
- ¾ TL Backpulver
- 6 EL Milch
- 5 Tropfen Kaffeearoma

SAUCE

- 300 ml Milch
- 1 EL brauner Zucker
- 1 TL Kakaopulver
- 2 EL Speisestärke, mit 4 EL Wasser angerührt

1 Eine hitzebeständige Glasschüssel (600 ml Inhalt) einfetten. Margarine und Zucker in einer Schüssel schaumig schlagen, dann die Eier unterrühren.

2 Mehl und Backpulver einrühren. Milch und Kaffeearoma zugeben und alles zu einem glatten Teig verarbeiten.

3 Den Teig in die vorbereitete Schüssel geben und mit einem Stück Backpapier, dann mit Alufolie abdecken. Papier und Folie mit Küchengarn um den Rand der Form befestigen.

4 Die Form in einen Dämpfer oder einen großen, zur Hälfte mit kochendem Wasser gefüllten Topf geben und den Kuchen abgedeckt 60–75 Minuten dämpfen, bis er fest, aber noch saftig ist.

5 Für die Sauce Milch, Zucker und Kakaopulver unter Rühren in einem Topf erhitzen, bis sich der Zucker auflöst. Die Stärkemischung zugeben und die Sauce unter Rühren aufkochen, bis sie eindickt. Bei geringer Hitze 1 weitere Minute kochen.

6 Den fertigen Kuchen auf einen vorgewärmten Teller stürzen und sofort mit der Sauce servieren.

1

2

3
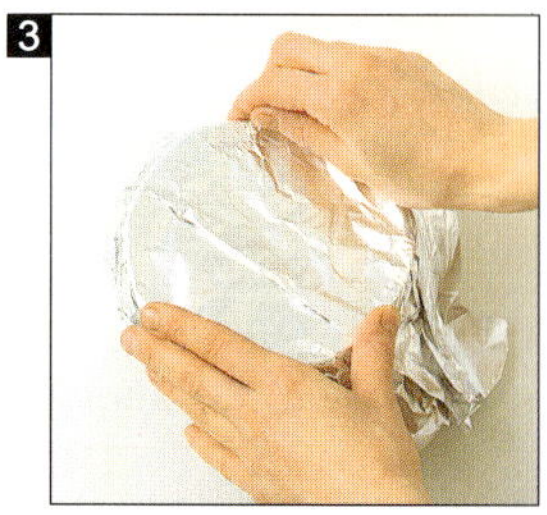

TIPP

Der Teig wird mit gefaltetem Papier und Folie abgedeckt, damit er aufgehen kann. Da die Folie mit dem Dampf reagiert, darf sie keinen direkten Kontakt mit dem Teig haben.

Süßer Safranreis

Diese einfach zubereitete exotische Süßspeise krönt jedes festliche Mahl, besonders wenn sie mit einer Dekoration aus Pistazien serviert wird.

NÄHRWERTANGABEN

Kilokalorien 460	Zucker .... 57 g
Eiweiß .... 4 g	Fett .... 9 g
Kohlenhydrate .. 97 g	davon gesättigt .. 5 g

5 MIN. 35 MIN.

4 PERSONEN

ZUTATEN

- 200 g Basmati-Reis
- 200 g Zucker
- 1 Msp. Safranfäden
- 300 ml Wasser
- 2 EL Ghee oder Butter
- 3 Gewürznelken
- 3 Kardamomkapseln
- 25 g Sultaninen
- Pistazien, zum Dekorieren (nach Belieben)

1

2

4

1 Den Reis zweimal waschen und in einem mit Wasser gefüllten Topf halb gar kochen. Vom Herd nehmen, das Wasser abgießen und den Reis beiseite stellen.

2 Zucker, Safran und Wasser aufkochen. Unter Rühren weiterkochen, bis die Mischung sirupartig eindickt. Dann beiseite stellen.

3 Ghee, Nelken und Kardamomkapseln in einem separaten Topf unter gelegentlichem Rühren erhitzen. Dann vom Herd nehmen.

4 Den Reis bei geringer Hitze aufwärmen und die Sultaninen einrühren.

5 Den Sirup zum Reis gießen und gut unterrühren.

6 Die Ghee-Gewürz-Mischung einrühren und den Reis bei geringer Hitze 10–15 Minuten fertig garen. Sollte er nach dieser Zeit noch nicht ganz gar sein, etwas heißes Wasser zugeben, den Reis abdecken und weiterköcheln, bis er gar ist.

7 Den fertigen Reis, nach Belieben mit Pistazien garniert, servieren.

VARIATION

Um einen intensiveren Safrangeschmack zu erhalten, kann man die Safranfäden auf Alufolie legen und unter einem Backofengrill kurz anrösten. Vor der Zugabe in Schritt 2 zerreibt man den Safran dann zwischen zwei Fingern.

Tropisches Früchtedessert

Früchtedesserts sind immer beliebt. Diese Variante, die Sie auch mit anderen Früchten Ihrer Wahl zubereiten können, wird keine Ausnahme sein.

NÄHRWERTANGABEN

Kilokalorien	149	Zucker	25 g
Eiweiß	6 g	Fett	0,4 g
Kohlenhydrate	32 g	davon gesättigt	0,2 g

35 MIN. 0 MIN.

4 PERSONEN

ZUTATEN

- 1 reife Mango
- 2 Kiwis
- 1 Banane
- 2 EL Limettensaft
- ½ TL geriebene Limettenschale, plus etwas mehr, zum Dekorieren
- 2 Eiweiß
- 425 g fettarmer Vanillepudding
- 2–3 Tropfen Vanillearoma
- 2 Passionsfrüchte

1 Die Mango schälen, das Fruchtfleisch von dem flachen Stein in der Mitte lösen und grob würfeln. Dann mit einem Pürierstab oder in einem Mixer pürieren oder mit einer Gabel zerdrücken.

1

2

4

2 Die Kiwis schälen, das Fruchtfleisch fein würfeln und in eine Schüssel geben. Die Banane schälen, in Scheiben schneiden und zur Kiwi geben. Beides mit Limettensaft beträufeln, damit sich die Früchte nicht verfärben.

3 Das Eiweiß in einer sauberen Schüssel steif schlagen. Vorsichtig den Vanillepudding und das Vanillearoma unterheben.

4 Die Fruchtwürfel, das Mangopüree und die Vanillepudding-Eischnee-Mischung in Portionsgläser schichten. Dann für 20 Minuten in den Kühlschrank stellen.

5 Die Passionsfrüchte halbieren. Die Kerne mit einem Löffel herausschaben und die Früchte auf die Dessertgläser verteilen. Mit etwas Limettenschale bestreuen und servieren.

VARIATION

Andere mögliche Fruchtkombinationen sind Ananaspüree, dekoriert mit Granatapfelkernen. Oder ein Sommerfrüchte-Dessert aus Erdbeerpüree mit Johannisbeeren, Preiselbeeren und Kirschen.

Braune Florentiner

Dieses ausgesprochen köstliche Gebäck findet nicht nur zur Weihnachtszeit seine hellauf begeisterten Abnehmer.

NÄHRWERTANGABEN

Kilokalorien	186	Zucker	19 g
Eiweiß	2 g	Fett	11 g
Kohlenhydrate	22 g	davon gesättigt	5 g

20 MIN. 15 MIN.

10 STÜCK

ZUTATEN

- 50 g Butter
- 50 g Zucker
- 1–2 EL Mehl, gesiebt
- 50 g gehackte Mandeln
- 50 g kandierte Früchte (z. B. Zitronat und Orangeat), gehackt
- 2 EL Sultaninen, gehackt
- 2 EL Belegkirschen, gehackt
- fein geriebene Schale von ½ Zitrone
- 125 g Zartbitterschokolade, geschmolzen

1 Zunächst 2 große Backbleche mit Backpapier auslegen.

2 Butter und Zucker in einem kleinen Topf erhitzen, bis sich der Zucker aufgelöst hat. Dann vom Herd nehmen.

3 Das Mehl zufügen und sorgfältig vermengen. Mandeln, kandierte Früchte, Sultaninen, Kirschen und Zitronenschale unterrühren. Die Masse mit genügend Abstand teelöffelweise auf die Backbleche geben.

4 Die Florentinermasse in einem auf 180 °C vorgeheizten Backofen 10 Minuten goldbraun backen.

5 Die Florentiner aus dem Ofen nehmen und mit einer runden Ausstechform an den Rändern glätten. Auf dem Blech abkühlen lassen, bis sie fest sind, dann auf einem Kuchengitter vollständig auskühlen lassen.

6 Die glatte Seite der Florentiner mit der Schokolade bestreichen. Sobald die Schokolade erstarrt, mit einer Gabel wellenförmige Muster in die Masse ritzen. Dann die Florentiner mit der Schokoladenseite nach oben vollständig abkühlen lassen.

VARIATION

Sie können die Zartbitterschokolade auch durch weiße Schokolade (siehe Seite 992) ersetzen oder eine Hälfte der Florentiner mit dunkler und die andere Hälfte mit weißer Schokolade dekorieren.

Herbstpudding

Dieser Brotpudding wird wie ein Sommerpudding (siehe Seite 955) zubereitet, für die Füllung werden jedoch auch Herbstfrüchte verwendet.

NÄHRWERTANGABEN

Kilokalorien	177	Zucker	29 g
Eiweiß	3 g	Fett	1 g
Kohlenhydrate	42 g	davon gesättigt	0,1 g

12¼ STD. 10 MIN.

8 PERSONEN

ZUTATEN

- 900 g gemischte Früchte wie Brombeeren, klein gehackte Äpfel und Birnen
- 150 g brauner Zucker
- 1 TL Zimt
- 100 ml Wasser
- 225 g Weißbrot ohne Rinde, in dünnen Scheiben (etwa 12 Stück)

1 Obst, Zucker, Zimt und Wasser in einen Topf geben und unter Rühren aufkochen. Die Hitze reduzieren und alles 5–10 Minuten köcheln lassen, bis die Früchte weich sind, aber nicht zerfallen.

2 Inzwischen eine hitzebeständige Glasschüssel (850 ml Inhalt) mit einem Großteil der Brotscheiben auslegen. Dabei darauf achten, dass keine Lücken entstehen.

3 Das Obst in die ausgelegte Schüssel füllen und mit dem restlichen Brot bedecken.

4 Die Schüssel mit einem Teller und einem zusätzlichen Gewicht beschweren und über Nacht kalt stellen.

5 Den fertigen Pudding auf eine Kuchenplatte stürzen und sofort servieren.

2

3

4

TIPP

Dieser Pudding kann sehr gut mit Vanilleeis serviert werden – die Süße der Eiscreme kontrastiert hervorragend mit der leichten Säure der Brombeeren. Stellen Sie den Pudding während des Kühlens auf einen Teller, um eventuell auslaufende Fruchtsäfte aufzufangen.

Grüner Fruchtsalat

Dieser Fruchtsalat rundet ein chinesisches Mahl perfekt ab. In leichtem Sirup mit frischer Minze und Honig zubereitet, ist er herrlich erfrischend.

NÄHRWERTANGABEN

Kilokalorien	157	Zucker	34 g
Eiweiß	1 g	Fett	0,2 g
Kohlenhydrate	34 g	davon gesättigt	0 g

30 MIN. 15 MIN.

4 PERSONEN

ZUTATEN

- 1 kleine Charentais- oder Honigmelone
- 2 grüne Äpfel
- 2 Kiwis
- 125 g kernlose helle Weintrauben
- frische Minzezweige, zum Dekorieren

SIRUP

- 1 Zitrone
- 150 ml Weißwein
- 150 ml Wasser
- 4 EL flüssiger Honig
- frische Minzezweige

1 Für den Sirup die Zitronenschale von der Frucht abschälen.

2 Zitronenschale, Weißwein, Wasser und Honig in einen Topf geben und aufkochen. Dann 10 Minuten bei geringer Hitze köcheln lassen.

3 Die Minze zufügen, den Sirup vom Herd nehmen und abkühlen lassen.

4 Für den Salat die Melone halbieren und entkernen. Dann kleine Kugeln aus dem Fruchtfleisch lösen.

5 Die Äpfel entkernen und in kleine Stücke schneiden. Die Kiwis schälen und in Scheiben schneiden.

6 Den abgekühlten Sirup in eine Servierschüssel abseihen. Die Zitronenschale herausnehmen und für die Dekoration aufbewahren, die Minzezweige wegwerfen.

7 Äpfel, Weintrauben, Kiwis und Melonenkugeln in die Servierschüssel geben und behutsam vermengen. Den fertigen Fruchtsalat mit Minzezweigen und einigen Zitronenschalen dekoriert servieren.

TIPP

Honig aus Einzelblüten ist wesentlich individueller im Geschmack als solcher aus einer Blütenmischung. Akazienhonig ist bei chinesischen Speisen authentisch, aber Sie können auch Blütenklee-, Zitronenblüten-, Limettenblüten- oder Orangenblütenhonig verwenden.

Panettone mit Erdbeeren

Panettone ist ein süßes italienisches Brot. Getoastet und mit Mascarpone und Erdbeeren serviert, verwandelt es sich in ein köstliches Dessert.

NÄHRWERTANGABEN

Kilokalorien	227	Zucker	11 g
Eiweiß	5 g	Fett	13 g
Kohlenhydrate	19 g	davon gesättigt	8 g

35 MIN. 2 MIN.

4 PERSONEN

ZUTATEN

- 250 g Erdbeeren
- 2 EL Zucker
- 6 EL Marsala
- ½ TL Zimt
- 4 Scheiben Panettone
- 4 EL Mascarpone

1 Die Erdbeeren putzen, halbieren und in eine Schüssel geben. Dann Zucker, Marsala und Zimt zufügen.

2 Die Erdbeeren gründlich mit der süßen Mischung vermengen und für mindestens 30 Minuten in den Kühlschrank stellen.

3 Kurz vor dem Servieren die Panettone-Scheiben auf einem Holzkohlen- oder unter einem Backofengrill von jeder Seite etwa 1 Minute goldbraun anrösten.

4 Die Scheiben vom Grill nehmen und auf Serviertellern anrichten.

5 Jede Panettone-Scheibe mit etwas Mascarpone und einem Teil der gekühlten Erdbeeren garnieren und sofort servieren.

1

3

5

Satsuma-Pecannuss-Pavlova

Dieses außergewöhnliche Dessert ist der perfekte Schlusspunkt für einen besonderen Anlass. Den Baiserboden können Sie im Voraus herstellen.

NÄHRWERTANGABEN

Kilokalorien 339	Zucker .... 36 g
Eiweiß .... 3 g	Fett .... 21 g
Kohlenhydrate .. 37 g	davon gesättigt . 10 g

2 ½ STD. 3 STD.

8 PERSONEN

ZUTATEN

4 Eiweiß

225 g hellbrauner Zucker

300 g Schlagsahne

60 g Pecannüsse

4 Satsumas, geschält

1 Passionsfrucht oder 1 Granatapfel

1 2 Backbleche mit Backpapier auslegen. Auf eines der Papiere einen Kreis von 23 cm Durchmesser aufzeichnen.

2 Das Eiweiß in einer großen, sauberen Schüssel steif schlagen. Nach und nach den Zucker zugeben und so lange weiterschlagen, bis der Eischnee glänzt.

3 Eine Lage der Baisermischung auf den eingezeichneten Kreis spritzen oder löffeln. Dann große Rosetten auf den äußeren Rand spritzen oder darauf löffeln. Mit der restlichen Baisermischung kleine Rosetten auf das zweite Backblech spritzen.

4 Die Baisers in einem auf 140 °C vorgeheizten Backofen 2–3 Stunden backen. Darauf achten, dass der Backofen gut belüftet wird – dazu eventuell ein gefaltetes Küchentuch in die Backofentür stecken. Die fertigen Baisers vollständig abkühlen lassen. Anschließend das Backpapier vorsichtig abziehen.

5 Die Sahne in einer großen, gut gekühlten Schüssel steif schlagen. Anschließend etwa ein Drittel der Sahne in einen Spritzbeutel mit einer Sterntülle füllen. Einige Pecannüsse und 1 Satsuma zum Dekorieren beiseite legen. Den Rest fein hacken und unter die verbleibende Sahne ziehen.

6 Die aromatisierte Sahne auf den Baiserboden löffeln und mit kleinen Baiserrosetten, Satsumastücken und Pecannüssen dekorieren. Einige Spritzer der in den Spritzbeutel gefüllten Sahne dazwischen setzen. Zuletzt die Kerne aus der Passionsfrucht oder dem Granatapfel löffeln und obendrauf geben.

Passionsfrucht-Milchreis

Dieser mit Kardamom, Zimt, Lorbeer und Passionsfruchtkernen verfeinerte Reispudding lässt sich wunderbar leicht in der Mikrowelle zubereiten.

NÄHRWERTANGABEN

Kilokalorien 534	Zucker .... 42 g
Eiweiß .... 9 g	Fett .... 22 g
Kohlenhydrate .. 80 g	davon gesättigt . 13 g

$1\frac{1}{4}$ STD. 30 MIN.

4 PERSONEN

ZUTATEN

175 g Jasminreis
600 ml Milch
125 g Zucker
6 Kardamomkapseln, geöffnet
1 Lorbeerblatt
1 Zimtstange
150 g Crème Double, geschlagen
4 Passionsfrüchte
Beeren nach Wahl, zum Dekorieren

1 Reis, Milch, Zucker, Kardamomkapseln, Lorbeerblatt und Zimtstange in eine hitzebeständige Schüssel geben. Abdecken und auf mittlerer Stufe 25–30 Minuten unter gelegentlichem Rühren in der Mikrowelle erhitzen, bis der Reis gerade gar ist und den Großteil der Milch aufgesogen hat. Gegebenenfalls etwas mehr Milch zugeben.

1

3

4

2 Den Reis abgedeckt abkühlen lassen. Dann Lorbeerblatt, Kardamomkapseln und Zimtstange entfernen.

3 Die Crème double unter die abgekühlte Reismischung heben.

4 Die Passionsfrüchte halbieren, die Kerne herauskratzen und in eine kleine Schale geben.

5 Den Reis und die Passionsfruchtkerne schichtweise in 4 große, schlanke Gläser füllen, dabei mit einer Schicht Passionsfruchtkerne abschließen. Anschließend die Gläser in den Kühlschrank stellen und den Reis 30 Minuten abkühlen lassen.

6 Den fertigen Passionsfrucht-Milchreis mit Beeren nach Wahl dekorieren und sofort servieren.

TIPP

Ist Passionsfrucht nicht erhältlich, können Sie auch ein Püree aus anderen Früchten Ihrer Wahl, wie Kiwi, Himbeeren oder Erdbeeren, verwenden.

Aprikosen-Orangen-Grütze

Diese farbenfrohen Desserts sind ganz leicht zuzubereiten und schmecken herrlich erfrischend im Sommer. Servieren Sie dazu fettarme Zimtcreme.

NÄHRWERTANGABEN

Kilokalorien 206	Zucker . . . . 36 g
Eiweiß . . . . 8 g	Fett . . . . 5 g
Kohlenhydrate . . 36 g	davon gesättigt . . 3 g

4¼ STD. 25 MIN.

4 PERSONEN

ZUTATEN

- 225 g getrocknete Aprikosen
- 300 ml ungesüßter Orangensaft
- 2 EL Zitronensaft
- 2–3 TL flüssiger Honig
- 1 EL Gelatinepulver
- 4 EL kochendes Wasser

ZIMTCREME

- 125 g fettarmer Ricotta
- 1 TL Zimt
- 1 EL flüssiger Honig
- 125 g Magerquark oder fettarmer Naturjoghurt

DEKORATION

- Orangenspalten
- Minzeblätter

1 

2 

4 

1 Aprikosen und Orangensaft in einen Topf geben. Aufkochen, dann abgedeckt 15–20 Minuten köcheln lassen, bis die Aprikosen gequollen sind. 10 Minuten zum Abkühlen beiseite stellen.

2 Die Aprikosenmischung mit einem Pürierstab oder im Mixer glatt pürieren. Zitronensaft und Honig unterrühren. Dann in einen Messbecher geben und mit kaltem Wasser auf 600 ml auffüllen.

3 Die Gelatine in kochendem Wasser auflösen und unter die Aprikosenmischung rühren.

4 Die noch flüssige Grützmischung in 4 kleine Förmchen (150 ml Inhalt) oder eine große Form (600 ml Inhalt) füllen. Dann in den Kühlschrank stellen.

5 Für die Zimtcreme alle Zutaten in einer kleinen Schüssel gründlich vermengen, dann abdecken und in den Kühlschrank stellen.

6 Die Förmchen mit der erkalteten Grütze für einige Sekunden in heißes Wasser tauchen.

7 Die Grütze auf Teller stürzen, mit Orangenspalten und Minzeblättern dekorieren und mit der Zimtcreme servieren.

Fruchtsalat mit Karamell

Für dieses Dessert werden Birnen, Äpfel und Erdbeeren in Wein und Karamell gekocht und mit Karamellsplittern garniert.

NÄHRWERTANGABEN

Kilokalorien	395	Zucker	94 g
Eiweiß	3 g	Fett	0,5 g
Kohlenhydrate	94 g	davon gesättigt	0 g

30 MIN. 20 MIN.

4 PERSONEN

ZUTATEN

- 4 Orangen
- 200 ml Wasser
- 180 g Zucker
- 4 EL Wasser
- 150 ml Weißwein
- 4 feste Birnen
- 4 Äpfel
- 125 g Erdbeeren

1 Die Schale einer Orange dünn abschälen, in feine Streifen schneiden und in 200 ml Wasser 4–5 Minuten kochen, bis sie weich ist. Dann abgießen, den Kochsud dabei auffangen und die geschälte sowie eine weitere Orange auspressen.

2 Ein Backblech mit Backpapier auslegen. Den Zucker in einem Topf unter Rühren langsam auflösen. Dann ohne zu Rühren weiter erhitzen, bis ein goldbrauner Karamell entstanden ist. Die Hälfte des Karamells auf das vorbereitete Backblech gießen und erstarren lassen.

3 Wasser, Orangensaft und 150 ml des aufgefangenen Kochsuds rasch zum restlichen Karamell gießen. Die Mischung erhitzen, bis der Karamell schmilzt. Dann den Wein einrühren und den Topf vom Herd nehmen.

4 Birnen und Äpfel schälen und die Kerngehäuse entfernen. Die Früchte in dicke Scheiben schneiden und zur Karamellmischung geben. Langsam aufkochen und 3–4 Minuten köcheln lassen, bis das Obst halb gar, in der Mitte aber noch fest ist. Dann Obst und den Sirup in eine Schüssel umfüllen.

5 Die restlichen Orangen schälen, filetieren und eventuell entkernen. Die Erdbeeren putzen, je nach Größe halbieren oder vierteln und mit den Orangenfilets zu den anderen Früchten geben.

6 Die Orangenzesten vorsichtig unter das Obst heben. Das Obst erkalten lassen und bis zum Servieren abgedeckt in den Kühlschrank stellen. Den erstarrten Karamell in kleine Splitter brechen. Das Obst in Dessertschalen füllen und mit den Karamellsplittern dekorieren.

1

2
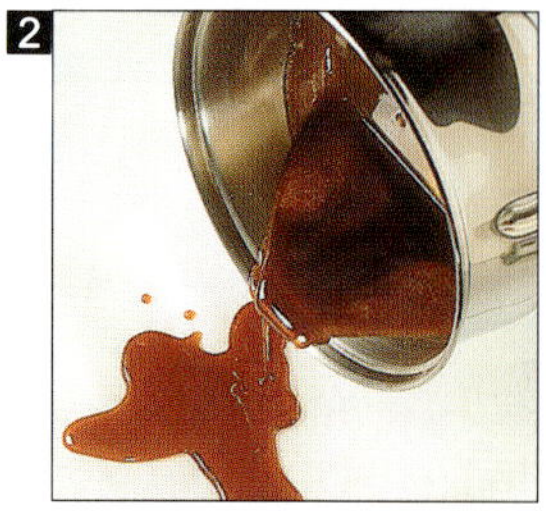

5

TIPP

Da sich die Karamellsplitter relativ schnell auflösen, sobald sie mit dem Dessert in Kontakt kommen, sollten sie erst kurz vor dem Servieren zum Dessert gegeben werden.

Himbeer-Pavlovas

Diese schlichte Kombination aus gezuckertem Eischnee, Frischkäse und Himbeeren verhilft jeder Mahlzeit zu einem krönenden Abschluss.

NÄHRWERTANGABEN

Kilokalorien 155	Zucker .... 34 g
Eiweiß .... 5 g	Fett .... 0,2 g
Kohlenhydrate .. 35 g	davon gesättigt .. 0 g

1 STD. 1 STD.

4 PERSONEN

ZUTATEN

- 2 große Eiweiß
- 1 TL Speisestärke
- 1 TL Himbeeressig
- 100 g hellbrauner Zucker
- 2 EL rotes Johannisbeergelee
- 2 EL ungesüßter Orangensaft
- 150 ml fettarmer Frischkäse oder fettarmer Naturjoghurt
- 175 g Himbeeren, Tiefkühlware aufgetaut
- Duftgeranienblätter, zum Dekorieren (nach Belieben)

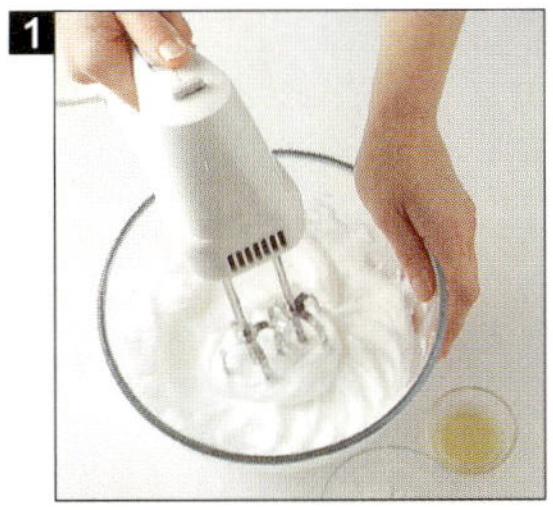

1 Ein großes Backblech mit Backpapier auslegen. Das Eiweiß in einer großen, sauberen Schüssel steif schlagen. Dann vorsichtig Speisestärke und Essig unterrühren.

2 Den Zucker löffelweise zugeben und unterrühren, bis eine glänzende, feste Baisermasse entsteht.

3 Die Baisermasse in 4 Portionen aufteilen und diese mit genügend Abstand auf das Backblech setzen. Die Portionen zu Kreisen von etwa 10 cm Durchmesser verstreichen und 40–45 Minuten in einem auf 150 °C vorgeheizten Backofen backen, bis sie hellbraun und knusprig sind. Dann abkühlen lassen.

4 Johannisbeergelee und Orangensaft in einen kleinen Topf geben und unter Rühren erwärmen, bis das Gelee schmilzt. Dann 10 Minuten abkühlen lassen.

5 Die abgekühlten Baisers vom Blech nehmen, auf Teller legen, mit Frischkäse oder Joghurt bestreichen und mit Himbeeren belegen. Die Geleemischung darüber gießen. Die Pavlovas dekorieren und warm servieren.

TIPP

Für eine große Pavlova streichen Sie den Teig zu einem Kreis von 18 cm Durchmesser aus. Die Backzeit verlängert sich dann auf 1 Stunde.

Ananaskuchen

Dieser Kuchen wird auch Veganern munden, denn er wird mit Pflanzenmargarine und Öl anstelle von Butter und Eiern zubereitet.

NÄHRWERTANGABEN

Kilokalorien	354	Zucker	31 g
Eiweiß	3 g	Fett	15 g
Kohlenhydrate	56 g	davon gesättigt	2 g

15 MIN. 50 MIN.

6 PERSONEN

ZUTATEN

- 50 g Pflanzenmargarine, in Flöckchen, plus etwas mehr, zum Einfetten
- 425 g ungesüßte Ananasstücke aus der Dose, abgetropft, den Saft aufgefangen
- 4 TL Speisestärke
- 50 g weicher brauner Zucker
- 125 ml Wasser
- geriebene Schale von 1 Zitrone

BISKUITTEIG

- 50 ml Sonnenblumenöl
- 75 g brauner Zucker
- 150 ml Wasser
- 150 g Mehl
- 2 TL Backpulver
- 1 TL Zimt

2

3

3

1 Eine runde Backform (18 cm Durchmesser) einfetten. Ananassaft und Stärke zu einer glatten Paste verrühren. Diese mit Zucker, Margarine und Wasser in einen Topf geben und unter Rühren erwärmen, bis sich der Zucker gelöst hat. Die Mischung kurz aufkochen, 2–3 Minuten bei geringer Hitze köcheln lassen, bis sie eindickt, dann abkühlen lassen.

2 Für den Biskuitteig Öl, Zucker und Wasser in einen Topf geben. Leicht erwärmen, aber nicht aufkochen, bis sich der Zucker gelöst hat. Die Mischung vom Herd nehmen und abkühlen lassen. Mehl, Backpulver und Zimt in eine Schüssel sieben, das abgekühlte Zuckerwasser zugießen und alles zu einem glatten Teig verarbeiten.

3 Die Ananasstücke und die Zitronenschale in die vorbereitete Form geben und 4 Esslöffel Ananassirup darüber gießen. Den Biskuitteig darüber verteilen.

4 Den so vorbereiteten Kuchen in einem auf 180 °C vorgeheizten Backofen 35–40 Minuten backen, bis er fest ist. Anschließend auf einen Teller stürzen und 5 Minuten ruhen lassen, dann die Form entfernen. Den fertigen Kuchen mit dem restlichen Sirup servieren.

Mandelschnitten

Diese schlichten, aber äußerst schmackhaften Leckerbissen werden Ihre Gäste garantiert beeindrucken, besonders wenn Sie sie mit Schlagsahne servieren.

NÄHRWERTANGABEN

Kilokalorien 416	Zucker .... 37 g
Eiweiß .... 11 g	Fett .... 26 g
Kohlenhydrate .. 38 g	davon gesättigt . 12 g

5 MIN. 50 MIN.

8 PERSONEN

ZUTATEN

- 3 Eier
- 75 g gemahlene Mandeln
- 200 g Milchpulver
- 200 g Zucker
- ½ TL Safranfäden
- 100 g Butter
- 25 g gehobelte Mandeln

2

3

4

1 Die Eier in einer Schüssel verquirlen und beiseite stellen.

2 Gemahlene Mandeln, Milchpulver, Zucker und Safran in eine große Schüssel geben und gut vermengen.

3 Die Butter in einem kleinen Topf zerlassen. Dann in die Schüssel gießen und sorgfältig mit den anderen Zutaten mischen.

4 Die beiseite gestellten Eier zugeben und gut unterrühren.

5 Die fertige Teigmischung in eine quadratische Auflaufform (15–20 cm Seitenlänge) geben und in einem auf 160 °C vorgeheizten Backofen 45 Minuten backen. Den Teig gegen Ende der Backzeit mit einem Holzspieß einstechen – bleibt nichts daran kleben, ist der Kuchen fertig.

6 Den fertigen Kuchen in Streifen schneiden, mit gehobelten Mandeln dekorieren und auf einem Servierteller anrichten. Heiß oder kalt servieren.

TIPP

Die Mandelschnitten werden am besten warm gegessen, können jedoch auch kalt serviert werden. Sie können 1 Tag oder sogar 1 Woche im Voraus zubereitet und aufgewärmt werden. Zudem eignen sie sich sehr gut zum Einfrieren.

Früchtebrot mit Nüssen

Dieses Früchtebrot kann warm oder kalt serviert werden. Besonders gut schmeckt es mit etwas Margarine, Butter oder Marmelade bestrichen.

NÄHRWERTANGABEN

Kilokalorien	354	Zucker	36 g
Eiweiß	8 g	Fett	9 g
Kohlenhydrate	64 g	davon gesättigt	1,2 g

35 MIN. 40 MIN.

6 PERSONEN

ZUTATEN

- 225 g Mehl
- ½ TL Salz
- 1 EL Margarine, plus etwas mehr, zum Einfetten
- 2 EL hellbrauner Zucker
- 100 g Sultaninen
- 50 g getrocknete Aprikosen, gehackt
- 50 g gehackte Haselnüsse
- 2 TL Trockenhefe
- 6 EL Orangensaft
- 6 EL Naturjoghurt
- 2 EL Aprikosenmarmelade, durch ein Sieb passiert

1

3

4

1 Mehl und Salz in eine Schüssel sieben. Die Margarine zugeben und mit den Fingerspitzen einkneten. Dann Zucker, Sultaninen, Aprikosen, Nüsse und Hefe einrühren.

2 Den Orangensaft in einem Topf erwärmen, aber nicht aufkochen.

3 Den warmen Saft mit dem Joghurt in die Mehlmischung einrühren und alles zu einem Teig verarbeiten.

4 Den Teig auf einer leicht bemehlten Arbeitsfläche 5 Minuten glatt kneten. Dann zu einem runden Laib formen, auf ein leicht eingefettetes Backblech legen, mit einem sauberen Küchentuch abdecken und an einem warmen Ort gehen lassen, bis er sein Volumen verdoppelt hat.

5 Dann in einem auf 220 °C vorgeheizten Backofen 35–40 Minuten backen. Mit Aprikosenmarmelade bestreichen und vor dem Servieren abkühlen lassen.

VARIATION

Sie können das Brot auch mit anderen Nüssen zubereiten – probieren Sie einmal gehackte Walnüsse oder Mandeln.

Gefüllte Kipferl

Diese verführerischen kleinen Teigtaschen ergeben eine perfekte Nachspeise für alle Leckermäuler mit einem Hang zum Außergewöhnlichen.

NÄHRWERTANGABEN

Kilokalorien	765	Zucker	56 g
Eiweiß	16 g	Fett	30 g
Kohlenhydrate	114 g	davon gesättigt	15 g

1½ STD. 20 MIN.

4 PERSONEN

ZUTATEN

TEIG

- 500 g Mehl
- 150 g Butter, plus etwas mehr, zum Einfetten
- 150 g Zucker
- 4 Eier
- 25 g frische Hefe
- 125 ml warme Milch

FÜLLUNG

- 200 g Kastanienpüree
- 60 g Kakaopulver
- 60 g Zucker
- 60 g gehackte Mandeln
- 60 g Amaretti, zerkrümelt
- 150 g Orangenmarmelade

1 Für den Teig das Mehl in eine Schüssel sieben, mit Butter, Zucker und 3 Eiern verrühren.

2 Hefe und Milch in einer Schüssel verrühren, dann unter den Teig rühren.

3 Den Teig 20 Minuten kneten, dann mit einem sauberen Tuch abdecken und 1 Stunde an einem warmen Ort gehen lassen.

4 Kastanienpüree, Kakaopulver, Zucker, Mandeln, Amaretti und Orangenmarmelade in einer Schüssel sorgfältig vermengen.

5 Ein Backblech leicht mit etwas Butter einfetten.

6 Den aufgegangenen Teig auf einer leicht bemehlten Arbeitsfläche dünn ausrollen und mit einem glatten, runden Plätzchenausstecher (5 cm Durchmesser) so viele Kreise wie möglich daraus ausstechen.

7 Je 1 Löffel Füllung auf jeden Teigkreis geben. Die Kreise über der Füllung in der Mitte zusammenklappen und an den Rändern festdrücken. Die fertigen Kipferl mit genügend Abstand zueinander auf das vorbereitete Backblech legen.

8 Das letzte Ei verquirlen. Die Kipferl rundum mit dem Ei bestreichen und in einem auf 180 °C vorgeheizten Backofen, falls nötig portionsweise, 20 Minuten goldgelb backen. Anschließend noch heiß servieren.

3

4

8

Tropischer Fruchtsalat

Wer einen besonderen Effekt erzielen will, kann diesen exotischen Fruchtsalat in ausgehöhlten Ananas servieren.

NÄHRWERTANGABEN

Kilokalorien 69	Zucker . . . . 13 g
Eiweiß . . . . 1 g	Fett . . . . 0,3 g
Kohlenhydrate . . 14 g	davon gesättigt . . 0 g

10 MIN. 0 MIN.

4 PERSONEN

ZUTATEN

- 1 Papaya
- 2 EL frisch gepresster Orangensaft
- 3 EL Rum
- 2 Bananen
- 2 Guaven
- 1 kleine Ananas oder 2 Baby-Ananas
- 2 Passionsfrüchte
- Ananasblätter, zum Dekorieren

1 Die Papaya halbieren und die Kerne entfernen. Dann die Frucht schälen, das Fruchtfleisch in eine Schüssel schneiden.

1

2 Die Papaya mit dem Orangensaft und dem Rum übergießen und beiseite stellen.

3 Bananen und Guaven schälen, in Scheiben schneiden und zur Papaya in die Schüssel geben.

3

4 Beide Enden der Ananas abschneiden, dann die Schale entfernen.

5 Die Ananas von ihrem harten Strunk befreien, das Fleisch in Stücke schneiden und zu den anderen Früchten in die Schüssel geben.

6 Die Passionsfrucht halbieren. Mit einem Löffel die Kerne auslösen, in die Schüssel geben und gut durchmischen.

4
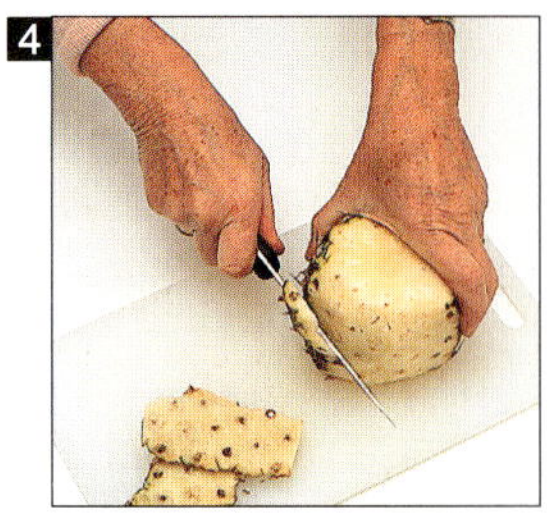

7 Den fertigen Fruchtsalat auf Glasteller verteilen oder in ausgehöhlten Baby-Ananas anrichten und mit Ananasblättern dekorieren.

TIPP

Reife Guaven riechen sehr intensiv – ihr Geruch füllt einen ganzen Raum. Sie sind reif, wenn sie bei Druck leicht nachgeben und ihre Schale gelb gefärbt ist. Früchte aus der Dose haben leicht rosa getöntes Fleisch.

Früchte-Brûlée

Diese fruchtige Version der traditionellen Crème brûlée ist ebenso verführerisch wie ihr klassisches Vorbild, jedoch weniger kalorienreich.

NÄHRWERTANGABEN

Kilokalorien	165	Zucker	21 g
Eiweiß	5 g	Fett	7 g
Kohlenhydrate	21 g	davon gesättigt	5 g

5 MIN. 5 MIN.

4 PERSONEN

ZUTATEN

- 450 g Sommerfrüchte (z. B. Erdbeeren, Himbeeren, schwarze und rote Johannisbeeren, Kirschen), Tiefkühlware aufgetaut
- 150 g fettarme Crème fraîche
- 150 g fettarmer Naturjoghurt
- 5 Tropfen Vanillearoma
- 4 EL Farin-Zucker

1 Die Früchte gleichmäßig auf 4 kleine Auflaufförmchen verteilen.

2 Crème fraîche und Joghurt mit dem Vanillearoma verrühren. Die Mischung gleichmäßig auf den Früchten verteilen.

3 Jede Portion mit 1 Esslöffel Zucker bestreuen

4 Die fertig vorbereiteten Brûlées 2–3 Minuten unter einem sehr heißen vorgeheizten Backofengrill erhitzen, bis sich der Zucker auflöst und zu karamellisieren beginnt. Anschließend die Früchte-Brûlées kurz ruhen lassen, aber noch heiß servieren.

1

2

3

TIPP

Viele Sahneprodukte werden inzwischen auch in fettreduzierten Varianten angeboten. Wer viel Fett einsparen möchte, sollte in diesem Rezept die Crème fraîche durch fettarmen Frischkäse, Magerquark oder Naturjoghurt ersetzen.

Schoko-Mandel-Schnitten

Diesem einladenden Schokoladen-Dessert kann man nicht widerstehen. Nebenbei bereichert es jede nachmittägliche Kaffeetafel.

NÄHRWERTANGABEN

Kilokalorien 180	Zucker . . . . 16 g
Eiweiß . . . . 3 g	Fett . . . . 11 g
Kohlenhydrate . . 18 g	davon gesättigt . . 5 g

1 1/4 STD. — 5 MIN.

16 STÜCK

ZUTATEN

- 75 g Mandeln
- 150 g Zartbitterschokolade
- 75 g Butter
- 210 g Kondensmilch
- 2 TL Zimt
- 75 g Amaretti, zerkrümelt
- 50 g getrocknete Aprikosen, grob gehackt

1 Eine Kastenform (675 g Inhalt) mit Alufolie ausschlagen.

2 Die Mandeln mit einem scharfen Messer grob hacken.

3 Schokolade, Butter, Milch und Zimt in einen Topf geben.

1

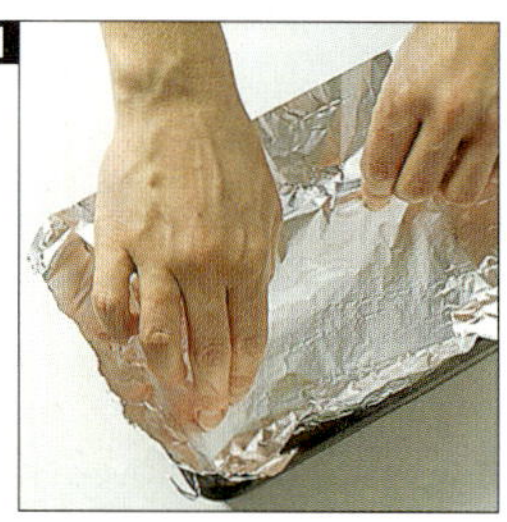

2

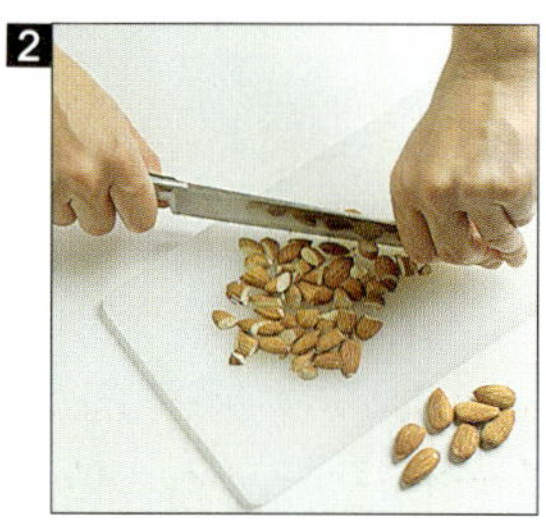

4

4 Alles 3–4 Minuten bei schwacher Hitze mit einem Holzlöffel vermengen, bis die Schokolade geschmolzen ist.

5 Anschließend Mandeln, Amaretti und Aprikosen zugeben und gründlich verrühren.

6 Die Mischung in die vorbereitete Form füllen und etwa 1 Stunde im Kühlschrank fest werden lassen.

7 Den fertigen Kuchen vor dem Servieren in Scheiben schneiden und auf einer Kuchenplatte anrichten

TIPP

Die Schokolade vor dem Schmelzen in kleine Stücke brechen. Je kleiner die Stücke, desto schneller schmelzen sie.

Frisches Früchtekompott

Dieses erfrischende Sommerkompott wird mit Holunderblütenlikör angemacht und mit Honigjoghurt serviert.

NÄHRWERTANGABEN

Kilokalorien 255	Zucker . . . . 61 g
Eiweiß . . . . 4 g	Fett . . . . 1 g
Kohlenhydrate . . 61 g	davon gesättigt . 0,2 g

10 MIN. 15 MIN.

4 PERSONEN

ZUTATEN

- 1 Zitrone
- 60 g Zucker
- 4 EL Holunderblütenlikör
- 300 ml Wasser
- 4 Äpfel (z. B. Gala oder Elstar)
- 225 g Brombeeren
- 2 frische Feigen, in Spalten
- 150 g fettarmer Naturjoghurt, zum Servieren
- 2 EL Honig, zum Servieren

1

2

3

1 Die Zitronenschale mit einem Sparschäler abschälen. Die Frucht auspressen. Dann Zitronensaft und -schale, Zucker, Holunderlikör und Wasser in einem Topf langsam erhitzen und unabgedeckt 10 Minuten köcheln lassen.

2 Die Äpfel entkernen und in Spalten schneiden. Zur Zitrusmischung geben und 4–5 Minuten köcheln lassen, bis sie gerade weich werden. Dann abkühlen lassen.

3 Die Äpfel und den Sirup in eine Servierschüssel geben. Anschließend Brombeeren und Feigen zufügen. Alles vorsichtig unterheben, abdecken und bis zum Servieren kalt stellen.

4 Den Joghurt leicht aufschlagen, in eine kleine Servierschale geben und mit dem Honig beträufeln. Dann abdecken und wie die Früchte bis zum Servieren kalt stellen.

TIPP

Kaufen Sie die Äpfel einige Tage im Voraus und lassen Sie sie 1–2 Tage zu Hause reifen. Achten Sie darauf, dass die Äpfel keine großen Druckstellen aufweisen. Kleine Makel beeinträchtigen den Geschmack jedoch nicht.

Register